LEALDADES NEGOCIADAS

Povos indígenas e a expansão dos impérios ibéricos nas regiões centrais da América do Sul (segunda metade do século XVIII)

FRANCISMAR ALEX LOPES DE CARVALHO

LEALDADES NEGOCIADAS
Povos indígenas e a expansão dos impérios ibéricos nas regiões centrais da América do Sul (segunda metade do século XVIII)

alameda

Copyright © 2014 Francismar Alex Lopes de Carvalho

Grafia atualizada segundo o Acordo Ortográfico da Língua Portuguesa de 1990, que entrou em vigor no Brasil em 2009.

EDIÇÃO: Joana Monteleone/Haroldo Ceravolo Sereza
EDITOR ASSISTENTE: João Paulo Putini
PROJETO GRÁFICO, DIAGRAMAÇÃO E REVISÃO: João Paulo Putini
ASSISTENTE ACADÊMICA: Danuza Vallim
ASSISTENTE DE PRODUÇÃO: Maiara Heleodoro dos Passos

IMAGENS DA CAPA: PAUCKE, Florian. *Hacia allá y para acá*: una estada entre los indios mocobies, 1749-1767. Tucumán; Buenos Aires: Coni, 1944, t. 3 (segunda parte), p. 179, lámina 37.

Este livro foi publicado com o apoio da Fapesp.

CIP-BRASIL. CATALOGAÇÃO NA PUBLICAÇÃO
SINDICATO NACIONAL DOS EDITORES DE LIVROS, RJ

C321L

Carvalho, Francismar Alex Lopes de
LEALDADES NEGOCIADAS : POVOS INDÍGENAS E A EXPANSÃO DOS IMPÉRIOS IBÉRICOS NAS REGIÕES CENTRAIS DA AMÉRICA DO SUL (SEGUNDA METADE DO SÉCULO XVIII)
Francismar Alex Lopes de Carvalho. - 1ª. ed.
São Paulo: Alameda, 2014
598 p.; il.; 25 cm

Inclui bibliografia
ISBN 978-85-7939-281-8

1. Índios da América do Sul - Brasil - Política e governo. 2. Índios da América do Sul - Brasil - Relações com o governo. 3. Índios da América do Sul - Missões. 4. Brasil - Fronteiras - História - XVIII. I. Título.

14-13797　　　　　　　　　　CDD: 981
　　　　　　　　　　　　　　　CDU: 94(81)

ALAMEDA CASA EDITORIAL
Rua Conselheiro Ramalho, 694 – Bela Vista
CEP 01325-000 – São Paulo, SP
Tel. (11) 3012-2400
www.alamedaeditorial.com.br

"Estes sam os impérios mayores que o mundo tem visto, os domínios mais dillatados que se tem conhecido".

José Barbosa de Sá, *Diálogos geográficos, cronológicos, políticos e naturais*, 1769[1]

---

[1] Biblioteca Pública Municipal do Porto, Cód. 235.

Sumário

INTRODUÇÃO 19

PARTE I: POLÍTICA FUNDACIONAL 39

Capítulo 1. Povoações regulares e "polícia" 41
    Disposições 42
    Sociedade urbana e trabalho rural 51

Capítulo 2. Missões e "civilização" 65
    O urbanismo missionário 65
    A delegação da autoridade 83

Capítulo 3. Fortificações como dispositivos de visibilidade 99

Capítulo 4. Povoação e segregação 119
    "Para viverem juntos em povoações bem estabelecidas" 119
    Comunidade e "liberdade" 128

PARTE II: POLÍTICA INDIGENISTA 139

Capítulo 5. A política de "pacificação" e a permanência da guerra 141
    "Mansos" e "selvagens" 144
    Uma guerra conveniente 151
    As ambiguidades da política de "pacificação" nos domínios espanhóis 158
    A "liberdade" do Diretório e a permanência das bandeiras 163
    Autorização e subsídio do governo de Mato Grosso às bandeiras 173
    Expedições punitivas nos domínios espanhóis 184

Capítulo 6. Tratados de paz e a promoção de lideranças indígenas 195

Formas aborígenes de liderança 198

Distinção e delegação de poderes 209

"*Gastos de índios*" e arrivismo político 222

Dispositivos de saber 237

Os tratados de paz e o problema da soberania 240

Capítulo 7. A secularização das missões 253

A secularização das missões 254

Canais institucionais de protesto 268

Revoltas e deserções 273

Cruzando fronteiras: estratégias comuns a índios e escravos negros 289

Capítulo 8. Trabalho e políticas indígenas 301

As povoações do Diretório 301

Mediadores e intérpretes 312

Formas de trabalho eventual 323

PARTE III: RECRUTAMENTO E ABASTECIMENTO 331

Capítulo 9. A força do privilégio 333

Integração e hierarquização 334

A força do privilégio 345

Serviços e recompensas 353

Abertura de caminhos e reconhecimento de territórios 365

Capítulo 10. A blindagem étnica 379

Tropas indígenas 380

As milícias de homens de cor e mestiços livres 402

Capítulo 11. Disciplina e insubmissão 427

Condições de trabalho na fronteira 427

Padrões de deserção 443

Capítulo 12. O abastecimento das guarnições 457

Circuitos de abastecimento 458

Requisições compulsórias 472
Os gastos militares e as receitas e despesas das províncias 486
Serviço militar e abandono da produção 495

Capítulo 13. Rivalidade imperial e comércio fronteiriço 505
Abastecimento e contrabando 506
O Plano Pombalino e a disputa pelo exclusivo 514
Lealdades duvidosas 521
A interdição do contrabando 532
Os impactos sobre os índios 538

CONCLUSÃO 543

FONTES E REFERÊNCIAS BIBLIOGRÁFICAS 549

AGRADECIMENTOS 595

Lista de figuras

FIGURA 1. Missões, povoações e fortificações no vale do rio Guaporé, na segunda metade do século XVIII   17

FIGURA 2. Missões, povoações e fortificações no vale do rio Paraguai, na segunda metade do século XVIII   18

FIGURA 3. "Vista interior da mesma Povoação de Albuquerque" [1790]   52

FIGURA 4. "Perfil da povoação de Albuquerque" [1789]   53

FIGURA 5. "Vila Maria do Paraguai" [post. a 1778]   54

FIGURA 6. "Idêa topográfica do Rio Paraguay desde o prezídio de Nova Coimbra, athe Villa Real" [1792]   56

FIGURA 7. "Bacia do Médio Guaporé" [1769] [detalhe]   61

FIGURA 8. "Plan du Village de Concepción, mission de Moxos" [1832]   68

FIGURA 9. "Mission de Mojos de la Compañia de IHS" [c. 1713]   77

FIGURA 10. "Plano de los terrenos adjudicados a la nueva reducción y pueblo de indios chavaranas de San Juan Nepomuceno" [1799]   81

FIGURA 11. "Guardia española contra los indios" [1749]   101

FIGURA 12. "Plano da região do Rio Itenes ou Guaporé e seus afluentes" [1767]   109

FIGURA 13. "Plano do Forte do Príncipe da Beira" [1798]   109

FIGURA 14. "Descripción geográfica de la frontera que corre desde la ribera occidental del Rio Paraná hasta más debajo de la unión del río Guaporé con el Mamoré" [post. a 1792]   110

FIGURA 15. "Planta do novo forte de Coimbra" [1797]   114

FIGURA 16. "Plan y perspectiva del fuerte de Borbón" [1792]   117

FIGURA 17. "Planta da Nova Povoação de Cazal Vasco" [1786]   120

FIGURA 18. Bacia do Rio Guaporé [c. 1769]   176

FIGURA 19. "Casal de índios espanhóis, desertados, segundo disseram, da 287
povoação de Santa Ana da Província de Santa Cruz de la Sierra, domínios
de Espanha confinantes com a capitania de Mato Grosso" [1787]

FIGURA 20. "Prospecto do tear, em q' fazem as suas redes mais delicadas as índias da Villa de 307
Monte Alegre, anno de 1785"

FIGURA 21. "Figura de um Soldado Pedestre de Mato Grosso" [1791] 406

FIGURA 22. "Planta de Villa Boa" [1782] 417

FIGURA 23. "Prospecto da Povoação, e o Forte do Principe da Beira", tirado a 9 de julho de 1789 462

FIGURA 24. "Carta do petipe do Paraguay, e do fronteiro monte ao prezidio de Coimbra" [1797] 464

FIGURA 25. "Mappa Geografico em que se mostraõ as derrotas de Cazal Vasco ás Missoeñs de 517
S.ta Anna e S.to Ignacio da Provincia de Chiquitos" [1786]

Lista de tabelas

TABELA 1. Evolução do recrutamento militar em Vila Bela, Mato Grosso (1765-1804) 337

TABELA 2. Evolução do recrutamento militar em Cuiabá, Mato Grosso (1765-1804) 338

TABELA 3. Tropa paga e tropa auxiliar: Forte Nova Coimbra (1775-1804) 407

TABELA 4. Tropa paga e colonos: Forte Conceição, substituído pelo Forte Príncipe da Beira (1769-1798) 407

TABELA 5. Tropa paga e colonos: Casalvasco (1798-1804) 408

TABELA 6. Gastos militares da capitania de Mato Grosso (1769-1775) 487

TABELA 7. Gastos militares da capitania de Mato Grosso em 1803 488

TABELA 8. Contas da *Real Hacienda* do Paraguai (1775-1802), em *pesos* 492

TABELA 9. Evolução das alcabalas na província do Paraguai (1775-1803), em *pesos* 493

Lista de abreviaturas e siglas

ABN – Annaes da Bibliotheca Nacional do Rio de Janeiro

AESP – Arquivo do Estado de São Paulo

AGI – Archivo General de Indias, Sevilla

AGN – Archivo General de la Nación Argentina, Buenos Aires

AGS – Archivo General de Simancas, Valladolid
   SGU: Secretaría del Despacho de Guerra

AHM – Arquivo Histórico Militar, Lisboa

AHN – Archivo Histórico Nacional, Madri
   MPD – Fundo Estado, Mapas, Planos y Dibujos

AHU – Arquivo Histórico Ultramarino, Lisboa
   CARTm: Cartografia manuscrita
   CU: Conselho Ultramarino
   GO: Avulsos Goiás
   MT: Avulsos Mato Grosso
   PA: Avulsos Pará
   RJ: Avulsos Rio de Janeiro
   SP: Avulsos São Paulo

AMC – Extratos de documentos transcritos em: RENÉ-MORENO, Gabriel. *Catalogo del Archivo de Mojos y Chiquitos*. 2ª. ed. La Paz: Juventud, 1973

ANA – Archivo Nacional de Asunción, Paraguai
   SH: Fundo Sección Historia
   CRB: Fundo Coleção Rio Branco
   SNE: Sección Nueva Encuadernación

ANTC – Arquivo Nacional do Tribunal de Contas, Lisboa

APMT – Arquivo Público do Estado de Mato Grosso, Cuiabá

ARSI – Archivum Romanum Societatis Iesu, Roma

ASCC – *Annaes do Sennado da Camara do Cuyabá*, 1719-1830, manuscrito editado pelo Arquivo Público do Estado de Mato Grosso, Cuiabá

AVB – *Anais de Vila Bela*, 1734-1789, manuscrito editado por Janaína Amado e Leny Caselli Anzai

BNL – Biblioteca Nacional de Portugal, Lisboa

BNM – Biblioteca Nacional de España, Madri

BNRJ – Biblioteca Nacional do Rio de Janeiro

BPME – Biblioteca Pública Municipal de Évora, Évora

BPMP – Biblioteca Pública Municipal do Porto, Porto

CODA – *Colección de obras y documentos relativos a la Historia Antigua y Moderna de las provincias del Río de La Plata*, editada por Pedro de Angelis

DI – *Documentos interessantes para a história e costumes de São Paulo*

HCJPP – *Historia de la Compañía de Jesús en la provincia del Paraguay*, editada por Pablo Pastells e continuada por Francisco Mateos

IANTT – Instituto dos Arquivos Nacionais/Torre do Tombo, Lisboa
    MNE: Fundo Ministério dos Negócios Estrangeiros
    MNEJ: Fundo Ministério dos Negócios Eclesiásticos e da Justiça
    MR: Fundo Ministério do Reino

IEB – Instituto de Estudos Brasileiros da Universidade de São Paulo

MCA – *Manuscritos da Coleção de Angelis*, publicados por Jaime Cortesão

RAH – Real Academia de la Historia, Madri
    CLM: Colección Mata Linares

RAPMT – *Revista do Arquivo Público do Estado de Mato Grosso*

RIHGB – *Revista do Instituto Histórico e Geográfico Brasileiro*

RIHGMT – *Revista do Instituto Histórico e Geográfico de Mato Grosso*

RIHGSP – *Revista do Instituto Histórico e Geográfico de São Paulo*

Figura 1: Missões, povoações e fortificações no vale do rio Guaporé, na segunda metade do século XVIII

Legenda:
- Cidades
- Fortificação
- Povoações "regulares" portuguesas
- Missões de Mojos
- Missões de Chiquitos

Fonte: Desenho próprio a partir de mapa contemporâneo da Bolívia. Localização das missões cf. BLOCK, David. *Mission culture on the Upper Amazon*: native tradition, Jesuit enterprise, and secular policy in Moxos, 1660-1880. Lincoln: University of Nebraska Press, 1994, p. 45 e TOMICHÁ CHARUPÁ, Roberto. *La primera evangelización en las reducciones de Chiquitos, Bolivia (1691-1767): protagonistas y metodología misional*. Cochabamba: Verbo Divino, 2002, p. 667.

Figura 2: Missões, povoações e fortificações no vale do rio Paraguai, na segunda metade do século XVIII

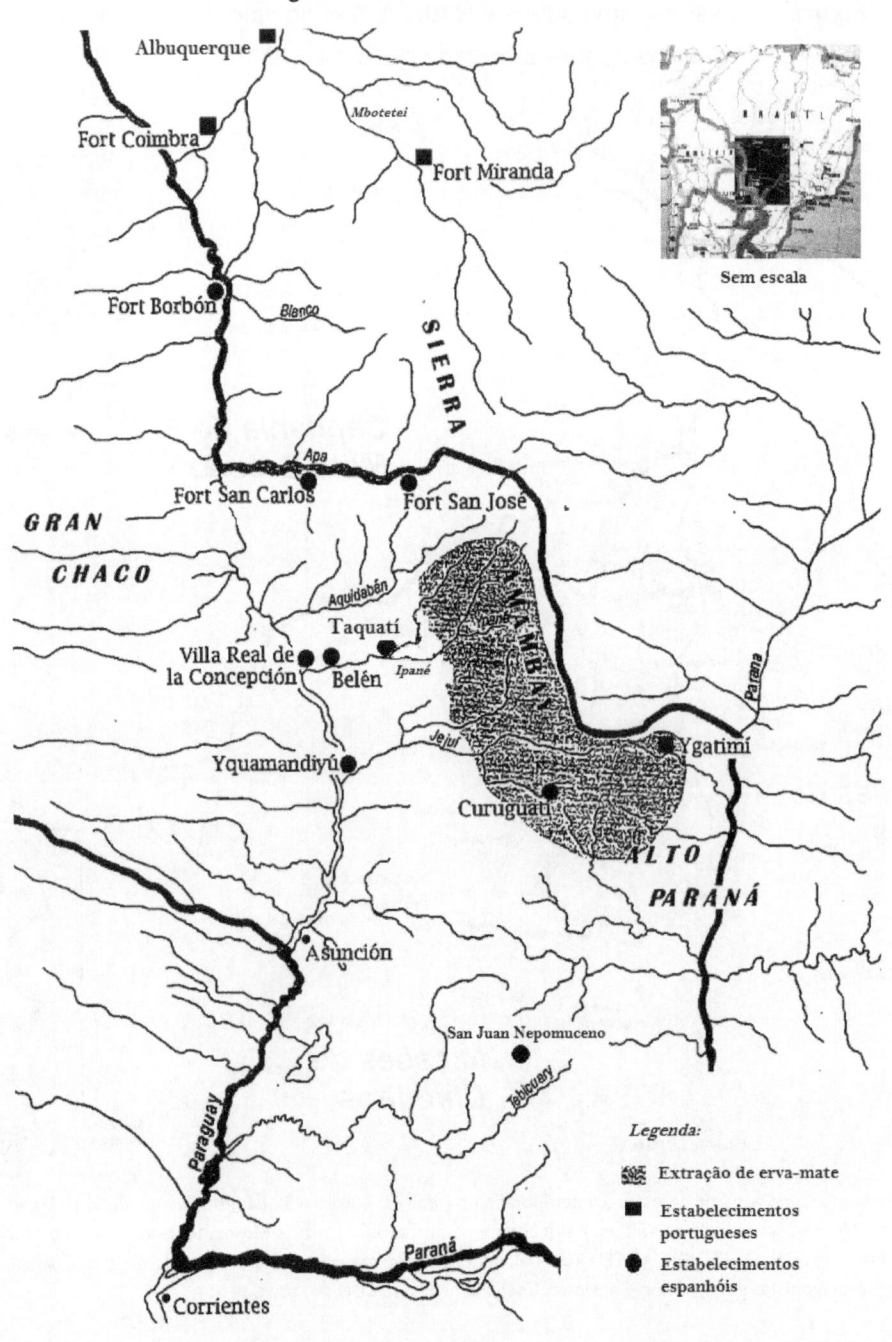

Legenda:
- Extração de erva-mate
- Estabelecimentos portugueses
- Estabelecimentos espanhóis

Fonte: GUY, Donna J.; SHERIDAN, Thomas E. (eds.) *Contested ground*: comparative frontiers on the Northern and Southern edges of the Spanish Empire. Tucson: Univ. of Arizona Press, 1998, map 4.

Introdução

Em maio de 1779, o ministro de *Indias*, José de Gálvez, em carta ao vice-rei de Nova Granada, Manuel Antonio Flores, reconhecia ser impossível guarnecer com tropa paga todos os pontos que se julgavam indispensáveis na América:

> la necesidad y la política exigen que se saque de los naturales del país todo el partido que se pueda. Para esto es preciso que los que mandan los traten con humanidad y dulzura, que a fuerza de desinterés y equidad les infundan amor al servicio, y les hagan conocer que la defensa de los derechos del Rey está unida con la de sus bienes, su familia, su patria y su felicidad.[1]

Gálvez argumentava, assim, que a contribuição *dos moradores* era da maior importância para a defesa das fronteiras, e que era preciso animá-los ao Real Serviço.

Nas regiões de fronteira dos domínios hispano-portugueses, essa política se tornou decisiva na segunda metade do século XVIII. Este livro analisa a expansão dos impérios ibéricos às regiões centrais da América do Sul, acelerada a partir das indefinições do Tratado de Madri de 1750. A fim de atender ao princípio de *uti possidetis*, espanhóis e portugueses recorreram à criação de estabelecimentos nas áreas sob litígio e buscaram atrair colonos e populações indígenas que ali viviam. Foram construídos fortes militares, vilas e missões em um espaço fronteiriço entre a capitania de Mato Grosso e as províncias espanholas de Mojos, Chiquitos e Paraguai. A disputa era tanto pela posse territorial quanto pela lealdade dos moradores, o que suscita alguns problemas específicos: que dispositivos eram utilizados para atrair os índios às vilas e missões?

---

[1] AGI, Santa Fe, 577a. "Carta del Secretario de Indias D. José de Gálvez al Virrey [Manuel Antonio] Flores de Nueva Granada", Aranjuez, 15 maio 1779.

Como eram as relações entre funcionários, colonos, oficiais, missionários, soldados, comerciantes, caciques e índios comuns no cotidiano desses estabelecimentos fronteiriços? Como eram mantidas a autoridade real e a lealdade ao monarca? Obter a lealdade desses distantes vassalos era um problema crucial para as Cortes ibéricas que, no entanto, não dispunham de recursos suficientes para custear os fortes e as tropas que a situação demandava. A delegação de responsabilidades e a transferência de custos aos mesmos índios e colonos da fronteira parecem ter dependido de uma negociação assimétrica entre a Coroa e esses moradores, em que sua lealdade era mobilizada a partir da concessão (ou da promessa de concessão) de certos privilégios e benefícios, desigualmente distribuídos.

É significativo que as sociedades indígenas que habitavam essas raias dos impérios no século XVIII[2] fossem reconhecidas pelo colonizador distintamente em relação aos chamados "índios submetidos", estes que, do lado espanhol, viviam em *pueblos* e eram tributários e, do lado português, habitavam aldeamentos, missões ou eram "administrados". Na documentação coeva, pelo contrário, os índios ainda não conquistados rara vez eram mencionados apenas como "índios", termo ao qual se acrescia os qualificativos de "selvagens", "bárbaros", "de corso", "gentis", "tapuias", não sendo incomum ainda o de *indios infieles*.[3] Se na primeira metade do século XVIII, como nos séculos anteriores, aos "índios bárbaros" que resistissem à evangelização ou interditassem a presença da colonização era lícito o emprego de guerras de extermínio ou captura, quando a demarcação dos territórios liminares passou a exigir povoações

---

2   De acordo com David Weber, se a conquista da América esteve longe de se completar no primeiro século, por volta de 1750 havia territórios específicos cujas populações permaneciam relativamente independentes dos impérios coloniais, a saber, o norte da Nova Espanha (da Califórnia à Flórida), as terras baixas da América Central, as bacias dos rios Amazonas e Orinoco, o Gran Chaco, os Pampas, a Patagônia e a Terra do Fogo, cumprindo precisar, nessa relação feita pelo autor, os vales dos rios Guaporé e Paraguai (WEBER, David J. *Bárbaros*: Spaniards and their savages in the Age of Enlightenment. New Haven: Yale University Press, 2005, p. 14).

3   Uma análise sobre como essas classificações contribuíam para a própria definição de um espaço de fronteira já no século XVI encontra-se em: CAILLAVET, Chantal. El proceso colonial de invención de las fronteras: tiempo, espacio, culturas. In: GIUDICELLI, Christophe (ed.). *Fronteras movedizas*: clasificaciones coloniales y dinámicas socioculturales en las fronteras americanas. México: Centro de Estudios Mexicanos y Centroamericanos: El Colegio de Michoacán, 2010, p. 59-82. Funcionários ilustrados seguiam retratando os índios independentes como "bárbaros", como mostra: NAVARRO FLORIA, Pedro. Ciencia de frontera y mirada metropolitana: las ciencias del hombre ante los indios de la Araucanía, las Pampas y la Patagonia (1779-1829). *Cuadernos del Instituto Nacional de Antropología y Pensamiento Latinoamericano*, Buenos Aires, v. 17, 1996-1997, p. 119-27; para as classificações das "castas de gentio" na América portuguesa, ver: MONTEIRO, John Manuel. *Tupis, tapuias e historiadores*: estudos de história indígena e do indigenismo. 2001. Tese (Concurso de Livre Docência) – Departamento de Antropologia, Universidade Estadual de Campinas, Campinas, 2001, p. 12-24, 62-78. Sobre a arbitrariedade dos funcionários coloniais ao elaborar etnônimos (que podiam não ser mais que topônimos ou nomes de *encomiendas* generalizados) e estereótipos sobre a falta de "polícia" como forma de legitimar guerras e captura, vide: GIUDICELLI, Christophe. *Guerre, identités et métissages aux frontières de l'Empire*: la guerre des Tepehuán en Nouvelle Biscaye (1616-1619). 2001. Tese (doutorado) – Université de Paris III, Sorbonne Nouvelle, Paris, 2001, p. 57-80.

"regulares", feitas de gente e não de muros, na acepção de um governador português,⁴ os povos atraídos aos novos estabelecimentos serão aqueles mesmos contra os quais há tão pouco tempo era movida a guerra.⁵ Em teoria pelo menos, havia uma passagem de ênfase das guerras contra os índios fronteiriços à tentativa de atraí-los por meios pacíficos e inseri-los em circuitos de comércio e trabalho. Esse ponto ficava claro na correspondência de Sebastião José de Carvalho e Melo, como expressou, por exemplo, numa carta ao bispo do Pará, enviada em 1761, em que faz constar que o rei "de nenhuma sorte permite que o evangelho se dilate nos seus domínios com ferro, e com fogo [...]; nem os tais indios são feras, mas sim homens racionais que fugirão (por isso mesmo porque são racionais) dos que até agora os perseguirão".⁶ Se até então presídios e fortificações instalados nas fronteiras eram como que enclaves em território inimigo, marcos simbólicos da soberania monárquica sobre as terras e postos avançados de onde se lançavam expedições punitivas e de captura aos índios do entorno, a passagem a novas funções é tanto mais notável porque, ainda que permanecessem como signos de possessão territorial, passaram a funcionar como entrepostos de atração de populações nativas, redutos para estabelecer relações políticas com caciques, ofertar presentes e persuadir a que aldeassem sua gente, sobre quem não deixavam de exercer uma rigorosa vigilância.⁷

O vale do rio Paraguai contou com a presença da colonização espanhola já no século XVI, ao passo que a colonização portuguesa, embora tivesse lançado assentamentos provisórios ali no século XVII, somente se estabeleceu com a descoberta das minas de Cuiabá, em 1718. Os espanhóis tentaram constituir um "cordão" de missões que segurasse toda a raia de limites com o Império português, e embora as missões do Itatim ao norte de Assunção tivessem recuado em fins do século XVII, devido às incursões bandeirantes e de grupos Guaykuru, jesuítas espanhóis avançaram a partir de Santa Cruz de la Sierra e consolidaram as missões de Chiquitos, ao norte do Chaco (atual Bolívia). Nas proximidades do vale do rio Guaporé, os espanhóis instalaram, a partir de 1682, as missões jesuíticas de Mojos, que chegaram a ser visitadas pelos portugueses na década de 1720 e, na década seguinte, passaram a contar com a vizinhança

---

4   AHU, MT, cx. 3, d. 196. Carta de Luís de Mascarenhas ao rei, Vila Boa, 8 abr. 1740, incluída na consulta do Conselho Ultramarino sobre a conta que deu o ouvidor da Vila de Cuiabá a respeito da distância que há daquela vila e suas povoações às Indias de Espanha, com quem confinam aqueles sertões. Lisboa, 26 abr. 1746.

5   Ao fim do século XVII, momento decisivo da expansão colonial portuguesa nos sertões do Nordeste, houve mesmo uma regressão em relação às políticas iniciais de atração mediante presentes e alianças, através da condução da guerra maciça e da violência endêmica contra os "índios independentes". Vide, a respeito, a análise de: PUNTONI, Pedro. *A guerra dos bárbaros*: povos indígenas e a colonização do sertão nordeste do Brasil, 1650-1720. São Paulo: Hucitec/Edusp/Fapesp, 2002.

6   Arquivo da Universidade de Coimbra, Cód. "Copiador da correspondência dirigida ao Governador e Capitão-General de São-Paulo", doc. n. 12, Conde de Oeiras ao bispo do Pará, Ajuda, 16 jul. 1761; transcrição em: *Brasília*, Coimbra, n. 1, 1942, p. 597.

7   O estudo clássico, a esse respeito, permanece sendo: MOORHEAD, Max L. *The Presidio*: Bastion of the Spanish Borderlands. Norman: University of Oklahoma Press, 1975.

lusitana desde as lavras de mineração da paragem de Mato Grosso.[8] Assim, a partir de cerca de 1750, observa-se tanto do lado espanhol quanto do lado português uma tentativa de avançar sobre essas zonas liminares, instalando fortes militares, povoações e reduções nos pontos mais limítrofes possíveis, ou seja, no seio de territórios ocupados por populações indígenas ainda não conquistadas.

Da perspectiva dos portugueses, como sublinha Ângela Domingues, a busca por garantir a soberania territorial e a ocupação econômica das regiões fronteiriças e em litígio, de modo a confirmar o *uti possidetis*, passava pela implementação de uma nova política indigenista, que eliminasse a influência dos jesuítas e estabelecesse um controle direto, pela administração colonial, sobre o trabalho indígena.[9] A lei de liberdade dos índios de 7 de junho de 1755 e a promulgação do Diretório, em 3 de maio de 1757, consolidaram uma política de aldeamento de povos indígenas no entorno das fortificações que se estabeleciam nas fronteiras.[10] Em que pese

---

8   Alguns estudos têm enfatizado a porosidade dos espaços das missões de Mojos e Chiquitos tanto à circulação de portugueses quanto de espanhóis, que buscavam capturar índios ou estabelecer comércio. Ver, por exemplo: SAIGNES, Thierry. L'Indien, le Portugais et le Jésuite: alliances et rivalités aux confins du Chaco au XVIIIème siècle. *Cahiers des Amériques Latines*, n. 9-10, 1975, p. 224; GARCÍA RECIO, José María. *Análisis de una sociedad de frontera*: Santa Cruz de la Sierra en los siglos XVI y XVII. Sevilla: Diputación Provincial de Sevilla, 1988, p. 50-62, 147-54; BLOCK, David. *Mission culture on the Upper Amazon*: native tradition, Jesuit enterprise, and secular policy in Moxos, 1660-1880. Lincoln: University of Nebraska Press, 1994, p. 68-69; TOMICHÁ CHARUPÁ, Roberto. *La primera evangelización en las reducciones de Chiquitos, Bolivia (1691-1767)*: protagonistas y metodología misional. Cochabamba: Verbo Divino, 2002, p. 393-402; LIVI BACCI, Massimo. *El Dorado in the marshes*: gold, slaves and souls between the Andes and the Amazon. Cambridge; Malden: Polity, 2010, p. 81-82, 84. A expedição portuguesa esteve em Mojos entre 1722 e 1723, e era comandada por Francisco de Melo Palheta, que partira do Pará. BPME, Colecção Manizola, Cód. 41-2, f. 1-17. "Narração da viagem e descobrimento que fez o sargento-mor Francisco de Melo Palheta, no rio da Madeira", desde 2 nov. 1722 até 2 set. 1723.

9   DOMINGUES, Ângela. *Quando os índios eram vassalos*: colonização e relações de poder no norte do Brasil na segunda metade do século XVIII. Lisboa: Comissão Nacional para as Comemorações dos Descobrimentos Portugueses, 2000, p. 39 *et passim*.

10 A lei do Diretório dos Índios, que abarcou toda a América portuguesa de 1758 a 1798, alterou, em primeiro lugar, o sistema de gestão dos aldeamentos indígenas, retirando o poder temporal dos missionários e concentrando-o na pessoa do diretor, indivíduo nomeado diretamente pelos governadores. Sebastião José de Carvalho e Melo tinha clareza de que somente com colonos portugueses não seria possível afirmar a posse territorial dos vastos territórios do Brasil. A solução era, a seu ver, firmar uma aliança com os nativos, como os romanos fizeram com os portugueses, segundo escreveu em uma carta a seu irmão governador do Pará (Arquivo da Universidade de Coimbra, Cód. "Copiador da correspondência dirigida ao Governador e Capitão-General de São-Paulo", doc. n. 5. "Copia de algumas Instruçoes q.' Sua Mag.de mandou expedir a Francisco Xavier de Mendonça Furtado", 15 maio 1759; transcrição em: *Brasília*, Coimbra, n. 1, 1942, p. 595). A administração central passou sem demora à aplicação das medidas mais urgentes. Em 4 de abril de 1755, estabeleceu a política de estímulo aos casamentos mistos e ofereceu privilégios para os filhos mestiços. Barbara Sommer tem analisado a atuação dos caciques das novas vilas pombalinas da Amazônia e percebido sua participação como mediadores entre demandas coloniais por mão de obra e queixas e pedidos de benefícios por parte da comunidade indígena. Atenta ao nível local, a autora mostra ainda como algumas pessoas cruzavam fronteiras étnicas e culturais através dos casamentos recomendados pela política oficial em busca de reconhecimento e de benefícios materiais e simbólicos (SOMMER, Barbara Ann. *Negotiated settlements*: native Amazonians and Portuguese policy in Pará, Brazil, 1758-1798. 2000. Tese (Ph.D.) – University of New Mexico, Albuquerque, 2000, p. 216 *et seq.*; Idem. Adquirindo e defendendo os privilégios concedidos pela Coroa no norte do Brasil. In:

o Diretório subordinasse os indígenas a sistemas de trabalho, mesmo os estabelecimentos que não fossem produtivos possuíam importância estratégica, diz uma estudiosa, como "barreira humana" contra os impérios rivais.[11] Da mesma forma, para Antonio César de Almeida Santos, essas povoações buscavam agregar "os habitantes dispersos pelos sertões [fazendo-os] participar institucionalmente de um projeto político que objetivava assegurar para a Coroa portuguesa a posse de seus domínios americanos".[12]

Seja como for, aldeias, fortificações e vilas foram instaladas em vários pontos intersticiais e litigiosos da América portuguesa. A capitania de Mato Grosso, no centro do continente, era vista pela Coroa como "a chave e o propugnáculo do sertão do Brasil", para usar os termos da própria rainha em Instrução ao seu primeiro governador, Antonio Rolim de Moura, datada de 19 de janeiro de 1749.[13] O comércio da capitania realizava-se por três vias: um caminho terrestre desde o Rio de Janeiro ou da Bahia pela capitania de Goiás, e duas rotas fluviais, ou pelas monções de São Paulo, que navegavam as bacias dos rios Paraná e Paraguai, ou pela rota do Grão-Pará, através do curso dos rios Madeira, Mamoré e Guaporé. Embora a maior parte das fazendas e escravos passassem pela rota terrestre via Goiás, as outras duas, fluviais, não deixavam de ter importância estratégica decisiva para segurar os territórios, e por essa razão, segundo alguns estudiosos, sua navegação e conservação com vilas e fortes eram estimuladas pela Coroa.[14] Na fronteira de Mato Grosso com as províncias castelhanas de Mojos e Chiquitos foram instaladas a sede da capitania, Vila Bela (1752), em pleno vale do rio Guaporé; e em pouco mais de 10 anos, uma rede de povoações indígenas nos moldes do Diretório dos Índios, nomeadamente Leomil, Lamego e Balsemão. O forte Nossa Senhora da Conceição, levantado em

---

MONTEIRO, Rodrigo Bentes *et al* (eds.). *Raízes do privilégio*: mobilidade social no mundo ibérico do Antigo Regime. Rio de Janeiro: Civilização Brasileira, 2011, p. 619-38.

11   Era esse o caso do forte São Joaquim e dos aldeamentos indígenas ao seu redor, localizados no rio Branco, extremo norte da Amazônia, fronteira com as colonizações espanhola e holandesa (FARAGE, Nádia. *As muralhas dos sertões*: os povos indígenas no rio Branco e a colonização. Rio de Janeiro: Paz e Terra/Anpocs, 1991, p. 128).

12   SANTOS, Antonio César de Almeida. *Para viverem juntos em povoações bem estabelecidas*: um estudo sobre a política urbanística pombalina. 1999. Tese (doutorado em História) – Universidade Federal do Paraná, Curitiba, 1999, p. 193.

13   "Instrução da Rainha D. Mariana Vitória para D. Antonio Rolim de Moura Tavares", Lisboa, 19 jan. 1749. In: MENDONÇA, Marcos Carneiro de. *Rios Guaporé e Paraguai*: primeiras fronteiras definitivas do Brasil. Rio de Janeiro: Xerox, 1985, p. 24. Essa visão de Mato Grosso como "chave do Brasil", segundo Renata Malcher de Araujo, era uma forma da Coroa dar coesão à ideia de território português na América, representando assim a união entre o Norte e o Sul e o formato de "ilha-Brasil" de que tratou Jaime Cortesão (ARAUJO, Renata Malcher de. *A urbanização do Mato Grosso no século XVIII*: discurso e método. 2000. Tese (doutorado em História da Arte) – Universidade Nova de Lisboa, Lisboa, 2000, v. 1, p. 41-42; CORTESÃO, Jaime. *Alexandre de Gusmão e o Tratado de Madri*. Brasília: Fundação Alexandre de Gusmão; São Paulo: Imprensa Oficial, 2006, v. 2, p. 135 *et seq.*).

14   Para as monções do sul, a análise clássica segue sendo: HOLANDA, Sérgio Buarque de. *Monções*. 3ª. ed. São Paulo: Brasiliense, 2000; *Idem*. *O Extremo Oeste*. São Paulo: Brasiliense, 1986; para as monções do norte, vide: DAVIDSON, David. *Rivers & empire*: the Madeira rout and the incorporation of the Brazilian Far West, 1737-1808. Dissertação (Ph.D.) – Yale University, 1970.

1760, foi reconstruído em 1776 como um forte monumental, denominado Príncipe da Beira, e em seus arredores havia moradias de colonos e índios. No vale do rio Paraguai, em apoio ao forte Nova Coimbra (1775), que era uma resposta à expansão espanhola rumo ao norte, foram criadas as povoações de Albuquerque e Vila Maria (1778); e, por fim, Casalvasco (1783), no rio Barbados, em posição mais ou menos central entre os dois vales.[15] Não se compreende a constituição desses estabelecimentos sem ter em conta a política de atração dos povos indígenas que viviam entre os dois impérios e mesmo do lado dos rivais. Neste livro, procuro mostrar que os índios barganhavam melhores situações para suas comunidades com o governo e, quando não atendidos, passavam aos domínios do outro monarca. Sucedeu assim com todas as povoações fronteiriças, cuja maior parte dos moradores era composta por índios "desertores" ou, sendo até então independentes, eram reduzidos pela primeira vez.

Embora não houvesse, entre os espanhóis, um programa unificado como o dos portugueses, eles partilhavam das mesmas ideias de que a instalação de povoações urbanas "regulares", o incentivo à agricultura e a atração dos "índios bárbaros" consolidariam e dinamizariam as fronteiras do Império.[16] Essa visão reformista era já divulgada desde 1743, com a obra de José del Campillo y Cosio, lida em manuscrito, intitulada *Nuevo sistema de gobierno económico para la América: con los males y danos que le causa el que hoy tiene* e publicada em Madri somente em 1789, texto que, segundo um historiador, não estava longe de ser uma espécie de bíblia dos reformadores.[17] Campillo y Cosio rechaçava o uso da dispendiosa força militar para conquistar os índios e recomendava o comércio como meio mais ameno e lucrativo.[18] Do mesmo modo, a secularização das missões era parte do programa dos reformistas ilustrados de integrar os índios à sociedade envolvente e combater o poder e a riqueza das ordens regulares, e a expulsão dos jesuítas do Império espanhol, em 1767, foi uma boa oportunidade de aplicar essas propostas. No novo sistema, o Estado controlaria as propriedades das missões através de bispos, que supervisionariam clérigos seculares ou regulares; e onde foram assinalados subdelegados

---

15 Para análises do ponto de vista do urbanismo e da política territorial portuguesa, vide: ARAUJO, *A urbanização do Mato Grosso no século XVIII*, op. cit.; DELSON, Roberta Marx. *Novas vilas para o Brasil-colônia*: planejamento espacial e social no século XVIII. Brasília: Alva-Ciord, 1997.

16 Importantes trabalhos de síntese a esse respeito são: MÖRNER, Magnus. *La Corona Española y los foráneos en los pueblos de indios de América*. Madri: Agencia Española de Cooperación Internacional: Ediciones de Cultura Hispánica, 1999, p. 302-12; SOLANO, Francisco de. *Ciudades hispanoamericanas y pueblos de indios*. Madri: Consejo Superior de Investigaciones Científicas, 1990, p. 94-153; MARCHENA FERNÁNDEZ, Juan; GÓMEZ PÉREZ, María del Carmen. *La vida de guarnición en las ciudades americanas de la Ilustración*. Madri: Ministerio de Defensa: Secretaría General Técnica, 1992, p. 34-44; LUCENA GIRALDO, Manuel. *A los cuatro vientos*: las ciudades de la América Hispánica. Madri: Marcial Pons, 2006, p. 146-55.

17 BRADING, David. *Mineros y comerciantes en el México Borbónico (1763-1810)*. México: Fondo de Cultura Económica, 1991, p. 47-51.

18 CAMPILLO Y COSIO, José del. *Nuevo sistema de gobierno económico para la América: con los males y danos que le causa el que hoy tiene* [...] [1743]. Madri: Imprenta de Benito Cano, 1789, p. 16, 210.

laicos para o governo temporal, eles ficariam diretamente subordinados ao governador.[19] A Real Cédula de 15 de setembro de 1772 definiu, para Mojos e Chiquitos, que os curas permaneceriam com o poder temporal, e que as produções deveriam ser remetidas à Administração Central da *Real Hacienda* em Chuquisaca, que teria as funções de controlar as contas de todos os *pueblos*, receber seus frutos, comercializá-los e remunerar curas e índios. As produções incluíam gado, sebo, cacau, cera, algodão e açúcar, e havia grande interesse dos moradores de Santa Cruz e Mato Grosso em comercializá-las fora do monopólio espanhol.[20] Tornaram-se frequentes, a partir daí, as manifestações por parte dos *cabildos* indígenas das missões ante os contrabandos de bens de comunidade e o aumento da coerção ao trabalho. Procuro mostrar que os caciques enviavam petições ao governo que, quando não atendidas, podiam deflagrar revoltas e transmigração de centenas de famílias aos domínios de Portugal.[21]

Na fronteira de Mato Grosso com o norte do Paraguai, houve uma considerável expansão da produção de erva-mate e das estâncias de gado, a partir de 1773, quando os espanhóis instalaram ao norte do rio Ipané a Villa Real de la Concepción. Desde 1760, aliás, um enclave espanhol voltara às proximidades dos limites com os portugueses, com a redução jesuítica de Belén, fundada entre os índios Guaykuru, também ao norte do Ipané.[22] Os índios Payaguá, Guaykuru e Guaná, que viviam até então "independentes" na fronteira entre os dois impérios,

---

19 BRADING, David. Tridentine Catholicism and Enlightened despotism in Bourbon Mexico. *Journal of Latin American Studies*, v. 15, n. 1, 1983, p. 8-11, 17-22. A bibliografia sobre a secularização das missões e a expulsão dos jesuítas é imensa. Aqui convém apenas mencionar alguns trabalhos recentes que sugerem semelhanças com o que passava em Mojos e Chiquitos. Para a região de Misiones, ver: SARREAL, Julia. *Globalization and the Guaraní*: from missions to modernization in the eighteenth century. Tese (Ph.D.) – Department of History, Harvard University, 2009, p. 172 *et seq*. Em Nueva Vizcaya, norte da Nova Espanha, a secularização começou mais cedo: em 1753, os jesuítas foram substituídos por curas seculares, que em pouco tempo passaram a ser acusados de manipular os *repartimientos* em benefício próprio. A sobrecarga de tarefas e a pífia remuneração nos *pueblos* conduziam os índios a buscarem trabalho nas vilas de espanhóis (DEEDS, Susan M. *Defiance and deference in Mexico's colonial north*: indians under Spanish rule in Nueva Vizcaya. Austin: University of Texas Press, 2003, p. 184-87).

20 AGI, Charcas, 515. Regulamentos temporais para as missões de Mojos e Chiquitos, Santo Ildefonso, 15 set. 1772.

21 Nesse como em alguns outros pontos, a situação aqui analisada é bastante semelhante à dos índios Guarani da região de Misiones, na fronteira com o Rio Grande de São Pedro, sobre a qual se pode consultar o trabalho de: GARCIA, Elisa Frühauf. *As diversas formas de ser índio*: políticas indígenas e políticas indigenistas no extremo sul da América portuguesa. 2007. Tese (doutorado em História) – Programa de Pós-Graduação em História, Universidade Federal Fluminense, Niterói, 2007.

22 Estudos mais atualizados sobre a expansão dos espanhóis do Paraguai às áreas liminares da província incluem: FERRER DE ARRÉLLAGA, Renée. *Un siglo de expansión colonizadora*: los orígenes de Concepción. Asunción: Editorial Histórica, 1985; COONEY, Jerry W. North to the Yerbales: The Exploitation of the Paraguayan Frontier, 1776-1810. In: GUY, Donna J.; SHERIDAN, Thomas E. (eds.) *Contested ground*: comparative frontiers on the Northern and Southern edges of the Spanish Empire. Tucson: University of Arizona Press, 1998, p. 135-49; ARECES, Nidia R. *Estado y frontera en el Paraguay*: concepción durante el gobierno del Dr. Francia. Asunción: Centro de Estudios Antropológicos de la Universidad Católica, 2007; TELESCA, Ignacio. *Tras los expulsos*: cambios demográficos y territoriales en el Paraguay después de la expulsión de los jesuitas. Asunción: Centro de Estudios Antropológicos de la Universidad Nuestra Señora de la Asunción/Litocolor, 2009.

foram simultaneamente atraídos para as povoações "mistas" dos portugueses, Albuquerque e Vila Maria, e para as reduções que os espanhóis mantinham separadas de Villa Real de la Concepción. Ademais de Belén de índios Guaykuru, foram fundadas, com índios Guaná, as reduções de Taquatí (1788), igualmente no rio Ipané, e San Juan Nepomuceno (1797), mais ao sul, nas proximidades do *pueblo* Guarani de Caazapá.[23] A militarização da fronteira pelos espanhóis prosseguiu no mesmo ritmo dos portugueses: estabeleceram os fortes de Borbón (1792), na margem direita do rio Paraguai, bem ao norte, não muito distante de Nova Coimbra; e os fortes de San Carlos e San José no rio Apa (1794 e 1797).[24] Sucede que faltavam recursos para manter os presentes aos caciques e a provisão das reduções de gado, ferramentas, roupas e outros itens. Os índios barganhavam vantagens e negociavam sua lealdade com as duas colonizações que, avessas à elevação dos gastos defensivos das fazendas reais, recorriam a requisições mais ou menos compulsórias de recursos entre os mesmos colonos.

Deve-se ter em conta que a consolidação e a defesa dos limites territoriais pelos impérios ibéricos passavam pela realocação de recursos do setor produtivo para o setor militar. Tanto no Paraguai quanto em Mato Grosso, os colonos eram recrutados compulsoriamente e obrigados a servir à própria custa, além de terem sua produção requisitada para o abastecimento dos fortes e expedições militares, quando não permanecia abandonada devido à ausência resultante do serviço militar.[25] No Paraguai, as tropas não recebiam soldo, e o pouco auxílio do governo provinha de um fundo chamado "Ramo de Guerra", constituído com taxas cobradas a quem beneficiasse erva-mate ou quisesse "comprar" sua isenção do serviço nos presídios das fronteiras.[26] As tentativas de se criar um corpo militar fixo e a soldo fracassaram sucessivamente até o fim da época colonial, de modo que a defesa da fronteira permaneceu sendo uma obrigação de todos os colonos, que serviam à sua custa, por turnos, nos 28 presídios da província.[27] Em

---

23 Permanece útil a análise de Branislava Susnik a respeito da trajetória dos grupos Payaguá, Guaykuru e Guaná no vale do rio Paraguai; vide: SUSNIK, Branislava. *El indio colonial del Paraguay*: t. 3-1: El chaqueño: Guaycurúes y Chanes-Arawak. Asunción: Museo Etnográfico Andrés Barbero, 1971.

24 Ramón Gutiérrez analisa o traçado e os materiais com que eram feitas as fortificações espanholas (GUTIÉRREZ, Ramón. *Evolución urbanística y arquitectónica del Paraguay*: 1537-1911. 2a. ed. Asunción: Comuneros, 1983, p. 22, 29-30).

25 Esse aspecto, para o caso do Paraguai, chamou a atenção de: GARAVAGLIA, Juan Carlos. Campesinos y soldados: dos siglos en la historia rural del Paraguay. In: *Idem. Economía, sociedad y regiones*. Buenos Aires: Ediciones de la Flor, 1987, p. 228-48; TELESCA, *Tras los expulsos, op. cit.*, p. 51-70; e no âmbito do vice-reino do Río de la Plata: LYNCH, John. *Administración colonial española*: 1782-1810: el sistema de intendencias en el Virreinato del Río de la Plata. Buenos Aires: Editorial Universitária de Buenos Aires, 1962, p. 154-59; o mesmo fenômeno foi observado em Mato Grosso por: VOLPATO, Luiza Rios Ricci. *A conquista da terra no universo da pobreza*: formação da fronteira oeste do Brasil (1719-1819). São Paulo: Hucitec, 1987, p. 41-42.

26 RIVAROLA PAOLI, Juan Bautista. *La Real Hacienda*: la fiscalidad colonial: siglos XVI al XIX. Asunción: Ediciones y Arte, 2005, p. 313-23.

27 ANA, SH, v. 155, n. 5. "Estado que manifiesta los oficiales, sarxentos, cavos, y soldados que de los Reximientos de Milicias de la Provincia del Paraguay", Assunção, 13 abr. 1790; ver também: VELÁZQUEZ, Rafael Eladio. Orga-

Mato Grosso havia uma tropa paga, que teria alcançado uns 626 homens em 1798,[28] divididos em duas Companhias: a de Pedestres (323 homens), composta por negros e mestiços livres e índios, vencia metade do soldo da de Dragões, composta por homens brancos. Os colonos eram recrutados para as Companhias Auxiliares e Ordenanças e serviam à sua custa. A falta de soldados levou à tentativa de criar um terço de índios Bororo, e os Guaykuru efetivamente foram empregados em expedições militares.[29] Importa analisar os dispositivos de poder que garantiam o recrutamento dos soldados, o abastecimento das guarnições e o estímulo a que os colonos realizassem, à própria custa, os serviços indispensáveis à defesa das raias das províncias.

Se a delegação de responsabilidades e a transferência de custos aos mesmos índios e colonos da fronteira parecem ter dependido de uma negociação assimétrica entre a Coroa e esses moradores, a mobilização dessas lealdades pode ter sido decorrente da vigência de um "pacto colonial" tácito estabelecido entre ambas as partes. Este livro sustenta que o pedido de juramentos de lealdade aos índios "independentes", através de tratados de paz e outros acordos com chefias nativas, e a requisição de verdadeiros testes de fidelidade aos colonos, sob a forma de recrutamento militar, exigências de "donativos" para a defesa da fronteira e a renovação de privilégios municipais ou de grupos corporativos eram mecanismos com que a administração colonial reforçava seu controle sobre a vida social. Para se ter uma ideia de quão arraigada estava essa mentalidade do juramento, convém salientar que não raro as ofertas de serviços e lealdade partiam dos próprios colonos e índios fronteiriços (capazes de manipular habilmente as relações pactuadas), provavelmente porque a maior distância do centro tornava a adesão a uma identidade imperial tanto mais decisiva (e propícia para auferir distinção e prestígio) na orientação da vida cotidiana.[30] Parece-me útil estender aos impérios ibéricos a caracterização

---

nización militar de la Gobernación y Capitanía General del Paraguay. *Estudios Paraguayos*, Asunción, v. 5, n. 1, p. 25-69, 1977.

28 AHU, MT, cx. 35, d. 1799. Mapa militar referente ao ano de 1798.

29 VOLPATO, *A conquista da terra*, op. cit., p. 41-45. A permissão de que apenas brancos fossem aceitos como Dragões foi atenuada em governos posteriores ao de Antonio Rolim de Moura. Cf. "Instrução do Conde de Azambuja para D. João Pedra da Câmara", Pará, 8 jan. 1765. In: MENDONÇA, *Rios Guaporé e Paraguai*, op. cit., p. 80-81. O recrutamento militar em Mato Grosso é um tema praticamente inexplorado, mas se deve a Otávio Ribeiro Chaves uma incursão sobre o assunto: CHAVES, Otávio Ribeiro. *Política de povoamento e a constituição da fronteira oeste do império português*: a capitania de Mato Grosso na segunda metade do século XVIII. 2008. Tese (doutorado em História) – Programa de Pós-Graduação em História, Universidade Federal do Paraná, Curitiba, 2008, max. p. 136-153.

30 O verbete "juramento de fidelidade" da *Encyclopédie*, escrito por Chevalier de Jaucourt, define a instituição da seguinte forma: "Serment de fidelité, est um serment que le sujet fait à son prince ou le vassal à son seigneur, par lequel il s'oblige de lui être toujours fidèle". Já em meados do século XVII, a noção corporativista medieval de juramento, baseada na bilateralidade, era superada em favor de um encadeamento em linha única ascendente que reforçava a autoridade do soberano. Assim, como assinala Paolo Prodi, nos juramentos exigidos no nível da gestão municipal, "l'aspetto bilaterale del patto di signoria si cancella a poco a poco, lasciando il posto a concessioni o deleghe o privilegi nei settori che lo Stato non è ancora in grado di controllare. [...] Il giuramento corporativo, da associativo, diventa essenzialmente strumento e sistema di controllo della vita sociale". O mesmo estudo sugere que a constituição de identidades sociais no Antigo Regime passava pela adesão dos indivíduos, por meio de

feita por um historiador a respeito do mundo hispânico dos séculos XVI ao XVIII, como sendo uma sociedade que vivia em permanente estado de expectativa: um mundo de múltiplas lealdades, em que redes familiares se entrecruzavam com redes de patrocínio e clientela, das quais se esperavam recompensas em favores e mercês.[31] A fraqueza que o Estado manifestava ao se valer dessa forma de união conhecida como *aeque principaliter* (que reconhecia certos direitos e privilégios das comunidades incorporadas como condição de sua integração) era o fundamento de sua força: era porque permitia certa margem de autogoverno que o centro mantinha a cadeia de obediência; e era graças ao sistema de patronagem e negociação que conservava as lealdades. Como escreve John Elliott:

> La misma falta de rigidez de la asociación era en cierto sentido su mayor fuerza. Permitía un alto grado de autogobierno local continuado en un periodo en que los monarcas simplemente no se hallaban en posición de someter reinos y provincias periféricos a un estricto control real. Al mismo tiempo, garantizaba a las élites provinciales el disfrute prolongado de sus privilegios existentes, combinado con los beneficios potenciales que se derivaran de su participación en una asociación más amplia.

As esperanças depositadas pelas elites locais no aumento de oportunidades econômicas e de cargos e honras tornavam-nas "cómplices voluntarios en la perpetuación de una unión de la que todavía esperaban cosas mejores".[32]

António Manuel Hespanha tem enfatizado que, nessas relações pactuadas, vassalos e Coroa negociavam limites ao seu poder, o que afiançava as lealdades e propiciava o funcionamento da cadeia de comando. A violação por parte do rei ou de seus funcionários ensejava, nos súditos, toda a sorte de reações, que iam desde o envio de petições, passando por negociações de vária espécie até a suspensão da ordem real, situação muito bem expressa pela fórmula *se obedece, pero no se cumple*. "Todo o espaço colonial é 'um espaço de pactos'", escreve António Manuel Hespanha, que assinala a existência de uma imensurável rede de "deveres cruzados de graça e gratidão". A economia da mercê, mecanismo através do qual a Coroa gerava uma dependência dos vassalos, obrigando-os a prestar serviços através da oferta de recompensas, era parte de uma rede mais ampla de pactos que envolviam Coroa, funcionários, instituições locais

---

pactos jurados (que mantinham sua característica de voto religioso), não apenas às leis do Estado (foro externo), mas também à religiosidade oficial (foro interno ou da consciência), em um contexto de emergência das Igrejas confessionais e do avanço do Estado no sentido de monopolizar todos os pactos (PRODI, Paolo. *Il sacramento del potere*: il giuramento politico nella storia costituzionale dell'Occidente. Bologna: Il Mulino, 1992, cit. respect. p. 463, 249, 263).

31 Traços realçados em perspectiva comparativa por: ELLIOTT, John H. *Imperios del mundo Atlántico*: España y Gran Bretaña en América, 1492-1830. Madri: Taurus, 2006, p. 208, 532 *et passim*.

32 *Idem. España, Europa y el mundo de Ultramar*: 1500-1800. Madri: Taurus, 2010, p. 52.

e vassalos.³³ Como busco demonstrar neste livro, o recurso dos governos ibéricos, na fronteira e período aqui considerados, ao dispositivo patrimonialista de constituir lealdades e requerer as produções dos colonos através da oferta de honras e mercês, longe de ser um "arcaísmo", era uma prática administrativa "orçamentável", segundo os termos de Fernanda Olival, quanto mais se se tem em conta a dimensão dos gastos defensivos de tão extensas fronteiras.³⁴

O compromisso da Coroa com o "pacto constitucional monárquico", segundo os termos de Fernando Dores Costa, consistia em que o poder "está limitado pelo reconhecimento da propriedade, tomada em sentido amplo, incluindo a posse de bens intangíveis porque simbólicos, como os sinais de honra". As requisições e recrutamentos não podiam colidir com a propriedade econômica dos poderosos, sustentáculo da monarquia, com cuja articulação o sistema acabava incidindo sobre "aqueles que não conseguiam obter a proteção de uma rede de isenção", quer dizer, os setores mais pobres da sociedade.³⁵ O alcance dessa política pode ser verificado pela análise do impacto das medidas que aumentaram o recrutamento militar de colonos, concretamente, para os domínios portugueses, o "Alvará com força de Lei, em que se dá nova forma para se fazerem as Recrutas", de 24 de fevereiro de 1764, e para os domínios espanhóis, o "Reglamento para las milicias de infantería y caballería de la isla de Cuba", de 19 de

---

33   HESPANHA, António Manuel. Por que é que foi "portuguesa" a expansão portuguesa? ou O revisionismo nos trópicos. In: MELLO E SOUZA, Laura; FURTADO, Júnia Ferreira; BICALHO, Maria Fernanda (eds.). *O governo dos povos*. São Paulo: Alameda, 2009, p. 51-55. A velha fórmula "odebézcase, pero no se cumpla", segundo Elliott, ainda tinha a vantagem de salvar a aparente lealdade ao monarca contra possíveis erros de gestão dos ministros (ELLIOTT, *España, Europa y el mundo de Ultramar, op. cit.*, p. 238).

34   O trabalho de Fernanda Olival destaca que a centralização administrativa do Estado português não era incompatível com os mecanismos patrimonialistas de constituição de lealdades; na verdade, eram tais mecanismos que propiciavam a centralização. Assim se compreende a importância do Alvará de 3 de dezembro de 1750, que premiava com o hábito de Cristo quem efetuasse a entrada de oito arrobas de ouro na Casa de Fundição, e os Alvarás de 1789 e 1790, que garantiam aos tenentes-coronéis com mais de 20 anos de serviço o hábito de Avis (OLIVAL, Fernanda. *As ordens militares e o Estado moderno*: honra, mercê e venalidade em Portugal (1641-1789). Lisboa: Estar, 2001, p. 135-42). Da mesma forma, para o Império espanhol, a noção de "devolución administrativa" de I. A. A. Thompson permite compreender que o emprego de medidas que cediam ao poder local (corporações, *cabildos*, as cortes etc.), longe de ser um passo atrás à centralização, foi um mecanismo eficaz para o poder central atingir seus objetivos. Poder central e poder local não eram realidades isoladas, mas compartiam certas noções comuns e possuíam zonas em que seus interesses se mesclavam (THOMPSON, I. A. A. *Guerra y decadencia*: gobierno y administración en la España de los Austrias, 1560-1620. Barcelona: Crítica, 1981, p. 337; ver ainda: MACKAY, Ruth. *Los límites de la autoridad real*: resistencia y obediencia en la Castilla del siglo XVII. Valladolid: Consejería de Cultura y Turismo, 2007, p. 23, 25). As reformas militares em Nova Espanha podem ter dependido da negociação de honras e mercês, como mostra ARCHER, Christon I. *El ejército en el México borbónico*: 1760-1810. México: Fondo de Cultura Económica, 1983, p. 203-204.

35   COSTA, Fernando Dores. Recrutamento. In: HESPANHA, António Manuel (coord.). *Nova história militar de Portugal*, v. 2. Lisboa: Círculo dos Leitores, 2004, p. 83-84, 87; ver também: *Idem. Insubmissão*: aversão e inconformidade sociais perante os constrangimentos do estilo militar em Portugal no século XVIII. 2005. Tese (doutorado em Sociologia e Economia Históricas) – Faculdade de Ciências Sociais e Humanas, Universidade Nova de Lisboa, 2005, p. 272-75.

janeiro de 1769.³⁶ Essas medidas tiveram validade para todas as colônias ibéricas na América, inclusive as aqui analisadas.³⁷ A rigor, definiam o alistamento de todos os homens em idade útil em terços segundo critérios de localidade, cor da pele e *status*, e seu destacamento para o serviço militar sazonal e gratuito. Certos setores do comércio e da produção agrícola foram isentados de servir, ao passo que os "vadios" foram alvo de medidas mais rigorosas. Como estímulo aos que servissem, foram concedidos foro militar, possibilidade de requerer mercês e outros privilégios simbólicos. Essa política não deixou de produzir tensões. De um lado, as elites locais tiveram suas propriedades de algum modo preservadas pelo "pacto" com o poder central, que ao mesmo tempo transferia responsabilidades e serviços para homens de cor e mestiços livres, colonos pobres e índios. De outro, estimulava-se, no entanto, que os colonos fizessem doações voluntárias, motivados por promessas de patentes, honras e mercês feitas pelos governadores. Embora as requisições de mantimentos, ferramentas e outros itens permitissem instalar fortes, reduções e manter destacamentos, a insatisfação dos colonos era crescente, tanto porque os governos não cumpriam as promessas de remuneração (concretamente, não pagavam as letras que emitiam aos produtores), quanto porque o poder central seguiu premiando poucos vassalos beneméritos. A negociação assimétrica das lealdades parece ter sido menos expressão de debilidade do poder central e muito mais um dispositivo com que podia alcançar seus objetivos com a adesão dos moradores da fronteira.

Nessas áreas liminares do Império, alguns privilégios das elites locais diziam diretamente respeito às relações com os chamados "índios bárbaros". Beatriz Vitar, Christophe Giudicelli e Sara Ortelli têm analisado os impactos da constituição de um *discurso de la guerra*. A reprodução de estereótipos a respeito desses grupos, definidos arbitrariamente como incapazes de serem "civilizados" devido à sua "ferocidad, crueldad y encarnizamiento",³⁸ legitimava guerras ofensivas e defensivas, que sustentavam não apenas ganhos imediatamente materiais, como mão de obra, mas também petições à Coroa por privilégios, honras e mercês para indivíduos

---

36 Respectivamente em: COELHO E SOUSA, José Roberto Monteiro de Campos (ed.). *Systema, ou Collecção dos Regimentos Reaes*: tomo 5: Contem os Regimentos pertencentes á Administração da Fazenda Real, Justiças, e Militares. Lisboa: Officina Patriarcal de Francisco Luiz Ameno, 1789, p. 205-13; e AGI, Indiferente General, 1885; transcrição em: ZAMORA Y CORONADO, José María (ed.). *Biblioteca de legislación ultramarina en forma de diccionario alfabético*. Madri: J. Martin Alegria, 1845, v. 4, p. 285-305. No caso da América portuguesa, a ordem para recrutar todos os colonos, "sem excepção de nobres, plebeos, brancos, mistiços, pretos, ingenuo, e libertos", é de 22 de março de 1766 (AESP, Avisos e Cartas Régias, lata 62, n. 420, livro 169, f. 101. Carta Régia ao Morgado de Mateus, Palácio da Nossa Senhora da Ajuda, 22 mar. 1766).

37 Dentre as análises mais abrangentes, ver: MELLO, Christiane Figueiredo Pagano de. *Forças militares no Brasil colonial*: Corpos de Auxiliares e de Ordenanças na segunda metade do século XVIII. Rio de Janeiro: E-Papers, 2009, p. 147 *et seq.*; MARCHENA FERNÁNDEZ, Juan. *Ejército y milicias en el mundo colonial americano*. Madri: Mapfre, 1992, p. 106-109.

38 Segundo o teor do papel "Descripción del Gran Chaco. Año 1775", comentado em: VITAR, Beatriz. *Guerra y misiones en la frontera chaqueña del Tucumán (1700-1767)*. Madri: Consejo Superior de Investigaciones Científicas, 1997, p. 68, n. 45, 140, 218-19.

ou pequenos grupos[39] e isenções tributárias e vantagens comerciais para comunidades inteiras.[40] Como mostrou Sara Ortelli, em recente trabalho, precisamente quando os reformistas ilustrados divulgavam a nova política de "pacificação" para os grupos não conquistados, colonos e mesmo funcionários do Estado reivindicavam a continuidade de uma *guerra conveniente*, porque reproduzida para "defender privilegios, lograr beneficios y asegurar cierta autonomía de los poderosos locales". A mesma autora sustenta que boa parte das incursões e roubos de que eram acusados os índios, se chegaram realmente a acontecer, muito provavelmente terão sido obra dos próprios colonos.[41] Nas regiões centrais da América do Sul, a continuidade de guerras e do trabalho compulsório de índios capturados nelas foram traços marcantes da segunda metade do século XVIII, a despeito da retórica ilustrada sobre as vantagens dos métodos persuasivos de tratar com os "índios independentes".

A negociação com setores locais podia estender-se mesmo a índios, homens de cor e mestiços livres, possuidores de certo prestígio, recursos e *know-how* para a realização de tarefas específicas, como descimentos, bandeiras ou levantamento de milícias, por exemplo.[42] Ben Vinson III enfatizou, para o caso da expansão das milícias entre homens de cor na Nova Espanha em meados do Setecentos, que o governo reformista se viu obrigado não apenas a transferir responsabilidades defensivas a setores em que pouco confiava, como também a negociar com eles, e ofertar honras e mercês para ganhar sua lealdade.[43] Em Mato Grosso e nas províncias espanholas confinantes, porém, a promoção de lideranças, embora tivesse possibilitado a formação das milícias, não garantiu a melhoria das condições de trabalho dos soldados, como mostravam as contínuas deserções. A contribuição que este estudo apresenta à discussão dos processos de "blindagem étnica", como alguns autores têm chamado a transformação de certos grupos em "forças militares para patrulhar o território e as fronteiras sociais da colônia",[44]

---

39 GIUDICELLI, Christophe. *Pour une géopolitique de la guerre des Tepehuán (1616-1619)*: alliances indiennes, quadrillage colonial et taxinomie ethnographique au nord-ouest du Mexique. Paris: Université de la Sorbonne Nouvelle Paris III, 2003, p. 33-50.

40 ORTELLI, Sara. *Trama de una guerra conveniente*: Nueva Vizcaya y la sombra de los Apaches (1748-1790). México: El Colegio de México/Centro de Estudios Históricos, 2007, p. 60.

41 *Ibidem*, p. 16, 65, 92-94.

42 RUSSELL-WOOD, A. J. R. Ambivalent authorities: The African and Afro-Brazilian contribution to local governance in Colonial Brazil. *The Americas*, v. 57, n. 1, 2000, p. 15.

43 Nas corporações militares, homens de cor podiam aderir às categorias coloniais de "pardos" ou "morenos" para reivindicar certos privilégios atrelados simultaneamente à cor e ao serviço das armas (VINSON III, Ben. *Bearing arms for his majesty*: the free-colored militia in colonial Mexico. Stanford: Stanford University Press, 2001, p. 143-44, 183, 228 *et passim*).

44 SCHWARTZ, Stuart B. Tapanhuns, negros da terra e curibocas: causas comuns e confrontos entre negros e indígenas. *Afro-Ásia*, Salvador, v. 29-30, 2003, p. 16-17; ver também: WHITEHEAD, Neil. Carib Ethnic Soldiering in Venezuela, the Guianas, and the Antilles, 1492-1820. *Ethnohistory*, v. 37, n. 4, 1990, p. 357; *Idem*. The crises and transformations of invaded societies: The Caribbean (1492-1580). In: SCHWARTZ, Stuart B.; SALOMON, Frank

incide sobre o caráter assimétrico das negociações com que essas tropas eram estabelecidas. A posição desfavorável na hierarquia social do Antigo Regime reservada para índios e homens de cor servia como pretexto, tanto em Mato Grosso como no Paraguai, para sub-remunerar seus serviços militares. Mas se a reprodução dos prejuízos de cor e *status* permitia reduzir custos e poupar o recurso às propriedades dos colonos notáveis, segurar a lealdade dessas populações implicava em manter aberto um canal de negociação que não deixava de ser explorado por caciques e oficias das milícias de homens de cor e mestiços, cujas requisições de remuneração, patentes, uniformes distintivos, privilégios e outras mercês tensionavam os esquemas hierárquicos de cor e *status* do Antigo Regime.[45]

A noção de *pacto de lealdade* que desenvolvo neste livro aproveita contribuições de autores que têm pensado os *pueblos* de índios como um sistema de hegemonia em que a deferência estava ligada à negociação de certos benefícios.[46] A análise do modo como os jesuítas promoviam lideranças indígenas e delegavam-lhes tarefas de gestão das comunidades permitiu compreender, de um lado, que as missões anteciparam a aplicação das noções de "polícia", urbanismo regular e autogoverno municipal, que os reformistas ilustrados tentarão expandir para os índios não submetidos nas últimas décadas do século XVIII;[47] e de outro, a apropriação que os índios fizeram, a seu modo, das instituições urbanas ibéricas de controle social e representação, como os *cabildos*, e a maneira como as utilizavam para encaminhar suas quei-

---

(eds.). *The Cambridge history of the native peoples of the Americas*: South America, v. 3, part 1. Cambridge: Cambridge University Press, 1999, p. 864-903.

45 A tensão a que me refiro diz respeito à resistência dos funcionários coloniais em ceder às petições enviadas por homens de cor, mestiços e índios. Em Mato Grosso, não foram admitidos senão brancos nos postos de oficiais superiores das Companhias de pardos e mestiços. Kalina Vanderlei da Silva, no entanto, observa com razão que "é em busca desses cargos que esses homens de cor livres, oriundos da plebe, procuram se comportar de acordo com a ordem estamental da sociedade canavieira, incorporando assim os valores culturais do barroco colonial". Para administradores coloniais, era interessante manter aberta a possibilidade de que homens de cor reivindicassem benefícios para suas corporações, pois isso levava a que atuassem dentro da ordem do Antigo Regime (SILVA, Kalina Vanderlei Paiva da. *"Nas solidões vastas e assustadoras"*: os pobres do açúcar e a conquista do sertão de Pernambuco nos séculos XVII e XVIII. Tese (doutorado em História) – Programa de Pós-Graduação em História, Universidade Federal de Pernambuco, Recife, 2003, p. 184 (cit.), 167); na mesma direção, para as colônias espanholas: VINSON III, Ben; RESTALL, Matthew. Black soldiers, native soldiers: meanings of military service in the Spanish American colonies. In: RESTALL, Matthew (ed.). *Beyond black and red:* African-native relations in colonial Latin America. Albuquerque: University of New Mexico Press, 2005, p. 15-52.

46 Ver, dentre outros, os sugestivos trabalhos de: STERN, Steve J. *Los pueblos indígenas del Perú y el desafío de la conquista española*: Huamanga hasta 1640. Madri: Alianza, 1986, p. 218; RADDING, Cynthia. The colonial pact and changing ethnic frontiers in Highland Sonora, 1740-1840. In: GUY; SHERIDAN (eds.). *Contested Ground, op. cit.*, p. 53; Idem. *Wandering peoples*: colonialism, ethnic spaces, and ecological frontiers in Northwestern Mexico, 1700-1850. Durham: Duke University Press, 1997, p. 79-83, 91, 98, 284-85, 290-92.

47 BOCCARA, Guillaume. *Guerre et ethnogenèse mapuche dans le Chili colonial*: l'invention du soi. Paris: L'Harmattan, 1998, p. 333: o autor está pensando concretamente na vigência de dispositivos de delegação da vigilância, recenseamento das consciências, constituição disciplinar de uma nova *hexis* corporal, normalização do tempo e regulação do espaço, generalização de micropenalidades etc. (p. 251, 255, 256).

xas de injustiças, solicitar benefícios e a defesa do "bem comum". A análise desse processo nas missões de Mojos e Chiquitos mostrou que, a fim de convencer os índios a se reduzirem, os jesuítas estabeleceram um "pacto de lealdade" baseado na concessão de vários benefícios e privilégios, especialmente alguma autonomia relativa em relação às vilas espanholas (isenção de *mita*, proibição de que espanhóis vivessem nos *pueblos*, participação dos caciques na gestão) e a garantia de que o trabalho indígena contaria com a devida remuneração simbólica e permitiria aos neófitos algum tempo para si, para que cuidassem de seus cultivos e trocas particulares. Nessas regiões, como em outras dos domínios espanhóis, as reformas administrativas ilustradas, ao intensificar o trabalho indígena e retirar privilégios, produziram insatisfação e conflitos. Os caciques compreenderam que as bases do pacto de lealdade estavam sendo modificadas, e aproveitavam os canais institucionais para enviar petições. Contudo, quando não atendidos por via institucional, rompiam o pacto de lealdade através de rebeliões e deserções, sobretudo para os domínios portugueses. Os capítulos 7 e 8 aprofundam essa análise, e mostram que mesmo do lado português os caciques não deixavam de reivindicar as remunerações e demais benefícios prometidos.[48]

Direcionar o foco de análise para as relações de poder entre administração colonial, colonos e populações indígenas supõe um duplo deslocamento em relação a algumas vertentes da historiografia das fronteiras coloniais. Por um lado, deslocamento em relação à noção corrente segundo a qual o poder dos Estados era, nessas áreas, muito fraco, se não ausente, e havia amplas oportunidades à liberdade individual, as quais teriam conduzido a colonização para caminhos aleatórios e forçado administradores a negociar.[49] Neste livro, procura-se

---

[48] Segundo Sarah Elizabeth Penry, para equacionar adequadamente a compreensão dessas manifestações é preciso pensar em que medida as identidades indígenas foram configuradas pela estruturação urbana em termos municipais ibéricos. Nesse quadro, os índios podiam reivindicar sua lealdade ao monarca como contrapartida à proteção que o soberano prometera aos seus direitos, privilégios e benefícios, muitos dos quais eram precisamente atingidos pelas reformas bourbônicas (PENRY, Sarah Elizabeth. *Transformations in indigenous authority and identity in resettlement towns of colonial Charcas* (Alto Perú). Tese (Ph.D.) – University of Miami, Florida, 1996, p. 20-21, 131). Ver também: SERULNIKOV, Sergio. Disputed images of colonialism: Spanish rule and Indian subversion in Northern Potosí, 1777-1780. *The Hispanic American Historical Review*, v. 76, n. 2, 1986, p. 190-94). Thomson retoma o tema dos protestos contra os *repartimientos* e a política fiscal bourbônica e defende que não poucos índios estavam convencidos de que estariam melhores em um regime de autogoverno (THOMSON, Sinclair. *We alone will rule*: native Andean politics in the Age of Insurgency. Madison: University of Wisconsin Press, 2002, p. 144 et seq.; Idem. 'Cuando sólo reinasen los indios': recuperando la variedad de proyectos anticoloniales entre los comuneros andinos (La Paz, 1740-1781). *Argumentos*, México, v. 19, n. 50, 2006, p. 29).

[49] Amy Turner Bushnell chamou muito apropriadamente de "paradigma de negociação" o modo como os Estados coloniais lidavam com a pressão de vassalos por concessões e benefícios. No entanto, ao estabelecer uma oposição conceitual entre negociação e dominação, a autora bloqueia a análise dos processos por meio dos quais os Estados podiam obter, mediante a própria negociação de privilégios e benefícios, o funcionamento dos serviços mais indispensáveis à colonização (como o serviço militar e o abastecimento de fortes, por exemplo) (BUSHNELL, Amy Turner. Gates, patterns, and peripheries: the field of frontier Latin American. In: DANIELS, Christine; KENNEDY, Michael V. (eds.) *Negotiated empires*: centers and peripheries in the Americas, 1500-1820. Nova York: Routledge, 2002, p. 22).

inspiração em outros estudos que têm preferido trabalhar com a noção segundo a qual as relações de força não eram tanto o oposto ou o duplo da negociação, mas seu pressuposto.[50] A ideia de que o poder colonial era fraco nas fronteiras comporta uma visão estática e monolítica do poder como essencialmente cristalizado em instituições repressivas. Entretanto, vários trabalhos têm mostrado a capacidade criadora do sistema colonial em se valer de atração de populações, delegação de poderes a lideranças nativas e dispositivos de visibilidade e controle de condutas mais sutis, a exemplo do equipamento urbanístico,[51] dos acordos de paz,[52] da elevação de caciques intermediários[53] e da utilização das mercês de terras, patentes de oficiais e hábitos das ordens militares para condicionar os colonos à realização dos serviços imprescindíveis à defesa da fronteira com economia de custos para o Estado.[54] O que à primeira vista poderia parecer uma fraqueza do Estado, uma incapacidade de conduzir as vontades, de impor a obediência era, na verdade, expressão da maior força, pois que se obtinha o máximo de utilidade do mínimo dispêndio de violência.[55] Somente sob a condição de compreender a aplicação e os efeitos dos dispositivos de poder empregados pelo sistema colonial a fim de cooptar lideranças indígenas para, por meio delas, controlar os índios comuns, é que se pode determinar a extensão da ação consciente (*agency*) dos índios em resposta às demandas do sistema colonial, já que os canais institucionais viabilizados pela colonização eram um dos caminhos de manifestação de protestos.[56]

---

50 É interessante notar que autores como John Elliott e António Manuel Hespanha reconheceram, mais recentemente, que tinham posto muita ênfase na fragmentação e na falta de controle dos impérios ibéricos. Elliott assinala que não se pode exagerar a distância da periferia do centro: a monarquia se sustentava como "un vasto complejo de grupos de presión e intereses, todos en rivalidad entre sí por la atención y el favor del monarca". Essa rede integrava e fazia funcionar o império. Hespanha reconhece que é um erro crer que o centro era incapaz de dominar a periferia, e entende que o sistema de relações pactuadas era o circuito por meio do qual ordens e obediências fluíam (ELLIOTT, John H. *España, Europa y el mundo de Ultramar: 1500-1800*. Madri: Taurus, 2010, p. 236; HESPANHA, Por que é que foi 'portuguesa' a expansão portuguesa?, *op. cit.*, p. 47). Para uma reflexão sobre a historiografia das fronteiras: ALONSO, Ana María. Reconsidering violence: warfare, terror, and colonialism in the making of the United States. *American Quarterly*, v. 60, n. 4, p. 1089-1097, 2008.

51 DELSON, *Novas vilas para o Brasil-colônia, op. cit.*; Idem. Military engineering and the "colonial" project for Brazil: agency and dominance. *Leituras*: Revista da Biblioteca Nacional de Lisboa, n. 6, p. 73-96, 2000.

52 BOCCARA, *Guerre et ethnogenèse mapuche dans le Chili colonial, op. cit.*

53 SOMMER, *Negotiated Settlements, op. cit.*

54 RICUPERO, Rodrigo. *A formação da elite colonial*: Brasil, c. 1530-c. 1630. São Paulo: Alameda, 2008.

55 "[...] c'est même l'élégance de la discipline de se dispenser de ce rapport coûteux et violent en obtenant des effets d'utilité au moins aussi grands" (FOUCAULT, Michel. *Surveiller et punir*: naissance de la prision. Paris: Gallimard, 1975, p. 139; Idem. *Sécurité, territoire, population*: cours au Collège de France (1977-78). Paris: Gallimard: Seuil, 2004, p. 112-13).

56 Assim, por exemplo, Cynthia Radding mostrou como os caciques do *cabildo* indígena das missões de Sonora e Chiquitos valiam-se do canal de comunicação privilegiado que tinham com os governadores para, por meio de petições escritas em espanhol, encaminhar protestos ou requisitar benefícios (RADDING, *Landscapes of power and identity, op. cit.*, p. 232 *et passim*).

De outro lado, afastamento em relação ao enfoque unilateral dos processos de expansão às fronteiras. Sem ignorar a importância de alguns estudos que, interessados em saber como a experiência de fronteira modificava as instituições coloniais de um determinado império, acrescentaram aportes relevantes para pensar a diversidade e as nuances que essas instituições podiam adquirir, o enfrentamento de um problema como o aqui formulado demanda outro tipo de enquadramento.[57] Ao direcionar o foco de análise para os impactos da expansão colonial sobre povos indígenas e colonos que habitavam um território sob contenda entre dois impérios, a análise, por exemplo, apenas da política indigenista de um dos lados deixaria sem explicar as relações dos mesmos índios com os rivais do outro lado da fronteira, o que semelhantemente vale para outras instituições coloniais como a gestão espacial das povoações, os sistemas de trabalho, o recrutamento militar, o contrabando etc. Assim, somente através da elaboração do que, na falta de expressão melhor, chamo aqui de *abordagem relacional da situação de fronteira*, de modo a abarcar o funcionamento da administração tanto do lado espanhol quanto do lado português sobre a vida cotidiana nesses estabelecimentos liminares, é que se pode propiciar o desvelamento das relações de poder em toda a sua complexidade.[58] Para tanto, é preciso conceder ao conceito de fronteira toda a sua possibilidade heurística, o que implica, desde já, em abandonar não apenas a noção turneriana de expansão da civilização sobre *free lands* e populações selvagens, mas também, e principalmente, a identificação de fronteira como uma linha de expansão de um grupo colonizador "precursor" de uma "nação".[59] Construir o problema privilegiando um único agente social de muitos que disputavam os mesmos territórios definitivamente bloqueia a compreensão das relações entre instituições de dois ou mais impérios em competição, bem como as perspectivas dos povos indígenas atingidos por essas expansões.[60] Nesse sentido, a problematização desta pesquisa foi construída em diálogo com estudiosos que

---

57 O enfoque unilateral da fronteira aqui em estudo pôde, sem dúvida, trazer interessantes contribuições, por exemplo, em análises sistemáticas da administração das missões: BLOCK, *Mission culture, op. cit.*; SAEGER, James Schofield. *The Chaco mission frontier*: the Guaycuruan experience. Tucson: University of Arizona Press, 2000; ou do planejamento, traçado e administração de fortificações, povoações e espaços em Mato Grosso: ARAUJO, *A urbanização do Mato Grosso no século XVIII, op. cit.*

58 Em um texto seminal, Eliga Gould enumera as vantagens de tratar as histórias dos impérios coloniais de maneira entrelaçada, interconectada e compartilhada: GOULD, Eliga H. Entangled histories, entangled worlds: The English-speaking Atlantic as a Spanish periphery. *The American Historical Review*, v. 112, n. 3, 2007, p. 766.

59 O enfoque unilateral da fronteira como uma linha de expansão sobre *free lands* é uma permanência da abordagem inaugurada por Frederick Jackson Turner em seu célebre ensaio sobre a expansão europeia na América do Norte: TURNER, Frederick Jackson. *The frontier in American History*. Arizona: University of Arizona Press, 1992, p. 3 *et passim*. Sobre o debate de Turner com os historiadores de sua época e as origens agraristas de sua hipótese sobre a fronteira, vide: SMITH, Henry Nash. The Myth of the Garden and Turner's Frontiers Hypothesis. In: *Idem*. *Virgin land*: The American West as symbol and myth. Cambridge: Harvard University Press, 1998, p. 250-60.

60 Para um bom levantamento das principais questões lançadas à tese de Turner e das sendas abertas à historiografia das fronteiras, vide: WEBER, David J. Turner, the Boltonians, and the Borderlands. *The American Historical Review*, v. 91, n. 1, 1986, p. 66-81.

procuram pensar a fronteira não tanto como *linha* de expansão, mas como *relação de competição entre diversos grupos*.[61] Passos importantes em direção a essa visão mais complexa das fronteiras coloniais foram dados, dentre outros autores, por David Weber, para quem as fronteiras são zonas de competição em dois níveis: de um lado, uma fronteira interna, em que disputam poder e recursos indivíduos e grupos a partir de oposições de classe, cultura, etnia e gênero; de outro lado, fronteira externa como zona de contato e competição entre populações sob sistemas de governo, trabalho e culturas diferenciados.[62] Também Donna Guy e Thomas Sheridan procuram ultrapassar a abordagem tradicional de fronteira como linha de avanço de um grupo e pensá-la como "zones of historical interaction", ou seja, territórios onde "different polities contended for natural resources and ideological control, including the right to define categories of people and to determine their access to those resources. Those polities often exhibited immense differences of organization, population, and technology, yet frontiers marked the social and geographical limits of power among the polities themselves". Nesse entendimento, a fronteira não é uma linha, mas uma terra contestada ("contested ground").[63] O último capítulo do livro exemplifica claramente a importância dessa abordagem relacional, ao mostrar como a lealdade ao monarca podia ser manipulada e desafiada pelos mesmos oficiais cuja função era proibir os desvios e abusos. Em Mojos e Chiquitos, a Real Cédula de 1772 definira que o excedente produzido seria comercializado pela Real Fazenda em regime de monopólio, mas curas, administradores e comerciantes de Santa Cruz de la Sierra integraram uma rede de contrabando que envolvia as autoridades portuguesas de Mato Grosso. Nesse quadro, as vantagens econômicas para os interessados se sobrepunham à lealdade ao monarca espanhol, já que uma boa parte dos desvios propiciaram o efetivo abastecimento do Forte Príncipe da Beira.

Este livro está dividido em três partes, cada qual com capítulos que desdobram análises sobre a política urbanística e indigenista e os sistemas de recrutamento militar e abastecimento das guarnições. A primeira parte analisa a incorporação do espaço central da América do Sul ao sistema colonial a partir da metade do Setecentos. O enfoque urbanístico decorre da própria

---

61 Em artigo esclarecedor, Adelman e Aron matizam as diferenças entre as noções de *frontier* e *borderlands*: "By frontier, we understand a meeting place of peoples in which geographic and cultural borders were not clearly defined [...]. We reserve the designation of borderlands for the contested boundaries between colonial domains" (ADELMAN, Jeremy; ARON, Stephen. From borderlands to borders: Empires, Nation-States, and the Peoples in between in North American. *The American Historical Review*, v. 104, n. 3, 1999, p. 815-16).

62 "Frontiers have at least two sides, so that an expanding frontier invariably edges onto someone else's frontier. Rather than see than as lines, frontiers seem best understood as zones of interaction [...]. Contention for power and resources is, of course, part of an ongoing struggle between classes, cultures, races, and genders *within* established societies. In frontier zones, however, where peoples of different polities, economies, and cultures come into contact, transfrontier contention for hegemony can have powerful transformative effects" (WEBER, David J. *The Spanish Frontier in North America*. New Haven: Yale University Press, 1992, p. 12-13).

63 GUY, Donna J.; SHERIDAN, Thomas E. On frontiers: The Northern and Southern edges of the Spanish Empire in the Americas. In: *Idem* (eds.), *Contested Ground, op. cit.*, p. 10.

característica que a expansão assumiu nessa região, onde primou pela instalação de povoações, reduções e fortificações "a partir do zero" nos pontos mais liminares. Os reformistas ilustrados acreditavam que o planejamento prévio do traçado regular das povoações e a reserva de unidades para a produção agrícola seriam poderosos condicionantes à esperada "civilização" de índios e colonos que ali habitassem. Espanhóis e portugueses aplicaram, contudo, diversamente essa política: os primeiros mantiveram o sistema de "duas repúblicas", ou seja, a separação espacial entre índios e espanhóis, ao passo que, entre os portugueses, se tentou aplicar a política de coabitação e mestiçagem do Diretório dos Índios.

A segunda parte procura mostrar que, apesar do deslocamento da ênfase da colonização da guerra à atração pacífica dos povos indígenas, bandeiras e expedições punitivas permaneceram comuns no período de aplicação da nova política. As novas diretrizes, aliás, não excluíram o uso da violência sob a forma de guerra do arsenal ideológico e jurídico, de modo que ela permaneceu um recurso à mão, cuja aplicação era o contraponto revelador da estratégia de "pacificação" adotada. Aqui é importante a distinção já referida entre fronteira interna, âmbito em que certos grupos indígenas permaneciam sendo alvo de guerras, captura e trabalho compulsório, e fronteira externa, onde o imperativo da demarcação territorial exigia um pragmatismo nem sempre possível no uso da estratégia de atração pacífica. A delegação de responsabilidades judiciais e de controle de trabalho a caciques foi viabilizada mediante vários dispositivos, como a oferta de signos distintivos, os tratados de paz entre governadores e "principais" indígenas e a formação de *cabildos* nativos, que ensejavam a abertura de um canal institucional privilegiado de negociação com a administração colonial. A situação de fronteira tornava complexo esse quadro, pois a ameaça de deserção para os domínios do império rival podia ser capitalizada pelos índios para conseguir benefícios do governo, como se comprovou no caso dos Guaykuru, Guaná e vários grupos das missões de Chiquitos e Mojos.

A terceira parte analisa a vida cotidiana das guarnições. O peso do recrutamento militar recaiu sobre os mesmos moradores das fronteiras, já que no Paraguai não foi autorizada a criação de uma tropa paga e, do lado português, embora os poucos homens que formavam as Companhias de Dragões e Pedestres vencessem soldo, era preciso incluir um bom número de Auxiliares, que se revezavam à própria custa em guarnições e expedições. No essencial, os poderes centrais de ambos os impérios procuravam transferir aos colonos parte dos custos da defesa militar, e negociavam privilégios com lideranças entre proprietários, homens de cor e índios, de modo a formar tropas que servissem gratuitamente. O pacto entre a Coroa e as elites locais, que garantia privilégios, honras e a defesa de suas propriedades, não incluía os setores sociais subalternos. Índios e homens de cor, embora realizassem serviços militares importantes, eram sub-remunerados pelo Estado, que assim se valia das noções de hierarquia do Antigo Regime. Ao mesmo tempo, patentes de altos oficiais militares, foro militar, isenção tributária, títulos honoríficos, uniformes especiais e poder efetivo sobre um bom número de homens motivavam lideranças indígenas e homens de cor livres notáveis a levantar essas tropas. Do mesmo modo, ofertas de patentes, hábitos das ordens militares, mercês de terras, cargos e outros benefícios permitiam requisitar aos colonos donativos de mantimentos, empréstimos de escravos e outros recursos necessários para construir e abastecer povoações e fortes militares. Embora aliviasse as despesas da Real Fazenda, o efeito desse sistema na vida cotidiana das guarnições era duplo: de um lado, carestia, escassez e péssima qualidade dos itens recebidos; de outro, condicionava soldados e oficiais a certas estratégias para conseguir a subsistência, concretamente: plantio de roças, contrabando com os vizinhos do outro lado da fronteira e intercâmbio com os povos indígenas do entorno.

A documentação manuscrita principal analisada neste livro compõe-se de correspondências administrativas entre comandantes de fortes militares e povoações, missionários, governadores das províncias, vice-reis e ministros de Estado. Procurei levantá-la o mais exaustivamente possível em arquivos e bibliotecas em Espanha, Portugal, Brasil (*maxime* em Cuiabá), Paraguai e Argentina, de modo a contemplar as administrações coloniais dos dois impérios ibéricos.[64]

---

64 Os etnônimos são grafados conforme as recomendações da "Convenção para a grafia dos nomes tribais" de 1953, resumidas em: SCHADEN, Egon. *Leituras de etnologia brasileira*. São Paulo: Companhia Editora Nacional, 1976. Grupos menos conhecidos ou cuja menção, nas fontes manuscritas, apresenta certa margem de incerteza, são grafados tal como aparecem. Preferi o etnônimo Guaykuru, mais familiar aos estudiosos brasileiros, do que Mbayá, como costuma aparecer nas fontes espanholas.

PARTE I
POLÍTICA FUNDACIONAL

Capítulo 1
Povoações regulares e "polícia"

> A Fortificação daquellas minas que hoje são como confins da conquista de Portugal nesta America he muito util e necessaria, mas há de ser de gente, e não de muros, porque estes apenas deffendem o seo circulo, e aquela guarda toda a extenção do Paiz, sendo huma fortaleza movel que em qualquer parte reziste e destroe, conservando o conquistado e conquistando mais.
>
> Luís de Mascarenhas ao rei, Vila Boa, 8 de abril de 1740[1]

Na segunda metade do século XVIII, acirrou-se a rivalidade entre Espanha e Portugal pela definição da posse soberana sobre os territórios limítrofes das colônias da América. Com o Tratado de Madri e a noção de *uti possidetis*, a instalação de fortificações e povoações nas regiões sob litígio passou a ser uma estratégia comum aos dois impérios. A reunião de povos indígenas e colonos em vilas, povoações ou reduções visava atender às exigências dos reformistas ilustrados quanto à regularidade urbana e à centralidade da produção agrícola. As chamadas "cidades de lavradores", para usar a expressão de Ramón Gutiérrez, deviam ser construídas com ruas retilíneas, fachadas idênticas e unidades reservadas à agricultura.[2] No período considerado, ao passo que os espanhóis não conseguiram instalar nenhum forte ou povoação na região das missões de Mojos e Chiquitos, como os portugueses estabeleceram no vale do rio Guaporé, uns e outros o fizeram na fronteira entre a capitania de Mato Grosso e a província do Paraguai.

---

1 AHU, MT, cx. 3, d. 196. Carta de Luís de Mascarenhas ao rei, Vila Boa, 8 abr. 1740, incluída na consulta do Conselho Ultramarino sobre a conta que deu o ouvidor da Vila de Cuiabá a respeito da distância que há daquela vila e suas povoações às *Indias* de Espanha, com quem confinam aqueles sertões. Lisboa, 26 abr. 1746.

2 GUTIÉRREZ, Ramón. *Arquitectura y urbanismo en Iberoamérica*. Madri: Cátedra, 1997, p. 223.

Dessa forma, a situação de disputa fronteiriça permite problematizar comparativamente os modelos de povoações planejados para atrair os mesmos povos indígenas, que se viam simultaneamente em contato com agentes dos dois impérios.

Administradores espanhóis e portugueses procuraram, através de povoações regulares, fazer incidir sobre povos indígenas e colonos os dispositivos de um novo tipo de poder, propriamente civilizador, isto é, integrador à soberania monárquica e criador de vassalos "úteis" ao serviço real. Eles partilhavam da ideia de que o traçado urbano era um poderoso condicionante da obediência dos vassalos, sobretudo porque era organizado dentro de esquemas de visibilidade tendentes a produzir a mútua observação e a incorporação da sujeição. Em que pese esses traços comuns, os planos de povoações que espanhóis e portugueses delinearam para a conquista das regiões centrais da América do Sul divergiam num ponto decisivo: a gestão dos espaços para moradias de índios e não índios. Embora certos reformistas ilustrados espanhóis insistissem nas vantagens integrativas e mesmo comerciais da coabitação e da mestiçagem, a administração continuou a aplicar o sistema de "duas repúblicas": os índios atraídos na fronteira eram reduzidos em *pueblos*, onde a permanência de espanhóis era proibida, ao passo que os espanhóis seguiam vivendo em suas próprias vilas separadas. Os portugueses, por sua vez, além de estabelecer em lei, pelo menos a partir de 1757, o estímulo à coabitação e à mestiçagem, aplicaram essa política já desde o planejamento das povoações de fronteira, com a reserva de lotes para índios nos mesmos espaços urbanos onde habitariam os não índios.

Disposições

"Quem não cria as terras", afirmou um governador de Mato Grosso, "não [se] interessa tanto na sua permanência".[3] Espanhóis e portugueses, cuja competição pelas regiões interiores da América acentuara-se com a descoberta das minas e as indefinições a respeito dos tratados de limites, compartilhavam uma visão semelhante quanto à estratégia que seria mais adequada à consolidação dos territórios liminares das colônias. Eram do parecer de que não bastava instalar um estabelecimento em posição estratégica, nem chegava o esforço em povoá-lo: era preciso que esse povoamento fosse urbano e "regular", e que os moradores se dedicassem às fainas não de qualquer trabalho, mas do agrícola, entendido como portador de virtudes "civilizadoras".[4]

---

3 Antonio Rolim de Moura a Diogo de Mendonça Corte Real, Vila Bela, 14 jul. 1756. In: PAIVA, Ana Mesquita Martins de *et ali* (orgs.). *D. Antonio Rolim de Moura*: primeiro Conde de Azambuja: correspondências. Cuiabá: Editora UFMT, 1983, v. 3, p. 32.

4 Lechner distingue a noção de polícia dos funcionários coloniais, que remetia ao governo dos povos, à utilizada por escritores espanhóis, que equivalia a "refinamento de modos" (LECHNER, Juan. El concepto de "policía" y su presencia en la obra de los primeros historiadores de Indias. *Revista de Indias*, Madri, v. 41, n. 165-166, 1981, p. 409). Sobre a disseminação da ideia de *"policía"* e a expansão das fundações urbanas nas regiões de fronteira do Império espanhol, vide: SOLANO, Francisco de. *Ciudades hispanoamericanas y pueblos de indios*. Madri: Consejo

A posse dos territórios era vista como indissociável da "civilização" dos seus moradores, vale dizer, da vida em "polícia", ordenada segundo as diretrizes que permitissem a elevação das forças do Estado. Uma "cidade regulada", já registrara Bluteau, era uma cidade "governada com boa polícia".[5] Entre os portugueses, a política que regulava a criação de estabelecimentos fronteiriços fora definida nitidamente no programa "civilizatório" proposto pela lei do Diretório dos Índios, estendida a toda a colônia americana em 1758.[6] Logo em seu primeiro parágrafo, a nova lei enfatizava a ruptura com o Regimento das Missões de 1686, que regulara o aldeamento dos povos indígenas na colônia portuguesa, ao interditar a autoridade secular dos padres e instituir em cada aldeamento, a partir de então elevado à categoria de vila, a figura do diretor nomeado pelo governador, "enquanto os índios não tiverem capacidade para se governarem".[7] Está visto que não se tratava de um programa direcionado exclusivamente aos índios,[8] pois, para começar, era estimulada a introdução de famílias de não índios nos aldeamentos ou vilas, assim como a mestiçagem entre uns e outros.[9] Novos descimentos, atração de populações que habitavam nos domínios rivais e transferência de colonos favoreceriam a criação de novas povoações em áreas litigiosas.

Superior de Investigaciones Científicas, 1990, p. 122-31, 144-53; LUCENA GIRALDO, Manuel. *A los cuatro vientos*: las ciudades de la América Hispánica. Madri: Marcial Pons, 2006, p. 145-59. Alberto de Paula analisa o urbanismo ilustrado e a importância da experiência pioneira de "colonização rural" na região de Sierra Morena, entre Cádiz, Sevilha e Madri, desde 1767 (PAULA, Alberto de, S.J. *Las nuevas poblaciones en Andalucía, California y el Río de la Plata* (1767-1810). Buenos Aires: Universidad de Buenos Aires, 2000, p. 81-84 *et passim*). Para o âmbito amazônico, vários aspectos do urbanismo e da noção de "civilização" da administração pombalina são analisados por: ARAUJO, Renata Malcher de. *As cidades da Amazônia no século XVIII*: Belém, Macapá e Mazagão. Porto: FAUP, 1998, p. 64-65, 175; e DOMINGUES, Ângela. *Quando os índios eram vassalos*: colonização e relações de poder no Norte do Brasil na segunda metade do século XVIII. Lisboa: Comissão Nacional para as Comemorações dos Descobrimentos Portugueses, 2000, p. 73, 86-89. Para a capitania de Mato Grosso, vide os estudos de: ARAUJO, Renata Malcher de. *A urbanização do Mato Grosso no século XVIII*: discurso e método. 2000. Tese (doutorado em História da Arte) – Universidade Nova de Lisboa, 2000, p. 99; e SILVA, Jovam Vilela da. *Mistura de cores*: política de povoamento e população na capitania de Mato Grosso: século XVIII. Cuiabá: Editora UFMT, 1995, p. 123.

5   BLUTEAU, Raphael. *Vocabulario portuguez e latino*: aulico, anatomico, architectonico [...]. Coimbra: Collegio das Artes da Companhia de Jesus, 1712-1728, v. 6, p. 575.

6   O Diretório foi publicado em 3 de maio de 1757 e transformado em lei por meio do Alvará de 17 de agosto de 1758 ("Diretório que se deve observar nas povoações dos índios do Pará e Maranhão enquanto Sua Majestade não mandar o contrário". Lisboa: Oficina de Miguel Rodrigues, 1758. In: MENDONÇA, Marcos Carneiro de. *Aula do commercio*. Rio de Janeiro: Xerox, 1982, p. 141-78).

7   *Ibidem*, §1. Para uma análise do Diretório em relação à legislação anterior (cap. 3) e posterior (cap. 11), vide: SAMPAIO, Patrícia Maria Melo. *Espelhos partidos*: etnia, legislação e desigualdade na colônia – sertões do Grão-Pará, c. 1755-c. 1823. 2001. Tese (doutorado em História) – Programa de Pós-Graduação em História, Universidade Federal Fluminense, Niterói, 2001.

8   Sobre o projeto pombalino de "civilização" dos sertões da América portuguesa não contemplar somente os índios, mas também os brancos, não raro igualmente aversos à vida urbana e ao trabalho agrícola de feitio comercial, ver a análise de Renata Malcher de Araujo a respeito vilas de Macapá e Mazagão: ARAUJO, *As cidades da Amazônia no século XVIII*, op. cit., p. 148, 192-93, 284, 287, 294.

9   "Diretório que se deve observar nas povoações [...]", *op. cit.*, §80, 88.

Entre as determinações do Diretório, era central que essas povoações fossem "regulares", quer dizer, que os índios "fabricassem as suas casa à imitação dos Brancos, fazendo nelas diversos repartimentos, onde vivendo as famílias com separação, possam guardar, como racionais, as leis da honestidade, e polícia".[10] Assim também era disposto que o trabalho agrícola fosse amplamente disseminado, o cultivo das terras como "primeiro e principal objeto dos diretores".[11] A atenção dirigia-se aos gêneros como milho, feijão, arroz, algodão, tabaco, café, cacau, anil e linho cânhamo e à coleta das chamadas "drogas do sertão".[12] Formas de trabalho sem as quais, no entendimento das autoridades, não haveria processo de "civilização", tratava-se, como sintetizou uma historiadora, de transformar os índios em "um estrato camponês ameríndio integrado na economia de mercado como assalariado".[13]

O período de pico da produção aurífera em Mato Grosso foi o quinquênio entre 1735 e 1739, no que coincidiu com o de Minas Gerais, embora com um montante bem inferior: a extração de metal precioso alcançou, respectivamente, 1.500 e 10.637 quilogramas. Logo a produção de ouro em Mato Grosso baixou a 1.100 quilogramas (sempre o total para cada cinco anos) entre 1740 e 1759, ao passo que em Minas Gerais encimava os 8.000 quilogramas nesse período, e mesmo nos anos finais do século, a extração nunca foi menor que 3.200 quilogramas. A comparação com Goiás pode ser útil aqui. O auge do ouro goiano ocorreu entre 1750 e 1754, quando foram produzidos 5.880 quilogramas. Em cada quinquênio entre 1765 e 1779, Goiás extraiu mais de 2.000 quilogramas; e a metade ou quase a metade disso nas duas décadas finais. Já a produção de Mato Grosso foi de 600 quilogramas quinquenais, de 1760 a 1779, e dois terços disso de 1780 ao fim do século.[14] Esses indicadores, se acrescidos das circunstâncias de que não havia qualquer outra exportação de Mato Grosso salvo o ouro, e de que a capitania dependia da remessa de um subsídio enviado por Goiás para manter os pagamentos de sua máquina administrativa, não deixam dúvidas sobre a função estratégica que, do ponto de vista da Coroa, a capitania deveria cumprir como uma barreira contra qualquer tentativa espanhola de avançar em direção a leste.[15] Compreensivelmente, eram bem-vindos todos os esforços no sentido de facilitar a transição

---

10   *Ibidem*, §12.

11   *Ibidem*, §17, 22.

12   *Ibidem*, §23-25, 50, 57

13   DOMINGUES, *Quando os índios eram vassalos, op. cit.*, p. 68 (cit.), 73, 75.

14   PINTO, Virgilio Noya. *O ouro brasileiro e o comércio anglo-português*. São Paulo: Nacional, 1972, p. 123. Os valores estimados por Noya Pinto não diferem significativamente dos que Morineau calcula, a partir das gazetas holandesas, para a entrada de metal precioso brasileiro nos portos de Portugal (MORINEAU, Michel. *Incroyables gazettes et fabuleux métaux*: les retours des trésors américains d'après les gazettes hollandaises (XVIe-XVIIIe siècles). Londres; Nova York: Cambridge University Press; Paris: Maison des Sciences de l'Homme, 1985, p. 197).

15   DAVIDSON, David. *Rivers & Empire*: the Madeira rout and the incorporation of the Brazilian Far West, 1737-1808. 1970. Dissertação (Ph.D.) – Yale University, 1970, p. 106, 363, table b.

a uma economia de subsistência: mantendo-se sempre pela metade do contingente populacional, a população de escravos negros cresceu de 6.573 indivíduos em 1771 a 11.910 em 1800.[16] Grandes proprietários rurais diversificaram seus investimentos em atividades simultâneas, que podiam incluir a produção de cana-de-açúcar (restrita ao consumo interno), a criação de gado, o comércio, a mineração, a agricultura de subsistência e o exercício dos cargos da República. Em boa medida, era sobre os setores sociais de poucas posses que incidia o recrutamento para o serviço como povoadores ou soldados nos estabelecimentos que confinavam com os domínios espanhóis.[17]

Criada em 1748, a capitania de Mato Grosso era vista pela Coroa como "antemural da colônia", a "chave" para segurar as bacias do Amazonas e do Paraguai e Paraná, portas de entrada para as capitanias centrais.[18] Para além da própria capital, Vila Bela (1752), já instalada em pleno vale do rio Guaporé, os portugueses procuraram consolidar sua posição criando povoações em pontos estratégicos: no Guaporé, que permitia a ligação fluvial com o Grão-Pará, instalaram a missão de São José (1754), depois reconstruída como Lugar de Leomil (1760); missão de São João (1754), depois povoação de Lamego (1769), e já na cachoeira do Girau do rio Madeira, a povoação de Balsemão (1765); no Guaporé, levantaram também o forte Nossa Senhora da Conceição (1760), depois Bragança (1769), reconstruído como forte Príncipe da Beira (1776), contando com aldeamentos indígenas em seus arrebaldes. No vale do rio Paraguai, em apoio ao forte Nova Coimbra (1775), que era uma resposta à expansão espanhola rumo ao norte, as povoações de Albuquerque e Vila Maria (1778); e, por fim, Casalvasco (1783), no rio Barbados, em posição mais ou menos central entre os dois vales. Nessa rede de povoações da fronteira lusitana, eram constantes, de um lado, a preocupação com a simetria do traçado urbano e o estímulo ao trabalho agrícola e à circulação local das produções; e de outro, em vez de interdição, o estímulo à coabitação e à mestiçagem entre portugueses e índios.[19]

Os espanhóis também estimularam a expansão sobre regiões fronteiriças na segunda metade do século XVIII, buscando consolidar posições através da criação de presídios, reduções indígenas e vilas. Como nas fronteiras do Império português, os espanhóis se viam diante de populações ainda não conquistadas e do imperativo de segurar, com algum estabelecimento

---

16 SILVA, *Mistura de cores, op. cit.*, p. 253.

17 VOLPATO, Luiza Rios Ricci. *A conquista da terra no universo da pobreza*: formação da fronteira oeste do Brasil (1719-1819). São Paulo: Hucitec, 1987, p. 69, 74, 102-103.

18 AHU, MT, cx. 4, d. 222. Consulta do Conselho Ultramarino, Lisboa, 29 jan. 1748.

19 ARAUJO, *A urbanização do Mato Grosso no século XVIII, op. cit.*, p. 113-15 *et passim*; DELSON, Roberta Marx. *Novas vilas para o Brasil-colônia*: planejamento espacial e social no século XVIII. Brasília: Alva-Ciord, 1997, p. 81; SILVA, *Mistura de cores, op. cit.*, p. 66-78, 279-80, 273.

urbano, a posse e o dinamismo econômico daquelas terras sob contenda.[20] Nas regiões centrais da América do Sul, investiram desde o início do século XVII na estratégia de segurar fronteiras com missões, mas elas só se fixaram em Mojos e Chiquitos, a partir de 1682.[21] Na segunda metade do Setecentos, tanto o norte da província do Paraguai, onde as missões fracassaram, quanto as raias de Mojos e Chiquitos, estavam sob ameaça da expansão portuguesa. Daí a oportunidade de tentar instalar, naquelas fronteiras, vilas de espanhóis e *pueblos* de índios em acordo com as exigências de "regularidade" e "civilização" dos ilustrados.

Reduzir índios não conquistados em *pueblos* "regulares" e avançar com enclaves de vilas de espanhóis eram diretrizes fundamentais da Coroa para as fronteiras americanas. Em algumas regiões, como as Províncias Internas do Norte da Nova Espanha, essa política foi ousada o bastante a ponto de sugerir a coabitação e o comércio entre nativos e espanhóis, em vez da separação espacial corriqueira no direito indiano; e de enfatizar estratégias de atração pacífica dos "bárbaros" – em vez da guerra aberta – como forma de persuadi-los a viver ao redor dos presídios, como dispunha a Real Cédula de 20 de fevereiro de 1779.[22]

Em relação às áreas confinantes do centro da América do Sul, contudo, a Coroa preferiu estimular a instalação de vilas de espanhóis e *pueblos* de índios em pontos estratégicos e claramente separados uns dos outros, com o que diminuía as chances de coabitação. Para o norte do Paraguai, as Reais Cédulas de 12 de fevereiro de 1764 e 29 de janeiro de 1765 ordenaram a atração pacífica de índios do Chaco para reduções e definiram os meios de financiá-las.[23] Para as missões de Mojos e Chiquitos, ameaçadas por um forte português no rio Guaporé, a Real Cédula de 15 de setembro de 1772 ordenou que vilas de espanhóis fossem edificadas em algum lugar próximo de Mato Grosso, mas fora da órbita dos missioneiros.[24]

---

20 SOLANO, Francisco de. Ciudad y geoestrategia española en América durante el siglo XVIII. In: HARDOY, Jorge E.; MORSE, Richard P. (eds.) *Nuevas perspectivas en los estudios sobre historia urbana latinoamericana*. Buenos Aires: Grupo Editor Latinomaericano, 1989, p. 52-53; NAVARRO GARCÍA, Luis. Poblamiento y colonización estratégica en el siglo XVIII indiano. *Temas Americanistas*, Sevilha, n. 11, 1994, p. 20-21.

21 SAIGNES, Thierry. L'Indien, le Portugais et le Jésuite: alliances et rivalités aux confins du Chaco au XVIIIème siècle. *Cahiers des Amériques Latines*, n. 9-10, 1975, p. 231-32.

22 Comentários a essa ordem régia em: MOORHEAD, Max L. *The Presidio*: Bastion of the Spanish Borderlands. Norman: University of Oklahoma Press, 1975, p. 245; e WEBER, David J. *The Spanish Frontier in North America*. New Haven: Yale University Press, 1992, p. 227.

23 AGI, Charcas, 421. Real Cédula ao governador do Paraguai, Buen Retiro, 12 fev. 1764; AGI, Buenos Aires, 171. Real Cédula, El Pardo, 29 jan. 1765. Ver ainda: SAEGER, James Schofield. *The Chaco mission frontier*: the Guaycuruan experience. Tucson: University of Arizona Press, 2000, p. 24-25, 55, 59-60. Em outras províncias que bordejavam o Chaco, também houve expansão de reduções entre os índios de língua Guaykuru, e algumas perduraram até o fim do período colonial: grupos Mocobí foram reduzidos em San Javier (1743) e San Pedro (1765); os Abipón em San Jerónimo (1748), Concepción (1749), San Fernando (1750), e San Carlos del Timbó (1763); e os Toba em San Ignacio (1756) (*ibidem*, p. 202, table 5).

24 AGI, Charcas, 515. Real Cédula contendo os regulamentos temporais para as missões de Mojos e Chiquitos, Santo Ildefonso, 15 set. 1772.

Desse modo, a conhecida política de "duas repúblicas", forma de gestão espacial que promovia uma dicotomia entre vilas de espanhóis e *pueblos* de índios, permaneceu a orientação básica para a criação de estabelecimentos nas fronteiras do Império espanhol até o fim da época colonial.[25] Mantinha-se, assim, a coerência com as *Nuevas ordenanzas de descubrimiento, población y pacificación de las Indias* de 1573, dispositivo elementar da urbanização na América espanhola, segundo o qual índios até podiam ser contratados para trabalhar nas vilas de espanhóis, contanto "que no sean de los que están poblados y tienen casa y tierra, porque no se despueble lo poblado", de modo a dar "asiento y perpetuidad de entrambas repúblicas".[26]

A diferença entre o modelo espanhol de gestão urbana, baseado na proibição de que espanhóis permanecessem nos *pueblos* de índios, e o modelo português, fundamentado na coabitação e no estímulo à mestiçagem, produzia uma oposição decisiva nas regiões em que as duas colonizações eram confinantes e disputavam a influência sobre os mesmos povos.

Durante a época colonial, jamais foi possível instalar uma vila de espanhóis na região limítrofe entre Mojos, Chiquitos e Mato Grosso. O fracasso em aplicar a Real Cédula de 15 de setembro de 1772 em parte se explica pela resistência popular em passar àquela fronteira. Em 1763 e 1766, duas expedições foram enviadas pelo vice-reino do Peru para desalojar os portugueses da capitania de Mato Grosso. Milicianos foram recrutados em cidades altas como Cochabamba, Mizque, Vallegrande e Samaipata. As duas expedições não foram além de construir uma estacada próxima ao forte português de Conceição, e em poucos meses se retiraram. As inúmeras mortes provocadas por doenças próprias às terras baixas certamente produziram uma imagem muito negativa da região do rio Guaporé entre os colonos espanhóis.[27] Os planos para a criação de uma povoação de espanhóis na fronteira com os portugueses no Guaporé fracassaram completamente.[28]

Contudo, a política fundacional que a Real Cédula de 15 de setembro de 1772 dispusera às províncias de Mojos e Chiquitos seguia sendo recomendada pela Coroa. Na opinião ilustrada de

---

25 MÖRNER, Magnus. *La Corona Española y los foráneos en los pueblos de indios de América*. Madri: Agencia Española de Cooperación Internacional/Ediciones de Cultura Hispánica, 1999, p. 311-32; SOLANO, *Ciudades hispanoamericanas y pueblos de indios, op. cit.*, p. 358.

26 "Nuevas ordenanzas de descubrimiento, población y pacificación de las Indias", Bosque de Balsaín, 13 jul. 1573. In: SOLANO, Francisco de (ed.). *Normas y leyes de la ciudad hispanoamericana*. Madri: Consejo Superior de Investigaciones Científicas/Centro de Estudios Históricos, 1996, v. 1, p. 202 e 200, §50 e §32.

27 TORMO SANZ, Leandro. Un ejemplo histórico del "mal de altura" en la guerra de Mojos. *Revista de Indias*, Madri, v. 23, n. 93-94, 1963, p. 426, 432, 436.

28 Para mais da repulsa de espanhóis das terras altas, isso se deve atribuir também à oposição dos jesuítas à instalação de vilas em territórios de missões, em atenção ao sistema de "duas repúblicas". Assim, o governador de Santa Cruz, Argomosa Zeballos, observou que o Superior das missões valia-se do pretexto de que "el sítio no era a propósito": "y yo no allo mas incombeniente, que el de la repugnancia de los misioneros de q.' en todas d.as misiones, no aya población de españoles, por decir q.' con la comunicación se vician los indios" (AGI, Quito, 158. Francisco Antonio de Argomosa Zevallos ao Marquês de Torrenueva, San Lorenzo, 16 fev. 1740).

Pedro Rodríguez Campomanes, desse novo empreendimento "depende conservar aquellas dos provincias, vajo la dominación suave de S. M. e impedir que los portugueses se apoderen de la navegación del Río de la Madera, y de los de Mamoré e Itenes". Sugeria o mesmo ministro que uma vila fosse fundada na junta dos rios Mamoré e Itenes e outra na fronteira de Chiquitos, de modo a evitar que os portugueses "atraigan a si las belicosas naciones del Chaco". Ademais, era preciso "promover el bien estar de los Yndios, la agricultura, y las costumbres".[29]

O projeto mais prestigioso, no entanto, foi elaborado em 1782 pelo ex-jesuíta e ex-missionário em Mojos padre Carlos Hirschko, que pretendia uma povoação na foz do rio Beni no Mamoré.[30] Malgrado o clima úmido e ardente, o lugar parecia ideal para fechar o rio Guaporé aos portugueses e abrir a comunicação do Peru pelo Amazonas. A despeito das imprecisões geográficas do projeto do padre Hirschko e do mapa que o acompanhava, a Junta de Limites aprovou-o e, através da Real Cédula de 6 de junho de 1784, as autoridades de Mojos, Chiquitos, Santa Cruz de la Sierra e Audiência de La Plata foram ordenadas a aplicá-lo.[31] O projeto sublinhava as valiosas riquezas que se poderiam produzir e comerciar a partir daquelas paragens: cacau; café; *vanilla*; *cascarilla*, espécie de quina; *palo santo*, do qual se obtém tinturas; jacarandá, que "en Lisboa se vende a peso de oro", sem contar inúmeros tipos de madeiras, "para qualquiera genero de fabricas". O padre Hirschko não desprezava o valor dos "preciosos balsamos, gomas, resinas, como el Berzoe, Copal, Elemi, sangre de Drago, y otros a quienes no se dá nombre". Produtos que teriam grande procura no Peru, assim como o pescado, "en abundancia del mas sabroso, el qual seco, y remitido al Perú, en donde a excepción del Charquillo traído de la costa, en toda la serranía de este genero se carece, sería un ramo no despreciable del comercio". Por fim, destacava a qualidade do algodão, cujas variedades iam do branco à cor de canela. Dessa forma, uma vila de espanhóis no vale do rio Mamoré permitiria a exploração de produtos tropicais e drogas do sertão e abriria novos nichos de comércio com o Peru e mesmo a exportação direta via rio Amazonas.[32]

Apesar da insistência do poder central, a ocupação espanhola nesses rios amazônicos não terá ido além do envio sazonal de destacamentos militares e de tentativas efêmeras de reunir alguns índios bárbaros que ali viviam, a exemplo dos Pacaguara do rio Mamoré,

---

29 AGI, Charcas, 581. "Dictamen de Campomanes", Madri, 3 maio 1777.

30 AGI, Charcas, 576. Carlos Hirschko ao Conde de Aguilar, embaixador de Espanha em Viena, Viena, 1 maio 1782.

31 O "Mapa del Río Mamoré o Madera, en la América Austral del dominio de la Corona de España", elaborado por Carlos Hirschko, encontra-se em: AGI, Mapas y Planos, Buenos Aires, 145. O parecer da Junta de Limites a respeito do projeto está em: AGI, Charcas, 576. Parecer da Junta de Limites composta por Marquês de Valdelírios, Antonio Porlier e Francisco de Arguedas, enviado a José de Gálvez, Madri, 31 out. 1783. A Real Cédula de 6 jun. 1784 encontra-se em: AGI, Charcas, 576.

32 AGI, Charcas, 576. Carlos Hirschko ao Conde de Aguilar, embaixador de Espanha em Viena, Viena, 1 maio 1782.

contatados em 1795.³³ A própria ambiguidade das ordens régias não deixava de concorrer negativamente nos ânimos dos colonos, que seguiam proibidos de participar dos lucrativos frutos daquelas missões tropicais.³⁴

Mas se a capitania de Mato Grosso seguiu confinando a oeste com um cordão de missões, cujos índios os lusitanos procuravam atrair para suas fortificações e povoações mistas que construíam nas margens dos rios Guaporé, Barbados e Jaurú, o cenário ao sul da capitania revelava outro padrão de ocupação urbana que tornava mais complexa a situação de fronteira. No Paraguai, já no século XVI, houve uma expansão de espanhóis aos territórios ao norte de Assunção, com a fundação em 1580 da cidade de Santiago de Xerez, nas proximidades do rio Miranda, e a instalação das missões de Itatim nos seus arredores. Na segunda metade do século XVII, esses estabelecimentos foram rechaçados por incursões de paulistas e de índios Guaykuru, e a colonização espanhola se manteve limitada ao sul do rio Manduvirá, não muito distante de Assunção.³⁵ Somente em 1760 um enclave espanhol voltava ao vale do rio Paraguai, com a redução de Belén, fundada entre os índios Guaykuru, ao norte do rio Ipané. Em 1773, finalmente os espanhóis instalaram, não distante de Belén, a bem-sucedida Villa Real de la Concepción, que rapidamente alcançou uma pujança na produção pecuária e, sobretudo, de erva-mate, graças à sua integração no circuito comercial do Rio da Prata.³⁶

Os índios Guaykuru e Guaná, que viviam na fronteira entre os dois impérios, foram simultaneamente atraídos para as povoações mistas que os portugueses instalaram no vale do rio Paraguai, como Albuquerque e Vila Maria, e para as reduções que os espanhóis mantinham separadas de Villa Real de la Concepción.³⁷ Ademais de Belén de índios Guaykuru, foram fun-

---

33 As negociações entre o governador Miguel Zamora e os chefes Pacaguara tiveram lugar em Trinidad, em dezembro de 1795. O cura Francisco Xavier Negrete esteve a cargo do novo *pueblo* de Nuestra Señora del Pilar, mas já em janeiro de 1797, o mesmo governador dava conta do abandono da redução devido aos efeitos deletérios de uma epidemia que recaíra sobre os índios (AGI, Charcas, 446. "La R.l Audiencia de Charcas informa con documentos acerca del merito del Gov.r de Moxos, Don Miguel Zamora", Plata, 25 fev. 1798, f. 22 *et seq.*: "Auto", Trinidad, 7 dez. 1795; f. 78-80: Miguel Zamora ao rei, Exaltación, 26 jan. 1797).

34 As companhias que deviam cobrir as defesas de Mojos e Chiquitos (286 e 465 homens, respectivamente) foram reguladas em 1801, mas os colonos alistados moravam em Santa Cruz de la Sierra e Vallegrande (AGN, Sala 9, 9-7-3. Antonio Alvarez Sotomayor ao vice-rey Jaquín del Pino, Santa Cruz, 22 out. 1801; "Estado que demuestra la distribución de tropas milicianas de S.ta Cruz y Vallegrande, con que deben cubrirse los puestos de la frontera de Chiquitos [y Mojos]", [11 out. 1801]).

35 SUSNIK, Branislava. *El indio colonial del Paraguay*: t. 3-1: El chaqueño: Guaycurúes y Chanes-Arawak. Assunção: Museo Etnográfico Andrés Barbero, 1971, p. 37, 67-68.

36 COONEY, Jerry W. North to the Yerbales: The Exploitation of the Paraguayan Frontier, 1776-1810. In: GUY, Donna J.; SHERIDAN, Thomas E. (eds.) *Contested Ground*: Comparative Frontiers on the Northern and Southern Edges of the Spanish Empire. Tucson: University of Arizona Press, 1998, p. 142.

37 ANA, SH, v. 139, n. 3. "Acuerdo celebrado en la frontera del Norte para la población de Belén: factores tenidos en cuenta por los oficiales para la escoja del terreno de la población de Concepción" [1773], f. 9 *et seq.*; AGI, Buenos

dadas, com índios Guaná, as reduções de Taquatí (1788), igualmente no rio Ipané,[38] e San Juan Nepomuceno (1797), mais ao sul, nas proximidades do *pueblo* Guarani de Caazapá.[39]

Se se compara a vila espanhola de Concepción com as povoações portuguesas, o que salta à vista, desde já, é a disparidade da população considerada de "brancos". Quando as disputas territoriais se acirraram nessa região, nos anos finais do século, a capitania de Mato Grosso contava 28.690 moradores, 43% deles escravos negros; no Paraguai, somente os que se diziam "españoles" somavam 62.353 em 1799, e eram mais de 57% da população.[40] Recém em 1775, Concepción contava 80 famílias ou 400 indivíduos "espanhóis" e 26 "de gente de color", encontrando-se adiantadas as "casas correspondientes, chácaras de sementeras, y estancias para crias de ganados";[41] em 1785, existiam em Concepción 653 pessoas identificadas como "espanhóis" e 14 escravos negros;[42] e em 1799, o total de pessoas chegou a 2.227, sendo 1.734 "espanhóis", 79 "mestizos", 164 índios, 161 pardos livres e 89 escravos.[43] Em 1795, o forte de Coimbra e a povoação de Albuquerque somavam 245 pessoas, incluídos escravos, índios e mestiços; em 1824, os mesmos estabelecimentos e o forte de Miranda somavam 366 pessoas (ficando fora desse número os índios há pouco transferidos do Paraguai).[44] Por sua vez, Vila Maria chegou a contar com 537 moradores em 1795, entre brancos e índios.[45] Ademais, cumpre observar que a produção excedente das povoações ao estilo

---

Aires, 291. "Bando-regulamento para a Villa Real de Concepción", Agustín de Pinedo, 25 jun. 1776.

38 AZARA, Félix de. Geografía física y esférica de las Provincias del Paraguay, y Misiones Guaraníes [1790]. Bibliografía, prólogo y anotaciones por Rodolfo R. Schuller. *Anales del Museo Nacional de Montevideo*: Sección Histórico-Filosófica, Montevidéu, t. I, 1904, p. 388; AGUIRRE, Juan Francisco. Diario del Capitán de Fragata de la Real Armada Don Juan Francisco Aguirre en la demarcación de límites de España y Portugal en la América Meridional [1793-1796]. *Revista de la Biblioteca Nacional*, Buenos Aires, t. 19, 1950, p. 17-19.

39 AGI, Buenos Aires, 142. "Auto" sobre a nova redução de índios Chavaranás, f. 11-13: "Ynstrucción q.' deve observar D.n Ygnacio Blanco, comisionado por este govierno en calidad de superintendente de la nueva reducción de Yndios Chavaranas q.' se vá a establecer en las tierras sobrantes del pueblo de S.n José de Caazapá", Lazaro de Ribera, Assunção, 12 set. 1797.

40 Os dados de Mato Grosso se referem ao ano de 1800, que parece mais coerente com os censos anteriores da capitania do que o de 1797, que apresenta o número certamente inflado de 40.876 moradores, 47,33% sendo escravos negros (SILVA, *Mistura de cores, op. cit.*, p. 253). Os dados sobre o Paraguai provêm de: MAEDER, Ernesto. La población del Paraguay en 1799: el censo del gobernador Lazaro de Ribera. *Estudios Paraguayos*, Assunção, v. 3, n. 1, 1975, p. 69, 74.

41 AGI, Buenos Aires, 200. "Carta de Agustín de Pinedo, gobernador del Paraguay, a S. M. sobre la fundación de una población entre los ríos Ipané y Aquidabán a los 23 grados de latitud norte", Assunção, 28 set. 1775, f. 1.

42 AZARA, Geografía física y esférica, *op. cit.*, p. 442.

43 MAEDER, La población del Paraguay en 1799: el censo del gobernador Lazaro de Ribera, *op. cit.*, p. 69, 74; vide ainda: ARECES, Nidia R. *Estado y frontera en el Paraguay*: concepción durante el gobierno del Dr. Francia. Assunção: Centro de Estudios Antropológicos de la Universidad Católica, 2007, p. 105-109.

44 AHU, MT, cx. 33, d. 1748. Mapa da população para o ano de 1795; ALINCOURT, Luiz D'. Resumo das explorações feitas pelo engenheiro Luiz D'Alincourt, desde o registro de Camapuã até a cidade de Cuiabá. *RIHGB*, Rio de Janeiro, t. 20, 1857, p. 341, 343.

45 AHU, MT, cx. 33, d. 1748. Mapa da população para o ano de 1795.

do Diretório era comprada pela Provedoria da Real Fazenda, que pagava os índios em gêneros. Havia um monopólio do Estado não muito dessemelhante ao que ocorria nas missões de Mojos e Chiquitos, quando foram secularizadas, e nas reduções de índios fronteiriços do Paraguai. Em Concepción, por sua vez, havia negócios altamente lucrativos para os particulares, a erva e o gado, e seu dinamismo propiciava a ascensão de uma elite local.[46] Essa diversidade de situações urbanas e econômicas não deixará de condicionar poderosamente as políticas indigenistas que incidirão sobre os mesmos povos indígenas encapsulados entre os dois impérios.

Confrontadas as duas colonizações em disputa pelo mesmo território e pela influência sobre os mesmos povos indígenas, sobressaíam a semelhança quando à política que um historiador chamou de "conquista urbana" e a dessemelhança quanto à gestão das populações que coabitariam o mesmo espaço.[47] Unidade e diversidade que não terão sido de irrelevante impacto entre as populações indígenas locais.

Sociedade urbana e trabalho rural

Fossem quais fossem seus resultados efetivos, o que parece fora de dúvida é que as administrações dos impérios ibéricos esperavam que praças centrais, ruas retilíneas, fachadas idênticas e unidades reservadas à agricultura interviessem na conduta dos moradores, promovendo sua "civilização".[48] A expectativa de um curto-circuito entre traçado regular e obediência das populações revela uma noção de cidade como discurso do poder: "cidade eloquente", segundo uma estudiosa, "a forma que se pretende falante e persuasiva, que se advoga demiúrgica e capaz de civilizar os povos".[49] Assim, em bando para a regulação das povoações de índios e brancos da capitania, da-

---

46 Segundo Jerry Cooney, a elite fronteiriça de Concepción teve atuação relevante no processo de independência do Paraguai (COONEY, North to the Yerbales, *op. cit.*, p. 142, 144-45, 149).

47 SOLANO, Francisco de. La expansión urbana ibérica por América y Asia: una consecuencia de los tratados de Tordesillas. *Revista de Indias*, Madri, v. 56, n. 208, 1996, p. 624.

48 Os precedentes de urbanismo regular encontrados em Tenochtitlán e Cuzco; a tradição peninsular, com a adesão de Alfonso X, nas *Siete Partidas*, às ideias de Vegetius sobre as vantagens do acampamento militar em quadrícula; a difusão da obra de Vitrúvio na Espanha, a partir de 1526; culminando no programa de colonização por expansão urbana regular, recomendado nas famosas ordenanças de Felipe II de 1573, foram fatores que favoreceram a que já tão cedo se difundisse a crença nos condicionantes civilizadores do equipamento urbano. Cf. ROJAS MIX, Miguel. *La plaza mayor*: el urbanismo, instrumento de dominio colonial. La Plata: Universidad Nacional de La Plata, 2006, p. 53-65, 148-50. Para a difusão do traçado regular e da regulação da vida urbana em âmbito lusitano: ROSSA, Walter. O urbanismo regulado e as primeiras cidades coloniais portuguesas. In: CARITA, Helder; ARAUJO, Renata (coord.). *Universo urbanístico português*: 1415-1822: colectânea de estudos. Lisboa: Comissão Nacional para as Comemorações dos Descobrimentos Portugueses, 1998, p. 507-536.

49 ARAUJO, *As cidades da Amazônia no século XVIII*, *op. cit.*, p. 65. Na mesma perspectiva, sublinha Beatriz Bueno que os administradores ilustrados planejavam as cidades atrelando aos princípios de simetria e harmonia as funções de "comodidade pública", "polícia" e "cultura": "noção [que] esteve presente no discurso oficial do período joanino, pombalino e mariano – os cuidados com a organização espacial da cidade representariam o nível de civilidade que se pretendia dos seus habitantes. A vila setecentista colonial, fruto da estrita ação metropolitana, funcionou como um importante instrumento de controle do território, revestido de uma missão civilizatória, já

tado de março de 1769, o governador de Mato Grosso, Luiz Pinto de Souza, ordenou que as casas tivessem portas e janelas altas para entrar o ar, que fossem de telha em vez de palha, que as paredes fossem de pé-direito e bem barradas e que cada família se comprometesse a varrer a rua na frente da sua casa. Indispensável era, também, que todos lavrassem as terras e se empregassem nos teares, olarias e engenhos.[50] Desde quando fora fundada em 1778, a povoação de Albuquerque não produzira "o mais leve efeito de adiantamento", enfatizava o mestre de campo de Cuiabá, "antes huma escandaloza declinação com a dezerção de quazi todos os colonos". Assim, em obediência às ordens do governador, foi enviado um novo comandante para a referida povoação. Em suas instruções, a regulação urbana era enfaticamente recomendada: "He sem questão de duvida que o Estabelecimento deve ser bem regulado; ruas diretas, largas, praça no meio espaçosa, caza de oração, quartéis, armazém, e huma estacada, devendo estas obras serem feitas de taipa, por mais permanentes para o seu tempo, se cobrirem de telha por cauza dos fogos e melhor sigurança"[51] (vide **Figuras 3 e 4**).

Figura 3: "Vista interior da mesma Povoação de Albuquerque" [1790]

Fonte: Museu Bocage, ARF-33, f. 66. In: FERREIRA, Alexandre Rodrigues. *Viagem ao Brasil*: a expedição philosophica pelas capitanias do Pará, Rio Negro, Mato Grosso e Cuyabá: documentos do Museu Bocage de Lisboa. Petrópolis: Kapa, 2002, v. 2, p. 134.

que corporizava no espaço a clareza das leis e os princípios racionais norteadores da ação estatal frente à barbárie reinante em território colonial" (BUENO, Beatriz Piccolotto Siqueira. *Desenho e desígnio*: o Brasil dos engenheiros militares (1500-1822). 2003. Tese (doutorado em Arquitetura e Urbanismo) – Programa de Pós-Graduação em Arquitetura e Urbanismo da Universidade de São Paulo, São Paulo, 2003 (versão revisada), p. 424).

50 Bando de Luiz Pinto de Souza Coutinho, Vila Bela, 6 mar. 1769. *RAPMT*, Cuiabá, v. 1, n. 2, set. 1982-fev. 1983, p. 71.

51 AHU, MT, cx. 24, d. 1417. Antonio José Pinto de Figueiredo a José Antonio Pinto de Figueiredo, com as instruções para a regulação da povoação de Albuquerque, Cuiabá, 20 jul. 1783. Assim também para uma região de "fronteira interna" da capitania, a povoação de Araés, localizada à margem do rio das Mortes, no caminho entre Mato Grosso e Goiás, posição da maior importância para evitar o descaminho do ouro e prejuízos ao fisco, com a devida atenção ao registro das cargas de comércio. Em instrução ao oficial enviado para regular a povoação e conduzir os moradores a "hum modo de viver menos grosseiro, e silvestre", sobrelevava-se a precisão em transferir e reconstruir o estabelecimento com "hum novo alinhamento de ruas direitas com suas correspondentes travessas e mais partes de que costuma compor-se huma povoação sevilizada" (AHU, MT, cx. 17, d. 1057. Luiz de Albuquerque a Marcelino Rodrigues Camponês, Vila Bela, 2 nov. 1773).

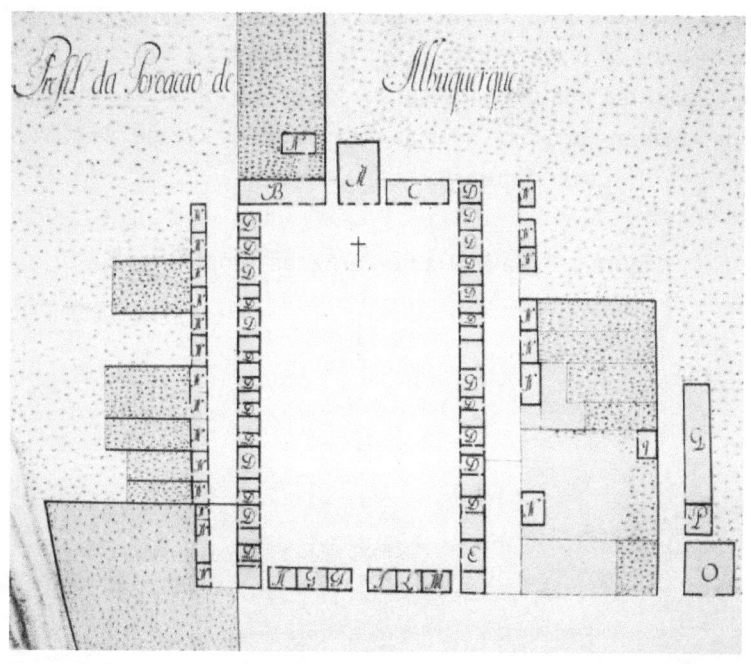

Figura 4: "Perfil da povoação de Albuquerque" [1789]

Fonte: Casa da Ínsua, CI, 9. In: GARCIA, João Carlos (coord.). *A mais dilatada vista do mundo:* inventário da coleção cartográfica da Casa da Ínsua. Lisboa: Comissão Nacional para as Comemorações dos Descobrimentos Portugueses, 2002, p. 190.

A praça central permanecia exercendo uma função decisiva, ao demarcar os arruamentos, abrigar municipalidade, igreja, quartel e cadeia e simbolizar a presença do próprio poder.[52]

---

52 Para Francisco de Solano, uma das primeiras experiências de conquista urbana no Império espanhol, a redução de índios no México, já apontava para o vínculo entre agrupamento urbano e expectativa de aculturação, entre urbanização e "polícia". A quadrícula exerceu, a esse respeito, uma função elementar. Sua origem remonta à época da Reconquista, devido à urgência de dominação militar do território, ele mesmo resultado de uma conquista: "Ciudad nacida de necesidad militar, condicionada por obligaciones políticas – la posesión de la tierra – y levantada por soldados tal como los campamentos militares, en damero del tiempo de la Reconquista, que aparecen reglamentados e impuestos en las Partidas". Nesse quadro, o que convém destacar é que, ao contrário da Europa, onde as instituições estavam espalhadas pela cidade, na América, a praça central era ao mesmo tempo núcleo irradiador da quadrícula e de abrigo das instituições fundamentais do poder (SOLANO, *Ciudades hispanoamericanas y pueblos de indios, op. cit.*, p. 157-58 (cit.), 175, 338-339). Em parte, o magnetismo da praça advinha de seu contraste icônico com o resto da cidade, como assinala ROJAS MIX, *La plaza mayor, op. cit.*, p. 144.
Sobre a presença do militar como indesatável da própria constituição da cidade barroca, escreve José Antonio Maravall: "En la ciudad barroca, los cuarteles, los arsenales, los terrenos para ejercicios de instrucción y desfile son elementos característicos de las nuevas realizaciones urbanas. Coronadas por la ciudadela, constituyen fuertes tentáculos o un férreo cinturón con que el Estado domina a la ciudad" (MARAVALL, José Antonio. *Estado moderno y mentalidad social:* siglos XVI a XVII. Madri: Ediciones de la Revista de Occidente, 1972, v. 2, p. 564).
Na mesma perspectiva, Juan Marchena Fernández e María del Carmen Gómez Pérez relevam a função da praça central como *Plaza de Armas*, isto é, centro do poder que abriga a guarda municipal, o alojamento do governador, do tenente do rei, do *mayor*, do Intendente, dos ministros de guerra e *hacienda*, o *ayuntamiento*, a cadeia e a igreja

O traçado urbano de todas as povoações instaladas na fronteira de Mato Grosso com os domínios espanhóis era praticamente o mesmo: casas com as portas e janelas umas de frente para as outras diante do vazio da praça central – esse era o traçado de Balsemão (1768), Vila Maria (reconstruída em 1784) e Albuquerque (reconstruída em 1789), notavelmente semelhante às povoações que depois foram criadas em Goiás entre os índios Kayapó, D. Maria I (1782) e São José de Mossamedes (1801) (vide **Figura 5**).

Figura 5: "Vila Maria do Paraguai" [post. a 1778]

Fonte: Casa da Ínsua. [Não está no catálogo.] In: NUNES, José Maria de Souza; ADONIAS, Isa. *Real Forte Príncipe da Beira*. Rio de Janeiro: Odebrecht, 1985, p. 159.

Ao procurar expressar o máximo do poder com o mínimo de visibilidade do próprio poder, as amplas praças centrais faziam emergir de si, subordinando-a, toda a vida social da comunidade, evidência de um poder que tanto mais se fazia presente quanto mais invisível – e, portanto, incorporado nos sujeitos – se tornasse.[53]

A aplicação generalizada do modelo de casas com paredes unidas umas às outras em torno do vazio da praça central atendeu, é certo, ao imperativo da redução de custos.[54] Entretanto, o mais decisivo é notar a constituição de uma nova tecnologia de poder atenta ao problema da visibilidade. Como sugere Guillaume Boccara para o caso do Chile, esse novo tipo de po-

---

(MARCHENA FERNÁNDEZ, Juan; GÓMEZ PÉREZ, María del Carmen. *La vida de guarnición en las ciudades americanas de la Ilustración*. Madri: Ministerio de Defensa: Secretaría General Técnica, 1992, p. 34).

53   ARAUJO, *As cidades da Amazônia no século XVIII*, op. cit., p. 175. Como sublinham os autores de um estudo sobre as vilas militarizadas da América espanhola, nas praças centrais "se instalaba el mercado, encajonándose los puestos, y se celebraban las fiestas, con tribunas y colgaduras; a veces aquí se ofrecían obras de teatro, la rodeaban las cofradías en sus desfiles procesionales, y era, en fin, lugar de paseo y encuentro de las gentes" (MARCHENA FERNÁNDEZ; GÓMEZ PÉREZ, *La vida de guarnición en las ciudades americanas de la Ilustración*, op. cit., p. 44).

54   DELSON, *Novas vilas para o Brasil-colônia*, op. cit., p. 55.

der, posto para funcionar em estabelecimentos longínquos da fronteira, apresentava sensíveis diferenças em relação ao modelo dos presídios e estacadas militares dos séculos XVI e XVII. Antes, tratava-se de um enclave em território inimigo, ao mesmo tempo símbolo de uma possessão e base para vigiar as populações que estavam do lado de fora. Poder soberano, portanto, que se fazia ver e dar a ver os movimentos do inimigo. Em contrapartida, o novo tipo de poder "civilizador", ademais de buscar atrair e inserir em estabelecimentos "regulares" as populações que estavam à margem, deslocava para seu interior a exigência da vigilância: de um lado, o princípio da delegação da observação, que se torna recíproca entre os próprios observados; de outro, a inverificabilidade do poder, sendo o essencial o saber que se é vigiado, não quem observa.[55]

Outra preocupação fundamental dos impérios era atalhar uma hipertrofia dos poderes locais. Nos domínios portugueses, após a descoberta das minas, o controle sobre a distribuição e o tamanho das sesmarias tornou-se mais exigente com as leis de 1695 e 1697, que reduziram o tamanho das concessões de cinco para três léguas, e a de 1731, para meia légua em terras minerais, generalizada pelo Alvará de 1795, sendo preciso lembrar que em 1699 foi reforçada a ameaça de expropriar quem não produzisse.[56] Essas medidas, assim como a proibição de que os moradores realizassem quaisquer modificações nas fachadas das casas, revelam que a administração procurava interditar desde o começo, na fronteira, os problemas de que já padecia nas regiões centrais. A rigor, os portugueses pretendiam ver confirmada a prescrição do Marquês de Pombal sobre a gente do sertão, considerada pelo ministro como "obediente, e fiel a El Rey, aos seus governadores, e Mynistros, humilde, amante do socêgo, e da paz", como afirmou em instrução ao governador designado para Mato Grosso, Luiz Pinto de Souza.[57]

---

55 BOCCARA, Guillaume. *Guerre et ethnogenèse mapuche dans le Chili colonial*: l'invention du soi. Paris: L'Harmattan, 1998, p. 226. O poder soberano, enfatiza Foucault, encontra sua força no movimento que o exibe, ao passo que o poder disciplinar se exerce tornando-se invisível e dando a ver aqueles a quem submete (FOUCAULT, Michel. *Surveiller et punir*: naissance de la prision. Paris: Gallimard, 1975, p. 189, 173-79, 202). Dessas reflexões partiu Dores Costa para analisar as reformas militares empreendidas, na década de 1760, pelo Conde de Lippe em Portugal, chegando à constatação de que o novo tipo de poder que se instaurava era uma espécie de "operação de visibilidade": daí a nova importância adquirida pelos livros mestres, alardos e, sobretudo, a economia dos castigos físicos (COSTA, Fernando Jorge Dores. *Insubmissão*: aversão e inconformidade sociais perante os constrangimentos do estilo militar em Portugal no século XVIII. Tese (doutorado em Sociologia e Economia Históricas) – Faculdade de Ciências Sociais e Humanas, Universidade Nova de Lisboa, 2005, p. 240).

56 DELSON, *Novas vilas para o Brasil-colônia, op. cit.*, p. 12. As disposições que definiram essas mudanças foram, respectivamente, as Cartas Régias de 27 dez. 1695, 7 dez. 1697 e 15 mar. 1731, e o Alvará de 3 maio 1795, referidas em: MOTTA, Márcia Maria Mendes. *Direito à terra no Brasil*: a gestação do conflito – 1795-1824. São Paulo: Alameda, 2009, p. 135, 157. Com o Alvará de 1795, a Coroa obrigou a que todas as concessões fossem confirmadas pelo Conselho Ultramarino, numa tentativa de "submeter a doação de terras à sua determinação, como provedora da justiça, instância última de decisão para a concretização da harmonia entre os seus súditos" *(ibidem, p. 141)*.

57 BPME, CXXX/2-7, f. 113. "Instruções q' o Marquez de Pombal deu ao Ex.mo Luiz Pinto hindo governar o Estado de Matto Grosso" [c. 1767].

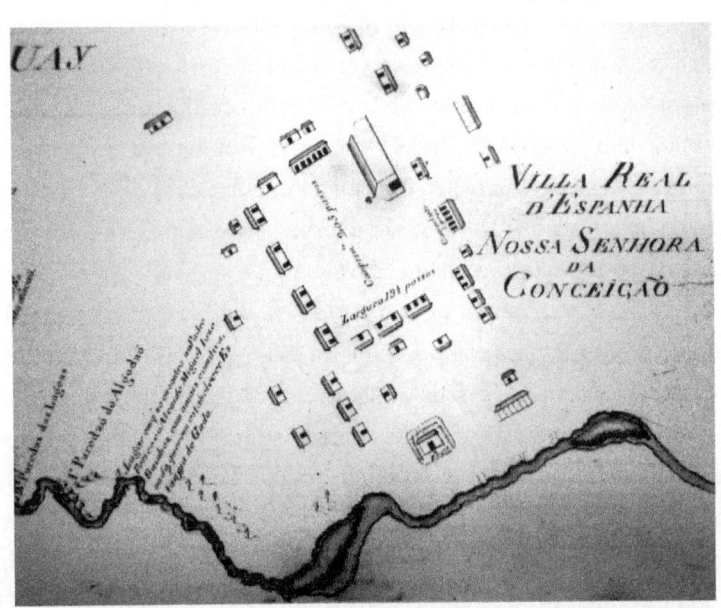

Figura 6: "Idêa topográfica do Rio Paraguay desde o prezídio de Nova Coimbra, athe Villa Real" [1792].

Fonte: AHU, CARTm, MT, d. 0857.

A imagem de Villa Real de la Concepción aqui reproduzida foi elaborada durante a expedição portuguesa do prático e antigo sertanista, cabo de esquadra de Dragões, João de Almeida Pereira, que, em 1792, ali esteve a pretexto de entregar uma carta ao comandante espanhol.

Da mesma forma, no Paraguai, os espanhóis atentaram para o problema da formação de uma elite com demasiado poder e riqueza, através do controle sobre o tamanho das *mercedes* e *chacras* de terras, licenças para os colonos realizarem o benefício da erva e número de trabalhadores que poderiam empregar.[58] Para ir aos ervais, era preciso licença do governo, e o número de trabalhadores era limitado a 12 pessoas, a fim de não prejudicar a produção de alimentos e as milícias do país.[59] Sobre a produção da erva incidiam oito tributos diferentes: Ramo de Guerra; alcabala; *derecho de tercio*; dízimo; estanco sobre a erva enviada a Assunção; imposto sobre embarcações; papel selado da licença de benefício; e *derecho de exportaciones*. Desse rol de tributos importa destacar o Ramo de Guerra, que gravava o beneficiador ervateiro, pelas licenças necessárias, em 40 *pesos*, e financiava gastos do setor militar e da política

---

58 Sobre a regulação do reparto das terras: ANA, SNE, v. 3374. "Auto por el cual el Gobernador dispone la repartición y entrega de propiedades o solares, chácaras y estancias a los nuevos y antiguos pobladores de la Villa Concepción y Costa Arriba" [1792]; sobre a limitação do número de peões: ANA, SH, v. 155, n. 13. "Expediente respecto a los beneficios de yerba" [1791], f. 19. Cf. as análises de: FERRER DE ARRÉLLAGA, Renée. *Un siglo de expansión colonizadora*: los orígenes de Concepción. Assunção: Editorial Histórica, 1985, p. 32; e COONEY, North to the Yerbales, *op. cit.*, p. 136.

59 ANA, SH, v. 155, n. 13. "Expediente respecto a los beneficios de yerba" [1791], f. 19.

indigenista.⁶⁰ Essa regulação não impediu um crescimento formidável da produção de erva na província, que praticamente quintuplicou entre 1785 e 1799. Em 1776, 26.429 arrobas foram exportadas pelo Paraguai; em 1808, o total foi de 327.150 arrobas.⁶¹

Apesar das restrições dos governadores, era frequente que colonos abandonassem a vida urbana e permanecessem a maior parte do ano nas chácaras e estâncias, situação comum não apenas em Concepción e Curuguaty, mas também no norte da Nova Espanha, em Nueva Vizcaya e no Chile.⁶² Assim, ao passar por Villa Real de la Concepción em 1790, o piloto da expedição comandada por Martin Boneo, Ignacio de Pasos, anotou que "no está la plaza aún cuadrada, pero ya está delineada para formarla luego que edifiquen: las pocas [casas] que hay son de paja, y el número de familias es muy corto; las más están en la campaña"⁶³ (vide **Figura 6**).

O fenômeno da dispersão rural expunha as contradições inerentes à utopia da "cidade de lavradores", partilhada por reformistas espanhóis e portugueses. No Paraguai, a Villa Real de la Concepción era um núcleo colonial bipartido, com centro urbano regulado formado pelos *solares* e amplo termo de jurisdição, onde os moradores recebiam suas chácaras. Conforme a lei de 1573, cada colono recebia um lote no centro da vila (*solares*) e um lote no

---

60 ANA, SNE, v. 477, [s.d.] jan. 1779 *apud* RIVAROLA PAOLI, Juan Bautista. *La economía colonial*. Asunción: Litocolor, 1986, p. 345; FERRER DE ARRÉLLAGA, *Un siglo de expansión colonizadora*, op. cit., p. 32, 78-80; e COONEY, North to the Yerbales, op. cit., p. 143.

61 WHIGHAM, Thomas. *La yerba mate del Paraguay* (1780-1870). Assunção: Centro Paraguayo de Estudios Sociológicos, 1991, p. 20.

62 Em sua visita de 1761, o bispo do Paraguai, Manuel Antonio de la Torre, verificou a dispersão rural dos *vecinos* de Curuguaty: "habiéndose formado en calles lineadas, se han quedado las más en líneas reduciéndose a muy pocas útiles averiadas casas por habitar sus vecinos esparcidos en diferentes [y] remotos valles a usanza de esta provincia". Da mesma forma, em Villa Rica, "aunque hay algunas casas que forman el pueblo, estas, por lo común, sólo se hallan abiertas, y habitadas los días festivos, en que concurren sus dueños a oír misa; a la que regularmente faltan muchísimos, por lo muy remoto de sus chácaras, y peligrosos caminos" (AGI, Buenos Aires, 166. "Razon que de su visita general da el D.r Man.el Ant.o de la Tore, Obispo de el Paraguay al Real, y Supremo Consejo de Indias. Año de 1761", f. 29, 26v-28). Ver também: GUTIÉRREZ, Ramón. *Evolución urbanística y arquitectónica del Paraguay*: 1537-1911. 2ª. ed. Assunção: Comuneros, 1983, p. 29, 365; TELESCA, Ignacio. *Tras los expulsos*: cambios demográficos y territoriales en el Paraguay después de la expulsión de los jesuitas. Asunción: Centro de Estudios Antropológicos de la Universidad Nuestra Señora de la Asunción: Litocolor, 2009, p. 44.
De acordo com David Weber, "Hispanic frontiersmen from Florida to California often preferred to live in countryside, close to herds, watercourses, fields, and Indian laborers". O mesmo autor menciona o problema da exposição às incursões indígenas (WEBER, *The Spanish Frontier in North America*, op. cit., p. 320 (cit.), 323, 222). Ainda para o norte da Nova Espanha, vide: MOORHEAD, *The Presidio*, op. cit., p. 228-36. Situação semelhante em Nueva Vizcaya e Chile: SOLANO, *Ciudades hispanoamericanas y pueblos de indios*, op. cit., p. 145-47. Em 1747, o bispo de Concepción do Chile informava ao *Consejo de Indias* que os curatos eram administrados "con inmenso trabajo por que en este reino no hay pueblos formados y se vive en estancias, ranchos y casas de campaña, por la mayor parte pajizas, distantes unas de otras 1, 2 y 3 leguas [...]; los feligreses por la dificultad de los caminos pasan la mayor parte del tiempo, sobre todo en invierno, sin oír misa" (CERDA-HEGERL, Patrícia. *Fronteras del Sur*: la región del rio Bío-Bío y la Araucanía chilena (1604-1883). Temuco, Chile: Universidad de la Frontera, 1996, p. 70-71).

63 PASOS, Ignacio de. "Diario de una navegación y reconocimiento del río Paraguay desde la ciudad de la Asumpción hasta los presidios portugueses de Coimbra y Alburquerque" [1790]. In: *CODA*, t. 6, p. 114.

espaço rural, que podia ser para estância de criação de animais (*mercedes*) ou para a lavoura de mantimentos (*chacras*).[64] Para regular o reparto das terras de Concepción, o governador Joaquín de Alós expediu uma "Instrucción" ao comissionado Luiz Bernardo Ramírez, a 21 de maio de 1790; ficavam enfatizados os critérios para a confirmação da posse das terras, a saber: teriam preferência os oficiais militares, a depender de seus méritos; e quanto aos outros, seriam verificadas "las conveniencias de cada uno al número de familias, al ganado que tengan, y demás proporciones". As chácaras e estâncias demarcadas seriam de no mínimo 18 hectares, devendo-se em seis meses povoá-las com o gado necessário, e não se podendo vendê-las em menos de quatro anos.[65] As concessões eram feitas pelo próprio governador, mas o regulamento de 1792 estabeleceu a confirmação dos lotes pelas *mercedes reales*.[66]

Concessões de lotes em regiões distantes eram possíveis porque o termo de jurisdição das vilas incluía esses espaços rurais que, no Paraguai, eram chamados de *partidos*. Assim, o bando que regulou o termo de jurisdição de Concepción considerava a terra dos índios aquela em que estavam na redução de Belén, e demarcava todo o restante até a fronteira com os domínios portugueses como "población de españoles".[67]

Entre 1792 e 1806, foram concedidos 59 *puestos de estancias* e 80 lotes agrícolas. Do que se pode auferir dos *repartimientos de terrenos* desse período, o certo é que as mesmas pessoas que serviam como altos oficiais militares receberam metade das terras de *haciendas*, e 41,37% foram repartidas entre a gente comum. Em 1793, as estâncias da região de Concepción somavam 50 mil cabeças de gado. Aos que se dedicavam à pecuária, incidia o *diezmo de quatropea*, 10% da produção para gastos da política indigenista: reduções, gratificações aos índios e expedições punitivas.[68]

---

64 Uma vez repartidos os *solares* no espaço urbano, as Ordenanças prescreviam que se assinalassem terrenos para lavouras (*ejidos*) em competente quantidade para prover o crescimento da vila (§130). Confinando com esses terrenos, seriam assinalados os pastos (*dehensas*). Esses lotes deveriam ser repartidos "de manera que sean tantos como los solares que pueda haber en la población" (§131). Os solares e terrenos remanescentes restariam em poder da Coroa, "para Nos hacer merced de ellos a los que después fueren a poblar, o lo que la nuestra merced fuere" (§128, 131) ("Nuevas ordenanzas de descubrimiento, población y pacificación de las Indias", Bosque de Balsaín, 13 jul. 1573. In: SOLANO, Francisco de (ed.). *Normas y leyes de la ciudad hispanoamericana*, op. cit., v. 1, p. 213-14). Era comum a concessão de *caballerías*, lotes de 609.458 varas quadradas (427.953 metros quadrados), para a produção agropecuária (*Idem* (ed.). *Cedulario de tierras*: compilación de legislación agraria colonial, 1497-1820. México: Unam, 1984, p. 32-33).

65 ANA, SH, v. 365, n. 1, f. 43-48. "Instrucción a que deberán arreglarse los jueces que se han nombrado para el reparto de los terrenos en esta población de Concepción", governador Joaquín de Alós, Assunção, 21 maio 1790.

66 ANA, SNE, v. 3374. "Auto por el cual el Gobernador dispone la repartición y entrega de propiedades o solares, chácaras y estancias a los nuevos y antiguos pobladores de la Villa Concepción y Costa Arriba" [1792]. Ainda sobre a regulação do reparto das terras, vide: FERRER DE ARRÉLLAGA, *Un siglo de expansión colonizadora*, op. cit., p. 32; e COONEY, North to the Yerbales, op. cit., p. 136.

67 AGI, Buenos Aires, 291. Bando-regulamento para Villa Real de la Concepción, governador Agustín de Pinedo, 25 jun. 1776.

68 ANA, SNE, v. 176. "Repartimiento de terrenos de Villa Real de la Concepción entre diciembre de 1792 y 1806"; resumido em: FERRER DE ARRÉLLAGA, *Un siglo de expansión colonizadora*, op. cit., p. 85-93. A referência aos

Consequência da aplicação das Ordenanças de 1573 nas regiões de fronteira, a dispersão dos moradores pelas suas chácaras durante a maior parte do ano tornava precária a "regulação" urbana. Em 1790, como estivessem os moradores de Concepción envolvidos nas fainas do benefício da erva, e deixassem sem edificar suas casas nos solares que lhes foram repartidos no perímetro urbano da vila, recomendava o governador Joaquín de Alós, em instrução ao comandante subdelegado daquele estabelecimento, mandasse os povoadores levantarem as casas nos seus solares, "bajo la pena de perder el repartimiento, sin admitirles suplicas ni pedimentos de nuevas plazas".[69] O mesmo prazo de três meses para edificar fora dado aos moradores de Ycuamandiyú, povoação fundada em 1784, ao norte do rio Jejuí, entre Assunção e Concepción. Ali era somada, ainda, a obrigação de que "fundamenten y trabajen las tierras de labor, y poblen las Estancias con competente num.o de ganados", sob pena de perder o reparto das terras.[70]

Por meio de "bandos de buen gobierno", a vigilância sobre o trabalho rural era delegada a autoridades promovidas entre os mesmos moradores da campanha, como ficava assinalado nos dispositivos lançados por Pedro Melo de Portugal em 1778 e 1779, e Lazaro de Ribera em 1796, em que ordenavam ao *alcalde* provincial, seus tenentes, *alcaldes* de irmandade e juízes comissionados cuidassem de que "se haga visible, de donde, o de que fondos, se mantienen cada uno en su casa", e "que sujetos hay holgazanes y sin ocupación fija".[71]

Cumpre reconhecer que, também do lado português, a dispersão de moradores pelo espaço rural era uma preocupação dos governadores, que fizeram constar em mapas a

---

gados de Concepción em: AGUIRRE, Juan Francisco. Diario del Capitán de Fragata de la Real Armada Don Juan Francisco Aguirre en la demarcación de límites de España y Portugal en la América Meridional [1793-1796]. *Revista de la Biblioteca Nacional*, Buenos Aires, t. 20, 1951, p. 301, 308.

69 ANA, SNE, v. 3374, f. 4-5v. Instruções do governador Joaquín de Alós ao comandante de armas e subdelegado de Villa Real de Concepción e redução de Belén, Assunção, 7 jan. 1790.

70 ANA, SH, v. 153, n. 4. Joaquín de Alós ao vice-rei Marquês de Loreto, Assunção, 19 maio 1789, f. 9-10v.

71 ANA, SH, v. 436-2, n. 1. "Auto para reducir los robos y delitos", Assunção, 23 out. 1779; era a mesma recomendação dada em: ANA, SH, v. 143, n. 15. "Auto sobre ganadería", Assunção, 14 out. 1779. Nesse ideal de sociedade submetida a uma vigilância delegada a autoridades locais, era preciso ainda que os referidos *justicias* e *comisionados* saíssem pessoalmente a cada três meses "a visitar y reconocer las sementeras, y estado en que los moradores y habitantes de los Partidos tienen las labranzas examinando prolijamente si trabajan o no"; sendo definidas ainda punições contundentes aos ociosos: "notando alguna falta los compelerá a su enmienda y reforma procediendo contra los indolentes en la primera reincidencia a la aprehensión de sus personas, y remisión a fin de que siendo incluidos con los demás haraganes y ociosos trabajen con un grillete a beneficio de obras públicas" (ANA, SH, v. 163, n. 26. "Auto de Buen Gobierno", Assunção, 23 dez. 1796, §28). Não bastava, portanto, apenas o traçado regular da vila: era preciso uma intervenção permanente do Estado, mediante "bandos de buen gobierno", a fim de regular o mesmo cotidiano dos moradores. Daí as medidas sobre edificação dos solares vazios, retirada de árvores e arbustos que ofendiam o asseio dos subúrbios, uma cobertura para a feira de alimentos da cidade, criação de *alcaldes* de bairro, com as faculdades dos de Madri, para reprimir escândalos públicos, ociosidade, concubinatos e distração em jogos ilegais (ANA, SH, v. 149, n. 16-1. "Auto de buen gobierno", Assunção, 17 dez. 1787; AGI, Buenos Aires, 283. Carta do governador do Paraguai, Joaquin de Alós, a Pedro de Acuña, Assunção, 19 fev. 1794).

posição das roças, fazendas e lavras, como se pode observar nos exemplares: "Bacia do Médio Guaporé" (1769) (vide **Figura 7**), "Configuração da Chapada das Minnas do Mato Grosso" (1769)[72] e "Mapa de medição de oito legoas de terras que se medio a Domingos Francisco de Araújo" (1781).[73] Na Carta Régia sobre os chamados "sítios volantes", de 22 de julho de 1766, os que se achavam dispersos eram referidos como "vadios e facinorozos que vivem como feras, separados da sociedade civil e do commercio Humano".[74] Essa Carta Régia retomava a Lei de Polícia de 25 de junho de 1760,[75] reforçando a obrigação dos vassalos em abandonar essas paragens e escolher "Lugares accomodados para viverem juntos em Povoaçõens Civis que pelo menos tenhão de cincoenta fogos para cima".[76] A dispersão rural favorecia a que as pessoas se escondessem quando requisitadas pelo Estado à prestação de algum tipo de serviço, como era o caso dos recrutamentos, requisições de escravos e "derramas" de mantimentos.[77]

---

72 AHU, CARTm, MT, d. 0858.

73 Casa da Ínsua, CG, 81. In: GARCIA, *A mais dilatada vista do mundo*, op. cit., p. 116.

74 AESP, Avisos e Cartas Régias, lata 62, n. 420, livro 169, f. 145. Carta Régia a Luiz Antonio de Souza Botelho Mourão, Palácio da Nossa Senhora da Ajuda, 22 jul. 1766.

75 Alvará com força de lei, Palácio de Nossa Senhora da Ajuda, 25 jun. 1760. In: SILVA, Antonio Delgado da (ed.). *Collecção da Legislação Portugueza*: desde a última Compilação das Ordenações: Legislação de 1750 a 1762. Lisboa: Typografia Maigrense, 1830, p. 731-37.

76 AESP, Avisos e Cartas Régias, lata 62, n. 420, livro 169, f. 145. Carta Régia a Luiz Antonio de Souza Botelho Mourão, Palácio da Nossa Senhora da Ajuda, 22 jul. 1766.

77 LEONZO, Nanci. *Defesa militar e controle social na capitania de São Paulo*: as milícias. Tese (doutorado em História) – Faculdade de Filosofia, Letras e Ciências Humanas, Universidade de São Paulo, São Paulo, 1979, p. 33.

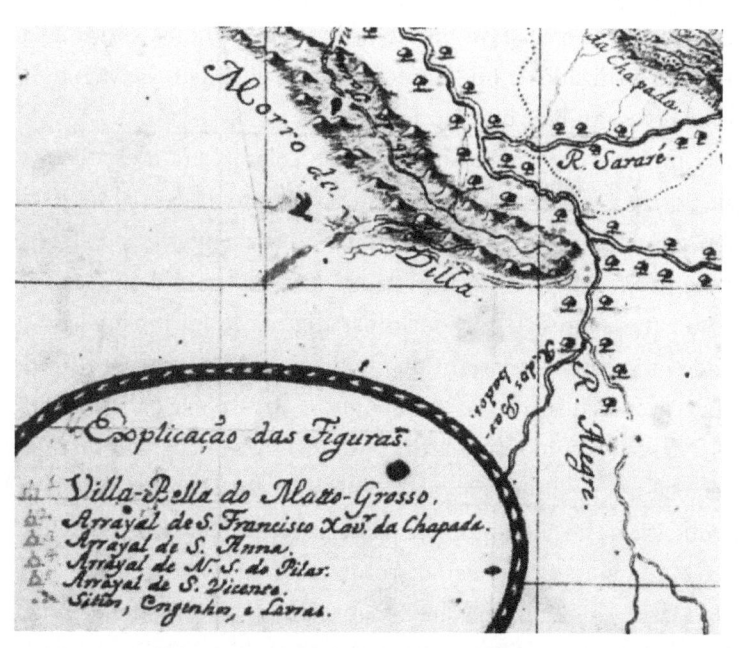

Figura 7: "Bacia do Médio Guaporé" [1769] [detalhe]

Fonte: Casa da Ínsua, CG, 80. In: GARCIA, João Carlos (coord.). *A mais dilatada vista do mundo*: inventário da coleção cartográfica da Casa da Ínsua. Lisboa: Comissão Nacional para as Comemorações dos Descobrimentos Portugueses, 2002, p. 447.

Neste mapa da época do governador Luiz Pinto, pequenos pontos vermelhos indicam sítios, engenhos e lavras dispersos pela fronteira, embora não desconhecidos do governo. Alguns estavam na margem ocidental "espanhola" do rio.

O projeto civilizatório dos reformistas ilustrados, baseado na expectativa de que viver em povoações de traçado regular estimularia o trabalho agrícola e produziria vassalos úteis ao Estado, esbarrava em formas de resistência como a dispersão rural e a deserção. Assim, o mestre de campo de Cuiabá foi surpreendido em 1783 com a deserção dos povoadores que seriam enviados a Albuquerque; a solução que encontrou foi rever as listas e perdoar os fugidos: "como andavam volantes pelos matos lancei hua ordem q.e se podião arrancar pois não pertendia tornar a engajalos".[78]

Havia, portanto, uma tensão entre o estímulo à vida em moradias urbanas, ao trabalho em manufaturas e ao serviço militar, de um lado, e o incentivo às atividades próprias do meio rural, inclusive a coleta, que distanciavam do espaço urbano. Essa tensão era agravada pelo fato de que dos centros urbanos de poder partiam as ordens de recrutamento, requisição de escravos e "derrama" de mantimentos, que prejudicavam precisamente a esfera do trabalho agrícola que a política reformista visava estimular.[79] Daí a resistência popular assumir, por

---

78 APMT, Defesa, 1783, Lata A, 615. Antonio José Pinto de Figueiredo a Luiz de Albuquerque, Cuiabá, 14 maio 1783.

79 Para os presídios da fronteira de Córdoba, ver: ROBINSON, David; THOMAS, Teresa. New Towns in Eighteenth Century Northwest Argentina. *Journal of Latin American Studies*, v. 6, n. 1, 1974, p. 11.

vezes, a estratégia de "desertar para o mato", ou seja, fugir à vida no espaço urbano, onde braços e bens achavam-se à disposição do poder central.[80] Daí que, como lembra uma historiadora, o projeto civilizatório acabava por abarcar a todos, índios sim, mas também os não índios, supostamente civilizados e que, tanto como os tidos por "selvagens", se esquivavam dos imperativos da defesa militar das fronteiras.[81]

Peculiar aos projetos reformistas de expansão colonial era a expectativa de que o estímulo ao trabalho agrícola já estivesse dado desde o traçado da povoação. Realmente, não era apenas o trabalho agrícola, embora fosse ele o pilar que sustentasse todo o restante, mas também a criação de animais e diversas formas de manufatura eram definidas antes mesmo de a vila existir e possuir moradores. Um modelo paradigmático foi o planejado para a povoação de Balsemão, onde os moradores teriam diante de si a praça, presença do poder central no vazio e na mútua visibilidade entre os residentes, e atrás de si os lotes demarcados para a produção agrícola, descritos como "quintaes".[82] Ao revisar a cartografia urbana da capitania de Mato Grosso, percebe-se que amplas áreas demarcadas para cultivos foram pré-estabelecidas nas povoações fronteiriças: hortas e quintais apareciam nos planos de Balsemão, Lamego, Vila Maria, Casalvasco e Albuquerque, que ainda contava com pomares; currais de gado vacum em Casalvasco e Vila Maria; paiol para recolher mantimentos havia em São Miguel, Balsemão e Albuquerque. Passando às manufaturas, São Miguel, Lamego e Albuquerque contavam com engenhos de cana-de-açúcar; teares para panos de algodão havia no plano de Albuquerque, e a documentação administrativa posterior confirma que também existiram em Leomil, Lamego e Casalvasco. O plano desta última povoação, aliás, assinalava uma olaria.[83]

---

80 Para o caso da Amazônia, Sommer percebe o mesmo padrão de dispersão rural. A cada morador das vilas indígenas era reservada uma horta particular, mas não raro ela ficava distante da vila; então as pessoas instalavam moradias nas proximidades dessas hortas e, no espaço urbano, permaneciam praticamente só os oficiais portugueses. Consequência decisiva dessa dispersão rural, os recrutamentos para serviços a particulares e ao governo ficavam emperrados. Eram os recrutamentos, precisamente, a motivação principal da dispersão (SOMMER, Barbara Ann. *Negotiated Settlements*: Native Amazonians and Portuguese policy in Pará, Brazil, 1758-1798. 2000. Tese (Ph.D.) – University of New Mexico, Albuquerque, 2000, p. 113, 115).

81 ARAUJO, *As cidades da Amazônia no século XVIII*, op. cit., p. 294.

82 Mapoteca do Itamaraty, "Planta da nova povoação denominada Lugar de Balcemão" [1768]. In: ADONIAS, Isa. *Mapa*: imagens da formação territorial brasileira. Rio de Janeiro: Odebrecht, 1993, p. 88.

83 O levantamento se baseia nos seguintes planos de povoações:
São Miguel: AHU, CARTm, MT, d. 0851.
Balsemão: ADONIAS, *Mapa, op. cit.*, p. 88.
Lamego, Casalvasco, Vila Maria e Albuquerque: GARCIA, *A mais dilatada vista do mundo, op. cit.*, respectivamente: p. 195, 306, 147, 190.
Sobre os teares para panos de algodão, vide: AHU, MT, cx. 15, d. 927. "Mapa económico que comprehende o Estado actual da agricultura, fabricas e Minas desta Capitania como tambem os officios mecanicos e produção do gado vacum e cavalar calculado no decurso dos dous anos de 1769 e 1770"; APMT, Governadoria, 1785, d. 1343. Comandante de Casalvasco ao governador Luiz de Albuquerque, 2 mar. 1785.

Arte de administrar visando o aumento das forças de um Estado através da intervenção na vida dos súditos, a "polícia"[84] era particularmente atuante nessas povoações, por assim dizer, criadas "do zero", onde das fachadas das casas aos espaços produtivos tudo era planejado de antemão. Assim, em Casalvasco, ao mesmo tempo em que a povoação era instalada, era já definido o que as hortas e pomares produziriam: "A semana passada", escreve em 1784 o engenheiro militar Joaquim José Ferreira, "fiz mudar as laranjeiras e regulei um pomar de 130 palmos de comprido e oitenta de largo, fazendo o fundo do quintal com quatro laranjeiras de frente e oito de fundo, deixei na frente deste oitenta palmos em quadro para uma horta ajardinada".[85] Como os índios habitariam no próprio espaço urbano de Casalvasco, várias manufaturas da Fazenda Real foram pensadas de acordo com as demandas da capital e de outros estabelecimentos: além de tecelagem e olaria, havia um curtume e uma fábrica de fundição de espadas.[86]

Consonante os preceitos de "polícia", podia o Estado prescrever, inclusive, quanto se havia de plantar. Tal era a recomendação que o governador de Mato Grosso, Luiz Pinto de Souza Coutinho, deixou ao seu sucessor, visto que era comum faltarem mantimentos por descuido dos moradores com suas roças: "para se evitar este risco, deve a polícia entrar de alguma sorte

---

[84] Um autor de influente tratado publicado em 1756 definiu a noção de polícia como as "leis e regulamentos que dizem respeito ao interior de um Estado, que tendem a consolidar e a aumentar seu poderio, a fazer bom uso das suas forças, a proporcionar a felicidade aos súditos" (JUSTI, Johan Heinrich Gottlob von. *Éléments généraux de Police* [trad. francesa: 1769] apud FOUCAULT, Michel. *Sécurité, territoire, population*: cours au Collège de France (1977-78). Paris: Gallimard: Seuil, 2004, p. 337). Já em *Traité de la Police*, obra publicada entre 1705 e 1710, Nicolas Delamare compilara regulamentos e instruções de "polícia" e estabelecera 13 domínios de que ela se deve ocupar, agrupando-os em títulos gerais: "bondade da vida": religião e costumes; "a conservação da vida": saúde e subsistência; "comodidade da vida": tranquilidade pública, cuidado com os edifícios, ciências e artes liberais, o comércio, as manufaturas e as artes mecânicas, os empregados domésticos e os operários; "aprazimentos da vida": teatro e jogos; "uma parte considerável do bem público": disciplina e cuidado dos pobres (FOUCAULT, *Sécurité, territoire, population, op. cit.*, p. 342). Em Portugal, concretamente, a recepção dessas ideias pode ter conduzido à passagem de um modelo corporativo a uma "administração ativa", em que o rei e seus ministros se viam na responsabilidade de ordenar todo o Império segundo critérios comuns: "do ponto de vista do império, a instauração do valor de *polícia*, como valor estruturante da acção governativa e de uma administração activa, trará consigo um programa de civilização e de conversão das várias humanidades em presença a um padrão comum, por oposição ao 'bárbaro'" (SANTOS, Catarina Madeira. *Um governo 'polido' para Angola*: reconfigurar dispositivos de domínio (1750-c. 1800). Tese (doutorado em História) – Faculdade de Ciências Sociais e Humanas, Universidade Nova de Lisboa, 2005, p. 27-42).

[85] APMT, Governadoria, 1783, d. 1251. Joaquim José Ferreira a Luiz de Albuquerque, Casalvasco, 1 mar. 1784. Magnus Roberto Pereira defende que Vila Bela, capital de Mato Grosso, contou com o primeiro jardim botânico planejado da América portuguesa (PEREIRA, Magnus Roberto de Mello. *A forma e o podre*: duas agendas da cidade de origem portuguesa nas idades medieval e moderna. Tese (doutorado em História) – Departamento de História da Universidade Federal do Paraná, Curitiba, 1998, v. 2, p. 480).

[86] Cf., por exemplo: APMT, Governadoria, 1783, d. 1342. Joaquim José Ferreira a Luiz de Albuquerque, Casalvasco, 26 fev. 1783.

nessa operação", isto é, "prescrever a quantidade das monções que devem lançar à terra, em proporção ao que devem produzir nos anos médios".[87]

A atuação de Luiz de Albuquerque, afirma uma historiadora, foi decisiva na instalação e constituição de um circuito econômico entre essas povoações: a de Albuquerque deveria produzir mantimentos, tecidos e madeira; Casalvasco forneceria gado, sal e salitre; e Vila Maria, tecidos e gado. Forte Príncipe, Vila Bela e Casalvasco funcionariam como feitorias de contrabando com os castelhanos. A produção de Casalvasco passaria a Vila Bela, e a de Vila Maria e Albuquerque, a Cuiabá.[88] Entretanto, esse circuito funcionou precariamente. Albuquerque e forte Coimbra dependeram de canoas de mantimentos enviadas pela Provedoria da Real Fazenda desde Cuiabá. Os preços que o governo estava disposto a pagar eram baixos, e não era incomum o envio de mantimento de má qualidade ou estragado.[89] Já o Forte Príncipe era basicamente abastecido por Leomil, Lamego e Balsemão, povoações que existiam desde a década de 1760. Os índios vendiam as produções à Provedoria da Real Fazenda a preços ínfimos, que eram pagos em gêneros de fazendas e quinquilharias.[90]

* * *

Neste capítulo foram discutidas as linhas gerais da política fundacional pensada pelos reformistas ilustrados para as regiões fronteiriças da América. O estímulo à agricultura se somava à prioridade dada à vida urbana, em que as condutas, mutuamente observadas graças aos dispositivos que transferiam aos mesmos moradores boa parte da responsabilidade sobre a disciplina do conjunto da população, podiam ser conduzidas ao ideal de "civilização" a que tanto índios como não índios deveriam atingir. Centro do poder colonial, de onde partiam recrutamentos, requisições de bens e outras exigências de que os colonos contribuíssem com serviços defensivos, os espaços urbanos suscitavam resistência entre seus moradores, que preferiam viver dispersos pela campanha. Esse padrão pode ser observado nos dois lados da fronteira entre Mato Grosso e Paraguai. Mas os domínios portugueses confinavam, ainda, com as missões de Mojos e Chiquitos, onde funcionavam dispositivos de controle espacial bastante particulares, e que não terão deixado de influir na dinâmica populacional da fronteira.

---

87   IANTT, MR, Maço 500, Caixa 624. Luiz Pinto de Souza a Luiz de Albuquerque de Melo Pereira e Cáceres, Vila Bela, 24 dez. 1772, §54-55.

88   DELSON, *Novas vilas para o Brasil-colônia*, op. cit., p. 81.

89   APMT, Defesa, 1779, Lata B, 344. Miguel José Rodrigues a Luiz de Albuquerque, Coimbra, 9 abr. 1779.

90   APMT, Defesa, 1786, Lata A, 818. José Pinheiro de Lacerda a Luiz de Albuquerque, Forte Príncipe, 29 out. 1786; APMT, Defesa, 1787, Lata A, 989. Antonio Ferreira Coelho a Luiz de Albuquerque, Forte Príncipe, 3 jul. 1788.

Capítulo 2
Missões e "civilização"

O urbanismo missionário

Em geral, a primeira resposta dos espanhóis diante da ameaça de competição por territórios com impérios rivais era a instalação de missões, como ocorreu no Texas em relação aos franceses, em 1716.¹ Naquela ocasião, foram fundadas, dentre outras, as missões de San Francisco de los Tejas e Santísimo Nombre de María, e nelas aldeados os índios Caddo, povos sedentários e simpáticos à agricultura. Em obediência à tradição das "duas repúblicas", foi proibida a permanência de espanhóis nas missões, o que gerava problemas estratégicos, pois impossibilitava a criação de uma rede de segurança militar. Por volta de 1719, franceses vindos do Mississipi expulsaram todas as missões espanholas a leste do Texas. Em resposta, o poder central e o vice-rei de Nova Espanha apoiaram a expedição do Marquês de Aguayo, que retomou as posições e reforçou as defesas da fronteira: de 50 soldados, o efetivo ali passou a 250; de um presídio, passou a quatro; de seis para 10 missões; sem contar a consolidação da vila de San Antonio.²

---

1 "Although well-founded reports of continued French activity in the lower Mississippi valley suggested the need to defend Texas militarily, Spain's response was essentially ecclesiastical. Spanish officials hoped to continue the tradition of advancing and defending its frontiers with peaceable and inexpensive missions" (WEBER, David J. *The Spanish Frontier in North America*. New Haven: Yale University Press, 1992, p. 153). Em Sonora, norte da Nova Espanha, o estabelecimento de missões começou em 1591, acompanhando a expansão da mineração. Diferente do urbanismo missionário da América do Sul, lá permaneceram os padrões de assentamento pré-colombianos; cf. a respeito a análise comparativa empreendida por: RADDING, Cynthia. *Landscapes of power and identity*: comparative histories in the Sonoran Desert and the Forests of Amazonia from Colony to Republic. Durham: Duke University Press, 2005, p. 59 *et seq*.

2 WEBER, *The Spanish Frontier in North America, op. cit.*, p. 160-62, 171.

Consolidar fronteiras com missões era resultado também do imperativo do fator custos. Missões eram mais baratas de manter do que guarnições, como mostrou uma autora a respeito do Chile, onde a Coroa primeiro tentou a conquista com presídios e a partir de 1640 iniciou a conquista missionária. Sem produção lucrativa, a colonização do Chile era financiada pelo Estado através do *situado*, remessa anual de dinheiro para cobrir gastos militares que, para esse caso, Felipe III fixou em 292.262 *pesos*. Contudo, inúmeros descontos de taxas e serviços abatiam esse valor quando passava de Potosí até Concepción de Chile em pelo menos três quartos. Como a aquisição das mercadorias necessárias para a manutenção da colonização ultrapassava frequentemente o *situado*, a *Real Hacienda* se endividava com mercadores.[3]

As missões constituíram um paradigma segundo o qual a urbanização era a condição para a esperada "civilização" das populações, que se pretendia promover, como resume Francisco de Solano, "en y desde la agrupación urbana, dentro de la configuración del pueblo de indios, donde el aborigen podría 'vivir en policía' y disfrutar de los beneficios materiales y espirituales".[4] O ouvidor da Audiência de Charcas, Juan de Matienzo, autor de um *Gobierno del Peru* (1567), foi dos primeiros a pensar os *pueblos* de índios como estruturas urbanas regulares. Defendia que as autoridades "han de traçar el pueblo por sus quadras, en cada quadra quatro solares con sus calles anchas y la plaça en medio". Funções de gestão caberiam ao concelho municipal nativo, formado por dois *alcaldes* e dois *alguaciles*. Os bens seriam de propriedade comunal dos índios, que se comprometeriam ao pagamento de tributos.[5] As Ordenanças de 1573 consolidaram esse

---

3   CERDA-HEGERL, Patrícia. *Fronteras del Sur*: la región del rio Bío-Bío y la Araucanía chilena (1604-1883). Temuco, Chile: Universidad de la Frontera, 1996, p. 19-22, 22-27. Assim também, para o norte da Nova Espanha, Weber entende que: "Missions cost less than presidios and missionaries' methods seemed more in harmony with the Crown's policy of 'pacificying' new lands instead of 'conquering' them" (WEBER, *The Spanish Frontier in North America, op. cit.*, p. 212). Sobre o sistema do *situado*, vide, dentre outros: MARCHENA FERNÁNDEZ, Juan. La financiación militar en Indias: introducción a su estudio. *Anuario de Estudios Americanos*, Sevilha, n. 36, 1979, p. 81-110.

4   O autor sumariza uma Real Cédula de 1540 ao governador da Guatemala; recomendações semelhantes sobre a reunião de índios dispersos em espaços urbanos constavam em Reais Cédulas às Audiências de México (1538, 1540 e 1549) e Lima (1540 e 1551) (SOLANO, Francisco de. *Ciudades hispanoamericanas y pueblos de indios*. Madri: Consejo Superior de Investigaciones Científicas, 1990, p. 338-39). Cristianização e urbanização, religiosidade e polícia formavam uma única diretriz colonial. Assim, em 1546, a Junta Eclesiástica do México argumentou que "para ser los indios verdaderamente cristianos y políticos, como hombres razonables que son, es necesario estar congregados y reunidos en pueblos y no vivan desparramados y dispersos por las sierras y montes". O texto da Junta foi reproduzido nas Instruções de 1550 ao vice-rei da Nova Espanha (BORGES, Pedro. *Métodos misionales en la cristianización de América*: siglo XVI. Madri: Consejo Superior de Investigaciones Científicas, 1960, p. 218).

5   MATIENZO, Juan de. *Gobierno del Perú* (1567). Buenos Aires: Compañía Sud-Americana de Billetes de Banco, 1920, parte I, cap. 14, p. 31-33. Durante a administração do vice-rei Francisco de Toledo (1569-1579), de quem o ouvidor Matienzo era colaborador, foi estabelecido um grande número de reduções no Peru. Ver: ARMAS MEDINA, Fernando de. *Cristianización del Perú* (1532-1600). Sevilha: Escuela de Estudios Hispano-americanos, 1953, p. 378-88; e COELLO DE LA ROSA, Alexandre. *Discourse and political culture in the formation of the Peruvian Reducciones in the Spanish Colonial Empire* (1533-1592). Dissertação (Ph.D.) – State University of New York, 2001, p. 185 *et seq*.

sistema, reforçando a separação espacial entre vilas de espanhóis e *pueblos* de índios.⁶ Segundo Magnus Mörner, semelhantes por serem vilas urbanas e distintas pelas características que assumiam as mesmas instituições em cada uma delas, reduções e vilas de espanhóis "deberían perpetuar hacia el futuro esta dicotomia, de acuerdo con un concepto muy estático de la sociedad y de la existencia humana".⁷

As missões jesuíticas, entretanto, embora seguissem a diretriz das Ordenanças de 1573 sobre a separação espacial, constituíram criações urbanísticas com feições próprias. Barroco em sua concepção, mas pragmático em sua execução, o modelo das missões do Paraguai foi aplicado em Mojos e Chiquitos, mas descartado em Maynas e mesmo em experiências tardias no Paraguai. Para o caso dos 30 *pueblos* Guarani, as funções de regulação da vida cotidiana pelo urbano são sumarizadas por Ramón Gutiérrez:

(a) desaparição dos quarteirões: as casas coletivas indígenas eram rodeadas de galerias; sua distribuição em relação à praça poderia variar de acordo com parentescos étnicos e procedências tribais;

(b) hierarquização das vias de acesso da missão, de modo a conduzir ao templo;

(c) constituição de um núcleo de edifícios públicos fixos (templo, colégio, cemitério);

(d) unidades produtivas no entorno imediato: a horta atrás do núcleo principal, as zonas de cultivo e até jardins botânicos;

(e) controle da dimensão do povoado, obrigando a subdivisão em novos assentamentos, quando a população atingia certo limite para além do qual se tornava difícil a autossuficiência;

(f) uso cenográfico e ritual da praça, conforme a ideia barroca de "teatro da vida", que assegurava tanto a potenciação da capacidade ritual dos Guarani como sua inserção nas ideias barrocas de participação, persuasão e transcendência da vida no ordenamento terreno.⁸

Os edifícios principais, igreja, colégio, oficina, cemitério e casa dos padres não ficavam no centro, mas ao norte. A grande praça em frente à igreja era o local para cerimônias coletivas religiosas e festas profanas. Dos quatro lados da praça partiam ruas paralelas, e as casas dos índios eram construídas em fileiras alinhadas.⁹ Reforço barroco da presença do sagrado no

---

6 "Nuevas ordenanzas de descubrimiento, población y pacificación de las Indias", Bosque de Balsaín, 13 jul. 1573. In: SOLANO, Francisco de (ed.). *Normas y leyes de la ciudad hispanoamericana*. Madri: Consejo Superior de Investigaciones Científicas/Centro de Estudios Históricos, 1996, v. 1, p. 202 e 200, §50 e §32.

7 MÖRNER, Magnus. *La Corona Española y los foráneos en los pueblos de indios de América*. Madri: Agencia Española de Cooperación Internacional/Ediciones de Cultura Hispánica, 1999, p. 50.

8 GUTIÉRREZ, Ramón. *Arquitectura y urbanismo en Iberoamérica*. Madri: Cátedra, 1997, p. 232-33.

9 RANDLE, Guillermo, S.J. España y Roma en el origen urbano de las misiones jesuitas guaraníes (1610-1767). In: *La Compañía de Jesús en América*: evangelización y justicia: siglos XVII y XVIII: actas del Congreso Internacional de Historia, Córdoba, España, 1991. Córdoba: Provincia de Andalucía y Canarias de la Compañía de Jesús, 1993, p. 281-83.

cotidiano, "la escenográfica centralidad del templo y la valoración que hace de él la plaza, junto a las posas y la cruz, intentan remarcar simbólicamente la presencia de Dios en la Misión".[10]

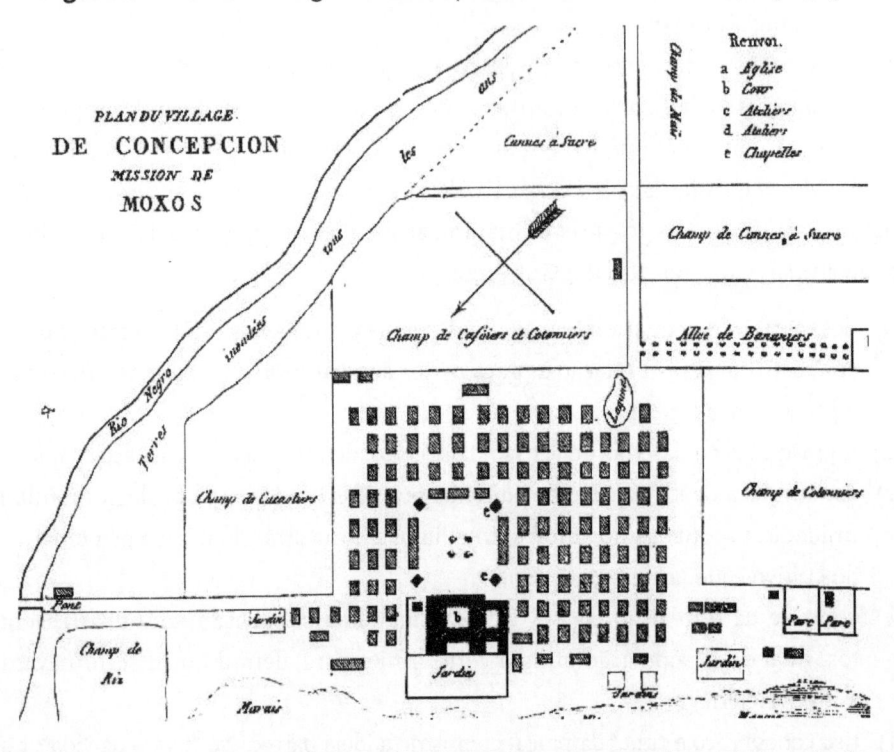

Figura 8: "Plan du Village de Concepción, mission de Moxos" [1832]

Fonte: ORBIGNY, Alcide D'. *Voyage dans l'Amérique méridionale*. Paris: P. Bertrand; Strasbourg: Ve. Levrault, 1847, t. 8, plate n. 24.

As missões foram pioneiras em experimentar um dos dispositivos fundamentais desse novo poder "civilizador", a saber, a expectativa de obtenção de determinadas condutas e comportamentos das populações como efeitos do planejamento do espaço urbano. A missão de Concepción em Mojos figura, a esse respeito, como um caso exemplar, pois o imperativo de aproveitar os espaços produtivos tornou a construção das casas assimétrica, de modo a deixar lotes livres para algodão, cacau, café, cana, milho e arroz. Espaço único e bipartido, urbano e rural, espiritual e econômico, o traçado da missão expressa o que um arquiteto chamou de "manipulação teatral" da espacialização missionária. O objetivo não era tanto garantir os cuidados do espiritual e do material, mas a subsunção do primeiro ao segundo: "su pragmatismo

---

10 LIMPIAS ORTIZ, Victor Hugo. O Barroco na missão jesuítica de Moxos. *Varia História*, Belo Horizonte, v. 24, n. 39, 2008, p. 240.

se evidencia no solamente en el diseño mismo de la misión moxeña, sino en los complejos mecanismos financieros que llevaron a cabo para sostenerla".[11]

Em 1558, Nuflo de Chaves reuniu, sob ordens do governador Irala do Paraguai, uma esquadra de 23 navios visando alcançar o reino de Mojos ou Paititi (expressão utilizada pelos índios Cajubaba para designar o chefe de cada uma de suas aldeias).[12] Nuflo de Chaves prosseguiu sua expedição mesmo depois da morte de Irala, e em 1559 alcançou o lugar da Barranca, no rio Piray. Do Peru, contudo, partira Andrés Manso com o objetivo de conquistar as mesmas regiões. Tendo obtido o apoio do vice-rei de Lima, Nuflo de Chaves retornou àquela paragem e fundou Santa Cruz de la Sierra em 1561, mas foi assassinado sete anos depois. A perspectiva da Serra de Prata se desbotara e a apropriação de força de trabalho indígena para as minas de Potosí ou para os empreendimentos locais de Santa Cruz se tornou o foco principal dos conquistadores.[13]

As populações indígenas que ocupavam o *piemonte* oriental dos Andes, savanas e estepes tropicais que se espraiam pelos vales dos rios Beni, Mamoré, Madeira, Guaporé e Pilcomayo foram acossadas já no primeiro século da colonização por espanhóis que buscavam o quimérico Paititi e sua serra de prata, ou que com esse pretexto capturavam índios para o serviço pessoal. Essas "entradas" espanholas partiam de Santa Cruz de la Sierra, a cidade mais fronteiriça

---

11   *Ibidem*, p. 253. Para um levantamento dos traçados das missões de Mojos e Chiquitos, vide: GUTIÉRREZ DA COSTA, Ramón; GUTIÉRREZ VIÑUALES, Rodrigo. Territorio, urbanismo y arquitectura en Moxos y Chiquitos. In: QUEREJAZU, Pedro (ed.). *Las misiones jesuíticas de Chiquitos*. La Paz: Fundación BHN/ La Papelera, 1995, p. 303-385.
A existência de lotes particulares e terras comunais determinava uma dualidade das produções, que permitia aos índios, sem descuidar das exportações de cera e algodão e do sustento dos padres, ter alguns cultivos "para su utilidad". Sobre esses lotes particulares, o superior de Chiquitos referiu que "las tierras no están repartidas; cada uno cultiva donde y lo que quiere según las parcialidades, y si hay alguna queja o diferencia, el cura con el cabildo con facilidad lo componen de manera que queden satisfechas las partes". O missionário não diz quantos dias por semana os índios trabalhavam nas produções de exportação, mas pelo menos um dia estava reservado à chácara dos padres, da qual dependia o sustento dos religiosos, dos artífices e dos pobres. As "estancias en común" produziam o gado que era distribuído entre toda a comunidade, cujo repartimento em média era de um quarto, por mês, para cada família (Biblioteca Nacional del Perú. "Respuesta que da el Padre Superior de las misiones de Chiquitos al interrogatorio formado por la dirección general de las temporalidades, en virtud del decreto de este Superior Gobierno", de 5 jul. 1768. In: BALLIVIÁN, Manuel V. (ed.) *Documentos para la historia geográfica de la república de Bolivia*. Tomo I: Las provincias de Mojos y Chiquitos. La Paz: J. M. Gamarra, 1906, p. 6).

12   MEIRELES, Denise Maldi. *Guardiães da fronteira*: rio Guaporé, século XVIII. Petrópolis: Vozes, 1989, p. 36.

13   FINOT, Enrique. *Historia de la conquista del oriente boliviano*. Buenos Aires: Librería Cervantes, 1939, p. 176 *et seq*. A Real Audiência de Charcas foi fundada em 1559. Fez parte do vice-reino do Peru até 1776, quando passou a integrar o novo vice-reino do Río de la Plata. O presidente e ministros da Audiência de Charcas exerciam jurisdição sobre Chuquisaca, La Paz, Potosí, Santa Cruz de la Sierra e as missões de Mojos e Chiquitos (BRAVO GUERREIRA, Concepción. Las misiones de Chiquitos: pervivencia y resistencia de un modelo de colonización. *Revista Complutense de Historia de América*, Madri, n. 21, 1995, p. 45-47). O governador de Santa Cruz respondeu por essas missões até 1772, quando foram instituídos governadores militares (AGI, Charcas, 515. Real Cédula contendo os regulamentos temporais para as missões de Mojos e Chiquitos, Santo Ildefonso, 15 set. 1772). Sobre as novas funções da Audiência de Charcas no vice-reino do Río de la Plata, vide: LYNCH, John. *Administración colonial española*: 1782-1810: el sistema de intendencias en el Virreinato del Río de la Plata. Buenos Aires: Editorial Universitaria de Buenos Aires, 1962, p. 225 *et seq*.

instalada a oriente do vice-reino do Peru.[14] Assegurados no privilégio de descendentes dos conquistadores, os espanhóis de Santa Cruz podiam requisitar em *encomiendas* os índios que capturavam entre as populações daquelas adjacências.[15] Esvaecido o pretexto do El Dorado, os *cruceños* passaram a alegar que as "entradas" eram necessárias para recuperar *mitayos* que teriam fugido ou reprimir índios havidos por "caribes", que supostamente atacavam os que eram amigos dos espanhóis.[16] Um informe da lavra do jesuíta Diego Martínez, escrito em abril de 1601, dava conta de que entre os índios que serviam aos espanhóis em Santa Cruz tinha ocorrido, nos últimos anos, a causa de "hambres y pestilencias", uma notável diminuição, passando de 10 ou 12 mil índios *mitayos* para 6 ou 8 mil.[17] Pelo mesmo relato, fica-se sabendo dos procedimentos das expedições dirigidas pelos *cruceños* a Mojos, tendo o jesuíta Jerónimo de Andión participado de uma entrada em que foram 80 soldados rio Guapay abaixo: "hicieron lo que suelen de maldades matando indios y captivando todos los que pudieron aver a las manos", refere o cronista.[18] Para capturar trabalhadores indígenas, sucessivas entradas desciam o rio Guapay até sua confluência no Mamoré, eventualmente chegando ao seu desaguo no Madeira. Dentre as principais, há que destacar as entradas de Suárez de Figueroa, já mencionada, da qual participou o padre Andión, e foi dar no Alto Mamoré em 1596; a coordenada pelo governador Juan de Mendoza Mate de Luna em 1602, com 130 soldados, cheia de padecimentos pela inadaptação às terras baixas; as de Solís de Holguín, em 1617 e 1624, tendo participado desta última o jesuíta Navarro; e a de Diego de Ampuero, em 1667, da qual fez parte o jesuíta Juan de Soto.[19] Como informa o próprio padre Soto, o pretexto da entrada era capturar índios de serviço que teriam fugido e atacar os Cañacure, "índios bárbaros" do Alto Mamoré, que supostamente ameaçavam a província. Apesar de considerar uma lástima ver índios perderem sua liberdade e serem tratados como escravos, Soto argumentava que o fato de eles atacarem os Mojos amigos e manterem costumes bárbaros como a antropofagia tornava legítima a guerra e sua escravização.[20]

---

14 GARCÍA RECIO, José María. *Análisis de una sociedad de frontera*: Santa Cruz de la Sierra en los siglos XVI y XVII. Sevilla: Diputación Provincial de Sevilha, 1988, p. 50-62 *et passim*.

15 BLOCK, David. *Mission culture on the Upper Amazon*: native tradition, Jesuit enterprise, and secular policy in Moxos, 1660-1880. Lincoln: University of Nebraska Press, 1994, p. 30.

16 ARSI, Peru, v. 20, f. 130-138v. "Relación de lo sucedido en la jornada de los Mojos, año de 1667", por Juan de Soto, Plata, 30 jan. 1668, f. 130v, 137.

17 ARSI, Peru, v. 26, f. 403-446. "Misión de Sancta Cruz", informe fornecido pelo padre Diego Martínez, Chuquisaca, 24 abr. 1601, f. 446.

18 *Ibidem*, f. 445.

19 LIVI BACCI, Massimo. *El Dorado in the marshes*: gold, slaves and souls between the Andes and the Amazon. Cambridge; Malden: Polity, 2010, p. 77 *et seq.* e mapa à p. 67.

20 O jesuíta Juan de Soto considerava "el que hagan ellos guerra a n.tros amigos, gente miserable y desdichada, q.' no les ofenden ni occasionan, y que los maten, y se los coman, vicio bestial, y ferino, y digno de ser castigado, por qualquer príncipe y señor político, y humano" (ARSI, Peru, v. 20, f. 130-138v. "Relación de lo sucedido en la jornada de los Mojos, año de 1667", por Juan de Soto, Plata, 30 jan. 1668, f. 137). Nessas entradas "mistas", os

Tornava-se cada vez mais claro para os jesuítas, no entanto, que se seguissem admitindo as entradas de espanhóis entre os Mojos dificilmente avançariam o processo reducional. A partir da década de 1670, os jesuítas passaram de observadores a realizadores de suas próprias entradas que deveriam, por definição, anular as dos espanhóis. A mudança de paradigma parece ter ocorrido com a visitação do provincial Hernando Cabero, que identificou problemas na política anterior, como a vinculação dos missionários às violências cometidas nas entradas, os excessivos gastos com presentes e a dependência da personalidade do irmão Juan de Soto, que faleceu em 1671.[21] Mais autônoma em relação aos colonos, a nova política estava focada na criação de condições para a instauração da polícia e evangelização dos índios. O visitador Cabero designou uma nova frente de missionários para trabalhar na região: Pedro Marbán, nomeado superior, e seus companheiros padre Cipriano Barace e irmão José del Castillo receberam instruções claras sobre a atitude a adotar em relação ao governo: "Quando llegaren a S.ta Cruz de la Sierra procuren en todo caso ganar la gracia del S.r Gobernador", e no que dizia respeito às entradas, "se escuse el llevar soldados, o cosa que lo paresca, porque no sirve, sino de que se alboroten los indios".[22] Com os mil *pesos* que levavam consigo, os padres deveriam comprar em Potosí todos os gêneros necessários para as *entradas missionárias*, "como son chaquiras, cuchillos, cascabeles, &a, para ganarles la voluntad a los indios".[23] Estudar em profundidade as culturas indígenas era uma exigência fundamental: "costumbres, ritos, ceremonias de los barbaros, sus vicios y virtudes, en lo natural, y a que son inclinados, y si entre dichos yndios ay riesgo grave de la vida, que lo corran los nuestros".[24]

Ao mesmo tempo, como refere o padre Ferrufino em 1649, os mamelucos portugueses se tinham tornado uma ameaça àquela fronteira espanhola. Pois com a transferência das missões de Itatim para o centro do Paraguai, os paulistas não encontravam qualquer barreira que os limitasse a marchar sem dificuldades até Santa Cruz de la Sierra.[25] Chegaram os *vecinos* desta cidade a pedir socorro a Assunção em 1692: "nos balemos del balor de V. S.ª para que reprima la osadia de los mamelucos de la Ciud.d de san Pablo y ser la nueva que Pretenden asaltear este

---

jesuítas eram coniventes com as ofensivas direcionadas contra índios que presumiam "caribes". Sobre uma outra entrada, Soto escreveu que "los españoles tuvieron que repartir a dos piesas a cada uno; con que todas estas almas vienen a la christiandad" (ARSI, Peru, v. 20, f. 142-44v. "Relación de la misión de los Mojos", Juan de Soto ao padre provincial, Trinidad, 3 nov. 1668, p. 143).

21 MEDINA ROJAS, Francisco de Borja. ¿Exploradores o evangelizadores? La misión de los Mojos: cambio y continuidad (1667-1676). In: HERNÁNDEZ PALOMO, José Jesús; MORENO JERIA, Rodrigo (coord.). *La misión y los jesuitas en la América Española, 1566-1767*: cambios y permanencias. Sevilha: Escuela de Estudios Hispano-americanos/CSIC, 2005, p. 213.

22 ARSI, Peru, v. 20, f. 166-67. "Instrucción que dió el Padre Hernando Cabero, Vice Provincial y Visitador a los PP. Pedro Marbán y Cypriano Baraze y al H.no Joseph del Castillo", Arequipa, 25 jun. 1674, f. 167.

23 *Ibidem*, f. 167.

24 *Ibidem*, f. 166.

25 "Petição do padre João Baptista Ferrufino ao Ouvidor Garabito para mudar os índios Itatim reduzidos para outro lugar" [1649]. In: *MCA*, v. 2, p. 83.

pressidio desprebenido de armas".²⁶ Com a fundação da missão de San Xavier de Chiquitos em 1691, a expedição de mamelucos paulistas liderada por Antonio Ferraez sofreu um duríssimo golpe, que vitimou seu chefe, deixou vários paulistas prisioneiros e fez debandar o restante.²⁷ Para fins do século XVII, há registros de que os bandeirantes paulistas, por vezes disfarçados de jesuítas, assediassem aqueles índios, a exemplo da tentativa, que se revelou frustrada, de capturar 1.500 Taus e Penoquís em 1694.²⁸

O impacto da instalação das missões de Mojos e Chiquitos foi decisivo sobre os índios do centro da América do Sul: "Face aux convoitises des crucéniens et des *bandeirantes*", salienta Thierry Saignes, "la mission garantit l'intégrité territoriale et physique de la communauté et de ses habitants". Encontraram os nativos uma possibilidade de sobrevivência e de preservação dos territórios, mas ao custo de adentrar ao sistema missionário.²⁹ No essencial, "entradas" e "bandeiras" visavam objetivo semelhante, como assinala Livi Bacci: "The frontier residents of Santa Cruz did not behave much differently from the Portuguese *bandeirantes* carrying out their *malocas* (slaving raids); following presumably approved procedures, though, their expeditions enjoyed a veneer of legality".³⁰ Os jesuítas podiam comparar, como escreveram em 1716, se eram mais nocivas as invasões de *cruceños* ou de paulistas: os paulistas "entran en los pueblos de infieles en medio del día; entran de paz ofreciendo cabes de cuñas, cuchillos, abalorios, ropa y otras cosas para ganarles la voluntad y esta ganada los apresan". Quando havia resistência, atiravam com "munición pequeña, que espantan y hacen algún daño, para no matar, como se ha visto en varios Chiquitos heridos de dichos portugueses". As malocas de *cruceños* se assemelhavam mais à guerra de guerrilha, pois se aproximavam dos assentamentos sem que fossem sentidos, "y esperan a dar el asalto al alba para que no se escape pieza; y desde luego entran apresando y echando colleras. Si con el miedo, y horror naturalmente se defienden los matan a balazos, machetazos, y estocadas, y a vezes pegando fuego a las casas para que salgan huiendo de las llamas y con más facilidad cogerlos". Eles não distinguiam "índios bárbaros" de grupos já contatados por jesuítas e que estavam prontos para reduzir-se. Assim, com o pretexto

---

26 "Cópia de uma carta dos moradores de Santa Cruz de la Sierra pedindo ao governador do Paraguai Socorro contra os portugueses", Santa Cruz, 22 out. 1692. In: *MCA*, v. 2, p. 302.

27 Nesse conflito, que ocorreu, segundo Charlevoix, em 1694, as tropas espanholas contavam com 130 espanhóis e 300 índios, ou no parecer de outro informante, padre Francisco Burges, 30 espanhóis e 500 índios de Chiquitos (CHARLEVOIX, Pedro Francisco Javier de. *Historia del Paraguay*. Madri: Vitoriano Suárez, 1913, v. 4, p. 177; "Estado de las Misiones que los Padres Jesuitas del Paraguay entre los Indios de la América Meridional, llamados Chiquitos [...] por el Padre Francisco Burges" [1702]. In: *MCA*, v. 6, p. 238); cf. ainda as análises de: LOBO, Eulália Maria Lahmeyer. Caminho de Chiquitos às Missões Guaranis. *Revista de História*, São Paulo, v. 10, n. 40, out.-dez. 1959, p. 367; SAIGNES, Thierry. L'Indien, le Portugais et le Jésuite: alliances et rivalités aux confins du Chaco au XVIIIème siècle. *Cahiers des Amériques Latines*, n. 9-10, 1975, p. 224.

28 FERNÁNDEZ, Juan Patricio, S.J. *Relación historial de las misiones de indios Chiquitos* [1726]. Madri: Victoriano Suárez, 1895, v. 1, p. 94, 101-102.

29 SAIGNES, L'Indien, le Portugais et le Jésuite, *op. cit.*, p. 231-32.

30 LIVI BACCI, *El Dorado in the marshes*, *op. cit.*, p. 81-82, 84, e relação das "entradas" à p. 77.

de punir os Puizocas pela morte do padre Lucas Caballero, entraram sobre os Cosiricas, "visitados ya pacíficamente de dicho venerable padre Lucas".[31]

O problema que representava, para os jesuítas, não apenas as entradas dos paulistas, mas sobretudo as dos espanhóis, feitas a pretexto de castigo de bárbaros, foi particularmente assinalado pelo procurador José de Calvo em sua representação à Audiência de Charcas, em outubro de 1700. Naquela oportunidade, dentre outras providências, ele solicitou "que ni con pretexto de castigar o reprimir a los q.' impiden el Santo Evangelio entre d.ho gobernador ni permita entrar a debelar o castigar nación o gente alguna de las registradas p.los padres misioneros amistados, o vecinos a las misiones sin q.' primero tenga aviso, o parecer del Superior de ellas". Essa proibição de entradas de espanhóis foi aprovada ainda em outubro do mesmo ano pela Audiência, mas se sabe que elas continuaram a ocorrer.[32] Tal era o impacto das bandeiras paulistas entre os povos indígenas da região de Chiquitos que o padre Lucas Caballero chegou a afirmar, em 1708, que vários grupos podiam considerar-se "reliquieas de los portugueses", a exemplo dos Sibacas, "porq' está asolado" e "solo abra algunos infieles vagos".[33] Como os paulistas se vestissem de jesuítas para cativar os índios, os *cruceños*, para arruinar a reputação dos padres, denunciavam-nos como falsos missionários: daí porque o padre Lucas Cabalero, tendo visitado os Tapacura, encontrou ali severa oposição dos índios: os *cruceños* lhes tinham dito que "el pretendido misionero era un enemigo vestido de jesuita, y que havia ido a buscar sus compañero para assaltarlos y llevarlos cautivos: que ellos le buscaban para ponerle grillos, y llevarle a las prisiones de Santa Cruz de la Sierra".[34]

Os jesuítas fundaram seus primeiros colégios em Cuzco (1571), Potosí (1576), La Paz (1580) e Santa Cruz de la Sierra (1587), e apesar da oposição dos *cruceños*, em 1682 fundaram a primeira missão na região de Mojos, dedicada a Nossa Senhora de Loreto, à margem esquerda do rio Ivari,

---

31 Biblioteca Nacional del Perú, Manuscritos, C-63. "Informe que hacen los padres de los Chiquitos del Paraguay contra el derecho que alegan los de Santa Cruz a las jornadas de indios", José Ignacio de la Mata, Superior; Juan Bautista Xandra; Juan Patricio Fernández, San Xavier, 5 ago. 1716. In: LOZANO YALICO, Javier Reynaldo; MORALES CAMA, Joan Manuel (eds.). *Poblando el cielo de almas*: las misiones de Mojos: fuentes documentales (siglo XVIII). Lima: Universidad Nacional Mayor de San Marcos, 2007, p. 95-96.

32 RAH, CML, t. 56, f. 138-52. "Representación del padre José de Calvo, de la Compañía de Jesús, sobre las misiones o reducciones de Mojos y Chiquitos, su estado, comercio, intervención con el gobernador de Santa Cruz y casa-residencia de los jesuitas en ella", Plata, 9 nov. 1700, f. 138v; ver também: TOMICHÁ CHARUPÁ, Roberto. *La primera evangelización en las reducciones de Chiquitos, Bolivia (1691-1767)*: protagonistas y metodología misional. Cochabamba: Verbo Divino, 2002, p. 379, 390.

33 ARSI, Paraquariae, v. 12, f. 33-54. CABALLERO, Lucas. "Diario y quarta relación de la quarta misión, hecha en la nación de los Manasicas, y en la nación de los Paunacas, nuevamente descubiertos año de 1707, con la noticia de los pueblos de las dos naciones, y dase de paso noticia de otras naciones", San Xavier, 24 jan. 1708, f. 33v.

34 Biblioteca Nacional del Perú, Manuscritos, C-63. "Informe que hacen los padres de los Chiquitos del Paraguay contra el derecho que alegan los de Santa Cruz a las jornadas de indios", José Ignacio de la Mata, Superior; Juan Bautista Xandra; Juan Patricio Fernández, San Xavier, 5 ago. 1716. In: LOZANO YALICO; MORALES CAMA, *Poblando el cielo de almas, op. cit.*, p. 30.

afluente do Mamoré.³⁵ Em dezembro de 1691, o padre José de Arce fundou entre os Piñoquis, que se achavam em estado lastimável, o *pueblo* de San Xavier, o primeiro dos que foram conhecidos como missões de Chiquitos.³⁶ Já em 1713 o padre Altamirano referia que, em Mojos, eram 17 as reduções, 24.914 os índios batizados e 30.914 o total de moradores, e um padrão de 1749 informava, por sua vez, que havia em Chiquitos sete *pueblos* e 14.701 pessoas.³⁷

De modo algum, contudo, os índios aceitavam passivamente a vida em missões: de um lado, havia resistência em cooperar e as fugas eram constantes; e de outro, não poucos grupos seguiram rechaçando os convites dos missionários, que recorriam à força para recrutar mais moradores. A relação entre escolha e coerção é mais complexa, portanto, do que parece à primeira vista.³⁸ Assim, por exemplo, os jesuítas que trabalhavam em Chiquitos consideravam promissora a possibilidade de reduzir os Zamuco. As entradas que realizavam a partir dos *pueblos* de San José e San Juan Baptista eram obstadas, no entanto, pelos Careras, avaliados como "índios bárbaros". Segundo informaram os missionários, os Careras rechaçavam os convites para serem reduzidos, acometendo "con un ferocidad increíble a los nuestros". Com isso procuravam justificar o uso da força para abrir o caminho até os Zamuco: "viendo esto n.tra gente trataron de defenderse, allí luego mataron quatro infieles los principales, y a quatro mujeres, los q.' mas escaparon huiendo pero

---

35 BLOCK, *Mission culture*, op. cit., p. 33; GARCÍA RECIO, José María. Los jesuitas en Santa Cruz de la Sierra hasta los inicios de las reducciones de Moxos y Chiquitos: posibilidades y limitaciones de la tarea misional. *Quinto Centenario*, Madri, n. 14, 1988, p. 74-83.

36 As missões fundadas em Mojos foram as seguintes: Loreto (1682), Trinidad (1687), San Ignacio (1689), San Javier (1691), San Borja (1693), San Pedro, capital da província (1697), Concepción (1708), Exaltación (1709), San Joaquín (1709), Reyes (1710), Santa Ana (1719), Magdalena (1720) e Desponsorios (1723). Na margem oriental do rio Guaporé, foram fundadas Santa Rosa (1742), San Miguel (1744) e San Simón (1746), mas elas foram abandonadas em 1755, por insistência do governo de Mato Grosso. Houve outras missões de curta duração, e suas populações foram reunidas às já citadas.
Eis a relação das missões fundadas em Chiquitos: San Xavier (1691), San Rafael (1696), que era a mais oriental, San José (1706), San Juan Bautista (1706), Concepción (1707), San Ignacio (1748), Santiago (1754), San Miguel (1721), Santa Ana (1755) e Santo Corazón (1760). Cf. BLOCK, *Mission culture*, op. cit., p. 39; MOLINA M., Placido. *Historia del Obispado de Santa Cruz de la Sierra*: capítulos relacionados con la cuestión del Chaco boreal. La Paz: Universo, 1938, p. 83; para uma relação das etnias reduzidas em Chiquitos: TOMICHÁ CHARUPÁ, *La primera evangelización en las reducciones de Chiquitos, op. cit.*, p. 292.

37 "Breve noticia del estado en que se hallan el año de 1713 las misiones de infieles que tiene a su cargo la provincia del Perú, de la Compañía de Jesús, en las provincias de los Mojos". In: BARNADAS, Josep María; PLAZA, Manuel (eds.). *Mojos, seis relaciones jesuíticas*: geografía, etnografía, evangelización, 1670-1763. Cochabamba: Historia Boliviana, 2005, p. 76 (os autores atribuem o informe ao jesuíta Diego Francisco Altamirano); AGI, Charcas, 199. Carta do vice-rei do Peru, Conde de Superunda, ao rei de Espanha, Lima, 19 set. 1749, sobre o padrão dos índios Chiquitos remetido pelo ouvidor Francisco Xavier de Palacios.

38 Em várias partes do Império, o recrutamento de neófitos geralmente se fazia à base de expedições militares compostas de índios e espanhóis; ver: HAUSBERGER, Bernd. La violencia en la conquista espiritual: las misiones jesuitas de Sonora. *Jahrbuch für Geschichte Lateinamerikas*, Colonia, n. 30, 1993, p. 37-52; WILLIAMS, Caroline A. Resistance and rebellion on the Spanish frontier: native responses to colonization in the Colombian Chocó, 1670-1690. *Hispanic American Historical Review*, v. 79, n. 3, 1999, especialmente p. 401, 413-17; GOLOB, Ann. *The Upper Amazon in historical perspective*. Tese (Ph.D.) – City University of New York, 1982, p. 161-64.

bien flechados, con flechas envenenadas, de q.' no escaparía ninguno de la muerte". Terminada a ofensiva, "recogio nuestra gente la chusma de mujeres y niños y se la trajeron aquí a San José, donde viven ag.ra contentos por el bueno trato q.' se les hace".[39]

Já desde o início as milícias de índios Chiquitos eram estimuladas pelos jesuítas e propiciavam as condições para que essas entradas com vistas a capturar neófitos fossem possíveis. Não era incomum a realização de demorados cercos às paliçadas, em que se procuravam defender os grupos que não queriam ser reduzidos. Em longas negociações, os jesuítas e seus intérpretes faziam ofertas de facas, tesouras, agulhas, tecidos, avelórios e outros itens, e resgatavam dos "bárbaros" algumas poucas mulheres e meninos. Conduzidos à redução, onde recebiam roupas, comida e presentes, tentava-se convencê-los das comodidades da vida nas missões e prepará-los para servir como intérpretes entre os seus nas próximas entradas, com o objetivo de reduzi-los.[40] Em 1717, Juan de Benadense, cura de Concepción, informava ao padre Jaime de Aguilar que, como fracassasse a tentativa de reduzir os Cosiricas mediante o envio de intérpretes, a realização de uma entrada não estava descartada: "si ellos no quisieren venir de grado, se les ha de hazer fuerza, segun el s.to evangelio: compelle eos intrare. Toda la dificultad de estos, y los mas, es por no dejar su tierra".[41] As "entradas" continuavam a ser realizadas pelos jesuítas porque eles tinham como padrão as missões que foram fundadas entre os Guarani, com 5 ou 6 mil ou mais índios. Os missionários de Chiquitos, por exemplo, como não alcançavam esse modelo e viam que as missões de Mojos se desenvolviam mais rapidamente e com mais gente, atribuíam à falta de recursos materiais, especialmente de itens para presentear os índios e atraí-los, a causa principal da "pobreza" de Chiquitos.[42] Em adição a isso, a própria diversidade de línguas e "nações" tornava impossível estabelecer o mesmo padrão de missões homogêneas como as dos Guarani: "Corto es el numero de los Moxos", lamentava o padre Cipriano Barace em 1680, "escasamente llegan a tres mil y seiscientas almas [...], gente apenas bastante para un razonable pueblo, quando veo en la conquista del Paraguay que en poco tiempo se juntavan en cada redución cinco, seis y siete y ocho mil almas".[43]

Assim, para além da oposição dos colonos, a homogeneização linguística era outro desafio dos padres, pois ao contrário das missões Guarani, linguisticamente homogêneas, havia

---

39　RAH, Manuscritos, Numeración Antigua: 9-11-5-146, Numeración Nueva: 9-2274, f. 221 *et seq*.: "Carta al padre provincial Luis de la Roca, con noticia de lo sucedido acerca de la misión de los Zamucos, que tantos trabajos a costado" [c. 1717], f. 221v.

40　BNM, Sala Cervantes, Mss/18577/21. Carta do Padre Diego Pablo de Contreras [ao padre Pedro Lozano], San Juan, 29 ago. 1731, f. 13; outra do mesmo ao mesmo, [s.l.] 31 ago. 1731, f. 17v.

41　RAH, Manuscritos, Numeración Antigua: 9-11-5-146, Numeración Nueva: 9-2274, f. 229 *et seq*.: Carta de Juan de Benadense ao reverendo padre Jaime de Aguilar, Concepción, 30 ago. 1717, f. 231.

42　RAH, Manuscritos, Numeración Antigua: 9-11-5-146, Numeración Nueva: 9-2274, f. 238v *et seq*.: Uma carta remetida pelo missionário do *pueblo* de Concepción de Manacicas [c. 1711], f. 242v-243.

43　ARSI, Peru, v. 20, f. 232-237v. "Copia de la relación del Padre Cipriano Barace sobre la conversión de los Indios infieles", Mojos, 7 maio 1680, f. 232v.

grande diversidade de grupos e línguas em Mojos e Chiquitos. Mesmo tendo em conta que a língua Chiquita era composta de quatro dialetos, os missionários generalizaram o Tao nas missões ao norte de Chiquitos e o Piñoco ao sul; nelas, os dialetos Manasí e Penoquí foram substituídos, e os que falavam outras línguas tiveram que se adaptar.[44] Já em 1676 os jesuítas estavam convencidos de que, das principais línguas faladas em Mojos (Morocosi, Manesono, Mopesiana, Jubirana e Iapimono), a Morocosi era a que se usava como franca, falada por três partes da província, ainda que com dessemelhanças.[45] Como explicitou o visitador padre Zabala em 1751, "desde q.' se fundaron estas misiones han trabajado los PP. unánimes con formar todos los pueblos a ygual modo de vida, distribuciones, y costumes".[46]

Nesse aspecto, como em outros, os jesuítas de Mojos permaneceram tendo como uma espécie de "programa" para as missões as instruções e ordens que o visitador e provincial Diego Francisco Altamirano deixara em 1700.[47] Como sublinha David Block, Mojos foi uma empresa concebida racionalmente, e Altamirano, visitador das missões do Paraguai entre 1677 e 1681, realizou em Mojos um detalhado e rigoroso planejamento aos moldes do que havia entre os Guarani.[48] As recomendações de Altamirano tocavam em quatro pontos centrais: homogeneidade linguística, *cabildo* indígena, agricultura e manufaturas. Ante a diversidade linguística, era preciso imprimir a gramática do padre Marbán e impor a língua Moja; para atrair a colaboração dos caciques, zelar pelo bom funcionamento do *cabildo* indígena, instituído em 1701: Altamirano, a respeito da autoridade dessa instituição, afirma: "los Padres los tratan como se la tuvieran para cooperar a que los respeten todos los del pueblo, encargando a los alcaldes que ronden todas las noches con la gente necesaria para prender a los delincuentes y darles algún moderado castigo"; terceiro item: encorajar a agricultura, não apenas da subsistência ordinária, mas "sementeras grandes en las tierras propias de cada reducción de arroz, de caña dulce, de todo género de legumbres, de que fuere capaz la tierra", especialmente algodão; e em quarto

---

44 Viviam nas missões não menos que 36 etnias ou parcialidades falantes de algum dos quatro dialetos Tao, Piñoco, Manasí e Penoquí, diversidade étnica agravada pela redução de grupos provenientes de outras famílias linguísticas, como Arawak, Chapacura, Guarani, Otuqui, Zamuco, entre outras. Para uma análise detalhada, ver: TOMICHÁ CHARUPÁ, *La primera evangelización en las reducciones de Chiquitos, op. cit.*, p. 243-77; e discussão adicional sobre a estratégia dos jesuítas em: LASSO VARELA, Isidro José. *Influencias del cristianismo entre los chiquitanos desde la llegada de los españoles hasta la expulsión de los jesuitas*. Tese (doutorado) – Departamento de Historia Moderna, Universidad Nacional de Educación a Distancia, Madri, 2008, p. 32-58.

45 ARSI, Peru, v. 20, f. 200-213. "Carta de padres en la misión de los Mojos para el P. Hernando Cavero de la Compañía de Jesús, provincial de esta provincia del Perú en el que se le da noticia de lo que se ha visto, oído y experimentado en el tiempo que ya que están en ella", 20 abr. 1676, f. 202.

46 ARSI, Peru, v. 21 A, f. 131-142v. "Relación de la visita realizada a las misiones de Mojos por el Padre [Juan José] Zabala dirigida al provincial Baltasar de Moncada", Trinidad, 26 dez. 1751, f. 131v.

47 Atesta-o, por exemplo, o próprio padre Zabala, em 1751. (*ibidem*).

48 BLOCK, *Mission culture, op. cit.*, p. 41-42.

lugar, promover os ofícios mecânicos, carpintaria, alvenaria, ferraria, costura, fabricação de sapatos etc., elementares "para la vida politica y racional".⁴⁹

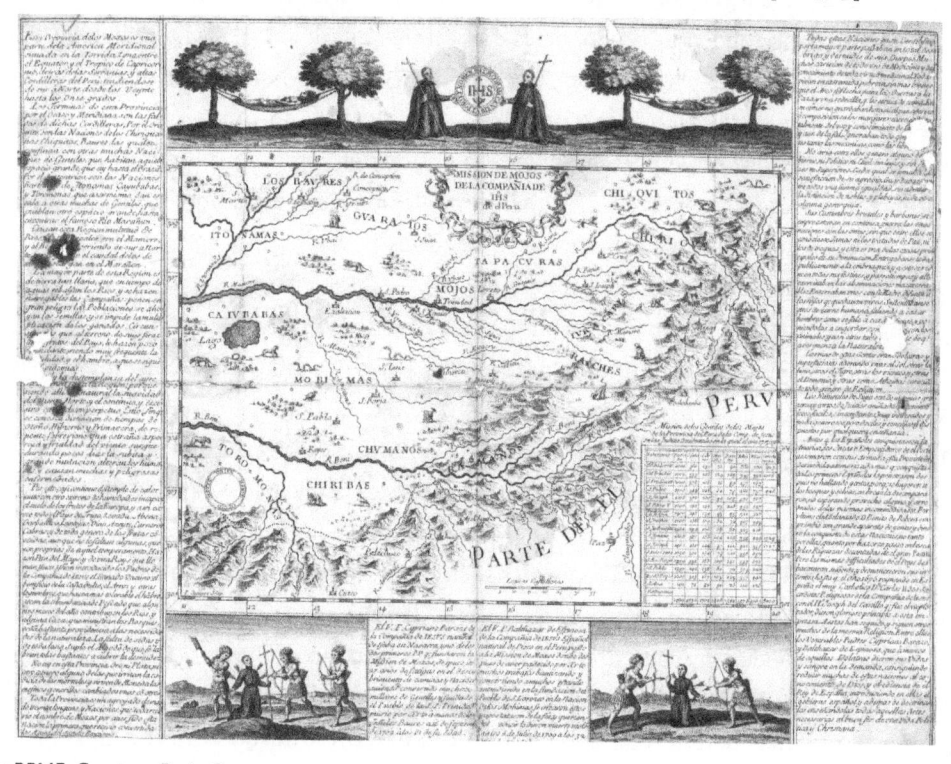

Figura 9: "Mission de Mojos de la Compañia de IHS" [c. 1713]

Fonte: BPME, Gaveta 2, Pasta C, n. 49.

Etnocartografia dos primeiros tempos das missões de Mojos. Acompanha quadro demográfico para o ano de 1713: 24.914 índios batizados; 6.000 catecúmenos. O mapa indica os povos indígenas daquela região: Itonamas, Baures, Guaraios, Mojos, Tapacuras, Chiquitos, Caiuvaras, Mobimas, Raches, Iuracares, Chiriguanas, Chumanos, Toromonas, Chiribas e Ramanos. Reforçando o empenho e as dificuldades dos missionários da Companhia nessa conquista espiritual da fronteira, duas imagens na parte inferior lembram o martírio dos padres espanhóis Cipriano Barace (1702) e Balthazar de Espinosa (1709), cujas vidas foram tomadas pelos mesmos índios que pretendiam converter.

Os jesuítas tentaram construir uma rede que ligasse as missões de Mojos, Chiquitos e de índios Guarani do Paraguai, mas seu projeto foi interditado pela Coroa. Deve-se ao padre Arce a elaboração de um plano, em 1692, de abertura de um caminho do Paraguai a Chiquitos, passando pelo Pantanal. O jesuíta procurou convencer as autoridades do Paraguai das vantagens em semelhante empreendimento, que lhes permitiria colocar erva no mercado do Peru; além

---

49 ALTAMIRANO, Diego Francisco. *Historia de la misión de los Mojos* [c. 1710]. La Paz: Instituto Boliviano de Cultura, 1979 (Transcrição do manuscrito existente no Archivo y Biblioteca Nacional del Perú), cap. 15-16, p. 92-99.

do mais, a própria Companhia tinha interesse em retornar às suas antigas posições no Alto Paraguai, transferindo para lá índios Guarani.[50] Depois de duas tentativas de outros missionários, o próprio padre Arce conseguiu empreender a viagem em 1708.[51] Uma petição do *cabildo* de Santa Cruz de la Sierra solicitara, em 8 de maio de 1716, fechamento e proibição do caminho, aprovados pela Real Provisão de 23 de outubro de 1717.[52] Estudiosos dessa rota mostraram que o fechamento se deveu aos receios de Santa Cruz em ter que dividir o comércio de Chiquitos com Assunção, do mesmo modo que a elite de Tucumán não queria outra rota que ligasse Buenos Aires ao Peru. Finalmente, para a Coroa, era uma indesejável possibilidade de contrabando e descaminho da prata de Potosí.[53]

O fechamento da rota entre Paraguai e Chiquitos em 1717 atuou como um poderoso empecilho à instalação de missões ou estabelecimentos entre as duas províncias, favorecendo a que, ali mesmo no centro da América do Sul, certos povos indígenas mantivessem vastos territórios independentes dos poderes coloniais.

Somente em 1760 esse quadro se alterou, quando o mais poderoso grupo indígena que vivia naquelas terras requisitou, em Assunção, sua redução em uma missão jesuítica. Instalada no rio Ipané e sob os cuidados dos padres José Sánchez Labrador e José Mantilla, a redução de Belén contava com 25 famílias de índios Guarani que, assim se esperava, deveriam dar exemplo das utilidades do trabalho agrícola aos caçadores e coletores Guaykuru.[54] A primeira tentativa de reduzir os Guaná-Layana partiu dos jesuítas Manuel Durán e Manuel Bertodano, que em 1764 reuniram 600 índios no rio Apa, na redução de San Juan Nepomuceno. Sem ajuda do governo, tentaram os jesuítas realocar recursos das missões Guarani, mas a missão logo sucumbiu.[55]

Na maior parte das missões, após a expulsão dos jesuítas, em 1767, a gestão recaiu sobre as ordens mendicantes, dominicanos, agostinianos e franciscanos. Estes últimos eram os mais numerosos, tanto mais porque, antes da expulsão, já haviam fundado nove colégios missionários na América, sendo dois na região aqui estudada: Nuestra Señora de los Ángeles de Tarija,

---

50 "Relación breve del estado en que se halla la Mission de los Chiquitos y su primer origen el año de 91, á primer de diciembre, que llegó el P. Joseph Francisco de Arce al pueblo de los Piñocas, cincuenta leguas distante de Santa Cruz de la Sierra" [1691-1692]. In: *MCA*, v. 6, p. 88.

51 FERNÁNDEZ, *Relación historial de las misiones de indios Chiquitos, op. cit.*, v. 1, p. 196, 202; v. 2, p. 100, 107-108, 110-41, *passim*.

52 "Real Provisão da Audiência de La Plata mandando cerrar o caminho e comércio entre as missões dos Chiquitos e as da província do Paraguai", Plata, 23 out. 1717. In: *MCA*, v. 6, p. 133.

53 LOBO, Eulália Maria Lahmeyer. Caminho de Chiquitos às Missões Guaranis. *Revista de História*, São Paulo, v. 11, n. 41, jan.-mar. 1960, p. 87; SAIGNES, L'Indien, le Portugais et le Jésuite, *op. cit.*, p. 221.

54 AGI, Buenos Aires, 171. Exortatório do governador José Martínez Fontes ao padre Nicolas Contucci, visitador da Companhia de Jesus, a respeito da paz estabelecida entre o governador Jaime Sanjust com os índios Guaykuru, 22 jan. 1762.

55 SÁNCHEZ LABRADOR, José. *El Paraguay Católico* [1780]. Buenos Aires: Imprenta de Coni Hermanos, 1910, v. 2, p. 294.

1755, e Santa Rosa de Ocopa, 1758. Entre 1784 e 1782, mais sete colégios apareceram, totalizando 16 colégios de Propaganda Fide. Apesar disso, eram poucos os franciscanos que se dispunham a ir às missões, e os que iam não permaneciam por muitos anos. O conde de Campomanes alentava uma opinião favorável dessa ordem religiosa, especialmente porque, segundo ele, os freis não tinham as mesmas ambições de poder e dinheiro da Companhia de Jesus.[56] Essa era, aliás, uma circunstância que podia prejudicar o trabalho missionário: os franciscanos não possuíam os poderosos meios de financiamento interno dos jesuítas, e em geral não chegaram a administrar as fazendas por eles deixadas. O custeio de seu trabalho dependia prioritariamente nos sínodos assinalados pela Coroa, que variavam de 200 a 300 *pesos* anuais. Tais recursos não bastavam para manter satisfeitos os índios já reduzidos, e não permitiam sustentar a oferta de presentes para atrair "índios bárbaros" independentes.[57] Daí porque o mais comum era que os franciscanos defendessem o sistema de comunidade e fossem tão insistentes em seus pedidos ao *Consejo de Indias* por fundos que financiassem suas missões.

A atuação dos franciscanos no norte do Paraguai e no Chaco teve marcantes consequências sobre os povos indígenas que ali viviam.[58] Desde 1769, frei Miguel Mendes Jofre atuava em Belén entre os Guaykuru, freis Antonio Bogarín e Pablo Casado entre os Ethelenues, e freis Francisco Sotelo e Pedro Bartolomé entre os Layanas. Estes dois últimos grupos viviam no Chaco, pela altura do paralelo 22°.[59] Os freis Francisco Javier Barzola e Francisco Sotelo conseguiram reunir, naquele mesmo ano, os Lateglibues e os Layanas em um único agrupamento, somando 4 mil pessoas, e iniciaram sua transmigração do Chaco ao vale dos rios Apa e Aquidabán, na banda oriental do Paraguai. Dentre as razões que os levaram a isso estavam o pantanoso dos terrenos onde viviam, a vizinhança de inimigos e a tentativa de inibir a que

---

56 "[...] ni los clérigos ni los frailes [...] tienen interés alguno para privarle [al indio] del trato con los pueblos de españoles" (RODRÍGUEZ CAMPOMANES, Pedro. *Dictamen fiscal de expulsión de los jesuitas de España (1766-1767)*. Madri: Fundación Universitaria Española, 1977, p. 135, §502).

57 GULLÓN ABAO, Alberto José. *La frontera del Chaco en la gobernación del Tucumán, 1750-1810*. Cádiz: Servicio de Publicaciones, Universidad de Cádiz, 1993, p. 165-168, 185. Sobre fugas de índios de missões franciscanas: JACKSON, Robert H.; CASTILLO, Edward. *Indians, Franciscans, and Spanish Colonization*: The impact of the mission system on California Indians. Albuquerque: University of New Mexico Press, 1995, p. 77-80. Uma comparação entre os jesuítas e os franciscanos que atuaram entre os Chiriguano mostra a dependência destes últimos em relação à oferta de presentes e a dificuldade de obter recursos: SAIGNES, Thierry. *Ava y Karai*: ensayos sobre la frontera chiriguano (siglos XVI-XX). La Paz: Hisbol, 1990, p. 119-22. Sobre a expansão dos colégios franciscanos: GÓMEZ CANEDO, Lino. *Evangelización y conquista*: experiencia franciscana en Hispanoamérica. 2ª. ed. México: Porrúa, 1988, p. 49-57; Idem. *Evangelización, cultura y promoción social*: ensayos y estudios críticos sobre la contribución franciscana a los orígenes cristianos de México (siglos XVI-XVIII). México: Porrúa, 1993, p. 565-569.

58 DURÁN ESTRAGÓ, Margarita. *Presencia franciscana en el Paraguay (1538-1824)*. Assunção: Ediciones y Arte, 2005, p. 178 *et passim*.

59 AGI, Charcas, 574. "Copia de la carta de el R. P. fr. Fran.co Xavier Barzola de el orden de N. P. S.n Fran.co; actual apostólico misionero, escrita al Gov.r, y capitán gen.l de la Prov.a del Paraguay", Carlos Morphi, Pueblo de San Francisco, 24 jun. 1769, f. 3v; AGI, Buenos Aires, 214. "Acuerdo capitular", f. 5-10v: Petição do frei Miguel Mendes Jofre, missionário da redução de Belén dos índios Guaykuru, ao *cabildo* de Assunção, 3 jan. 1773, f. 6v.

desertassem: "preservarlos de su natural insconstancia, pues estándo en esta banda, les es fácil meterse otra vez a los bosques", escreveu o frei Francisco Barzola.[60] Em sua "petición" de recursos ao *cabildo* para as novas reduções, frei Miguel Mendes advertiu que "de faltarles con este socorro en estos primeros años y solo intentar reducirlos y meterlos tan en prompto al trabajo corporal, no solo ay el riesgo de que oprimidos se vuelvan a su antiguo ser [...] sino tamb.n el mayor de que los religiosos desfalescan".[61] Já em 27 de fevereiro de 1788, ao sul do rio Ipané, foi fundada a redução de Tacuatí com cerca de 500 índios Guaná a cargo de Pedro Bartolomé, que terá permanecido à frente dos trabalhos por sete anos.[62] Em fevereiro de 1797, contava com 1.281 pessoas, sendo 13 caciques, 530 índios de armas e 506 mulheres, mas surpreendentemente não possuía missionário.[63]

Delineou o governador Lazaro de Ribera, ainda em 1797, um ambicioso projeto em que pretendia transferir os Guaná da fronteira norte com os portugueses para a nova redução de San Juan Nepomuceno, no centro da província.[64] Ao que consta do plano do estabelecimento (**Figura 10**), o governador teve o cuidado de deixar à disposição dos índios duas estâncias de gado; e aspirava a que se empenhassem na produção de tabaco, o segundo item mais exportado depois da erva: "Las plantaciones ofrecen grandes esperanzas, según el estado floreciente en que las halle; y me prometo que en el presente año podrá la Reducción vender à S.M. algún tabaco del mucho que han sembrado aquellos naturales para su consumo, y les debe sobrar".[65] Os espaços destinados à produção agrícola eram aproveitados pelos Guaná, como atestou um ministro da *Real Hacienda*, e sua produção já podia abastecer as fortificações da fronteira, pois "[las] legumbres (sin embargo de la distancia en que se halla aquella reducción) han sido conducidas a esta capital por la suma escases de ellas por ordenes del dicho señor gobernador para abastecer a los referidos fuertes".[66]

---

60 AGI, Buenos Aires, 183. Francisco Javier Barzola ao governador Carlos Morphi, San Francisco de Los Layanas en el Chaco, 14 nov. 1769, f. 2.

61 AGI, Buenos Aires, 214. "Acuerdo capitular", f. 5-10v: Petição do frei Miguel Mendes Jofre, missionário da redução de Belén dos índios Guaykuru, ao *cabildo* de Assunção, 3 jan. 1773, f. 9-9v.

62 AZARA, Geografía física y esférica, *op. cit.*, p. 388; AGUIRRE, Diario del Capitán, *op. cit.*, t. 19, p. 17-19.

63 AGI, Buenos Aires, 89. "Memorial de José de Espinola y Pena", Assunção, 16 set. 1800, f. 64-65v: José Antonio Zabala y Delgadillo a Lazaro de Ribera, Concepción, 16 fev. 1797.

64 ANA, SNE, v. 3383. Nomeação de frei Antonio Bogarín, cura de San Juan Nepomuceno, [Assunção] 30 dez. 1797.

65 AGI, Buenos Aires, 322. Lazaro de Ribera ao vice-rei Marquês de Avilés, Caazapá, 18 fev. 1801.

66 AGI, Buenos Aires, 322. Martín José de Aramburu, contador, e Juan José González, tesoureiro, ministros da *Real Hacienda*, Assunção, 15 jun. 1801.

Figura 10: "Plano de los terrenos adjudicados a la nueva reducción y pueblo de indios chavaranas de San Juan Nepomuceno" [1799]

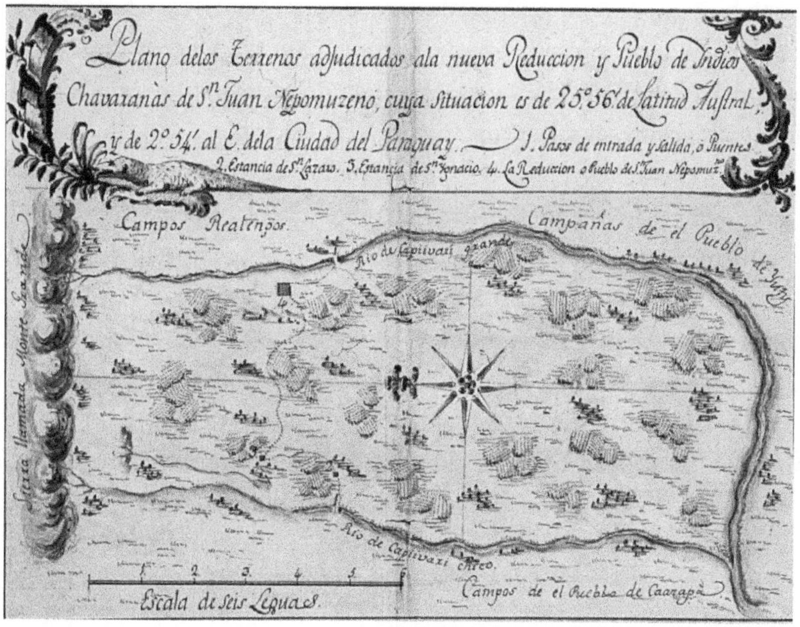

Fonte: AGI, Mapas y Planos, Buenos Aires, 284.

Como referiu um arquiteto, essa foi das poucas reduções de "índios bárbaros" que assimilaram as noções de regularidade das *Leyes de Indias*.[67] Preocupação já manifesta desde a escolha do terreno, mandando-se averiguar qual era o mais aprazível, se os da paragem de Tibicuari ou das campanhas do *pueblo* Guarani de Caazapá, ficando decidido por este último. O terreno contava com boas entradas e saídas, águas permanentes, terras para lavra agrícola, montanhas e pastos para cria de gado.[68] Em suas instruções para o estabelecimento da redução de San Juan Nepomuceno, o governador Lazaro de Ribera ordenou ao comissionado Ignacio Blanco que delineasse "a cordel el quadro q.' ha de formar el pueblo con método y regularidad", ou seja, segundo o modelo da quadrícula, "q.' las calles se crucen de norte a sur, y de este a oeste". Uma praça maior abrigaria capela, prisão, casa paroquial e escola de primeiras letras. Para o alojamento, provisoriamente galpões coletivos cobertos de telhas, e as moradias definitivas dos índios seriam "casas de terrado", isto é, de adobe e telhas, cada qual com sua cozinha separada, não se admitindo palha ou outro material, de modo a evitar incêndios. O superintendente assinalaria sem perda de tempo os melhores terrenos para dar princípio aos cultivos, e mandaria preparar os currais para abrigar umas 14 ou 15 mil cabeças de gado sacadas

---

67 GUTIÉRREZ, *Evolución urbanística y arquitectónica del Paraguay*, op. cit., p. 29.

68 AGI, Buenos Aires, 610. Informe ao *Consejo de Indias* do contador general Conde de Casa-Valencia, sobre a redução dos índios Chavaranás e pueblo de San Juan Nepomuceno, Madri, 29 maio 1800, f. iv.

dos *pueblos* de Caazapá e Yuti. Por fim, expressando a tradição da política de "duas repúblicas", foi rigorosamente proibida a permanência de negros, brancos ou mestiços nessa redução.[69] Os franciscanos freis Antonio Bogarín e Mariano Bordón foram escolhidos para curas, com sínodo de 150 *pesos* anuais o primeiro e 100 o segundo. Em 1797, a redução contava com 1.109 pessoas, tendo morrido 309 devido a uma epidemia de varíola.[70] Os resultados, de modo geral, impressionaram positivamente o contador da *Real Hacienda*, Conde de Casa-Valencia, que emitiu parecer favorável ao dispêndio de 250 *pesos* anuais com o projeto, recomendando que fossem sacados do ramo de vacantes ou outro qualquer da *Real Hacienda*.[71]

No dia 13 de dezembro de 1798, foram nomeados *corregidor*, *alcalde* e *empleos concegiles* entre os índios e caciques "que havian dado pruevas de buena conducta".[72] A redução contava, por então, com "26 lances para habitaciones que forman el cuadro de la Casa Real, todos de madera firme labrada y 11 de ellos techados de terrado que habitan los padres catequistas y las demás habitaciones se hallan destinadas para Escuela de primeras letras y habitaciones del maestro". As moradias ocupavam "ocho tiras con 60 lances que forman con el frente de la Casa Real el cuadro de la Plaza principal todas ellas de madera y 32 con techo de terrado".[73] Em

---

69 AGI, Buenos Aires, 142. "Auto" sobre a nova redução de índios Chavaranás, f. 11-13: "Ynstrucción q.' deve observar D.n Ygnacio Blanco, comisionado por este govierno en calidad de superintendente de la nueva reducción de Yndios Chavaranas q.' se vá a establecer en las tierras sobrantes del pueblo de S.n José de Caazapá", Lazaro de Ribera, Assunção, 12 set. 1797, f. 11v-12v, §5-15.

70 AGI, Buenos Aires, 142. Carta do governador Lazaro de Ribera ao vice-rei de Buenos Aires, Pueblo de Itapucu, 25 fev. 1799, f. 3-3v.

71 AGI, Buenos Aires, 610. Informe ao *Consejo de Indias* do contador general Conde de Casa-Valencia, sobre a redução dos índios Chavaranás e pueblo de San Juan Nepomuceno, Madri, 29 maio 1800, f. 3-4.

72 Carta do governador Lazaro de Ribera ao vice-rei de Buenos Aires, 9 nov. 1798, minutada em: *ibidem*, f. 3. Eis os nomes dos Guaná designados para o *cabildo* indígena:

Cabildo indígena da redução de San Juan Nepomuceno (1798)	
Corregidor	Cacique principal Don Gerbacio Benitez
Teniente	Cacique Don Leandro Ibañez
Alcalde de primer voto	Cacique Don Luiz Benites
Alcalde de segundo voto	Cacique Don José Cañete
Regidor primero	Basilio Ojeda
Regidor segundo	Pasqual Quanitá
Regidor tercero	Cacique Don Thoribio Velasquez
Alguacil	Cacique Don José Blanco
Procurador	José Antonio Ibañes

Fonte: AGI, Buenos Aires, 142. "Auto" sobre a nova redução de índios Chavaranás, que acompanha a carta de Lazaro de Ribera ao vice-rei de Buenos Aires, Pueblo de Itapucu, 25 fev. 1799, f. 72v: "Nombramiento de corregidor y demás jueses yndios", Assunção, 13 dez. 1798.

73 Carta do governador Lazaro de Ribera ao vice-rei de Buenos Aires, 9 nov. 1798, minutada em: AGI, Buenos Aires, 610. Informe ao *Consejo de Indias* do contador general Conde de Casa-Valencia, Madri, 29 maio 1800, f. 3.

janeiro de 1799, o *cabildo* de Assunção escrevia que San Juan Nepomuceno era a redução "más copiosa que ha visto la Provincia desde su conquista, establecida con unos fundamentos que anuncian sus mayores ventajas".[74] Essa notável redução de mais de 1.400 índios transmigrados da fronteira para o centro do Paraguai, e estabelecida em uma época em que já se começara a desmontar o sistema de comunidade, expressava as preocupações dos funcionários ilustrados quanto à regularidade e ao trabalho rural, ao mesmo tempo em que mantinha a tradição do sistema de "duas repúblicas" que caracterizou o processo fundacional espanhol nessa fronteira.

A delegação da autoridade

No âmbito da hipótese defendida neste livro, o interesse em analisar os dispositivos de poder vigentes nas missões não reside apenas em verificar se realmente podiam estimular fugas para os domínios portugueses. Importa também analisá-los como quem pratica uma arqueologia dos mecanismos utilizados nas povoações e vilas instaladas nas fronteiras nas décadas finais do século XVIII. Como sustenta Guillaume Boccara, a missão se tornara o arquétipo da sociedade disciplinar e do poder "civilizador" que será retomado por administradores reformistas nas novas povoações de fronteira.[75] Constituíam uma "oeuvre de déculturation ou d'orthopédie socioculturelle", que se exercia não tanto pela repressão ou violência física, embora fossem recorrentes, quanto pela violência simbólica, inculcação e incorporação, isto é, a inscrição de disposições nos corpos (*habitus*). Dentre os dispositivos específicos desse tipo de poder civilizador missionário, destacavam-se a reprodução da dependência econômica de mantimentos e bens europeus; a entronização de caciques e a delegação de poderes coercitivos; a incorporação de uma nova *hexis* corporal, através de roupas, castigos etc.; a regulação do espaço, a fixação urbana e a separação do mundo espanhol; a regulação do tempo através das missas e da jornada de trabalho; a condução das emoções, por exemplo, através do teatro; e a generalização de micropenalidades, que incluíam prisão, determinado número de açoites, privação da ração etc. Especificamente disciplinar – como nas instituições em que se generalizará em meados do Setecentos –, o poder exercido pelo missionário chegava a atuar sobre as produções e as terras porque, em primeiro lugar, incidia sobre os corpos e suas disposições.[76] Através da confissão, esse recenseamento permanente das consciências, a contabilização dos pecados impunha a

---

74 Carta do *cabildo* de Assunção ao rei, 11 jan. 1799, minutada em: *ibidem*, f. 3-3v.

75 BOCCARA, Guillaume. *Guerre et ethnogenèse mapuche dans le Chili colonial*: l'invention du soi. Paris: L'Harmattan, 1998, p. 333. Em perspectiva semelhante, para a atuação dos missionários da província de Tepehuán, norte da Nova Espanha, ver: GIUDICELLI, Christophe. *Guerre, identités et métissages aux frontières de l'Empire*: la guerre des Tepehuán en Nouvelle Biscaye (1616-1619). 2001. Tese (doutorado) – Université de Paris III, Sorbonne Nouvelle, Paris, 2001, p. 130-38.

76 BOCCARA, *Guerre et ethnogenèse mapuche dans le Chili colonial, op. cit.*, p. 251, 255, 256. "C'est en ce sens que lon peut dire que les missionnaires sont à la fois les premiers (ethnologues) et les premiers praticiens de l'ethnocide" (p. 265).

aceitação implícita de parte dos valores europeus, interiorizados juntamente com o sentimento de culpa que acarreta a consciência da transgressão e o imperativo da penitência.[77]

O impacto da vida urbana sobre os povos indígenas não se limitou tão somente aos condicionamentos dos traçados regulares de ruas e edifícios, mas pode ter forjado uma dinâmica coletiva de atuação pública.[78] Como em um espelho das vilas de espanhóis, as municipalidades indígenas eram constituídas em *cabildos*, cujas regras foram confirmadas pela *Recopilación* de 1681.[79] Em reduções espalhadas em várias partes do Império espanhol, os missionários procuraram delegar poderes administrativos aos caciques: no norte da Nova Espanha, por exemplo, as missões de Califórnia, Sonora, Texas e Novo México elegiam anualmente dois *alcaldes* e dois *regidores*, e raramente governadores e corregedores. Diferentemente das regiões centrais, esses oficiais indígenas recorriam ao governador ou ao *protector de indios* para mover seus pleitos (ao passo que no México alguns caciques acionavam a justiça diretamente). Suas tarefas praticamente não lhes rendiam vantagens econômicas relevantes (como as que alguns caciques do México hauriam com *repartimientos*, por exemplo), e se concentravam em fiscalizar o cotidiano dos índios nas missões, a frequência ao trabalho e à missa, e em realizar punições.[80] A bibliografia sobre o tema tem-se enriquecido nas últimas décadas com trabalhos que têm procurado não reduzir essas chefias a meras marionetes de curas e administradores ou a opositores da colonização em uma chave de análise que simplifica a questão em termos de "índios" *versus*

---

77 VALENZUELA MÁRQUEZ, Jaime. Confesando a los indígenas: pecado, culpa y aculturación en la América colonial. *Revista Española de Antropología Americana*, Madri, v. 37, n. 2, 2007, p. 55.

78 Em estudo sobre as revoltas dos *pueblos* de índios da jurisdição da Audiência de Charcas, na segunda metade do século XVIII, contra reformas administrativas, Sarah Elizabeth Penry fornece elementos sugestivos para analisar de que maneira as estruturas urbanas impostas pelos espanhóis, mas reinterpretadas pelos índios, como os *cabildos*, influenciaram a construção e reprodução das identidades indígenas (PENRY, Sarah Elizabeth. *Transformations in indigenous authority and identity in resettlement towns of colonial Charcas* (Alto Perú). Tese (Ph.D.) – University of Miami, Florida, 1996, p. 20-21, 131 *et seq*).

79 Por exemplo, lei 15, título 3, livro 6 (de 10 out. 1618) ordenava "que en las reducciones haya Alcaldes y Regidores Indios", e que as eleições anuais ocorressem em presença dos curas (*Recopilación de Leyes de los Reinos de las Indias*. 4ª. ed. Madri: Consejo de la Hispanidad, 1943, t. 2, p. 210). Em Espanha, os *cabildos* eram concelhos municipais formados por 6 a 12 *regidores* (conselheiros), dois *alcaldes* (juízes), um corregedor e um governador, postos geralmente rotativos para os quais havia eleições anuais. De modo geral, somente grandes proprietários participavam dos *cabildos*. Desde cedo, nos *pueblos* de índios das regiões centrais da Nova Espanha, a constituição de municipalidades próprias assinalava aos caciques hereditários funções judiciais e fiscais: eles eram responsáveis por coletar tributos, distribuir *encomiendas* e *repartimientos*, recrutar soldados, capturar criminosos, aplicar castigos, promover a evangelização e fomentar as produções, das quais retinham uma parte das utilidades. Dentre outros estudos, ver: GIBSON, Charles. *The Aztecs under Spanish rule*: a history of the Indians of the Valley of Mexico, 1519-1810. Stanford: Stanford University Press, 1964, p. 182-191; TAYLOR, William B. *Landlord and peasant in colonial Oaxaca*. Stanford: Stanford University Press, 1972, p. 39; HASKETT, Robert Stephen. *Indigenous rulers*: an ethnohistory of town government in colonial Cuernavaca. Albuquerque: University of New Mexico Press, 1991, p. 101.

80 HACKEL, Steven W. *Children of coyote, missionaries of Saint Francis*: Indian-Spanish relations in colonial California, 1769-1850. Chapel Hill: University of North Carolina Press, 2005, p. 230; *Idem*. The staff of leadership: indian authority in the Missions of Alta California. *The William and Mary Quarterly*, v. 54, n. 2, 1997, p. 360.

"espanhóis": os estudos mais sutis, pelo contrário, têm salientado o papel de mediadores desses caciques, interpelados por demandas de colonizadores e índios comuns, às quais não podiam deixar de dar atenção, tanto porque dependiam do apoio político dos curas, como porque sua legitimidade entre os índios comuns estava amarrada a redes de parentesco e afinidade, dons e retribuições, demandas religiosas e políticas da comunidade.[81]

Qualquer que fosse o poder de que dispunham os *cacicazgos* antes da colonização, é certo, segundo Cynthia Radding, que foi preciso um contínuo e demorado esforço dos missionários para consolidar a autoridade do cacique como gestor da comunidade, para o que era imprescindível a oferta de signos distintivos: "vara de cargo adornada con plata, un bastón, una cruz de madera, o las llaves del almacén y la capilla, simbolizando y objetivizando su autoridad y responsabilidades".[82] Em Mojos, segundo informação do visitador Altamirano, os *cabildos* foram instituídos em cada *pueblo* em 1701, e sua composição incluía um governador, dois *alcaldes*, quatro *regidores*, um executor, um procurador e um porteiro, todos índios; semelhantemente, em Chiquitos, havia os cargos de governador, *alcalde*, tenente e alferes real.[83] "Capitanes y justicias" eram instruídos pelos curas a que "visiten sus chacras [dos índios comuns], y acusen al que dexa de tenerla, a quien dan sus azotes, y le obligan a tenerla".[84] Ao sugerir que os missionários mediaram um "pacto colonial" entre o monarca e os vassalos indígenas, Cynthia Radding, longe de pressupor que a empresa missionária era harmoniosa, afirma que os *pueblos* funcionaram em um permanente clima de tensão entre os objetivos coloniais e as práticas culturais que se dispunham a transformar. Embora o pacto abrisse um canal de comunicação privilegiado entre *cabildos* indígenas e governadores e permitisse o encaminhamento de protestos ou requisições de benefícios, a mediação entre as demandas da colonização e as demandas dos

---

81 Dentre os trabalhos mais sugestivos, não se pode deixar de destacar, para o caso dos Guarani: GANSON, Barbara. *The Guaraní under Spanish rule in the Río de la Plata*. Stanford: Stanford University Press, 2003, p. 151 *et passim*; e WILDE, Guillermo. *Religión y poder en las misiones de guaraníes*. Buenos Aires: SB, 2009, p. 212-23; sobre as missões de Sonora: RADDING, Cynthia. *Wandering peoples*: colonialism, ethnic spaces, and ecological frontiers in Northwestern Mexico, 1700-1850. Durham: Duke University Press, 1997, p. 170-75, 288-98; e a respeito de aspectos comparados entre as missões do norte da Nova Espanha e de Chiquitos (oriente da atual Bolívia): Idem. *Landscapes of power and identity*, op. cit., p. 168-92. Mesmo em regiões centrais, alguns caciques hereditários hesitavam em reprimir certas tradições religiosas e a negar pedidos de benefícios à comunidade. Ver a análise de: SPALDING, Karen. *Huarochirí*: an Andean society under Inca and Spanish rule. Stanford: Stanford University Press, 1984, p. 227-29.

82 RADDING, Cynthia. Comunidades en conflicto: espacios políticos en las fronteras misionales del noroeste de México y el oriente de Bolivia. *Desacatos*, México, n. 10, 2002, p. 60; Idem. *Landscapes of power and identity*, op. cit., p. 162-172.

83 ALTAMIRANO, *Historia de la misión de los Mojos* [c. 1710], op. cit., cap. 15, p. 94; "Respuesta que da el Padre Superior de las misiones de Chiquitos", 1768. In: BALLIVIÁN (ed.), *Documentos para la historia geográfica de la república de Bolivia*, op. cit., t. 1, p. 5.

84 AGN, Sala 7, Biblioteca Nacional, 1132. "Informe del P. [Luis de] Benavente, dirigido al gobernador de Santa Cruz de la Sierra", Trinidad de Mojos, 13 mar. 1737, f. 1v.

índios comuns era solapada em contextos que recrudesciam as exigências sobre o trabalho,[85] como terá sido o caso das reformas setecentistas.

Os jesuítas reconheciam que a "polícia" era a questão mais urgente, e que a evangelização era tarefa para um segundo momento. Transformar os costumes, porém, não se lograva da noite para o dia, e por certo período era preciso tolerar práticas incompatíveis com o cristianismo. "El fin que se pretende en embiar a dichos PP. es: no de que planten la fee en dicha provincia quanto a que procuren las próximas disposiciones para plantarla", definia claramente o provincial Hernando Cabero, em suas primeiras instruções aos padres de Mojos. Daí uma tolerância pragmática em relação a certos costumes: "Sera necesario especialmente ahora a los principios ir con mucho tiento y prudencia, en desarraigarles de sus vicios y en particular el de la borrachera, a que de ordinario son inclinados, sino que bayan poco a poco dándoles a entender lo que es licito en esta materia".[86] Alguns deslizes, ou melhor dito, permanências de "antigos" costumes, tinham que ser momentaneamente tolerados, defendia também o padre Juan de Benavente, cura de Concepción, em 1711: "Y no piense nadie q.' luego q.' se entra en una nueva nación o pueblo los hande convertir, baptizar y hazer a todos christianos, se les hande quitar las muchas mugeres, desterrar boracheras, y hacerlos luego un coro de Angeles, y llebarlos de aca por alla". Ganhar os índios com alguns "donecillos", apreender algo de sua língua, "es el primer paso", sendo preciso ainda "aguantar muchissimas groserías y barbaridades en q.' no tienen empacho de nadie".[87] Deram notícia, em Chiquitos, ao bispo visitador Jaime de Mimbela, que uma índia casada concertara com um índio também casado em darem veneno a seus cônjuges, como o fizeram, ao que depois pediram ao padre que os casassem; averiguado o caso, o cura os separou: a falta de uma punição mais convincente de um costume aborígene como o envenenamento surpreendeu o bispo, que quando esteve no referido *pueblo* anulou o matrimônio e fez castigarem a dupla com açoites e vexações públicas.[88]

Uma microeconomia que oscilava entre a tolerância e a punição era a estratégia recomendada pelo padre general Juan Pablo Oliva, em atenção a que as reduções fossem atrativas para os "índios bárbaros":

---

85 RADDING, *Wandering peoples, op. cit.*, p. 12-13.

86 ARSI, Peru, v. 20, f. 214-14v. "Ordenes y información que hiço el P. Cavero provincial desta provincia con los pareceres de los P.P. O.O. para los padres de la Misión de los Mojos", 8 dez. 1676, f. 215.

87 RAH, Manuscritos, Numeración Antigua: 9-11-5-146, Numeración Nueva: 9-2274, f. 238v *et seq.*: Uma carta remetida pelo missionário do *pueblo* de Concepción de Manacicas [c. 1711], f. 243. Diego Ignacio Fernández sustenta a mesma ideia em 1711: "De grande paciência necessita o missionário nesses assuntos; [...] dissimular muito e continuar a domesticá-los, fazendo conhecer que somente se lhes quer bem" (ARSI, Peru, v. 21 A, f. 125-130. "Relación detallada del Padre Diego Ignacio Fernández sobre las Misiones de Mochi y sus habitantes dirigida al P. General Michel Angelo Tamburini", Trinidad, 21 set. 1711, f. 129-129v [traduzido por mim do original em italiano]).

88 AGI, Charcas, 375. Carta de frei Jaime de Mimbela, bispo de Santa Cruz, ao rei, Mizque, 28 fev. 1719, f. 102.

> En las reduciones nuevas donde no ay christianos o donde ay pocos no aya castigo de ningun genero, y disimulese con paciencia por no hacer odiosa la fe a los infieles. Y en las reducciones antiguas si están en provincias de infieles, donde se espera su conversión, no aya castigos sin dirección del sup.r de las reducciones, y procuren los padres quando los aya ganar nombre de padres amorosos, templando la justicia con la misericordia, en los castigos orginarios.[89]

Os castigos corporais tornaram-se parte importante do repertório de estratégias missionárias em meados do século XVI, quando uma junta eclesiástica, reunida em 1539 pelo bispo Zumárraga, manifestou o acordo de franciscanos e outras ordens religiosas a respeito do uso da força.[90] Três princípios podem ser sublinhados, por sua relevância e porque os curas que substituíram os inacianos nem sempre os obedeciam: primeiro, a já mencionada tolerância com os recém-reduzidos, sem recorrer a castigos para não tornar odioso o nome de "cristão", recomendação feita já em 1623 pelo provincial Duran Mastrilli;[91] segundo, nunca atrelar o castigo à figura do padre, "sino en nombre de los Capitanes y Alcaldes, para que si fuese posible se diga que ellos castigan y no los Padres";[92] e terceiro, não castigar caciques, a não ser com licença do Superior, mas antes "se procure mostrar estimación, honrándoles con oficios y con el vestido con alguna singularidad, más que sus vasallos".[93]

A noção de "polícia" utilizada pelos missionários, segundo a análise de Tomichá Charupá, configurava o que esse autor chama de processo de *modelación humana*. Ou seja, tratava-se de transformar o indígena em indivíduo "urbano", mediante uma *policía corporal* em quatro níveis: modelação coreográfica e mimética, através de música, canto e dança; modelação visual, com ampla difusão da pintura e da escultura; o ensino especializado de certos ofícios, a modelação pelo trabalho; e a transformação da noção de tempo, com a introdução do relógio.[94] Os principais castigos eram os açoites, sendo 25 o número máximo permitido, mas que podia ser aplicado em

---

89 ARSI, Paraquariae, v. 12, f. 168-173v. "Ordenes para todas las reducciones aprobadas por n. P. Ge.l Juan Paulo Oliva", 1690, f. 172v, §46; vide ainda: TOMICHÁ CHARUPÁ, *La primera evangelización en las reducciones de Chiquitos, op. cit.*, p. 412, 420, 437-438.

90 CLENDINNEN, Inga. Disciplining the Indians: Franciscan ideology and missionary violence in Sixteenth-Century Yucatán. *Past & Present*, Oxford, n. 94, 1982, p. 30.

91 Cartas Anuas, 1626-1627 *apud* FURLONG, Guillermo, S.J. *Misiones y sus pueblos de Guaraníes*. Buenos Aires: Imprenta Balmes, 1962, p. 375; a mesma ordem incorporada ao "Reglamento general de doctrinas por el provincial P. Tomás Donvidas, y aprobado por el General P. Tirso", 1689. In: HERNÁNDEZ, Pablo. *Organización social de las doctrinas guaraníes de la Compañía de Jesús*. Barcelona: Gustavo Gili, 1913, v. 1, p. 597, §46.

92 FURLONG, *loc. cit.*

93 ARSI, Paraquariae, v. 12, f. 168-173v. "Ordenes para todas las reducciones aprobadas por n. P. Ge.l Juan Paulo Oliva", 1690, f. 171, §30.

94 TOMICHÁ CHARUPÁ, *La primera evangelización en las reducciones de Chiquitos, op. cit.*, p. 462-65.

séries sucessivas, além do cepo e o desterro.[95] A microeconomia das penalidades funcionava através de uma hierarquização minuciosa das culpas e correspondentes castigos: "Los castigos de los indios se asignen del modo siguiente. Por el nefando y bestialidad [sodomia], siendo bien provado el delito, tres meses de encerramiento sin salir mas que a misa, y en d.hos tres meses se les den quatro vueltas de azotes de a veinte y cinco por cada vez: y estará todo este tiempo con grillos". Aos que dessem ervas ou pós venenosos, vindo a morrer o sofrente, a pena de cárcere perpétuo; se sobrevivesse, a mesma pena relativa ao "nefando y bestialidad". "En los demás delitos de incestos, así de consanguinidad, y de entenados con madrastras y suegras &a, y aborto procurado se les encerrara por tiempo de dos meses, en grillos, y en este tiempo se les dara tres vueltas de a veinte y cinco azotes, y nunca se pasara de este numero".[96]

Pela documentação interna da Companhia, observa-se que os jesuítas tinham clareza da importância do prestígio dos caciques como sustentáculo da ordem nas missões, razão pela qual só se permitia puni-los depois de consulta e autorização do Padre Superior. Sobre isso, escreve o provincial Tomás de Baeza, em carta de abril de 1682: "Y menos se le quitará el bastón, y lo mismo se practicará con los Indios de respeto y beneméritos como Casiques, Capitanes, Alcaldes Mayores, y los del Cabildo. Lo qual se observara también con sus Mugeres, que parece gozan de iguales preeminencias".[97] Como se verá no capítulo 7 deste trabalho, o cuidado com que os jesuítas abordavam o problema do castigo dos caciques contrasta fortemente com a deletéria e indiscriminada administração de castigos pelos curas seculares que os sucederam.

As festas religiosas barrocas eram também ocasião para a formatação dos corpos, e as penitências expressavam-no claramente. Durante a Semana Santa, "raros são aqueles que não dão a disciplina de sangue, e muitos nas mãos de outros", escrevia o padre Diego Ignacio Fernández desde Trinidad em 1711.[98] E na quaresma, não havia hora em que não se ouvisse na igreja "los lloros, los golpes, y bofetadas con que se maltratan los indios. Y mal dije bofetadas, p.r que no usa esta gente de la mano para ellas, sino que a puño cerrado se hieren fuertemente los rostros". É ainda esse cura de Trinidad quem refere que lhe havia "causado mucha edificación" as chamadas "disciplinas secretas" que os índios procuravam, "buscando para este fin los rincones mas silenciosos y solitarios y los tiempos en que con dificultad los pueden sentir, que

---

95 ARSI, Paraquariae, v. 12, f. 168-173v. "Ordenes para todas las reducciones aprobadas por n. P. Ge.l Juan Paulo Oliva", 1690, f. 172v, §53.

96 *Ibidem*.

97 BNM, Sala Cervantes, Mss/6976. "Cartas de los PP. Generales y Provinciales de la Compañía de Jesús a los misioneros jesuitas de Paraguay, Uruguay y Paraná", f. 118-19: Carta-circular de Tomás de Baeza aos missionários, Nuestra Señora de Fe, 15 abr. 1682; há transcrição em: "Cartas referentes a la organización y al gobierno de las reducciones del Paraguay". *Revista de Archivos, Bibliotecas y Museos*: historia y ciencias auxiliares, Madri, ano 6, n. 12, 1902, p. 452-53.

98 ARSI, Peru, v. 21 A, f. 125-130. "Relación detallada del Padre Diego Ignacio Fernández sobre las Misiones de Mochi y sus habitantes dirigida al P. General Michel Angelo Tamburini", Trinidad, 21 set. 1711, f. 127 [traduzido por mim do original em italiano].

es prueba esto de penitencia verdadera".[99] A prática da confissão – dispositivo elementar de "controle das consciências" –, segundo vários relatos de jesuítas, generalizou-se entre a maioria dos neófitos, cuja assiduidade surpreendia os mesmos padres.[100]

A exigência dos jesuítas para que espanhóis não frequentassem os *pueblos* de índios emergia também de uma situação bem concreta: os padres impunham aos neófitos um sistema disciplinar cujo rigor estava muito longe da vida cotidiana dos cristãos "antigos". Os próprios índios perceberam, como lamentava o padre Alberto Quintana em 1756, a respeito da estadia de soldados espanhóis em Mojos, que

> aquellos soldados eran cristianos antiguos y no hacían las devociones como ellos y que todo el día estaban ociosos y que trataban con sus mujeres con mucha familiaridad; y concluían diciendo: "luego la ley que hasta ahora nos habéis enseñado permite todo lo que los soldados hacen". Oh, cuanto mal hizo el mal ejemplo![101]

* * *

Dentre as instituições ibéricas que existiam nas missões e requeriam a participação e o empenho dos nativos, convém destacar as congregações marianas, corporação exclusivista de culto e ajuda mútua formada por um grupo de fiéis cujo prestígio e exemplo se esperava que atraíssem o interesse do resto da comunidade ao catolicismo. Elas eram o modelo jesuítico de *cofradía* (ou confraria), e se originaram de um grupo de estudantes do Colégio Romano que, em 1563, foi reunido pelo jesuíta belga Jean Leunis para organizar o culto a Maria. Já em 1578, o general Aquaviva obtém do pontífice a designação de "Primária" à congregação do Colégio Romano e a faculdade, para os padres generais, de erigir novas congregações.[102] Na América

---

99 ARSI, Peru, v. 21 A, f. 147-152v. Carta del Padre Miguel de Irigoyen al provincial Baltasar de Moncada, San Pedro, 12 abr. 1753, f. 150v.

100 Vide, por exemplo, um caso que chamou a atenção do padre Valvendez em: ARSI, Peru, v. 21 A, f. 143-146. Relación de la visita realizada a las misiones de Mojos por el Padre Philipe de Valvendez, dirigida al provincial Baltasar de Moncada, Trinidad, 12 maio 1752, f. 144. Outras referências em: ARSI, Peru, v. 21 A, f. 121-123. "Relación detallada del Padre Diego Ignacio Fernández sobre las Misiones de Mochi y sus habitantes dirigida al P. General Michel Angelo Tamburini", Loreto, 5 fev. 1710, f. 121-121v; ARSI, Peru, v. 21, f. 175-179v. "Relación de las misiones de los Mojos de la Compañía de Jesús en esta provincia del Perú, del P. Alfonsus Mejía", 1713, f. 176; ARSI, Peru, v. 21 A, f. 147-152v. Informe del Padre Miguel de Irigoyen al provincial Baltasar de Moncada, San Pedro, 12 abr. 1753, f. 149.

101 Biblioteca Nazionale, Florencia, Nuovi Acquisiti, 151, v. 3, cap. 42, f. 786-823. QUINTANA, Alberto de, S.J. "Carta-descripción a su hermano José de Quintana SJ sobre el viaje a Mojos y la misión de Mojos", Exaltación, 16 maio 1756. In: BARNADAS; PLAZA (eds.), *Mojos, seis relaciones jesuíticas, op. cit.*, p. 157-58.

102 MARTÍNEZ NARANJO, Francisco Javier. La búsqueda de la perfección cristiana en las Congregaciones Jesuíticas (ss. XVI-XVII). In: *A Companhia de Jesus na Península Ibérica nos séculos XVI e XVII*: espiritualidade e cultura:

espanhola, as *cofradías* indígenas foram objeto de uma Real Cédula de 15 de maio 1600, incluída na *Recopilación* de 1681, a qual definia que elas ficavam subordinadas à autoridade real, na medida em que só podiam ser estabelecidas com o aval do bispo e uma licença formal do *Consejo de Indias*, e que suas reuniões não se podiam realizar sem a presença de um cura ou outro funcionário.[103] Como sugere Leonhardt para o caso dos Guarani, embora nem todas as congregações marianas de índios possuíssem a mesma regularidade das confrarias de espanhóis, elas foram reconhecidas pela Congregação Primária de Roma em 1716. Em sua análise das Cartas Ânuas, Leonhardt notou que, já por fins da década de 1630, os jesuítas consideravam as congregações um dos principais instrumentos de transformação dos costumes indígenas. O fator principal residiria em que, como algumas atividades ficavam exclusivamente reservadas aos membros da corporação, não poucos índios, para alcançar essa honra, esforçavam-se por imitar os *congregantes*. Tais atividades incluíam assistência ao culto, auxílio nas práticas educativas, socorro aos pobres, cuidado dos doentes, fiscalização da conduta dos índios comuns e atuação nas expedições enviadas aos "índios infiéis".[104] Escrevendo em 1751, o padre Zabala diz que as congregações já estavam consolidadas em pelo menos cinco *pueblos* de Mojos. As funções dos confrades incluíam o asseio dos templos, produção de adornos em madeira, tecidos e flores, cuidado dos doentes e estímulo dos outros índios à confissão e à oferta de donativos à Igreja.[105] A fim de convocar os outros índios para as funções da Igreja, informa um padre de Chiquitos, os congregantes "tienen el cuidado de embiar varios sargentos por las calles, luego q.' oyendo el toque dela campana a las tales distribuciones los quales sargentos van combidando en voz alta a la gente p.a q.' acuda con puntualidad".[106]

Como a participação nas irmandades era exclusiva a poucas pessoas, ao difundir a ideia de que os confrades eram privilegiados e cristãos exemplares, os jesuítas constituíam relações de sociabilidade competitiva que podiam ser um poderoso instrumento de conversão. É assim que uma *Annua* de Chiquitos notifica que "los congregantes de la SS virgen prosiguen con

---

actas do Colóquio Internacional, Maio 2004. Porto: Instituto de Cultura Portuguesa da Faculdade de Letras da Universidade do Porto, 2004, p. 173.

103 "[...] aunque sea para cosas y fines pios, y espirituales". Lei 25, título 4, livro 1. In: *Recopilación de Leyes de los Reinos de las Indias, op. cit.*, v. 1, p. 34.

104 LEONHARDT, Carlos, S.J. *Bosquejo histórico de las congregaciones marianas en la antigua provincia de Paraguay, Chile y Tucumán de la Compañía de Jesús*. Buenos Aires: [s.n.], 1931, p. 6-11, 17-18. A campanha dos jesuítas para a "extirpação das idolatrias" no Peru recorreu à estratégia de levantar confrarias, instituição que, no entanto, assumiu um caráter ambíguo, pois se o objetivo era reforçar o catolicismo, os índios a utilizavam para reunir os grupos de parentesco (os *ayllus*, não desligados das antigas *huacas*, cujo culto, embora proibido, seguia sendo a matriz que informava a apropriação dos santos) e constituir identidades comunitárias (BERNAND, Carmen; GRUZINSKI, Serge. *De la idolatría*: una arqueología de las ciencias religiosas. México: Fondo de Cultura Económica, 1992, p. 159, 165).

105 ARSI, Peru, v. 21 A, f. 131-142v. "Relación de la visita realizada a las misiones de Mojos por el Padre [Juan José] Zabala dirigida al provincial Baltasar de Moncada", Trinidad, 26 dez. 1751, f. 139-40v.

106 AGN, Sala 7, Biblioteca Nacional, 6127/3. "Annua del pueblo de San Xavier; año 1739", Juan Cervantes, 9 maio 1740.

mucho fervor. Cada día ay nuevos pretendientes movidos del buen exemplo, que les dan los ya recevidos. Pero no son admitidos, hasta que bien probados".[107] Desde Concepción de Chiquitos, o padre Miguel Streiger observa, em 1749, que "es un genero de ambición entre ellos el deseo que muchos tienen de alistarse en la Congrega.n".[108] Cuidavam os jesuítas de tornar a participação nas confrarias algo como um privilégio, afirmando uma Ânua de 1739 sobre os congregantes, que "en todo lo demás es su porte y modo de vivir tal que causan una loable embidia y emulación en los demás de alcanzar la gracia de ser del número de los que ven tan ajustados en su modo de vivir".[109]

É lícito pensar, nessas condições, que a delegação da vigilância e da punição aos próprios índios constituiu um dos princípios elementares da gestão e controle sobre os costumes nas missões. Mesmo a repressão do "vício sensual", como se dizia da poligamia, troca de mulheres, amancebamentos, fornicação e outros, era responsabilidade dos caciques. Como refere o padre Fernández, "algunos de los regidores del pueblo tienen por oficio sindicar las costumbres de los demás, y cuando tal vez alguno por sugestiones de la carne se rinde al vicio sensual, vistiéndole primero de penitente le hacen confesar su culpa y pedir perdón a Dios en medio de la iglesia, de donde llevado a la plaza, le azotan ásperamente delante de todos".[110] Dessa assertiva um historiador depreende que a *"vergüenza social"* do castigo condicionava efetivamente a mudança de uma determinada prática entre os índios, ainda que não ficassem perfeitamente convencidos dos motivos.[111] Os rápidos e eficazes efeitos da introdução de uma microeconomia das penalidades eram assinalados já em 1688, quando os índios reduzidos em Mojos não passavam de 2.300, em informe de Antonio de Orellana:

> estos miserables, antes tan cerriles e indómitos q' no sufrian ni aun de sus mismos p.es los hijos una áspera palabra: oy tan domésticos, y humildes q' se sugetan al castigo q.do lo meresen, y lleban de m.o de los P.es aveses algunos asotes, sinq.' por eso se les retiren ni desconpongan en palabras, quien puede dudar, q.' este sea efecto de la S.a Gracia?

O "miedo de la justicia" era, segundo o padre, um condicionante eficaz para a mudança de certos hábitos, como as bebedeiras, que diminuíram de 12 ou 14 dozes de chicha para uma

---

107 AGN, Sala 7, Biblioteca Nacional, 6127/11. "Annua del pueblo de San José, año de 1734".

108 AGN, Sala 7, Biblioteca Nacional, 6127/2. "Annua del pueblo de la Concepción de N.a S.a de Chiquitos del año 1740", Miguel Streiger, f. 2.

109 AGN, Sala 7, Biblioteca Nacional, leg. 367, exp. 6468/11. "Anua del pueblo de la Concepción de Chiquitos del año 1739", f. iv.

110 FERNÁNDEZ, *Relación historial de las misiones de indios Chiquitos, op. cit.*, v. 1, p. 132.

111 TOMICHÁ CHARUPÁ, *La primera evangelización en las reducciones de Chiquitos, op. cit.*, p. 420-21.

ou no máximo três.[112] O comportamento inculcado nas missões, como sugeriu Juan Carlos Garavaglia, estava propositalmente aquém daquele tido por "civilizado", não se tratando de "preservar" a cultura aborígene, "sino de *aislar* al indio del entorno, colonizándolo en una cultura prefabricada y hablada en su propia lengua", mediante padrões que "no son todavía – un 'todavía' que es en realidad un 'nunca' – civilizados", o que tornava indispensável a presença do missionário, a fim de se chegar ao ideal de produzir "un indivíduo temeroso y dominado".[113] Ideia próxima às formulações de Homi Bhabha, mas para quem, em sistemas coloniais, a difusão "parcial" de costumes ocidentais, a fim de obter uma forma "particularmente adequada de subjetividade colonial", conduzia a uma ambivalência discursiva que tornava a autoridade errática e abria inúmeros espaços de dissonância.[114]

O padre Knogler procurava enfatizar o sucesso da transformação cultural pretendida ao escrever: "Disponen de todo lo necesario para el sustento de la vida, no andan más desnudos sino que tienen vestimentas diferentes, viven en casas, bajo un gobierno que los obliga a trabajar, no corren más de acá para allá a través del monte; el país se pacifica paulatinamente".[115] Já se sabe, contudo, que a insistência dos jesuítas a respeito do êxito obtido na transformação cultural dos índios não correspondia, ao menos não inteiramente, à realidade cotidiana das missões, espaços que seguiram sendo marcados pela ambiguidade e reversibilidade dos costumes introduzidos.[116] Escrevendo em 1800, o governador de Chiquitos dava conta de que os casos de envenenamentos eram constantes entre os índios daquela província, tendo sido enviados a Santa Cruz vários suspeitos. Motivos banais, na acepção do governador, podiam motivar semelhante prática, chegando a haver caso em que os filhos pequenos de um casal foram mortos porque seus pais se inimizaram dos que cometeram esse atentado.[117] Em certo sentido, a replasmação de costumes aborígenes podia verificar-se no uso que os índios faziam dos *cabildos*, em que a despeito dos

---

112 ARSI, Peru, v. 21, f. 3-4v. "Traslado de algunos §§ de una carta del P. Antonio Orellana sobre la reducción de los Mojos y descubrimiento de los Casarremonos", 1688, f. 3v.

113 GARAVAGLIA, Juan Carlos. Las misiones jesuíticas: utopía y realidad. In: Idem. *Economía, sociedad y regiones*. Buenos Aires: Ediciones de la Flor, 1987, p. 152, 151, 179.

114 BHABHA, Homi. *O local da cultura*. Belo Horizonte: Editora UFMG, 2007, p. 132-33.

115 KNOGLER, Julián, S.J. Relato sobre el país y la nación de los Chiquitos (1769). In: HOFFMANN, Werner (ed.). *Las misiones jesuíticas entre los chiquitanos*. Buenos Aires: Conicet, 1979, p. 152-53.

116 Para o caso das missões de índios Guarani, por exemplo, Wilde observa que a capacidade de replasmar antigas tradições em novos contextos não parece ter-se perdido, como quando realizavam oferendas nas cerimônias de lamentação dos mortos, introduziam signos "antigos" em representações de anjos ou davam morte a seus desafetos recorrendo a envenenamentos. Após a expulsão dos jesuítas, quando casos de *"hechicería"*, envenenamentos, culto de antepassados por meio dos ossos etc. foram mais divulgados, notou-se que os índios rememoravam situações semelhantes ocorridas à época dos inacianos, que as dissimulavam (WILDE, *Religión y poder, op. cit.*, p. 145-56, 243-57).

117 AGN, Sala 7, Biblioteca Nacional, 4867. Informe del gobernador de la provincia de Chiquitos, Miguel Fermín de Riglos, dirigido al virrey, marqués de Avilés, sobre su visita a la misma, San Miguel, 16 nov. 1800, f. 4.

esforços de homogeneização cultural, os cargos seguiam sendo divididos entre representantes das antigas parcialidades. No seu diário de viagem à capital de Mato Grosso em 1783, o coronel Antonio Seoane de los Santos, ao passar pelo *pueblo* de Concepción de Chiquitos, anotou que ali viviam 2.200 almas, que seguiam identificadas entre 10 parcialidades, correspondentes aos antigos grupos de parentesco e etnias, e que os 51 cargos de juízes do *cabildo*, além dos postos de fiscais, estavam divididos entre os que as representavam, sendo certo que "no es posible reducir a q.' se casen los de la una con los de la outra".[118] Constatou ainda que cada *pueblo* mantinha cântaros de veneno, com o pretexto de servirem para uma eventual guerra; que o costume da embriaguez não fora corrigido; que a escassez sazonal de alimentos era compensada com o envio dos índios para prolongados períodos de caça e coleta nos "montes"; e que os Chiquitos procuravam manter algum controle sobre o ritmo de trabalho e garantir a remuneração de suas atividades, valendo-se do expediente de queimar ou ameaçar queimar a cera que recolhiam antes de entregá-la ao cura, se não fossem pontualmente pagos por seu trabalho.[119]

***

As estratégias de persuasão, próprias ao barroco, não estavam ausentes em Mojos, onde se esperava que conduzissem à vida em polícia, cumprindo aí o asseio arquitetônico uma função não de pouca monta, como notado pelo provincial Alfonsus Mejía em 1713:

> Para influir tan buenos efectos en esta nueva xptiandad ha servido mucho el cuidado y aumento del culto divino, el primoroso aseo que oi tienen las yglesias, la gravedad y decencia con que se trata todo lo que toca a N. S. y a los divinos oficios [...] para que esta gente tan nueva en la fee se arraigue mas en ella con lo que mira.

As festas religiosas eram ocasiões privilegiadas para o exercício desse poder de persuasão, pois

> se solenisan mucho, y es mui para admirar que siendo este un país tan distante del reyno, y tan distituido de todo, se han conducido alajas preciosas y curiosos aliños para componerle al Señor en cada día de estos una hermosa decencia, que acompañada de órganos, harpas, y otros instrumentos músicos respira todo en culto de Dios y en gloria de la fee.

---

118 AGN, Sala 9, 7-1-6. "Practico Diario formado por mi el coronel D.n Antonio Seoane de los Santos", principia em 22 jul. 1783, f. 5.

119 *Ibidem*, f. 6v. Era usual, também na missão de San Ignacio, realizar-se, a cada ano, o "nombramiento de los indios jueces de las seis naciones o parcialidades de que se compone este pueblo", diz uma ata de 1785. Archivo de Chiquitos, v. 26, n. 26. In: *AMC*, p. 353.

A correção com que se apresentavam igreja, altares e arcos sobre as ruas por onde passavam as procissões servia para que "haga mas concepto la gente de tan divino misterio".[120]

Os jesuítas estavam, portanto, convencidos de que o traçado urbano era um poderoso vetor de "civilização". Segundo o padre Diego de Eguiluz, já em 1695 eram seis as missões de Mojos, 19.759 os índios reduzidos e 10.319 os batizados. Loreto, a primeira que se fundara, possuía então "su plaza hermosísima y calles proporcionadas", igreja de três naves, casa do cura e oficinas públicas, e seu traçado seguia a regularidade urbana dos *pueblos* de *Indias*.[121] "Para humanizar a estas criaturas", escrevia o padre Knogler, "y para acostumbrarlas a una vida civilizada en común y a una conducta disciplinada, hay que construir casas donde vivan constantemente". Sobre o modo de traçar os *pueblos* com regularidade, referia o mesmo missionário:

> El pueblo se traza como un cuadrángulo con una plaza grande en el medio, de trescientos o cuatrocientos metros de largo y otros tantos de ancho; en torno a la plaza se levantan las casas de los indios, en ocho, diez o más hileras, una detrás de la otra, separada de la anterior por una calle ancha.[122]

A regularidade do traçado urbano das missões produzia um esquema de visibilidade que não deixou de impressionar o português Manuel Félix de Lima, que visitou Santa Magdalena de Mojos em 1742: "parece porem a planta geral ter sido traçada por algum architecto bisonho, pois que para onde quer que se olhasse, appareciãm as casas em ordem regular, como os quadrados d'um taboleiro de damas".[123] Outro informe sobre a mesma visita dos portugueses dava conta, a respeito do asseio arquitetônico da missão de Magdalena, que o templo, construído em excelente madeira, era munido de capela-mor e "tribuna de talla devinamente obrada", repleta de bons ornamentos; e as casas dos índios "são todas arruadas com m.ta perfeição, cobertas humas de palma e outras de capim".[124]

---

120 ARSI, Peru, v. 21, f. 175-179v. "Relación de las misiones de los Mojos de la Compañía de Jesús en esta provincia del Perú, del P. Alfonsus Mejía", 1713, f. 175v.

121 EGUILUZ, Diego de. *Historia de la misión de mojos en la República de Bolivia*. Lima: Impr. del Universo, de C. Prince, 1884, p. 62, 14-19; cópia manuscrita pode ser lida em: ARSI, Peru, v. 21, f. 32-65. "Relación de la Missión apostolica de los Mojos en esta provincia del Perú de la Compañía de Jesús que remite su Prov. Padre Diego de Eguiluz a NM. R. P. Thyrso Gonzalez, General año de 1696".

122 KNOGLER, Relato sobre el país y la nación de los Chiquitos (1769), *op. cit.*, p. 147.

123 Manuscrito de Manuel Félix de Lima [c. 1742]. In: SOUTHEY, Robert. *História do Brazil*. Rio de Janeiro: Garnier, 1862, v. 5, p. 422.

124 AHU, MT, cx. 3, d. 175. "Informações reunidas pelo ouvidor João Gonçalves Pereira". Cuiabá, 20 set. 1743, f. 5v. A missão que os jesuítas mantinham na margem oriental do Guaporé não tinha a mesma regularidade das interiores. Segundo esse mesmo informe de alguns sertanistas, oficiais e colonos portugueses que ali estiveram em 1742, o *pueblo* de Santa Rosa "não tem mais que hua caza coberta de folha de guacori, nella asistem os padres e tem oratório, em q.' dizem missa e baptizão e de indios tem poucos sem ordem alguma cobertas da mesma guacori" (*ibidem*).

O padre Eder expunha também claramente a relação entre traçado regular, visibilidade e controle social: "Estando situadas las puertas de las casas a igual distancia entre sí (por razón de la ventilación) resultaba no sólo fácil sino incluso agradable recorrer de un vistazo toda la fila de casas a través de las puertas abiertas. En el centro de la reducción estaba la plaza, perfectamente cuadrada, midiendo cada lado ciento sesenta pasos".[125] Esperava-se, portanto, que o fato de se saber observado produzisse um efetivo condicionante à adoção dos costumes europeus. A *Annua* do *pueblo* de Concepción de Chiquitos de 1739 assegurou que diminuía a incidência de "vícios públicos", como bebedeiras, amancebamentos e outros, "por ser tantos los ojos, y tan cuidadosos, de los mismos yndios, que por su oficio cuidan del pueblo, que parece imposible que ayga de esto[s] [vicios] por notable espacio de tiempo sin que se sepa y se deshaga al instante".[126]

A preocupação dos jesuítas com a influência que o aparelho urbanístico pudesse ter sobre as condutas era retomada por Peramás quando afirmava que "la sociedad urbana, en efecto, pide que los ciudadanos se amen entre sí, y difícilmente se amarán si no se conocen": daí as casas em grupos iguais, por ruas proporcionalmente divididas e que davam à praça e ao templo. Casas, aliás, em que os bens de cada família eram reduzidos ao mínimo:

> una cama suspendida, llamada hamaca; algunas ollas, cacerolas de barro y jarras; en vez de vasos usaban calabazas ahuecadas; dos o tres arcones para guardar la ropa; sillas, pocas y toscas. Estos objetos constituían, con pocas diferencias, el ajuar para todos los guaraníes. De oro o plata, fuera del destinado al culto divino, nadie poseía un solo gramo.

Razão pela qual, "con este sistema todas las familias eran casi iguales".[127]

O zelo com que os jesuítas procuravam promover as autoridades indígenas em gestores da ordem nas reduções era, segundo o provincial Alfonsus Mejía, a principal razão pela qual, já em 1713, eram 16 as reduções e 30.512 os índios reduzidos:

> Está dividido el pueblo en varias parentelas o parcialidades y cada una de ellas tiene uno o dos capitanes que son las cabezas de aquella parcialidad, a quienes todos los demás siguen y obedecen, y es la voz con que se habla a los otros en las materias que se ofrecen.

---

125 EDER, Francisco Javier, S.J. *Breve descripción de las reducciones de Mojos* [c. 1772]. Cochabamba: Historia Boliviana, 1985, p. 357.
126 AGN, Sala 7, Biblioteca Nacional, leg. 367, exp. 6468/11. "Anua del pueblo de la Concepción de Chiquitos del año 1739", f. 1-1v.
127 PERAMÁS, José Manuel. *La República de Platón y los guaraníes* [1ª ed. public. em Faenza, Itália, 1793]. Buenos Aires: Emecé, 1946, p. 26-27, 53, §9-10, 12, 49.

Da divisão aborígene entre parcialidades ou *cacicazgos*, mantida nas missões, os jesuítas procuravam acentuar o poder de coerção que os caciques detinham sobre os índios comuns, como explicava o mesmo missionário:

> Y así se ha establecido para freno de los delitos, y para que el castigo de unos escarmiente a otros, y vivan todos con cuidado y temor. Al principio del año se eligen alcaldes, regidores, procuradores, y fiscales; traen sus insignias q.' los distinguen de los demás, y [tienen] en la yglesia lugar señalado. Entre ellos está dividido el cuidado del pueblo, y todos conspiran a zelar las buenas costumbres, inquirir los delitos, y castigar con apremios que ay a los delinquentes.[128]

Para que o sistema funcionasse, era preciso promover a distinção entre os caciques e os demais índios, o que se fazia, por exemplo, regulando a distribuição das rações de carne entre os neófitos: em verdade, somente os caciques as recebiam, ao passo que aos índios comuns era repartida carne apenas em ocasiões festivas ou quando não tinham oportunidade de caçar, momento em que "se haze muy necesaria la asistencia del P.e a este repartim.to p.a evitar desordenes, de q.' unos reciven mucho, y otros nada, y para que conozcan de q.' mano les viene el beneficio".[129] Um detalhado protocolo estabelecido pelos jesuítas resguardava, portanto, a figura dos caciques de toda a situação desonrosa, e simultaneamente promovia seu poder. Daí porque, nas ordenanças que tratavam dos castigos, o padre general Juan Pablo Oliva estabelecia: "A los caciques principales no se les castigue en público, y procedan algunas amonestaciones [...] y a los corregidores y alcaldes no se podrán castigar sin licencia del Sup.r a los quales sin su orden no se an de despojar de sus oficios".[130] Assim também, quando havia visitas de outros caciques, a etiqueta não permitia que os oficiais do *pueblo* ficassem em posição inferior: "Los corregidores y gente principal de las doctrinas que se corresponden, se podran combidar pero no se permita que alguno de ellos se asiente en el Presviterio, ni en silla y menos que se les de paz".[131]

Se bem é certo que caciques podiam ocupar cargos no *cabildo*, o mais usual era que índios comuns fossem eleitos, com o que, como nota um visitador, se esperava um efeito disciplinar sobre a comunidade, pois "todos se juzgan en proporción de ocupar los primeros empleos si se portan con buen juicio".[132] Simultaneamente, não se perdia ocasião de reforçar a distinção entre

---

128 ARSI, Peru, v. 21, f. 175-179v. "Relación de las misiones de los Mojos de la Compañía de Jesús en esta provincia del Perú, del P. Alfonsus Mejía", 1713, f. 179-179v.

129 ARSI, Peru, v. 21 A, f. 131-142v. "Relación de la visita realizada a las misiones de Mojos por el Padre Zabala dirigida al provincial Baltasar de Moncada", Trinidad, 26 dez. 1751, f. 133.

130 ARSI, Paraquariae, v. 12, f. 168-173v. "Ordenes para todas las reducciones aprobadas por n. P. Ge.l Juan Paulo Oliva", 1690, f. 171, §30.

131 *Ibidem*, f. 169-170, §15

132 AGI, Charcas, 515. Relación informativa sobre el estado y modo de ser general de las misiones de Chiquitos, por el obispo Francisco Ramón de Herboso, San Ignacio, 7 jan. 1769, f. 12.

índios comuns e oficiais, e tanto era assim que após sua visita à missão de Magdalena, o militar português Lacerda e Almeida confirmava ter tido "a honra de ser acompanhado" por índios "principaes de entre elles, e os mais officiaes de justiça condecorados com as suas respectivas insígnias, que consistiam em varas mais ou menos grossas, lisas ou lavradas, pintadas ou não pintadas", além de estarem presentes na comitiva "o mestre da doutrina, bem conhecido pela vara que traz arvorada, em que termina uma cruz", e "os carrascos dos indios, que nunca largam o instrumento da flagellação".[133] Parece válido pensar que essas distinções eram suficientemente nítidas, em que pese suas gradações. O posto mais elevado do *cabildo*, o de governador, era vitalício, e portanto as eleições que se faziam anualmente supriam os outros postos: dois *alcaldes* do *pueblo*, dois *alcaldes* de *familia*, dois tenentes, um alferes real e um *alguacil*.[134] Funções delegadas que seguiam sob supervisão do missionário: diariamente, após a missa, o *cabildo* se reunia com o padre, informava e recebia instruções pontuais sobre a gestão; em seguida, em reunião privada, acordava seu modo de proceder, "para que uno no deshaga lo que otro hace".[135] Do mesmo modo, empunhavam o bastão com punho de prata os mordomos das estâncias; os fiscais dos músicos e sacristães, que acudiam ao mestre de capela e ao sacristão-mor; e os que vigiavam cada tipo de ofício realizado nos colégios das missões, onde trabalhavam carpinteiros, pintores, ferreiros, prateiros, cozinheiros, sapateiros e índias fiandeiras. Os empregados nas oficinas do colégio, os que cuidavam dos enfermos e os vaqueiros eram distinguidos com o nome de *familia*; eles se diferenciavam dos índios comuns por não serem obrigados a lavrar terras comunais e receberem remuneração especial nos dias do patrono.[136] À época em que D'Orbigny visitou as missões, a delegação da autoridade e a promoção de distinções sociais eram dispositivos que ainda informavam a gestão: "todos estos empleados subalternos llevaban en señal de distinción una vara negra, y en las grandes festividades religiosas marchaban entre las corporaciones del colegio".[137]

* * *

---

133 LACERDA E ALMEIDA, Francisco José de. "Memória a respeito dos rios Baures, Branco, da Conceição, de S. Joaquim, Itonamas e Maxupo; e das três missões da Magdalena, da Conceição e de S. Joaquim" [post. a 1790]. *RIHGB*, Rio de Janeiro, v. 12, 1849, p. 114.

134 ORBIGNY, Alcide D'. *Descripción geográfica, histórica y estadística de Bolivia*. Paris: Librería de los Señores Gide, 1845, t. 1, p. 187-88.

135 AGI, Charcas, 515. Relación informativa sobre el estado y modo de ser general de las misiones de Chiquitos, por el obispo Francisco Ramón de Herboso, San Ignacio, 7 jan. 1769, f. 12.

136 AGI, Charcas, 515. "Relación sucinta de la miserable vida, genios, usos, y costumbres de los neófitos, y estado de sus poblaciones, por Juan Barthelemi Berdugo [s.d.]", f. 5v.

137 ORBIGNY, *Descripción geográfica, histórica y estadística de Bolivia, op. cit.*, t. 1, p. 187-88.

Este capítulo procurou, a um tempo, apresentar as missões fundadas por espanhóis nos territórios que serão depois disputados com a capitania portuguesa de Mato Grosso e delinear os dispositivos fundamentais de poder com que os jesuítas constituíam lealdades monárquicas entre os índios. A rigor, cumpre sublinhar a delegação de funções de vigilância aos mesmos índios, pois se tratava de um mecanismo pioneiro entre os dispositivos de poder propriamente modernos e que será depois de grande utilidade para os reformistas ilustrados, em sua tentativa de instaurar a "polícia" nos estabelecimentos fronteiriços.

Capítulo 3
Fortificações como dispositivos de visibilidade

A transformação do regime de visibilidade das fortificações fronteiriças teve impactos duradouros sobre as relações entre os poderes coloniais e as populações indígenas. Expressão no âmbito da arquitetura militar da passagem de um tipo de poder propriamente soberano, centrado na visibilidade do rei, a um poder disciplinar e civilizador, caracterizado pela vigilância dos súditos e incorporação da "docilidade", as funções esperadas dos fortes instalados nas fronteiras longínquas serão outras, condizentes com a atração "pacífica" e a incorporação das populações indígenas inimigas que os cercavam. Se se pode dizer que na *episteme* do poder soberano o forte militar funcionava como enclave estratégico em território inimigo, espaço protegido, isolado, símbolo inexpugnável da soberania do poder real, o deslizamento para uma nova *episteme* se faz notar nas funcionalidades dos fortes instalados na segunda metade do Setecentos, em sua perspectiva aberta ao exterior, em sua política de atração dos caciques mediante presentes, de devassa dos territórios e estabelecimento de redes de contrabando e de disciplinarização das populações trazidas para o seu interior.[1]

Na passagem de uma *episteme* a outra, papel fundamental terão representado os missionários jesuítas que, nas fronteiras do império, abriram a perspectiva do pensamento europeu para o reconhecimento de uma outra humanidade, dessa humanidade indígena que eles procuraram, com obsessivo rigor, contar, catalogar, descrever, prever e prescrever, em suas memórias e relatórios que antecipam o que se convencionou a chamar de etnografia.[2] De um mundo

---

1 BOCCARA, Guillaume. *Guerre et ethnogenèse mapuche dans le Chili colonial*: l'invention du soi. Paris: L'Harmattan, 1998, p. 221-22.

2 Certo relativismo antropológico e histórico, que emergia em meados do século XVII, buscava explicar as diferenças culturais não tanto em termos de uma natureza humana sempre constante no tempo e no espaço, mas como indicações de posições que diferentes sociedades humanas assumiam em determinada época histórica.

baseado no pensamento da identidade e do idêntico, deslocamento em direção ao registro, classificação e descrição das diferenças culturais.[3] Esse dispositivo de saber inaugurado pelos jesuítas, vale dizer, a disposição de adentrar à cultura indígena para melhor transformá-la, tornou-se a ferramenta fundamental dos comandantes dos fortes militares da fronteira no período aqui considerado. Nessa perspectiva, a *modernidade* das estacadas e fortificações instaladas por espanhóis e portugueses no centro da América do Sul não estava tanto, como supôs um arquiteto, no material ou no traçado com que eram construídas,[4] mas no tipo de poder que as animava, nos dispositivos que eram capazes de empregar em suas relações com os povos indígenas e nos recursos materiais e humanos de que dispunham para fazê-lo satisfatoriamente. Assim, mesmo estacadas de precária regularidade como Nova Coimbra, Borbón, San Carlos e Miranda podiam atuar como interventores políticos decisivos na disputa pela atração das populações indígenas que estavam entre elas.

Antes de passar à análise desses fortes construídos em fins do século, erguidos com a dupla finalidade de atrair "índios bárbaros" e marcar a posse territorial, convém notar algumas características dos chamados *"presídios"* que existiam na província do Paraguai desde o século XVII. Tanto mais porque eles seguiram até o fim da época colonial, a despeito do que a nova política indigenista ponderava a respeito da "pacificação", com funções muito semelhantes à que tiveram desde o início: vigiar as incursões indígenas e reprimir, por meio de expedições punitivas, os grupos havidos por hostis. Um mapa do estado das forças militares do Paraguai, preparado em abril de 1790, dava conta da existência de 28 presídios e guardas, que seguiam a requisitar o serviço militar gratuito, obrigatório e rotativo a cada dois meses de todos os homens alistados da província.[5] Conhecer a arquitetura desses presídios é da maior importância para

---

Essa passagem de paradigmas é sintetizada por Anthony Pagden: "En el lenguaje de Michel Foucault, se trataba del cambio de un mundo en el que el pensamiento se movía 'en el elemento del parecido' en busca de 'las figuras restrictivas de lo semejante', a uno en el que los observadores empezaron a registrar, clasificar y describir la diferencia y la discontinuidad" (PAGDEN, Anthony. *La caída del hombre natural*: el indio americano y los orígenes de la etnología comparativa. Madri: Alianza Editorial, 1988, p. 21) (Ref. a FOUCAULT, Michel. *Les mots et les choses*. Paris: Gallimard, 1966, p. 65).

3 Os missionários deviam dedicar-se a distinguir, entre costumes indígenas, os que eram inofensivos e os que figuravam como obra do demônio, como mostra, para uma região concreta: NICOLETTI, María Andrea. La evangelización en las misiones norpatagónicas coloniales: ¿convertir o salvar? *Jahrbuch für Geschichte Lateinamerikas*, Colonia, n. 36, 1999, p. 132-36.

4 GUTIÉRREZ, Ramón. *Evolución urbanística y arquitectónica del Paraguay*: 1537-1911. 2ª. ed. Assunção: Comuneros, 1983, p. 22, 29-30.

5 ANA, SH, v. 155, n. 5. "Estado que manifiesta los oficiales, sarxentos, cavos, y soldados que de los Reximientos de Milicias de la Provincia del Paraguay", Assunção, 13 abr. 1790. O *cabildo* de Assunção frequentemente enviava petições à Coroa para que permitisse a existência de uma tropa paga, alegando que os *vecinos* consumiam seus bens servindo às próprias expensas em 23 presídios; ver, por exemplo: AGI, Buenos Aires, 302. "Representación de la ciudad de la Asunción del precario de dicha provincia", Assunção, 10 maio 1748.

avaliar que tipo de política indigenista era aplicada em relação aos "índios bárbaros", e sobre qual terreno se deslocava a nova política indigenista recomendada pelos reformistas ilustrados.

Figura 11: "Guardia española contra los indios" [1749]

Fonte: PAUCKE, Florian. *Hacia allá y para acá*: una estada entre los indios mocobies, 1749-1767. Tucumán; Buenos Aires: Coni, 1942. Lámina 7, t. 1, p. 129.

Como já se nota pelos materiais utilizados, não se buscava tanto resistir a sítios, observa Garavaglia, mas sim dissuadir os indígenas e advertir a tempo aos colonos sobre a iminência de uma incursão, ou seja, o presídio era menos um bastião para resistir a ataques do que um dispositivo simbólico integrado em uma rede de informação.[6] Assertiva que é corroborada pela descrição do jesuíta Dobrizhoffer:

---

6 GARAVAGLIA, Juan Carlos. La guerra en el Tucumán colonial: sociedad y economía en un área de frontera 1660-1760. *Hisla*: Revista Latinoamericana de Historia Económica y Social, Lima, n. 4, 1984, p. 22. A palavra *presidio* (do lat. *praesidium*) deve ter passado às línguas ibéricas com a ocupação romana, mas os espanhóis preferiram usar, durante a Idade Média, os termos *castillos, fortalezas* e *fuertes*. Somente com a instalação de guarnições no Marrocos, por volta de 1570, a palavra adquiriu conotações adicionais de enclave da cristandade em terra de pagãos e fortaleza para o confinamento de condenados. Pela mesma época, o termo foi aplicado às guarnições

> Para contener sus invasiones se han erigido a orillas del río Paraguay diversos fortines, provistos con un cañón, y en su mayoría también con una palizada. En cuanto los bárbaros son advertidos, aunque sea de lejos, se descarga el cañón y por esto se avisa a los vecinos para huir a tiempo o, si lo creen oportuno, tomar las armas.

E sobre a rede de informação formada por esses presídios, escreve o mesmo missionário:

> Como este cañonazo se repite por cada uno de estos fortines, no muy distantes entre si, la capital queda avisada lo más rápidamente de la aproximación de los bárbaros, aunque éstos dejan verse solo desde lejos, lo cual contribuye no poco, como sé por propia experiencia, para prevenir muchos estragos.[7]

Era, portanto, um dispositivo simbólico de vigilância do exterior integrado em uma rede de informação a que se somavam outros presídios, canoas e expedições punitivas. Em geral, os presídios não eram formados por mais do que três choças cercadas com uma paliçada, consonante a descrição que Paucke faz de um que guardava o caminho de Córdoba de Tucumán contra os "índios bárbaros". "El fuerte entero no tenía en su circuito más de cien pasos", observava o missionário alemão, e "si este palenque de palos merece un nombre de fortaleza, entonces cada agricultor en nuestros países que ha cercado su granja con muros en derredor tiene una fortaleza mucho mejor y más resistente". "¿Cómo eran luego los soldados?", prossegue o jesuíta. "Contestación: iguales. Uno que otro estaba provisto con un fusil pero los demás tenían una lanza cada uno; [no vestían] ningún uniforme". Vigiar os arrebaldes era a tarefa dos soldados:

> Estos soldados estaban obligados a revisar diariamente la región por algunas leguas o de cabalgar a reconocerla como se dice. Ellos tenían también un centinela que estaba sentado en una altura [...]. El desempeño de los demás que estaban sentados abajo en las chozas no era otro que jugar a los naipes y divertirse.[8]

---

    estratégicas situadas na fronteira índia hostil ao norte de Nova Espanha (MOORHEAD, Max L. *The Presidio*: Bastion of the Spanish Borderlands. Norman: University of Oklahoma Press, 1975, p. 3-4).

7 DOBRIZHOFFER, Martin. *Historia de los Abipones* [1784]. Resistencia, Argentina: Universidad Nacional del Nordeste, 1967, v. 1, p. 146-47.

8 PAUCKE, Florian. *Hacia allá y para acá*: una estada entre los indios mocobies, 1749-1767. Tucumán; Buenos Aires: Coni, 1942, t. 1, p. 130-131.

Expressão de uma concepção de poder-espetáculo, o objetivo daqueles fortes era vigiar o que está fora, perseguir, afirmar a presença da monarquia, atalhar o passo dos bárbaros.[9] Sob o diagrama do poder civilizador, por sua vez, buscava-se vigiar o que está dentro, atrair, transformar os costumes. No primeiro caso, exemplo paradigmático é o presídio de Arecutagua, construído a mando do governador do Paraguai Diego de los Reyes Valmaseda em 1719. Enclave da soberania espanhola ao norte da província, situava-se já próximo ao rio Manduvirá, acima do qual a província já não contara mais com nenhum estabelecimento desde fins do século XVII, quando as incursões de bandeirantes de São Paulo e "índios bárbaros" varreram a colonização castelhana para as imediações de Assunção.[10] Era justamente esse presídio, segundo um governador do Paraguai, o "paso principal por donde el enemigo [português] de tierra frecuentaba diferentes ejércitos numerosos fomentado y coligado con la nación Paiagua en sus transportes con los quales marchavan y ejecutaban ymbaciones en los valles", de modo que "no solo sirve de freno al enemigo infiel de Barvaras naciones. Sino q' también lo que desen para rechazar y castigar a los mamelucos de San Pablo".[11] A função do forte era clara: vigiar o rio, de dia em canoas, de noite desde as guardas do forte, reconhecer o terreno em "continuadas correrías" com gente a cavalo e infantaria, e quando os índios aparecessem com intenções hostis, dar aviso com tiros de canhão.[12]

Ver-se-á, porém, no capítulo 5 deste trabalho, que a ambiguidade da própria política indigenista ilustrada, cuja obsessão em reduzir despesas militares levava a que o *Consejo de Indias* rechaçasse pedidos de fundos para reduções, favorecia a manutenção de um estado de guerra permanente contra os chamados "índios bárbaros". Dessa maneira se entende por que um informe de 1782 dava conta de que nos sete presídios que existiam entre Assunção e as imediações do rio Manduvirá se ocupavam 4.282 homens, que revezavam seus turnos de oito em oito dias: "quando asaltan los yndios dá aviso la primera guardia q.e lo sintió por medio de un cañón, q.e mantiene cada fuerte [...]. Los Yndios asi q.' oyen el cañosaso toda su diligencia ponen en la retirada, llevando de camino a lo q.e pueden y matando a quien encuentran por delante sin resistencia".[13] Se se compara com o caso já mencionado do Chile, tem-se uma situ-

---

9 Como referiu o *cabildo* de Assunção em 1670, o que mais interessava, na fronteira do Chaco, era um forte "en una eminencia que señorea y impide bastantemente los passos donde el enemigo acostumbrava imbadir con asaltos y rovos la comarca" (AGI, Charcas, 33. Carta do *cabildo* de Assunção ao rei, 31 dez. 1670).

10 SUSNIK, Branislava. *El indio colonial del Paraguay*: t. 3-1: El chaqueño: Guaycurúes y Chanes-Arawak. Assunção: Museo Etnográfico Andrés Barbero, 1971, p. 61-68.

11 AGI, Charcas, 217. Carta e expediente do governador do Paraguai, Diego de los Reyes Valmaseda, Assunção, 24 jul. 1719, sobre o novo presídio de Arecutagua, f. IV, 3v.

12 AGI, Charcas, 217. Carta de José Delgado Crenarro, Assunção, 30 jul. 1719, f. IV.

13 AGI, Buenos Aires, 295. "Noticia de los establecimientos, villas, y fuertes, q.e tiene esta Provincia, asi las antiguas, como las formadas en tiempo del S.or Govern.r y Cap.n G.ral actual D.n Pedro Melo de Portugal [...]. Corresponde a la carta del Cabildo secular del Paraguay" de 11 mar. 1782, f. 12.

ação que os próprios contemporâneos reconheciam arcaica nesses presídios fronteiriços cujas funções permaneciam semelhantes às do século XVII.

Construir novos fortes e povoações era um bom meio de alegar méritos ao *Consejo de Indias*, mas nem sempre as obras saíam como nas correspondências dos governadores. Em carta de março de 1742, o governador Rafael de la Moneda dava conta ter feito fabricar oito presídios em sítios vantajosos, dotados de fossos e mais de 500 varas de parapeitos. Era duvidoso que esses fortes tivessem semelhante regularidade, pois como denunciou ao *Consejo de Indias* o bispo do Paraguai, frei José Cayetano Paravicino,

> los presidios que ha construido d.ho governador son unas chozas, cubiertas de paja, y las paredes de canizo embarrado, que las circundan unos palos en bruto, clabados en tierra, sin otra fortaleza ni defensa a poco tiempo se arruinaran, y con estas voces de presidios (siendo solo en la forma referida) pretende abilitar meritos en v.tro real servi.o como todos los govern.res.[14]

O chefe das demarcações espanholas no Paraguai, Félix de Azara, também assinalava a exígua guarnição e a fragilidade do equipamento defensivo, ainda que suficiente para a finalidade a que se destinava, quer dizer, "observar el paso de los Yndios del Chaco":

> Cada uno es una mala vigía con un cañoncito sobre un poste para hacer señal de yndios, y dos o tres hombres de Guarnición metidos en su rancho rodeado de estacada. La experiencia ha hecho ver q.' esto es suficiente pues jamás han tomado unos los yndios. Algunos presidios tienen lecheras p.a alivio de los Guardias.[15]

Há que assinalar a permanência das funções de controle de caminhos, aviso de incursões e realização de expedições punitivas em vários presídios da província já em 1789, quando Azara escrevia seu informe. Não fica de todo desautorizada, assim, a suposição de que a passagem ao exercício de funções de diplomacia, comércio e atração dos índios a reduções correspondeu apenas aos novos fortes da fronteira nortenha, onde a lealdade dos índios era disputada com os portugueses.

É certo, contudo, que essa passagem de funções dos chamados *presidios* ocorreu nas fronteiras do Império espanhol como um todo na segunda metade do Setecentos. Foi esse

---

14 AGI, Charcas, 374. Carta do bispo do Paraguai, frei José Cayetano Paravicino, ao rei, Assunção, 14 set. 1743, f. IV-2. Consulta do *Consejo de Indias* em julho de 1744 ordenou que um juiz de residência fizesse uma devassa sobre a construção desses fortes. AGI, Charcas, 374. Consulta do *Consejo de Indias* sobre as cartas do governador do Paraguai, Rafael de la Moneda, Assunção, de 10 mar. 1742, e do bispo da mesma província, de 14 set. 1743, Madri, 2 jul. 1744.

15 AHN, Estado, 3410, caja 2, apartado 22. "Viajes Geographicos de Don Félix de Azara en las Provincias del Paraguay, y descripción del Pais, y sus Havitadores", recebida no *Consejo de Indias* a 12 jun. 1789, f. 235, §496.

o período em que a expansão colonial se acelerou e passou a manter contato mais assíduo com os chamados índios "não conquistados", precisamente porque incrustava em suas terras esses enclaves fortificados.[16] Um estudioso do norte da Nova Espanha analisou as novas funções assumidas pelos presídios, a saber, atrair, pacificar e agenciar os chamados "índios bárbaros" das regiões fronteiriças; nesse processo, terá sido mais bem-sucedido do que qualquer outra instituição colonial. Dos oito aldeamentos que existiam na fronteira norte da Nova Espanha em 1793, seis estavam à sombra de presídios, totalizando mais de 2 mil índios aldeados. O modelo de gestão baseava-se em algumas diretrizes fundamentais, expostas em uma "Instrucción que han de observar los comandantes de los puestos encargados de tratar con indios Apaches" (1791), redigida pelo comandante Pedro de Nava: antes de tudo, protagonismo não mais dos missionários, mas dos oficiais militares; tolerância a certos costumes indígenas, como a ausência anual para as caçadas de búfalo; promoção dos caciques reconhecidamente simpáticos ao espanhol; incentivo à agricultura e à autossuficiência; e aprendizado da língua Apache, para aumentar a confiança mútua.[17] Passagem, portanto, do modelo de presídio do século XVII e início do XVIII, destinado a uma guerra permanente e dispendiosa contra os grupos em seu entorno, à política, igualmente com fins de dominação, de atração, delegação de autoridades e reconhecimento de certa autonomia cultural com vistas a assegurar a dependência.[18] Passagem que, enfim, foi também promovida pelo fracasso das guerras ofensivas e defensivas, de um lado, diante de inimigos cada vez mais formidáveis, como os Apache e Comanche do norte de Nova Espanha e os Guaykuru do centro da América do Sul, hábeis cavaleiros que dispunham, inclusive, de armas de fogo, e de outro, dos riscos de bancarrota do sistema que, sem recursos para manter as guarnições já criadas, via-se obrigado a criar outras devido à expansão colonial em novas fronteiras, o que não raro só se fez possível mediante a instalação de estacadas irregulares e do recrutamento compulsório e gratuito de colonos.[19]

---

16 Para o caso de Tucumán nas últimas décadas do Setecentos, Gullón Abao nota o mesmo deslocamento de funções dos fortes militares: inicialmente de vigilância e realização de *correrías* contra os inimigos de fora, passaram a posto de proteção e vigilância dos índios já atraídos para o seu entorno, onde relações de comércio, trabalho eventual e mestiçagem, mediadas por *lenguaraces*, marcavam o cotidiano hispano-indígena (GULLÓN ABAO, Alberto José. *La frontera del Chaco en la gobernación del Tucumán, 1750-1810*. Cádiz: Servicio de Publicaciones, Universidad de Cádiz, 1993, p. 232, 258).

17 "Instrucción que han de observar los comandantes de los puestos encargados de tratar con indios Apaches", comandante geral das Províncias Internas Pedro de Nava, 14 out. 1791 apud MOORHEAD, *The Presidio, op. cit.*, p. 261-65; ver também: BABCOCK, Matthew M. Turning Apaches into Spaniards: North America's forgotten Indian reservations. 2008. Dissertação (Ph.D.) – Southern Methodist University, Dallas, 2008, p. 177-180.

18 WEBER, David J. *The Spanish Frontier in North America*. New Haven: Yale University Press, 1992, p. 212-13.

19 HÄMÄLÄINEN, Pekka. *El imperio comanche*. Barcelona: Península, 2011, p. 51-65; MARCHENA FERNÁNDEZ, Juan; GÓMEZ PÉREZ, María del Carmen. *La vida de guarnición en las ciudades americanas de la Ilustración*. Madri: Ministerio de Defesa/Secretaría General Técnica, 1992, p. 296-97.

A gestão dos gastos com fortificações de fronteira no Império espanhol, em meados do século XVIII, atendia à máxima, insistentemente perseguida pelos reformistas, segundo a qual era preciso "reducir todo lo posible sus recintos, para que así pocos se defiendan de muchos".[20] Diante do fracasso de duas expedições espanholas enviadas em 1763 e 1766 para, se não desalojar os portugueses das minas de Cuiabá e Mato Grosso, pelo menos consolidar uma estacada de espanhóis às margens do rio Guaporé, essa questão da escolha de prioridades era preocupante para o vice-rei do Peru, Manuel de Amat, que reconheceu: "no hay tropa ni dineros para guarnecer y fortificar tan vastos territorios".[21] Tal era o pragmatismo recomendado como diretriz pelo ministro de *Indias*, José de Gálvez, ao vice-rei de Nova Granada, em 1779. "El resguardar toda América a fuerza de fortalezas es un proyecto quimérico", reconhecia o secretário de Estado, "como si los baluartes y murallas se defendiesen por si propios". Portanto:

> El edificar todas las obras de fortificación que se proyectan en América como indispensables, enviar las tropas que se piden y completar las dotaciones de pertrechos de todas las plazas, sería una empresa imposible aún cuando el Rey de España tuviese a su disposición todos los tesoros, los Ejércitos y los almacenes de Europa. La necesidad obliga a seguir un sistema de defensa acomodado a nuestros medios, y la misma situación de esos dominios hace en gran parte inútiles tan enormes gastos. [...] Se han gastado exorbitantes sumas en construirlas, pero se necesitan grandes caudales para mantenerlas.[22]

Não deixou de ter lamentáveis consequências para a expansão dos espanhóis no centro da América do Sul o fracasso das expedições de 1763 e 1766. Pela Real Ordem de 20 de outubro de 1761, Carlos III foi servido ordenar que fossem desalojados os portugueses de toda a capitania de Mato Grosso e Cuiabá. A situação fora agravada com a construção da estacada portuguesa de Conceição, na margem oriental do rio Guaporé, em 1760. O Tratado de Madri havia estipulado que a linha divisória passaria pelo rio, determinação anulada em 1761 com o Tratado de El Pardo. Ora, o novo tratado estabeleceu que cada potência voltasse ao que possuía antes de 1750, ficando – segundo esse entendimento – manifesta a usurpação portuguesa:

---

20 AGI, Santa Fe, 939. "Instrucción para el ingeniero de Cartagena de Indias", 1741 *apud* MARCHENA FERNÁNDEZ; GÓMEZ PÉREZ, *La vida de guarnición*, op. cit., p. 35.

21 AGI, Lima, 149. "Informe del virrey Manuel de Amat", Lima, 23 set. 1767.

22 AGI, Santa Fe, 577a. "Carta del Secretario de Indias D. José de Gálvez al Virrey Flores de Nueva Granada", Aranjuez, 15 maio 1779; chamou a minha atenção para esse documento: MARCHENA FERNÁNDEZ, Juan. *La institución militar en Cartagena de Indias en el siglo XVIII*. Sevilha: Escuela de Estudios Hispano-americanos/CSIC, 1982, p. 23.

> ha resuelto S. M. que ni son, ni serán de su aprovación semejantes recursos de urbanidad con portugueses quando la usurpación es manifiesta, y quiera que por fuerza obren sus gobernadores sin perdida de tiempo, aunq.e la intrusión de que se trata haya sido efectuada en el año de 1733, pues notificados de que se retiren a sus devidos limites, y anulado el tratado se deven dar las disposiciones que combengan para echarlos del citado parage.[23]

Informado o rei do fracasso da primeira expedição, ordenou o envio de uma segunda a 20 de novembro de 1764, que só teve lugar em 1766.[24] Em carta de junho de 1770, o governador de Santa Cruz de la Sierra, Joaquín Espinosa, lamentava o fracasso das duas expedições e a falta de uma fortificação espanhola no Guaporé, aberto aos portugueses, pois os índios, cuidando de estâncias e lavouras, não serviam para defesa: "con solo ponerse en operación doscientos Hombres, arreglados se llebarian las miciones de Mojos, y Chiquitos y esta Capital de Santa Crus, que no se reduce a otra cosa, que a un agregado de casas, tan indefensa, como los mismos Pueblos de Miciones". Na mesma carta, o governador já alertava para a generalização do contrabando por aquela parte, visto que os portugueses "necesitan los comestibles por oro": açúcar, farinha de trigo e mesmo mulas tinham na estacada portuguesa um subido preço, chegando os gêneros da Europa a poderem ser vendidos com 25%.[25]

Essa passagem de reduto fechado e marco simbólico a qualquer coisa como um posto avançado de política indigenista e contrabando é particularmente visível na trajetória do Forte Conceição, depois reconstruído como Forte Príncipe da Beira. De fato, a fortificação da aldeia de Santa Rosa em 1760 atendeu ao imperativo estratégico de consolidar a posse portuguesa da margem oriental do rio Guaporé, onde já os jesuítas espanhóis tinham instalado três missões entre 1742 e 1746, que abandonaram por insistência do governador de Mato Grosso, Antonio Rolim de Moura. As ordens secretas do Conde de Oeiras eram, a esse respeito, bastante claras:

> ainda no cazo de se propor a V. S.a em termos específicos a reposição da sobred.a aldea, ou de outra na mesma margem oriental do Guaporé, deve V. S.a declinar athe nesse cazo a questão principal: respondendo debaixo do

---

23 AGI, Charcas, 433. Carta da secretaria de Estado ao presidente e ouvidores da Audiência de Charcas, ao vice-rei do Peru, e ao governador de Buenos Aires, Pedro Ceballos, sobre a tomada, pelos portugueses, do sítio de Santa Rosa El Viejo na margem oriental do rio Guaporé, Madri, 20 out. 1761 (a referência dos ministros ao ano de 1733 é imprecisa, pois Cuiabá foi elevada a vila em 1727 e os primeiros arraiais no vale do Guaporé foram fundados a partir de 1734).

24 AGI, Charcas, 433. Carta da secretaria de Estado ao vice-rei do Peru, ao presidente da Audiência de Charcas, ao governador de Buenos Aires, e ao governador de Santa Cruz de la Sierra, San Lorenzo, 20 nov. 1764.

25 AGI, Charcas, 433. Carta de Joaquín Espinosa, governador de Santa Cruz de la Sierra, ao presidente da Audiência de Charcas, Ambrocio de Benavides, Santa Cruz, 19 jun. 1770, f. 4.

mesmo meio termo: que a posse da referida margem oriental do Guaporé, e a primeira occupação della foi a dos Portugueses.[26]

Por um mapa espanhol posterior às duas expedições de 1763 e 1766, datado de San Pedro de Mojos e da lavra do capitão Miguel Blanco y Crespo, nota-se que ao redor do Forte Conceição havia casas para soldados casados e, a certa distância, casas para índios, e que os portugueses estimulavam a produção agrícola, pois existiam hortas e chácaras. Havia também forno e ferraria (vide **Figura 12**).[27] Em projeto redigido em julho de 1769 para reconstrução do Forte Conceição, elaborado pelo sargento-mor e engenheiro José Mathias de Oliveira Rego, após constatar as infiltrações e problemas do terreno do forte atual, recomendava que o novo estabelecimento devesse ter amplas acomodações internas, que eram imprescindíveis para estocar mantimentos e abrigar pessoas, a fim de aguentar cerco pelo Guaporé: "se faz percizo ter hum grd.e numero de acomodaçoins dentro da Praça, tanto p.a gente, como p.a os mantim.tos, não só os de commum, mas de sobrecellente".[28] Em 1772 e 1774, o genovês Domingos Sambuceti e outros engenheiros, sob a supervisão do próprio governador Luiz de Albuquerque, realizaram observações para precisar o local mais adequado à nova fortificação, bem como seu traçado, e a 20 de junho de 1776 foi lançada a pedra fundamental do Forte Príncipe da Beira (vide **Figura 13**).[29] Como se verá neste estudo, o Forte Príncipe cumpriu algumas funções fundamentais na consolidação do Império português por aquela parte, dentre elas a de ser capaz de drenar recursos econômicos e populações indígenas das missões espanholas, através do contrabando e da política indigenista.[30]

---

26   IANTT, MNE, cx. 613. Sebastião José de Carvalho e Melo a Antonio Rolim de Moura, Nossa Senhora da Ajuda, 20 jun. 1761.

27   BNRJ, Cartografia, ARC. 026, 04, 013. BLANCO Y CRESPO, Miguel. "Plano da região do Rio Itenes ou Guaporé e seus afluentes" [1767].

28   AHU, MT, cx. 15, d. 933. "Proposta que fez o sargento mor governador Józé Mathias de Oliveira Rego ao Il.mo e Ex.mo S.r João Pedro da Camera, General que foi desta Cappit.a", [Forte Conceição] 31 jul. 1769.

29   Segundo Renata Malcher de Araujo, o Forte Príncipe se constituiu na "peça crucial no processo de territorialização" do Império português na América, cuja eficácia terá sido mais simbólica do que efetivamente combativa, pois jamais fora assediado; terá desempenhado, também segundo a mesma autora, função decisiva como entreposto comercial. A isso cumpre acrescentar que esse, como outros fortes instalados por Luiz de Albuquerque, foram pensados como pontos estratégicos de atração de populações das missões espanholas (ARAUJO, Renata Malcher de. *A urbanização do Mato Grosso no século XVIII*: discurso e método. Tese (doutorado em História da Arte) – Universidade Nova de Lisboa, 2000, p. 327-30).

30   O entorno do Forte Príncipe seguia sendo pontilhado de moradias, fazendas e plantações. Em 1790, Luiz de Albuquerque sublinhava a necessidade de limpar o terreno para formar pasto sem, no entanto, demolir as casas dos moradores (APMT, Defesa, 1790 A, 1077. "Extrato das ordens que estabeleceu neste Forte do Príncipe da Beira, o Il.mo e Ex.mo Senhor Luiz de Albuquerque de Mello Pereira, e Cáceres", Forte Príncipe, 20 jun. 1790).

Lealdades negociadas 109

Figura 12: BLANCO Y CRESPO, Miguel.
"Plano da região do Rio Itenes ou Guaporé e seus afluentes" [1767]

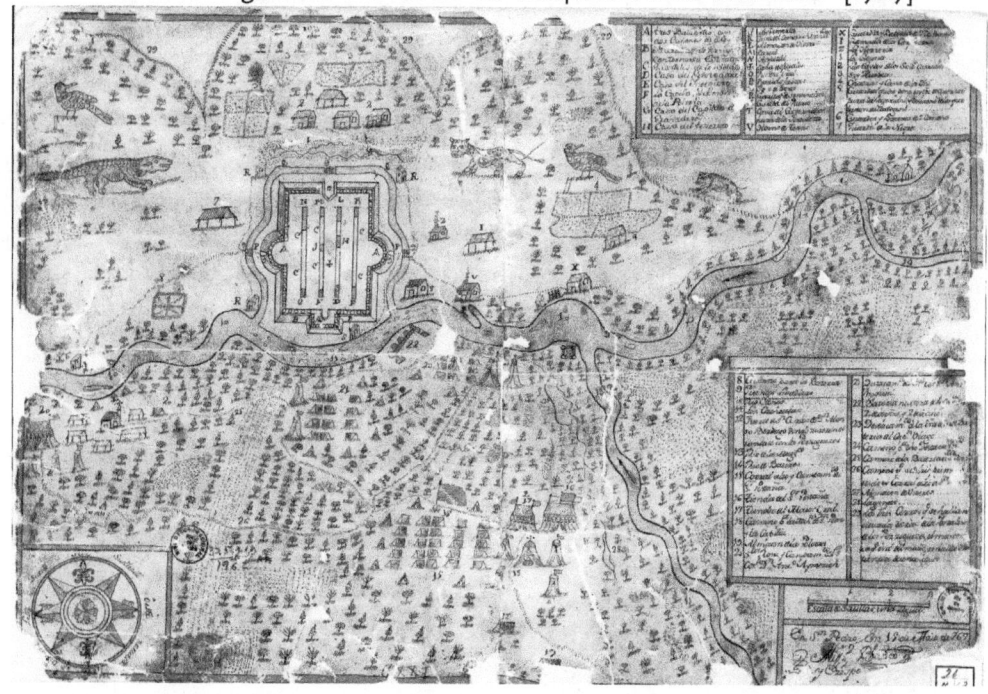

Fonte: BNRJ, Cartografia, ARC. 026, 04, 013.

Figura 13: SERRA, Ricardo Franco de Almeida.
"Plano do Forte do Príncipe da Beira" [1798]

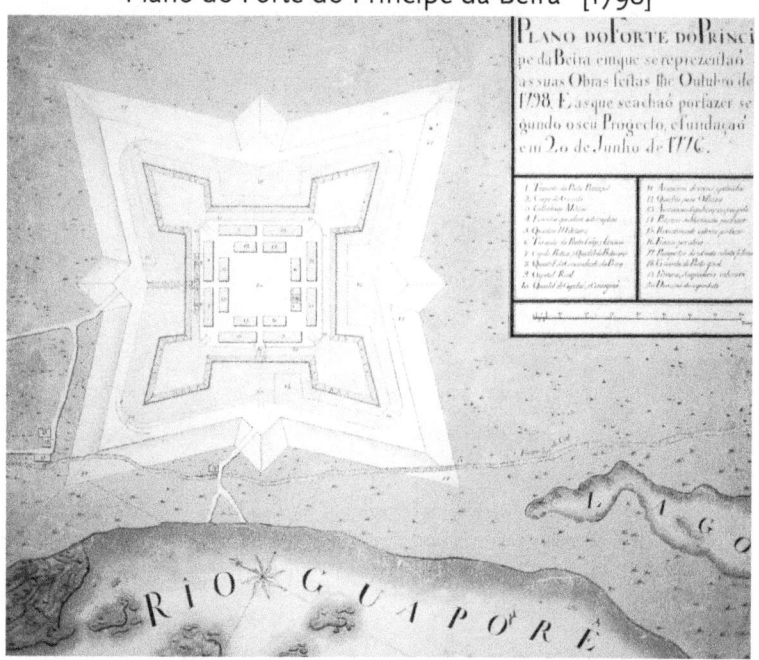

Fonte: Mapoteca do Itamaraty. In: ADONIAS, Isa. *Mapa*: imagens da formação territorial brasileira. Rio de Janeiro: Odebrecht, 1993, p. 361.

Vale lembrar que o núcleo da querela não resolvida nem pelos tratados de 1750 e 1777 nem pelas tentativas de demarcação envolvia uma dupla incerteza. De um lado, sobre quais seriam os afluentes dos rios Paraná e Paraguai adequados a servirem de limites; e de outro, o que fazer em relação aos estabelecimentos portugueses às margens dos rios Paraguai e Guaporé, que não se coadunavam com as cláusulas sobre livre navegação dos rios e zonas neutrais entre os dois impérios. Para Félix de Azara, era preciso antes de tudo rechaçar a proposta dos portugueses de tomar o rio Ipané pelo Corrientes a que se referiam os tratados. Se fosse como pretendiam os lusitanos, estariam perdidas a vila de Concepción e todas as terras ao norte do Paraguai: "salud, minerales de yerba, barreros, salinas, pastos, aguadas, maderas, y todo lo que aquí se desea, está en ellas; y tenemos el mejor río del mundo para fomentar sus pobladores y protegerlos".[31]

Figura 14: "Descripción geográfica de la frontera que corre desde la ribera occidental del Rio Paraná hasta más debajo de la unión del río Guaporé con el Mamoré", por Félix de Azara [post. a 1792]

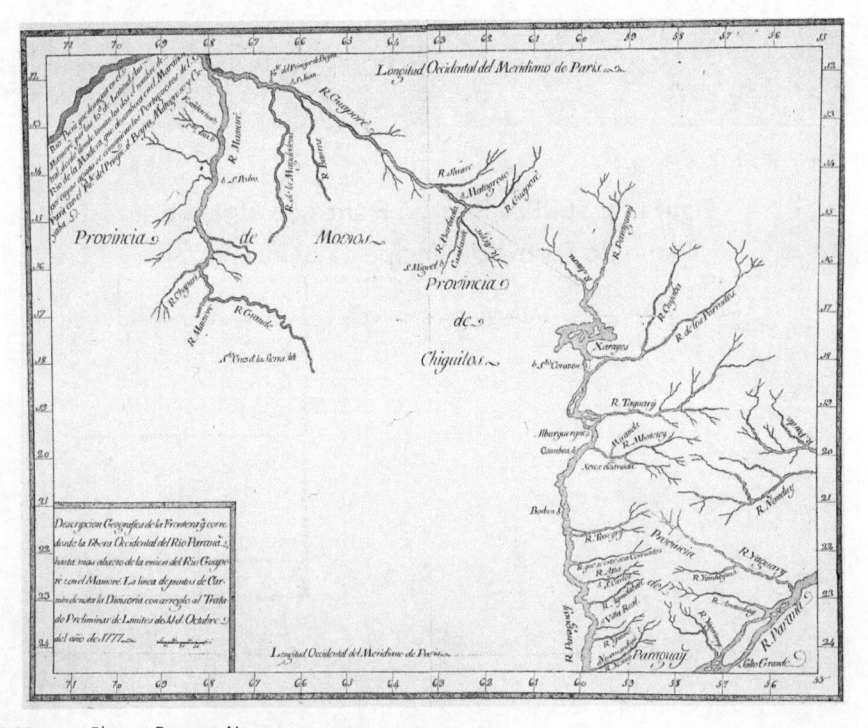

Fonte: AGI, Mapas y Planos, Buenos Aires, 115.

Apesar de aparecer como datado de 1777, o mapa foi elaborado por Félix de Azara, provavelmente em 1792. O brigadeiro espanhol expressava claramente suas ideias sobre os rios mais adequados pelos quais devia passar a demarcação, e fazia constar a posição, no seu entender irregular, dos estabelecimentos portugueses.

---

31   AHN, Estado, 4548. Félix de Azara a Nicolás de Arredondo, Assunção, 19 jan. 1793, f. 3v.

As ideias de Azara exerceram poderosa influência sobre a política dos vice-reis de Buenos Aires e governadores do Paraguai em relação aos limites com Mato Grosso. Lazaro de Ribera, por exemplo, valendo-se de um mapa confeccionado pelo próprio Azara (vide **Figura 14**), em que aparecem as linhas divisórias mais favoráveis aos espanhóis, procurava convencer o governador de Mato Grosso. Nas ásperas cartas que ambos trocaram, insistia em que o rio Yaguary, referido nos tratados, era o Ivinheima, que deságua no Paraná, e cujo varadouro mais próximo e apropriado encontra a nascente do rio Tareyry, que deságua no Paraguai.[32] Seja como for, é certo que essas querelas tinham impactos cruciais nas políticas indigenistas, fundacionais e de controle de fluxo de bens e pessoas nas fronteiras de ambos os impérios. Assim, por exemplo, a expedição comandada pelo coronel José de Espinola em 1797, tendo avançado até vinte léguas adiante do rio Mbotetei em perseguição dos Guaykuru, "violando con este hecho tan injusto los derechos de soberania y el alto domínio de la Corona portuguesa", nas palavras do governador de Mato Grosso, foi justificada de modo inteiramente diverso pelo governador do Paraguai.[33] As tropas espanholas, segundo Lazaro de Ribera, não teriam invadido território português: "los españoles solo entraron en un terreno que aun no está determinado, y que está ocupado por naciones de Yndios Barbaros", quanto mais porque a linha divisória deveria passar, no seu entendimento, pelos rios Yaguary e Tareyry.[34] Finalmente, a infração estaria do lado português, com a permanência irregular dos fortes de Coimbra e Albuquerque, onde os índios Guaykuru recebiam estímulos às suas incursões contra os espanhóis, e "se les concede asilo y proteción", permitindo seus comandantes "comprar a los yndios el fruto de los robos y rapinas que han hecho en esta provincia".[35] De sua parte, os moradores de Villa Real de la Concepción, como informou o oficial português João de Almeida Pereira, que ali esteve a pretexto de correspondências, sabedores do risco de que aquelas terras poderiam ser entregues a Portugal, opunham-se veementemente: "pois que são as minas

---

32 AHN, Estado, 3410, caja 1, carpeta 13, n. 11, Anexo n. 1. Lazaro de Ribera a Caetano Pinto de Miranda Montenegro, Pueblo de Atirá, 23 fev. 1798, f. 8v. Qualquer que fosse o fundamento de Félix de Azara, é provável que os jesuítas tivessem conhecimento de um certo rio Ymeney, que correria à contravertente do Mbotetei, pelo qual "bajan los portugueses del Brasil al río Paraguay", como escreveu o padre Arce em 1713 (ARSI, Paraquariae, v. 12, f. 4-11v. ARCE, José de. "Breve relación del viage, que hizieron por el Río Paraguay arriba 5 padres y un hermano el año de 1703, por orden de n.tro P. General", San Miguel, 5 abr. 1713, f. 6v).

33 AHN, Estado, 3410, caja 1, carpeta 13, n. 5, Anexo n. 4. Caetano Pinto de Miranda Montenegro a Lazaro de Ribera, Vila Bela, 30 jun. 1797, f. 1v.

34 AHN, Estado, 3410, caja 1, carpeta 13, n. 5, Anexo n. 4. Lazaro de Ribera a Caetano Pinto de Miranda Montenegro, Assunção, 7 set. 1797, f. 7, 8v. Argumento algo tortuoso, pois o rio Mbotetei estava bem ao norte do suposto Tareyry. Ribera voltou no assunto em outra carta, em que admite que, como os espanhóis chagaram a ter uma cidade de Xerez no rio Mbotetei, destruída em 1632, não estaria descartada a demarcação favorável por aquela parte (AHN, Estado, 3410, caja 1, carpeta 13, n. 11, Anexo n. 1. Lazaro de Ribera a Caetano Pinto de Miranda Montenegro, Pueblo de Atirá, 23 fev. 1798, f. 11).

35 AHN, Estado, 3410, caja 1, carpeta 13, n. 5, Anexo n. 4. Lazaro de Ribera a Caetano Pinto de Miranda Montenegro, Assunção, 7 set. 1797, f. 7, 8v.

melhores que tem Espanha, como he a da Congonha, e não há em mais parte alguma, senão aly, e logo que a entreguem ficarão pobres, e não tem donde lhe venha hum vintém".[36]

Nas fortificações instaladas ao sul da capitania de Mato Grosso, Nova Coimbra (1775) e Miranda (1797), a ênfase da administração portuguesa residiu na política indigenista de atração dos mesmos grupos que viviam naquele território intersticial com os domínios espanhóis, isto é, os Guaykuru e Guaná. Para essa finalidade, bastou em Coimbra uma arquitetura de estacada, que permaneceu a mesma até o final do século.[37] Consoante a descrição de Ignacio de Pasos, espanhol que fora encarregado, juntamente com Martin Boneo, pelo vice-rei do Río de la Plata de reconhecer o curso do rio Paraguai e verificar os novos empreendimentos portugueses, "el presidio es una estacada de unas 150 a 200 varas de frente, de palo a pique con su contra estacada, pareja por dentro, hasta la mitad de la estacada principal, para cubrir la abertura o brecha de una a otra estaca, y con esto resguardarse por dentro".[38] O mesmo é dizer que o forte era um muro de estacas de madeira em fileiras duplas, as internas cobrindo os intervalos das externas, com algum revestimento entre ambas, sem fosso e sem vista interna que permitisse um campo de tiro digno de apreço. Essa paliçada, na opinião de um militar, poderia ser completamente destruída com tiros de canhão ou se um inimigo astuto lançasse fogo à sua rancharia de palha,[39] e o viajante Alexandre Rodrigues Ferreira reconheceu que, devido ao morro lateral, "a pedradas se pode de cima d'ella offender a guarnição".[40] Construído em local estéril, Nova Coimbra não conseguia produzir sua subsistência, de modo que dependia do envio de canoas de mantimentos desde Cuiabá, as quais chegavam ou com muito atraso ou com parte da carga estragada.[41]

---

36 AHU, MT, cx. 29, d. 1640, Anexo n. 3: "Derrota que faço na prezente ocazião sobre a Deligencia de que vou encarregado para os Dominios de Espanha pelo Ryo Paraguay abaixo hindo do Real Prezidio de Coimbra", 3 fev. 1792, escrita pelo cabo de esquadra e comandante da expedição, João de Almeida Pereira, f. 2v-3.

37 Em julho de 1791, o engenheiro Joaquim José Ferreira dava conta de alguns reparos: "As palizadas deste Prezidio se achão quaze reformadas, faltando-lhe unicamente noventa e tantas estacas, porém donde a necessid.e não he tão urgente" (APMT, Defesa, 1791 A, 1172. Joaquim José Ferreira a João de Albuquerque, Coimbra, 24 jul. 1791).

38 PASOS, Ignacio de. "Diario de una navegación y reconocimiento del río Paraguay desde la ciudad de Asunción hasta los presidios portugueses de Coimbra e Albuquerque" [1790]. In: *CODA*, t. 6, p. 146-47.

39 MELLO, Raul Silveira de. *História do forte de Coimbra*: v. 2: VI e VII períodos (1748-1802). Rio de Janeiro: SMG/Imprensa do Exército, 1959. p. 87.

40 FERREIRA, Alexandre Rodrigues. "Gruta do Inferno", [Cuiabá, 5 maio 1791]. *RIHGB*, Rio de Janeiro, v. 4, 1842, p. 364.

41 Já em 1776, Marcelino Rodrigues Camponês escrevia ao governador de Mato Grosso confirmando a inviabilidade da agricultura no entorno imediato do forte: "os morros de hua, e outra p.te a sua formatura toda he de pedra com pouca terra a superficie q' naõ ademitem planta algua, de sorte q' plantandose na baixa deste e na milhor terra davam rizais tres quartas, de milho naõ produzio coaze nada"; caça "taõ bem já naõ há", e peixe, "difficultozo pescarse". Tal situação impunha a dependência, que se tornou estrutural posteriormente, do presídio em relação a Cuiabá; no momento em que escrevia, refere "estar alimentando este prezidio com feijaõ temperado com sal por q' do Cuiabá só se mandou na m.a conduçaõ sete arobas de touc.o e tres arobas de carne podre e como aqui já naõ avia a mezes" (APMT, Defesa, 1776. Marcelino Rodrigues Camponês a Luiz de Albuquerque, Coimbra, 21 jan. 1776).

A demora em converter a estacada em um forte de pedra ao estilo moderno deveu-se, de um lado, à opção feita por Luiz de Albuquerque em privilegiar, nas décadas de 1770 e 1780, a construção do Forte Príncipe, e de outro, às incertezas quanto à demarcação de limites, pois Coimbra e Albuquerque efetivamente estavam do lado ocidental do rio Paraguai, que o Tratado de Madri definira como posse espanhola.[42] Daí porque João de Albuquerque instruíra o comandante de Coimbra a que abrasasse aquelas instalações em caso de invasão por força superior,[43] contrastando com o empenho que terá tido seu sucessor Caetano Pinto de Miranda Montenegro em reconstruir a fortaleza e insistir, dessa maneira, na afirmação da posse portuguesa sobre aquelas paragens. O novo projeto foi elaborado pelo engenheiro Ricardo Franco de Almeida Serra, e consoante a planta datada de 3 de novembro de 1797, era um polígono irregular, abaluartado à direita e à retaguarda. No plano, Ricardo Franco fizera constar um fosso diante das paredes dos baluartes, mas não se chegou a realizar essa obra. Em sua "Memória sobre a capitania do Mato Grosso", enviada ao governador no princípio de 1800, assim se expressou o comandante sobre aquele presídio: "Tem as suas muralhas dez palmos de grosso, e de quinze até vinte e cinco palmos d'alto, sobre desegual terreno e aspera subida; pelos dous lados edificados sobre o angulo recto que este monte faz no Paraguay"[44] (vide **Figura 15**). Em 1801, com a Guerra das Laranjas na Europa, o governador do Paraguai, Lazaro de Ribera, resolveu tomar pessoalmente o forte Coimbra, mas sua expedição fracassou, e a resistência do novo forte deixou-o surpreso: "No es Coimbra la estacada que formó el Primer Establecim.to de los Portugueses [...]. Este fue y es en el día un objeto despreciable: no así el fuerte que han trabajado de 4 años à esta parte. Esta obra hija de la Perfidia y mala fe del Gavinete de Lisboa, es de cal y piedra".[45]

Em outro informe, o comandante dava conta de que recebera somente toucinho e farinha, e todo o mais pouco, sem contar a carne podre e salgada com salitre, que os soldados lançaram no rio (APMT, Defesa, 1779, Lata B, 344. Miguel José Rodrigues a Luiz de Albuquerque, Coimbra, 9 abr. 1779).
Muito mantimento enviado a Coimbra era interceptado pelo comandante de Albuquerque, e houve vez em que ele se recusou a atender o pedido daquela fortificação (APMT, Defesa, 1787, Lata A, 911. José da Costa Delgado a Luiz de Albuquerque, Nova Coimbra, 17 fev. 1787).

42 MELLO, *História do forte de Coimbra, op. cit.*, v. 2, p. 340, 348, 351-52.

43 APMT, Defesa, 1791 A, 1223. "Catalogo cronológico de todas as ordens pelas quaes se tem regulado desde a sua fundaçam os deveres do Comm.e de Coimbra", de 1777 a 1791: Instrução de João de Albuquerque, Vila Bela, 8 fev. 1791, f. 23.

44 SERRA, Ricardo Franco de Almeida. "Memoria ou informação dada ao governo sobre a capitania de Mato-Grosso, por Ricardo Franco de Almeida Serra, tenente coronel engenheiro, em 31 de janeiro de 1800". *RIHGB*, Rio de Janeiro, v. 2, 1840, p. 40.

45 ANA, SH, v. 184, n. 2, f. 10-12. Lazaro de Ribera ao *Cabildo, Justicia y Regimiento* de Assunção, Forte Borbón, 30 set. 1801.

Figura 15: SERRA, Ricardo Franco de Almeida.
"Planta do novo forte de Coimbra" [1797]

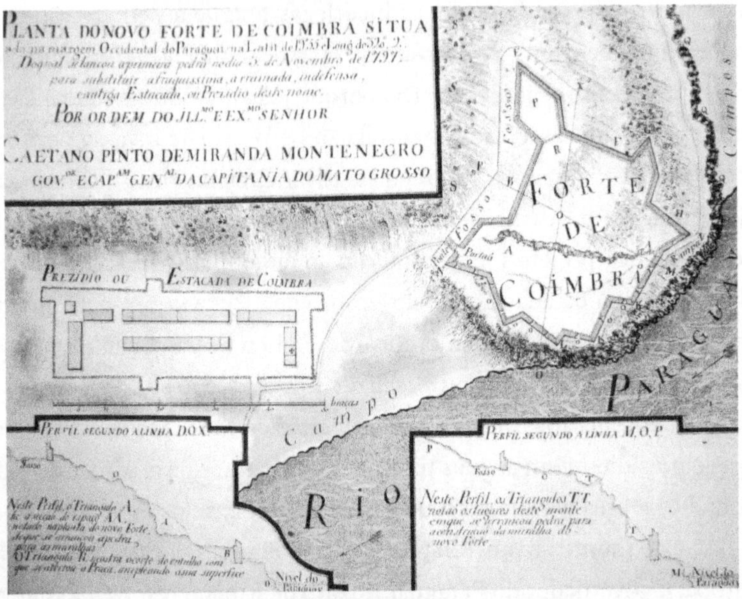

Fonte: Mapoteca do Itamaraty. In: ADONIAS, Isa. *Mapa*: imagens da formação territorial brasileira. Rio de Janeiro: Odebrecht, 1993, p. 361.

As vistas de perfil mostram a inclinação do terreno onde o forte seria construído, aliás, com uma arquitetura heterodoxa, evidenciando a capacidade de adaptação de soluções por parte do engenheiro militar Ricardo Franco de Almeida Serra.

Quanto ao forte Miranda, sua instalação em 1797 esteve decisivamente ligada à competição entre espanhóis e portugueses pela posse do vale do rio Mbotetei e pela atração dos índios Guaykuru que possuíam assentamentos naqueles terrenos. Como já referido, em 1796 e em 1797, José de Espinola comandou expedições punitivas contra os Guaykuru, visando recolher cavalos e gado que subtraíram aos espanhóis. Como os índios se dispersassem ao norte do rio Mbotetei, os espanhóis perseguiram-nos nessas terras reivindicadas pelos portugueses.[46] Havia, no entanto, a suspeita de que se tratara de um pretexto para instalar um forte onde existira a cidade espanhola de Santiago de Xerez. Esse projeto foi denunciado ao governador de Mato Grosso por um desertor espanhol de Villa Real de la Concepción, Antonio Casemiro Vianna, supostamente graduado em Teologia na Universidade de Córdoba. Vianna teria perpetrado um homicídio em Villa Real, fora preso, porém seu pai, "à força de pesos fortes comprou tudo, e conseguiu a sua evasão para o Presídio de Coimbra".[47] Em Vila Bela, ele assinou um testemunho – "Notícias de trez Expediçoes feitas pelos Espanhoes da Provincia d'Assumpção do Paraguai contra os Indios Uaicurûz" – em

---

46 AGI, Buenos Aires, 89. "Memorial de José de Espinola y Pena", Assunção, 16 set. 1800: Lazaro de Ribera a José de Espinola, 8 jun. 1797, f. 60v-61v.

47 AHU, MT, cx. 33, d. 1759. Caetano Pinto de Miranda Montenegro a Rodrigo de Souza Coutinho, Vila Bela, 21 ago. 1797.

que dava conta de que, em 17 de março de 1797, o coronel José de Espinola partira com 700 homens de armas auxiliados por mais 50 índios, sendo 25 Guaná, moradores das cabeceiras do Ipané, e 25 Guaykuru, moradores do rio Verde, e ainda 50 pardos do *pueblo* de Emboscada. A expedição teria avançado 20 léguas ao norte do rio Mbotetei.[48]

Pela confiança que tinha entre os índios, Francisco Rodrigues do Prado foi então destacado no mesmo ano de 1797 para fundar o forte Miranda.[49] Contou, para tanto, com a ajuda dos índios Guaykuru aliados, que permitiram que seus cativos trabalhassem em algumas das obras.[50] Em carta de 11 de setembro de 1802, Rodrigues do Prado considerava a estacada suficiente para o local e a ocasião: "ficando assim a muralha com nove palmos de grosso e vinte de alto, e o fouço com vinte e quatro de largo; fortaleza bastante contra os inimigos, que não poderão trazer por caminhos trabalhosos artilharia de mayor calibre".[51] Por essa época, cerca de 800 índios, entre Guaykuru e Guaná, estavam aldeados em Miranda.[52]

Como sublinhou um arquiteto, na contenda entre espanhóis e portugueses pelos territórios centrais da América do Sul, jamais houve uma fortificação ao estilo moderno do lado espanhol, cujos recursos só bastaram para construir estacadas, a exemplo de Borbón (1792), ao passo que os portugueses não apenas estabeleceram, com o Forte Príncipe, uma obra atenta aos ditames de Vauban, como também reconstruíram em material mais resistente o forte Coimbra.[53]

A construção do forte Borbón e de outros ao norte do Paraguai atendia ao disposto pela Real Ordem de 11 de julho de 1791, que recomendou uma política fundacional capaz de, a um tempo, segurar a expansão portuguesa e permitir a abertura do caminho entre as províncias do

---

48 AHU, MT, cx. 33, d. 1759. "Notícias de trez Expediçoes feitas pelos Espanhoes da Provincia d'Assumpção do Paraguai contra os Indios Uaicurûz, dadas estas noticias por D. Antonio Casemiro Vianna, natural da mesma Provincia", Vila Bela, 17 ago. 1797.

49 Ricardo Franco de Almeida Serra a Caetano Pinto de Miranda Montenegro, 30 set. 1797. In: MELLO, *História do forte de Coimbra, op. cit.*, v. 2, p. 372.

50 AHU, MT, cx. 35, d. 1803. Francisco Rodrigues do Prado a Caetano Pinto de Miranda Montenegro, Miranda, 29 abr. 1798.

51 Francisco Rodrigues do Prado a [Ricardo Franco de Almeida Serra], Miranda, 11 set. 1802. In: MELLO, *História do forte de Coimbra, op. cit.*, v. 2, p. 377.

52 AHU, MT, cx. 38, d. 1898. Ricardo Franco de Almeida Serra a Caetano Pinto de Miranda Montenegro, Coimbra, 14 fev. 1800. f. 1; SERRA, Ricardo Franco de Almeida. "Parecer sobre o aldeamento dos índios Uaicurús e Guanás, com a descrição dos seus usos, religião, estabilidade e costumes", 2 fev. 1803. *RIHGB*, Rio de Janeiro, v. 7, 1845, p. 205, 211.

53 GUTIÉRREZ, *Evolución urbanística y arquitectónica del Paraguay, op. cit.*, p. 22, 29-30. As qualidades do Forte Príncipe como obra arquitetônica também são assinaladas por Beatriz Bueno: "Do ponto de vista das suas características arquitetônicas, o Forte do Príncipe da Beira é paradigmático pelo seu apuro estético e qualidade técnica – um dos melhores exemplos da articulação perfeita dos seus itens da Arquitetura teorizados por Vitrúvio: Ordem, Disposição, Simetria, Eurritmia, Decoro e Distribuição" (BUENO, Beatriz Piccolotto Siqueira. *Desenho e desígnio*: o Brasil dos engenheiros militares (1500-1822). Tese (doutorado em Arquitetura e Urbanismo) – Programa de Pós-Graduação em Arquitetura e Urbanismo da Universidade de São Paulo, São Paulo, 2003 (versão revisada), p. 400).

Paraguai e Chiquitos, tal como propusera Azara em carta de 13 de outubro de 1790.[54] "Mientras no se tomen las medidas necesarias para transigir este punto con la Corte de Lisboa", enfatizava a Real Ordem a respeito do desalojo dos fortes portugueses de Príncipe da Beira, Casalvasco, Coimbra e Albuquerque, "conviene que V.E. haga construir a moderada distancia de los mismos establecim.tos varias guardias o puestos de tropa". Efetivamente essa política foi aplicada com os fortes Borbón, Apa e San Carlos.[55]

Em informe enviado em 1793 ao vice-rei Arredondo sobre o novo forte Borbón, o governador do Paraguai expressava que a preocupação central era antes a atração dos caciques do entorno, evitando sua passagem para o lado português. O forte era uma estacada com três baluartes, sendo dois deles de pedra e um de terra: "todo ello se ha construido con las suficientes comodidades, seguridades, y combeniencias posibles".[56] Entretanto, a precária regularidade de Borbón foi censurada pelo engenheiro Júlio Ramón de César, para quem o forte era "de palos a pique, como iguam.te su cerco o estacada, cubierta de paja, abrigo de muchísimas ratas, q.' suben p.r el techo, el q.' toca el mismo piso; idea despreciable del primer comandante, q.' fue a esa expedición, sin el mas mínimo conocim.to de semejantes obras".[57] No mesmo informe ao vice-rei, porém, o governador Alós certificava que dera prosseguimento à política indigenista recomendada pelo soberano, tema em que "se ha trabajado demasiado como es en firmar la Paz, con aquellos ynfieles y tenerlos gratos para todo [...] procurar congratularlos para que de esta suerte no nos infieran daño, y se faciliten por su meio los demás objetos a que aspiramos".[58]

---

54 AHN, Estado, 4611, n. 6. Félix de Azara ao vice-rei Nicolás de Arredondo, Assunção, 13 out. 1790, com o projeto de abertura da rota entre o Paraguai e Chiquitos e instalação de uma nova guarda ao norte da vila de Concepción.

55 AHN, Estado, 4443, carpeta 4, n. 11. Real Ordem ao vice-rei de Buenos Aires, para que instalasse nova guarda ao norte de Concepción, Aranjuez, 11 jun. 1791, "leida a S. Mag.e y aprob.da" com despacho de 7 jun. 1791.

56 AHN, Estado, 4548. Joaquín de Alós ao vice-rei Nicolás de Arredondo, sobre a construção do forte Borbón, Assunção, 19 jan. 1793.

57 RAH, CML, t. 60, f. 1-228. "Descripción de la provincia del Paraguay, sus producciones naturales, con observaciones sobre la agricultura, costumbres, y carácter de sus habitantes por Don Julio Ramón de César", 1790, f. 70v. Júlio Ramón de César chegara ao Paraguai com a comitiva da demarcação de limites comandada por Félix de Azara. Engenheiro, foi responsável por várias obras urbanísticas em Assunção.

58 AHN, Estado, 4548. Joaquín de Alós ao vice-rei Nicolás de Arredondo, sobre a construção do forte Borbón, Assunção, 19 jan. 1793.

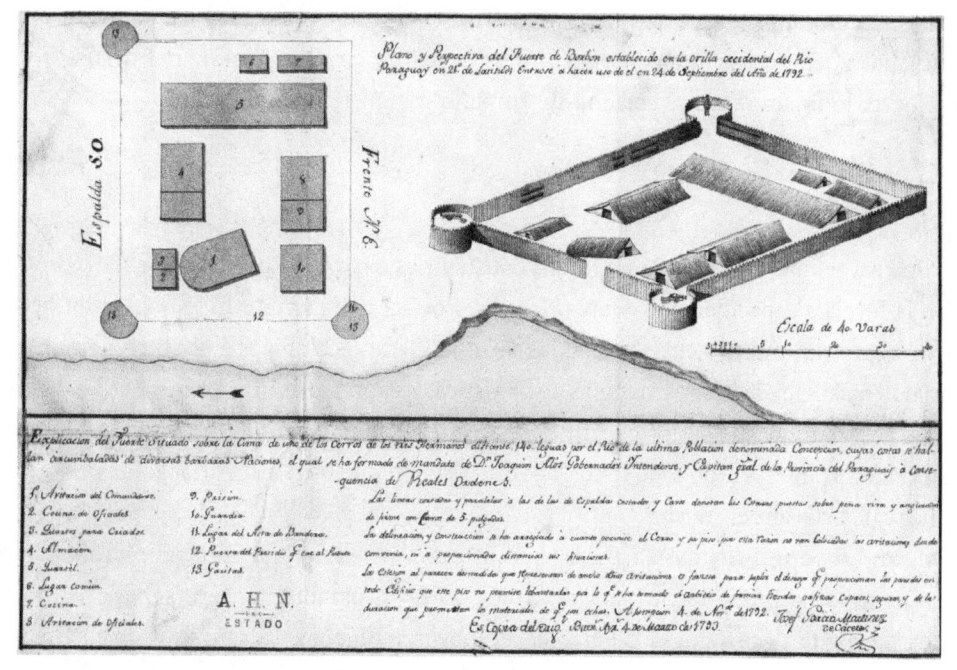

Figura 16: "Plan y perspectiva del fuerte de Borbón" [1792]

Fonte: AHN, Estado, MPD, Mapa 438, Signatura 127-128.

Observa-se que a estacada possuía diversas choças internas: moradia do comandante, quartos dos oficiais, quartel, quarto de criados, armazém, cozinha dos oficiais, cozinha dos soldados e prisão.

O que o engenheiro Júlio Ramón de César desconhecia era que a irregularidade dos materiais com que foi construído o forte Borbón não se tratava de uma questão de estilo urbanístico, mas de estratégia de expansão. A ordem do vice-rei Nicolás de Arredondo para que a guarnição não tivesse a proporção de um estabelecimento permanente, nem fosse acompanhada de estâncias de colonos, embora prejudicasse o abastecimento das tropas, era condizente com a estratégia que visava a afirmação simbólica da posse sem dar pretexto a que os portugueses não desalojassem seus fortes de Coimbra e Albuquerque: "para evitar disputas y principalmente p.r que no tomen pretexto para dilatar la evacuación ofrecida de su establecim.to de Albuquerque [...] he manado suspender d.has estancias" nas cercanias do forte. Ao mesmo tempo, era a resposta possível ante a ameaça, que se podia concretar, de que a demarcação favorecesse os rivais e tudo tivesse que ser abandonado posteriormente. O governador Alós acompanhou pessoalmente a construção do forte e seguiu as recomendações de Arredondo.[59]

Quando se tratou de reedificar o forte San Carlos do rio Apa, estacada construída em 1794, foi recomendado o uso de pedras, mas se não as houvesse nas proximidades, dever-se-ia

---

59 AHN, Estado, 4443, carpeta 4, n. 15. Nicolás de Arredondo ao Conde de Aranda, Buenos Aires, 9 ago. 1792, f. 4v.

construí-lo com estacadas duplas a que chamam "troceria".[60] De qualquer modo, a política indigenista era a principal preocupação nas "Instruções" do governador Ribera para o novo forte: "Asi como los Portugueses inducen à los Yndios Barbaros para que hostilizen nuestra Frontera, pueden hacer lo mismo y quisá con mayor empeño".[61]

* * *

A pouca regularidade com que foram construídos os fortes Coimbra, Borbón, San Carlos e Miranda revela a capacidade de adaptação e improvisação de ambos os impérios ibéricos em competição por um mesmo território, cujas peculiaridades ecológicas e políticas demandavam uma maior plasticidade nas estratégias urbanísticas empregadas. De outro lado, evidencia a nova função assumida pelos fortes militares fronteiriços na segunda metade do Setecentos, a de atuar como interventores políticos dos impérios na disputa pela atração das populações indígenas que estavam entre eles.

Mesmo o Forte Príncipe da Beira, que primava por sua regularidade e simbolismo de marco soberano da posse territorial, não fugia ao novo paradigma: terá servido como base avançada da política portuguesa de atração de povos indígenas e drenagem de recursos das missões espanholas e áreas adjacentes. Seu amplo espaço interno e proximidades cercadas de moradores, índios e não índios, revelavam que a função de vigilância incidia, antes de tudo, internamente, não ficando desatado o controle das terras da "civilização" dos povos.

---

60 ANA, SH, v. 192, n. 1, f. 80-84v. Instrução para reedificação do forte San Carlos do rio Apa, Lazaro de Ribera, Pueblo de los Altos, 25 mar. 1803, f. 81. Somente a partir de 1809 os inventários dão conta de que o forte passara por uma reforma e contava com muros de cal e pedra; ver: PUSINERI SCALA, Carlos Alberto. *El Fuerte de San Carlos del Apa*. Assunção: Imprenta Nacional, 1995, p. 50 *et seq.*

61 ANA, SH, v. 192, n. 1, f. 80-84v. Instrução para reedificação do forte San Carlos do rio Apa, Lazaro de Ribera, Pueblo de los Altos, 25 mar. 1803, f. 82.

Capítulo 4
Povoação e segregação

Não terá sido de pouca importância na aplicação, sobre os grupos indígenas fronteiriços dos impérios ibéricos, desse novo tipo de poder civilizador que emerge na segunda metade do Setecentos, a diferença entre o modelo espanhol de gestão urbana, baseado na separação espacial entre vila de espanhóis e *pueblos* de índios, e o modelo português, fundamentado na coabitação e no estímulo à mestiçagem, dessemelhança de modelos que se manifestou nas regiões centrais da América do Sul com a peculiaridade de que ambos incidiram sobre os mesmos povos.

"Para viverem juntos em povoações bem estabelecidas"

Poucos planos de povoações explicitavam tão claramente o programa civilizatório dos portugueses quanto a "Planta da Nova Povoação de Cazal Vasco" (1786), desenhada pelo engenheiro militar Joaquim José Ferreira, que trabalhou em sua construção (vide **Figura 17**).[1] A preocupação com a produção agrícola é flagrante, através da reserva de vários lotes para hortas e pomares, ademais de um interessante passeio público arborizado. Como incentivo à manufatura, olaria e fábrica de tecidos de algodão, na expectativa de aproveitar a experiência e a técnica dos índios atraídos dos domínios espanhóis. Um curral para bestas e gado revela a posição estratégica da povoação no circuito de contrabando com as missões de Chiquitos, por onde entravam comerciantes de Santa Cruz de la Sierra a conduzir mulas e outros itens, que permutavam com os portugueses por ouro lavrado, tecidos e louça da Índia.[2] Por fim, essa povoação também se destacava por reservar

---

[1] IANTT, MR, Decretamentos de Serviços, maço 156, n. 54. Certidão de Luiz de Albuquerque de Melo Pereira e Cáceres, Vila Bela, 19 nov. 1789.

[2] *AVB*, p. 247, sobre os artigos. Recém em 1781, apareceram em Vila Bela 1.200 bestas muares, conduzidas por comerciantes de Tucumán e Santa Cruz pelo caminho do Jaurú, comércio que encontrou em Casalvasco um estímulo adicional, como referem: AHU, MT, cx. 24, d. 1453. Luiz de Albuquerque a Martinho de Melo e Castro,

duas quadras de casas para alojar os índios desertores das missões espanholas, de modo a não somente dividir o espaço da vila com os portugueses, mas residirem em posição privilegiada (e não em bairros afastados), diante da mesma praça que abrigava as instituições coloniais e o palácio do governador. Já por ordem de 18 de maio de 1785, índios que estavam no Forte Príncipe, desertores das missões de Mojos, foram enviados para Casalvasco e Vila Maria.³

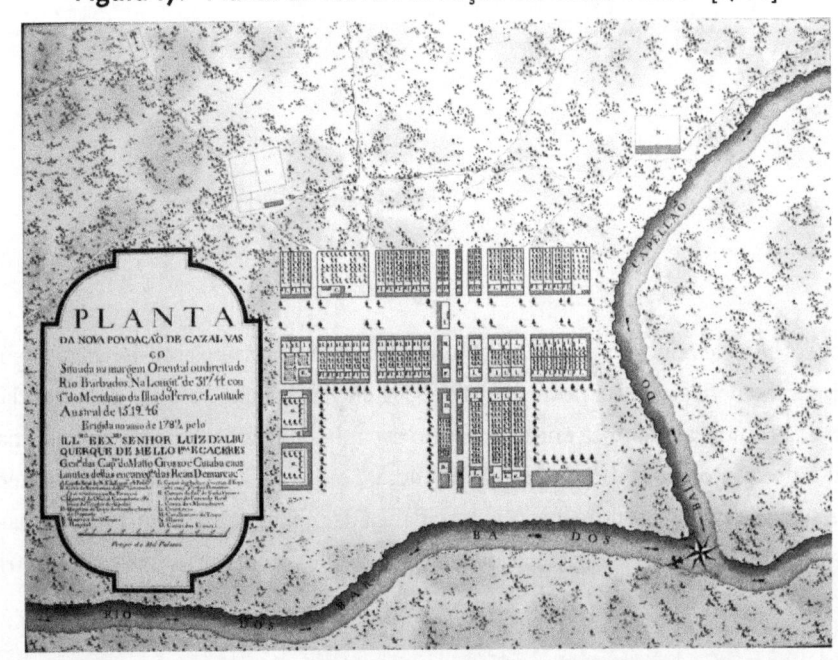

Figura 17: "Planta da Nova Povoação de Cazal Vasco" [1786]

Fonte: Casa da Ínsua, CI, A1. In: GARCIA, João Carlos (coord.). *A mais dilatada vista do mundo*: inventário da coleção cartográfica da Casa da Ínsua. Lisboa: Comissão Nacional para as Comemorações dos Descobrimentos Portugueses, 2002, p. 306.

O estímulo a que índios e não índios vivessem na mesma povoação era claro no texto do Diretório, que prescreveu que os diretores "darão todo o auxílio e favor possível [aos não índios] para a ereção de casas competentes às suas pessoas e famílias, e lhes distribuirão aquela porção

---

Vila Bela, 2 jan. 1785; e AHU, MT, cx. 26, d. 1536. "Reflexoens sobre o Governo e Administração da Capitania de Mato Grosso, que manifestão as concussoens roubos depredaçoens e violencias que cometem os Governadores daquele Estado em prejuízo da Real Fazenda, e em ruína dos Vassalos de Sua Magestade" [anônimo, c. 1788].

3   *AVB*, p. 251. Barbara Sommer relativiza, para o caso da Amazônia, a política de coabitação, pois na vila de Bragança, onde foram alojados imigrantes dos Açores, o bairro dos índios era separado do bairro dos açorianos; da mesma forma em Santarém, a missão foi ali instalada a oeste do forte e do setor da vila onde habitavam os não índios (SOMMER, Barbara Ann. *Negotiated Settlements*: Native Amazonians and Portuguese policy in Pará, Brazil, 1758-1798. Tese (Ph.D.) – University of New Mexico, Albuquerque, 2000, p. 108). No século XIX, os aldeamentos indígenas de Vila Maria, Albuquerque e Miranda foram separados dos estabelecimentos urbanos, como pôde comprovar, entre 1844 e 1845, o viajante francês Francis de Castelnau (CASTELNAU, Francis de. *Expédition dans les parties centrales de l'Amérique du Sud, de Rio de Janeiro a Lima, et de Lima au Para*. Paris: Chez P. Bertrand, 1850, t. 2, p. 384, 390, 460 *et passim*).

de terra que eles possam cultivar sem prejuízo do direito dos índios".[4] Na mesma direção, já o Alvará de 4 de abril de 1755 declarara que soldados que casassem com índias deveriam ter preferência nas concessões de terras e patentes, que seus filhos teriam direito a honras, e que os que os ofendessem seriam punidos.[5] Não é fácil, porém, encontrar as origens desse tipo de política colonial entre os portugueses, radicalmente diversa do sistema de "duas repúblicas" vigente do lado espanhol da fronteira e do que a legislação portuguesa anterior, o Regimento das Missões (1686), estabelecera em seus artigos 5 e 6.[6] Numa carta a Gomes Freire de Andrade, Sebastião José de Carvalho e Melo referia que a coabitação e a mestiçagem eram os meios de que

> se serviram os Romanos com os Sabinos e com as mais Nações, que depois, foram incluindo no seu Império: o que à sua imitação estabeleceo o Grande Affonso de Albuquerque na primitiva Índia Oriental; e o que os Ingleses estão actualmente praticando na América Septentrional com o sucesso de haverem ganhado 21 graos de costa sobre os Hespanhoes.[7]

---

4   "Diretório que se deve observar nas povoações dos índios do Pará e Maranhão enquanto Sua Majestade não mandar o contrário". Lisboa: Oficina de Miguel Rodrigues, 1758. In: MENDONÇA, Marcos Carneiro de. *Aula do commercio*. Rio de Janeiro: Xerox, 1982, §80. Igualmente o §88 trata da coabitação e da mestiçagem: "recomendo aos diretores que apliquem um incessante cuidado em facilitar, e promover pela sua parte os matrimônios entre os brancos, e os índios, para que por meio desse sagrado vínculo se acabe de extinguir totalmente aquela odiosa distinção, que as nações mais polidas do mundo abominam sempre, como inimigo comum do seu verdadeiro e fundamental estabelecimento". Sobre essa política no espaço amazônico, vide, dentre outros: DOMINGUES, Ângela. *Quando os índios eram vassalos*: colonização e relações de poder no Norte do Brasil na segunda metade do século XVIII. Lisboa: Comissão Nacional para as Comemorações dos Descobrimentos Portugueses, 2000, p. 82; SOMMER, Barbara Ann. Adquirindo e defendendo os privilégios concedidos pela Coroa no norte do Brasil. In: MONTEIRO, Rodrigo Bentes *et al.* (eds.). *Raízes do privilégio*: mobilidade social no mundo ibérico do Antigo Regime. Rio de Janeiro: Civilização Brasileira, 2011, p. 619-38.

5   Alvará de 4 abr. 1755. In: *Colecção da Legislação Portugueza desde a última compilação das ordenações, redigida pelo desembargador Antonio Delgado da Silva*: legislação de 1750 a 1762. Lisboa: Typografia Maigrense, 1830, v. 1, p. 367-68. Essa política, segundo Barbara Sommer, estimulou a que muitos índios buscassem casamentos mistos para escapar aos repartimentos (SOMMER, Adquirindo e defendendo os privilégios concedidos pela coroa no norte do Brasil, *op. cit.*, p. 629-36).

6   O Regimento das Missões de 21 de dezembro de 1686 afirmava que nas aldeias não poderiam morar senão índios, sob pena de açoites e degredo para Angola, e que aquele que fosse tirar índios às aldeias, deveria dispor das licenças necessárias, sob pena de prisão, multa e degredo para a mesma colônia da África (In: BEOZZO, José Oscar. *Leis e regimentos das missões*: política indigenista no Brasil. São Paulo: Loyola, 1983, p. 115).

7   Sebastião José de Carvalho e Melo a Gomes Freire de Andrade, Lisboa, 21 set. 1751. In: MENDONÇA, Marcos Carneiro de. *Rios Guaporé e Paraguai*: primeiras fronteiras definitivas do Brasil. Rio de Janeiro: Xerox, 1985, p. 53. Uma instrução de Francisco Xavier de Mendonça Furtado, já secretário de Estado, ao Conde da Cunha, datada do Palácio da Ajuda, 18 mar. 1761, refere que a política que seguira quando governador consistia em dispor, a respeito dos índios, "as mais positivas ordens para a sua civilização, o conhecimento do valor do dinheiro, o da lavoura; e ultimamente o da familiaridade com os europêos, não só aprendendo a língua portugueza, mas até o dos casamentos das índias com os portuguezes que eram meios todos os mais próprios para aquelles importantes fins, e para todos os juntos fazerem os interesses communs, e a felicidade do Estado" (*RIHGB*, Rio de Janeiro, v. 35, parte 1ª, 1872, p. 216).

Não parece algo irrelevante esse reconhecimento que fazia o futuro Marquês de Pombal de ter-se espelhado no modelo de administração colonial da Índia. De um lado, realmente, na conquista da Índia, como refere Luiz Felipe Thomaz, a política de casamentos mistos de Afonso de Albuquerque formou a categoria dos "casados", soldados portugueses que desposavam mulheres da terra, peça decisiva na delegação de poderes à elite local e na sustentação da rede comercial portuguesa naqueles mares.[8] De outro, ficava claro que Carvalho e Melo imaginava a política de "duas repúblicas", seguida pelos espanhóis em suas fundações urbanas, como um obstáculo à defesa contra potências rivais.

Nos domínios de Castela, a permanência de negros, mestiços e espanhóis nos *pueblos* de índios fora interditada pelo menos desde uma Real Cédula de 25 de novembro de 1578, cuja alegação era a de que os forasteiros, com "sus malas costumbres y ociosidad", prejudicariam a evangelização e despovoariam as cidades já fundadas. Outras leis de mesmo teor, como a de 21 de novembro de 1600, proibiam que forasteiros permanecessem mais de três dias nos *pueblos* de índios.[9] Parece fora de dúvida que tais disposições nasceram como resultado dos debates do século XVI em torno da proteção dos nativos frente aos abusos dos colonos, e do receio de que os casamentos mistos diminuíssem o número de índios tributários, já que os mestiços estavam isentos. Quanto às origens do sistema de "duas repúblicas", não resulta difícil encontrar antecedentes no processo de Reconquista, época em que os espanhóis estabeleciam tratados com os muçulmanos que, em troca de vassalagem e tributos, permaneciam com suas comunidades autônomas e seus costumes. Mesmo nas cidades centrais da América hispânica, espanhóis e *criollos* viviam separados dos índios, que eram segregados em *barrios* ou *collaciones*, à semelhança das *aljamas*, *alfamas* ou *juderías* dos judeus e das *morerías* ou *mourerías* dos muçulmanos, características da Baixa Idade Média.[10] Por outra parte, não tendo cessado, desde meados do século XVII, a fusão de índios e elementos mestiços, recrutados como *gañanes* e peões nas emergentes *haciendas* rurais, e nem sido seriamente corrigida a porosidade dos *pueblos* de índios, que em muitos casos se convertiam em vilas de mestiços, os funcionários ilustrados se viram

---

8 THOMAZ, Luís Felipe. *De Ceuta a Timor*. Lisboa: Difel, 1994, p. 250, 531. Apesar do eloquente exemplo retomado por Sebastião José de Carvalho e Melo, os "casados" da Índia não eram privilegiados, segundo compreende Charles Boxer, mas antes prejudicados, e seus filhos sofriam interdição em ordens militares e postos no oficialato militar. O Conde da Ega observou em 1759 "o desprezo com o qual os nativos deste são tratados pelos europeus que os chamam de negros, cães degenerados e outros nomes insultosos, por nenhuma outra razão senão a diferença de cor". Uma lei de 2 abr. 1761 procurou retirar as interdições à ascensão de mestiços e criminalizar o uso das expressões "negros, mestiços e outros termos ignominiosos", mas sua aplicação foi retardada na Índia até 1774 (BOXER, Charles. *Relações raciais no império colonial português*: 1415-1825. 2ª. ed. Porto: Afrontamento, 1988, p. 74-75).

9 MÖRNER, Magnus. *La Corona Española y los foráneos en los pueblos de indios de América*. Madri: Agencia Española de Cooperación Internacional/Ediciones de Cultura Hispánica, 1999, p. 114.

10 GIBSON, Charles. Conquest, Capitulation, and Indian Treaties. *American Historical Review*, n. 83, 1978, p. 3-6; SOLANO, Francisco de. *Ciudades hispanoamericanas y pueblos de indios*. Madri: Consejo Superior de Investigaciones Científicas, 1990, p. 358.

precipitados em um importante debate, em meados do século XVIII, sobre se seria mais proveitoso restabelecer o isolamento dos índios de todo o contato com os chamados *castas* ou levantar as barreiras legais e promover a que tomassem o exemplo das *gentes de razón*.[11] Entretanto, medidas reformistas em favor da difusão da língua espanhola, da integração comercial interna e da secularização das antigas missões das ordens regulares caminhavam em sentido contrário às leis separatistas. Em todo o caso, o que se nota é que a Coroa preferiu adotar medidas de alcance apenas regional, sem chegar a uma decisão unificada para todo o Império.[12] Por essa razão, em fins do século XVIII, a política de separação residencial em "duas repúblicas" foi aos poucos suprimida nas missões de índios Guarani, mas permaneceu influente em Mojos e Chiquitos.[13]

Entre os portugueses, a preocupação com os casamentos mistos aparecia insistentemente na correspondência dos governadores com os militares das fortificações e povoações. O governador de Mato Grosso, Antonio Rolim de Moura, já em 1756 defendia o sistema de coabitação e mestiçagem, entendendo que os "índios puros por si" não eram capazes de "fazer povoação", eram "gente sem dependencia, sem paixão, sem ambição, e sem discurso"; somente podiam ser úteis se misturados "com negros, ou com brancos", de cujos casamentos "saem já menos inúteis à República".[14] O mesmo governador se animou a mandar "estabelecer alguns moradores Rio abaixo com Bororós, q' he Gentio muyto valorozo, concedendo aos q' se rezolverem a isso a administração delles para sempre";[15] e elogiava a Companhia de Pedestres da capitania, formada sobretudo de mestiços, sendo a própria mestiçagem que, na sua visão, favorecia sua maior adaptação ao meio natural.[16]

---

11 MÖRNER, Magnus. ¿Separación o integración?: en torno al debate dieciochesco sobre los principios de la política indigenista en Hispano-América. *Journal de la Société des Américanistes*, Paris, t. 54, n. 1, 1965, p. 32-33.

12 A famosa Pragmática de 7 de abril de 1778, que visava evitar matrimônios desiguais em *Indias*, após alterações sugeridas por funcionários locais, garantia a liberdade de casamentos entre espanhóis, mestiços e índios, e interditava as uniões entre índios e negros ou mulatos, sob pena de "quedar su descendencia incapaz de obtener los ofícios honrosos de su república". Dispositivo ambíguo e de difícil aplicação, pretendia preservar os *pueblos de índios* sem se dar conta do efeito dissolvente da mestiçagem (KONETZKE, Richard (ed.). *Colección de documentos para la historia de la formación social de Hispanoamérica*, 1493-1810. Madri: Consejo Superior de Investigaciones Científicas, 1962, v. 3, t. 2, p. 477 (cit.); e discussão em: MÖRNER, *La Corona Española, op. cit.*, p. 302-306).

13 MÖRNER, *La Corona Española, op. cit.*, p. 284, 311-12, 326.

14 AHU, MT, cx. 9, d. 527. Antonio Rolim de Moura Tavares a Diogo de Mendonça Corte Real, Vila Bela, 14 jul. 1756, f. 2.

15 BNL, Pombalina, Cód. 629. Antonio Rolim de Moura a Francisco Xavier de Mendonça Furtado, Vila Bela, 26 jun. 1756, f. 124v.

16 Antonio Rolim de Moura ao rei, Vila Bela, 25 fev. 1757. In: PAIVA, Ana Mesquita Martins de *et al* (orgs.). *D. Antonio Rolim de Moura*: primeiro Conde de Azambuja: correspondências. Cuiabá: Editora UFMT, 1983, v. 3, p. 47. Cumpre reconhecer, porém, que o Diretório impactou diversamente, quanto a esse problema da gestão espacial, os aldeamentos indígenas do sertão e do litoral da colônia: no litoral, como refere um estudo para o caso do Rio de Janeiro, os índios que já possuíam aldeias resistiram à ameaça de expropriação gerada pela entrada de colonos portugueses (ALMEIDA, Maria Regina Celestino de. Política indigenista de Pombal: a proposta assimilacionista e a resistência indígena nas aldeias coloniais do Rio de Janeiro. In: *Congresso Internacional Espaço Atlântico de Antigo*

O estímulo aos casamentos interétnicos era uma verdadeira política de Estado, tanto assim que, já na época de Luiz Pinto de Souza, casamentos, nascimentos, idade, gênero e óbitos eram rigorosamente observados nos mapas estatísticos das povoações de fronteira, conforme o princípio da "aritmética política", expressão que aquele governador utilizava fazendo significar ideia muito próxima à estabelecida por Petty, isto é, a "arte de raciocinar com algarismos sobre as coisas relacionadas com o Governo".[17] Em informe enviado em 1771, tendo compulsado os censos dos últimos cinco anos, o governador chegou à conclusão de que "esta Colonia não pode naturalmente ter aumento, sem povoadores extraordinários". A "balança política" indicava o baixo crescimento populacional da capitania, atribuído a fatores diversos, como a falta de casamentos, a influência nociva do clima, a dificuldade dos partos e a baixa fecundidade das índias (por exemplo, das 81 índias casadas em Lamego, o governador entendia que somente 36 eram normalmente férteis).[18]

Daí a preocupação do poder central em enviar povoadores, fosse à base de propaganda ou de degredo, para aquelas fronteiras do Império. Gazetas impressas podiam, com vantagem, funcionar como instrumentos de propaganda para atrair colonos. As que existem a respeito da capitania de Mato Grosso ressaltavam a facilidade de acesso ao ouro, a utilidade dos produtos da floresta e, de resto, a fartura do continente: "a vastidaõ daquellas terras, grandeza dos rios, abundancia de frutos, gados, e varios animaes as constituem hum Paraizo na terra, não obstante o conterem algumas couzas perniciozas entre estas benignas".[19]

Do mesmo modo, o envio de soldados dragões e degredados era uma estratégia comum para consolidar as regiões de fronteira, pois eles eram estimulados a se casarem com as mulheres nativas.[20] Nesse sentido se pode compreender o privilégio concedido pela lei de 12 de maio

---

Regime: Poderes e Sociedades, Lisboa, 2005. Actas... Lisboa: [s.n.], 2005. Disponível em: <http://www.instituto-camoes.pt/>. Acesso em: 15 ago. 2008, p. 3, 8-9).

17 Sobre a noção de "aritmética política" de William Petty, retomada no âmbito da política pombalina do Diretório, vide a tese de: SANTOS, Antonio César de Almeida. *Para viverem juntos em povoações bem estabelecidas*: um estudo sobre a política urbanística pombalina. Tese (doutorado em História) – Universidade Federal do Paraná, Curitiba, 1999, p. 31-33 *et passim*. A citação é de Charles Davenant (*Discourses on the public revenues and on the trade of England*, 1698 apud ibidem, p. 29), um dos epígonos de Petty.

18 AHU, MT, cx. 15, d. 927. "Mapa Geral da Povoação da Capitania de Mato Grosso conformes dos Lugares e destritos da sua dependencia com a Aritmetica política da mesma Capitania calculada pelo termo medio de sinco annos compatativos. Autor: Luiz Pinto de Souza Coutinho, 1771", remetido em carta a Martinho de Melo e Castro, Vila Bela, 1 maio 1771.

19 BNL, Impressos, H.G. 4571/1A. *Relaçam curioza do sitio do Graõ Pará terras de Mato-Grosso*: bondade do clima, e fertilidade daquellas terras: escrita por hum curiozo experiente daquelle Paiz: primeira parte [Lisboa: s.n., 1754?], p. 4. Ver também: BNL, Reservados, 4081. *Relaçam e noticia da gente, que nesta segunda monção chegou ao sitio do Graõ Pará, e as terras de Matogrosso, caminhos que fizeraõ por aquellas terras, com outras muitas curiosas, e agradaveis de Rios, Fontes, fructos, que naquelle Paiz achàraõ*: copia tudo de huma carta, que a esta cidade mandou Isidoro de Couto: escripta por Caetano Paes da Silva. Lisboa: Bernardo António de Oliveira, 1754.

20 DOMINGUES, *Quando os índios eram vassalos*, op. cit., p. 104. Segundo Timothy Coates, os degredados eram vistos menos como "criminals already sentenced by the courts, simply awaiting departure" do que como "a mobile royal labor force, whose ultimate destination was yet to be actually determined". O mesmo autor sugere que

de 1798, segundo a qual estavam os governadores autorizados a darem baixa aos soldados pagos que se casassem com as índias, embora com a vigilância necessária "para que não abusem e illudam esta graça".[21] Ora, esses "soldados arregimentados" ou degredados não eram enviados para as capitanias centrais, mas para as fronteiras do Império. Tal era a recomendação da Carta Régia de 2 de março de 1801, que comutou as penas dos presos por delitos mais graves em degredo para Moçambique, Rios de Sena, Bissau, Caconda, Pedras Negras, Encoge e Angola, e para os delitos mais leves, Índia, Mato Grosso, Rio Negro, "povoações fundadas nas margens do Rio das Amazonas", Santa Catarina e Rio Grande de São Pedro.[22] Assim, por exemplo, por uma relação de soldados arregimentados, presos de levas e casais que se achavam no Presídio da Trafaria em junho de 1801, eram enviados ao Estado da Índia cinco soldados e 19 presos; para o Reino de Angola, dois soldados e quatro presos; Pará e Santa Catarina receberam, cada uma, nove presos, e a capitania de Mato Grosso cinco.[23] Imagem oficial, portanto, de uma fronteira a segurar e a povoar, fosse com degredados, povos de "índios bárbaros" ou mestiços.[24]

Diferença fundamental entre as duas colonizações essa insistência da política portuguesa para as fronteiras segundo a qual tanto quanto a atração de povoadores, era importante que eles vivessem juntos "em povoações bem estabelecidas".[25] Assim, Luiz de Albuquerque, ao informar o ministro de Estado, Martinho de Melo e Castro, que fundara a povoação de Vila Maria no Paraguai com 79 índios espanhóis vindos de Chiquitos, somados a 83 povoadores realocados da própria capitania, requisitava que do Rio de Janeiro ou do Pará passassem "famílias brancas", pelas "proveitosas utilidades" daquele estabelecimento.[26] De modo algum, no entanto, tal requisição se fazia em desabono dos índios espanhóis, tanto assim que o governador ordenara que suas casas fossem construídas primeiro que as dos brancos, sobre o que prestou contas

---

o número de degredados cresceu nas últimas décadas do século XVIII. Listas de prisioneiros confinados em Trafaria de 1795 a 1805 indicam que uns 300 degredados ao ano deixavam Portugal, a maior parte destinados a regiões fronteiriças de Angola, Maranhão, Pará e Cacheu (COATES, Timothy Joel. *Exiles and orphans*: forced and state-sponsored colonizers in the Portuguese Empire, 1550-1720. Tese (Ph.D.) – University of Minnesota, 1993, v. 1, p. 71).

21 "Carta Régia ao capitão-general do Pará acerca da emancipação e civilisação dos Indios", Queluz, 12 maio 1798. *RIHGB*, Rio de Janeiro, v. 20, 1857, p. 439-40.

22 AHU, CU, Reino, cx. 153, pasta 3. Carta Régia comutando as penas dos presos, Palácio de Queluz, 2 mar. 1801.

23 AHU, CU, Reino, cx. 146, pasta 1. "Rezumo dos soldados arregimentados, Prezos de Levas, e Cazaes, que se achão no Prezidio da Trafaria", 20 jun. 1801.

24 A pena de degredo para a Índia de certo António Rodrigues de Melo foi comutada em janeiro de 1801 para que, casando-se como ele afirmara que faria, pudesse com sua mulher habitar nas cachoeiras do rio Madeira (AMADO, Janaína. Viajantes involuntários: degredados portugueses para a Amazônia colonial. *História, Ciências, Saúde – Manguinhos*, v. 6 (suplemento), 2000, p. 823).

25 Como recomendado pela Carta Régia sobre os sítios volantes (AESP, Avisos e Cartas Régias, lata 62, n. 420, livro 169, f. 145. Carta Régia a Luiz Antonio de Souza Botelho Mourão, Palácio da Nossa Senhora da Ajuda, 22 jul. 1766).

26 AHU, MT, cx. 20, d. 1215. Luiz de Albuquerque a Martinho de Melo e Castro, 20 nov. 1778.

o comandante engenheiro Antonio Pinto do Rego Carvalho: "acabadas as casas para os índios castelhanos, hei de cuidar da feitura das outras para os aqui já moradores".[27] Mas como existissem já algumas choupanas de moradores dispersos pelo sertão, onde na verdade estavam enquanto as obras eram concluídas, o governador reforçou a proibição, em proveito da "regularidade", "de fazer mais algum benefício às várias cabanas existentes".[28]

A política do Diretório, baseada em coabitação e mestiçagem, era especialmente recomendada ainda em fins do século XVIII, quando a Coroa aprovou o projeto de Francisco de Souza Coutinho sobre uma povoação de índios, brancos e escravos no rio Madeira. Estabelecimento cuja função era, como afirma a Carta Régia de 12 de maio de 1798, suprir de víveres e auxílios as monções que ligavam Mato Grosso e Pará. "Esta aldêa", enfatizava o documento, "deverá formarse de homens brancos, indios e escravos; porq.to são bons lavradores, e só assim pode tal povoação ser util". Os "brancos" a que se refere a ordem real eram, na verdade, os mestiços que compunham as companhias de Pedestres, dos quais seriam destacados 60 ou 80 para viver nas cachoeiras e, com embarcações próprias, "no decurso do anno fazer com as mesmas os transportes naquelle espaço dificil".[29]

Para a consecução dessa "biopolítica",[30] era mister que padres e comandantes de fortificações e povoações não se furtassem a encorajar casamentos. Em Casalvasco, como houvesse na povoação três índias viúvas, Josefa, Manoela e Juliana, uma índia Maria, em idade de casar, e quatro índios também sem embaraço para fazê-lo, procurou o comandante Francisco Pedro de Melo ajustar os encontros, embora os diretamente interessados não manifestassem grandes afinidades entre si.[31] Em Vila Maria, o padre José Ponce Diniz, que estava na povoação desde 1779, afirmava ter casado quatro índias de Castela até 1784.[32] Quando principiava o estabelecimento de Coimbra em 1775, João José de Vasconcelos escreveu ao governador confirmando que os casamentos com índios Guaykuru eram um meio eficaz de reduzi-los à obediência.[33]

---

27 APMT, Governadoria, 1779. Antonio Pinto do Rego Carvalho a Luiz de Albuquerque, Vila Maria, 1 jan. 1779.

28 AHU, MT, cx. 21, d. 1254. Luiz de Albuquerque a Martinho de Melo e Castro, 25 dez. 1779.

29 APMT, Cód. C-39, f. 56-62. Carta do Príncipe ao governador Francisco de Souza Coutinho, Queluz, 12 maio 1798, f. 57v-58.

30 Como nota Michel Senellart, a respeito da periodização das transformações das tecnologias de poder estabelecida por Foucault, houve um deslizamento (embora não uma substituição) da *anátomo-política do corpo humano*, que apareceu em meados do século XVII, centrada no corpo-máquina, em seu adestramento disciplinar, aumento de aptidões, extorsão das forças etc., para a *biopolítica da população*, que emerge em meados do século XVIII, centrada na ideia de corpo-espécie, suporte de processos biológicos como proliferação, inoculação, nascimento, mortalidade etc. (SENELLART, Michel. Situation des cours. In: FOUCAULT, *Sécurité, territoire, population, op. cit.*, p. 393-95). A respeito dessa noção de biopoder, "poder sobre a vida", vide: FOUCAULT, *Sécurité, territoire, population, op. cit.*, p. 76 et seq.

31 APMT, Defesa, 1795. Francisco Pedro de Melo a João de Albuquerque, Casalvasco, 12 jan. 1795.

32 APMT, Governadoria, 1784, 54. José Ponce Diniz a Luiz de Albuquerque, Vila Maria, 12 set. 1784.

33 APMT, Defesa, 1775. João José de Vasconcelos a Luiz de Albuquerque, Coimbra, 15 set. 1775.

Já sob a Carta Régia de 12 de maio de 1798, que aboliu o Diretório mas manteve o sistema de coabitação e mestiçagem,[34] o governador Caetano Pinto de Miranda Montenegro ordenava "o casamento de alguns soldados dragões e pedestres com índias, de uma e outra nação [Guaykuru e Guaná], e de índios com algumas povoadeiras de Albuquerque"; para o governador, o ideal era não fazer "as novas populações só de índios, porém uma boa parte seria composta de famílias pobres, laboriosas, e bem morigeradas, as quais transmitiriam os seus costumes aos índios, vindo todos com o andar do tempo, a ficar confundidos".[35] Sobre esse padrão de casamentos mistos nas fortificações, convém salientar que os atrasos no pagamento dos soldos e a irregularidade no abastecimento eram poderosos condicionantes da mestiçagem. Os soldados, para sobreviver, acabavam se casando com índias com quem compartiam a comida que, se fosse obtida através do fornecimento estatal, drenaria praticamente todo o soldo.[36] O comandante de Coimbra, Ricardo Franco de Almeida Serra, reconheceu, no entanto, que a aplicação dessa política de mestiçagem era mais difícil do que se pensava, devido aos costumes dos Guaykuru. De um lado, como se tratasse de uma sociedade equestre que cultivava a distinção social,[37] "sendo a redicula persuasão de cada um d'estes capitãs, a sua gerarchia a emparelham com o mesmo throno",[38] era comum que as mulheres do estrato dos caciques não vissem qualidades suficientes nos portugueses para desposarem-nos, como a cacica D. Catharina que, quando se separou do marido, recebeu oferta de casamento de vários oficiais portugueses, mas "todos fomos excluídos por muito inferiores á qualidade d'aquella dona".[39] Por outro lado, as índias praticavam o aborto frequentemente, segundo o mesmo comandante, para evitar nascimentos que não seriam reconhecidos pelos pais. A fim de reparar essa perda, os Guaykuru incorporavam crianças cativas de outros grupos, mas para capturá-las ficavam ausentes por longos períodos.[40] Ricardo

---

34 Visto que a rainha achou por bem "conceder a todos os brancos que casarem com indias a prerogativa de ficarem isentos de todos os serviços públicos os seus parentes mais próximos por um numero de annos, proporcionado aos que julgardes bastantes, para formarem os seus estabelecimentos; e se os brancos que quizerem casar com indias, forem soldados pagos, autoriso-vos a dar-lhes baixa" ("Carta Régia ao capitão-general do Pará acerca da emancipação e civilisação dos Indios", Queluz, 12 maio 1798. *RIHGB*, Rio de Janeiro, v. 20, 1857, p. 439-40).

35 Caetano Pinto de Miranda Montenegro a Ricardo Franco de Almeida Serra, 19 set. 1799. In: MENDONÇA, *Rios Guaporé e Paraguai*, op. cit., p. 240; e do mesmo ao mesmo, 5 abr. 1803. *RIHGB*, Rio de Janeiro, v. 7, 1845, p. 215-16.

36 Exemplos para várias fronteiras do Império espanhol: MARCHENA FERNÁNDEZ, Juan; GÓMEZ PÉREZ, María del Carmen. *La vida de guarnición en las ciudades americanas de la Ilustración*. Madri: Ministerio de Defensa/Secretaría General Técnica, 1992, p. 321; e especificamente para o caso do Chile: CERDA-HEGERL, Patrícia. *Fronteras del Sur*: la región del rio Bío-Bío y la Araucanía chilena (1604-1883). Temuco, Chile: Universidad de la Frontera, 1996, p. 28.

37 A esse respeito, cf. o relato do missionário: SÁNCHEZ LABRADOR, José. *El Paraguay Católico* [1780]. Buenos Aires: Imprenta de Coni Hermanos, 1910, v. 2, p. 52.

38 SERRA, Ricardo Franco de Almeida. "Continuação do parecer sobre os índios Uaicuru's, Guana's etc.", Coimbra, 2 fev. 1803. *RIHGB*, Rio de Janeiro, v. 13, 1850, p. 350.

39 *Ibidem*.

40 *Ibidem*, p. 357-58, 372.

Franco de Almeida Serra constatava, porém, que entre as índias que possuíam companheiros portugueses, a tendência a adquirir costumes ocidentais era mais pronunciada.[41] Ele mesmo esposara uma índia batizada Mariana Guaná, com quem tivera dois filhos, mas só revelou isso antes de morrer, quando lhes deixou alguns recursos.[42]

Comunidade e "liberdade"

Entre os espanhóis, a manutenção da segregação espacial entre índios e não índios prevaleceu nas fronteiras das três províncias que confinavam com a capitania de Mato Grosso. Com a expulsão dos jesuítas, a administração das missões de Mojos e Chiquitos foi paulatinamente secularizada. A Real Cédula de 15 de setembro de 1772 instituiu os governos militares e ordenou que fossem instaladas povoações de espanhóis na fronteira com os portugueses, mas não retirou o poder secular dos curas, nem acabou com a separação entre *pueblos* de índios e vilas de espanhóis.[43] Como em nada avançasse a ordem para a construção de povoações de espanhóis no Guaporé, a Real Cédula de 5 de agosto de 1777 reforçou a determinação, frisando novamente que "han de verificar en terrenos del todo separados de los pertenecientes à los pueblos de misiones à fin de que pueda promoverse la agricultura, y no se prive a los yndios de los que ahora cultivan, o disfrutan con sus ganados, y tambíen por evitar quejas reciprocas, y mal trato".[44]

O avanço da secularização das missões não foi acompanhado pela expansão de povoadores espanhóis na fronteira com o Império português. Em 14 de setembro de 1789, "Instrução Superior" da Audiência de Charcas aprovou o plano do governador Lazaro de Ribera, que retirava o poder secular dos padres e instituía comissionados militares no controle da produção das missões. Devido à presença de comerciantes de Santa Cruz de la Sierra em Mojos e Chiquitos, onde compravam as produções dos índios a baixos preços para vender nas terras de Portugal ou no Peru,[45] a proibição de não índios nos *pueblos* foi reforçada pela mesma "Instrução": "Que no

---

41 *Ibidem*, p. 364.

42 FREYRE, Gilberto. *Contribuição para uma sociologia da biografia*: o exemplo de Luiz de Albuquerque, governador de Mato Grosso no fim do século XVIII. Cuiabá: Editora UFMT, 1978, p. 182-84.

43 AGI, Charcas, 515. Real Cédula contendo os regulamentos temporais para as missões de Mojos e Chiquitos, Santo Ildefonso, 15 set. 1772.

44 AGI, Charcas, 515. Real Cédula nomeando a Ignacio de Flores governador militar da província de Mojos, Santo Ildefonso, 5 ago. 1777.

45 Em seu "Plano de gobierno", o governador de Mojos criticava duramente a administração dos curas, acusando-os de contrabandear o produto das missões, dentre outros abusos: AGI, Charcas, 623. Longo informe de Lazaro de Ribera, governador da província de Mojos, ao rei de Espanha, sobre a situação dos *pueblos* de índios, San Pedro, 22 fev. 1788. Sobre o contrabando entre Mato Grosso e as missões espanholas, ver o capítulo 13 deste livro e: BASTOS, Uacury Ribeiro de Assis. Os jesuítas e seus sucessores (Moxos e Chiquitos – 1767-1830). *Revista de História*, São Paulo, ano 24, v. 47, n. 95, 1973, p. 131-52; e DAVIDSON, David. *Rivers & empire*: the Madeira rout and the incorporation of the Brazilian Far West, 1737-1808. 1970. Dissertação (Ph.D.) – Yale University, 1970, p. 38-44, 193-99 *et passim*.

concientan españoles, ni otras gentes forasteras en los pueblos, y menos el que comercien con los Yndios".[46]

Entretanto, em maio de 1791, teve o governador de Mato Grosso notícia de que os índios da missão de Santiago de Chiquitos foram transferidos e aquelas terras concedidas a moradores espanhóis, tendo sido "dados a cada cazal sincoenta bois e sincoenta vacas, além de ferramentas, e mais socorros necessários para o melhor estabelecimento dos ditos novos Povoadores: e os Indios que habitavam a referida missão foram repartidos por todas as mais da Provincia". Essa novidade não se podia deixar de temer, segundo João de Albuquerque referiu ao ministro Martinho de Melo e Castro, tanto mais porque os espanhóis não somente poderiam intentar abrir a rota de Chiquitos ao Paraguai, como também se valer dela para expulsar os portugueses de Coimbra, Albuquerque e mesmo Cuiabá.[47] Não se tratava, contudo, de uma povoação regular. Era antes um destacamento defensivo, como outros que os governadores de Chiquitos costumavam enviar para as proximidades das missões mais expostas. Assim, como se soube por dois desertores de Santa Cruz de la Sierra em 1797, a guarda de Santiago não alcançava cem homens, mas um novo destacamento havia sido instalado em San Miguel, e se adiantado três léguas em direção aos domínios portugueses. Essa guarda de San Miguel, localizada em uma paragem chamada Peruby ou Angical, era um arquartelamento "de cazas barreadas, cobertas de capim, com quatro divizões; hua, para o comandante; outra, para munições de guerra e boca, de que até agora tem estado mal providos; a terceira, para 40 até 50 soldados; e a quarta, para os Portuguezes, quando ali forem".[48] Sem chegar a constituir as povoações que a Coroa cobrara na Real Cédula de 15 de setembro de 1772, essas guarnições tinham o objetivo de supervisionar a produção das missões, controlar a passagem de portugueses pelos territórios de Mojos e Chiquitos e evitar o contrabando.[49] Tudo leva a crer que aí permaneceram vigentes algumas das pautas mais tradicionais da política espanhola para as fronteiras: o cordão defensivo formado por missões e a separação espacial entre elas e as vilas de espanhóis.

No Paraguai, a insatisfação da elite local com o confinamento da província a uma estreita faixa de terra ao redor de Assunção era motivo para que, em carta ao rei datada de julho de 1766, o governador Fulgencio de Yegros y Ledesma reclamasse providências e auxílios para instalar povoações de espanhóis na fronteira. Na opinião desse governador, o missionário jesuíta de Belén "y sus compañeros quedaron en la misma población con indios Tapes o Guaraníes transmigrados, en posesión de inmenso territorio de grande interés y conveniencia, [...] quienes

---

46 AGI, Charcas, 445. Instrução Superior da Audiência de La Plata, 14 set. 1789.

47 AHU, MT, cx. 28, d. 1604. João de Albuquerque a Martinho de Melo e Castro, Vila Bela, 6 maio 1791.

48 AHU, MT, cx. 34, d. 1766. Caetano Pinto de Miranda Montenegro a Rodrigo de Sousa Coutinho, Vila Bela, 8 dez. 1797.

49 Guarnições semelhantes foram instaladas em alguns pontos das missões de Mojos pelo governador Lazaro de Ribera, como parte de sua política de conter o contrabando fronteiriço (AHU, MT, cx. 26, d. 1511. Francisco Rodrigues do Prado a Luiz de Albuquerque, Forte Príncipe, 1 jan. 1787; AGI, Charcas, 623. Ribera ao Rei, San Pedro, 17 set. 1787).

tendrán comunicación con los pueblos de dichos Chiquitos y Santa Cruz de la Sierra". Com o que acabavam "faltando tierras para acomodarse los vecinos pobres vasallos de Su Majestad, estando ya apeñuscados, sin poderse mantener por más tiempo en tanto estrecho". Solicitava, concretamente, a limitação das terras dos *pueblos* de índios "quedando libre y realenga toda la demás, repartible a los españoles".[50] A partir daí, a expansão dos colonos espanhóis terá dependido, como sugere Ignacio Telesca, da ocupação dos vastos terrenos antes assinalados às missões jesuíticas ao sul do rio Tebicuary e das terras indígenas ao norte de Belén. A instalação de Villa Real de la Concepción em 1773 marcava uma nova fase na expansão colonial, acompanhada da expulsão dos índios de suas terras e do seu confinamento em *pueblos*.[51]

A diversidade institucional que seguiu caracterizando o cordão de missões confinantes com domínios portugueses em Mojos, Chiquitos e Paraguai decorria, em boa parte, da hesitação da Coroa em tomar uma decisão unificada e preferir, tanto quanto possível, acolher os programas elaborados por funcionários que acompanhavam de perto a situação de cada província. Atitude que, por certo, não dissipou a confusão e os atritos entre jurisdições. É assim que, expulsos os jesuítas em 1767, o governador de Buenos Aires, Francisco de Paula Bucareli y Ursua (1766-1770), definiu um novo modelo de gestão das antigas missões de índios Guarani: administradores laicos por ele nomeados assumiram a gestão temporal dos *pueblos*; famílias espanholas foram incentivadas a residir nas terras de missões; e índios autorizados a buscarem emprego eventual em fazendas e vilas próximas.[52] "Se pretendía una abertura de los pueblos misioneros", sintetiza uma estudiosa, "de donde la pretensión de que algunos 'españoles' viviesen en el pueblo – con derecho a la tierra –, a fin de 'beneficiar' al indígena mediante el principio de una convivencia".[53] A população Guarani que vivia nos *pueblos* diminuiu em 50%, entre 1767 e 1800, devido a epidemias ou fugas que tinham por destino as vilas e *haciendas*, onde índios eram admitidos como assalariados ocasionais (uma modalidade conhecida como

---

50 AGI, Buenos Aires, 179. Governador do Paraguai, Fulgencio de Yegros y Ledesma, ao rei, Assunção, 31 jul. 1766.

51 TELESCA, Ignacio. *Tras los expulsos*: cambios demográficos y territoriales en el Paraguay después de la expulsión de los jesuitas. Assunção: Centro de Estudios Antropológicos de la Universidad Nuestra Señora de la Asunción/Litocolor, 2009, p. 224-32.

52 A política de assimilação incluía a difusão da língua espanhola, sustentáculo da "veneración y obediencia debida al soberano" (p. 201), e mesmo a promoção da mestiçagem pois, como habilmente lembrava Bucareli, as *Leyes de Indias* (lei 2, título 1, livro 6) não interditavam "la libertad que los indios deben tener en los casamientos con españoles" (p. 208) (BUCARELI Y URSUA, Francisco de Paula. "Instrucción a que deberán arreglar los Gobernadores interinos que dejo nombrados en los pueblos de indios guaranís del Uruguay y Paraná, no habiendo disposición contraria de S.M.", Candelaria, 23 ago. 1768. In: BRABO, Francisco Javier (ed.). *Colección de documentos relativos a la expulsión de los jesuitas de la república Argentina y del Paraguay, en el Reinado de Carlos III*. Madri: Tip. José María Perez, 1872, p. 200-210). Para uma contextualização dessa política em relação aos dispositivos anteriores, que definiam a separação espacial no Paraguai, ver: WILDE, Guillermo. ¿Segregación o asimilación? La política indiana en América meridional a fines del período colonial. *Revista de Indias*, Madri, v. 59, n. 217, 1999, *max*. p. 627-40.

53 SUSNIK, Branislava. *Los aborígenes del Paraguay*: v. 2: Etnohistoria de los Guaraníes: época colonial. Assunção: Museo Etnográfico Andrés Barbero, 1980, p. 278.

conchabo), ou alcançavam os domínios portugueses e as *tolderías* de "infiéis". Simultaneamente, havia um intenso processo de apropriação das terras comunitárias por fazendeiros espanhóis.[54] Reformistas como o vice-rei Marquês de Avilés procuravam acelerar a desmontagem do sistema de comunidade, com o reparto das terras e bens entre os índios considerados "capazes" e a regulamentação do acesso dos espanhóis às terras dos *pueblos*.[55] A Real Cédula de 17 de maio de 1803 confirmou a liberação dos Guarani, e em pouco tempo 6.212 índios (de um total de quase 43 mil) terão sido desligados das missões e adquirido a propriedade de seus lotes de terra, ferramentas e outros bens.[56]

Nesse quadro de incerteza jurídica, as missões sob jurisdição da Audiência de Charcas não aderiram ao derrogamento da separação espacial entre as "duas repúblicas". Em 1804, a Audiência comunicou ao ministro de Graça e Justiça ter reiterado sua decisão contrária ao pedido do *vecino* de Cochabamba Francisco Parrilla, que desejava entrar em Chiquitos para pesquisar minas de ouro: "semejantes tentativas e introducciones [son] muy a propocito para corromper las sencillas costumbres de aquellos naturales".[57] O mesmo tribunal já havia entrado em polêmica com o vice-rei de Buenos Aires, que dera *visto bueno* ao projeto: em uma carta incisiva, recordara-lhe que a jurisdição das missões estava "privativamente encargada" à Audiência, e "que sea de preferir las utilidades ciertas, que les producen [a los indios] la agricultura, y la industria, y con la ventaja de evitarse por este medio los incombenientes, de que entren a aquellas misiones gentes de afuera".[58] A controvérsia mostra que não havia acordo entre funcionários ilustrados sobre o fim do sistema de comunidade.

Assim se compreende, ademais, que não se tenha dado acatamento ao "Plan de libertad" para as missões de Mojos e Chiquitos, disposto pela Real Cédula de 10 de junho de 1805. As tensões sociais que marcavam o cotidiano daquelas missões não davam lugar a que se atendesse à ordem de repartir bens e terras proporcionalmente entre os mesmos índios. Seguidas revoltas, inclusive com a expulsão de funcionários, inibiram qualquer inovação a esse respeito, como se justificou um governador de Mojos: "iba a ser difícil su inmediato cumplimiento [...] porque no estaban los indios preparados y con la suficiente educación, como para administrarse por sí mismos".[59] E quanto à separação espacial, a própria Real Cédula não rompia com o sistema anterior, ao recomendar "que se cuide mucho de que en sus limites no adquieran haciendas los

---

54 WILDE, Guillermo. *Religión y poder en las misiones de guaraníes*. Buenos Aires: SB, 2009, p. 275-79, 296.

55 MARILUZ URQUIJO, José María. *El Virreinato del Río de la Plata en la época del Marqués de Avilés (1799-1801)*. 2ª. ed. Buenos Aires: Editorial Plus Ultra, 1987, p. 318-34.

56 Não poucos acabaram por perder suas terras e se tornar dependentes das fazendas espanholas, como mostra: WILDE, *Religión y poder, op. cit.*, p. 265-67, 270, 301.

57 AGI, Charcas, 447-A. Audiência de La Plata ao ministro de Graça e Justiça, José Antonio Caballero, Plata, 24 ago. 1804.

58 AGI, Charcas, 447-A. Audiência de La Plata ao vice-rei Marquês de Avilés, 25 jan. 1800.

59 Informe de Pedro Pablo Urquijo à Audiência de Charcas [post. a 1805] apud CHÁVEZ SUÁREZ, José. *Historia de Moxos*. 2ª. ed. La Paz: Don Bosco, 1986, p. 473.

españoles, por haver acreditado la experiencia que con el tiempo se han alzado con todas o la mayor parte de las de los Yndios, prohiviendose a estos vender las que se les repartan".⁶⁰

Seja como for, o cenário político era pouco favorável aos pedidos de recursos para novas reduções entre os índios até então "independentes", segundo o tradicional sistema de "duas repúblicas". Em que pese as reformas do vice-rei Avilés não incidissem sobre as reduções mais recentes de "índios bárbaros", as autoridades coloniais estavam céticas sobre a eficácia de mantê-los separados do trato com os espanhóis. Félix de Azara, em parecer enviado à *Junta de Fortificaciones y Defensa de Indias*, que discutia o tema da liberdade dos índios instituída pela Cédula de 1803, observou que

> todos estos pueblos [de "índios bárbaros"] dependen del gobierno de Buenos Aires. No hay en ellos indios instruidos en nuestra santa religión, ni aun bautizados, ni que paguen mita ó servicio á los españoles, ni tributo á V. M., y es muy raro el que se dedica á trabajar para si, ni para nadie. [...] Deben pues dejarse estos pueblos en el estado actual, pues no hay otro arbitrio.⁶¹

Não é de surpreender que os governadores do Paraguai continuassem a aplicar a política de "duas repúblicas", tanto assim que Lazaro de Ribera novamente proibiu em 1804 a permanência de brancos, negros e mestiços em quaisquer *pueblos* de índios:

> No permitirán que los pobladores se introduzcan en las tierras de los Yndios, ni q.e vengan a los pueblos a causarles extorsiones, haciendo pague cada [arrendatario] puntualm.te lo que corresponda por las tierras arrendadas, y el que traiga o venda aguardiente, u otro licor qualq.r, a los yndios, será castigado irremisiblemente con las penas establecidas.⁶²

---

60 RAH, CML, t. 122, f. 73-78. "Real Cédula a la Audiencia de Charcas, acerca de lo resuelto sobre el nuevo plano de gobierno y administración de los pueblos de misiones de Mojos y Chiquitos, Aranjuez", 10 jun. 1805, f. 78-78v. O processo contra o governador Miguel Zamora, expulso pelos índios de Mojos em 1801, e os recentes pleitos e informes de funcionários e colonos de Santa Cruz de la Sierra, Cochabamba e La Plata, que sugeriam mudanças na administração das missões, foram os motivadores mais imediatos da consulta do *Consejo de Indias* que orientou a Real Cédula (AGI, Charcas, 581. Consulta do *Consejo de Indias*, Madri, 29 jan. 1805).

61 AZARA, Félix de. "Informe sobre el gobierno y libertad de los indios Guaranís y Tapis de la provincia del Paraguay", [Madri] 1 jan. 1806. In: *Idem. Memorias sobre el estado rural del Río de la Plata en 1801*: demarcación de límites entre el Brasil y el Paraguay a últimos del siglo XVIII: e informes sobre varios particulares de la América meridional española. Madri: Imprenta de Sanchiz, 1847, p. 114.

62 ANA, SH, v. 193, n. 12,2. "Para el buen orden y régimen de los Pueblos, los Adm.res de ellos observarán precisa y puntualm.te los art.os sig.tes", Lazaro de Ribera, 1 mar. 1804.

Restrição algo tardia, já que o número de espanhóis residentes nos *pueblos* seguia crescendo, conforme atestava Azara em 1790, ao contar 26.355 índios residentes nos 27 *pueblos* do Paraguai, onde também viviam 5.533 "españoles parroquianos".[63]

No norte da província, por sua vez, o confinamento dos "índios bárbaros" em estreitos lotes demarcados como *pueblos* de índios animava fazendeiros e ervateiros com a possibilidade de liberação de amplos territórios até as raias dos domínios portugueses. O próprio termo de Vila Real de la Concepción delimitava claramente o território dos índios no perímetro da redução de Belén, conforme as *Leyes de Indias*, reservando todo o resto como terras de espanhóis, do rio Jejuí ao sul ao rio Aguaray a leste e, ao norte, até onde passasse a linha divisória com os portugueses: "toda laq.e exceda de la prevenida ley debe, y corresponde ser perteneciente a la población de españoles, sin que el cura de d.ha doctrina pueda apropiar a ella los beneficios y minerales que vaya descubriendo en lo sucessibo".[64] Apropriação simbólica do território indígena que era continuamente reiterada pelas autoridades coloniais, como atesta uma "Demonstración geográfica de la situación en que se hallan los pueblos de Nuestra Señora de la Concepción, de españoles y de Nuestra Señora de Belén, de indios guaycurus", mapa em que o norte do Paraguai é representado como um espaço de terras livres a ocupar por espanhóis (ficando os índios reduzidos a Belén).[65] Assim se elucida o empenho dos governadores que, a exemplo de Joaquín de Alós, zelavam para que seguisse proibida a entrada de espanhóis no termo de jurisdição do *pueblo* de Belén, beneficiado com "una legua a los vientos que se pueda, la qual se le medirá precisamente dentro de dicho recinto, [y] no deverá colocar ni acomodar a nadie, pues debe quedarle salva esta porción para sus sementeras".[66] Pode-se auferir quão arbitrárias eram essas demarcações quando se tem em conta que os índios reduzidos em Belén eram os Guaykuru, povo equestre com parcialidades espalhadas por vasto território, segundo refere seu missionário, frei Miguel Mendes: "Tiene de extension esta tierra, que la podemos llamar Mbayánica, dandole por linderos el Jejuy, y el Mbatetey dichos, sobre trescientas leguas de largo, y otras tantas de ancho. No dudo que en partes tenga mas".[67] Índios esses que se ausentavam por longos períodos da redução, que restava abandonada, para visitas a outros gru-

---

63 AZARA, Félix de. *Descripción e historia del Paraguay y del Río de la Plata* [ca. 1781-1801]. Madri: Imprenta de Sanchiz, 1847, v. 1, p. 330. Atyrá, por exemplo, contava em 1790 com 972 índios e 595 espanhóis (SUSNIK, *Los aborígenes del Paraguay*, op. cit., v. 2, p. 276, 318).

64 AGI, Buenos Aires, 291. Bando-regulamento para Villa Real de la Concepción, governador Agustín de Pinedo, 25 jun. 1776.

65 AHN, Estado, MPD, Mapa 439, Signatura 129. "Demonstración [...]" [s.l., 3 fev. 1779].

66 ANA, SH, v. 365, n. 1, f. 43-48. "Instrucción a que deberán arreglarse los jueces que se han nombrado para el reparto de los terrenos en esta población de Concepción", governador Joaquín de Alós, Assunção, 21 maio 1790, f. 46v, §24.

67 "Carta do franciscano Frei Francisco Mendes [Miguel Mendes Jofre] sobre os costumes dos índios Mbaiá e Guaná, no Alto-Paraguai", Esteras de los Mbayàs, 20 jun. 1772. In: *MCA*, v. 7, p. 54.

pos, caça, coleta, incursões a *haciendas* de espanhóis e tratos com portugueses, o que desafiava claramente o ato de apropriação simbólica operado pelo governo espanhol.⁶⁸

Por sua vez, entre os Guaná de Tacuatí, não era sem dificuldades que frei Pedro Bartolomé empreendia sua redução, dada a incerteza a respeito da paragem mais adequada para estabelecê-la. Pois os moradores espanhóis reivindicavam já como suas as terras que se tentava delimitar aos índios, como certo José Justo Caballero, que "dice que nadie lo hade echar de allí, que son sus terrenos &a, y que hade matar los Yndios: quiere estorbar la población por todos los modos". "Se descompuso públicamente comigo", afirmou o referido padre, "y que me fuese a poblar a la otra banda".⁶⁹ Esse quadro conflituoso entre elites locais e populações indígenas em competição por terras no norte do Paraguai terá sido um poderoso condicionante da transmigração de grupos aos domínios portugueses.

Governadores posteriores preferiram transferir os índios da fronteira para regiões mais ao centro da província do Paraguai. Ao passo que os portugueses aldeavam em Nova Coimbra, Albuquerque e Vila Maria os mesmos índios Guaykuru e Guaná que viviam naquele entre-lugar, o governador Lazaro de Ribera elaborou um ambicioso projeto para aldear os índios Guaná na região dos *pueblos* Guarani de Caazapá e Yuty, numa espécie de península que formam os rios Capivari Grande e Capivari Chico. A redução de San Juan Nepomuceno fora projetada para ser um *pueblo* isolado do contato com espanhóis por "Pasos de entrada y salida o Puentes", como se vê pelo já citado "Plano de los terrenos adjudicados a la nueva reducción y pueblo de indios chavaranas de San Juan Nepomuceno" (1799) (vide **Figura 10**). Em suas "Instruções" para a regulação desse novo *pueblo* de índios Guaná, Lazaro de Ribera proibia veementemente a permanência de brancos, negros e mestiços naquelas paragens.⁷⁰

A proibição da coabitação era reforçada inclusive nos tratados de paz firmados entre o governo espanhol e os grupos de índios fronteiriços, apesar da ameaça de deserção para o lado português. Assim, quando caciques Guaykuru e Guaná foram até Asssunção em 1798 assinar um tratado de paz com o governador Lazaro de Ribera, este fez constar em um dos artigos que

> cuando se llegue a verificar la radicación de los dichos indios y su estabilidad en las cercanías de esta villa no se introducirán en número crecido en esta villa y su vecindario las veces que pasen a tratar, y contratar con los

---

68 Para uma visão geral da atuação dos Guaykuru na fronteira nortenha do Paraguai, ainda permanece útil a síntese de: SUSNIK, Branislava. *El indio colonial del Paraguay*: t. 3-1: El chaqueño: Guaycurúes y Chanes-Arawak. Assunção: Museo Etnográfico Andrés Barbero, 1971, especialmente p. 52-100.

69 AGI, Buenos Aires, 283, Anexo n. 1. Cópia da carta do padre frei Pedro Bartolomé ao governador Joaquín de Alós, San Francisco de Aguarai, 15 set. 1792.

70 AGI, Buenos Aires, 142. "Auto" sobre a nova redução de índios Chavaranás, f. 11-13: "Ynstrucción q.' deve observar D.n Ygnacio Blanco, comisionado por este governo en calidad de superintendente de la nueva reducción de Yndios Chavaranas q.' se vá a establecer en las tierras sobrantes del pueblo de S.n José de Caazapá", Lazaro de Ribera, Assunção, 12 set. 1797.

españoles, y dejarán sus armas en una de las guardias de la frontera, para que por este efecto se reconozcan los españoles ser los de la reducción.[71]

Ficava assim perspectivada uma gestão espacial de populações separadas, o que põe em dúvida a hipótese de um autor para o período considerado, segundo a qual "segregation in separate *repúblicas* for Indians and Spaniards had become a distant memory".[72] Embora não se deva desprezar casos como o da Guiana[73] e de certos presídios do norte da Nova Espanha, onde a política deliberada de coabitação e mestiçagem incidiu poderosamente sobre algumas populações,[74] nem olvidar exemplos como o dos presídios do Chile, onde, segundo alguns estudiosos, a mestiçagem decorreu menos da política oficial do que da pobreza dos soldados que não viam outra alternativa,[75] e nem se deva esquecer os esforços dos reformistas ilustrados, expressos na Real Cédula de 20 de fevereiro de 1779[76] para o norte da Nova Espanha, cuja visão baseada na integração e coabitação era bastante contundente, certo é que, para as três províncias espanholas do centro da América do Sul, a política indigenista adotada pelos reformistas foi a de "duas repúblicas",[77] a qual incidiu sobre as mesmas populações sobre as quais os portugueses atuavam com uma política como a do Diretório, de coabitação e mestiçagem.

Como notou Magnus Mörner, havia resistências entre os próprios reformadores em romper com o sistema de separação espacial, pois a perspectiva de proteção aos índios definida por Las Casas estipulara que a integração expunha os nativos aos maus exemplos de espanhóis,

---

71 ANA, CRB, n. 58. "Articulo de la Paz que se ha celebrado con los caciques Mbayá y Guaná", [s.l.] 31 jan. 1798, §10.

72 WEBER, David J. *Bárbaros*: spaniards and their savages in the Age of Enlightenment. New Haven: Yale University Press, 2005, p. 254-55.

73 "He facilitado 35 casamientos de españoles con indias principales de las naciones caribe, guaica y guaraúna", escreveu Manuel Centurión, governador da Guiana, ao *Consejo de Indias*, em 20 de abril de 1771. *Apud* GONZÁLEZ DEL CAMPO, María Isabel. La política de poblamiento en Guayana, 1766-1776. In: GUTIÉRREZ ESCUDERO, Antonio; LAVIANA CUETOS, María Luisa (eds.). *Estudios sobre América, siglos XVI-XX*: Actas del Congreso Internacional de Historia de América. Sevilha: Asociación Española de Americanistas, 2005, p. 1199.

74 No norte da Nova Espanha, a vila de San Buenaventura (1778) foi um experimento de vila mesclada, com moradores mestiços (eufemisticamente designados como "espanhóis"), familiares de soldados e índios Tarahumara; e em El Pitic (1782), a separação entre trabalho índio e trabalho de espanhóis foi abolida, sendo ambos obrigados a trabalhar, além de suas roças particulares, conjuntamente nas terras comuns (MOORHEAD, Max L. *The Presidio*: Bastion of the Spanish Borderlands. Norman: University of Oklahoma Press, 1975, p. 228-36, 237).

75 CERDA-HEGERL, *Fronteras del Sur, op. cit.*, p. 28. Apesar da intensa mestiçagem, nunca houve política imperial deliberada nesse sentido para o Chile, embora alguns oficiais espanhóis tenham enviado seus filhos mestiços para as mesmas escolas que os filhos de caciques. Sobre esse tema, vide: BOCCARA, Guillaume. *Guerre et ethnogenèse mapuche dans le Chili colonial*: l'invention du soi. Paris: L'Harmattan, 1998, p. 238.

76 Análises dessa Real Cédula e de casos onde houve ruptura com a política de "duas repúblicas" cf.: WEBER, David J. *The Spanish Frontier in North America*. New Haven: Yale University Press, 1992, p. 227; BABCOCK, Matthew M. *Turning Apaches into Spaniards*: North America's forgotten Indian reservations. 2008. Dissertação (Ph.D.) – Southern Methodist University, Dallas, 2008, p. 71-73 *et passim*; e MÖRNER, *La Corona Española, op. cit.*, p. 326, 306

77 MÖRNER, *La Corona Española, op. cit.*, p. 311-32.

pardos e *castas*, danificando o processo de evangelização.[78] Nesse sentido é que o governador Ribera, ao defender seus projetos de criação de *pueblos* separados e subsidiados, como San Juan Nepomuceno, reivindicava a tradição dos defensores dos índios contra a proposta de integração do vice-rei Marquês de Avilés, que "libertó a muchas familias de la comunidad, sin proporcionarles los medios necesarios a su subsistencia y educación".[79]

* * *

Durante o processo de expansão colonial às regiões de fronteira da América, espanhóis e portugueses partilhavam da mesma visão segundo a qual a consolidação da posse dos territórios que ambos disputavam só se alcançaria mediante a instalação de povoações planejadas segundo um urbanismo regular e o estímulo a que os moradores se lançassem à produção agrícola, sem o que índios e não índios não alcançariam o patamar de "civilização" esperado e quedaria em risco a própria soberania imperial naquelas terras. Assim, antes mesmo que certas povoações fossem construídas e moradores fossem transferidos, já eram estabelecidos nos planos de cartografia urbana não apenas a localização dos lotes agrícolas, mas o que cada um produziria, se haveria manufaturas e quais, bem como a relação dessa produção no circuito comercial interno. Essa assertiva é válida para povoações e reduções "planejadas do zero" em Mato Grosso e Paraguai. No caso da vila de Concepción, apesar da alteração do plano original do governo, que a pretendia instalar mais próxima dos domínios portugueses, houve uma efetiva regulação urbana, a distribuição de solares e chácaras era feita conforme o que se fosse produzir e havia uma estrita regulação da produção de erva.

Administradores de ambos os impérios partilhavam também da ideia de que o traçado urbano era um poderoso condicionante da obediência dos vassalos, sobretudo porque era organizado dentro de esquemas de visibilidade tendentes a produzir a mútua observação e a incorporação da sujeição. Daí uma obstinada resistência popular à vida urbana tanto de um lado como do outro da fronteira: deserções, sítios volantes e a permanência das famílias nas chácaras do espaço rural eram as estratégias mais comuns, motivo de preocupação dos governadores.

As missões jesuíticas constituíram a primeira instituição colonial a realizar a passagem do poder baseado na conquista militar ao poder civilizador, disciplinador das vontades e adestrador dos corpos. Na região central da América do Sul, a tradição espanhola de defender fronteiras contra impérios rivais através de missões não foi alterada como a Coroa esperava. As ordens que desde 1772 o poder central repetiu para que fossem criadas vilas de espanhóis nas raias entre Mojos, Chiquitos e a capitania de Mato Grosso não foram cumpridas. Por outro lado,

---

78 *Ibidem*, p. 29, 51-52.

79 AGI, Buenos Aires, 322. Lazaro de Ribera ao Principe de la Paz, Assunção, 8 jul. 1803 (cit.); e no mesmo *legajo*, Ribera ao rei, Assunção, 19 jun. 1801.

os portugueses instalaram fortes e povoações mistas bem diante dessas missões. Nas últimas décadas do Setecentos, o acirramento do controle do trabalho indígena terá estimulado várias formas de protesto, inclusive a deserção para os domínios do Rei Fidelíssimo.

Em que pese compartilhassem o modelo de "polícia" urbana e trabalho rural, os planos de povoações que espanhóis e portugueses delinearam para a conquista da região central da América do Sul divergiam num ponto decisivo: a gestão dos espaços para moradias de índios e não índios. Embora certos reformistas ilustrados espanhóis insistissem nas vantagens integrativas e mesmo comerciais da coabitação e da mestiçagem, a administração continuou a aplicar o sistema de "duas repúblicas": os índios atraídos na fronteira eram reduzidos em *pueblos* de índios, onde a permanência de espanhóis era proibida, ao passo que os espanhóis tinham sua própria povoação. Os portugueses, por sua vez, além de estabelecer em lei o estímulo à coabitação e à mestiçagem, desde o planejamento das povoações de fronteira definiam lotes e casas a índios e não índios, que compartilhariam o mesmo espaço urbano.

Como Pombal percebeu com acuidade, ganhar territórios dos rivais dependia do sucesso de uma política de coabitação e mestiçagem com os povos indígenas. Os próprios espanhóis perceberam isso, mas o *Consejo de Indias* agiu com mais morosidade em relação aos portugueses, pois ao mesmo tempo em que ordenava que na Louisiana fosse copiado o modelo dos franceses e dispunha, no norte da Nova Espanha, que fossem instaladas povoações mistas e houvesse mestiçagem, mandava ordens contrárias para Mojos e Chiquitos e, quanto ao Paraguai, acatou até o início do século XIX a continuidade da política de "duas repúblicas". De sua parte, o consulado pombalino, com o Diretório de 1758, modificou de uma vez e para toda a colônia americana o sistema de povoações separadas, que estava presente no Regimento das Missões de 1686, e passou a cobrar resultados sob a forma de vilas mistas, coabitação entre portugueses e índios e casamentos interétnicos.

Constatada a unidade e a semelhança dos projetos coloniais, baseados no urbanismo regular e no trabalho rural, as diferenças de gestão das populações nesses espaços não terão sido fator irrelevante aos avanços e recuos dos impérios e aos impactos que incidiram sobre os povos indígenas.

PARTE II
POLÍTICA INDIGENISTA

Capítulo 5
A política de "pacificação" e a permanência da guerra

A expansão colonial às regiões de fronteira da América, deflagrada em meados do século XVIII, pôs em contato colonizadores e populações indígenas ainda não conquistadas, mas a manutenção de uma política indigenista anterior, baseada na conquista a ferro e fogo, suscitava preocupação entre reformistas ilustrados, atentos aos crescentes gastos militares. Preocupação que expressava José del Campillo y Cosio, autor ou editor do conhecido *Nuevo sistema de gobierno económico para la América: con los males y danos que le causa el que hoy tiene*, publicado em Madri em 1789 e que, segundo um historiador, se não era a bíblia dos reformadores, por ter circulado amplamente desde 1743, pelo menos exprimia o que boa parte deles pensava.[1] Campillo y Cosio rechaçava o uso da dispendiosa força militar para conquistar os índios e recomendava o comércio como meio mais ameno e vantajoso: "nosotros estamos siempre con las armas en las manos, y el Rey gastando millones para entretener un odio irreconciliable

---

1 BRADING, David. *Mineros y comerciantes en el México Borbónico* (1763-1810). México: Fondo de Cultura Económica, 1991, p. 47-51.
Luis Navarro García apresenta argumentos contundentes contra a possibilidade de que o ministro de Felipe V, Campillo y Cosio, fosse realmente o autor do *Nuevo sistema*. De todo modo, há que destacar que várias passagens do manuscrito de 1743 foram copiadas *ipsis litteris* por Bernardo Ward em seu *Proyecto Económico*, de 1762 (NAVARRO GARCÍA, Luis. El falso Campillo y el reformismo borbónico. *Temas Americanistas*, Sevilha, n. 12, 1995, p. 5-6, 14).
Ora, Lazaro de Ribera, governador de Mojos e do Paraguai na época aqui estudada, possuía um exemplar do *Proyecto Económico*, e em mais de uma oportunidade citou-o em sua correspondência. Só essa circunstância já indica que as ideias sobre uma nova política indigenista efetivamente circulavam entre os governadores escolhidos para áreas que confinavam com "índios bárbaros" e portugueses. Vide as longas citações do texto de Ward em carta de Lazaro de Ribera ao bispo de Santa Cruz, Alexandro de Ochoa, em: AGI, Charcas, 623, Anexo A, San Pedro de Mojos, 18 out. 1787, f. 36v *et passim*.

con unas Naciones, que tratadas con maña y amistad, nos darían infinitas utilidades".[2] O autor compartilhava da noção, muito comum à época, segundo a qual os índios, a despeito de seus estranhos costumes, eram homens racionais capazes de tomar decisões sensatas, como aquelas condizentes às escolhas econômicas: "los hombres siempre son hombres en todas partes, y vivan en palacios ó en selvas siempre tienen sus pasiones, y el que las sepa descubrir y manifestar, lisonjeándoles el gusto, se hará dueño de ellos, como no intente avasallarlos".[3]

Enfatizar a persuasão em detrimento da guerra, a atração pacífica para *pueblos* no entorno de presídios em vez do extermínio, sólidas relações de comércio em vez de captura, tal era a nova perspectiva dos reformistas tanto em Espanha como em Portugal. Nas Províncias Internas do norte da Nova Espanha, por exemplo, tornou-se insustentável a manutenção de presídios e missões ineficientes e dispendiosos, quando por mais não fosse, porque a região era alvo de dura disputa contra franceses, ingleses e vários povos indígenas. Em visitação que realizou em 1765, o Marquês de Rubí comprovou a precariedade do sistema de presídios, e de seus relatórios a Coroa espanhola fez elaborar o Regulamento de 1772. Apesar de introduzir uma nova disciplina no setor militar e recomendar a construção e reforma do cordão de 15 presídios que pontilhava a fronteira, quanto à política indigenista, manteve a guerra ofensiva permanente contra índios rebeldes, especialmente os Apache, para o que recomendava a aliança com seus inimigos, os Comanche, e a captura de mulheres e crianças entre os derrotados.[4] Sete anos depois, o ministro de *Indias*, José de Gálvez, reconhecia na Real Cédula de 20 de fevereiro de 1779 o fracasso completo da guerra ofensiva como estratégia de pacificar a fronteira. Tardiamente, está visto, o ministro acedeu ao imperativo de substituir os gastos militares perdulários pela persuasão, vale dizer, a oferta de presentes, inclusive armas de fogo, como forma de atrair os índios fronteiriços à vida dita civilizada, introduzindo-os ao comércio de artigos espanhóis,

---

2   CAMPILLO Y COSIO, José del. *Nuevo sistema de gobierno económico para la América: con los males y danos que le causa el que hoy tiene* [...] [1743]. Madri: Imprenta de Benito Cano, 1789, p. 16; a mesma passagem em: WARD, Bernardo. *Proyecto económico, en que se proponen varias providencias, dirigidas a promover los intereses de España, con los medios y fondos necesarios para su plantificación* [1762]. Madri: Joachin Ibarra, 1787, p. 232.
    Os reformistas tinham motivos para criticar os vultosos gastos das "entradas", em comparação com o método reducional. A expedição dos 300 espanhóis ao Chaco, que ocorreu em julho de 1686, consumiu 4.420 vacas, 3.700 cavalos e pelo menos 120 cargas de farinha de trigo, milho e feijão. A redução de Santa Fé de Mocobíes, em contrapartida, quando iniciou em 1741, não dispunha de mais de 500 cabeças de gado (AGI, Charcas, 261. Carta do governador do Paraguai, Francisco de Monforte, ao rei, Assunção, 10 maio 1686; e outras duas cartas do mesmo governador no citado *legajo*, datadas de Assunção, 19 jul. 1686 e 29 jul. 1686; PAUCKE, Florian. *Hacia allá y para acá*: una estada entre los indios mocobies, 1749-1767. Tucumán; Buenos Aires: Coni, 1943, t. 2, p. 17).

3   CAMPILLO Y COSIO, *Nuevo sistema, op. cit.*, p. 210; WARD, *Proyecto económico, op. cit.*, p. 292. Sobre a noção iluminista de que os índios, como os homens em geral, seriam naturalmente inclinados ao comércio, vide: WEBER, David J. *Bárbaros*: Spaniards and their savages in the Age of Enlightenment. New Haven: Yale University Press, 2005, p. 181-82.

4   MOORHEAD, Max L. *The Presidio*: Bastion of the Spanish Borderlands. Norman: University of Oklahoma Press, 1975, p. 215; NAVARRO GARCÍA, Luis. *Don José de Gálvez y la Comandancia General de las Provincias Internas del norte de Nueva España*. Sevilha: Consejo Superior de Investigaciones Científicas, 1964, p. 135-141, 218-220.

capazes de lhes tornar dependentes do mercado. Sem se valer da guerra, tão somente através da "amistad y buena fe", os comandantes dos presídios convenceriam os índios a aceitar a paz e o comércio, com o que, sublinhava Gálvez, "irán deponiendo su rústica dureza, su insensatez y demás agrestes costumbres, adoptarán las nuestras, se afrentarán de su desnudez, querrán vestirse y al fin la benignidad con que por nuestra parte se les trate los acabará de convertir de fieras enemigas en compañeros sumisos".[5]

As ambivalências dos discursos oficiais, assim de espanhóis como de portugueses, em torno do tema da "pacificação" não escapam a quem pretenda examinar a aplicação da nova política indigenista ilustrada nas fronteiras das colônias ibéricas. O Diretório dos Índios, do lado português, e as Reais Cédulas, do lado espanhol, reforçavam a necessidade de atrair "pacificamente" os povos indígenas das fronteiras para povoações e reduções. Entretanto, não excluíram as guerras ofensivas e defensivas como recursos viáveis para capturar índios que resistissem a descer aos aldeamentos ou reprimir incursões de grupos considerados hostis. A participação de elites locais em "entradas", "bandeiras" e "expedições punitivas" dos dois lados da fronteira não estava, portanto, desligada das prioridades das políticas de Estado, que oscilaram entre interditar e estimular a guerra contra determinados grupos. Não parecia interessante, e talvez nem mesmo possível, aos Estados coloniais, ignorar as taxonomias ou esquemas de classificação sobre os quais, em boa parte, se sustentava a lealdade dos colonos que residiam em fronteiras distantes, *maxime* os que diziam respeito à incapacidade de civilizar-se de certos grupos indígenas, sobre os quais recaíam estereótipos permutáveis e sem qualquer coerência.[6] Daí a permanência, seguramente alimentada pelo centro, do que Beatriz Vitar chamou de *discurso de la guerra*, segundo o qual municipalidades fronteiriças, expoentes de fazendeiros, *encomenderos*, comerciantes e outros poderosos locais, e mesmo funcionários da Coroa que esperavam ascender na carreira, enfatizavam a pobreza e a miséria dos colonos daquela jurisdição, empenhados como estavam em manter à própria custa uma guerra permanente contra os "bárbaros", serviço que expressava a mais atenta lealdade ao monarca e que confiavam ver recompensado em hábitos das ordens militares, isenções e privilégios, mercês de terras e outros benefícios para si e para a comunidade.[7] É desse modo que, às novas ideias sobre a manutenção de relações pacíficas com os índios até então

---

5 Real Cédula, El Pardo, 20 fev. 1779. *Historias*: Revista de la Dirección de Estudios Históricos del Instituto Nacional de Antropología e Historia, México, n. 55-56, 2003, p. 94.

6 Nas fronteiras agudizava-se, entre os colonos, o sentimento de que sua própria honra dependia de que sempre existissem grupos desprovidos de honra alguma, como mostra: GUTIÉRREZ, Ramón A. *When Jesus came, the Corn Mothers went away*: marriage, sexuality, and power in New Mexico, 1500-1846. Stanford: Stanford University Press, 1991, p. 153 *et passim*; ver ainda: GIUDICELLI, Christophe. *Pour une géopolitique de la guerre des Tepehuán (1616-1619)*: alliances indiennes, quadrillage colonial et taxinomie ethnographique au nord-ouest du Mexique. Paris: Université de la Sorbonne Nouvelle Paris III, 2003, p. 33-50.

7 VITAR, Beatriz. Mansos y salvajes: imágenes chaqueñas en el discurso colonial. In: PINDO, Fermín del; LÁZARO, Carlos (eds.). *Visión de los otros y visión de sí mismos*: ¿descubrimiento o invención entre el Nuevo Mundo y el Viejo?

independentes, várias forças sociais opuseram seu interesse na continuidade de uma *guerra conveniente*, como mostrou um estudo sobre Nueva Vizcaya que, mudando o que deve ser mudado, sugere elementos para elucidar a situação aqui estudada, em que para defender privilégios, haurir benefícios e assegurar certa margem de autonomia, os poderosos locais seguiram recorrendo à violência e aos esquemas de classificação que a legitimavam.[8]

"Mansos" e "selvagens"

As profundas divisões, oposições, solidariedades e diversidade de costumes que existiam entre grupos artificialmente classificados, pelos colonizadores, como "de paz" ou "de guerra", indicam o arbitrário do dispositivo colonial de construção dessa taxonomia dicotômica.[9] Assim, por exemplo, com a chamada "guerra chichimeca", empreendida pelos espanhóis na fronteira da Nova Espanha ainda na segunda metade do século XVI, o nome "chichimeca", havido por descendente da nobreza dos índios do México pré-colonial, converteu-se em sinônimo de *"indio de corso"*. A expansão mineira em direção ao norte, deflagrada no século seguinte, vendo-se precipitada em uma urgente necessidade de mão de obra, encontrou-se com grupos Pame, Guamare, Guachichil, Zacateco e outros, que não possuíam quaisquer características de nômades ou belicosos, mas ainda assim caíram sob a definição de "chichimeca", o que justificava sua captura para o serviço pessoal. Como observa Giudicelli, a trajetória do etnônimo Chichimeca é análoga ao "Guaykuru" do Paraguai: do ponto de vista da colonização, constituíam "le paradigme de la barbarie, la catégorie générique servant à désigner l'espace symbolique à conquérir, la barbarie à civiliser".[10]

A tal ponto chegava o esforço de construir uma imagem convincente de que os Guaykuru eram "índios bárbaros", portanto sujeitos à guerra, ao cativeiro e ao serviço pessoal, que o procurador da cidade de Assunção, já em 1613, não hesitou em argumentar que se tratavam de índios "caribes": "solo los yndios guaycurus cuentan los viejos que han muerto comido y consumido, mas de treinta mil yndios con pueblos enteros q.' ellos conocieron, en q.' se han acavado muchas naciones enteras con sus lenguas propias tragadas y muertas por guaycurus".[11] Da mesma forma, entre os portugueses, no contexto da expansão da fronteira

---

Madri: Consejo Superior de Investigaciones Científicas, 1995, p. 108-109; Idem. *Guerra y misiones en la frontera chaqueña del Tucumán (1700-1767)*. Madri: Consejo Superior de Investigaciones Científicas, 1997, p. 140, 218-19.

8   ORTELLI, Sara. *Trama de una guerra conveniente*: Nueva Vizcaya y la sombra de los Apaches (1748-1790). México: El Colegio de México/Centro de Estudios Históricos, 2007, p. 16 (cit.), 65, 92-94.

9   GIUDICELLI, *Pour une géopolitique de la guerre des Tepehuán*, op. cit., p. 25.

10 Ibidem, p. 26.

11 AGI, Charcas, 112. "Parecer presentado ante la ciudad de la Asunción del Paraguay en 25 de febrero por el Procurador General de esta Ciudad, Don Francisco de Aquino, acerca de otro parecer de los P.P. jesuitas que acompaña, sobre el modo de combatir y defenderse de los indios guaycurus y payaguas, refiriendo el carácter de estos indios y territorios que ocupan en la provincia del Paraguay", Assunção, 25 fev. 1613, f. 7.

nas capitanias do nordeste do Estado do Brasil, em fins do século XVII, para justificar a necessidade da guerra e escravidão dos índios, sublinhava o autor de um papel "Sobre os tapuias, q' os Paullistas aprizionaraõ na guerra", que esses Tapuias eram inimigos comuns a outros índios, aliados dos holandeses, opostos aos pregadores da fé, tragadores de carne humana e incapazes de viver em redução.[12]

O deslocamento das classificações coloniais é tanto mais notável quando se considera o caso dos Guaná, índios de língua Arawak que habitavam o Chaco e, em fins da década de 1760, passaram a ser transmigrados para a disputada área fronteiriça entre a capitania de Mato Grosso e a província do Paraguai.[13] Havidos por bárbaros hostis no século XVII, estavam na lista dos inimigos da província do Paraguai, perseguidos pela expedição dos 300 espanhóis ao Chaco em 1686, "que van al castigo de los enemigos Guaycurus, Bayas, Lenguas, Guanas y demás naciones que se han confederado, diversas veces para las embaciones q. han executado en esta Provincia".[14] Encontrados juntos com os Guaykuru em uma paragem no rio Confuso, foram perseguidos e mortos:

---

12 Ajuda, 54-xiii-16, f. 162-66. "Sobre os tapuias, q' os Paullistas aprizionaraõ na guerra, e mandaram vender aos moradores dos P.os do Mar; e sobre as razões, que há p.a se fazer a guerra aos d.os Tapuias" [1691], f. 163.
Esse documento retoma e reforça os esquemas com que os portugueses classificavam os índios segundo a dicotomia Tupi-Tapuia. Na verdade, ao utilizar como argumento a distância das populações em relação ao litoral, o autor define três "sortes de gentio", mas o princípio de classificação binário permanece: "Antes dos portuguezes entrarem no Brazil, erão como inda são tres sortes de gentio que o occupão: a beira mar, e terra adentro distancia de sincoenta legoas, pouco mais, ou menos, occupão hua sorte de gentio, a q' chamão Tabayaras, e seus cabocllos; cujo viver era de suas pescarias, lausura da terra, cassas, fructas silvestres, e não comião carne humana. [...] Da distancia destas sincoenta legoas, por espasso de oitenta, noventa, e cem legoas, p.a o certão [...] he tudo occupado de gentio Tapuya, gente Barbara de corso, e tragadora de carne humana, amiga de guerras, e traiçoens [...]. Das 80, ou 100 legoas de largo, e comprim.to da Costa, q' asima apontamos p.a todo o mais interior, e centro da América portugueza, ocupam varias nascoens de gentios, q' assi na lingoa, como no modo de viver juntos, e em povoações, e cultura da terra, e sem uso do comer carne humana, concordão quaze todos com os caboccllos da beira-mar" (*ibidem*, f. 162-162v).
Como mostra Pedro Puntoni, as incursões dos grupos identificados como "tapuias" nas últimas décadas do século XVII era uma resposta "à pressão sufocante do avanço da economia pastoril, que demandava mais terras e mão-de-obra". Esse escrito "Sobre os tapuias" expressava a insatisfação dos fazendeiros de Pernambuco e Bahia com a decisão de 17 de janeiro de 1691, que momentaneamente revogara a guerra justa e proibira o cativeiro (PUNTONI, Pedro. *A guerra dos bárbaros*: povos indígenas e a colonização do sertão nordeste do Brasil, 1650-1720. São Paulo: Hucitec/Edusp/Fapesp, 2002, p. 132 (cit.), 151-57; ver também: MONTEIRO, John Manuel. *Tupis, tapuias e historiadores*: estudos de história indígena e do indigenismo. 2001. Tese (livre-docência) – Departamento de Antropologia, Universidade Estadual de Campinas, Campinas, 2001, p. 59 *et seq*).

13 Sobre essa transmigração, ver: AGI, Buenos Aires, 183. Francisco Javier Barzola ao governador Carlos Morphi, San Francisco de Los Layanas en el Chaco, 14 nov. 1769, f. 2; SUSNIK, Branislava. *El indio colonial del Paraguay*: t. 3-1: El chaqueño: Guaycurúes y Chanes-Arawak. Assunção: Museo Etnográfico Andrés Barbero, 1971, p. 151-60.

14 AGI, Charcas, 261. "Memoria de lo que llevan los 300 españoles y 300 yndios que van al castigo de los enemigos", Assunção, 10 maio 1686.

> los nuestros como acostumbrados ya no solo a bencer los barbaros sino indecibles fragosidades, se apearon de sus cavallos y entraron por el monte siguiendo los enemigos donde mataron muchos y apressaron algunos indios y niños y los que quedaron viéndose acossados de los españoles eligieron por mejor partido echarse al río Confusso donde perecieron lo restante de la chusma y los indios Guanas, que no savian nadar y solo se escaparon los Guaykurus y Bayas.[15]

Quando se deu início à redução dos Guaykuru em Belén, em 1760, logo se percebeu que os Guaná "son de a pie y chacareros; y por lo mismo mas fáciles de reducción", como escreveu o bispo do Paraguai.[16] Da mesma forma, o *cabildo* de Assunção, ao exortar o estabelecimento de reduções entre os Guaná em 1797, referia que "es gente pacifica, dócil e inclinada a elaborar la tierra, está medianamente civilizada, y es amante a los españoles [...] se conchaba con ellos, y trabaja en las labranzas eficazmente".[17]

A mesma visão dicotômica, opondo "mansos" e "selvagens", aparece na política indigenista portuguesa para a região de Cuiabá em meados da década de 1730. Desde a descoberta daquelas minas, segundo informação dos cronistas, os índios Payaguá, Guaykuru e Kayapó promoviam incursões contra viajantes, mineiros e roceiros.[18] Em uma dessas incursões, ocorrida em 1730, deram contra o comboio que levava o quinto Real a São Paulo: o ex-ouvidor Antônio Álvares Lanhas Peixoto foi morto, e o butim, que consistiu de 11 a 20 arrobas de ouro, 16 canos com "ricos vestidos" e outros itens, 37 escravos negros e 4 passageiros brancos, foi trocado pelos índios com os espanhóis de Assunção.[19] As Cartas Régias enviadas nessa época definiam claramente dois tipos de "gentios" e as políticas convenientes a cada um deles. De um lado, a Provisão Régia de 5 de março de 1732 autorizou a guerra contra os Payaguá e "confederados",

---

15 AGI, Charcas, 261. Carta do governador do Paraguai, Francisco de Monforte, ao rei, Assunção, 24 set. 1686, f. IV.

16 AGI, Buenos Aires, 305. Carta do bispo do Paraguai, Manuel Antonio de la Torre, ao rei, sobre a redução solicitada pelos Abipones e meios de financiá-la, Assunção, 5 maio 1763.

17 RAH, CML, t. 11, f. 183-85. "Informe del *cabildo* sobre el establecimiento de reducciones de indios de la nación Layana", Assunção, 26 ago. 1797, f. 183.

18 Já em 1724, a monção de certo Diogo de Souza, que chegava a Cuiabá com fazenda e escravatura, foi acometida pelos Payaguá, com o que "acabaram todos os que vinham na conserva, escapando um só branco e um negro" (SÁ, José Barbosa de. "Chronicas do Cuyabá" [1765]. *RIHGSP*, São Paulo, v. 4, 1899, p. 31-32).

19 11 arrobas é o que estimou um dos viajantes sobreviventes: CAMELO, João Antônio Cabral. "Notícias Práticas das minas do Cuiabá e Goiáses, na capitania de São Paulo e Cuiabá, que dá ao Rev. Padre Diogo Juares" [1734]. In: TAUNAY, Afonso de. *História das Bandeiras Paulistas*. São Paulo: Melhoramentos, 1961, t. 3, p. 144. Outro informante, que foi na expedição de resgate, menciona 20 arrobas: ARAÚJO, Domingos Lourenço de. "Notícia 3ª Prática dada pelo Capp.ᵐ [...] sobre o infeliz sucesso, que tiveram no rio Paraguai as tropas, que vinham para São Paulo no ano de 1730". In: TAUNAY, *op. cit.*, t. 3, p. 152. A chegada dos Payaguá em Assunção e a compra dos despojos pelos espanhóis foram observadas por: VALMASEDA, Carlos de Los Rios. "Notícia 4ª Prática vinda da cidade do Paraguai à Nova Colônia do Sacramento com aviso de venda, que fizeram os paiaguás dos cativos portuguêses naquela mesma cidade" [1730]. In: TAUNAY, *op. cit.*, t. 3, p. 155-58.

devendo-se destruir suas aldeias, "p.a que este espetáculo lhes sirva de mayor horror, ficando em captiveiro todos aquelles que se puderem render". A Real Fazenda assistiria à bandeira com pólvora, balas e mais petrechos necessários, e os cativos seriam repartidos pelas pessoas que nela entrassem, "para que convidados deste interesse mais gostozos se empreguem na dita guerra". Essa Provisão permaneceu influente em Mato Grosso, onde as câmaras, até o fim do século, seguiam reclamando ajuda da Real Fazenda para as bandeiras contra os índios tidos por inimigos. Além disso, ao determinar que fossem construídas em Cuiabá algumas embarcações munidas de peças de artilharia e que as monções, a partir de certa paragem, fossem escoltadas contra assaltos dos índios ribeirinhos, definiu o caráter militar que assumiriam as viagens àqueles remotos sertões.[20] Por outro lado, a Coroa proibia capturar e mandava pôr em liberdade os índios Pareci, considerados "entre todo o gentio da America o que tem melhor dispozição para receber a nossa Santa Fée". A Provisão de 11 de março de 1732, ao mesmo tempo em que reforçava a ordem para atacar os Payaguá, assinalava que os Pareci tinham sofrido contínuas bandeiras dos sertanistas, "não havendo os meus vassalos recebido prejuízo algum desse gentio".[21] Mais incisiva no tocante à guerra contra os grupos hostis era a Provisão de 8 de maio de 1732, que facultou ao governador Conde de Sarzedas a autonomia para tomar resoluções respeitantes às expedições contra os Payaguá, inclusive a de se deslocar pessoalmente ao teatro da guerra, sem solicitar autorização do poder central.[22]

Efetivamente, essa política teve impactos deletérios entre os Payaguá. A bandeira que saiu de Cuiabá em 1º de agosto de 1734 provavelmente foi uma das mais bem equipadas que

---

20 IANTT, Papéis do Brasil, Cód. 6, f. 27. "Provisão para o governador de S. Paulo, determinando que se faça guerra e razia nos gentios Payaguá e em seus aliados das aldeias dos padres castelhanos da Companhia que lhes dão ajuda; manda que se lhes destruam as aldeias e se prendam os que for possível", Lisboa, 5 mar. 1732. Vários viajantes mencionaram, na segunda metade do século XVIII, a prática de mandar de Cuiabá escoltas armadas para defender as monções contra os Payaguá. Cf. ABREU, Manuel Cardoso de. "Divertimento admirável para os historiadores observarem as machinas do mundo reconhecidas nos sertões da navegação das minas de Cuyabá e Matto Grosso" [1783]. *RIHGSP*, São Paulo, v. 6, 1901, p. 271; LACERDA E ALMEIDA, Francisco José de. *Diário da viagem do Dr. Francisco José de Lacerda e Almeida pelas Capitanias do Pará, Rio Negro, Matto Grosso, Cuyabá, e São Paulo, nos annos de 1780 a 1790*. São Paulo: Typ. Costa Silveira, 1841, p. 69.

21 IANTT, Papéis do Brasil, cód. 6, f. 36. Carta Régia ao Conde de Sarzedas, governador de São Paulo, Lisboa, 11 mar. 1732.

22 IANTT, Papéis do Brasil, cód. 6, f. 3. Provisão de 8 maio 1732 ao Conde de Sarzedas, governador e capitão-general de São Paulo. A Carta Régia de 21 jan. 1732 já ordenara ao mesmo governador que desse todo o auxílio necessário à vila de Cuiabá. IANTT, Papéis do Brasil, cód. 6, f. 18. Carta Régia ao Conde de Sarzedas, Lisboa, 21 jan. 1732. Outras Cartas Régias do mesmo teor foram enviadas nos anos seguintes: IANTT, Papéis do Brasil, cód. 6, f. 71. "Provisão ao governador de São Paulo assinada por Lopes Lavre e dois conselheiros determinando que se continue a fazer a guerra ao gentio Payaguá", 17 out. 1733; IANTT, Papéis do Brasil, cód. 6, f. 178-179. Provisão de 15 nov. 1735, pedindo ao governador de São Paulo informações sobre a guerra contra os Payaguá. Ao mesmo tempo, novas recomendações para que os índios "amigos" fossem retirados do cativeiro e enviados para aldeamentos aos cuidados de religiosos: IANTT, Papéis do Brasil, cód. 6, f. 91. "Provisão sobre a forma de se proceder para evitar que os índios vivam em escravatura e mandando que se proceda ao seu aldeamento", de 13 ago. 1735, assinada por Lopes Lavre e dois conselheiros.

os portugueses enviaram contra os índios do Paraguai: contava 28 canoas de guerra e 842 homens, entre brancos, negros e índios. Uma memória anônima, chamada apropriadamente de "Rellação da senguinolenta guerra", deu conta de que, uma vez no alojamento dos índios, esperou-se que fosse noite para dirigir um ataque súbito. Os índios foram acordados com caixas de guerra e tiros de peças de artilharia. Mal se aproximaram da praia, "chegaram à boca do canhão, logo recebendo chuveiros de balas em si, das cargas sucessivas que as nossas armas disparavam que todas as balas e perdigotos em seus agigantados corpos se aproveitaram". Acabada a "batalha" na forma referida, "entraram os soldados a saquear as barracas", segundo os termos do mesmo informe, e aprisionaram "as poucas mulheres que ficaram vivas e com elas algumas crianças, que tudo fez o número de 250 almas, porque toda a mais multidão perdeu a vida a fogo e a espada". Os soldados ainda cortaram 50 cabeças dos mortos e as deixaram espetadas em paus na borda da praia, "e para que ficasse acabado, depois de pôr todas as canoas em rachas, concluíram com o castigo com fogo em todas as barracas".[23] O jesuíta José Cardiel obteve a notícia de que essa bandeira exterminou 500 índios, e que um detalhe coroou o massacre: as cabeças de alguns deles foram levadas em cestos como troféu ao governador de São Paulo.[24]

De todo modo, não deixava de ter alguma conveniência, em contextos de disputa entre as Cortes pela demarcação territorial, divulgar a imagem de que os rivais deliberadamente armavam os gentios e estimulavam incursões. Esse tipo de discurso ao mesmo tempo reproduzia os estereótipos da "barbárie" e eclipsava os esforços desses índios por se apropriarem de alguma sofisticação bélica adventícia. Antonio Rolim de Moura chegou a afirmar, em carta de 1754,

> que por ora quase todos os Escravos que forão parar a Assumpção hé por mão do Payagoá a quem a dita Cidade os compram por terem ordinariamente pazes com o dito Gentio e allgua presumpção ha que os mesmos Castelhanos lhes dão armas, por se haverem em varias occaziõens achado algumas lanças com choupos de ferro tão polidas e bem feitas que não pareciam fabricadas pello Gentio.[25]

Na verdade, como observara o governador do Paraguai, os índios eram ativos em buscar, por si mesmos, apropriar-se dessa tecnologia. Os Payaguá eram bem recebidos "por cazas tan

---

23 IANTT, Papéis do Brasil, cód. 1, f. 122-125. "Rellação da senguinolenta guerra, q' por Ordem, direcçao, e Regim.to do Ex.mo S. Conde de Sarzedas G.or e Capp.m Gn.al da Capp.nia de S. Paulo e Minnas anexas, foy fazer M.el Ro'z de Carv.º Tn.e Gn.al do Governo da d.a Cappitania ao Barbaro, Indomito, e Intrepido Gentio Chamado Payaguá", com início em 5 set. 1733.

24 AGN, Sala 7, Colección Andrés Lamas, n. 52. CARDIEL, José. "Viage que hacen los portugueses de S. Pablo a Cuiavá, precedido de noticias sobre una carta geográfica levantada por el autor" [ant. 1754], f. 15v. A dar crédito aos números do cronista Barbosa de Sá, foram mortos 600 índios, ao passo que entre os portugueses as baixas somaram dois negros e um mulato (SÁ, "Chronicas do Cuyabá", *op. cit.*, p. 80).

25 AHU, MT, cx. 7, d. 451. Antonio Rolim de Moura a Diogo de Mendonça Corte Real, Vila Bela, 5 set. 1754.

menildas [sic] y de ninguna estimación" dos subúrbios da capital, e ali compravam cunhas, machados, facas e facões.²⁶ "Con estas herramientas pasavan a casa de los herreros quienes les hacian mojarras, y recatones de lanzas, terciados, y casquillos de flechas. Con q' en mas t.po de año y medio se rehisieron de mejores armas q' los españoles". A qualidade das novas armas impressionava os *vecinos*: "hasta sus macanos q' eron de madera, a forma de garrotes, las llegaron a poner ruedas de bronze con puntas agudas en ellos, remates q' conseguían de los plateros".²⁷ Para atalhar esse problema, um bando de "buen gobierno" ordenou que "ningún maestro u oficial de los que trabajan en acero, o fierro, haga lanzas, hachas y otros cualesquiera instrumentos para los indios infieles", sendo as penas excomunhão, 40 *pesos* e desterro perpétuo à época de Pedro Melo de Portugal,²⁸ e à época de Lazaro de Ribera, de 50 açoites e um mês de prisão da primeira vez, e 100 açoites e desterro por um ano na segunda.²⁹

A imagem de "índios bárbaros" relacionada aos Payaguá ainda não se havia dispersado no início da década de 1790, quando o governador do Paraguai, Joaquín de Alós, após fazer batizar 152 crianças, requisitou ao *Consejo de Indias* auxílios para sua redução. Ele argumentava que eram os mesmos Payaguá quem "han profesado siemp.e una natural aberción a nuestra religión, nunca han guardado fidelidad qual correspondía a la pas y seguridad que siempre se las ha ratificado de nuestra parte", sendo responsáveis por praticar toda a sorte de hostilidades contra espanhóis e portugueses, a mais recente em 1788. Entretanto, "de pocos años a esta parte se han sivilisado y morijerado en el trato, menos en la embriagues, franqueándose a nuestra amistad y comunicación".³⁰

Também entre os jesuítas que atuavam em Mojos se verificava a preocupação de classificar e hierarquizar os grupos, segundo sua aparente semelhança com as noções europeias de *"vida en policía"*. A *Annua* de 1596 falava, referindo-se aos Mojos, em "gente vestida y política",³¹ e o superior Juan de Beingolea seguia vendo os Baure como "la mas política que se a encontrado".³²

É muito simplista, já se vê, afirmar que os jesuítas enfatizavam a falta de "polícia" e "governo" entre os índios para legitimar seu esforço evangelizador. As opiniões eram bastante diversificadas, sendo certo que não faltava quem divulgasse uma imagem de "bárbaros" sobre

---

26 AGI, Charcas, 216. Diego de los Reyes Valmaseda, governador do Paraguai, ao rei, Assunção, 24 jul. 1719, f. 2v.
27 *Ibidem*.
28 ANA, SH, v. 143, n. 16. Bando de Buen Gobierno, Assunção, 13 fev. 1778, §18-19.
29 ANA, SH, v. 163, n. 26. Auto de Buen Gobierno, Assunção, 23 dez. 1796, §17; reiterado mais uma vez em 1801, o que evidencia a continuidade desse comércio entre espanhóis e "índios infiéis" (ANA, SH, v. 168, n. 1. "Auto en el que reitera la prohibición", Assunção, 28 nov. 1801).
30 AGI, Buenos Aires, 283. Joaquín de Alós ao rei, Assunção, 26 out. 1792, sobre a redução dos Payaguá e Guaná, f. 2.
31 RAH, Jesuitas, t. 81, f. 71-76v. "Misión o residencia de Santa Crus de la Sierra" [c. 1596], f. 75.
32 AGI, Charcas, 474. "Informe del Capitán General y Gobernador de Santa Cruz de la Sierra Don Alonso Berdugo sobre el estado de las misiones de Mojos, sus poblaciones, misioneros y gente existente", pelo superior Juan de Beingolea, San Lorenzo, 8 jan. 1764, f. 14.

os mesmos grupos que pareciam tão polidos a outros padres: assim, na "Breve noticia" de 1700, atribuída a Pedro Marbán, constava que "los indios [son], en sus costumbres y ritos, más que otros bárbaros sin policía ni gobierno". Sem lideranças, entregues às bebedeiras, matavam-se cruelmente.[33] Em compensação, nem todos os missionários concordavam em generalizar a imagem de "índios bárbaros" para todas as populações que viviam em Mojos: como escreve o autor de uma breve biografia do padre Cipriano Barace, se "no se hallan entre los Moxos, ni leyes, ni govierno, ni policia, nadie manda, y nadie obedece", entre os Baure, a situação era diferente: "esta nación es mas humana, que la de los Mojos", "sus lugares son mas numerosos: en ellos se ven calles, y plazas de armas", "cada pueblo esta rodeado de una buena palizada", "eligen por capitanes a los que tienen mas valor y experiencia, y se sugetan a ellos", e finalmente, "el terreno parece mas fértil, que en otras partes".[34]

Que certas diferenças culturais existentes entre os indígenas da América dificultassem sobremaneira sua redução era um tema que não podia deixar de preocupar os jesuítas. Se alguns grupos haviam sido reduzidos, com maior ou menor dificuldade, durante o século XVII, os missionários chegavam à metade do século XVIII com o desafio de converter aqueles que pareciam impossíveis de sê-lo. Daí a importância de uma memória redigida pelo padre José Cardiel com o título "Medios para reducir a vida racional y cristiana a los indios infieles que viven vagabundos sin pueblos ni sementeras", datada de Buenos Aires, 20 de dezembro de 1747.[35] Argumentava Cardiel que havia três tipos de índios na América: os que viviam em povoações; os que plantavam, mas desperdiçavam suas colheitas; e os que não tinham nem moradia, nem sementeiras, e tinham adquirido cavalos aos europeus. Os dois primeiros eram fáceis de reduzir, os últimos não.

> El convertir al christianismo a estos cuesta mucha dificultad; [...] es necesario llevarles muchas vacas para su sustento; [...] es preciso darles de vestir a todos; y como no tienen casas, sino unas bárbaras tiendas de pocas esteras, o de cueros de caballo, [...] es necesario hacerles casas, y para esto llevar muchos jornaleros y pagarlos más que en poblado por los mayores peligros a que se exponen entre bárbaros.

---

33 AGI, Lima, 407. MARBÁN, Pedro, S.J. "Breve noticia de las misiones de infieles, que tiene la Compañía de Jesús de esta provincia del Perú en las provincias de los Mojos", 1700; há transcrição em: BARNADAS, Josep María; PLAZA, Manuel (eds.). *Mojos, seis relaciones jesuíticas*: geografía, etnografía, evangelización, 1670-1763. Cochabamba: Historia Boliviana, 2005, p. 56.

34 "Relación abreviada de la vida y muerte del padre Cypriano Barraza, de la Compañía de Jesus, fundador de la misión de los Moxos en el Peru. Impresa en Lima por orden del ilustrísimo señor Urbano de Matha, obispo de la ciudad de la Paz" [1704]. In: *Cartas Edificantes, y curiosas, escritas de las misiones estrangeras*. Madri: Imp. de la Viuda de Manuel Fernández, 1755, v. 7, p. 117.

35 ARSI, Paraquariae, v. 24. "Medios para reducir a vida racional y cristiana a los indios infieles que viven vagabundos sin pueblos ni sementeras", por P. José Cardiel, Buenos Aires, 20 dez. 1747.

Portanto, "es menester un caudal muy cuantioso".[36] Diferente da visão predominante no *Consejo de Indias*, Cardiel acreditava que não vinha ao caso pedir donativos a particulares: era preciso a intervenção do Estado. Para tanto, sugere alguns meios para recolher esses recursos: taxar em 25% os lucros dos comerciantes que internavam produtos no Peru pela via de Buenos Aires; ou taxar apenas o ferro em 50%; ou mandar que os navios que chegavam a Buenos Aires fossem recolher sal, cuja renda seria destinada às missões; ou ainda: diminuir em duas companhias os que serviam nos presídios de Buenos Aires e Montevidéu, e repassar os 16 mil *pesos* de seus soldos aos jesuítas; finalmente, sacar 10 mil *pesos* dos 80 mil arrecadados anualmente pelo bispado de Chuquisaca.[37] De todas essas sugestões, o essencial a notar é que havia um projeto alternativo dos jesuítas para a conquista dos "índios bárbaros": instalar e manter missões com recursos públicos. Projeto esse radicalmente distinto da visão que prevaleceu no *Consejo de Indias*, a saber, de um lado, a conquista militar, a redução através de "entradas" que forçassem a capitulação, como tentará levar a cabo, posteriormente, o governador Pedro de Ceballos; e de outro, a transferência dos custos das reduções aos *vecinos*, atraídos a realizarem donativos com promessas de mercês.

Uma guerra conveniente

A imagem de "bárbaros" que praticavam hostilidades de todo o jaez contra os colonos, qualquer que fosse seu fundamento, era o pretexto preferido por vice-reis e governadores para dissimular objetivos expansionistas concretos, que estavam por trás da instalação de novas fortificações na fronteira. Não fugiu a essa prática o vice-rei Nicolás de Arredondo quando, iniciadas as obras do forte Borbón, recomendou ao governador do Paraguai que "la ocupación de esa Vanda oriental se haga al pretexto de contener a los indios infieles y como providencia que ha tomado V.S. por si sin previa consulta a este Superior Govierno", com que se pretendia evitar dar motivos aos portugueses para não desalojarem Coimbra e Albuquerque.[38] Quando questionado pelo governador do Mato Grosso, Joaquín de Alós respondeu exatamente como recomendado, e acrescentou que o forte Borbón também seria útil aos portugueses, "y siempre que esos dominios padeciesen extorsion de parte de ellos", os "índios bárbaros", com quem na verdade Alós estava estabelecendo aliança e amizade, "me encontrará V.E. pronto no solo p.a escarmentarlos, sino también con todo el favor y ayuda que pueda prestarle".[39]

Alegação recorrente para dissimular a expansão territorial, o recurso à imagem de "índios bárbaros" que hostilizavam continuamente os colonos foi utilizado pelos portugueses quando instalaram o presídio de Iguatemi, no vale do rio Paraná, em 1767. Assim, tendo sido enviado o

---

36 *Ibidem*, f. 1v.

37 *Ibidem*, f. 9v-14.

38 AHN, Estado, 4443, carpeta 4, n. 16. Nicolás de Arredondo a Joaquín de Alós, Buenos Aires, 18 maio 1792, f. 1-1v.

39 AHN, Estado, 4555, carpeta 10, n. 52. Joaquín de Alós a João de Albuquerque, Assunção, 31 ago. 1793.

tenente de governador da vila espanhola mais próxima, Curuguaty, a requerer ao comandante português as razões do novo estabelecimento, obteve como resposta que aquela tropa

> avia ido a explorar los sertones de los Gentiles que perturbaban los caminos del Cuyabá, como son los Cayapones, y que para poder arruinarlos se hacia preciso dar con ellos en aquel Río de Gatimi, y entrar por el arriva y assimismo para poder castigar a los Ynvayases, y otros, que tantas veces tenian hecho hostilidades grandes en mencionado camino.[40]

Não foi a única vez em que o governador de São Paulo recorreu ao pretexto de incursões de índios hostis para adiantar estabelecimentos. Como informou ao governador de Mato Grosso em carta de 13 de agosto de 1770, o Morgado de Mateus instruíra o comerciante Luiz de Araújo Coura a passar ao Cuiabá não pela rota do rio Pardo, comumente seguida pelas monções, mas pelo rio Iguatemi e melhor caminho que descobrisse entre os afluentes do Paraguai.[41] O comerciante levava consigo um despacho cujo teor dava a crer que tivera vários contratempos até a barra do rio Pardo, como a fuga de escravos, doenças dos trabalhadores e emborcação de duas canoas, com perda de cargas de negócio e mantimentos, tendo-lhe aparecido "o Gentio Cayapó atacando fogos de muito perto logo à entrada daquele Rio".[42] A expedição realmente fracassou, não porque tivessem encontrado índios, mas porque escolheram um afluente do Paraguai de difícilima navegação e depressa se esgotaram os mantimentos.[43]

A imagem artificialmente sustentada por elites locais e mesmo governadores sobre "índios bárbaros" potencialmente capazes de destruir as vilas de espanhóis era constituinte de um discurso sobre a guerra que sustentava pedidos ou manutenção de isenções, privilégios e benefícios.[44] O mais elementar era, naturalmente, o de possuir *encomiendas*, já que índios capturados em guerras serviam permanentemente na modalidade de *originarios* ou *yanaconas* (à diferença dos *mitayos*, que viviam em *pueblos* separados e trabalhavam por turnos).[45] Certos

---

40 AGI, Buenos Aires, 539. Minuta da carta do governador do Paraguai, Carlos Morphi, ao rei, Assunção, 27 abr. 1768.

41 Carta de Luiz Antonio de Souza a Luiz Pinto de Souza Coutinho, São Paulo, 13 ago. 1770. *DI*, v. 34, p. 258.

42 "Cópia da Petição que fizerão, ao Capitão-Mór Regente de Guatemy, Luiz de Araujo Coura e seus companheiros, comerciantes do Cuyabá", com despacho do comandante João Martins Barros, Iguatemi, 10 jul. 1769. *DI*, v. 34, p. 35-37.

43 "Attestação do que sucedeu ao comerciante Luiz de Araujo Coura e seus companheiros na occazião em que intentou achar varadouros do Rio Guatemy para o [Paraguai]", Cordilheira do Sertão de Iguatemi, 20 ago. 1769. *DI*, v. 34, p. 42-45.

44 ORTELLI, *Trama de una guerra conveniente, op. cit.*, p. 16.

45 Sobre a condição de vida dos índios que viviam sob os dois sistemas no Paraguai, ver: GANDÍA, Enrique de. *Francisco de Alfaro y la condición social de los indios*: Río de la Plata, Paraguay, Tucumán y Perú, siglos XVI y XVII. Buenos Aires: Ateneo, 1939, p. 97, 131-32; SUSNIK, Branislava. *Los aborígenes del Paraguay*, v. 2: Etnohistoria de los Guaraníes: época colonial. Assunção: Museo Etnográfico Andrés Barbero, 1980, p. 75-81, 84-85; GARAVAGLIA, Juan Carlos. *Mercado interno y economía colonial*. México: Grijalbo, 1983, p. 272-81.

setores da elite local do Paraguai seguiram resistindo até o fim da época colonial em que não se lhes quitasse esse benefício, em contrapartida do qual, teoricamente, prestavam serviço militar gratuito em defesa da província. A alegação de que os que participavam dessas entradas eram moradores pobres da província visava justificar a distribuição dos cativos para o serviço pessoal. Já em 1613, o procurador da cidade de Assunção, rechaçando a aplicação da ordenança 67 lançada pelo ouvidor Francisco de Alfaro, a qual proibira entradas aos "índios bárbaros" sem ordem do vice-rei, fazia uma defesa contundente da guerra "a fuego y sangre" contra os Guaykuru e Payaguá. O procurador argumentava que as entradas eram um benefício em uma província fronteiriça e pobre como o Paraguai: "los q.' han de ir a estas guerras, son moços, q.' no tienen encomiendas, y pobres, y q.' aun no alcançan para armas, y municiones, y assi prueba claro, q.' su mag.e no les dando paga, y quitándoles el serv.o de los q.' captivaren, y siendo obligados a que a su costa lleven municiones y armas, todo esto parece grande injusticia".[46] Realmente, as Ordenanças de Alfaro de 1611 reforçaram a proibição à realização de entradas contra índios bárbaros, reservando a faculdade de ordená-las apenas ao vice-rei, e definiram que as pessoas capturadas não pudessem ser repartidas arbitrariamente como até então se fazia.[47] Daí ter sido elogiado pelo *cabildo* o governador Francisco de Monforte, que distribuiu as "peças" da expedição dos 300 espanhóis contra os Guaykuru, Guaná e outros índios do Chaco, realizada em 1686, também à gente pobre, "que lo son sumamente por no haber tenido mas ejercicio que ser ellos primeros en las corredurías, guardias de las fronteras, y presidios a su propia costa y que son de calidad notoria algunos y con familias que alimentar".[48]

Nesse quadro, os reformistas do período bourbônico esbarravam em pesadas estruturas sociais dependentes da manutenção de uma *guerra conveniente* contra os chamados "índios bárbaros".[49] Como observa James Saeger, entre os signos de prestígio da elite local do Paraguai estavam a ancestralidade entre os conquistadores do século XVI, a participação no *cabildo* de Assunção, as patentes de altos postos militares e, especialmente, as mercês de *encomiendas*.[50]

---

46 AGI, Charcas, 112. "Parecer presentado ante la ciudad de la Asunción del Paraguay en 25 de febrero por el Procurador General de esta Ciudad, Don Francisco de Aquino, acerca de otro parecer de los P.P. jesuitas que acompaña, sobre el modo de combatir y defenderse de los indios guaycurus y payaguas", Assunção, 25 fev. 1613, f. 4v, 7.

47 AGI, Charcas, 19. "Ordenanzas hechas por el señor licenciado Don Francisco de Alfaro, oidor de su Magestad de la Real Audiencia de la Plata, para la gobernación del Paraguay y Río de la Plata", Assunção, 12 out. 1611, §66-67. In: HERNÁNDEZ, Pablo. *Organización social de las doctrinas guaraníes de la Compañía de Jesús*. Barcelona: Gustavo Gili, 1913, v. 2, p. 673.

48 AGI, Charcas, 261. Carta do *cabildo* de Assunção sobre o governo de Francisco de Monforte, 10 jun. 1689, f. 464v.

49 Em Tucumán, a manutenção das *encomiendas*, proibidas alhures, atendia aspiração da própria Coroa em "contar con unas milicias privadas que aliviasen de gastos a las Cajas Reales". Os *encomenderos* eram obrigados a disponibilizar armas e cavalos, servir nos presídios ou pagar taxa de isenção, e contribuir com 10 *pesos* para manter as guardas (VITAR, *Guerra y misiones en la frontera chaqueña del Tucumán*, op. cit., p. 128-29, 136).

50 SAEGER, James Schofield. Survival and abolition: the eighteenth century Paraguayan encomienda. *The Americas*, v. 38, n. 1, 1981, p. 60.

O autor mostra que a Coroa procurou de várias maneiras acabar com a instituição, mas apenas conseguiu manter maior controle sobre o processo de distribuição e, já no reinado de Carlos III, incorporar um bom número de *encomiendas* vagas ao patrimônio Real.[51] Em 1777, o governador Agustín de Pinedo decidiu acelerar o processo: impôs multas aos acusados de maltratar os índios, evitou novas concessões por duas vidas e enviou ao *Consejo de Indias* um projeto de incorporação de todas as *encomiendas* à Coroa sem indenização.[52] Com os recursos que ingressariam na *Real Hacienda*, o governador esperava custear uma tropa paga permanente, composta de 600 homens, ao custo anual de 80 mil *pesos*. Pinedo atacava um aspecto institucional da maior importância, pois a existência das *encomiendas* era o que sustentava a obrigação de todos os vassalos da província, mesmo os que não as recebiam, de servirem à sua custa na defesa dos presídios, de modo rotativo, durante alguns meses ao ano. Incorporadas as *encomiendas* e instituída a tropa paga, "los habitantes gozarán de libertad", previa o governador, "dedicaran todo el tiempo, unos a sus labranzas, y cosechas, y otros al beneficio del estimado fruto de la Yerba exentos del servicio militar, en q.e gastan la mitad del año con no pequeños gastos".[53] Naturalmente, o projeto terá encontrado incisiva oposição da elite local, que preferia manter o privilégio das *encomiendas*, com que sustentavam seu prestígio social e seus ganhos econômicos. O problema do serviço militar obrigatório e gratuito, aliás, como o próprio Pinedo observou, não atingia diretamente os *encomenderos*, que tinham dinheiro para comprar sua isenção, mas a gente pobre da província.[54] Como sugere Saeger, o fracasso dos governadores reformistas em extinguir as *encomiendas* no Paraguai deveu-se ao fato de que a instituição já se cristalizara em uma verdadeira estrutura social, em que estavam interligados a permanência da guerra contra os "índios bárbaros", a continuidade do serviço nos presídios da fronteira do Chaco e o pacto de lealdade dos vassalos em relação ao monarca. Se a Coroa rompesse o pacto e retirasse as *encomiendas*, ninguém se veria obrigado a gastar um *maravedi* com a defesa da província.[55] Talvez por essa razão o *Consejo de Indias* tivesse recebido com tanta cautela os projetos de Agustín de Pinedo e de outros que visavam inovar o sistema defensivo do Paraguai. O fiscal de Nova Espanha, em seu parecer, limitou-se a dizer que "un plan tan basto grave, y que causa

---

51   *Ibidem*, p. 68.

52   *Ibidem*, p. 68-70. O projeto de Agustín de Pinedo consta em um longo informe endereçado ao rei: ANA, SH, v. 142, n. 4. Governador Agustín de Pinedo ao rei, Assunção, 29 jan. 1777, f. 30-79v; outra cópia com a mesma data em: AGI, Buenos Aires, 322, n. 5. Existe uma cópia sem qualquer alteração datada de 1775 em: AGI, Buenos Aires, 240. Agustín de Pinedo ao rei, Assunção, 29 maio 1775.

53   ANA, SH, v. 142, n. 4. Governador Agustín de Pinedo ao rei, Assunção, 29 jan. 1777, f. 64v.

54   *Ibidem*.

55   SAEGER, Survival and Abolition, *op. cit.*, p. 76.

un trastorno tan universal en el gobierno actual del Paraguay [...] exige para su aprecio que se funde en unos hechos tan sólidos, verídicos, inegables, y urgentes que lo califiquen".[56]

O *cabildo* de Assunção tentou muitas vezes, e sem sucesso, convencer o *Consejo de Indias* de que sua situação de fronteira com "índios bárbaros" deveria ser compensada, se não com algum privilégio, pelo menos com os recursos das sisas que os produtos da província pagavam em Santa Fé. Esse imposto incidia sobre os itens que o Paraguai exportava, cobrando-se no porto daquela cidade um *real* por cada *tercio* de erva, dois *reales* em cada arroba de açúcar, dois em cada arroba de tabaco e dois em cada arroba de algodão.[57] Em carta de maio de 1748, o *cabildo* alegava, como já o fizera outras vezes, que os *vecinos* consumiam seus bens servindo às próprias expensas em 23 presídios "contra cinco naciones infieles Mbaya, Abipon, Lengua, Payagua y Monteses", que continuamente os hostilizavam.[58] Dois meses depois, foi a vez do governador pressionar os ministros do Reino, pois soubera que em Santa Fé alguns espanhóis compravam os despojos que os "bárbaros" para lá conduziam: ora, a sisa que os produtos do Paraguai pagavam naquele porto serviam para custear as tropas, mas aquela cidade mantinha paz com os mesmos índios que atacavam o Paraguai.[59]

Reproduzir a imagem de que as vilas estavam prestes a ser tomadas por hordas de "bárbaros" era perfeitamente útil, ainda segundo Sara Ortelli, para dissimular e encobrir os reais responsáveis pelos roubos de gado, assaltos e depredações. Como a autora mostra para o caso de Nueva Vizcaya, devassas realizadas na década de 1770 descobriram que as hostilidades foram realizadas por grupos de "*infidentes*" ou "*cuadrillas*" de índios já reduzidos, espanhóis, mulatos, negros, *coyotes*, gente de castas, fugitivos de *pueblos* e da justiça, malfeitores e estrangeiros, e não pelos Apache, a quem, por outras razões políticas e econômicas, interessava às elites locais responsabilizar.[60] Historiadores têm sido mais cautelosos em aceitar de modo acrítico afirmações de que os chamados "índios bárbaros" foram responsáveis por incursões e roubos em

---

56 Além de considerar sem suficiente comprovação documental as afirmações de Pinedo sobre os *encomenderos* que compravam isenções e mesmo se recusavam a defender a fronteira contra os bárbaros, o fiscal observou que "no se ha oído a los poseidores de las encomiendas, de aquel contorno, no obstante se trata de despojarles de su usufruto" (AGI, Buenos Aires, 240. Minuta do informe do fiscal de Nova Espanha, 3 jul. 1777).

57 AGI, Charcas, 220. O *cabildo* de Assunção ao rei sobre a pobreza da província e os males provocados pelo pagamento da sisa cobrada sobre a erva enviada a Santa Fé, Assunção, 30 ago. 1720.

58 AGI, Buenos Aires, 302. "Representación de la ciudad de la Asunción del precario de dicha provincia", Assunção, 10 maio 1748. Ver também: AGI, Charcas, 220. "Carta del Cabildo de la ciudad de la Asunción del Paraguay a S. M.", 16 jul. 1714.

59 AGI, Buenos Aires, 48. Marcos Larrazabal, governador do Paraguai, ao Marquês de la Ensenada, Assunção, 25 jul. 1748.

60 ORTELLI, *Trama de una guerra conveniente, op. cit.*, p. 130-32. Segundo concluiu um governador, "la mayor parte, si no todas, las referidas hostilidades las ha causado los reos de infidencia descubiertos en esta provincia". Para seguir com privilégios de "fronteiriços", como isenção de impostos e acesso a trabalho indígena forçado, os moradores de Chihuahua e Parral culpavam os Apache, "que no las han cometido ni aun tenido noticia de ellas". Felipe de Neve a Gálvez, 1784, e do mesmo à Coroa, 1787 *apud* (*ibidem*, p. 118-19).

áreas fronteiriças. Não poucas vezes, atribuir uma suposta "hostilidade" a esses grupos ou bem podia ser um pretexto para fins de expansão territorial, acesso à força de trabalho ou manutenção de privilégios, ou podia ser uma forma de encobrir os verdadeiros responsáveis.[61]

Perpetuar a imagem de "bárbaros" era conveniente, portanto, para desviar a atenção dos envolvidos. Para o espaço rural do Paraguai, ao parecer do engenheiro Julio Ramón de César, uma vez que muitos colonos, tendo sido recrutados à época das colheitas, perdiam sua subsistência, era comum lançarem-se, com o ardil possível, contra seus mesmos *vecinos* das redondezas, "a quienes roban sus vacas, y bueyes, p.a alimentarse con ellos, o bien entran en los mayzales de donde sacan de noche buenas cosechas llevándolas a sus casas". Era igualmente frequente deslocar animais para esses cultivos que foram roubados, dando a impressão de que eles os consumiram. Os juízes rurais "las mas veces alucinados de alguna pasión, q.' los dominaba, atropellan guiados de su capricho persiguiendo al q.' aviste", sendo o caso aí também de culpar os "índios bárbaros". Nessa estranha lógica de autorreprodução da guerra e da imagem de hostilidade dos índios a ela atrelada, os colonos eram obrigados a servir em presídios, com dano de seus cultivos e produções, visando reprimir supostos roubos praticados por *"infieles"*, quando muitos dos próprios colonos praticavam esses roubos, motivados pela pobreza em que lhes lançara o serviço da fronteira.[62]

Alguns capatazes provavelmente trocavam o gado com os índios e depois os acusavam de abigeato, segundo entende o historiador Daniel Santamaría.[63] Pedro Gracia, comandante de Villa Real de la Concepción, por exemplo, em informe de 24 de novembro de 1796, notava que:

> en las estancias en donde han tenido capataces de celo y conducta no se ha verificado ningún robo, pero sí en aquellas que han estado abandonadas a la discreción de capataces sin conducta, ni obligaciones, los cuales no se embarazan en hacer contratos y ventas de ganados a los mismos indios suponiendo robos donde no los hay.[64]

---

[61] Assim, no Chile, durante o parlamento de Tapihue, realizado em dezembro de 1764, provavelmente devido às queixas dos índios, estabeleceu-se no artigo sétimo do pacto ali tratado "que los españoles no les engañen dándoles por sus ponchos, sal o piñones algunas especies hurtadas, como son caballos y ganados que después los cobran y quitan los propios dueños" (LEVAGGI, Abelardo. *Diplomacia Hispano-Indígena en las fronteras de América*: historia de los tratados entre la Monarquía española y las comunidades aborígenes. Madri: Centro de Estudios Políticos y Constitucionales, 2002, p. 117).

[62] RAH, CML, t. 60, f. 1-228. "Descripción de la provincia del Paraguay, sus producciones naturales, con observaciones sobre la agricultura, costumbres, y carácter de sus habitantes por Don Julio Ramón de César", 1790, f. 68v.

[63] SANTAMARÍA, Daniel J. La guerra Guaykurú: expansión colonial y conflicto interétnico en la cuenca del Alto Paraguay, siglo XVIII. *Jahrbuch für Geschichte Lateinamerikas*, Colonia, n. 29, 1992, p. 139, 146.

[64] AGN, Sala 9, 30-05-08, Interior, leg. 41, exp. 21. Informe de Pedro Gracia, 24 nov. 1796; o artigo citado de Daniel Santamaría chamou a minha atenção para esse documento.

Do mesmo modo, é possível multiplicar os exemplos de casos como o de certo Nasario Gonzales, morador da região de Remolinos, que em 1802 enviou um pedido de socorro ao governo, denunciando que os "índios bárbaros" do Chaco lhe haviam tomado 800 a 900 cabeças de gado, "con bastantes bueyes y caballos y bastantes yeguas".[65] Uma averiguação formal, no entanto, constatou que não foram mais que 30 ou 40 os animais roubados, no que estiveram de acordo cinco testemunhas, entre moradores e militares destacados para a região.[66]

A guerra contra os "índios bárbaros" pode ter sido, portanto, artificialmente sustentada por setores que possuíam interesses em sua manutenção, incluídos aí os próprios governadores. Assim, o vice-rei Marquês de Avilés criticou, em relação ao Paraguai, o que via como "bien abusivo y tiránico": sustentarem guerras apenas para manter as fontes de arrecadação que o sistema de recrutamento propiciava. Ora, dentre os ingressos importantes do chamado Ramo de Guerra, fundo que os governadores tinham à sua disposição e do qual não precisavam prestar contas a ninguém, estavam os 40 *pesos* anuais que moradores "*sin feudo*" pagavam para eximir-se do serviço militar, e os 60 *pesos* que pagavam os *encomenderos*. "Para aparentar la inversión de este ramo, se hacen algunas incursiones en el país del Chaco, tan inútiles como perjudiciales [...] a los indios gentiles, a quienes hostigan y obligan a ser enemigos nuestros".[67] Também o engenheiro Julio Ramón de César observara criticamente o uso que o governo fazia desse Ramo de Guerra, "caudal crecido de mas de 3 mil pesos de plata enteramente a la disposición de los gobernadores, q.' nunca han dado ni dan cuenta de el, y lo manejan a su arbitrio, abusando de esta condescendencia en perjuicio del vecindario y a beneficio propio".[68] Governadores atuavam, ainda, como comerciantes e credores, financiando os gastos indispensáveis dos *vecinos* com vacas, mulas, armas e petrechos, que deviam levar à sua custa nas expedições que o próprio governo determinava. Para o abastecimento da entrada dos 300 espanhóis contra os Guaykuru, Guaná e Payaguá, referiu o governador Francisco de Monforte que "los cavallos y vacas los he buscado prestados a mi credito" e que "para esta entrada ha sido preciso empeñarme en tres mil pesos y a no haver ido assi no haviera cavido en la posibilidad executarla, por que la gente que ha pasado a hacer la guerra a los enemigos baya con la prevención necesaria".[69]

---

65 ANA, CRB, n. 70, d. 1. Nasario Gonzalez a Lazaro de Ribera, Tesos, 22 jan. 1802.

66 ANA, CRB, n. 70, d. 8. "Autos", inicio em Remolinos, 16 fev. 1802.

67 "Informe del virrey Avilés", Buenos Aires, 21 maio 1801. *Revista de la Biblioteca Pública de Buenos Aires*, t. 3, 1881, p. 487.

68 RAH, CML, t. 60, f. 1-228. "Descripción de la provincia del Paraguay, sus producciones naturales, con observaciones sobre la agricultura, costumbres, y carácter de sus habitantes por Don Julio Ramón de César", 1790, f. 67.

69 AGI, Charcas, 261. Carta do governador do Paraguai, Francisco de Monforte, ao rei, Assunção, 19 jul. 1686, f. 363; AGI, Charcas, 261. Carta do governador do Paraguai, Francisco de Monforte, ao rei, Assunção, 10 maio 1686.

As ambiguidades da política de "pacificação" nos domínios espanhóis

Aplicada em toda a América espanhola, a nova política de atração pacífica pelo comércio impunha um desafio aos governadores das províncias. Como continuassem as incursões dos "índios bárbaros" contra fazendas, missões e presídios, e não pudessem ser respondidos pela força das armas, aumentava a indisposição com as elites locais, que se viam prejudicadas com os danos às suas propriedades e com a proibição de atacarem os índios. Para mais, não poucos governadores e ministros do *Consejo de Indias* permaneciam convencidos de que a atração dos índios fronteiriços para reduções, onde viveriam em paz e paulatinamente seriam "civilizados" pelo comércio com os espanhóis, como recomendavam as ordens régias, exigia a capitulação dessas populações ante uma bem organizada "entrada" militar. Em outros termos, a paz seria o resultado da rendição e do medo, e somente assim "escarmentados", como se dizia, os "índios bárbaros" seriam abatidos em seu orgulho e aceitariam viver em povoações "civis". Pedro de Ceballos, governador de Buenos Aires, e Julián de Arriaga, ministro de *Indias*, partilhavam dessa visão. Em carta de 15 de fevereiro de 1759, Pedro de Ceballos propôs ao *Consejo de Indias* que se fizesse uma "entrada general" ao Chaco, para o que também concorreriam as províncias de Tucumán e Paraguai, "a fin de que los ynfieles viéndose a un tiempo acometidos por todas partes, se vean en la necesidad de rendirse y sujetarse a vivir en poblado".[70] Dentre as vantagens, esperava-se a rendição dos bárbaros e que se oferecessem para viver em reduções, liberando as terras do Chaco para atividades produtivas e abertura do caminho de Buenos Aires e Potosí pelo rio Bermejo.[71] Com efeito, o poder central aprovou a "entrada general" em Real Cédula de 4 de outubro de 1759, e recomendou "que no se desista de ella, y se continue con el vigor, q.' se requiera hasta conseguir extinguirlos o reducirlos a vida civil, y Politica".[72] Ficava explicitada a ambiguidade da noção de "pacificação" de certos reformistas espanhóis, a quem a guerra ainda se afigurava como um dos caminhos para reduzir à vida em "polícia". Nas instruções à tropa de Santa Fé, Ceballos deixava claro que o objetivo não era propor uma negociação, mas forçar à capitulação: "y en encontrándose con alguna, o algunas Tolderías si fueren de los Agresores, procederá contra ellos con todo el rigor de la Guerra, pero sin cometer acción indigna de christianos, y españoles, ni quitar la vida a las mujeres, ni muchachos". Mesmo grupos que alegassem ser pacíficos deveriam ser revistados, se preciso com o uso da força: "les dirá que es forzoso reconocer si ay algunos de estos [cautivos] entre ellos, y efectivamente hará el reconocimiento, para sacar de su poder los cautivos que tuvieren, valiéndose para ello en caso necesario de las armas".[73] Entre os esforços conjuntos, destacou-se a atuação do Paraguai, cujo governador,

---

70   AGI, Buenos Aires, 536. Pedro de Ceballos a Julián de Arriaga, San Borja, 15 fev. 1759, f. 1.

71   *Ibidem*, f. 2.

72   AGI, Buenos Aires, 18. Minuta da Real Cédula ao governador de Buenos Aires, Pedro de Ceballos, Madri, 4 out. 1759.

73   AGI, Buenos Aires, 18. "Ynstrucción de lo que deverá observar el jefe que fuere mandando la Gente de Santa Fé en la próxima entrada general a las tierras del Chaco", por Pedro de Ceballos, Buenos Aires, 6 fev. 1759, f. 1, 2.

como Ceballos escreve a Arriaga em outubro de 1759, tomara suas medidas para que a gente de sua província saísse em número de mais de 500 homens, "abundantemente provistos de armas, cavallos, y viveres, embiandoles después oportunamente los socorros necesarios y dando quantas providencias podían conducir al buen éxito de la empresa".[74]

Qualquer que tivesse sido o impacto psicológico, sobre os chamados "índios bárbaros", da "entrada general" ao Chaco iniciada em 1759, o essencial a notar aqui é que os governadores envolvidos não deixaram de reivindicar à Coroa os méritos pelos pedidos de redução que, a partir daí, alguns grupos fizeram às cidades espanholas. Ceballos, por exemplo, atribuía à "entrada general" que coordenara o pedido por jesuítas que 300 índios Guaykuru fizeram em Assunção, ainda em 1760, evento geopolítico crucial na contenda hispano-portuguesa no centro da América do Sul. Sendo o mais interessante "ser una nación dilatada, de alguna economia, y aver repugnado en todos tiempos admitir misioneros, por mas que estos lo han solicitado", escreve o governador, "deviendose atribuir en lo humano este inopinado suceso al terror que causó a todos los que havitavan el Chaco, la expedición de que tengo dada quenta a V. E.".[75] Em maio do mesmo ano, Ceballos envia novas notícias sobre "la consternazión universal en que esta expedición puso a todas las naciones del Chaco": os Mocobí haviam aparecido em Santa Fé e os Toba em Tucumán, ambos pedindo missionários.[76]

Fazer política indigenista continuava sendo um meio importante de *arrivismo político*, não sendo de surpreender que Pedro de Ceballos atribuísse a si mesmo os méritos por terem sido alcançados os objetivos de paz, tão caros ao monarca, pelo caminho mais rápido e eficaz da força. Outras razões devem ter concorrido, sugere James Saeger, para que os grupos indígenas do Chaco tivessem aparecido nas capitais àquela época e solicitado reduções, como fatores ecológicos ligados à diminuição dos campos de caça, as doenças e a maior integração em circuitos de comércio.[77] Uma razão não implausível, como arguiu o padre Cardiel, era o desejo de "librarse de los continuos sustos en q.' viven", obrigados a mudarem-se continuamente devido a notícias "las mas veces falsas" de novas entradas.[78] Realmente, como já o fizeram os Abipón, os Guaykuru apareceram no ano de 1759 na capital do Paraguai e, de acordo com mais de um informe, reclamaram uma redução jesuítica em suas terras, mas não deram sinais de que viessem capitulados ou aterrorizados com expedições militares.[79]

---

74 AGI, Buenos Aires, 468. Pedro de Ceballos a Julián de Arriaga, San Borja, 15 out. 1759, f. IV.

75 AGI, Buenos Aires, 536. Pedro de Ceballos a Julián de Arriaga, Buenos Aires, 8 abr. 1760.

76 AGI, Buenos Aires, 304. Pedro de Ceballos a Julián de Arriaga, Buenos Aires, 30 maio 1760.

77 SAEGER, James Schofield. *The Chaco mission frontier*: the Guaycuruan experience. Tucson: University of Arizona Press, 2000, p. 24-25, 55, 59-60.

78 AGN, Sala 7, Biblioteca Nacional, 6234. Nota firmada por Joseph Cardiel referente al estado de los Abipones para hacer las paces y reducirlos, Buenos Aires, 19 set. 1747.

79 AGI, Buenos Aires, 171. Exortatório do governador José Martínez Fontes ao padre Nicolas Contucci, visitador da Companhia de Jesus, a respeito da paz estabelecida entre o governador Jaime Sanjust com os índios Guaykuru,

A "entrada general" foi suspensa a 22 de dezembro de 1760, como Ceballos informou a Arriaga, mas não porque se decidisse mudar de método. Os motivos alegados eram, de um lado, o sucesso evidente no pedido de reduções que vários grupos fizeram; e, de outro, os conflitos com os portugueses no sul, que impediam a diversão das tropas.[80] Como se lê em uma carta enviada ao ministro José de Gálvez em 1777, Ceballos seguia defendendo o uso da força: "Son tan inhumanos, que se deleitan en matar [...] y ya no hay esperanza alguna ni la mas remota, de convertirlos ni de que se reduzcan a vivir en pueblo fijo. En estas circunstancias, es indispensable, por la natural defensa, y seguridad publica, tratar seriamente de perseguirlos hasta su extinción".[81] A ambiguidade dessa política do poder central, em que guerra e pacificação formavam, juntas, um mesmo dispositivo de dominação, não podia ficar mais clara do que com a aprovação dada pelo *Consejo de Indias*, já a 2 de março de 1778, a que Ceballos fizesse a expedição.[82]

Pode-se localizar, entretanto, em algum momento do início da década de 1760, um *deslocamento do poder central espanhol em favor da pacificação sem o recurso às "entradas generales"*. Isso se depreende de uma consulta do *Consejo de Indias*, datada de 7 de novembro de 1763, em que os ministros recomendaram, de um lado, que para as novas reduções se destinasse 12 mil *pesos*, da sisa de Tucumán, e, de outro, que continuassem as entradas, embora sem abrir caminho pelo rio Bermejo, para não despertar interesse nos portugueses da Colônia.[83] Em 1º de dezembro de 1763, porém, Carlos III vetou a continuidade das entradas, "si se reconoce beneficio en el fruto de las nuevas misiones para atraher los indios con suavidad".[84]

---

22 jan. 1762. O padre Domingo Muriel refere que já há alguns anos que os Guaykuru visitavam Assunção para trocas e outros negócios. Em uma oportunidade, um cacique passava pela casa de campo dos jesuítas e pediu-lhes se podia deixar ali suas coisas. "Preguntando los Jesuitas si querían en su tierra los mensajeros de Dios, respondió que a él y a los suyos les sería de mucho gusto la Misión". O cacique acompanhou os padres até a capital e seguiu-se, diz o mesmo informante, uma amistosa reunião com o governador, ficando definido, a pedido da esposa do cacique, que os padres que estariam a cargo da nova redução seriam os jesuítas (MURIEL, Domingo, S.J. *Historia del Paraguay*: desde 1747 hasta 1767. Madri: Victorino Suárez, 1918, p. 233-34).

80 AGI, Buenos Aires, 304. Minuta da carta de Pedro de Ceballos a Julián de Arriaga, Buenos Aires, 22 dez. 1760, sobre a necessidade de suspender a expedição ao Chaco, com aprovação do *Consejo de Indias* em Madri, 15 dez. 1761.

81 AGI, Buenos Aires, 307. Pedro de Ceballos a José de Gálvez, Buenos Aires, 27 nov. 1777, f. 1v.

82 AGI, Buenos Aires, 307. Despacho do *Consejo de Indias* em Madri, 2 mar. 1778, sobre a carta de Pedro de Ceballos a José de Gálvez, enviada em 27 nov. 1777.

83 AGI, Buenos Aires, 468. Consulta do *Consejo de Indias* em Madri, 7 nov. 1763, acordada em 26 out. 1763 e resolução de S. M. em 1 dez. 1763, da qual se redigiu a Real Cédula de 12 fev. 1764, f. 1v, 5; ver também: AGI, Buenos Aires, 468. Parecer do senhor fiscal, Madri, 19 out. 1763, enviado à consulta do *Consejo de Indias* de 7 nov. 1763.

84 No última folha da referida Consulta, consta o seguinte parágrafo datado de 1 de dezembro de 1763: "Resolución de S. M./ Apliquense los diezmos de Indios del Paraguay como el Consejo propone, pero sin repetirse las entradas al Chaco, si se reconoce beneficio en el fruto de las nuevas misiones para atraher los indios con suavidad. Destinense desde luego para estas reducciones los doce mil pesos del ramo de sisa del Tucumán como expresa el Consejo, y manifieste mi R.l Gratitud a los gobernadores. Consejo de 1 de diciembre de 1763. Publicada y cúmplase lo que S. M. manda" (AGI, Buenos Aires, 468. Consulta do *Consejo de Indias* em Madri, 7 nov. 1763, acordada em 26 out. 1763 e resolução de S. M. em 1 dez. 1763, da qual se redigiu a Real Cédula de 12 fev. 1764, f. 6v).

Daí a Real Cédula fechada em Buen Retiro, 12 de fevereiro de 1764, que recomendava ao governador do Paraguai todo o empenho nas novas reduções, que passariam a contar com recursos do Estado: "para q.' estos [índios] vivan y se mantengan en las nuevas poblaciones, q.' se haian de hacer, he destinado desde luego doce mil pesos anuales del total del ramo de sisa, de la prov.a del Tucumán".[85] Quase um ano depois, a Coroa confirmou ao governador do Paraguai que o dinheiro para as novas reduções de "índios bárbaros" sairia das sisas de Tucumán, 12 mil *pesos* como já havia dito. A Real Cédula de 29 de janeiro de 1765 ainda isentava os recém--reduzidos, nomeadamente os Guaykuru e os Abipón, de qualquer tributação, vale dizer, do serviço em *encomiendas* e *mitas*, por um período de 10 anos.[86] O deslocamento do poder central espanhol em favor da pacificação é bem claro, nesse caso, pois o dinheiro da sisa de Tucumán, segundo um decreto de 24 de maio de 1734, estava destinado unicamente à manutenção dos presídios daquela fronteira.[87]

Sucede que esses 12 mil *pesos* nunca terão chegado à caixa da *Real Hacienda* do Paraguai. Governadores e *vecinos* insistirão, sem sucesso, até o fim da época colonial, para que o subsídio fosse efetivado. Em 1796, uma junta da municipalidade de Assunção decidiu, dentre as propostas para custear as reduções de índios Guaykuru, Guaná, Payaguá, Mocobí e outros, "promover, y agitarse la cobranza de doce mil pesos de plata anuales, q.' el rey n.tro señor tiene concedidos a esta provincia".[88]

---

85 RAH, CML, t. 105, f. 181-82v. "Real Cédula dirigida a Don José Martínez Fontes, gobernador del Paraguay, sobre las providencias tomadas con motivo de la entrada general que se hizo a las tierras de los indios del Chaco", Buen Retiro, 12 fev. 1764, f. 182v.

86 Quanto ao dinheiro, ele deveria ser usado para "formación de pueblos, manutención de doctrineros y demás gastos precisos para estas reducciones y otras que se hagan de los yndios q.' habitan el Chaco" (RAH, CML, t. 105, f. 285-285v. "Real Cédula en que se da noticia al gobernador del Paraguay de lo que se ha de observar para la subsistencia de las reducciones de indios Mbayás y Abipones, establecidos en aquella provincia", El Pardo, 29 jan. 1765).

87 A sisa de Tucumán teve origem nas deliberações resolvidas pelo *cabildo* provincial celebrado pelo governador Juan de Santiso y Moscoso em 1739. Naquela oportunidade, tratou-se do modo de conservar a província "de las imbasiones de los indios, que continuamente la hostilizaban", sendo aprovada pelo vice-rei Villagarcia, em 26 de abril de 1740, a decisão de manter uma tropa paga de 200 homens ao custo anual de 40 mil *pesos*. Para tanto, determinava a cobrança da sisa que incidiria sobre cada mula que saísse da província, 6 *reales*; terços de erva "de palos", 20 *reales*; de erva "camini", 30 *reales*; a cada dois odres de aguardente, 12 *pesos*; vaca, 3 *reales* etc. Os 200 homens seriam distribuídos nos quatro presídios fronteiriços de Balbucena, S. José, Santa Ana e Ledesma. À época do vice-rei Manuel de Amat (1761-1776), rendia anualmente 50 a 60 mil *pesos*, que auxiliavam as despesas dos 12 fortes e de algumas reduções que existiam em Tucumán (AGI, Buenos Aires, 468. Minuta de uma Real Cédula de 12 fev. 1764 e de outra de mesma data, insertas na Real Cédula firmada em Aranjuez, 22 abr. 1768, e enviada ao vice-rei do Peru, f. 1-1v; AMAT Y JUNIENT, Manuel de. *Memoria de gobierno* [1776]. Sevilha: Escuela de Estudios Hispano-americanos, 1947, p. 310-11, f. 123). Ver também: VITAR, *Guerra y misiones en la frontera chaqueña del Tucumán*, op. cit., p. 162, 164.

88 RAH, CML, t. 11, f. 163-64. "Acta de una junta del Ayuntamiento en que se trata de los arbitrios necesarios para sostener las reducciones del Paraguay", Assunção, 13 jul. 1796, f. 164. Outras propostas em pauta incluíam: exonerar, mediante tarifa, alguns colonos do serviço obrigatório em presídios; sacar dinheiro do Ramo de Guerra; pedir empréstimo a comerciantes (*ibidem*, f. 163v).

Entretanto, não parece razoável concluir daí que a Coroa espanhola passara a atuar na clave da política pacifista e abandonara inteiramente a da guerra ofensiva pois, como refere um historiador, essas mudanças foram lentas e o pragmatismo suplantou qualquer alteração radical.[89] O problema da realocação de recursos para custear as reduções permaneceu até o fim da época colonial. Tornou-se especialmente urgente por volta de 1795, diante da necessidade de dinheiro para reduzir os índios Payaguá e Guaná. Instado pelas autoridades locais, o *Consejo de Indias* se limitou a pedir novos pareceres antes de comprometer a *Real Hacienda*, "cuyos gastos de primera necesidad no permiten la distración de sus caudales en otros objetos por interesantes que sean". Alguém cogitou lançar a cobrança do dízimo sobre os 12 *pueblos* Guarani do Paraguai, mas "es una novedad que puede causar alteración, y seguirse de ella perjudiciales consecuencias, que deben evitarse".[90]

A falta de recursos para as reduções rapidamente as esvaziava e levava os índios a praticarem incursões contra os colonos, e a despeito das intenções pacificadoras, o poder central rara vez tinha condições de evitar expedições punitivas contra aquelas populações.[91] Assim, em 1789, o governador do Paraguai, Pedro Melo de Portugal, em carta ao cura responsável pela redução dos Guaykuru, Pedro Domingues, referia que esses índios, embora afavelmente recebidos em Assunção pelo próprio governador e mimoseados com itens de sua estimação, ao retornarem ao norte da província praticaram, pelo caminho, toda a sorte de roubos e depredações, e não contentes em recolher algumas reses em fazendas e confiscar os pertences da balsa condutora de erva, despojaram os soldados do presídio de Apitá "de la poca ropa, y bastimentas q.e tenían". Em consonância com a política oficial, porém, o governador recomendava que se deixasse bem clara aos índios a seriedade dos agravos cometidos, mas dada a disposição do governo em manter a paz, seriam perdoados, pois "aun incitado a valernos de la fuerza, y no usar de la condescendencia, de q.e V.m es testigo, y que sin embargo de todo, mi animo esta mui distante de inferirles la más mínima ofensa: que para ello es menester q.e ratifiquen de nuevo con pruebas y señales q.e nos guardarán lealtad en lo sucesivo".[92] Sem dinheiro para sustentar as promessas feitas aos grupos fronteiriços para que se mantivessem em reduções, os governadores não estavam em condições de interditar completamente que os índios se apropriassem de bens das fazendas da campanha, como uma espécie de tributo por permitir missionários e colonos em suas terras.

---

89 WEBER, *Bárbaros*, op. cit., p. 145-47.

90 AGI, Buenos Aires, 283. Minuta da consulta do *Consejo de Indias*, Madri, 4 mar. 1795; constituiu o texto da seguinte Real Cédula: RAH, CML, t. 117, f. 412-15. "Real Cédula al virrey del Río de la Plata sobre lo resuelto con motivo de la solicitud del gobernador intendente del Paraguay acerca de que se concedan algunos auxilios para contribuir al mantenimiento de tres reducciones de indios Payaguaes y Guanas", Aranjuez, 24 maio 1795.

91 Cf., por exemplo: ANA, SH, v. 165, n. 1. Lazaro de Ribera a Pedro Melo de Portugal, Assunção, 19 jul. 1796, f. 61-62; AGI, Buenos Aires, 322. Lazaro de Ribera ao Príncipe de la Paz, Assunção, 8 jul. 1803.

92 ANA, SNE, v. 3373. Pedro Melo de Portugal ao cura Pedro Domingues, 10 out. 1789.

A "liberdade" do Diretório e a permanência das bandeiras

Seja como for, em teoria pelo menos, havia uma nova ênfase na política indigenista, uma passagem da guerra à atração por meios pacíficos e à inserção dos índios em circuitos fronteiriços de comércio. Era essa também a expectativa dos portugueses, mas a lei do Diretório dos Índios, publicada em 17 de agosto de 1758, não mencionou nada a respeito das modalidades de guerra ofensiva e defensiva. Essa distinção fora esclarecida com a lei de 9 de abril de 1655, que reforçara a legalidade da escravidão dos índios capturados em guerra justa, como autorizara a lei de 1611. Pela lei de 1655, a guerra ofensiva era aquela autorizada por uma provisão assinada pelo rei, e os índios aí capturados eram considerados definitivamente escravos; a guerra defensiva era permitida em casos mais urgentes, a exemplo das invasões, quando o pedido de autorização real poderia demorar muito, bastando então a autorização do governador, embora a decisão sobre os cativos ficasse em suspenso até que o rei enviasse seu aval quanto à justiça daquela guerra.[93] O Alvará de 1º de abril de 1680 estabelecera que os índios capturados em guerras ofensivas e defensivas fossem conduzidos aos missionários, mas o Alvará de 28 de abril de 1688 restabeleceu a legalidade da retenção de cativos por particulares, assim dos índios que resistissem com mão armada à pregação do evangelho, como também dos aprisionados em guerra ofensiva que os colonos fossem obrigados a fazer-lhes para impedir suas invasões.[94] A guerra ofensiva adquiriu uma nuance sutil, pois poderia ser movida se confirmado o "temor certo e infalível" de que haveria uma invasão,[95] interpretação que permitia ataques agressivos contra os grupos que se acreditava ameaçavam as colônias portuguesas.[96]

Entretanto, se coube ao Diretório de 1758 reforçar a liberdade dos índios concedida pelo Alvará de 7 de junho de 1755, nada de positivo foi dito sobre o envio de expedições punitivas contra grupos supostamente hostis, a não ser a recomendação de meios "suaves" como mais adequados à incorporação dos nativos, "para que não suceda que, estimulados da violência, tornem a buscar nos centros dos matos os torpes e abomináveis erros do paganismo", sendo a moderação e a brandura, ditadas pelas leis da prudência, mais convenientes para persuadir à aceitação do comércio.[97] Por sua vez, a Carta Régia de 12 de maio de 1798, que aboliu e substituiu o Diretório como diretriz fundamental da política indigenista portuguesa, trouxe de novo

---

93 PERRONE-MOISÉS, Beatriz. Índios livres e índios escravos: os princípios da legislação indigenista do período colonial (séculos XVI e XVIII). In: CUNHA, Manuela Carneiro da (org.). *História dos índios no Brasil*. São Paulo: Companhia das Letras, 1992, p. 127.

94 Alvará de 1 abr. 1680; Alvará de 28 abr. 1688. In: BEOZZO, José Oscar. *Leis e regimentos das missões*: política indigenista no Brasil. São Paulo: Loyola, 1983, p. 106-111, 122-125.

95 Alvará de 28 abr. 1688. In: *Ibidem*, p. 124, §4.

96 HEMMING, John. *Ouro vermelho*: a conquista dos índios brasileiros. São Paulo: Edusp, 2007, p. 601.

97 "Diretório que se deve observar nas povoações dos índios do Pará e Maranhão enquanto Sua Majestade não mandar o contrário". Lisboa: Oficina de Miguel Rodrigues, 1758. In: MENDONÇA, Marcos Carneiro de. *Aula do commercio*. Rio de Janeiro: Xerox, 1982, §93, 94.

o tema da guerra: novamente ficava proibido receber cativos indígenas, e se grupos ditos hostis repetissem suas invasões, "ao ponto de interromperem o commercio, e de vexarem alguns estabelecimentos e os seus habitantes, nem assim devereis adoptar, nem permitir se use de outro systema, que não seja o da mais severa e perfeita defensiva, reservando a offensiva só e unicamente para os casos de exemplar castigo contra os indios infractores da paz".[98] Em suas modalidades de guerra ofensiva e defensiva, a violência das expedições militares contra povos indígenas, mesmo à época em que o reformismo ilustrado deslocava a ênfase para a atração pacífica e o comércio, em nenhum momento foi inteiramente descartada do arsenal jurídico. Permaneceu como recurso auxiliar, embora não alienígena, e subjacente às diretrizes da política indigenista, decisivo, portanto, como uma de suas faces, ainda que à sombra, mas sempre pronta a se mostrar.[99]

As instruções régias ao primeiro governador de Mato Grosso, Antonio Rolim de Moura, datadas de 19 de janeiro de 1749, já avançavam na interdição da escravidão dos cativos de guerra, obrigando mesmo a que fossem recolhidos às aldeias, "tirando-os aos chamados administradores"; do mesmo modo, insistia em que "não consentireis que os índios sejam administrados por pessoas particulares e muito menos que sejam reduzidos a sujeição alguma, que tenha a mínima aparência de cativeiro, nem que na administração econômica das Aldeias se ingira pessoa alguma, fora os missionários, nem que vão seculares a demorar-se nelas mais de três dias".[100] Acompanharam Rolim de Moura àquela distante capitania os jesuítas portugueses Agostinho Lourenço e Estevão de Castro, este último como superior. A "Misio Cuyabensis" terá contado com dois empreendimentos: Estevão de Castro tratou de concentrar os índios retirados aos administradores na aldeia de Santa Ana da Chapada, que fundou a oito léguas de Cuiabá; e Agostinho Lourenço trabalhou no rio Guaporé, onde em 1754 fundou entre os

---

98 "Carta Régia ao capitão-general do Pará acerca da emancipação e civilisação dos Indios", Queluz, 12 maio 1798. *RIHGB*, Rio de Janeiro, v. 20, 1857, p. 441. Análise do impacto dessa legislação em: SAMPAIO, Patrícia Maria Melo. *Espelhos partidos*: etnia, legislação e desigualdade na colônia – sertões do Grão-Pará, c. 1755-c. 1823. Tese (doutorado em História) - Programa de Pós-Graduação em História, Universidade Federal Fluminense, Niterói, 2001, p. 223-27.

99 Para Minas Gerais, por exemplo, entre 1755 e 1804, Hal Langfur e Maria Leônia Chaves de Resende constataram não menos que 79 expedições punitivas ou bandeiras contra índios Botocudo. Vide suas análises em: LANGFUR, Hal. *The forbidden lands*: colonial identity, frontier violence, and the persistence of Brazil's eastern Indians, 1750-1830. Stanford: Stanford University Press, 2006, p. 165; Idem. Uncertain Refuge: frontier formation and the origins of the Botocudo War in late colonial Brazil. *Hispanic American Historical Review*, v. 82, n. 2, 2002, p. 244; RESENDE, Maria Leônia Chaves de. *Gentios brasílicos*: índios coloniais em Minas Gerais setecentista. 2003. Tese (Doutorado em História) - Instituto de Filosofia e Ciências Humanas, Universidade de Campinas, 2003, p. 379-383, Anexo I; RESENDE, Maria Leônia Chaves de; LANGFUR, Hal. Minas Gerais indígena: a resistência dos índios nos sertões e nas vilas de El-Rei. *Tempo*, v. 12, n. 23, 2007, p. 10.

100 "Instrução da Rainha D. Mariana Vitória para D. Antonio Rolim de Moura Tavares", Lisboa, 19 jan. 1749. In: MENDONÇA, Marcos Carneiro de. *Rios Guaporé e Paraguai*: primeiras fronteiras definitivas do Brasil. Rio de Janeiro: Xerox, 1985, p. 26, §18-19.

índios "Mequens" e "Guajaratas" a aldeia de São José, na margem ocidental do rio Guaporé, transferindo-a para a oriental dois anos depois.[101]

A mesma instrução de 1749 manifestava, ainda, certa ambiguidade ao não apresentar nenhuma inovação em relação ao fim da guerra contra os "índios bárbaros" da fronteira. Recomendava, pelo contrário, que se o gentio Payaguá não abandonasse suas hostilidades, "procurareis eficazmente reduzi-lo com castigo a viver racionalmente". E sugeria que "um meio eficaz para afugentar e atemorizar estes bárbaros é o de penetrarem os sertanejos pelas terras em que vive aquela nação [referindo-se aos Kayapó]; será conveniente que favoreçam todo o descobrimento de ouro, que se intentar na serrania que corre de Camapuã para o norte".[102]

Mesmo sob a vigência do Diretório, os primeiros governadores de Mato Grosso não encerraram completamente com o serviço compulsório indígena. A interdição do cativeiro era de difícil aplicação, reconhecia o governador Rolim de Moura em carta ao governador do Pará, pois "hum vicio tão arreigado, he certo há de custar m.to a extenguir, e me não admira atte onde chegou a paixão dos moradores dessa Cap.a a esse resp.to".[103] Em carta de 20 de janeiro de 1754, já expressara semelhante dificuldade em relação aos índios vindos do Pará, pois "em varias ocazioens tem sido aqui trazidos muitos a titulo de captivos, e como tais se tem vendido até em praça publica". "Declarei a maior parte por livres", asseverava o governador, mas "sempre me ficou a respeito de alguns bastante duvida por me aprezentarem huns papelinhos a que chamão Registos, e que eu verdadeiram.te ignoro a Fé que teem".[104] Como observou Rolim de Moura, os sertanistas "os vendiam como Pretos, chegando a rematá-los publicamente até o tempo de João Gonçalves Pereira, que aqui serviu de Ouvidor, e pôs nisso algum cobro, porém ficaram sempre até a minha vinda, fazendo as mesmas vendas, ou ocultas ou paliadas".[105]

---

101 ARSI, Brasiliensis, v. 6-1, f. 395-400v. "Catalogus brevis Provincia Brasiliensis an 1757", f. 398v: "Collegium Paulopolitanum"; f. 399: "Residentia, Pagi, et misiones hujus Collegu": "Misio Cuyabensis": "P. Stephanus de Crasto Superior./ P. Augustinus Laurentius Socius"; ARSI, Brasiliensis, v. 10-2, f. 453. "Ad istanza del fu D. Giovanni 5° allora regnanti in Portogallo furono destinati alla nuova Missione del Cuiabâ i PP. Stefano di Crasto ed Agostino Lorenso, l'anno 1750"; ver também: LEITE, Serafim, S.J. *História da Companhia de Jesus no Brasil*: t. 6: do Rio de Janeiro ao Prata e ao Guaporé, estabelecimentos e assuntos locais, séculos XVII-XVIII. Rio de Janeiro: Instituto Nacional de Livro; Lisboa: Portugália, 1945, p. 218-24.

102 "Instrução da Rainha D. Mariana Vitória para D. Antonio Rolim de Moura Tavares", Lisboa, 19 jan. 1749. In: MENDONÇA, *Rios Guaporé e Paraguai, op. cit.*, p. 26, §19, 21.

103 BNL, Pombalina, Cód. 629. Antonio Rolim de Moura a Francisco Xavier de Mendonça Furtado, Vila Bela, 30 jun. 1756, f. 131v.

104 BNL, Pombalina, Cód. 629. Antonio Rolim de Moura a Francisco Xavier de Mendonça Furtado, Vila Bela, 30 jan. 1754, f. 17.

105 AHU, MT, cx. 6, d. 355. Antonio Rolim de Moura ao Rei, Cuiabá, 11 jul. 1751.

Uma verdadeira base avançada para captura de índios das missões espanholas e do vale do Guaporé era o arraial de Ilha Comprida, em certa paragem daquele rio,[106] já um tanto abandonado em 1752, no parecer do jesuíta português Agostinho Lourenço. "Homens fascinorosos", refere o missionário, "ali se refugiavam dos credores", armavam partidas de 50 a 100 pessoas,

> se lançavam ao sertão, e investindo com a primeira aldeia de índios que encontravam, matavam a todos os que pegavam nos arcos para a sua justa defesa, e aos mais que não escaparam fugindo metiam em correntes e gargalheiras, destruíam ou queimavam as casas, arrasavam as searas, matavam as criações e voltavam triunfantes para a sua Ilha Comprida, onde se repartiam os vencidos pelos vencedores e destes passavam em contrato de venda a Cuiabá e Mato Grosso.[107]

A reação da elite local daquelas duas vilas contra os jesuítas portugueses e a aplicação das ordens de 19 de janeiro de 1749, para que fossem os índios "administrados" retirados a seus senhores e recolhidos às aldeias, não deixou de ser registrada pelos padres da Companhia, que se referiram às "infernais contradições com que se opuseram os habitantes contra as ordens reais para que deixassem em liberdade os índios, que mantinham em seu serviço como escravos".[108] Tirou a câmara de Cuiabá uma devassa contra Estevão de Castro, "de capítulos, tão feios e horrendos" e "indignos do papel a serem certos", e o próprio Agostinho Lourenço não ficou livre de acusações.[109] O cronista Barbosa de Sá, por exemplo, expressava a indignação da elite local com os vultosos gastos para reduzir em povoação índios que entendiam "já civilisados e catholicos", pois serviam como "administrados" aos fazendeiros.[110]

Continua tão pouco conhecida a atuação dos jesuítas portugueses em Mato Grosso que convém acompanhar aqui, com mais vagar, o relato escrito em 1759, provavelmente por Estevão

---

106 Mais recentemente, o sertanista Antonio de Almeida teve a audácia de capturar neófitos da missão de San Nicolás e vendê-los aos colonos portugueses (AGN, Sala 9, 45-3-13. "Copia de carta del gov.r de Arrayal o Matogroso al p.e Sup.r de Moxos Nicolas Mascard, respondiendo a uma suya, en q.' se quexa de algunos portugueses q.' entraban a maloquear", Antonio da Silva Gusmão, Arrayal de San Xavier, 25 set. 1751, f. 1).

107 LOURENÇO, Agostinho. "Relação de uma viagem que fez em 1752 de ordem do capitão general Dom Antonio Rolim de Moura". In: LEVERGER, Augusto. "Apontamentos cronológicos da província de Mato Grosso" [1718-1856]. *RIHGB*, Rio de Janeiro, v. 205, parte 2ª, 1949, p. 233.

108 ARSI, Brasiliensis, v. 10-2, f. 453. "Ad istanza del fu D. Giovanni 5° allora regnanti in Portogallo furono destinati alla nuova Missione del Cuiabâ i PP. Stefano di Crasto ed Agostino Lorenso, l'anno 1750" [traduzido por mim do original em italiano].

109 IEB, Coleção Lamego, Cód. 43-9-A8. Carta de Agostinho Lourenço ao padre superior Caetano Xavier, rio Guaporé, 2 mar. 1759; ver também: SERAFIM LEITE, *História da Companhia de Jesus no Brasil*, op. cit., t. 6, p. 222-23.

110 SÁ, José Barbosa de. "Relaçaó das povoaçoens do Cuyabá e Mato groso de seos principios thé os prezentes tempos", 18 ago. 1775. *ABN*, Rio de Janeiro, v. 23, 1904, p. 48 (cópias manuscritas em: IANTT, Papéis do Brasil, Avulsos 3, n. 10, f. 119-51; e IANTT, Manuscritos do Brasil, liv. 48, f. 99-127).

de Castro, responsável pela aldeia de Santa Ana da Chapada. O missionário defendia o argumento segundo o qual, como os vassalos do rei de Portugal foram os que promoveram a captura dos índios das cercanias de Mato Grosso e Cuiabá e sua venda como cativos, era função do monarca restituir a justiça aos mesmos índios, proporcionando os meios necessários, inclusive com recurso à sua Real Fazenda, para que na nova aldeia, onde eram reduzidos os que ilegalmente tinham sido mantidos como "administrados", pudessem receber as luzes do evangelho e da civilização. Para a construção da aldeia de Santa Ana da Chapada, é certo que já o Real Erário arcara com recursos, pois foi preciso adquirir uma fazenda com toda a sua equipagem:

> A paraje se elegeo no lugar mais saudavel de toda a Cuiabâ q.' he doentio anualm.te, e com a conveniencia de se achar nela mantim.to p.a os Indios q.' entrassem, o qual consistia na colheita de dez alq.rs de milho de planta e de seys alq.rs de feijão de planta, e principio de alguas criaçoes de porcos, e aves; o q.' tudo se comprou pella Faz.da Real por oitocentas oitavas de ouro.[111]

O ponto central do texto, no entanto, reside na dura crítica feita pelo jesuíta às bandeiras e à prática de vender os cativos como "administrados" aos colonos. O impacto foi desastroso sobre certas populações, das quais não restavam mais do que relíquias:

> Destes Indios assim destruídos se conservão, ou durão ainda alguãs relíquias pellos moradores deste Cuiabâ. Como são Parassys, Bacairés, Maibarés, Bororós, Apiacâs, Tapirapés, e outros. Todos estes estão despojados violentam.te das suas terras q.' possuiao por direito natural invencivel. E despojados pellos vassalos da Cora Portugueza, q.' tinhão obrigação de os conservar nellas, e ainda retribuir lhes dos emulumentos q.' dellas tiravão.[112]

Havia catastrófica mortandade já durante o transporte dos índios às vilas, aonde chegavam um quinto ou um sexto dos que eram capturados:

> Arrancados assim das suas terras estes povos, erão pellos Caminhos tratados peor do q.' os irracionaes, porq.' a estes q.do se trazem de humas p.a outras terras, se canção, ou adoecem, carao-se [sic], aliviao-se, e pastêao-se. A estes Indios nada menos se fazia. Se cançavão, ou adoecião era certo o ficarem, mas como? Degolados à Catanna; porq.' suspeitando estes bons certanistas q.' a doença e cançasso erão fingidos, por não tornarem p.a as suas terras, e p.a aterrarem os q.' ficavão p.a q.' não cançassem mais nem

---

111 BPMP, Cód. 296, n. 37, f. 113-117v. "Apontamentos concernentes a esta aldeya nova no Cuyabá" [pelo padre Estevão de Castro, anterior a 1759], f. 113v.

112 *Ibidem*, f. 114v.

> adoecessem, os matavão a sua vista, e por não gastarem tempo em tirarem a corrente do pescosso, a algus ahi mesmo lhe apartavam a cabeça dos ombros por mais brevidade.[113]

O autor ainda descreve o rigoroso tratamento que os colonos davam a esses "negros" da terra:

> Estes Indios assim trazidos, vendidos, e postos em cazas dos Portuguezes, erão logo chamados Negros: nome q.' ainda hoje dura. O tratamento era o mais lamentável. O pouco e vil alimento [inserido à margem com a mesma letra: "o serv.o pessoal e m.to"] a nudeza dos corpos junto com a mudança das suas terras lhes fazia logo contrahir doenças graves. Nestas não erão curados nem assistidos pella maior parte.

Assim, dos que chegavam vivos, estima o religioso, em pouco tempo morriam de 70 a 80%.[114]

A despeito da nova retórica em torno da liberdade dos índios, ministros ilustrados e governadores procuraram converter os sertanistas dispersos pelas fronteiras do rio Guaporé em povoadores informais. O objetivo era que continuassem com suas "bandeiras", só que a partir de agora com a finalidade de abastecer as novas povoações aos moldes das instruções régias. Para tanto, era preciso capturar índios ou nas selvas ou nas missões jesuíticas espanholas. Assim, é da maior relevância, aqui, precisar os dispositivos segundo os quais o governo fazia convergir as iniciativas de sertanistas renegados com os objetivos da colonização. Realmente, os ministros portugueses não descuidaram de prevenir ao governador de Mato Grosso que se adiantasse em formar estabelecimentos nas posições do rio Guaporé, antes ocupadas pelos jesuítas espanhóis. Em carta de novembro de 1756, Francisco Xavier de Mendonça Furtado, ainda governador do Pará, recomendava a estratégia de manter ali mesmo no Guaporé os sujeitos havidos por facinorosos, devedores e apresadores de índios, que viviam em Ilha Comprida e no sítio da Casa Redonda, convertendo-os em povoadores sem autorização expressa do governo, de modo a não permitir aos espanhóis reclamar responsabilidades das autoridades portuguesas. Recomendava ainda prender e enviar ao Reino a todo o jesuíta espanhol que, como "cap.es de bandoleyros", andavam capturando índios na margem oriental, a exemplo do padre Raymundo Laynes, que só da última vez levara 60 índios Paraquiz.[115]

Para facilitar a transmigração de índios, os jesuítas de Mojos tinham fundado três missões na margem oriental, Santa Rosa (1742), São Miguel (1744) e São Simão (1746), mas a instâncias

---

113 *Ibidem*, f. 114-114v.

114 *Ibidem*, f. 114v-115.

115 BNL, Pombalina, Cód. 161, f. 183v-187v. Francisco Xavier de Mendonça Furtado a Antonio Rolim de Moura, Arraial de Mariuá, 22 nov. 1756, f. 184, 185, 186v-187.

do governador de Mato Grosso, abandonaram-nas no início da década de 1750.[116] Apesar disso, seguiam enviando "entradas" e capturando índios na margem oriental do Guaporé. Em carta de 1761, o já ministro Mendonça Furtado, informado de que os jesuítas teriam lançado uma roça de milho na margem oriental, nas proximidades de Santa Rosa, ordenava que fosse reforçada a posse portuguesa, pois para isso "a falta de palavra dos Sobreditos Regulares, e os insultos, que tem accumulado, são muito bons motivos". Sugeria ainda que, "no Cazo de disputa", dissimulasse, "com a Razão de que nada pode obrar sem Ordens desta Corte".[117] Dois dias depois, o Conde de Oeiras escreveu uma carta secreta a Rolim de Moura, sugerindo os argumentos que deveria usar contra os jesuítas, caso reclamassem a respeito da posse da margem oriental: que "a primeira occupação della foi a dos Portugueses: que o título, porque a pretendem elles commissarios foi o da invasão e infestação dos Jesuítas: e que nesta notória certeza se não pode atender à questão sem se conservar sobre os tratados".[118]

Outro ministro chegou a ordenar positivamente que o governador enviasse, dissimulando sua aprovação, alguns "sertanistas e vagamundos" em incursões contra as missões jesuíticas. Esse é o teor da carta de agosto de 1758 redigida por Tomé Joaquim da Costa Corte Real, que alertou sobre estarem os jesuítas a mover "huma guerra cruelissima" aos reis de Portugal e Espanha, "em todos os seus Dominios da America".[119] De tal sorte que, no vale do rio Guaporé, para pre-

---

116 FONSECA, José Gonçalves da. "Navegação feita da cidade do Gram Pará até a bocca do rio da Madeira pela escolta que por este rio subio às minas do Mato Grosso" [14 jul. 1749 e abr. 1750]. In: *Colleção de notícias para a história e geografia das nações ultramarinas*, t. 4, n. 1. Lisboa: Tip. da Academia Real das Ciências, 1826, p. 99-115; BNL, Pombalina, Cód. 629, f. 88-90. Antonio Rolim de Moura ao padre João Roiz, Aldeia de São José, 2 out. 1755. Ver ainda: MEIRELES, Denise Maldi. *Guardiães da fronteira*: rio Guaporé, século XVIII. Petrópolis: Vozes, 1989, p. 113-17.

117 AHU, Cód. 613, f. 35-35v. Francisco Xavier de Mendonça Furtado a Antonio Rolim de Moura, Nossa Senhora da Ajuda, 18 jun. 1761.

118 IANTT, MNE, cx. 613. Carta secreta do Conde de Oeiras a Antonio Rolim de Moura, Ajuda, 20 jun. 1761.

119 AHU, Cód. 613, f. 23-28v. Carta de Tomé Joaquim da Costa Corte Real a Rolim de Moura, Nossa Senhora de Belém, 26 ago. 1758, f. 23, §3. O ministro seguramente não deixara de perceber a semelhança entre a situação do vale do rio Guaporé e dos Sete Povos de Missões Guarani. O Tratado de 1750, como se sabe, estabelecera que em troca da cessão da Colônia de Sacramento, os portugueses receberiam o território dos Sete Povos; assim também, os espanhóis abandonariam as três aldeias da margem oriental do rio Guaporé, que se tornaria ele mesmo a linha demarcadora; em ambos os casos, as aldeias seriam entregues aos portugueses, mas os jesuítas poderiam retirar os índios para o Império espanhol. Não havia acordo, no entanto, sobre se os índios poderiam escolher e em que condições seriam entregues as aldeias. No sul, os Guarani se rebelaram, recusando-se a abandonar aquelas terras, ocasionando a chamada Guerra Guaranítica, conflito de grandes proporções que contribuiu para a imagem negativa dos jesuítas que Sebastião José de Carvalho e Mello e outros ministros portugueses procuravam difundir. No Guaporé, antes de chegarem as partidas demarcadoras, os jesuítas abandonaram as missões do lado oriental, mas levaram consigo os índios e os bens de alguma valia e destruíram o que sobrou. Sobre o impacto político desses conflitos, ver: ALDEN, Dauril. *Royal government in colonial Brazil*: with special reference to the administration of the Marquis of Lavradio, viceroy, 1769-1779. Berkeley: University of California Press, 1968, p. 86-115; sobre a Guerra Guaranítica e a formação de povoações portuguesas no Rio Grande com índios missioneiros, ver: GARCIA, Elisa Frühauf. *As diversas formas de ser índio*: políticas indígenas e políticas indigenistas no extremo sul da América portuguesa. Tese (doutorado em História) – Universidade Federal Fluminense, Niterói, 2007, p. 36-

servar as posições da margem oriental, dever-se-ia utilizar dos mesmos artifícios que entendia eram utilizados pelos jesuítas: "Faça V. S.a suggerir e armar os sertanistas, vagamundos, e indios q' puder ajuntar", aconselhava o ministro, acrescentando que, com o pretexto de uma hostilidade perpetrada por índios da margem "espanhola" do rio,

> passem a cometer nellas todos quantos insultos couberem no possivel: queimando cazas: destruindo fazendas: precionando homens, e mulheres, saqueando tudo o que acharem de moveis, e de gados: arruinando e abrazando armazens, e seleiros; e impossibilitando em fim por todos os modos possiveis a subsistencia daquellas infestissimas, e infames Aldeyas nas Fronteiras de S. Mag.e athé onde V. S.a puder estender as hostilidades, sem o perigo de serem cortados na Retirada os q' as cometerem.

E se houvesse reclamação dos padres, o governador deveria argumentar "q' são factos da barbaridade dos Indios, q' V. S.a não ordenou, nem poude reprimir: poq' os Indios Refer.os Bravos a ninguem sabem guardar respeito". Razão pela qual "não hao de levar as d.as expedições signaes de Militares, devendo antes hir vestidos, como andão os Indios p.a melhor lograr o disfarce asima indicado".[120] Como se verá no capítulo 7 deste livro, essa máxima foi aplicada, tanto na destruição da missão de San Miguel de Mojos, com a captura de centenas de neófitos, como no contínuo esforço por atrair populações do lado espanhol, a suscitar duras críticas dos padres e motivá-los a fazer com que as missões fornecessem todo o necessário às expedições que o vice-rei de Lima ordenou em 1763 e 1766 para desalojar os portugueses de Mato Grosso.[121]

A nova política aplicada por Rolim de Moura não rompeu com a prática de realizar bandeiras contra os índios do sertão, mas seu propósito foi alterado. O governo passou a empregar informalmente os antigos sertanistas como cabos de expedições de apresamento de índios para povoar a nova aldeia jesuítica portuguesa de São José. Em carta ao governador, o padre Agostinho Lourenço assinalava que, para dar prosseguimento à política oficial, necessitava de recursos: "P.a isto não necescito de m.tos homens de armas de fogo, mas de balorios, facas, &a de q.' V. Ex.a já mandou hua boa porção. Tãobem nescesito de comp.o Jesuita, nescesito de tempo, e em 3° lugar e mui principal de que se não alvoroce o gentio com entradas".[122] Semelhantemente aos "cunhamenas" do oeste da Amazônia estudados por David Sweet, aqui

---

67; e QUARLERI, Lía. *Rebelión y guerra en las fronteras del Plata*: guaraníes, jesuitas e imperios coloniales. Buenos Aires: Fondo de Cultura Económica, 2009, p. 293 *et seq*.

120 AHU, Cód. 613, f. 23-28v. Carta de Tomé Joaquim da Costa Corte Real a Rolim de Moura, Nossa Senhora de Belém, 26 ago. 1758, f. 26, §15-16.

121 EDER, Francisco Javier, S.J. *Breve descripción de las reducciones de Mojos* [c. 1772]. Cochabamba: Historia Boliviana, 1985, p. 44.

122 BPMP, Cód. 296, n. 36, f. 110-112v. Carta do padre Agostinho Lourenço a Antonio Rolim de Moura, São José, 17 jan. 1757, f. 111.

eram os chamados "sertanistas" os que, vivendo nas missões portuguesas, renegados com maior ou menor disposição em atender aos pedidos do governo, comandavam as expedições de apresamento de índios do sertão, os quais eram, agora, não conduzidos à venda em praça pública, mas às novas povoações. "Estes homens q.' por ca andão são poucos, mas a não se divertirem bastão e estão promtos a tudo".[123]

Quem eram esses sertanistas? O jesuíta português menciona alguns, e o tipo de acordo com que o governo remunerava seu trabalho de trazer índios para a redução:

> Não tenho feito ajuste algum com o Parreyra, mas diz elle que se lhe dê o q.' julgarem das suas obras, nem quer que entrem em conta senão as que fez desde Mayo passado p.a câ. O Bento de Almeida o mandei agora ao cacau nas cachoeiras, e até agora não lhe falei em paga algũa dos seos servissos, porq.' os seos intentos são outros: dou lhe de vestir e comer conforme pode a missão.[124]

Os "sertanistas" eram o braço armados dos jesuítas portugueses para assegurar a captura – neste caso, por via da força – dos mesmos índios acossados pelos jesuítas espanhóis: "O P.e Raymundo [Laynes, jesuíta de Mojos] entrou por todo o certão dos Mikens primeiro q.' os Certanistas e prendeu m.ta parte delle e hia só, e certam.te os havia de meter todos em S. Simão, se não fossem depois alvoriçados pellos certanistas, que os fizerão bravíssimos".[125] Política indigenista que, portanto, não era bem a negação das práticas tradicionais de envio de bandeiras de apresamento, mas sua conversão aos fins perseguidos pelo Estado: os sertanistas que viviam em Ilha Comprida e no sítio da Casa Redonda, os mesmos que há tão pouco tempo o missionário condenara, eram agora funcionários informais do governo, cabos das bandeiras de apresamento não condenáveis em seus meios, contanto que orientadas para as atividades interessantes ao poder central: referindo-se a um dos sertanistas convidado por Rolim de Moura, escreve o padre Lourenço: "Aquelle sujeito q.' V. Ex.a deseja fique por este Rio abaixo mostrou ao princípio pouca vontade disso, mas entendo está resoluto. Em q.to ao dar lhe Indios ajudando elle as bandeiras não só não he mat[éri]a escrupulosa, senão que uzada, e praticada em toda a p[art]e". Ainda nas missões de Castela, refere o mesmo jesuíta português, usava-se da prática de repartir alguns índios entre os sertanistas que auxiliavam

---

123 *Ibidem*, f. 111. Muito apropriadamente David Sweet chama de "transfronteiriços" aos "cunhamenas", brancos ou mestiços que casavam com as índias e viviam nas missões portuguesas nos vales dos rios Negro e Solimões, onde realizavam várias atividades importantes, como a coordenação de expedições para colher cacau ou capturar índios (SWEET, David G. *A rich realm of nature destroyed*: the Middle Amazon valley, 1640-1750. 1974. Tese (Ph.D.) – University of Wisconsin, 1974, p. 664-65).

124 BPMP, Cód. 296, n. 36, f. 110-112v. Carta do padre Agostinho Lourenço a Antonio Rolim de Moura, São José, 17 jan. 1757, f. 111.

125 *Ibidem*.

as entradas entre os Itunamos: "Nem pode ser de outra sorte, nem perderião se os certanistas fossem ao certão do modo que se deve hir".[126]

Ante o colapso demográfico – só em dezembro de 1756 o missionário enterrara 44 pessoas –, era preciso repor o contingente de moradores a todo o momento, processo também visível nas missões espanholas vizinhas, tanto mais porque esse foi um período de alta incidência de epidemias na região. Pragmático, Agostinho Lourenço enfatizava a importância de continuar a enviar as bandeiras sob essa nova modalidade:

> Em fim o mal do certanejar so consiste na desordem e no q.' depois fazem com os Indios vendendo os, passando os p.a terras remotas, dividindo os etc, porq.' se ouvesse proved.a que evitasse este mal, que injustissa se lhe faz em os tirar das brenhas aonde vivem como as feras sem conhecim.o de D.s e fora de todos os meios de sua salv.am.[127]

A rigor, a militarização da capitania de Mato Grosso não marcava o fim das bandeiras, tanto mais porque a nova política ilustrada, assentada sobre o princípio do trato pacífico com os índios, não implicava em pôr termo às expedições punitivas contra grupos havidos por hostis ou ao apresamento forçado de virtuais povoadores para os novos estabelecimentos.[128]

Em instrução de 1761, o autor do Diretório relevou fosse preciso que índios administrados se mantivessem por algum tempo nas fazendas que os empregavam, "que de outra sorte ficarão perdidas, e postas em desamparo", ao que recomendava, sem desabono da lei que concedera a liberdade em 1755, que fosse feita uma relação exata de todos os índios nessas condições, e que o Ouvidor Geral se responsabilizasse por tratar com os colonos os jornais que os índios pontualmente deveriam receber.[129] À época de Luiz Pinto de Souza (1769-1772), conforme apurou o governador, havia 1.454 índios na situação de "administrados", razão pela qual lançou bando que intimava "os administradores de Índios que ainda os conservem a soldada, viessem dar nesta Secretaria os nomes de seus administrados, para se haverem de Aldear em conformidade das Reais Determinações".[130] Esse problema

---

126 *Ibidem*, f. 111v.

127 *Ibidem*.

128 Quando expedições avançavam contra os índios do leste de Minas Gerais no mesmo período, os governadores abraçaram entusiasticamente o "retorno" das bandeiras como um renascimento das antigas tradições paulistas, essencial para revitalizar os distritos mineiros (LANGFUR, Hal. The return of the *bandeira*: economic calamity, historical memory, and armed expeditions to the sertão in Minas Gerais, Brazil, 1750-1808. *The Americas*, v. 61, n. 3, 2005, p. 432).

129 AHU, Cód. 613, f. 35-35v. Francisco Xavier de Mendonça Furtado a Antonio Rolim de Moura, Nossa Senhora da Ajuda, 18 jun. 1761.

130 Bando sobre os índios administrados [post. 1769]. *RAPMT*, Cuiabá, v. 1, n. 2, p. 69.

não chegou a ser totalmente resolvido: em 1777, havia 566 índios "administrados" e, em 1800, o número chegou a 1.016.[131]

Com a permanência das bandeiras e o extermínio de índios no vale do rio Guaporé, não surpreende que os coevos chamassem de "relíquias" aos índios que encontravam naquela região. O relator dos Anais de Vila Bela referiu que nunca mais se teve notícia dos Curicharas, Amios, Mabas e outros: "das nações de que havia maiores relíquias eram os Guajuratãs, Mequéns, que, por serem nações numerosas e últimas na conquista, não tinham experimentado total ruína". O mesmo autor descreveu o método empregado pelas bandeiras e sublinhou que o objetivo dos sertanistas era a obtenção de trabalho indígena:

> A autoridade com que os sertanistas faziam essas conquistas era a cobiça. O método ou leis que seguiam era a desumanidade, porque, abeirando as rancharias em que viviam os bárbaros, acabavam nas bocas do fogo todos os que naturalmente pegam em arcos para a sua defesa. Metiam-se os rendidos em correntes ou gargalheiras. Depois se repartiam pelos conquistadores, que os remetiam para as novas povoações, em contrato de vendas. A essas ações tão injustas acompanhavam atrocidades inauditas e indignas de seu [ilegível].[132]

Autorização e subsídio do governo de Mato Grosso às bandeiras

A nova política do Diretório foi ajustada à capitania de Mato Grosso por carta do secretário de Estado, Tomé Joaquim da Costa Corte Real, de 7 de julho de 1757. Com o reconhecimento da liberdade dos índios, foi pela primeira vez determinada a política de atração pacífica dos chamados "índios bárbaros", mediante oferta de "honras" e presentes, como "fouces, enxadas, martelos, enxós e das mais ferramentas com que se dotam os casais que de novo se plantam, como também espelhos, berimbaus, anzóis e mais miudezas que costumam servir nos sertões para ganhar os índios silvestres".[133] Sem embargo, a situação de fronteira da capitania era decisiva para nuançar a política indigenista. A carta instrutiva enviada no ano seguinte determinou todo o empenho na atração dos índios residentes nos domínios de Castela, especialmente os que viviam sob a égide dos jesuítas. Que os índios, como entendiam os funcionários ilustrados, fossem capazes de fazer escolhas razoáveis, conduzia a expectativas promissoras de que, "sendo os índios tão racionais como são os religiosos por quem vivem enganados, e vendo da nossa parte tudo liberdade, e tudo honra e conveniência sua, e da parte dos ditos religiosos tudo

---

131 SILVA, Jovam Vilela. *Mistura de cores*: política de povoamento e população na capitania de Mato Grosso: século XVIII. Cuiabá: Editora UFMT, 1995, p. 295.

132 *AVB*, p. 75.

133 AHU, Cód. 613. Tomé Joaquim da Costa Corte Real a Antonio Rolim de Moura, Belém, 7 jul. 1757, f. 5, §8.

engano e escravidão, e tudo desprezo e rapina, é de esperar que esta diferença os fará em pouco tempo conhecer as imposturas que de nós lhes disseram, e buscar os que os favorecem".[134] Essa recomendação foi insistentemente repetida pelo poder central,[135] e caracterizava uma política expansionista às custas da drenagem de recursos humanos (e materiais, com o estímulo ao contrabando) do império rival, tanto assim que Rodrigo de Souza Coutinho repetiu, em 1798 e 1801, a mesma determinação de atrair os índios missioneiros de Castela para os domínios portugueses, "pois que assim cresce a nossa Força, na mesma razão que diminui a Hespanhola".[136]

Nessas instruções, atração e comércio apareciam como caminhos seguros para a civilização dos índios e a posse soberana das fronteiras, mas em nenhum momento foi proibida a guerra contra grupos considerados hostis ou rebeldes. Em carta ao governador de Mato Grosso, o próprio autor do Diretório dos Índios, Francisco Xavier de Mendonça Furtado, interrogado sobre as hostilidades dos Mura, respondeu que ele mesmo fora obrigado a conter os excessos desses índios na aldeia dos Abacaxis e "a mandalos expulsar das terras, que estão cultivadas, e habitadas, p.los vassalos do nosso Augusto Amo", devido às 12 ou 14 mortes que ali fizeram, referindo ainda que mandara uma tropa "para não só os castigar, e fazer sahir das nossas terras, mas obrigallos a que se recolhão as suas, e se os encontrarem, creyo, que se lamentarão para bastante tp.o".[137] Com efeito, a instrução de Mendonça Furtado ao chefe da expedição, Miguel de Siqueira Chaves, era perfeitamente clara quanto ao uso da violência: "Como não pode haver outro remédio, mais do q' o da força, p.a com ella repelir a outra q' aquelles Barbaros estão fazendo aos vassalos de S. M. [...] os irá buscar, e os attacará com toda a força em f.a que os fassa sair, assim das terras q' se acham cultivadas pellos moradores", como de todas as povoações. Quanto aos capturados nessa bandeira, deveria "trazer-los todos seguros à m.a prezença, o q' se deve entender todos os q' V. M. encontrar, hostelizando as terras dos Vassalos de S. M."[138]

---

134 AHU, Cód. 613. Tomé Joaquim da Costa Corte Real a Antonio Rolim de Moura, Belém, 22 ago. 1758, f. 16v-17, §19.

135 A instrução de Martinho de Melo e Castro limitava-se a repetir as prescrições anteriores sobre conciliar a amizade e a confiança dos grupos do vale do rio Guaporé e dos Payaguá, e reforçava as diretrizes do Diretório contra o cativeiro e em prol do comércio (AHU, Cód. 614. Martinho de Melo de Castro a Luiz de Albuquerque de Melo Pereira e Cáceres, Belém, 13 ago. 1771, f. 1, 7-8v, §3, 22, 31).

136 AHU, Cód. 614. Rodrigo de Souza Coutinho a Caetano Pinto de Miranda Montenegro, Queluz, 3 ago. 1798, f. 72v-73 (cit.); e do mesmo para o mesmo, Queluz, 9 abr. 1801, f. 86v-87.

137 BNL, Pombalina, Cód. 161. Francisco Xavier de Mendonça Furtado a Antonio Rolim de Moura, Arraial de Mariuá, 22 nov. 1756, f. 187v.

138 BNL, Pombalina, Cód. 161. "Instrução passada ao Cap.m Mig.l de Siq.a Xavez p.a ir lançar fora dos Dominios de Portugal os Indios Muras, assinada por Francisco Xavier de Mendonça Furtado", Mariuá, 22 nov. 1756, f. 188-188v. Em outra instrução passada ao mesmo capitão Miguel de Siqueira Chaves, em agosto de 1758, para que fizesse a guerra ao gentio levantado e aos mocambos, mesmo os índios que alegassem não haver participado das hostilidades deviam ser capturados: "Ainda q' estes Principaes dem a satifação q' se lhes pedir com tudo se nao deve vm.ce fiar delles [...] pelo q' devem vir seguros, e todos aquelles indios em q' vm.ce tiver desconfiança". Depreende-se daí que a repressão a hostilidades podia ser bem um pretexto para atrair, pela força, índios para as vilas constituídas aos moldes do Diretório (BNL, Pombalina, Cód. 163. "Instrução para se fazer a guerra ao gentio levantado deste

Fosse para afugentar ou capturar os índios hostis à colonização, as guerras ofensivas e defensivas permaneceram um dispositivo sempre à mão de governadores e das elites locais. Como a política de atração pacífica e comércio não removesse esse dispositivo de guerra, permanecia mal dissimulada a natureza da estratégia de poder que a constituía, o que faz mesmo pensar que a guerra poderia, em vez de ser uma espécie de recurso externo do sistema, estar presente também, pulverizada em micropoderes, na própria estratégia civilizatória empregada.[139]

A guerra ofensiva, isto é, aquela diretamente autorizada pelo rei, nesse caso contra os índios Timbira do Maranhão, podia ser feita sem que se pusesse em causa sua coerência em relação à política do Diretório, como a própria Carta Régia de 18 de junho de 1761 afirmava textualmente, visto que os índios aprisionados serviriam para alimentar as novas vilas criadas por aquela lei. Que "os tratem com Caridade", afirmava a Carta Régia, "aprezionando-os, e não os matando de sorte alguma: E para q' destes prezioneyros se possa tirar algua utelidade, vos ordeno, q' logo q' forem apanhados, sejão transportados as Povoaçoens mais remotas; porq' dali, será impocivel fugirem, e nesta forma fica em observância a minha Ley respectiva a Liberd.e dos Indios". O caso dos Payaguá em Mato Grosso era chamado, na mesma carta, em apoio à ideia da Coroa segundo a qual os índios não eram "ferozes por sua natureza", mas porque os jesuítas ou outros homens ambiciosos influíam nocivamente sobre eles: "os jezuitas tem emfamado os Portuguezes naquelles certoens de homens Barbaros, crueiz, e dezumanos, o q' assim tem praticado na Capitania do Matto Grosso, segundo o q' me foy prezente pelo Governador, e Capp.am General, com os Índios Payaguazes, os quais sendo reputados por Feras, achou que vivião com os Jezuitas em boa sociedade".[140]

O autor do Diretório, escrevendo em 1761 ao governador do Mato Grosso, explicitou claramente o lugar das guerras contra os grupos hostis ou rebeldes na nova política indigenista portuguesa. O problema central, segundo Mendonça Furtado, era saber a estratégia adequada para persuadir os "índios silvestres" a se reunirem nas vilas "regulares" do Diretório. Primeiramente, deveria o governador mandar publicar um bando, pelo qual seriam intimados todos os "índios silvestres" a voluntariamente se aldearem. Aos que resistissem e hostilizassem os colonos, seria legítima a guerra, não para sua destruição, mas para sua captura e envio às povoações portuguesas: "vindo buscar as Aldeas se devem receber nellas: Não vindo, e conservando-se tranquilos,

---

Rio passada ao Cap.m Miguel de Siq.a Chaves com.te da mesma guerra", escrita pelo governador Francisco Xavier de Mendonça Furtado, Barcelos, 29 ago. 1758, f. 96).

139 "En d'autres termes, ce n'est pas parce que la conquête par les armes disparaît que la violence liée à l'imposition arbitraire d'un arbitraire socioculturel (par les moyens subtils de la politique) doit être réduite à la paix" (BOCCARA, Guillaume. *Guerre et ethnogenèse mapuche dans le Chili colonial*: l'invention du soi. Paris: L'Harmattan, 1998, p. 201).

140 IANTT, Manuscritos do Brasil, n. 51, f. 36v-37. Francisco Xavier de Mendonça Furtado, secretário de Estado, ao governador do Maranhão, Manoel Bernardo de Melo e Castro, Palácio da Nossa Senhora da Ajuda, 19 jun. 1760. Envia Cópia da Carta Régia de 19 jun. 1760 que autoriza a guerra aos índios Timbira.

se devem alliciar com dádivas para os atrahir: E fazendo insultos se devem debellar, e Reduzir, e mandar dividir pelas Aldeyas civilizadas para servirem nellas por jornal".[141] A mesma carta considerava "de muito pouco momento" as ordens anteriores, que tomavam os Payaguá e Kayapó por inimigos propensos ao cativeiro, mas não descartava a possibilidade de atacá-los, se resistissem, nem de enviar os prisioneiros dessas guerras "para outros lugares remotos das suas Patrias".[142] As disposições do poder central não abandonavam de todo, na configuração desse novo tipo de poder civilizador, de atração e de vigilância, as guerras como recurso contra grupos que resistissem à presença da colonização, nem interditava que fazendeiros mantivessem índios "administrados", sob a condição de remunerá-los. Ora, a permanência desses dispositivos de guerra no âmbito mesmo da política de pacificação não deixará de condicionar as relações entre colonos, administradores e certos povos indígenas da fronteira.

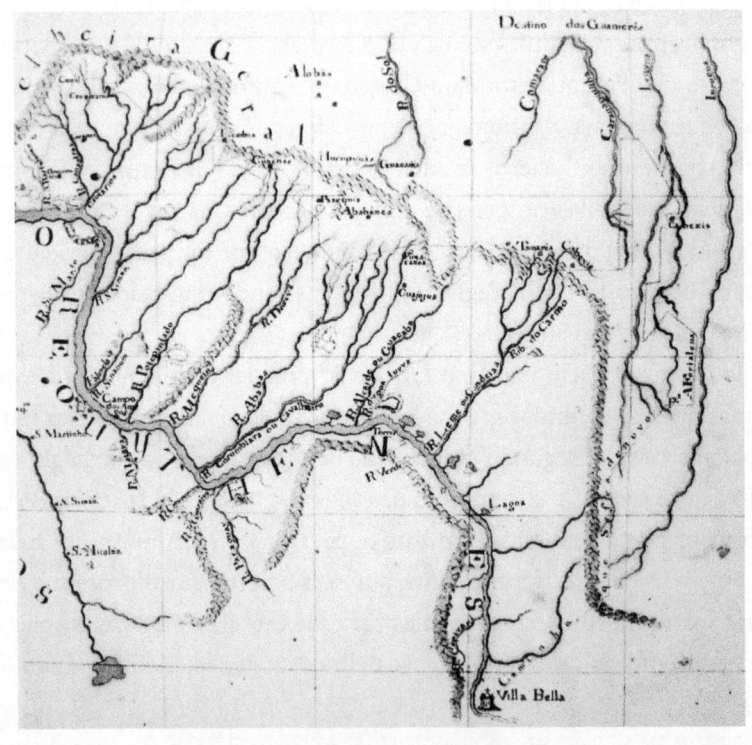

Figura 18: Bacia do Rio Guaporé [c. 1769]

Fonte: Casa da Ínsua, CG 40. In: GARCIA, João Carlos (coord.). *A mais dilatada vista do mundo*: inventário da coleção cartográfica da Casa da Ínsua. Lisboa: Comissão Nacional para as Comemorações dos Descobrimentos Portugueses, 2002, p. 407.

A linha em ponteado indica o caminho seguido por João Leme do Prado em expedição do Forte Bragança a Vila Bela em 1769. As aldeias dos povos indígenas contatados ou de quem se teve notícia aparecem como pequenos pontos: Orucoronis, Cauataros, Caraoas, Lombis, Cuntrias, Pazequis, Ababázes, Puxacazes, Guajejus, Guazaies, Hurupunás, Alobás, Tamarés, Guanierés e Cabexis.

---

141 AHU, Cód. 613. Francisco Xavier de Mendonça Furtado a Antonio Rolim de Moura, Nossa Senhora da Ajuda, 18 jun. 1761, f. 39v-40.

142 *Ibidem*.

Em 1769, o governador Luiz Pinto encarregou a João Leme do Prado uma bandeira com a finalidade de abrir caminho do forte Bragança a Cuiabá. Paulista nascido em Itu, João Leme terá sido um dos sertanistas mais requisitados pelo governo de Mato Grosso para a destruição de quilombos, abertura e reconhecimento de caminhos e trato com índios do sertão.[143] A ambiguidade da política indigenista oficial ficava claramente expressa nos objetivos dessa bandeira, que deveria persuadir os índios a descerem às povoações, aniquilar quilombos e pesquisar minas de ouro e sal. Intento ilustrado de "normalizar" a prática das bandeiras, não interditava de todo o uso da força e acabava por convir com alguns procedimentos violentos, como a pilhagem de cultivos e a captura de guias e intérpretes.[144] Os índios que quisessem acompanhar voluntariamente se podiam logo trazer, e os escravos que se apanhassem nos quilombos deviam vir presos com toda a segurança. Aos soldados se mandaria satisfazer pelos senhores a quem competisse toda a importância que arbitra o regimento dos capitães do mato.[145] Seguindo os moldes das expedições "ilustradas", João Leme do Prado levou roupas, verônicas, ferramentas e outros itens de estimação, com os quais esperava presentear os caciques a fim de atraí-los a viver nas povoações aos moldes do Diretório. A certa altura, no entanto, a expedição ficou sem mantimentos, e passou a depender da compra ou pilhagem dos cultivos dos índios que encontravam pelo caminho. Entre os "Xumbiados", por exemplo, um dos filhos do cacique Aguaré falava português, que aprendera em um período que vivera em aldeamentos portugueses, e tendo sido perguntado, por meio desse intérprete, se queriam receber as águas do batismo, respondeu Aguaré que "avia de ser nas suas mesmas terras, p.r q.' na nossa q.' se morre m.to e havião m.tos musquitos, e q.' a sua terra hera m.to sadia e elles assim mostravão he gente gorda bem parecidos".[146] Aguaré e seu filho foram vestidos com casaca, camisa e calça, receberam facão, machado e foice; outro principal, chamado Amorim, de uma aldeia próxima, recebeu véstia de baeta, dez verônicas e fitas. Entre esses índios não pôde a expedição recolher os mantimentos sem pagar, "pelos haver insinado a vender o filho do principal q.' sabia os nossos costumes".[147] Entre os "Ababás", no entanto, a expedição foi recebida com um ataque repentino de flechas e buzinas. Um dos índios foi morto, os vigias foram rendidos, e o mantimento que possuíam,

---

143 AHU, MT, cx. 15, d. 942. Requerimento de João Leme do Prado, em que pede remuneração pelos serviços que prestou, remetido em carta de Luiz Pinto ao Rei, Vila Bela, 16 jun. 1771; APMT, Defesa, 1775, 160. Informe de José Pais Falcão ao governador Luiz de Albuquerque, em resposta ao pedido para que recomendasse alguém para a expedição ao Fecho dos Morros e Mbotetei, São José dos Cocais, 25 out. 1775.

144 BPMP, Cód. 296, f. 177-199. "Instrução que se deo a João Leme do Prado p.a a abertura do cam.o do Forte de Bragança e Diários dos Sucessos sucedidos na abertura do mesmo caminho", por Luiz Pinto de Souza Coutinho, Vila Bela, 22 jun. 1769.

145 *Ibidem*, f. 178v. Esse regimento é discutido no capítulo 10 deste livro.

146 BPMP, Cód. 296, f. 180v-199v. "Rellaçam da expedição q.' o Il.mo Ex.mo Sn.r Luiz Pinto de Souza Coutinho fez p.a a feitura do caminho do Forte de Bragança p.a o Cuyabá, por Director do d.o Caminho a Joam Leme do Prado, e furriel Guilherme Pompeo Taquez, cabo de esq.a Francisco Garcia Velho, e mais sold.os", 1769, f. 191v.

147 *Ibidem*, f. 191v-192.

milho, legumes e outros mais, foram pilhados. Alguns índios Cabichis, concretamente duas famílias, foram capturados e levados como prisioneiros ou guias.[148] Em todos esses casos a bandeira capturou índios para servirem de guias e intérpretes.[149] Segundo a versão registrada pelos camaristas de Vila Bela, a mesma bandeira passara por "várias nações de gentios bárbaros, a quem catequizavam, preavam para os fazerem domésticos".[150]

O costume de enviar bandeiras de apresamento persistia à época do governador Luiz Pinto de Souza, afetando severamente os índios Araripoconé, Bororo, Tapirapé, Kayapó e outros. João Jorge Velho, capitão do mato, em carta ao governador, prestava contas sobre sua deserção da bandeira comandada por Salvador Rodrigues Siqueira. Seu depoimento revela a permanência das bandeiras e os problemas suscitados pela competição no seio da elite local, pois nem todos ficavam contentes com a subordinação à hierarquia militar da expedição. Em 1770, a bandeira de Salvador Rodrigues Siqueira foi enviada aos sertões entre Cuiabá, lagoas Gaíva e Uberaba e Vila Bela, paragem onde se acreditava existir ouro e, quando por mais não fosse, era tida por asilo de índios rebeldes Bororo e "Beripoconêzes". O governador e o juiz de fora ordenavam que os sertanistas fossem "dezenfestar a campanha de Gentios, ou fugidos, que nelle ouvece". De fato, foram encontrados índios "Araripoconé", de quem se capturou "a preza de 43 almas". Mas João Jorge Velho se desentendeu com o chefe da bandeira e desertou com o seu grupo de volta a Cuiabá, "por evitar alguma raiva que podia aver entre os camaradas, contra Roiz, pois não dava de comer aos soldados, nem pólvora e chumbo para caçar, nem anzóis, e ser temerário [...]. Só digo a V. Ex.a que o homem, mais queria carijós que descobrir oiro".[151] Se o pretexto das pesquisas por ouro fora utilizado pela expedição de Salvador Rodrigues Siqueira, no ano seguinte outra bandeira foi enviada, dessa vez aos rios Paranatinga e Arinos, com o pretexto de reconhecimento do curso desses rios. Findo o empreendimento, a câmara de Cuiabá reconheceu "a ignorancia q' tem do continuado curso dos ditos rios e suas fozes", mas os sertanistas "fizeram avultada preza em huma nação de gentio chamado Tapirapê" e em outros grupos. A bandeira não partira com menos de 40 homens armados, mas cerca de 800 pessoas voltaram do sertão.[152]

A ambivalência das diretrizes do poder central, como notou um historiador a propósito da expansão colonial aos sertões de Minas Gerais, ao interditar o uso da força contra certas populações indígenas em condições determinadas, elevava o grau de violência nas interações

---

148   *Ibidem*, f. 196.

149   *Ibidem*, f. 191v-194.

150   AVB, p. 136-37.

151   BPMP, Cód. 808. João Jorge Velho a Luiz Pinto de Souza, Colais, 30 jul. 1770, f. 23-23v. Sobre essa bandeira, vide também: BPMP, Cód. 808. João Baptista Duarte a Luiz Pinto de Souza, Cuiabá, 2 dez. 1770, f. 144-146.

152   BPMP, Cód. 296. Carta da câmara de Cuiabá a Luiz Pinto de Souza, Cuiabá, 30 mar. 1771, f. 151-152v.

com outros grupos.¹⁵³ As elites locais contribuíam com donativos para as expedições, mas só o faziam voluntariamente se houvesse algum retorno material ou simbólico em jogo. Assim, para a bandeira que capturou 800 índios nos rios Paranatinga e Arinos, só Antonio Soares Godoy contribuiu com 40 armas de fogo.¹⁵⁴ Entretanto, para uma expedição preparada pelo governador Luiz Pinto de Souza, cujo objetivo era averiguar e recolher informações sobre se realmente foram os Kayapó os autores de 49 mortes no Lugar de Médico, a elite de Cuiabá se recusou a despender donativos, "declarando somente que queriam concorrer para a despeza de qualquer bandeira que fosse a destruir o gentio". A solução foi despachar nessa diligência 12 índios armados do aldeamento de Guimarães.¹⁵⁵

As bandeiras eram organizadas da seguinte maneira. De início, aparecia a alegação de que índios de grupos considerados hostis tivessem praticado uma incursão contra moradores. A câmara informava ao governador, solicitava sua autorização e, se possível, recursos da Provedoria da Real Fazenda para as despesas necessárias. O governo se limitava ao fornecimento de armas, pólvora e balas, embora o custeio integral não fosse incomum.¹⁵⁶ Era preciso, porém, arcar com o soldo do cabo da bandeira e dos soldados que a compunham. Para tanto, a câmara convocava os povos, estabelecia os valores dos soldos e a contribuição que tocava a cada morador na derrama. A bandeira que saiu contra os Kayapó e os Bororo em 1773 foi organizada nesses moldes. Os soldos venceram, por três anos, para o cabo quatrocentas oitavas ou 600$000, e aos soldados quinze oitavas ou 23$000.¹⁵⁷ Outra que em 1795 foi dar no quilombo do Piolho, que novamente se agrupara com negros, índios e seus filhos "caborés", municiou-se com derrama sobre os povos de Vila Bela, prometendo o governo concorrer, como efetivamente

---

153 "[...] beneath the continual delays, hesitations, and policy reversals of captaincy governors, a pattern of invading indigenous territory and subjugating its seminomadic occupants can be traced from one decade to the next beginning in the mid-1760s" (LANGFUR, *Uncertain Refuge*, *op. cit.*, p. 243).

154 BPMP, Cód. 296. Carta da câmara de Cuiabá a Luiz Pinto de Souza, Cuiabá, 30 mar. 1771, f. 151v.

155 AHU, MT, cx. 15, d. 931. João Baptista Duarte, juiz de fora de Cuiabá, a Luiz Pinto de Souza, Cuiabá, 1 abr. 1771.

156 Como foi o caso da bandeira enviada em 1779 contra os Bororo do rio Porrudos (*ASCC*, p. 118; *AVB*, p. 221). As atribuições da Real Fazenda quanto ao custeio das bandeiras contra grupos havidos por hostis permaneceram semelhantes às da já mencionada Provisão de 5 de março de 1732, que dispôs o procedimento a adotar na guerra que se mandava fazer aos Payaguá. Um bando público publicaria a referida guerra, com a menção de que os índios capturados seriam repartidos pelas pessoas que nela entrassem, e que se lhes seria assistida, por parte da Real Fazenda, com toda a pólvora e munições, e mesmo armas e mais petrechos, que fossem necessários para a expedição (IANTT, Papéis do Brasil, Cód. 6, f. 27. "Provisão para o governador de S. Paulo, determinando que se faça guerra e razia nos gentios Payaguá e em seus aliados das aldeias dos padres castelhanos da Companhia que lhes dão ajuda; manda que se lhes destruam as aldeias e se prendam os que for possível", Lisboa, 5 mar. 1732).

157 *ASCC*, p. 102. O procedimento para municiar as bandeiras que iam debelar quilombos era idêntico: as câmaras podiam utilizar os bens do concelho ou, em casos mais graves, o governador podia autorizar uma derrama de até 300 oitavas sobre todos os moradores (APMT, Cód. C-25, f. 25-29. "Regimento para as Companhias do Matto do Distrito de Vila Bella", Luiz Pinto de Souza Coutinho, Vila Bela, 22 dez. 1769, f. 28v, §20).

o fez, com a quinta parte da gente, que se empregasse nessa diligência, armada e municiada pela mesma Real Fazenda.[158]

A eleição do cabo da bandeira era um momento importante da vida política das elites locais, quando afloravam as disputas entre facções. Pois do sucesso de uma bandeira podia depender o capital político necessário a futuros requerimentos de mercês à Coroa.[159] Assim, Antonio Soares de Godoy foi escolhido por cabo em 1771, mas sua bandeira fracassou, pois era "sugeito na verdade inepto, e indigno para a empreza, porem apoyado pelos poderozos, que antes querião aquella acção perdida sendo elle Cabo, do que glorioza sendo João Leme do Prado [...] a quem erão opostos, ainda que apetecido do Povo por ser bastantemente experimentado no certão".[160]

Seja como for, os recursos para uma guerra total contra os Bororo e os Kayapó faltavam na capitania, tanto assim que a câmara de Cuiabá, em carta enviada à rainha em 1778, tratou justamente desse assunto. Alegavam os camaristas que os índios, no decurso de sete anos, mataram cerca de 300 pessoas, reduzindo os moradores à pobreza, por se verem sem segurança para a agricultura das terras e extração do ouro, pelo que suplicavam que fosse a rainha servida "subministrar, e socorrer com o direito da Real Proteção, e com todos os mais, q' são proprios dos soberanos [...] a extinção destes inimigos indomáveis nos seos proprios alojamentos, sem mais rezervas que a dos ignocentes e do sexo feminino".[161]

Às sucessivas bandeiras que, com o aval do governo de Mato Grosso, visavam apresá-los e destruí-los, os Bororo e outros grupos opuseram uma luta tenaz pela sobrevivência, que com os anos foi lançando câmaras e governo em dificuldades. O fracasso de uma bandeira implicava em desperdício dos recursos requisitados compulsoriamente aos colonos, e a falta de cativos para distribuir como "administrados" desanimava novos donativos. Como escreveu o mestre de campo de Cuiabá em 1781, "este povo já não pode ou não quer concorrer, e a experiencia mostrou de prezente prometerem muitos o darem alguma ajuda, e por fim nada".[162] Tanto era assim que o governador Luiz de Albuquerque, chamado a dar seu parecer sobre a mencionada petição da câmara de Cuiabá por uma guerra total, escreveu em fevereiro de 1782 que era "pura verdade

---

158 AHU, MT, cx. 31, d. 1716. João de Albuquerque a Luiz Pinto de Souza, Vila Bela, 30 dez. 1795, f. 1v.

159 Assim como o fracasso podia enterrar qualquer carreira na administração colonial. Inácio Leme da Silva, que tinha a patente de sargento-mor e fora nomeado cabo da bandeira ao Urucumacuam, enviada em 1775, pela indignidade de ter desertado, foi preso e chamado à presença do governador, a quem teve que devolver sua patente. O governador ordenou ainda que jamais fosse admitido a cargo algum da república (*AVB*, p. 207).

160 *ASCC*, p. 97.

161 AHU, MT, cx. 19, d. 1198. Carta dos oficiais da câmara da vila de Cuiabá à rainha em que pedem a extinção, nos seus próprios alojamentos, dos índios Bororo e Kayapó, Cuiabá, 26 maio 1778. As bandeiras de 1779 e 1781 foram inteiramente financiadas com dinheiro da Real Fazenda (*ASCC*, p. 118, 123; *AVB*, p. 221).

162 AHU, MT, cx. 22, d. 1353, Anexo n. 4. Carta do mestre de campo de Cuiabá, Antonio José Pinto de Figueiredo, ao governador Luiz de Albuquerque, Cuiabá, 28 dez. 1781, f. 1v.

tudo quanto reprezentaram", e que até aquela data coordenara três bandeiras contra os índios Bororo e Kayapó.[163] Explicava que essas bandeiras foram custeadas em sua principal parte pela contribuição dos povos, ajudada de algum socorro mais avultado de um ou outro morador benemérito, e assistidas com todas as munições de guerra e parte das de boca com recursos da Real Fazenda. O governador, tendo em conta que "os povos pelo comum sempre clamam pelo remédio mas não asentem facilmente a concorrer com o dinheiro, ou ouro", propunha que a Coroa determinasse um sistema positivo para semelhantes expedições, e que ficasse estabelecido que um terço das despesas corresse à conta dos moradores, e dois terços pelos recursos da câmara.[164]

Os Bororo não se deixavam prender, sublevavam-se antes de chegar a Cuiabá, valiam-se de uma rede de informantes indígenas e se antecipavam às bandeiras, deslocando seus assentamentos. A que partiu em 9 de agosto de 1773, sob o comando de Pascoal Delgado Lobo, composta de 80 armas, fora motivada pelos últimos insultos à aldeia de Guimarães, atribuídos aos Kayapó, que teriam morto sete pessoas. O governador determinou que a Fazenda Real assistisse com a quantidade necessária de pólvora e balas e instruiu, em carta de 1 de junho de 1773, que "a perseguição dos bandeirantes deveria comprehender a toda a qualidade de indios que se reconhecessem agressores".[165] Foram capturados, no rio Porrudos, 86 índios Bororo, sendo 18 guerreiros e os mais mulheres, rapazes e crianças. Apesar da insistência dos índios de que os Kayapó foram os responsáveis, a câmara de Cuiabá alojou-os no lugar da capela de São Gonçalo Velho.[166] Antes mesmo de serem "repartidos pelos povos debaixo de administração na conformidade das mesmas ordens de V. Ex.a", se tornaram a retirar fugitivos para suas casas e alojamentos, "ficando por esta forma elles vangloriozos, e sem castigo, e o povo lamentando as baldadas esperanças, com que voluntariamente contribuirão".[167] *Nota bene* que a câmara de Cuiabá falava em repartir os índios sob o sistema de "administração", com o que eram entregues aos particulares quase que como escravos, prática que, apesar de proibida pelas régias disposições de 1749,[168] terá permanecido vigente em Mato Grosso até o fim da época colonial.

A rigor, índios capturados em bandeiras permaneciam sendo distribuídos entre os colonos como força de trabalho compulsório, mas essa prática podia ter consequências trágicas. A 3 de junho de 1800, chegou a Cuiabá um bom número de índios, capturados

---

163 AHU, MT, cx. 22, d. 1353. Luiz de Albuquerque à rainha, Vila Bela, 25 fev. 1782.

164 *Ibidem*, f. IV-2. Segundo Luiz de Albuquerque, a câmara de Cuiabá recolhia vários subsídios aos moradores, mas os despendia perdulariamente, como em certa festa instituída desde 1755, em lembrança do terremoto em Lisboa, para a qual contribuíam os engenhos e que tinha importado, até o presente, em 13 mil cruzados.

165 AHU, MT, cx. 22, d. 1353, Anexo n. 2. Carta da câmara do Cuiabá ao governador Luiz de Albuquerque, 12 fev. 1781.

166 APMT, Defesa, 1772, 46. Francisco Lopes de Araújo a Luiz de Albuquerque, Cuiabá, 10 dez. 1773; SÁ, "Chronicas do Cuyabá", *op. cit.*, p. 169.

167 AHU, MT, cx. 22, d. 1353, Anexo n. 2. Carta da câmara do Cuiabá ao governador Luiz de Albuquerque, 12 fev. 1781.

168 "Instrução da Rainha D. Mariana Vitória para D. Antonio Rolim de Moura Tavares", Lisboa, 19 jan. 1749. In: MENDONÇA, *Rios Guaporé e Paraguai, op. cit.*, p. 26, §18-19.

por uma bandeira que supostamente fora enviada para a destruição de um quilombo: "não achando o quilombo de pretos foragidos por terem sidos asasinados pelos Chavantes, conquistou a estes, e da mesma sorte conduzio os Abacairis". Uma vez em Cuiabá, esses índios foram pouco a pouco dizimados, pois "estranhando estes barbaros os nossos alimentos principalm.e o Salmuria q.' os atenuou cauzando lhes dezinterias incuraveis; de huns e outros morreram muitos. S. Ex.ª fes distribuir os Indios conquistados pelas cazas serias desta V.ª e seus subúrbios".[169]

Do mesmo modo, outra bandeira enviada em agosto de 1779, realizada, segundo instruções do governador Luiz de Albuquerque, "com o preciso fim de os castigar, destruir e aprezionar", capturou o melhor de 296 almas entre os Bororo.[170] Antes de chegarem a Cuiabá, os índios se sublevaram, deram morte a alguns bandeirantes e conseguiram fugir: "quando menos os imaginaram", refere o mestre de campo, "se viram cometidos destes selvagens com o seu costumado e tremendo urro, acompanhado de porretes, e flechas, matando inopinadamente sete pessoas, e ferindo cinco". A bandeira pôde retornar apenas com 24 "prezas".[171] Por essas razões, a câmara de Cuiabá novamente requisitava à Coroa o auxílio necessário, "a fim de serem extinctos estes indomáveis inimigos nos seus proprios alojamentos, sem mais rezerva que a dos inocentes, e as do sexo feminino".[172]

Aqui cumpre sublinhar pelo menos duas permanências cruciais na política indigenista portuguesa nessa fronteira: de um lado, a da instituição da "administração" de índios capturados em bandeiras, a qual, desde a época de Antonio Rolim de Moura, devia ter sido extirpada quando da aplicação das leis de liberdade dos índios, mas que, por não entrarem em contradição com o sentido geral da política pombalina, que não interditou a prática de bandeiras, seguia em atividade normalmente em Mato Grosso; de outro, a retórica contrária à política de pacificação expressa em termos como "castigar, destruir e aprezionar", que denotam a permanência de uma visão compartilhada por governos reformistas e elite local sobre uma *fronteira interna*. Ora, se a *fronteira externa* com os domínios espanhóis parecia às autoridades coloniais o lugar mais

---

169 *ASCC*, p. 161. Mencionado também em: SIQUEIRA, Joaquim da Costa. "Compendio histórico chronológico das notícias de Cuiabá, repartição da capitania de Mato-Grosso, desde o princípio do ano de 1778 até o fim do ano de 1817 [...]". *RIHGB*, Rio de Janeiro, v. 13, 1850, p. 41-42. Pode-se ter uma ideia do tratamento dado aos índios capturados e das condições em que eram alojados por uma carta do mestre de campo de Cuiabá. Ele informava que enquanto não se decidisse para onde iriam os nove índios trazidos pela bandeira de 1781, permaneceriam recolhidos em uma das casas da cadeia da cidade. O mestre de campo e o juiz de fora, porém, não entravam em acordo sobre de onde sairia o dinheiro para sustentá-los (AHU, MT, cx. 22, d. 1353, Anexo n. 4. Carta do mestre de campo de Cuiabá, Antonio José Pinto de Figueiredo, ao governador Luiz de Albuquerque, Cuiabá, 28 dez. 1781).

170 AHU, MT, cx. 22, d. 1353, Anexo n. 3. Carta do mestre de Campo de Cuiabá, Antonio José Pinto de Figueiredo, a Luiz de Albuquerque, Cuiabá, 29 jan. 1781.

171 *Ibidem*.

172 AHU, MT, cx. 22, d. 1353, Anexo n. 2. Carta da câmara do Cuiabá ao governador Luiz de Albuquerque, 12 fev. 1781.

adequado para aplicar a política diplomática, a atração pacífica e a "conquista por contrato",[173] a *fronteira interna* continuava sendo vista como o sertão a pacificar, o espaço de inimigos indômitos contra quem não havia outra alternativa senão a guerra. Da fronteira externa à interna, a passagem era também da força do simbólico ao simbolismo da força.

Em sua luta pela sobrevivência, os Bororo contaram com a ajuda de dois índios que fugiram da capital e, como refere o mestre de campo, avisaram seus conterrâneos sobre a bandeira enviada em 1781. Assim, os índios queimaram seus alojamentos no rio Porrudos e fugiram, "dividindosse em malocas, e procurando os grandes cocaes, que se acham nas imediaçoens, e cabeceiras do Pequeri". O oficial lamentava que, não fosse tal inconveniente, "poderia haver felicidade grande nesta bandeira na aprehenção de muitos centos de Indios".[174] Mesmo tendo sido forçado a abandonar seus assentamentos, em julho de 1784 um grupo de índios Bororo foi encontrado entre os rios Manso e da Casca, a nordeste de Cuiabá. A bandeira capturou 19 índios de ambos os sexos, que o governador Luiz de Albuquerque "mandou repartir para vários moradores, para serem bem tratados conforme as reais ordens".[175]

O parecer do Procurador da Real Fazenda ao Conselho Ultramarino sobre a petição da câmara de Cuiabá expressava a ambiguidade do poder central em relação às bandeiras punitivas:

> Torno a repetir o q.' tenho dito, e q.' será justo ordenar-se ao gov.r q' procure com brandura e modo ver se pode reduzir os indios; q' veja se há alguns missionários, q.' possão introduzir-se entre elles, e q.' introduzindo-os na religião, e na doutrina os acostumem a viver mais humanamente [...]; mas a não se poder praticar este methodo, e no governador conhecer, q.' ele he impraticável, me conformo com elle, e me parece lhe deve S. Mag.e cometer este negocio.

Com o que aprovava, esgotados os meios pacíficos e persuasivos, a proposta do governador em obrigar a câmara a poupar os recursos que recebia e direcioná-los às bandeiras.[176]

---

173 O termo é utilizado por Amy Turner Bushnell ao analisar a política indigenista espanhola na Flórida, onde a competição com os ingleses desde fins do século XVII forçou os espanhóis a aumentar os gastos com presentes para caciques e remunerações de índios. "Now that the Indians had alternatives, their friendship cost more", sintetiza a autora (BUSHNELL, Amy Turner. "Gastos de indios": the Crown and the chiefdom-presidio compact in Florida. In: ALBERT, Salvador Bernabéu (ed.). *El Gran Norte Mexicano*: indios, misioneros y pobladores entre el mito y la historia. Sevilha: CSIC, 2009, p. 143, 156-57). A distinção entre fronteira interna e fronteira externa que adoto aqui serve para assinalar que os governadores reformistas e as elites locais estiveram menos dispostos a negociar com índios que viviam em áreas não disputadas por outros impérios.

174 AHU, MT, cx. 22, d. 1353, Anexo n. 4. Carta do mestre de campo de Cuiabá, Antonio José Pinto de Figueiredo, ao governador Luiz de Albuquerque, Cuiabá, 28 dez. 1781.

175 *AVB*, p. 246.

176 AHU, MT, cx. 22, d. 1353. "Cópia da resposta do Procurador da Real Fazenda" [c. 1782]. As relações seguiram sendo conflituosas nos anos seguintes. Em 1820, o comandante de Vila Maria coordenou uma bandeira contra os

Não houve em Mato Grosso qualquer iniciativa semelhante à do governo de Goiás em procurar atrair a população Kayapó, "tida e bem conhecida pela mais indomável e redutavel de toda América", para o sistema de aldeamento aos moldes do Diretório. Esse modelo baseado na persuasão dos caciques, como refere o governador de Goiás, que se vangloriava por aplicar as instruções vindas do Reino, com "o methodo com que as nações Franceza e Ingleza civilizarão e avassallarão na America Septentrional, quatro milhões de habitantes d'outras nações tão redutaveis e indômitas como a referida Caya-pó", resultou no aldeamento de D. Maria I, fundado em 1781.[177] Em Mato Grosso, para os mesmos Kayapó, permaneceram as guerras ofensivas e defensivas, o apresamento e a distribuição dos prisioneiros entre os colonos, embora houvesse empenho em aplicar o modelo da persuasão entre os Guaykuru e Guaná do Paraguai.[178] A guerra "política" de atração pacífica de caciques às povoações do Diretório, aplicada na disputada *fronteira externa*, represou e fez espraiar pela *fronteira interna* a guerra maciça contra povos considerados hostis.[179]

Expedições punitivas nos domínios espanhóis

Entre os espanhóis, porém, a guerra permaneceu contra os mesmos povos a quem procuravam atrair conforme a política reformista de pacificação, nomeadamente os índios Guaykuru, também aliciados pelos portugueses. A expectativa do governador do Paraguai, Jaime Sanjust (1750-1761) era a de que, com o estabelecimento da paz com os índios Guaykuru, a fronteira ao norte da província fosse pacificada e as *haciendas*, limitadas ao sul do rio Manduvirá, não muito distante de Assunção, pudessem se expandir por aquelas terras, de onde os espanhóis foram rechaçados desde fins do século XVII.[180] Entretanto, mesmo depois do tratado de paz de 1759

Bororo, que resultou na captura de alguns guerreiros, morte de um ordenança e dois outros feridos. Como refere o governador, os Bororo mantinham alojamentos ao pé da lagoa Gaíva, junto ao marco de limites, "para onde se recolhem, depois de suas hostilidades" (AHU, MT, cx. 44, d. 2208. Francisco de Paula Magessi Tavares de Carvalho ao secretário de estado da Marinha e Ultramar, Tomás António de Vila Nova Portugal, Cuiabá, 13 nov. 1820). Quatro caciques foram a Vila Maria no mesmo ano reclamar pelas mulheres, crianças e demais pessoas aprisionadas. O governador providenciara espelhos, miçangas e ferramentas para "puxallos as povoaçoens, e fazello viver entre nós, do que para o futuro, terá o Estado grandes vantagens" (AHU, MT, cx. 44, d. 2209. Francisco de Paula Magessi Tavares de Carvalho ao secretário de estado da Marinha e Ultramar, Tomás António de Vila Nova Portugal, Cuiabá, 12 dez. 1820).

177 AHU, GO, cx. 32, d. 2019. Luís da Cunha Menezes a Martinho de Melo e Castro, Vila Boa, 20 jul. 1781. Ver também: AHU, GO, cx. 35, d. 2131. Tristão da Cunha Meneses a Martinho de Melo e Castro, Vila Boa, 16 jan. 1784; CHAIM, Marivone Matos. *Aldeamentos indígenas* (Goiás 1749-1811). 2a. ed. São Paulo: Nobel; Brasília: Instituto Nacional do Livro/Fundação Nacional Pró-Memória, 1983, max. p. 123-24.

178 Em Mato Grosso, houve bandeiras especialmente direcionadas aos Kayapó em 1771, 1773 e 1779. Sobre esta última, vide: AHU, MT, cx. 21, d. 1257. Luiz de Albuquerque a Martinho de Melo e Castro, Vila Bela, 28 dez. 1779.

179 Cf. LANGFUR, *Uncertain Refuge*, *op. cit.*, p. 243.

180 AGI, Buenos Aires, 171. Exortatório do governador José Martínez Fontes ao padre Nicolas Contucci, visitador da Companhia de Jesus, a respeito da paz estabelecida entre o governador Jaime Sanjust com os índios Guaykuru,

com os Guaykuru e da instalação da redução de Belén entre eles no ano seguinte, os colonos espanhóis permaneceram reclamando de incursões e roubos de gado, cavalos, ferramentas, armas e outros itens.

A província permaneceu em um estado de "paz armada", receando incursões dos mesmos grupos Abipón, Toba e Guaykuru que eram reduzidos nas missões jesuíticas. Esse quadro não se alterou até o fim da época colonial, e os 28 presídios mantiveram-se ativos. Não passavam, como já referido, de estacadas munidas de uma peça de artilharia, e estavam espalhados pela margem do rio, metade ao norte e metade ao sul da capital Assunção. Em princípio, todos os espanhóis eram obrigados a servir gratuitamente em turnos rotativos de 40 em 40 dias, e quando o indivíduo era destacado para uma guarnição mais distante, como Villa Real de la Concepción, o turno demorava dois meses. Toda a vez que índios com intenções hostis passavam por um presídio, saía uma expedição militar para persegui-los, o que levava a um quadro de guerra permanente: "El cañon q.e hay en los fuertes sirve para dar aviso quando pasan los Yndios Enemigos à nuestra parte, e inmediatam.te el Comand.te, oficiales, y tropa franca del Rexim.to de aquella demarcación salen (en sus cavallos, y a sus expensas) a encontrarlos, y perseguirlos".[181]

Essa política que oscilava, segundo a fórmula de um estudioso, entre uma má paz e uma boa guerra,[182] conduzia a expedientes violentos contra os mesmos grupos que se procurava atrair pacificamente, como se vê pela resposta do governador José Martínez Fontes à oferta de auxílio militar apresentada por caciques Guaykuru. No início da década de 1760, as incursões de índios Abipones, Lengua e Toba causavam consideráveis estragos na província. Em Assunção, os caciques Jaime e Lorenzo propuseram ao governo "hacer guerra á las dichas naciones como auxiliares". O missionário da redução de Belén, José Sánchez Labrador, acompanhou todo o processo.[183] De início, o governador aceitou a proposta e acordou que a tropa de espanhóis estaria pronta para marchar com os guerreiros Guaykuru contra os Lengua do Chaco. Em fevereiro de 1764, conforme o prazo combinado, 700 guerreiros seguiram para Assunção, reunidos

---

22 jan. 1762. Sobre o confinamento da província do Paraguai no entorno de Assunção em fins do século XVII e a expansão da segunda metade do século XVIII, vide: SUSNIK, Branislava. *El indio colonial del Paraguay*: t. 3-1: El chaqueño: Guaycurúes y Chanes-Arawak. Assunção: Museo Etnográfico Andrés Barbero, 1971, p. 67-68; Idem. *Una visión socio-antropológica del Paraguay del siglo XVIII*. Assunção: Museo Etnográfico Andrés Barbero, 1991, p. 11; Idem. *Una visión socio-antropológica del Paraguay*: XVI – 1/2 XVII. Assunção: Museo Etnográfico Andrés Barbero, 1993, p. 124; COONEY, Jerry W. North to the Yerbales: The Exploitation of the Paraguayan Frontier, 1776-1810. In: GUY, Donna J.; SHERIDAN, Thomas E. (eds.) *Contested ground*: comparative frontiers on the Northern and Southern edges of the Spanish Empire. Tucson: University of Arizona Press, 1998, p. 135-37.

181 ANA, SH, v. 155, n. 5. "Estado que manifiesta los oficiales, sarxentos, cavos, y soldados que de los Reximientos de Milicias de la Provincia del Paraguay", Assunção, 13 abr. 1790.

182 WEBER, *Bárbaros, op. cit.*, 176-77.

183 SÁNCHEZ LABRADOR, José. *El Paraguay Católico* [1780]. Buenos Aires: Imprenta de Coni Hermanos, 1910, v. 2, p. 142-147.

graças ao empenho do cacique Lorenzo, que passara os meses antecedentes realizando convocatórias a outros caciques. Levavam ainda suas mulheres, para que permanecessem na capital com as esposas dos espanhóis e como prova da sinceridade da aliança militar.[184] Entretanto, José Martínez Fontes desistiu da empreitada conjunta, quando os Guaykuru já estavam nas proximidades de Assunção. Demovera-o a notícia divulgada pelos Payaguá de que "los Mbayás pasaban a la otra parte del río con pretexto de la caza a hablar a los Lenguas, con quienes estaban coligados, para destruir a los Españoles".[185] Diante disso, o governador alertou as milícias e posicionou sentinelas em vários pontos da cidade.

Finalmente, ainda segundo o padre José Sánchez, ele enviou aos toldos dos Guaykuru algumas pessoas infectadas com varíola, cujos efeitos logo "se declararon en el camino y en la Reducción", e estorvaram mesmo qualquer resposta dos índios, ainda que "no se pudo borrar del ánimo de Lorenzo el odio que concibió y fomentaba en su pecho contra los Españoles".[186] A dar crédito a esse relato, que sugere um verdadeiro recurso deliberado à guerra biológica, os efeitos entre os Guaykuru foram suficientemente poderosos como para levar à morte mais de 200 pessoas.[187] Ao que tudo parece indicar, a presença dos missionários em Belén deve ter refreado os ânimos, tendo os índios momentaneamente se retirado da redução, onde só permaneciam os doentes em tratamento, e em breve "iban saliendo de sus escondrijos los pobres infieles", como lembra o padre José Sánchez: "Me llamaban desde algún trecho (porque temían dar con el enemigo de las viruelas, si se acercaban) y pedían algún alimento [...] y nos decían: *Eiodi, Yopoconaga, Tibigi*: mi Padre, estamos pasmados de asombro".[188] Outros observadores notaram que as relações entre os Guaykuru e os Payaguá pioraram daí em diante. O comandante do forte português de Nova Coimbra teve notícia de que eles "se separaram" em 1768, mas não soube de outro motivo, salvo que "se fazem mutuamente os damnos que podem".[189] Aguirre, por sua vez, atribuía o fato dos Payaguá terem abandonado a navegação do Alto Paraguai no início da década de 1790 às contínuas hostilidades dos Guaykuru, que chegaram a matar certo chefe, irmão do cacique Coatí, e outros índios.[190] Seja como for, o episódio do contágio de varíola em 1764 revela que as relações hispano-indígenas estavam

---

184 "Para asegurar sus mujeres y criaturas, las llevaron consigo, con animo de que las cuidasen las españolas todo el tiempo que les durase la campaña. Esta era una prueba real de la sinceridad de los Mbayás y como unos rehenes de las prendas que más estimaban" (*ibidem*, v. 2, p. 142).

185 *Ibidem*.

186 *Ibidem*, v. 2, p. 145.

187 *Ibidem*, v. 2, p. 146.

188 *Ibidem*, v. 2, p. 147.

189 PRADO, Francisco Rodrigues do. "História dos índios cavalleiros [...]" [1795]. *RIHGB*, Rio de Janeiro, v. 1, 1839, p. 35.

190 AGUIRRE, Juan Francisco. Diario del Capitán de Fragata de la Real Armada Don Juan Francisco Aguirre en la demarcación de límites de España y Portugal en la América Meridional [1793-1796]. *Revista de la Biblioteca Nacional*, Buenos Aires, v. 19, 1950, p. 119.

perpassadas por atitudes ambíguas dos governos, que não deixavam de nutrir desconfianças contra os mesmos grupos que pretendiam reduzir, e por um acirramento das rivalidades entre os grupos indígenas como um dos principais impactos da expansão colonial sobre as terras fronteiriças.

A negociação pacífica com o fim de reduzir os índios caminhou *pari passu* com o uso da força. Na instrução que, em 1796, o governador Lazaro de Ribera escreveu a José del Casal, quando da sua nomeação como chefe militar superior de Concepción, os fundamentos da política indigenista ilustrada eram resumidos em duas máximas. De um lado, a pacificação, ou seja, o comandante deveria atuar "dirigiendo siempre todas sus operaciones al importante fin de una paz estable, y a persuadirlos con dulzura y sagacidad, lo mucho que los conviene para su quietud y verdadera felicidad reducirse a poblaciones, y al conocimiento de nuestra santa religión". De outro, deveria deixar claro aos índios a disposição do governo em reprimir hostilidades: "Vmd. ni permitirá se empeñe ninguna acción nociva contra los indios, sino en aquellos casos de absoluta necesidad, y cuando ellos se obstinen en insultar nuestros establecimientos".[191]

Não parece escusado lembrar o quanto a imagem de "gentio de corso" carregava de formulação ideológica conducente a legitimar expedições punitivas.[192] Havia, é certo, a animação dos rivais do outro lado da fronteira, pois o próprio governador João de Albuquerque recomendou ao comandante de Nova Coimbra que infundisse nos Guaykuru as vantagens comerciais que teriam se trouxessem gado e cavalos tomados às *haciendas* do Paraguai para vender aos portugueses.[193] Segundo David Weber, porém, sociedades equestres e guerreiras como os Guaykuru, por cultivarem certa distinção social, podiam acreditar que, com incursões, não faziam mais que tomar uma espécie de tributo, entendido como indeclinável por permitir que os colonos se instalassem naquelas terras.[194] Assim, por exemplo, segundo depoimento do *vecino* José Velázquez: "el cacique Lorenzo salió una vez recogiendo de todas las estancias como cuando se cobran los diezmos una o dos cabezas de ganado de cada estancia".[195] Pedro Joseph Molas, comandante de Concepción em 1788, entendia que esses índios "mantienen su orgullo, por reconocer débiles nuestras fuerzas de pocos pobladores, y el numero de ellos crecidísimo,

---

191 ANA, SH, v. 165, n. 1. Instrução de Lazaro de Ribera a José del Casal, nomeado chefe superior militar de Concepción, Assunção, 12 jun. 1796, f. 33-34, 33.

192 MONTEIRO, John Manuel. *Negros da terra*: índios e bandeirantes nas origens de São Paulo. São Paulo: Companhia das Letras, 1994, p. 52-53; Idem, *Tupis, tapuias e historiadores, op. cit.*, p. 59.

193 "[...] como este Terreno pelo Tratado de Limites deva pertencer a Coroa de Portugal, o meyo suave, e seguro de se dezanimar os Espanhoes nestes seus premeditados projectos de o possuírem assim furtivamente he o de fomentar quanto os Indios Guaycurûs praticão, e uzão, em lhe hirem dissipando de Egoas, e Cavalos as ditas fazendas; o que farão com mais vigor logo que achem quem lhes compre os referidos extrahidos animaes" (AHU, MT, cx. 31, d. 1696. João de Albuquerque a Martinho de Melo e Castro, Vila Bela, 20 jul. 1795).

194 "Whatever the appearance, however, the reality was that Spaniards, who *collected* tribute from incorporated Indians, *paid* tribute to independent Indians" (WEBER, *Bárbaros, op. cit.*, p. 192).

195 ANA, SH, v. 163, n. 22. Depoimento de José Velázquez, Assunção, 24 nov. 1796, f. 9.

con tal audacia que en siendo modo se hace que se les tributen, con dádivas de los frutos del chacareo de estas gentes, y cuando se les niega, muestran enojo y prorrumpen en amenazas".[196] Também não se pode deixar de lembrar que boa parte dessas incursões ou eram apenas pretextos do governo ou de particulares para dissimular objetivos geopolíticos ou honoríficos, ou foram praticadas pelos próprios moradores, que transferiam a culpa para os índios.

Na década de 1790, houve um acirramento dos conflitos entre os *estancieros* de Concepción e os índios Guaykuru. Com a expansão das fazendas de gado e de benefício de erva, tornaram-se frequentes as acusações de que os índios roubavam animais para vender aos portugueses e de que impediam a redução dos Guaná, com quem mantinham uma espécie de relação de simbiose. Tradicionalmente, os Guaná ofereciam mantimentos e serviços aos Guaykuru em troca de proteção militar e itens europeus.[197] José del Casal assumiu o comando de Concepción em junho de 1796, no auge desses conflitos. Os primeiros informes que enviou ao governador davam conta de um episódio ocorrido a 15 de maio do mesmo ano de 1796, quando uma expedição militar enviada aos assentamentos dos Guaykuru provocou a morte de mais de 100 índios. O governador Lazaro de Ribera remeteu os informes ao vice-rei de Buenos Aires em 18 de junho, asseverando que os conflitos se constituíram de uma batalha formal entre índios e espanhóis: "los Mbayás contestaron los requerimientos [da expedição punitiva] con las armas en la mano, hiriendo un soldado y dos caballos, de que resultó que puesto Ybañes en defensa, se empeño un choque formal que duró una hora, quedando los agresores enteramente derrotados".[198] Os Guaykuru tiveram, portanto, 111 mortos (11 eram caciques),[199] caíram prisioneiros três caciques e 109 índios e foi tomado o butim de 556 éguas, 101 cabeças de gado vacum e cinco libras de prata.[200] Como esses índios capturados prisioneiros foram levados a Assunção e insistiram em outra versão do que se passara, requereu o governador a elaboração de um inquérito com o depoimento de todos os envolvidos, que só foi terminado em 24 de novembro.[201]

Os depoimentos dos *vecinos* de Concepción revelavam os resultados da política indigenista que, estimulando a atração pacífica e a guerra contra grupos hostis, não tinha meios de deter a expansão da violência nas fronteiras. Mariano Ferreyra contou que, algum tempo antes da chacina de 15 de maio de 1796, os Guaykuru tomaram 100 cabeças de gado em sua fazenda

---

196 ANA, Carpeta Suelta, Carpeta 67. Pedro Joseph Molas, comandante de Concepción, ao governador do Paraguai, Joaquín Alós, 8 jul. 1788, f. 4.

197 Sobre essas relações, vide, dentre outros: SUSNIK, *El indio colonial del Paraguay*, op. cit., t. 3-1, p. 34-35.

198 ANA, SH, v. 165, n. 1. Lazaro de Ribera ao vice-rei Pedro Melo de Portugal, 18 jun. 1796, f. 36.

199 SERRA, Ricardo Franco de Almeida. "Continuação do parecer sobre os índios Uaicuru's, Guana's etc.", Coimbra, 2 fev. 1803. *RIHGB*, Rio de Janeiro, v. 13, 1850, p. 374.

200 ANA, SH, v. 165, n. 1. Lazaro de Ribera ao vice-rei Pedro Melo de Portugal, 18 jun. 1796, f. 36.

201 O cacique José Domador acompanhou os prisioneiros até Assunção. Ele e outros caciques receberam do governador uniformes de oficiais militares e vários presentes. ANA, SNE, v. 3391. Contas do Ramo de Guerra, 15 set. 1796, 24 set. 1796 e 30 set. 1796.

e 500 na de José Recalde; José Velázquez afirmou que o cacique Lorenzo recolhera uma ou duas cabeças de gado de cada fazenda, e que o cacique Santiago Niquenigue exigira de Miguel Ibañez que não aceitasse os índios Guaná-Chavaraná em sua *estancia*, pois eles deviam serviços exclusivamente aos Guaykuru, e não aos espanhóis.[202] A expedição sob o comando de Miguel Ibañez, segundo o depoimento de Mariano Ferreyra, chegou aos toldos dos Guaykuru à noite e iniciou um ataque-surpresa pela manhã, sem dar chances de defesa aos índios. Enquanto mulheres e crianças fugiam, 75 guerreiros responderam com flechas até serem cercados e obrigados a render-se. Os participantes da expedição, "temiendo que otros Mbayás los socorriesen con perjuicio de ellos, acordaron quitarles la vida como lo ejecutaron matándolos a sablazos, macanazos y lanzazos".[203] Na carta em que enviou o auto com todos os documentos do inquérito ao vice-rei de Buenos Aires, Lazaro de Ribera referiu-se ao episódio como um "odioso acontecimiento", "un resultado vergonhoso de la crueldad más espantosa".[204] As sucessivas requisições de gado que os Guaykuru faziam aos colonos e sua oposição ao emprego dos Guaná nas fazendas, por desviá-los de suas obrigações de tradicionais aliados, foram as principais escusas dos envolvidos para terem interpretado como interpretaram as normativas oficiais sobre o trato com os índios.[205]

A elite local de Concepción aproveitou-se da mudança de governo – Lazaro de Ribera entrara no Paraguai em 8 de abril de 1796 e a chacina se passou a 15 de maio do mesmo ano – para aplicar um dos mais duros golpes contra os índios daquela fronteira em toda época colonial. Entre os índios que migraram para os domínios portugueses, permaneceu viva a memória do episódio, pois dentre os mortos estava o estimado cacique Queima.[206] Além disso, os responsáveis procuraram ocultar as circunstâncias da chacina ao novo governador, pintando-a como uma batalha formal, "una acción la más justa y gloriosa de las armas del Rey", de modo que o próprio Ribera, em seus primeiros informes ao vice-rei, acreditou nessa versão, que a apuração veio desmentir.[207] José del Casal foi processado pelo governo por ter escudado os responsáveis

---

202 ANA, SH, v. 163, n. 22, f. 1-3, 6v-9. Depoimentos de Mariano Ferreyra e José Velázquez, Assunção, 24 nov. 1796.

203 ANA, SH, v. 163, n. 22, f. 3. Depoimento de Mariano Ferreyra, Assunção, 24 nov. 1796.

204 ANA, SH, v. 173, n. 1, f. 5-23. Lazaro de Ribera ao vice-rei Olaquer Feliú, 15 jan. 1798

205 ARECES, Nidia R. La 'función' de 1796 y la matanza de Mbayás en Concepción, frontera norte paraguaya. *Memoria americana*, Buenos Aires, n. 15, 2007, p. 113-14, 128.

206 Esse cacique fora recebido pelo governador de Mato Grosso em 1791 e assinara um tratado de paz com os portugueses. Como já referido, ao todo 11 caciques foram mortos em 1796. Ricardo Franco de Almeida Serra era comandante de Nova Coimbra quando uma canoa trouxe a notícia aos Guaykuru, que viviam no entorno daquele forte (SERRA, Ricardo Franco de Almeida. "Continuação do parecer sobre os índios Uaicuru's, Guana's etc.", Coimbra, 2 fev. 1803. *RIHGB*, Rio de Janeiro, v. 13, 1850, p. 374).

207 ANA, SH, v. 173, n. 1, f. 7. Lazaro de Ribera ao vice-rei Olaquer Feliú, 15 jan. 1798. A frase irônica é do próprio Lazaro de Ribera. Cf. com o relato anterior: ANA, SH, v. 165, n. 1. Lazaro de Ribera ao vice-rei Pedro Melo de Portugal, 18 jun. 1796, f. 38: naquela oportunidade, porém, o governador já frisava que seu objetivo principal era "negociar una paz sólida y permanente, punto central a donde considero deben dirigirse todas las operaciones".

da chacina, mas graças a um recurso que acionou em Buenos Aires recebeu absolvição.[208] Realmente, ao contrário do que afirmou um historiador, a escalada da violência não era tanto a resposta das elites locais contra as intenções pacifistas dos ministros ilustrados.[209] Se a elite local não nutria simpatia pela nova política reformista de atração e pacificação, era a própria ambivalência dessa política que conduzia ao pragmatismo em relação às expedições punitivas.

Entretanto, embora o governador reconhecesse ser preciso aprofundar a atração pacífica dos índios, a política colonial permaneceu ambivalente e pragmática. Por um lado, Ribera procurou concertar os estragos da chacina de 1796, empenhando-se em presentear e distinguir os caciques e firmando um tratado de paz com os Guaykuru e Guaná em 1798. Em informe ao vice-rei Pino y Rosas, sublinhou o dano político daquele episódio, tanto mais nocivo porque em situação de fronteira com os portugueses:

> Todas las tribus de nuestro partido quedaron tan sorpreendidas con el acontecim.to del 15 de mayo, q.e ya no se consideravan seguras en el territorio Español; y quando los portugueses aprovechándose de n.tras desgracias hacían los mayores esfuerzos p.a llevarse tras de los Mbayas Guazus à los Miris, hice yo un tratado de paz con estos y con los Guanás el año del 1798.[210]

Por outro lado, o governador do Paraguai procurava formas de reprimir, controlar e submeter os índios Guaykuru. Retirar os cavalos à força era, na visão de Ribera, o meio mais seguro de persuadi-los a aceitar a paz, tanto assim que, em junho de 1797, parabenizou uma expedição comandada por José de Espinola y Pena, comandante de Concepción, que perseguira esses índios até as imediações do forte português de Nova Coimbra, "arrollándoles dos tolderías, con la toma de quatrocientos caballos, y yeguas, y algunas Bacas, executando todo esto sin perdida de nuestra parte".[211]

O governador Ribera chegou a propor uma grande expedição contra todos os povos equestres do Chaco e do Paraguai. Os índios seriam intimados a entregar todos os cavalos, mas "no se les hará dano alguno, ni se procederá contra ellos ofensivamente sino en los casos de insulto y resistencia". "Se les dejará todo el ganado vacuno y lanar", acrescentava, "p.a q.e olvidando su

---

208 ANA, SH, v. 192, n. 1, f. 88-103v. Lazaro de Ribera ao vice-rei Joaquín del Pino y Rosas, Assunção, 19 abr. 1803, f. 94v.

209 WEBER, *Bárbaros*, op. cit., p. 217-20.

210 ANA, SH, v. 192, n. 1, f. 88-103v. Lazaro de Ribera ao vice-rei Joaquín del Pino y Rosas, Assunção, 19 abr. 1803, f. 97.

211 AGI, Buenos Aires, 89. "Memorial de José de Espinola y Pena", Assunção, 16 set. 1800: Lazaro de Ribera a José de Espinola, Assunção, 8 jun. 1797, f. 60v-61v. Em outra ocasião, recebendo o governador notícia das "hostilidades que han cometido los Yndios barbaros en la Reducción de Remolinos", localizada ao sul de Assunção, destacou o mesmo Espinola para uma expedição punitiva: "jusgo ser conveniente, que prontamente pase Vm al Chaco, para ver si se pueden recobrar los robos, que han hecho, y castigarlos, a fin de q.e escarmentados no repitan sus imbaciones" (AGI, Buenos Aires, 89. "Memorial de José de Espinola y Pena", Assunção, 16 set. 1800: Lazaro de Ribera a José de Espinola, Caazapá, 2 fev. 1800, f. 63-63v).

vida barvara y errante se conviertan por necesidad en pastores y labradores". Para estimular os espanhóis a que concorressem com o projeto, os cavalos ser-lhes-iam distribuídos.[212] Estratégia que foi particularmente enfatizada em 1797, em instrução ao novo comandante da fronteira nortenha, coronel José de Espinola, a quem Ribera recomendou que se apoderasse "de todos los cavallos q.' nos han quitado, pues sin este recurso, q.' para ellos es el principal, se verán obligados a seguir un partido mas justo, y racional separándose de la vida barbara y brutal q' en el dia tienen".[213] Proposta que vinha de encontro às expectativas da elite local de Concepción, para quem os tratados de paz mostraram-se ineficazes, sendo o mais prudente o envio de uma expedição que retirasse os cavalos e o gado em poder dos índios, "siguiéndoles, manifestándoles n.tro animo y robustez, rescatándoles n.tros animales y quantos tuviesen por ellos poseídos". Chamavam em seu favor o já antigo argumento de que a paz só podia ser resultado de um golpe de força contra os índios: "n.tra experiencia nos dicta que toda la defensa de ellos son sus caballos, y qui quitándoles estas armas, no hay duda lograremos la paz con aquellos".[214] Recomendava-se, portanto, não fazer dano algum aos índios, mas o estímulo às expedições militares que lhes capturavam os cavalos era já um dano sem precedentes sobre umas sociedades equestres cuja vida social era inteiramente organizada em função da mobilidade proporcionada pelas montarias.[215]

A contradição só parcialmente era reconhecida pelo governo do Paraguai. Ora, Ribera entendia que somente o sucesso da política da pacificação permitiria estancar os gastos perdulários com o setor militar, que arruinavam a província, e evitar que os índios, recebendo a guerra do lado espanhol, passassem a ser aliados dos portugueses, processo já em curso.[216] Entretanto, como a *Real Hacienda* não tinha recursos suficientes para prover os índios do sustento prometido[217] e o governo estimulava expedições que lhes tomavam os cavalos e o gado, a resposta que se animava entre os mesmos índios era precisamente aquela que se pretendia evitar: novas incursões contra os fazendeiros e passagem de alguns grupos para os domínios de Portugal. A política de pacificação não apenas se valia da guerra, mas a ajudava a se reproduzir indefinidamente. Assim, por exemplo, um governador do Paraguai, sem ter o que dar aos ca-

---

212 ANA, SH, v. 192, n. 1, f. 88-103v. Lazaro de Ribera ao vice-rei Pino y Rosas, Assunção, 19 abr. 1803, f. 100v-101.

213 AHN, Estado, 3410, caja 1, carpeta 13, n. 3, Anexo 2. Lazaro de Ribera ao coronel José de Espinola, Santa Rosa, 28 jan. 1797, f. IV-2.

214 AGI, Estado, 81, n. 15. Carta dos *vecinos*, oficiais e comandantes das tropas auxiliares de Concepción ao governador Lazaro de Ribera, sobre as hostilidades perpetradas pelos Guaykuru contra a província; cópia certificada em Assunção, 8 nov. 1797.

215 De acordo com Susnik, tal política indigenista "desposeería a los Mbayáes no solamente de sus caballos sino de su propia subsistencia, un medio de la des-ecuestración de la sociedad mbayá; un verdadero 'fin del mundo' para los Mbayáes" (SUSNIK, *El indio colonial del Paraguay, op. cit.*, t. 3-1, p. 92).

216 ANA, SH, v. 192, n. 1, f. 88-103v. Lazaro de Ribera ao vice-rei Joquín del Pino y Rosas, Assunção, 19 abr. 1803, f. 97.

217 Ribera reclamava ao vice-rei da falta de recursos para manter a oferta de presentes aos caciques Guaykuru, e argumentava que os mesmos caciques eram aliciados por presentes dos portugueses (ANA, SH, v. 165, n. 1. Lazaro de Ribera a Pedro Melo de Portugal, 19 jul. 1796, f. 61-62).

ciques Guaná que recebera na capital, passou-lhes um papel "para q.e por todas las Estancias, y Poblaciones les dieran reses". O *vecino* Antonio de Vera, da região de Ycuamandiyú, ficou absolutamente surpreso quando recebeu os mesmos índios em sua estância e se negou a dar as reses: "a lo q.e me respondieron q.e hirian, y cogerían las reses q.e necesitasen: a lo q.e les respondi, q.e no era eso lo q.e los españoles acostumbran, sino comprar lo q.e necesitan". Em carta que enviou diretamente ao governador, esse fazendeiro requereu que emitisse ordem para que "den fuego al Cañon del [forte] Manduvirá y los mande seguir con la tropa, y adelante una orden a las demás población.s para q.e salgan al encuentro, y los castigue con todo rigor, q.e les servirá de exemplar a los demás".[218]

Das várias petições para que fosse feita a guerra contra os índios bárbaros, não se pode deduzir que somente a elite fosse afetada pelas incursões, embora seja muito provável que os principais da província se valessem da reprodução da imagem da guerra permanente para manter ou requerer privilégios e benefícios. Sucede que os colonos que receberam mercês de terras em regiões liminares geralmente arrendavam a parte dos lotes mais exposta aos assaltos dos índios à gente sem-terra da província, que ficavam presos às dívidas e sujeitos a viver em paragens perigosas. Por ordem do governador Eustaquio Giannini, o tenente Benito Villanueva realizou em 1809 um reconhecimento das estâncias e chácaras existentes rio abaixo. Ele constatou que os moradores das margens eram, na verdade, arrendatários, pois os proprietários tinham dividido os lotes, que eram de uma légua fronteira ao rio por três de fundo. O próprio comissionado Benito Villanueva não desaprovava que, para atalhar o problema do excesso de terras despovoadas e de gente sem-terra, fosse retirada pelo menos meia légua a cada colono e que se distribuísse, por lotes de quatro, seis ou oito cordas, à gente pobre que quisesse povoar as margens do rio, mais exposta aos ataques e assaltos de índios. A situação desses agregados aparece descrita no relato de Benito Villanueva. Na légua do rio pertencente a Luis Baldovino vivia um Miguel Enssiso, capataz que tinha a seu cargo oito vacas leiteiras: "estoy esperando desobligarme para salir", referiu Enssiso, "pero si an de dar tierras propias me quedare de poblador". Nas terras de José Luis Pereira vivia um Domingo Ortiz com umas poucas leiteiras e éguas: Ortiz também esperava se ver livre da dívida com o senhorio e lamentava não ser possível "vivir con familia por estos desiertos; se ba retirando a gran priesa, y los dueños de los terrenos ya no piensan poblar, pero si an de rrepartir tierras a los pobres abia de hazer pie a poblar".[219] Ao comissionado Benito Villanueva parecia recomendável repartir terras às famílias pobres, assim porque se podia defender a fronteira do Chaco contra a passagem de incursões à margem oriental, como também porque de outro modo os terrenos permaneceriam inúteis, já que a maioria dos que tinham recebido mercês preferiu

---

218 ANA, SNE, v. 3369. f. 136 *et seq*. Carta de Antonio de Vera ao governador Pedro Melo de Portugal, 15 jun. 1787.

219 ANA, CRB, n. 138, d. 34. Benito Villanueva a Eustaquio Giannini, Saladillo del Paraguay, 12 fev. 1809.

residir em outro lugar.[220] De posse desses informes, o governador lançou uma portaria em março de 1809, em que ordenava o repartimento de terrenos no sul em observância aos perigos de invasão dos bárbaros. A medida afetava os que haviam recebido mercês e não tinham passado a povoá-las. O governador justificava que a "seguridad en g.ral debe consultarse con preferencia del interés individual de aquellos que por su indolencia, descuido y falta" não tinham ido residir nessas paragens que formavam como que um antemural contra os índios do Chaco.[221] Entrava o século XIX e a ocupação da província seguia sendo vista como um empreendimento militar, esperando-se dos colonos o exercício das funções e a contribuição com os gastos defensivos.

* * *

Na segunda metade do século XVIII, a expansão do colonialismo ibérico às regiões de fronteira da América se fez com uma nova ênfase na atração e incorporação pacíficas dos índios ainda não conquistados à sociedade envolvente. Reformistas ilustrados em Espanha e Portugal chamavam a atenção para os gastos perdulários com guerras contra essas populações que, se tratadas de modo mais afável, podiam ser incorporadas em circuitos de comércio decisivos, quer para a manutenção da soberania das terras liminares, quer para a dinamização das economias internas. Esse discurso de poder apresentava, no entanto, uma contradição interna que revelava a natureza mais profunda de seus dispositivos. Pois a nova política não interditou o recurso à guerra contra os índios que não viessem voluntariamente buscar os aldeamentos e resistissem à perda de suas terras para os fazendeiros. Mas se a guerra, sob a forma de bandeiras de apresamento e de expedições punitivas, permaneceu recorrente, represada em alguns locais ou momentos, liberada com toda violência em outros, essa pode ser uma chave para desconfiar que, no próprio âmbito das práticas de "pacificação" do discurso ilustrado, estivesse em curso um novo tipo de poder, uma guerra feita por outros meios.

---

220 ANA, CRB, n. 138, d. 35. Benito Villanueva ao tenente coronel Gregório Thadeo la Cerda, Villeta, 20 jan. 1809. Em carta ao governador, Gregório Thadeo de la Cerda sublinhou a gravidade do problema causado pelos que não residiam nas mercês recebidas. Em Guarambaré, principalmente nas imediações do rio, "todas las estancias de la costa, están despobladas", apesar de que as terras "se les dieron con la previa condición de tenerlas pobladas y con gente suficiente p.a defender se de todo insulto" (ANA, CRB, n. 138, d. 33. Gregório Thadeo de la Cerda a Eustaquio Giannini, Assunção, 23 jan. 1809).

221 ANA, CRB, n. 138, d. 25-a. Portaria do governador Eustaquio Giannini, Assunção, 1 mar. 1809.

Capítulo 6
Tratados de paz e a promoção de lideranças indígenas

> Ainsi donc le législateur ne pouvant employer ni la force ni le raisonnement, c'est une necessité qu'il recoure à une autorité d'un autre ordre, qui puisse entraîner sans violence et persuader sans convaincre.
>
> Rousseau, *Du Contrat Social*

Nas regiões centrais da América do Sul, várias grupos indígenas permaneceram relativamente independentes das instituições coloniais até meados da década de 1750. Grupos como os Guaykuru, Payaguá e Guaná, cujos territórios estavam entre os domínios espanhóis e portugueses, não tinham sofrido, até então, os efeitos da vida em reduções, embora participassem de circuitos de comércio de produtos europeus. Administradores reformistas estavam convencidos de que, ante as indefinições das demarcações de limites e a urgência em afirmar a posse territorial com povoações urbanas regulares, era preciso integrar os índios que viviam nas áreas liminares por outros métodos que não a guerra. Embora alguns funcionários fossem favoráveis às expedições militares, reconheciam-nas demasiado custosas e de eficácia duvidosa, e que o objetivo principal não podia ser a destruição, expulsão ou captura dos índios, mas sua manutenção nas novas povoações e reduções.[1] Entretanto, quais

---

[1] A vida em missões, esses núcleos urbanos em que os índios podiam desenvolver atividades produtivas úteis ao Estado e assimilar os princípios da vida em "polícia" e da religião católica, era vista como uma espécie de etapa intermediária, após a qual os grupos seriam definitivamente integrados à sociedade civil, mediante um processo de secularização. Uma das dificuldades dos administradores reformistas era que alguns grupos de índios fronteiriços já viviam em missões desde o início do século XVIII, se não antes. Discutia-se, no final do século, sobre se as reduções de Nueva Vizcaya, Sonora, Mojos e Chiquitos estavam prontas para a secularização. Concretamente, secularizar significava dividir as terras comunais entre os índios, vender as terras "excedentes" aos espanhóis, assinalar tributos e substituir regulares por seculares. Esse processo não terá deixado de influenciar a política em

dispositivos seriam mais adequados para atrair esses grupos, em um contexto em que também eram contatados por impérios rivais? E uma vez atraídos às reduções, como assegurar sua lealdade ao monarca, instituir os princípios da vida urbana ibérica e integrá-los nos circuitos coloniais de comércio e trabalho?

Como foi visto no capítulo anterior, caminhava ao lado da guerra (ou expressava um tipo de guerra por outros meios) a política de promoção de lideranças indígenas entre esses grupos fronteiriços. O objetivo de comandantes de fortes militares, missionários e governadores, ao presentear caciques e distingui-los de várias formas, era delegar-lhes autoridade sobre os índios comuns. Assim seria possível contar com mediadores confiáveis que persuadissem as comunidades a descer dos sertões ou a desertar dos domínios rivais para as novas povoações; atribuir responsabilidades em questões de justiça, ou seja, ter a quem cobrar caso os índios cometessem alguma hostilidade contra os colonos; e coordenar, sem escândalo dos índios comuns, os repartimentos de mão de obra entre as unidades produtivas da redução e as fazendas de colonos. O modelo para essas tardias reduções de povos indígenas, segundo Guillaume Boccara, parecia ter sido as missões das ordens regulares e seus métodos desenvolvidos desde começos do século XVII. A delegação a autoridades nativas de tarefas de vigilância sobre os demais índios constituía um dos aspectos fundamentais do regime de visibilidade das missões.[2]

Sucede, contudo, que em fins do século XVIII, os índios "independentes" foram contatados, em várias regiões de fronteira, por comandantes de fortificações ou freis de ordens mendicantes. Sem os poderosos meios de financiamento interno que possuíam os jesuítas, faltavam recursos para manter os presentes aos caciques e as remunerações aos índios comuns. Em um contexto de competição entre impérios por territórios, os *"gastos de indios"* eram uma preocupação crucial de governadores.[3] Apelos a donativos ou a requisições compulsórias

---

relação aos grupos que, nas décadas finais do Setecentos, eram pela primeira vez atraídos a reduções. Para uma boa visão geral do problema, ver: WEBER, David J. *Bárbaros*: Spaniards and their savages in the Age of Enlightenment. New Haven: Yale University Press, 2005, p. 101-116. Para os casos de Nueva Vizcaya e Sonora: DEEDS, Susan M. *Defiance and deference in Mexico's colonial north*: Indians under Spanish rule in Nueva Vizcaya. Austin: University of Texas Press, 2003, p. 179-87; RADDING, Cynthia. *Wandering peoples*: colonialism, ethnic spaces, and ecological frontiers in Northwestern Mexico, 1700-1850. Durham: Duke University Press, 1997, p. 288 *et seq*. Assim, por exemplo, Félix de Azara considerava que se podia saltar diretamente ao formato de *curatos*, de modo a reduzir custos, evitar a influência de missionários e do sistema de terras comunais e integrar mais rapidamente os "índios bárbaros" nos circuitos coloniais de trabalho e comércio. Ele acreditava que se fosse proposta a integração direta, as chances de "civilizá-los" aumentariam. Para o brigadeiro espanhol, "el gobierno es quien debe civilizar a estos bárbaros, y no los eclesiásticos" (AZARA, Félix de. Geografía física y esférica de las Provincias del Paraguay, y Misiones Guaraníes [1790]. Bibliografía, prólogo y anotaciones por Rodolfo R. Schuller. *Anales del Museo Nacional de Montevideo*: Sección Histórico-Filosófica, Montevidéu, t. I, 1904, p. 370).

2 BOCCARA, Guillaume. *Guerre et ethnogenèse mapuche dans le Chili colonial*: l'invention du soi. Paris: L'Harmattan, 1998, p. 226, 251.

3 BUSHNELL, Amy Turner. *Situado and sabana*: Spain's support system for the presidio and mission provinces of Florida. Athens, GA: Anthropological Papers of the American Museum of Natural History, 1994, p. 104-110; *Idem*. "Gastos de indios": the Crown and the chiefdom-presidio compact in Florida. In: ALBERT, Salvador Ber-

de recursos entre colonos, segundo dispositivos de premiação de vassalos através de honras e mercês, realmente permitiam angariar dinheiro para a política indigenista. Subsídios enviados por províncias mais prósperas também formavam uma contribuição relevante. A situação dos governadores era delicada, no entanto, porque, como os índios também mantinham contato com os rivais, sua amizade custava mais caro.

Por essa época, quando os índios se mostravam em condições de resistir à expansão colonial ou a obtenção de sua lealdade era estratégica na competição entre impérios, autoridades coloniais lançavam mão de tratados de paz. As potências ibéricas já tinham uma longa tradição de firmar tratados com lideranças nativas, e os acordos podiam variar de disposições unilaterais de rendição a compromissos que aparentemente não eram desvantajosos para nenhuma das partes.[4] Essa diversidade de experiências tende a polarizar os estudiosos, de um lado, entre os que não veem nos tratados mais do que uma tentativa de utilizar "traditional diplomatic structures to exploitive ends", ou seja, de impor capitulações sob a aparência de acordos bilaterais;[5] e de outro, os que sugerem que os Estados coloniais eram fracos nessas regiões, e que tiveram que ceder e negociar com os grupos que ali viviam, os quais teriam forçado o governo a reconhecer sua autonomia e remunerar determinados serviços, o uso de terras e águas indígenas.[6] O que passa subestimado nessa discussão, segundo parece, é a relação dos tratados de paz com o conjunto mais amplo de dispositivos coloniais de promoção de lideranças nativas e os impactos que faziam incidir sobre as populações.

Este capítulo pretende reconstituir esse quadro mais extenso de dispositivos de constituição de lealdades entre as chefias indígenas sem deixar de atentar para dois aspectos centrais. Em primeiro lugar, o reconhecimento de autonomias era parte das tradições municipais ibéricas, e a delegação de poderes de gestão a pessoas promovidas entre as lideranças locais funcionou, em várias partes dos impérios ibéricos, como um dos principais dispositivos de controle social.[7] A transferência de parte das responsabilidades, além de reduzir custos, aumentava as

---

nabéu (ed.). *El Gran Norte Mexicano*: indios, misioneros y pobladores entre el mito y la historia. Sevilha: CSIC, 2009, p. 138, 140, 148, 156-57.

[4] LEVAGGI, Abelardo. Los tratados entre la Corona y los indios, y el plan de conquista pacífica. *Revista Complutense de Historia de América*, Madrid, n. 19, 1993, p. 91.

[5] JONES, Dorothy V. *License for Empire*: colonialism by treaty in Early America. Chicago: University of Chicago Press, 1982, p. xii. A autora se refere à política indigenista dos Estados Unidos. Para o âmbito hispanoamericano: GIBSON, Charles. Conquest, Capitulation, and Indian Treaties. *American Historical Review*, n. 83, 1978, p. 14.

[6] ROULET, Florencia. Con la pluma y la palabra: el lado oscuro de las negociaciones de paz entre españoles e indígenas. *Revista de Indias*, Madri, v. 64, n. 231, 2004, p. 347; e WEBER, *Bárbaros*, op. cit., p. 217-20.

[7] Estudos recentes sobre as regiões de fronteira da América hispânica têm retomado a noção de "hegemonia", utilizada para dar conta tanto dos dispositivos de dominação quanto dos padrões de negociação, conflito e realinhamento de forças por eles suscitados. É nesse quadro, por exemplo, que Cynthia Radding trabalha, em seu estudo sobre as missões de Sonora, com uma compreensão do pacto colonial segundo a qual a Coroa buscava assegurar a lealdade dos índios concedendo certos direitos de participação no governo e proteção do chamado "bem comum"

chances de uma subordinação consentida do restante da comunidade. Ao mesmo tempo, esse dispositivo de hegemonia só podia funcionar se abrisse canais de negociação interessantes aos índios, que impunham como condição para viverem reduzidos o acesso ao gado, remuneração periódica com itens de sua estimação e a possibilidade de tratar diretamente com o governador.

Em segundo lugar, com os tratados de paz, os administradores reformistas em nenhum momento abriam mão da possibilidade de estreitar o controle sobre os índios, e em curto prazo não pouparam esforços em convertê-los em "soldados fronterizos de la Corona", cujo objetivo era, como assinala Carlos Ávila, que os territórios indígenas, "establecidos cerca de las posesiones españolas, sirvieran como *colchón* para amortiguar las incursiones de otros grupos indígenas 'rebeldes' o enemigos europeos".[8] Mesmo tratados que inicialmente tinham um perfil mais recíproco eram renovados periodicamente e, quando possível, novas exigências eram acrescentadas. Em conjunto com outros dispositivos de cooptação das lideranças nativas, os tratados propiciavam a redução em *pueblos*, ao mesmo tempo em que os movimentos eram cerceados e as terras liberadas para o avanço de presídios e fazendas; e instituíam uma série de dispositivos de controle populacional, cuja vigilância devia ser de responsabilidade dos caciques.[9]

Formas aborígenes de liderança

Naturalmente, o argumento mais utilizado pela administração colonial ao justificar a promoção de lideranças indígenas e a delegação de funções era o de que os índios em questão eram "bárbaros sin policía ni gobierno", como escreveu um jesuíta a respeito dos índios Mojo.[10] Como se verá a seguir, nem todos os funcionários coloniais recorriam a esse discurso, e alguns chegavam

---

(RADDING, *Wandering peoples*, op. cit., p. 170-75, 288-98). Permanece sugestiva a ideia de Steve Stern segundo a qual a concessão de participação política e certa autonomia às comunidades podia levar, a longo prazo, à subordinação à ordem estabelecida, por diminuir a atratividade de um questionamento mais ambicioso da estrutura social. Ao mesmo tempo, porém, o sistema de hegemonia era obrigado a conviver com as petições incômodas dos setores subalternos (STERN, Steve J. *Los pueblos indígenas del Perú y el desafío de la conquista española*: Huamanga hasta 1640. Madri: Alianza, 1986, p. 218). Uma densa análise dos concelhos municipais indígenas da Amazônia, instituição por meio da qual a Coroa portuguesa delegava responsabilidades administrativas às lideranças indígenas, com especial atenção aos dispositivos utilizados pelo governo para promover as autoridades, como roupas, patentes e privilégios, bem como o uso que os índios faziam desse canal de mediação para alcançar benefícios, encontra-se em: SOMMER, Barbara Ann. *Negotiated settlements*: native Amazonians and Portuguese policy in Pará, Brazil, 1758-1798. Tese (Ph.D.) – University of New Mexico, Albuquerque, 2000, p. 188-92 *et passim*.

8   LÁZARO ÁVILA, Carlos. Conquista, control y convicción: el papel de los parlamentos indígenas en México, El Chaco y Norteamérica. *Revista de Indias*, Madri, v. 59, n. 217, 1999, p. 672-73.

9   Uma vez estabelecido o tratado de paz, a lealdade ao monarca impunha determinadas obrigações. As autoridades espanholas, como escreve Boccara, "ne considèrent précisément les Indiens comme une nation libre que dans la mesure où ils acceptent d'être et de se comporter en sujets du roi. Précondition qui suppose et implique nombre d'obligarions et d'engagements de la part des communautés ayant accepté les nouveaux termes de la communication" (BOCCARA, *Guerre et ethnogenèse mapuche dans le Chili colonial*, op. cit., p. 228).

10 AGI, Lima, 407. MARBÁN, Pedro, S.J. "Breve noticia de las misiones de infieles, que tiene la Compañía de Jesús de esta provincia del Perú en las provincias de los Mojos", 1700; transcrição em: BARNADAS, Josep María; PLA-

a reconhecer o prestígio e a autoridade de caciques, e mesmo a descrever laços de reciprocidade. Para mais, ainda quando os dispositivos coloniais de promoção de lideranças eram bem-sucedidos, a permanência de formas aborígenes de chefia, modificadas pela nova situação colonial em que se inseriam, influía sobre essa mesma situação, obrigava a administração a algumas acomodações ou intensificava conflitos que não tinham fácil resolução dentro da ordem.[11]

Em sua descrição dos índios Mojo em 1686, o jesuíta Julián de Aller observou que "los Caciques, que en su lengua llaman Chechaco, no tienen jurisdicción alguna sobre la gente de sus pueblos, solo en la ocasión de guerra, es quando goviernan, capitanean, y mandan; en el resto de estas acciones, todo es lo que cada qual quiere: verdad es, que siempre les tienen respeto".[12] Qualquer que fosse a autoridade de que dispunham os caciques antes da chegada dos jesuítas, o poder que passaram a exercer nas missões era uma construção da colonização. Como escreveram os padres Marbán e Baraze, ainda no início das missões de Mojos:

> El gobierno destos indios es muy poco o ninguno, y solo al cacique tienen un respecto que es poco mas que el que entre ellos tienen los muchachos a los mozos, y estos a los viejos. Si el cacique manda algo es menester que sea muy conforme a su gusto si quiere que lo executen, sino o no lo mandara, o no lo hará aunque se lo mande que no les ha de aorcar por eso ni llegar al pelo de la ropa porque no tiene jurisdicción para nada.[13]

A mesma hesitação em reconhecer que os caciques possuíam alguma autoridade sobre os índios comuns constava em descrições jesuíticas sobre os índios Chiquitos. "No se conoce entre ellos policía ni gobierno", referia o padre Francisco Burges em 1702, "no obstante, en sus juntas siguen el dictamen de los ancianos, y de los Caciques". Ainda segundo o mesmo padre procurador, a posição de cacique não era hereditária, mas obtida por mérito, e dependia ainda da poligamia, diretamente relacionada ao exercício da reciprocidade: "como el puesto que ocupan

---

ZA, Manuel (eds.). *Mojos, seis relaciones jesuíticas*: geografía, etnografía, evangelización, 1670-1763. Cochabamba: Historia Boliviana, 2005, p. 56.

[11] BLOCK, David. *Mission culture on the Upper Amazon*: native tradition, Jesuit enterprise, and secular policy in Moxos, 1660-1880. Lincoln: University of Nebraska Press, 1994, p. 88, 121, 123, 179. Exemplos de como os jesuítas de Mojos e Chiquitos viam as autoridades indígenas são incluídos neste apartado. As políticas específicas adotadas nessas missões para a promoção das lideranças e suas consequências são desdobradas nos capítulos 2 e 7.

[12] RAH, Jesuitas, t. 12, n. 20. "Relación que el padre Julian de Aller, de la Compañía de Jesus, de la Provincia del Peru, y Superior de la nueva misión de los indios gentiles, de las dilatadas tierras de los Mohos", 9 set. 1668, f. 3v. Aparece "Chichaco" em vez de "Chechaco" na cópia guardada em: ARSI, Peru, v. 21 A, f. 95-99.

[13] ARSI, Peru, v. 20, f. 200-213. "Carta de padres en la misión de los Mojos para el P. Hernando Cavero de la Compañía de Jesús, provincial de esta provincia del Perú", 20 abr. 1676, f. 211v.

los pone en la precisión de dar chicha a menudo, y que esta la hacen las mujeres, una sola no bastaría para este oficio".[14]

Da mesma forma, os jesuítas geralmente afirmavam que os caciques Guaykuru possuíam pouca autoridade sobre os índios comuns. Quando se reuniam para tomar alguma decisão, sentavam-se os homens em círculo sobre suas esteiras e faziam correr pela mão de todos a pipa de tabaco. As mulheres participavam, ficavam em pé atrás dos homens, "hablan más que aquéllos, y producen mil bachillerías", segundo o padre Sánchez Labrador, que viveu entre os Guaykuru de 1760 a 1767: "hablan los que quieren á un tiempo, sin entenderse, ni respetar al cacique, aunque se halle presente". A voz do cacique era só mais uma dentre outras vozes, nunca uma disposição a que se devia obediência. "Como sus acuerdos son tumultuarios, salen sin precisión sus resoluciones, ó nada se concluye".[15] Ainda sobre os Guaykuru, escreveu o jesuíta Pedro Lozano: "En cada tierra hay uno cacique a quien tienen alguno respeto y reverencia que solo dura mientras les da alguna ocasión de disgusto, por el cual fácilmente se separan".[16]

Não parece de todo inverossímil que a ambiguidade dessas descrições, que hesitavam em reconhecer a autoridade dos caciques sobre os índios comuns, segundo supõe Christophe Giudicelli, conformassem uma operação discursiva que acabava por legitimar a própria intervenção das instituições coloniais sobre a população considerada. É possível que procurassem criar ou reproduzir uma imagem de "índios bárbaros" em quem, por definição, as relações de obediência eram muito tênues ou mesmo inexistentes. Hobbes, segundo o mesmo autor, teria teorizado sobre essa visão já na primeira metade do século XVII, quando falava em "estado de guerra", isto é, estado pré-social por excelência em que se carece de governo, e do qual os homens só se podem salvar mediante uma intervenção soberana do Leviatã. Daí a recorrência da estratégia colonial de generalizar, sob um mesmo etnônimo, populações muito diversas e até distantes entre si, como uma espécie de rótulo que definisse *a priori* tratar-se de um grupo hostil ou, segundo o termo de Hobbes, de "*behetrías*".[17] Assim, uma "Relación" escrita em 1574 pelo

---

14 "Estado de las Misiones que los Padres Jesuitas del Paraguay entre los Indios de la América Meridional, llamados Chiquitos [...] por el Padre Francisco Burges" [1702]. In: *MCA*, v. 6, p. 232-33.

15 SÁNCHEZ LABRADOR, José. *El Paraguay Católico* [1780]. Buenos Aires: Imprenta de Coni Hermanos, 1910, v. 1, p. 249.

16 LOZANO, Pedro. *Descripción corográfica del Gran Chaco Gualamba* [1733]. Tucumán: Universidad Nacional de Tucumán, 1941, p. 62.

17 GIUDICELLI, Christophe. *Guerre, identités et métissages aux frontières de l'Empire*: la guerre des Tepehuán en Nouvelle Biscaye (1616-1619). Tese (doutorado) – Université de Paris III, Sorbonne Nouvelle, Paris, 2001, p. 64; Idem. ¿"Naciones" de enemigos? La identificación de los indios rebeldes en la Nueva Vizcaya (siglo XVII). In: ALBERT (ed.), *El Gran Norte Mexicano, op. cit.*, p. 35. Que os nomes atribuídos aos grupos podiam ser arbitrários atesta a situação de certas zonas de colonização mais antiga, onde sua origem não era outra que os nomes dados aos índios concedidos em *encomiendas* (segundo localização geográfica, linhagem, parentesco, grupos dependentes de um mesmo cacique etc.), como mostra: CRAMAUSSEL, Chantal. De cómo los españoles clasificaban a los indios: naciones y encomiendas en la Nueva Vizcaya central. In: HERS, Marie-Areti *et al.* (ed.) *Nómadas y sedentarios en*

licenciado Polo de Ondegardo sobre os Chiriguano do Peru sublinhava que sob esse etnônimo se podia enquadrar vários povos indígenas sem prejuízo da exatidão: "por este nombre llaman a todos los indios que viven de la guerra que son muchas naciones [...] [e] mejor se entiende esto en el Río de la Plata [...] porque hay chiriguanaes de diferentes nombres, unos guatataes, aguazes, guaycuros y topis y carives".[18] O argumento visava sobretudo legitimar a guerra. Ante uma proposta do governador de Tucumán sobre a realização de expedição ao Chaco, um parecer do *Consejo de Indias*, da lavra do teólogo Tomás Donvidas, datado de outubro de 1679, retomou o lema *compelle eos intrare*: devido aos "costumbres abominables" dos índios, se podia e devia obrigá-los com as armas a que tivessem "vida política" reduzidos em *pueblos*. Na mesma consulta, o *dictamen* de frei Juan de los Ríos chamou a atenção para o fato de que era inútil "el ofrecerles la paz, y buenas alianzas perdonándoles todos los daños, que han causado: porque ni tienen cabeza con quien ajustarlo, ni admiten embajadores, que se las propongan". A entrada se iniciou em 1685.[19]

Como sugere Amy Turner Bushnell, ter em conta o nível de poder que detinham os caciques nas chefaturas (*chiefdoms*) antes da conquista pode permitir avaliar mais adequadamente as relações que travaram com os Estados coloniais. As chefaturas podem ser definidas como agrupamentos sociais ordenados, hierárquicos, baseados no parentesco, frequentemente matrilinear. Estudiosos geralmente classificam as chefaturas em três tipos: simples: em que um chefe titular mantém as tradições do grupo e é responsável pela gestão do excedente sem recurso à coerção; intermediária: em que a posição do chefe já é mais forte e hereditária, e seu poder para armazenar e redistribuir excedentes habilita-o a mobilizar mão de obra para plantações comunais, obras públicas, monumentos, rituais religiosos e guerra; e complexa: mais instável, um chefe submete outras chefaturas à sua hegemonia como tributárias, mediante laços de parentesco e ameaça do recurso à força. A pressão externa, sobretudo do Estado, condiciona a que grupos de chefaturas se associem em comunidades chamadas *tribos*.[20]

---

el norte de México: homenaje a Beatriz Braniff. México: Universidad Nacional Autónoma de México, Instituto de Investigaciones Antropológicas, 2000, p. 289-93.

18   *Apud* PINO, Fermín del. Los caníbales chiriguanos, un reto etnográfico para dos mentes europeas: Acosta y Polo. In: PINO, Fermín del; LÁZARO, Carlos (eds.). *Visión de los otros y visión de sí mismos*: descubrimiento o invención entre el Nuevo Mundo y el Viejo? Madri: CSIC, 1995, p. 77.

19   AGI, Charcas, 283. Informe de Tomás Donvidas, S.J., 8 out. 1679 *apud* LEVAGGI, Abelardo. *Diplomacia Hispano--Indígena en las fronteras de América*: historia de los tratados entre la Monarquía española y las comunidades aborígenes. Madri: Centro de Estudios Políticos y Constitucionales, 2002, p. 97-98.

20   BUSHNELL, Amy Turner. "Gastos de indios", *op. cit.*, p. 138. Ver a discussão da mesma autora sobre a política espanhola de promoção de caciques em: *Idem, Situado and sabana, op. cit.*, p. 104-110. Steward e Faron assinalaram que o poder das chefaturas era reversível. Entre os Coclé do Panamá, por exemplo, chegara a ocorrer enterramentos de líderes com suas riquezas, mas o colonialismo descentralizou notavelmente as autoridades dos chefes (STEWARD, Julian; FARON, Louis. *Native Peoples of South America*. Nova York: McGraw-Hill Book Company, 1959, p. 175). Ver ainda: CARNEIRO, Robert. The Chiefdom: Precursor of the State. In: JONES, Grant D., KAUTZ, Robert R. (eds.) *The transition to statehood in the New World*. Cambridge; Nova York: Cambridge University Press, 1981, p. 65-71. Para

Alguns jesuítas, apesar de tudo, reconheciam que entre certos grupos os caciques gozavam de grande estima, influência e poder de tomar decisões, e os missionários adaptavam suas estratégias valendo-se dessa autoridade para reduzir os índios comuns.[21] Nos *llanos* de Mojos, por exemplo, os Toros ou Torococis, visitados em 1617 pela entrada do governador de Santa Cruz, Gonzalo de Solís Holguín, viviam em grandes povoações de umas 400 casas, que juntas somavam mais de 3 mil pessoas.[22] De modo geral, os povos de Mojos construíam suas moradias sobre plataformas elevadas que as tornavam imunes às inundações, abriam valetas e preparavam encostas para drenar os campos e adaptá-los aos cultivos.[23] As produções excedentes incluíam milho, mandioca doce e amarga, amendoim, inhame, feijão, abóbora e pimenta.[24] Os

---

uma útil síntese a respeito do problema das chefaturas no espaço amazônico pré-conquista: ROOSEVELT, Anna Curtenius. The rise and fall of the Amazon Chiefdoms. *L'Homme*, t. 33, n. 126-128, 1993, especialmente p. 259-60, 273. Referências aos *llanos* de Mojos e Chiquitos em: VILLAMARIN, Juan; VILLAMARIN, Judith. Chiefdoms: The prevalence and persistence of "señorios naturales": 1400 to European conquest. In: SCHWARTZ, Stuart B.; SALOMON, Frank (eds.). *The Cambridge history of the native peoples of the Americas*: South America, v. 3, part 1. Cambridge: Cambridge University Press, 1999, p. 618-21. Sobre o papel das instituições coloniais e da guerra europeia na centralização e hierarquização das sociedades indígenas, dando origem às "tribos": FERGUSON, R. Brian; WHITEHEAD, Neil L. The violent edge of empire. In: *Idem* (eds.). *War in the Tribal Zone*: expanding States and indigenous warfare. Santa Fe, Novo México: School of American Research Press, 1992. p. 13-14; WHITEHEAD, Neil L. Tribes make States and States make tribes: warfare and creation of colonial tribes and States in Northeastern South America. In: FERGUSON; WHITEHEAD (eds.), *War in the Tribal Zone, op. cit.*, p. 132.

21 É conhecida a leitura que Alfred Métraux fez de muitos desses textos, a qual foi retomada por Steward e Faron, para quem certos grupos que viviam nos *llanos* de Mojos e Chiquitos, vales dos rios Guaporé e Paraguai e Gran Chaco podem ser classificados como chefaturas (MÉTRAUX, Alfred. *The native tribes of eastern Bolivia and western Matto Grosso*. Washington: Government Printing Office, 1942 (Bulletin of Smithsonian Institution, Bureau of American Ethnology, n. 134), p. 69, 125, 165, 423; *Idem*. Tribes of eastern Bolivia and the Madeira headwaters. In: STEWARD, Julian H. (ed.) *Handbook of South American Indians*. Washington: Government Printing Office, 1948, v. 3, p. 415-19 *et passim*; STEWARD; FARON, *Native Peoples of South America, op. cit.*, p. 256, 296). Ver ainda, sobre as chefaturas dos *llanos* de Mojos e Chiquitos na época pré-conquista: DENEVAN, William M. *The aboriginal cultural geography of the Llanos de Mojos of Bolivia*. Berkeley: University of California Press, 1966, p. 44 *et seq.*; BLOCK, *Mission culture, op. cit.*, p. 27 *et seq.*; RADDING, Cynthia. *Landscapes of power and identity*: comparative histories in the Sonoran Desert and the Forests of Amazonia from Colony to Republic. Durham: Duke University Press, 2005, p. 35-52, 113-20, 171, 178-79. Sobre os Guaykuru: SAEGER, James Schofield. *The Chaco mission frontier*: the Guaycuruan experience. Tucson: University of Arizona Press, 2000, p. 113-20.

22 AGI, Charcas, 21. Informe de Juan de Límpias, um dos que acompanharam a expedição de Gonzalo de Solís Holguín a Mojos em 1617, datado de 1635; transcrição em: FINOT, Enrique. *Historia de la conquista del oriente boliviano*. Buenos Aires: Librería Cervantes, 1939, p. 277-78.

23 ARSI, Peru, v. 20, f. 200-213. "Carta de padres en la misión de los Mojos para el P. Hernando Cavero de la Compañía de Jesús, provincial de esta provincia del Perú en el que se le da noticia de lo que se ha visto, oído y experimentado en el tiempo que ya que están en ella", 20 abr. 1676, f. 201; ver também: DENEVAN, *The aboriginal cultural, op. cit.*, p. 46; e ERICKSON, Clark L. Sistemas agrícolas prehispánicos en los Llanos de Mojos. *América Indígena*, v. 40, 1980, p. 736-39.

24 Segundo um dos espanhóis de Santa Cruz que acompanharam uma expedição a Mojos em 1617: "Había grandísima cantidad de maíz, yuca, frísoles, maní, zapallos y otras muchas legumbres de la tierra, en cantidad tanta, que entrando en una calle o calzada que ellos tenían para división de las sementeras, que cabían tres hombres de a caballo por ella, el capitán Diego Hernández Bajarano, visto de tan gran número de percheles de maíz y demás

chefes supervisionavam a produção do excedente e conduziam transmigrações. A maioria dos observadores coincide em referir que os caciques dos grupos Baure possuíam mais autoridade que o restante dos grupos dos *llanos* de Mojos.²⁵

Em 1603, uma expedição espanhola foi "más acia el Oriente" e chegou a uns índios "Pereches" ou "Parichis": "hallaron tierras y provincias de temple frío, y se descubrían grandes cordilleras y cerros muy altos". É crível que se tratassem dos Pareci,²⁶ que também entraram na órbita das duas colonizações, e a julgar pela descrição de Antonio Pires de Campos, da década de 1720, possuíam admiráveis plantações de mandioca, milho, feijão, batata e abacaxi; a casa dos homens servia para guardar os "ídolos"; e quanto aos chefes: "não têm uma só cabeça a que todos obedeçam como a rei ou cacique, mas muitos em quem está dividido o governo".²⁷ Métraux supõe que os Pareci eram "ruled by a hereditary chief, who presided over religious ceremonies and received guests", e que esses chefes "controlled a class of dependents, whose status was that of serfs".²⁸ Quando se confederavam, lembram Steward e Faron, obedeciam a um único cacique.²⁹

Segundo escreve o padre Orellana em 1687, os índios Mojo "cada año rreconocen un Cacique, pero es con tan poca subordinación, que ninguno se rreconoce obligado a obedecerlo si no es en lo que le está bien y tiene gusto, y esto mismo no se atreve el cacique a mandarlo, sino por modo de rruego o consejo".³⁰ Por sua vez, entre os Canichana, reduzidos em San Pedro, e Baure, em Exaltación, os jesuítas identificaram maior poder coercitivo. Consonante à descrição do superior

---

legumbres, a mí y a otro soldado nos ordenó que los contásemos y en la acera que a mí me cupo conté más de setecientos percheles, al parecer de veinte y de treinta fanegas de comida en cada perchel, cosa que nos dejó admirados; y el otro soldado contaría más de cuatrocientos en comunidad, que aí labran la tierra y de por sí" (AGI, Charcas, 21. Informe de Juan de Límpias, um dos que acompanharam a expedição de Gonzalo de Solís Holguín a Mojos em 1617, datado de 1635; transcrição em: FINOT, *Historia de la conquista*, op. cit., p. 277-78).

25   Cf. MÉTRAUX, *The native tribes of eastern Bolivia*, op. cit., p. 69; DENEVAN, *The aboriginal cultural*, op. cit., p. 46; BLOCK, *Mission culture*, op. cit., p. 27.

26   E da serra homônima, do lado oriental do rio Guaporé. A expedição esteve a cargo do governador interino de Santa Cruz de la Sierra, Martín Vela Granados (AGI, Charcas, 21. "Parecer del padre Jerónimo de Villarnao", S.J., San Lorenzo, 30 nov. 1635 e "Relación del capitán Francisco Sánchez Gregorio", San Lorenzo, 24 nov. 1635. In: MAURTUA, Víctor M. (ed.) *Juicio de límites entre el Perú y Bolivia*: prueba peruana. Barcelona: Henrich y Comp., 1906, v. 9, p. 153, 155 e 193).

27   CAMPOS, Antonio Pires de. "Breve noticia que dá o capitão Antonio Pires de Campos do gentio bárbaro que há na derrota da viagem das minas do Cuyabá e seu recôncavo [...] até o dia 20 de maio de 1723" [1727]. *RIHGB*, Rio de Janeiro, v. 25, 1892, p. 443-44 (existe cópia manuscrita em: BPME, Cód. CXVI/1-15, f. 13v-18. "Notícia 5ª Prática dada pelo cap. Antonio Pires de Campos ao capitão Domingos Lourenço de Araújo e comunicada por este ao R. P. Diogo Soares [...]").

28   MÉTRAUX, *The native tribes of eastern Bolivia*, op. cit., p. 165.

29   STEWARD; FARON, *Native Peoples of South America*, op. cit., p. 258.

30   Biblioteca Nacional del Perú, Manuscritos, v. 3, f. 163-70. Carta do padre Antonio de Orellana ao padre provincial Martín de Jáuregui, Loreto, 18 out. 1687. In: MAURTUA, Víctor M. (ed.) *Juicio de límites entre el Perú y Bolivia*: prueba peruana presentada al gobierno de la república Argentina. Madri: Imprenta de los Hijos de G. M. Hernández, 1906, t. 10-2, p. 7.

Juan de Beingolea, os Canichana de Exaltación "tenian su govierno observando un modo de mando politico para barvaros": "tenian uno como gobernador que juntam.te era su sacerdote".[31]

Já os Baure surpreenderam por ser "la mas politica que se a encontrado en toda esta jentilidad". Ainda segundo o superior Beingolea, "tenia cada pueblo su regulo a q.' llamava arama". Os jesuítas, aqui como em outros lugares, buscaram, antes de tudo, ganhar aos "aramas" e transformá-los em coordenadores das reduções: para tanto, procuravam reconhecer os sinais de honra e estima utilizados pelos índios, "con varias significaciones de política, mostravan los p.es micioneros de su parte apreciarlos".[32] "El que tenía el cargo de arama", refere o padre Eder em relação aos Baure, sem deixar de observar que eram chefes hereditários, "no hacía ningún trabajo, ya que todos sus súbditos le preparaban una siembra abudantísima y, llegado el tiempo, le llevaban las cosechas a su residencia".[33] O visitador Altamirano observou que os caciques Baure "solo tienen alguna sombra de superioridad, no de jurisdicción, ni coactiva, sinó de dirección", faculdade que era exercitada tendo o voto decisivo para as guerras, em definir punições, concertar casamentos e "cuidar de que se siembre, cultive y ponga el cobro material de que se hace su bebida, para las solemnes, comunes y públicas borracheras".[34] A reciprocidade promovia o poder dos caciques, pois como observou o padre Eder, "la única función del arama consistía en invitar con largueza a beber a sus súbditos: mientras éstos bebían, él permanecía en la hamaca para distinguirse de los demás". O tributo não era extraído por coerção nem era acumulado, e a validação do prestígio implicava em ofertar bens aos convidados com liberalidade.[35]

Os caciques eram os únicos a ter várias esposas em uma sociedade de não polígamos. Quando dotados de poder xamânico, mandavam construir templos ao culto do jaguar e dirigiam cerimônias. Segundo Steward e Faron, características como produção excedente, tempo livre para realização de obras complexas, chefes polígamos e com autoridade e uso da casa dos homens como templo identificavam vários grupos dos *llanos* de Mojos como "*tropical-forest chiefdoms*".[36]

Entre os Manasi ou Manacica, reduzidos nas missões de Chiquitos, o poder coercitivo de que dispunham os caciques sobre os índios comuns foi, já de início, notado pelos jesuítas.

---

31 AGI, Charcas, 474. "Informe del Capitán General y Gobernador de Santa Cruz de la Sierra Don Alonso Berdugo sobre el estado de las misiones de Mojos, sus poblaciones, misioneros y gente existente", pelo padre superior Juan de Beingolea, San Lorenzo, 8 jan. 1764, f. 12v, 14.

32 *Ibidem*, f. 14.

33 EDER, Francisco Javier, S.J. *Breve descripción de las reducciones de Mojos* [c. 1772]. Cochabamba: Historia Boliviana, 1985, p. 84-85.

34 ALTAMIRANO, Diego Francisco. *Historia de la misión de los Mojos* [c. 1710]. La Paz: Instituto Boliviano de Cultura, 1979, p. 120.

35 EDER, *Breve descripción de las reducciones de Mojos* [c. 1772], op. cit., p. 84.

36 STEWARD; FARON, *Native Peoples of South America*, op. cit., p. 252, 256; cf. também: BLOCK, *Mission culture*, op. cit., p. 22-26.

O padre Lucas Cabalero, que os visitou em 1707, observou que "rinden los habitantes de cada lugar a su cacique una entera obediencia. Fabrican sus casas, cultivan sus tierras, abastecen su mesa de lo mejor que se halla en el Pais; ni solo él manda en el lugar, [como también] castiga los culpados". Os índios lhe deviam ainda um tipo de tributação: "todos le pagan la décima parte de su pesca, o caza, y no pueden cazar, ni pescar sin su permisso"; "el gobierno es hereditario".[37] Os jesuítas não deixaram de notar a disposição "urbana" dos assentamentos dos Manacica: "bien formados y dispuestos, formando en medio una plaza grande"[38] e "con gobierno civil y político".[39] Os caciques detinham funções judiciais e punitivas, como refere padre Fernández: "manda y castiga con gran rigor a los reos quebrándoles los huesos con horrendos bastonazos".[40] Segundo Métraux, entre outros grupos que viviam em Chiquitos era possível perceber, ainda que em menor grau, certa proeminência dos chefes, que em geral detinham o privilégio da poligamia: suas mulheres eram responsáveis pelo preparo de bebida cerimonial.[41] Já Steward e Faron sublinham que os Manacica possuíam boa parte das características dos *chiefdoms*: chefes hereditários e polígamos, templos e ídolos.[42]

Os Guaykuru e Guaná estavam em uma situação diferente, pois não foram conquistados até a segunda metade do século XVIII. A apropriação de cativos e itens europeus, sobretudo cavalos, chapas de ferro, ferramentas, armas e contas de vidro, aumentou a competição interna entre os caciques por prestígio, obtido através do sucesso em incursões contra colonos e outros grupos indígenas. Provavelmente, o contato colonial levou a que as hierarquias sociais se tornassem mais nítidas.[43] Caçadores, coletores e cavaleiros desde fins do século XVI, os Guaykuru mantiveram uma peculiar aliança simbiótica, em que ofereciam aos Guaná proteção militar e itens europeus, obtidos nas incursões que faziam a cavalo, e recebiam alimentos e panos desses agricultores e exímios tecedores.[44] Depoimentos de jesuítas e franciscanos sobre ambos os

---

37 "Noticia de algunos pueblos bárbaros de la América meridional, y conversión de muchos de ellos" [1726]. In: *Cartas Edificantes, y curiosas, escritas de las missiones estrangeras*. Madri: Imp. de la Viuda de Manuel Fernández, 1756, v. 15, p. 42. Segundo uma descrição de 1706, da lavra do mesmo padre Lucas Caballero, entre os Manacica "no hablan de ordinario los Vasallos a su Cazique, sino con respeto", e notou que a pompa dos enterramentos de caciques excedia a de outros índios (CABALLERO, Lucas. *Relación de las costumbres y religión de los indios manasicas* [1706]. Madri: Victoriano Suárez, 1933, p. 20-21).

38 CABALLERO, *Relación de las costumbres y religión de los indios manasicas* [1706], op. cit., p. 17.

39 FERNÁNDEZ, Juan Patricio, S.J. *Relación historial de las misiones de indios Chiquitos* [1726]. Madri: Victoriano Suárez, 1895, v. 2, p. 72.

40 *Ibidem*, v. 1, p. 263.

41 MÉTRAUX, *The native tribes of eastern Bolivia*, op. cit., p. 125.

42 STEWARD; FARON, *Native Peoples of South America*, op. cit., p. 296.

43 MÉTRAUX, Alfred. Ethnography of the Chaco. In: STEWARD, Julian (ed.). *Handbook of South America Indians*, v. 1. Washington: Cooper Square Publishers, 1963, p. 301-302.

44 Sobre a origem dessa simbiose, os informes de funcionários e missionários que conviveram com esses índios divergem. À época da conquista, quando Ulrich Schmídel esteve na região de Puerto San Fernando (Alto Paraguai),

grupos referiam que as decisões dos caciques dependiam de um conselho de chefes menores, anciãos e guerreiros mais prestigiosos.[45]

Entre os grupos Guaykuru, no entanto, raramente um cacique podia impor decisões sobre o restante do grupo, e o mais comum era acatarem o que resultasse de longas discussões, em que também opinavam guerreiros e mulheres.[46] Eram reconhecidos entre três estratos sociais: os chefes, que podiam ser líderes guerreiros, xamãs ou por nascimento;[47] as pessoas comuns; e um considerável estrato de cativos, capturados, segundo informa um comandante português, entre os Guachí, "Guanazes" [Guaná?], Guató, "Cayvabas" [Kayowá?], Bororo, "Coroás" [Kaingang?], Kayapó, Xamacoco e índios tomados às missões de Chiquitos.[48]

Os Guaná também cultivavam as hierarquias sociais. Havia entre eles estratos de caciques hereditários (*unati*), guerreiros (*shuna asheti*) e índios comuns (*wahere-shane*). Os índios comuns, aliás, tinham grande interesse em trabalhos sazonais para colonos e passavam boa parte do ano ausentes dos assentamentos, ao passo que um considerável estrato de cativos (*kuati*) era responsável

---

pôde registrar que havia chegado "a una nación llamada *Maieaiess* [Mbayá], [que] es una gran muchedumbre de gente; sus súbditos tienen que pescarles y cazarles y hacer lo que se les ofrece, tal y como aquí los paisanos se someten al que es noble" (SCHMÍDEL, Ulrich. *Viaje al Río de la Plata* [1565]. Buenos Aires: Cabaut y Cía., 1903, p. 247).

Escrevendo do presídio de Nova Coimbra em 1803, Ricardo Franco de Almeida Serra acreditava que a submissão dos Guaná fora o resultado das contínuas incursões militares dos Guaykuru: "Estragos e damnos que obrigaram os guanás a pedirem paz, e a deixarem-se chamar seus captiveiros, dando-lhes voluntariamente parte de suas colheitas, para pouparem o resto, e as mortes que cada anno soffriam" (SERRA, Ricardo Franco de Almeida. "Parecer sobre o aldeamento dos índios Uaicurús e Guanás, com a descrição dos seus usos, religião, estabilidade e costumes", 3 fev. 1803. *RIHGB*, Rio de Janeiro, v. 7, 1845, p. 200).

O jesuíta Sánchez Labrador discordava da hipótese da conquista militar e sustentava que essa simbiose era resultado de relações de parentesco desequilibradas pelo poder que os Guaykuru alcançaram com a posse de cavalos: "Algunos caciques ó capitanes Eyguayeguis se casaron á su modo con cacicas ó capitanas Guaná. Los vasallos de éstas, muertas ellas, quedaron en un perpetuo feudo á los descendientes de los maridos de sus señoras" (SÁNCHEZ LABRADOR, *El Paraguay Católico* [1780], op. cit., v. 1, p. 267 (cit.), 305; v. 2, p. 266-67).

Refiro-me a essa relação como "simbiose" valendo-me de um conhecido estudo: OLIVEIRA, Roberto Cardoso de. *Do índio ao bugre*: o processo de assimilação dos Terena. Rio de Janeiro: Francisco Alves, 1976, p. 36.

45 MÉTRAUX, Ethnography of the Chaco, op. cit., p. 305.

46 SAEGER, *The Chaco mission frontier*, op. cit., p. 114-16; SÁNCHEZ LABRADOR, *El Paraguay Católico* [1780], op. cit., v. 1, p. 249.

47 SAEGER, *The Chaco mission frontier*, op. cit., p. 114.

48 PRADO, Francisco Rodrigues do. "História dos índios cavalleiros [...]" [1795]. *RIHGB*, Rio de Janeiro, v. 1, 1839, p. 31. O elevado número de cativos é atestado pelo comissário das demarcações Félix de Azara, para quem "el albaya más pobre, tiene tres o cuatro de estos esclavos habidos en la guerra" (AZARA, Félix de. *Descripción e historia del Paraguay y del Río de la Plata* [c. 1781-1801]. Madri: Imprenta de Sanchiz, 1847, v. 1, p. 211). O comandante português Ricardo Franco de Almeida Serra, que pôde observar os Guaykuru assentados nas proximidades do forte de Coimbra, no início do século XIX, entendia que o número de Guaykuru "puros" fosse muito pequeno: dos 2.000 supostos Guaykuru, 500 seriam Guaná incorporados, 500 cativos Xamacoco, 800 cativos de vários grupos indígenas e somente 200 Guaykuru "puros" (SERRA, Ricardo Franco de Almeida. "Parecer sobre o aldeamento dos índios Uaicurús e Guanás, com a descrição dos seus usos, religião, estabilidade e costumes", 3 fev. 1803. *RIHGB*, Rio de Janeiro, v. 7, 1845, p. 211).

pelo trabalho agrícola da comunidade. A rigor, em cada assentamento Guaná, cerca de 40 a 75% das pessoas eram cativos de outros grupos indígenas. Como o posto de guerreiro fosse acessível a qualquer índio, mesmo aos cativos, e como a falta de mulheres levasse à mestiçagem, havia uma forte integração de indivíduos de diversos grupos entre os Guaná.[49]

Em relação aos seus caciques, os Payaguá "no tienen cuenta con ellos para nada, ni los llaman a dar dictamen en las juntas donde se determina todo lo conveniente a la toldería". A observação de Félix de Azara, já bem adiantado o século XVIII, sugere um sistema de distinções e de tomada de decisões que provavelmente lhe escapava: "En nada difere el casique de los demás, porque ni tiene casa, toldo o tienda distinguida, ni los vestidos, muebles ni otra cosa le dan a conocer".[50] Ao que parece, Juan Francisco Aguirre foi mais preciso quando percebeu que havia dois tipos de caciques, os principais, que chamam de Coatis, e os menores, referidos como "capitães". O Coati tinha seu toldo à parte e "en efecto lo distinguen, obedecen y traen de comer. Tiene su bastón y tal cual vestido de la mejor piel, con que lo prefieren". Quanto aos outros caciques, "en nada los distinguen porque ellos trabajan para comer, van a la pesca y a cortar pasto".[51]

Já os chefes Guaykuru e Guaná zelavam por se distinguir dos índios comuns. O padre Domingo Muriel refere que, quando os Guaykuru foram recebidos em Assunção em 1759 para um tratado de paz e hospedados na casa do governador Jaime Sanjust, durante um almoço o governador observou que duas índias estavam "ocupadas únicamente en obsequiar a la mujer del cacique, [y] eran meras espectadores del convite. Díjoles que comiesen. Y habiéndolo entendido la dueña, con gran seriedad dijo: 'Estando yo presente, no se han de atrever'".[52] Assim também, no final do século, o comandante do forte de Coimbra, Ricardo Franco de Almeida Serra, verificou que os capitães Guaykuru Paulo e Luiz Pinto, que convidara para uma refeição, recusaram-se a sentar à mesa porque já tinham tomado assento alguns Guaná, e eles não comiam "com seus captiveiros".[53] Entre os Guaná, igualmente, havia empenho dos caciques hereditários em se distinguir dos outros: "procuran continuar la mística nobleza de su sangre casándose entre

---

49 SUSNIK, Branislava. *El indio colonial del Paraguay*: t. 3-1: El chaqueño: Guaycurúes y Chanes-Arawak. Assunção: Museo Etnográfico Andrés Barbero, 1971, p. 147-50. Métraux menciona terminologia semelhante a partir de um missionário do início do século XX, Alexander Rattray Hay (MÉTRAUX, Ethnography of the Chaco, *op. cit.*, p. 310).

50 AHN, Estado, 4548. "Descripción histórica, física, política, y geográfica de la Provincia del Paraguay", por Félix de Azara, Assunção, 9 jul. 1793, f. 73.

51 AGUIRRE, Juan Francisco. Diario del Capitán de Fragata de la Real Armada Don Juan Francisco Aguirre en la demarcación de límites de España y Portugal en la América Meridional [1793-1796]. *Revista de la Biblioteca Nacional*, Buenos Aires, t. 19, 1950, p. 66, 92. O próprio Azara, *loc. cit.*, reconhece o papel dos anciãos e guerreiros destacados nas assembleias.

52 MURIEL, Domingo, S.J. *Historia del Paraguay*: desde 1747 hasta 1767. Madri: Victorino Suárez, 1918, p. 233.

53 SERRA, Ricardo Franco de Almeida. "Parecer sobre o aldeamento dos índios Uaicurús e Guanás, com a descrição dos seus usos, religião, estabilidade e costumes", 3 fev. 1803. *RIHGB*, Rio de Janeiro, v. 7, 1845, p. 209.

sí los de igual jerarquía por no envilecerse con la plebe".⁵⁴ "Con esto se ve", concluía o jesuita Muriel, "que entre los Mbayás no son desconocidos los términos del honor, y que hay subordinación, imperio y economía doméstica".⁵⁵ A aplicação de punições provavelmente não estava entre o rol de faculdades esperadas dos chefes Guaykuru, pois como observou o comandante do presídio português, "se um furta um cavallo, um panno, uma chapa ou canudo de prata, ou outro qualquer traste, o dono diz que tem vergonha, e em tal não falla". E mesmo quando portugueses molestavam as índias ou praticavam qualquer outro crime, os índios protestavam e o malfeitor era preso, mas isso "os consterna, e logo pedem a sua soltura, tratando-os [de] satisfazer depois com maior carinho".⁵⁶

Os Guaykuru e Guaná, segundo Steward e Faron, estiveram mais próximos que outros grupos do Gran Chaco das características de *chiefdoms*. Antes de tudo porque os cavalos reforçaram o poder dos caciques Guaykuru e, por extensão, dos Guaná, que também se tornaram mais hierarquizados, e a falta de produção estável de excedente pôde ser suprida através da simbiose mantida com os Guaná. Por outra parte, em Mojos e Chiquitos, muitos *chiefdoms* pré-colombianos, baseados na extração e concentração de excedente, foram dissolvidos com o contato colonial. Assim, a situação colonial elevou o poder dos chefes entre os Guaykuru e Guaná, ao mesmo tempo em que limitou a níveis adequados às instituições coloniais o poder de certos *chiefdoms* de Mojos e Chiquitos.⁵⁷

Seja como for, qualquer que fosse o nível de poder detido pelos caciques antes da chegada dos jesuítas, é certo que os padres procuraram reforçar, mediante a aplicação de vários dispositivos, a autoridade que exercem sobre os índios comuns. "Aunque no existen clases sociales entre ellos", escreveu o padre Knogler a respeito dos Chiquitos reduzidos, "hay caciques en cada nación, gente sesuda que goza de particular prestigio". "En las misiones les damos todavía mayor prestigio", prossegue o mesmo missionário, "otorgándoles un traje de ceremonia que guardamos en la sacristía para que se lo pongan en las fiestas mayores; tienen además un asiento más alto en la iglesia y, en todas las reuniones, llevan en la mano un bastón al que aprecian mucho". Os caciques ajudavam os padres a "mantener la disciplina y fomentar las costumbres cristianas, de modo tal que la gente de su tribu se somete incluso a un castigo cuando incurrió en una falta. Es evidente que sin disciplina no se puede vivir en una comunidad".⁵⁸ Encontra-se aí, portanto, um duplo problema, que

---

54 SÁNCHEZ LABRADOR, *El Paraguay Católico* [1780], op. cit., v. 1, p. 26.

55 MURIEL, *Historia del Paraguay*, op. cit., p. 233.

56 SERRA, Ricardo Franco de Almeida. "Continuação do parecer sobre os índios Uaicuru's, Guana's etc.", Coimbra, 2 fev. 1803. *RIHGB*, Rio de Janeiro, v. 13, 1850, p. 376, 379.

57 STEWARD; FARON, *Native Peoples of South America*, op. cit., p. 423.

58 KNOGLER, Julián, S.J. Relato sobre el país y la nación de los Chiquitos (1769). In: HOFFMANN, Werner (ed.). *Las misiones jesuíticas entre los chiquitanos*. Buenos Aires: Conicet, 1979, p. 171, 178-79.

consiste em saber, de um lado, como os dispositivos coloniais impactavam as hierarquias indígenas e paulatinamente construíam o tipo de poder delegado que os administradores esperavam dos caciques, e de outro, em que medida as formas aborígenes de liderança, impossíveis de serem suprimidas, afetavam o cotidiano da vida em reduções e reservas no entorno de fortes militares.

Distinção e delegação de poderes

Para retomar um tema célebre, vale lembrar uma questão levantada por um conhecido antropólogo que, ante essa situação peculiar dos caciques Guaykuru, empenhados em se distinguir e, no entanto, sem aparentes faculdades de mando, perguntou: é possível conceber um poder político que não esteja fundado no exercício da coerção?[59] Realmente, longe de ser coercitiva, a influência dos chefes sobre as decisões políticas era restrita à sua reputação na guerra e à persuasão da oratória; mas quando suas recomendações não eram bem-sucedidas, os caciques eram abandonados com sua família e os xamãs eram espancados ou mortos.[60] Entretanto, somente sob condição de abandonar a visão essencialista e a-histórica que persiste no olhar ocidental sobre os índios como gente "sem lei e sem rei" ou "sujeito transcendente do poder político não-coercitivo",[61] pode-se equacionar mais adequadamente a problemática da relação dos poderes coloniais com as lideranças indígenas e, mais precisamente, o processo histórico em que se constituíram e passaram a incidir sobre os índios mecanismos pelos quais, para usar a fórmula de Neil Whitehead, "the States make tribes".[62]

A lógica irresistível desse dispositivo já o padre Vieira a observara na década de 1650, pois em consequência da participação no conflito com os holandeses a partir do Maranhão, os caciques reivindicavam ao governo – e não raro foram atendidos pelo Conselho Ultramarino – não só o reconhecimento de seu *status* como caciques, mas itens que claramente elevavam o

---

59 CLASTRES, Pierre. *Arqueologia da violência*: pesquisas de antropologia política. São Paulo: Cosac Naify, 2004, p. 274; em verdade, quem formula a problemática de Pierre Clastres com essa clareza é: VIVEIROS DE CASTRO, Eduardo. O mármore e a murta: sobre a inconstância da alma selvagem. In: *Idem. A inconstância da alma selvagem*. São Paulo: Cosac Naify, 2002, p. 219.

60 "Ningún privilegio tienen estos curanderos entre los Mbayás" ("Carta do franciscano Frei Francisco Mendes [Miguel Mendes Jofre] sobre os costumes dos índios Mbaiá e Guaná, no Alto-Paraguai", Esteras de los Mbayàs, 20 jun. 1772. In: *MCA*, v. 7, p. 60; SAEGER, *The Chaco mission frontier, op. cit.*, p. 114).

61 VIVEIROS DE CASTRO, O mármore e a murta, *op. cit.*, p. 219-20.

62 Como constatam Brian Ferguson e Neil Whitehead, a administração colonial procurava interferir nas chefaturas, cujo poder nem sempre era exercido segundo as coordenadas interessantes à colonização, o que gerava dificuldades em controlar os índios comuns. Identificar e elevar lideranças favoráveis, mediante o oferecimento de títulos, emblemas e suporte político e militar, tornou-se uma estratégia decisiva, e paulatinamente foi provocando mudanças estruturais nas sociedades indígenas, tornando-as mais centralizadas politicamente e passíveis de serem controladas, processo que os referidos autores chamam de "tribalização" (FERGUSON; WHITEHEAD, The violent edge of empire, *op. cit.*, p. 13-14; WHITEHEAD, Tribes Make States, *op. cit.*, p. 132).

poder coercitivo que pudessem ter sobre outros, como a confirmação das patentes militares e dos hábitos de Cristo, vestidos para suas esposas, uniformes para si e considerável quantia em presentes, em retribuição aos serviços prestados.[63]

Entre os espanhóis, a atração de grupos indígenas e a delegação de poderes a caciques já fora recomendada pelas Ordenanças de 1573, que regulavam a expansão dos estabelecimentos coloniais pelos territórios. A política oficial adotada nos primeiros contatos entre espanhóis e povos indígenas foi o chamado "requerimiento", tal como o redigido pelo jurista Juan López de Palacios Rubios. A "donación" pontifícia era reclamada como um direito efetivo de posse sobre as novas terras, e se os índios se opusessem à pregação do evangelho, o uso da força e a captura para o serviço pessoal eram permitidos.[64] A comoção diante das catástrofes dos primeiros anos e o debate promovido pela Escola de Salamanca, especialmente com o empenho de Francisco de Vitoria, fizeram modificar as disposições do poder central.[65] As *Nuevas ordenanzas de descubrimiento, población y pacificación de las Indias*, promulgadas por Felipe II a 13 de julho de 1573, e incorporadas à *Recopilación de Leyes de Indias* de 1681, recomendavam, em seus artigos 139 e 140, a atração pacífica dos povos indígenas e a sólida aliança com os caciques: "por vía de comercio y rescates, traten amistad con ellos, mostrándolos mucho amor y acariciándolos, y dándoles algunas cosas de rescates a que ellos se aficionaren,

---

63 Em viagem pelo rio Tocantins, observou Vieira que os índios mais destacados "são como a gente nobre, e estes nem remam, nem servem os portugueses, e só os acompanham na guerra, e deles se escolhem os que hão--de mandar aos demais", sendo comumente conhecidos como "cavaleiros" (VIEIRA, Padre Antônio. "Ao padre provincial do Brasil [Francisco Gonçalves], 1654". In: HANSEN, João Adolfo (org.). *Cartas do Brasil: 1626-1697: Estado do Brasil e Estado do Maranhão e Grão Pará*. São Paulo: Hedra, 2003, p. 158). Ver também: SOMMER, *Negotiated settlements*, op. cit., p. 192.

64 Diante das críticas dos dominicanos, a Coroa espanhola revisou sua política através das Leis de Burgos de 1512. Nessa época, frei Matías de Paz e o jurista Juan López de Palacios Rubios escreveram tratados em que listavam razões que justificassem a conquista. O chamado "requerimiento" era um documento com passagens do texto de Palacios Rubios, variáveis segundo a ocasião, que eram lidas aos índios, por meio de intérpretes, para que aceitassem o domínio espanhol. Se não estivessem de acordo, o "requerimiento" apontava várias violências que poderiam sofrer e autorizava sua captura para o serviço pessoal. "Requerimientos" foram utilizados já em 1512 no Caribe, por conquistadores no México e Peru, e mesmo diante de caçadores e coletores (HANKE, Lewis. *The Spanish struggle for justice in the conquest of America*. Philadelphia: University of Pennsylvania Press, 1949, p. 29-36; WILLIAMS, Robert A. *The American Indian in western legal thought*: the discourses of conquest. Nova York: Oxford University Press, 1990, p. 88-93). Para uma sugestiva comparação com o caso inglês: SEED, Patricia. Taking possession and reading texts: establishing the authority of overseas empires. In: KATZ, Stanley N. *et al.* (eds.) *Colonial America*: essays in politics and social development. 5ª. ed. Boston: McGraw-Hill, 2001, p. 38-40 *et passim*.

65 Houve, portanto, um processo doutrinal que acompanhou o legislativo. "Lo acompañó y fue su sustento ideológico, sin que esta afirmación deba ser interpretada como que hubiera una relación causal con todas y cada una de las soluciones adoptadas por los reyes" (LEVAGGI, *Diplomacia Hispano-Indígena en las fronteras de América*, op. cit., p. 24 (cit.), 17-18; Idem. Los tratados entre la Corona y los indios, y el plan de conquista pacífica. *Revista complutense de Historia de América*, Madrid, n. 19, 1993, p. 82).

y no mostrando codicia de sus cosas, asiéntese amistad y alianza con los señores y principales que pareciere ser más parte para la pacificación de la tierra".[66]

Para as regiões de fronteira, onde o Império espanhol mantinha contato direto com populações ainda não conquistadas, uma das primeiras experiências consistentes de um tipo de poder diverso da "guerra justa" de destruição e captura foram os *parlamentos* do Chile, que se iniciaram em 1641. Aquela era uma região estratégica que interditava a passagem de piratas e contrabandistas que, vindos do Estreito de Magalhães, necessariamente tinham que atracar no continente antes de prosseguir pelo Pacífico. Sem contar com riquezas exportáveis a não ser o vinho, era um enclave militar dependente do *situado* anual enviado por Lima ou Potosí para gastos com missionários e soldo militar.[67] Como não havia recursos para manter a guerra permanente contra os índios Reche, a administração colonial procurou formas de costurar relações pacíficas com os caciques. O jesuíta Luis Valdivia empenhou-se, desde 1612, a consolidar uma rede de missões e a promover assembleias entre os grupos de inimigos reunidos, a fim de regular os conflitos hispano-indígenas e comunicar as vontades do rei. A primeira dessas assembleias ou *parlamentos* foi realizada em Quillin, em 1641, e foi conduzida pelo governador Francisco López de Zúñiga. Aspirando conseguir o comprometimento dos caciques com relações pacíficas, o governador ofereceu uniformes militares, patentes de oficiais, bastões de mando e a educação de seus filhos em escolas para crianças espanholas. Essa experiência antecede em um século a utilização de um novo tipo de poder que, não sendo fundamentado nas guerras ofensivas e defensivas, não o era tampouco na paz, mas em vigilância e normalização das condutas.[68] Os presentes distribuídos aos caciques visavam reforçar sua autoridade, distinguindo-os dos índios comuns, e nessa operação bastões, baetas,

---

66 "Nuevas ordenanzas de descubrimiento, población y pacificación de las Indias", Bosque de Balsaín, 13 jul. 1573. In: SOLANO, Francisco de (ed.). *Normas y leyes de la ciudad hispanoamericana*. Madri: Consejo Superior de Investigaciones Científicas/Centro de Estudios Históricos, 1996, v. 1, p. 215-16.

67 CERDA-HEGERL, Patrícia. *Fronteras del Sur: la región del río Bío-Bío y la Araucanía chilena (1604-1883)*. Temuco, Chile: Universidad de la Frontera, 1996, p. 22-27.

68 Como escreve Boccara, "ce qui s'établit entre les XVIIe et XVIIIe siècle constitue une nouvelle technologie de pouvoir qui a pour principal objectif de normaliser, comptabiliser, discipliner, en un mot civiliser l'indien. Ce qui s'instaure alors est beaucoup plus et auter chose que la paix; ce son des 'tecniques polymorphes d'assujettissement'. Il ne s'agit plus d'un pouvoir purement répressif comme celui qui s'exerce durant une période de guerre-paix, mais d'un type de pouvoir créateur qui génère un savoir visant à recenser, vérifier, informer et s'informer" (BOCCARA, *Guerre et ethnogenèse mapuche dans le Chili colonial*, op. cit., p. 226).
Esse autor criticou a chamada "nova historiografia da fronteira" do Chile, protagonizada por Ségio Villalobos, para quem, a partir de 1655, encerrou-se a fase da conquista por meio da guerra e as relações pacíficas predominaram e conduziram à efetiva "aculturação" dos índios Mapuche na sociedade envolvente. Do mesmo modo, para Cerda-Hegerl, em estudo sobre o vale do rio Bío-Bío, localizado ao sul do Chile, a função estratégica dos estabelecimentos militares anulou-se completamente em favor das relações pacíficas. "La rápida influencia social, económica y política que ejercieran estos en el área donde se crearon y *las relaciones pacíficas con los indígenas no sometidos* a que dieron lugar sobrepasó su importancia estratégica" (CERDA-HEGERL, *Fronteras del Sur*, op. cit., p. 62. Cf. VILLALOBOS, Sergio. *La vida fronteriza en Chile*. Madri: Mapfre, 1992, p. 255-64).

chapéus, armas e outros itens tendiam a "manifester avec force (et assurément à renforcer) les différenciations sociopolitiques indigènes".[69]

Momento solene em que os caciques manifestavam lealdade ao Império espanhol, o acordo da paz estava envolto nos rituais medievais de entrada na vassalagem. Tanto assim que os mecanismos simbólicos eram praticamente os mesmos, como constatou um estudo recente sobre os tratados entre espanhóis e caciques da região de Mendoza (atual Argentina) em fins do século XVIII: a homenagem, vontade manifesta dos índios em converterem-se em vassalos; a fidelidade, simbolizada no abraço; e a investidura, entrega do objeto simbólico do senhor ao vassalo, que era o mesmo tanto na Idade Média quanto na América do Sul, a saber, o bastão.[70]

Os portugueses não desconheciam a prática de simbolizar a delegação de poderes a caciques mediante a entrega de bastões.[71] Desde a instalação do forte Nova Coimbra na margem ocidental do rio Paraguai em 1775, os portugueses empenharam-se em atrair caciques Guaykuru por meio de presentes. Em 1791, dois caciques aceitaram ir à capital Vila Bela, onde foram recebidos pelo governador, que "mandou vestir a todos, e aos capitães fardar com farda, vestia, calção e chapéu fino agaloado de prata; e também lhes mandou dar fivelas e bastão, e muitas outras cousas de valor".[72] O naturalista Alexandre Rodrigues Ferreira, que acompanhou todo esse processo, observou ainda em Nova Coimbra que um dos chefes estava particularmente empolgado com a viagem, "e de si dizia

---

Essas teses se baseiam, segundo Boccara, numa noção essencialista e monolítica do poder. Ora, somente ignorando que o poder pode funcionar por outros meios que a simples repressão se pode deixar de perceber suas funções propriamente criadoras, aquelas mesmas que passam a vigorar durante o período dito de pacificação. Para Boccara, mais conveniente seria supor que a guerra não termina, ela continua por outros meios, através das missões, parlamentos e circuitos de comércio, adiantando já um novo tipo de poder que "ne cherche plus à contraindre mais à inciter, induire, influencer. Les dispositifs de pouvoir ne visent plus à réprimer et imposer par la seule force des armes mais à communiquer et à signifier par une série de rappels à l'ordre, pour civiliser". Mal equacionado o problema do poder, condição para compreender o protagonismo ou "agency" dos índios durante a expansão da colonização, não surpreende que aqueles autores chegassem à conclusão de que os índios se "aculturaram" (BOCCARA, *Guerre et ethnogenèse mapuche dans le Chili colonial, op. cit.*, p. 205 (cit.), 179-204).

69 *Ibidem*, p. 235.

70 ROULET, Florencia. Con la pluma y la palabra: el lado oscuro de las negociaciones de paz entre españoles e indígenas. *Revista de Indias*, Madri, v. 64, n. 231, 2004, p. 334. Sobre o uso do bastão nos rituais de vassalagem da Idade Média, vide: LE GOFF, Jacques. *Para um novo conceito de Idade Média*: tempo, trabalho e cultura no Ocidente. Lisboa: Estampa, 1980, p. 360.

71 Assim, por exemplo, índios premiados pela atuação na conquista do Maranhão aos franceses, como o cacique Lopo de Souza, receberam o hábito de Cristo e o bastão de mando de sua gente. Esse Lopo de Souza, aliás, foi preso em 1661 por desarmonizar com o padre Antônio Vieira. Em sua aldeia, o cacique não aceitava o governo temporal dos padres da Companhia, convindo apenas quanto ao espiritual. Gerou grande consternação entre os nativos o fato de que, ao ser preso, os padres tomaram seu bastão e o lançaram longe, e recolheram seu hábito de Cristo (CARVALHO JÚNIOR, Almir Diniz de. *Índios cristãos*: a conversão dos gentios na Amazônia portuguesa (1653-1769). Tese (doutorado em História Social) – Instituto de Filosofia e Ciências Humanas, Universidade Estadual de Campinas, Campinas, 2005, p. 113).

72 PRADO, Francisco Rodrigues do. "História dos índios cavalleiros [...]" [1795]. *RIHGB*, Rio de Janeiro, v. 1, 1839, p. 40-41.

o referido cacique, que era governador geral de todo o guaicuru. Já a esse tempo o tinha o sargento-mor fardado de encarnado, para o pôr nos termos de ser decentemente apresentado" ao governador, de quem, dizia o cacique, gostaria de receber "o bastão de chefe da sua gente". Tal política ia de acordo com os planos de Matinho de Melo e Castro, assegurava Rodrigues Ferreira, "esta é a paixão favorita do iluminado ministro da repartição do ultramar".[73]

Os caciques empenhavam-se em conseguir os bastões das autoridades coloniais para elevar seu prestígio sobre o restante dos índios, ao mesmo tempo em que, do ponto de vista dos administradores, embora custosa, essa política permitia avançar na dominação daquelas populações. Assim, a 19 de janeiro de 1793, em informe ao vice-rei Arredondo, o governador do Paraguai Joaquín de Alós prestava contas da instalação do forte Borbón, a curta distância do forte português de Nova Coimbra, e da política que coordenou com respeito aos índios Guaykuru, que viviam naquela fronteira. Os espanhóis sabiam inclusive da recepção que o governador de Mato Grosso fizera a dois caciques em 1791, situação que exigia uma resposta muito clara:

> Nosotros hemos entablado amistad con 18 caciques de los Mbaias, por interesarnos sobre manera su comunicación y alianza para que de este modo no hagan liga con los Lusitanos, y estén siempre de nuestra parte, y aun que no dejará de sernos algo molesto, y gravosa la contribución de estar los gratificando, peor será tenerlos enemigos, y tan vecinos a nosotros en unas circunstancias que nos pueden hacer algún daño.[74]

Assim, era preciso consolidar o poder dos caciques aliados, de modo a permitir que eles mantivessem seus grupos fora da órbita dos portugueses e em estreita amizade com os espanhóis. Para tanto, presentes, bastões e inclusive a nominação de um cacique com o mesmo sobrenome do governador eram dádivas que visavam produzir um efeito de homologia entre as expectativas em torno da delegação do poder: vale dizer, entre o poder que os caciques em competição almejavam alcançar e aquele que a gestão colonial esperava que eles tivessem, de modo a garantir a segurança da fronteira.

> En consecuencia de esta unión han prometido, y empeñado la palabra de ser leales a nuestro Soberano, y en señal de esta se les ha hecho una gratificación correspondiente en que no ha tenido desembolso alguno el R.l Erario, y les he mandado doce bastones con puño de plata, pues es la insignia que mas apetecen, y el uno de ellos ha tomado mi apellido en Testimonio de ser amigo nuestro, con lo qual estoy sumamente contento pues de este modo

---

73 Alexandre Rodrigues Ferreira ao governador de Mato Grosso, João de Albuquerque de Melo Pereira e Cáceres, Nova Coimbra, 5 maio 1791. In: SOARES, José Paulo Monteiro; FERRÃO, Cristina (eds.). *Viagem ao Brasil de Alexandre Rodrigues Ferreira*: Coleção Etnográfica. Petrópolis: Kapa, 2005, v. 3, p. 19.

74 AHN, Estado, 4548. Joaquín de Alós a Nicolás de Arredondo, Assunção, 19 jan. 1793, f. 5.

> pienso lograr facilitar quanto falta para el complemento de las ideas de nuestra Corte.[75]

Essa delegação de poderes era entendida pela administração espanhola como decisiva para consolidar os planos imperiais, como os formulados por Félix de Azara, os quais visavam a retomada de todo o vale do rio Paraguai, com o esperado desalojo dos fortes portugueses.[76] "Juzgo que", prosseguia o governador,

> en haver concertado la paz con estas naciones verdaderamente numerosas y temibles, se ha conseguido una ventaja grande para la Provincia, por que de ella emana también la consiguiente seguridad de aquel Presidio, en que tanto debemos interesarnos, hasta que con el desalojo, de la Nueva Coimbra, podamos seguir el Cardon, y abierta la comunicación con aquellas misiones constituirnos dueños de esta basta extención que quedara enteramente pacificada a beneficio de la internación.[77]

Em que pese muitos caciques se identificassem com a figura de "capitão" e buscassem atender às demandas do governo, sua relação com o restante dos índios dependia de que fossem encaminhadas demandas da comunidade, sob pena de ver minada a sua legitimidade. Nesse sentido, é lícito pensar, como sugere Barbara Sommer, que esses caciques atuavam como *intermediários*: o governo precisava de caciques que fossem bem-sucedidos em equilibrar as demandas antagônicas de índios comuns, de um lado, e colonos e funcionários coloniais, de outro. Aqueles que se empenhavam em cumprir todas as exigências dos colonizadores perdiam o apoio da sua base indígena; já os que atuavam somente em benefício de seus representados corriam o risco de perder o apoio que o governo lhes dava para outro cacique.[78]

Não era outra a expectativa dos portugueses quando despendiam recursos da Real Fazenda para "vestir" caciques, senão a de contar com intermediários confiáveis para as demandas coloniais. Assim, já em 1765, esteve o próprio governador de Mato Grosso presente na fundação da povoação de Balsemão entre os índios Pama, nas proximidades da cachoeira do Girau no rio Madeira. Tratava-se de um importante entreposto para a rota fluvial de comércio

---

75 *Ibidem*.

76 Sobre esses projetos, vide, por exemplo: AHN, Estado, 4548. Carta de Félix de Azara ao vice-rei Nicolás de Arredondo, 19 jan. 1793, f. 4. Azara estava seguro de que a Corte portuguesa removeria os estabelecimentos de Nova Coimbra e Albuquerque e que em breve os espanhóis ligariam as províncias do Paraguai e Chiquitos pelo Pantanal.

77 AHN, Estado, 4548. Joaquín de Alós a Nicolás de Arredondo, 19 jan. 1793, f. 5.

78 SOMMER, *Negotiated settlements, op. cit.*, p. 188. Segundo Nádia Farage, "o Diretório claramente enfatizava a diferenciação social como um indicador de civilização, além, é claro, de ser um potente fator de cooptação" (FARAGE, Nádia. *As muralhas dos sertões*: os povos indígenas no rio Branco e a colonização. Rio de Janeiro: Paz e Terra/Anpocs, 1991, p. 49).

com o Pará, em paragem onde "acharão os Navegantes hum grande socorro de gente que os ajude, e de Mantimentos: e daqui extrahirão muitos effeitos, de que abunda o sitio, e que nas canoas, que voltão descarregadas para baixo, se podem transportar com facilidade". Daí o papel decisivo do cacique Paulo: "contentei [os índios] com ferramentas, e mandei vestir ao Principal, e sua Mulher".[79] Essa diligência foi bem recebida pelo poder central, que providenciou o envio de recursos para a nova povoação:

> O mesmo Senhor aprovou o bom agazalho, que V. S.a fez aos ditos Indios, os quaes ha muitos annos consta, que tem boa sociedade com nosco. Nesta occazião ordena S. Mag.e ao Governador, e Capitão General do Estado do Pará, que Remeta a ordem de V. S.a alguns Generos, assim para se vestir o Principal Paulo, e algumas Ferramentas, com que se contentem os Indios, para trabalharem as terras.[80]

Também na fronteira com o Paraguai os portugueses se empenharam em atrair caciques através da oferta de presentes. Tão logo fora instalado o forte Nova Coimbra em 1775, no ano seguinte uma expedição dirigida a devassar a paragem de Fecho dos Morros, a jusante do rio Paraguai, resultou nas primeiras práticas com os índios Guaykuru, mediante presentes e convite para que os caciques visitassem o novo estabelecimento. Os trabalhos duraram de 2 a 13 de outubro de 1776 e resultaram em um interessante diário, redigido pelo cabo da expedição, Miguel José Rodrigues. A comitiva manteve contato constante com os Guaykuru, com quem trocaram ferramentas, adornos, fumo e outros itens por carneiros e peças de algodão dos índios, que por meio de intérpretes se comunicaram em língua geral e em espanhol. Os caciques se comprometeram a visitar os portugueses em Coimbra, "em passando duas luas", e insistiram que "eram christãos, e que estava bom sermos amigos, que o padre Peruneo [Perico] era bom, que estava na Pedra em á campanha, que lhes dava muita cousa, porém que para lá ir gastavam quatro luas". Entre esses caciques estava Lorenzo, o mesmo da redução de Belén.[81] A carta de Marcelino Rodrigues Camponês ao governador, enviada a 17 de outubro de 1776, relatou os sucessos da expedição e inaugurou os pedidos, que serão constantes nos anos seguintes, de

---

79 AHU, MT, cx. 12, d. 734. João Pedro da Câmara a Francisco Xavier de Mendonça Furtado, Vila Bela, 12 fev. 1765. Pouco se sabe sobre o cacique Paulo. O governador de Mato Grosso menciona que ele teria sido criado entre os espanhóis das missões de Mojos.

80 AHU, Cód. 613, f. 64-64v. Francisco Xavier de Mendonça Furtado a João Pedro da Câmara, Palácio de Nossa Senhora da Ajuda, 2 maio 1767.

81 Miguel José Rodrigues a Marcelino Rodrigues Camponês, Nova Coimbra, 14 out. 1776: "Diário da expedição que ultimamente se fez desde o presidio de Nova Coimbra pelo rio Paraguay abaixo". *RIHGB*, Rio de Janeiro, v. 28, 1865, p. 82.

chifarotes, machados, rendas, bretanhas, miçangas e outros itens, para presentear os índios.[82] Quando os Guaykuru apareceram, a 1º de dezembro de 1778, o comandante do forte disse-lhes que os portugueses "queriam conservar com elles huma amizade segura e fixa". Procurando estabelecer uma rede de comércio, requisitou cavalos, gado e carneiros, que os índios se comprometeram a trazer. Nessa oportunidade, eles receberam barretes, facas e tabaco.[83]

Procurava-se elevar intermediários confiáveis que, uma vez munidos dos símbolos de prestígio com que eram presenteados, dispusessem de poder de coerção sobre o restante da população indígena. Assim, não é surpreendente que a intérprete Vitória, que estava na comitiva que assinou o tratado de paz com os portugueses em 1791, tivesse recebido coisas de alto valor, até mais do que as próprias esposas dos caciques. Sobre a trajetória dessa intérprete, o governador refere que:

> vindo os dois principais hoje chamados João Queima d'Albuquerque, e Paulo Joaquim José Ferreira com dezesseis dos seus súditos, e entre eles alguns cativos das suas confinantes nações Guanás, e Xamacocos e com uma preta chamada Vitoria, sua cativa, e intérprete, a qual tendo doze anos de idade, e haverá vinte que vindo embarcada pelo Paraguai abaixo com uns pretos e pretas que fugiram da vizinhança do Cuiabá, depois de se rebelarem contra seu Senhor, e o assassinarem, caíram em poder dos ditos gentios, que a todos matarão, deixando só com vida a referida preta Vitória.[84]

Dentre os itens que Vitória recebeu, os que foram especialmente entregues apenas a ela eram: duas camisas de pano de bretanha, ao passo que cada esposa dos caciques ganhou uma; duas saias de pano de bretanha, com cadarços de linho; chapéu de baeta; dois laços de caçadora; uma caixa com sua pintura em verde e suas chaves; pratos de estanho rasos; côvados de guardanapos; e vinho, que se repartiu entre os capitães e demais índios.[85]

A oferta de um mesmo tipo de item, mas em qualidades diferentes, para índios comuns e caciques, a exemplo da indumentária, signo percebido pelos índios como distintivo, era um fator importante de criação de autoridades.[86] Assim, por exemplo, em 1791, quando

---

82 Marcelino Rodrigues Camponês a Luiz de Albuquerque, Nova Coimbra, 17 out. 1776. *RIHGB*, Rio de Janeiro, v. 28, 1865, p. 86-87.

83 APMT, Defesa, 1778, 300. Marcelino Rodrigues Camponês a Luiz de Albuquerque, Nova Coimbra, 2 jan. 1778.

84 AHU, MT, cx. 28, d. 1617. João de Albuquerque a Martinho de Melo e Castro, Vila Bela, 9 set. 1791, f. IV.

85 *Ibidem*, f. 3v-4.

86 Refere o bispo Queiroz sobre o cacique dos Chamaúas, índios dos sertões de Issaparana, que descerem do Rio Negro para o Porto de Moz, na região da confluência do rio Xingú com o Amazonas, que "o tal principal, vestido de encarnado á portugueza, e com a cabelleira, faim e bastão, mostrava autoridade e ser homem bom" (QUEIROZ, Frei João de São José. Viagem e visita do sertão em o bispado do Grão-Pará em 1762 e 1763. *RIHGB*, Rio de Janeiro, v. 9, 1847, p. 69).

os índios foram recebidos em Vila Bela, como se vê por uma "Relação dos gêneros que devem sair dos Reais Armazéns para o gentio Guaycurus", os caciques foram presenteados com trajes militares de altos oficiais, com chapéus e distintivos agaloados em prata, camisas de pano de bretanha e outros regalos, ao passo que os índios comuns ganharam pouco mais que camisas de algodão.[87]

Os jesuítas conheciam perfeitamente que o aprofundamento das hierarquias sociais exigia atenção às vestimentas dos índios. Peramás argumentava que, sendo a roupa ordinária dos Guarani calça, camiseta e jaleco, sem que cobrissem os pés e a cabeça, exceto quando realizavam trabalhos pesados, estavam reservados exclusivamente aos caciques "zapatos como las gentes de la ciudad, medias y sombreros más finos, y todas las demás prendas, al uso de los españoles, confeccionadas de preciosas telas". A finalidade do vestido, segundo o mesmo jesuíta, era dupla: "una el cubrir y proteger el cuerpo, y otra el diferenciar entre sí a las distintas clases sociales", sendo o essencial "vestir cada uno conforme a su clase, a fin de conservar el lugar que le corresponde".[88] Não descuidar de prover os caciques de roupas distintas era um meio poderoso de alcançar "una subordinación dulce y voluntaria". Tal era a recomendação que Lazaro de Ribera acrescentou a seu "Plano de gobierno" para as missões de Mojos: "a los caciques gobernadores que se le distingan con su aplicación y zelo en el fomento de su pueblo, se le gratifique todos los años con un vestido de algún genero de seda, franja de oro, o plata, para guarnecerlo, dos piezas de Bretaña, un sobrero, y dos pares de medias de seda".[89] A "junta" que formalizou, em Assunção, o tratado de paz com o cacique Etazorin ou Atasurín dos Mocobí em 1776, esperando que pudesse transmigrar um bom número de famílias à nova redução de Remolinos, não descuidou de ofertar os itens distintivos à custa do Ramo de Guerra: "en demonstración del aprecio y estimación que hace d.ha prov.a de él y de los suyos, con lo siguiente: chupa galoneada, calson respectivo, sombrero galoneado, camisa y calson, sillo blanco, poncho balandrán, y un bastón con puño de plata correspondiente a su persona".[90] Com o tratado de paz que o cura André Salinas e o comandante de Concepción concertaram com os Monteses em 1791, grupo de língua Guarani que vivia nas raias dos domínios portugueses pela parte do vale do Paraná, deu-se início a uma efêmera tentativa de reduzi-los, e desde o primeiro momento a promoção do cacique era procurada pelas autoridades espanholas: "a unos y otros les proveió el

---

87 AHU, MT, cx. 28, d. 1617. João de Albuquerque a Martinho de Melo e Castro, Vila Bela, 9 set. 1791, f. 3-4.

88 PERAMÁS, José Manuel. *La República de Platón y los guaraníes* [1ª ed. public. em Faenza, Itália, 1793]. Buenos Aires: Emecé, 1946, p. 145-47, §199, 203, 206. Para discussões adicionais sobre o tema da indumentária: WILDE, Guillermo. *Religión y poder en las misiones de guaraníes*. Buenos Aires: SB, 2009, p. 61, 71.

89 AGI, Charcas, 445, Anexo H. "Adicción al plano de gobierno", Lazaro de Ribera ao rei, San Pedro, 15 abr. 1788, f. 6.

90 AGI, Buenos Aires, 229. *Cabildo* de Assunção ao rei, 29 jun. 1776, doc. Anexo n. 5: "Junta", Assunção, 1 jun. 1776, em que se tratou a paz com o cacique Etazorin ou Atasurín, f. 2v.

comandante de machetes, hachas, baieta, gorros, espejos, y otras prendas, que estiman; y al cazique principal se le vistió un riquísimo volante".[91]

Entretanto, não convém idealizar como expressão de uma suposta "aculturação" a apropriação dos uniformes de oficiais militares ibéricos. Os índios se apropriavam da indumentária segundo suas próprias preferências, visto que não as usavam completas, além do que as fardas rapidamente se desgastavam sem serem repostas. O viajante Francisco José de Lacerda e Almeida, em visita à missão de Magdalena em Mojos, observou a indumentária dos caciques, que se apresentaram "vestidos de gala com o fato velho que tinham herdado dos hespanhóes no tempo dos jesuítas, como elles m'o disseram, e este mesmo não completo, porque uns traziam meias, mas não sapatos; outros casacas, sem vestias, e finalmente fizeram outras muitas combinações, e só havia uniformidade na falta que todos tinham de camisas". Aliás, os caciques se deram ao trabalho de vestir essas roupas porque receberam visita, "persuadidos de que estariam pouco decentes com o seu vestido commodo e simples".[92] Os Guaykuru, por sua vez, não deixavam de adornar todas as suas roupas, bolsas e pertences com contas de vidro, dedais e cascavéis, que solicitavam insistentemente de espanhóis e portugueses, sendo os dois últimos adereços para produzir ruído quando se movimentavam.[93]

As missões foram das primeiras instituições a consolidar a delegação de poderes aos caciques através da desigualdade do valor material e simbólico dos itens ofertados e da teatralidade diferenciada das ocasiões de distribuição. Em informe de janeiro de 1769, o bispo de Santa Cruz de la Sierra, Francisco Ramón de Herboso, referiu que a remuneração dos produtos que o governo adquiria às missões era distribuída nos dias a que chamavam de "repartimiento general":

> En este acto son distinguidos los justicias, oficiales, mecánicos, cantores, sachristanes, vaqueros [...] a quienes se les da calzón o armadores, y a muchos lienzo para camisas, como así mismo cuchillos. Para el resto del pueblo se hace presente el cura en la plaza, poniendo sobre una mesa varios cestos con cuchillos, cuñas, tijeras, medallas y lana de alpaca; corren los indios a caballo procurando insertar una sortija, y en acertando, piden

---

91 AGI, Buenos Aires, 313. Minuta da carta de Joaquín de Alós ao secretário Antonio Porlier, Assunção, 19 jul. 1791, f. 2v.

92 LACERDA E ALMEIDA, Francisco José de. "Memória a respeito dos rios Baures, Branco, da Conceição, de S. Joaquim, Itonamas e Maxupo; e das três missões da Magdalena, da Conceição e de S. Joaquim" [post. a 1790]. *RIHGB*, Rio de Janeiro, v. 12, 1849, p. 114.

93 AHU, MT, cx. 41, d. 2035. "Generos despendidos com os Uaicurus e Guanãs", Ricardo Franco de Almeida Serra, Coimbra, 3 fev. 1803.

permiso escogiendo de lo que está a la vista, los de a pie tiran al blanco con su flecha logrando lo mismo.[94]

Para os índios já reduzidos, era fundamental diferenciar as casas de índios comuns e caciques. Assim, conforme o regulamento de Lazaro de Ribera para as missões de Mojos, "atenderán con el maior exmero a la conservación, y aseo de las casas de los Yndios, distinguiendo las del casique, y fuesen hasiendolas reparar, y componer quanto lo nesesiten".[95] De fato, como pôde observar Lacerda e Almeida na missão de Magdalena, "as casas dos principaes se distinguem sómente das outras pelo tronco que têm á porta, em que mandam metter os índios que os não obedecem ou fazem pequenos crimes",[96] o que manifestava a delegação de funções de justiça.

A distinção, enfatiza um sociólogo, não se fundamenta tanto no bem material por si mesmo, mas na etiqueta e ritualidade simbólica em que ele está inserido.[97] Em 1796, o governador de Mato Grosso recebeu caciques Guaykuru para renovar o tratado de paz assinado em 1791. Os caciques foram vestidos com trajes militares adequados à ocasião, que o próprio governador mandara confeccionar com um mês de antecedência,[98] e participaram de um banquete em celebração do nascimento do príncipe D. Antonio. "Convidey a Nobreza", refere o governador, "e Oficialidade [de Vila Bela], e dos seus Arrayaes, convidando a ele os ditos dois Chefes, e suas mulheres, que fiz sentar próximos a mim".[99] Semelhantemente, os espanhóis tinham noção de que o poder era reforçado não com o presente em si, mas com a etiqueta com que era ofertado. Assim recomendava

---

94 AGI, Charcas, 515. Relación informativa sobre el estado y modo de ser general de las misiones de Chiquitos, por el obispo Francisco Ramón de Herboso, San Ignacio, 7 jan. 1769, f. 17.

95 AGI, Charcas, 446. "Contiene el reglamento q.e formó Lazaro de Ribera para el gobierno económico de los pueblos", [San Pedro de Mojos], 9 jan. 1790.

96 LACERDA E ALMEIDA, Francisco José de. "Memória a respeito dos rios Baures, Branco, da Conceição, de S. Joaquim, Itonamas e Maxupo; e das três missões da Magdalena, da Conceição e de S. Joaquim" [post. a 1790]. *RIHGB*, Rio de Janeiro, v. 12, 1849, p. 114.

97 BOURDIEU, Pierre. *La distinction*: critique sociale du jugement. Paris: Les Éditions de Minuit, 1979, esp. p. 188-248 (L'habitus et l'espace des styles de vie).

98 AHU, MT, cx. 31, d. 1722, Anexo n. 1. "Relaçao dos generos da fazenda que se deverão dar dos Armazens Reais para o fardamento, e mais vestuário com que o Il.mo e Ex.mo Senhor General manda prezentear, os dois Caciques, e suas molheres, e mais duas Indias, e dez Indios Aycurus que presentem.te vierao, na sua prezença, render Vassalagem a Sua Mag.e". Vila Bela, 2 jan. 1796, f. 6-6v.

99 AHU, MT, cx. 31, d. 1722. João de Albuquerque a Luiz Pinto de Sousa Coutinho, Vila Bela, 10 fev. 1796, f. 2. O governador de Goiás, Luís da Cunha Meneses, tendo instruído uma bandeira enviada aos Kayapó para atraí-los mediante presentes e convencer os caciques a fazer uma visita à capital, recebeu, em 1780, alguns dos principais daquele grupo: "os fiz receber n'esta Capital e casa de minha rezidencia, com a maior pompa que me foi possível n'estas alturas debaixo do fogo de artelheria e mosquetaria, que não deixou de lhes fazer todos aquelles pretendidos effeitos a que eu me tinha proposto". Dessas negociações resultou a transferência, mediada por um cacique, que permaneceu em Vila Boa, de cerca de 600 índios Kayapó ao novo aldeamento de D. Maria I, fundado em 1781 (AHU, GO, cx. 32, d. 2.019. Luís da Cunha Menezes a Martinho de Melo e Castro, Vila Boa, 20 jul. 1781). Cf. ainda:

José Antonio de Zavala y Delgadillo, em instrução de 1792 ao seu substituto no comando do forte Borbón, peça aliás notável por suas observações sutis sobre como construir redes de fidelidade e degraus de obediência entre os índios.[100] Como era comum aparecerem índios Guaykuru querendo falar com o comandante, deveria permitir somente àqueles que "han de ser casiques, y no otro alguno Yndio particular". Quanto aos presentes, era preciso que as ofertas fossem moderadas e acompanhadas de um ar de que não eram uma obrigação ou tributo, "p.a q.e no entendan se les da de temor, o porq.e somos obligados a tributarlos". E como eram recebidos caciques aliados e alguns que estavam do lado dos portugueses, era preciso sempre distinguir a mais os aliados, sem deixar de presentear os outros, para que vissem a vantagem da aliança, sublinhando aos índios que a diferença era porque se tratavam de "adictos al Español [que tinham] prometido guardar los terrenos de nuestra Corona como capitanes del Rey q.e oy felism.te nos rige, y goviernam".[101]

Não deve passar despercebido o efeito de poder que residia na prática colonial da nominação. Mecanismo de instituição de identidades, dar um nome era um ato simultaneamente político e religioso que, cimentado na autoridade (*auctoritas*), "produz a existência daquilo que enuncia", para lembrar a formulação de um sociólogo, isto é, ao afirmar com autoridade, subtrai do arbitrário e sanciona como digno de existir.[102] Substituir um nome gentio por um de famílias espanholas e portuguesas era uma estratégia não somente de criação de uma identidade, mas de instituição de um novo sujeito político. O autor do Diretório dos Índios não desconhecia o efeito de poder desse dispositivo, tanto que fez constar no artigo 11º daquela lei que todos os índios deveriam ter o apelido de famílias portuguesas.[103] O nome Francisco Xavier de Mendonça Furtado, aliás, foi dado a vários caciques da Amazônia.[104] Os caciques recebidos em

---

CHAIM, Marivone Matos. *Aldeamentos indígenas* (Goiás 1749-1811). 2ª. ed. São Paulo: Nobel; Brasília: Instituto Nacional do Livro/Fundação Nacional Pró-Memória, 1983, p. 123-24.

100 José Antonio de Zavala y Delgadillo, espanhol, alcançou o posto de tenente-coronel e o hábito da ordem militar de Montesa em 1796, pelo dispêndio do próprio pecúlio e zelo com que administrou a construção do forte Borbón, tendo sido seu primeiro comandante (AGS, SGU, 6810, n. 26. Pedido de informe ao vice-rei de Buenos Aires sobre as necessárias circunstâncias para a mercê de hábito solicitada por José Antonio Zavala y Delgadillo, Madri, 2 jul. 1795; AGS, SGU, 6823, n. 13. Confirmação do posto de tenente-coronel, 2 jul. 1795; Despacho de concessão do hábito da ordem de Montesa, San Lorenzo, 7 nov. 1796; Carta do vice-rei Olaquer Feliú ao rei, manifestando estar informado da concessão do hábito, Montevidéu, 4 nov. 1797).

101 ANA, CRB, n. 36, d. 2. "Ynstrución a q.e debe arreglarse D. José Ysasi, comand.te de este Presidio de – El Fuerte Borbón, cituado en 21º de latitud A, y costa occidental del Río Paraguay p.a su conservación y defensa. D. José Antonio de Zavala y Delgadillo, comandante y superintend.te de su establesm.to", Borbón, 27 nov. 1792, §17, 20, 22.

102 BOURDIEU, Pierre. L'identité et la représentation: éléments pour une réflexion critique sur l'idée de région. *Actes de la Recherche en Sciences Sociales*, Paris, v. 35, 1980, p. 65-66.

103 "Diretório que se deve observar nas povoações dos índios do Pará e Maranhão enquanto Sua Majestade não mandar o contrário". Lisboa: Oficina de Miguel Rodrigues, 1758. In: MENDONÇA, Marcos Carneiro de. *Aula do commercio*. Rio de Janeiro: Xerox, 1982, §11: sobrenomes de portugueses, para os índios "se tratarem à sua imitação".

104 SOMMER, *Negotiated Settlements, op. cit.*, p. 201.

1796, e que se chamavam José e Marino, receberam os nomes dos secretários de Estado, José de Seabra e Luiz Pinto, e suas mulheres passaram a se chamar D. Joaquina d'Albuquerque e D. Carlota de Castro;[105] já no forte Miranda, o cacique que os portugueses tentaram elevar como intermediário principal recebeu o nome de Rodrigo de Souza.[106] Era comum que esposas de caciques recebessem nomes de esposas das autoridades portuguesas, precedidos do tratamento de *Dona* ou mais raramente de *Principala*.[107] É provável, no entanto, que os caciques utilizassem seu nome espanhol ou português quando negociavam com as autoridades coloniais, e mantivessem nas suas comunidades seus nomes indígenas. Pois os informes, memórias e instruções produzidos pelos comandantes das fortificações e missionários raras vezes deixavam de mencionar os dois nomes de cada cacique. Assim, por exemplo, Zavala y Delgadillo, em sua detalhada relação a respeito dos Guaykuru circunvizinhos ao forte Borbón, refere que o cacique Camba Nabidrigui, principal dos "Catibebo", aliados dos espanhóis, chamava-se Pedro Alós, sendo comum também a formação de nomes compostos: Luis de Zavala Opacochadaga, Bruno Lebitecadi, Rafael Nalepenigui, Blas Notogotagalate, Francisco Nichogocomadi e um menos principal chamado Juan Loagate ou Piguichema.[108]

Conhecer a personalidade desses caciques e saber das pessoas que lhes eram influentes eram formas de conseguir uma intermediação mais eficaz dos interesses coloniais. Assim, como prescrevia o comandante de Borbón, "para con el casiq.e principal Pedro Alós Camba, es el mejor medio el de su hija Margarita, mujer del casique Libiticiadi, y también el hermano de aq.l llamado Jose Delgadillo Equimagueigui, q.e debe sucederle en el casicasgo principal". Do mesmo modo, entre os caciques aliados dos portugueses, os quais, por razões de parentesco, visitavam frequentemente o forte Borbón, era preciso trabalhar para estimular dissidências: "Para con el casique principal Echigueguo llamado Jaime Niyocaladi aliado portuguez, es buen conducto su tio el casique Gregorio Opacayo; este, y su mujer son amantes al Español; cuya amistad conviene cultivarla".[109]

---

105 AHU, MT, cx. 31, d. 1722, Anexo n. 1. "Nomes que se pozerão aos dois Capitaes Aycuruz que chegarão no ultimo de Dezembro de 1795 a Villa Bella, Capital do Governo do Matto Grosso; a fim de oferecerem nas mãos do Il.mo e Ex.mo senhor João de Albuquerque de Mello Pereira e Caceres, Governador e Capitão General da m.ma Capit.a Vassalagem, e obediencia a S. Mag.e Fid.ma", Vila Bela, 4 jan. 1796.

106 AHU, MT, cx. 35, d. 1803. Francisco Rodrigues do Prado a Caetano Pinto de Miranda Montenegro, Miranda, 29 abr. 1798.

107 SOMMER, *Negotiated Settlements*, op. cit., p. 201.

108 ANA, CRB, n. 36, d. 2. "Ynstrución a q.e debe arreglarse D. José Ysasi, comand.te de este Presidio de – El Fuerte Borbón", por José Antonio de Zavala y Delgadillo, Borbón, 27 nov. 1792, §19.

109 *Ibidem*, §24.

"*Gastos de indios*" e arrivismo político

Essa política de atração dos chamados "índios bárbaros" gerava custos consideráveis às províncias, tanto que era acompanhada de perto pelas autoridades coloniais.[110] Ao contrário de outras áreas que confinavam com impérios estrangeiros, como a Flórida,[111] o Paraguai nunca contou com um *situado* ou remessa regular de dinheiro das *Cajas Reales* para que aplicasse a política de reduções de "índios bárbaros". Embora o *Consejo de Indias* tivesse acenado com essa possibilidade em consulta de 7 de novembro de 1763, aprovada pelo rei a 1º de dezembro de 1763 e expedida em Real Cédula de 12 de fevereiro de 1764, destinando concretamente 12 mil *pesos* da sisa de Tucumán, por razões que os governadores do Paraguai desconheciam e de que seguiram reclamando até o fim da época colonial, esse dinheiro nunca apareceria.[112] Para já, diante do problema crucial da competição com os portugueses pela lealdade dos índios fronteiriços, Mato Grosso saíra na frente do Paraguai, pois desde 1757 recebia um *situado*, que chamavam de "subsídio", das minas de Goiás de até 8 arrobas de ouro.[113] De onde vinha então o dinheiro que o governo do Paraguai gastava com o fornecimento regular de presentes espe-

---

110 Não é fácil estimar, dentro das despesas militares das províncias, quanto era gasto especificamente com a política indigenista de "tratados de paz". Para Kristine L. Jones, que analisa comparativamente as fronteiras norte e sul do Império espanhol, os gastos com *indios amigos* no governo de Buenos Aires e com "Apaches de paz" no norte da Nova Espanha representavam uma parcela pouco representativa das despesas com a manutenção do aparelho militar. David Weber se contrapõe a essa análise e argumenta que os recursos que financiavam essas práticas provinham de vários fundos (a isso se acrescenta, para o caso do Paraguai, que esses gastos não eram especificados nas contas de receita e despesa da *Real Hacienda*, mas nas contas do fundo específico que existia para recolher, entre os *vecinos*, o dinheiro para a política indigenista: o Ramo de Guerra). Esses fundos eram sustentados majoritariamente por remessas eventuais chamadas *situado*, provenientes das *Cajas Matrices*, em períodos de guerras na Europa, e por taxas impostas localmente para os gastos cotidianos nos períodos de paz, a exemplo do referido Ramo de Guerra. "In the late 1700's", conclui o autor, "gifts and hospitality to independent Indians represented a rising expense for Spain" (WEBER, *Bárbaros*, op. cit., p. 189-90; JONES, Kristine L. Comparative raiding economies. In: GUY, Donna J.; SHERIDAN, Thomas E. (eds.) *Contested ground*: comparative frontiers on the Northern and Southern edges of the Spanish Empire. Tucson: University of Arizona Press, 1998, p. 102-107).

111 Amy Turner Bushnell estudou as remessas de dinheiro das *Cajas Matrices*, através do *situado*, para a aplicação da política indigenista na Flórida. Ao contrário do Paraguai, que nunca terá contado com semelhantes recursos, a Coroa definiu em Real Cédula de 1615 que seriam reservados para *gastos de indios* 1.500 *pesos* anuais sobre o *situado*, utilizados para "clothe and regale the caciques who come to give obedience and show signs of eagerness to be converted", como escreveu o comandante Joseph del Prado ao rei em 1654. O montante ultrapassou 5.300 *pesos* ainda no século XVII, e a competição com os ingleses tornava imperativo aos espanhóis atrair com dinheiro da *Real Hacienda* a lealdade dos índios (BUSHNELL, "Gastos de indios", op. cit., p. 146, 148-49; Idem, *Situado and sabana*, op. cit., p. 104-110).

112 AGI, Buenos Aires, 468. Consulta do *Consejo de Indias* em Madri, 7 nov. 1763, acordada em 26 out. 1763 e resolução de S. M. em 1 dez. 1763, da qual se redigiu a Real Cédula de 12 fev. 1764, f. IV, 5-5v; RAH, CML, t. 105, f. 181-82v. "Real Cédula dirigida a Don José Martínez Fontes, gobernador del Paraguay, sobre las providencias tomadas con motivo de la entrada general que se hizo a las tierras de los indios del Chaco", Buen Retiro, 12 fev. 1764, f. 182v.

113 Autorizado pela seguinte instrução da secretaria de Estado: AHU, Cód. 613. Tomé Joaquim da Costa Corte Real a Antonio Rolim de Moura, Nossa Senhora de Belém, 7 jul. 1757.

ciais para caciques, além de roupas, ferramentas, enfeites e compra de cabeças de gado para a subsistência das novas reduções? De duas fontes principais: o Ramo de Guerra e os "donativos" (voluntários ou compulsórios) de vassalos "beneméritos".

Instituído em 1714, o Ramo de Guerra era um fundo à disposição dos governadores do Paraguai formado por tarifas que insidiam sobre alguns produtos e serviços: 12 arrobas de erva pela licença de beneficiá-la; 8 arrobas por cada mil enviadas rio abaixo; 15 *pesos* de prata pela isenção de serviço militar, se *encomendero*, 10 *pesos* se não e 3 para os pardos. No início da década de 1790, somava uns 2 ou 3 mil *pesos* anuais, sendo 6% a comissão do administrador. Azara entendia que, como os governadores nomeavam quem queriam como administrador e "ningún tribunal les pide razón de los expendios, parece que este fondo está expuesto".[114] Era, em verdade, um recurso que não bastava para os gastos de fronteira e política indigenista.[115] Em carta de julho de 1796 ao vice-rei de Buenos Aires, Lazaro de Ribera reclamava da falta de dinheiro para manter a oferta de presentes aos caciques Guaykuru, que custavam à província 500 a 600 *pesos* anuais, "empleados en cuchillos, herramientas y cuentas de vidrio es cantidad que no aseguran por mucho tiempo la paz de una Nación infiel, docilitándola y poniéndola en estado de recibir nuestras impresiones". Entretanto, o Ramo de Guerra só tinha disponíveis, para o ano de 1796, 367 *pesos* e 2 *reales*, que era "el capital para ocurrir a las gratificaciones de los indios".[116] "Comparemos nuestra política con la de los portugueses fronterizos", concluía o governador, "y hallaremos que por este medio se han ganado el afecto y confianza de la nación numerosa Mbayá-Guazú, y de otras pobladas al N. de nuestros establecimientos".[117] Para Ribera, os portugueses ganhavam a disputa pela amizade dos índios assegurados "en sus recursos, q.e son superiores a los n.tros en esta parte del mundo. En efecto, un comandante Portuguez q.e se halla a la cabeza de un corto destacamento tiene fondos y facultades p.a gratificar y obsequiar a los Yndios à manos llenas".[118] Não é difícil ilustrar esse quadro. No contexto da assinatura do tratado de 1791, os portugueses mandaram de uma vez para os caciques dos arredores de Nova Coimbra 50 machados, 50 foices, 50 tesouras ordinárias, 50 navalhas de

---

114   AHN, Estado, 4548. "Descripción histórica, física, política, y geográfica de la Provincia del Paraguay", por Félix de Azara, Assunção, 9 jul. 1793, f. 130.

115   RIVAROLA PAOLI, Juan Bautista. *La Real Hacienda*: la fiscalidad colonial: siglos XVI al XIX. Assunção: Ediciones y Arte, 2005, p. 313-23.

116   ANA, SH, v. 165, n. 1. Lazaro de Ribera a Pedro Melo de Portugal, Assunção, 19 jul. 1796. f. 61-62. O governador estava em dificuldades, além disso, porque os recursos do Ramo de Guerra estavam embargados desde 1795 por uma ação movida pelos comerciantes da província, que se negaram a pagar a contribuição de 8 mil *pesos* sobre a erva que embarcavam, "q.' es lo único con q.' los grava una provincia, q.' los enriquese, y a la que deven su seguridad personal". Habitualmente, como sublinhava Ribera, esse Ramo não somava mais que 1.800 *pesos* ao ano, e "sobre esta devil base, se han de levantar las reducciones, se ha de currir a la subsistencia de los misioneros", dentre outras atividades (RAH, CML, t. 11, Lazaro de Ribera a Pedro Melo de Portugal, Assunção, 19 jul. 1796, f. 170-171).

117   ANA, SH, v. 165, n. 1. Lazaro de Ribera a Pedro Melo de Portugal, Assunção, 19 jul. 1796, f. 61.

118   ANA, SH, v. 170, n. 1, f. 104-108v. Lazaro de Ribera a Olaquer Feliú, Assunção, 18 set. 1797.

barba ordinárias, 50 canivetes ordinários e 1.000 agulhas grossas.[119] Em 1798, os caciques que visitaram o comandante de Concepción receberam algum mantimento e tabaco, sete facas, sete espelhos, três chapéus e um maço de miçangas, por conta do próprio comandante, que depois enviou a conta ao governo para ser ressarcido.[120] Era um problema da maior gravidade, pois o governo do Paraguai não possuía recursos para sustentar as reduções dos Payaguá e Guaná, nem para criar novas reduções para os Guaykuru. Segundo a apreciação de Lazaro de Ribera, sem gratificações; os chamados "índios bárbaros" promoviam incursões sobre as fazendas; em contrapartida, os colonos, para defender suas propriedades, eram obrigados a abandoná-las nos períodos de serviço militar compulsório, com ruína da agricultura: "verá V. Ex. con dolor, q.e los principales caciquez de los Yndios Ynfieles Layanas se me presentaron en nombre de su nación, pidiendo se les formase población [...] [porém] me he visto en la sensible necedidad de suspener mis provid.s por no tener diñero".[121]

Sem um *situado* das *Cajas Reales* para gastos de política indigenista e com o Ramo de Guerra frequentemente exausto, a província dependia de donativos dos *vecinos*, e aí contava a habilidade dos governadores em persuadir a elite local, por meio de honras e mercês, a novas doações.[122] Ao fazer donativos para estabelecimentos fronteiriços, os *vecinos* podiam escrever ao monarca e assinalar seus méritos de leais vassalos no cumprimento da nova política indigenista, como o fez o *cabildo* de Assunção em 1782, em carta que elogiava a conduta do governador Pedro Melo de Portugal: "fue tal su persuasión para el vecindario que sin reparar este el ningún fruto que habían tenido los repetidos donativos contribuidos en los gobiernos anteriores: se esforzó a hacer otros nuevos en medio de su pobreza, con los quales a poco tiempo levantó siete fuertes". A essas novas fundações o *cabildo* atribuía a recente procura,

---

119 AHU, MT, cx. 28, d. 1607. "Relação dos Generos que se devem remeter para o Presídio de Coimbra a entregar a ordem do Sargento mór Joaquim José Ferreira", Vila Bela, 18 abr. 1791.

120 ANA, SNE, v. 3393. "Relación del costo, q.e he hecho con dos caciques de la nación Bayá, llamados Esttuché, y [?] onaste, su ynterprete, y quatro criados, que llegaron a esta el 18, y permanecieron hasta 24 de diciembre", Villa Real de la Concepción, 24 dez. 1798; ANA, SNE, v. 3393. Rafael Requejo y Estrada a Lazaro de Ribera, Villa Real de la Concepción, 2 jan. 1799. No mesmo documento consta o posterior despacho do governador, que aprovou o ressarcimento a 28 jun. 1799, e acrescentou: "advertido de q.e en lo sucesivo no haga estes, ni ningun gasto, sin expresado orden del gobierno".

121 RAH, CML, t. 11, f. 192-95. Lazaro de Ribera ao rei, respondendo o pedido da Real Cédula de 24 maio 1795 para que informasse sobre a redução dos Payaguá e Guaná, Assunção, 19 dez. 1797, f. 193.

122 Habilidade de governadores e de outras autoridades coloniais. Assim o fez o bispo do Paraguai em 1763, quando era preciso dinheiro para a redução do gentio Guaykuru, e mesmo doente redigiu uma exortação que, lida na igreja, logrou seu efeito: "con animo religiosamente devoto, y prompto, ofrecieron cerca de tres mil reses vacunas, yeguas, caballos, pollinos, pollinas, carretas, bueyes mansos para el cultivo, con arados y otras varias necesarias herramientas"; a gente pobre ainda se ofereceu para trabalhar na construção dos edifícios, e uns e outros doaram "cabra, ovejas, corderos, gallinas, y gallos a que tienen afición los infieles" (AGI, Buenos Aires, 305. Carta do bispo do Paraguai, Manuel Antonio de la Torre, ao rei, Assunção, 5 maio 1763, f. 2).

pelos "índios bárbaros", por reduções: "no teniendo ia de que vivir por ser su conducta igual a la de los salteadores".[123]

As queixas dos governadores quanto à falta de recursos tinham base na realidade: instalar reduções entre "índios bárbaros" custava muito dinheiro. O *pueblo* de San Juan Nepomuceno, construído em 1797 pelo governador do Paraguai nas imediações de Caazapá, com o objetivo de estabelecer os Guaná-Chavaraná transmigrados da fronteira portuguesa, custou 32.272 *pesos* e 5 1/8 *reales*. Nesse valor, estavam incluídos os gastos com 12 mil cabeças de gado, construções de edifícios e estâncias, 666 machados, 331 facões e outras ferramentas, para um *pueblo* que contaria 1.109 pessoas (descontados os 309 mortos pela epidemia de varíola). Esses recursos vieram, em parte, dos *pueblos* do Paraguai, 23.177 *pesos* e 3 *reales* (sendo os de Caazapá, Yutí e Yaguarón os que mais contribuíram), de donativos de *vecinos* beneméritos e do Ramo de Guerra.[124]

Da leitura das consultas do *Consejo de Indias* sobre os sucessivos pedidos de dinheiro do governador e *cabildo* de Assunção depreende-se, sem exagero, que a política indigenista da Coroa espanhola para as fronteiras do Paraguai não admitia gastos da *Real Hacienda* com novas reduções de "índios bárbaros", ao mesmo tempo em que os ministros animavam seu estabelecimento e estimulavam a que os *vecinos* fizessem os donativos necessários. O parecer do *Consejo de Indias* em 1777 ao pedido do governador Agustín de Pinedo por recursos para a redução de Remolinos enfatizava, desenganadamente, que se a elite local se prontificara a donativos para a expedição que atraíra o cacique Etazorin ou Atasurín e para os itens com que o regalaram, então que se dispusessem também a financiar a instalação das novas reduções:

> haviéndose constituido graciosa y voluntariamente la provincia en las obligaciones q.' manifiesta d.ho governador, podrá también previnírsele a este, que dando gracias en n.bre de S. M. a todos los que concurrieron a el cavildo abierto que se celebró, comboque otro r.al de todos los principales, y hacendados que componen la provincia, y hechos cargo del fin a que se dirige, traten de los medios y arbitrios menos gravosos que podrán tomarse a los gastos de d.ha reducción, respecto de ceder en beneficio, y provecho de d.ha provincia su establecimiento.[125]

---

123 AGI, Buenos Aires, 295. Carta do *cabildo* secular da cidade de Assunção ao rei, Assunção, 11 mar. 1782, f. 3v-4v.

124 AGI, Buenos Aries, 610. Informe ao *Consejo de Indias* do contador general Conde de Casa-Valencia, sobre a redução dos índios Chavaranás e *pueblo* de San Juan Nepomuceno, Madri, 29 maio 1800, f. 3. Dá noção de sua importância o fato de ser uma das poucas reduções com as quais o poder central estava disposto a contribuir, conforme o já citado voto do contador general Conde de Casa-Valencia por 250 *pesos* anuais para sínodos (*ibidem*, f. 3v-4). Vide ainda o inventário detalhado do que foi gasto com a construção do *pueblo* em: AGI, Buenos Aires, 142. Carta do governador Lazaro de Ribera ao vice-rei, Pueblo de Itapucu, 25 fev. 1799, f. 27-70.

125 AGI, Buenos Aires, 295. "Informe de la Contaduría" do *Consejo de Indias*, firmado por Thomas Ortiz de Landazuri, Madri, 23 abr. 1777; AGI, Buenos Aires, 295. Carta de Agustín de Pinedo ao rei, Assunção, 2 ago. 1776, f. 4v-5, sobre necessidade urgente de recursos para prover de gado a redução de Remolinos.

Com efeito, pelo menos desde outubro de 1792, o governador do Paraguai tentava convencer o *Consejo de Indias* a assinalar um fundo de 12 mil *pesos* anuais para as reduções de índios Guaná e Payaguá. Com a colaboração do frei mercedário Inocêncio Cañete, o governador Alós promoveu uma grande celebração na capital, em que foram batizados 153 índios Payaguá. A partir daí pôde usar o argumento de que, se as reduções não fossem construídas, os índios batizados voltariam à vida "gentílica", com prejuízo da fé católica.[126] O bispo do Paraguai, Lorenzo Suárez de Cantillana, se antecipou em rechaçar o argumento, frequentemente utilizado pelos ministros do *Consejo de Indias*, de que os chamados "índios bárbaros" eram incapazes de cumprir os tratados de paz. Em carta ao rei enviada em 1793, afirmou que negar recursos para a redução de grupos como os Payaguá, "cuya docilidad, nobleza, aplicación al trabajo, subordianción a los superiores, y demas buenas qualidades" eram notórios, era algo "digno de toda atención". O bispo, aliás, tocava um ponto fundamental, que era o fato de que, aos ministros de *Indias*, era muito conveniente reproduzir a imagem de "índios bárbaros" atribuída aos Payaguá para negar-lhes os recursos: "con peso de razones del común, vulgar y embegecido concepto, de describirlos indóciles, feraces, e incapaes de civilización, en oprovio de la verdad, y de su merito". O mesmo poderia dizer das nações Mataguaya, Chunipys, Sygnipys, Pasayna, Vilela, Malbalá, Atalala, Toba e Bocovi, que já estavam "reducidas a capítulos de paz".[127] Não deve surpreender que o ex-governador Pedro Melo de Portugal, no seu parecer de outubro de 1794 sobre o mesmo pedido de 12 mil *pesos* para reduzir os Payaguá e Guaná, escrevesse que, em outro momento, aos padres a quem esses índios convenceram a reduzi-los, "ellos se prestaron con las mejores apariencias mientras les suministro algunas gratificaciones para estimularlos pero retrageron luego que aquel prelado ceso de darles, por haber agotado los fondos de su corto pecúlio". Essas circunstâncias "hacen temer que las buenas disposiciones que ahora manifiestan sean como en otras ocasiones capciosas". E terminava o seu parecer de forma hesitante, pedindo mais documentos informativos, e que se verificasse a possibilidade de cobrar algum tributo sobre os 12 *pueblos* de índios do Paraguai.[128] Realmente, a política indigenista da Coroa espanhola para as fronteiras do Paraguai nem admitia gastos da Real Fazenda com novas

---

126 AGI, Buenos Aires, 283. Joaquín de Alós ao rei, 26 out. 1792, sobre a redução dos Payaguá e Guaná. Nessa época, a parcialidade de índios Payaguá conhecida como Sarigué, sob a direção do cacique Coati, deslocou-se do norte da província para a localidade de Tacumbú, nas proximidades de Assunção, onde se uniram à parcialidade Agace, que ali já se encontrava desde 1740 (AZARA, Félix de. *Descripción e historia del Paraguay y del Río de la Plata*. Madri: Imprenta de Sanchiz, 1847, p. 216-17). Félix de Azara calculou que formassem, juntos, cerca de 1.000 almas (*Idem. Viajes por la América Meridional*. Madri: Espasa-Calpe, 1969, p. 225). Os batizados ocorreram dia 28 de outubro e 5 de novembro de 1792; das 153 crianças, 113 eram Sarigué e 40 Tacumbú (AGI, Buenos Aires, 283. "Nomina de los parvulos Paiaguas bautisados de las dos castas en q.' se divide esta nación, a saber Sarigûes y Tacumbus", Assunção, 10 nov. 1792).

127 AGI, Buenos Aires, 606. Carta do bispo do Paraguai, Lorenzo Suárez de Cantillana, Córdoba del Tucumán, 16 out. 1793, f. 3v-4, 2v.

128 AGI, Buenos Aires, 283. Parecer de Pedro Melo de Portugal ao *Consejo de Indias*, 8 out. 1794.

reduções de "índios bárbaros", nem deixava de cobrar dos *vecinos* que contribuíssem com os donativos necessários. Tal era a posição manifestada pela Real Cédula de 24 de maio de 1795 sobre as três reduções de índios Payaguá e Guaná: "q.' se logre el fin, examinando si huviere algunos arbitrios para ayudar a los gastos, sin q.' tenga que sufrirlos mi R.l Hacienda". As propostas do *cabildo* eclesiástico, bispo e governador do Paraguai para conseguir esse dinheiro, que incluíam a cobrança de dízimos nos 12 *pueblos* Guarani, foram rechaçadas, pois podiam "causar alteración, y seguirse de ella perjudiciales conce.s, q.' deben evitarse".[129] Transferir parte dos custos de defesa militar e da própria política indigenista para os colonos era, portanto, o *modus faciendi* da política de expansão da autoridade colonial. Assim se compreende porque os pedidos do frei Inocêncio Cañete por dinheiro para a redução dos Payaguá e Guaná foram rechaçados pelo *Consejo de Indias*, que os desqualificou como intempestivos, carentes de documentos comprovativos e contraditórios, pois o próprio frei reconhecia que o governador lhe franqueara 150 *pesos* e demais auxílios: "el gov.r del Paraguay le ha franqueado el auxilio, q.e en ella confiesa".[130]

De que alternativas podia lançar mão a província a fim de obter o dinheiro necessário para a política indigenista? O próprio Pedro Melo de Portugal, quando iniciava seu governo, era favorável a que os dízimos de 8 *pueblos* Guarani do Paraguai custeassem as reduções de "bárbaros", pois que sendo essa província "la más ostigada de todas, como perseguida de las invasiones de Yndios Ynfieles", não deveriam aqueles recursos continuarem a ser enviados a Buenos Aires, para cujas reduções eram suficientes os dízimos dos outros 22 *pueblos* Guarani. Posição que, como já se viu, não defendia mais com a mesma animação, quando passou a integrar o conselho de Sua Majestade.[131] Tendo sido consultado pelo governador Ribera, que pedira o parecer dos principais da elite local sobre as fontes de receita para fomento das reduções de "índios

---

129 RAH, CML, t. 117, f. 412-15. "Real Cédula al virrey del Río de la Plata sobre lo resuelto con motivo de la solicitud del gobernador intendente del Paraguay acerca de que se concedan algunos auxilios para contribuir al mantenimiento de tres reducciones de indios Payaguaes y Guanas", Aranjuez, 24 maio 1795, f. 413v; ver também a consulta que originou essa Real Cédula: AGI, Buenos Aires, 283. Minuta da consulta do *Consejo de Indias*, Madri, 4 mar. 1795.

130 AGI, Buenos Aires, 283. Parecer do senhor fiscal sobre as duas últimas cartas enviadas pelo frei Inocêncio Cañete, Madri, 24 jan. 1798. Em uma das representações, realmente o frei mencionava que o governador Lazaro de Ribera lhe franqueara o auxílio inicial de 150 *pesos* do Ramo de Guerra, com o que, somado à contribuição de alguns *vecinos*, levantou alguns ranchos para os Payaguá na paragem de Potrero, à distância de meia légua da capital, terra que arrendara ao preço de 11 *pesos* anuais. Sem recursos para adquirir gado e ferramentas e construir uma capela, Inocêncio Cañete temia que malograsse a redução (AGI, Buenos Aires, 283. Frei Inocêncio Cañete ao rei, Assunção, 19 fev. 1797; ver também a representação anterior: AGI, Buenos Aires, 283. Frei Inocêncio Cañete ao rei, Assunção, Assunção, 19 dez. 1795). Sobre as duas parcialidades, é Azara quem informa que desde o início da conquista eram conhecidos os grupos Payaguá que estavam mais próximos de Assunção como "Siaquá", ao passo que os que estavam mais ao norte eram chamados de Sarigué, apesar de eles mesmos se chamarem "Cadigué" (AHN, Estado, 4548. "Descripción histórica, física, política, y geográfica de la Provincia del Paraguay", por Félix de Azara, Assunção, 9 jul. 1793, f. 70).

131 AGI, Buenos Aires, 295. Minuta dos últimos informes do governador do Paraguai, Pedro Melo de Portugal, e do bispo da mesma província, pelo fiscal do *Consejo de Indias*, Madri, 15 dez. 1778, f. 2-2v. O que fica dito acima vale também para o período entre 1795 e 1797, em que foi vice-rei de Buenos Aires.

bárbaros", o *cabildo* eclesiástico enviou seu voto em julho de 1797. Argumentava que a província poderia pelo menos requerer 4 mil *pesos* das sisas de Tucumán, apesar de que a Real Cédula de 12 de fevereiro de 1764 destinara 12 mil, que nunca foram remetidos. Para mais, o *cabildo* eclesiástico julgava razoável lançar mão de dízimos sobre os 13 *pueblos* de índios do Paraguai, que até então estavam isentos.[132] Já o *cabildo* secular era de parecer que a *Real Hacienda* sofresse esse custo, entendendo que as *Leyes de Indias* assim o dispunham.[133] Quanto ao procurador síndico da cidade, Marcos Ignacio Baldovinos, era de parecer que antes de tudo se suspendessem os direitos pagos pelas produções do Paraguai no porto de Santa Fé, estabelecidos em 1726 (2 *reales* por cada *turrón* de erva, 2 *reales* por cada arroba de açúcar etc.), "no siendo productos de su suelo, ni cultivo de sus habitantes".[134] De posse desses pareceres, Ribera enviou uma carta ao vice-rei em 19 de dezembro de 1797, em que, para além de criticar o governador anterior, que investiu no espetáculo do batismo de mais de uma centena de índios Payaguá sem ter dinheiro para reduzi-los, sugeria então os meios para obter os recursos necessários. Tanto mais urgentes porque, como observara em relação aos Guaná, os índios viam com impaciência o não cumprimento das promessas de reduções, com que se perdia "el crédito del gobierno", "pues en no condescendiendo inmediatamente con quanto piden, y proponen desconfían de todo, creyendo q.e se les trata con aversión, y mala voluntad". Propunha assim tributar todos os 13 *pueblos* de índios Guarani da província em 100 *pesos* anuais cada um, como já pagavam os de Misiones, aplicando-os no "establecimiento de Reducciones, y gratificaciones a los Barbaros". A isso agregava a suspensão das taxas pagas em Santa Fé pelos produtos do Paraguai: "Santa Fée no es Frontera con Portugal, y esta si".[135] Era uma vã tentativa de fazer a Coroa mudar de ideia, visto já ter sido rechaçada essa proposta de tributar os 13 *pueblos* na Real Cédula de 24 de maio de 1795.[136] Como em outras regiões onde o Império espanhol confinava com impérios rivais, gastos com política indigenista

---

132 RAH, CML, t. 11, f. 178-82. "Informe del cabildo eclesiástico de Asunción, señores doctor Pedro de Almada y Antonio Miguel de Arcos y Matas, al gobernador del Paraguay, Don Lazaro de Ribera, sobre los arbitrios necesarios para la manutención de las reducciones de Payagua y Guaná", Assunção, 31 jul. 1797.

133 Lembravam a lei 8, título 2, livro 2, da *Recopilación*, segundo a qual a Coroa era obrigada a concorrer com a conversão dos gentios; e a lei 3, título 4, livro 4: que as Reais Caixas deveriam arcar com os sínodos (RAH, CML, t. 11, f. 183-85. "Informe del cabildo sobre el establecimiento de reducciones de indios de la nación Layana", Assunção, 26 ago. 1797, f. 183).

134 RAH, CML, t. 11, f. 186-91. "Informe del Procurador Síndico General Don Marcos Ignacio Baldovinos al gobernador intendente del Paraguay Don Lazaro de Ribera, sobre las ventajas de las reducciones de indios; seguido de un informe del cabildo confirmando el punto de vista del procurador", Assunção, 12 e 14 dez. 1797, f. 190v.

135 RAH, CML, t. 11, f. 192-95. "Informe del gobernador del Paraguay Don Lazaro de Ribera al virrey sobre las reducciones de indios Payaguas y Guanas", Assunção, 19 dez. 1797, f. 193v-195.

136 RAH, CML, t. 117, f. 412-15. "Real Cédula al virrey del Río de la Plata sobre lo resuelto con motivo de la solicitud del gobernador intendente del Paraguay acerca de que se concedan algunos auxilios para contribuir al mantenimiento de tres reducciones de indios Payaguaes y Guanas", Aranjuez, 24 maio 1795.

superavam as capacidades das *Cajas Matrices*,[137] e o *Consejo de Indias* estava determinado a transferir esses custos, onde isso era possível, aos mesmos colonos.

E por sua parte, colonos e governadores não deixavam de reivindicar àquele Conselho a remuneração de seus méritos, mediante honras e mercês, por terem despendido seu próprio pecúlio com a política indigenista recomendada. Estratégia de *arrivismo político*, alimentava-se de temas que eram do maior interesse para a Coroa, isto é, fronteira com portugueses e "índios bárbaros", e se valia de toda a sorte de procedimentos discursivos, a fim de aparentar méritos mesmo onde eram duvidosos. Assim, embora o governador Agustín de Pinedo afirmasse que o cacique Etazorin ou Atasurín dos Mocobí, com quem firmou um tratado de paz, tivesse vindo do Chaco receoso da notícia de uma "entrada general" de 600 espanhóis que planejava,[138] o *cabildo* de Assunção se prontificou a desmenti-lo ante o *Consejo de Indias*, asseverando que o cacique, na verdade, aparecera por convite amistoso de elite local de Santa Fé.[139] A correspondência do *cabildo* de Assunção revelava a insatisfação da elite local com sucessivos donativos a que eram compelidos por governadores, que usavam de expedições, tratados de paz e inícios de reduções apenas para "aparentar servicios, y méritos para conseguir gracias, y mercedes de la piedad de V. M.", como escreveram ao rei em 1794, dando parte de que uma expedição que o governador Alós enviara ao Chaco, além de não ter trazido nenhum resultado, causara sensível dano aos *pueblos* de Santiago, San Ignacio, San Cosme, Caazapá e outros, que fizeram donativos de animais, ferramentas e mantimentos, tendo sido vendidos os cavalos e mulas em Salta.[140]

Um observador não teve dúvidas em afirmar que o batismo dos Payaguá em 1792 não servira mais que para embelezar os informes do governador, "pintándole con los colores de una retórica muy brillante a fin de q.' S.M. premiase su zelo".[141] Um retrato dos índios, de fato, acompanhou a carta de Joaquín de Alós,[142] "p.a con estas pantomimas sorprender al ynnocente monarca".[143] Não

---

137 WEBER, David J. *The Spanish Frontier in North America*. New Haven: Yale University Press, 1992, p. 171; MARCHENA FERNÁNDEZ, Juan; GÓMEZ PÉREZ, María del Carmen. *La vida de guarnición en las ciudades americanas de la Ilustración*. Madri: Ministerio de Defensa/Secretaría General Técnica, 1992, p. 283, 296-297.

138 AGI, Buenos Aires, 295. Carta de Agustín de Pinedo ao rei, Assunção, 2 ago. 1776, f. 1v.

139 AGI, Buenos Aires, 229. *Cabildo* de Assunção ao rei, 29 jun. 1776, f. 1v.

140 AGI, Buenos Aires, 295. Carta do *cabildo* da cidade de Assunção em que dá parte da expedição enviada ao Chaco pelo governador Joaquín de Alós, Assunção, 19 nov. 1794, f. 4-4v.

141 RAH, CML, t. 60, f. 1-228. "Descripción de la provincia del Paraguay, sus producciones naturales, con observaciones sobre la agricultura, costumbres, y carácter de sus habitantes por Don Julio Ramón de César", 1790, f. 38.

142 Sobre o batismo das 153 crianças Payaguá: AGI, Buenos Aires, 283. Joaquín de Alós ao rei, Assunção, 26 out. 1792, f. 5; e dando conta do envio de "una pintura de la fisionomía de todos ellos para que teniéndola S.M. del carácter de ellos pueda contar en el numero de sus vasallos": AGI, Buenos Aires, 13. Joaquín de Alós ao Duque de Alcudia, Assunção, 17 mar. 1794; já fizera menção ao envio da pintura em: AGI, Buenos Aires, 13. Joaquín de Alós ao Marquês de Bajamar, Assunção, 19 nov. 1792.

143 RAH, CML, t. 60, f. 1-228. "Descripción de la provincia del Paraguay, sus producciones naturales, con observaciones sobre la agricultura, costumbres, y carácter de sus habitantes por Don Julio Ramón de César", 1790, f. 38.

foram poucos os índios que trocaram padrinhos pobres por outros mais ricos, batizando seus filhos duas ou mais vezes. Às crianças batizadas não foi dada a devida assistência espiritual, e elas seguiram vivendo com suas famílias "entregándose a sus acostumbrados vícios". Como escreve o engenheiro Julio Ramón de César, esse governador "no cimentaba otros pensamientos, q.' de informar a la corte s.pre sus distinguidos méritos".[144]

As reduções que os governadores do Paraguai tentaram fundar entre os "índios bárbaros", segundo um parecer de Félix de Azara datado de 1799, eram antes de tudo um meio de haurir prestígio ante a Coroa, pois sequer havia recursos para manter o que se prometia aos índios que, "precisados a correr bestias p.r no morir de ambre, volvieran a ser errates".[145] Em 260 anos, todos os projetos fracassaram, embora os que os propuseram tivessem logrado benefícios para si: a um governador enriquecera a pilhagem do governo, a outro bispo dera-lhe sua mitra, a um terceiro o grau de coronel e "lograr algunos grados p.a sus satélites proponiéndolos como héroes de una expedición inútil".[146] A fronteira seguia sendo "pretexto fácil de enriquecerse logrando grados, y los tesoros que solo ellos sacan del Chaco sin mas trabajo, q.' el de aburrir con sus farandulas".[147] "S.M. y sus virreyes deven precaverse infinito de todo governador y eclesiástico, q.' trate de propaganda fide p.a no admitir jamás sus propuestas, p.r mas fáciles utiles y cristianas q.' las pinten", advertia Azara.[148] Era o comércio, não a guerra nem a evangelização, o caminho para civilizar os "índios bárbaros", e sugeria que o Ramo de Guerra e 2 mil *pesos* sacados de Santa Fé fossem usados para avançar presídios, presentear e atrair caciques ao trato com espanhóis e custear a educação de seus filhos nos colégios de Assunção e Buenos Aires, onde serviriam de reféns em fiança da paz concertada.[149] De todos os pareceres, esse sem dúvida era o que mais se aproximava da política adotada pelo *Consejo de Indias* em relação aos índios da fronteira hispano-portuguesa no Paraguai.

De onde vinha o dinheiro que Mato Grosso gastava com sua política indigenista fronteiriça? De fato, não era arrecadado na própria capitania, que não exportava qualquer produto a não ser o das minas. Por carta-instrução de 7 de julho de 1757, a Coroa autorizou que a capitania de Goiás enviasse anualmente a Mato Grosso 8 arrobas de ouro, que auxiliariam no custeio das despesas militares daquela fronteira.[150] Essa quantia foi remetida regularmente entre 1764 e 1787, decaindo

---

144 *Ibidem*, f. 37v.

145 RAH, CML, t. 54, f. 418-25. "Informe de Don Feliz de Azara sobre reducciones del Chaco y facilitar, por medio de este camino, el comercio", 19 fev. 1799, f. 419.

146 *Ibidem*, f. 425.

147 *Ibidem*, f. 425v.

148 *Ibidem*, f. 420v.

149 *Ibidem*, f. 425.

150 AHU, Cód. 613. Tomé Joaquim da Costa Corte Real a Antonio Rolim de Moura, Nossa Senhora de Belém, 7 jul. 1757, f. 1: autorizava "passar da outra Provedoria, e Caza da Moéda de Goyaz, e para extrahir do Governo do Pará, tudo o q' lhe for precizo para a assistencia dessa util conquista, dos Off.es militares, Ministros, e Povoadores que a Constituem". Cf. §18 de outra carta de mesma data: considerando que "as urgências de aproveitar a conjuntura

um pouco nos anos seguintes: entre 1759 e 1763, entraram de 3 a 4 arrobas anuais; entre 1764 e 1787, 7 a 8 arrobas; e para os anos seguintes, sempre menos que 5 arrobas.[151] Como refere o governador João de Albuquerque em carta ao secretário de Estado a 10 de fevereiro de 1796, desde 1790 a capitania de Goiás não enviara nenhuma vez a quantia prevista de 8 arrobas, o que dificultava "a manutenção daqueles ditos novos Estabelecimentos, e suas Guarniçoens, e se pudesse dobrar os donativos indispensáveis para convidar outros mais dos Chefes daquella e de outras Naçoens, teria Sua Magestade duplicados vassalos em todas ellas, que para o futuro, serão de grande utilidade para o Estado".[152] A dependência da capitania de Mato Grosso em relação ao subsídio enviado por Goiás era tamanha que não raro o governo lançava mão de fundos da Real Fazenda, que depois seriam cobertos pelo subsídio. Assim, na conjuntura crítica de 1798, sendo preciso manter mais de mil homens em armas e concorrer com a instalação do presídio de Miranda e manutenção dos Guaykuru e Guaná que passaram dos domínios espanhóis, "dos quaes já quatro caciques vierão no meu tempo ratificar a mesma aliança, e amizade para com os portugueses", o governador fez entrar nos cofres da provedoria 16 contos de réis do juízo dos ausentes e 7 contos da herança do seu antecessor, João de Albuquerque, na expectativa de que os 20 contos enviados por Goiás cobrissem esses empenhos.[153]

Não é implausível que a Coroa visse esses gastos, se não com desconfiança e impaciência, pelo menos como uma espécie de mal necessário. O Marquês de Angeja, presidente do Real Erário, era oposto ao subsídio que gravava os ingressos de Goiás, pois entendia que cada capitania tinha que caminhar com suas pernas, mas não foi além de ordenar que o governador de Mato Grosso se contentasse com as 8 arrobas e deixasse de pedir 10, como fizera em 1776.[154] João de Albuquerque teve de explicar em detalhe ao secretário Luiz Pinto de Souza as despesas com índios nos cofres da Real Fazenda e prestar conta dos resultados desses gastos. Como resultados positivos, o governador argumentou que se alcançara a segurança das rotas fluviais e que os lavradores, tranquilizados com o fim das hostilidades dos Guaykuru, passaram a se expandir de Cuiabá em direção ao Pantanal.[155] Caetano Pinto de

---

de segurar essa Fronteira para todo o sucesso futuro e de fortificar a margem oriental do Rio Guaporé e Território dela com a civilização dos índios silvestres que nela vivem, deviam prevalecer a qualquer outra", ficava autorizada ao governador a utilização, em caso de urgência, dos próprios quintos (AHU, Cód. 613, f. 7v).

151 DAVIDSON, David. *Rivers & Empire*: the Madeira rout and the incorporation of the Brazilian Far West, 1737-1808. 1970. Dissertação (Ph.D.) – Yale University, 1970. p. 106, 363, *table b*.

152 AHU, MT, cx. 31, d. 1722. João de Albuquerque a Luiz Pinto de Sousa, Vila Bela, 10 fev. 1796.

153 AHU, MT, cx. 35, d. 1799. Caetano Pinto de Miranda Montenegro a Rodrigo de Sousa Coutinho, Vila Bela, 18 jul. 1798, f. 2-3.

154 ANTC, Erário Régio, liv. 4081. "Livro de Registo de ordens expedidas à capitania de Mato Grosso, 1766-1822", f. 15: Marquês de Angeja a Luiz de Albuquerque, Lisboa, 26 maio 1777; BNL, Pombalina, Cód. 459, f. 45-45v. Carta do Marquês de Angeja à Junta da Administração da Real Fazenda da capitania de Goiás, Lisboa, 26 maio 1777.

155 AHU, MT, cx. 31, d. 1722. João de Albuquerque a Luiz Pinto de Sousa, Vila Bela, 10 fev. 1796.

Miranda Montenegro teve de prestar contas ao secretário Rodrigo de Souza Coutinho sobre a manutenção dos gastos com a política indigenista e sugerir meios de indenizar a Real Fazenda. Primeiramente, procurou o governador justificar semelhantes despesas, afirmando que fora seu antecessor quem colocara os índios "no costume de fardar completamente os capitães, como se fossem oficiais, e seus soldados, com fardamento semelhante ao que trazem os pedestres nesta capitania", e Miranda Montenegro acrescentava que não pôde deixar de seguir o mesmo costume, "apesar de ver que era despendiozo, receando que qualquer novidade fizesse húa dezagradável e perigoza impressão nociva".[156] Em seguida, munido de dados levantados pelo comandante de Coimbra sobre os preços vigentes nas trocas entre índios e colonos e militares naquela fronteira, indicou os meios de indenizar os cofres de Sua Majestade: "estabelecer-se por conta da Real Fazenda com estes índios um comercio de permutação com os seus cavalos, podendo-se-lhes comprar cem anualmente os quais conduzidos a esta vila, e vendidos aqui de dezesseis a vinte oitavas, virão a produzir de mil e seiscentas a duas mil oitavas". Dada a necessidade de cavalos na capitania, adquiridos estes "em direitura do Reino, o farão mais lucrativo".[157]

A chamada "economia da mercê", instituição amplamente vigente nos impérios ibéricos, que visava obter lealdades e serviços através de ofertas de remunerações materiais e simbólicas, incidiu não apenas sobre colonos, mas também sobre não poucos grupos indígenas.[158] Nos séculos XVII e XVIII, como afirma Fernanda Olival, "disponibilidade para o serviço, pedir, dar, receber e manifestar agradecimento, num verdadeiro círculo vicioso, eram realidades a que grande parte da sociedade deste período se sentia profundamente vinculada, cada um segundo a sua condição e interesses".[159] Ofertas e remunerações de hábitos das ordens militares, mas também de terras, privilégios, patentes militares, cargos e outros benefícios, funcionavam como um mecanismo por meio do qual os poderes centrais estimulavam os vassalos aos serviços indispensáveis ao Estado.[160] Embora após a conquista do Maranhão aos franceses e da expulsão dos holandeses a Coroa portuguesa tivesse concedido hábitos das

---

156 AHU, MT, cx. 38, d. 1898. Caetano Pinto de Miranda Montenegro a Rodrigo de Sousa Coutinho, Cuiabá, 28 abr. 1800, f. 3v.

157 *Ibidem*, f. 3v-4.

158 OLIVAL, Fernanda. *As ordens militares e o Estado moderno*: honra, mercê e venalidade em Portugal (1641-1789). Lisboa: Estar, 2001, p. 18; MEDEIROS, Ricardo Pinto. *O descobrimento dos outros*: povos indígenas do sertão nordestino no período colonial. 2000. Tese (doutorado em História) – Universidade Federal de Pernambuco, Recife, 2000, p. 97-99; CARVALHO JÚNIOR, *Índios cristãos, op. cit.*, p. 215-36.

159 OLIVAL, *As ordens militares e o Estado moderno, op. cit.*, p. 18.

160 Como escreve Olival: "A ideologia do serviço era, neste contexto, uma das suas marcas mais visíveis e com ecos em amplos grupos sociais" (*ibidem*, p. 135). Em uma perspectiva semelhante, Rodrigo Ricupero enfatiza que, na colônia, a Coroa portuguesa se aproveitava da expectativa geral de remuneração, pois os colonos, "ávidos pelas recompensas, procuravam de todas as formas fazer jus a elas, assumindo os mais variados encargos do processo de colonização" (RICUPERO, Rodrigo. *A formação da elite colonial*: Brasil, c. 1530-c. 1630. São Paulo: Alameda, 2008, p. 70).

ordens militares aos caciques aliados que se destacaram nessas guerras, já em fins do século XVII as concessões para indígenas tornaram-se mais raras. "Com o fim da ameaça externa", refere um historiador, "a Coroa portuguesa vai ficando mais exigente em relação a essas concessões".[161] O Conselho Ultramarino passou a adotar a prática de responder aos caciques que solicitavam hábitos com a autorização para que fossem "vestidos", querendo com isso dizer que receberiam uniformes de oficias militares com todos os adereços, espada, chapéu, meias e medalha de ouro.[162]

É muito provável que nenhum hábito das ordens militares tenha sido concedido a índios da capitania de Mato Grosso. Nada pude encontrar nos requerimentos que subiam pelo Conselho Ultramarino, nem nos livros de Registro Geral das Mercês. Entretanto, a Coroa premiava funcionários e pessoas da elite local que despendiam recursos próprios na defesa da fronteira com os espanhóis ou liberalmente faziam donativos para a política indigenista de atração dos chamados "índios bárbaros". Em outra seção deste livro apresentarei dados detalhados sobre esse padrão de transferência do ônus da defesa da fronteira aos colonos. Por ora, basta mencionar o caso notável de Joaquim José Ferreira, sargento-mor com exercício de engenheiro que, ademais de sua atuação na instalação de Casalvasco, impressionou a Coroa com seu empenho em prodigalizar cabedal próprio para firmar a paz com os índios Guaykuru, quando fora comandante de Coimbra entre 1790 e 1791. A certidão da câmara de Vila Bela destacava

> o importantíssimo servisso de chamar á amizade Portugueza a Guerreira, e valente, e numeroza Nação dos Indios Aycuruz, ou Cavalleiros que tão funesta tinha sido, e por tão repetidas vezes aos Estabelecimentos Portuguezes, Redozindo esta, athe aly Barbara e sanguinolenta Nação não só a viver em paz, e tranquilamente no meio dos Portuguezes, mas mandar dois dos seus maiores Principais, com alguns vassalos, athe Villa Bella, Capital deste Governo, para jurarem protestarem e se constetoirem vassalos de Sua Magestade Fidelissima;[163]

e o próprio decreto da rainha sobrelevou que, "com despesas próprias a bem do Real Serviço", alcançara a "amizade dos Indios Aycurus, ou Cavalleiros a ponto de virem ambos a armonia com as

---

161 MEDEIROS, *O descobrimento dos outros*, op. cit., p. 98. Dentre os premiados com hábitos na conquista do Maranhão estavam os caciques Luiz de Souza, dos Tupinambá, e Mandioca Puba, dos Tabajara. Pela atuação na guerra contra os holandeses, consulta do Conselho Ultramarino de 5 de janeiro de 1648 autorizou 12 hábitos aos caciques de Tapuitapera e Sergipe no Maranhão. Cf. KIEMEN, Mathias C. *The Indian policy of Portugal in the Amazon region, 1614-1693*. 2ª. ed. Nova York: Octagon, 1973, p. 70-71; CARVALHO JÚNIOR, *Índios cristãos*, op. cit., p. 226.

162 MEDEIROS, *O descobrimento dos outros*, op. cit., p. 98-99.

163 IANTT, MR, Decretamentos de Serviços, Maço 156, n. 54, d. 8. "Certidão do juiz, presidente, vereadores e procurador que no presente ano servem nesta câmara de Vila Bela", 24 dez. 1792.

Minhas Povoaçoens".[164] A 22 de novembro de 1798, Joaquim José Ferreira recebeu o hábito de Avis com 12 mil réis de tença.[165]

Do mesmo modo, a liberalidade com que alguns oficiais despendiam seu soldo na aplicação da política indigenista da Coroa não deixava de contar quando os governadores remetiam ao Conselho Ultramarino as propostas para preenchimento dos altos postos militares. Em 1797, Caetano Pinto propôs para primeiro tenente da Companhia de Dragões a Francisco Rodrigues do Prado, então comandante de Coimbra, oficial que servira como porta-estandarte e furriel e fora encarregado de várias diligências de contrabando nos domínios de Espanha. No presídio de Coimbra,

> tem dado provas evidentes, de que he capaz de commandar, não só a homens já civilizados, mas ainda os mesmos silvestres, devendo-se em grande parte a sua prudência, e bom modo, a amizade, e armonia, com que ali vivem com os portuguezes os indios Guaycuruz, e Guanaas, com os quaes, e com os Hespanhoes, que diversas vezes tem vindo aquelle presídio, chega a gastar annualmente somma considerável, além dos seus soldos.[166]

Naquela fronteira, quando se tratava de premiar e distinguir caciques, eles eram "vestidos" na forma do costume e recebiam patente militar de "capitão" do grupo a que pertenciam. Assim se deu com o cacique Paulo dos índios Pama, "vestido" pelo próprio governador João Pedro da Câmara em 1765.[167] No caso dos caciques Guaykuru (em 1791 e 1796) e Guaná (1793) que foram recebidos e "vestidos" pelo governador em Vila Bela, a estratégia de delegação de poderes se valeu de uma multiplicidade de dispositivos, como a oferta de bastões de mando, assinatura de tratados de paz, participação em banquetes com a elite local, entrega de ferramentas e outros presentes e concessão de patentes militares. Essas patentes nunca foram confirmadas pelo poder central e nem garantiam soldo. As cartas de concessão assinalavam que os caciques foram distinguidos como capitães dos seus índios, "que se sujeitaram e protestaram uma cega obediencia ás leis de S. M., para serem de hoje em diante reconhecidos como vassallos da mesma senhora". Constava ainda dessas cartas patentes que funcionários e vassalos deveriam reconhecer o novo *status* dos caciques: "mando e ordeno a todos os magistrados, officiaes de justiça e guerra, commandantes

---

164 IANTT, Chancelaria da Ordem de Avis de D. Maria I. Livro 14, f. 193. "D. Maria &, Como Governadora V.a Faço S.er aos q' este virem q' tendo consideração aos distinctos serviços de Joaq.m Joze Ferreira, Tenente Coronel de Engenheiros da Corte [...]", decreto de 22 nov. 1797.

165 Como permanecesse empregado no Real Serviço, foi dispensado de se apresentar ao convento de São Bento da Ordem de Avis (IANTT, Ordem de Avis, Letra J, Maço 2, n. 71. Habilitação para a Ordem de São Bento de Avis, 20 maio 1799).

166 AHU, MT, cx. 33, d. 1761. Caetano Pinto de Miranda Montenegro a Rodrigo de Souza Coutinho, Vila Bela, 23 ago. 1797.

167 AHU, MT, cx. 12, d. 734. João Pedro da Câmara Coutinho a Francisco Xavier de Mendonça Furtado, em que relata a sua visita à cachoeira do Girau, Vila Bela, 12 fev. 1765.

e mais pessoas de todos os dominios de S. M., os reconheçam, tratem e auxiliem com todas as demonstrações de amizade".[168]

A expectativa dos poderes coloniais de que os presentes produzissem uma pronta relação de reciprocidade e conduzissem os índios a cumprir as condições impostas nos tratados de paz frequentemente era frustrada. Semelhantemente ao que passava com outros grupos em regiões de fronteira do Império espanhol,[169] os europeus relutavam em reconhecer como reciprocidade as reações dos Guaykuru aos presentes ofertados. De todos os costumes indígenas, esse era certamente o que mais consternava as autoridades ibéricas, que esperavam que a reciprocidade levasse os vassalos a realizar os serviços úteis ao Estado.[170] Sociedade equestre que cultivava a hierarquia social, que organizava sua vida econômica em torno da guerra, da captura de cativos, gado e cavalos, e cujo "entonamiento mira al resto de las naciones que han llegado á su noticia, sin exceptuar la Española, como á esclavos",[171] não surpreende que entendessem os presentes como uma espécie de obrigação ou tributo, sempre inferiores às qualidades daqueles caciques. "Elles sabem muito bem o valor de todas as cousas que recebem", lamentava o comandante do forte Coimbra, "e apezar d'este positivo conhecimento, quando se lhes falla na aguardente que se lhes dá, que é um genero que mais prezam, pedem e solicitam; dizem a deitaráõ fora pela ourina, ao comer dão semelhante extracção; das baetas, pannos brancos, lenços e chitas, dizem que já se rompeu, os ferros, que se gastaram, e assim do mais". Da prata, que estimavam para a feitura de adornos, embora tivessem recebido a maior parte dos portugueses, diziam que toda ela fora dada pelos espanhóis. Não se contentavam nem com os presentes recebidos do governador: "se vão a Cuyabá ou a Villa Bella, aonde são honradíssimos ao lado da mesa dos Ex.ms Sr.s generaes, e assaz prendados, sem-

---

168 AHU, MT, cx. 28, d. 1617, Anexo n. 3. Carta patente aos chefes João Queima de Albuquerque e Paulo Joaquim José Ferreira, firmada pelo governador João de Albuquerque de Melo Pereira e Cáceres, Vila Bela, 30 jul. 1791; uma transcrição encontra-se em: PRADO, Francisco Rodrigues do. "História dos índios cavalleiros [...]" [1795]. *RIHGB*, Rio de Janeiro, v. 1, 1839, p. 30; AHU, MT, cx. 31, d. 1722, Anexo n. 3. Carta patente ao chefe José de Seabra, firmada pelo governador João de Albuquerque de Melo Pereira e Cáceres, Vila Bela, 7 fev. 1796; AHU, MT, cx. 31, d. 1722, Anexo n. 4. Carta patente ao chefe Luiz Pinto, firmada pelo mesmo governador no mesmo local e data.

169 Os franciscanos que trabalharam entre os Chiriguano nas últimas décadas do século XVIII tinham a impressão de que os índios agiam como se esperassem receber um "tributo" para permanecer nas reduções: SAIGNES, Thierry. *Ava y Karai*: ensayos sobre la frontera chiriguano (siglos XVI–XX). La Paz: Hisbol, 1990, p. 119-22. Sobre a continuidade da prática de "pagar tributos" ou "vicios" (como eram chamados na Argentina) aos índios independentes, nas primeiras décadas do século XIX, ver: JONES, Kristine L. Warfare, reorganization, and Readaptation at the margins of Spanish Rule: The Southern Margin (1573-1882). In: SCHWARTZ, Stuart B.; SALOMON, Frank (eds.). *The Cambridge history of the native peoples of the Americas*: South America, v. 3, part 2. Cambridge: Cambridge University Press, 1999, p. 173-175; LANGER, Eric J. La frontera oriental de los Andes y las fronteras en América Latina: un análisis comparativo: siglos XIX y XX. In: MANDRINI, Raúl J. *et al.* (eds.) *Las fronteras hispanocriollas del mundo indígena latinoamericano en los siglos XVIII-XIX*: un estudio comparativo. Tandil: Instituto de Estudios Históricos Sociales, 2003, p. 42-47.

170 OLIVAL, *As ordens militares e o Estado moderno*, op. cit., p. 135.

171 SÁNCHEZ LABRADOR, *El Paraguay Católico* [1780], op. cit., v. 2, p. 52.

pre quando voltam se lastimam de que quanto receberam foi improporcional aos seus altos merecimentos e qualidades".[172] Informes como esse, que esmiuçavam as reações psicológicas dos índios no contato com o aparelho de colonização, funcionavam como um dispositivo de saber que tornava possível a previsibilidade dos comportamentos, fundamento desse novo tipo de poder baseado na vigilância.[173] Era preciso alertar os administradores a respeito dessas reações aparentemente hostis, pois como a experiência havia mostrado, não configuravam uma ruptura, mas eram próprias aos costumes daqueles grupos indígenas,[174] que permaneciam leais aos portugueses. Como escreve o comandante de Coimbra:

> He igualmente indispensável hua forçada paciência para sofrer diariamente hum montão de ingrattos, tão dezagradecidos, como altivos; cuja soberba passão muitas vezes à insolência, pedindo como quem manda, como um tributo; recebem hua couza, dahi a pouco querem a repetição della, ou de outra; vão recebendo enfim, e pedindo, e basta que huas vezes se lhes negue, para virarem as costas de improvizo e fallarem logo em mudanças pela confiança que vão tendo nos Espanhoes.[175]

---

172 SERRA, Ricardo Franco de Almeida. "Continuação do parecer sobre os índios Uaicuru's, Guana's etc.", Coimbra, 2 fev. 1803. *RIHGB*, Rio de Janeiro, v. 13, 1850, p. 377.

173 BOCCARA, *Guerre et ethnogenèse mapuche dans le Chili colonial, op. cit.*, p. 226.

174 Assim também o padre franciscano frei Miguel Mendes Jofre, missionário entre os Guaykuru do norte do Paraguai entre 1769 e 1776, sublinhou, em informe que chegou às mãos de Félix de Azara: "Son cariñosos y afables en sus palabras, aunque siempre hablen con énfasis y arrogancia. No retribuyen el beneficio, pero lo agradecen y reconocen" ("Carta do franciscano Frei Francisco Mendes [Miguel Mendes Jofre] sobre os costumes dos índios Mbaiá e Guaná, no Alto-Paraguai", Esteras de los Mbayàs, 20 jun. 1772. In: *MCA*, v. 7, p. 62).

175 AHU, MT, cx. 41, d. 2035. "Generos despendidos com os Uaicurus e Guanãs", Ricardo Franco de Almeida Serra, Coimbra, 3 fev. 1803. O mesmo padrão fora notado pelo padre Sánchez Labrador, quando conviveu com os Guaykuru entre 1760 e 1767: realmente, todos os presentes eram recebidos com um ar de que se lhes pagava um tributo, e se alguém lhes negava uma dádiva, era visto como desprezível: "Con este gentío no tienen valor ni beneficios pasados, ni dádivas presentes. Creen que todo favor les es debido, y ninguno iguala á su mérito. Niégaseles una bagatela en ocasión de haberles dado ya tres ó cuatro cosas de alguna estimación que tienen en las manos: basta, todo va perdido. Despedirles sin satisfacer á sus antojos pueriles, es motivo para que todo se eche en olvido, y para que su ingrata condición se desfogue en este mote: *Acami Aquilegi*: tú eres un menguado, miserable, mezquino y nada liberal. Cada día se nos ofrecen casos en este asunto" (SÁNCHEZ LABRADOR, *El Paraguay Católico* [1780], op. cit., v. 1, p. 251-52).
Como lembra Mauss, em sociedades ditas "arcaicas", para ser estimado não bastava apenas ofertar presentes, era preciso ofertá-los com liberalidade, quase como se se buscasse destruí-los, sendo reprovável, ainda, deixar a impressão de esperar uma reciprocidade imediata (MAUSS, Marcel. Ensaio sobre a dádiva: forma e razão da troca nas sociedades arcaicas. In: *Idem. Sociologia e antropologia*. São Paulo: Cosac Naify, 2003, *maxime*, a respeito dos nativos do noroeste da América do Norte, p. 239-40).

Dispositivos de saber

Simultaneamente à construção de autoridades com poder coercitivo, a interferência nas fronteiras étnicas indígenas, promovendo fissões ou fusões de grupos, era uma das estratégias fundamentais do colonialismo.[176] Em outras regiões de fronteira, como a do Chile, essa estratégia produziu uma notável unificação de diversos grupos.[177] Nas regiões centrais da América do Sul, as políticas indigenistas de espanhóis e portugueses, ao atrair os índios fronteiriços para povoações e fortes, incidiram sobre os mesmos grupos e provocaram fissões entre cacicados e transmigrações de um domínio a outro. O jesuíta Sánchez Labrador e seu substituto, o franciscano frei Miguel Mendes, contataram e distinguiram o que chamaram de seis "cacicazgos" ou "tolderías" entre os Guaykuru até 1772, ocupando territórios nas duas margens do rio Paraguai desde o rio Jejuí ao Pantanal. Embora com variações na grafia, ficava claro que se tratavam dos grupos Cadiguegodis, Guetiadegodis, Gotocogegodegis, Eyibegodegis (ou Enacagas), Lichagotegodis e Apacachodegodegis.[178] Pois bem, já no final do século, contudo, os comandantes de Borbón, do lado espanhol, e de Coimbra e Miranda, do lado português, catalogaram os "cacicazgos" que estavam ao redor dos seus fortes e dos rivais, com vistas a atraí-los. Antes de instalar Borbón, o governo do Paraguai tinha notícias seguras de que os "Echiguegos", embora mantivessem "amistad y unión fiducial" com as "tolderías" do serro onde se pretendia construir o forte, tinham comunicação e comércio com os portugueses, e "transportan las cabalgaduras, río arriba, h.ta la Nueva Coimbra y desde aquí a Albuquerque"; em compensação, os "Cadiguegos", mais internados no Chaco, "fueron los q.' tuvieron el choque con los portugueses" de Coimbra e chegaram a dar contra a fazenda de Camapuã.[179] Já em novembro de 1792, o comandante de Borbón assinalava a firme aliança dos espanhóis com os "Catibebo", ao passo que era certo que os portugueses tinham a amizade dos Echiguebo, Gueteadebo e Ueutuebo.[180] Essa estratégia demonstra que os governadores ilustrados buscavam constituir um dispositivo de saber o mais preciso possível sobre as

---

176 FERGUSON; WHITEHEAD, The violent edge of empire, op. cit., p. 13-14; WHITEHEAD, Tribes Make States, op. cit., p. 132.

177 Segundo Boccara, a instituição colonial das assembleias ou *parlamentos* propiciava uma diminuição do número de caciques devido ao imperativo da representação política. O resultado foi a concentração de poder entre poucos caciques com hegemonia política sobre macroterritórios (BOCCARA, *Guerre et ethnogenèse mapuche dans le Chili colonial*, op. cit., p. 357-59).

178 SÁNCHEZ LABRADOR, *El Paraguay Católico* [1780], op. cit., v. 2, p. 255 (utilizo aqui a mesma grafia); "Carta do franciscano Frei Francisco Mendes [Miguel Mendes Jofre] sobre os costumes dos índios Mbaiá e Guaná, no Alto-Paraguai", Esteras de los Mbayàs, 20 jun. 1772. In: *MCA*, v. 7, p. 55-56.

179 AHN, Estado, 4555, carpeta 9, n. 42. Joaquín de Alós ao vice-rei Nicolás de Arredondo, Assunção, 8 fev. 1792, f. 3v.

180 ANA, CRB, n. 36, d. 2. "Ynstrución a q.e debe arreglarse D. José Ysasi, comand.te de este Presidio de – El Fuerte Borbón", por José Antonio de Zavala y Delgadillo, Borbón, 27 nov. 1792, §19, 22; AHN, Estado, 4548. Joaquín de Alós a Nicolás de Arredondo, Assunção, 19 jan. 1793, f. 4.

"parcialidades" ou "cacicados", pois a disputa das lealdades dependia bem mais de relações estabelecidas com cada cacique importante do que com as "nações" de "bárbaros" como um todo.[181]

Em 1803, o comandante português refere que já transferira para os domínios lusitanos, além dos mencionados, os Cadiué-os de Borbón e os Uatade-os, Ejué-os, Pacajudeus, Cotogudeus, Xacutéos e Óleos.[182] Nota-se, então, que passaram a aparecer na documentação administrativa etnônimos de outros "cacicazgos" Guaykuru além dos identificados por Sánchez Labrador e frei Mendes. Por sua vez, a respeito dos Guaná, os missionários identificaram quatro grandes "cacicazgos", que abarcavam um vasto território das imediações de Belén até as missões de Chiquitos. Entre esses índios, o impacto dos estabelecimentos coloniais incrustados em suas terras parece ter sido a divisão dos próprios "cacicazgos", de modo que, no início do século XIX, havia grupos Layana, Etelena, Choaraana e Equiniquinao em povoações dos dois lados da fronteira.[183]

O efeito do colonialismo não foi, portanto, a passagem de grupos unificados para um ou outro império,[184] mas a transmigração de famílias de "cacicazgos", não sendo improváveis casos de famílias separadas pela raia demarcadora.

A mesma estratégia de intervir, fragmentar e transferir para outro território era aplicada, por exemplo, para separar os cativos de grupos como os Guaykuru, que eram inteiramente

---

181 Assim, a fim de assegurar os efeitos que se esperava do tratado de paz firmado com os Monteses do vale do rio Paraná, o governador Alós tomou "noticia cierta, y calificada" dos 15 "cazicasgos, o parcialidades, cuyos nombres son los siguientes: Curusu Guasu y Asucatí = Tasira Berayú = Taycará Guazu = Guarasuyú Guasu = Quarasiyú Mirí = Payberayú = Nebayreyú Guazú = Payberatí = Pay Guará = Dicuguasú = Tasacuay = Teguacazu Mirí = Ibotiti = Guarasiyú Mirí" (AGI, Buenos Aires, 313. Carta de Joaquín de Alós ao secretário Antonio Porlier, Assunção, 19 jul. 1791, f. 2v).

182 SERRA, Ricardo Franco de Almeida. "Parecer sobre o aldeamento dos índios Uaicurús e Guanás, com a descrição dos seus usos, religião, estabilidade e costumes", 3 fev. 1803. *RIHGB*, Rio de Janeiro, v. 7, 1845, p. 207.

183 SÁNCHEZ LABRADOR, *El Paraguay Católico* [1780], op. cit., v. 2, p. 255 (utilizo aqui a mesma grafia); "Carta do franciscano Frei Francisco Mendes [Miguel Mendes Jofre] sobre os costumes dos índios Mbaiá e Guaná, no Alto--Paraguai", Esteras de los Mbayàs, 20 jun. 1772. In: *MCA*, v. 7, p. 57-58.
Entre 1844 e 1855, o viajante francês Castelnau observou que grupos "Guanas" ou "Chualas", ou seja, Chavaraná, viviam em Albuquerque e Miranda; também grupos "Quiniquinaos" viviam nos dois estabelecimentos; já os "Térenos" e os "Laïanos" foram vistos assentados em Miranda (CASTELNAU, Francis de. *Expédition dans les parties centrales de l'Amérique du Sud, de Rio de Janeiro a Lima, et de Lima au Para*. Paris: Chez P. Bertrand, 1850, t. 2, p. 480 *et passim*).
Segundo Susnik, no início do século XIX, havia grupos Terena ao redor dos fortes Borbón e San Carlos; Layana no *pueblo* de Tacuatí, no rio Ipané; e Chavaraná mais ao sul, no *pueblo* de San Juan Nepomuceno; quanto aos Kinikinao, o grupo do cacique Santiago Equiliconoe habitava próximo a Borbón (SUSNIK, *El indio colonial del Paraguay*, op. cit., t. 3-1, p. 154-55, 158-60, 163).

184 A hipótese da migração em bloco é defendida por: VANGELISTA, Chiara. Los Payaguá entre Asunción y Cuiabá: formación y decadencia de una frontera indígena (1719-1790). In: JORDÁN, Pilar García; IZARD, Miquel (ed.). *Conquista y resistencia en la historia de América*. Barcelona: Universidad de Barcelona, 1992, p. 162; Idem. Los Guaikurú, españoles y portugueses en una región de frontera: Mato Grosso, 1770- 1830. *Boletín del Instituto de Historia Argentina y Americana "Dr. Emilio Ravignani"*, série 3, n. 8, 1993, p. 57, 75.

dependentes das atividades por eles realizadas. Como o governador do Paraguai, Joaquín de Alós, explicitou em instrução que enviou em 1790 ao comandante de Concepción, "con toda astucia, y precaución, indagará si los Mbayás que oprimen con el cautiverio a cierto numero de Chiquitos, indios católicos, quieren darles libertad que desean para pasarse a esta [província]".[185]

Ou ainda, intervir, quebrar e separar a simbiose que havia entre certos grupos que, desprovidos de suas tradicionais interações econômicas, entrariam em uma situação de maior dependência em relação aos poderes coloniais. Assim, a simbiose que havia entre os Guaykuru e os Guaná foi alvo de incisiva pressão das autoridades coloniais espanholas e portuguesas. Desde a época pré-colombiana, os Guaná colocavam seus cultivos à disposição dos Guaykuru, ofereciam-lhes mão de obra para vários trabalhos e cediam-lhes mantas, em troca de proteção militar e bens obtidos pelos Guaykuru entre povos vizinhos. "Estos [Guaná]", observou o padre Sánchez Labrador, "afanan y cultivan a tierra en trabajosas rosas: pero gran parte de sus sudores sirven para alimento de sus amos vagabundos"; o missionário acrescenta que os Guaykuru visitavam constantemente os assentamentos dos Guaná e tomavam por graça ou por força o que lhes apetecia: "cada cual llama esclavos suyos á los Niyololas".[186]

Na situação de fronteira, os agricultores Guaná passaram a ser assediados como índios "dóceis" e "afeitos ao trabalho regular" por ambos os impérios.[187] Entretanto, as relações de simbiose com os Guaykuru emperravam a atração daqueles índios. Na província do Paraguai, a expansão das fazendas de gado e de benefício da erva na região de Concepción e a demanda por trabalho eventual na região da capital pressionavam os Guaná. Em Concepción, onde vários grupos Guaná procuravam estabelecimento temporário nas fazendas dos *vecinos*, os Guaykuru insistiam para que os espanhóis não aceitassem seus *nyolola*. As autoridades espanholas empenharam-se na separação dos dois grupos. Assim, em 1797, Zavala y Delgadillo refere que tinha sido possível desligar 1.040 índios Guaná de sua aliança com os Guaykuru "inimigos" e reduzi-los ao Império espanhol.[188]

Almejava-se, do lado português, com a separação dos dois grupos, o aldeamento dos Guaná nas povoações "regulares" de Albuquerque e Vila Maria. Havia demanda de mão de obra indígena para o trabalho agrícola e manufatureiro tanto nessas povoações como em Vila Bela

---

185 ANA, SNE, v. 3374. Instruções do governador Joaquín de Alós ao comandante de Villa Real de la Concepción e Belén, Assunção, 7 jan. 1790, f. 4-5v.

186 SÁNCHEZ LABRADOR, *El Paraguay Católico* [1780], *op. cit.*, v. 1, 305. Niyolola era a designação dos Guaykuru para referirem-se aos Guaná que lhes prestavam serviços.

187 "Son los Guanas indios labradores de a pié, dóciles, entretenidos y no holgazanes" (AGUIRRE, Diario del Capitán de Fragata, *op. cit.*, v. 19, 1950, p. 18-19); "Os Guanaes são mais dóceis e humildes, cultivao a terra, de parte das suas culturas se aproveitao os Uaicurus sem encontrarem resistência, pela superioridade que os Guanans lhe reconhecem" (AHU, MT, cx. 38, d. 1898. Caetano Pinto de Miranda Montenegro a Rodrigo de Sousa Coutinho, Cuiabá, 28 abr. 1800, f. 2v-3).

188 AGI, Buenos Aires, 89. "Memorial de José de Espinola y Pena", Assunção, 16 set. 1800. f. 64-65v. José Antonio Zabala y Delgadillo a Lazaro de Ribera, Concepción, 16 fev. 1797.

e Cuiabá. Os portugueses procuraram quebrar a simbiose já quando o primeiro grupo de 300 índios Guaná passou a Nova Coimbra, em junho de 1793. Nesse mesmo ano, um dos caciques mais estimados entre aqueles índios foi enviado à capital, "onde o general o mandou fardar á sua custa com farda encarnada e agaloada de ouro, e dar-lhe sapatos, fivelas de prata, botas, camisas de punhos, bastão, e outras cousas de valor, sustentando-o em seu palácio todo o tempo que se demorou em Villa-Bella".[189] As autoridades portuguesas negociavam separadamente com as lideranças de um e outro grupo. Em julho de 1798, o governador recebeu o cacique Guaykuru Martinho Pinto, a quem regalou e prometeu que a separação seria vantajosa: "para viverem só em Coimbra, Uaicurus e Portuguezes";[190] dois caciques Guaná subiram à capital em novembro, e em seguida vistoriaram as instalações de Vila Maria, "a ver se lhes agrada".[191] Daí em diante, todos os esforços foram feitos para manter os dois grupos separados: em 1844, Castelnau visitou os aldeamentos de "Guaná" e "Quiniquinos" em Albuquerque, os quais eram independentes dos Guaykuru "Ouaitiadéhos", também aldeados naquela vila.[192]

Os tratados de paz e o problema da soberania

Dentre os dispositivos empregados por esse novo tipo de poder civilizador estava a utilização de tratados de paz, firmados entre governadores das províncias confinantes dos impérios rivais e caciques dos chamados "índios bárbaros". Embora a política de tratados entre colonizadores e índios tenha sido eventualmente utilizada desde o início da conquista, na segunda metade do século XVIII tornou-se uma prática frequente e incentivada pelas metrópoles.[193] No entendimento dos reformistas ilustrados, eram expressão da ideia de conquista pacífica, do necessário abandono dos métodos perdulários de guerra de destruição e cativeiro de populações que, se atraídas afavelmente à sociedade colonial, desempenhariam, assim se esperava, um rol de atividades úteis tanto à consolidação dos estabelecimentos de fronteira quanto aos circuitos

---

189 PRADO, Francisco Rodrigues do. "História dos índios cavalleiros [...]" [1795]. *RIHGB*, Rio de Janeiro, v. 1, 1839, p. 30.

190 APMT, Cód. C-37, f. 176v-181. Caetano Pinto de Miranda Montenegro a Ricardo Franco de Almeida Serra, Vila Bela, 17 jul. 1798, f. 177.

191 APMT, Cód. C-37, f. 181v-183. Caetano Pinto de Miranda Montenegro a Ricardo Franco de Almeida Serra, Vila Bela, 27 nov. 1798.

192 CASTELNAU, *Expédition dans les parties centrales*, op. cit., t. 2, p. 392-97.

193 Charles Gibson traça importantes comparações entre os tratados de paz firmados por espanhóis e mouros durante a Reconquista, e espanhóis e indígenas na conquista da América, mas sustenta erroneamente que, neste último caso, foram poucos os tratados (GIBSON, Conquest, capitulation, and indian treaties, *op. cit.*). Há evidências de que os portugueses também firmassem tratados com povos indígenas inimigos: Pedro Puntoni, em seu trabalho sobre a Guerra dos Bárbaros no nordeste da América portuguesa, analisou tratados de paz firmados entre colonizadores e índios Janduí e Ariús, entre 1692 e 1697 (PUNTONI, Pedro. *A guerra dos bárbaros*: povos indígenas e a colonização do sertão nordeste do Brasil, 1650-1720. São Paulo: Hucitec/Edusp/Fapesp, 2002, p. 159, transcrições dos tratados às p. 300-304).

de comércio imprescindíveis para desenvolver as economias internas.¹⁹⁴ Desvendar o sentido profundo desses tratados de paz supõe escapar às armadilhas discursivas a que esses textos justamente procuram conduzir e pensá-los como um dentre outros dispositivos que – assim como os bastões, uniformes militares, presentes, descrições de comportamento etc. – procuravam delegar poderes coercitivos a intermediários indígenas a fim de assegurar o controle e a "utilidade" dessas populações à segurança dos territórios.

Traço onímodo dessas construções discursivas é a insistência na ideia de que eram os índios que procuravam "voluntariamente" tornarem-se vassalos do império. A procura pela vassalagem, por parte dos índios, devia aparecer no texto como uma escolha livre e espontânea. Assim, por exemplo, no tratado de paz assinado entre índios Guaykuru e portugueses na capital do Mato Grosso em 1796, consta que "vieram espontânea e ansiosamente a esta capital de Vila Bela os capitaens Aycurus José de Seabra, e Luiz Pinto, com suas respectivas mulheres D. Joaquina d'Albuquerque, e D. Carlota de Castro, dois dos principais chefes da dita numerosa Nação". O texto refere que foram hospedados com as mais sinceras demonstrações de amizade e de agasalho e brindados com alguns donativos:

> E sendo-lhe perguntado de ordem do mesmo Snr. se era nascida de sua livre vontade, e voto próprio, a Obediência e Vassalagem que protestavam a Sua Majestade Fidelíssima, como também se queriam ficar sujeitos às leis da mesma Augusta Soberana Senhora, ficando amigos dos seus amigos, e inimigos dos seus inimigos, para desta forma gozarem livre, e seguramente de todos os bens, comodidades, e privilégios, que pelas leis de Sua Majestade Fidelíssima são concedidos a todos os índios. A tudo responderão ambos os referidos capitães uniformemente, que sim.¹⁹⁵

Em termos teóricos, esses tratados podiam significar o reconhecimento, pelas autoridades coloniais, da autonomia das sociedades indígenas como "nações" integradas e independentes no âmbito do império. Eles selariam, no parecer de Abelardo Levaggi, uma relação "de nación a nación", ou seja, manifestariam o reconhecimento de "naciones interiores de la Monarquía".¹⁹⁶ A perspectiva inaugurada por Francisco de Vitória, autor de *De Indis* (1539),¹⁹⁷ estabelecera, contra o sistema de "requerimiento", que justificava guerras e captura, que em

---

194 WEBER, *Bárbaros, op. cit.*, p. 181-82, 209.

195 AHU, MT, cx. 31, d. 1722, Anexo n. 2. Tratado de paz entre os chefes Guaykuru José de Seabra, D. Joaquina de Albuquerque, Luiz Pinto e D. Carlota de Castro, e o governador de Mato Grosso, João de Albuquerque de Melo Pereira e Cáceres, Vila Bela, 7 fev. 1796.

196 LEVAGGI, Abelardo. Los tratados entre la Corona y los indios, y el plan de conquista pacífica. *Revista Complutense de Historia de América*, Madrid, n. 19, 1993, p. 89.

197 VITÓRIA, Francisco de. Sobre los indios [1539]. In: Idem. *Sobre el poder civil; Sobre los indios; Sobre el derecho de la guerra*. 2ª. ed. Madri: Tecnos, 2007, p. 55-150.

um tratado de paz os índios poderiam transferir certa soberania sem destruir sua autonomia interna. Permaneceriam reconhecidos como comunidades políticas separadas com seus próprios direitos, embora dentro de um Estado maior, ao qual eram cedidos "derechos soberanos sobre los territorios".[198] Forçoso é reconhecer, no entanto, que o modelo de negociação entre nações "iguais" em numerosos casos não foi observado pelos espanhóis, e a tendência em converter tratados recíprocos em imposição de estatutos pode ser verificada nos sucessivos acordos entre autoridades coloniais e "índios bárbaros" de áreas liminares.[199]

Quando se passa, como tem sugerido Guillaume Boccara, à análise da situação história concreta em que os índios se encontravam e que determinavam as relações de força que os textos dos tratados procuravam atenuar, a natureza desses textos se revela como parte de dispositivos de vigilância e produção de obediência.[200] Com efeito, o reconhecimento de autonomias não conduz (a não ser ficcionalmente) a relações entre "nações" em pé de igualdade, nem anula, antes aprofunda o processo de delegação de poderes coercitivos condizentes com as expectativas do colonialismo. Tratava-se de converter os caciques em gestores do que Amy Turner Bushnell chama de "system of indirect rule".[201] Essa perspectiva não era abandonada por administradores coloniais, mesmo quando cediam em negociações com lideranças indígenas. Certamente não deixa de ser revelador que, quando os espanhóis instalaram Concepción no norte do Paraguai em 1773, tendo os caciques Guaykuru acompanhado o processo e renovado as pazes com o governador, uma pintura para celebrar o tratado fosse dedicada ao tema: "Paces. Retrato del Rey con el Mbaya a sus pies".[202]

Ao menos para a região aqui em estudo, os textos dos tratados não dissimulavam a desigualdade de forças, o entendimento de que se estava a produzir a capitulação de um inimigo e a construção da obediência. O tratado assinado em 1798 entre caciques Guaykuru e Guaná e o governador do Paraguai, Lazaro de Ribera, assegurava, em seu artigo primeiro,

---

198 LEVAGGI, Los tratados entre la Corona y los indios, y el plan de conquista pacífica, *op. cit.*, p. 90.

199 Assim, a conclusão a que Abelardo Levaggi chega após compilar vários desses textos é a de que não se pode preterir o contexto histórico em que se inseriam: "hubo tratados con equivalencia de prestaciones y tratados desiguales, con superioridad española, por lo general como consecuencia de una victoria militar o de un ataque inminente con probabilidad de éxito". O traço comum seria, portanto, o estabelecimento de "un freno para la violencia" e de "un orden jurídico" para as relações hispano-indígenas (LEVAGGI, *Diplomacia Hispano-Indígena en las fronteras de América, op. cit.*, p. 313 (cit), 159 *et passim*).

200 BOCCARA, *Guerre et ethnogenèse mapuche dans le Chili colonial, op. cit.*, p. 226 *et seq.*

201 "Set apart by their European clothing and *convento* educations, they were the middlemen between the Republic of Spaniards and the Republic of Indians, the channels through which *repartimiento* labor and remuneration flowed. In all but name they were the colony's *encomenderos*: armed, mounted, accustomed to command, exempt from manual labor or corporal punishment, and entitled to exact goods and services from their vassals" (BUSHNELL, "Gastos de indios", *op. cit.*, p. 144-45). Ainda sobre tratados de paz e atribuição de responsabilidades aos caciques, ver: JOHN, Elizabeth A. H. La situación y visión de los indios de la frontera norte de Nueva España (siglos XVI-XVIII). *América Indígena*, v. 45, n. 3, 1985, p. 479.

202 AGUIRRE, Diario del Capitán de Fragata, *op. cit.*, v. 20, 1951, p. 329.

que "el cacique embajador Mbayá con los demás de su nación, y el régulo Guaná de que se ha hecho mención anteriormente, reconocen de hoy en adelante y para siempre á S.M.C. Rey de España y de las Indias, por único y legitimo soberano de ellos, obligándose religiosamente a guardarle fidelidad y obediencia como buenos y leales vasallos suyos".[203] O mesmo teor se lê no tratado de paz entre portugueses e Guaykuru de 1791, que sublinha que os caciques "se sujeitaram e protestaram uma cega obediência às leis de S.M., para serem de hoje em diante reconhecidos como vassalos da mesma senhora".[204] Nesse plano discursivo, se se tratava do reconhecimento de "nações" autônomas, a condição era a de que aceitassem as obrigações e responsabilidades inerentes à ordem colonial. Tanto era assim que, especificamente nos tratados firmados pelos espanhóis, era bastante comum a inclusão de uma cláusula que obri-

---

203 ANA, CRB, n. 58. "Articulo de la Paz que se ha celebrado con los caziques Mbaya y Guaná", 31 jan. 1798, f. 1.

204 AHU, MT, cx. 28, d. 1617, Anexo n. 2. Tratado de paz entre os chefes Guaykuru João Queima de Albuquerque e Paulo Joaquim José Ferreira, e o governador de Mato Grosso, João de Albuquerque de Melo Pereira e Cáceres, Vila Bela, 1 ago. 1791. Geralmente os caciques eram referidos também como "régulos" (do lat. *regulus*: pequeno rei). Evidência de certa permanência em relação aos textos de tratados do século XVII, se se considerar, por exemplo, o artigo primeiro do "Assento das pazes com os janduís" (1692), tecido durante a Guerra dos Bárbaros nos sertões do Nordeste da América portuguesa. No texto do tratado, "o dito rei Canindé" e outros principais "reconhecem ao senhor rei de Portugal, dom Pedro, Nosso Senhor, por seu rei natural e senhor de todo o Brasil e dos territórios que as ditas 22 aldeias ocupavam; e lhe prometem agir como submissos vassalos com obediência para sempre". Contestando a linha de análise de John Hemming, que enfatiza o fato do cacique Canindé ter sido considerado "rei", suposto reconhecimento de "um reino autônomo", Pedro Puntoni afirma que "este 'tratado de paz' deve ser entendido mais como uma capitulação de obediência, do que como um contrato. A fórmula protocolar não deve esconder a verdadeira natureza do documento" (PUNTONI, *A guerra dos Bárbaros*, op. cit., p. 149 (transcrição do documento à p. 300); HEMMING, John. *Ouro vermelho*: a conquista dos índios brasileiros. São Paulo: Edusp, 2007, p. 522).
Realmente, a circunstância de ter sido firmado um tratado de paz não parece razão suficiente para crer que a administração colonial estava disposta a aceitar entidades políticas autônomas dentro do império. A compreensão coeva em relação aos tratados de paz reconhecia quatro níveis de relações entre autoridades de comunidades políticas, que se podem reduzir em termos de reciprocidade ou unilateralidade. Há que distinguir, como definiu Vattel em 1758, os tratados iguais, quando o equilíbrio era mantido nos termos do acordo; as alianças iguais, quando uma das partes cedia sem perda de dignidade; os tratados desiguais, quando uma cedia em termos apenas favoráveis à outra; e as alianças desiguais, quando uma das partes reconhece que sua soberania derivava ou era delegada pela outra (VATTEL, Emer de. *O direito das gentes*. Brasília: Editora UnB/Instituto de Pesquisa de Relações Internacionais, 2004, liv. 2, cap. xii, §172-75, p. 283-288). Em uma exaustiva análise dos tratados de paz dos portugueses com potentados e reinos do Oriente, Vasconcelos de Saldanha reconhece uma ampla variedade de situações de dominação, que iam da incorporação direta (Goa) ao reconhecimento de "reis vassalos" (Monomotapa, Moçamba, Zanzibar, Ormuz, Samatra, Maluco etc.), forma que permitia aos nativos a manutenção de sua soberania, e que teria predominado na política portuguesa nessa região (SALDANHA, Antonio Vasconcelos de. *Iustum imperium*: dos tratados como fundamento do império dos portugueses no Oriente: estudo de história do direito internacional e do direito português. Lisboa: Fundação Oriente, 1997, p. 386-89). Novamente, o essencial é reconstituir o sistema mais amplo de relações coloniais no âmbito das quais os tratados eram apenas um dos dispositivos empregados pelos europeus para obter certo nível de controle sobre populações e territórios. Ver também, para o caso de Angola, onde "personal sovereignty of the chiefs and their internal autonomy" foram mantidas: HEINTZE, Beatriz. Luso-african feudalism in Angola? The vassal treaties of the 16th to the 18th century. *Revista Portuguesa de História*, Coimbra, t. 18, 1980, p. 131.

gava os caciques a entregar seus filhos como *"rehenes"*, reféns mantidos como garantia de que as determinações seriam cumpridas, prática recomendada desde Vargas Machuca, em quem já aparecia o pretexto de que "se aquerencien entre los nuestros y conozcan su buen trato y policía y aprendan la lengua".[205] Assim, no tratado de paz com os Mocobí em 1776, constava que "un hijo de cada cacique pasando de seis años los han de entregar al Señor Gobernador a fin de que su Señoría les destine las casas que sean de su satisfación en las cuales a más de Doctrinárseles, y Bautizar a los que de ello sean capaces, se les vestirá decentemente, cuidará y agradará conforme corresponda a su calidad",[206] e a mesma exigencia foi feita aos Payaguá em 1791[207] e aos Guaykuru e Guaná em 1798.[208]

Construção discursiva que não pode ser isolada do contexto de demarcação territorial entre impérios, em que era preciso obter garantias juridicamente válidas da posse soberana sobre as terras indígenas. Por essa razão, as cartas patentes que o governador de Mato Grosso deu em 1791 aos caciques Guaykuru, e que eles "guardavam muito bem",[209] afirmavam que os índios tinham "solenemente contratado perpetua paz e amizade com os Portugueses, por um termo judicialmente feito".[210] Ora, os caciques, no ano seguinte, foram mostrá-las aos espanhóis, como refere o governador do Paraguai, que de pronto tratou de "firmar la Paz" com 18 caciques do entorno do forte Borbón, "para que de este modo no hagan liga con los Lusitanos", o que era da maior relevância para segurar aquelas terras.[211]

Quando, na segunda metade do século XVIII, as expansões imperiais na América começaram a se chocar, produzindo várias zonas de contenda territorial por todo o continente, a política dos tratados de paz, inspirada no pensamento da Escola de Salamanca, retornou como dispositivo capaz de dar salvaguarda jurídica para a posse territorial. Assim, por exemplo, em outubro de 1793, diante da guerra com a França e sob ameaça de invasão da Louisiana pelos Estados Unidos, o governador espanhol Barão de Carondolet, sem tropas suficientes, resolveu incorporar os índios em um plano defensivo. Ele enviou convites

---

205 VARGAS MACHUCA, Bernardo. *Milicia y descripción de las Indias* [1599]. Madri: Victoriano Suarez, 1892, v. 1, p. 13.

206 AGI, Buenos Aires, 229. "Testimonios del acta capitular", Assunção, 29 mar. 1776; AGI, Buenos Aires, 295. Carta de Agustín de Pinedo ao rei, Assunção, 2 ago. 1776.

207 AGI, Buenos Aires, 283. Joaquín de Alós ao rei, Assunção, 26 out. 1792, sobre a redução dos Payaguá e Guaná, f. 5.

208 "Los Mbayá y Guanás entregarán doce muchachos hijos, hermanos o sobrinos de los principales caciques, para que en la Asunción bajo la protección del Gobernador, aprendan la lengua española, los rudimentos de la religión, a leer y escribir, cuales se restituirán luego que estuvieren instruidos, y remitan otros los caciques para remplazarlos" (ANA, CRB, n. 58. "Articulo de la Paz que se ha celebrado con los caziques Mbaya y Guaná", 31 jan. 1798, §5).

209 PRADO, Francisco Rodrigues do. "História dos índios cavalleiros [...]" [1795]. *RIHGB*, Rio de Janeiro, v. 1, 1839, p. 30.

210 AHU, MT, cx. 28, d. 1617, Anexo n. 3. Carta patente aos chefes João Queima de Albuquerque e Paulo Joaquim José Ferreira, firmada pelo governador João de Albuquerque de Melo Pereira e Cáceres, Vila Bela, 30 jul. 1791.

211 AHN, Estado, 4548. Joaquín de Alós ao vice-rei Nicolás de Arredondo, Assunção, 19 jan. 1793, f. 5.

aos Chickasaws, Choctaws, Alibamons, Talapoosas, Creeks e Cherokees, que destacaram seus representantes para uma conferência em Nogales. No tratado assinado naquele ano, as "nações" indígenas se comprometiam a "formar uma aliança ofensiva e defensiva" em favor da Coroa espanhola, a quem juravam fidelidade. Segundo um estudioso desse e de outros tratados estabelecidos pelos espanhóis desde a década de 1780 com os índios de Louisiana, Mobile e oeste da Flórida, o objetivo central era contribuir para uma imagem do monarca espanhol como protetor dos índios e fortalecer juridicamente sua reivindicação por territórios em disputa com os Estados Unidos.[212]

Tratados de paz, portanto, podiam servir como dispositivos diplomáticos para confirmar a posse de territórios sob litígio. Era esse o entendimento do governador Joaquín de Alós, que em seu informe de fevereiro de 1792 ao vice-rei certificou que os Guaykuru jamais haviam perdido o vasto território que ocuparam após a queda de Santiago de Xerez (1632), cidade espanhola que existia no rio Mbotetei. Nos mais de 4 graus de latitude entre os rios Jejuí e Mbotetei, além de outros tantos de longitude, "se comprehenden muchas tolderías bajo distintos nombres", de modo que "la jurisdicción de Belén", a missão em que os espanhóis reduziam os Guaykuru desde 1760, "nunca se limitó h.ta el Ytapucú quazú", serro a norte da foz do rio Apa, mas chegava até o Mbotetei mencionado. Do que se depreende uma visão geopolítica que instrumentalizava os tratados de paz: "se saque la ilasión de q.' no habiendo perdido el derecho p.r haverse reducido, se reintegraron a esta prov.a p.r el de reversión todos aquellos campos, como q.' son vasallos de n.tro monarca y s.or natural, y han prestado palabra de fidelidad y subordinación".[213]

Outra ideia central era a de que o império dependia do consentimento. A passagem da intimação a que os índios cedessem as terras à espera de que o fizessem voluntariamente era uma permanência das ideias da Escola de Salamanca. Terras, ouro e outros recursos só poderiam

---

212 "By the treaties of Mobile and Pensacola, Spain made herself protector of the southern Indian tribes and thus strengthened her claim to territory left in dispute with the United States after the Revolutionary War" (KINNAIRD, Lawrence. Spanish Treaties with Indian Tribes. *The Western Historical Quarterly*, v. 10, n. 1, 1979, p. 46). Franceses e ingleses partilhavam de uma concepção diferente, pois não foram agraciados com a doação papal como os espanhóis. Assim, utilizavam a noção de *res nullius*, segundo a qual, se a terra não fosse cultivada pelos índios, poderia ser requisitada pelo colonizador. Dissidentes dessa corrente, como Arthur Young, autor de *Political essays concerning the Present State of the British Empire* (1772), aceitavam a ideia de Locke de que os índios não diferenciavam posse e ocupação, e toda a vez que se lhes tentava tomar as terras supostamente "desocupadas", o que se estava a praticar era realmente uma "conquista". O único meio legal, afirmava Arthur Young, era comprar a terra aos índios (PAGDEN, Anthony. *Lords of all worlds*: ideologies of empire in Spain, Britain, and France c.1500-c.1800. New Haven; Londres: Yale University Press, 1995, p. 77, 83).

213 AHN, Estado, 4555, carpeta 9, n. 42. Joaquín de Alós ao vice-rei Nicolás de Arredondo, Assunção, 8 fev. 1792, f. 5. Referindo-se ao serro Pão de Açúcar, onde foi instalado o forte Borbón em 1792, o governador Alós informou ao de Mato Grosso que eram terrenos onde os Guaykuru "les daban sepultura a sus cadáveres". O tratado de paz com aqueles índios não cedia margem para contestações portuguesas: "Estos terrenos eran legítimamente nuestros y lo son pues aun que los mbaias los ocupen, a los principios fue contra nuestro consentimiento, y posteriormente, desde que hicimos las paces los poseen como que son nuestros, y poden disponer de ellos" (APMT, Cód. C-32, f. 99-101. Joaquín de Alós a João de Albuquerque, Assunção, 23 ago. 1792, f. 100).

ser utilizados mediante anuência dos principais indígenas: "Los bárbaros indios", afirmava Francisco de Vitória, "han podido caer bajo el dominio de los españoles por una verdadera elección voluntaria".[214] Daí porque os tratados de paz sempre mencionassem que os índios procuravam espontaneamente tornarem-se vassalos. Para os espanhóis, os índios não eram "donos" das terras, já doadas pelo papa. Os tratados remontavam, assim, ao debate do século XVI, quando duas posições eram claramente definidas: com Las Casas e Vitoria, podiam esperar que os índios voluntariamente desejassem sua incorporação, como vassalos, ao Império espanhol; ou com Francisco Suárez, Solórzano y Pereira, Luís de Molina, Sepúlveda e outros, podiam valer-se da guerra justa contra os que resistissem à incorporação, ou seja, possuir as terras "because their blood", sintetiza Anthony Pagden, "had literally flowed into the ground, and made them and their descendants its true owners".[215]

Tratados de paz implicavam em concessões, mas a assimetria de poder entre as partes conduzia a que os governadores fossem atentos em registrar por escrito as concessões dos índios. Entretanto, rara vez colocavam no papel que tipo de concessões faziam aos caciques que, ao verem como perfeitamente legítima a promessa feita verbalmente, não se preocupavam com esse detalhe. O procedimento permitia aos governadores evitar que caíssem em dúvida, aos olhos de vice-reis e ministros, os métodos empregados a nível local.[216] Nesse sentido, os textos dos tratados podem ser entendidos como um exemplo típico de documento/monumento, como discurso produzido para impor uma imagem do passado.[217] Naturalmente, as concessões dos índios eram enfatizadas. No tratado de 1798, os caciques Guaykuru e Guaná se comprometiam, em primeiro lugar, a transferir sua gente para espaço confinado e segregado do contato com espanhóis: "Se les señalará el terreno que ocupó D. José del Casal, u otro equivalente al otro lado del Rio Aquidabán, el que cultivarán para subsistencia, concurriendo el Gobernador con algún ganado, prometiendo vivir quieta y pacíficamente sin dar lugar ni motivo de queja a los Españoles". A transferência dos índios para um núcleo mais ao norte da província permitiria a expansão das fazendas de gado e de benefício de erva. Em segundo lugar, os caciques ficavam diretamente responsabilizados pela administração da justiça entre os índios, comprometendo-se a entregar ao governo os que cometessem crimes: "El indio o indios que con exceso o robo perjudique o cause extorsiones a los Españoles será entregado por sus régulos al comandante de Villa Real, para que lo castigue a proporción de su delito, y los españoles que falten a sus obligaciones cometiendo algún desorden contra los indios serán castigados con severidad por este

---

214 VITÓRIA, Sobre los indios [1539], *op. cit.*, p. 129; no mesmo sentido: p. 146-47, "Sexto Título" e "Sétimo Título".
215 PAGDEN, *Lords of all worlds, op. cit.*, p. 93 (cit.), 49-51, 91, 98-100.
216 ROULET, Con la pluma y la palabra, *op. cit.*, p. 316, 319-21.
217 *Ibidem*, p. 318. "[...] los documentos relativos a la diplomacia con los indígenas no son neutros ni objetivos, sino que sirven los intereses de quienes los redactan, destacando sus cualidades de negociadores y enfatizando los servicios que prestan a la corona" (p. 341).

gobierno". Finalmente, ficavam responsáveis por preparar seus guerreiros e deixá-los à disposição como força auxiliar do Império: "estas naciones con sus caciques y régulos se obligan fiel y religiosamente no solo a defender con sus fuerzas a los españoles, sino también a dar aviso y noticias anticipadas de la nación o enemigos que quieran ofender y hostilizar los españoles, o introducirse en sus terrenos".[218]

Quanto às concessões do governo, somente o tratado de 1798 registrou alguns compromissos claros. Vale lembrar que os espanhóis recorreram a esse expediente para remediar o dano político provocado pela chacina de 15 de maio de 1796, quando alguns *vecinos* da elite de Concepción organizaram uma expedição punitiva por conta própria e levaram a morte a mais de 110 índios Guaykuru, a quem acusavam de praticar incursões contra as fazendas. Em carta ao vice-rei Pino y Rosas, Lazaro de Ribera referiu que os índios "quedaron tan sorpreendidos con el acontecim.to" que os portugueses se aproveitaram para atraí-los, restando ao governador espanhol recorrer ao tratado de paz.[219] As concessões do governo eram as seguintes: concorrer com algum gado para a nova povoação dos índios; enviar um missionário para ensinar-lhes "la lengua castellana, a leer, y escribir, por cuyo medio esperan corresponderse frecuentemente con el Gobernador"; educar 12 filhos de caciques na capital sob a proteção das autoridades; e fornecer proteção militar contra seus inimigos.[220]

A possibilidade de que esses grupos desertassem para os domínios de Portugal e auxiliassem militarmente os rivais contra os espanhóis era, certamente, uma ameaça capitalizada pelos indígenas e incontornável para o governo do Paraguai. As promessas de Ribera, se falhassem, promoveriam sérios danos políticos que o governador não desconhecia, tanto assim que ordenou a transferência de 8 ou 10 mil cabeças de gado dos *pueblos* Guarani de San Joaquín para a *Estancia del Rey*, que ficava nas proximidades de Concepción, para que assegurassem a subsistência dos índios.[221] A falta de dinheiro na província tornava, no entanto, muito difícil manter os gastos demandados por essa política.[222]

---

218 ANA, CRB, n. 58. "Artículos de paz que se ha celebrado con los caziques Mbayá y Guaná", 31 jan. 1798, §2, 4 e 6.
219 ANA, SH, v. 192, n. 1, f. 88-103v. Lazaro de Ribera ao vice-rei Joaquín del Pino y Rosas, 19 abr. 1803, f. 97.
220 ANA, CRB, n. 58. "Artículos de paz que se ha celebrado con los caziques Mbayá y Guaná", 31 jan. 1798, §2, 3, 5 e 6.
221 ANA, SH, v. 173, n. 1, f. 58. Lazaro de Ribera ao comandante Juan Baptista Ribarola, Pueblo de Atirá, 27 fev. 1798.
222 O tratado entre os Payaguá e os espanhóis de 1753 impôs duras limitações à mobilidade fluvial dos índios canoeiros, e como contrapartida acenou com a vaga promessa de que "viverán sin recelo alguno bajo de la Protación de la Prov.a y desfrutarán los alimentos de ella". Os tratados do lado português só mencionavam que os índios gozariam dos "bens, commodidades e privilégios" garantidos pelas leis (ANA, SH, v. 127, n. 7. "El gobernador sobre la capitulación de los indios Payaguás", Assunção, 26 maio 1753; AHU, MT, cx. 28, d. 1617, Anexo n. 2. Tratado de paz entre os chefes Guaykuru João Queima de Albuquerque e Paulo Joaquim José Ferreira, e o governador de Mato Grosso, João de Albuquerque de Melo Pereira e Cáceres, Vila Bela, 1 ago. 1791; AHU, MT, cx. 31, d. 1722, Anexo n. 2. Tratado de paz entre os chefes Guaykuru José de Seabra, D. Joaquina de Albuquerque, Luiz Pinto e D. Carlota de Castro, e o governador de Mato Grosso, João de Albuquerque de Melo Pereira e Cáceres, Vila Bela, 7 fev. 1796).

O que é decisivo notar, no entanto, é que o trunfo dos caciques Guaykuru e Guaná em obter dos espanhóis (assim como arrancavam dos portugueses, quando iam a Vila Bela assinar tratados) semelhantes concessões evidencia como a centralização de poder de representação, estimulada pela própria política indigenista, assegurava possibilidades de negociação, que essas lideranças puderam explorar com habilidade em favor dos interesses de suas comunidades. A constituição da hegemonia colonial demandava a abertura de canais de comunicação pelos quais passavam tanto as disposições com vistas a controlar os índios como as pautas "legítimas" de negociação de benefícios.[223]

Os governadores habilmente não mencionavam nos tratados todas as concessões que prometiam aos índios, de modo que, por si mesmos, esses textos podem ser lidos como exemplares do que Vattel chama de tratados desiguais e alianças desiguais.[224] A incorporação soberana dos territórios, o confinamento em reduções, a entrega de reféns, a exigência de apoio militar, ter os mesmos amigos e os mesmos inimigos eram algumas das cláusulas que sinalizavam claramente que os governos não abandonavam a perspectiva de submeter as populações nativas. Por sua vez, os índios seguiram cobrando as promessas de gado, ferramentas, roupas, avelórios e outros itens, ignoravam as restrições à sua mobilidade, promoviam incursões, cruzavam a fronteira e barganhavam vantagens de ambos os impérios.

Entretanto, a expansão de aparatos militares e fazendas e os impactos dos dispositivos coloniais que promoviam lideranças cooptadas levavam, a pouco e pouco, à fragmentação, ao abandono de territórios e à transmigração para reduções e aldeias. Já em fins do século, a transferência de grupos (que os portugueses chamavam de "Uatedios" e "Cadiuéos") do forte Borbón ao forte Coimbra, como informa seu comandante, foi o resultado de uma incisiva política de atração de caciques, que teriam visitado três vezes o forte lusitano em 1799, onde "fizeram despesa em mantimento, concerto de ferramentas, e outras dádivas". No dia 14 de fevereiro de 1800, um cacique avisou que "oito capitães dos ditos Cadiueos, com todas as suas mulheres, filhos, gado e cavalaria, todos vem de mudança". Eles aceitaram a proposta de passar à povoação de Albuquerque, assim que o rio o permitisse.[225] A transmigração desses Guaykuru não foi resultado exclusivo da política portuguesa. A relação com os *vecinos* espanhóis da região de Concepción já se desgastara desde a chacina de 15 de maio de 1796, e a falta de recursos da província do Paraguai para manter os presentes aos caciques desanimava a permanecer daquele lado da fronteira. Mais recentemente, segundo os caciques informaram a Ricardo Franco de Almeida Serra, o comandante de Borbón enfrentou conflitos com alguns xamãs e caciques

---

223 STERN, *Los pueblos indígenas del Perú y el desafío de la conquista española*, op. cit., p. 218; RADDING, Cynthia. The colonial pact and changing ethnic frontiers in Highland Sonora, 1740-1840. In: GUY; SHERIDAN (eds.), *Contested ground*, op. cit., p. 53.

224 VATTEL, *O direito das gentes*, op. cit., liv. 2, cap. xii, §175, p. 287.

225 AHU, MT, cx. 38, d. 1898. Ricardo Franco de Almeida Serra a Caetano Pinto de Miranda Montenegro, Coimbra, 14 fev. 1800, f. 2.

dissidentes, e sua desastrada ordem para que o cacique Luiz Zavala perseguisse e espancasse alguns xamãs (um deles chegou a ser morto), a quem tachava "feiticeiros e máos", e suas ameaças de que puniria os que intentassem desertar, foram o estopim para a transmigração de parte dos índios: "Vencendo enfim as difficuldades da inundação do Paraguay, em que perderam cavallos e trastes no número de 380 almas e 1400 animaes, se apresentaram em Coimbra em 15 do pretérito Novembro, na maior miséria, magreza e consternação". Dentre esses índios, havia 12 caciques, e todo o grupo foi transferido para Albuquerque e aldeado nas imediações daquela povoação.[226] O cacique Paulo, pouco tempo depois, trouxe mais um grupo de Uatedios e Cadiuéos, que somados aos Guaná que também transmigraram, elevou a população ao redor do forte Coimbra a mais de mil índios.[227] Em 1800, o comandante português estimou que os índios atraídos chegassem a 800 Guaykuru e 600 Guaná, enviados à povoação de Albuquerque, e em Miranda parecem ter alcançado 800 pessoas dos dois grupos, totalizando 2.200 índios na esfera da colonização portuguesa. Em 1803, com a migração de mais 600 "Cadiueo" de Borbón para Coimbra e a incorporação de 400 índios Xamacoco, que esses grupos Guaykuru capturaram quando já estavam do lado português, a expectativa do comandante Ricardo Franco era alcançar mais de 3.200 índios aldeados.[228]

Os portugueses não conseguiram a amizade de todos os Guaykuru, e mesmo grupos que já se tinham aldeado em Mato Grosso foram atraídos pelos espanhóis para o seu lado da fronteira. A disputa entre os dois impérios era acirrada e os espanhóis também conseguiram quebrar lealdades firmadas pelos portugueses. Em setembro de 1801, grupos de Guaykuru ligados a três caciques e um grupo Guaná ligado ao chefe Luiz Ditime abandonaram o forte de Miranda e passaram aos domínios de Espanha. Esse acontecimento surpreendeu os portugueses, pois os índios de Miranda eram os mesmos que foram perseguidos pela expedição de José de Espinola, e naquele presídio "se contavam já como aldeados, sujeitos e reduzidos à polícia, costumes e comunidade portuguezes os primeiros que, ingratos aos benefícios, agazalho, amparo e amizade que acharam, e aonde só se salvaram do furor dos hespanhoes, os que mais facilmente se deixaram seduzir e com a maior indiferença se ausentaram".[229] Os espanhóis divulgavam entre os índios a notícia de que o forte Borbón, que já contava com mil

---

226 SERRA, Ricardo Franco de Almeida. "Continuação do parecer sobre os índios Uaicuru's, Guana's etc.", Coimbra, 2 fev. 1803. *RIHGB*, Rio de Janeiro, v. 13, 1850, p. 386.

227 AHU, MT, cx. 40, d. 2020. Ricardo Franco de Almeida Serra a Caetano Pinto de Miranda Montenegro, Coimbra, 22 dez. 1802.

228 AHU, MT, cx. 38, d. 1898. Ricardo Franco de Almeida Serra a Caetano Pinto de Miranda Montenegro, Coimbra, 14 fev. 1800; SERRA, Ricardo Franco de Almeida. "Parecer sobre o aldeamento dos índios Uaicurús e Guanás, com a descrição dos seus usos, religião, estabilidade e costumes", 3 fev. 1803. *RIHGB*, Rio de Janeiro, v. 7, 1845, p. 205, 211.

229 SERRA, Ricardo Franco de Almeida. "Continuação do parecer sobre os índios Uaicuru's, Guana's etc.", Coimbra, 2 fev. 1803. *RIHGB*, Rio de Janeiro, v. 13, 1850, p. 385.

cabeças de gado, contaria em breve com 4 mil, o que de fato estava em curso, com a transferência da Estância d'El Rey para aquelas paragens. Em dezembro de 1802, dois caciques "Cadiueo", que já tinham passado para Coimbra, foram procurados por um cacique, sogro do chefe Luiz Zavala, e desertaram de volta para Espanha com 40 índios. Dois caciques Guaná, que aliás sempre se tinham mostrado muito amigos do comandante, desertaram com os seus em 1803, levando alguns itens do armazém real.[230] Duplo equívoco, portanto, o da hipótese de Chiara Vangelista, pois não é verdade que "los guaikurú escogieron aliarse con los portugueses", já que grupos e famílias de caciques escolheram os espanhóis (inclusive após abandonar os portugueses); nem é correto dizer que os índios mantiveram "el frente indígena compacto, por lo menos durante dos décadas": a disputa era mais sutil do que alianças sob a forma de "blocos étnicos" e incidia sobre cacicados e mesmo frações de famílias de caciques, cujas lealdades podiam ficar divididas e seguiam sendo negociadas.[231]

Nessas circunstâncias, o comandante de Coimbra acirrou as cobranças sobre caciques para que evitassem a todo custo a deserção dos índios. Era colocado em teste e ao mesmo tempo reforçado o dispositivo de delegação de poderes coercitivos. Ricardo Franco de Almeida Serra convidou os caciques para as festas de Natal e Ano Novo de 1802: "lhes dei um mais amplo jantar e abundante bebida, e lhes fiz outra semelhante falla á já referida. Não houve um *Cadiuéo*, que não me assegurasse a sua fixa morada entre nós em Albuquerque". Do mesmo modo, quando os caciques Rodrigo de Souza e Lourenço, que residiam em Miranda, apareceram em Coimbra solicitando licença para ir capturar Xamacocos, e sendo o comandante informado que, na verdade, passariam ao território de Chiquitos, manifestou duras cobranças aos mesmos caciques, dizendo-lhes que

> cada tribu devia existir no seu actual domicilio para cultivarem e nos venderem por sua utilidade a parte que lhes crescesse da sua colheita, que deviam fazer casas e uma fixa morada, para viverem como portuguezes; pois como taes os contávamos e defenderíamos, e que isto era o que queria V. Ex.a [o

---

230 *Ibidem*, p. 390, 386-87. Em 1791, os espanhóis instalaram uma fazenda de gado pertencente ao Estado nas imediações da vila de Concepción, esperando captar donativos de *vecinos* que, somados aos recursos públicos, permitiriam garantir o abastecimento dos novos fortes militares que se pretendia construir mais ao norte, na fronteira com os portugueses. Em 1803, essa chamada *Estancia d'El Rey* passou a ser transferida para as imediações entre o rio Apa e o forte Borbón (ANA, SNE, v. 88, f. 16 *et seq*. "Expediente del Gobernador Joaquín Alós sobre el modo más oportuno y equitativo à la Real Hacienda de subministrar el abasto necesario para subsistencia à la tropa que debe guarnecer los fuertes que han de establecer inmediatos à los de Coimbra, y Albuquerque, que tienen fijados los Portugueses al Norte de esta Provincia, en el estrecho de San Francisco", 22 nov. 1791; ANA, SH, v. 192, n. 1, f. 182-183. Lazaro de Ribera ao comandante de Concepción, Assunção, 9 set. 1803).

231 VANGELISTA, Los Guaikurú, españoles y portugueses en una región de frontera, *op. cit.*, p. 75. Deve-se admitir, no entanto, que os portugueses exerceram escassa influência sobre os Payaguá, especialmente depois do tratado de 1791, quando passaram a habitar as imediações de Assunção.

governador de Mato Grosso], e não vêl-os na vida errante, na qual sempre tinham perdas de animaes e trastes, vindo por fim a experimentar fome.

Os caciques preferiram não contestar o comandante e lamentaram a deserção de alguns grupos de Miranda – para eles, a tribo que desertou, os Ejuéos, "era muito má". Em vez de ir a Chiquitos, foram buscar cativos entre os Xamacoco e depois passaram a Albuquerque, onde o cacique Lourenço encontrou uma antiga esposa, com quem reatou o casamento.[232] A mediação entre as demandas da administração colonial e das comunidades indígenas envolvia interesses contraditórios que de modo algum se equilibravam ou convergiam facilmente. Em 1805, o comandante de Borbón, Pedro Mier, relatou que "llegaron aqui dos caziques de Coimbra, el uno de ellos es quien hace mas estimación los portugueses". Eles apresentaram um passaporte firmado pelo comandante lusitano e manifestaram "animo de pasar al establecimiento de San Carlos a vender mantas, pañuelos y otras frioleras p.r bacas, cuentas y plata a los quales les negué el paso por no saber el fin principal que los llevaba y no hallando p.r conveniente". Episódio prosaico mas revelador da tensão entre a perspectiva dos índios em não abandonar sua tradicional mobilidade e a das autoridades coloniais em tornar essa fronteira mais militarizada e controlada.[233]

* * *

A expansão dos impérios ibéricos sobre as fronteiras interiores da América na segunda metade do século XVIII permite problematizar a história das relações entre as administrações coloniais e as estruturas políticas indígenas. Como alguns estudiosos propõem, dentre os principais impactos da expansão dos Estados coloniais sobre povos ameríndios esteve a concentração de poder político, e mais precisamente de poderes coercitivos, em chefias nativas. Bastões, uniformes militares, nomes de governadores, presentes e tratados de paz funcionavam como dispositivos de poder por meio dos quais a política indigenista ilustrada procurou construir autoridades cooptadas, delegando responsabilidades de gestão a lideranças promovidas entre os mesmos índios. Intermediários equilibrando-se entre demandas coloniais e demandas indígenas, esses caciques – nem sempre afinados com os poderes coloniais de onde hauriam sua força – tiveram papel decisivo na transmigração de populações dentro de províncias e entre impérios e na reconfiguração de fronteiras e identidades étnicas.

---

232 SERRA, Ricardo Franco de Almeida. "Continuação do parecer sobre os índios Uaicuru's, Guana's etc.", Coimbra, 2 fev. 1803. *RIHGB*, Rio de Janeiro, v. 13, 1850, p. 387-88.

233 ANA, SH, v. 362, n. 1, f. 168-169. Pedro Mier ao comandante de Villa Real, Borbón, 23 dez. 1805.

Capítulo 7
A secularização das missões

O empenho dos reformistas ilustrados em elevar o rigor sobre o controle do trabalho indígena nas missões, de um lado, e em inserir moradores, fossem índios ou não, em povoações "regulares" fundamentadas no trabalho rural, de outro, foi particularmente sensível nas raias das províncias de Mojos e Chiquitos e da capitania de Mato Grosso. Em Mojos e Chiquitos, com a expulsão dos jesuítas em 1767, a nova orientação comercial das missões, cuja produção passou a ser exclusiva da *Real Hacienda*, conduziu a um acirramento sem precedentes na coerção daqueles índios ao trabalho regular, deflagrando várias formas de protesto. Os portugueses de Mato Grosso aproveitaram a instabilidade das missões e puderam estimular fugas e abrigar índios desertores em novas povoações que, em não raros casos, tinham essa como a principal fonte de povoamento. As transmigrações de índios dos domínios espanhóis tinham, por sua vez, uma contrapartida nas fugas de escravos negros dos domínios portugueses: do mesmo modo que os governadores de Mato Grosso protegiam e tentavam constituir comunidades com os índios "espanhóis", governadores de Mojos, Chiquitos e Santa Cruz de la Sierra ofereciam liberdade aos escravos "portugueses" e auxiliavam sua internação nas terras de Castela.

Este capítulo trata dos fluxos de pessoas suscitados pela expansão colonial às fronteiras dos dois impérios. O núcleo desta investigação não é, contudo, o problema da resistência escrava em Mato Grosso, que exigiria desenvolver um sistema de hipóteses diverso do que é trabalhado aqui.[1] O eixo da discussão assenta-se na análise da apropriação que as autoridades

---

[1] Sobre aspectos da resistência escrava em Mato Grosso, ver: VOLPATO, Luiza Rios Ricci. Quilombos em Mato Grosso: resistência negra em área de fronteira. In: REIS, João José; GOMES, Flávio dos Santos (orgs.). *Liberdade por um fio*: história dos quilombos no Brasil. São Paulo: Companhia das Letras, 1996, p. 213-39; CHAVES, Otávio Ribeiro. *Escravidão, fronteira e liberdade*: resistência escrava em Mato Grosso, 1752-1850. 2000. Dissertação (mestrado em História) – Faculdade de Filosofia e Ciências Humanas, Universidade Federal da Bahia, Salvador, 2000;

indígenas de Mojos e Chiquitos fizeram das responsabilidades que lhes foram delegadas pelo sistema municipal das missões, em um contexto em que as reformas ilustradas elevavam a exploração do trabalho indígena, retiravam privilégios e não interditavam satisfatoriamente abusos e violências. Análise que incide sobre o encaminhamento das reações às reformas, o conteúdo discursivo das petições, as motivações e o papel dos caciques nas fugas e revoltas e a influência exercida pelos portugueses desde seus fortes e povoações. Ao mostrar que os escravos empregados nas minas de Mato Grosso encontravam um cenário favorável para fugas, já que a disputa entre as duas Cortes propiciava a que espanhóis oferecessem liberdade e proteção aos que passassem às colônias de Castela, procuro responder ao desafio de pesquisas recentes que têm buscado analisar as relações entre negros e índios em situações de fronteira.[2] Em muitos aspectos as duas histórias estavam integradas e inter-relacionadas: as transmigrações suscitavam impasses diplomáticos entre governadores; negros e índios podiam cooperar, fosse através da integração dos negros nas missões ou de índios em quilombos, ou manter relações conflituosas, como quando os chamados "índios bárbaros" capturavam negros, integravam-nos como "cativos" ou os vendiam às autoridades.

A secularização das missões

> [...] lo más extraño y digno de admiración, que aquellos mismos que los deprimen faltando à la humanidad, son los que no cesan de recibir multiplicados beneficios de las manos desinteresadas, y generosas de estos desdichados.
>
> Lazaro de Ribera, carta ao cura segundo de Concepción de Mojos, 1787[3]

Dentre os argumentos mais persuasivos utilizados pelos jesuítas para atrair os muitos grupos que viviam nos *llanos* de Mojos e Chiquitos à vida em reduções estava a oferta de proteção contra entradas de *cruceños* e paulistas e de liberação de *encomiendas* e toda sorte de serviço pessoal.[4] Os jesuítas se empenharam em obter da Coroa que assinalasse sínodos para os

---

GOMES, Flávio dos Santos. *A hidra e os pântanos*: mocambos, quilombos e comunidades de fugitivos no Brasil (séculos XVII-XIX). São Paulo: Editora Unesp, 2005, p. 358-64; MACHADO, Maria Fátima Roberto. Quilombos, Cabixis e Caburés: índios e negros em Mato Grosso no século XVIII. In: *Reunião Brasileira de Antropologia*, 25. 2006. Anais... Goiânia, 2006.

2 Cf. os trabalhos reunidos em: RESTALL, Matthew (ed.). *Beyond black and red:* African-native relations in colonial Latin America. Albuquerque: University of New Mexico Press, 2005.

3 AGI, Charcas, 623. Lazaro de Ribera ao cura segundo de Concepción de Mojos, José Lorenzo Chaves, Concepción, 27 jul. 1787.

4 SAIGNES, Thierry. L'Indien, le Portugais et le Jésuite: alliances et rivalités aux confins du Chaco au XVIIIème siècle. *Cahiers des Amériques Latines*, n. 9-10, 1975, p. 231-32.

missionários, assegurados em tributo pagos pelos índios, de modo a consolidar sua isenção de serviços pessoais aos colonos.⁵ Como definido por Real Cédula de 17 de dezembro de 1743, os índios Chiquitos eram tributários da Coroa nos mesmos moldes que os índios Guarani.⁶ O *empadronamiendo* ou censo realizado em 1749 constatou que havia, nos 7 *pueblos*, 2.914 índios aptos a serem tributados.⁷ Em Mojos, a instâncias do padre Marbán, a Coroa inverteu pelo menos 8 mil *pesos* ao ano em 1698, 1699 e 1711, e uma Real Cédula de 12 de outubro de 1716 estipulou o sínodo em 200 *pesos* anuais, pagos nas caixas reais de Potosí e Oruro.⁸

A fim de convencer os índios dessas regiões a se reduzirem, os jesuítas estabeleceram um *pacto de lealdade* que, para além de uma autonomia relativa em relação às vilas espanholas (isenção de *mita*, proibição de que espanhóis vivessem nos *pueblos*), constituía-se, antes de mais, em *garantia de que o trabalho indígena nas missões contaria com a devida retribuição simbólica e permitiria aos neófitos algum tempo para si*, para que cuidassem de seus cultivos e trocas particulares. Ter em conta essa negociação prévia estabelecida pelos jesuítas, que sustentava a lealdade ao monarca, é fundamental porque foi precisamente contra esse "pacto" que incidiram

---

5   Já em 1705, o padre Francisco Burges, procurador-geral dos jesuítas do Paraguai, referia à Coroa as vantagens da redução dos índios Chiquitos, sua lealdade em defender a fronteira contra os avanços portugueses e a necessidade de que não fossem *encomendados*, ficassem isentos de tributos por 20 anos, e que a seus missionários fosse assinalado sínodo de 446 *pesos* e 5 *reales*. Àquela época, os jesuítas já tinham fundado quatro reduções em Chiquitos (AGI, Charcas, 381. Representação do padre Francisco Burges, procurador geral do Paraguai, Madri, 19 set. 1705; há transcrição em: *HCJPP*, v. 5, p. 102-108). A Coroa condescendeu com o pedido de Burges, definindo o sínodo em 250 *pesos*, como estabelecido em Real Cédula de 31 mar. 1707 (AGI, Charcas, 175. Real Cédula ao vice--rei do Peru, Madri, 31 mar. 1707; transcrição em: *HCJPP*, v. 5, p. 158-59).

6   Até então, não tinha sido feito o *empadronamento* que definisse quantos índios já tinham passado de 20 anos nas reduções e estavam aptos a pagar o tributo, nem foram remetidos os sínodos assinalados na Real Cédula de 1707. A Real Cédula de 1743 ordenou que sem demora fosse feito o *empadronamento* e que cada índio Chiquito pagasse tributo de um *peso*, com o que se remunerariam os curas em 200 *pesos* anuais. Permaneciam com o privilégio de isenção de *mitas*, porque se opuseram às bandeiras portuguesas e por não terem sido "conquistados por fuerza de las armas, sino con la suavidad de la ley de christo, reducidos a reconocerme gustosos por su Monarca" (RAH, CML, t. 103, f. 369-373. "Real Cédula al provincia de la Compañía de Jesús del Paraguay, participándole lo resuelto por Su Majestad, acerca de los misiones de indios Chiquitos, y le ordena lo que ha de ejecutar en ellos", Buen Retiro, 17 dez. 1743, f. 371v (cit.), 372v-373).

7   AGI, Charcas, 199. Conde de Superunda, vice-rei do Peru, ao rei, Lima, 19 set. 1749; transcrição em: *HCJPP*, v. 7, p. 740. A partir daí, os sínodos foram pagos regularmente. Roberto Tomichá Charupá apresenta dados interessantes sobre os ingressos que cada *pueblo* fazia nas caixas da *Real Hacienda*, a título de tributos e comércio, e a porcentagem que, desses valores, compunham o sínodo dos curas, em média pouco mais de 17% (TOMICHÁ CHARUPÁ, Roberto. *La primera evangelización en las reducciones de Chiquitos, Bolivia* (1691-1767): protagonistas y metodología misional. Cochabamba: Verbo Divino, 2002, p. 176-82, *tabla* 13).

8   AGI, Lima, 407. Antonio Marbán ao rei, San Lorenzo, 25 jul. 1698. A Real Cédula de 1716 e as inversões da Coroa em Mojos são mencionadas por David Block, que ainda oferece uma análise dos investimentos da Companhia de Jesus em fazendas, que proporcionavam uma sólida fonte de recursos para as missões (BLOCK, David. *Mission culture on the Upper Amazon*: native tradition, Jesuit enterprise, and secular policy in Moxos, 1660-1880. Lincoln: University of Nebraska Press, 1994, p. 67).

as reformas ilustradas das últimas décadas do Setecentos, deflagrando rupturas por parte dos índios com deserções para o império rival e mesmo rebeliões.[9]

O reparto de itens que remuneravam os índios por seu trabalho era um elemento simbólico da maior importância para a sustentação do pacto de lealdade estabelecido pelos jesuítas. Sobre esse ponto, o padre Alberto Quintana, desde Exaltación de Mojos, escreveu: "los que se señalan en trabajar son premiados con alguna alhajita de su estima y de su devoción. Lo que sobra se remite al Perú para comprar lo que nos falta; de su producto y, depositado en manos de los Padres, éstos reparten todo lo que se necesita".[10] Como observou o visitador Zabala em Mojos, em 1751, todas as produções eram estritamente dependentes, de um lado, da remuneração do trabalho dos índios, que não era feita em prata, mas em vacas, roupas e principalmente nos chamados repartimentos, "en q.' se les da cuñas, machetes, cuchillos y chaquiras"; e de outro, da própria presença do missionário a fiscalizar as obras, pois os índios seguidamente interrompiam o trabalho "o p.r ócio, o p.a buscar sus particulares intereses".[11] Esse tipo de informe dá ideia da dimensão da negociação que havia entre jesuítas, caciques e índios comuns, cujos fundamentos – retribuição simbólica e tempo para si – as reformas posteriores tentarão pouco a pouco destruir completamente. Nas missões de Chiquitos deixadas pelos jesuítas, descritas pelo bispo Herboso em 1769, cera e tecidos eram os itens principais de exportação, e o trabalho dos índios era motivado com itens europeus, como medalhas, avelórios, lã, roupas, agulhas, facas, tesouras, entre outros. Porém, *mesmo com a oferta de mais itens os índios não elevavam a produtividade*, os padrões aborígenes ainda a influir no ritmo das tarefas: "aunque les diera una medalla de oro no se persuadirían a que debían aumentar el trabajo".[12]

Do mesmo modo, o pacto de lealdade dos jesuítas com os nativos fundava-se ainda na promessa de que não residiriam tenentes espanhóis nas missões, e foi precisamente essa uma das reivindicações do procurador José de Calvo já em outubro de 1700, para que "con ningún

---

9   A noção de *pacto de lealdade* que desenvolvo neste texto aproveita contribuições de autores que têm pensado os *pueblos* de índios como um sistema de hegemonia em que a deferência estava ligada à negociação de certos benefícios. Ver, dentre outros, os sugestivos trabalhos de: STERN, Steve J. *Los pueblos indígenas del Perú y el desafío de la conquista española*: Huamanga hasta 1640. Madri: Alianza, 1986, p. 218; RADDING, Cynthia. The colonial pact and changing ethnic frontiers in Highland Sonora, 1740-1840. In: GUY, Donna J.; SHERIDAN, Thomas E. (eds.) *Contested ground*: comparative frontiers on the Northern and Southern edges of the Spanish Empire. Tucson: University of Arizona Press, 1998, p. 53; Idem. *Landscapes of power and identity*: comparative histories in the Sonoran Desert and the Forests of Amazonia from Colony to Republic. Durham: Duke University Press, 2005, p. 166-68.

10 Biblioteca Nazionale, Florencia, Nuovi Acquisiti, 151, v. 3, cap. 42, f. 786-823. QUINTANA, Alberto, S.J. "Carta-descripción a su hermano José de Quintana S.J. sobre el viaje a Mojos y la misión de Mojos", Exaltación, 16 maio 1756. In: BARNADAS, Josep María; PLAZA, Manuel (eds.). *Mojos, seis relaciones jesuíticas*: geografía, etnografía, evangelización, 1670-1763. Cochabamba: Historia Boliviana, 2005, p. 156.

11 ARSI, Peru, v. 21 A, f. 131-142v. "Relación de la visita realizada a las misiones de Mojos por el Padre Zabala dirigida al provincial Baltasar de Moncada", Trinidad, 26 dez. 1751, f. 132v.

12 AGI, Charcas, 515. Relación informativa sobre el estado y modo de ser general de las misiones de Chiquitos, por el obispo Francisco Ramón de Herboso, San Ignacio, 7 jan. 1769, f. 15.

pretexto ponga teniente como es de ley r.l en las reducciones y misiones formadas, y q.' se fueren formando, ni otro ministro alguno", medida aprovada no mesmo ano pela Audiência de Charcas.[13] Os jesuítas defrontaram-se, aí como em outros lugares, com o problema de garantir o abastecimento de determinados itens que somente podiam adquirir nas cidades espanholas, ao mesmo tempo em que pretendiam impedir as "entradas" que capturavam índios para o serviço pessoal e evitar que a presença de espanhóis nos *pueblos* interferisse no processo de evangelização.[14] Seus pleitos na Audiência de Charcas foram atendidos por uma Real Provisão de 1700, que, ademais de interditar quaisquer entradas de espanhóis em Mojos e Chiquitos, regulava o comércio com o exterior, especialmente com Santa Cruz de la Sierra, cidade espanhola mais próxima, a qual foi proibida de "introducir en las dichas misiones ningún género de mercancía, ni hacer repartimiento alguno"; ao mesmo tempo, era garantida aos missionários a faculdade de enviar comissionados e manter procuradores em Santa Cruz e no Peru, sem que por esse comércio necessitassem requerer quaisquer licenças.[15]

À época dos jesuítas, as missões de Mojos e Chiquitos enviavam a Santa Cruz de la Sierra e ao Peru cacau, cera, tecidos, sebo e açúcar, e recebiam ferramentas, sal, facas, roupas, avelórios, vidro, itens litúrgicos e, nos primeiros anos, gado, mulas e cavalos. Em consulta realizada em San Xavier em 1715, os padres acordaram em não admitir senão pessoas escolhidas para a condução dos pedidos desde Santa Cruz, o que evitaria a indesejável perambulação de comerciantes pelas missões.[16] Por esse caminho também seguiam o cacau, a cera e os tecidos de Mojos, que padeciam "avarias y demoras", como refere um governador, navegando 30 e 40 dias os rios Mamoré e Grande acima, "sufriendo mil males sus conductores por la escaces de aguas que se experimenta cerca de S.ta Cruz".[17] Dos itens que as missões importavam de Potosí, informava o padre Knogler, uma boa parte era destinada à remuneração dos índios: "hierro, estaño, cuchillos, tijeras, agujas, géneros y telas que se usan para adornar los altares y para los hábitos

---

13   RAH, CML, t. 56, f. 138-52. "Representación del padre José de Calvo, de la Compañía de Jesús, sobre las misiones o reducciones de Mojos y Chiquitos, su estado, comercio, intervención con el gobernador de Santa Cruz y casa-residencia de los jesuitas en ella", Plata, 9 nov. 1700, f. 139, §4.

14   MÖRNER, Magnus. *La Corona Española y los foráneos en los pueblos de indios de América*. Madri: Agencia Española de Cooperación Internacional/Ediciones de Cultura Hispánica, 1999, p. 282-84.

15   RAH, CML, t. 56, f. 138-52. "Real Provisión de la Audiencia de Charcas", La Plata, 9 nov. 1700. Como os comerciantes espanhóis não eram permitidos em Chiquitos e Mojos, as trocas eram realizadas na estância "El Palmar", a 12 léguas da missão de San Xavier (GARCÍA RECIO, José María. Las reducciones de Moxos y Chiquitos: autonomía y condicionamientos de la acción misional. Separata de: *Encuentro de Dos Mundos*: Comisión Boliviana de Conmemoración del V Centenario del Descubrimiento de América. La Paz: Ministerio de Relaciones Exteriores y Culto, 1987, p. 15).

16   "Consultas celebradas en las juntas hechas en el Pueblo de San Xavier sobre las Misiones y razones q' sobre ellas se trataron", c. 1715. In: *MCA*, v. 6, p. 120.

17   AGI, Charcas, 576. Carta de Ignacio de Flores a Juan José de Vértiz, Cochabamba, 9 fev. 1780, sobre os prejuízos da rota entre Mojos e Santa Cruz de la Sierra e a viabilidade da que seguia direto a Cochabamba.

sacerdotales, así tambíén el vino para la Santa Misa y la harina para las hostias".[18] O essencial a notar aqui é que, como já observaram outros autores, os jesuítas controlavam o comércio do excedente produzido nas missões, negociando-o diretamente em Santa Cruz e no Peru.[19]

A secularização das missões era parte do programa dos reformistas ilustrados de combater o poder e a riqueza das ordens regulares, e a expulsão dos jesuítas do Império espanhol, em 1767, foi uma boa oportunidade de aplicar as propostas de integração das missões à administração estatal. No novo sistema, o Estado controlaria as propriedades das missões através de bispos, que supervisionariam clérigos seculares ou regulares; e onde foram assinalados subdelegados laicos para o governo temporal, eles ficariam diretamente subordinados ao governador.[20]

Com a expulsão dos jesuítas do Império espanhol, impôs-se a concepção de que as produções deveriam ser remetidas à Administração Central da *Real Hacienda* em La Plata. A Real Cédula de 15 de setembro de 1772, acompanhada de um minucioso regulamento redigido pelo bispo de Santa Cruz, Francisco Herboso y Figueroa, confirmou um governador político-militar para cada uma dessas províncias, que o cura primeiro de cada *pueblo* seria responsável pelo temporal, e que as produções fossem enviadas à *Real Hacienda*, que providenciaria a remuneração e o abastecimento do que fosse necessário.[21] Ressalte-se que, ao contrário das missões do Paraguai,

---

18   KNOGLER, Julián, S.J. Relato sobre el país y la nación de los Chiquitos (1769). In: HOFFMANN, Werner (ed.). *Las misiones jesuíticas entre los chiquitanos*. Buenos Aires: Conicet, 1979, p. 157.

19   GARCÍA RECIO, Las reduccciones de Moxos y Chiquitos, *op. cit.*, p. 15; BLOCK, *Mission culture, op. cit.*, p. 68-69; TOMICHÁ CHARUPÁ, *La primera evangelización en las reducciones de Chiquitos, op. cit.*, p. 201.

20   Uma síntese atualizada da bibliografia a respeito da visão dos reformistas espanhóis sobre as antigas missões jesuíticas pode ser lida em: WEBER, David J. *Bárbaros*: Spaniards and their savages in the Age of Enlightenment. New Haven: Yale University Press, 2005, p. 107-37. Sobre as origens intelectuais do *regalismo*, doutrina segundo a qual era preciso restringir as atividades do clero ao âmbito espiritual, e sua fusão com as ideias de *felicidad pública*, ver: PAQUETTE, Gabriel. *Enlightenment, governance, and reform in Spain and its empire*, 1759-1808. Basingstoke; Nova York: Palgrave Macmillan, 2008, p. 67-87. As Reais Cédulas de 1749 e 1753 aceleraram o processo de secularização, ao cobrar das arquidioceses de México e Lima que transformassem em curatos as missões mais antigas, e que os regulares fossem deslocados para as áreas de fronteira. Essas mudanças reforçaram a desconfiança do governo em relação às agremiações indígenas em torno do culto de imagens, como mostra: BRADING, David. Tridentine Catholicism and Enlightened despotism in Bourbon Mexico. *Journal of Latin American Studies*, v. 15, n. 1, 1983, p. 8-11, 17-22. A bibliografia sobre a expulsão dos jesuítas dos domínios espanhóis é vastíssima; apenas a título de introdução, ver: MÖRNER, Magnus. La expulsión de la Compañía de Jesús. In: BORGES, Pedro (ed.). *Historia de la Iglesia en Hispanoamérica y Filipinas*: siglos XV-XIX. Madri: Biblioteca de Autores Cristianos, 1992, v. 1, p. 245-260.

21   AGI, Charcas, 515. Regulamentos temporais para as missões de Mojos e Chiquitos, Santo Ildefonso, 15 set. 1772. "Así los texidos como la cera se ha[n] de remitir a la Recepturía General, que se ha establecido en la Ciudad de la Plata" (f. 57, §29); recomendava que os curas enviassem ao governador as listas dos gêneros de que necessitassem, para que ele as repassasse à *Receptoría General* em Chuquisaca (f. 81, §3). Esperava-se que a produção das missões custeasse os salários de curas, receptores e governadores e que restasse algum "resíduo" à *Real Hacienda*, porém o regulamento advertia sobre a elevação da produtividade: "se reconociere no haber resto suficiente para sobstener los gastos inexcusables, se deberá tomar algún medio suave y equitativo de aumentar estos fondos comunes" (f. 80, §1).

em Mojos e Chiquitos os curas que substituíram os jesuítas mantiveram o poder temporal de 1767 a 1789.[22] Essa espécie de monopólio estatal do comércio permaneceu até o início do século XIX, mas sofreu uma alteração importante com a "Instrução Superior" de 14 de setembro de 1789, emitida pela Audiência de Charcas, que retirou o poder temporal dos curas, acusados de contrabandos e abusos, e instituiu administradores laicos em cada uma das missões.[23]

Sobre esse sistema econômico fortemente centralizado que sucedeu à expulsão dos jesuítas de Mojos e Chiquitos, escreveu o governador de Mojos, Lazaro de Ribera, ao vice-rei de Buenos Aires, Nicolás de Arredondo: "Todos estos frutos, y efectos, q.e son de comunidad, los entregan fielmente los yndios a el que govierna sus pueblos, q.e hasta aquí han sido los curas y se remiten por los ríos Mamoré, y Grande a la Adm.on Subalterna de S.ta Cruz, de donde pasan a la General q.e esta en la Ciudad de la Plata". Portanto, toda a produção deveria ser absorvida pela *Real Hacienda*, que seria responsável por subministrar índios e padres do que fosse necessário: "De allí retornan sal, fierro, ropa de la tierra, y algunos géneros de Europa, para socorro de los indios, fomento de su industria, conservación de los templos, y demás atenciones de la Prov.a".[24] O sistema, no entanto, seguia sendo problemático, como notou o mesmo governador à luz das visitas que realizara, dentre outras razões porque era difícil interditar a passagem de comerciantes espanhóis de Santa Cruz de la Sierra e portugueses de Mato Grosso, e evitar que comprassem diretamente cacau, sebo, tecidos, açúcar e outros itens produzidos nos *pueblos*.[25]

Em sua correspondência aos ministros de Espanha, o governador Lazaro de Ribera criticava duramente a administração dos curas, a quem acusava de vender parte dos frutos a portugueses e *cruceños*, impingir violentas punições contra os índios e manter um estilo de vida marcado por amancebamentos e enriquecimento pessoal.[26] O próprio bispo de Santa Cruz de la Sierra, Alexandro de Ochoa y Morillo, reconhecia que "el escaso clero de este obispado no puede surtir suficiente numero de operarios idóneos, y de verdadera vocación".[27] No capítulo 13 deste trabalho,

---

22 Os administradores laicos foram introduzidos nas missões do Paraguai pela "Instrução" de 23 de agosto de 1768 e a "Adição" de 15 de janeiro de 1770, redigidas pelo governador de Buenos Aires, Bucareli y Ursúa. Para Maeder, o sistema era praticamente uma adaptação do Diretório dos Índios, legislação que regulava as vilas de índios na América portuguesa a partir de 1758 (MAEDER, Ernesto. El modelo portugués y las instrucciones de Bucareli para las misiones de guaraníes. *Estudos Ibero-Americanos*, Porto Alegre, ano 13, n. 2, 1987, p. 140). Apesar de Mojos e Chiquitos não contarem com administradores laicos até 1789, os desvios de bens de comunidade e o acirramento da exploração dos índios ocorreram de modo semelhante às missões do Paraguai, sobre o que se pode consultar, dentre outras, as análises de: GANSON, Barbara. *The Guaraní under Spanish rule in the Río de la Plata*. Stanford: Stanford University Press, 2003, p. 125-26, 137-45, 151-52; e WILDE, Guillermo. *Religión y poder en las misiones de guaraníes*. Buenos Aires: SB, 2009, p. 202 *et seq.*

23 AGI, Charcas, 445. Instrução Superior da Audiência de La Plata, 14 set. 1789.

24 AHN, Estado, 4436, n. 14. Lazaro de Ribera a Nicolás de Arredondo, San Pedro, 19 mar. 1790, f. 4v.

25 AGI, Charcas, 623. Lazaro de Ribera ao rei, San Pedro, 17 set. 1787.

26 AGI, Charcas, 623. Lazaro de Ribera ao rei, San Pedro, 22 fev. 1788, f. 3-6.

27 AGI, Charcas, 623, Anexo A. Alexandro de Ochoa y Morillo a Lazaro de Ribera, Pueblo de Punata, 25 maio 1787, f. 3.

analiso em detalhe o intenso contrabando entre as missões e comerciantes de Santa Cruz ou militares portugueses do Forte Príncipe da Beira, Casalvasco e Vila Bela, a quem abasteciam de gado, mantimentos, roupas e demais produções dos *pueblos*.[28] Embora as críticas dos reformistas realmente se baseassem na insatisfação dos índios com o tratamento que recebiam dos curas, as reformas pretendidas não se limitavam a buscar padres "idôneos": o objetivo, claramente regalista, era desterrar a ingerência do clero sobre outros setores que não o espiritual: "yo pregunto", escrevia Ribera, "que nesecidad hay de que esta Frontera esté governada por unos princípios Teocraticos que chocan con las soberanas intenciones del Legislador?"[29]

Ribera fazia parte de uma geração de funcionários que atuavam segundo uma pauta, a qual Manuel Lucena Giraldo chamou de "reformismo de fronteira", que buscava promover "algumas regiões marginais e quase desconhecidas [...] em domínios de grande valor estratégico, com uma rede de povoações de grande solidez e com uma economia em expansão".[30] Esse

---

28 AGI, Charcas, 623. Lazaro de Ribera ao rei, San Pedro, 22 fev. 1788, f. 2-2v.

29 *Ibidem*, f. 6. As críticas de Ribera acarretaram uma contenda entre ele e o bispo de Santa Cruz, e a discordância básica dizia respeito ao papel da evangelização no novo contexto de incremento das produções sob controle direto do Estado: AGI, Charcas, 446. Lazaro de Ribera ao rei, San Pedro, 18 maio 1790; AGI, Charcas, 623. "Contextación entre el R.do obispo de Santa-Cruz y el Gov.or de Moxos", 1787.

30 LUCENA GIRALDO, Manuel. Reformar as florestas: o tratado de 1777 e as demarcações entre a América espanhola e a América portuguesa. *Oceanos*, v. 40, 1999, p. 75-76.
Nascido em Málaga, provavelmente em 1756, Lazaro de Ribera cursou matemáticas em Lima. Topógrafo e conhecedor da arte de fortificações, foi comissionado para a elaboração de mapas de Chiloé (Chile). Governou Mojos entre 1786 e 1792 e o Paraguai entre 1796 e 1805. Terminou seus dias como fiscal em Huancavélica. Na verdade, Ribera assumiu o governo de Mojos em 1784, quando era governador Ignacio de Flores, que também detinha o cargo de presidente da Audiência de Charcas. Sendo obrigado a devolver o soldo que se lhe adiantara, Ribera empreendeu fuga a Buenos Aires e seus bens, que estavam em La Plata, foram sequestrados, o que permite saber que livros tinha em seu poder. Vale apenas destacar, entre vários tratados de fortificação e arte da guerra, o *Teatro Crítico* e as *Cartas eruditas* de Feijoo, 15 dos 16 volumes das *Cartas edificantes y curiosas* na tradução de Davin, e o *Proyecto Económico* de Bernardo Ward, que Ribera citou mais de uma vez (AGI, Buenos Aires, 69. "Testimonio del primer cuerpo de los autos obrados con motivo del recurso del gov.or de Mojos D.n Lazaro de Rivera. Año de 1785", f. 142v-148: Embargo dos bens de Lazaro de Ribera, Plata, 28 dez. 1784). Em um artigo, Furlong apresenta apenas uma parte da relação de livros e narra a trajetória desse funcionário (FURLONG, Guillermo, S.J. Lázaro de Ribera y su breve Cartilla Real. *Humanidades*, Universidad Nacional de La Plata, Argentina, n. 34, p. 15-70, 1954). Sobre a importância da obra de Feijoo para os reformistas ilustrados espanhóis: PAQUETTE, *Enlightenment, governance, and reform in Spain and its empire*, op. cit., p. 67-87; MARAVALL, José Antonio. El espíritu de crítica y el pensamiento social de Feijoo. In: *Idem*. *Estudios de la Historia del pensamiento español* (siglo XVIII). Madri: Mondadori, 1991, p. 190-221.
Segundo Lucena Giraldo, além de Ribera em Mojos, Francisco Requena em Maynas, Miguel Marmión na Guiana e Félix de Azara no Paraguai (haveria que acrescentar Luiz de Albuquerque de Melo Pereira e Cáceres em Mato Grosso) marcaram seus serviços nas fronteiras da América do Sul pela elaboração de propostas de fomento econômico, muitas delas aprovadas, que confluíam com a construção de uma espécie de "Mesopotâmia interior" (LUCENA GIRALDO, Manuel. La delimitación hispano-portuguesa y la frontera regional quiteña, 1777-1804. *Procesos*: Revista Ecuatoriana de Historia, n. 4, 1993, p. 32; *Idem. Laboratorio tropical*: la expedición de límites al Orinoco: 1750-1767. Caracas; Madri: Monte Ávila/Consejo Superior de Investigaciones Científicas, 1993, p. 27 *et passim*).
Governador ilustrado, Ribera elaborou várias ideias sobre o incremento das produções de cacau e tecidos, e a forma com que se poderia remunerar os índios em benefício da eficiência e da redução dos custos de produção.

governador atuou como um funcionário rigoroso na aplicação da política reformista, através da racionalização e da centralização administrativa, do controle estrito das contas, da vigilância sobre os funcionários e da elaboração de prolixos informes sobre as melhorias nas produções e no comércio. Sua gestão em Mojos, entre 1786 e 1792, lhe valeu a indicação para o governo do Paraguai, província que adquiria cada vez mais importância no Império espanhol.

Em Mojos, as medidas de vigilância e controle das produções foram incisivas a partir de 1786, quando Ribera, informado da dilapidação do patrimônio pecuário dos pampas de Machupo e Yibati, exigiu maior rigor na concessão de licenças aos que fossem àquelas paragens retirar gado e aos que matassem os animais para produzir sebo.[31] No ano seguinte, iniciou a visitação das missões de Santa Magdalena e Concepción, onde exigiu dos curas uma minuciosa prestação de contas sobre a venda de bens das missões aos portugueses.[32] Surpreendido com as evidências do comércio regular realizado entre as missões, Santa Cruz de la Sierra e Mato Grosso, ditou duras medidas repressivas: proibiu a presença de quaisquer espanhóis em Mojos, confiscou os bens e expulsou aqueles que estavam na província; designou seu sobrinho, Bernardo de Ribera, como governador militar do partido de Baures, região fronteiriça com os portugueses; proibiu a navegação do Guaporé, obrigando que se usasse somente o rio Machupo ou os caminhos de terra nas viagens de remessa da produção à provedoria da *Real Hacienda*; finalmente, proibiu a passagem de portugueses para além da missão de Exaltação, onde deveriam deixar suas cartas.[33] O processo reformista culminou com a retirada do poder temporal dos curas em 1789. Os sub-delegados laicos que assumiram o controle do temporal deveriam cuidar, antes de tudo, de animar as produções: "mantener a los Yndios en vuen orden, obediencia, y cibilidad: fomentar con el mayor empeño sus travajos, lavores, y objetos yndustriales, visitando diariamente las oficinas

---

Ver a análise de: SANTAMARÍA, Daniel. La economía de las misiones de Moxos y Chiquitos (1675-1810). *Ibero--Amerikanisches Archiv*, Berlim, v. 13, n. 2, 1987, p. 275, 281-82, 283-87.

As aquarelas que retratam madeiras, frutos e produções indígenas e os informes com que Lazaro de Ribera remeteu-as à Corte estão publicados. Os originais estão na Biblioteca del Palacio Real e no Archivo del Ministerio de Asuntos Exteriores, em Madri (PALAU, Mercedes; SÁIZ, Blanca (ed.). *Moxos*: descripciones exactas e historia fiel de los indios, animales y plantas de la provincia de Moxos en el virreinato del Perú por Lázaro de Ribera, 1786-1794. Madri: El Viso: Ministerio de Agricultura, Pesca y Alimentación, 1989).

Sobre as reformas empreendidas por Lazaro de Ribera em Mojos, ver ainda: BASTOS, Uacury Ribeiro de Assis. Os jesuítas e seus sucessores (Moxos e Chiquitos – 1767-1830). *Revista de História*, São Paulo, ano 24, v. 47, n. 95, 1973, p. 131-52; PAREJAS MORENO, Alcides. Don Lazaro de Ribera, gobernador de la Provincia de Moxos (1784-1792). *Anuario de Estudios Americanos*, Sevilha, v. 33, 1976, p. 949-62; Idem. *Historia de Moxos y Chiquitos a fines del siglo XVIII*. La Paz: Instituto Boliviano de Cultura, 1976.

31 AGI, Charcas, 446 [n. 44]. "Carta circular de Lazaro de Ribera prohibiendo las matanzas de ganado bacuno, y bentas del caballar", Trindad, 19 set. 1786.

32 AGI, Charcas, 623. "Visita del Pueblo de Santa María Magdalena", desde 12 jun. 1787; AGI, Charcas, 623. "Visita del Pueblo de la Purísima Concepción", desde 11 jul. 1787.

33 AGI, Charcas, 623. Lazaro de Ribera ao rei, San Pedro, 17 set. 1787; AHU, MT, cx. 26, d. 1511. Francisco Rodrigues do Prado a Luiz de Albuquerque, Forte Príncipe, 1 jan. 1787.

de carpintería, herrería y telares: y señalando la gente necesaria para las cosechas de algodón, cacao, café, caña, arros, etcetera".[34] Todas essas medidas, que acirravam o controle sobre o trabalho indígena, levaram a que a receita média anual da província de Mojos, durante o governo de Ribera, fosse cinco vezes maior do que no governo anterior.[35]

Esse sistema foi aplicado em Chiquitos por provisão da Audiência de Charcas de 8 de novembro de 1790, para sustentar "los ingentes gastos de la Monarquía", justificavam os fiscais, que esperavam aumentos nos ingressos daquelas missões.[36] Aliás, em Chiquitos, no parecer de um fiscal da Audiência, os "efectos propios de la comunidad los mercaderes los han tomado a precios cortísimos y de este modo han hecho negocio pingüe ellos y los curas a la vez". Os curas não enviavam mais que certa quantidade de cera ordinária e tecido grosso, "y se sabe que la provincia produce otros mas finos y de varias especies".[37] O novo regulamento se resumia a três pontos centrais: transferência do poder temporal dos curas a nove administradores laicos; instalação de uma vila de espanhóis no *pueblo* de Santiago; e manutenção do sistema de comunidade e da separação espacial entre *pueblos* de índios e vilas de espanhóis. Era enfatizado que os administradores manejassem o "repartimiento de las labores de los yndios, cuidado del trabajo, recaudación de los productos, y la distribución de los socorros necesarios, y competentes para el alimento, vestido, habitación de los naturales y sus familias".[38]

O acirramento da exploração do trabalho foi certamente o fator que provocou os maiores impactos entre as sociedades indígenas de Mojos e Chiquitos. Com a expulsão dos jesuítas, os índios passaram a sofrer maiores pressões para aumentarem a produção. De um lado, devido às exigências da *Real Hacienda*, que deveria absorver esses recursos; de outro, devido às preocupações dos curas que, interessados em desviar uma parte do excedente para o comércio com Santa Cruz de la Sierra e Mato Grosso, somente o poderiam conseguir com a elevação desse excedente, sob pena de a *Real Hacienda* notar a diminuição nas remessas. Se as reformas instituídas por Lazaro de Ribera eram, pelo menos em parte, fundamentadas nas críticas que

---

34   AGI, Charcas, 623. "Plano de gobierno", em carta de Lazaro de Ribera ao rei, San Pedro, 22 fev. 1788, f. 11, §15.

35   Em 26 meses de governo, entre 1787 e 1789, a receita total chegou a 113.532 *pesos*, ao passo que nos seis anos do mandato anterior alcançou 51.475 *pesos* (AGI, Charcas, 439. Informe do Senhor Fiscal sobre a questão do aumento de receita da província, Plata, 26 jun. 1789, f. 4-6v).

36   AGI, Charcas, 445, f. 60-73v. Presidente regente Joachin del Pino e ouvidores da Audiência de Charcas determinam nova instrução aos curas da província de Chiquitos, Plata, 8 nov. 1790, f. 62v.

37   AGI, Charcas, 445. "Respuesta del s.r Oydor q.e hace de Fiscal sobre los informes particulares y general visita de los pueblos de Miciones de Chiquitos, y otros documentos y papeles, que a precentado a Vuestra Alteza Don Antonio Lopez Carbajal", La Plata, 21 out. 1789, f. 30-30v; trechos transcritos em: Archivo de Chiquitos, v. 28, n. 2. In: *AMC*, p. 477.

38   AGI, Charcas, 445, f. 60-73v. Presidente regente Joachin del Pino e ouvidores da Audiência de Charcas determinam nova instrução aos curas da província de Chiquitos, Plata, 8 nov. 1790, f. 62-62v, §10-11. Ao que parece, os fiscais não viam nenhuma dificuldade em recomendar a instalação da vila de espanhóis em Santiago (projeto que terá fracassado) e manter a separação espacial entre índios e espanhóis.

ouviu dos próprios índios, tanto durante as visitas quanto por meio das petições que enviavam, o novo sistema visava racionalizar o controle sobre o trabalho indígena, e tornava mais distante o modelo de pacto de lealdade dos jesuítas.

Esse refinamento do poder disciplinar ficava evidente no novo regulamento que Ribera elaborou para a gestão do trabalho indígena. A secularização das missões, como já foi dito, foi proposta pelo mesmo governador em 1788. A Audiência de La Plata aprovou a mudança em uma "Instrução Superior" datada de 14 de setembro de 1789. O artigo 51 dessa instrução autorizava o governador de Mojos a elaborar uma instrução subordinada ou complementar, com as adequações necessárias à realidade das missões.[39] Portanto, o regulamento de 9 de janeiro de 1790 era precisamente esse dispositivo complementar, escrito com a finalidade de regular os detalhes do sistema de trabalho das missões.[40] Há que sublinhar alguns pontos centrais desse regulamento, que visavam a intensificação do controle e do regime disciplinar sobre as sociedades indígenas. (a) Primeiramente, reforço do tempo disciplinar: missa às cinco da manhã e rosário às cinco e meia da tarde, "para que no se pierdan las horas destinadas al trabajo"; (b) reforço do poder dos caciques, com a distinção de suas roupas, casas e mobília; (c) racionalização da contabilidade da missão, mediante três livros de contas: um para a produção dos índios, um para o que recebiam da *Real Hacienda* e um livro copiador de ordens e cartas; (d) divisão sexual do trabalho, com a dedicação exclusiva das mulheres à manufatura têxtil; (e) definição do mês de junho para o envio obrigatório de toda a produção das missões à Administração Central da cidade de La Plata, de onde seriam enviados os gêneros para remunerar os índios; e (f) controle da fronteira, com a proibição da entrada dos portugueses nas missões, embargo dos bens e exoneração dos envolvidos em contrabando.[41]

Não esteve desatento à situação dos índios de Mojos o viajante português Francisco José de Lacerda e Almeida. Em visita à missão de Santa Magdalena, em fins da década de 1780, observou que o comissário do governo enviava à Receitoria Geral todos os produtos das missões, pelo que recebia em troca, para remunerar os índios, facas, machados, tesouras, espelhos, agulhas, contas de vidro, "e outras bagatellas de pouco valor, de sorte que o índio que teve todo o trabalho, é o que vê d'elle o menor fructo: está é uma peste formidável, de que também os nossos se não livram". Por outro lado, os curas preservavam um estilo de vida fastuoso, passando os dias "como pequenos régulos" e tendo à disposição "hábeis cozinheiros, munidos de vitella, de galinhas, frangos, ovos, leite, queijo, nata, manteiga, arroz, assucar etc., [que] mostram a sua habilidade nos diferentes guisados, que apresentam em pratos de barro, da India e de prata, para satisfazerem a gulla de um só sujeito, que ao mesmo tempo regala os seus ouvidos com as serenatas dos músicos da povoação".

---

39 AGI, Charcas, 445. Respostas do Senhor Fiscal às cartas de Lazaro de Ribera, 1 ago. 1789, seguidas da "Instrução Superior da Audiência de La Plata" a respeito da conduta dos curas, de 14 set. 1789.

40 AGI, Charcas, 446. "Contiene el reglamento q.e formó Lazaro de Ribera para el gobierno económico de los pueblos", San Pedro, 9 jan. 1790.

41 *Ibidem*, §4, 14, 18, 25, 29, 36, 49 e 54.

Em contrapartida, observou o matemático, "o pobre índio, que tanto trabalha, passa a vida miseravelmente; [...] apenas se matam duas ou três vaccas na semana, cuja carne é distribuída por cada cabeça de casal, e lhes cabe tão pouca porção, que apenas chegará para uma comida".[42]

Os curas intensificavam a exploração do trabalho indígena para poder desviar parte da produção ao comércio ilícito, mas ao tentar conter esse quadro, o governo acirrava o controle militar sobre as missões de modo igualmente vexatório aos mesmos índios. A pretexto de tornar o sistema de produção menos abusivo, as reformas introduzidas não deixaram de acirrar certas tensões que já se estavam gestando desde a expulsão dos jesuítas. As medidas que cobravam dos administradores laicos para que estimulassem as produções e interditassem o contrabando, bem como a presença de militares destacados na fronteira, tornavam tanto maior o desconforto dos índios. As remunerações diminuíram e o tempo livre para cuidar dos próprios cultivos e negócios foi comprimido, situação que atingia a própria base do pacto de lealdade. Assim se compreende que o novo quadro institucional instaurado pelas reformas podia condicionar revoltas e deserções para os domínios portugueses. Essa insatisfação com a secularização e as reformas econômicas foi recorrente em vários *pueblos* de índios do espaço andino, que coordenavam seus protestos em torno das noções de *bien común* e *comunidad*,[43] ou partiam para ações mais ousadas contra o quadro institucional.[44]

Efetivamente, o "Plano de gobierno" minava as bases em que os jesuítas constituíram o pacto de lealdade com os índios de Mojos e Chiquitos, como sustentava o bispo de Santa Cruz de la Sierra, que escrevia em 1798.[45] De um lado, antes os índios tinham alguns dias da

---

42 LACERDA E ALMEIDA, Francisco José de. "Memória a respeito dos rios Baures, Branco, da Conceição, de S. Joaquim, Itonamas e Maxupo; e das três missões da Magdalena, da Conceição e de S. Joaquim" [post. a 1790]. *RIHGB*, Rio de Janeiro, v. 12, 1849, p. 112-13.

43 De modo semelhante às missões de Mojos e Chiquitos, entre 1777 e 1780, índios do *pueblo* de Macha, localizado na província de Chayanta, norte de Potosí, passaram a aparecer frequentemente na Audiência de Charcas, onde denunciavam os abusos de administradores espanhóis e caciques hereditários. Sergio Serulnikov lembra que os espanhóis constituíram um sistema de hegemonia sobre as populações indígenas baseado em coleta de tributo, reparto de trabalho e segregação espacial, do qual ainda fazia parte um sistema de proteção legal das terras comunais, reconhecimento das autoridades étnicas e garantia de acesso gratuito à justiça através dos *protectores de indios*, funcionários responsáveis por dar encaminhamento aos pleitos. O atento estudo de Serulnikov desvenda como os índios defendiam o *bien común*, ou seja, recursos materiais e autonomia política relativa que o próprio sistema devia proteger, valendo-se dos meios institucionais e, quando esgotados, através de insurreições violentas (SERULNIKOV, Sergio. Disputed images of colonialism: Spanish rule and Indian subversion in Northern Potosí, 1777-1780. *The Hispanic American Historical Review*, v. 76, n. 2, 1986, p. 190-94; ver também: PENRY, Sarah Elizabeth. *Transformations in indigenous authority and identity in resettlement towns of colonial Charcas* (Alto Perú). Tese (Ph.D.) – University of Miami, Florida, 1996, p. 20-21, 131 *et seq*).

44 Ações por meio das quais os índios expressavam, como no caso dos protestos contra os *repartimientos* e a política fiscal bourbônica no Alto Peru, uma clara noção de que podiam governar autonomamente suas comunidades (THOMSON, Sinclair. *We alone will rule*: native Andean politics in the Age of Insurgency. Madison: University of Wisconsin Press, 2002, p. 144 *et seq*).

45 AGI, Charcas, 581. Minuta da carta do bispo de Santa Cruz de la Sierra, Manuel Nicolás de Roxas y Argandoña, Punata, 9 jun. 1798, §258-60.

semana para trabalharem para si em suas roças particulares: agora, "no hay vezino, a quien se le permita tener una vaca propia, y aun en el caso de que algunos yndios logren beneficiar de su cuenta algún cacao, les obliga el gobernador a venderlo a vil precio". O tempo para si era convertido em tempo de produção para a *Receptoría*: "no les queda tiempo de beneficiar un poco de maíz, yuca y algodón, para el sustento de sus familias". De outro, os cuidados com o lúdico e o sagrado, tão fundamentais na aliança estabelecida pelos jesuítas, estavam abandonados: "haviendo florecido en otros tiempos la pintura, musica, escultura y otras artes liberales y artefactos de herrería y carpintería, entre los Mojos y Chiquitos, en el día están en el ultimo extermínio". Nessas circunstancias que atingiam a reciprocidade, "no solo desertan a los montes sino que se pasan a los dominios de Portugal".

O projeto reformista de transformar as missões em unidades estatais de produção parece ter sido levado às últimas consequências durante o governo de Miguel Zamora (1793-1802), que acirrou a coerção sobre o trabalho. Em março de 1800, alguns curas de Mojos foram chamados a Santa Cruz de la Sierra para depor a respeito das queixas que, no mês anterior, fizeram alguns índios desertores.[46] Os curas, que já não respondiam pelo temporal, confirmaram que os administradores aumentaram a pressão sobre os índios para que produzissem mais: o de Trinidad "no solo les obligaba al diario trabajo, sino que aun de noche hacia lo mismo con velas encendidas",[47] e em San Joaquín "se les obligaba a las indias al pesado, e insoportable trabajo de carpir los cañaverales, los algodonales, y cuantas ocupaciones son anexas a las labores del campo, aun a aquellas que estaban criando a sus hijos de pecho".[48] A remuneração, que ao tempo dos jesuítas sustentava a lealdade dos índios, fora reduzida ao ínfimo, como informou o cura de Magdalena: "las gratificaciones que se les dan en un año por tan duro, y pesado travajo, es tan ridícula, e incapas de aliviarlos, por que no pasa, segun lo presenció el que declara, de libra y media de sal para cada familia, una aguja, algunos cortos hilos de abalorios, y una arroba de lama de Colon".[49] Naquele *pueblo*, por sinal, onde viviam 3.060 índios, a remuneração anual de suas produções não passava de 60 facas, 100 costais, 20 mantas, 100 varas de baetas, 9 arrobas de ferro, 9 de aço, "quedando los demas indios sin estos auxilios, hasta otro reparto". Daí que, vendo corrompido o pacto de lealdade, os índios

---

46 AGI, Lima, 1011. "Testimonio del expediente formado a pedimento del mui ilustre cavildo sobre los perjuicios que padese esta ciudad con la ninguna internación a la Prov.a de Moxos, y lo que padecen sus naturales con el actual gobernador año 1800", Santa Cruz de la Sierra, f. 50-52: Carta do capitão de milícias e protetor dos índios Bartolomé Bazan, Santa Cruz, 18 abr. 1800.

47 AGI, Lima, 1011. "Testimonio", f. 4v-9: Depoimento de Pedro Ardaria, cura primeiro de Trinidad, Santa Cruz, 26 mar. 1800, f. 5.

48 AGI, Lima, 1011. "Testimonio", f. 15-19: Depoimento de Juan José Vargas, cura de San Joaquín, Santa Cruz, 1 abr. 1800, f. 16.

49 AGI, Lima, 1011. "Testimonio", f. 21-23: Depoimento de Francisco Ayala, cura de Magdalena, Santa Cruz, 2 abr. 1800, f. 21v.

passavam a abandonar os rituais católicos: ainda em Magdalena, "omiten el asistir a la iglesia, aun a oir missa los días de precepto, como a confesarse, y cumplir con la comunión anual, que en otros tiempos lo verificaban con la maior puntualidad, sucediendo lo mismo con la doctrina cristiana, y demás actos de religión".⁵⁰ Como referiu o cura de San Ramón, crescia entre os índios a convicção de que o melhor a fazer era desertar: "por las mismas causas y motivos de despecho han apostatado los yndios de los pueblos de San Borja, de San Joaquin, y de la Exaltación a los montes confinantes a ellos, a los dominios portugueses, a las misiones de Apolobamba y otros parajes".⁵¹ Os curas sabiam de famílias inteiras que apostataram dos *pueblos* de San Borja, que se extinguiu, e de San Ignacio, tendo alguns ido aos montes e outros para as missões de Apolobamba.⁵²

Se os jesuítas conseguiram contar com a colaboração dos índios nas atividades produtivas, era porque invertiam boa parte dos lucros em remunerações e melhorias nos *pueblos*. As reformas, ao introduzir administradores e tenentes, aumentaram exigências de produtividade que minavam os fundamentos do pacto de lealdade estabelecido pelos inacianos. Pela década de 1790, índios passaram a reclamar que havia poucas terras para plantar alimentos, já que a maioria estava dedicada às exportações.⁵³ Eles eram forçados a produzir mais e, concretamente, recebiam menos itens europeus como pagamento, como atestou o naturalista Tadeo Haenke em 1798, que observara que sal e facas mal bastavam para a casa dos caciques, sendo tanto mais notável a desnudez dos índios, desprovidos de camisetas, embora a produção têxtil fosse uma das principais exportações, e o repartimento desigual de carne de vaca, que em Exaltación só era feito no dia do aniversário dos reis à razão de sete cabeças. Mesmo trabalhos especializados eram sub-remunerados: "no hay premio personal alguno [...] sino un pedaso de queso, o un poco de miel de caña".⁵⁴ O aumento da produção para exportação em detrimento da subsistência foi observado nas missões de Mojos pelo alferes do Forte Príncipe: "até se havia prohibido aos Indios o poderem cultivar as suas respectivas Chacaras como he estilo entre elles, de maneira q' os da missão da Conceição, que sempre forão abundantissimos, furtavão agora aos da Magdalena".⁵⁵ E a presença de militares nas missões de Chiquitos, outra contravenção ao pacto, foi verificada por uma expedição portuguesa enviada em novembro de

---

50 *Ibidem*, f. 21v-22.

51 AGI, Lima, 1011. "Testimonio", f. 9v-13: Depoimento de Manuel Manzilla, cura primeiro de San Ramón, Santa Cruz de la Sierra, 29 mar. 1800, f. 11.

52 AGI, Lima, 1011. "Testimonio", f. 15-19: Depoimento de Juan José Vargas, cura de San Joaquín, Santa Cruz, 1 abr. 1800, f. 17; f. 21-23: Depoimento de Francisco Ayala, cura de Magdalena, Santa Cruz, 2 abr. 1800, f. 23; f. 34-35v: Pedro Pablo Nuñes, cura de Trinidad, Santa Cruz, 4 abr. 1800, f. 35v.

53 BLOCK, *Mission culture, op. cit.*, p. 146-47.

54 AGI, Charcas, 726. Informe de Tadeo Haenke para o "auto" referente ao pedido de Santa Cruz de la Sierra para que fosse permitido o livre comércio com Mojos e Chiquitos, Cochabamba, 28 mar. 1798, f. 24-25, §10, 19.

55 APMT, Defesa, 1790 A, 1197. Joaquim de Souza Pereira a João de Albuquerque, Forte Príncipe, 21 fev. 1791.

1791, que notou "em cada huma das missões se achavão de Guarnição des homens, e hum cabo, excetuando a de São Tiago, que tinha número pouco mais avultado".⁵⁶

O sistema de comunidade foi abolido nas missões de Mojos e Chiquitos por Real Cédula de 10 de junho de 1805. O novo "Plan de libertad" estabelecia: que fossem repartidos bens e terras, "sin escasez de tierras y ganados para su subsistencia, la de sus familias y fomento de la agricultura e industria"; que fossem assinalados os bens de comunidade de cuja produção seria obtido o salário dos professores de língua castelhana, o que já dá uma ideia de que não se rompia totalmente com o sistema anterior; que fosse estabelecido o tributo, de cujo valor se sacaria o correspondente ao sínodo dos curas; e, finalmente – diferença fundamental em relação ao que fora adotado entre os Guarani –, em atenção ao sistema de duas repúblicas, "que se cuide mucho de que en sus limites no adquieran haciendas los españoles, por haver acreditado la experiencia que con el tiempo se han alzado con todas o la mayor parte de las de los Yndios, prohiviendose a estos vender las que se les repartan".⁵⁷ Ordem que não teve cumprimento, como explicavam os governadores, dadas as tensões sociais que, como se verá, marcaram as últimas décadas do sistema colonial naquela fronteira.⁵⁸

Realmente, diante do acirramento da coerção ao trabalho e da distribuição desigual e irregular de mantimentos, os protestos indígenas tornaram-se cada vez mais intensos. Os caciques, a quem fora delegado o poder coercitivo necessário para controlar os índios comuns, atuaram como intermediários entre as demandas por mais trabalho por parte do governo e as demandas indígenas contra maus-tratos, falta de mantimentos e remunerações. Eles utilizavam canais institucionais de protesto, por meio de cartas ou petições verbais, e requisitavam a transferência ou a punição de curas e administradores, reparto de gado e remuneração por serviços. Em certos casos, desafiavam a instituição das missões e coordenavam deserções massivas para os domínios portugueses de Mato Grosso (cuja política indigenista fomentava precisamente a atração dos "índios espanhóis"), para outras províncias espanholas ou mesmo "apostatavam", juntando-se aos "índios bárbaros".⁵⁹

---

56 APMT, Defesa, 1791 A, 1186. Joaquim José Ferreira a João de Albuquerque, Albuquerque, 3 nov. 1791.

57 RAH, CML, t. 122, f. 73-78. "Real Cédula a la Audiencia de Charcas, acerca de lo resuelto sobre el nuevo plano de gobierno y administración de los pueblos de misiones de Mojos y Chiquitos, Aranjuez", 10 jun. 1805, f. 78-78v; ver também a consulta do *Consejo de Indias* que gerou essa Real Cédula: AGI, Charcas, 581. Consulta do *Consejo de Indias*, Madri, 29 jan. 1805. Alguns anos antes, o Marquês de Avilés implementara reformas nas missões de índios Guarani, com a liberação de 323 famílias do sistema de comunidade e a permissão de que espanhóis residissem nos *pueblos*. Para uma análise atenta à participação dos índios no processo, ver: WILDE, *Religión y poder*, op. cit., p. 265-67, 270, 301.

58 Inteirou-se o governador Pedro Pablo Urquijo de vários alvoroços em que estavam envolvidas algumas chefias indígenas da província, que reclamavam da falta de remuneração, de prisões injustificadas de autoridades nativas e da presença de tropas espanholas nos *pueblos* (AGN, Sala 9, 7-7-2. Auto, Pedro Pablo Urquijo, San Pedro, 31 out. 1805). Quatro anos depois, a instabilidade política na região da Audiência de Charcas seguia impedindo a aplicação da Real Cédula (AGN, Sala 9, 30-7-9, exp. 12. Fiscal protetor de índios de Buenos Aires, 16 out. 1809).

59 Aqui me inspiro na análise de Barbara Sommer, que retoma a distinção de Gabriel Debien entre pequena e grande *marronnage*, para mostrar que os índios, de um lado, praticavam a deserção temporária e pontual como protesto

Canais institucionais de protesto

Os protestos de grupos indígenas havidos por "leais vassalos", a cujas lideranças foram delegados certos poderes de gestão pela própria administração colonial, sendo o *cabildo* indígena sua expressão mais forte, podiam valer-se dessa mesma estrutura de controle como forma de requisitar benefícios ou atalhar injustiças. Nos *cabildos* das missões de Mojos e Chiquitos, existiam os cargos de governador (ou corregedor), *alcaldes, regidores, alguaciles*, tenentes e alferes. Havia ainda mordomos e fiscais responsáveis pelos bens de comunidade e pelo bom cumprimento de cada tipo de trabalho dos índios comuns.[60] Como vassalos, estabeleceram um pacto de lealdade com os representantes do monarca, sob a condição de que fossem observados certos privilégios, benefícios e isenções. Assim, se o *cabildo* era a instituição responsável por aplicar castigos físicos e fiscalizar os trabalhadores, uma vez que curas, administradores e oficiais praticassem abusos que contrariassem o "pacto", era ainda a instituição que servia de porta-voz das reclamações dos índios aos representantes do monarca, os governadores, a quem seguiam manifestando lealdade.[61] Segundo apurou Guillermo Wilde, em recente estudo, a burocracia indígena que participava da gestão dos *pueblos* estava inserida em um dispositivo ao mesmo tempo *instituído* (a Coroa espanhola detinha o "poder de delegación del poder") e *instituinte* (não desprovido de espaços de negociação, ambiguidade e requisição de vantagens): nesse sentido, o *cabildo* indígena "instituye, consagra y acualiza un orden político en el que los líderes nativos han negociado una posición a la vez subordinada y ventajosa".[62] Ao mesmo tempo em que era um dispositivo de controle, o *cabildo* também podia funcionar como canal privilegiado de interlocução com o governo em demanda de melhorias para os índios comuns.

---

a uma injustiça específica e, de outro, a deserção permanente, de modo a escapar do sistema de trabalho colonial e elaborar formas de trabalho para si em comunidades próprias (SOMMER, Barbara Ann. *Negotiated Settlements*: Native Amazonians and Portuguese policy in Pará, Brazil, 1758-1798. Tese (Ph.D.) – University of New Mexico, Albuquerque, 2000, p. 166, 183-84). É preciso enfatizar, porém, que na distinção que faço aqui entre protestos institucionais, quando os caciques se valiam da interlocução privilegiada que tinham com o governo, e deserção transfronteiriça, a qual podia significar para os índios um recomeço de suas vidas, a sistemática interferência da política indigenista de atração de grupos que viviam nos domínios rivais era um condicionante fundamental nas escolhas desses caciques. Para uma tipologia mais geral: COATSWORTH, John H. Patterns of rural rebellion in Latin America: Mexico in comparative perspective. In: KATZ, Friedrich (ed.). *Riot, rebellion, and revolution*: rural social conflict in Mexico. Princeton: Princeton University Press, 1988, p. 29-30.

60 ALTAMIRANO, Diego Francisco. *Historia de la misión de los Mojos* [c. 1710]. La Paz: Instituto Boliviano de Cultura, 1979, cap. 15-16, p. 92-99; "Respuesta que da el Padre Superior de las misiones de Chiquitos", 1768. In: BALLIVIÁN, Manuel V. (ed.) *Documentos para la historia geográfica de la república de Bolivia*. La Paz: J. M. Gamarra, 1906, t. 1, p. 5.

61 Não era outra a função das instituições que "representavam" a gente do comum em sociedades ibéricas, como assinala Ruth Mackay: "eran las mismas estructuras del Estado las que hacían posible esa capacidad de resistencia. Paradójicamente, era la jerarquía lo que permitía a la gente formular sus derechos" (MACKAY, Ruth. *Los límites de la autoridad real*: resistencia y obediencia en la Castilla del siglo XVII. Valladolid: Consejería de Cultura y Turismo, 2007, p. 151).

62 WILDE, *Religión y poder, op. cit.*, p. 61, 81.

A mediação entre as demandas da colonização e as demandas dos índios tornava-se, para os oficiais indígenas, especialmente difícil em contextos de reforma administrativa, quando as bases do pacto de lealdade costumeiro eram modificadas. O alcance das reformas e a percepção de quão injustos eram certos abusos terão motivado rupturas em relação à lealdade esperada, sob a forma de apostasia, revoltas ou passagem à lealdade de outro monarca.

Dispositivo de controle, com efeito, porque o poder exercido pelos caciques no *cabildo* não era *mimético*: eles efetivamente eram administradores das atividades do dia a dia das missões e, ao que parece, não estavam dispostos a perder suas faculdades e jurisdições. Assim é que, mesmo à época dos jesuítas, o exercício desse poder delegado não deixava de causar preocupação entre os missionários. Em visita a San Miguel, situada sobre o rio Baure e habitada pelos Mure, a expedição de Manuel Félix de Lima pôde notar que o padre tinha a seu cargo uns quatro mil índios, "que ja tinhão morto alguns missionarios anteriores, sendo mui precária a auctoridade que elle mesmo exercia. Dormia sempre na egreja, evidentemente na esperança de achar alguma protecção na sanctidade do logar, e contou ao hospede que varias vezes lhe tinhão vindo os índios arrancar das mãos o alimento, chegando a maltractal-o com pancadas". Sucede que, numa das missas visitadas pelo viajante português, ouvira o missionário dizer aos índios: "sabei pois que por toda a parte ha christãos, e que se me fizerdes algum mal, voltará este capitão e com balas de fogo matará quantos tiverem concorrido para a minha morte".[63] Em forte contraste com os relatos propagandísticos da Companhia, ficava aí muito clara a *ambiguidade intrínseca à promoção de caciques* como gestores da colonização, pois seu poder dependia de certa representação de interesses dos índios comuns, o que não raro confrontava as demandas coloniais.

Tanto era efetiva a capacidade do *cabildo* indígena de coordenar ou se apresentar como porta-voz de protestos que alguns curas procuravam desestabilizá-lo, no que encontravam resistência dos caciques em defesa de suas faculdades e jurisdições. Parece ter sido esse o caso em Loreto, onde o cura Manuel Gusmán, pelo ano de 1786, interferia e mesmo impedia reuniões do *cabildo*, temendo que enviassem petições e queixas ao governador. Foi o que fez o cacique e *alcalde* Gregório Toni, e em seu depoimento certificou "que estando una noche con todo el cabildo llegó el cura en compañía de un criado suyo armado con una escopeta, y dirigiendose al casique gobernador le preguntó que gente era aquella y lo que hacían". Outra denúncia recorrente dos juízes indígenas incidia sobre não pederem os curas licença para aplicar castigos, com o que ficavam desautorizados os cargos municipais: "lo que han visto siempre es, que su cura, para azotar a los yndios, no ha necesitado que los jueses le hagan acusaciones", enfatizavam os *cabildantes* de Loreto. Índios comuns e caciques encontravam no *cabildo* um instrumento defensivo cuja autoridade não queriam ver abalada: "una noche [o cura] quiso asotar al cazique gobernador, a su teniente, y al alcalde Pedro Nolazco Gualaxi", denunciou o mesmo *cabildo* ao governador, "pero no lo consiguió por

---

63 Manuscrito de Manuel Félix de Lima [c. 1742]. In: SOUTHEY, Robert. *História do Brazil*. Rio de Janeiro: Garnier, 1862, v. 5, p. 415-16.

que no tubo indios que lo prendiezen".[64] Os caciques de Concepción formalizaram uma queixa ao governador contra o cura Francisco Xavier Chavez, enfatizando o "notable y monstruoso" de terem sido castigados os mesmos caciques: "con maltratarlos en estos términos, y remitir à los Dominios de Portugal sus fructos y efectos, hizo castigar con azotes al capitán Domingos Ayame por que no madrugó para caminar a la Estacada [portuguesa]". "Experimentando los Yndios Jueces iguales vejaciones y castigos", foram açoitados após a retirada do visitador frei Antonio Peñaloza, a quem contaram sobre o contrabando com o Forte Príncipe.[65] Nesse relato, como em outros, a violência física contra os índios estava diretamente relacionada com o aumento de produtividade e o intenso contrabando que os curas mantinham com o Forte Príncipe da Beira e com comerciantes de Santa Cruz de la Sierra. Paradoxalmente, o recurso dos curas à violência física contra caciques, precisamente aqueles a quem o governo procurava distinguir e delegar poderes, se pretendia esvaziar os mecanismos institucionais de protesto, acabava por estimular os caciques a denunciarem abusos que tanto eles quanto os índios comuns sofriam.

Para além da violência física, a violência simbólica que se expressava na diminuição das remunerações que sustentavam o pacto entre índios e missionários era um ponto sempre lembrado pelos caciques em suas petições. Tendo sido perguntados se "han recibido algún socorro en sal, bayeta, cuchillos, lana, u otro algún auxilio" do cura Manuel Gusmán, disseram "que en todo el tiempo que ha estado de cura no han recibido nada, sin embargo del mucho sebo y otros efectos que continuamente han remitido a Santa Cruz".[66] Os índios oficiais apresentavam queixas contra espanhóis que, tendo solicitado seus serviços, se recusavam ao pagamento proporcionado, como o fizeram os carpinteiros Juan Falogue e Bastián Serrate Lerrate e o ferreiro Juan Ycuarê contra um Silvestre Flores que, havendo recebido as chapas, baús e cigarreiras que encomendara, pagou aos índios três pães de sal, um machado e quatro *reales*, valores muito abaixo do que acordaram por seu trabalho.[67]

Vendo reduzida sua remuneração ao ínfimo e subtraído o tempo de trabalho para si, alguns índios passavam furtivamente a Santa Cruz de la Sierra e ali procuravam proteção entre setores da elite local, também insatisfeitos com o "Plano de gobierno", por não terem permissão de fazer comércio com as missões. No início do ano de 1800, quatro índios desertaram das missões de Trinidad e San Pedro e foram procurar, em Santa Cruz, o *protector de indios*. Quem ocupava o cargo era o capitão de milícias Bartolomé Bazan, e seu empenho em recolher os depoimentos dos desertores

---

64 AGI, Charcas, 623. "Autos seguidor p.r el governador de Moxos y el vicário de la provincia contra los lisenciados Don Manuel Gusmán y Don Josef Manuel Ramos", Loreto, 15 dez. 1786, f. 56, 26v, 28v.

65 AGI, Charcas, 623. "Visita del Pueblo de la Purísima Concepción", f. 40v-47v: "Representación de los Caciques", Concepción, 20 jul. 1787, f. 45-46.

66 AGI, Charcas, 623. "Autos seguidor p.r el governador de Moxos", f. 26v-30v: Depoimento do cacique governador e juízes principais, Loreto, 9 jan. 1787, f. 30.

67 AGI, Charcas, 446. "Expediente que trata sobre unas campañas que mandó al Fuerte del Principe de Beyra el vicario de Prov.a", San Pedro, 30 out. 1786.

e agregar o de vários curas de Mojos não pode ser desligado do interesse da elite *cruceña* em desmontar o sistema de comunidade e o monopólio estatal das missões.[68] As queixas podiam ser um bom argumento para os espanhóis que defendiam o comércio livre, mas os índios provavelmente não desconheciam que, se contassem com o apoio da elite local, talvez pudessem ter mais chances de alterar o quadro institucional.[69] Segundo os índios que prestaram os depoimentos, os problemas incidiam sobre dois pontos centrais: primeiro, o sistema do "Plano" "no los dejaba trabajar para si, y contratar entre si mismos, como era costumbre, con sus fructos, quitandoles estos, y metiendolos al almasen [...], [haciendo] trabajar todos los días de la semana, sin darles de comer, ni tempo para trabajar para si"; ao mesmo tempo, a remuneração de seu trabalho caíra consideravelmente ou cessara: "en tiempo de los padres trabajaban paños chicos y se les daba mucho, y ahora que trabajan paños grandes, no hai el reparto, que havia antes, y se les daba en sal, cuchillos, chaquiras, y otras cosas".[70] Com efeito, a conexão feita pelos índios era muito clara, sem tempo para si e sem remuneração, condições que sustentavam o pacto de lealdade que com eles fizeram os jesuítas, não havia razão para permanecerem na vida "cristã", preferiam voltar a ser "bárbaros": "de modo que sus parientes y la demás gente estaban por huirse al monte también de miedo y que continuamente estaban todos tristes, *pensando hacerse barbaros, como los que hai en aquellos montes*".[71]

Se os *cruceños* se valiam das críticas que os índios faziam ao governador Miguel Zamora para reforçar seus pleitos em favor da abertura comercial das missões, não é implausível que os índios buscassem nos *cruceños* porta-vozes qualificados para modificar a condição de opressão mais imediata que sofriam: "no quieren volver a la provincia estando este gobernador y secretario y [...] lo que quieren es pagar el tributo con paños o cocholate".[72] Reivindicação essa, a de passar ao estatuto de *tributários*, que chegou a aparecer em mais de uma oportunidade nas petições dos caciques, tendo os de Trinidad dito que serviria para não dar "pretexto para las vejaciones que diariamente sufren",[73] e os de Concepción "savian que los Yndios del Perú estavan libres, y nunca expuestos a semejantes insultos por que éran tributarios".[74]

---

68 AGI, Lima, 1011. "Testimonio", f. 50-52: Carta do capitão de milícias e protetor dos índios Bartolomé Bazan, Santa Cruz, 18 abr. 1800, em que expõe o depoimento de quatro índios desertores. Foi remetido por Francisco de Viedma, intendente de Cochabamba, favorável ao comércio livre das missões com os espanhóis (AGI, Lima, 1011. Francisco de Viedma, governador intendente de Cochabamba, ao secretário José Antonio Caballero, Santa Cruz de la Sierra, 25 abr. 1800).

69 Para situação semelhante no Alto Peru, ver: PENRY, *Transformations in indigenous authority*, op. cit., p. 131 *et seq.*

70 AGI, Lima, 1011. "Testimonio", f. 50-52: Carta do capitão de milícias e protetor dos índios Bartolomé Bazan, Santa Cruz, 18 abr. 1800, f. 51v.

71 *Ibidem*. Ênfase acrescentada.

72 *Ibidem*.

73 AGI, Charcas, 623. "Representación" dos caciques do *pueblo* de Trindad, San Pedro, 7 nov. 1786.

74 AGI, Charcas, 623. "Visita del Pueblo de la Purísima Concepción", f. 69v-71v: "Representación de los Caciques", Concepción, 12 jul. 1787, f. 71v.

O estranhamento dos caciques em relação às punições aplicadas por curas e subdelegados expressava em que medida passou a ser contrariada a prática dos antigos missionários. Em suas queixas, os caciques observavam que, em vez de açoites e cepo, índios eram punidos com golpes na cabeça e espancamentos, sem que se poupassem os mesmos enfermos.[75] Conhecendo que o máximo de açoite permitido era 25, e que apenas para certos casos específicos eram permitidas algumas séries de 25 açoites cada,[76] estranhavam que a uma certa Maria Mapi lhe fossem ministrados 100 açoites, por ter aconselhado uma índia jovem a não frequentar mais a casa do cura, ou ainda que um Juan Antonio Enobore tivesse recebido 50, apenas porque não teria saudado o missionário.[77] O castigo de caciques, antes só permitido com a autorização do superior das missões, tornou-se bastante comum.[78] Os *cabildos* não eram mais consultados sobre as punições, como previam os antigos regulamentos,[79] e os curas cuidavam de desferir os castigos escudados por um pequeno séquito de "espanhóis" munidos de armas de fogo.[80]

Como outros fenômenos de resistência popular no Antigo Regime, os protestos indígenas tendiam a personificar o mal nos agentes imediatos e a proteção e a justiça na figura do rei ou de seus representantes mais qualificados. Por um efeito de discurso próprio aos Estados modernos, a imagem dos ministros, jamais a do rei, era a que ficava atrelada às decisões impopulares, embora estas expressassem diretrizes da Coroa.[81] Assim, não surpreende que os governadores fossem vistos pelos índios como seus infalíveis protetores, eles que participavam da elaboração das reformas. Alberto Cujui, mestre de capela do *pueblo* de Santa Ana, escreveu ao governador Lazaro de Ribera em 1787, solicitando providências diante dos maus-tratos infligidos pelo cura daquela missão:

> Muy señor mio y mas venerado dueño y señor yo me allegro de verte bueno y para cervirte en quanto me mandares lo are sin dilación pero yo soy

---

75 AGI, Charcas, 623. "Autos seguidor p.r el governador de Moxos", f. 26v-30v: Depoimento do cacique governador e juízes principais de Loreto, 9 jan. 1787, f. 29.

76 Admitia-se mais de 25 açoites somente em casos especiais, como incesto, nefando etc. ARSI, Paraquariae, v. 12, f. 168-173v. "Ordenes para todas las reducciones aprobadas por n. P. Ge.l Juan Paulo Oliva", 1690, f. 173, §53.

77 AGI, Charcas, 623. "Visita del Pueblo de la Purísima Concepción", f. 40v-47v: "Representación de los Caciques", Concepción, 20 jul. 1787, f. 45-46.

78 A proibição de castigar caciques era a recomendação do provincial Tomás de Baeza, "y menos se le quitará el bastón" (BNM, Sala Cervantes, Mss/6976, "Cartas de los PP. Generales y Provinciales de la Compañía de Jesús a los misioneros jesuitas de Paraguay, Uruguay y Paraná", f. 118-119: Carta de Tomás de Baeza [c. 1683]).

79 Sobre a delegação dessa responsabilidade ao *cabildo*: "Reglamento general de doctrinas por el provincial P. Tomás Donvidas, y aprobado por el General P. Tirso", 1689. In: HERNÁNDEZ, Pablo. *Organización social de las doctrinas guaraníes de la Compañía de Jesús*. Barcelona: Gustavo Gili, 1913, v. 1, p. 597, §46.

80 AGI, Charcas, 623. "Autos seguidor p.r el governador de Moxos", f. 30v-32v: Depoimento do índio Saveriano Christobal Ramo, Loreto, 9 jan. 1787, f. 32.

81 ELLIOTT, John H. *Imperios del mundo Atlántico*: España y Gran Bretaña en América, 1492-1830. Madri: Taurus, 2006, p. 208, 210-11, 522-26.

> triste señor [...] el padre señor malo siempre grande culpa este padre señor siempre dentran las mujeres casa del padre todos los días siempre dormir las mujeres dormitorio del padre mal [...] siempre mucho azotar cinquenta y los hombres todos y las mujeres todas cinquenta y mucho veinte y cinco y muchacha veinte y cinco llevar este padre señor ahora salir de la Santa Cruz este Padre.

O cacique ainda acrescentou às violências praticadas pelo cura o ter dito que "el governador mas grande este Don Lazaro floxo dize el padre señor".[82]

Os caciques procuravam soluções institucionais para o desabastecimento de gado e reclamavam mudanças na gestão praticada pelos curas. Em 1786, os caciques principais de Exaltación passaram à capital a reclamar ao governador algum auxílio de gado, e denunciaram o cura José Ignácio Mendes por ter vendido a maior parte do que possuíam ao Forte Príncipe.[83] Eles foram atendidos,[84] assim como os caciques de Concepción, que apareceram no ano seguinte e requisitaram ao governador autorização para recolher 4 mil cabeças de gado aos pampas do Machupo, visto "esté su sobredicho pueblo con bastate escases de ganado vacuno para la precisa y necesaria manutención".[85]

Revoltas e deserções

Canais institucionais de protesto foram utilizados por caciques para pedir o afastamento de curas e outros funcionários que praticavam abusos e reivindicar melhorias no abastecimento dos *pueblos*. Reformas que racionalizavam a produtividade das missões (sem, contudo, conseguir cessar os desvios e abusos), ao tensionarem o pacto colonial, podiam produzir respostas em iguais termos dos índios que, entendendo que não se sustentavam mais os fundamentos da lealdade, podiam rompê-la.[86] Efetivamente, é de ruptura de lealdade monárquica que se fala quando se atenta para as deserções de índios para os domínios do império rival. As revoltas, por sua vez, ainda podiam reivindicar lealdade ao monarca, quando as queixas incidiam contra abusos de funcionários mais imediatos. A restauração do antigo pacto seria do interesse do próprio rei, que deveria ser avisado por seus vassalos a respeito de funcionários que desconsideravam privilégios e costumes. Os dois casos de revolta que são analisados a seguir apresentam

---

82 AGI, Charcas, 623. Alberto Cujui a Lazaro de Ribera, Santa Ana [ant. a 20 out. 1787].

83 AGI, Charcas, 446. "Expediente sobre un socorro de ganado", Lazaro de Ribera, San Pedro, 17 out. 1786.

84 AGI, Charcas, 446. Lazaro de Ribera ao frei Antonio Peñaloza, San Pedro, 17 out. 1786, f. 2; Carta circular aos curas de Loreto e Trindad, San Pedro, 18 out. 1786, f. 3.

85 AGI, Charcas, 623. "Visita del Pueblo de la Purísima Concepción", desde 11 jul. 1787, f. 75v-76: "Pedimento. El cacique gobernador y mas justicias", Concepción, 23 jul. 1787; f. 77-77v: "Decreto", Concepción, 23 jul. 1787.

86 SAITO, Akira. Creation of Indian Republics in Spanish South America. *Bulletin of the National Museum of Ethnology*, Osaka, v. 31, n. 4, 2007, p. 457.

essa característica comum às manifestações de resistência popular no Antigo Regime,[87] a cuja linguagem política os índios demonstraram estar bem atentos.

A missão de San Ignácio de Chiquitos, já marcada por sucessivas deserções para os domínios portugueses,[88] foi palco, em junho de 1790, de uma revolta contra a presença de uma guarnição espanhola ali instalada, a qual estava em contradição com o privilégio obtido pelo procurador José de Calvo em 1700, de que sob nenhum pretexto residiriam tenentes naquelas missões.[89] O cura Manoel Roxas, havido entre os índios como sujeito violento e que perseguia as mulheres do *pueblo*, teria inflamado os ânimos ao divulgar que os planos do governador Carbajal visavam a substituição dos curas por tenentes, com o consequente abandono da liturgia.[90] Os índios se levantaram a 5 de junho, mataram quatro soldados e deixaram outros nove feridos, entre eles o comandante das tropas.[91] A carta que os caciques enviaram ao governador a 16 de agosto demonstra que não desconheciam a linguagem protocolar do Antigo Regime. Antes de mais, manifestavam sua lealdade ao monarca e ao governador, que em nenhum momento teriam abandonado, pois "lo manda Dios Governador para los Christianos como en nombre del Rey que está en lugar de Jesu Christo para Governar el Mundo".[92] A razão do levantamento atribuíam à má gestão dos curas, que estavam amancebados com mulheres casadas e impingiam castigos físicos sem consulta do *cabildo*, e à presença de soldados espanhóis, que desautorizavam os *jueces* indígenas. A um dos caciques juízes, o cura "le echó mano de los cabellos" e "lo entregó a los soldados, y les mandó a los soldados que lo guardasen con sus espadas".[93] Em depoimento na presença do governador, os caciques lembraram que haviam dito aos curas que o amancebamento "estava malo para sacerdote", que os soldados espanhóis ofendiam os índios e auxiliavam o cura em suas injustas punições, como quando colocaram no cepo o sargento-mor das milícias do *pueblo*, o cacique Estanislao Surubi.[94] Se o pacto de lealdade estabelecido pelos jesuítas garantia aos caciques que não receberiam punições vexatórias e

---

87 ELLIOTT, John H. *España, Europa y el mundo de Ultramar*: 1500-1800. Madri: Taurus, 2010, p. 52.

88 Ver, por exemplo: AHU, MT, cx. 21, d. 1308. Luiz de Albuquerque a Martinho de Melo e Castro, Vila Bela, 27 jan. 1781.

89 RAH, CML, t. 56, f. 138-52. "Representación del padre José de Calvo", Plata, 9 nov. 1700, f. 139, §4.

90 RADDING, *Landscapes of power and identity, op. cit.*, p. 191.

91 AGI, Charcas, 445. "Testimonio del informe y diligencias actuadas por el gobernador substituto de la Prov.a de Chiquitos, D. Manuel Ignacio Zudañez, acerca de las inquietudes del pueblo de S.n Ignacio", f. 9-12v: Manuel Ignacio Zudañez ao rei, Santa Ana, 16 jun. 1790, f. 11.

92 AGI, Charcas, 445. "Testimonio de las diligencias practicadas por el gov.r de Chiquitos D. Antonio Lopes de Carvajal, consequentes al suceso acaesido en el pueblo de San Ignacio, y providencias tomadas por la Real Audiencia", f. 7-9: Carta do corregedor, tenente, alferes e demais juízes de San Ignacio, recebida e atestada pelo governador Antonio Lopes Carbajal, Santa Cruz de la Sierra, 16 ago. 1790, f. 7v.

93 *Ibidem*, f. 8v.

94 AGI, Charcas, 445. "Testimonio de las diligencias practicadas por el gov.r de Chiquitos D. Antonio Lopes de Carvajal, consequentes al suceso acaesido en el pueblo de San Ignacio", f. 17-19: Depoimento dos caciques de San Ignacio, 13 jul. 1790, f. 18.

que tenentes espanhóis não residiriam nas missões, a nova situação, ao contrariá-lo, abria aos índios caminho para resolver as coisas fora do trâmite institucional. A lealdade monárquica parecia condicionada à garantia de certos privilégios que limitavam a ação do Estado, mas lhe garantiam a fidelidade e a obediência dos vassalos. O problema era que alguns funcionários não cumpriam esses parâmetros. O governador não pôde ir além de advertir aos caciques a que fizessem suas petições por caminho institucional: "hize entender a los jueces de este pueblo que hera injusto que tomasen otro partido que el de quejarse a su gobernador".[95] E cedeu ao seu pedido pela imediata substituição dos dois curas, que no fim das contas foram responsabilizados pela revolta: "resulta no haver sido otra la causa, que la escandalosa conducta de su cura primero Don Simon Vera y Gallo, y de otro pariente suio nombrado Juan", concluía o fiscal da Audiência de Charcas.[96] Em anos posteriores, segundo o visitador José Lorenzo Gutiérrez, os índios procuraram deixar mais claros os termos em que se empregariam nas fainas comunais: "Es de tal condición el indio q' para q.' trabaje es preciso fomentarle como sucede en la actualidad q' para q' bayan a la melea a estraer la cera y p.a las hiladuras y tejidos es preciso adelantarles alguna cosa, y no haciéndolo asi los administradores nada se consigue".[97] Os índios seguiam reclamando da falta de retribuição pelo seu trabalho: "han extrañado la escases de hierro y acero para sus machetes y cuñas, herramientas tan necesarias para la melea y cultivo de sus chacras".[98]

Por sua vez, as revoltas ocorridas em Mojos formam uma série de sucessivos e cada vez mais graves conflitos deflagrados pela insatisfação dos índios em relação ao aumento da violência como meio de coagir ao trabalho. Alguns caciques, ao mesmo tempo em que se viam despojados dos poderes que lhes foram delegados desde o início das missões, longe de se enfraquecerem politicamente, como esperavam governadores e subdelegados, aumentavam sua influência sobre os índios comuns, de quem se faziam porta-vozes.[99] Segundo pôde investigar o bispo José Velasco, que visitou Mojos em 1802, o "despótico gobierno" de Zamora, em boa medida, engendrara a insatisfação dos índios:

> una dura y cruel política de q.' no han podido desentenderse los indios [...]; el incesante trabajo del día, y de noche, en hiladuras, texidos, pinturerías, carpintería, &a, y q.' todas estas cosas o se depositaban en el almasen de

---

95 *Ibidem*, f. 19.

96 AGI, Charcas, 445. "Testimonio de las diligencias practicadas por el gov.r de Chiquitos D. Antonio Lopes de Carbajal", f. 51v-56v: Fiscal da Audiência de Charcas ao rei, Plata, 13 out. 1790, f. 54v.

97 RAH, CML, t. 76, f. 11-26. Informe de José Lorenzo Gutiérrez, visitador eclesiástico da província de Chiquitos, Santa Cruz, 30 out. 1805, f. 19.

98 *Ibidem*, f. 18.

99 Sobre fenômeno semelhante entre os Guarani, ver: WILDE, *Religión y poder, op. cit.*, p. 337-43 *et passim*.

San Pedro, o se extraviaban por sujetos de su confianza, para los fines de lo completar su hacienda o sostener su despótico gobierno.

Aos opositores, Zamora aplicava duras punições, "desterrando a unos, encarcelando a otros, ajusticiando a los demás, aun sin reparar en la división de los matrimonios, con unas penas prolongadas y públicamente ignominiosas".[100] O contrabando com os portugueses do Forte Príncipe voltou a ser assíduo, e dentre os produtos vendidos estavam peles de tigres, obtidas com grande risco de vida.[101] Em outubro de 1801, sob a coordenação do cacique Maraza, os índios cercaram o edifício do governo e obrigaram o governador a deixar a província, o que fez sem descuidar de levar consigo, "en buenas canoas", "quarenta baules de lo mas florido de su haver y de la provincia".[102] Se os índios não pretenderam, com a expulsão de Zamora, romper a lealdade monárquica, é provável que a quisessem negociar, a partir de então, a um preço mais elevado. Tal era a percepção do ministro protetor das missões da Audiência de Charcas: "es cierto que los yndios no tuvieron intención que falzamente se les imputó de sacudir el jugo del gobierno y de no admitir otro governador, pero también lo es que querían someter el gobierno y el governador a ciertas leys de su arbitrio, y antojo".[103] O bispo referiu que a lealdade dos índios estava abalada, e que as ordens do governo eram então discutidas e alteradas, antes de serem cumpridas.[104] O sucessor de Zamora, Rafael Antonio Alvarez Sotomayor, alertou sobre "los deviles conocimientos e ideas que estos naturales tienen sobre el exercicio de la Real Autoridad".[105] Ele recomendava fortemente o sistema de permuta das produções dos *pueblos* e não os repartimentos de mercadorias que se faziam antes, de uma vez e em quantidades que desanimavam ao trabalho.[106] Suas observações estatísticas mostram que em 1805 os *pueblos* que mais produziam cacau, a mercadoria mais valiosa, eram precisamente os mais "rebeldes": San Pedro, San Ignacio e Trinidad. Não deve ter sido por outra razão que, entre 1804 e 1805, receberam melhor remuneração que os outros. San Pedro, por exemplo, recebeu o dobro de pães de sal que os outros *pueblos*, e foi o único a adquirir 17 varas de bretanhas. Os mais populosos eram San Ramón (4.170 índios) e Magdalena (3.740), e eles rece-

---

100 RAH, CML, t. 76, f. 51-61. "Informe de Don José Velasco al Dean y Cabildo, sobre la visita eclesiástica que había realizado en la Provincia de Mojos", Santa Cruz, 19 nov. 1802, f. 55-56.

101 CHÁVEZ SUÁREZ, José. *Historia de Moxos*. 2ª. ed. La Paz: Don Bosco, 1986, p. 457.

102 RAH, CML, t. 76, f. 51-61. "Informe de Don José Velasco al Dean y Cabildo, sobre la visita eclesiástica que había realizado en la Provincia de Mojos", Santa Cruz, 19 nov. 1802, f. 55-56.

103 AGI, Charcas, 583. Carta do fiscal protetor de missões da Audiência de Charcas ao rei, Plata, 9 abr. 1804, f. 1-1v.

104 RAH, CML, t. 76, f. 51-61. "Informe de Don José Velasco al Dean y Cabildo, sobre la visita eclesiástica que había realizado en la Provincia de Mojos", Santa Cruz, 19 nov. 1802, f. 54v.

105 AGI, Charcas, 583, f. 4-13. Informe de Rafael Antonio Alvarez Sotomayor sobre a situação das missões de Mojos, San Pedro, 27 set. 1805, f. 10-10v.

106 *Ibidem*.

beram menos sal, facas e baetas que San Pedro, San Ignacio e Trinidad, que eram econômica e politicamente mais importantes. De maneira geral, a remuneração do trabalho dos índios não melhorou após a revolta. Entre 1801 e 1805, cresceu a distribuição de sal, ferro e aço, mas outros itens esperados pelos índios, como costais, baetas, avelórios, facas e agulhas vieram em quantidades menores.[107]

Preocupados em reforçar e mesmo renovar o pacto de lealdade entre as "nações" indígenas e o monarca espanhol, os governadores desse período instalaram retratos da família real nas salas capitulares de cada *cabildo* missioneiro[108] e inauguraram a realização regular de festas cívicas pelos aniversários e dias dos padroeiros dos soberanos. Datas que não se comemoravam em Chiquitos, como informa Fermín de Riglos, que fez ainda incluir jogos e distribuição de presentes: "he añadido el juego de la flecha al blanco este día, y el juego de la pelota elástica con la cabeza, y después le he tirado desde el balcón del colegio, chaq.s, medallas, y otras golosinas".[109]

Quando as reformas econômicas passaram a solapar as bases do pacto e a encontrar obstáculo entre os mesmos caciques, sua autoridade, antes dispositivo de gestão que se buscava promover, podia agora se tornar eixo de coordenação da resistência indígena. Daí porque, em 1822, o governador de Mojos, Francisco Xavier de Velasco, notando que a influência do referido cacique Maraza contrariava as ordens do governo, mandou chamá-lo e pediu seu bastão, símbolo do poder que lhe fora delegado. Como o cacique se negasse a dá-lo, refere D'Orbigny, "exasperado al ver a un indio resistírsele, Velasco mató a Marasa de un pistoletazo en el pecho".[110] Os canichanas de San Pedro se amotinaram e o governador procurou refúgio no antigo colégio dos jesuítas, alvo fácil a que lançaram um incêndio.[111]

* * *

A dominação ibérica sobre o vale do Guaporé foi marcada, desde o princípio, por sucessivas transmigrações de populações indígenas de uma margem a outra do rio. No capítulo 5

---

107 AGI, Charcas, 447-A. "Estado que manifiesta la distribución hecha de los efectos", San Pedro de Mojos, 28 jul. 1803; AGI, Charcas, 447-A. "Estado que demuestra la distribución hecha", San Pedro, 28 jul. 1803; AGI, Charcas, 583. "Estado en que se manifiestan los efectos de fomento", até 1 set. 1805.

108 AGN, Sala 9, Legajo 20-6-7. Miguel Fermín de Riglos ao vice-rei Marquês de Avilés, San Rafael, 22 ago. 1800.

109 AGN, Sala 7, Biblioteca Nacional, 4867. "Informe del gobernador de la provincia de Chiquitos, Miguel Fermín de Riglos, dirigido al virrey, marqués de Avilés, sobre su visita a la misma", San Miguel, 16 nov. 1800, f. 9.

110 ORBIGNY, Alcide D'. *Viaje a la América meridional*: realizado de 1826 a 1833. Buenos Aires: Futuro, 1945, v. 4, p. 1444.

111 CHÁVEZ SUÁREZ, *Historia de Moxos*, op. cit., p. 477-78, 486-87; ROCA, José Luis. *Ni con Lima ni con Buenos Aires*: la formación de un Estado nacional en Charcas. Lima: Instituto Francés de Estudios Andinos/Plural Editores, 2007, p. 261-90, 294-98.

deste livro o problema foi abordado com o foco sobre a permanência do envio de bandeiras à época dos governadores reformistas. Neste apartado, cumpre retomar a análise a fim de aprofundar o problema da disputa entre os impérios pela lealdade dos povos indígenas que viviam naquelas terras baixas.

Desde 1725, os jesuítas de Mojos verificaram que a população missioneira começara a declinar. O problema não estava apenas nas epidemias e deserções, segundo opinou o visitador Zabala em 1751: "ya no hay gentiles en las cercanias de estas parahes" entre quem se pudesse capturar neófitos. O *pueblo* de San José, que em 1725 contava 1.300 pessoas, em 1751 abrigava 169; San Luis passara de 1.700 almas a 367; e Exaltación perdera dois terços de sua população. Os jesuítas tiveram que recorrer com mais frequência à tradicional prática de repor o contingente populacional através de "entradas", expedições militares que visavam não tanto capturar grupos inteiros, mas apenas alguns índios que, convertidos em intérpretes, facilitassem o descimento "voluntário" de seus conterrâneos. Como explicava o visitador Zabala:

> en Reyes se recogen gentiles ya de las serranías cercanas ya de varios ríos que desaguan en el Beni de donde le viene al pueblo de Reyes tener al presente tanta gente. Para los demás pueblos de pampas solo de partes muy distantes y remotas se puede transportar gentilidad con gran dificultad [...]. Se traen algunos de la nación Guarayos gente Caribe q.' vive entre bosques sin domicilio fijo, y sin habitación permanente, mudandose a cada paso, según le da la gana.[112]

Para apoiar as entradas na margem oriental do rio Guaporé, os jesuítas decidiram instalar ali três reduções. Em 1742, fundaram Santa Rosa, entre os Aricoroni; em 1744, transferiram San Miguel da margem ocidental para a oriental, onde reduziram 4 mil índios Moré; e em 1746, estabeleceram San Simón, com os Causinos, Cageceres e Morés, cujos assentamentos entravam, a oriente, até as serras gerais. No começo da década de 1750, Santa Rosa contava 500 pessoas e San Simón 300. As três reduções contavam com igreja, casas e arruamento regular, e dispunham de produções de algodão, que permitia a exportação de tecidos, além de arroz e milho para consumo[113] e de um razoável estoque de gado, transferido das estâncias mais antigas do lado ocidental.[114]

---

112 ARSI, Peru, v. 21 A, f. 131-142v. "Relación de la visita realizada a las misiones de Mojos por el Padre Zabala dirigida al provincial Baltasar de Moncada", Trinidad, 26 dez. 1751, f. 135-136. Sobre a importância das "entradas" na manutenção da extensa província de Maynas, no oeste da Amazônia: GOLOB, Ann. *The Upper Amazon in historical perspective*. Tese (Ph.D.) – City University of New York, 1982, p. 151, 161-64.

113 FONSECA, José Gonçalves da. "Navegação feita da cidade do Gram Pará até a bocca do rio da Madeira pela escolta que por este rio subio às minas do Mato Grosso" [14 jul. 1749 e abr. 1750]. In: *Colleção de notícias para a história e geografia das nações ultramarinas*, t. 4, n. 1. Lisboa: Tip. Da Academia Real das Ciências, 1826, p. 99-115.

114 ARSI, Peru, v. 21 A, f. 131-142v. "Relación de la visita realizada a las misiones de Mojos por el Padre Zabala dirigida al provincial Baltasar de Moncada", Trinidad, 26 dez. 1751, f. 134v.

As entradas dos missionários castelhanos alcançavam a Serra dos Pacaás Novos, a Chapada dos Parecis e provavelmente iam além. Em 1740, por exemplo, a câmara de Cuiabá soube que os jesuítas tentavam reduzir os índios Goarapáre. Convocados os povos, decidiram enviar índios Bororo "domésticos" como intérpretes, a fim de dissuadir os Goarapáre de seguir os padres espanhóis: como refere José Barbosa de Sá, "nenhum [índio] lá ficou, retirandose consequentemente os missionarios que os congregavaó [e] ahy naó tornaraó".[115] As entradas eram auxiliadas por desertores do Mato Grosso que, oprimidos uns por dívidas e outros por cúmplices de delitos, se tinham confinado à chamada Ilha Comprida, segundo apurou o funcionário José Gonçalves da Fonseca em 1750. Ali viviam 12 moradores, entre os quais três nascidos em Portugal e seis mestiços. A atitude desses renegados era bastante ambígua: de um lado, auxiliavam os castelhanos na captura dos índios do entorno para as suas missões, do mesmo modo que o faziam para vendê-los, "por meio de passadores", aos colonos de Mato Grosso e Cuiabá; e de outro, não permitiam a presença dos jesuítas espanhóis nas proximidades da Ilha Comprida, e afirmavam que aquelas paragens eram "dominios da Real corôa Portugueza".[116]

Em decorrência do Tratado de Madri, o governador de Mato Grosso escreveu ao padre Juan Roiz em outubro de 1755, e advertiu que, conforme o artigo 16º do Tratado, as aldeias deveriam ser entregues aos portugueses: intactas e com os índios na sua órbita, que livremente deveriam escolher o partido a seguir.[117] No entanto, os jesuítas devolveram as missões completamente destruídas e desertas.[118] Rolim de Moura respondeu com a fundação, em 1754, da missão de Casa Redonda na margem ocidental "espanhola" do rio, sob a direção do jesuíta Agostinho Lourenço. Reunidos os índios Michens, Guajaratas e muitos outros, dois anos depois a aldeia foi transferida para o lado português, já com o nome de São José.[119] Os padres de Mojos criticavam a presença do jesuíta português Agostinho Lourenço tanto na margem ocidental quanto na oriental, alegando que tinham ordens para retornar ao suposto lado português do rio.[120] Até

---

115 SÁ, José Barbosa de. "Relaçaó das povoaçoens do Cuyabá e Mato groso de seos principios thé os prezentes tempos", 18 ago. 1775. *ABN*, Rio de Janeiro, v. 23, 1904, p. 39. O editor de outra transcrição desse documento considera, com razão, um exagero do cronista em afirmar que os jesuítas espanhóis já chegavam às nascentes do rio Cuiabá; cf. Idem. "Chronicas do Cuyabá" [1765]. *RIHGSP*, São Paulo, v. 4, 1899, p. 90.

116 FONSECA, "Navegação feita da cidade do Gram Pará até a bocca do rio da Madeira [...]", *op. cit.*, p. 111, 119, 122.

117 BNL, Pombalina, Cód. 629, f. 88-90. Antonio Rolim de Moura ao padre João Roiz, Aldeia São José, 2 out. 1755.

118 "Nesta viagem, q' fiz Rio abaixo me certifiquei do q' não podia crer, ainda já por varias vias me tinha chegado a noticia: mas com effeito com os próprio olhos vi a Missão de S. Miguel toda reduzida a cinzas, até as mesmas arvores de fruto, e o fogo afirmão todos lhe foi largado de propozito. [...] Chegando a S. Roza, achei tambem as cazas dos Indios queimadas, as q' estão junto da Igreja, pareceme q' sem portas, nem ganellas, e tudo tam mal tratado, q' atté a mesma Igreja estava cheia de esterco das egoas, q' ainda se achão naquelle districto" (BNL, Pombalina, Cód. 629, f. 92v-94v. Antonio Rolim de Moura ao padre Pasqual Ponze, 8 abr. 1756, f. 93a).

119 COELHO, Filipe José Nogueira. "Memorias Chronologicas da capitania de Mato-Grosso, principalmente da Provedoria da Fazenda Real e Intendencia do Ouro" [post. a 1780]. *RIHGB*, Rio de Janeiro, v. 13, 1850, p. 171.

120 IANTT, MNEJ, maço 67 (caixa 55), n. 4. Pasqual Ponze a Antonio Rolim de Moura, Pueblo de S. Ignacio, 11 set. 1755.

1756, São José contava 230 índios reduzidos,[121] mas o governador de Mato Grosso, ao prestar contas dos serviços do jesuíta Agostinho Lourenço, expulso naquele ano de 1759, reconhecia que, graças ao seu empenho, "tem-se metido na aldea algumas seiscentas almas".[122] Havia capela com ornamentos necessários, teares de algodão, engenho, plantações e criação de porcos e gado. Em seus arrebaldes, seguiam estabelecidos os já mencionados sertanistas renegados que, agora sob coordenação do governo, fechavam a passagem dos padres castelhanos à margem oriental e realizavam bandeiras para repor os índios que morriam.[123] A aldeia de São José passou a chamar-se Leomil, e terá sido uma das povoações fundamentais naquela fronteira, por abrigar índios desertores de Mojos e abastecer a fortificação portuguesa do Guaporé.[124]

Com a expansão portuguesa, os jesuítas espanhóis passaram a ter interditados seus caminhos à margem oriental do Guaporé. O padre Francisco Javier Eder lamentava que, impossibilitada a redução de índios por aquela parte, a província de Mojos teve prejudicado seu aumento:

> La razón más importante por la que en estos últimos años aquellas reducciones aumentaron con tanta lentitud, fue la llegada de portugueses a las orillas del río Guaporé o Itenes. Hasta entonces se realizaban incursiones al otro lado del río, con abundante cosecha y perspectivas de otra todavía mayor, descubriendo cada vez nuevas etnias numerosas que, siendo de excelente carácter, se podía esperar que en breve recibirían el bautismo.

"En medio de estos proyectos llega el portugués", prossegue o jesuíta, em obra escrita após a expulsão, "levanta casas y fuertes en las orillas del río mencionado, al tiempo que nos cierra el paso a aquellas regiones". Para além de impedir as expedições de apresamento dos jesuítas, os portugueses passaram a atrair os índios da margem espanhola:

> Al cruzarse con nuestros indios, trataban de atraérselos con pequeños regalos y un gran efecto; les presentaban la perspectiva de vivir en libertad y a su gusto; les exageraban las cargas que los Padres suelen exigirles; les pintaban a éstos con colores tan repugnantes, como para infundirles horror hacia ellos, asco y aun odio contra la reducción y, por tanto, el propósito de huirse hacia sus poblados.[125]

---

121 AHU, MT, cx. 8, d. 521. Antonio Rolim de Moura a Diogo de Mendonça Corte Real, Vila Bela, 29 jun. 1756, sobre sua visita à aldeia de São José.

122 AHU, MT, cx. 10, d. 598. Antonio Rolim de Moura a Francisco Xavier de Mendonça Furtado, Vila Bela, 27 mar. 1759, f. 3v.

123 *Ibidem*, f. 3v-4.

124 ARAUJO, Renata Malcher de. *A urbanização do Mato Grosso no século XVIII*: discurso e método. Tese (doutorado em História da Arte) – Universidade Nova de Lisboa, Lisboa, 2000, p. 114-15.

125 EDER, Francisco Javier, S.J. *Breve descripción de las reducciones de Mojos* [c. 1772]. Cochabamba: Historia Boliviana, 1985, p. 43-45.

Nesse contexto de intensa rivalidade imperial pelo controle dos índios do Guaporé, o governador Rolim de Moura autorizou acordo entre os padres Agostinho Lourenço e Raymundo Laynes, pelo qual os missionários do Império espanhol podiam recrutar índios no lado português, deixando em contrapartida 500 cabeças de gado, "pella grande necessidade, q' a nossa aldea tinha do ditto gado".[126] Entretanto, no contexto de incerteza que envolvia a posse daqueles territórios, as frequentes "bandeiras" que os jesuítas espanhóis realizavam na margem oriental do rio, descendo vários grupos para as missões de Mojos, foram a justificativa encontrada por Rolim de Moura para fortificar em 1757 a paragem de Sítio das Pedras.[127]

Já nos primeiros embates fronteiriços entre os dois impérios, os descimentos feitos do lado da Coroa rival exerciam um poderoso impacto sobre os povos indígenas. Coordenados pelo padre Agostinho Lourenço, os sertanistas que viviam em São José realizavam bandeiras seguindo uma prática que também se verificava nas entradas dos jesuítas espanhóis, consistente em capturar primeiro índios que pudessem servir de intermediários. Assim se passou com o descimento dos Guatirias, como referem os camaristas de Vila Bela: "A primeira diligência que fez foi mandar algumas pessoas de confiança, em forma de bandeira, a beirar uma das suas povoações e trazer dali, pelos meios menos violentos que se pudesse, alguns rapazes, para que, aprendendo estes a língua portuguesa, pudessem ao depois servir de intérpretes". Esses índios capturados eram enviados a Vila Bela para que aprendessem o mais rápido possível a língua portuguesa. Em 1758, partiu a terceira bandeira, que já contava com intérpretes, os quais facilitavam sobremodo o estabelecimento de redes de confiança entre os grupos.[128]

De todo modo, o vale do rio Guaporé seguiu sendo palco de disputas entre autoridades de ambos os lados pelo controle dos territórios e populações liminares. Durante a guerra de 1763, quando os espanhóis tentaram desalojar os portugueses do Guaporé, uma expedição comandada pelo tenente de Dragões Francisco Xavier Dorta Tejo fez uma diversão pelo território de Mojos e tomou de assalto a missão de San Miguel, na noite de 8 para 9 de maio daquele ano. As instalações foram abrasadas e demolidas, os padres feitos reféns e mais de 600 índios levados prisioneiros para o forte Conceição. Terminada a guerra, os portugueses mantiveram nas cercanias do forte metade daqueles índios.[129] Alonso Berdugo, governador de Santa Cruz de la Sierra, insistiu em requerimentos ao governador de Mato Grosso para que devolvesse os índios de San Miguel, que eram dos grupos Mures e Rocoronos, alegando que se tratavam de

---

126 BNL, Pombalina, Cód. 629, f. 121-28. Antonio Rolim de Moura a Francisco Xavier de Mendonça Furtado, Vila Bela, 26 jun. 1756, f. 125.

127 "A vista do q' lhes escrevi logo hua carta de protesto declarando-lhes sem rodeio algum, que àquelles, que viessem buscar gentio às terras de Portugal, os havia de mandar matar como a inimigos da mesma Coroa" (BNL, Pombalina, Cód. 629, f. 145-147v. Antonio Rolim de Moura a Francisco Xavier de Mendonça Furtado, Vila Bela, 2 abr. 1757, f. 145).

128 *AVB*, p. 76-77.

129 *AVB*, p. 91.

"vasallos de la Corona de Castilla".¹³⁰ Em resposta, Rolim de Moura argumentou que os índios escolheram livremente permanecer nos domínios de Portugal, de onde aliás eram originários, pelo que "no podían haora ser restituidos contra su voluntad sin hacerles la violencia de tratarlos como esclavos, principalmente teniendo ellos desta parte su naturaleza".¹³¹

Ainda em 1769, continuava a querela entre os governadores espanhóis e portugueses sobre esses índios transmigrados. Quando Luiz Pinto de Souza Coutinho requeria a devolução dos escravos negros que desertavam para as missões espanholas,¹³² o presidente da Audiência de Charcas, Juan Victorino Martinez de Tineo, recordava que os portugueses ainda não devolveram os índios de San Miguel e os que, posteriormente, passaram da missão de Santa Rosa la Nueva: "me es indispensable suplicar a V. Ex. se sirva assi mismo mandar se restituyan a las miciones de Mojos todos los Indios, que con sus haciendas, y muebles pasaron de los Pueblos de San Miguel, y Santa Rosa al territorio desta Fortaleza en el tiempo que los doctrinaban los jesuitas, y los demas que en el se hallasen".¹³³ Se os portugueses chamavam em seu auxílio o direito de gentes, segundo o qual era legítimo abrigar vassalos fugitivos de um regime opressivo, o ouvidor fiscal da Audiência de Charcas rebatia que, sendo os índios "menores, huérfanos, y pupilos, que como tales carecen de libertad perfecta", e que viviam sob um "gobierno suave" do qual, inclusive, eram devedores, assim pelas "exercidas sumas de dinero franqueadas para sus alimentos, y vestido", como pela segurança que lhes era facultada: nesse sentido, pelo mesmo direito de gentes, podia a Coroa espanhola reivindicar sua devolução.¹³⁴

Está visto, portanto, que as reformas empreendidas em Mojos e Chiquitos nas décadas finais do século não fizeram cessar as violências e contrabandos, antes acirraram a exploração do trabalho indígena. As remunerações e o tempo disponível para as roças particulares diminuíram sensivelmente, pois era preciso produzir mais cacau, sebo, algodão e tecidos, quer para suprir os armazéns da *Real Hacienda*, quer para atender a comerciantes *cruceños* ou a militares portugueses. Os *cabildos* indígenas seguiam protestando contra curas e administradores, e suas denúncias incidiam sobre o desrespeito aos antigos privilégios, jurisdições e isenções, a aplicação irrestrita da violência física, a remuneração insuficiente, o desvio das produções. Não eram poucos, no entanto, os que desacreditaram dos caminhos institucionais de protesto e buscaram negociar sua lealdade a outro monarca, ou simplesmente se refugiaram em outras missões e mesmo nos montes, onde podiam "fazer-se bárbaros". É sabido que algumas levas desertaram

---

130 AGI, Lima, 1054. "Copia del requerimiento hecho al gobernador Portugues por D.n Alonso Berdugo, para que en conformidad del Tratado de Paz se le entregasen las tierras, que los vasallos del Rey Fidelissimo huvieren ocupado en los Payses de Mojos, pertenecientes a la Corona de España", Santa Rosa la Nueva, 29 set. 1764.

131 AGI, Lima, 1054. Antonio Rolim de Moura a Alonso Berdugo, Conceição, 2 out. 1764, f. 2.

132 AGI, Lima, 1054. Luiz Pinto de Souza a Juan Victorino Martinez de Tineo, Conceição, 25 nov. 1768.

133 AGI, Lima, 1054. Juan Victorino Martinez de Tineo a Luiz Pinto de Souza, La Plata, 12 fev. 1769.

134 AGI, Charcas, 445, f. 27-54v. Informe do ouvidor fiscal e protetor das missões da Audiência de Charcas, Antonio de Villaurrutia, ao rei, Plata, 21 out. 1789, f. 45v.

até as missões de Apolobamba,[135] ao passo que outras seguiam pelo rio Beni, por onde esperavam chegar até a província de Ysiamas, "a buscar la vida en outra parte, y para libertarse de la tirania de su administrador".[136] Certamente, os índios poderiam não desertar, mas somente a ameaça de o fazer já podia ser um argumento poderoso para barganhar melhorias ou afastamento de curas e administradores violentos e corruptos. Essa circunstância não desconhecia a Junta de Limites que, de posse de um informe do governador de Chiquitos sobre a situação daquelas missões, sublinhou que estavam "vociferando de continuo los neófitos de los demás pueblos, que a la hora q.' los ostiguen los curas, han de ganar a Portugal, de lo qual no se esperan buenas consequencias".[137]

Nesse quadro, a estratégia mais frequente dos portugueses para a atração dos índios dos domínios rivais era a oferta de presentes e o estabelecimento de redes de confiança com caciques, que se tornavam responsáveis pela transmigração dos índios comuns. O cacique de Exaltación foi atraído ao Forte Bragança mediante oferecimento de ferramentas e toda a sorte de auxílios para que plantasse roça e se mantivesse: "chegando aqui hum dos principaes indios da [missão de] Exaltação com sua fam.a, que se compõem de dez ou onze pessoas [...] recomendei ao comandante, que lhe assistisse com farinha, e carne p.a a sua subsistencia [...]. Da mesma sorte lhe recomendei os fornecesse das ferramentas precisas e de algodão".[138] Era imprescindível a interlocução com caciques de grande prestígio que pudessem convencer os índios à deserção. Assim, por exemplo, o índio Estevan, *mayordomo* e tesoureiro da missão de Exaltación, responsabilizou-se por conduzir 60 famílias ao Forte Príncipe em 1784. Como se não bastasse, instigou outras famílias da missão de Magdalena: "les a dicho que se fueran allí, que allí gozan de libertad, y no tienen cura a quien obedecer".[139] O comandante do Forte Príncipe, instado pelos espanhóis a devolver as famílias desertoras, respondeu que, "como sean los referidos indios personas libres", não os restituiria "contra sus voluntades al rigor de unos curas que con imperio absoluto los mandan castigar como si fuesen sus proprios esclavos".[140] As próprias rotas de escoamento da produção das missões permitiam o contato com a guarnição de Mato Grosso. Manuel Gusmán, ex-cura de Exaltación, em resposta à solicitação do governador de Mojos, Lazaro de Ribera, para que explicasse os motivos da deserção dos índios

---

135 AGI, Lima, 1011. "Testimonio", f. 27: Don José Salvatierra, cura de Loreto, 3 abr. 1800.

136 AGI, Charcas, 726. Informe de Tadeo Haenke para o "auto" referente ao pedido de Santa Cruz de la Sierra para que fosse permitido o livre comércio com Mojos e Chiquitos, Cochabamba, 28 mar. 1798, f. 25, §17.

137 AHN, Estado, 4463, carpeta 3. Parecer da junta composta por Marquês de Valdelirios, Antonio Porlier e Francisco de Arguedas, e enviado ao ministro José de Gálvez, sobre os estabelecimentos portugueses nas fronteiras do Paraguai, Chiquitos e Mojos, Madri, 12 jun. 1784, f. 18.

138 APMT, Defesa, 1773, 84. Luiz Pinto de Souza a Luiz de Albuquerque, Forte Bragança, 24 jan. 1773.

139 AHN, Estado, 4436. Manuel Gusmán, cura de Exaltación, a Félix José de Souza, Exaltación, 21 set. 1784.

140 AHN, Estado, 4436. "Copia de la respuesta del comandante portugués, Francisco José Tesera de Acuña", Forte Príncipe, 23 nov. 1784.

para os domínios rivais, referiu que essa desordem fora promovida pelos portugueses, que se aproveitavam do fato de que a viagem da missão de Exaltación a Magdalena era feita pelo rio Guaporé, bem diante do Forte Príncipe:

> siéndoles indispensable el trancito de la Fortaleza por no haver otro río, arribaran a ela, y aquí fue donde los Portugueses los atajaron engañándolos con muchas promesas, y dadivas; de aquí se seguió que teniendo noticia de la acogitada que les habían hecho los que habían en el pueblo empesaron a desertarse.[141]

Os portugueses seduziam os índios tanto com presentes quanto os instigando a se revoltarem contra os castigos físicos empregados pelos curas. Tal era a opinião do governador Barthelemi Berdugo, em memória sobre a situação das provincias de Chiquitos e de Mojos:

> supieron estos [portugueses], con la libre entrada, salida, y paseo, q.e hacian en nuestros pueblos, ganar amplamente con su viva infiel sagacidad los candidos coraciones de los Yndios à costa de ridículas dadivas, y lo mismo es querer en el día los operarios nuevos curas oprimir, o castigar algún delito à los Yndios, q.e comovidos de aquel traidor reclamo, y generosidad engañosa, aportan, y ganan al abrigo de aquellos abandonando hijos, y mujeres por el ningún amor q.e les tienen, como igualm.te familias enteras.

As consequências dessa política para o Império espanhol eram claramente nocivas: "de este modo se tiene retenidos bastante numerozo de Yndios Baures, y Ytonamas, Canicianàs, y otros, y no remediándolo, atendiendo aquel infame proceder aseguro se perderá de todo esta antemural provincia, y de ello redundarán perjudiciales consecuencias à la Corona".[142] Frei Juan Joseph, bispo do Paraguai, escrevendo ao rei em 1775, sublinhava que a influência dos portugueses sobre Mojos e Chiquitos poderia suscitar uma rebelião indígena de graves consequências: "Los indios de las Prov.as sujetas a correg.s viven mui oprimidos de ellos por los repartim.tos y si se unieron a Portuguezes, seria muy difícil y costoso el expulsarlos, en especial de qualesquier pueblo de misiones".[143]

Estimular veladamente a transmigração de índios dos domínios espanhóis era um objetivo importante da política indigenista portuguesa para suprir as povoações ao estilo do Diretório, instaladas na fronteira. Ao recomendar esse sistema ao governador de Mato

---

141 AHN, Estado, 4436. Manuel Gusmán a Lazaro de Ribera, Loreto, 27 ago. 1786, f. 4.

142 AGI, Charcas, 515. "Memorial de D.n Juan Barthelemi Berdugo", em que expõe longamente a situação das missões de Mojos e Chiquitos, Madri, 2 dez. 1774.

143 AGI, Charcas, 515. Frei Juan Joseph, bispo do Paraguai, ao rei, sobre a introdução de portugueses na missão de Chiquitos, Plata, 8 jan. 1775.

Grosso, o ministro Tomé Joaquim da Costa Corte Real sugeriu que se buscasse convencer os índios das vantagens em passar ao lado português, "vendo da nossa parte tudo liberdade, e tudo honra e conveniência sua, e da parte dos ditos religiosos tudo engano e escravidão, e tudo desprezo e rapina".[144] Em novembro de 1778, Luiz de Albuquerque informou ao ministro Martinho de Melo e Castro a passagem de 40 famílias das missões de Coração de Jesus e São João, da província de Chiquitos, para a nova povoação portuguesa de Vila Maria do rio Paraguai.[145] Em 1781, novas levas de índios das missões de Santa Ana e São Ignácio, também de Chiquitos, passaram para o lado português, graças ao incisivo empenho do governador em atrair caciques mediante presentes: "me não descuidarei de promover todo o possível comercio com os ditos Indios, athe ver se não será possível efectuar, ao menos em parte, a sua util dezerção", informava ao secretário de Estado.[146] "Hé bem verdade que a efeitos de varias diligencias surdas e de sagacidade que pratiquey", comentava Luiz de Albuquerque a respeito da passagem, em 1782, de 106 neófitos de San Rafael e San Juan, "tenho cuidado em disfarçar o meu consentimento, e aprovação a semelhantes dezerçõens, e muito mais ainda as clandestinas diligencias que tenho feito por em uso para que aquellas se promovam aparentando que as minhas ordens são ao dito fim as mais repugnantes, e contrárias".[147] O governador prestava contas à Corte de Lisboa sobre a aplicação das ordens reais que recomendavam precisamente essa estratégia de drenar, com a dissimulação possível, recursos humanos do império rival, e fazia-o *a fortiori* para neutralizar as prováveis queixas da Corte de Madri.[148] Política que estava em consonância com a que dizia respeito ao comércio fronteiriço, a disputa pelo exclusivo sendo o duplo da contenda pelas lealdades: "por mais que trabalhe o governo de Castela a vedar a comunicação entre eles e nós", instruía o ministro Melo e Castro em 1771, "acharão sempre aqueles povos mais utilidade e maior vantagem em nos comunicar do que

---

144 AHU, Cód. 613. Tomé Joaquim da Costa Corte Real a Rolim de Moura, Nossa Senhora de Belém, 22 ago. 1758, §19. Essa passagem foi particularmente enfatizada por Martinho de Melo e Castro, quando enviou a mesma carta em anexo à carta-instrução para Luiz de Albuquerque, datada de 13 de agosto de 1771, com a ressalva de que, na sua leitura, o governador deveria substituir "jesuítas" por "espanhóis": "como porém os castelhanos substituíram os jesuítas, não só nas terras, mas nas máximas, particularmente naquelas que nos dizem respeito, as mesmas cautelas e prevenções que então se apontaram a respeito de uns, devem presentemente tomar-se, com muita pouca diferença, a respeito dos outros" (AHU, Cód. 614. Carta-instrução de Martinho de Melo e Castro para Luiz de Albuquerque de Melo Pereira e Cáceres, Palácio de Belém, 13 ago. 1771, §2).

145 AHU, MT, cx. 20, d. 1218. Luiz de Albuquerque a Martinho de Melo e Castro, Vila Bela, 29 nov. 1778.

146 AHU, MT, cx. 21, d. 1308. Luiz de Albuquerque a Martinho de Melo e Castro, Vila Bela, 27 jan. 1781.

147 AHU, MT, cx. 23, d. 1405. Luiz de Albuquerque a Martinho de Melo e Castro, Vila Bela, 14 mar. 1783.

148 Luiz de Albuquerque tomou o cuidado de enviar uma cópia da reclamação que lhe fizera o governador de Chiquitos (AHU, MT, cx. 23, d. 1405, Anexo 1. Juan Barthelemi Berdugo a Luiz de Albuquerque, enviando uma relação com os nomes dos 106 índios desertados de San Rafael e San Juan, San Xavier, 11 ago. 1782).

em obedecer às leis que o proíbem, e [...] no caso de serem oprimidos, acharão sempre nos domínios de S. Maj.e uma recepção certa, e um asilo seguro".[149]

Não parece inverossímil, contudo, que índios desertores de Mojos tivessem interesse em se instalar na margem oriental do rio Guaporé, possivelmente porque dali eram originários ou esperassem encontrar familiares. Em 1785, 80 índios missioneiros foram recebidos no Forte Príncipe.[150] Em carta ao governador, o comandante José Pinheiro de Lacerda sublinhou que a "mayor p.e delles vierão com o desígnio de passarem a essa Capital, onde me disserão tinhão seus Parentes".[151] A própria circunstância de que uma boa parte dos "desertores" deixava seus cônjuges nas missões provavelmente motivava novas fugas: dos 106 índios (não incluídas as crianças) que passaram a Mato Grosso em 1782, desertados de San Juan e San Rafael, 50 tinham abandonado seus cônjuges nos domínios espanhóis.[152]

Ademais, sem aparente convite de portugueses, alguns índios decidiam desertar em direção ao Pará. Em visita à vila portuguesa de Barcelos em fevereiro de 1787, o naturalista Alexandre Rodrigues Ferreira presenciou a chegada de dois casais de índios desertores da missão de Santa Ana de Mojos: "Disseram que haviam desertado por terem desgostado da demasiada severidade de um dos dous padres da sua povoação".[153]

---

[149] AHU, Cód. 614. Carta-instrução de Martinho de Melo de Castro para Luiz de Albuquerque de Melo Pereira e Cáceres, Palácio de Belém, 13 ago. 1771, §10.

[150] AHU, MT, cx. 24, d. 1453. Luiz de Albuquerque a Martinho de Melo e Castro, Vila Bela, 2 jan. 1785.

[151] APMT, Defesa, 1785, Lata A, 784n. José Pinheiro de Lacerda a Luiz de Albuquerque, Forte Príncipe, 13 nov. 1785.

[152] APMT, Cód. C-24, f. 179v-181. Juan Barthelemi Berdugo a Luiz de Albuquerque, San Xavier, 11 ago. 1782.

[153] BNRJ, Cód. 21-1-41. "Memórias sobre os índios espanhóis, apresentados ao Il.mo e Ex.mo Sr. João Pereira Caldas na Vila de Barcelos para onde os remeteu o comandante de Borba; segundo os fez desenhar e remeteu os desenhos para o Real Gabinete de Historia Natural o Dr. naturalista Alexandre Rodrigues Ferreira", Barcelos, 20 fev. 1787.

Figura 19: "Casal de índios espanhóis, desertados, segundo disseram, da povoação de Santa Ana da Província de Santa Cruz de la Sierra, domínios de Espanha confinantes com a capitania de Mato Grosso" [1787]

Fonte: Museu Bocage, ARF-32, f. 18r. FERREIRA, Alexandre Rodrigues. *Viagem ao Brasil de Alexandre Rodrigues Ferreira*: a expedição philosophica pelas capitanias do Pará, Rio Negro, Mato Grosso e Cuyabá: documentos do Museu Bocage de Lisboa. Petrópolis: Kapa, 2002, v. 1, p. 69.

Aos olhos dos funcionários da Coroa portuguesa, os índios transmigrados do Império espanhol eram percebidos como já em um estágio avançado de "civilização".[154] Tanto assim que Alexandre Rodrigues Ferreira lhes dedicou especial atenção, preocupado que estava em elaborar um sistema classificatório dos povos americanos que levasse em consideração dados anatômicos e tecnologias "industriais".[155] Os índios missioneiros que viu em Barcelos "falavam sofrivelmente a língua espanhola", informou o naturalista, e "indicavam uma notável educação e ensino nos dogmas da fé e nas demonstrações exteriores de religião; pediam e recebiam o que se lhes dava com urbana humilhação, acrescentando ao benefício o agradecimento expressado

---

154 O modelo proposto por Ângela Domingues, segundo o qual, em áreas de colonização há muito implantadas, os índios tendiam a requerer proteção ou benefícios por via institucional, ao passo que as deserções seriam mais comuns entre índios "menos aculturados", não parece adequado à análise de zonas de fronteira onde as rivalidades imperiais podiam ser um estímulo poderoso às transmigrações (DOMINGUES, Ângela. *Quando os índios eram vassalos*: colonização e relações de poder no norte do Brasil na segunda metade do século XVIII. Lisboa: Comissão Nacional para as Comemorações dos Descobrimentos Portugueses, 2000, p. 265, 271).

155 RAMINELLI, Ronald. *Viagens ultramarinas*: monarcas, vassalos e governo a distância. São Paulo: Alameda, 2008, p. 233.

pelas palavras 'Dios se lo pague'". Vestidos em túnicas sem mangas, a que chamavam camisetas, esses índios não desconheciam o uso do açúcar, da manteiga, do chocolate e das carnes.[156]

É difícil estimar quantos índios passaram de Mojos e Chiquitos aos domínios portugueses. Pelos cálculos do governador Barthelemi Berdugo em 1782, metade dos índios de San Juan de Chiquitos, pertencentes ao grupo Morotoco, "se hallan establecidos en Villa de Maria".[157] Ao contrário do sentir antigo de que os Chiquitos sequer podiam ouvir o nome de portugueses, "aora escuchan sin desagrado sus maquinaciones", assinalava o fiscal de Charcas, "y todos los atractibos y promesas com que los alucinan".[158] Seja como for, as principais povoações portuguesas em Mato Grosso, Leomil, Lamego, Balsemão, o entorno do Forte Príncipe da Beira, Santa Ana, Casalvasco, Vila Maria e Albuquerque, todas contavam entre boa parte da sua população com índios desertores de Castela.[159] Em 1790, foram transferidas do Forte Príncipe, onde receberam tratamento médico, para as povoações ao estilo do Diretório mais de 50 famílias de índios "espanhóis", "dezertados em diversas ocazioes da Exaltação". Entre esses índios, os que eram artesãos foram transferidos para Vila Bela.[160]

Permanece controversa a evolução demográfica das missões de Mojos no período aqui considerado. Block sugere um crescimento de 17% em relação à população deixada pelos jesuítas, mas é incerto quantos índios viviam em Mojos em 1767.[161] Ao cotejar alguns documentos inéditos com os censos já conhecidos, verifica-se que em 1764 as missões contavam 21.966 almas, e uma tendência de queda prosseguiu até 1774, quando somavam 17.185. Um mapa de 1780 indica recuperação, concretamente 20.758 almas em 13 *pueblos*; variação negativa no mapa de 1790, 19.499 moradores; para chegar a 22.675 índios em 1803, mantendo-se por aí no censo de 1831.[162]

---

156 BNRJ, Cód. 21-1-41. "Memórias sobre os índios espanhóis", Alexandre Rodrigues Ferreira, Barcelos, 20 fev. 1787.

157 AHN, Estado, 4463, carpeta 4, n. 2. Juan Barthelemi Berdugo ao rei, San Juan, 1 mar. 1782, f. 2

158 AHN, Estado, 4463, carpeta 4, n. 2. "Autos", f. 24-38v: Informe do fiscal da Audiência de Charcas, 6 jun. 1782, f. 30v.

159 ARAUJO, *A urbanização do Mato Grosso no século XVIII*, op. cit., p. 113-15 *et passim*; DELSON, Roberta Marx. *Novas vilas para o Brasil-colônia*: planejamento espacial e social no século XVIII. Brasília: Alva-Ciord, 1997, p. 81; SILVA, Jovam Vilela da. *Mistura de cores*: política de povoamento e população na capitania de Mato Grosso: século XVIII. Cuiabá: Editora UFMT, 1995, p. 66-78, 273, 279-80.

160 APMT, Defesa, 1790 A, 1097. José Pinheiro de Lacerda a João de Albuquerque, Forte Príncipe, 27 out. 1790; APMT, Defesa, 1790 A, 1106. José Pinheiro de Lacerda a João de Albuquerque, Forte Príncipe, 4 nov. 1790; outro relato sobre passagem de índios oficiais à capital: APMT, Defesa, 1785, Lata A, 7830. José Pinheiro de Lacerda a Luiz de Albuquerque, Forte Príncipe, 10 mar. 1785.

161 Para a data da expulsão, os censos oscilam entre 18.295 e 21.035 almas. Cf. BARNADAS, Josep M. Introducción. In: EDER, *Breve descripción*, op. cit., p. LV; e BLOCK, *Mission culture*, op. cit., p. 142. Há quem fale, contudo, em 30 mil índios: AHN, Estado, 4555, carpeta 2, n. 5. Lazaro de Ribera a Antonio Valdez, San Pedro, 5 set. 1788, f. 2.

162 Respectivamente: AGI, Charcas, 474. "Catalogo de las reducciones de Mojos en la Provincia del Perú de la Compañía de Jesús. Año de 1764"; *AMC*, p. 334; AGI, Indiferente General, 1527. Carta de Juan Domingo, bispo de Santa Cruz de la Sierra, ao ministro José de Gálvez, com mapa da população de Mojos, Tarata, 3 maio 1780; AGI, Charcas, 439. Carta de Antonio de Villaurrutia, presidente da Audiência de Charcas, ao ministro Antonio Porlier, 15 mar. 1791; AGI, Charcas, 581. Minuta da carta da Real Audiência de Charcas, Plata, 20 dez. 1803, §304;

Algumas das fusões de *pueblos*, que levaram à diminuição de 15 para 11 até 1797,[163] estiveram ligadas à transmigração de índios, como no caso de San Borja, cuja população desertou, em parte, para o Forte Príncipe.[164] Em Chiquitos, os censos indicam um quadro mais instável. Os jesuítas se despediram de 23.788 índios, e logo em 1768, devido a uma epidemia, a população decaiu a 19.981 almas, e a tendência permaneceu até 1793, quando se chegou a 18.292 missioneiros. Para o início do século XIX, os dados suscitam dúvidas: em 1805, a população alcançou 21.951, com uma drástica passagem a 14.925, segundo o censo de 1830, examinado por D'Orbigny.[165]

É certo, porém, que as transmigrações de índios das missões de Chiquitos para Mato Grosso marcaram fortemente o quadro populacional da fronteira. Em 1814, durante as guerras de independência, 300 famílias de índios Saraveka, reduzidos em Santa Ana de Chiquitos, passaram à povoação portuguesa de Casalvasco.[166] Em 1831, quando D'Orbigny visitou Santa Ana, verificou que viviam ali 100 índios Curuminaca, falantes do Otuke, e 50 estavam na mesma povoação "brasileira".[167] Em 1877, Severiano da Fonseca notou, na fala dos índios chamados Palmela, que viviam a nove léguas da paragem de Pedras Negras, na margem direita do Guaporé, que várias palavras possuíam afinidades com a língua Caribe. Esses Palmela somavam umas 400 pessoas, eram agricultores e se diziam descendentes de uns índios da missão de San Miguel de Mojos, de onde teriam migrado, acompanhados de desertores espanhóis, provavelmente na virada do século.[168]

Cruzando fronteiras: estratégias comuns a índios e escravos negros

Não parece incorreta a afirmação de um historiador segundo a qual a fuga de escravos e a deserção de índios só podem ser entendidas, na fronteira aqui considerada, como expressão da competição territorial entre impérios que "buscaram enfraquecer as fixações do

---

ORBIGNY, Alcide D'. *L'homme américain de l'Amérique méridionale*: considéré sous ses rapports physiologiques et moraux. Paris: Chez Pitois-Levrault; Strasbourg: Chez F.G. Levrault, 1839, v. 1, p. 39.

163 BLOCK, *Mission culture, op. cit.*, p. 142.

164 Archivo de Mojos, v. 13, n. 12. "Expediente sobre la incorporación á San Ignacio de los naturales del pueblo extinguido de San Borja de Mojos", por auto da Real Audiencia de Charcas, 27 fev. 1794. In: *AMC*, p. 139.

165 ORBIGNY, *L'homme américain, op. cit.*, v. 2, p. 158; os censos dos anos anteriores em: *AMC*, p. 221, 482, 514.

166 ORBIGNY, *Viaje a la América Meridional, op. cit.*, t. 3, p. 1160; t. 4, p. 1266.

167 Idem, *L'homme américain, op. cit.*, v. 2, p. 179. Curiosamente, D'Orbigny fornece aqui números mais modestos em relação aos índios que passaram de Chiquitos a Mato Grosso, um total de 300 pessoas (*ibidem*, p. 158). Ver também: MÉTRAUX, Alfred. *The native tribes of eastern Bolivia and western Matto Grosso*. Washington: Government Printing Office, 1942 (Bulletin of Smithsonian Institution, Bureau of American Ethnology, n. 134), p. 136.

168 Um dos espanhóis, chamado Ignácio, tomara uma esposa indígena e de seus filhos e netos passaram a ser eleitos os caciques do grupo. À época em que João Severiano da Fonseca recolheu essa informação dos moradores, uma "índia branca, de olhos azues", orçando mais de 40 anos, era quem regulava os assuntos da comunidade: "é quem divide o trabalho, quem recolhe e dispõe das colheitas" (FONSECA, João Severiano da. *Viagem ao redor do Brasil*: 1875-1878. Rio de Janeiro: Typ. Pinheiro, 1880, v. 2, p. 190-93).

rival, facilitando ou estimulando a fuga de escravos e a evasão de índios e homens livres das fronteiras opostas para suas possessões".[169] Fenômenos distintos e intrinsecamente relacionados, o asilo dado pelos portugueses aos índios de Castela era respondido, pelos espanhóis, com o abrigo a escravos fugidos. Em 1769, pelo menos 38 escravos passaram aos domínios de Castela, como consta da lista que acompanhava a carta remetida pelo governador de Mato Grosso ao presidente da Audiência de Charcas. Apesar de ter respondido que remetera uma circular a todas as autoridades espanholas e que não obtivera nenhuma notícia, o presidente Juan Victorino Martinez de Tineo enviou à Corte, no mesmo ano, um expediente com o depoimento de quatro dos escravos que estavam na lista do governador português.[170]

Assim como o trabalho indígena era a base da economia dos domínios espanhóis confinantes, o trabalho de escravos negros era o pilar que sustentava a capitania de Mato Grosso. A historiadora Luiza Volpato assinala que, como nenhum item era exportado além do ouro, e os escravos chegassem em número insuficiente e a altos preços, não era interessante aplicá-los a não ser na atividade mais rentável, a mineração; contudo, com isso ficavam desestimuladas as lavouras, principalmente a do açúcar, e o alto desgaste da mão de obra nas minas, mercê das péssimas condições de trabalho, exigia sua constante reposição.[171] De todo modo, nas últimas décadas do Setecentos, os escravos compunham entre 40 e 50% da população de Mato Grosso: em 1800, somavam 11.910 pessoas em uma população de 28.690.[172] A isso, acresce que sobre os homens de cor e mestiços livres recaía boa parte do peso das obrigações no sistema defensivo da capitania. Como se verá com mais detalhe no capítulo 10 deste livro, de um lado, formavam a Companhia de Pedestres, tropa remunerada com metade do soldo da companhia dos homens brancos, e as milícias de Aventureiros, Caçadores e Henriques, e ambas predominavam nas guarnições, bandeiras, expedições, correios etc.;[173] e de outro, como capitães do mato, eram empregados pelas câmaras no patrulhamento das ruas, captura de escravos e bandeiras contra quilombos e "índios bárbaros".[174]

---

169 SÁ JUNIOR, Mario Teixeira de. Moxos e Chiquitos: paraíso escravo, purgatório indígena e inferno dos senhores de engenho? In: *Jornadas Internacionais Sobre as Missões Jesuíticas*, 13. 2010. Anais... Dourados, 2010, p. 7.

170 AGI, Lima, 1054. "Testimonio de auto que se sacaron de la secretaria de Camara del Ex.mo S.r Virrey de estos R.nos", Los Reyes de Peru, 1 jun. 1769, f. 21: "Rellação dos escravos que decerttarão desta forttalessa de Nosa Snr.a da Conceição para os Dominio de Sua Magesttade Catholica", que acompanha a carta de Luiz Pinto de Souza Coutinho ao presidente da Audiência de Charcas, Juan Victorino Martinez de Tineo, Conceição, 25 nov. 1768; f. 23-23v: Juan Victorino Martinez de Tineo a Luiz Pinto de Souza Coutinho, Plata, 14 fev. 1769; f. 8: Depoimento dos desertores de Mato Grosso, Manuel de Godoy e Manuel José Rodrigues, soldados aventureiros, e de Francisco Andrade, Manuel Antonio Gonzales, Anastacio Peres, Augustin Moreira e José Alfonso, escravos negros fugitivos, Missão de Magdalena, 12 maio 1768.

171 VOLPATO, Luiza Rios Ricci. *A conquista da terra no universo da pobreza*: formação da fronteira oeste do Brasil (1719-1819). São Paulo: Hucitec, 1987, p. 83.

172 SILVA, *Mistura de cores*, op. cit., p. 253.

173 AHU, MT, cx. 9, d. 539. Antonio Rolim de Moura ao rei, Vila Bela, 25 fev. 1757.

174 BPMP, Cód. 808. João Jorge Velho a Luiz Pinto de Souza, Colais, 30 jul. 1770, f. 23-23v; APMT, Cód. C-25, f. 25-29. "Regimento para as Companhias do Matto do Distrito de Vila Bella", Luiz Pinto de Souza Coutinho, Vila Bela, 22

Na expectativa de escapar das violências sofridas no forte Conceição, pardos e mestiços livres, que serviam na Companhia de Pedestres, aliavam-se a escravos negros e fugiam juntos para os domínios de Castela. Ouvidos pelas autoridades espanholas, os escravos justificavam sua fuga alegando o "maltrato que havian experimentado en la estacada por la poca asistencia que tenian de ellos, en no contribuirles con los alimentos necesarios".[175] Os soldados pedestres afirmavam que serviam sem soldo algum há dois anos, e que lhes eram descontados os gastos de manutenção, inclusive remédios e tratamentos médicos.[176] Do mesmo modo, o pedestre Marcos Lopes, que desertou do forte Coimbra juntamente com dois escravos, afirmou em Assunção que trabalhara 10 anos sem soldo, e os escravos reclamaram que não se lhes dava tempo "para adquirir algo para si".[177]

Provavelmente, notícias de fugitivos que alcançaram a liberdade nas terras de Castela podiam animar novas deserções, como pode ter passado a certo Miguel Alves Ferreira, que apareceu em San Juan de Chiquitos, em junho de 1781, onde afirmou

> que es de la tierra de Angola, y se ha criado desde muchachito en Matogroso, que su oficio es de cantero, que el día de navidad próximo pasado llego al pueblo de Santa Ana, que se vino por que su amo le falto a la palabra de que travajase y le pagase su libertad, y que luego le daría papel de ella pero habiéndole echo asi el declarante, se la pidió no se la quiso dar, y se vino a estos reinos, a gosar de la referida libertad, porque allí lo continuaría de esclavo.[178]

Como conhecessem a acirrada contenda entre os dois governos por questões de demarcação, devolução de índios transmigrados e contrabando, sabiam que podiam contar com a colaboração de governadores espanhóis. Em dezembro de 1790, o governo de Mojos divulgou a notícia de que três pedestres e 12 ou 13 escravos, que estavam no *pueblo* de Trinidad esperando para serem devolvidos aos portugueses, empreenderam nova fuga. Na verdade, Lazaro de Ribera auxiliara a passagem desses desertores a Santa Cruz de la Sierra, estratégia de dissimulação em

---

dez. 1769, f. 25v, 28, §2-3.

175 AGI, Lima, 1054. "Auto" com os depoimentos dos desertores portugueses de Mato Grosso, Plata, 21 jun. 1769, f. 9-9v: Depoimento de cinco negros desertores da estacada portuguesa, Domingo Sequiado, Joaquim Xavier, Pedro Mundo, Feliz Sequiado e Antonio Pumbleo, missão de Magdalena de Mojos, 28 ago. 1768.

176 AGI, Lima, 1054. "Auto", Plata, 21 jun. 1769, f. 2: Depoimento do soldado pedestre Francisco Campos, Loreto, 15 abr. 1768.

177 ANA, CRB, n. 76. Depoimento de três negros desertores portugueses, que fugiram do forte Coimbra em canoa dos índios Guaykuru, Assunção, 1 mar. 1803.

178 AGI, Charcas, 447-B. "Autos" que acompanham a carta do governador Juan Barthelemi Berdugo ao vice-rei Juan José de Vértiz, San Juan de Chiquitos, 18 jul. 1781, f. 4v: Depoimento do escravo desertor Miguel Alves Ferreira, San Juan, 27 jun. 1781.

tudo semelhante à que o governador de Mato Grosso praticava em relação aos índios. Ambos os governadores, desta sorte, tinham ordens de suas Cortes para fazê-lo:

> no me quedó mas recurso p.a disimular mi situación, q.' figurar un expediente con el fin de persuadir que los esclavos q.' se habían pasado a esta prov.a hicieron fuga p.a las del alto Peru [...]; los esclavos les he dejado el paso franco p.a que se retiren a S.ta Cruz de la Sierra, procediendo con toda la reserva que me ha sido posible a fin de hacer ver en todo tiempo q.' esta retirada no la pudo prevenir ni evitar el gobierno.[179]

O impasse diplomático suscitado entre os governos dos dois impérios era assunto constante das correspondências oficiais. Em carta de setembro de 1780 ao governador de Santa Cruz, Luiz de Albuquerque requereu novamente a obediência ao tratado de limites, que obrigava à devolução dos escravos fugidos. "O número dos referidos fugidos que agora se não fas possível calcular ao justo na Presença de V. Ex.a assenta-se montar a muitos centos". Aproveitava ainda para criticar a proteção dada pelos curas aos fugitivos, "achando nos ditos curas segundo me afirmam um agazalho, e assistencia tão extraordinariamente cuidadozos, como se na verdade tivessem semelhante ordem pozitiva, o que de nenhuma sorte devo acreditar".[180]

As ordens do vice-rei que orientavam a ação do governador de Mojos tinham estabelecido que, ante a indecisão entre obedecer uma Real Cédula de 14 de abril de 1789, que dava liberdade aos escravos fugitivos do estrangeiro, e o que estipulava o tratado de 1777 em seu artigo 19, que instruíra para que fossem devolvidos, recomendou que os escravos recebessem os auxílios necessários para serem conduzidos às províncias interiores até uma decisão formal da Corte: "hasta el recibo de ella interne estos y demás esclavos fugitivos separándolos de aquella frontera".[181]

---

179 AHN, Estado, 4555, carpeta 5. Lazaro de Ribera ao Conde de Floridablanca, 16 mar. 1792, f. 4v. A simulação da nova fuga dos pedestres e escravos ao Peru pode ser acompanhada em: AHN, Estado, 4436, n. 2. Caderno de "autos", inicia com uma carta de Francisco Rodrigues do Prado ao pedestre Luis Antonio, pendurada em uma árvore no Porto de Sanjon, 14 dez. 1789; AHN, Estado, 4397, carpeta 3, n. 5. Expediente sobre a nova fuga que fizeram os pedestres e negros prófugos do Forte Príncipe, inicia em Trinidad, 9 dez. 1790, f. 2v-3: Informe do cura de Trinidad, Pedro Vargas, 15 dez. 1790; f. 3v-5: Informe do guarda-mor Manuel Delagadillo, Loreto, 29 dez. 1790.

180 AHU, MT, cx. 21, d. 1301. Luiz de Albuquerque a Thomaz de Lezo, Vila Bela, 20 set. 1780, f. 1-1v.

181 AHN, Estado, 4405, carpeta 6, n. 3. Nicolás de Arredondo ao rei, Buenos Aires, 10 maio 1790. A rigor, já uma Real Cédula de 20 de fevereiro de 1773 definira que escravos fugidos de reinos adventícios receberiam a liberdade em terras espanholas. O governo da ilha de Trinidad estava em dúvida sobre a aplicação desse dispositivo, o que motivou a Real Cédula de 14 de abril de 1789, a qual reforçou a posição da Coroa sobre o assunto: que os escravos do estrangeiro seriam imediatamente postos em liberdade, "conforme a Derecho de Gentes", que não se lhes restituíssem a seus donos, mesmo que fosse ofertado um resgate, e nem se aceitasse que pagassem por sua liberdade. Essas Reais Cédulas vêm copiadas no seguinte expediente: AHN, Estado, 4548. "La audiencia de B.s Ayres ynforma la duda ocurrida p.a el cumplimiento de la R.l cedula, concediendo libertad a los esclavos fugidos de colonias extrangeras, respecto al Tratado de Limites con la corona de Portugal, que dispone la mutua restitución", Buenos Aires, 11 fev. 1791. A mesma recomendação o vice-rei fizera ao governador do Paraguai: "En interin he prevenido que sin denegar desde luego la devolución de ellos por no sucitar quejas por parte de los com.tes portugueses se retiren prontam.

Se os portugueses esperavam enfraquecer os rivais através da atração de índios das missões, os espanhóis não faziam por menos, e mantinham estratégia idêntica em relação aos escravos negros: embora prometessem aos portugueses as devidas repatriações, propiciavam a transferência dos escravos para as províncias mais interiores onde, gozando de liberdade, formavam comunidades e se integravam à sociedade local. Já à época dos jesuítas era comum que os missionários protegessem negros fugidos dos domínios portugueses. Em 1766, segundo informação do padre Knogler, 40 negros "portugueses" foram recebidos nas missões de Chiquitos: "los prendimos y los llevamos con nosotros, pero luego tuvimos que mandarlos al Perú".[182] As missões e cidades espanholas podiam atrair mesmo os negros que já se tinham refugiado em quilombos. Assim sucedeu com Thomas Antonio, nascido em Angola, e que fora escravo de um mineiro de Vila Bela. Em 1756, devido aos maus tratos sofridos, fugiu para um quilombo localizado em um serro a jusante do rio Guaporé, a menos de 10 dias da missão de San Martín de Mojos. Nesse quilombo, os negros plantavam milho, tabaco, mandioca e melancia, e construíam canoas para aproveitar a abundante pesca dos afluentes do Guaporé. Em uma dessas canoas, Thomas Antonio passou à missão de San Martín, onde permaneceu durante um ano. Como pretendesse voltar ao quilombo, o jesuíta Francisco Xavier Eder lhe dissuadiu, "diciéndole que para que quería volver a vivir donde no havia christianos". Assim, Thomas Antonio foi a Santa Cruz de la Sierra e daí a La Plata, onde prestava esse depoimento à Audiência em maio de 1760.[183]

Após a expulsão dos jesuítas, as missões continuaram dando asilo aos escravos prófugos e assistência à sua internação nas terras de Castela. O governador Lazaro de Ribera, em representações que fazia aos poderes superiores, defendia firmemente "la libertad que han de gozar los negros que fugitivos de las colonias extranjeras, se asilan a los Dominios de Su Magestad".[184] O governador de Chiquitos, Juan Barthelemi Berdugo, chegou a lançar, em setembro de 1784, uma circular aos curas para "asegurar cuanto esclavo negro del Brasil penetre en los pueblos de la provincia, y dar cuenta a la gubernatura inmediatamente".[185] Alguns altos oficiais espanhóis incluíam escravos prófugos entre seus dependentes, e se recusavam a expatriá-los. Assim, por

---

te de las fronteras a los referidos esclavos" (AHN, Estado, 4555, carpeta 6, n. 25. Nicolás de Arredondo a Joaquín de Alós, Buenos Aires, 10 mar. 1792). A Coroa seguiu recomendando a política de não devolver os escravos, como assinalou o Duque de Alcudia (RAH, CML, t. 117, f. 292. "Oficio del Duque de Alcudia a Don Lazaro de Ribera, gobernador del Paraguay, acerca de la duda suscitada sobre si son libres los negros que pasan de los dominios portugueses en América a los españoles en el mismo continente", Aranjuez, 10 jan. 1795).

182 KNOGLER, Relato sobre el país y la nación de los Chiquitos (1769), op. cit., p. 163.

183 AGI, Buenos Aires, 539. Autos da Audiência de Charcas sobre o estabelecimento de portugueses em Santa Rosa El Viejo, recebidos em Madri a 18 set. 1761, f. 8v-9, 11v-11: Depoimentos do negro desertor Thomas Antonio, Plata, 26 abr. e 10 maio 1760.

184 Archivo de Mojos, v. 6, n. 33. "Expediente que contiene el oficio del gobernador de Mojos, Don Lazaro de Ribera, con fecha de 12 de enero de 1790". In: AMC, p. 109.

185 Archivo de Chiquitos, v. 26, n. 20. "Circular del Gobernador y respuestas de los curas", Juan Barthelemi Berdugo, 22 set. 1784. In: AMC, p. 250.

exemplo, o coronel José de Ayarza, governador interino de Chiquitos entre 1795 e 1796, protegia 10 "negros de nación portuguesa", como notou o governador afastado Melchor Rodrigues, "no sé con que motivo, pero con mucho perjuicio de los pueblos por el consumo de las carnes y cabalgaduras, de que a mi arribo se me quejaron los indios".[186]

Também no Pará a possibilidade de alcançar a liberdade nos domínios de Castela atraía não poucos escravos à fuga. Em janeiro de 1790, por exemplo, o comandante do Forte Príncipe, José Pinheiro de Lacerda, avisou ao governador de Mojos que provavelmente passaram àquela província "un capatás prófugo, Tomas José Fonseca, con seis negros y dos negras, que subieron bien armados de las capitanias del Pará". Esses fugitivos se somavam aos que, no ano anterior, também tinham passado do Pará a Mojos.[187]

Em maio de 1789, o governador Luiz de Albuquerque escreveu uma carta a Martinho de Melo e Castro em que dava conta de terem sido devolvidos pelo governador de Mojos 16 escravos, que se tinham arrojado a uma empresa "com efeito extraordinária, e também nova de fugirem para os Dominios Espanhoes da Provincia de Mojos navegando tantos centos de Legoas", uma jornada que começou em Goiás, passou pelo Pará e quase chegou a Santa Cruz de la Sierra. Alguns anos antes, cinco escravos fugiram do arraial de Pontal, em Goiás, e desceram o rio Tocantins em direção ao Pará. No caminho, na vila de Baião, ainda em Goiás, encontraram Joana e Germana, escravas da fazenda Sampaio. No vale do rio Tocantins, o escravo Francisco, de certo Luiz Pereira, juntou-se ao grupo, que passou a contar com oito pessoas, três mulheres e cinco homens. Não se sabe ao certo onde esse grupo se reuniu aos oito escravos fugidos da vila de Cametá. Nesse outro grupo, havia duas famílias: Joana era casada com João (que não chegará vivo a Mojos), e a sua filha, Paula, acompanhava a fuga; e Joaquim era casado com Ana, ambos de origem benguela. Em algum rio do roteiro entre Mato Grosso e Pará, esses 16 escravos foram encontrados pelo pedestre desertor José Miguel da Silva. Natural de Mato Grosso, José Miguel teria desertado em direção ao Pará porque considerou injusta a punição que sofrera de seu alferes, que o mantivera oito dias preso porque não havia cortado madeira suficiente. O grupo de 16 pessoas (João se afogara no Guaporé) decidiu então passar à cidade de Santa Cruz de la Sierra. Eles planejaram simular que todos os negros eram escravos do referido José Miguel da Silva, que pretendia se estabelecer e casar naquela cidade espanhola. Uma vez em San Pedro de Mojos, o grupo foi interrogado pelo governador interino Juan Dionisio Marin, e o pedestre José Miguel acabou revelando que se tratava de uma farsa. Como mantivesse boas relações de contrabando com Luiz de Albuquerque, Dionisio Marin despachou o grupo para o Forte Príncipe. Ali, os homens ficaram presos às calcetas, ao passo que as mulheres foram

---

186 Archivo de Chiquitos, v. 30, n. 30. "Expediente que contiene el nombramiento interino de gobernador de la provincia de Chiquitos, hecho el 23 de junio de 1793 por el gobernador intendente de Santa Cruz, residente en Cochabamba, a favor del coronel de ejército Don José de Ayarza". In: *AMC*, p. 273.

187 AHN, Estado, 4436, n. 2. "Autos", f. 8v-9: José Pinheiro de Lacerda a Lazaro de Ribera, Forte Príncipe, 29 jan. 1790; f. 12v-13: José Pinheiro de Lacerda a Dionisio Marin, Forte Príncipe, 12 nov. 1789.

transferidas para Vila Bela. Essa jornada em busca da liberdade estimula a pensar em algumas hipóteses sobre as fugas de escravos para os domínios espanhóis: primeiro, que a imagem de Santa Cruz de la Sierra como horizonte de liberdade podia condicionar fugas mesmo em lugares distantes do Brasil; que famílias escravas estavam presentes entre os que fugiam; que homens de cor livres e escravos colaboravam em deserções conjuntas; e que a devolução de fugitivos dependia das relações entre os governadores das duas colônias confinantes.[188]

Outro desafio para os escravos fugidos de Mato Grosso era o encontro com os "índios bárbaros", de quem podiam tornar-se cativos. Foi esse o caso de 26 escravos de ambos os sexos que fugiram de Cuiabá em 1749 e foram capturados pelos Payaguá. Tendo sido informado pela guarnição da fronteira, o governador do Paraguai interferiu, ofereceu presentes aos Payaguá de seu próprio cabedal e restituiu os escravos aos seus donos portugueses.[189] Os "índios bárbaros" tinham, a propósito, bastante interesse em incorporar escravos negros ao rol de cativos que possuíam, quanto mais porque podiam ser informantes, consultores, mediadores e mesmo intérpretes nas relações com as administrações coloniais dos dois impérios. Assim se compreende o papel crucial que, para os índios Guaykuru, tiveram os escravos capturados aos portugueses, e que foram integrados e transformados em intérpretes e embaixadores, por ocasião de um tratado de paz firmado com os mesmos lusitanos em 1791,[190] e seguiam sendo mediadores importantes quando o grupo se estabeleceu nos arredores dos fortes de Coimbra e Albuquerque.[191]

É provável, também, que escravos negros fugidos de Mato Grosso obtivessem estima de governadores espanhóis se fossem portadores de informes precisos sobre a situação e os planos militares da capitania rival. Em 1790, por exemplo, ficou-se sabendo no Forte Príncipe que um negro desertor contara a Lazaro de Ribera onde se "haxava a caza de pólvora, que gente há, e por onde he mais facil o xergar-se aqui", sem omitir, inclusive, o horário e as posições de rondas e sentinelas.[192]

Estratégias familiares permaneciam sendo, também ali na fronteira, uma das práticas fundamentais da resistência escrava ao sistema colonial. Assim, os negros que fugiam da capitania de Mato Grosso procuravam formar famílias com as índias das missões. Em 1772, o comandante do forte Bragança, Manoel Caetano da Silva, referiu que os espanhóis restituíram algumas dezenas de escravos que, em boa parte, tinham sido encontrados na missão de Loreto.

---

188 AHU, MT, cx. 26, d. 1546. Luiz de Albuquerque a Martinho de Melo e Castro, Vila Bela, 25 maio 1789; AHU, MT, cx. 26, d. 1546. "Relação dos dezaseis fugidos", José Pinheiro de Lacerda, Forte Príncipe, 8 jan. 1789.

189 AGI, Buenos Aires, 48. *Cabildo* eclesiástico ao rei, sobre os méritos do governador Marcos Larrazabal na defesa da província, Assunção, 8 jul. 1749, f. 3.

190 AHU, MT, cx. 28, d. 1617. João de Albuquerque a Martinho de Melo e Castro, Vila Bela, 9 set. 1791.

191 SERRA, Ricardo Franco de Almeida, "Continuação do parecer sobre os índios Uaicuru's, Guana's, etc", Coimbra, 2 fev. 1803. *RIHGB*, Rio de Janeiro, v. 13, 1850, p. 361-62, 372.

192 APMT, Defesa, 1790 A, 1111. Francisco Rodrigues do Prado a João de Albuquerque, Forte Príncipe, 18 dez. 1790.

Desse grupo, não foram poucos os que retornaram com mulheres índias, que haviam desposado nos domínios de Castela.[193]

Outros conseguiam firmar comunidades nas vilas espanholas, onde buscavam quem reconhecesse seus conhecimentos em agricultura, manufatura e mineração. Assim é que o governador Francisco de Viedma pôde observar, em 1788, que os terrenos mais férteis e vantajosos para plantio de cana-de-açúcar eram trabalhados pelos *cruceños* há poucos anos:

> Este descubrimiento se le debe a unos negros que desertaron de los dominios de los portugueses, y desde entonces han dejado los chacos de la campaña y se han ido al monte, donde fomentan el cultivo de la caña; en términos, que la cosecha de azucar excede en mas de tres partes a los años anteriores. También son terrenos mas fértiles para el arroz, maíz, yuca, batatas o camotes, calabazas y habichuelas, que son los frutos de aquel partido.

Esses ex-escravos, ao que parece, auxiliaram os espanhóis no desenvolvimento da cultura do açúcar nas imediações de Santa Cruz:

> Las haciendas que hacen para la siembra de ellos, llaman chacos: las casas son unos ranchos de mucha capacidad, donde tienen las oficinas para el beneficio y custodia del azúcar, con los trapiches necesarios à la cosecha de la caña. Estos son de madera tirados por bueyes: les cuesta muy poco, como que tienen el material à la mano y el ganado en abundancia.

De acordo com o relatório de Viedma, na cidade de San Lorenzo de la Barranca havia 4.303 espanhóis, 1.376 "mestizos", 2.638 "cholos", 2.111 índios, e 150 negros, "entre esclavos y libres, de los que desertan de los dominios de Portugal". A população total era de mais de 10.600 pessoas.[194] Assim, do mesmo modo que os índios desertores de Mojos e Chiquitos influíram na formação das povoações fronteiriças portuguesas, os negros "portugueses", em busca de liberdade, não deixaram de influenciar a vida nas missões e vilas do lado espanhol, onde difundiam saberes e promoviam mestiçagem. Essa influência, ainda que pareça não agradar ao historiador René-Moreno, não lhe passa irreconhecida, particularmente nos *pueblos* de Magdalena e Exaltación.[195]

---

193 APMT, Defesa, 1772 A. Manoel Caetano da Silva a Luiz Pinto de Souza Coutinho, Forte Bragança, 8 out. 1772 e 25 nov. 1772.

194 VIEDMA, Francisco de. "Descripción geográfica y estadística de la provincia de Santa Cruz de la Sierra". In: *CODA*, v. 3, p. 76, §292, p. 83, §311. Pesquisas de metal precioso no entorno da missão de San Xavier de Chiquitos puderam contar com a colaboração "de los primeros tres negros emigrados de Portugal", como referiu o governador interino em carta na qual remeteu ao vice-rei os exemplares encontrados (AGI, Charcas, 436. [Anexo n. 18.] José de Ayarza ao vice-rei Pedro Melo de Portugal, San Xavier de Chiquitos, 25 nov. 1796).

195 *AMC*, p. 468, nota 223.

Não eram raros os índios e homens de cor que buscavam escapar de formas de trabalho compulsório, fosse cruzando a fronteira à procura de alternativas de sobrevivência, fosse aliando-se e procurando constituir, juntos, suas próprias comunidades. Nesse caso, a estratégia familiar podia estar presente entre negros e índios, como esteve entre os que formaram o quilombo do Piolho, localizado nas margens do rio Galera, pela parte do Guaporé. Quando destruído em 1771, viviam ali 79 negros e 30 índios, que eram comandados pela rainha Thereza, nos moldes de um gestão centralizada.[196] Em que pese a repressão do governo de Mato Grosso, negros e índios voltaram a se reunir na mesma paragem e a chamar a atenção das autoridades. Em 1795, uma expedição destruiu o quilombo pela segunda vez. "Os ditos negros e outros já fallecidos", refere um informante, "ajuntando-se maritalmente com algumas das índias, foram pais de 21 robustos Caborés, 10 rapazes e 11 fêmeas, todos de idade de 2 a 16 annos".[197] No diário da expedição que encaminhou ao governador, o cabo Francisco Pedro de Melo mencionara que tinham sido presos 30 negros e 54 índios e caburés. Sobre a situação do estabelecimento, o mesmo oficial acrescentava que "a bandeira achou no quilombo grandes plantações de milho, feijão, favas, mandiocas, manduin, batatas, caraz, e outras raízes, assim como muitas bananas, ananazes, abobras, fumo, gallinhas e algodão de que faziam panos grossos e fortíssimos com que se cobriam".[198]

É decisivo notar que o governador de Mato Grosso aplicou a mesma política que utilizava em relação aos chamados "índios bárbaros": firmar tratados de paz, delegar responsabilidades às lideranças do grupo considerado e incentivar sua fixação na fronteira como vassalos do monarca português.[199] Os próprios moradores do quilombo do Piolho, recém-debelado, foram reduzidos na nova aldeia Carlota, fundada no vale do rio Guaporé ainda em 1795. Para o governador João de Albuquerque, a conversão de inimigos em povoadores úteis, verdadeiros vetores de "civilização" dos grupos indígenas que viviam naquelas paragens, era uma perspectiva promissora para aquela aldeia:

---

196 "Tinha um como parlamento, em que presidia o capitão-mor José Cavallo, e era conselheiro da rainha um José Piolho. Mandava enforcar, quebrar pernas, e sobretudo enterrar vivos os que pretendiam vir para seus senhores. Cuidava muito na agricultura dos mantimentos e algodão, e havia duas tendas de ferreiro" (COELHO, Filipe José Nogueira. "Memorias Chronologicas da capitania de Mato-Grosso, principalmente da Provedoria da Fazenda Real e Intendencia do Ouro" [post. a 1780]. *RIHGB*, Rio de Janeiro, v. 13, 1850, p. 182).

197 SERRA, Ricardo Franco de Almeida. "Extracto da descripção geographica da província de Matto Grosso feita em 1797". *RIHGB*, Rio de Janeiro, v. 6, 1844, p. 190.

198 AHU, MT, cx. 31, d. 1716. "Diario da Deligencia que por Ordem do Il.mo Ex.mo S.or João de Albuquerque de Mello Pereira e Caceres, Governador e Capitão General da Capitania de Matto Grosso, se fez no anno de 1795, a fim de se destruírem varios Quilombos, e buscar alguns logares em que houvesse ouro", por Francisco Pedro de Melo, de 7 maio a 18 nov. 1795.

199 A administração portuguesa já tinha experiência nesse tipo de estratégia. Ver a análise de Silvia Lara sobre o caso do tratado de paz firmado entre o governador de Pernambuco e Ganga Zumba em 1678, e a tentativa de reduzir os palmarinos no sítio de Cucaú (LARA, Silvia Hunold. Marronnage et pouvoir colonial: Palmares, Cucaú et les frontières de la liberté au Pernambouc à la fin du XVIIe siècle. *Annales*, n. 3, p. 639-62, maio-jun. 2007).

e informandome ao mesmo tempo que naquellas vezinhanças havião algumas Aldeyas de Indios mansos, aos quaes se oferecerão reduzir à nossa sociedade os novos habitadores daquele Quilombo (de que a mayor parte forão baptizados aquy), e com muita facilidade pelos atrativos que tinhão das dádivas que se lhes derão, para convidallos a este fim; e ao mesmo passo por adiantar mais na vezinhança desta Fronteira hum Estabelecimento que fosse aproximando a tão necessar.a communicação por terra desta Capital para o Forte do Príncipe da Beira, descobrindose assim novas terras mineraes; [por essas razões o governador afirma ter mandado] todos os ditos Caborés, Indios, e Pretos, que houve modo de se forrarem (sem os quaes os ditos Indios, e Cabores não podião prezentemente passar; assim por serem alguns caborés seus filhos, como para lhes ensinar a cultivar as terras) para o mesmo lugar em que forão aprehendidos, que ficará a trinta e tantas leguas a Norte desta Villa Bella, dando-lhe ordem, e auxilio para formarem huma Aldeya, que se ficará chamando Aldeya Carlota, em Memoria da Nossa Serenissima Princeza.[200]

Cumpre sublinhar ainda que a nova povoação atendia perfeitamente à política do Diretório, segundo a qual a criação de estabelecimentos fronteiriços, onde coabitassem e se mestiçassem vários grupos étnicos leais ao Império português, era o mecanismo mais eficiente para garantir a posse dos limites territoriais.[201] Segundo o cabo Francisco Pedro de Melo, os moradores da Nova Aldeia Carlota receberam ferramentas, sementes, porcos, patos e galinhas, "prometendo expontaneamente não só reduzirem á nossa amizade e comunicação outras Aldêas de Indios Cabixês vezinhos daquelle lugar, mas a virem a esta Villa tanto a commerciar como a trazerem boas mostras d'ouro que faça conta para atrahir aquele importante lugar alguns colonos portugueses".[202]

* * *

Através da utilização das instituições coloniais de poder ao seu favor, direcionando protestos diretamente aos governadores, valendo-se da mediação privilegiada que fora facultada aos caciques, de um lado, ou por outro lado, por meio de deserções para o império rival, que não faziam sem antes barganhar benefícios de ambas as colonizações, os índios missioneiros procuraram encontrar, nas contradições das mesmas estruturas de poder

---

200 AHU, MT, cx. 31, d. 1716. João de Albuquerque a Luiz Pinto de Souza, Vila Bela, 30 dez. 1795, f. 2v-3.

201 "Diretório que se deve observar nas povoações dos índios do Pará e Maranhão enquanto Sua Majestade não mandar o contrário". Lisboa: Oficina de Miguel Rodrigues, 1758. In: MENDONÇA, Marcos Carneiro de. *Aula do commercio*. Rio de Janeiro: Xerox, 1982, §80, 82.

202 AHU, MT, cx. 31, d. 1716. "Diario da Deligencia", Francisco Pedro de Melo, de 7 maio a 18 nov. 1795.

destinadas de antemão a produzir seu assujeitamento, formas de sobrevivência. Em Mojos e Chiquitos, tentaram reivindicar sua lealdade ao monarca espanhol como contrapartida à proteção que o soberano prometera aos seus direitos, privilégios e benefícios, muitos dos quais eram precisamente atingidos pelas reformas bourbônicas. Não poucos caciques, ante as demandas dos índios comuns e sem resposta aos seus pleitos institucionais, coordenaram ações que desafiavam a lealdade esperada, como a expulsão de funcionários e a negociação de sua lealdade com outro monarca, em um contexto crítico de disputa por territórios e vassalos entre impérios. A função exercida pelos caciques no sistema municipal ibérico, como mediadores entre as demandas da colonização e as demandas dos índios comuns, tinha-se tornado especialmente complexa, já que a reforma administrativa alterava as bases do pacto de lealdade costumeiro.

Os índios, bem verdade, não eram os únicos a buscar um cenário mais favorável à sobrevivência. Nisso sua estratégia se aproximava dos escravos negros que fugiam de Mato Grosso, sabedores de que nas terras do monarca rival alcançariam, ao menos formalmente, a liberdade. Estratégias essas que não eram apenas resultado de ações de indivíduos ousados. O Estado rival estimulava a "drenagem" de vassalos do outro lado e oferecia privilégios (que nem sempre se confirmavam) atrativos às pessoas dispostas a desertar. Ambos os governos, ao mesmo tempo em que tentavam constituir lealdades internamente, negociavam a lealdade de potenciais vassalos que estavam do lado de lá.

Capítulo 8
Trabalho e políticas indígenas

Neste capítulo gostaria de aprofundar um pouco mais o foco de análise sobre os impactos dos sistemas de trabalho vigentes nas vilas construídas segundo o modelo do Diretório dos Índios, na fronteira hispano-portuguesa dos vales dos rios Guaporé e Paraguai. Procuro enfatizar a capacidade que os índios demonstraram de utilizar as instituições coloniais para encaminhar, por meio delas, suas demandas de justiça, benefícios e privilégios, situação que parece ter sido um elemento importante nas negociações que envolviam o cotidiano do trabalho rural, bem como sua remuneração, entre os diretores portugueses e os índios "espanhóis" que passaram a Mato Grosso. A análise prossegue com a discussão do papel dos cativos e de outros mediadores das demandas da colonização e de índios recém-reduzidos. A reinterpretação e mesmo reversibilidade dos costumes "europeus" introduzidos, no caso dos chamados "índios bárbaros", como ainda seguiam sendo identificados os Guaykuru, Guaná e Payaguá, muito tardiamente reduzidos, conduzem a crer que buscavam as missões como refúgio, centro de abastecimento e canal de negociação política. Tanto era assim que, ante as demandas dos governos por incrementar as produções comuns de missões e vilas, índios insatisfeitos procuraram alternativas de remuneração e acesso aos bens que estimavam em formas de trabalho eventual para fazendeiros e moradores das cidades. Esses deslocamentos confirmavam a porosidade dos espaços das missões e das povoações ao estilo do Diretório, a despeito das tentativas dos governadores de controlar os movimentos dos índios.

As povoações do Diretório

O Diretório dos Índios, diretriz fundamental da política indigenista no Império português na segunda metade do Setecentos, era antes de tudo um programa de civilização pelo trabalho agrícola.¹ "Porque por esse interessante trabalho", sublinhava o texto da lei, "não só terão os meios competentes para sustentarem com abundância as suas casas e famílias; mas vendendo os gêneros, que adquirirem pelo meio da cultura, se aumentarão neles os cabedais à proporção das lavouras, e plantações que fizerem". Era preciso introduzir nos índios "aquela honrada e louvável ambição", "desterrando das repúblicas o pernicioso vício da ociosidade". Essa lei retirava o poder temporal dos missionários e instituía em cada aldeia, elevadas à categoria de vilas, um diretor nomeado pelo governador, "enquanto os índios não tiverem capacidade para se governarem".² Nas povoações de fronteira em Mato Grosso, esses diretores eram soldados das guarnições.³ O primeiro e principal objetivo dos diretores: fazer os índios plantarem mandioca, feijão, milho, arroz e os mais gêneros comestíveis, não só os suficientes para a sustentação das suas casas, mas com que se pudesse prover os armazéns reais e municiar as guarnições da fronteira. Em restituição ao que vendessem ao governo, receberiam da Provedoria da Real Fazenda a conveniente remuneração pelo seu trabalho. Meta mínima de produção, a imposição prévia de um valor a ser cobrado pelo dízimo permitiria que, acontecesse o que acontecesse com seus cultivos, os índios deveriam remeter o montante pré-estabelecido à Provedoria. Previa-se que os diretores fossem remunerados com a sexta parte dos mantimentos produzidos pelos índios, ou caso produzissem outros produtos, a sexta parte do que obtivessem com seu comércio, com o que se esperava que estimulassem as produções.⁴

Em Mato Grosso, já em carta de 2 de maio de 1767, o secretário de Estado Francisco Xavier de Mendonça Furtado felicitava o governador, João Pedro da Câmara, por conta "da Regulação que havia feito para as Aldeyas dos Indios terem Mantimentos bastantes, tudo na forma do Diretório das do Pará". Sublinhava ainda o quão interessantes eram as lavouras, mas para promovê-las duradouramente era preciso toda a atenção ao pagamento dos salários: "o meyo mais esencial e único, o de render justiça aos Indios, pagando-lhes os frutos inviolavelmente, por hum preço racionável, para elles se poderem vestir, e comprar Ferramentas; em

---

1   DOMINGUES, Ângela. *Quando os índios eram vassalos*: colonização e relações de poder no norte do Brasil na segunda metade do século XVIII. Lisboa: Comissão Nacional para as Comemorações dos Descobrimentos Portugueses, 2000, p. 68, 73, 75.

2   "Diretório que se deve observar nas povoações dos índios do Pará e Maranhão enquanto Sua Majestade não mandar o contrário". Lisboa: Oficina de Miguel Rodrigues, 1758. In: MENDONÇA, Marcos Carneiro de. *Aula do commercio*. Rio de Janeiro: Xerox, 1982, §17, 1.

3   Nas povoações de Leomil, Lamego e Balsemão, os diretores eram soldados destacados do Forte Príncipe (APMT, Defesa, 1773, 50. Manuel Caetano da Silva a Luiz de Albuquerque, Fortaleza da Conceição, [s. d.] out. 1773). Em Coimbra, Vila Maria, Albuquerque, Casalvasco e Miranda, os comandantes militares assumiam também a função de diretores. Esse procedimento era comum em povoações militarizadas da Amazônia. Em Gurupá, Macapá, Santarém e Óbidos, o comandante militar servia também como diretor (SOMMER, Barbara Ann. *Negotiated settlements*: Native Amazonians and Portuguese policy in Pará, Brazil, 1758-1798. Tese (Ph.D.) – University of New Mexico, Albuquerque, 2000, p. 97).

4   "Diretório que se deve observar nas povoações [...]", *op. cit.*, *max.* §16, 22, 27, 34, 36.

os mesmos Indios comprehendendo, que trabalham em Seu proveito, logo hão de adiantar as Lavouras, sem ser necessário violentalos a esse fim".[5] O governador Luiz Pinto de Souza, em bando de 6 de março de 1769, ordenou que fosse pago o dízimo de "todas as produções, frutas delas e suas criações", e que se fizessem lavouras de milho, mandioca, arroz, feijão, açúcar, frutas, cacau, café e principalmente algodão. Dispôs ainda que fossem providenciados teares, de modo a produzir roupas para os índios, lojas de ofícios para encaminhá-los às profissões, engenhos de açúcar, pilões para descascar arroz e olarias, cujas telhas deveriam substituir a palha das casas, sujeita a incêndios.[6]

As instruções de Martinho de Melo e Castro ao governador Luiz de Albuquerque, enviadas em agosto de 1771, enfatizavam que, para mais da completa interdição da escravidão indígena, todo o trabalho dos nativos deveria ser assalariado, e a produção das povoações, comprada a preços justos, "sendo este o único modo de se aumentar a mesma cultura [lavouras], o comércio e a população".[7] Ora, a promessa das autoridades de que, no Império português, os índios recebiam a remuneração pelo seu trabalho era um condicionante poderoso para a deserção dos "índios espanhóis". O tenente de Dragões Antonio Pinto do Rego e Carvalho, responsável pela edificação de Vila Maria, referiu sobre os índios Chiquitos ali instalados, que "eles mesmos se chegarão quando entrarem a receber o fruto do seu trabalho, o que nas suas terras não tinham, tudo era entregue para o padre".[8] A experiência dos índios "castelhanos" que se pretendia reduzir em Vila Maria comandava tanto a preocupação com a regulação do espaço urbano quanto com as atividades econômicas planejadas para funcionarem no novo estabelecimento. Em carta ao mestre de campo, Luiz de Albuquerque assinalava que era indispensável o envio de foices e machados, e que "hum dos objetos também muito principais que v.m.e deve promover he a plantação de algodoais para tecidos dos indios castelhanos, que todos sabem fabricar; e além disso, para o uso dos mais moradores, a quem seria convenientissimo sugeitalos a semelhante manufatura".[9]

Nas povoações que, aos moldes do Diretório, foram instaladas em Mato Grosso, a remuneração dos índios era centralizada pela Provedoria Geral da Real Fazenda, que mantinha um armazém real em cada estabelecimento. Nesse modelo, a Provedoria Geral recebia a produção dos índios, a qual geralmente destinava para abastecer guarnições ou vender sob monopólio em Vila Bela ou Cuiabá. Em troca, os índios recebiam vários tipos de gêneros. Em outubro de 1786, a povoação de Lamego recebeu 800 oitavas de ouro em gêneros da Provedoria, conforme "os

---

5 AHU, Cód. 613, f. 57v-58. Francisco Xavier de Mendonça Furtado a João Pedro da Câmara, Palácio de Nossa Senhora da Ajuda, 2 maio 1767.

6 Bando de Luiz Pinto de Souza Coutinho, Vila Bela, 6 mar. 1769. *RAPMT*, Cuiabá, v. 1, n. 2, set. 1982-fev. 1983, p. 71.

7 AHU, Cód. 614, f. 1-8v. Carta-instrução de Martinho de Melo de Castro para Luiz de Albuquerque de Melo Pereira e Cáceres, Palácio de Belém, 13 ago. 1771, §31 (cit.), 3, 22.

8 APMT, Fundo Arquivo Ultramarino, 1229. Antonio Pinto do Rego a Luiz de Albuquerque, Vila Maria, 1 jan. 1779.

9 APMT, Cód. C-22, f. 160v-161. Luiz de Albuquerque a Antonio Pinto do Rego, Vila Bela, 15 jul. 1778, f. 161.

preços comuns porque aqui se costuma vender", mas como a produção tinha ficado abaixo disso, os índios ficaram em haver 200 oitavas.[10] Os índios de Leomil, em 1773, já credores da Real Fazenda, reclamaram da falta de produtos de qualidade: "Os Indios do mesmo lugar se achão bastante destituidos de roupa, e como me consta são já credores a Faz.da Real, será conveniente satisfazer-lhes com Baeta, Chapeos, e Camizas viçadas, e algum pano de algodão e riscadilhos, p.a as sayas das mulheres, pois elles não querem canquilharias".[11]

Assim como alguns grupos percebiam a discrepância entre o valor dos produtos que enviavam à Provedoria e a inferioridade dos itens com que eram remunerados, a falta de qualquer remuneração, não incomum, suscitava protestos que se encaminhavam ou por vias institucionais, ou resultavam em deserção. Em Leomil, como refere o comandante português em 1773, os índios avançavam no plantio de mantimentos destinados ao Forte Conceição:

> Os Indios de Leomil tem plantado huma rossa muito boa de milho, que me dizem ser de catorze alq.es de Planta, e julgace serão bem socedidos com ela, e tenho recomendado ao soldado Luiz Pereyra, que lá se acha, faça a deligencia por mandar plantar bastante arroz quando for tempo, e a mesma recomendação sendo feita a respeito do feijão.

Aos índios, no entanto, desagradava a gestão do soldado Luiz Pereira, tanto que solicitaram ao comandante do Forte Conceição a demissão daquele diretor:

> Os referidos Indios aqui me tem formado algumas queixas do soldado que lhes serve de Diretor, por çer de genio Aspero, mas eu julgo que será a mayor queyxa pelos fazer trabalhar ahinda q.e cada hum deles no seu trabalho valem mais do que quatro dos de Lamego, e eu os tenho consolado dizendolhes que V. Ex.a está a chegar, e q.e então será o dito soldado despedido de lá mas se eu conhecer q.e ele lhes faz alguma violencia grave, o hey de mandar retirar de lá isso hé no cazo de V. Ex.a ter muyta demora, e a culpa q.e elle cometer seja grave; julgo não fará por onde por q.e o tenho m.to bem advertido p.a q.e contrafaça algum genio mao que tem.[12]

Em 1787, a pressão dos índios de Leomil sobre o comandante do Forte Príncipe foi bem-sucedida, e conseguiram que fosse removido outro diretor, soldado Antonio de Camargo

---

10   APMT, Defesa, 1786, Lata A, 818. José Pinheiro de Lacerda a Luiz de Albuquerque, Forte Príncipe, 29 out. 1786. Em 1788, necessitando de panos de algodão, a guarnição do Forte Príncipe comprou-os aos índios de Leomil e Lamego com gêneros da Provedoria (APMT, Defesa, 1787, Lata A, 989. Antonio Ferreira Coelho a Luiz de Albuquerque, Forte Príncipe, 3 jul. 1788).

11   APMT, Defesa, 1773, 82. Luiz Pinto de Souza a Luiz de Albuquerque, Forte Bragança, 22 jan. 1773.

12   APMT, Defesa, 1773, 50. Manuel Caetano da Silva a Luiz de Albuquerque, Fortaleza da Conceição, [s.d.] out. 1773.

Bueno, a quem acusavam de várias irregularidades, quais sejam a venda de produtos da povoação por conta e proveito próprios e outros mais despudores:

> Não sendo bastante as advertencias que fiz ao sold.o Antonio de Carmargo Bueno, pellas repetidas queixas, e reprezentaçoëns que me fizerão os Indios e Fiscal de Liomil, do seo m.to mau comportam.to, desleixo, e athe o vicio de utilizar, e vender (como se já provou) os effeitos do monte que lhe não competiam, além de outros procedimentos indecorosos, que por decendia os não refiro a V. Ex.a o fiz remover do emprego de Diretor do d.o Logar a 11 de dezembro do ano pasado, pondo em seo lugar o sold.o Franc.co Roiz' da Silva Coelho por se achar cazado, e esperar deste melhor satisação em aumento, e utilidade destes miseráveis Indios, e pello menos creyo que os tratará melhor sem o escândalo de dizer que do produto dos índios tirava 200/8 de ouro com que se poderam comprovar q. comprou, e varias dividas que pagou.[13]

Por sua vez, em Balsemão, os índios Pama ali reduzidos se rebelaram em maio de 1774, mataram um dos colonos "portugueses" e fizeram desertar o padre Agapito Marcos de Oliveira, que buscou refúgio em Borba.[14] Essa povoação fora constituída com índios oriundos da antiga aldeia de Nossa Senhora da Boa Viagem, que se esperava fosse um ponto importante de abastecimento das monções de comércio que passavam do Pará a Mato Grosso.[15] Desde então, como observou Antonio Pires da Silva Pontes Paes Leme, em sua viagem pelo rio Madeira em outubro de 1781, os índios Pama mantinham uma povoação autônoma, que construíram próxima à antiga, lavravam a terra e auxiliavam os viajantes na varação das canoas pela cachoeira do Salto.[16] Lacerda e Almeida acrescenta que "não só as veem ajudar a varar, como também trazem refrescos de sua lavoura, que consta de bananas, mandiocas, batatas, carás etc".[17]

---

13   APMT, Defesa, 1787, Lata A, 880. José Pinheiro de Lacerda a Luiz de Albuquerque, Forte Príncipe, 3 jan. 1787.

14   BNRJ, I-11-2-2-n. 7. "Memorias p.a em seus lugares se inserirem, quando se ordenar o Tit. das Antiguidades do Rio da Madeira", por Alexandre Rodrigues Ferreira [c. 1789], f. 19v; COELHO, Filipe José Nogueira. "Memorias chronologicas da capitania de Mato-Grosso, principalmente da Provedoria da Fazenda Real e Intendencia do Ouro" [post. a 1780]. *RIHGB*, Rio de Janeiro, v. 13, 1850, p. 186; *AVB*, p. 125, 194.

15   A povoação de Nossa Senhora da Boa Viagem teve duração efêmera: foi fundada pelo juiz de fora de Vila Bela, Teotônio da Silva Gusmão, e à sua custa, em 1757, e já em 1761 estava abandonada (BNL, Pombalina, Cód. 162. Carta de Francisco Xavier de Mendonça Furtado a Antonio Rolim de Moura, Pará, 21 set. 1757, f. 125v; AHU, MT, cx. 11, d. 640. Antonio Rolim de Moura a Francisco Xavier de Mendonça Furtado, Vila Bela, 2 jul. 1761).

16   LEME, Antonio Pires da Silva Pontes Paes. "Diário histórico e físico da viagem dos oficiais da demarcação que partiram do quartel general de Barcelos para a capital de Vila Bela da capitania de Mato Grosso" [1 set. 1781 a 12 mar. 1782]. *RIHGB*, Rio de Janeiro, v. 262, 1964, p. 360-61.

17   LACERDA E ALMEIDA, Francisco José de. *Diários de viagem*. Rio de Janeiro: Imprensa Nacional, 1944 (prefácio de Sérgio Buarque de Holanda), p. 24-25.

Não é talvez por acaso que alguns índios desertores retornavam às suas missões, e tanto era assim, especialmente à época dos jesuítas, que o padre Francisco Eder rechaçava, afiançado no depoimento desses índios, a ideia de que a qualidade de vida do lado português era superior: "los miserables se sentían acosados por el hambre permanente, por el trabajo diurno y nocturno; no había más que riñas, gemidos y azotes. Así, hasta que algunos más audaces se echaron al río y llegaron nadando a la otra orilla; luego, dando rodeos caminando de noche, por fin llegaron felizmente a su antigua reducción". O mesmo jesuíta refere que o efeito das notícias divulgadas pelos índios que retornavam era dissuadir os que hesitavam em fugir: "Se fue esparciendo el rumor por las reducciones y en adelante ya no hubo nadie que se atreviera a buscar mejor suerte, particularmente cuando otros fugitivos vueltos confirmaron lo relatado por los primeros con sus palabras y con las horribles cicatrices de los látigos portugueses". Informe que não se deve tomar sem cuidado, já que generaliza uma visão negativa dos portugueses sem outros pontos comprovativos: "Al inclinar todo esto sus ánimos cada vez más a favor de los misioneros jesuitas, los portugueses decidieron acosarlos, destruirlos y aniquilarlos por todos los medios, incluso en los parajes más recónditos, sobre todo que también en otras partes su audacia chochaba con igual resistencia".[18] A esse respeito, Elisa Frühauf Garcia lembra que os portugueses do Rio Grande também seduziam os Guarani missioneiros com a oferta de condições de vida superiores às franqueadas pelos jesuítas, mas a situação encontrada pelos índios frequentemente não correspondia às promessas.[19]

---

18   EDER, Francisco Javier, S.J. *Breve descripción de las reducciones de Mojos* [c. 1772]. Cochabamba: Historia Boliviana, 1985, p. 45.

19   GARCIA, Elisa Frühauf. *As diversas formas de ser índio*: políticas indígenas e políticas indigenistas no extremo sul da América portuguesa. Tese (Doutorado em História) – Universidade Federal Fluminense, Niterói, 2007, p. 291-92.

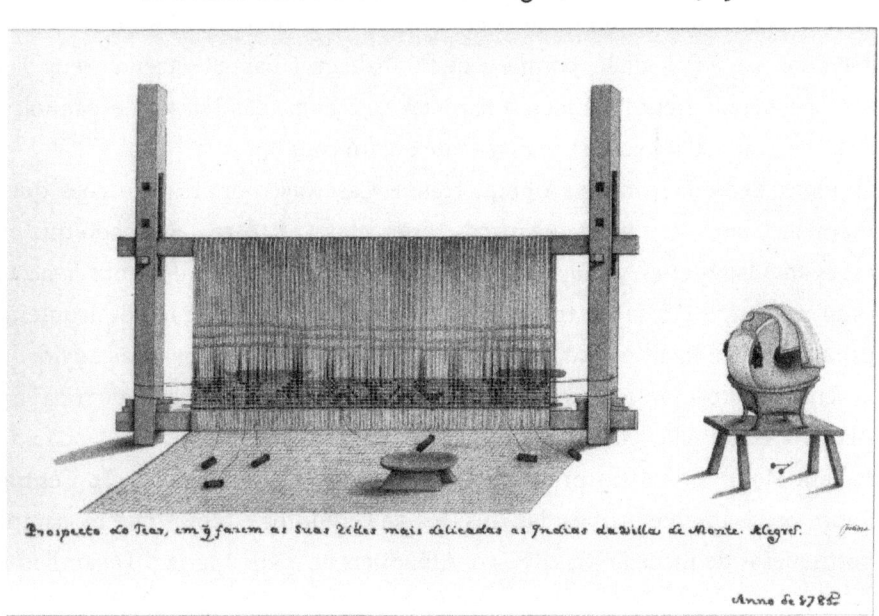

Figura 20: "Prospecto do tear, em q' fazem as suas redes mais delicadas as índias da Villa de Monte Alegre, anno de 1785"

Fonte: FERREIRA, Alexandre Rodrigues. *Viagem filosófica pelas capitanias do Grão-Pará, Rio Negro, Mato Grosso e Cuiabá*: Iconografia. Rio de Janeiro: Conselho Federal de Cultura, 1971, v. 1, prancha 53.

A produção têxtil teve um rápido crescimento em Casalvasco. Em 1783, o engenheiro militar Joaquim José Ferreira, em informe ao governador, constava que "as índias já têm uma boa porção de algodão fiado, a coisa mais deliciosa que é possível, eu já lhes fiz aprontar dois teares de mão para entrarem a tecer, elas pedem seda e lã para matizarem, estou de ânimo a mandar desfiar algum bocado de cetim destes restos que aqui há no armazém para lhes dar".[20] Não se limitava essa produção aos tecidos grossos: "recebi o algodão que já está fiado, não só para os tecidos grossos, mas também para algum rolo de pano fino, que desejo com brevidade remeter a V. Ex.a as amostras".[21] Em informe de março de 1785, referiu o mesmo comandante a construção de mais quatro teares de algodão grosso. A certo pedestre chamado Nicolau Onça, prático na construção de teares, encarregara "de fazer pentes e todos os mais preparos para quatro teares, o que já se acha pronto para dois".[22] Dentre os itens produzidos, estavam os cobertores, dos quais o governador João de Albuquerque chegou a encomendar alguns.[23]

---

20   APMT, Governadoria, 1783, d. 1342. Joaquim José Ferreira a Luiz de Albuquerque, Casalvasco, 26 fev. 1783.
21   APMT, Governadoria, 1785, d. 1341. Joaquim José Ferreira a Luiz de Albuquerque, Casalvasco, 2 fev. 1785.
22   APMT, Governadoria, 1785, d. 1343. Joaquim José Ferreira a Luiz de Albuquerque, Casalvasco, 2 mar. 1785.
23   APMT, Secretaria, 1790. João de Albuquerque a Francisco Pedro de Melo, Vila Bela, 8 dez. 1790.

Como não fosse dessemelhante a técnica de tecelagem dos índios "espanhóis", era essa mesma a que seguiam empregando em seus trabalhos nas novas povoações do Diretório, o que não deixou de perceber um atento viajante em 1782, a respeito dos índios de Lamego: "vivem com grande descanso e felicidade, porque o que trabalham é para si, fazendo seus tecidos de algodão por um método muito simples, à maneira dos índios das Missões espanholas; que é como quem tece uma esteira sobre uma grade de quatro paus".[24]

Realmente, Leomil, Lamego, Albuquerque e Casalvasco eram povoações que, desde seu planejamento, já contavam com espaços reservados aos teares, de modo que a manutenção dessas atividades em fins do século XVIII suscita pelo menos duas observações.[25] Em primeiro lugar, a importância do trabalho feminino nessas economias de fronteira onde, como mostrou Cynthia Radding para o caso das missões de Chiquitos, suas atividades abarcavam "agricultura, procesamiento de alimentos, recolección y producción de ropa" e "economía familiar".[26] Fruto exclusivo do trabalho feminino, roupas e tecidos de algodão, também produzidos em Mojos, eram dos principais itens remetidos à Administração Central de La Plata.[27] Foram precisamente grupos das missões de Chiquitos e Mojos que passaram às povoações portuguesas de Lamego, Casalvasco, Albuquerque e Vila Maria.[28] De ambos os lados

---

24 LEME, Antonio Pires da Silva Pontes Paes. "Diário histórico e físico da viagem dos oficiais da demarcação que partiram do quartel general de Barcelos para a capital de Vila Bela da capitania de Mato Grosso" [1 set. 1781 a 12 mar. 1782]. *RIHGB*, Rio de Janeiro, v. 262, 1964, p. 382-83.

25 Tais atividades, aliás, se desenvolveram e entraram no século XIX como um setor não irrelevante da economia de Mato Grosso. Ademais de algum pano de algodão exportado para o Pará, os teares da província produziam roupas para escravos e gente pobre, toalhas, lençóis, roupas de uso doméstico e sobretudo redes, "de que muito uzão os habitantes para dormir, e o mais pobre não deixa de ter a sua". Um quadro preparado pelo engenheiro Luiz D'Alincourt para os anos entre 1825 e 1827 mostra que a manufatura têxtil produziu, nesse período, 558$355 réis, perdendo para as barras de rapadura, 1:032$000, mas à frente da farinha de milho, 399$906, e do fumo, 150$406 (ALINCOURT, Luiz D'. "Rezultado dos trabalhos e indagações estatisticas da província de Matto-Grosso" [1828]. *ABN*, Rio de Janeiro, v. 8, 1881, p. 61-62).

26 RADDING, Cynthia. Comunidades en conflicto: espacios políticos en las fronteras misionales del noroeste de México y el oriente de Bolivia. *Desacatos*, México, n. 10, 2002, p. 67. Um missionário de Mojos pôde notar, logo nos primeiros anos, que "algunas mujeres han aprendido ya a hilar, y texer para vestirse" (ARLET, Stanislao. "Carta del P. Stanislao Arlet, de la Compañía de Jesus, al M. R. P. General de la misma Compañía, traducida del latín, sobre una nueva misión del Perú", 1 set. 1698. In: *Cartas Edificantes, y curiosas, escritas de las missiones estrangeras*. Madri: Imp. de la Viuda de Manuel Fernández, 1756, v. 1, p. 161).

27 Em 1803, contaram-se 184 teares em Mojos (AGI, Charcas, 447-A. "Estado general [...]", San Pedro, 7 ago. 1803). A imitação de amostras trazidas de outras províncias parece ter elevado a reputação dos tecidos chiquitanos (AGN, Sala 9, 20-6-7. Miguel Fermín de Riglos ao vice-rei Marquês de Sobremonte, Chiquitos, 26 set. 1805). D'Orbigny, quando visitou Chiquitos, viu 40 teares em San Xavier (ORBIGNY, Alcide D'. *Viaje a la América meridional*: realizado de 1826 a 1833. Buenos Aires: Futuro, 1945, v. 3, p. 1147-1148).

28 Sobre os índios que passavam ao Forte Príncipe, refere o "mulato" Cayetano Durán, residente em Loreto, que havia "entre ellos muchos tejedores, músicos, y baqueros" (AGI, Charcas, 445. "Relación de todos los docum.tos que ha remitido a esta Real Aud.a de la Plata el Gov.r de Moxos D.n Lazaro de Ribera", com início em 24 ago. 1783, f. 15v: Depoimento de Cayetano Durán, Loreto [c. 1786]). Em 1770, o Lugar de Lamego dispunha de 18 teares de

da fronteira, as índias fiandeiras e tecelãs protagonizaram protestos contra falta e atrasos na remuneração e violências dos administradores.

Outro aspecto que se deve sobrelevar é a presença desses teares nas povoações de índios da Amazônia e Mato Grosso, ainda que posteriormente ao Alvará de 5 de janeiro de 1785, o qual interditara, com minudências, "todas as fábricas, manufaturas, ou teares" de fazendas de algodão, panos, baetas, tecidos de lã e outras quaisquer qualidades de tecidos.[29] Embora o Alvará permitisse a feitura de roupas de algodão grosso para os escravos negros, como observou uma historiadora, as produções não se limitaram a esse gênero de mercadorias.[30] Não é lícito, porém, afirmar que esses têxteis estavam em desacordo com a política oficial, tanto mais porque a secretaria de Estado era informada continuamente das produções das povoações. Assim como o estímulo ao contrabando na fronteira permitia drenar recursos dos rivais, o estímulo à inserção dos índios em atividades produtivas, mesmo as interditadas alhures, era consequente à segurança e consolidação da soberania em terras sob contenda.

As índias Guaná da povoação de Albuquerque também fabricavam e exportavam redes, cobertores e tecidos de algodão para os centros urbanos da capitania de Mato Grosso.[31] Em 1790, José Antonio Pinto de Figueiredo, comandante de Albuquerque, possivelmente pressionado pelas índias, requeria do governador que ordenasse ao mestre de campo de Cuiabá o envio da remuneração das 500 varas de algodão remetidas para aquela vila, nem que fosse em farinha de milho.[32]

Hercules Florence, pintor da expedição Langsdorff, notou que o tear utilizado era um quadrado de madeira de pouco mais de um metro e meio, apoiado sobre duas estacas perpendiculares. Com uma espécie de régua, os fios eram cruzados em grupos de 100 e 150, que as índias seguravam a cada vez. "Por aí se vê quanto tempo é preciso para acabar um panão".[33]

---

algodão que, na avaliação do governador Luiz Pinto de Souza, "são pelo modelo dos Indios do Perú" (AHU, MT, cx. 15, d. 927. "Mapa económico", 1770).

29 Alvará de 5 jan. 1785. In: NOVAIS, Fernando. *Aproximações*: ensaios de história e historiografia. São Paulo: Cosac Naify, 2005, p. 81-82.

30 DELSON, Roberta Marx. The origin of Brazil's textile industry: an overview. In: *Conference: A Global History Of Textile Workers*, 1600-2000, I., 2004. Amsterdam: International Institute of Social History, 2004. Disponível em: <http://www.iisg.nl/research/textilenational.php>. Acesso em: 12 ago. 2009.

31 Quando os Guaná passaram a Albuquerque na década de 1790, o lugar já contava, é certo, com alguma produção têxtil e comércio com Cuiabá, pois como referiu um viajante em 1786: "há muito algodão, que aqui mesmo fiado e tecido vai para Cuyabá a troco de algumas cousas que necessitam" (SERRA, Ricardo Franco de Almeida. "Diario da diligencia do reconhecimento do Paraguay desde o logar do marco da boca do Jaurú até abaixo do presídio de Nova Coimbra", 1786. *RIHGB*, Rio de Janeiro, v. 20, 1857, p. 308).

32 APMT, Defesa, 1790 a. José Antonio Pinto de Figueiredo a João de Albuquerque, Albuquerque, 19 jun. 1790.

33 FLORENCE, Hercules. *Viagem fluvial do Tietê ao Amazonas*: 1825 a 1829; com gravuras do Autor [1829]. São Paulo: Cultrix/Edusp, 1977, p. 106.

O viajante Francis de Castelnau observou que as cores dos ponchos eram obtidas com índigo e cúrcuma.[34]

A remuneração do trabalho dos índios era feita em gêneros da Real Fazenda, que adquiria a produção em regime de monopólio.[35] Entretanto, devido à irregularidade dos pagamentos, as índias tecelãs de Casalvasco protestaram. Em carta de 2 de março de 1785, o comandante Joaquim José Ferreira referiu que castigara certa índia chamada Gertrudes por ter incitado outras tecelãs a se amotinarem, pelo que recebeu "quatro dúzias de palmatoadas por ser cabeça de motim, e por ter colocado as filhas fora da Povoação para não desencaroçarem algodão". Essa situação obrigou o comandante a ligeiras modificações no trato com as índias: "de tal sorte que fui obrigado, para desanimar as outras moradoras do que aquela lhes tinha dito, agradar-lhes a ouro cada libra, o que custa mais"; essa remuneração foi difícil de retirar posteriormente, pois as índias sempre a requisitavam.[36]

Os índios "espanhóis" trouxeram das missões a prática de enviar queixas por escrito diretamente ao governador, e isso mesmo fizeram quando o comandante de Casalvasco decidiu impedir que circulassem pelo entorno da povoação sem a devida licença. A carta, escrita a instâncias de certa índia Rosaura, que "faltava ao servisso, e passiava por onde lhe parecia sem que para isso pedisse licença", foi interceptada pelo comandante.[37]

Aos índios que passaram dos domínios de Espanha, a falta de remuneração desvanecia as promessas com que foram atraídos pelos portugueses. O governador Caetano Pinto de Miranda Montenegro referiu, em 1803, que os Guaná que recebera na capital protestaram pelo pagamento de seus serviços: "logo no outro dia me pedem lhes mande pagar o ouro dos seus jornaes, para comprarem baêta, chitas, e outras cousas".[38] Esses índios auxiliavam já o abastecimento do forte Coimbra: "os Guanás vendem todos os anos em Coimbra alguns panos, e redes; bastantes galinhas, grande soma de batatas".[39]

---

34 CASTELNAU, Francis de. *Expédition dans les parties centrales de l'Amérique du Sud, de Rio de Janeiro a Lima, et de Lima au Para*. Paris: Chez P. Bertrand, 1850, t. 2, p. 396-97.

35 APMT, Secretaria, 1790. João de Albuquerque a Francisco Pedro de Melo, Vila Bela, 8 dez. 1790.

36 APMT, Governadoria, 1785, d. 1343. Comandante de Casalvasco ao governador Luiz de Albuquerque, 2 mar. 1785. Na povoação de Albuquerque, as índias que resistissem a fiar eram presas na "casa de correção" (APMT, Cód. C-32, f. 105-106v. Instruções de João de Albuquerque a Antonio José Pinto de Figueiredo, Vila Bela, 17 nov. 1792). Protestos de índias tecelãs devido à falta de remuneração pela Provedoria ocorreram também no espaço amazônico. Cf. SOMMER, *Negotiated settlements*, op. cit., p. 134.

37 APMT, Defesa, 1790 A, 1116. Francisco Pedro de Melo a João de Albuquerque, Casalvasco, 6 dez. 1790.

38 Caetano Pinto de Miranda Montenegro a Ricardo Franco de Almeida Serra, Cuiabá, 5 abr. 1803. *RIHGB*, Rio de Janeiro, v. 7, 1845, p. 217.

39 AHU, MT, cx. 41, d. 2035. Ricardo Franco de Almeida Serra a Caetano Pinto de Miranda Montenegro, Coimbra, 3 fev. 1803, f. 6v-7.

Os índios remeiros de Casalvasco reclamavam com o comandante, Francisco Pedro de Melo, que não lhes era pago nenhum salário: quando requisitados, em resposta, os responsáveis pelas canoas negavam-se ao serviço, afirmando que "não são cativos e que se lhes não paga nada", e os empregados no cuidado do gado diziam que nas missões tinham o sábado e o domingo livres.⁴⁰

Mesmo entre os Guaykuru que passaram para o lado português não se deixou de tentar introduzir o modelo do Diretório. O comandante Ricardo Franco de Almeida Serra convidou os caciques e expôs as ordens reais para "plantarem e se ligarem por casamentos com os portuguezes de ambos os sexos", para o que era conveniente "plantarem milho, feijão e criarem porcos, em cujo pagamento lhes daríamos ferramentas, baetas, panos brancos, rapaduras, aguardente, e tudo a quanto chegasse o pagamento de quanto se lhes comprasse". "Tiveram uma larga conferencia entre si", refere o comandante português,

> finda a qual o capitão Paulo em nome de todos respondeu que tudo estava muito bem que elles assim o queriam; mas que quantos escravos havia de mandar V. Ex. para fazer aquellas roças, porque elles não eram captivos; e o mesmo disseram a respeito das casas, que as madeiras para ellas eram muito duras, e molestavam os hombros que todos as queriam, mas que lh'as fossem fazer os portugueses. A respeito dos casamentos, disseram todos queriam mulher portugueza; mas com a condição de as não poderem largar até á morte, lhes pareceu inadmissível".⁴¹

Para o comandante, mobilidade, guerra e aversão aos costumes ocidentais eram fatores que se opunham a um aldeamento permanente entre aqueles índios.⁴²

Se entre os Guaná atraídos do Paraguai houve sucesso em introduzir o sistema do Diretório, o máximo que se conseguiu dos Guaykuru, e já tardiamente, foi algum comércio de cavalos e gado e a permissão para que seus cativos fossem utilizados em roças ou construções. Os governadores de Mato Grosso chegaram a animar os guerreiros Guaykuru a assaltarem as *haciendas* dos espanhóis do Paraguai, com a promessa de que gado e cavalos seriam adquiridos a preços justos.⁴³ Conforme levantamento do comandante Ricardo Franco de Almeida Serra, por 12 canudos ou uma chapa de prata, usados em colares, ou quatro côvados

---

40 APMT, Defesa, 1795. Francisco Pedro de Melo a João de Albuquerque, Casalvasco, 12 jan. 1795.

41 SERRA, Ricardo Franco de Almeida. "Continuação do parecer sobre os índios Uaicuru's, Guana's etc.", Coimbra, 2 fev. 1803. *RIHGB*, Rio de Janeiro, v. 13, 1850, p. 349.

42 *Ibidem*, p. 348-49.

43 João de Albuquerque assegurava as vantagens de semelhante política ao ministro da repartição do Ultramar (AHU, MT, cx. 31, d. 1696. João de Albuquerque a Martinho de Melo e Castro, Vila Bela, 20 jul. 1795) (Vide ref. cap. 5, nota 193).

de baeta azul e vermelha, obtinha-se uma vaca ou um cavalo aos índios: "mal essas vacas passam à mão portuguesa, reputam-nas por dez oitavas, por serem ainda raras".[44]

Quanto ao trabalho dos cativos, ele foi fundamental no forte de Miranda, desde a sua construção até o plantio e manutenção das roças, que garantiam a subsistência daquela guarnição ante o irregular envio de mantimentos desde Cuiabá: "Como o tempo hé próprio", escreveu o comandante Francisco Rodrigues do Prado, "estou mandando rossar por des ordenanças em hum capão que está daqui vizinho, e levará mais de dous alqueires de milho de planta, e pelos captivos do Cap.m Rodrigo, mandei fazer outra rossa, cujos frutos certamente devorarão antes de sazonados".[45]

Mediadores e intérpretes

> Miran con desprecio, como adorno deforme, las pestañas y cejas de la gente blanca [...]. En una ocasión me cogió una buena veja descuidado: dióme tal repelón en una ceja, que se llevó algunos pelos. Oh! Vieja, le dije, qué intentas? Quitarte ese pelo que te afea, me respondió naturalísimamente la buena anciana.
>
> José Sánchez Labrador, *El Paraguay Católico* [1780][46]

Se é certo que os novos dispositivos de poder baseados na atração pacífica e na delegação de responsabilidades enfatizavam, como nos tratados de paz, que eram os índios que solicitavam reduzir-se à obediência e à vassalagem, quando precisamente os dispositivos de poder tentavam conduzi-los a essa situação, convém não descuidar de que grupos de índios fronteiriços passaram a requisitar, com frequência e insistência novas, e aparentemente por escolha própria, a vida em reduções. Povos que, como aqueles da família linguística Guaykuru, manifestaram aberta hostilidade contra as missões jesuíticas, lançando sobre elas, até a metade do Setecentos, contínuas incursões que levaram algumas mesmo ao desaparecimento, ou como os Guaná, que apesar de simpáticos à agricultura, rechaçaram os missionários, apareciam nas últimas décadas da época colonial como os mais interessados na possibilidade de reduzir-se. Esse fenômeno foi condicionado pelo novo empenho dos impérios em consolidar a posse dos territórios fronteiriços, através da instalação estratégica de fortes militares, reduções e povoações. Mas essa expansão colonial provocou profundos impactos entre aquelas populações, ao reorientar suas demandas materiais

---

44 AHU, MT, cx. 38, d. 1898. Ricardo Franco de Almeida Serra a Caetano Pinto de Miranda Montenegro, Coimbra, 14 fev. 1800.

45 AHU, MT, cx. 35, d. 1803. Francisco Rodrigues do Prado a Caetano Pinto de Miranda Montenegro, Miranda, 29 abr. 1798.

46 SÁNCHEZ LABRADOR, José. *El Paraguay Católico* [1780]. Buenos Aires: Imprenta de Coni Hermanos, 1910, v. 1, p. 246.

e simbólicas, de modo que elas passaram a depender de gado, ferramentas, roupas, adornos e, sobretudo, de intermediários políticos em suas relações com os governadores.[47]

Não se pode desconsiderar que, nas últimas décadas do século XVIII, índios de certas regiões fronteiriças da América passavam por uma crise ecológica, determinada em parte pela adoção de itens europeus. De acordo com James Saeger, a aquisição de cavalos, mulas e bois pelos índios Guaykuru, desde o início da época colonial, não os tornara uma população de pastores, pois prefeririam trocar por ferramentas ou mesmo consumir o gado sem preocupações com a criação sistemática, que eles pouco estimavam. Como crescesse, no século XVIII, o comércio com colonos e os índios vendessem cavalos e gado que eram o butim de suas incursões, passavam a ter cada vez menos condições para realizá-las.[48] Além do mais, os espanhóis requisitavam peles e pagavam em valiosas ferramentas e armas, mas a procura por atender essa demanda depauperou os campos de caça. O declínio dos nichos ecológicos de palmeiras (*namogolidi*, em língua Guaykuru), devastados com os machados adquiridos, não foi acompanhado de nenhuma providência reparadora. Já na segunda metade do século XVIII, as sociedades Guaykuru foram precipitadas numa crise ecológica com efeitos dramáticos sobre sua vida social.[49]

No caso dos grupos Guaykuru, reduzidos em Belén em 1760, era já sabido que, como guerreiros, caçadores e coletores, desprezavam o trabalho agrícola. Tanto assim que a estratégia

---

47 Sobre as requisições de reduções feitas pelos próprios índios, alguns autores sublinham que a solução de problemas imediatamente materiais, como a falta de mantimentos, embora fosse um condicionante importante, certamente não foi tão decisivo quanto a procura por consolidação de redes de confiança que conduzissem a um novo patamar de relações com os poderes coloniais. Os Mascalero Apache que solicitaram uma redução em 1779, por exemplo, prefeririam entendê-la como uma espécie de base onde se podiam refugiar de inimigos e conseguir escolta de soldados espanhóis para suas caçadas de búfalos e guerras (MOORHEAD, Max L. *The Presidio*: Bastion of the Spanish Borderlands. Norman: University of Oklahoma Press, 1975, p. 246-55). Por sua vez, os grupos Reche do Chile, analisados por Boccara, não pediam missionários apenas para escutá-los por um preço. Embora pudessem compará-los aos xamãs ou alguém que o valha (o batismo se tornou rapidamente uma prática apreciada), durante o século XVIII, porém, os índios aparentemente buscavam um intermediário que facilitasse a concessão de licenças para passar às vilas de espanhóis e efetuar comércio e trabalhos eventuais, e um defensor com legitimidade entre funcionários e fazendeiros. "Il devient un membre matériellement utile à sa communauté" (BOCCARA, Guillaume. *Guerre et ethnogenèse mapuche dans le Chili colonial*: l'invention du soi. Paris: L'Harmattan, 1998, p. 320-21).

48 SAEGER, James Schofield. *The Chaco mission frontier*: the Guaycuruan experience. Tucson: University of Arizona Press, 2000, p. 62.

49 *Ibidem*, p. 54, 59-60. Como sublinha David J. Weber para o norte da Nova Espanha, o avanço das fazendas de gado promovia efeitos ecológicos desastrosos sobre terras onde os próprios espanhóis ainda não haviam chegado, visto que o desmatamento e o consumo de vegetais em pastagens arruinavam solos e rios e promoviam o declínio de espécies (WEBER, David J. *The Spanish Frontier in North America*. New Haven: Yale University Press, 1992, p. 311). É bem possível, e até provável que, à semelhança do que ocorrera com os povos equestres do norte da Nova Espanha, a crise ecológica tivesse sido também condicionada, em boa parte, pelas próprias vantagens que as montarias ofereceram. Os cavalos, como refere um estudioso, ajudaram os índios a "move, hunt, trade, and wage war", mas também "disrupted subsistence economies, wrecked grassland and bison ecologies, created new social inequalities, unhinged gender relations, undermined traditional political hierarchies, and intensified resource competition and warfare" (HÄMÄLÄINEN, Pekka. The rise and fall of plains Indian horse cultures. *The Journal of American History*, v. 90, n. 3, 2003, p. 834).

adotada foi introduzir 25 famílias Guarani, de modo a garantir o abastecimento e servir de exemplo aos índios cavaleiros. Consonante o depoimento do padre Domingo Muriel, provincial do Paraguai quando da expulsão dos jesuítas, a desafeição ao trabalho rural se estendia dos Guaykuru aos seus cativos, pois "de los mismos criados apenas se sirven, si no es para apacentar sus rebaños de caballos, que ojalá no tuvieran". Daí a expectativa em torno do convívio com as famílias de lavradores Guarani: el ejemplo de éstos, y el de los Padres, que también personalmente trabajaban la tierra, movió algo de los bárbaros; porque al año siguiente, ocho de ellos habían hecho sus regulares sementeras. El año de 1762 tuvieran los Padres una abundante cosecha de maíz, habas, mandioca, batatas y cañamiel". "Los bárbaros gustan de una Misión que les proporcione alimentos", concluía o jesuíta, "y si ha de aprovechar la Misión, es preciso que los alimentos no les falten".[50] Talvez por essa mesma razão o padre que substituiu os jesuítas teve que requerer mais auxílios ao governo. Ele argumentou que o cuidado do gado e das roças estava a cargo de 35 famílias de índios Guarani, e que os Guaykuru apareciam "con el principal fin de comer carne, y mantenerse allí, por todo el tiempo de su voluntad sin poder se les mandar cosa alguna". Mil cabeças de gado tinham sido rapidamente consumidas: "todo el fruto de sus labranzas, es poco para el gasto cresidissimo de tanto barbaro pedigüeño". O governador não teve alternativa senão enviar mais mil cabeças à custa do Ramo de Guerra, cujos ingressos pretendia aumentar sobretaxando os tropeiros e peões, que ficavam isentos do serviço nos presídios.[51]

    A solicitação de reduções visava não tanto um provimento imediato, mas a garantia de intermediação qualificada com o governo que permitisse o abastecimento permanente e um novo patamar de relações políticas. O cacique dos Guaná-Layana de Tacuatí, José Antonio Suicá, era dos que insistiam ao comandante de Concepción para que fossem enviados missionários. Quando de sua instalação em 1788, o *pueblo* de Tacuatí contara com cerca de 500 índios Guaná, mas seu cura, Pedro Bartolomé, se viu precisado a deixá-los em 1795.[52] Dois anos depois, contando já com 1.281 pessoas, sendo 13 caciques, Tacuatí era uma espécie de *pueblo* indígena autônomo, pois não tinha missionário.[53] Nesse ano, o cacique Suicá requisitou novamente um sacerdote, e afirmou "que el que venga a doctrinarlos, no necesita de alimentos, por que ellos tienen abundantes ganados, y chacaras, con que sustentarlo; que lo que les falta, es una

---

50 MURIEL, Domingo, S.J. *Historia del Paraguay*: desde 1747 hasta 1767. Madri: Victorino Suárez, 1918, p. 237.

51 ANA, SH, v. 136, n. 15, 27 f. "Expediente referente a la Reducción de Belén", inicia em Assunção, 16 jul. 1771, f. 1-2v: Petição de Pedro Domingues; f. 3-5: Despacho do governador Carlos Morphi, Assunção, 20 jul. 1771.

52 AZARA, Félix de. Geografía física y esférica de las Provincias del Paraguay, y Misiones Guaraníes [1790]. Bibliografía, prólogo y anotaciones por Rodolfo R. Schuller. *Anales del Museo Nacional de Montevideo*: Sección Histórico-Filosófica, Montevidéu, t. I, 1904, p. 388; AGUIRRE, Juan Francisco. Diario del Capitán de Fragata de la Real Armada Don Juan Francisco Aguirre en la demarcación de límites de España y Portugal en la América Meridional [1793-1796]. *Revista de la Biblioteca Nacional*, Buenos Aires, t. 19, 1950, p. 17-19, 106.

53 AGI, Buenos Aires, 89. "Memorial de José de Espinola y Pena", Assunção, 16 set. 1800, f. 64-65v: José Antonio Zabala y Delgadillo a Lazaro de Ribera, Concepción, 16 fev. 1797.

estancia, y herramientas, y un honrado español que les administre sus bienes, y les compre lo que han menester para vestir".⁵⁴ Em dezembro de 1799, devido aos insistentes pedidos do cacique Suicá e outros sete chefes por um sacerdote para a redução de Tacuatí, o governo requisitou pareceres dos oficiais militares daquela fronteira. Rafael Requejo, comandante de Concepción, convocou os referidos caciques e registrou que o "cacique principal" Suicá confirmara o pedido de missionário:

> al mismo tiempo de sus laores, suministrarían al sacerdote de los frutos que producen; y que no siendo estos suficientes para su manutención, por no poseer ellos ningún ganado vacuno, ni ovejuno, hera preciso se les facilitase por el gobierno este auxilio; así para el sustento de dicho sacerdote, como para manutención de los Yndios viejos y niños, que muchos de ellos mueren de necesidad, y que esto se puede remediar matándose una res diaria.

Abria-se portanto a perspectiva de que a presença mesma do missionário elevasse a atenção que o governo dava a Tacuatí, de modo a garantir seu abastecimento regular de gado.⁵⁵ Frei Inocêncio Cañete, que esteve presente à reunião com os caciques, teve parecer favorável diante do

> desinterés con que se ha insinuado el referido cacique, pues diciéndole yo, que no havia seguridad, el que se les contribuyese con la res diaria, que se refiere en el informe del Comandante de Villa Real, respondió por medio del interprete ladino en el idioma de que tratamos, que no obstante todo eso, el objeto primario y substancial de su solicitud era un sacerdote para el fin de abrazar la cristiandad.⁵⁶

Não deixa de ser significativo, aqui, que o cacique tenha dado uma resposta diferente para cada autoridade colonial. A proteção e o fomento das reduções de "índios bárbaros" eram obrigações dos governadores espanhóis.⁵⁷

A nova função assumida pelos missionários na segunda metade do século XVIII, como refere um estudioso, consistia não tanto na evangelização quanto na intermediação política. Do

---

54   Ibidem.

55   AGI, Buenos Aires, 322. "Expediente acerca de una reducción de indios Guana, fundada por el Gobernador Intendente del Paraguay, D. Lazaro de Ribera". San Pedro, desde 3 out. 1799, f. 1v-2v: Resposta de Rafael Requejo a Lazaro de Ribera, Concepción, 6 dez. 1799.

56   AGI, Buenos Aires, 322. "Expediente acerca de una reducción de indios Guana, fundada por el Gobernador Intendente del Paraguay, D. Lazaro de Ribera". San Pedro, desde 3 out. 1799, f. 3v-4: Informe de Frei Inocêncio Cañete sobre a redução dos Guaná de Tacuatí, Assunção, 23 dez. 1799.

57   Tanto era assim que o governador Lazaro de Ribera criticou o vice-rei Avilés por não ter tomado "una sola providencia" em apoio da redução de San Juan Nepomuceno de índios Guaná, aprovada por Real Cédula de 9 de fevereiro de 1801 (ANA, SH, v. 192, n. 1. Lazaro de Ribera ao vice-rei Joaquín del Pino y Rosas, [Assunção] 19 abr. 1803, f. 97v).

ponto de vista do governo, estavam lá para atrair índios ao projeto de pacificação e inserção em circuitos coloniais de comércio e trabalho.[58] Desenganados de cristianizar essas sociedades de "ateístas simples", segundo a fórmula de Sánchez Labrador,[59] os missionários se concentravam nessa tarefa de consolidar a autoridade coercitiva de caciques e qualificá-los como intermediários nas relações entre governo e índios comuns. Essa interferência dos missionários nas estruturas políticas indígenas podia se exercer, de um lado, no cotidiano das relações entre os padres, detentores de presentes e autorizados a fornecer as licenças necessárias para os índios irem à capital, e os caciques, interessados em elevar seu prestígio e em relações comerciais com espanhóis. O cacique Caminigo, por exemplo, foi convencido por Sánchez Labrador a ir a Assunção ter com o governador: "Me costó mucho reducirle a que fuese a la ciudad a ver al señor Gobernador. Remordíale la conciencia gravada de sus insultos contra los españoles, y se recelaba de algún castigo. Al fin lo conseguí por medio de una hija suya, que le lloró tanto, que se resolvió al viaje; y volvió muy agradecido, porque fué mucho regalado".[60]

Por outro lado, não parece menos provável que, do ponto de vista dos próprios caciques, as vantagens de contar com um intermediário qualificado como um missionário significassem passar a um novo patamar de relações com *vecinos* e com o governador. Não deve ter sido por outra razão que o padre Sánchez Labrador era tão requisitado pelos caciques Guaykuru, como no início de 1764, quando o missionário acompanhou até a capital os caciques Jaime e Lorenzo, que pretendiam oferecer ajuda militar aos espanhóis contra os Lengua do Chaco, inimigos de uns e outros. Assim também em 1766, segundo alegou o mesmo missionário, depois de muita insistência dos caciques, teve de ir até as missões de Chiquitos para resgatar o cacique Lorenzo, que os neófitos haviam capturado durante uma incursão que ele coordenara, e que resultara em uma surpreendente derrota dos Guaykuru.[61] Finalmente, como o governo se comprometia

---

58   BOCCARA, *Guerre et ethnogenèse mapuche dans le Chili colonial*, op. cit., p. 333.

59   SÁNCHEZ LABRADOR, *El Paraguay Católico* [1780], op. cit., v. 2, p. 53.

60   *Ibidem*, v. 1, p. 258.

61   *Ibidem*, v. 2, p. 142, 151, 155. Azara registrou uma versão diferente, colhida a alguns índios Guaykuru, sobre a prisão dos caciques em Chiquitos e a viagem do jesuíta Sánchez Labrador àquelas missões. Se se passou como esses Guaykuru disseram, o episódio revela uma estratégia importante dos jesuítas para lidarem com a oposição em suas missões. Concretamente, era uma tentativa de deportação de opositores: "Viendo el padre Sánchez que no podia sugetar a los Mbayas con los Guaranis que llevó, ni con quantos pudiera llebar, y que la persuasión era insuficiente: excogitó el medio de deshacerse de los casiques, y principales para dominar el resto". Novamente, a dar crédito para a versão de Azara, ficava claro também como os missionários podiam exercer a função que deles esperava o poder central: a de mediadores políticos em relação aos "índios bárbaros". "Con esta idea hizo creer a los Mbayás que los indios Chiquitos deseaban hacer paces con ellos, y devolverles una porción de cautivos, que los habían hecho [...] de modo que hizo ir a los Chiquitos a todos los Mbayás de que se quería deshacer: y habiendo llegado a las estancias del pueblo del Corazón, fueron magníficamente regalados, y conducidos al pueblo donde se les recibió con música y fiestas; pero para dormir, los separaron advertidamente, y al toque de campaña, [...] fueron amarrados, y calzados con buenos grillos, que no se les cayeron hasta la expulsión de los padres. Entonces los nuevos administradores los entregaron o dieron a algunos españoles de Chuquisaca, Potosí, y Santa Cruz,

em subministrar algum gado, sal e tabaco aos índios "reduzidos", e era preciso licença de um missionário para os índios entrarem em Assunção para requisitar esses itens ou estabelecer comércio, "conocíase que Lorenzo no quería sino tener los Misioneros en Belén para poder con más frecuencia hacer sus viajes á la ciudad y utilizarse por dos".[62]

Se para o governo, portanto, os missionários eram interventores políticos e culturais, os índios acabavam assimilando-os nos mesmos termos, ou seja, como um canal para negociar com as autoridades. Não parece improvável que, para tanto, os Guaykuru se esforçassem por assimilar esses intermediários aos seus costumes, assim como o faziam com os cativos oriundos da sociedade colonial.[63] Depois que o padre Sánchez Labrador foi expulso da América junto à Companhia a que pertencia, os cuidados espirituais dos Guaykuru ficaram a cargo do padre secular Pedro Domingues, conhecido pelos índios como "Pai Perico". Ele se casou com uma índia Guarani, que fora com as 25 famílias auxiliar a instalação de Belén, teve oito filhos e um neto, e provavelmente participava das festas indígenas: "es dado igualmente al vicio de la embriaguez", relatou o franciscano Pedro Bartolomé, "entrando con los ynfieles en sus bebrages, calentándose como uno de ellos, y después q.e se sigue a este vicio brutal". Esse Pedro Bartolomé, aliás, fora o primeiro cura dos Guaná de Tacuatí, a quem logo abandonou. Segundo ele, "Pai Perico" procurava evitar que os Guaná-Layana de Tacuatí fossem transferidos para o *pueblo* de Ytapé, no centro da província, pois os Guaykuru perderiam, desse modo, o meio com que comumente se abasteciam.[64] Na opinião do crítico, os Guaykuru "han tenido havilidade de

---

que los emplearon en su servicio algunos años hasta que hallando medio de convenirse señalaron día, y lugar donde se juntaron y escaparon dirigiéndose al este: pero como hallassen los terrenos horizontales, y sin agua, doblaron para el norte hasta las estancias de Chiquitos, donde mataron la gente que pudieron volviendo al fin a su patria donde existen, y cuentan lo que llevo dicho" (AHN, Estado, 4548. "Descripción histórica, física, política, y geográfica de la Provincia del Paraguay", por Félix de Azara, Assunção, 9 jul. 1793, f. 192v-193). O superior das missões de Chiquitos confirmava, em 1768, a prisão de 450 índios Guaykuru, que foram remetidos a Santa Cruz (Biblioteca Nacional del Perú. "Respuesta que da el Padre Superior de las misiones de Chiquitos al interrogatorio formado por la dirección general de las temporalidades, en virtud del decreto de este Superior Gobierno", [s.l.] 5 jul. 1768. In: BALLIVIÁN, Manuel V. (ed.) *Documentos para la historia geográfica de la república de Bolivia*. La Paz: J. M. Gamarra, 1906, t. 1, p. 7-8).

62   SÁNCHEZ LABRADOR, *El Paraguay Católico* [1780], op. cit., v. 2, p. 113. Quanto às motivações dos índios em requisitar povoações, para o caso amazônico, Ângela Domingues, ademais de mencionar mantimentos, itens europeus e apoio militar, sublinha a importância dos remédios (DOMINGUES, *Quando os índios eram vassalos*, op. cit., p. 143, 147).

63   Sobre intermediários espanhóis entre povos fronteiriços do Império, cf. WEBER, David J. *Bárbaros*: Spaniards and their savages in the Age of Enlightenment. New Haven: Yale University Press, 2005, p. 230-34; e para os domínios portugueses, ver: METCALF, Alida C. *Go-betweens and the colonization of Brazil*, 1500-1600. Austin: University of Texas Press, 2005, p. 12-13, 58, 62-63, 79, 85-86. Sobre a maior resistência das cativas espanholas em voltar à sociedade colonial em comparação com os cativos homens, vide: SOCOLOW, Susan Migden. Spanish captives in Indian societies: cultural contact along the Argentine frontier, 1600-1835. *Hispanic American Historical Review*, v. 72, n. 1, 1992, p. 97-99.

64   ANA, CRB, n. 28, d. 17, f. 32v-35v. Longa exposição de frei Pedro Bartolomé, franciscano, sobre conduta do padre secular Pedro Domingues, cura dos Guaykuru, Buenos Aires, 13 nov. 1789, f. 33v, 35. Também Félix de Azara

catequizar y atraer a sus barbaras costumbres al q.e mandaron a q.e los conduziesse a elos a nuestra Santa Fée católica".[65]

A atuação desses intermediários políticos, ainda que fossem poucos, incidia poderosamente sobre as sociedades indígenas, embora sob a condição de adotarem certos costumes nativos. É possível que, como sugere um autor, para adquirir o respeito dos índios e mesmo ter alguma influência sobre sua sociedade, fosse preciso cruzar fronteiras culturais.[66] Entre os portugueses do forte Coimbra, o soldado dragão Antonio Batista da Silva era especialmente estimado entre os Guaykuru. Sua atuação foi fundamental para atrair o cacique Queima ao forte e convencê-lo a firmar o tratado de paz com o governador em 1791. Segundo o comandante Joaquim José Ferreira, tal era o prestígio do soldado que

> eles [o] entitulão hoje cap.am comd.e Aycurú, e paça entre eles por meu filho, e já o tem convidado para cazar este soldado, pela docilidade do seu genio, o modo com que trata estes indios tem sido o primeiro móvel, de se ter dulsificado, moderado, a barbarid.e destes indios; ele já hoje influi autoridade sobre eles, e tudo que ele lhes diz se ezecuta.

Antonio Batista da Silva, acompanhado do capelão do forte, chegou a ir a várias festas tradicionais dos índios: "quando chegarão àqueles alojamentos, forão recebidos com muitas festas, e os levarão a vezitar as mais aldeyas vezinhas".[67]

Do mesmo modo, cativos espanhóis e portugueses podiam atuar como intérpretes e intermediários entre as sociedades indígenas e os poderes coloniais. Entre os Payaguá e os

---

notou que o cura de Belén, Pedro Domingues, e alguns caciques Guaykuru interditavam a passagem dos Guaná ao centro do Paraguai, colocando "mil cosas en la cabeza à los Guaná, y los han determinado a quedar en dicho Tacuatí, donde no pueden subsistir, porque los Mbayá se mezclan con ellos y les roban y comen cuanto tienen" (AZARA, Félix de. Geografía física y esférica, op. cit., p. 388).

65 ANA, CRB, n. 28, d. 17, f. 32v-35v. Longa exposição de frei Pedro Bartolomé, franciscano, sobre conduta do padre secular Pedro Domingues, cura dos Guaykuru, Buenos Aires, 13 nov. 1789, f. 35v. Entre os Chiriguano do *piemonte*, analisados por Saignes, os jesuítas tiveram pouco êxito em sua tentativa de prender os índios, através da oferta de presentes, em laços de reciprocidade, e fracassaram em transformá-los em devedores que, uma vez reduzidos, seriam obrigados a trabalhar para o *común* e pagar tributo à Coroa. O autor mostra que os franciscanos foram mais bem-sucedidos porque compreenderam que, se os Chiriguano continuaram "independentes" até as últimas décadas do século XVIII, eles só aceitariam reduções em seus próprios termos. O frei, aceito como líder, obrigava-se a prover bens e discursos sem cessar, não em espera de reciprocidade, mas como uma relação de dívida: adiantava presentes como se pagasse tributo aos índios, que acabaram correspondendo ao entender as missões como núcleos vantajosos de comércio, informação, abastecimento e refúgio de inimigos. Embora essa espécie de inversão não fosse do agrado dos franciscanos, ainda assim era vantajosa, pois ressaltava a importância da ordem no âmbito da sociedade colonial (SAIGNES, Thierry. *Ava y Karai*: ensayos sobre la frontera chiriguano (siglos XVI-XX). La Paz: Hisbol, 1990, p. 119-22).

66 WEBER, *Bárbaros, op. cit.*, p. 232.

67 APMT, Defesa, 1791. Joaquim José Ferreira a João de Albuquerque, Coimbra, 10 mar. 1791.

Guaykuru, a procura por cativos motivava incursões contra estabelecimentos e viajantes. Os Payaguá, quando assolavam a rota das monções na primeira metade do Setecentos, capturavam portugueses para vendê-los em Assunção ou, como fizeram com João Martins Claro e Manuel Furtado em 1731, mantê-los por mais algum tempo em sua sociedade. Esses dois, aliás, ficaram cativos por oito meses e só a muito custo conseguiram fugir.[68] Os jesuítas de Belén reconheceram que, sem a ajuda de uma cativa espanhola que ainda se lembrava da língua Guarani, teria sido ainda mais difícil aprender o idioma Guaykuru. A parcialidade do cacique Guaykuru Caminigo também contava com uma intérprete, dentre seis mulheres que tinham capturado em Assunção. Havia outros cativos de longa data: uma mulher portuguesa de Cuiabá, acompanhada de seus dois escravos negros, e uma espanhola da família Montiel, que se tornou esposa do cacique Golanigi.[69] Em 1791, Vitória – que fora escrava em Cuiabá e caiu em poder dos índios quando empreendia fuga –, cativa e intérprete entre os Guaykuru, teve atuação decisiva na negociação do tratado de paz com os portugueses.[70] Não parece infundada, desse modo, a hipótese de uma estudiosa segundo a qual os cativos, embora assumindo os costumes indígenas, constituíam uma das principais influências da sociedade colonial entre aquelas populações.[71]

Outros que forneciam valioso auxílio aos missionários ou oficiais militares eram os chamados "apóstatas", índios que tinham sido cativos dos colonizadores por alguns anos e conseguiram retornar às suas comunidades. O cacique Antonio, conhecido como "El portugués", fora capturado e vivera em Cuiabá por 10 anos. Tendo dominado a língua portuguesa, conseguira convencer alguns moradores daquela vila a descerem o rio e a negociarem uma aliança com os Guaykuru. Os índios desmantelaram a bandeira e, em meados da década de 1760, Antonio chegou a ser premiado pelo governo do Paraguai com um bastão.[72] Semelhantemente, uma índia Bororo chamada Januária de Campos fora cativa em Cuiabá, onde aprendera a língua geral. Em 1796, o governo de Mato Grosso mandou uma bandeira ao rio Cabaçal, próximo ao Jaurú, para verificar se os Bororo Aravirás e Maqueis tinham sido os autores de um ataque à fazen-

---

68 SÁ, José Barbosa de. "Chronicas do Cuyabá" [1782]. *RIHGSP*, São Paulo, v. 4, 1899, p. 70. O autor refere que Manuel Furtado escreveu as memórias de seu cativeiro entre os índios, infelizmente perdidas.

69 SÁNCHEZ LABRADOR, *El Paraguay Católico* [1780], op. cit., v. 2, p. 114-15, 127-28; SAEGER, *The Chaco mission frontier*, op. cit., p. 80-81.

70 AHU, MT, cx. 28, d. 1617. João de Albuquerque a Martinho de Melo e Castro, Vila Bela, 9 set. 1791.

71 CERDA-HEGERL, Patrícia. *Fronteras del Sur*: la región del rio Bío-Bío y la Araucanía chilena (1604-1883). Temuco, Chile: Universidad de la Frontera, 1996, p. 46-47. Embora assumissem costumes indígenas, os cativos eram especialmente úteis a grupos como os Abipón por permanecerem entre duas culturas. Como argumenta Carina Lucaioli: "El manejo de la lengua, el conocimiento de los caminos, de las rutinas comerciales y de los hábitos hispanocriollos, conformaban un capital simbólico que los abipones supieron aprovechar" (LUCAIOLI, Carina P. El poder de los cautivos: relaciones sociales entre abipones e hispanocriollos en las fronteras del Chaco austral (siglo XVIII). *Nuevo Mundo Mundos Nuevos*, Debates, 2011. Disponível em: <http://nuevomundo.revues.org/62091>. Acesso em: 30 nov. 2011).

72 SÁNCHEZ LABRADOR, *El Paraguay Católico* [1780], op. cit., v. 2, p. 105-105.

da de Manuel Gonçalves.[73] O resultado da bandeira talvez fosse outro se não encontrassem a referida índia Januária, que desertara de volta para sua comunidade. Ela explicou que os índios apenas se defenderam de alguns sertanistas hostis, e graças à sua mediação o governo pôde ofertar presentes às lideranças e encaminhar a negociação de um tratado de paz.[74]

O comandante do forte Coimbra, Ricardo Franco de Almeida Serra, em seu parecer sobre a possibilidade de dar certo o aldeamento dos Guaykuru e Guaná, foi bastante pessimista. Para o português, a cristianização fracassara completamente, e o conhecimento que os índios passavam a ter, a pouco e pouco, dos costumes portugueses não os fazia interessar em mudarem seus costumes. Assim, como em um processo de "aculturação indígena", os cativos espanhóis e portugueses não desejavam deixar as sociedades indígenas, nem os costumes que lá adquiriram: "Há entre os *Uaicurús* uma negra filha da Bahia, de quase 80 annos, e um negro de Cuyabá que terá 60: estes dois indivíduos sabem algumas orações e vêm várias vezes a Coimbra; e nenhuma persuasão é bastante para chamal-los outra vez ao grêmio da igreja e arrancal-os dos costumes e poder dos seus senhores". Aliás, esse sucesso em aculturar cativos se devia ao modo como eram tratados pelos Guaykuru: se se mostrassem arredios, eram desprovidos de todos os seus bens e ignorados por todos: "lhes tiram os cavallos e pannos que lhes deram, não os chamam para as suas funcções, e ficam como abandonados à sua mesma inutilidade".[75] Por outro lado, como alguns estudiosos chamam a atenção, a permanência por longos períodos entre os índios estigmatizava os cativos, sobretudo as mulheres (que se tornavam esposas de caciques), aos olhos da sociedade colonial. Daí se compreende que, mesmo com oportunidades de fugir, não o fizessem.[76]

Certos grupos *chaqueños* eram tão bem sucedidos em "aculturar" seus cativos que os utilizavam como intérpretes em tratados de paz com espanhóis. O caso do cativo Fulgencio Chaparro é emblemático porque, filho de uma das famílias principais do Paraguai, capturado aos nove anos pelos Mocobí, vivera entre eles por 23 anos, até que fora designado para ir a Assunção em companhia de um cacique para firmar a paz, em novembro de 1775. O governador, com o amparo de uma junta de teólogos, fez conduzir o cativo à casa de sua família espanhola, de onde o proibiu de sair, e transmitiu aos caciques que ele não seria devolvido, e que

---

73   APMT, Cód. C-25, f. 86v-91. Informes enviados à Junta de Sucessão sobre supostos ataques de índios Bororo contra Vila Maria e fazendas do rio Jaurú, 1796, f. 86v-87, 90v-91.

74   APMT, Cód. C-25, f. 115v-116v. "Diario da prim.a viagem, q.' fes o sold.o Dragão Manoel da Costa Pereira, com a escolta de que foi encarregado, p.a a redução do gentio Bororo, nas vezinhanças do Jauru, a qual entregou pessoal.e ao governo de Sucessão", inicia 9 ago. 1796; APMT, Cód. C-37, f. 10-12v. Caetano Pinto de Miranda Montenegro a José Teixeira Cabral, Vila Bela, 16 jan. 1797.

75   SERRA, Ricardo Franco de Almeida. "Continuação do parecer sobre os índios Uaicuru's, Guana's etc.", Coimbra, 2 fev. 1803. *RIHGB*, Rio de Janeiro, v. 13, 1850, p. 361-62, 372.

76   SOCOLOW, Spanish captives in Indian societies, *op. cit.*, p. 98 *et passim*.

esse caso não seria impedimento para que os mesmos caciques voltassem a solicitar a paz.[77] Como notaram os teólogos na consulta que redigiram a respeito desse caso, o tal Fulgencio Chaparro permanecia "tan resuelto a volver a las tierras de infieles, donde ha vivido lo mas de su vida, que con ningún arte es posible moralmente el disuadírselo, según lo ha mostrado la experiencia". Para retê-lo, os teólogos lançaram mão do argumento de que era um apóstata, ou seja, que tendo a idade de nove anos quando capturado, e portanto o uso da razão (facultado a partir dos sete anos), abandonara a fé católica ao viver entre infiéis.[78]

Da mesma forma, cativos resgatados ou que retornavam da apostasia podiam oferecer serviços interessantes ao Estado, e com isso reaver a sua honra. Assim é que certo português Manuel Martinez, "que zinco años ha, o poco mas lo cautibaron zerca de Cuyaba los yndios Payaguás, de quienes lo rescató el gobernador del Paraguay", pôde fornecer preciosas notícias das minas trabalhadas pelos portugueses, e em verdade foram das primeiras a chegar ao *Consejo de Indias*.[79] Informe interessante sobre os "índios bárbaros" pôde fornecer Diego Gonzales, "mestizo natural de esta ciudad" de Assunção, capturado pelos Lengua quando tinha 14 ou 15 anos, e que vivera entre eles por 28 ou 29 anos, tendo se tornado "capitán y caudillo". Sendo persuadido pelos moradores da capital, "resolvió dejar la gentilidad apostasía en que estava". Ele ofereceu seus serviços ao governo como informante e soldado contra os Guaykuru e Payaguá, guia dos caminhos do Chaco ao Peru e mediador nas pazes a tecer com os Tamorlanes e Lenguas.[80]

Seja como for, não era por falta de contato com os costumes ocidentais que a "aculturação", expectativa tão cara aos reformistas ilustrados, fracassava. É interessante notar que os Guaykuru, quando apareciam em Belén, *representavam* sua preocupação com a evangelização, o cacique Camba fazendo grandes discursos em que dizia que "los españoles lo habían llenado de varios abalorios, machetes, y cuñas, porque fuesen christianos, y ahora todo lo han gastado, y no saben el bendito, y ni son christianos", ao que frei Francisco Xavier Barzola lamentava: "no he podido conseguir, que los Bayás de Bethelem, se hallegasen a rezar; antes

---

77 AGI, Buenos Aires, 208. Carta de Agustín de Pinedo ao rei, Assunção, 29 nov. 1775, sobre o cativo Fulgencio Chaparro; AGI, Buenos Aires, 208. "Ynstrucción que debe observar D.n Fran.co Bedoya con el Yndio Guaycuru que lleva en su barco", governador Agustín de Pinedo, Assunção, 24 nov. 1774.

78 As leis das Sete Partidas sustentariam a decisão, no entender dos teólogos, pois embora afirmassem que mensageiros de mouros podiam vir às terras cristãs a salvo, definiam que um cativo apóstata não podia ser tomado por embaixador, pois "la apostasia le vuelve infame" (AGI, Buenos Aires, 208. "Consulta theologica sobre [...] que los Yndios Ynfieles de este Chaco llevaron cautivo de esta Prov.a el Paraguay a un muchacho joven de nueve años Fulgencio Chaparro", corresponde à carta do governador do Paraguai de 29 nov. 1775).

79 AGI, Buenos Aires, 302. "Copia de un capítulo de carta que se me escribió de Buenos Ayres con fecha de 20 de julio de 1738 por persona de todo crédito con noticia de lo que declara un Portugues que asistió en las poderosas minas de oro que se travajan por los de esta nación en la Poblaz.on de Cuyabá".

80 AGI, Charcas, 60. "Declaración de Diego Gonzales mestizo sobre la oferta q' hiso para abrir el camino de esta ciudad a las partes del Perú sobre que se despachó Cedula su fecha en 6 de marzo de 1672", f. 4v-6: Depoimento de Diego Gonzales, realizado em Assunção a 16 jun. 1674.

me han sido de grande daño; pues su mal exemplo ha hecho que tengan verguenza los capitanes Guanás".[81] Continuamente em contato com espanhóis e portugueses, os Guaykuru ironizavam as incoerências dos ensinamentos dos freis, não observáveis na conduta da maioria dos cristãos: "habiendo observado lo mas minimo, q.' pasa entre los christianos (q.' son linces para esto)", referiu frei Pedro Bartolomé em 1796, "lo primero que hacen es burlarse de los padres, y retraer a los muchachos de resar, diciéndoles q.' pidan a los padres alguna cosa, y sino les dan, que no resen".[82]

Os Guaykuru que se instalaram ao redor do forte Coimbra continuavam praticando seus costumes "com toda a liberdade", escrevia, não sem desapreço, Cândido Xavier de Almeida e Souza. "Em continuada vozeria de dia e de noite", refere o oficial paulista, aturdiam "os houvidos dos Espectadores em martelar effectivamente com pedras na fabrica de quebrar os coucos Denominados Bocajúbas com cujas castanhas se alimentão, involtas no oleo dos Jacarés. Pella outra parte a sua numerosa cavallada em circunferencia das cazas, cavando os estrumes halitrados".[83]

Entre os Guaná, refere o comandante português, "quanto mais conheciam a policia portugueza, mais a estranham, e se affastam d'ella".

> O *Guaná* chamado Joaquim foi do Cuyabá com o comerciante Bento Pires a S. Paulo, onde se baptizou, e d'alli á cidade do Rio, e voltando d'esta longa viagem para o Cuyabá, mezes depois appareceu em Coimbra calçado e bem vestido; jantou comigo; e d'ahi a duas horas me veiu ver muito contente, nú, embrulhado no seu panno, sem pestanas e sobrancelhas, untado de urucú e pintado com genipapo, com uma mulher e tudo que aqui achou, com quem n'aquelle instante casaram, sendo este Guaná um dos mais oppostos aos nossos costumes.

Não lhes faltaram oportunidades de conhecer a cultura ocidental, e mesmo assim não adotaram senão o que lhes interessava, e a seu próprio modo; como concluía o comandante: "são talvez os indios mais polidos, espertos e penetrantes de todo o Brasil", "foram criados entre os hespanhoes" e "há dez annos que têm a mais estreita, e rápida comunicação com portugueses".[84]

---

81 AGI, Charcas, 574. "Copia de la carta de el R. P. fr. Fran.co Xavier Barzola de el oden de N. P. S.n Fran.co; actual apostolico misionero, escrita al Gov.r, y capitán gen.l de la Prov.a de el Paraguay", Carlos Morphi, Pueblo de San Francisco, 24 jun. 1769, f. 3v.

82 RAH, CML, t. 11, f. 141-145. "Informe de Fr. Pedro Bartolomé sobre el estado de su misión de los indios Guanás, pidiendo el aumento de la ayuda que se le prestaba", Convento de San Francisco del Paraguay, 2 jun. 1796, f. 143.

83 ALMEIDA E SOUZA, Candido Xavier de. "Descrição diária dos progressos da expedição destinada à capitania de São Paulo para fronteiras do Paraguai, em 9 de outubro de 1800". *RIHGB*, Rio de Janeiro, v. 202, 1949, p. 84.

84 SERRA, Ricardo Franco de Almeida. "Continuação do parecer sobre os índios Uaicuru's, Guana's etc.", Coimbra, 2 fev. 1803. *RIHGB*, Rio de Janeiro, v. 13, 1850, p. 378, 362.

Formas de trabalho eventual

A expansão dos estabelecimentos coloniais às regiões de fronteira nas últimas décadas do século XVIII, ao mesmo tempo em que foi acompanhada por tentativas de reduzir em *pueblos* grupos indígenas que até então viveram "independentes", proporcionava aos índios novas possibilidades de adquirir mercadorias europeias. Eles podiam agora se empregar sazonalmente em ervais, *obrajes*, estâncias, chácaras e transporte fluvial e adquirir ferramentas, roupas, alimentos, adornos e outros itens que, nas reduções, eram distribuídos de modo cada vez mais escasso e insatisfatório. Esse processo foi bastante estudado no caso das missões mais antigas, como a região de Misiones Guarani.[85] No caso das novas reduções dos chamados "índios bárbaros", que viviam em terras disputadas entre impérios, as formas de trabalho eventual fora dos *pueblos* revelavam uma importante tensão entre a perspectiva dos governadores reformistas em regular o movimento dos índios e a tradicional mobilidade de grupos que só recentemente aceitaram missionários.[86]

O viajante espanhol Félix de Azara, comissário da demarcação dos limites, observou que os Guaná iam anualmente trabalhar por meio de *conchabos* para os espanhóis na agricultura e na condução de barcos:

> van al Paraguay con mucha frecuencia cuadrillas de cincuenta y cien guanás, sin llevar muchachos y casi siempre sin mujeres; ya porque estas escasean, y ya porque no quieren viajar sino en buen caballo y con otras comodidades que pocos maridos tienen. Dejan en depósito todas sus armas en la casa del primer alcalde español que encuentran; alquilan sus brazos para la agricultura a los españoles, y aun para servir de marineros en los barcos que van a Buenos Aires.[87]

Por sua vez, os ervais do Paraguai atraíram para o trabalho os índios conhecidos pelos espanhóis como Monteses, e pelos portugueses como Caiguás, de língua próxima ao Guarani,

---

[85] Devem-se a Branislava Susnik algumas análises ainda úteis sobre a busca dos Guarani por trabalhos temporários fora das missões; ver, por exemplo: SUSNIK, Branislava. *Los aborígenes del Paraguay*: v. 2: Etnohistoria de los Guaranies: época colonial. Assunção: Museo Etnográfico Andrés Barbero, 1980, p. 82, 221-23, 259-63, 272-91, 307. O tema foi retomado mais recentemente por: WILDE, Guillermo. Los guaraníes después de la expulsión de los jesuitas: dinámicas políticas y transacciones simbólicas. *Revista Complutense de Historia de América*, Madri, n. 27, 2001, p. 95-100; Idem. *Religión y poder en las misiones de guaraníes*. Buenos Aires: SB, 2009, p. 145, 280. Para o norte da Nova Espanha: DEEDS, Susan M. *Defiance and deference in Mexico's colonial north*: Indians under Spanish rule in Nueva Vizcaya. Austin: University of Texas Press, 2003, p. 185-87; ORTELLI, Sara. *Trama de una guerra conveniente*: Nueva Vizcaya y la sombra de los Apaches (1748-1790). México: El Colegio de México/Centro de Estudios Históricos, 2007, p. 127.

[86] Exemplos para várias áreas de fronteira do Império espanhol em: WEBER, *Bárbaros*, op. cit., p. 245.

[87] AZARA, Félix de. *Descripción e historia del Paraguay y del Río de la Plata* [c. 1781-1801]. Madri: Imprenta de Sanchiz, 1847, v. 1, p. 204-205.

cujos assentamentos se estendiam da serra do Maracaju ou Amamba à margem do rio Paraná. Aguirre pôde observar, a respeito desses índios, que "salen por parcialidades a tratar y aun asalariarse con los españoles de los beneficios de la hierba, particularmente por hachas, machetes, cuchillos. Venden frutos de chacareo como batatas, mandiocas y maíz y trabajan en la faena de barcos o ranchos".[88] Quanto aos Payaguá, o fato de já se terem inserido em vários tipos de trabalhos eventuais nas vizinhanças de Assunção era aventado pelo governador Alós como um argumento importante em favor do seu pedido de recursos para uma redução estável desses índios: "las ventas que hacen de la yerba, pasto para los caballos, leña, cañas, esteras, paja, y principalmente el pescado, pues son los únicos que tienen esta ocupación por oficio"; destacava ainda que "se han empleado en salir por las chácaras a mercar naranjas, sandias, y otras cosas semejantes para las permutas de que aun subsisten con bastante lucro".[89]

Solicitações como essa expressavam o pensamento dos últimos governadores do Paraguai, cujas reformas passavam pelo reforço da instituição dos *pueblos* de índios separados das vilas de espanhóis, embora entendessem que o comércio entre uns e outros era o caminho mais seguro para a "civilização". O problema aqui, como salienta Ignacio Telesca em recente estudo, é que os índios pareciam mais interessados em deixar os *pueblos*, onde estavam sujeitos ao tributo e ao trabalho comunal. Para tanto, muitos não apenas buscavam trabalhos eventuais nas fazendas de espanhóis, como a residência permanente nelas. Usavam ainda de estratégias de mestiçagem e autoidentificação com a categoria de "espanhóis", no que eram acompanhados pelos pardos livres, também obrigados a pagar tributo. Simultaneamente, as terras dos *pueblos* eram, a passos largos, invadidas, adquiridas ou arrendadas por *vecinos* da província.[90]

No Paraguai, a palavra *conchabo* se referia concretamente a um período de trabalho remunerado em que o trabalhador, fosse índio, mestiço ou "espanhol", não criava um vínculo permanente com o empregador, já que se tratavam, em grande parte, de atividades sazonais em áreas como agricultura, transporte e construção.[91] No século XVII, índios Guarani reduzidos eram obrigados, por meio de acordos feitos entre administradores de *pueblos* e colonos, a servir

---

88 AGUIRRE, Diario del Capitán de Fragata, *op. cit.*, t. 19, 1950, p. 37.

89 AGI, Buenos Aires, 283. Joaquín de Alós ao rei, Assunção, 26 out. 1792, sobre a redução dos Payaguá e Guaná, f. 4v.

90 O compartilhamento da língua Guarani e de certas práticas culturais levava a que, no Paraguai, "ser 'español' no significaba adoptar otro estilo de vida, distinto y ajeno, sino más bien y fundamentalmente, el no ser 'indio', el no ser 'pardo', el no ser discriminado" (TELESCA, Ignacio. *Tras los expulsos*: cambios demográficos y territoriales en el Paraguay después de la expulsión de los jesuitas. Asunción: Centro de Estudios Antropológicos de la Universidad Nuestra Señora de la Asunción/Litocolor, 2009, p. 203); na mesma direção, para a região de Misiones: WILDE, *Religión y poder*, *op. cit.*, p. 299-301.

91 No Chile, *conchabo* significava o comércio entre espanhóis e mestiços e povos indígenas. Desde o século XVII, como faltasse frequentemente o *situado* para a manutenção das tropas, soldados e oficiais não tinham alternativa senão trocar itens de ferro (armas, ferramentas, freios para cavalos etc.) por *ponchos*, gado, mantimentos e até cativos trazidos pelos índios (CERDA-HEGERL, *Fronteras del Sur*, *op. cit.*, p. 86-97).

por alguns meses ao ano em fazendas, ervais e outros serviços particulares.[92] Em meados do século seguinte, a consolidação de amplas regiões produtoras de erva e gado ao norte e ao sul da província tornou o *conchabo* o modo mais comum de recrutar trabalhadores. Adiantava-se aos interessados um "fomento" que orçava em 200 *pesos*, parte em dinheiro e parte em mercadorias, e esperava-se que o período de trabalho durasse uns três meses. Contudo, lançamentos suplementares e fraudes nos livros de dívidas levavam a longas permanências nos ervais.[93]

Em uma província exposta a incursões de índios e à vizinhança de um império rival, a diversão de prováveis milicianos em atividades produtivas que podiam tomar vários meses do ano era um desafio para os governadores. Por essa razão, Joaquín de Alós lançou em 1791 um regulamento que pretendia regular a contratação de peões para o trabalho nos ervais. O beneficiador de erva deveria solicitar licenças com funcionários da Coroa e contratar no máximo 12 peões e um capataz. Era uma forma de reprimir a prática, referida no mesmo texto, de alguns empregadores que conduziam ilegalmente aos ervais até 40 pessoas, com dano aos serviços da República.[94] A situação, porém, permaneceu insatisfatória: em dezembro de 1799, o governador Ribera manifestava estar inteirado de que "los beneficiadores de yerba introducen en sus faenas mayor número de peones que el que se les concede en sus respectivas licencias con abandono de la defensa de la frontera, y muchos de ellos duplicado y triplicado".[95] A vigilância das áreas liminares contra "índios bárbaros" e rivais portugueses prosseguia demandando o serviço de colonos entre 14 e 45 anos, obrigados pelas leis vigentes a servir à sua custa nos presídios da província, embora estivessem cada vez mais infensos a abandonar as interessantes produções que afloravam nesse fim de século.[96] A dupla escassez de mão de obra, que afetava ervais e presídios e a ambos debilitava, corroborava portanto a importância de inserir os chamados "índios bárbaros" da fronteira em atividades produtivas e defensivas.[97]

Outro ponto fundamental dos regulamentos do *conchabo* diz respeito ao reforço dos vínculos entre os índios e seus *pueblos* de origem. Já à época dos jesuítas, causava preocupação

---

92 SUSNIK, *Los aborígenes del Paraguay, op. cit.*, v. 2, p. 221.

93 ANA, SH, v. 183, n. 1. Inquérito sobre o *conchabo* de mais peões do que o permitido nas licenças, Concepción, 28 fev. 1800; COONEY, Jerry W. North to the Yerbales: The Exploitation of the Paraguayan Frontier, 1776-1810. In: GUY, Donna J.; SHERIDAN, Thomas E. (eds.) *Contested ground*: comparative frontiers on the orthern and Southern edges of the Spanish Empire. Tucson: University of Arizona Press, 1998, p. 138-39.

94 ANA, SH, v. 155, n. 13. "Expediente respecto a los beneficios de yerba", 1791, f. 19; FERRER DE ARRÉLLAGA, Renée. *Un siglo de expansión colonizadora*: las orígenes de Concepción. Assunção: Editorial Histórica, 1985, p. 72-73.

95 ANA, SH, v. 183, n. 1. Lazaro de Ribera ao comandante de Curuguaty, Assunção, 20 dez. 1799.

96 FRAKES, Mark A. Governor Ribera and the War of Oranges on Paraguay's Frontiers. *The Americas*, v. 45, n. 4, 1989, p. 493-94.

97 ANA, SH, v. 183, n. 1. Inquérito sobre o *conchabo* de mais peões do que o permitido nas licenças, Concepción, 28 fev. 1800; sobre o emprego de "*indios infieles*" pelos *vecinos* de Salta e Jujuy, ver: SANTAMARÍA, Daniel J. Las relaciones económicas entre tobas y españoles en el Chaco occidental, siglo XVIII. *Andes*, Salta, n. 6, 1994, p. 288-89.

o emprego dos "índios bárbaros" em trabalhos eventuais para espanhóis, o que, na prática, esvaziava as reduções que pretendiam implantar. "Pues diariamente", informava Paucke desde San Javier de Mocobíes, "ocurrían las visitas por parte de los Españoles y lo mismo por parte de los indios a la ciudad. Familias enteras fueron invitadas a que permanecieren en las estancias españolas cuanto tiempo quisieran". O emprego desses índios era interessante aos espanhóis porque podiam rebaixar os salários com a oferta de alimentação e moradia: "los Españoles empleaban el trabajo y ayuda de los indios en la agricultura, esquila de ovejas y en la caza de caballos cimarrones. Ellos les daban de comer abundantemente pero no de lo propio; les pagaban a la vez sólo la mitad del dinero que de otro modo tenían que pagar a sus compatriotas". O nocivo, segundo o mesmo missionário, era que tentavam dissuadir os índios a viver nas reduções: "que no fueren como los indios Guaraníes que debían trabajar como esclavos y eso sin remuneración; que ayudaran no más a trabajar a los Españoles; entonces se ganarían muchas cosas útiles y percibirían su salario y pago".[98]

Assim se compreende porque os últimos governadores do Paraguai procuraram regular o *conchabo* como forma de trabalho predominante, mantendo os índios em suas comunidades sem debilitar o suprimento de mão de obra para os fazendeiros. Esperava-se que o estímulo às atividades produtivas não afetasse a centralização fiscal, manifesta por exemplo na tentativa de desmontar o sistema de *encomiendas*.[99] O governador Joaquín de Alós, em seu regulamento sobre *conchabo* e salário de índios de 22 de outubro de 1790, dispôs, dentre outros itens, a respeito da proibição de que se dessem licenças para *conchabos* em épocas de colheitas da produção de subsistência dos *pueblos*. Além disso, reforçou o mecanismo pelo qual metade do salário dos índios deveria permanecer com seu *pueblo* de origem. Pelo mesmo documento, nomeou um interventor para servir de depositário do salário dos índios, e evitar fraudes assim de empregadores como de administradores dos *pueblos*.[100] Aos Guaná aldeados em Tacuatí desde 1788, sob a direção do franciscano frei Pedro Bartolomé, o governador Alós pretendeu aplicar o mesmo sistema de *conchabo* como aluguel de mão de obra e manutenção da vida comunitária, ordenando para tanto a transferência de índios Guarani do *pueblo* de Belén para o referido

---

98 PAUCKE, Florian. *Hacia allá y para acá*: una estada entre los indios mocobies, 1749- 1767. Tucumán; Buenos Aires: Coni, 1943, t. 2, p. 22-23.

99 Em fins do século XVIII, possuir *encomiendas* ainda era um privilégio valorizado pelas elites do Paraguai, mas a suspeita de irregularidades, perdas fiscais e descaso dos *encomenderos* com o serviço militar a que estavam obrigados levou a Coroa a tentar abolir o sistema. Como escreve James Saeger, lembrando uma frase de John Lynch: "Of the Indian policy of Charles III and his Paraguayan representatives, it can be confirmed that 'The chief object was... to control the creole'" (SAEGER, James Schofield. Survival and Abolition: The Eighteenth Century Paraguayan Encomienda. *The Americas*, v. 38, n. 1, 1981, p. 68 (cit.), 69-70, 72-73, 78).

100 ANA, SH, v. 155, n. 6. Joaquín de Alós, providências sobre salários de índios, Assunção, 22 out. 1790; medidas semelhantes foram adotadas em Salta: GULLÓN ABAO, Alberto José. *La frontera del Chaco en la gobernación del Tucumán*, 1750-1810. Cádiz: Servicio de Publicaciones, Universidad de Cádiz, 1993, p. 338.

Tacuatí, para que "les sirva de ejemplo y edificación".[101] Era preocupante, ademais, a situação de Belén porque, tendo fracassado como redução de "índios bárbaros" Guaykuru, que só iam ali para requisitar mantimentos ou comunicação com o governador, não era mais que um *pueblo* de índios Guarani, concretamente com 361 almas, boa parte dos quais passava a maior parte do ano fora, empregando-se em *conchabos* no benefício da erva.[102]

Os adultos Guaná-Layana, reduzidos em Tacuatí, se negavam a aceitar o batismo e afirmavam ao sacerdote Pedro Bartolomé: "para q.e han de rezar, si con bajar al Paraguay a trabajar, tienen lo q.e han de menester".[103] Mais tarde, dentre os Guaná que foram conduzidos à redução de San Juan Nepomuceno, não poucos desertavam para as *haciendas* de espanhóis, colocando em xeque o programa de "duas repúblicas" que Lazaro de Ribera se empenhava em instituir entre os "índios bárbaros". Em carta ao vice-rei Pino y Rosas datada de julho de 1801, o governador referiu que desertaram da redução um cacique, quatro moças e cinco rapazes, que eram justamente daqueles que recebiam educação religiosa. Foram encontrados, pela mesma época, nas estâncias de Antonio Viana e José del Casal mais de 20 índios com suas famílias. Informou ainda que havia rumores entre os índios de que o *vecino* Miguel Ibañez estimulava deserções na redução e apoiava o retorno dos índios para as terras que ocupavam ao norte da província, nas proximidades de Concepción. Segundo o governador, a elite local estimulava fugas "p.a ver si consigue q.e los yndios abandonen su pueblo y se sitúen en su[s] estancia[s], a fin de adelantar con estos brasos".[104]

Não admira, assim, que entre alguns poderosos fazendeiros espanhóis houvesse quem buscasse as vantagens de ter os índios aldeados nas proximidades, com a facilidade de dispor do seu trabalho eventual. Em parecer enviado ao governador do Paraguai sobre o local mais apropriado para a redução dos Guaná, o comandante de Concepción, José del Casal, julgava que o essencial era que mantivessem franca comunicação com os espanhóis,

> para adquirir sus menesteres, ya por sus conchabos, y ya a cambio de sus frutos, y de las labores de las mujeres mismas, que hilan, tejen, y hacen cestos y otros cosas vendibles, q.' saben vender y permutar muy bien, ganando cuasi siempre, no dando cosa alguna de barato, q.' es su costumbre innata.[105]

---

101 ANA, SNE, v. 3374. Instruções do governador Joaquín de Alós ao comandante de Villa Real de Concepción e Belén, Assunção, 7 jan. 1790.

102 AHN, Estado, 4548. "Descripción histórica, física, política, y geográfica de la Provincia del Paraguay", por Félix de Azara, Assunção, 9 jul. 1793, f. 192.

103 ANA, SNE, 482, f. 40 *apud* SUSNIK, Branislava. *El indio colonial del Paraguay*: t. 3-1: El chaqueño: Guaycurúes y Chanes-Arawak. Assunção: Museo Etnográfico Andrés Barbero, 1971, p. 151.

104 ANA, SH, v. 185, n. 1, f. 117-123v. Lazaro de Ribera a Joaquín del Pino y Rosas, Assunção, 19 jul. 1801.

105 RAH, CML, t. 11, f. 146-48v. "Informe de Don José del Casal sobre la reducción de los indios Guanás", Assunção, 7 jun. 1796, f. 146v.

E recomendava uma fazenda que pretendia doar para essa finalidade, a qual existia próxima a Concepción, onde se poderia ainda juntar alguns índios Monteses.[106] *Vecino* esse, aliás, que estava aplicado em doar parte de suas fazendas para reduções de índios, tendo oferecido também uma parte de uma que possuía na região de Assunção, para que ali fossem instalados os Payaguá.[107] Fossem quais fossem suas intenções, não parece improvável que o potencial de força de trabalho desses grupos para *conchabos* levasse alguns fazendeiros a atraí-los a suas terras.

Esses processos sugerem que não poucos índios escolhiam habitar nas proximidades das fazendas de particulares.[108] Entretanto, quanto aos Guaná, Azara observou que, se alguns permaneciam no âmbito da sociedade colonial, a maior parte regressava. Para isso, alugavam sua força de trabalho por tarefas, sem se deixar prender a uma remuneração fixa: "Trabajan con flema, y para que no los hostiguen, prefieren ajustar lo que han de hacer por un tanto".[109]

> Algunos se casan con indias o negras de las habitaciones españolas, donde se fijan para siempre y se hacen cristianos. Otros se construyen una cabaña en territorio español; allí viven de la agricultura, como los demás, hasta que se aburren, y o se van a otra parte o se vuelven a su país. Este último partido es el que toman ordinariamente las tropas de guanás al cabo de uno o dos años, llevando lo que han ganado, es decir, ropas y utensilios de hierro.

Evitar o confinamento nas fazendas em formas de trabalho coercitivo não raro demandava a interferência dos caciques, que apareciam como intermediários qualificados para lembrar as responsabilidades dos índios com seus *pueblos*: "Un cacique viene a veces para comprometerlos a regresar o les envía alguno para hacerles la proporción en su nombre".[110]

---

106 *Ibidem*, f. 147v. Por via de decreto de 10 de junho de 1796, o governador Ribera concordou em conceder aos Guaná, para sua estância de gado, as terras doadas por José del Casal (RAH, CML, t. II, f. 148v-52. "Decreto otorgando las tierras de Paraje de Bocayati y Siervo Laguna para la reducción de los indios Monteses", Assunção, 10 jun. 1796, f. 149).

107 RAH, CML, t. II, f. 150-52. "Petición de Fr. Inocencio Cañete para que los indios Payaguás sean reducidos a fin de enseñarles la doctrina", Assunção, 30 jun. 1796.

108 Barbara Sommer, em estudo sobre as vilas de índios do Diretório na Amazônia, questiona assertiva de John Hemming, para quem os colonos recebiam os índios com violência de modo a impor-lhes o trabalho: para a autora, houve casos de índios que desertaram das vilas para habitar nas proximidades das fazendas de particulares, onde se podiam reunir aos familiares dispersos (SOMMER, *Negotiated settlements*, op. cit., p. 158). David Weber, para o caso do norte da Nova Espanha, afirma que a exposição ao mercado e ao trabalho promoveu a assimilação de indivíduos à sociedade colonial com mais sucesso do que as missões, que fracassaram na aculturação coletiva (WEBER, *The Spanish Frontier in North America*, op. cit., p. 305-307).

109 AZARA, *Descripción e historia del Paraguay y del Río de la Plata*, op. cit., v. 1, p. 204-205.

110 AZARA, Félix de. *Viajes por la América Meridional* [1781-1801]. Madri: Espasa-Calpe, 1969, p. 217.

Entre os Guaná que passaram às povoações portuguesas de Albuquerque e Vila Maria, já no final do Setecentos eles ofereciam serviços de canoeiros aos colonos e ao Estado.[111] Passaram também a alugar sua força de trabalho para as fainas agrícolas nas fazendas, onde ganhavam, informa um viajante, dois a três vinténs por dia além do sustento.[112] Mesmo na região de Quilombo, distrito de Chapada dos Guimarães, ao norte de Cuiabá, era possível ver índios Guaná em pequenos grupos. "Vemos três índios guaná com suas provisões de viagem", anotou Aimé-Adrien Taunay, pintor da expedição Langsdorff, a respeito de uma de suas aquarelas. "Eles são encontrados, frequentemente, pelo caminho das fazendas e engenhos, onde vão oferecer seus serviços. Seu salário, geralmente, é de 4 vinténs de ouro".[113]

* * *

De todo modo, ficou claro para vários grupos reduzidos que muitas das promessas de funcionários coloniais sobre as vantagens da vida urbana em missões e vilas, como garantia de subsistência (especialmente de carne) e de remuneração pelos serviços, não se confirmavam como esperado. Em que pese as intervenções dos caciques junto aos governos sublinharem que o não cumprimento das promessas minava o pacto que sustentava a lealdade, os governadores, diante da escassez de recursos para custear esses gastos, pouco podiam fazer além de pedir paciência aos índios e, por meio de requisições aos colonos, fornecer algum gado, ferramentas e outros itens emergenciais. Nesse quadro, a própria continuidade das comunidades acabava por depender de incursões sobre as estâncias, busca de trabalho eventual nas fazendas, ervais e cidades, negociação da lealdade com a Coroa rival, ou ainda voltar aos ermos e "fazer-se bárbaro", opção que se tornava inviável com o avanço dos estabelecimentos coloniais.

O novo tipo de poder que emerge na segunda metade do século XVIII, nas fronteiras dos impérios ibéricos na América, caracterizava-se por ser um poder integrador, civilizador e disciplinador, ou seja, não tanto um poder baseado na repressão violenta, mas um poder criador, criador de grupos, de hierarquias e de obediências. Os povos indígenas inseridos nesse sistema sofreram, a partir da ação das instituições coloniais (bastões, tratados de paz, reduções, *cabildos* indígenas etc.), profundas transformações sociais, tornando-se sociedades mais hierarquizadas. Um estrato de caciques, a quem foram delegados poderes de coerção sobre os índios comuns, tornou-se intermediário entre as demandas dos poderes coloniais e

---

111 Caetano Pinto de Miranda Montenegro a Ricardo Franco de Almeida Serra, Cuiabá, 5 abr. 1803. *RIHGB*, Rio de Janeiro, v. 7, 1845, p. 217; SERRA, Ricardo Franco de Almeida. "Continuação do parecer sobre os índios Uaicuru's, Guana's etc.", Coimbra, 2 fev. 1803. *RIHGB*, Rio de Janeiro, v. 13, 1850, p. 349.

112 FLORENCE, Hercules. *Viagem fluvial do Tietê ao Amazonas*: 1825 a 1829; com gravuras do Autor [1829]. São Paulo: Cultrix/Edusp, 1977, p. 106.

113 *Expedição Langsdorff ao Brasil, 1821-1829*: Iconografia do Arquivo da Academia de Ciências da União Soviética. Rio de Janeiro: Alumbramento/Livroarte, 1988, v. 2, p. 141.

as demandas dos índios de sua comunidade. As próprias instituições de poder abriam canais de negociação, de modo a permitir que as lideranças enviassem suas petições e queixas "dentro da ordem". Nesses territórios contestados, em que a influência dos colonizadores rivais podia ser cotidiana, os requerimentos das autoridades indígenas podiam soar como barganha de benefícios sob ameaça de deserção para o outro lado, como não raras vezes ocorreu. Embora a propaganda dos colonizadores rivais fosse atrativa, os índios transmigrados em pouco tempo perceberam que teriam que seguir pressionando funcionários e governadores para que os compromissos fossem cumpridos. Como afirmou o comandante do forte de Coimbra, "entallados entre portuguezes e hespanhoes, e reduzido o seu terreno a um espaço muito mais curto do que aquelle que há pouco mais de 20 annos elles só occupavam", não surpreende que "busquem um equilíbrio entre as duas nações que temem, entre as quaes vivem, e de cuja amizade têm recíproca necessidade; procedimentos a que tanto podemos chamar inconstancia natural, como precisa prudência".[114]

---

[114] SERRA, Ricardo Franco de Almeida. "Continuação do parecer sobre os índios Uaicuru's, Guana's etc.", Coimbra, 2 fev. 1803. *RIHGB*, Rio de Janeiro, v. 13, 1850, p. 390-91.

PARTE III

RECRUTAMENTO E ABASTECIMENTO

Capítulo 9
A força do privilégio

Os limites entre a capitania de Mato Grosso e a província do Paraguai foram espaços onde, no período considerado, ambas as colonizações conseguiram instalar fortificações e povoações militarizadas; e embora os espanhóis fracassassem em estabelecer uma fortificação ou vila no vale do rio Guaporé, os limites das missões Mojos e Chiquitos foram guarnecidos quer por destacamentos de colonos das vilas do Alto Peru, quer por milícias indígenas organizadas entre os neófitos. Desse modo, o serviço militar nas fronteiras entre os dois impérios era realizado segundo sistemas bastante diversos de recrutamento. No essencial, porém, como se procura demonstrar nas próximas páginas, os poderes centrais de ambos os impérios procuravam transferir aos colonos parte dos custos da defesa militar: em Mato Grosso, a ênfase dada à Companhia de Pedestres, composta de homens de cor e mestiços livres, que venciam metade do soldo da Companhia de Dragões de homens brancos; no Paraguai, o sistema rotativo de serviço militar obrigatório e gratuito, que recaía prioritariamente sobre a gente pobre da província, despossuída de recursos para "comprar" sua isenção. O funcionamento dos dispositivos de poder que sustentavam a contribuição dos colonos ao aparelho defensivo era viabilizado por mecanismos de hierarquização, constituição de autoridades, ofertas de patentes de oficiais e hábitos das ordens militares. Tais dispositivos eram meios através dos quais as Coroas atraíam os investimentos pessoais dos colonos aos serviços imprescindíveis à colonização.[1]

---

[1] Christon Archer, ao analisar a política do vice-rei de Nova Espanha, Marquês de Branciforte, mostra que os reformistas tinham mais chances de ser bem-sucedidos na expansão das milícias se, em vez de passar por cima dos *cabildos*, lançassem mão da negociação de postos de oficiais, o que permite ao autor sugerir que o reformismo não era de todo oposto ao patrimonialismo (ARCHER, Christon I. *El ejército en el México borbónico*: 1760-1810. México: Fondo de Cultura Económica, 1983, p. 203-204).

Integração e hierarquização

Pombal, em carta ao vice-rei Marquês do Lavradio datada de 9 de julho de 1774 sobre o recrutamento para o sul, refere que como não tivesse o Reino condições de enviar forças para a colônia, era "um princípio demonstrativamente certo" que os "auxiliares, ordenanças, caçadores e aventureiros do Brasil defendam o Brasil". Lançava mão do argumento da adaptabilidade: "farão sempre melhor serviço que as tropas pagas em um país tão montuoso, pantanoso e fechado de impenetráveis bosques, de cujos veios e veredas só os respectivos habitantes e práticos naturais têm as úteis notícias".[2] Argumento semelhante aparece em uma instrução militar de Martinho de Melo e Castro, que acompanhou a Carta Régia que aprovava a criação da Legião de milicianos da capitania de São Paulo, datada de 14 de janeiro de 1775, ficando ali enfatizado que Metrópole e Colônia concorreriam com os mesmos interesses, "sendo certo que n'esta recíproca união de poder consiste essencialmente a maior força de um Estado e na falta d'ella, toda a fraqueza d'elle".[3] O ministro expressava assim a noção de que os custos de defesa das fronteiras deveriam ser transferidos aos colonos: "as principaes forças que hão-de defender o Brasil são as do mesmo Brasil".[4]

Pensamento que implicava em redução da capacidade do poder local de opor-se aos recrutamentos e requisições compulsórios de recursos.[5] Quando Martinho de Melo e Castro instruía,

---

2 Carta do Marquês de Pombal ao vice-rei Marquês do Lavradio, Ajuda, 9 jul. 1774. *RIHGB*, Rio de Janeiro, v. 31, 1868, p. 199.

3 "Instrucção militar para Martim Lopes Lobo de Saldanha, governador e capitão general da capitania de S. Paulo", por Martinho de Melo e Castro, Salvaterra de Magos, 14 jan. 1775. *RIHGB*, Rio de Janeiro, v. 4, 1842, p. 350.

4 *Ibidem*, p. 357. A mesma máxima repetida na instrução ao vice-rei Luiz de Vasconcelos e Souza, Salvaterra de Magos, 27 jan. 1779. *RIHGB*, Rio de Janeiro, v. 25, 1862, p. 481.

5 Entre o poder central e o local, como já sugerira Florestan Fernandes, havia uma relação tensa de colaboração e oposição: se a elite colonial residente era a "base material visível e mão armada invisível da existência do Império Colonial", é certo que ela podia ser tanto foco de autonomia e resistência aos recrutamentos e requisições compulsórios quanto um poder associado aos objetivos centralizadores, atraída a realizar (ou compelir a que outros realizassem) serviços à própria custa na expectativa de obtenção de honras e mercês (FERNANDES, Florestan. *Circuito fechado*: quatro ensaios sobre o "poder institucional". São Paulo: Hucitec, 1976, p. 44); sobre a importância das honras e mercês: OLIVAL, Fernanda. *As ordens militares e o Estado moderno*: honra, mercê e venalidade em Portugal (1641-1789). Lisboa: Estar, 2001, p. 25, 135, 150-51. O presente estudo beneficia-se de abordagens que, ao invés de ver o poder local unicamente como foco de oposição corporativa às determinações do centro, procuram compreender as negociações, sempre tensas, entre ambos. Como sugerem Fernando Dores Costa e Ruth Mackay, os setores proprietários podiam limitar a capacidade do Estado de impor recrutamentos e requisições de bens que não levassem em conta privilégios corporativos, municipais e de *status*: assim, as ações do Estado tenderam à negociação (não com todos os setores) como forma de alcançar os objetivos militares imediatos: um pacto de isenção e privilégios que se estendeu aos proprietários, quer fossem liberados de servir ou estimulados a fazê-lo, mediante honras e mercês, o que em geral fez recair o recrutamento sobre os despossuídos. Como sintetiza Dores Costa, "o tipo de governo dos oficiais e dos nobres era fundado sobre a tentativa de criar obrigação (no sentido exato deste termo) aliciando com honras e com a perspectiva de promoção. Este era o governo propriamente monárquico. Sobre os soldados exercia-se pelo contrário o governo despótico" (COSTA, Fernando Dores. *Insubmissão*: aversão e inconformidade sociais perante os constrangimentos do estilo militar em Portugal no século XVIII. Tese (dou-

em agosto de 1771, o novo governador de Mato Grosso, Luiz de Albuquerque, a reduzir a autoridade do poder local – se ela não fosse, naturalmente, de alguma conveniência para o governo –, fazia constar ainda a ideia de que os povos seriam, dessa maneira, protegidos contra todas as "extorções e vexações" dos poderosos. Era preciso, por sólidos e eficazes meios, "introduzir no ânimo e no coração dos povos, segundo as suas diferentes classes, a economia e a frugalidade, desterrando deles os perniciosos vícios de vãs, supérfluas e dispendiosas ostentações, e substituindo em seu lugar tudo aquilo que pode contribuir para o bem do Estado e utilidade do Real Serviço".[6] Posteriormente, Luiz de Albuquerque deu conta do que, do seu ponto de vista, aferia como opressão que exercem sobre os mais pobres da capitania os poderosos locais: "neste País, aonde o Espírito d'Orgulho hé bastantemente comum, em muitos dos brancos, que vivem nele, principalmente quando tem alguma riqueza, ou alguma Dignidade; este lhes sugere facilmente, por leves motivos, o dezejo de oprimir, e abater aos mais pequenos, e mizeraveis", para o que se serviam "de aparentes meyos Judiciaes, para perseguillos"; e sendo assim requisitava autorização da Corte para "conhecer extrajudicialmente do procedimento dos que as executão, pretendendo embarassallos, e dar-lhes o competente castigo, na forma que me parecer Justiça".[7]

É bem conhecida a estrutura dos recrutamentos militares na América portuguesa. O Regimento de 10 de dezembro de 1570 estabeleceu que um capitão-mor, eleito pelas câmaras entre as "pessoas principaes das terras", seria responsável por levantar as listas de ordenanças, com os homens de 18 a 60 anos aptos a servir.[8] Ordenanças eram chamados todos os alistados em uma determinada jurisdição, dos quais se tiravam os homens para formar as seguintes Companhias: (a) a tropa paga, formada pelos filhos segundos,[9] geralmente pobres solteiros sem

---

torado em Sociologia e Economia Históricas) – Faculdade de Ciências Sociais e Humanas, Universidade Nova de Lisboa, 2005, p. 167 (cit.), 395; MACKAY, Ruth. *Los límites de la autoridad real*: resistencia y obediencia en la Castilla del siglo XVII. Valladolid: Consejería de Cultura y Turismo, 2007, p. 174, 200-201). Como tem sugerido Russell-Wood, nos domínios americanos a negociação com setores locais podia estender-se mesmo a índios, homens de cor e mestiços livres, possuidores de certo prestígio, recursos e *know-how* para a realização de tarefas específicas, como descimentos, bandeiras ou levantar milícias, por exemplo (RUSSELL-WOOD, A. J. R. Ambivalent authorities: The African and Afro-Brazilian contribution to local governance in Colonial Brazil. *The Americas*, v. 57, n. 1, 2000, p. 15).

6   AHU, Cód. 614, f. 1-8v. Carta-instrução de Martinho de Melo de Castro para Luiz de Albuquerque de Melo Pereira e Cáceres, Palácio de Belém, 13 ago. 1771, §15-16.

7   AHU, MT, cx. 17, d. 1040. Luiz de Albuquerque a Martinho de Melo e Castro, Vila Bela, 27 jul. 1773.

8   Como sugere Romero de Magalhães, o sistema era vantajoso à Coroa, que dispensava gastos com tropa permanente e, ao delegar a eleição do capitão-mor às câmaras, minava o poder dos senhores de vassalos. Ao mesmo tempo, as elites locais foram reforçadas, pois se podiam valer de sua rede clientelar para que pessoas próximas ficassem livres dos recrutamentos (MAGALHÃES, Joaquim Romero de. A guerra: os homens e as armas. In: MATTOSO, José (dir.). *História de Portugal*: no alvorecer da modernidade. Lisboa: Estampa, 1993, v. 3, p. 110; ver também: COSTA, Fernando Dores. Recrutamento. In: HESPANHA, António Manuel (coord.). *Nova história militar de Portugal*, v. 2. Lisboa: Círculo dos Leitores, 2004, p. 74).

9   LEONZO, Nanci. As companhias de ordenanças na capitania de São Paulo: das origens ao governo do Morgado de Mateus. *Coleção Museu Paulista*, São Paulo, v. 6, 1977, p. 148, 220-22; Idem. Defesa militar e controle social na

renda regular;[10] (b) os Auxiliares, lavradores bem estabelecidos que, segundo uma historiadora, "encarnam o poder militar e administrativo da Coroa",[11] capazes de custear sua própria farda, armas e cavalos, teoricamente recebendo soldo quando destacados a defender as fronteiras; e (c) os próprios Ordenanças, pequenos lavradores pobres e casados que sobravam depois de formadas as outras, e tinham por função defender as praças vizinhas.[12]

Em algumas regiões, como era o caso da capitania de Mato Grosso, havia uma clara homologia entre a cor dos indivíduos, sua posição social e a hierarquia militar. Das listas de Ordenanças eram tirados dois tipos de tropas, uma de homens brancos, a Companhia de Dragões, e outra de pardos e mestiços livres (como aparecem referidos), a Companhia de Pedestres.[13] Os que sobravam nas listas formavam Companhias Auxiliares, que acompanhavam

---

capitania de São Paulo: as milícias. Tese (doutorado em História) – Faculdade de Filosofia, Letras e Ciências Humanas, Universidade de São Paulo, São Paulo, 1979, p. 20-22.

10 SILVA, Kalina Vanderlei Paiva da. *"Nas solidões vastas e assustadoras"*: os pobres do açúcar e a conquista do sertão de Pernambuco nos séculos XVII e XVIII. Tese (doutorado em História) – Universidade Federal de Pernambuco, Recife, 2003, p. 144-51. Eram escolhidos os solteiros "com melhor figura, saúde, robustez e desembaraço", como escreveu um governador de São Paulo em 1774. Critérios de cor da pele e *status* também contavam: as tropas de Dragões permaneciam "sem comprehender mulatos, nem carijoz", admitindo-se "gente branca, e bastarda" ("Portaria para os capitães mores procederem ao reclutamento de homens validos para a tropa paga", por Luiz Antonio de Souza, São Paulo, 23, nov. 1774. *DI*, v. 33, p. 168). Entre os paulistas, o termo *mameluco* caiu em desuso no século XVIII, sendo substituído por *bastardo*, que ganhou sentido mais genérico, identificando toda a pessoa de ascendência indígena (MONTEIRO, John Manuel. *Negros da terra*: índios e bandeirantes nas origens de São Paulo. São Paulo: Companhia das Letras, 1994, p. 166-67).

11 SILVA, *"Nas solidões vastas e assustadoras"*, op. cit., p. 146.

12 *Ibidem*. A autora cita a Provisão de 18 de junho de 1743, motivada por uma dúvida do coronel de ordenanças de Pernambuco, José Pires de Carvalho, sobre se a Coroa tinha extinguido essa Companhia. Desfazendo o engano, a Coroa define claramente as funções de Auxiliares e Ordenanças: "as Ordenanças são todos os meus vassalos que me não servem com particular incumbencia, e os Auxiliares são os que se achão destinados para imediatamente suprir a falta dos soldados pagos em alguma urgente necessidade" (Instituto Arqueológico, Histórico e Geográfico de Pernambuco, Livro de Ordens Régias n. 16. Provisão de 18 de junho de 1743, f. 144-46 *apud ibidem*, p. 149-50). Como refere o vice-rei Marquês do Lavradio no informe que deixou ao seu sucessor em 1779, os Ordenanças "não têm outra regularidade mais que de serem formados em companhias das gentes que não são compreendidas nos terços Auxiliares". Referia ainda que, àquele momento, não tinham outro exercício que cobrar contribuições de irmandades e hospitais, mas estavam todos avisados para acudirem "com as armas que tivessem, aos sítios que lhes estavam determinados", munidos de certo número de escravos armados "com paus de ponta, chuços e outras armas semelhantes" ("Relatório do Marquez de Lavradio, vice-rei do Rio de Janeiro, entregando o governo a Luiz de Vasconcellos e Souza, que o succedeu no vice-reinado", Rio de Janeiro, 19 jun. 1779. *RIHGB*, Rio de Janeiro, v. 4, 1842, p. 439).

13 A Companhia de Pedestres foi criada, em Mato Grosso, no ano de 1755, e confirmada dois anos depois pelo Conselho Ultramarino (AHU, MT, cx. 7, d. 466. Antonio Rolim de Moura ao rei, sobre o assentamento de praça de soldados pedestres com o mesmo soldo que têm em Goiás, Vila Bela, 24 jan. 1755; AHU, MT, cx. 7, d. 466. Consulta do Conselho Ultramarino, Lisboa, 18 nov. 1757). Cumpre notar que, diferentemente de São Paulo, Antonio Rolim de Moura não admitia no corpo de Dragões "mais que brancos inteiros, e que não fossem casados com mulheres mescladas", como escreveu em instrução ao seu sucessor. O corpo de Pedestres era composto de "bastardos, [mesclados?] e caribocas, e também de alguns índios que mostram desembaraço e espertesa bastante" ("Instrução do Conde de Azambuja para D. João Pedro da Câmara", Pará, 8 jan. 1765. In: MENDONÇA, Marcos

as tropas pagas em expedições, bandeiras e no serviço rotativo das guarnições. Essas tropas auxiliares também eram divididas com base em critérios de cor da pele e *status*: concretamente, os Aventureiros, no dizer do governador Antonio Rolim de Moura, eram "os que sendo brancos, se achavam casados com negras, [caribocas?] ou mescladas; os mulatos, que em outra parte haviam tido praça de soldados, e ainda aqueles brancos que, pela sua má figura, me não resolvia a aceitar por Dragão";[14] os Caçadores eram "hua companhia de mulatos";[15] e os Henriques, a conhecida tropa de homens de cor livres; já as Companhias de Fuzileiros e Hussardos somente admitiam brancos.[16]

É possível ter ideia da abrangência do recrutamento militar sobre a população da capitania (vide **Tabelas** 1 e 2). Nas tropas pagas, em 1765, havia 147 Dragões e 121 Pedestres; já em 1804, os Pedestres eram 303, e os Dragões 228, o que mostra como aumentou a inserção de homens de cor livres no sistema defensivo. Ao cotejar os mapas militares e os mapas da população, nota-se que os homens em idade de servir eram, em 1797, 12.274 pessoas, e o número total de engajados nas tropas pagas e ordenanças para 1804 era de 1.819, ou seja, uns 15% dos homens em idade útil.[17]

Tabela 1: Evolução do recrutamento militar em Vila Bela, Mato Grosso (1765-1804)

	1765	1769	1771	1773	1775	1796*	1796*	1796	1798	1804
Dragões	147	126		117	127				303	228
Pedestres	121	122		122	169				323	303
Aventureiros	6									
Auxiliares brancos	97	196	196			30	152	368		
Auxiliares bastardos	28	13								
Auxiliares pretos	75	84	146			281				
Auxiliares pardos ou mulatos	71	80	116			89	214	246		
Auxiliares indígenas			81			9				
Total de Auxiliares	277	373	539			409	366	614		587

*Mapas anteriores a 1796.

Fonte: Mapas militares referentes aos anos de: 1765 (AHU, MT, cx. 12, d. 739); 1769 (AHU, MT, cx. 14, d. 854); 1771 (AHU, MT, cx. 37, d. 1879); 1773 (AHU, MT, cx. 17, d. 1039); 1775 (AHU, MT, cx. 18, d. 1111); ant. 1796 (AHU, MT, cx. 37, d. 1879); ant. 1796 (AHU, MT, cx. 37, d. 1879); 1796 (AHU, MT, cx. 37, d. 1879); 1798 (AHU, MT, cx. 35, d. 1799); e 1804 (AHU, MT, cx. 43, d. 2097).

Carneiro de. *Rios Guaporé e Paraguai*: primeiras fronteiras definitivas do Brasil. Rio de Janeiro: Xerox, 1985, p. 81, §30-31).

14 *Ibidem*, p. 81, §33.

15 AHU, MT, cx. 21, d. 1252. Luiz de Albuquerque à rainha D. Maria, Vila Bela, 20 dez. 1779, f. 6.

16 AHU, MT, cx. 14, d. 854. Luiz Pinto de Souza a Francisco Xavier de Mendonça Furtado, Vila Bela, 19 jun. 1769; AHU, MT, cx. 37, d. 1878. Caetano Pinto de Miranda Montenegro à rainha D. Maria, Vila Bela, 24 out. 1799, f. 2-3.

17 AHU, MT, cx. 12, d. 739, Mapa militar para o ano de 1765; AHU, MT, cx. 43, d. 2097, Mapa militar para o ano de 1804. Os dados do mapa da população de 1797 vêm citados em: SILVA, Jovam Vilela da. *Mistura de cores*: política de povoamento e população na capitania de Mato Grosso: século XVIII. Cuiabá: Editora UFMT, 1995, p. 189.

Tabela 2: Evolução do recrutamento militar em Cuiabá, Mato Grosso (1765-1804)

	1769	1771	1796*	1799	1800	1801	1804
Auxiliares brancos	609	533	368	733	401	401	
Auxiliares bastardos	30						
Auxiliares pretos	33	59		236	78	78	
Auxiliares pardos ou mulatos	145	67	226	238	244	244	
Total de Auxiliares	817	659	594	1207	723	723	701

*Mapa anterior a 1796.

Fonte: Mapas militares referentes aos anos de: 1769 (AHU, MT, cx. 14, d. 854); 1771 (AHU, MT, cx. 37, d. 1879); ant. 1796 (AHU, MT, cx. 37, d. 1879); 1799 (AHU, MT, cx. 37, d. 1879); 1800 (AHU, MT, cx. 38, d. 1924); 1801 (AHU, MT, cx. 37, d. 1879); e 1804 (AHU, MT, cx. 43, d. 2097).

Até o fim do século, porém, o sistema de recrutamento passou por várias alterações, que no essencial se constituíram em tentativas bem-sucedidas de criar companhias militares com a gente que sobrava nas listas de ordenanças, até que todos os homens válidos estivessem em uma companhia adequada à sua cor e *status*. Embora raramente tivessem sido admitidos nas Companhias Auxiliares de homens brancos, na virada do século, quando se expandiu o serviço militar gratuito na capitania, a incidência do recrutamento de homens de cor livres aumentou.[18] Em relação ao *status* do indivíduo, parece certo que se um homem de cor demonstrasse possuir recursos suficientes, podia pleitear a patente de oficial da Companhia de Pedestres, mas era pouco provável que pudesse "passar" por branco e se tornar oficial de Dragões.[19] Seja como for, a formação de companhias militares que respondessem à homologia entre cor da pele, *status* e hierarquia militar podia ser um fator poderoso na construção e negociação das lealdades dos vassalos naquela fronteira. Sem recursos para custear uma ampliação das tropas pagas, o governo se valeu do relativo prestígio do Real Serviço para atrair grupos que, marginalizados, podiam

---

18 Assim, por exemplo, com a reforma nos Corpos de Auxiliares realizada pelo governador Caetano Pinto de Miranda Montenegro, com vistas a aumentar o número de colonos que, à sua custa, seriam obrigados ao serviço da fronteira, homens de cor foram integrados em categorias que até então somente tinham admitido brancos. Em Vila Bela, 79 "mulatos" entraram para a categoria de Fuzileiros, embora formando uma companhia separada das outras quatro, compostas de brancos. Segundo o mesmo documento, os "mulatos" seguiam com suas companhias específicas, uma de Granadeiros e outra de Caçadores (AHU, MT, cx. 37, d. 1879, Anexo n. 10. "Mapa militar que demonstra o Estado effectivo da Legião de Milicias de Matto Grosso, depois da última reforma feita no mesmo corpo", 1799). Do mesmo modo, em Cuiabá, das seis Companhias de Fuzileiros, uma era formada por "mulatos" e outra por "pretos" (AHU, MT, cx. 38, d. 1924. "Mapa militar que demonstra o Estado effetivo da Legião de Milicias da Vila do Cuiabá depois da última Reforma feito no mesmo corpo no ano de 1800").

19 Faoro admite que isso possa ter ocorrido em alguns lugares e assinala que, atrelados aos postos militares, os setores vistos como potencialmente turbulentos podiam ser "domesticados", e suas perspectivas submetidas ao modo de vida do Antigo Regime (FAORO, Raymundo. *Os donos do poder*: formação do patronato político brasileiro. 10ª. ed. São Paulo: Globo, 2000, v. I, p. 214-29).

encontrar aí uma forma de reconhecimento social e mesmo a possibilidade de alcançar alguma honra ou mercê, ainda que ao custo do dispêndio dos próprios bens.

Do lado espanhol, durante reinado de Carlos III, ocorreu em todo o Império uma mudança estrutural no aparelho militar, conduzida pelo deslocamento da ênfase das tropas permanentes para as milícias de vassalos, de modo semelhante ao Império português. A estrutura básica das tropas espanholas na América era o chamado corpo *fijo*, criado em 1615, batalhão permanente de soldados, a maioria vindos das províncias interiores da Península ou de marinheiros da Esquadra Real.[20] A instituição da *encomienda*, em regiões onde ela não declinou, permaneceu sendo um dispositivo de recrutamento importante.[21] Por fim, o terceiro componente elementar do sistema defensivo eram as milícias, instituídas na América já em 1540, por uma Real Cédula que ordenava aos moradores de La Española, compreendidos na idade de 18 a 44 anos, que possuíssem armas e, se possível, cavalos, e participassem dos alardos três vezes ao ano. Mantidas por *cabildos* e corporações, as milícias se agrupavam em companhias urbanas de comerciantes, ferreiros, pardos etc., e rurais, em que os proprietários encabeçavam terços formados por seus peões.[22]

Os problemas defensivos se tornaram agudos durante a Guerra dos Sete Anos (1756-1763), com a perda de Havana e Manila (1762), a expansão inglesa já próxima do Mississipi e a debilidade cada dia mais visível das fortificações. Sem recursos para aumentar a tropa paga

---

20 Segundo McAlister, pela década de 1750, a responsabilidade pela guarnição das fortificações do norte da Nova Espanha recaía sobre as tropas regulares, que somavam 907 homens espanhóis peninsulares instalados em 22 presídios da Califórnia à Louisiana francesa. Os regulares também formavam a guarda dos palácios dos vice-reis e patrulhavam os portos (McALISTER, Lyle N. The reorganization of the Army of New Spain, 1763-1766. *The Hispanic American Historical Review*, v. 33, n. 1, 1953, p. 9-14; ver também: CAMPBELL, Leon G. The changing racial and administrative structure of the Peruvian military under the later Bourbons. *The Americas*, v. 32, n. 1, 1975, p. 119).

21 A obrigação dos *encomenderos* de prestar serviço militar fora definida por Real Cédula de 13 de novembro de 1535, enviada a Nova Espanha, e com o mesmo teor remetida em 1537 para o Peru. Entre suas principais cláusulas, estabelecia a obrigação do *encomendero* de ter armas segundo sua *calidad*; de dispor de certo número de índios correspondentes à sua *encomienda*, vestidos e armados à sua custa; e de prestar juntamente com seus índios o referido serviço (MARCHENA FERNÁNDEZ, Juan. *Ejército y milicias en el mundo colonial americano*. Madri: Mapfre, 1992, p. 38-41). No caso de Tucumán, já em meados do século XVIII, o poder central usava as *encomiendas* como mercês aos que se destacassem na guerra. Entretanto, os *encomenderos*, quando adquiriam índios sob esse sistema, mandavam-nos à guerra em seu lugar ou eximiam-se mediante o pagamento de uma taxa. Ficava desse modo transferido o serviço da fronteira aos setores subalternos da província (VITAR, Beatriz. *Guerra y misiones en la frontera chaqueña del Tucumán (1700-1767)*. Madri: Consejo Superior de Investigaciones Científicas, 1997, p. 128-29).

22 Na metrópole, embora o recrutamento de mercenários continuasse decisivo, em 1562 foi criada uma milícia no reino de Castela, de caráter voluntário e sazonal. A urgente necessidade de mais soldados levou à promulgação das primeiras Ordenanças Gerais de Milícias em 1590, complementadas por uma instrução em 1596, que definiram o alistamento de todos os cristãos. A aversão dos *cabildos* em sofrer essa ingerência levou a Coroa a negociar privilégios aos milicianos, como a promessa, constante em uma Cédula de 1625, de que não seriam enviados para fora dos reinos de Espanha, nem encarcerados por dívidas (THOMPSON, I. A. A. *Guerra y decadencia*: gobierno y administración en la España de los Austrias, 1560-1620. Barcelona: Crítica, 1981, p. 159; MACKAY, *Los límites de la autoridad real, op. cit.*, p. 97).

peninsular, Carlos III decidiu transferir mais tarefas defensivas aos colonos, através da reorganização das milícias em novas unidades disciplinadas e periodicamente treinadas por oficiais peninsulares.[23] "This renewed emphasis upon militia as a first line of defense constituted the most important structural change in the Bourbon military", sublinha Campbell, referindo-se ao "Reglamento para las milicias de infantería y caballería de la isla de Cuba", de 19 janeiro de 1769, responsável por uma proeminência "upon compulsory military service for all royal subjects".[24] A expansão das tropas milicianas dependeu também da inserção de homens de cor no aparelho defensivo. Por volta de 1766, os homens de cor nas milícias da Nova Espanha somavam 17%; entre 1784 e 1800, a porcentagem esteve entre 33 e 34%.[25]

O objetivo da nova política era obrigar a todos os colonos a prestar o serviço militar gratuitamente: "todo vasallo nace con la precisa obligación de servir a su Rey y defender a su patria".[26] O *Reglamento para las milícias* de Cuba foi estendido a todos os domínios espanhóis na América, e chegou ao Paraguai em 1779.[27] Ele definia que em cada localidade seria composta uma lista com todos os varões entre 15 e 45 anos, com cujos nomes formar-se-iam as companhias segundo critérios de localidade, cor e *calidad*. Assinalava a obrigação de realizar exercícios todos os domingos pela manhã e garantia a todos os soldados e oficiais o privilégio do *fuero* militar. Dispositivos complementares isentaram os "comerciantes europeos y sus caxeros" em 1779, e dois anos depois, os produtores de tabaco.[28] Realmente, a Coroa negociou com elites locais a concessão de certos privilégios que tornassem atrativa a participação em um tipo de serviço sem remuneração, e cujas despesas corriam à própria custa daqueles que eram

---

23 Após a Guerra dos Sete Anos, com a urgente necessidade de guarnecer as fronteiras, "the mass of the armies would have to consist of colonial militia, greatly augmented in numbers and organized on a disciplined footing like the provincials of Spain". Coube ao oficial Juan de Villalba y Angulo a aplicação das reformas na Nova Espanha, a partir de 1764. O primeiro obstáculo a enfrentar era a aversão que os colonos tinham pelo serviço nas milícias. A estratégia da Coroa foi apelar para a colaboração das elites locais, através da negociação de títulos, honras e privilégios: "the leading citizens of New Spain would be flattered by a recognition of their position and merit. An additional attraction was to be provided by granting the fuero military and other privileges and exemptions to the provincial officers" (McALISTER, The reorganization of the Army of New Spain, *op. cit.*, p. 9, 14).

24 CAMPBELL, The changing racial, *op. cit.*, p. 125, 122.

25 Esses dados, no entanto, têm sido repensados; ver: VINSON III, Ben. *Bearing arms for his majesty*: the free-colored militia in colonial Mexico. Stanford: Stanford University Press, 2001, p. 24-25, 42-43. Na fronteira da Louisiana, a reorganização das milícias levou a que, em 1779, em uma tropa total de 670 homens, houvesse 80 pardos livres, sendo uma companhia de pretos e outra de morenos, ambas com oficiais brancos (McCONNEL, Roland C. *Negro troops of Antebellum Louisiana*: a history of the battalion of free men of color. Louisiana: Louisiana State University Press, 1968, p. 17).

26 AGI, Indiferente General, 1885. "Reglamento para las milicias de infantería y caballería de la isla de Cuba", de 19 jan. 1769; transcrição em: ZAMORA Y CORONADO, José María (ed.). *Biblioteca de legislación ultramarina en forma de diccionario alfabético*. Madri: J. Martin Alegria, 1845, v. 4, p. 291.

27 GÓMEZ PÉREZ, María del Carmen. *El sistema defensivo americano*: siglo XVIII. Madri: Mapfre, 1992, p. 58-60.

28 Ibidem.

obrigados a realizá-lo: isenção de quaisquer trabalhos adicionais, tutela, alojamento de tropas e condução de bagagens; isenção da pena de açoites ou outro castigo infamante; de certos tributos cobrados por circulação e entradas; licença para possuir armas defensivas e algumas classes das ofensivas; isenção de embargo e prisão por dívidas. A esses privilégios vinha-se somar o *fuero* militar, que tornava soldados e oficiais isentos de responder à justiça comum: "solo serán juzgados por el auditor de guerra y supremo consejo de guerra".[29] Os milicianos americanos ainda ficavam habilitados a requerer hábitos das ordens militares após 10 anos de serviços, e aos oficiais pardos e morenos eram garantidas as mesmas preeminências e a proteção contra atos discriminatórios.[30]

As particularidades da administração do serviço de Marte no Paraguai se impuseram à aplicação dessas mudanças estruturais naquela província. Desde o início da colonização, o serviço militar gratuito era obrigação de todos os colonos espanhóis do Paraguai, que em troca gozavam das *encomiendas*. Naturalmente, nem todos os *encomenderos* serviam, tendo recursos para requerer isenção, mas era comum que os *"sin feudo"* servissem à própria custa, ou porque não podiam pagar a isenção, ou porque esperavam que as expedições resultassem em alguma *encomienda* para si.[31] O *cabildo* de Assunção tentou muitas vezes, e sem sucesso, convencer o *Consejo de Indias* de que sua situação de fronteira com "índios bárbaros" deveria ser compensada, pois os *vecinos* consumiam seus bens servindo às próprias expensas em 23 presídios "sin mas descanso que el de dos semanas en cada un mes y estas las ocupan en el cultivo de la tierra para mantener sus familias, comprar armas, y caballos, y demás pertrechos de guerra", como

---

29 Esses privilégios faziam parte, inicialmente, de umas "ordenanzas de milicias" lançadas em 1734 e acrescentadas em 1745, com o objetivo de levantar 33 regimentos na Espanha (Universidad de Sevilla, Biblioteca General, A 022/146. "Reales Ordenanzas de Milicias: recopilación de las ordenanzas, addiciones [...] desde 31 de enero de 1734 hasta 28 de abril de 1745": "Ordenanza de Su Magestad de 31 de enero de 1734 sobre la formación de treinta y tres Regimientos de Milicias", p. 28-29, §25-27; "Segunda Real Addicion", 28 abr. 1745, p. 257, §36). Eram semelhantes aos oferecidos aos milicianos de Cuba.

30 AGI, Indiferente General, 1885. "Reglamento para las milicias de infantería y caballería de la isla de Cuba", de 19 jan. 1769; transcrição em: ZAMORA Y CORONADO (ed.), *Biblioteca de legislación ultramarina*, op. cit., v. 4, p. 293-94. Marchena Fernández argumenta que o sistema era um "fabuloso instrumento de control social y político de las elites hacia los sectores populares". Não bastasse a isenção de certos setores, os proprietários ricos que serviam se integravam como oficiais, tendo seus mesmos peões como soldados. Assim, podiam usá-los para reprimir duramente camponeses e índios insatisfeitos ou rebeldes, como concretamente ocorreu no Alto Peru (MARCHENA FERNÁNDEZ, Juan. El ejército de América y la descomposición del orden colonial: la otra mirada en un conflicto de lealtades. *Militaria*: Revista de Cultura Militar, Madri, n. 4, 1992, p. 84). A isso, há que acrescentar que não era diverso o sentido da utilização dessas tropas contra "índios independentes" e comunidades de renegados que viviam nas fronteiras.

31 VELÁZQUEZ, Rafael Eladio. Organización militar de la Gobernación y Capitanía General del Paraguay. *Estudios Paraguayos*, Assunção, v. 5, n. 1, 1977, p. 32-33, 55-56. A lei 44, título 8, livro 6, da *Recopilación*, retomava uma Real Cédula de 1 de dezembro de 1573 e definia "que los encomenderos y vecinos defiendan la tierra, y en los títulos de encomiendas se exprese"; ambos deviam "acudir en las ocasiones que se ofrecieren de nuestro real servicio, como buenos vasallos que gozan de los beneficios de nuestra merced y liberalidad" (*Recopilación de Leyes de los Reinos de las Indias*. 4ª. ed. Madri: Consejo de la Hispanidad, 1943, t. 2, p. 260).

escreveram em petição enviada em 1749. O *cabildo* não solicitava a isenção do serviço gratuito, mas que fossem assinalados 4 mil *pesos* da sisa paga pelos produtos da província em Buenos Aires, com que se poderiam custear os presídios.[32] Em 1777, o governador Pinedo enviou um informe ao rei, em que dizia que o problema central do Paraguai era o serviço militar gratuito, que retirava braços da agricultura; para resolvê-lo, era preciso uma tropa paga permanente de 600 homens, cujos soldos poderiam ser pagos com recursos que a *Real Hacienda* angariaria se incorporasse à Coroa todas as *encomiendas* da província.[33] No fim do século, outro governador voltava ao tema do serviço gratuito e seu prejuízo à agricultura, para cuja solução propunha uma tropa de 460 homens custeada com a criação de um estanco sobre a erva, principal produto do Paraguai.[34]

O *Consejo de Indias* nunca autorizou a criação de uma tropa paga ou de linha no Paraguai, e seguiu coerente até o fim da época colonial com a noção de que a defesa daquela fronteira devia ser o menos custosa possível ao Estado, modelo que, ao que parece, procurou expandir para outras províncias.[35] O projeto do governador Pinedo de 1777 foi rechaçado pelo *Consejo de Indias* com o argumento de que atacava os *encomenderos*, propondo retirar seus privilégios, sem os ouvir ou qualificar as denúncias.[36] Ante as sucessivas queixas do *cabildo* de Assunção sobre os danos causados pelo serviço militar gratuito, o *Consejo de Indias* se esforçava em manter as coisas como estavam. Tanto assim que, recebida mais uma petição em 1800, em que o *cabildo* solicitava uma tropa paga de 300 a 400 homens, de modo que evitasse que os *vecinos* abandonassem "la agricultura, y las ricas producciones de aquel pays",[37] novamente alegava falta de informação – inclusive sobre os danos do serviço militar gratuito, de que tantas vezes reclamaram os governadores e o *cabildo* do Paraguai – e colocava defeitos no procedimento seguido pelos *cabildantes*, cuja carta não era apresentada pela mão do vice-rei.[38]

---

32 AGI, Buenos Aires, 302. "Representación de la ciudad de la Asunción del precario de dicha provincia", Assunção, 10 maio 1748, f. 5-6. Os *cabildantes* já tinham criticado as sisas pagas alhures, quando a própria província precisava defender-se (AGI, Charcas, 220. "Carta del Cabildo de la ciudad de la Asunción del Paraguay a S. M.", 16 jul. 1714).

33 ANA, SH, v. 142, n. 4. Agustín de Pinedo ao rei, Assunção, 29 jan. 1777, f. 62.

34 AGI, Buenos Aires, 322, Anexo n. 6. Informe de Lazaro de Ribera a Francisco de Saavedra, Assunção, 19 maio 1798, f. 11v-12.

35 Em Tucumán, por exemplo, em 1739, foi criado, para a defesa de Córdoba, Jujuy e Salta, um corpo fixo de soldados pagos com dinheiro da sisa, de modo a evitar que se retirasse braços da agricultura; em 1764, a Coroa diminuiu a importância desses "partidários", e determinou o emprego de 12 mil *pesos* da sisa na instalação de reduções de índios; em um terceiro momento, em 1778, foi criado o corpo de milicianos, cujo serviço era à sua custa (GULLÓN ABAO, Alberto José. *La frontera del Chaco en la gobernación del Tucumán*, 1750-1810. Cádiz: Servicio de Publicaciones, Universidad de Cádiz, 1993, p. 153, 200, 220).

36 AGI, Buenos Aires, 240. Minuta do informe do fiscal de Nova Espanha, 3 jul. 1777.

37 AGI, Buenos Aires, 14. Minuta da carta do *cabildo* de Assunção ao rei, 19 nov. 1798, f. 3v.

38 O fiscal pretextava "falta de instrucción acerca del particular, por no expresarse que clase de servicio militar es el que hacen los vecinos, que prejuicios origina, y quales sean los arbitrios propuestos" (AGI, Buenos Aires, 14.

Sem poder alterar a obrigatoriedade e a gratuidade do serviço militar no Paraguai, restava aos governadores aperfeiçoarem as formas de controle social que dele podiam resultar. O regulamento do governador Joaquín de Alós, de 1791, tocava em alguns pontos importantes a esse respeito, pois proibiu ausentar-se das vilas sem licença; definiu 12 anos de serviços forçados aos desertores; reiterou a obrigação dos exercícios militares aos domingos e feriados; e definiu turnos de revezamento nos presídios adequados às distâncias em que viviam os colonos, de modo a atenuar os prejuízos à produção. Por outra parte, procurou atrair os moradores mediante privilégios: em tempo de serviço, gozariam do *fuero* militar, ou seja, por quaisquer crimes e delitos, deviam responder ao "consejo de guerra de oficiales". Além disso, os oficiais estavam isentos de impostos em transações referentes aos soldos e bens ligados ao seu posto (não extensível ao comércio particular).[39]

Pode-se ter uma ideia da dimensão do recrutamento militar no Paraguai cotejando o número de alistados com o de homens em idade e condições de portar armas. Um mapa sobre o "Estado que presentemente tiene la prov.a del Paraguay en sus milicias urbanas y de campaña", levantado pelo governador Pinedo em 1777, afirmava que, na capital, estavam alistados 581 soldados, e para toda a campanha eram 5.151; o número total de homens alistados, inclusos os oficiais, era de 6.577, os quais se revezavam, sem soldo, na guarnição de 18 presídios e mais destacamentos e expedições.[40] Outro mapa militar, datado de 1790, refere que o serviço no Paraguai se concentrava em 28 presídios e destacamentos, revezando-se os turnos a cada dois meses. O total de alistados, oficiais e soldados, somava 3.273 indivíduos, e o número de postos em que tinham que se revezar a cada dois meses eram 509.[41] A população masculina de "espanhóis" com idade entre 15 e 60 anos que vivia no Paraguai em 1799, apurada pelo censo de Lazaro de Ribera, era de 14.421.[42] Daí não ser de todo improcedente estimar que, do total dos homens em idade de pegar em armas, uns 23% efetivamente faziam-no naquela província, quer dizer, quase um a cada quatro homens

---

Ditame do *Consejo de Indias* em Madri, 26 ago. 1800, a respeito do serviço militar no Paraguai, em resposta à carta do *cabildo* de Assunção ao rei, enviada em 19 nov. 1798).

39 ANA, SH, v. 156, n. 1. "Nuevo reglamento militar para los cuerpos de Infantería y Dragones que hacen el servicio en la capital y campaña de la Provincia", governador Joaquín de Alós, Assunção, 1791; AGI, Buenos Aires, 19. *Consejo de Indias* em Madri, 27 jul. 1796, em que aprova as resoluções do governador do Paraguai, expressas em cartas de 19 jan. 1793 e 19 fev. 1794.

40 AGI, Buenos Aires, 142. "Estado que presentemente tiene la prov.a del Paraguay en sus milicias urbanas y de campaña, arregladas por su gov.r pertrechos, artill.a, municiones y armas, según ultima revista en el presente mes de enero de mil setecientos setenta y siete", Agustín de Pinedo, Assunção, 29 maio 1777.

41 ANA, SH, v. 155, n. 5. "Cuadros demostrativos del estado militar en la Provincia", Assunção, 13 abr. 1790.

42 MAEDER, Ernesto. La población del Paraguay en 1799: el censo del gobernador Lazaro de Ribera. *Estudios Paraguayos*, Assunção, v. 3, n. 1, 1975, p. 83.

passava alguns meses por ano, à sua custa, em presídios, destacamentos e expedições, com abandono de sua casa.[43]

Para a fronteira nortenha com o Chaco e os limites dos domínios portugueses, sabe-se pelo referido documento que eram destacadas duas Companhias, a dos Artilheiros Milicianos da Cidade de Assunção, com dois sargentos, quatro cabos e 60 soldados, que padecia da falta de 64 fuzis; e o Regimento de Dragões da Cordillera, que trabalhava nos fortes de Manduvirá, Urundey e Ypitá e nos destacamentos de Yquamandiyú, Guarepoty e Villa Real de la Concepción, com 24 sargentos, 48 cabos, 48 granadeiros e 600 soldados, faltando aí 45 carabinas e 60 sabres. Esse efetivo total disponível revezava-se de dois em dois meses em 274 postos para soldados, 15 para oficias, 17 para sargentos e 17 para cabos. Ora, se se observa o caso dos soldados, 660 alistados se revezavam para cobrir 274 postos em toda a fronteira nortenha. Em outros termos, para atender ao costume de servir no máximo dois meses por ano, seriam precisos 1.644 soldados (abstraindo os pedidos de isenção): daí se vê que os *vecinos* passavam uma boa parte do ano fora de suas casas, despendendo seus bens na defesa de suas fazendas cada vez mais empobrecidas.[44]

Os contemporâneos não deixavam de fazer suas comparações. Já na virada do século, o governo de Mato Grosso estava convencido de que a tropa paga da capitania, distribuída em suas duas Companhias de Dragões e Pedestres, não era suficiente para defender a fronteira, tanto mais depois da tentativa do governador do Paraguai de tomar o forte Coimbra, em 1801. "Os Espanhóes guarnecem os seos estabelecimentos do Paraguay, que confinão com esta capitania, com milicias a quem pagão soldo no tempo que estão destacados", escreveu o governador de Mato Grosso, "em nossos estabelecimentos podia praticar-se o mesmo". Assim, sugeria assinalar para as guarnições do rio Paraguai moradores milicianos, com serviço em períodos rotativos de um ano e metade do soldo que venciam os da tropa paga. Transferência, portanto, dos custos de defesa aos colonos que se fazia tanto mais urgente porquanto o comandante de Coimbra dera conta, em seus últimos informes, que aquelas posições não se podiam defender com menos de 123 praças em Coimbra, 60 em

---

[43] Naturalmente, essa estimativa ignora o crescimento populacional havido entre 1792 e 1799, de que há informação fidedigna sobre a elevação do total global, incluídos os *pueblos* de índios, de 97.480 em 1792 para 108.070 em 1799 (MAEDER, La población del Paraguay en 1799, *op. cit.*, p. 69). Garavaglia apresenta números diferentes: para 1760, estima em 25% a população masculina realmente mobilizada, e para 1790, 11% (GARAVAGLIA, Juan Carlos. Campesinos y soldados: dos siglos en la historia rural del Paraguay. In: *Idem. Economía, sociedad y regiones*. Buenos Aires: Ediciones de la Flor, 1987, p. 227). O mesmo autor, para o caso de Buenos Aires na década de 1830, estima em um em cada cinco os homens que estavam obrigados ao serviço militar, proporção a que falta acrescentar os milicianos (*Idem*. Ejército y milicia: los campesinos bonaerenses y el peso de las exigencias militares, 1810-1860. *Anuario IEHS*, Buenos Aires, v. 18, 2003, p. 159). Segundo apreciação de Peregalli, "em cada cem paulistas vinte estavam no serviço militar", número que considera uma "porcentagem brutal" (PEREGALLI, Enrique. *Recrutamento militar no Brasil colonial*. Campinas: Editora da Unicamp, 1986, p. 111).

[44] ANA, SH, v. 155, n. 5. "Estado que manifiesta los oficiales, sarxentos, cavos, y soldados que de los Reximientos de Milicias de la Provincia del Paraguay", Assunção, 13 abr. 1790.

Miranda, 15 ou 17 em Albuquerque, o que perfazia um total de 200 homens. Destacar colonos para a fronteira vinha a ser um "methodo muito mais economico para a Real Fazenda, porque talvez seria bastante a metade dos soldos estabelecidos e poupava-se a despeza dos fardamentos".[45]

A força do privilégio

Em relação aos poderes locais, as políticas reformistas da segunda metade do século XVIII, segundo António Manuel Hespanha, visavam dissolver sua dimensão corporativa, autonomista e fragmentária, convertendo-os em "simples delegações do poder do centro", embora não tivesse sido possível perseguir esse objetivo senão com o recurso à negociação e à concessão.[46] No caso português, a expansão do recrutamento era, a esse respeito, um fator de centralização poderoso, para começar porque a faculdade de confirmar as patentes era exclusiva do Conselho Ultramarino, como ficou definitivamente estabelecido em 1758: "com possibilidade de intervenção reguladora", sublinha Christiane Pagano de Mello, "a confirmação régia funcionava como um dispositivo de supervisão e distribuição hierárquica".[47] Para mais, com o Alvará de 24 de fevereiro de 1764, a Coroa procurou regular os procedimentos de recrutamento das tropas Auxiliares e definir com clareza quem se poderia valer do privilégio de isenção. Esse importante dispositivo reforçou a figura do capitão-mor como aquele que atualizava as listas de ordenanças; estabeleceu uma repartição proporcional do número de homens conforme as possibilidades das povoações; instituiu o sorteio; e agravou as punições contra os desertores. Foram privilegiados com a isenção os comerciantes, seus caixeiros e feitores que os ajudavam cotidianamente nos negócios; filhos e criados dos lavradores mais notáveis; artífices e dois aprendizes dos que possuíam manufaturas. O mesmo é dizer que a Coroa assinalava a certos

---

45 AHU, MT, cx. 40, d. 2014. Caetano Pinto de Miranda Montenegro ao visconde de Anadia, Cuiabá, 23 dez. 1802; e Ricardo Franco de Almeida Serra a Caetano Pinto de Miranda Montenegro, Cuiabá, 6 nov. 1802. A presença de milicianos nas guarnições terá sido comum no início do século XIX: em 1804, o mestre de campo de Cuiabá recebeu ordens para atualizar as listas da Legião de Milícias e das Ordenanças, e preparar os soldados necessários "para renderem os que há muito tempo se achão destacados nos d.os Prez.os" (APMT, Cód. C-46, f. 13v-14v. Manuel Carlos de Abreu de Meneses ao mestre de campo de Cuiabá, José Paes Falcão das Neves, Vila Bela, 14 ago. 1804, f. 14).

46 HESPANHA, António Manuel. *História de Portugal Moderno*: político e institucional. Lisboa: Universidade Aberta, 1995, p. 168.

47 Por meio de sucessivas leis, o poder central paulatinamente limitava a influência das câmaras sobre os corpos de Ordenanças, formalizava os procedimentos e valorizava as concessões de cargos como privilégios (MELLO, Christiane Figueiredo Pagano de. *Forças militares no Brasil colonial*: Corpos de Auxiliares e de Ordenanças na segunda metade do século XVIII. Rio de Janeiro: E-Papers, 2009, p. 78-79). A provisão de 1758 precisou que, embora as eleições dos capitães-mores e demais oficiais das Ordenanças fossem feitas nas câmaras, as propostas deviam ser encaminhadas ao governador, e que o juramento fosse feito depois de confirmada a patente pela Coroa ("Provisão sobre o mesmo Regimento passado pelo Conselho Ultramarino em 30 de Abril de 1758". In: COELHO E SOUSA, José Roberto Monteiro de Campos (ed.). *Systema, ou Collecção dos Regimentos Reaes*, tomo 4: Contem os Regimentos pertencentes á Administração da Fazenda Real. Lisboa: Officina de Simão Thaddeo Ferreira, 1785, p. 578, §71-72).

setores proprietários que não pretendia destruir suas propriedades, que eram o próprio objeto a ser defendido, e que a lealdade desses vassalos, base da própria monarquia, assim reforçada pelo privilégio, consolidava um pacto de colaboração entre elites e centro de que estavam excluídos os despossuídos. Esses, sobre quem recairia a incidência do recrutamento, os "vadios".[48]

Fazer coincidir os papéis de "colono" e "miliciano" era uma preocupação central dos reformistas ilustrados. A Carta Régia sobre os Corpos de Auxiliares, dada a 22 de março de 1766, além de fazer alistar todos os moradores da jurisdição considerada, "sem excepção de nobres, plebeos, brancos, mistiços, pretos, ingenuo, e libertos", determinava que fossem formados terços de Auxiliares e Ordenanças, para cujo serviço todos deveriam apresentar-se com fardas e armas à sua custa, e os de cavalaria a terem e sustentarem, também à sua custa, um cavalo e um escravo para cuidar dele. Valia-se de um dispositivo de atração que privilegiava os oficiais, para que fossem despachados como os das tropas pagas, e favorecia os soldados com a distinção de poderem usar "uniformes, divizas, e caireis no chapeo; somente com a differença, de que as divizas, e caireis dos officiaes poderão ser de ouro, ou prata, e os dos soldados não passarão de lám".[49] O essencial a notar aqui é que essas disposições, generalizadas para toda a colônia em 1766, já constavam das instruções ao primeiro governador de Mato Grosso, Antonio Rolim de Moura, enviadas pelo secretário Tomé Joaquim da Costa Corte Real, em 22 de agosto de 1758.[50] O ministro recomendava formar entre os moradores um regimento unificado, do qual o próprio governador se declararia coronel, denominando-o "o regimento do general – como se pratica em Alemanha": "Também será útil que V. S. apareça algumas vezes montando a cavalo diante do dito regimento, quando fizer exercício"; que nomeie um mestre de campo, um bom sargento-mor e um bom ajudante, pagos pela Real Fazenda. E para animar as tropas, concedia Sua Majestade que, além de usar uniformes se possível fosse, "que os oficiais tragam caireis de ouro ou prata, não obstante que nunca tal se permitisse aos auxiliares e ordenanças deste reino", e que desde o posto de alferes até o de mestre de campo "sejam despachados como os

---

48 "Alvará com força de Lei, em que se dá nova forma para se fazerem as Recrutas, de 24 de Fevereiro de 1764". In: COELHO E SOUSA, José Roberto Monteiro de Campos (ed.). *Systema, ou Collecção dos Regimentos Reaes*, tomo 5: Contem os Regimentos pertencentes á Administração da Fazenda Real, Justiças, e Militares. Lisboa: Officina Patriarcal de Francisco Luiz Ameno, 1789, p. 205-13. Cf. a sugestiva leitura proposta por: COSTA, *Insubmissão, op. cit.*, p. 272-75; *Idem*, Recrutamento. In: HESPANHA (coord.), *Nova história militar de Portugal*, v. 2, *op. cit.*, p. 83.

49 AESP, Avisos e Cartas Régias, lata 62, n. 420, livro 169, f. 101. Carta Régia ao Morgado de Mateus, Palácio da Nossa Senhora da Ajuda, 22 mar. 1766.

50 AHU, Cód. 613. Carta de Tomé Joaquim da Costa Corte Real a Rolim de Moura, Nossa Senhora de Belém, 22 ago. 1758, f. 18, §21-24. Em instrução do Conde de Oeiras ao vice-rei Conde da Cunha, datada do Palácio da Nossa Senhora da Ajuda, a 26 jan. 1765, foram transmitidas ordens idênticas. In: MENDONÇA, *Rios Guaporé e Paraguai, op. cit.*, p. 85. Para Nanci Leonzo, essa instrução era um dispositivo fundamental da formação do sistema defensivo da colônia: a Metrópole aproveitava dos próprios colonos para o serviço militar gratuito, mediante concessões de honras e promessas de títulos; a autora ainda chama a atenção para a semelhança em relação aos domínios espanhóis (LEONZO, *Defesa militar, op. cit.*, p. 31; ver também: McALISTER, *The reorganization of the Army of New Spain, op. cit.*, p. 14).

das tropas pagas deste reino, sem embargo do decreto do ano de 1706, que não permite que os oficiais auxiliares e ordenanças sejam despachados pela secretaria de Estado das mercês". Por fim, embora a falta de recursos não permitisse que todos recebessem soldo, sendo o caso de pagá-los, deveriam beneficiar "reinícolas e índios, para que os segundos (quero dizer os índios) conheçam que os primeiros (isto é os reinícolas) os honram como amigos e como camaradas, que é cousa que não poderá deixar de fazer grande impressão nos outros índios", especialmente entre os que viviam nas missões jesuíticas castelhanas, "para fugirem para os domínios de Sua Majestade".[51] Atrair a adesão dos colonos ao serviço gratuito de defesa da capitania dependia de certo estímulo simbólico, como percebeu Luiz Pinto de Souza ao dar o nome de "Legião de Milícias" à tropa voluntária que levantou em Cuiabá: "a vaidade, e o amor das couzas singulares formão geralmente o caracter dos Brazileiros", explicou esse governador, "nada influe tanto nos ânimos do vulgo como estas pompozas bagatellas".[52] O número de recrutados nessas tropas Auxiliares, colonos que se esperava servissem voluntária e gratuitamente nas fronteiras e expedições, mais que dobrou em Vila Bela, onde passou de 277 recrutas em 1765, para 587 em 1804; mas em Cuiabá não se verificou o mesmo crescimento: em 1771 eram 659, e em 1804 somavam 701, entre soldados e oficiais (vide **Tabelas 1 e 2**).

Os milicianos de Mato Grosso conheciam os privilégios das tropas Auxiliares. O capitão da Companhia de Caçadores de homens pardos de Cuiabá, Manuel da Costa Faria, em um requerimento para confirmar sua patente, manifestava estar informado de que não venceria soldo algum, mas que teria os privilégios "que lhe competem pelo Alvará 24 de novembro de 1645".[53] Que privilégios eram esses? O importante Alvará mencionado definia que, além de usufruir do foro militar, os milicianos estariam isentos de fintas, taxas e outros encargos lançados pelas câmaras; não poderiam ser constrangidos a servir em cargos públicos ou nas ordenanças; não se lhes embargariam casas, adegas, estrebarias, pão, vinho, palha, cevada, lenha, galinhas, gados e bestas; e não poderiam ser presos nas enxovias, mas apenas em prisão domiciliar.[54]

---

51 AHU, Cód. 613. Carta de Tomé Joaquim da Costa Corte Real a Rolim de Moura, Nossa Senhora de Belém, 22 ago. 1758, f. 17v-18, §21-24.

52 AHU, MT, cx. 14, d. 854. Luiz Pinto de Souza a Francisco Xavier de Mendonça Furtado, Vila Bela, 19 jun. 1769. Como observa Maria de Lourdes Ferreira Lins, as ofertas da Coroa para estimular a Legião de São Paulo atinham-se à permissão de usar seu estilo de guerra próprio, a compra do butim tomado aos inimigos e, no caso de reforma: com oito anos de serviço, a dispensa; com 16, meio soldo e fardeta bianual; com 24, o mesmo, acrescido de pão e farinha, mais farda inteira a cada quatro anos (LINS, Maria de Lourdes Ferreira. *Legião de São Paulo no Rio Grande do Sul* (1775-1822). Tese (doutorado em História) – Faculdade de Filosofia, Letras e Ciências Humanas, Universidade de São Paulo, São Paulo, 1976, p. 110-21).

53 AHU, MT, cx. 38, d. 1916. Requerimento de Manuel da Costa Faria, enviado em 23 set. 1800, solicitando confirmação de carta patente de 24 abr. 1795.

54 Alvará sobre os privilégios dos Auxiliares, Montemor o Novo, 24 nov. 1645. In: ANDRADE E SILVA, José Justino de (ed.). *Collecção Chronologica da Legislação Portugueza*: segunda série: 1640-1647. Lisboa: F. X. de Souza, 1856, p. 295; confirmado pelo Decreto assinado em Lisboa, 22 mar. 1751. In: SILVA, António Delgado da (ed.). *Collecção da Legislação Portugueza*: desde a última Compilação das Ordenações: Suplemento à Legislação de 1750 a 1762.

A concessão de privilégios em troca da transferência do ônus da defesa das fronteiras, embora atendesse os objetivos do Estado (e com redução de custos), não raro levava a impasses em que a Coroa tinha que fazer valer a função centralizadora. Necessitando destacar gente para a fronteira sem soldo, e vendo que os Auxiliares eram presos como civis comuns, e por porteiros, "em dezattenção as Honras e Privilegios que Sua Magestade lhes tem concedido", o governador João de Albuquerque procurou reforçar esses privilégios.[55] Ele lançou uma Portaria a 28 de novembro de 1794, em que proibia que soldados e oficiais Auxiliares fossem citados pela justiça sem licença do governador, e no caso de serem presos, não fossem conduzidos por porteiros, nem lançados na enxovia das cadeias.[56] Um ano depois, o juiz de fora de Cuiabá, Luís Manuel de Moura Cabral, escrevia a Melo e Castro denunciando a "desordem e embaraço" que experimentava nas funções de seu ministério, impedido que estava de realizar prisões. A Portaria era, no seu entender, uma distorção do Alvará de 28 de maio de 1648, que isentava os capitães de Ordenança por razões de nobreza, "qualidade que se não encontra nos officiaes Auxiliares desta vila, aonde quazi todos os empregados tem servido e servem ofícios mecanicos".[57] O juiz de fora encaminhava documentos sobre vários casos de desordens decorrentes da Portaria: "Pede-se licença ao mestre de campo para obrigar judicialmente um oficial Auxiliar a pagar 200 oitavas de ouro que deve e não quer pagar; sendo o oficial rico, o mestre de campo lhe dá oito meses para pagar ao suplicante, que é pobre"; em outra ocasião, pede-se licença ao mestre de campo para fazer-se a penhora de um soldado auxiliar; denegado com o fundamento de ser o devedor Auxiliar e o credor paisano, "e portanto vassalo inútil que só serve de incomodar os outros". Torna o mesmo "vassalo inútil", conduzido por sua pobreza e apoiado nas leis, a repetir depois de alguns meses o mesmo pedido de licença, que o mestre de campo denega "chamando o seu requerimento intempestivo, mandando que requeira em melhor ocasião".[58]

De posse desse informe, o Conselho Ultramarino mandou, em março de 1797, que se devesse sustar a Portaria imediatamente e que fosse tirada uma devassa sobre o assunto.[59] O governador Caetano Pinto de Miranda Montenegro hesitou em aplicar essa ordem, revogou apenas

---

Lisboa: Luiz Correa da Cunha, 1842, p. 53; ver também: BICALHO, Maria Fernanda. As câmaras ultramarinas e o governo do império. In: FRAGOSO, João *et al* (eds.). *O Antigo Regime nos trópicos*: a dinâmica imperial portuguesa (séculos XVI-XVIII). Rio de Janeiro: Civilização Brasileira, 2001, p. 205.

55   AHU, MT, cx. 32, d. 1744. Carta de João de Albuquerque ao anterior mestre de campo Antonio José Pinto de Figueiredo, Vila Bela, 28 nov. 1794, minutada na carta de Caetano Pinto de Miranda Montenegro à rainha, Vila Bela, 10 set. 1799, f. 6.

56   AHU, MT, cx. 32, d. 1744. Portaria do governador João de Albuquerque, Vila Bela, 28 nov. 1794.

57   AHU, MT, cx. 32, d. 1744. Carta do juiz de fora Luís Manuel de Moura Cabral a Martinho de Melo e Castro, Cuiabá, 20 dez. 1795, f. 2.

58   *Ibidem*, f. 4; APMT, Cód. C-39, f. 26-29. Carta do juiz de fora Luís Manuel de Moura Cabral a Martinho de Melo e Castro, Cuiabá, 26 fev. 1796.

59   APMT, Cód. C-39, f. 22v. Carta Régia revogando uma Portaria que lançara João de Albuquerque, "izentando os militares de qualquer procedimento que a justiça quizesse com elles practicar", [Lisboa] 27 mar. 1797.

a obrigação de que o juiz de fora pedisse licença para citar Auxiliares, mas manteve os privilégios de não poderem ser conduzidos por porteiros e lançados nas enxovias.[60] Caetano Pinto argumentou que não retirara os privilégios antes devido à situação de conflito na fronteira: "não convinha tãobem abalar os animos dos oficiaes, e soldados Auxiliares na mesma occazião, em que os fazia marchar para a fronteira, a cem, e duzentas legoas de distancia de suas casas, sem vencerem soldo algum".[61] Em setembro de 1799, o governador enviou à rainha a devassa sobre o caso. O essencial a reter desses documentos são suas penetrantes observações sobre a necessidade de garantir, aos soldados e oficiais Auxiliares, os privilégios que os estimulassem ao serviço militar gratuito nas fronteiras. Assim, não ser preso na enxovia das cadeias era imperativo à manutenção da honra de um soldado, que "não ficava decente naquelle lugar, nem entre as mãos de hum porteiro, e que até perderia, acostumado a temer esta voz, e na companhia de homens facinorozos, o brio necessario, para tirar nesta fronteira a sua espada com dezembaraço para o inimigo".[62] Ao argumento do juiz de fora de que os soldados não eram nobres para aceder a esses privilégios, replicava que "meu Antecesor por isso mesmo julgava que por este e outros semelhantes meios, devia inspirar-lhes aquelles sentimentos, que elles nem por herança, nem pela primeira educação tinhão recebido".[63] Por fim, reconhecia que dos Auxiliares dependia a defesa da fronteira com gastos diminutos ao Estado: "alguns se achão nos mesmos Destacamentos há mais de dous annos, sem vencerem soldo algum";[64] e quanto ao serem citados por dívidas, era comum que

> sendo aqui chamados para o Real Serviço os Auxiliares e Ordenanças, nestas occaziões hé que alguns credores passão a manda-los citar e executar, quando elles estão a partir para Destacamentos remotíssimos, ou quando se achão já nos mesmos Destacamentos, com o fim de se aproveitarem, ou da estreiteza do tempo, ou da longa distancia, para conseguirem hum pagamento violento, e apressado.[65]

O empenho do governo em expandir o serviço militar não podia ser levado adiante sem a colaboração dos colonos, com quem era preciso negociar privilégios e isenções que contrariavam, em certa medida, o esforço centralizador.

Um observador adventício, que viajou do Rio de Janeiro à Colônia do Sacramento na década de 1770, notou que "negociantes, caixeiros e mestres de ofícios" ou seus empregados

---

60 AHU, MT, cx. 34, d. 1790. Caetano Pinto de Miranda Montenegro a Rodrigo de Sousa Coutinho, Vila Bela, 13 jun. 1798; acompanha o Bando lançado em Vila Bela, 22 jan. 1798, suspendendo a Portaria de 28 de novembro de 1794.

61 AHU, MT, cx. 32, d. 1744. Caetano Pinto de Miranda Montenegro a rainha, Vila Bela, 10 set. 1799, f. 12.

62 *Ibidem*, f. 8.

63 *Ibidem*, f. 9.

64 *Ibidem*, f. 12.

65 *Ibidem*, f. 12v.

estavam servindo nas tropas de Auxiliares, e que era particularmente nocivo o privilégio que gozavam de não poderem ser presos: "O peor de tudo ao meu paresser hé, que hum official dos Auxiliares, não pode ser citado sem Licença do Governador, e Capp.am General", situação que considerava um "peso ao commercio", e esperava que "a honra, e o credito se não manxe, por desordens de alguns commerciantes de menos probidade, e falta de prompto remédio". "O commercio de si mesmo hé Nobre, consequentem.e quem o cultiva com verdade, e honra, não necesita outro caracter"; e concluía: "me paresse, que a mistura das honras militares entre Negociantes, não são da milhor política, porque os Postos militares, sempre trazem comsigo Luxo, e tratamentos, que todos são perniciozos ao commercio".[66]

De modo semelhante, estimular os colonos do Paraguai ao serviço militar dependia da negociação de certos privilégios e isenções, com que se tentava atenuar os nocivos efeitos do abandono das casas durante o tempo de serviço gratuito. O já mencionado *fuero* militar continuou sendo fundamental, e permitia evitar que um colono fosse citado por dívidas, se regularmente empregado no serviço da fronteira. Mas para fazer soldados era preciso deixar claras as condições em que os colonos ficariam isentos do serviço. Um importante regulamento de 1º de abril de 1787 reforçou as isenções aos filhos únicos de viúvas e sexagenários; capatazes das estâncias, "que de su cuidado pende la subsistencia de la Provincia"; povoadores das novas povoações, "que después de fundamentadas se formarán compañías sueltas p.a su defensa"; e os empregados das *Reales Rentas de Correo, Tabaco* e *Naypes*.[67] Essa política era seguida em todo o vice-reino do Río de la Plata, e a reforma militar do vice-rei Marquês de Avilés, aprovada em Real Cédula de 14 de janeiro de 1801, reforçou os privilégios dos milicianos. Ficavam excluídos do alistamento: advogados, escrivães, *mayordomos* das cidades, capatazes das fazendas "de alguna consideración", comerciantes e mercadores "de conocido caudal y sus cajeros precisos", cirurgiões e boticários. O *fuero* militar seguia sendo a instituição elementar que garantia a lealdade dos milicianos ao preço amargo de tolerar desobediências às leis e bandos de bom governo.[68] No âmbito da província do Paraguai, a nova organização das milícias determinava concretamente dois "Regimientos de Voluntarios de Caballería" e quatro esquadrões com 1.200 homens cada um, "para la defensa de las haciendas, vidas y religión de mis muy fieles vasallos".[69]

---

66 IANTT, MNEJ, maço 67 (caixa 56), n. 6. "Relação da viagem de João Nicolas Hekmett Kell do Rio de Janeiro à Colônia de Sacramento" [ant. a 1779].

67 ANA, SNE, v. 3369, f. 127 *et seq*. "Reglamento para la erección de cuerpos de Milicias de Cavall.a e Infant.ria en esta Provinc.a del Paraguay, reunión de oficiales, y demás individuos para su instrucción, y servicio; modo, y forma q.e debe seguirse para mantenerlos en estado, y completar sus comp.s con todo lo demás relativo a su instituto", 1 abr. 1787.

68 Como disse um intendente de Tucumán em 1806, "el fuero suena tanto en el oido del miliciano como independencia de la jurisdicción ordinaria" apud GULLÓN ABAO, *La frontera del Chaco en la gobernación del Tucumán, op. cit.*, p. 288-89.

69 "Reglamento para las milicias disciplinadas de infantería y caballería del vireynato de Buenos Ayres, aprobado por S. M.", remetido em Real Cédula datada de Madri, 14 jan. 1801. In: BEVERINA, Juan. *El virreinato de las provincias*

Para estimular a gente a produzir tabaco no Paraguai, mercadoria de monopólio régio, definiu-se em 1779 a instituição do tabaco matriculado, contrato com os produtores por meio do qual eles se comprometiam a produzir 25 arrobas por ano e a vendê-las aos armazéns do Estado, que garantia um preço fixo, mercado, e dois anos de isenção de serviço militar aos contratantes, seus *mayordomos*, capatazes e peões.[70] O privilégio concedido aos matriculados do tabaco prejudicara a ampliação das milícias proposta pelo *Reglamento* de 1801, segundo informou o governador do Paraguai, dado o considerável número de indivíduos que se declararam contratados com a *Real Renta de Tabaco*, concretamente 1.783 pessoas, que com isso eximiam seus filhos e jornaleiros do serviço das armas, "por lo qual no queda suficiente gente p.a las cargas publicas, y poder defender la Provincia".[71] Escrevendo em abril de 1803, o governador Ribera manifestava preocupação em relação à facilidade com que um qualquer, contratando-se com a *Real Renta*, podia requerer sua isenção do serviço militar, já que era exonerado antes mesmo de entregar as 25 arrobas de tabaco, e "a proporción q.e aumenta el numero de los contratantes, se disminuye la fuerza y los recursos q.e antes había, p.a hacer el servicio con algún desembarazo" nos 27 fortes que então havia na província.[72] Esse problema foi discutido em Madri em 1805, tendo sido ouvidos os pareceres de Miguel Lastarria e Félix de Azara, opostos ao monopólio, sem que se chegasse a uma decisão efetiva.[73] A manutenção do privilégio, se se consideram as exigências de defesa da província, preocupava os fiscais do *Consejo de Indias*, que chegaram a estimar, naquele mesmo ano, que sendo a força militar do Paraguai 5.501 homens e estando matriculados uns 1.600, vinha a faltar a quarta parte das milícias.[74] E assim parece que estava a suceder. Em abril de 1809, quando foram solicitados 20 homens à companhia do tenente Ignácio Samaniego, para a finalidade de investigar o suposto roubo de 800 cabeças de gado que teriam praticado os "índios bárbaros" entre os moradores de Remolinos, conseguiu-se 12: "En

---

del Río de La Plata: su organización militar: contribución a la "Historia del ejército argentino". Buenos Aires: L. Bernard, 1935, p. 310-15.

70 ANA, SH, v. 143. Auto promulgado pelo governador Pedro Melo de Portugal, Assunção, 31 mar. 1779, citado e discutido em: RIVAROLA PAOLI, Juan Bautista. *La Real Hacienda*: la fiscalidad colonial, siglos XVI al XIX. Assunção: Ediciones y Arte, 2005, p. 527. A referência aos que estavam isentos do serviço militar em: ANA, SH, v. 201, n. 3, f. 1. Contrato entre um produtor de tabaco e o ministro administrador da *Real Renta* de Tabacos da província, José de Elizalde, 1805 apud LÓPEZ MOREIRA, Mary Monte de. *Ocaso del colonialismo español*: el gobierno de Bernardo de Velasco y Huidobro, su influencia en la formación del estado paraguayo, 1803-1811. Assunção: Fondo Nacional de la Cultura y las Artes, 2006, p. 128-29.

71 AGI, Buenos Aires, 48. Minuta da *Junta Consultiva de fortificaciones y defensa de Yndias* sobre o informe do governador do Paraguai, Lazaro de Ribera, enviado em 19 fev. 1804, Madri, 12 set. 1805.

72 ANA, SH, v. 192, n. 1, f. 88-103v. Lazaro de Ribera ao vice-rei Joaquín del Pino y Rosas, Assunção, 19 abr. 1803, f. 89v.

73 AGI, Buenos Aires, 48. Minuta da *Junta Consultiva de fortificaciones y defensa de Yndias* sobre o informe do governador do Paraguai, Lazaro de Ribera, enviado em 19 fev. 1804, Madri, 12 set. 1805.

74 Informe dos fiscais do *Consejo de Indias*, Madri, 14 maio 1805 apud RIVAROLA PAOLI, *La Real Hacienda, op. cit.*, p. 563.

el día se van disminuyendo con motivo de que los soldados se están contratando con la Real Renta de tabacos: con esta franqueza no se podrá contar con soldado alguno".[75]

Embora o privilégio das *encomiendas* exigisse a contrapartida de ter sempre à disposição do Real Serviço o auxílio que se requeresse, muitos *encomenderos* se negavam a isso, como relata o governador Pinedo em julho de 1776. Tendo sido rendida pelos portugueses a fortaleza de Santa Tecla, o Paraguai foi instado a enviar 200 homens. O governador expediu um bando conclamando os *encomenderos* a contribuírem, sem sucesso. Daí que o serviço acabava, como era habitual, recaindo sobre a gente pobre da província, que naturalmente não possuía *encomiendas*:

> No obstante la excusación de los encomenderos de la clase referida despaché los doziendos hombres pedidos, numero completo en mas de sus tres quartas partes de los vecinos que ni gozan encomiendas, ni disfrutan otra recompensa; lo qual ha sucedido siempre en semejantes ocasiones, y aun en el ordinario servicio de los presidios de la provincia.[76]

Nessas regiões confinantes e ainda não demarcadas, os impérios ibéricos que as disputavam procuraram, durante as décadas finais do século XVIII, alcançar objetivo semelhante em relação aos recrutamentos, a saber, a conversão dos colonos em milicianos que servissem com seus próprios recursos. Parece bem provável, ademais, que a expansão das milícias urbanas não visava tão somente a defesa da fronteira, mas também à "potencialidade simbólica de expressão e representação de uma ordem social que se construía", como sugeriu uma historiadora.[77] Nesse quadro se compreende que uma lei como a de Polícia, de 25 de junho de 1760, incidisse sobre os que estavam dispersos pela campanha, de alguma forma imunes aos imperativos do recrutamento militar, em choças "cobertas de folhas com suas larangeiras ao pé", segundo a descrição do Morgado de Mateus, "algumas bananas e huma pequena roça de mandioca e nada mais, porque os seus moveis são duas redes, huma em que dormem, e outra com que pescão".[78] Essa lei buscava controlar o movimento das pessoas e impedir a fuga de criminosos, através da manutenção de um livro de registro dos *vecinos* de cada bairro, com detalhes sobre seu modo de viver, e da utilização de passaportes em caso de mudança de domicílio.[79] Do mesmo modo,

---

75 ANA, CRB, n. 138, d. 29. Gregório Thadeo de la Cerda ao governador, Assunção, 28 abr. 1809; Ygnacio Samaniego a Gregório Thadeo de la Cerda, 25 abr. 1809.

76 AGI, Buenos Aires, 142. Agustín de Pinedo ao rei, Assunção, 29 jul. 1776, f. 3-3v.

77 MELLO, *Forças militares no Brasil colonial*, op. cit., p. 79, 84.

78 Carta do governador de São Paulo, Luiz Antonio de Sousa Botelho, a Sebastião José de Carvalho e Melo, Santos, 22 set. 1765. *DI*, v. 72, p. 95-96.

79 Alvará com força de lei, Palácio de Nossa Senhora da Ajuda, 25 jun. 1760. In: SILVA, Antonio Delgado da (ed.). *Collecção da Legislação Portugueza*: desde a última Compilação das Ordenações: Legislação de 1750 a 1762. Lisboa: Typografia Maigrense, 1830, p. 731-37. Em carta à rainha, a Câmara de Vila Bela reclamava a necessidade de utilizar na capitania os passaportes de seguro, que permitiam aos acusados de crimes pouco graves a defesa

o vice-rei Marquês do Lavradio acreditava que as virtudes disciplinadoras do serviço militar converteriam em colonos laboriosos os chamados "vadios", despossuídos que vagavam de um canto a outro das capitanias, e que incluíam o que entendia por "gentes de pior educação, como são negros, mulatos, cabras, mestiços, e outras gentes similhantes".[80] Ironicamente, mais uma vez, como enfatizou Ben Vinson III para o contexto não muito diverso da expansão das milícias entre homens de cor na Nova Espanha em meados do Setecentos, o governo reformista se viu obrigado não apenas a transferir responsabilidades defensivas a setores em que pouco confiava, como também em negociar com eles, e ofertar honras e mercês para ganhar sua lealdade.[81]

Serviços e recompensas

A existência de um canal institucional que permitia aos vassalos fazer requerimentos ao Conselho Ultramarino em demanda de mercês que remunerassem seus serviços, ou propiciassem condições para realizá-los, tem sido interpretada por alguns historiadores como evidência não tanto da capacidade dos vassalos em fazer a Coroa ceder, mas da faculdade do poder central de condicionar iniciativas e serviços aos seus objetivos. O que Fernanda Olival chama de "ideologia do serviço", os vassalos a buscar como objetivo de vida os objetivos do próprio Estado. Processo, aliás, fundamental no orçamento, pois serviços gratuitos aumentavam receitas ou reduziam despesas. Apesar das negociações, o controle institucional sobre normas, processos e valores permaneceu centralizado, e as instituições centrais continuaram sendo definidoras dos critérios de mobilidade por distribuição de distinções e honras.[82]

Já em 1766, o Conde de Oeiras destacava que as mercês eram a chave para atrair a adesão dos moradores, assim brancos como índios, às atividades indispensáveis ao funcionamento do Estado. Chamava a atenção de um governador para os hábitos de Cristo, que eram sobretudo para "aquellas pessoas mais principaes, e que mais se houverem distinguido [...], a concorrerem

---

em liberdade, com o que não se veriam precisos de fugir para os domínios espanhóis, como costumava suceder (AHU, MT, cx. 26, d. 1554. Carta dos oficiais da câmara de Vila Bela à rainha, Vila Bela, 22 set. 1789).

80 "Relatório do Marquez de Lavradio, vice-rei do Rio de Janeiro, entregando o governo a Luiz de Vasconcellos e Souza, que o succedeu no vice-reinado", Rio de Janeiro, 19 jun. 1779. *RIHGB*, Rio de Janeiro, v. 4, 1842, p. 424; ver também: LANGFUR, Hal. *The forbidden lands*: colonial identity, frontier violence, and the persistence of Brazil's eastern Indians, 1750-1830. Stanford: Stanford University Press, 2006, p. 135.

81 VINSON III, *Bearing arms for his majesty*, op. cit., p. 147, 174.

82 OLIVAL, *As ordens militares e o Estado moderno*, op. cit., p. 25, 135, 150-51. A compreensão das mercês como um mecanismo de cooptação da elite local para serviços úteis ao Estado não escapou ao autor d'*Arte de furtar*. Não era inusual o proceder de certo governador que, prometendo intermediar mercês e hábitos, "mete-se de gorra com os mais opulentos do seu distrito, vendendo bullas a todos de valias, e pedreiras, que teem no Reyno: mostra cartas suppostas, com avizos de despachos, hábitos, comendas e officios, que fez dar a seus afilhados: e como todos os que andao fora da pátria teem pretençoens nella, cresce-lhes a todos a água na boca ouvindo isto; [...] crescem as visitas, chovem os donativos de huns e de outros [...] e por esta maneira [...] cação os mais gordos tralhoens da terra, e metem nas redes os mayores tubaroens" (*Arte de furtar, espelho de enganos, theatro de verdades, mostrador de horas minguadas, gazua geral dos reynos de Portugal*. Londres: Hansard, 1830, cap. 37, p. 253, 255).

com as suas fazendas, com o seu trabalho, e com o seu tempo" nos serviços mais importantes para o Reino.[83] Houve quem propusesse à Coroa que permitisse a alguns governadores a faculdade de conceder em definitivo os hábitos das ordens militares, tantos eram os serviços e utilidades ao Estado que semelhante estímulo poderia produzir entre os colonos que, à sua custa, concorriam para atividades do maior interesse do governo. Naturalmente, o papel, datado de Lisboa, 4 de janeiro de 1780, e redigido por Rodrigo José de Meneses, enviado governador das Minas Gerais, não teve a repercussão esperada por seu autor. No entanto, interessa aqui por especificar, aos olhos de um administrador ilustrado, os serviços que deviam ser estimulados e remunerados por esse dispositivo simbólico. Os hábitos poderiam ser concedidos apenas aos paisanos (ficando excluídos os que serviam na tropa paga e os funcionários do governo), e deveriam ser escolhidos os vassalos mais beneméritos, que "tem servido, ou servirem a Sua Mag.e descobrindo terras de ouro, ou quaesquer preciozidades"; assim também os "que abrirem caminhos, e entradas seguras aos viandantes, com a utilidade de diminuir as distancias, e livralos dos frequentes insultos dos gentios; com aquelles que facilitarem o passo de alguns dos rios caudalozos, fazendo-lhes pontes, ou pondo canoas a benefício comum dos passageiros"; o mesmo deveria valer com outros muitos que os governadores empregavam no Real Serviço, sendo certo que "elles dezamparão contentes as suas cazas, e familias e fazendas, sahindo a executar as mesmas ordens em muitas distancias a sua custa, acompanhados dos seus escravos, cujos serviços tão bem perdem". Rodrigo José de Meneses pretendia essa alçada apenas aos capitães-generais da Índia, Bahia, Minas Gerais e São Paulo, e não de quaisquer outras, "porq.' a sua população, e civil.e, e comercio fazem os prim.ros fundos dos intereses da Monarchia". Segundo o futuro governador, "os mesmos povos animados por este modo são capazes de empreender os mayores progresos em benefício commum da Patria, e do serviço de Sua Mag.e".[84]

O esforço da Coroa em tornar ainda mais exclusiva sua posição como núcleo irradiador onde se podia buscar as honras e distinções expressou-se ainda nas diretrizes sobre a promoção dos oficiais militares. Em Real Decreto de 17 de setembro de 1787, a Coroa ordenava que todos os oficiais militares pagos do Estado do Brasil lhes fossem propostos pelos coronéis dos regimentos e governadores generais das capitanias, e que nem mesmo interinamente fossem providos nos referidos postos sem patente assinada pela Real mão.[85] Em instrução ao governador

---

83 AESP, Avisos e Cartas Régias, lata 62, n. 420, livro 169, f. 150. Conde de Oeiras ao Morgado de Mateus, Palácio da Nossa Senhora da Ajuda, 22 jul. 1766.

84 Ajuda, 54-xiii-16, n. 136. "Discurso de D. Rodrigo José de Meneses, enviado governador de Minas Gerais", Lisboa, 4 jan. 1780. O mesmo documento sugeria ainda outras medidas que aumentassem o poder e a autonomia dos governadores das capitanias centrais, como a faculdade de apartar-se das leis e regimentos e, convocando uma junta da justiça, decidir os temas mais urgentes, o que valeria apenas para Rio de Janeiro, Bahia e Goa, onde existiam tribunais da Relação.

85 AHU, MT, cx. 27, d. 1577. Decreto Régio sobre o envio de propostas para preenchimento dos postos vagos de oficiais militares, Palácio de Sintra, 27 set. 1787; AHU, MT, cx. 29, d. 1652. Real Provisão determinando que ne-

do Mato Grosso, Rodrigo de Souza Coutinho reforçava as ordens régias para que fossem enviadas anualmente ao Conselho Ultramarino as propostas de promoções de oficiais militares. O teor dessas propostas permite entrever os critérios que o poder central julgava pertinentes para tais promoções. Expressavam ainda o investimento feito por ricos fazendeiros na coroação de sua riqueza material em manifestações materiais e simbólicas de honra e distinção. O dispêndio do próprio cabedal em serviços úteis ao Estado era certamente o critério mais importante. A convergência entre a atração das elites locais para altos postos honoríficos e o investimento das elites nessa mesma direção favorecia a autoridade da Coroa nos confins mais remotos do império.[86]

Os estudos sobre as negociações de serviços e recompensas entre setores locais e governos têm permitido uma compreensão mais sutil do processo de construção de lealdades coloniais em regiões fronteiriças. De um lado, a visão segundo a qual os Estados coloniais eram fracos nessas áreas[87] não raro deixava de lado mecanismos outros que não o uso da força, e ignorava os dispositivos propriamente simbólicos e sua força correspondente. De outro, a noção de que, na perspectiva centralizadora dos reformistas, as relações entre poder central e poder local estiveram em geral marcadas pela oposição[88] pode conduzir a um bloqueio da análise da colaboração entre ambos, da negociação de privilégios, honras e mercês e mútuo apoio quando se tratava de transferir para setores "marginais" (homens de cor, indígenas, "vadios" etc.) o ônus da defesa das fronteiras.

Honras e mercês do lado português

Atrair os moradores a realizarem os serviços mediante oferta de mercês, tal era a recomendação do ministro Tomé Joaquim da Costa Corte Real ao governador de Mato Grosso, em instrução de 22 de agosto de 1758, estratégia que entendia bem-sucedida "na primitiva India Oriental, onde tão poucos Portuguezes, fizerão tantos, e tão façanhozos progressos, e dominarão tantas, e tão numerozas nações". "Não deixará de haver entre esses mineiros", prosseguia o secretário, atentando para a situação de Mato Grosso, "e ainda entre os mesmos sertanistas e foragidos, de que hoje se faz pouco caso, alguns que, sendo empregados, venham a distinguir-se

---

nhum oficial poderá ocupar, ainda que interinamente, qualquer posto vago, sem ter patente confirmada, Lisboa, 10 jun. 1789.

86 APMT, Cód. C-39, f. 6v-7. Rodrigo de Souza Coutinho a Caetano Pinto de Miranda Montenegro, Palácio de Queluz, 14 set. 1796; AHU, MT, cx. 30, d. 1674. João de Albuquerque a Martinho de Melo e Castro, com que envia a proposta de promoção dos oficiais militares, Vila Bela, 10 set. 1793; AHU, MT, cx. 36, d. 1830. Caetano Pinto de Miranda Montenegro a Rodrigo de Sousa Coutinho, apresentando proposta para o preenchimento de postos vagos nas Companhias de Dragões e de Pedestres, Vila Bela, 2 mar. 1799.

87 Para um exemplo de insistência nessa visão tradicional: WEBER, David J. *The Spanish Frontier in North America*. New Haven: Yale University Press, 1992, p. 326-33, 329-332.

88 Como parece sustentar: MELLO, *Forças militares no Brasil colonial, op. cit.*, p. 189-191.

muito e a fazer-se beneméritos de serem premiados". Nos casos em que assim suceda, "há S. Maj. por bem conceder-lhe faculdade para no seu Real Nome honrar a semelhantes homens, agradecendo-lhes publicamente o bem que se houverem, declarando-os por nobres desde aquela hora, e concedendo-lhes a mercê dos hábitos das ordens militares, no mesmo Real Nome". Esses hábitos e mercês deviam ser confirmados posteriormente, mediante requerimentos ao Conselho Ultramarino. Sublinhava ainda que "a estimação de que depende o bom efeito destas honras consiste na oportunidade do momento em que se aplicam, na notoriedade do merecimento dos que as recebem, e na raridade com que são concedidas".[89] Na mesma linha, já no final do século, a Coroa enviava recomendações similares, com o agravante de que as lealdades haviam sido desafiadas pelas últimas revoluções: "Hoje mais do que nunca devem os Povos adorar os seus soberanos, e suas Augustas Famílias", escreveu Rodrigo de Souza Coutinho ao governador de Mato Grosso em 1799, "depois que a experiencia tem mostrado que a Anarquia he o peior de todos os males, e huma consequencia necessária da dissoluçam dos governos". Para atrair a adesão dos vassalos, dizia o ministro no mesmo papel, os meios convenientes estavam à disposição: "Sua Mag.e permitte aos Officiaes da Legião de Milicias dessa Capitania o mesmo Distinctivo nos Chapeos, e Espadas, de que uzam os da Tropa de Linha", e se houvesse pessoas que se distinguiam com um maior zelo do Real Serviço, que fossem apontadas para receberem as mercês.[90] Os governadores seguiram acreditando que, com a oferta de premiações e honras, era possível obter úteis serviços ao Estado. "Todos na América se reputam por fidalgos", escrevia o governador Rolim de Moura a seu sucessor, em 1765, "e assim se pagam muitos de serem tratados com atenção e agasalho, e pela continuação do tempo produz isto maior efeito para o estabelecimento das terras do que se pensa".[91]

Realmente, a Carta Régia de 26 de agosto de 1758 confirmou aos governadores daquela capitania a faculdade de conceder, sob condição de ficarem pendentes até confirmação da Coroa, patentes, hábitos das Ordens e outras mercês, "nos papeis Originais dos Serv.os, q' vos tiverem apprezentado; p.a q' sendo remetidos a Secret.a de Estado dos Negocios do R.no lhes possão ser por mim confirmados ao fim de se lhe expedirem por ella as suas Portarias, para gozarem da Nobreza, q' lhes houverdes concedido". Igualmente tratava da faculdade de processar e sentenciar sumariamente os desertores, a desobediência de soldados e oficiais a seus superiores, e os réus de crimes de lesa-majestade e contra o direito natural e das gentes.[92]

---

89 AHU, Cód. 613, f. 11v-21v. Carta de Tomé Joaquim da Costa Corte Real a Antonio Rolim de Moura, Nossa Senhora de Belém, 22 ago. 1758, f. 21, §32-33.

90 AHU, Cod. 614, f. 76v-79. Carta de Rodrigo de Souza Coutinho a Caetano Pinto de Miranda Montenegro, Palácio de Queluz, 23 abr. 1799, f. 77-77v.

91 "Instrução do Conde de Azambuja para D. João Pedro da Câmara", Pará, 8 jan. 1765. In: MENDONÇA, *Rios Guaporé e Paraguai, op. cit.*, p. 78-79, §7-9.

92 AHU, Cód. 613, f. 29-31. Carta Régia a Antonio Rolim de Moura, Belém, 26 ago. 1758, f. 29v-30. Outra carta que voltou ao tema das faculdades dos governadores, dessa vez não a do prêmio, mas a do castigo, encontra-se em:

As guerras havidas na fronteira do rio Guaporé em 1763 e 1766 propiciaram condições para que serviços prestados viessem a resultar em pedidos de hábitos das ordens militares. Caso emblemático, portanto, o de José Pais Falcão, "pessoa das principais da Vila do Cuiabá", e de seu filho, José Pais Falcão das Neves; o primeiro, já idoso, coordenou desde Cuiabá o envio de um socorro à fortaleza de Conceição, prestes a ser tomada pelos espanhóis em 1763, de uma boa tropa de 25 soldados dragões, 6 pedestres, um aventureiro e 30 homens, os mais deles escravos, vestidos e armados inteiramente à sua custa.[93] Para a guerra de 1766, seu filho, Falcão das Neves, levantou uma milícia particular de 17 "camaradas bastardos, e pardos", com soldo a correr à sua custa, e 23 escravos, tendo os escravos permanecido no forte por mais dois anos, empregados nas obras de restauração.[94] Essa família parece ter alcançado grande prestígio em Mato Grosso, a dar crédito a um observador que enviou diretamente ao Marquês de Pombal um informe sobre as "varias violencias, e emjustiças" que grassavam na capitania, tanto assim que um deles, Salvador Pais Filho, teria sido liberado da justiça a despeito da acusação de um suposto envolvimento em assassinato: "Estando criminozo Salvador Pais, filho de Jozé Pais Falcam per hua morte q' fes na vila do Cuyavá, de q.e se tirou hua rijuroza devasa, o livrou [o governador Luiz de Albuquerque] sem se aprezentar a cadeya com grande escandalo dos moradores daquela V.a sendo-lhe a culpa dela hu limitado degredo, q' tudo fasilitou o ser o Pae Rico".[95] Em 1790, esse mesmo José Pais Falcão das Neves foi nomeado juiz ordinário da câmara de Cuiabá, e a 21 de setembro de 1795, mestre de campo. A partir daí, segundo refere uma testemunha, Falcão das Neves passou a agir contra seus opositores, "esquecendo-se do seu honroso dever, cuidou na continuação da intriga, apropriou-se todas as autoridades, fez continuadas prisões em troncos", persuadindo o povo de que "elle tinha os illimitados poderes do general, e por isso a elle recorriam em tudo, e elle a tudo deferia, desprezada a autoridade da justiça", afirma o redator dos anais do Senado da Câmara de Cuiabá.[96] O juiz de fora, como já visto, estava empenhado em derrubar a portaria do governador João de Albuquerque, que isentava os Auxiliares dos procedimentos de justiça. Em suas cartas ao ministro Martinho de Melo e Castro, ele denunciava ainda a atuação do mestre de campo Falcão das Neves, que para mais de não permitir a prisão de nenhum das tropas Auxiliares, parecia, a seu ver, dedicado a livrar-

---

AHU, Cód. 614, f. 104-105v. Carta Régia a João Carlos Augusto de Oeynhausen, 29 nov. 1806. Ali se assinalava mais um privilégio à elite local, o de ficar isenta de processos sumários: "devendo com tudo subir à Minha Real Prezença, primeiro que se executem as sentenças dos Reos, que tiverem maior Patente, que a de Capitão" (f. 105v).

93 *AVB*, p. 172, 107.

94 IANTT, MR, Decretos 1745-1800, pasta 60, n. 82, Anexo n. 2. Certidão do provedor comissário da Real Fazenda da Fortaleza Nossa Senhora da Conceição, José de Oliveira Ramos, comprovando a presença dos camaradas e escravos de José Pais Falcão das Neves na referida fortificação, Vila Bela, 24 jan. 1769.

95 IANTT, MNEJ, maço 67 (caixa 55), n. 2. Carta de João Raposo da Fonseca Goes ao Marquês de Pombal, Vila Bela, 9 ago. 1775, f. 2v.

96 *ASCC*, p. 138, 148, 153.

-se de todos os seus inimigos: "Quem não se enchera de horror sendo que no decurso de trez mezes, que tanto conta de posse o dito Mestre de Campo, tem este feito encerrar na enchovia (cárcere escuro, úmido e sujo) da cadea publica desta Villa, cento e cessenta pessoas, sem outro crime, que a disgraça de dezagradarem a elle, e seus amigos, e comadres".[97] Realmente, José Pais Falcão das Neves coroou sua trajetória ao ver confirmada, por decreto de 24 de novembro de 1798, a mercê do hábito de Cristo com tença de 50 mil réis que lhe conferira o governador Luiz Pinto de Souza, em 1769, em atenção aos serviços prestados na defesa da fortaleza da Conceição, nas guerras daquela década.[98] Apesar do atraso, seguramente não deixou de contar o montante de recursos que o suplicante despendera, pois as certidões do processo davam conta de que a manutenção dos soldados e escravos na fortificação, e o que deixou de receber desses escravos em dois anos que ali trabalharam, somaram 14 mil cruzados. Ora, a transferência do ônus da defesa não poderia ser notada mais claramente como o foi pelo comissário da Real Fazenda, José de Oliveira Ramos, que certificou em 1769: "he sem duvida que esta despeza junta que aqui deixou de receber dos jornaes dos referidos escravos faz hua avultada quantia na que a mesma Fazenda Real recebeo grande utilidade".[99]

Para mais do dispêndio do próprio patrimônio, outro critério que o Conselho Ultramarino não deixava de levar em consideração era a demonstração de valor militar na guerra viva, quanto mais porque podiam animar os vassalos a igual empenho no cumprimento do Real Serviço. O caso mais exemplar na capitania é o de Antonio Felipe da Cunha Ponte. Português nascido em Mirandela, servia de furriel de Dragões em Mato Grosso quando rompera a guerra de 1763, ocasião em que coordenara o envio de recursos de Vila Bela à fortaleza da Conceição, e participara do cerco à paliçada espanhola, quando "se houve o Suplicante com grande vallor, dezembaraço e dezafogo; e não Obstante haveremlhe morto hum Irmão, e estar elle ferido com huma frexada por parte que podia ser de perigo se conservou athé o fim na força do risco com o mesmo acordo, animando aos Soldados",[100] "tendo os Inimigos quinhentos para seiscentos Homens, e havendo da nossa parte pouco mais de cem".[101] De sua atuação naquela oportunidade chegou notícia ao Conselho Ultramarino, que aprovou seu hábito de Cristo com tença de 30

---

97 APMT, Cód. C-39, f. 23-26. Carta de Luís Manuel de Moura Cabral a Martinho de Melo e Castro, Cuiabá, 20 dez. 1795, f. 25.

98 IANTT, MR, Decretos 1745-1800, pasta 60, n. 82, Anexo n. 2. Decreto da mercê do Hábito de Cristo, Lisboa, 24 nov. 1798.

99 IANTT, MR, Decretos 1745-1800, pasta 60, n. 82, Anexo n. 2. Certidão do provedor comissário da Real Fazenda da Fortaleza Nossa Senhora da Conceição, José de Oliveira Ramos, comprovando a presença dos camaradas e escravos de José Pais Falcão das Neves na referida fortificação, Vila Bela, 24 jan. 1769. Reconhecimento já próximo da morte, que se deu a 2 de julho de 1805. AVB, p. 175.

100 IANTT, MR, Decretos 1745-1800, pasta 29, n. 34. Consulta do Conselho Ultramarino em Lisboa, 27 nov. 1772.

101 AHU, Cód. 614, f. 47-47v. Carta de Martinho de Mello e Castro a Luiz de Albuquerque, Palácio da Nossa Senhora da Ajuda, 11 out. 1771, com parecer favorável a Antonio Felipe da Cunha Ponte.

mil réis em 1772, a qual foi elevada para 40 mil em 1778.[102] A circunstância de que "ficara ferido na Guerra que houvera com os Hespanhoes naquelle continente" foi lembrada pelo mesmo Conselho quando aprovou sua elevação a coronel de infantaria, em 1795.[103]

O valor militar, de por si, ao que parece não bastava, tanto que para requerer o hábito de Avis, que recebeu em 1797 com 12 mil réis de tença, o mesmo suplicante Antonio Felipe da Cunha Ponte enfatizara o fato de que governara a capitania várias vezes durante ausências e impedimentos de governadores.[104] Do mesmo modo, o governador Caetano Pinto de Miranda Montenegro, ao propor ao Conselho Ultramarino os nomes dos militares que se destacaram na terceira tentativa que os espanhóis empreenderam para tomar a capitania, na guerra de 1801-1802, expressava com clareza quais critérios comandavam sua escolha para os hábitos das ordens militares: ser pessoa "bem estabelecida" com fábrica mineral, agrícola e escravos, haver servido à própria custa, e ter fornecido os donativos e auxílios necessários, quando se lhes foram requisitados. Assim, para o hábito de Cristo, recomendava Ignácio Rodrigues da Silva, tenente-coronel da Legião de Milícias de Cuiabá, e seu irmão Joaquim Leite Paes, capitão-mor das Ordenanças, por socorrerem a guarnição de Nova Coimbra com pólvora e chumbo, emprestarem 11 bestas de carga, três cavalos, 30 armas de fogo e 70 escravos, e "em cazo de necessidade me disserão ambos, virião em pezo as suas Fabricas Mineraes de duzentos escravos cada hua"; para o hábito de Santiago, o fazendeiro Leonardo Soares de Souza, capitão das milícias de Vila Maria, que doou 300 cabeças de gado para o sustento das tropas; e como o sargento-mor Gabriel da Fonseca e Souza já possuísse o hábito de Santiago, propunha-o para tenente-coronel das milícias de Cuiabá, por sua oferta de seis soldados prontos e pagos à sua custa, e por ser um morador opulento, tendo sido um dos principais comerciantes de São Paulo e possuir uma fábrica mineral com mais de 100 escravos.[105] Os hábitos com as tenças da tarifa e a referida nomeação foram confirmados por Carta Régia de 13 de julho de 1803.[106] Por que era importante conceder esses hábitos e mercês aos poderosos da elite local

---

102 IANTT, MR, Decretos 1745-1800, pasta 29, n. 34. Decreto modificando a mercê do Hábito de Cristo com tença efetiva de 30 mil réis por tença de 40 mil réis no rendimento da obra pia para as irmãs do requerente Antonio Felipe da Cunha Ponte, Palácio de Queluz, 21 ago. 1778.

103 IANTT, Registro Geral das Mercês de D. Maria I, livro 19, f. 281v. Carta de confirmação do posto de Coronel da Infantaria da Capitania de Mato Grosso a Antonio Felipe da Cunha Ponte, Lisboa, 3 nov. 1795; AHU, MT, cx. 31, d. 1697. Consulta do Conselho Ultramarino sobre a petição do tenente da Companhia de Dragões Antonio Felipe da Cunha Ponte, que solicita patente de coronel de infantaria, Lisboa, 24 jul. 1795.

104 IANTT, MR, Decretos 1745-1800, pasta 58, n. 94. Decreto concedendo o hábito de Avis a Antonio Felipe da Cunha Ponte, com 12 mil réis de tença efetiva, [Lisboa] 14 mar. 1797.

105 AHU, MT, cx. 40, d. 1987. Caetano Pinto de Miranda Montenegro ao Visconde de Anadia, Vila Bela, 22 set. 1802; AHU, MT, cx. 41, d. 2050. Visconde de Anadia a João Filipe da Fonseca, oficial da secretaria de Estado da Marinha e Ultramar, Lisboa, 11 jul. 1803.

106 AHU, Cód. 614, f. 94-94v. "Relação dos despachos com que S. Alt. foi servido remunerar os Oficiaes, que se distinguirão na defeza da Capitania de Matto Grosso", Ajuda, 13 jul. 1803.

justamente quando os espanhóis invadiram a capitania? O mesmo governador esclarece que "se esta Capitania estivesse rica e florescente, e tivesse muitos Mineiros, como os primeiros dous, acharia eu nos seus moradores grandes recursos",[107] que certamente se faziam tanto mais necessários em uma capitania que dependia de subsídios para funcionar, e cujos limites internacionais estavam ainda indefinidos: "Eu todavia não tenho razão de queixa, e antes o peso da guerra carregou mais sobre aquelle Povo [de Cuiabá], o qual, e o de Matto Grosso, são bem dignos da Real Contemplação de Sua Alteza".[108]

Era bastante comum, no entanto, que colonos fracassassem em tentar convencer o Conselho Ultramarino da importância dos recursos que forneceram ao Estado ou do valor militar de seus serviços. Antonio de Souza Azevedo, por exemplo, fez constar que despendeu seu patrimônio e se lançou, "com hu escravo armado à sua custa", aos perigos da guerra em 1763, quando as tropas portuguesas atacaram a estacada espanhola instalada no rio Itonamas, "por se haver exposto a maior força do fogo, de cuja ação sahio ferido; e depois de ser curado, e servir algum tempo na referida Guarda da Nossa S.ra da Conceição, com incansável zello, e trabalho", ainda conduziu dois jesuítas espanhóis presos até Vila Bela.[109] Pedira a confirmação de um hábito de Cristo com 30 mil réis de tença concedido pelo governador em 1768,[110] mas sem obter resposta da Coroa, parece ter-se contentado com uma sesmaria de meia légua no ribeirão Taquaruçu, concedida pelo governador Luiz Pinto em 1770.[111]

Honras e mercês do lado espanhol

Do outro lado da fronteira, o governo espanhol utilizava dispositivos muito semelhantes aos dos portugueses para atrair os colonos a que servissem à própria custa em atividades decisivas nas fronteiras com lusitanos e "índios bárbaros", remunerando-lhes com honras e mercês. A um observador agudo da colonização espanhola como Julio Ramón de César, não escapava que o governador podia capitalizar o investimento da elite local nos postos de oficiais militares: "La oficialidad está nombrada p.r el gobernador q.' quita y pone a su arbitrio, haciendo un comercio clandestino p.a sus propias conveniencias llenando de esperanzas y promesas vanas a los pretendientes a estos empleos, y otros p.a tenerlos a su partido coligados".[112]

---

107 AHU, MT, cx. 40, d. 1987. Caetano Pinto de Miranda Montenegro ao Visconde de Anadia, Vila Bela, 22 set. 1802.

108 *Ibidem.*

109 AHU, MT, cx. 13, d. 822. Requerimento de Antonio de Souza Azevedo à rainha D. Maria I [posterior a 17 dez. 1768].

110 AHU, MT, cx. 13, d. 822. Concessão do hábito de Cristo com tença de 30 mil réis a Antonio de Souza Azevedo, Vila Bela, 17 dez. 1768.

111 AHU, MT, cx. 22, d. 1358. Carta de sesmaria a Antonio de Souza Azevedo, Vila Bela, 13 dez. 1770; Confirmação do Conselho Ultramarino, Lisboa, 30 abr. 1782.

112 RAH, CML, t. 60, f. 1-228. "Descripción de la provincia del Paraguay, sus producciones naturales, con observaciones sobre la agricultura, costumbres, y carácter de sus habitantes por Don Julio Ramón de César", 1790, f. 67v-68.

Foi possível identificar, no entanto, para o período abarcado por esta pesquisa, apenas uma concessão de hábito das ordens militares a colonos do Paraguai, nomeadamente a José Antonio Zabala y Delgadillo. Em novembro de 1793, ele enviou à corte seu requerimento e a declaração certificada dos serviços prestados, em que se nota a predominância de questões relacionadas à fronteira com portugueses e "índios bárbaros".[113] O suplicante coordenara a construção do forte Borbón nas raias da capitania de Mato Grosso em 1791; adquirira notícias relativas aos índios e, aspecto crucial, "pactó amistad con veinte y siete casiques Mbayas bravos, que doze de ellos prestaron obediencia a V. M."; investigara o roteiro que se esperava abrir para a província de Chiquitos; tudo o que executara com a mais atenta economia da *Real Hacienda*, valendo-se de seu próprio pecúlio.[114] Ademais, a certidão do vice-rei, datada de 3 de novembro de 1796, dava conta de que o suplicante servia há 23 anos na província, que fora por várias vezes destacado aos presídios de San Miguel e San Geronimo, e que não havia dúvidas quanto a "su noble nacimiento".[115] Essas notícias foram do agrado da Coroa, que confirmou Zavala y Delgadillo no posto de tenente-coronel de milícias em julho de 1795 e concedeu a mercê do hábito de Montesa em novembro do ano seguinte.[116]

A instrumentalização da política indigenista como meio de arrivismo político era uma prática bastante difundida e de enormes consequências nas relações entre colonos, funcionários e Coroa. Em junho de 1788, por títulos lavrados em Aranjuez, a Coroa concedeu a José Antonio Yegros e José de Espinola y Pena, respectivamente, os postos de tenentes-coronéis dos regimentos de milícias de Quiquio e Itapúa.[117] Os serviços dos suplicantes foram certificados numa carta do governador Joaquín de Alós, em que relatava os sucessos da expedição que enviara em 1787 ao Chaco para reprimir as últimas hostilidades dos "índios bárbaros". Com poucos auxílios do Ramo de Guerra, os dois comandantes "hicieron su pasage a su costa y mensión", e "lograron en siete días avanzar tres tolderías grandes que cautivaron, traiendo a esta ciudad la una de ellas, por que las otras dos fueron perdonadas a instancias del cura catequista". O particular mérito contraído pelo referido cura, Francisco Amancio Gonzáles, foi sublinhado pelo governador Alós, quanto mais porque ele conseguira congregar cerca de 200 famílias de índios Lengua, Machiquis e Enemigas em certa paragem, e à sua custa iniciara uma nova redução: "esta aplicación es tanto mas apreciable quanto es de incesante el fervor con que se ha dedicado de su proprio motu desamparando las comodidades

---

113 AGS, SGU, 6823, n. 13, f. 149-158. Declaração de serviços de José Antonio Zabala y Delgadillo, Assunção, 8 nov. 1793.

114 *Ibidem*.

115 AGS, SGU, 6823, n. 13. Certidão do vice-rei Nicolás de Arredondo, Buenos Aires, 3 nov. 1796.

116 AGS, SGU, 6823, n. 13. Confirmação do posto de tenente-coronel, Madri, 2 jul. 1795; Despacho de concessão do hábito da ordem de Montesa, San Lorenzo, 7 nov. 1796; Carta do vice-rei Olaquer Feliú ao rei, manifestando estar informado da concessão do hábito, Montevidéu, 4 nov. 1797.

117 AGS, SGU, 6819-3. Expediente, Madri, 1 jul. 1788: Títulos de tenentes-coronéis, Aranjuez, 25 jun. 1788.

de su casa con crecidos gastos de sus bienes patrimoniales que ha sacrificado como buen patriota".[118] A Coroa aprovou essa diligência e ordenou ao ministro de Graça e Justiça, Antonio Porlier, que assinalasse um fundo que garantisse o sustento do mencionado cura durante sua velhice.[119]

A trajetória desse José de Espinola y Pena, colono nascido no Paraguai, expressa claramente como o dispêndio do próprio patrimônio com a política indigenista e fronteiriça da Coroa podia ser capitalizado em estratégias de arrivismo político. Espinola obtivera o título de tenente-coronel das milícias de Itapúa em 1788, em 1795 era coronel das milícias do Paraguai, e em 1797 comandante de Concepción. Em maio de 1802, ele enviou ao rei um memorial documentado com o pedido do posto de brigadeiro com soldo de coronel.[120] Seu argumento principal era o ter sofrido "costosos dispendios de su peculio" em favor da política indigenista da Coroa: "para el coste de las repetidas expediciones que ha hecho al Gran Chaco, y otros parages mui distantes de la poblacion, con el fin de contener el Orgullo de las Naciones Ynfieles, que han ostilizado a estos moradores, con muertes y robos de sus vidas y haciendas".[121] Certificava que fora nomeado *mestre de campo general* da província em 1778, por ter contribuído na expedição de desalojo dos portugueses de Iguatemi; que coordenara o repartimento de terras aos Mocobí na redução de Remolinos, para a qual recolhera donativos entre o *vecindario*; que comandara a expedição que descobriu o caminho até Salta de Tucumán, por via do Chaco; que dirigira as "útiles expediciones" enviadas desde 1797 "para contener a los Yndios Mbayas, que habían disuelto la paz antigua con esta Provincia" – uma das quais, vale lembrar, penetrou uma boa distância além do rio Mbotetei, em terras supostamente portuguesas –; e finalmente, quando publicada a guerra contra a Coroa de Portugal em 1801, comandara uma das embarcações dirigidas pelo governador até o forte de Nova Coimbra.[122] Um extenso rol de serviços em que os problemas mais decisivos da política imperial espanhola para aquela fronteira se viam concretamente representados, não sendo de surpreender que, no início do século XIX, José de Espinola fosse um dos sujeitos com a mais alta graduação militar da província,[123] e que

---

118 AGI, Buenos Aires, 366. Joaquín de Alós ao rei, Assunção, 13 nov. 1787, f. 2-3.

119 AGS, SGU, 6819-3. Expediente, Madri, 1 jul. 1788, f. 15-16v: Despacho do secretário de Estado ao ministro da Graça e Justiça, Antonio Porlier, Aranjuez, 24 jun. 1788.

120 AGI, Buenos Aires, 89. José de Espinola y Pena ao rei, Assunção, 18 maio 1802; "Memorial de José de Espinola y Pena", Assunção, 16 set. 1800.

121 AGI, Buenos Aires, 89. José de Espinola y Pena ao rei, Assunção, 18 maio 1802, f. 1v.

122 AGI, Buenos Aires, 89. José de Espinola y Pena ao rei, Assunção, 18 maio 1802; "Memorial de José de Espinola y Pena", Assunção, 16 set. 1800. A expedição de 1797 avançou até vinte léguas adiante do rio Mbotetei, em perseguição dos Guaykuru (AHN, Estado, 3410, caja 1, carpeta 13, n. 5, Anexo 4. Caetano Pinto de Miranda Montenegro a Lazaro de Ribera, Vila Bela, 30 jun. 1797, f. 1v).

123 Até 1803, o único que possuía o grau de coronel era José de Espinola y Pena, quando foi alcançado por Pedro Gracia. José Antonio de Zavala y Delgadillo também chegou a esse posto mais tarde. Até 1799, eram os três únicos oficiais em condições de requerer à *Real Hacienda* o pagamento de seus serviços, e parece que somente Espinola tinha sido bem sucedido (ANA, SH, v. 163, n. 18-19. "Los Ministros principales de Real Hacienda Martín José de Aramburu y

seu pedido subisse ao *Consejo de Indias* pela mão do vice-rei Joaquín del Piño y Rosas com a seguinte recomendação: "la utilidad y necesidad de su persona en las fronteras de Yndios y en las de Misiones ocupadas por los portugueses, lo hacen en mi concepto acreedor a que se digne S. M. premiarlo y estimular a si al mismo y a otros a la continuación de sus útiles servicios".[124]

Nesse campo de forças em que colonos e funcionários competiam para mostrar serviços à Coroa, era comum que governadores se apropriassem de informes redigidos por oficiais subordinados para elevar seu prestígio e obter mercês. Félix de Azara afirma ter hesitado em redigir sua "Descripción Histórica" do Paraguai temendo que o governador Alós se apropriasse dela como se fosse sua, "como lo hizo cuando recién llegado a esta Provincia escrivió a V.M. atribuyéndose todas mis tareas, por lo que v.m. le dió cumplidas gracias por el marqués de Bajamar".[125]

Nessas fronteiras com impérios rivais e "índios bárbaros", espaços privilegiados para mostrar serviço em temas absolutamente fundamentais para a Coroa, como eram a consolidação e demarcação dos limites e a política indigenista com os povos não conquistados, a competição entre funcionários em demanda de honras e mercês era acirrada. Em 1790, Martin Boneo comandou uma expedição de reconhecimento dos fortes e estabelecimentos portugueses de Nova Coimbra e Albuquerque. Antes que os participantes tivessem tempo de escrever ao vice-rei e à Corte, o governador do Paraguai se adiantou em preparar um informe em que fazia constar que coordenara a expedição "con auxilios que entonces [...] acá yo mismo pude proporcionar", "considerando exausto el R.l Erario, y que como tesoro sagrado solo se debe echar mano de él, por ultimo recurso". Em nenhum momento menciona os nomes de Martin Boneo e Ignacio de Pasos, oficiais que foram até Coimbra, nem o de Félix de Azara, que coordenou e financiou a expedição.[126] Azara não deixou de referir o que aconteceu aos ministros do *Consejo de Indias*:

> habiendo yo dispuesto y costeado integralmente una expedición para reconocer los establecim.tos portugueses de río arriba, según es publico y consta

---

Juan José González hacen una presentación al Gobernador sobre pago extraordinario al Coronel José de Espinola por su expedición al Chaco", 1796). Ver também: VELÁZQUEZ, Rafael Eladio. *El Paraguay en 1811*: estado político, social, económico y cultural en las postrimerías del período colonial. Assunção: [s.n.], 1965, p. 74-75.

124 AGI, Buenos Aires, 89. Joaquín del Piño y Rosas a José Antonio Caballero, Buenos Aires, 28 dez. 1803.

125 AHN, Estado, 4555, carpeta 11, n. 57. Félix de Azara ao rei, Assunção, 19 jan. 1794. De nada adiantaram os receios de Azara, pois sua obra "Descripción histórica, física, política, y geográfica de la Provincia del Paraguay" (que está em AHN, Estado, 4548. 9 jul. 1793) foi confiscada pelo governador Alós. O motivo alegado era que seu autor presenteara o *cabildo* de Assunção com uma cópia, o que violava, no entender do governador, a política de segredo inerente às matérias de Estado, como justificava ao vice-rei: "En ella como verá V.E. se describen todos los caminos y comunicaciones hasta los terrenos de los portugueses y parages de los Chiquitos: esto no combiene que lo sepan, ni que nos hallamos con orden de S.M. para levantar otro presidio cuia execución esta suspensa por la existencia de Coimbra" (AHN, Estado, 4555, carpeta 11, n. 53. Joaquín de Alós a Nicolás de Arredondo, 16 jan. 1794). Apesar dos requerimentos de Azara, o vice-rei aprovou a decisão do governador (AHN, Estado, 4555, carpetas 13, n. 71. Nicolás de Arredondo a Félix de Azara, Buenos Aires, 19 fev. 1794).

126 AHN, Estado, 4611, n. 3. Longo informe de Joaquín de Alós a Nicolás de Arredondo, Assunção, 18 out. 1790, f. 18.

> de las cuentas originales, que conservo, y embiado a ella mis subalternos; se la apropió el governador escriviendo al actual virrey el mes de Julio de 1790, que él la habia costeado y dirigido.[127]

Como se não bastasse, o mapa do rio Paraguai, sendo da lavra de Azara e seus subordinados, pôde havê-lo o governador e enviá-lo primeiro ao vice-rei, não sem antes cortar o pedaço em que apareciam os nomes dos autores para substituí-los pelo seu.[128]

Dispêndios do patrimônio pessoal com a política indigenista recomendada podiam ser recompensados pela Coroa com mercês, contanto que não fosse contrariada a política mais ampla de redução dos custos de defesa das fronteiras. Essa era uma equação complexa, e muitos requerimentos fundados em serviços bem certificados podiam não ser atendidos porque era inviável à Coroa criar novos postos e cargos remunerados. Dentre as certidões com que Antonio Ramos de la Vega fundamentou seu processo, constavam atestações do período de quatro anos e meio em que comandara Concepción. De la Vega pleiteava, em 1791, a confirmação da nomeação para o posto de ajudante-mor das milícias do Paraguai e o respectivo soldo. Em uma das certidões que agregou, certo *vecino* Francisco Xavier Alvarenga dizia ser testemunha do "zelo y pericia militar" com que de la Vega comandara Concepción, como se vira manifestadamente "en el asalto que nos pretendieron hacer los Ynfieles Mbayas, Guanas, que fue en donde particularmente se mostró su valor, y ardid en las útiles y prontas disposiciones que tomó": as famílias dispersas pela campanha foram conduzidas à vila e a Belén, onde permaneceram protegidas por escoltas. A mesma testemunha refere o zelo do comandante de Concepción em aplicar a política de presentes e dons recomendada pela Coroa:

> declaro las repetidas dádivas a congratulaciones que estubo contribuyendo en todo su tiempo a los Yndios Ynfieles inmediatos de esta, que de en quando, en quando venían tropellas con sus casiques, y a todos los contentava, a fin de tenerlos gratos, para que no hiciesen robos, ni otros daños en la Población.[129]

A Coroa manteve-se, contudo, em coerência com sua política de não criar (mas antes reduzir) despesas com regiões fronteiriças que, ao seu entender, podiam defender-se sozinhas. Como

---

127 AHN, Estado, 4555, carpeta 11, n. 57. Félix de Azara ao rei, Assunção, 19 jan. 1794, f. 2.

128 *Ibidem*. Martin Boneo, em carta a José Varela y Ulloa, relatava o mesmo: Azara teria "costeado de su bolsillo los viveres y el salário de la gente", e o governador Alós, vendo que na carta constava que era ordem do vice-rei, "resultó mandarlo rascar furtivamente y sustituir en su lugar lo que le pareció" (AHN, Estado, 4500, carpeta 8, caja 1, n. 13. Carta de Martin Boneo a José Varela y Ulloa, Assunção, 13 nov. 1790).

129 AGS, SGU, 6806-11, f. 29-29v. Declaração de Francisco Xavier Alvarenga, capitão de cavalaria das milícias de Concepción, atestada na mesma vila, 14 ago. 1789.

não existisse o posto de ajudante-mor da praça de Assunção e fosse requerido soldo, o pedido foi rechaçado.[130]

Os colonos não ignoravam que, à primeira vista, as mercês podiam ser um benefício mais simbólico que material. As vantagens materiais decorrentes das distinções simbólicas, no entanto, levavam a que insistissem em suas petições, mesmo quando não atendidos. É assim que certo Pedro Nolasco Domecq, *vecino* da vila fronteiriça de Concepción, em requerimento que fez subir aos ministros pelas mãos do governador Joaquín de Alós em 1792, assentava seu pedido do posto de sargento-mor em sólidos serviços à sua custa, como eram as expedições contra os índios do Chaco, o auxílio às obras de construção do forte Borbón, a diligência a que fora encarregado de revistar todos os presídios da fronteira e examinar o estado das forças militares da província, que cumprira tendo sofrido um ataque dos índios Monteses, entre outros méritos. O suplicante afirmava que, mesmo se não vencesse soldo, pedia sua confirmação no posto pelos seguintes motivos simbólicos: "contaré p.r premio la R.l confirmación, p.a la perpetuidad en este ministerio y q.' trascienda a mis yjos el merito y honor q.' labrare en su carrera y se hará entonces mas respetable y V.S. igualmente tendrá un subalterno caracterizado p.a el desempeño de las muchas fatigas q.' recargan sobre el gobierno".[131] A Coroa, no entanto, não aderiu ao pedido de Pedro Nolasco Domecq: o posto de sargento-mor não existia no Paraguai, e criá-lo significaria uma nova despesa que entrava em desacordo com a política de redução de gastos levada pelo *Consejo de Indias*. Nesse como em outros casos, a situação tornou-se delicada porque fora o governador quem nomeara o colono para um posto cuja criação não estava nos planos da Coroa. Em carta de setembro de 1795, após receber uma manifestação decepcionada do colono, Alós passou novo pedido à Corte em que o recomendava para o posto de tenente-coronel.[132]

Abertura de caminhos e reconhecimento de territórios

Os territórios do império deviam aparecer ao monarca como em um mapa em que, à palma de sua mão, pudessem ser contemplados os rios, montanhas, florestas, povos e riquezas que compunham suas possessões. Para dar a conhecer os domínios, no entanto, era preciso contar com a colaboração de sujeitos práticos nas aberturas de roteiros, explorações de rios, contatos com povos, pesquisas de minerais, em suma, sujeitos que dominassem esse saber indiciário, atento aos detalhes, próprio dos indígenas. Animá-los a realizarem explorações, em contextos em que a Real Fazenda não podia financiar empreendimentos dessa natureza, impunha pôr

---

130 AGS, SGU, 6806-11. Real Ordem sobre o requerimento de Antonio Ramos de la Vega, 1 mar. 1792.

131 AGS, SGU, 6812-24, f. 108-110. "Solicitd de confirmación como sargento mayor de las Milicias de Paraguay que hace Don Pedro Nolasco Domecq", 1794-1795: Carta de Pedro Nolasco Domecq ao governador Joaquín de Alós, Concepción, 23 abr. 1792.

132 AGS, SGU, 6809-3, f. 9-10. "Denegación del empleo de sargento mayor de la plaza de Paraguay solicitado por D. Pedro Nolasco Domecq, capitán de Milicias de Paraguay", por Real Ordem de 29 jan. 1794; AGS, SGU, 6812-24. Joaquín de Alós ao rei, Assunção, 14 set. 1795.

em atividade os dispositivos propriamente simbólicos de atração das disposições de uns e outros. Era preciso que acreditassem que, levando a efeito as tarefas mais interessantes ao Real Serviço, poderiam alcançar crédito em relação ao poder central para requerer honras, mercês, privilégios e benefícios.[133]

Em certos casos, esse estímulo às iniciativas individuais ou de pequenos grupos conduzia a explorações que nem sempre atentavam às proibições, muito comuns nas áreas de minas, que regulavam a mobilidade dos colonos e impediam a entrada em determinados territórios. Assim, provavelmente as condições favoráveis para a expansão territorial de um império dependiam em alguma medida não desprezível da capacidade dos governos de assumir o controle de atividades mais ou menos autônomas de exploração de rios e terrenos. Ilustra muito bem essa assertiva a viagem já bastante conhecida e estudada de Manuel Félix de Lima que, em 1742, passou com um grupo de comerciantes e sertanistas das minas de Mato Grosso à cidade de Belém.[134] A navegação fora proibida pelo Alvará de 27 de outubro de 1733, com a justificativa de que as minas poderiam atrair os moradores do Maranhão e do

---

[133] Ao passo que espanhóis e holandeses, já nos primeiros séculos da colonização, financiavam expedições científicas e respostas a questionários, os portugueses dependiam de empreendimentos particulares para obter notícias de seus domínios, e retribuíam os informantes com mercês, que os atrelavam ao projeto colonial. Esse dispositivo, que Ronald Raminelli chama de "patronagem régia", permanecia em atividade à época das expedições ilustradas, quando a Coroa passou a financiar expedições e memórias sobre a colônia. Ver as sugestivas análises das trajetórias de Gabriel Soares de Souza e Alexandre Rodrigues Ferreira: RAMINELLI, Ronald. *Viagens ultramarinas*: monarcas, vassalos e governo a distância. São Paulo: Alameda, 2008, p. 37-41, 128; e ainda sobre Gabriel Soares de Souza, em perspectiva semelhante: RICUPERO, Rodrigo. *A formação da elite colonial*: Brasil, c. 1530-c. 1630. São Paulo: Alameda, 2008, p. 65.

[134] A expedição era composta pelos reinóis Manuel Félix de Lima, Joaquim Ferreira Chaves, Vicente Pereira da Assunção e Manoel de Freitas Machado; paulistas: Tristão da Cunha Gago, João Barboza Borba Gato, Matheus Corrêa Leme, Francisco Leme do Prado e Dionísio Bicudo; e o pescador João dos Santos, nascido no Rio de Janeiro. Eles estavam endividados e, para não ir a Cuiabá encontrar seus credores, resolveram tentar estabelecer comércio com os jesuítas castelhanos de Mojos, "para efeito de comprarem Cavallos, e Bois", o que lhes foi obstado. Uma parte do grupo retornou a Mato Grosso e prestou contas do que vira nas missões ao ouvidor (AHU, MT, cx. 3, d. 175. "Informações reunidas pelo ouvidor João Gonçalves Pereira sobre as missões dos padres da Companhia de Jesus das Indias Ocidentais de Castela", Cuiabá, 20 set. 1743).
Manuel Félix de Lima e Manuel de Freitas Machado prosseguiram a descida dos rios Guaporé e Madeira e apareceram no Pará, onde foram presos. A viagem vem narrada em: Manuscrito de Manuel Félix de Lima [c. 1742]. In: SOUTHEY, Robert. *História do Brazil*. Rio de Janeiro: Garnier, 1862, v. 5, p. 404-24.
Outros informes que resultaram das visitas às missões de Mojos em: BNRJ, II-36-14-17, n. 2. "Rellação summaria da premr.a viagem que fizerão Tristão da Cunha Gago, Francisco Leme do Prado, e outros pello rio Guaporé abaixo", 20 set. 1743. In: CORTESÃO, Jaime (ed.). *Alexandre de Gusmão e o Tratado de Madri* (1750), parte 3: Antecedentes do Tratado (1735-1753). Rio de Janeiro: Ministério das Relações Exteriores/Instituto Rio Branco, 1951, t. 2, p. 52-56; BNRJ, Goiás, Documentos Vários, I-7-4, n. 10, d. 8. "Verdadeira noticia que deu Francisco Leme do Prado, do que passou vio, e experimentou na viagem que fez destas Minas do Mato grosso pelo Rio abaixo as Missoenz dos Padres da Companhia do Rn.o de Castella a que chamão Mogos, cujas pertencem a Provincia da Cidade de Lima, indo por Compan.ros Manoel Feliz Lima, Joaq.m Ferr.a Chaves, Vicente Pereira d'Assumpçaõ, Manoel de Freitas Machado, Matheus Correa Leme, e João dos Santos Berneq, paragens por onde não consta andasse pessoa portuguesa" [c. 1743]. In: CORTESÃO (ed.), *Alexandre de Gusmão e o Tratado de Madri, op. cit.*, parte 3, t. 2, p. 57-63.

Pará.¹³⁵ Manuel Félix de Lima foi preso e, apesar da insistência dos colonos, que seguiram frequentando os rios Madeira e Mamoré, a Coroa somente acenou com a abertura do roteiro em 1748, com receio de arruinar as negociações do Tratado de Limites.¹³⁶ Episódio revelador, como observou David Davidson, tanto porque os colonos foram mais realistas que o rei, e abriram um roteiro de comércio que oferecia inegáveis vantagens à consolidação da posse portuguesa do extremo oeste do Brasil, quanto porque a Coroa, quando se deu conta, passou a uma política de estímulo fortemente controlado desse comércio, bem como de instalação de povoações, feitorias e fortes nas margens dos rios.¹³⁷

Outro caso emblemático de sertanistas que se lançavam, à sua custa e risco, a explorações do território e aberturas de caminhos, em demanda de ganhos imediatos e também do reconhecimento do monarca, é o de João de Souza de Azevedo. Nascido em Vairão, região do Minho, transferiu-se de Araritaguaba para as minas do Mato Grosso. Já entre 1746 e 1747 explorava os rios Sepotuba, Semidouro e Arinos.¹³⁸ Em 1747, estava entre os desenganados com as minas de Arinos, e passando pelo rio Tapajós ao Amazonas, apareceu no Pará, tendo sido o segundo

---

135 AHM, Cota 2/1/1/15. "Alvará proibindo a abertura de picadas e caminhos para as minas da Real Fazenda", Lisboa, 27 out. 1733.

136 BNRJ, Goiás, Documentos Vários, I-7-4, n. 10, d. 6. "Carta de Marco Antonio de Azevedo Coutinho para Gomes Freire de Andrade, provavelmente minutada por Alexandre de Gusmão, sobre a conveniência de intensificar a navegação do Madeira, e a ocupação portuguesa nas regiões vizinhas da América espanhola", Lisboa, 15 set. 1748. In: CORTESÃO (ed.), *Alexandre de Gusmão e o Tratado de Madri, op. cit.*, parte 3, t. 2, p. 133.
As autoridades hesitaram em enviar Manuel Félix de Lima preso a Lisboa. O ouvidor geral do Pará, Timóteo Pinto de Carvalho, se opôs, o que gerou uma querela com o governador (AHU, PA, cx. 25, d. 2387. João de Abreu de Castelo Branco ao rei, Pará, 24 fev. 1743). Alexandre de Gusmão e Tomé Joaquim da Costa Corte Real foram de parecer favorável à prisão e envio a Lisboa, conforme despacho do Conselho Ultramarino reunido em 26 jun. 1743, remetido em Carta Régia a João de Abreu de Castelo Branco, governador do Estado do Maranhão e Pará, Lisboa, 17 jun. 1744 (In: CORTESÃO (ed.), *Alexandre de Gusmão e o Tratado de Madri, op. cit.*, parte 3, t. 2, p. 81-82).
O manuscrito resumido por Southey relata que, em Lisboa, Manuel Félix de Lima foi ouvido pelos ministros, a quem propôs a instalação de três fortes no roteiro fluvial e requisitou o posto de guarda-mor de todo o território, mercê de terras e outras graças não especificadas. A Coroa não aderiu ao pedido, mas também não manteve o suplicante preso (Manuscrito de Manuel Félix de Lima [c. 1742]. In: SOUTHEY, *História do Brazil, op. cit.*, v. 5, p. 424).
Não se sabe, no entanto, se a mudança de perspectiva da Corte, que passou a vislumbrar a necessidade estratégica de manter frequentada e povoada a rota do rio Madeira, de modo a garantir a posse de territórios contestados pelos espanhóis, favoreceu Manuel Félix de Lima. Segundo um informante, pela década de 1750 ele se achava "cazado no sitio do Rio Miarim, Capp.nia do Maranhão" (BPME, Cód. CXV/2-13, f. 326-28: "Notícia abbreviada/ mas verdadeira/ que se dá do Rio da Madeira, com a individuação e claresa que he precisa para se vir no conhecim.to da distancia, e communicação, q' pode haver, com os moradores das Minas de Matto Groço" [anterior a 1759], f. 327).

137 DAVIDSON, *Rivers & empire, op. cit.*, p. 57, 64. O tema foi ultimamente retomado por: ALMEIDA, André Ferrand de. A viagem de José Gonçalves da Fonseca e a cartografia do rio Madeira (1749-1752). *Anais do Museu Paulista*, São Paulo, v. 17, n. 2, p. 215-35, 2009. Ver também: REIS, Arthur Cesar Ferreira. Paulistas na Amazônia e outros ensaios. *RIHGB*, Rio de Janeiro, v. 175, p. 213-338, 1941; DAVIDSON, David. How the Brasilian West was won: freelance & state on the Mato Grosso frontier, 1737-1752. In: ALDEN, Dauril (ed.). *Colonial roots of modern Brazil*. Berkeley: University of California Press, 1973, p. 61-106.

138 *AVB*, p. 49.

a fazê-lo desde Mato Grosso, depois de Manuel Félix de Lima.[139] Retornou a Mato Grosso em 1749, navegando o rio Madeira como condutor da primeira monção de comércio.[140] Era havido por sujeito prático da navegação dos rios amazônicos, tanto assim que o governador Francisco Xavier de Mendonça Furtado, embora soubesse de sua chegada no Pará em 1748, quatro meses antes das ordens reais que liberaram o caminho, não se dispôs a prendê-lo: "necessitamos delle p.a a Demarcação dos Ryos Mad.a e Guaporé, por q' certam.e he o mais practico que hoje há daq'la navegação", como escreveu ao ministro Diogo de Mendonça Corte Real.[141] Naquele ano, aliás, pretendia voltar ao Mato Grosso pelo rio Tapajós, mas o poder central ordenou que o fizesse pelo rio Madeira, por razões políticas da maior importância.[142] Solicitou em diversas oportunidades o hábito de Cristo ou uma patente honrosa, sempre assinalando os serviços prestados no aumento do território português entre os sertões do Pará e a capitania de Mato Grosso e ter feito várias descobertas de ouro e de rios navegáveis.[143]

Não se pode deixar de notar o considerável dispêndio de parte do patrimônio do suplicante em serviços do maior interesse ao Estado, os quais pretendia ver devidamente remunerados. Já agraciado com a patente de sargento-mor em 1762, João de Souza de Azevedo alegava não ter recebido nenhum soldo ou outra qualquer mercê. Dentre os serviços que trazia à baila, destacavam-se o ter sido empregado nas expedições de demarcação do rio Madeira logo no princípio de 1750, "o que o supp.e cumpriu com m.ta despeza da sua fazenda, perda de bastantes escravos, e de huma canoa de 80 palmos", mandando ainda conduzir do rio Madeira à cidade do Pará uma canoa com a correspondência do governador. Em 1752, acompanhou o governador do Pará em todo o tempo que gastou na fundação da povoação de Macapá e visita das aldeias de índios, adquirindo nessas diligências a doença escorbuto, como atestavam as certidões médicas. Destacado para conduzir o ouvidor da capitania de Mato Grosso, fez considerável despesa com 40 escravos seus e alguns brancos, a quem pagou da sua fazenda e com armas, munições e os mais petrechos necessários, para uma viagem desde a cidade de Belém, sem qualquer ajuda de custo da Real Fazenda. Em 1760, por duas vezes tornou às minas de Mato Grosso com avisos aos ministros de Estado em canoas próprias, com sua comitiva de escravos, tripulação e o mais, despendendo ainda em cada uma das viagens 200 alqueires de farinha para o sustento de 60

---

139 BPME, Cód. CXV/2-13, f. 339-339v. "Breve descripção do Rio dos Arinoz", Pará, 26 set. 1747.

140 *AVB*, p. 48-49.

141 AHU, PA, cx. 36, d. 3365. Francisco Xavier de Mendonça Furtado a Diogo de Mendonça Corte Real, Pará, 9 mar. 1754.

142 BNRJ, Goiás, Documentos Vários, I-7-4, n. 10, d. 7. "Carta de Marco Antonio de Azevedo Coutinho minutada por Alexandre de Gusmão, e dirigida ao Governo do Maranhão, sobre a expedição de descobrimento do Rio da Madeira, e a melhor forma a levar a cabo", Lisboa, 15 set. 1748. CORTESÃO (ed.), *Alexandre de Gusmão e o Tratado de Madri, op. cit.*, parte 3, t. 2, p. 133-38.

143 AHU, MT, cx. 5, d. 336. Requerimento de João de Souza de Azevedo ao rei, Vila Bela, anterior a 20 abr. 1751; AHU, PA, cx. 42, d. 3842. Requerimento de João de Souza de Azevedo ao rei, Pará, anterior a 9 mar. 1757; AHU, MT, cx. 11, d. 678. Requerimento do sargento-mor João de Souza de Azevedo ao rei, Vila Bela, anterior a 28 set. 1762.

índios remeiros e cinco soldados. Referia ainda que, como entrara no Real Serviço em 1750, sua petição para que recebesse o soldo da patente de sargento-mor, aprovada pela Coroa em 1753, só teve efeito em 1755, com o valor de 420 réis por ano, com a cláusula de o haver somente durante as demarcações. Assim, João de Souza de Azevedo, que recebeu por apenas dois anos o mencionado soldo, reclamava que semelhante limitação era contrária ao costume, já que outros oficiais destacados para o mesmo serviço venciam soldo vitalício. Enfatizava as "extraordinárias despezas" que seguia fazendo no exercício do seu posto, "e a total ruína a que hoje se acha reduzida a sua caza, administrada desde o anno de 1750 por feitores e caixeiros, que só cuidão nos seus particulares interesses sem embargo dos excessivos ordenados q.' lhes tem pago o supp.e". Não podia cuidar pessoalmente de seus negócios porque permanecia continuamente ocupado em expedições do Real Serviço, "com m.tos dos seos escravos, sem conveniencia algua". Assim, apelava à justiça do monarca para que fossem remunerados seus serviços desde 1750, que fosse confirmada sua patente de sargento-mor e prático com soldo vitalício de 520 réis por mês, o mesmo que venciam os sargentos-mores engenheiros. Pedia que o soldo fosse retroativo a 1750, e ainda o hábito de Cristo ao seu filho Antonio de Souza de Azevedo, com tença de 260 réis por mês.[144] O Conselho Ultramarino se limitou a pedir o parecer do governador do Pará, que confirmou a suspensão dos soldos em decorrência de não terem prosseguido os trabalhos da demarcação de limites, e que o suplicante era merecedor da atenção da Coroa, pela presteza com que atendia às solicitações do governo.[145] A partir daí o nome de João de Souza de Azevedo só aparece em 1772, em uma solicitação do provedor da Fazenda Real do Pará, Francisco Xavier Ribeiro de Sampaio, de licença para casar-se com sua filha.[146] Não pude encontrar qualquer outra indicação nos livros de Registro Geral das Mercês de que tivesse sido atendido em suas petições. Ao que parece, João de Souza de Azevedo fora um dos principais comerciantes da rota fluvial entre Mato Grosso e Pará, e os serviços que prestara à Coroa, conduzindo funcionários e correspondências, trouxeram-lhe certo prestígio em Belém e a patente de sargento-mor, mas é bem provável que lhe ficasse interditado um pleno reconhecimento em mercês de maior nobilitação.[147]

Seja como for, a Coroa se deu conta das vantagens e passou a controlar de perto a atuação desses aventureiros que abriam caminhos à sua custa. Pois embora eles não estivessem atentos às proibições régias, seguiam interessados, como quaisquer vassalos, em prestar serviço à Coroa e obter as remunerações prometidas pelo monarca às ações que aumentassem seus domínios. Pode-se datar em 1748 o momento de inflexão na política imperial portuguesa em

---

144 AHU, MT, cx. 11, d. 678. Requerimento do sargento-mor João de Souza de Azevedo ao rei, anterior a 28 set. 1762.

145 AHU, PA, cx. 64, d. 5531. Fernando da Costa de Ataíde Teive ao rei, Pará, 21 mar. 1769.

146 AHU, PA, cx. 67, d. 5796. Francisco Xavier Ribeiro de Sampaio a Martinho de Melo e Castro, Pará, 29 jan. 1772.

147 O Conselho Ultramarino rechaçou um dos pedidos de hábito de Cristo com o seguinte parecer: "Ao Cons.o parece q.' suposto os serviços q.' o sup.te alega, não ção dos q.' se poderia ademitir o despacho na forma do reg.to das merces" (AHU, MT, cx. 5, d. 336. Consulta do Conselho Ultramarino em Lisboa, 14 jun. 1749).

relação à comunicação das capitanias do Pará e Mato Grosso e à estratégia a adotar em relação às missões espanholas. A proibição expressa no Alvará de 27 de outubro de 1733, que visava evitar que os moradores do Maranhão desamparassem aquela capitania em busca do ouro,[148] chegou a ser reforçada pelo Conselho Ultramarino em parecer datado de 26 de abril de 1746, que interditava toda a comunicação com o Peru e a abertura de picadas e caminhos, de modo a não ressabiar os castelhanos, "o que se fazia mui perigoso tendo aquella nação mais poder, e sendo mais numerosa que a nossa".[149] O mesmo parecer concordava, ademais, em estimular a povoação das novas minas descobertas nas imediações de Mato Grosso, mediante isenção de tributos e quintos dos metais por 10 anos.[150] Provavelmente a viragem possa ser estabelecida em 15 de setembro de 1748, data de duas cartas de Marco Antonio de Azevedo Coutinho, uma a Gomes Freire de Andrade, outra ao governador do Maranhão. Em ambas, ficavam assinalados os fundamentos de uma nova política em relação à navegação do rio Madeira e o contato com os espanhóis. Primeiro, tratava-se de aumentar os moradores de Mato Grosso e fomentar a navegação entre o Pará e aquele sertão, "de maneira que em lugar de recearmos a superioridade de q.' agora gozão os castelhanos, pelo numero de gentes, q.' tem nas Aldêas de Moxos, e Chiquitos; sejão elles os que tenhão q.' temer a nóssa, pella differença das embarcações com que podemos navegar, e pelo concurso da gente Portuguêza, para aquelles Certoenz, e facil transporte de armas, e munições de toda a sórte".[151] De outro lado, como referido ao governador do Maranhão, em atenção a uma dúvida encaminhada pelo já famoso sertanista João de Souza de Azevedo, que pretendia abrir o caminho pelo Tapajós, manifestava-se claramente contrário à ideia o secretário Marco Antonio de Azevedo Coutinho. O que importava era, antes de tudo, explorar as possibilidades de navegação do rio Madeira, e que se verificassem os sítios mais acomodados em torno da aldeia jesuítica de Santa Rosa, para ali instalar em sesmarias colonos portugueses que, de uma maneira ou de outra, forçariam os espanhóis a abandonar a margem oriental do rio Guaporé, operações essas a realizar sob o mais inviolável segredo.[152]

---

148 AHM, Cota 2/1/1/15. "Alvará proibindo a abertura de picadas e caminhos para as minas da Real Fazenda", Lisboa, 27 out. 1733.

149 IHGB, Conselho Ultramarino, Cód. 1, 2-2, f. 312v-316v. "Parecer do Conselho Ultramarino e despacho do rei sobre a melhor forma de evitar os inconvenientes que resultam da pouca distância a que se encontram as povoações da América espanhola da vila e comarca de Cuiabá", Lisboa, 26 abr. 1746. In: CORTESÃO (ed.), *Alexandre de Gusmão e o Tratado de Madri, op. cit.*, parte 3, t. 2, p. 85.

150 *Ibidem*, p. 86.

151 BNRJ, Goiás, Documentos Vários, I-7-4, n. 10, d. 6. "Carta de Marco Antonio de Azevedo Coutinho para Gomes Freire de Andrade, provavelmente minutada por Alexandre de Gusmão, sobre a conveniência de intensificar a navegação do Madeira, e a ocupação portuguesa nas regiões vizinhas da América espanhola", Lisboa, 15 set. 1748. In: CORTESÃO (ed.), *Alexandre de Gusmão e o Tratado de Madri, op. cit.*, parte 3, t. 2, p. 133.

152 BNRJ, Goiás, Documentos Vários, I-7-4, n. 10, d. 7. "Carta de Marco Antonio de Azevedo Coutinho minutada por Alexandre de Gusmão, e dirigida ao Governo do Maranhão, sobre a expedição de descobrimento do Rio da Madei-

Para assegurar as rotas fluviais que ligavam os distantes estabelecimentos fronteiriços do império, permaneciam sugestivos os mecanismos de premiação de serviços de vassalos com honras e mercês. Em carta a Francisco Xavier de Mendonça Furtado, escrita em julho de 1756, o governador de Mato Grosso relevava a importância do projeto que propusera o juiz de fora de Vila Bela, Teotônio da Silva Gusmão, que pretendia estabelecer uma povoação nas cachoeiras do rio Madeira, cuja navegação seria facilitada com a oferta de socorro aos viajantes. Referia ainda que o protegera da oposição dos demais moradores, especialmente de João de Souza de Azevedo, havido por mais prático daquele caminho, interessado em que não fosse franqueado, por pretender "somente elle metter fazendas nestas minas por este rio, e como para este fim o seu ponto he inculcar, q.' o ditto rio tem grandes difficuldades, q.' só elle he capaz de vencer".[153] Teotônio da Silva Gusmão, nascido em Santos e formado em Coimbra, servira como juiz de fora e provedor da fazenda dos defuntos, ausentes, capelas e resíduos das minas de Mato Grosso, tendo já acumulado os mesmos cargos na vila de Itu.[154] Segundo afirma em requerimento ao rei datado de 20 de maio de 1757, tendo obtido autorização para ir ao Reino, resolvera gastar a ajuda de custo que recebera para a viagem, concretamente 2 mil cruzados, bem como uma boa parte de seu próprio pecúlio, com o estabelecimento de uma nova povoação que assegurasse a posse portuguesa do rio Madeira.[155] Representava ainda que, com aprovação do governador de Mato Grosso, passara à cachoeira do Salto Grande do rio Madeira, a penúltima rio abaixo, paragem havida por mais cômoda aos viandantes que navegavam com negócio entre as duas capitanias, conduzindo "a sua Custa mais de sessenta pessoas, brancos, e mulatos forros, solteiros, e cazados, pretos e indios de serviço". Assim, por se ter lançado a tarefa tão útil ao Real Serviço, qual fosse a criação dessa povoação chamada Nossa Senhora da Boa Viagem, da maior importância para consolidar a rota fluvial entre Vila Bela e Belém, para o que "se sacrificou voluntario a viver em hú dezerto, athe alli innhabitado, e só visto de passagem, p.a fazer exemplo a outros",[156] requeria o ordenado de 4 mil réis anuais com o título e lugar de superintendente geral das cachoeiras dos rios Madeira e Mamoré, a beca e passe em um dos lugares da Relação do Porto, e a mercê de três hábitos de Cristo para dois filhos seus, e para quem casar com sua filha.[157] Desprovido

---

ra, e a melhor forma a levar a cabo", Lisboa, 15 set. 1748. In: CORTESÃO (ed.), *Alexandre de Gusmão e o Tratado de Madri*, op. cit., parte 3, t. 2, p. 133-38.

153 BNL, Pombalina, Cód. 629, f. 135-37. Carta de Antonio Rolim de Moura a Francisco Xavier de Mendonça Furtado, Vila Bela, 13 jul. 1756, f. 136v.

154 IANTT, Registro Geral das Mercês de D. João V, liv. 38, f. 331. Alvará de serventia do ofício de provedor das fazendas da vila de Mato Grosso a Teotônio da Silva Gusmão, o tempo enquanto servir de juiz de fora do mesmo distrito, 28 nov. 1749.

155 AHU, PA, cx. 42, d. 3863, Anexo n. 2. Teotônio da Silva Gusmão a Tomé Joaquim da Costa Corte Real, sobre a povoação que criou nas proximidades das Cachoeiras do rio Madeira a caminho para o Mato Grosso, Pará, 20 maio 1757.

156 *Ibidem*, f. 1.

157 *Ibidem*, f. 2. O fato de ser sobrinho de Alexandre de Gusmão não deixou de ser lembrado pelo suplicante, que pediu ao seu requerimento o "patrocínio" de Tomé Joaquim da Costa Corte Real, em atenção ao seu colega do

de recursos e impaciente com a resposta do poder central, remeteu uma carta mais incisiva ao governador do Pará em 1758, que referiu o caso ao de Mato Grosso e, sem entrar no teor do papel, disse que preferira "guardalo na m.a gaveta".[158] Entretanto, Teotônio da Silva Gusmão fora nomeado para ouvidor das minas de Cuiabá, o que não agradou Francisco Xavier de Mendonça Furtado, que em carta a Rolim de Moura manifestava seu temor de que a povoação de Boa Viagem "não só se não adiantará nada, mas p.lo contr.o se extinguirá absolutam.te"; e como se tratava de povoação estratégica, sugeria que tentasse convencer o ministro de que ele podia "ser despachado à sua satisfação, sem sair daquelle importante lugar".[159] De fato, Teotônio da Silva Gusmão abdicou do cargo de ouvidor do Cuiabá, provavelmente na expectativa de que a Coroa concederia as mercês bem mais interessantes que requisitara.[160] Episódio emblemático, portanto, da capacidade que as honras e mercês, exclusivamente ofertadas pelo poder central, tinham de atrair os investimentos dos vassalos e condicionar sua conduta em atividades de interesse para o Estado. Contudo, como se vê nesse caso e em muitos outros, nem sempre os suplicantes eram remunerados a contento de suas expectativas.

Em 1761, a povoação de Boa Viagem foi abandonada e Teotônio da Silva Gusmão apareceu no Pará reclamando seus vencimentos.[161] Morreu três anos depois.[162] Os moradores tinham mantido contato com vários povos indígenas que viviam nas cercanias da povoação, alguns "com grande dispozição a entrarem de paz", segundo Teotônio referira em 1757,[163] e outros, como os Mura, sempre acusados de hostilidades. Os Mura, aliás, a mais de um informante pareciam ter sido os responsáveis pela evacuação de Boa Viagem, o que, como sugere uma atenta historiadora, pode ter funcionado como pretexto que justificasse o fracasso do estabelecimento, que mal chegou a existir.[164]

Conselho Ultramarino (AHU, PA, cx. 42, d. 3862. Teotônio da Silva Gusmão a Tomé Joaquim da Costa Corte Real, Pará, 20 maio 1757).

158 BNL, Pombalina, Cód. 163, f. 3-7v. Carta de Francisco Xavier de Mendonça Furtado a Antonio Rolim de Moura, Barcelos, 24 maio 1758, f. 7-7v.

159 BNL, Pombalina, Cód. 162, f. 124v-126. Carta de Francisco Xavier de Mendonça Furtado a Antonio Rolim de Moura, Pará, 21 set. 1757, f. 125v.

160 AHU, MT, cx. 10, d. 587. Antonio Rolim de Moura a Tomé Joaquim da Costa Corte Real, Vila Bela, 28 nov. 1758.

161 AHU, MT, cx. 11, d. 640. Antonio Rolim de Moura a Francisco Xavier de Mendonça Furtado, Vila Bela, 2 jul. 1761.

162 AHU, PA, cx. 55, d. 5046. Requerimento de Dona Leonarda Joaquina da Silva, ausente na cidade do Pará e viúva do Dr. Teotónio da Silva Gusmão, ao rei, anterior a 28 fev. 1764.

163 Teotônio da Silva Gusmão solicitava ao governador o envio de um índio que vivia na capital, pois poderia servir de intérprete e facilitar o descimento de seus conterrâneos (BNL, Pombalina, Cód. 629, f. 145-147v. Carta de Antonio Rolim de Moura a Francisco Xavier de Mendonça Furtado, Vila Bela, 2 abr. 1757, f. 146-146v).

164 ARAUJO, Renata Malcher de. O sonho da Povoação de Nossa Senhora da Boa Viagem e as tentativas frustradas de ocupar o vale do Madeira-Mamoré. Texto apresentado no seminário "*Produzindo Fronteiras*: entrecruzando Escalas, Povos e Império na América do Sul, 1640-1828", São Paulo, 2011, p. 16-17. Dentre os que acreditavam que os Mura tivessem destruído a povoação de Boa Viagem estava um importante engenheiro e demarcador: SERRA, Ricardo Franco de Almeida. "Diário do rio Madeira". *RIHGB*, Rio de Janeiro, v. 20, 1957, p. 405-407.

Animados por promessas de mercês, os particulares continuavam a propor projetos de novas povoações, especialmente na Cachoeira do Salto, ponto estratégico e onde seria possível, ao que se supunha, instalar uma vila de portugueses, índios e mestiços que facilitasse a travessia da rota do Pará. Tal era o projeto do padre Ignácio Pedro Jacome e de seu sócio, Luiz de Pina Castel Branco, que manifestaram visar "o aumento, e segurança do Estado", tanto através da redução dos gentios do entorno, como da abundância de víveres que, ali fabricados, podiam ser de grande utilidade e socorro ao Forte Bragança. Estimavam ainda "descobrimentos de minerais de intrínseco valor", uma vez "domésticos os Barbaros daquelles Paîzes". O plano era estabelecer uma povoação em moldes "regulares", ou seja, "huma missão bem arruada, toda coberta de telha (havendo barro sufficiente) e as Cazas de taipa, sendo boa a terra, toda fechada de muro, com quatro portoens, para que melhor se Livre de alguma invazão dos Indios Barbaros". Seria construída a cadeia e uma casa que pudesse servir de câmara, "quando houver povo sufficiente para se erigir Villa". A proposta consistia, concretamente, em que os sócios e alguns sujeitos dispostos a acompanhá-los se comprometiam a ir como povoadores, com seus escravos, oficiais mecânicos e dois caciques influentes entre aquele gentio e interessados em redução. Requisitavam, em contrapartida, que a Real Fazenda custeasse os paramentos religiosos; a quitação das dívidas dos suplicantes; que suas famílias fossem trazidas de Goiás; os cargos de vigário da missão ao padre Ignácio Pedro Jacome e de capitão-mor e diretor dos índios ao sócio Luiz de Pina Castel Branco, contando ambos com a faculdade de se retirarem assim que saldassem suas dívidas com a Real Fazenda; a sesmaria das terras povoadas; a isenção dos dízimos e entradas; e a metade de toda a produção. Aliás, com o que abastecessem o Forte Bragança pretendiam ressarcir a Real Fazenda dos custos envolvidos no projeto. O essencial a notar aqui é que o perdão das dívidas e outras vantagens materiais imediatas esperadas dos cargos eram preferidos pelos suplicantes às honras simbólicas de distinção social, tendência não incomum nos requerimentos de mercês que subiam desde Mato Grosso.[165] Provavelmente porque não eram poucos os que suspeitavam que, naquela fronteira, como a experiência o comprovava, a Coroa raramente vestia os mais beneméritos com hábitos das ordens militares.

A Cachoeira do Salto poderia abrigar, segundo propunha Ricardo Franco de Almeida Serra, uma povoação de índios vantajosa em vários aspectos: produção de drogas, civilização dos índios, interdição de fugas e refresco às monções do norte.[166] Em maio de 1798, o Príncipe Regente enviou uma instrução ao governador do Pará com recomendações claras sobre os

---

165 AHU, MT, cx. 14, d. 852. Projeto do padre Ignácio Pedro Jacome e de seu sócio, Luiz de Pina Castel Branco, para uma nova povoação na cachoeira do Salto, São Vicente Ferreira, 10 maio 1769; enviado à secretaria de Estado em carta de Luiz Pinto de Souza a Francisco Xavier de Mendonça Furtado, Vila Bela, 18 jun. 1769.

166 SERRA, "Diário do rio Madeira", *op. cit.*, p. 405-407.

privilégios que devia oferecer aos que concordassem em residir nas quedas do rio Madeira, a quem a Real Fazenda faria a mercê de adiantar, inclusive, alguns escravos, além da concessão de terras, ferramentas, sementes e gêneros durante o primeiro ano.[167] Inóspito e isolado, aquele terreno oferecia poucos atrativos para os colonos. Já em carta de abril de 1800, o governador de Mato Grosso reclamava que o do Pará não lhe mandara os moradores necessários. E em abril de 1803, Francisco de Souza Coutinho dava conta de que a nova povoação de São João do Crato demandava urgentemente novos casais, "pela grande mortandade que tem ocorrido naquelle povoamento". Àquela altura, contavam-se 76 povoadores brancos e 51 "adjuntos" em 23 fogos, e as baixas somavam 50 pessoas.[168]

Provavelmente, era peculiar (mas não exclusiva) à capitania de Mato Grosso a circunstância de que certos indivíduos com comprovado *know-how* em relação à abertura de caminhos e conhecimento de territórios e populações pudessem adquirir algum prestígio entre funcionários coloniais (ainda que não suficiente para requerer mercês de maior nobilitação). Em 1769, o governador Luiz Pinto solicitou ao paulista João Leme do Prado a abertura do caminho do Forte Bragança à vila de Cuiabá e a atração dos grupos que encontrasse naquele sertão. Em requerimento em que pedia a remuneração do serviço, João Leme do Prado fez constar que sua escolha deveu-se a que era tido por "pessoa com conhecimento do certão, experiência da Guerra do mesmo Gentio, e outras qualidades essenciais, que se conciderárao no Supplicante". Sublinhou seu desprendimento em se desfazer dos próprios bens a fim de atender mais eficazmente aos imperativos do Real Serviço: assim, transferiu sua família para Cuiabá e perdeu a faisqueira que tinha em Vila Bela, vendendo-a a preço irrisório. E enfatizou que se tratava de uma tarefa do maior interesse à política indigenista do Império português: "passando a Bandeira por alguns Reinos de Gentio, teve o supplicante a felicidade de estabelecer paz com os seus caciques, entrando estes, e os seus respectivos súbditos (que são perto de dois mil) voluntariamente no grêmio da Santa Madre Igreja, e domínios de Vossa Magestade".[169] Depois de um ano e quatro meses de viagem, e contando 20 mortos e um desaparecido, a expedição chegou a Cuiabá. Comprovando a tendência nas fronteiras para o pedido de cargos e vantagens materiais imediatas, mais do que distinções simbólicas e enobrecimento, João Leme do Prado solicitou a mercê do ofício de tabelião de Cuiabá por três vidas, "sem sugeição à Ley Mental".[170] O requerimento já subiu com o parecer de Luiz Pinto de Souza, que considerava implausível a concessão do cargo, cuja arrematação anual gerava

---

167 APMT, Cód. C-39, f. 56-62. Carta do Príncipe Regente ao governador Francisco de Souza Coutinho, Queluz, 12 maio 1798, f. 59v, 60v, 61.

168 AHU, PA, cx. 124, d. 9587. Francisco de Souza Coutinho ao Visconde de Anadia, Pará, 16 abr. 1803.

169 AHU, MT, cx. 15, d. 942. Requerimento de João Leme do Prado, que pede remuneração pelos serviços que prestou, remetido em carta de Luiz Pinto de Souza Coutinho ao rei, Vila Bela, 16 jun. 1771.

170 *Ibidem*. Promulgada por D. Duarte em 1434, a Lei Mental determinou que as terras doadas pela Coroa só podiam ser transmitidas ao filho varão primogênito e não podiam ser divididas.

rendimento à Real Fazenda; mas como era favorável à premiação do vassalo, recomendava que o referido João Leme recebesse anualmente como renda o mesmo donativo conforme o maior lance dado nas arrematações.¹⁷¹ Esse exemplo manifesta a tendência, em Mato Grosso, em favor dos requerimentos de cargos e rendas e em detrimento de pedidos de mercês de enobrecimento e distinção simbólica, como os hábitos das ordens militares.

Realmente, João Leme do Prado adquiriu certo prestígio mesmo entre os antigos sertanistas, o que o habilitava para dirigir novos empreendimentos de interesse do Estado. Assim, José Pais Falcão, que devassara há 50 anos os sertões da Vacaria "na diligencia de extinguir as naçoins gentílicas", chamado a recomendar algum sujeito prático que pudesse comandar a expedição a Fecho dos Morros e rio Mbotetei, nas raias indefinidas com a província do Paraguai, onde se pretendia construir uma fortificação, não teve dúvida em indicar João Leme do Prado, "porque tem dado mostras de sua grande capacidade governando sempre tropas desde id.e de 16 anos". Enfim, "outro, como elle, cá não há", assegurava o antigo sertanista, "só reparo que o vejo muy cheio de dividas, e carregado de família, e cada vez mais impossibilitado de empenhos", circunstância que o governador poderia relevar.¹⁷² A expedição, que teve lugar em janeiro de 1776, contatou nas margens do rio Mbotetei certo grupo de índios vestidos com tipoias à maneira dos missioneiros das reduções castelhanas, munidos de lanças e flechas com choupos de ferro, reconhecidamente trabalhadas por ferreiros, facões e cintas adornadas com chapas de latão e miçangas. Os índios responderam com flechas ao chamado do comandante João Leme do Prado, que mandou disparar uma das peças que levava. A expedição prosseguiu a exploração do rio Mondego, descrito como extremamente propício aos cultivos e à instalação de engenhos e povoações, especialmente em uma paragem, que o comandante chamou de Lugar d'Albuquerque, onde mandou plantar uma cruz e dar três descargas em nome do rei de Portugal, em cerimônia de posse do território.¹⁷³ Ao retornarem à paragem em que foram encontrados os índios vestidos de tipoias, viram umas cruzes e flechas fincadas ao solo, "dando-nos com este sinal a entender que herão christãons, e que tinhão armas". João Leme mandou destruir esses sinais e lavrar ao pé de uma árvore a inscrição "Viva el Rey de Portugal".¹⁷⁴ Ao dar

---

171 AHU, MT, cx. 15, d. 942. Parecer do governador Luiz Pinto de Souza Coutinho ao requerimento de João Leme do Prado, Vila Bela, 16 jun. 1771.

172 APMT, Defesa, 1775, 160. Informe de José Pais Falcão ao governador Luiz de Albuquerque, em resposta ao pedido para que recomendasse alguém para a expedição ao Fecho dos Morros e rio Mbotetei, São José dos Cocais, 25 out. 1775.

173 Naturalmente, a cerimônia de plantar cruzes era um ato político dirigido não aos índios, mas a impérios rivais (SEED, Patricia. Taking possession and reading texts: establishing the authority of overseas empires. In: KATZ, Stanley N. *et al.* (eds.) *Colonial America*: essays in politics and social development. 5ª. ed. Boston: McGraw-Hill, 2001, p. 30).

174 AHU, MT, cx. 18, d. 1137, Anexo n. 1. "Diario aprezentado ao pelo capitão João Leme do Prado, de toda a derrota que lhe foy encarregada, pelo Il.mo Ex.mo S.nr Luiz d'Albuquerque", Coimbra, 11 maio 1776. O comandante de Coimbra, Marcelino Rodrigues Camponês, deu conta de uma visita que os índios Guaykuru fizeram ao presídio em 1776, e mencionou que aos índios lhes apeteciam chifarotes, machados, rendas e bretanhas. Eles foram

conta ao governador sobre o sucesso da expedição a cargo de João Leme do Prado, o comandante de Coimbra não deixava de sublinhar os méritos do sertanista, a quem considerava "hábil para estas imprezas, do sertão e por isso se faz digno, e credor que V. Ex.a o atenda, premiando-o com algum Posto, e conveniencia".[175] A premiação, na verdade, se mostrou um desafio ainda maior: João Leme do Prado foi nomeado "capitão-mor das conquistas do Paraguay", e recebeu a incumbência de fundar uma nova povoação no vale daquele rio, coordenar desde a escolha dos moradores, privilegiados com a moratória, até a construção das casas e o comando do novo estabelecimento. Em agosto de 1778, ele passou com sua família e os primeiros povoadores da vila de Albuquerque.[176] Posto em que terá permanecido por cinco anos, sendo substituído em 1783 pelo sargento-mor José Antonio Pinto de Figueiredo, acusado de "desmazelo mau modo, [e] pouco préstimo", sem que tivesse obtido "o mais leve efeito de adiantamento antes huma escandaloza declinação com a dezerção de quazi todos os colonos".[177]

Os espanhóis não realizaram explorações nos mesmos territórios durante a segunda metade do século XVIII. Como já foi observado, isso não se deveu a que seu sistema de estímulo de serviços de vassalos mediante ofertas de honras e mercês fosse pouco influente. Na verdade, em temas como defesa militar, abastecimento e política indigenista era crucial. A dificuldade dos governadores, contudo, era dupla: de um lado, o sistema de duas repúblicas impedia a permanência de espanhóis em terras de missões, e eram justamente os *pueblos* de Mojos, Chiquitos e, a partir de 1760, Belén, que estavam nas áreas liminares com os portugueses. A expulsão dos jesuítas e a instalação de Villa Real de la Concepción ao norte do Paraguai renovaram as expectativas de abertura do caminho até as missões de Chiquitos. Cumpre recordar que a Coroa proibira a comunicação entre Paraguai e Chiquitos em 23 de outubro de 1717, depois da trágica tentativa do padre Arce em 1715.[178] Estudiosos apontaram a influência dos moradores de Santa Cruz de la Sierra nessa interdição, pois de outro modo teriam que competir com os do Paraguai pelo controle do comércio com as missões de

---

presenteados com barretes, espelhos, verônicas, facas, facões, machados, aguardente e fumo, e em troca deram cobertas, camisetas de algodão e carneiros. Daí ter ficado persuadido o referido comandante que o gentio que atacara João Leme do Prado era o Guaykuru, que aliás também usava de canoas: "se assim for, talvez por alli se possam bem comunicar todos os d'aquella parte, e conciliar com elles amizade" (Marcelino Rodrigues Camponês a Luiz de Albuquerque, Coimbra, 17 out. 1776. *RIHGB*, Rio de Janeiro, v. 28, 1865, p. 84-88, e cit. à p. 88).

175 AHU, MT, cx. 18, d. 1137, Anexo n. 2. Marcelino Rodrigues Camponês a Luiz de Albuquerque, Coimbra, 13 maio 1776.

176 COELHO, Felipe José Nogueira. "Memórias chronologicas da capitania de Mato-Grosso, principalmente da provedoria da Fazenda Real e Intendencia do ouro" [post. a 1780]. *RIHGB*, Rio de Janeiro, v. 13, 1850, p. 194.

177 AHU, MT, cx. 24, d. 1417. Antonio José Pinto de Figueiredo, mestre de campo de Cuiabá, ao sargento-mor José Antonio Pinto de Figueiredo, com instruções sobre a povoação de Albuquerque, Cuiabá, 20 jul. 1783.

178 FERNÁNDEZ, Juan Patricio, S.J. *Relación historial de las misiones de indios Chiquitos* [1726]. Madri: Victoriano Suárez, 1895, v. 1, p. 196, 202; v. 2, p. 100, 107-108, 110-41, *passim*; "Real Provisão da Audiência de La Plata mandando cerrar o caminho e comércio entre as missões dos Chiquitos e as da província do Paraguai", 23 out. 1717. In: *MCA*, v. 6, p. 133.

Chiquitos e Mojos.[179] É notável que, nas últimas décadas do século, nenhum espanhol além do jesuíta José Sánchez Labrador, ao que parece, tivesse passado do Paraguai a Chiquitos. Há boas razões, no entanto, para acreditar que a fundação dos estabelecimentos portugueses de Coimbra e Albuquerque, na margem ocidental do rio Paraguai, tivesse desanimado colonos e funcionários a seguir os passos de Sánchez Labrador. Félix de Azara chegou a formular um plano consistente de abertura do roteiro e comércio entre as duas províncias: propunha a instalação de povoações o mais perto possível dos portugueses e um contrabando estratégico que drenasse metais das minas de Cuiabá. No momento oportuno, seria possível dar um golpe contra Coimbra e Albuquerque e abrir o roteiro até Chiquitos.[180] O projeto, enviado em outubro de 1790, foi aprovado pela Coroa, e resultou concretamente na instalação do forte Borbón.[181]

Apesar disso, expedições de abertura de caminhos e projetos para exploração comercial de itens de grande valor econômico seguiam compondo estratégias de arrivismo político no Paraguai. Assim, embora o *cabildo* de Assunção tivesse criticado duramente, em carta ao *Consejo de Indias*, a expedição enviada pelo governador Joaquín de Alós à cidade de Salta através do Chaco, cujo caminho foi novamente descoberto, argumentando que a finalidade não era outra que simular méritos e vender irregularmente, naquela cidade, alguns produtos retirados à força dos *pueblos* de índios,[182] Alós foi muito bem sucedido. Seu informe sobre a referida expedição foi recebido com entusiasmo pela Corte, provavelmente porque a fizera sem gravame da Fazenda Real e porque enfatizou as favoráveis utilidades que podia ter a abertura de uma rota por entre o Chaco, território promissor em itens de alto valor comercial, como eram a cera e o mel, e que contava com paragens adequadas para a criação do bicho-da-seda.[183] A Coroa concedeu em julho de 1795 o grau de coronel a Joaquín de Alós, por essas razões e também porque era já cavaleiro da ordem de Santiago e filho do Marquês de Alós, que governara o reino de Malorca.[184]

* * *

179 LOBO, Eulália Maria Lahmeyer. Caminho de Chiquitos às Missões Guaranis. *Revista de História*, São Paulo, v. 11, n. 41, jan.-mar. 1960, p. 87; SAIGNES, Thierry. L'Indien, le Portugais et le Jésuite: alliances et rivalités aux confins du Chaco au XVIIIème siècle. *Cahiers des Amériques Latines*, n. 9-10, 1975, p. 221.

180 AHN, Estado, 4611, n. 6. Félix de Azara a Nicolás de Arredondo, Assunção, 13 out. 1790, com o projeto de abertura da rota de Chiquitos.

181 AHN, Estado, 4443, carpeta 4, n. 11. Real Ordem ao vice-rei de Buenos Aires, para que instalasse nova guarda ao norte de Concepción, Aranjuez, 11 jun. 1791, "leida a S. Mag.e y aprob.da" com despacho de 7 jun. 1791.

182 AGI, Buenos Aires, 295. Carta do *cabildo* de Assunção ao rei sobre a expedição enviada ao Chaco pelo governador Joaquín de Alós e os danos causados entre os moradores, Assunção, 19 nov. 1794.

183 AGI, Buenos Aires, 292. Joaquín de Alós ao ministro de *Real Hacienda*, Diego de Gardoqui, Villa Rica del Espiritu Santo, 5 nov. 1794, f. 7v.

184 AGS, SGU, 6828-4. Concessão do grau de coronel a Joaquín de Alós por Real Ordem de San Ildefonso, 19 jul. 1795.

Ambos os governos tentaram aplicar a política recomendada pelos reformistas segundo a qual a defesa das fronteiras devia ser obra de seus mesmos moradores. Esperava-se fundir os papéis de camponeses e milicianos, e que os proprietários fronteiriços de fazendas e bens fossem os primeiros a acudir ao serviço de defender suas posses. Os dispositivos simbólicos de constituição de lealdades, como as honras e mercês, estimulavam colonos a armar e prover milícias, expedições e destacamentos à sua custa. Alguns chegavam a se lançar na abertura de caminhos e estabelecimentos de povoações com recursos próprios, à espera de que seus serviços impressionassem a Coroa e fossem retribuídos com honras e mercês. Distinção simbólica que parece ter sido um poderoso condicionante das condutas de colonos e funcionários em áreas fronteiriças dos impérios ibéricos.

Somente sob a condição de romper com a noção tradicional de que Estados coloniais eram "fracos" nas áreas liminares é possível atentar para a força inegavelmente material exercida pelos dispositivos simbólicos de constituição e negociação de lealdades, como as honras e mercês. Para uma boa parte dos que investiram seu patrimônio nesses serviços, no entanto, as remunerações ou não chegaram como esperado, ou sequer foram cogitadas. Caminhos, expedições, tratados com índios, reduções, povoações e outros serviços não raro só existiram no papel, pois eram propostos na dependência dos recursos que se esperava do poder central em forma de mercês. Não aderindo a Coroa, como muitas vezes não aderiu, abandonava-se tudo em demanda de outras empresas e novas perspectivas.[185]

---

185 PRADO JÚNIOR, Caio. *Formação do Brasil contemporâneo*: colônia. 20ª. ed. São Paulo: Brasiliense, 1987, p. 128.

Capítulo 10
A blindagem étnica

Desde muito cedo, a sobrevivência de impérios coloniais na América dependeu da assistência militar da população nativa e de grupos que sofriam preconceito social, mobilizados contra indígenas havidos por hostis, escravos rebeldes e outros rivais coloniais. Por um processo de "blindagem étnica", alguns grupos foram transformados em "forças militares para patrulhar o território e as fronteiras sociais da colônia".[1] Nas regiões centrais da América do Sul, o imperativo fator custos não foi irrelevante na adoção, por ambos os impérios, de políticas semelhantes que delegavam a índios reduzidos ou aliados e a homens de cor livres serviços da maior importância na defesa das fronteiras. Realmente, o pacto entre a Coroa e as elites locais, que garantia privilégios, honras e a defesa de suas propriedades, não incluía os setores sociais subalternos. A posição desfavorável na hierarquia social do Antigo Regime reservada para índios e homens de cor servia como pretexto para o Estado sub-remunerar seus serviços militares. A reprodução dos prejuízos de cor e *status* era interessante à Coroa e às elites locais, pois aliviava custos e evitava o recurso às propriedades dos colonos notáveis.[2]

---

1 Opto aqui pela apósita tradução de "ethnic soldiering" que a professora Iris Kantor oferece para o artigo de: SCHWARTZ, Stuart B. Tapanhuns, negros da terra e curibocas: causas comuns e confrontos entre negros e indígenas. *Afro-Ásia*, Salvador, v. 29-30, 2003, p. 16-17. O fenômeno da blindagem étnica formulado e circunscrito como fica dito acima deve-se aos trabalhos de: WHITEHEAD, Neil. Carib Ethnic Soldiering in Venezuela, the Guianas, and the Antilles, 1492-1820. *Ethnohistory*, v. 37, n. 4, 1990, p. 357; ver também: *Idem*. The crises and transformations of invaded societies: The Caribbean (1492-1580). In: SCHWARTZ, Stuart B.; SALOMON, Frank (eds.). *The Cambridge History of the native peoples of the Americas*: South America, v. 3, part 1. Cambridge: Cambridge University Press, 1999, p. 864-903.

2 A desconfiança da administração colonial em relação à incorporação de índios e negros ao serviço militar decorria, de um lado, de um receio mais amplo em armar setores subalternos e, de outro, de preconceitos que limitavam a promoção social (VINSON III, Ben; RESTALL, Matthew. Black soldiers, native soldiers: meanings

Por outro lado, a mobilização de índios e homens de cor para o serviço militar dependia de que fossem motivados por honras e mercês, que aliás eles também desejavam. Em um quadro de urgente demanda de soldados para defender fronteiras indefinidas e territórios de índios não conquistados e outros renegados e fugitivos, a Coroa se viu obrigada a negociar a lealdade desses setores sociais. Assim, os governadores procediam a uma delicada operação discursiva, que consistia em valorizar a adaptabilidade de índios, homens de cor e mestiços no trato com o sertão e sua destreza ao travar a mesma guerra que os bárbaros, útil não só contra infiéis, mas também contra impérios rivais.[3] Valorização e reconhecimento que não se estendiam aos exíguos ou inexistentes soldos e às péssimas condições de trabalho oferecidas.[4] Ao mesmo tempo, patentes de altos oficiais militares, foro militar, isenção tributária, títulos honoríficos, uniformes especiais e poder efetivo sobre um bom número de homens motivavam lideranças indígenas e homens de cor livres notáveis a investimentos pessoais nas Companhias militares divididas sob critérios de cor e *status*, criadas pelo governo colonial.[5]

Tropas indígenas

A construção de uma rede de lealdades imperiais entre os grupos indígenas fronteiriços era entendida pelas duas Cortes como um mecanismo importante para contar com os

---

of military service in the Spanish American colonies. In: RESTALL, Matthew (ed.). *Beyond black and red:* African-native relations in colonial Latin America. Albuquerque: University of New Mexico Press, 2005, p. 20-24).

[3] Sobre a aprovação do governo português, nas últimas décadas do século XVII, às táticas de guerrilha aplicadas por Domingos Jorge Velho e seu terço de mamelucos paulistas e índios, percebida como a mais adequada contra os "índios bárbaros" e o quilombo de Palmares, ver a análise de: PUNTONI, Pedro. *A guerra dos bárbaros*: povos indígenas e a colonização do sertão nordeste do Brasil, 1650-1720. São Paulo: Hucitec/Edusp/Fapesp, 2002, p. 135. Como sugeriu Max Moorhead, tendo em vista a fronteira dos domínios espanhóis no norte da Nova Espanha, administradores reformistas atuaram com pragmatismo ao treinar oficiais e soldados nas táticas indígenas de guerrilha. O governador das Províncias Internas, Teodoro de Croix, por exemplo, entre 1776 e 1783, respondeu ao péssimo estado defensivo dos territórios do norte com o envio de 943 homens. A grande maioria consistia nas chamadas *tropas ligeras*, com proteção corporal leve, poucas armas, equipagem e cavalos. Eles se moviam mais rápido que a cavalaria europeia e tinham sido treinados a realizar ataques repentinos segundo as mesmas técnicas dos Apaches (dispunham, inclusive, de mocassins indígenas, para evitar que sua aproximação fosse sentida na aldeia) (MOORHEAD, Max. *The Presidio*: bastion of the Spanish borderlands. Norman: University of Oklahoma Press, 1975, p. 82-83, 92; BABCOCK, Matthew M. *Turning Apaches into Spaniards*: North America's forgotten Indian reservations. 2008. Dissertação (Ph.D.) – Southern Methodist University, Dallas, 2008, p. 99-100).

[4] Allan Kuethe mostra como a sobrecarga de trabalho imposta às milícias de pardos, a exemplo das que foram enviadas entre 1785 e 1791 contra os índios de Darién, podia ser justificada com o argumento da "adaptabilidade" e do *know-how* que possuíam (KUETHE, Allan J. The Status of the Free Pardo in the Disciplined Militia of New Granada. *The Journal of Negro History*, v. 56, n. 2, 1971, p. 115).

[5] Para um estudo sobre como as corporações militares, ao oferecer certos privilégios segundo critérios de cor, condicionavam a que homens de cor livres aderissem às categorias coloniais de "pardos" ou "morenos", ver o sugestivo trabalho de Ben Vinson sobre as milícias urbanas de Nova Espanha: VINSON III, Ben. *Bearing arms for his majesty*: the free-colored militia in colonial Mexico. Stanford: Stanford University Press, 2001, p. 143-44, 183, 228 *et passim*.

mesmos índios como força militar em eventuais conflitos. Ambos os impérios estimularam a formação de milícias indígenas aos moldes ibéricos, e tentaram estabelecer uma homologia entre as hierarquias aborígenes e as graduações militares peninsulares. Esse processo estava em curso nas missões de Mojos e Chiquitos já em fins do século XVII, diante do problema das incursões de bandeirantes paulistas, e prosseguiu com o aval da Coroa no século seguinte, quando foi preciso preparar expedições contra Chiriguanos e outros "índios bárbaros", assim como contra os rivais lusitanos. A Corte de Lisboa, aliás, quando preparou a instalação da capitania de Mato Grosso, instruiu seu primeiro governador sobre a importância de integrar os índios fronteiriços em terços de Ordenanças. Em fins do século, quando a disputa se agravou no vale do rio Paraguai, espanhóis e portugueses disputaram a lealdade dos Guaykuru e Payaguá e integraram-nos como um auxílio militar não irrelevante, ainda que sem a regularidade das milícias das missões.

Há que se ter em conta, como já sublinhou Juan Carlos Garavaglia, que o preço da autonomia relativa obtida pelos jesuítas para suas missões era a disponibilidade permanente dos índios para o Real Serviço.[6] A defesa das fronteiras do Império contra as bandeiras paulistas foi um argumento poderoso utilizado pelos jesuítas tanto para estabelecer aliança com os índios (com o que contribuiu também a promessa de que não seriam *encomendados*), quanto para sucessivas requisições de privilégios, isenções e benefícios que enviavam ao *Consejo de Indias*. Não vem ao caso retomar aqui a origem da aliança entre os jesuítas e os Guarani, tendo sido já bastante estudados os aspectos institucionais da liberação das armas de fogo aos índios, especialmente o empenho de Ruiz de Montoya para que fossem enviados 500 mosquetes e correspondente quantidade de balas e pólvora às reduções, a fim de deter as invasões dos portugueses, o que a Coroa concedeu em Real Cédula de 19 de janeiro de 1646.[7] O mesmo argumento da defesa das fronteiras foi também importante para a obtenção da Real Provisão de 1649, que isentou os índios da *mita* e definiu o tributo.[8] Basta mencionar aqui que, desde então, a Coroa espanhola dependeu fortemente das milícias indígenas para a realização de tarefas decisivas nas fronteiras com o Império português e com os chamados "índios bárbaros": os missioneiros participavam de "entradas" contra os infiéis do Chaco; trabalhavam na construção de fortificações; ajudaram a reprimir a Revolta dos Comuneros no Paraguai; auxiliaram sucessivas

---

6 GARAVAGLIA, Juan Carlos. Las misiones jesuíticas: utopía y realidad. In: *Idem. Economía, sociedad y regiones*. Buenos Aires: Ediciones de la Flor, 1987, p. 143. A interdependência entre missões e poder central em relação ao problema da defesa das fronteiras, também foi notada por Guillermo Furlong, que rechaça a tese da autonomia absoluta dos jesuítas (FURLONG, Guillermo, S.J. *Misiones y sus pueblos de Guaraníes*. Buenos Aires: Imprenta Balmes, 1962, p. 357).

7 Confirmada por Real Cédula de 25 de julho de 1679 (*ibidem*, p. 384-85).

8 MÖRNER, Magnus. *Actividades políticas y económicas de los jesuitas en el Río de la Plata*: la era de los Habsburgos. Buenos Aires: Paidós, 1968, p. 64, 67.

vezes Buenos Aires contra os portugueses do sul.[9] Em 1704, por ordem do governador de Buenos Aires, Juan Manuel Valdés, 4 mil índios foram requeridos para o cerco da Colônia do Sacramento. Os índios trouxeram 6 mil cavalos, 2 mil mulas, inúmeras canoas com grãos, erva e tabaco e 30 mil vacas para o sustento de todos. 130 índios morreram e 200 ficaram feridos.[10] Esse padrão se repetirá em Mojos e Chiquitos, missões que terão fornecido recursos materiais e humanos imprescindíveis à Coroa espanhola, não apenas porque sustentaram dois cercos às fortificações de Mato Grosso, em 1763 e 1766, mas sobretudo porque as milícias indígenas, que se buscou manter ativas até o fim da época colonial, tiveram um peso geopolítico não desprezível na competição por territórios e lealdades, que as duas Coroas travaram no centro da América do Sul. O que importa notar aqui é que se os jesuítas capitalizavam o auxílio militar prestado pelas tropas indígenas como forma de legitimar a presença da ordem religiosa na região e garantir privilégios para as suas missões,[11] é igualmente certo que a Coroa esperava desses vassalos a devida lealdade, que em vários momentos tiveram que provar em oferta de bens e homens para os conflitos de fronteira.

A primeira bandeira paulista contra os Chiquitos de que se tem notícia data de 1637. Os Itatins apareceram em San Lorenzo de la Frontera, onde requisitaram ajuda contra os paulistas que estavam alojados nas imediações da antiga cidade de Santa Cruz la Vieja.[12] O padre Diego Altamirano referiu que, em 1682, 40 paulistas entraram "hasta una nación que habita no lejos de Santa Cruz de la Sierra, y apresaron cantidad de indios".[13] Para 1695 e 1695, sabe-se de uma bandeira a mando do cabo João Borralho de Almeida, que teria chegado até uma "colina de los Quimecas", onde foi detida pelos Peñoquis com muita perdas entre os paulistas.[14] A situação mais importante, porém, foi a entrada de 1696 e a resposta coordenada pelo padre

---

9 AVELLANEDA, Mercedes; QUARLERI, Lía. Las milicias guaraníes en el Paraguay y Río de la Plata: alcances y limitaciones (1649-1756). *Estudos Ibero-Americanos*, v. 33, n. 1, 2007, p. 113-14, 118-21. Há que destacar o trabalho de Mercedes Avellaneda sobre o que chama de "alianza jesuita-guaraní" e o papel das milícias indígenas na cena política do Paraguai, com a repressão da Revolta dos Comuneros; ver especialmente: AVELLANEDA, Mercedes. La Alianza defensiva jesuita guaraní y los conflictos suscitados en la primera parte de la Revolución de los Comuneros. *Historia Paraguaya*, v. 44, p. 337-400, 2004.

10 FURLONG, *Misiones y sus pueblos de Guaraníes, op. cit.*, p. 393.

11 MÖRNER, *Actividades políticas y económicas de los jesuitas, op. cit.*, p. 90.

12 *Actas capitulares de Santa Cruz de la Sierra, 1634-1640*. La Paz: Universidad Boliviana Gabriel René Moreno, 1977, p. 193 apud TOMICHÁ CHARUPÁ, Roberto. *La primera evangelización en las reducciones de Chiquitos, Bolivia (1691-1767)*: protagonistas y metodología misional. Cochabamba: Verbo Divino, 2002, p. 393.

13 AGI, Charcas, 265. "Informe del P. Diego Altamirano, procurador general de la Compañía de las provincias del Río de la Plata, del estado de la población de los portugueses en la colonia del Sacramento y de los inconvenientes que hay de que ésta prosiga en su poder", 1683; há transcrição em: *HCJPP*, v. 4, p. 87.

14 "Estado de las Misiones que los Padres Jesuitas del Paraguay entre los Indios de la América Meridional, llamados Chiquitos [...] por el Padre Francisco Burges" [1702]. In: *MCA*, v. 6, p. 241; sobre o uso de setas envenenadas contra os mamelucos: FERNÁNDEZ, Juan Patricio, S.J. *Relación historial de las misiones de indios Chiquitos* [1726]. Madri: Victoriano Suárez, 1895, v. 1, p. 94.

Arce. Em 1695, um grupo de paulistas teria cativado entre os Taus e Penoquis mais de 1.500 índios. Alguns bandeirantes retornaram com as "peças", e o restante prosseguiu pelas terras dos Chiquitos, sob o comando de Antonio Ferraez, mas foram detidos por uma expedição que contava, segundo o padre Burges, com 33 espanhóis e 500 neófitos flecheiros, ou com 130 e 300, respectivamente, na versão de Fernández, que é o único a referir a restituição dos 1.500 índios.[15]

Capitalizada pelos jesuítas, a atuação militar dos Chiquitos como defensores da fronteira do Império garantiu-lhes importantes privilégios e isenções. A proibição de que espanhóis entrassem nas missões foi confirmada por uma Provisão da Audiência de Charcas de 1700,[16] e uma Real Cédula à mesma Audiência, dada em março de 1720, confirmou a multa de 5 mil *pesos* aos governadores que descumprissem a proibição.[17] As "entradas", no entanto, eram proibidas "si no es en caso de ser llamado o avisado por el Padre Superior para ello", como ressalvou a Provisão de 1700, o que de alguma maneira permitia realizar expedições contra grupos tidos como hostis. Em Mojos, pelo menos por quatro vezes os jesuítas requisitaram auxílio militar de Santa Cruz.[18]

A aliança entre os índios e os jesuítas propiciava a disponibilidade para o serviço militar demandado pelo governo espanhol. Já em 1732, os Chiquitos participavam de expedições conjuntas com espanhóis *cruceños* contra "índios bárbaros". Nessa ocasião, tratava-se de reprimir os Chiriguano, que haviam morto os jesuítas que os tentavam reduzir. "Los indios Chiquitos, que son el terror de todas estas naciones", diz o padre Chomé, "se juntaron con los españoles de Santa Cruz, entraron en las montañas de los Chiriguanes, mataron trescientos de ellos, y se llevaron como mil esclavos. Humillaron estas dos expediciones el orgullo de los barbaros, que se tenían por invencibles".[19] Foi, aliás, por terem sido recrutados para essas expedições contra os Chiriguano que os Chiquitos não participaram das guerras de 1763 e 1766 contra Mato Grosso.[20]

---

15 "Estado de las Misiones que los Padres Jesuitas del Paraguay entre los Indios de la América Meridional, llamados Chiquitos [...] por el Padre Francisco Burges" [1702]. In: *MCA*, v. 6, p. 238; FERNÁNDEZ, *Relación historial de las misiones de indios Chiquitos* [1726], op. cit., v. 1, p. 75, 101.

16 RAH, CML, t. 56, f. 138-52. "Real Provisión de la Audiencia de Charcas", La Plata, 9 nov. 1700.

17 Biblioteca Nacional del Perú, Manuscritos, v. 3, f. 256-60. Real Cédula à Audiência de Charcas, Madri, 13 mar. 1720. In: MAURTUA, Víctor M. (ed.) *Juicio de límites entre el Perú y Bolivia*: prueba peruana. Barcelona: Hijos de G. M. Hernández, 1906, t. 10, v. 2, p. 47-48.

18 BLOCK, David. *Mission culture on the Upper Amazon*: native tradition, Jesuit enterprise, and secular policy in Moxos, 1660-1880. Lincoln: University of Nebraska Press, 1994, p. 217-18, 208; GARCÍA RECIO, José María. Los jesuitas en Santa Cruz de la Sierra hasta los inicios de las reducciones de Moxos y Chiquitos: posibilidades y limitaciones de la tarea misional. *Quinto Centenario*, Madri, n. 14, 1988, p. 16.

19 "Carta II del mismo Padre Chome, misionero de la Compañía de Jesus, al padre Vanthiennen, de la misma Compañía", Buenos Aires, 21 jun. 1732. In: *Cartas Edificantes, y curiosas, escritas de las missiones estrangeras*. Madri: Imp. de la Viuda de Manuel Fernández, 1756, v. 13, p. 312.

20 Referia o governador de Santa Cruz, Alonso Berdugo, o "riesgo de esta capital, y sus adyacentes, que habían de quedar descubiertos por qualquier irrupción del Barbaro Chiriguano" (AGI, Buenos Aires, 538. Alonso Berdugo ao rei, San Lorenzo, 22 dez. 1763).

Os jesuítas se empenharam em conseguir a autorização para que os índios de Mojos e Chiquitos portassem armas de fogo. O procurador jesuíta da província do Peru e das missões de Mojos, Ignácio Fernandes, encaminhou o requerimento alegando que era para a defesa contra os mamelucos de São Paulo.[21] De uma consulta indecisa do *Consejo de Indias*, lavrou-se a Real Cédula de 17 de setembro de 1723, que autorizava o uso das armas, devendo-se acudir em caso de concedê-las ao mesmo ministério para a confirmação dessa graça.[22] Com o aparecimento da expedição de Francisco de Melo Palheta em Mojos no ano de 1723, o vice-rei enviou 200 armas a Santa Cruz e esperava o despacho do *Consejo de Indias* para armar os índios,[23] o que foi aprovado em julho de 1725.[24] Outra Real Cédula de 28 de dezembro de 1743 reconsiderou todos os casos e confirmou que nesse assunto não se fizesse inovação alguma, e que os índios continuassem "en el manejo de armas, y fabrica de ellas y de municiones", mas pedia que o provincial verificasse se era pertinente tomar alguma medida preventiva em caso "q'. ocurriere algún levantamento de los indios", como construir fortificações próximas às missões.[25]

Após a expulsão dos jesuítas, permaneceram ativas as milícias indígenas de Mojos e Chiquitos, com sua devida estruturação aos moldes das do Reino, tendo o regulamento do bispo Herboso, já em 1772, atentado para "que se guarde la costumbre de nombrar capitanes de milicias, y que se exerciten los Indios en la flecha".[26]

Quando os portugueses entraram nas missões de Mojos em 1742, observaram o uso de armas de fogo para caça, e nos armazéns estavam guardadas algumas outras, mas já bem estragadas, destinadas a reprimir revoltas. "As armas de que uzão nas miçois sam arco, e flexa", notava o informe do ouvidor de Cuiabá enviado à Corte; "pella terra adentro uzão das mesmas armas; e de algumas espingardas, [...] e na primeira viagem, virão duas espingardas de passarinhar". Os jesuítas disseram aos portugueses que "armas estão prohibidas, como também a pólvora, e chumbo", mas na missão de Exaltação,

---

21 AGI, Charcas, 158. Consulta do *Consejo de Indias* em Madri, 5 jul. 1723.

22 AGI, Charcas, 181. "Real Cédula al virrey del Perú", San Ildefonso, 17 set. 1723.

23 AGI, Charcas, 218. Vice-rei do Peru, Marquês de Castelfuerte, ao rei, Lima, 13 nov. 1724.

24 AGI, Charcas, 218. Aprovação do Fiscal do *Consejo de Indias*, Madri, 20 jul. 1725 e 21 jul. 1725, em que ainda recomenda observação do Real Despacho de 16 de abril de 1725, sobre que fossem desalojados os portugueses de todos os domínios que ocupavam em territórios de Sua Majestade Católica; AGI, Charcas, 181. Real Cédula, San Ildefonso, 25 jul. 1725, confirmando a concessão de armas como disposto na Real Cédula de 17 de setembro de 1723, e aprovando o envio de 200 armas de fogo e pólvora competente feito pelo vice-rei do Peru ao governador de Santa Cruz de la Sierra.

25 RAH, CML, t. 103, f. 385. "Real Cédula al Provincial de la Compañía de Jesús, del Paraguay, y Buenos Aires, sobre uso de armas y pertrechos militares por los indios de las misiones", Buen Retiro, 28 dez. 1743.

26 AGI, Charcas, 515. "Reglamento temporal: reglamento de lo que se ha de observar en esta Provincia de Chiquitos, en quanto á su gobierno temporal", S. Ildefonso, 15 set. 1772, f. 41, §9.

> Francisco Leme do Prado vio [um armazém com] dezaseis ou dezasete armas de fogo antigas, e desaparilhadas, com os canos comidos de ferrugem, e perguntando o d.o Francisco Leme ao Padre Presidente, p.a que querião aquellas armas, respondeo, que seu antecesor, vindo fundar aquella mição, tivera desconfiança de que os indios se querião levantar, p.a o que mandara vir as ditas armas, e como não rezultara couza alguma, as mandara botar naquelle sotto donde se perdera.²⁷

As disposições da Companhia sobre a necessidade de manter os índios das missões exercitados e prontos para atividades militares eram cumpridas com zelo, pelo menos na missão de Santa Magdalena, visitada por Manuel Félix de Lima em 1742. 80 cavaleiros, trajados com enfeitadas camisas de algodão e calças azuis, munidos de macanás, cavalos com xairéis de algodão e guizos no peitoral e na sela, fizeram exercícios na praça central. Ao fim do que se encheram os dois lados da praça com índios flecheiros, nus, pintados os corpos de vermelho, "como para batalha, batendo o pé, e soltando o grito de guerra". "Despedirão as suas setas para o ar, porem com arte, de modo que viessem todas cahir no centro da praça, ficando coberta d'ellas a cruz grande". O jesuíta teria maliciosamente perguntado o que Manuel Félix pensava daqueles índios, "acrescentando poderem os missionários pôr em campo quarenta mil d'aquelles frecheiros"; em resposta, o português sugeriu que efeitos poderiam ter as peças de artilharia, ao que o jesuíta desviou a conversa.²⁸

Os exercícios militares que os portugueses presenciaram em Magdalena em 1742 revelavam que os jesuítas guardavam ali as disposições internas concernentes ao militar. O provincial Manuel Querini (1747-1751), em instruções que redigiu sobre o tema, recomendava que fossem realizados alardos aos domingos e simulação de batalha uma vez ao mês; que carne, erva e sal fossem distribuídos como estímulo; que alguns moços recebessem a devida instrução sobre o uso das armas de fogo; que mantivessem preparados 200 cavalos, 60 lanças, 60 cutelos, 7 mil flechas de ferro, bons arcos, fundas e pedras.²⁹

Certamente desde 1743 a administração espanhola formulava um projeto de expulsar os portugueses das minas de Cuiabá e Mato Grosso, vistas como usurpações, como já enfatizara o governador de Santa Cruz, Francisco Antonio de Argomosa Zeballos: "que todas las poblaciones de Portugueses están en territorio de su Magestad, y de la Jurisdicción del Paraguay, y

---

27 AHU, MT, cx. 3, d. 175. "Informações reunidas pelo ouvidor João Gonçalves Pereira sobre as missões dos padres da Companhia de Jesus das Indias Ocidentais de Castela", Cuiabá, 20 set. 1743, item 10.

28 Manuscrito de Manuel Félix de Lima [c. 1742]. In: SOUTHEY, Robert. *História do Brazil*. Rio de Janeiro: Garnier, 1862, v. 5, p. 424-25.

29 HERNÁNDEZ, Pablo. *Organización social de las doctrinas guaraníes de la Compañía de Jesús*. Barcelona: Gustavo Gili, 1913, v. 1, p. 185-86; FURLONG, *Misiones y sus pueblos de Guaraníes, op. cit.*, p. 389.

de este gobierno no ay duda".[30] Em decorrência do informe do Superior de Chiquitos, Agustín Castañares, de 12 de dezembro de 1738, que asseverara a existência de outros estabelecimentos a oeste de Cuiabá, que se soube depois as minas de Mato Grosso,[31] o governador de Santa Cruz, Argomosa Zeballos, enviou ao rei, em janeiro do ano seguinte, uma primeira proposta sobre a montagem da expedição de desalojo dos portugueses.[32] O essencial a notar nesse projeto é o entendimento de que era perfeitamente razoável que as missões jesuíticas de Chiquitos fornecessem todos os recursos necessários para a defesa da fronteira contra os portugueses: "para vastimentos ay abundancia de ganado vacuno asi en esta ciudad como en las misiones y también se hallará buena cavallada, mulas asi de silla como de carga, a comprar maíz y arroz, aunque no en abundancia por que son pocos los que se dedican a sembrarlo". Referia ainda que o país era rico em: "Yucas, plátanos, u otras muchas frutas silvestres, pescado en los ríos, y caza en los montes, y campañas, para hacer embarcaciones, ay todo jenero de maderas, al propósito y para velas pueden servir el lienzo de algodón que se teje en las miciones". Sugeria ainda conduzir ferramentas, pregos, cordas e granalha, assim como os fundidores, até a última missão, onde seria possível instalar uma fundição de artilharia.[33]

As mortes de Carvajal (1754), da rainha Maria Bárbara (1758) e do rei Fernando VI (1759), e a ascensão ao trono de Carlos III (1759-1788), crítico do tratado de 1750, alteraram a situação política entre as duas Cortes. As negociações de 1760 chegaram a uma Real Cédula, datada de 19 de setembro, que dispôs o retorno dos índios à Banda Oriental e a manutenção dos portugueses nos limites da Colônia. Essas decisões foram confirmadas pelo Tratado de El Pardo, de 1761, que acabou por acirrar a contenda, ao estabelecer que toda a situação da fronteira retornasse ao que era antes de 1750. Com efeito, não havia acordo entre as duas potências sobre essa situação anterior. Os portugueses se recusavam a abandonar alguns estabelecimentos rurais no Rio Grande e em torno da Colônia, do mesmo modo que não devolveram a aldeia de Santa Rosa e a posse da margem oriental do Guaporé aos jesuítas espanhóis de Mojos.[34]

O Pacto de Família, assinado em Paris, em 15 de agosto de 1761, entre os ramos da casa de Bourbon contra a Inglaterra, levou à guerra entre Espanha e Portugal, aliado dos britânicos. Informado da guerra na Europa, o governador de Buenos Aires, Pedro de Ceballos, comandou

---

30 AGI, Charcas, 207. Expediente, f. 26v-30: Carta de Francisco Antonio de Argomosa Zeballos, San Lorenzo, 30 maio 1740.

31 AGI, Charcas, 207. Expediente, f. 8-19v: Longo informe do padre superior Agustín Castañares a Francisco Antonio de Argomosa Zeballos, San Xavier, 12 dez. 1738.

32 AGI, Charcas, 207. Expediente, f. 1-4: Carta de Francisco Antonio de Argomosa Zeballos ao rei, San Lorenzo de la Barranca, 11 jan. 1739.

33 Ibidem.

34 Para uma visão global do problema: ALDEN, Dauril. *Royal government in colonial Brazil*: with special reference to the administration of the Marquis of Lavradio, viceroy, 1769-1779. Berkeley: University of California Press, 1968, p. 94-95.

uma expedição que tomou a Colônia do Sacramento em 31 de outubro de 1762. Por Real Cédula de 20 de outubro de 1761, o vice-rei do Peru, o presidente da Audiência de Charcas e o governador de Buenos Aires receberam ordens do rei para desalojar os portugueses da estacada do rio Guaporé e de Mato Grosso.[35] Em 1763, Antonio Rolim de Moura deteve a incursão espanhola no vale do rio Guaporé. Com o armistício de Paris, de 10 de fevereiro de 1763, Pedro de Ceballos devolveu a Colônia em dezembro, mas permaneceu ocupando o Rio Grande. No Guaporé, os espanhóis tentaram uma nova expedição em 1766.[36]

Embora pouco conhecidas entre os historiadores brasileiros, as expedições de 1763 e 1766, que visavam desalojar os portugueses de Mato Grosso, mobilizaram consideráveis recursos materiais e humanos no vice-reino do Peru, especialmente nas missões de Mojos e Chiquitos. Até setembro de 1766, as *cajas reales* de Chucuito e Oruro tinham remetido 242.686 *pesos*, utilizados na segunda expedição; para se ter uma ideia, toda a guarnição do Chile custava a cada ano, às mesmas *cajas reales*, 292 mil *pesos*.[37] Para ambas as expedições, funcionou na missão de San Pedro uma fundição, onde eram fabricados canhões e balas.[38] As produções foram reorientadas para o abastecimento das tropas, diz o superior das missões, que mandou plantar mais roças de milho, arroz, amendoim e feijão e transferir 1.500 cabeças de gado para a fronteira.[39] As requisições eram feitas sob a retórica de que os índios, como leais vassalos, tinham prometido todo o auxílio ao monarca contra seus inimigos: "que los indios cumplan por su parte lo que ofrecieron", fez questão de lembrar o vice-rei, "que sostenidos y armados ellos sólos eran capaces de desalojar a los portugueses sin mucha gente de R.l Hacienda".[40]

---

35 "Sin perdida de tiempo, aunq.e la introsion de que se trata haya sido efectuada en el año de 1733" (AGI, Charcas, 433. Real Ordem ao vice-rei do Peru, ao presidente da Audiência de Charcas e ao governador de Buenos Aires, Madri, 20 out. 1761).

36 ALDEN, *Royal government in colonial Brazil*, op. cit., 99-104; MATEOS, Francisco de. Introducción. In: *HCJPP*, v. 8, parte 2, p. xxii.

37 AGI, Lima, 1054. Manuel de Amat a Julián de Arriaga, Lima, 26 abr. 1766; AGI, Buenos Aires, 539. *Real Contaduría* da vila de Oruro ao presidente da Audiência de Charcas, Juan de Pestaña, 4 set. 1765; AGI, Charcas, 433. "Nota y empaque general de las provisiones", Lima, 10 nov. 1765: dava conta de que a fragata La Balandra partira ao porto de Arica, e de ali a Cochabamba, conduzindo o necessário à expedição de Mato Grosso, "como son armas, municiones, vestuarios, medicinas y otros utensilios". O governo de Buenos Aires enviou 500 fuzis, mais artilharia, seis oficiais, 24 marinheiros e seis artilheiros (AGI, Buenos Aires, 538. Pedro de Ceballos a Julián de Arriaga, Buenos Aires, 15 dez. 1765). Os dados em relação ao Chile em: CERDA-HEGERL, Patrícia. *Fronteras del Sur*: la región del río Bío-Bío y la Araucanía chilena (1604-1883). Temuco, Chile: Universidad de la Frontera, 1996. p. 22-27.

38 AGI, Lima, 644. "Copia del estado remitido a este sup.or gov.no por el gobernador de Santa Cruz de la Sierra d.n Alonso Verdugo", Santa Cruz, 28 jan. 1762; AGI, Charcas, 433. Juan de Pestaña ao vice-rei Manuel de Amat, Campo de Arani, 11 abr. 1766.

39 AGI, Charcas, 443. Carta do padre superior das missões de Mojos, Juan de Bengolea, ao presidente da Audiência de Charcas, Juan de Pestaña, San Pedro, 10 set. 1762.

40 AHN, CI, 21.263, 1, f. 16. Carta do vice-rei Manuel de Amat ao superior de Mojos, Lima, [s.d.] nov. 1765 *apud* TORMO SANZ, Leandro. Un ejemplo histórico del 'mal de altura' en la guerra de Mojos. *Revista de Indias*, Madri, v. 23, n. 93-94, 1963, p. 431.

As duas expedições foram majoritariamente compostas por milicianos recrutados nas cidades altas do Peru, e padeceram dos mesmos problemas: epidemias, deserções e hesitação dos oficiais ante as notícias da Corte. Com o argumento de invasões reais ou supostas dos "índios bárbaros" Chiriguano, a expedição de 1763 não pôde contar com os 1.400 espanhóis requisitados em Mizque e Cochabamba, dos quais só apareceram 600, 180 sem armas.[41] Entre enfermos, desertores e mortos, houve 329 baixas.[42] Para a segunda expedição, insistiu-se em enviar espanhóis das terras altas, 600 homens de Santa Cruz; 600 de Cochabamba; 600 de La Plata, Yamparaes, Tomina e Mizque; 600 de Potosí, Porco, Chicas e Chayanta. Para o presidente da Audiência de Charcas, o problema fora de disciplina, não de inadaptação.[43] As deserções levaram uns 200 homens antes de chegar ao Guaporé,[44] onde as doenças prostraram ou dizimaram quase toda a tropa. Em outubro de 1766, apenas 190 soldados de Santa Cruz "se mantienen robustos", como escreveu o comandante Juan de Pestaña. Ele foi obrigado a chamar um conselho de guerra e decidir pela retirada, sob o pretexto de que um navio de Buenos Aires, com carga de um milhão de *pesos*, podia ser sequestrado pelos portugueses no Rio de Janeiro.[45]

Por que não foram recrutadas as milícias de Chiquitos? Já em dezembro de 1760, a Audiência de Charcas escreveu ao vice-rei, Conde de Superunda, que reconhecia como da maior importância o recrutamento dos índios das missões de Chiquitos: como pudessem os portugueses reforçar sua estacada "con negros y certonistas, que son los que avitan los montes", "para el mejor éxito de qualquiera expedición parece combeniente balerse de los Yndios Chiquitos que distan de los Moxos ochenta o noventa leguas de travesía, y por ellos pudieran ser cortados los Portugueses respecto de que los Moxos únicamente podrán servir para los transportes por no ser guerreros como los primeros".[46] Seguramente porque alcançaram privilégios graças a consistentes serviços contra os bandeirantes mamelucos, os Chiquitos seguiam sendo vistos como os mais próprios para o desalojo, e o vice-rei entendia que eram "mortales enemigos de portugueses".[47] É provável, no entanto, que o emprego dos índios Chiquitos

---

41 AGI, Buenos Aires, 538. Alonso Berdugo ao rei, San Lorenzo, 22 dez. 1763.

42 AGI, Charcas, 437a. "Auto de voto consultivo de Su Ex.a": Carta do governador de Santa Cruz de la Sierra, Alonso Berdugo, ao presidente da Audiência de Charcas, Juan de Pestana, Santa Rosa a nova, 16 set. 1763, f. 59v-60; AGI, Buenos Aires, 538. Alonso Berdugo ao rei, San Lorenzo, 22 dez. 1763; TORMO SANZ, Un ejemplo histórico del 'mal de altura' en la guerra de Mojos, *op. cit.*, p. 426.

43 AGI, Charcas, 437. Juan de Pestaña, presidente da Audiência de Charcas, ao vice-rei Manuel de Amat, La Plata, 30 nov. 1763.

44 AGI, Buenos Aires, 539. Carta de Juan de Pestaña, presidente da Audiência de Charcas, a Juan Manoel Campero, governador de Tucumán, Santa Cruz de la Sierra, 21 maio 1766.

45 AGI, Charcas, 433. Carta de Juan de Pestaña a Pedro de Ceballos, Corral Alto, 19 out. 1766.

46 AGI, Charcas, 433. Carta da Audiência de Charcas ao vice-rei Conde de Superunda, La Plata, 6 dez. 1760, f. 3.

47 AGI, Lima, 1054. Carta do vice-rei Manuel de Amat ao presidente da Audiência de Charcas, Juan de Pestaña, Lima, 28 nov. 1762, minutada pelo Marquês de Salinas, Reyes, 1 fev. 1764.

em expedições punitivas contra grupos não conquistados, como os Chiriguano, que à época moviam incursões contra os moradores de Santa Cruz de la Sierra, tivesse impossibilitado seu recrutamento.[48] Pois somente quando as tropas espanholas já se retiravam do vale do rio Guaporé, em setembro de 1763, mercê das crescentes mortes e deserções que reduziram a tropa pela metade, seu comandante, o governador de Santa Cruz Alonso Berdugo, requereu 100 índios Chiquitos. O plano era utilizar como guias alguns negros e um índio, que desertaram de Mato Grosso e Cuiabá, como guias de uma força espanhola auxiliada pelos Chiquitos, que atacaria diretamente Vila Bela.[49] Ao que o presidente e os ouvidores da Audiência de Charcas responderam, em outubro do mesmo ano, com a recomendação de recrutar não 100, como pedira o governador de Santa Cruz, mas mil índios Chiquitos, "que como guerreros, y más acostumbrados ha aquellos temperamentos se consideran más útiles".[50] Contudo, o superior das missões de Mojos, Juan de Bengolea, informado do que pensava a Audiência, manifestava vigoroso desacordo em enviar índios Chiquitos para o teatro da guerra. Assegurava que os jesuítas cumpriram as ordens do governo, transferiram índios para guarnecer o rio Baures, enviaram trabalhadores para a construção da estacada, supriram as tropas de mantimentos e produziram canhões e balas. Assim como as epidemias levaram a morte a muitos soldados espanhóis e índios, a vinda dos Chiquitos não deixaria de produzir os mesmos danos: "si llegan los Yndios Chiquitos de buena visita que Vseñoria pidio, lo que dificultó por el Alboroto de los de tierra adentro, acaecerá lo mismo con ellos que ha acontecido con los Chiriguanos que trajo para ver si assi se conttenian los de aquella cordillera".[51] A oposição dos jesuítas se fez valer e os Chiquitos não foram recrutados. Para a montagem da segunda expedição, a recomendação do presidente de Charcas era a de que se seguisse pela via de Chiquitos contra a capital de Mato Grosso, e que 2.400 espanhóis se somassem a 4 mil índios daquelas missões.[52] O que não chegou a ser feito, provavelmente por idênticas razões, atuação contra os Chiriguano e oposição dos jesuítas, e porque essa segunda expedição não chegou a ir além de instalar baterias nas proximidades da estacada portuguesa. Logo receberam um informe da Corte, com ordens para suspender as hostilidades.

Na verdade, foram os índios de San Pedro de Mojos que chegaram a ser efetivamente empregados em uma batalha, quando os portugueses sitiaram a estacada espanhola em 1763.

---

48 AGI, Charcas, 437a, Juan de Bengolea a Alonso Berdugo, San Pedro, 4 out. 1763; AGI, Buenos Aires, 538. Alonso Berdugo ao rei, San Lorenzo, 22 dez. 1763.

49 AGI, Charcas, 437a. "Auto de voto consultivo de Su Ex.a": Carta do governador de Santa Cruz de la Sierra, Alonso Berdugo, ao presidente da Audiência de Charcas, Juan de Pestana, Santa Rosa a nova, 16 set. 1763, f. 59v-60.

50 AGI, Charcas, 437a. "Auto. Plata, 31 de octubre de 1763. Los señores Presidente y Oidores de esta Real Audiencia, ha saber su señoria el Señor Don Juan de Pestaña y Chumasero &a", La Plata, 31 out. 1763, f. 72.

51 AGI, Charcas, 437a, Juan de Bengolea a Alonso Berdugo, San Pedro, 4 out. 1763.

52 AGI, Charcas, 437. Juan de Pestaña, presidente da Audiência de Charcas, ao vice-rei Manuel de Amat, La Plata, 30 nov. 1763.

Em sua maior parte já doente, a guarnição castelhana foi surpreendida no dia 26 de junho com um ataque maciço dos portugueses: "el maestro de campo, don Matías Baulen", segundo afirma uma testemunha, "sudando con fuerte calentura salió prontamente con sus armas, alentando a los suyos, que a su ejemplo se pusieron luego en arma, y como pudieron ocuparon los cuarteles del fuerte, haciendo lo mismo los indios de la Misión de San Pedro, que animados de los soldados y las persuasiones del maestre de campo se mezclaron con ellos y los más ayudaron bellamente". Os lusitanos eram provavelmente 200 ou 300 homens, ao passo que os inimigos não somavam mais que 100 soldados, inclusos os índios. Entre mortos e feridos, dos portugueses caíram 37 sem vida, sendo três oficiais, sem contar os que se afogaram no rio Guaporé; entre os espanhóis, 12 morreram, sendo um oficial, assim como 11 índios entre os que se somaram à guarnição.[53]

Esses conflitos produziram custos severos às missões de Mojos, que forneceram mantimentos de carne, milho e arroz; montarias, animais de carga e itens produzidos por ferreiros e fundidores indígenas; trabalho indígena para a construção de pontes sobre o rio Machupo e transporte dos equipamentos; e guarnição da estacada espanhola com pelo menos 80 índios Caniciana. Segundo o historiador David Block, a situação chegou a tal ponto que, findos os conflitos, as missões mais prejudicadas tiveram que receber suprimentos.[54]

* * *

O capitão-general de São Paulo, Luís de Mascarenhas, em carta enviada ao rei em 1744, referiu que "a gente própria para fazer guerra ao gentio é outro gentio junto com alguns brancos, e o Bororo melhor que todos pelo seu valor e fidelidade para com os mesmos brancos", assertiva que foi bem recebida no Conselho Ultramarino.[55] Ele chegara a contratar, em 1742, o sertanista Antonio Pires de Campos e seu exército de guerreiros Bororo por meia arroba de ouro para que afugentasse e destruísse todos os Kayapó que, fechando o caminho de Goiás, estavam prestes a aniquilar Vila Boa.[56] Pedro Taques refere que Antonio Pires de Campos já se achava no posto de "coronel da conquista contra a mesma nação belicosa dos Cayapós", e que

---

53 AGI, Charcas, 437. Pedro José Cibante a Alonso Berdugo, Fortaleza, 9 jul. 1763.

54 BLOCK, David. *In search of El Dorado*: Spanish entry into Moxos, a tropical frontier, 1550-1767. 1980. Dissertação (PhD.) – The University of Texas, Austin, 1980, p. 327-28.

55 Carta de Luís de Mascarenhas ao rei, 22 jul. 1744 *apud* SCHWARTZ, Tapanhuns, negros da terra e curibocas, *op. cit.*, p. 24.

56 MARQUES, Manuel Eufrásio de Azevedo. *Apontamentos históricos, geográficos, biográficos, estatísticos e noticiosos da província de São Paulo*. São Paulo: Itatiaia, 1980, v. 1, p. 76-77. Análises dessa guerra aos Kayapó em: GIRALDIN, Odair. *Cayapó e Panará*: luta e sobrevivência de um povo Jê no Brasil central. Campinas: Editora da Unicamp, 1997, p. 73 *et seq.*; e ATAÍDES, Jézus Marco de. *Sob o signo da violência*: colonizadores e Kayapó do Sul no Brasil Central. Goiânia: EdUCG, 1998, p. 72-77.

no ajuste entre o sertanista e Luís de Mascarenhas, então em Vila Boa, acertaram "a mercê do habito de Christo, com tença efetiva de 50$, e o ofício de escrivão da superintendência geral de minas de Vila Boa, de propriedade para si e seus descendentes". Prossegue o genealogista, referindo sobre a formação do terço de índios Bororo, que para cumprir com a obrigação do contrato "fez assento o coronel Pires no rio das Pedras do caminho de Goyazes, além do Rio das Velhas, onde aldeou-se o gentio doméstico da nação Bororós, extraído dos sertões de Cuyabá em redução de amigável paz".[57] Sob o comando de Pires de Campos, a milícia fez várias entradas contra o gentio Kayapó, "destruindo aldeas inteiras". Provavelmente em 1755, o sertanista foi morto durante uma expedição contra os Kayapó, embora estes tenham perdido, nos anos antecedentes, cerca de mil indivíduos feitos cativos pelo exército Bororo que ele liderava.[58]

Havia, portanto, uma consistente experiência de emprego dos Bororo em serviços para a colonização quando, em 1757, o poder central expediu ordens para a institucionalização desses terços indígenas "aos termos dos Cipais que servem nas tropas da nossa Índia oriental".[59] O primeiro a receber as instruções foi o governador de Mato Grosso, sendo seguido pelo de Goiás.[60] O secretário Tomé Joaquim da Costa Corte Real recomendou que fosse formado com os Bororo "um corpo de milícias, ordenanças, ou tropas irregulares, dividindo-os por companhias, pondo nelas por oficiais alguns reinículas da sua confiança, dando-lhes um superior com o título de mestre-de-campo, o qual tenha para substituí-lo um sargento-mor". Deveriam permanecer exercitados nas armas, "debaixo da disciplina de um corpo unido, para os acostumar à obediência e a executar o que lhes ordenar a voz do mestre-de-campo, quando estiver formado todo o terço, e a dos capitães, quando obrarem destacados". Sendo coerente com o princípio de

---

57 LEME, Pedro Taques de Almeida Paes. *Nobiliarquia paulistana histórica e genealógica*. 5ª. ed. Belo Horizonte: Itatiaia; São Paulo: Edusp, 1980, t. 2, p. 178-80. O acordo firmado com o governador Luís de Mascarenhas fixava que a condição para que Antonio Pires de Campos recebesse o hábito era que durante um ano inteiro não se soubesse de qualquer insulto dos Kayapó em Vila Boa e nos caminhos de Goiás. E se precisasse de reforços, 20 ou 30 aventureiros se somariam ao seu terço de índios Bororo ("Regimento que hade observar o coronel Antonio Pires de Campos no estabelecim.to dos Bororós, ajuste de S. Mag.e e procedim.to mais que hade ter, como abaixo se declara", Santos, 15 jul. 1748. *DI*, v. 22, p. 210-13). Segundo Marivone Matos Chaim, o grupo conduzido pelo sertanista soma umas 500 pessoas (CHAIM, Marivone Matos. *Aldeamentos indígenas* (Goiás 1749-1811). 2ª. ed. São Paulo: Nobel; Brasília: INL, 1983, p. 85).

58 ALENCASTRE, José Martins Pereira de. Annaes da provincia de Goyaz. *RIHGB*, Rio de Janeiro, v. 27, parte 2ª, 1864, p. 78.

59 AHU, Cód. 613, f. 3-9. Carta de Tomé Joaquim da Costa Corte Real a Antonio Rolim de Moura, Nossa Senhora de Belém, 7 jul. 1757, f. 6, §12.

60 Serviço de Documentação do Estado de Goiás, Livro de Provisões e Alvarás, "Instrução Real ao Governador João Manuel de Melo sobre a Civilização dos Índios" em 17 out. 1758 *apud* CHAIM, *Aldeamentos indígenas, op. cit.*, p. 88-89. Segundo a autora, a política de criação de uma tropa ao estilo dos Sipais fracassou na capitania. Ela lembra uma carta do governador José de Almeida Vasconcellos, enviada em maio de 1773, em que constava que os Bororo aldeados até aquela data eram poucos, e viviam em três aldeias no rio das Velhas, sem ter sido possível formar com eles nenhuma tropa (AHU, MT, cx. 27, d. 1730. José de Almeida Vasconcelos a Martinho de Melo e Castro, Vila Boa, 2 maio 1773).

transferência do ônus da defesa aos colonos, não era previsto pelo ministro nenhum recurso da Real Fazenda para a manutenção desses terços, que deveriam antes receber "alguma moderada porção de mandioca ou milho", como obrigação lançada aos colonos por eles defendidos, a cessão aos índios do butim das expedições, sem chegar a especificar se aí recairia o quinto, e a aplicação dos índios, onde quer que fossem aldeados, nas fainas da "cultura da terra, alguns dias da semana, em que, por modo de faxina fabriquem milhos, mandiocas e se apliquem à caça e à pescaria, para se alimentarem e cobrirem no caso em que a tanto chegue o seu trabalho".[61] Em agosto de 1758, o mesmo secretário reforçou a necessidade de criar o terço dos Bororo, que considerava "a principal força que deve sustentar essas fronteiras", e acenava então para a possibilidade de que quando fossem destacados, se houvesse recursos, poderiam também receber soldo, com que veriam que "os reinícolas os honram como amigos e como camaradas, que é cousa que não poderá deixar de fazer grande impressão nos outros índios".[62]

Ao enfatizar que os oficiais seriam portugueses, o consulado pombalino não destoava da mesma política que adotava em relação aos próprios Sipais da Índia, que passaram por uma reforma em 1773 na qual, mais uma vez, foi reforçada a interdição de nativos aos postos mais graduados: "nenhuma das Praças de Officiaes, e soldados das Tres Companhias de Bombeiros, Mineiros, e Artifices poderá ser provida em Pessoas, que não sejam nascidos nestes Reinos de Portugal, e do Algarve".[63] Somente com uma Carta Régia de 5 de outubro de 1792, ao governador Francisco da Cunha e Menezes, a referida proibição foi extinta.[64] A política da Coroa parece ter permanecido ambígua em relação à promoção de homens de cor aos postos de oficiais, tanto mais porque, segundo Charles Boxer, o princípio de integração dessas populações no Real Serviço seguia sendo a divisão pela cor: "cada companhia sendo comandada por um oficial da mesma cor de seus homens". O mesmo autor assinalou que a situação se complicava porque, como a Coroa procurava manter as tropas menos com soldos do que com promessas

---

61 AHU, Cód. 613, f. 3-9. Carta de Tomé Joaquim da Costa Corte Real a Antonio Rolim de Moura, Nossa Senhora de Belém, 7 jul. 1757, f. 6-7, §12-17.

62 AHU, Cód. 613, f. 3-9. Carta de Tomé Joaquim da Costa Corte Real a Antonio Rolim de Moura, Nossa Senhora de Belém, 7 jul. 1757, f. 8v-9, §21-24.

63 Alvará Régio de 28 abr. 1773 *apud* LOPES, Maria de Jesus dos Mártires. *Goa setecentista*: tradição e modernidade. 2ª. ed. Lisboa: Centro de Estudos dos Povos e Culturas de Expressão Portuguesa/Universidade Católica Portuguesa, 1999, p. 44. A promoção de oficiais na Índia era uma das exceções admitidas por Pombal em sua política sobre a segregação relacionada à cor da pele (BOXER, Charles. *O império marítimo português*: 1415-1825. São Paulo: Companhia das Letras, 2002, p. 316). O dispositivo de 2 de abril de 1761 insistiu que os vassalos do Império, fossem eles recém-batizados ou cristãos antigos, ainda que nascidos na Índia, deviam ter o mesmo *status* legal e social que os reinóis: "Sua Majestade não distingue seus vassalos pela cor mas por seus méritos". Da mesma forma, foi criminalizado o uso das expressões pejorativas concernentes à cor da pele. É ainda Charles Boxer quem constata que, só em 1774, 13 anos depois, Goa aplicou esse édito (BOXER, Charles. *Relações raciais no império colonial português*: 1415-1825. 2ª. ed. Porto: Afrontamento, 1988, p. 74-75).

64 LOPES, *loc. cit.*

de mercês, interditar promoções podia desestimular os vassalos.[65] No âmbito da Amazônia, o recurso às milícias indígenas para reprimir grupos tidos por hostis requeria, segundo o governador Francisco Xavier de Mendonça Furtado, que os caciques principais não fossem desestimados e que suas tropas fossem designadas para tarefas com a maior clareza possível. "Estes Principaes, e os seus Sold.os são tão propícios p.a esta casta de serv.o, como v.m. tem m.tas vezes experimentado", instruía o governador ao capitão de uma entrada contra os Mura, acusados de obstruir a navegação do rio Madeira; "não consentirá V. M. por modo algu que os Sold. os mal tratem a estes Principaes, ou os dezestimem, antes os tratem com o mayor respeito".[66]

A instrução de Martinho de Melo e Castro de 1771 se limitou a reforçar a ordem anterior sobre a criação do terço dos Bororo à maneira dos Sipais, pois "a execução deste plano é de uma grande importância para a segurança e fortaleza da capitania".[67] Na verdade, já desde 1769 o governador Luiz Pinto dava conta de que seria realmente muito difícil lograr esse projeto, "porque a referida nação que naquelle tempo devia de fazer grande espécie na Corte, se acha hoje quazi aniquilada".[68] As sucessivas bandeiras enviadas aos Bororo e Kayapó, com pretextos de que cometiam hostilidades contra os colonos, dizimaram, expulsaram ou transformaram em "administrados" uma boa parte dessas populações que viviam nos arrebaldes de Cuiabá e Vila Bela, processo que seguiu em curso até o fim da época colonial, e de que já se tratou no capítulo 5 deste trabalho.

Salvo a circunstância de que eram acompanhadas por um número bem reduzido de soldados dragões e um ou outro oficial, essas bandeiras seguiam o modelo tradicional: empregavam sertanistas, capitães do mato, homens de cor e mestiços livres das Companhias de Pedestres, Aventureiros e Caçadores, e um número razoável de índios oriundos das povoações estabelecidas aos moldes do Diretório, especialmente de Santa Ana. Assim, por exemplo, a bandeira que abriu o caminho do Forte Bragança a Cuiabá saíra de Vila Bela com três oficiais, sete soldados dragões, três sertanistas, 18 pedestres, 35 índios da missão de Santa Ana, 15 escravos negros e dois índios "administrados", totalizando 82 pessoas. Foram ainda acrescentados mais índios na aldeia de São João, próxima ao forte, onde se formaram quatro esquadras "de índios pedestres e dragões".[69]

---

65 BOXER, *O império marítimo português*, op. cit., p. 325.

66 BNL, Pombalina, Cód. 161, f. 188-90. "Instrução passada ao Cap.m Mig.l de Siq.a Xavez p.a ir lançar fora dos Dominios de Portugal os Indios Muras", por Francisco Xavier de Mendonça Furtado, Mariuá, 22 nov. 1756, f. 189v. Ver ainda, na mesma direção: BNL, Pombalina, Cód. 163, f. 148-49v. "Instrução passada ao Cap.m José da Silva Delgado para fazer a guerra ao gentio Mura no Rio Solimoez", por Francisco Xavier de Mendonça Furtado, Barcelos, 4 out. 1758.

67 AHU, Cód. 614, f. 1-8v. Carta-instrução de Martinho de Melo de Castro a Luiz de Albuquerque de Melo Pereira e Cáceres, Palácio de Belém, 13 ago. 1771, §4.

68 AHU, MT, cx. 14, d. 854. Luiz Pinto de Souza a Francisco Xavier de Mendonça Furtado, Vila Bela, 19 jun. 1769.

69 BPMP, Cód. 296, f. 180v-199v. "Rellaçam da expedição q.' o Il.mo Ex.mo Sn.r Luiz Pinto de Souza Coutinho fez p.a a feitura do caminho do Forte de Bragança p.a o Cuyabá, por Director do d.o Caminho a Joam Leme do Prado", f. 1.

A Companhia de Pedestres admitia "alguns índios que mostram desembaraço e esperteza bastante", como escreveu o governador Rolim de Moura ao seu sucessor, em 1765.[70] As Ordenanças de Vila Bela chegaram a contar, em 1771, com uma companhia de 81 índios, mas apenas nove seguiam registrados nela em 1796,[71] provavelmente devido a incorporações às outras companhias. Quando empregados em bandeiras e expedições, eles podiam auxiliar com o seu *know-how* e exercer uma função simbólica importante em relação aos grupos contatados. É assim que o governador Caetano Pinto de Miranda Montenegro, inteirado da possibilidade de firmar um tratado de paz com os Bororo "Aravirás", procurou utilizar a certo Antonio José Ferreira Delgado, referido como "descendente de índios" e "cabo de esquadra de Pedestres", como um exemplo que persuadisse não somente de que o cativeiro deixara de existir, como também de que os índios podiam alcançar postos de oficiais militares: "lhes faça bem perceber que sendo elle descendente de indios, longe de ser cativo, he estimado pelos portugueses entre os q.' he official militar, e nesta occazião será conveniente q.' esteja com o seu uniforme".[72]

* * *

A imagem de que os espanhóis deliberadamente armavam os gentios contra os portugueses, que viam conveniência em divulgá-la, deixa eclipsado o esforço desses índios por se apropriar de alguma sofisticação bélica adventícia. Já se fez menção, neste livro, a respeito da pretensão do governador Rolim de Moura em atribuir às incursões perpetradas pelos Payaguá, munidos de lanças com choupos de ferro fornecidas pelos castelhanos, a passagem de escravos negros das fazendas portuguesas às dos moradores de Assunção, que os compram por terem paz com o dito gentio.[73] O certo é que os Payaguá eram ativos em apropriar-se dessa tecnologia: compravam cunhas, machados, alfanjes, facas e facões e procuravam ferreiros para que instalassem pontas agudas em suas lanças e flechas, e rodas dentadas de bronze em suas maças.[74]

Seja como for, a câmara de Cuiabá discutiu em 1740 a possibilidade de firmar um tratado de paz com os índios Guaykuru e, com seu apoio, reprimir as incursões que atribuíam aos canoeiros Payaguá, os quais, até aquela data, já teriam destruído várias monções de comércio

---

70 "Instrução do Conde de Azambuja para D. João Pedro da Câmara", Pará, 8 jan. 1765. In: MENDONÇA, Marcos Carneiro de. *Rios Guaporé e Paraguai*: primeiras fronteiras definitivas do Brasil. Rio de Janeiro: Xerox, 1985, p. 81, §30-31; AHU, MT, cx. 36, d. 1829. Informação do governador Caetano Pinto de Miranda Montenegro, Vila Bela, 1 fev. 1799.

71 AHU, MT, cx. 37, d. 1879. "Mapa militar que demonstra o Estado effectivo do corpo das ordenanças da capital de Villa Bella", com os dados de 1771 e 1796.

72 APMT, Cód. C-37, f. 10-12v. Caetano Pinto de Miranda Montenegro a José Teixeira Cabral, Vila Bela, 16 jan. 1797, f. 10v.

73 AHU, MT, cx. 7, d. 451. Antonio Rolim de Moura a Diogo de Mendonça Corte Real, Vila Bela, 5 set. 1754.

74 AGI, Charcas, 216. Diego de los Reyes Valmaseda, governador do Paraguai, ao rei, Assunção, 24 jul. 1719, f. 2v.

que vinham de São Paulo.⁷⁵ Convocados os povos, "assentou-se que se mandasse um cabo capaz a presentear e a fazer amizades com o gentio Aycurú para, por meio delles, destruírem os payaguás".⁷⁶ A expedição encontrou os Guaykuru no rio Paraguai em julho de 1740, e ao que parece os caciques "offerecerão-se a fazer Guerra aos Payagoas, e que se quizessemos fazela aos castelhanos da cidade da Assumpção, e Santa Fé, que elles nos ajudariam".⁷⁷ Tendo sido declarada a guerra de 1763, os Guaykuru relataram ao padre Sánchez Labrador que foram procurados por portugueses: "El intento de los Portugueses se creyó ser ganar á la nación Mbayá, y con su milicia de auxiliar, invadir las poblaciones españolas".⁷⁸

Em verdade, só no fim do século é que esses índios, já duplamente pressionados pelas fortificações e povoações de ambos os impérios, contarão como um auxílio militar importante. Tendo firmado um tratado de paz com algumas parcialidades Guaykuru em 1791, o governador João de Albuquerque, frente à ofensiva dos espanhóis para atrair os índios, referia em 1795 que buscava estimular suas incursões em território espanhol, comprando os animais roubados:

> Esta compra tem fins muito interessantes a bem do Real Serviço, com ella poder ser que dezanimados os Espanhoes em dezaparecerem os seus gados, ou abandonem aqueles Estabelecimentos, ou os guardem ofendendo a os Guaycurûs hostilmente, que huma vez agravados, terão neles por muitos annos huns inimigos irreconciliáveis, e a ruína total destas suas novas fazendas.⁷⁹

Naquele mesmo ano, como remuneração a essa pretensa força paramilitar, o governo enviou 50 côvados de baeta vermelha, 24 machados e 12 facões, para que fossem "empregados em permutação por egoas e cavallos dos indios Guaycurus".⁸⁰

Em sua correspondência com o governador de Mato Grosso, Lazaro de Ribera criticava duramente o treinamento militar que os portugueses ofereciam aos índios Guaykuru, seus aliados:

> los barbaros que están en medio de dos naciones civilizadas, se les dan en aquellos fuertes, armas, y municiones, enseñándoles su manejo, y fomentando especies muy opuestas al sistema de humanidad, que aquí se observa: que se han recibido y amparado en los citados fuertes a los yndios

---

75 SÁ, José Barbosa de. "Chronicas do Cuyabá" [1765]. *RIHGSP*, São Paulo, v. 4, 1899, p. 88-89.

76 *Ibidem*, p. 89.

77 ASCC, p. 72.

78 SÁNCHEZ LABRADOR, José. *El Paraguay Católico* [1780]. Buenos Aires: Imprenta de Coni Hermanos, 1910, v. 2, p. 131.

79 AHU, MT, cx. 31, d. 1696. João de Albuquerque a Martinho de Melo e Castro, Vila Bela, 20 jul. 1795.

80 APMT, Cód. C-35, f. 125v. Francisco Rodrigues do Prado a João de Albuquerque, Coimbra, 4 jan. 1795.

> que han hostilizado esta provincia comprándoles de mas a mas el fruto de sus rapinas.[81]

Os próprios caciques das parcialidades com que o governo do Paraguai firmou o tratado de paz de 1798 confirmaram que haviam sido procurados pelos portugueses em mais de uma oportunidade, e que era facultado aos grupos que estavam em Nova Coimbra algo como um treinamento militar: o cacique Luis Etiganuité referiu que vira "repartir Polvora, Balas y Fuciles à porción de Yndios de su misma nación, y de la parcialidad Quetiadebó à quienes igualmente instruían en el manejo del Fucil, con notable empeño", e os caciques Maguida e José Domador observaram que os portugueses

> eran ricos, y los llenarían de regalos, y que de facto les dieron Polbora, Balas, y Fuciles, enseñándoles con mucho cuidado el manejo del fucil. Que a veinte Yndios escogidos de la nación Mbayá Guetiadebó remitieron a Cuyabá para que mejor fuesen instruidos en el exercicio que ellos acostumbran y manejo del Fucil de lo que el declarante y los de su parcialidad como siempre han tenido inclinación à esta Provincia se pararon y vinieron à ella trayéndose algunos Fuciles.[82]

Está visto que o governador João de Albuquerque, em 1791 e em 1796, munira alguns chefes Guaykuru, referidos sempre como "capitães", de uniformes, bastões de mando e cartas patentes em que constava serem vassalos da rainha de Portugal.[83] Ainda que se deva suspeitar de que essas notícias divulgadas por caciques Guaykuru e Guaná ao governo do Paraguai pudessem visar, antes de tudo, alguma vantagem em correspondência da lealdade que manifestavam ao monarca espanhol, não parece inverossímil que os Guaykuru tivessem realmente recebido algumas armas de fogo dos portugueses. Causou forte impressão em certo cacique Guaná, já terminada a guerra de 1801, o ter visto aqueles índios em Coimbra na posse de armas de fogo, com o que ele baixou ao forte Borbón para avisar seu irmão, o cacique Titu Telenoe, de que era provável um ataque dos Guaykuru, o qual não seria acompanhado pelos portugueses, segundo pôde escutar dos oficiais, "p.r haverse publicado las pazes, ya no podían hacer nada contra los Españoles, pero que sin em-

---

81 AHN, Estado, 3410, caja 1, carpeta 13, n. 11, Anexo n. 1. Lazaro de Ribera a Caetano Pinto de Miranda Montenegro, Atirá, 23 fev. 1798, f. 12.

82 AHN, Estado, 3410, caja 1, carpeta 13, Anexo n. 2. Auto sobre o Tratado de Paz firmado com os índios Guaykuru e depoimentos dos caciques, Pueblo de Atirá, 31 jan. 1798: Depoimento do cacique Luis Etiganuité, f. 2; Depoimento dos caciques Maguida e José Domador, f. 6v.

83 AHU, MT, cx. 28, d. 1617, Anexo n. 3. Carta patente aos chefes João Queima de Albuquerque e Paulo Joaquim José Ferreira, firmada pelo governador João de Albuquerque de Melo Pereira e Cáceres, Vila Bela, 30 jul. 1791; AHU, MT, cx. 31, d. 1722, Anexo n. 3. Carta patente ao chefe José de Seabra, firmada pelo governador João de Albuquerque de Melo Pereira e Cáceres, Vila Bela, 7 fev. 1796; AHU, MT, cx. 31, d. 1722, Anexo n. 4. Carta patente ao chefe Luiz Pinto, firmada pelo mesmo governador no mesmo local e data.

bargo viniesen ellos [Guaykuru] solos, q.e les armarían de armas de fuego, pólvora, y municiones suficientes".[84] Essa promessa é que era pouco crível, já que de 300 índios que os auxiliaram em 1801 na tomada do forte San José, os portugueses só deram armas de fogo a oito deles, se tanto, segundo informou um espanhol que caíra prisioneiro.[85]

O estímulo dos governadores portugueses às incursões que os Guaykuru realizavam em território espanhol, comprando-lhes o butim, que aliás ostentavam em seus informes ao secretário da repartição do Ultramar, era naturalmente dissimulado nas respostas dadas ao governador do Paraguai: assim, Caetano Pinto de Miranda Montenegro escreveu que "las pocas Hordes que viven con Nosotros junto al dicho Presidio no concurrieron ciertamente a estos estragos, de los quales hasta por utilidad propia los apartamos, por que seria muy peligroso vivir con fieras y no con hombres".[86] De sua parte, o governo do Paraguai dava notícias à sua Corte de que os Guaykuru incursionavam sobre fazendas espanholas e levavam o gado a Coimbra, tendo sido restituídas, nas últimas expedições punitivas enviadas contra os mesmos índios, mais de 3 mil cabeças de gado.[87] Posteriormente, os espanhóis chegaram a suspeitar que os portugueses se disfarçavam como os índios e os acompanhavam nas incursões: "moviendo a los barbaros sus discípulos en el manejo de las Armas de Fuego, entre los quales, quando llega el caso, se entretesen algunos portugueses vestidos como los yndios, p.a dirijirlos, y dar el golpe".[88]

Seja como for, os Guaykuru foram atores importantes na guerra de 1801 entre espanhóis e portugueses, que também teve seu palco no vale do rio Paraguai. Em 1800, a França pressionou Carlos IV a colaborar com sua guerra contra a Inglaterra. Como Portugal permanecia aliado aos ingleses, caberia à Espanha conduzir uma guerra contra o vizinho para que retirasse seu apoio, o que os espanhóis se comprometeram a fazer em 13 de fevereiro de 1801, no Tratado de Aranjuez. A guerra foi formalmente declarada dia 27 de fevereiro. Portugal foi invadido e forçado a assinar o Tratado de Badajoz, em 6 de junho, pelo qual se comprometia a fechar os portos aos ingleses e ceder boa parte do território da Guiana Francesa. Ao mesmo tempo em que as potências assinavam esse tratado na Europa, a guerra se iniciava no Río de la Plata. A notícia dos conflitos entre as metrópoles provavelmente chegou em junho ao Rio de Janeiro e

---

84 ANA, CRB, n. 69, d. 31. Carta do coronel José de Espinola a Lazaro de Ribera, Concepción, 25 fev. 1802.

85 ANA, CRB, n. 69, d. 19. José Theodoro Fernandez a Lazaro de Ribera, transmitindo a informação do soldado Emernejildo Zarate, prisioneiro e depois libertado pelos portugueses, relativa ao número de atacantes, Villa Real, 12 jan. 1802.

86 AHN, Estado, 3410, caja 1, carpeta 13, Anexo n. 1. Carta de Caetano Pinto de Miranda Montenegro a Lazaro de Ribera, Vila Bela, 21 nov. 1797, f. 7.

87 AHN, Estado, 3410, caja 1, carpeta 13. Lazaro de Ribera ao vice-rei Olaquer Feliú, Santa Rosa, 24 mar. 1798.

88 ANA, SH, v. 199, n. 1, f. 296-296v. Lazaro de Ribera ao vice-rei Marquês de Sobremonte, [Assunção] 17 dez. 1805. Não parece surpreendente, pois colonos também se disfarçavam de Apaches no norte da Nova Espanha e realizavam roubos de gado e outras hostilidades; ver: ORTELLI, Sara. *Trama de una guerra conveniente*: Nueva Vizcaya y la sombra de los Apaches (1748-1790). México: El Colegio de México/Centro de Estudios Históricos, 2007, p. 93-94.

em julho em Assunção. O vice-rei Joaquín del Pino y Rosas declarou estado de guerra contra os portugueses, e ordenou ao governador Lazaro de Ribera que deslocasse tropas para a fronteira do Mato Grosso. No Rio Grande, os portugueses conseguiram expulsar as guarnições espanholas e avançar sobre os Sete Povos das Missões.[89]

Assim que os espanhóis iniciaram a expedição rio acima, a guarnição de Nova Coimbra recebeu de certo índio Guaykuru chamado Nixinica, ainda em agosto de 1801, toda a informação necessária,[90] e sem demora procuraram reforçar a lealdade dos que haviam passado ao entorno do forte: "com essas noticias empregou-se o dito tenente-coronel em contentar aqueles índios por todas as formas, comprando-lhes igualmente seus cavalos por baetas, facões, machados e outros gêneros que eles estimam muito, afim de os não venderem aos espanhóis".[91] Na ocasião do cerco ao forte Coimbra, a participação dos Guaykuru se limitou a um frustrado envio de espiões a Borbón, onde foram presos. A 12 de setembro de 1801, o governador Lazaro de Ribera estava diante do forte Coimbra, a cujo comandante enviou a intimação para que se rendesse. O novo forte, que não era mais a estacada de madeira, senão um edifício regular e de pedra, aguentou os bombardeios e se mostrou bem posicionado para rechaçar as tentativas de desembarque. E como faltassem já as águas do rio e o abastecimento das tropas espanholas, o governador foi obrigado a retirar-se à capital a 24 de setembro.[92]

A aliança militar entre portugueses e Guaykuru mostrou-se efetiva, no entanto, na expedição que destruiu a nova paliçada de San José, que os espanhóis tinham instalado no vale do rio Apa, não muito longe do forte Miranda. Receoso de que os espanhóis apenas se estivessem reabastecendo para um novo ataque, o comandante de Coimbra, Ricardo Franco de Almeida Serra, ordenou ao de Miranda, Francisco Rodrigues do Prado, que procedesse a uma diversão

---

89 Sobre a posição de Portugal nos conflitos internacionais na virada do século, ver: ALEXANDRE, Valentim. *Os sentidos do Império*: questão nacional e questão colonial na crise do Antigo Regime português. Porto: Afrontamento, 1993, p. 116-27; a estimativa em relação à época em que chegaram as notícias deve-se a MELLO, Raul Silveira de. *História do forte de Coimbra*: v. 2: VI e VII períodos (1748-1802). Rio de Janeiro: SMG/Imprensa do Exército, 1959, p. 225; a correspondência entre o vice-rei de Buenos Aires e o governador do Paraguai em: FRAKES, Mark A. Governor Ribera and the War of Oranges on Paraguay's Frontiers. *The Americas*, v. 45, n. 4, 1989, p. 491-93; sobre a ação dos portugueses no Rio Grande: GARCIA, Elisa Frühauf. *As diversas formas de ser índio*: políticas indígenas e políticas indigenistas no extremo sul da América portuguesa. Tese (doutorado em História) – Programa de Pós-Graduação em História, Universidade Federal Fluminense, Niterói, 2007, p. 181-204.

90 Em uma carta de 1803, o comandante de Coimbra avisava que alguns caciques Guaykuru seguiam a Vila Bela a visitar o governador, e que dentre eles o índio Nixinica "merece tambem qualquer merce", pois "apezar de morar ao pé de Villa Real, foi quem em tudo por hum Pedestre dezertor, me veio em Agosto de 1801 dar parte da marcha dos Hespanhoes" (APMT, Defesa, 1803. Ricardo Franco de Almeida Serra ao governador Caetano Pinto de Miranda Montenegro, Coimbra, 12 mar. 1803).

91 SIQUEIRA, Joaquim da Costa. "Compêndio histórico cronológico das notícias de Cuiabá, repartição da capitania de Mato-Grosso, desde o princípio do ano de 1778 até o fim do ano de 1817". *RIHGB*, Rio de Janeiro, v. 13, 1850, p. 43.

92 AHU, MT, cx. 39, d. 1947. Caetano Pinto de Miranda Montenegro a Rodrigo de Sousa Coutinho, Vila Bela, 17 out. 1801; ver também: MELLO, *História do forte de Coimbra, op. cit.*, v. 2, p. 440-453.

a partir do rio Apa, e que para tanto utilizasse os índios Guaykuru como auxiliares.[93] A 19 de dezembro de 1801, Rodrigues do Prado dava conta ao governador da partida da expedição, que contava com 55 portugueses e 297 índios, tendo tomado a precaução, em atenção à "prudente regra de não exceder em numero a Tropa Estrangeira a Nacional", de hospedar todas as famílias dos referidos Guaykuru dentro do forte de Miranda, "hindo assim seguro da pele delles, apezar da dispeza ser mayor".[94] Aqui não convém se distanciar muito do documento, que é uma carta do comandante Rodrigues do Prado ao governador, escrita a 13 de janeiro de 1802, em que sublinha, na tomada do forte espanhol, a circunstância de que os índios teriam hesitado a participar do momento do ataque: refere que, já próximos do inimigo, os Guaykuru solicitaram que o próprio Rodrigues do Prado os dirigisse; todas as forças foram divididas em três pelotões; diante de si, os soldados encontraram "hua forte Estacada, e hum portão fechado, o qual tinha seis palmos de largo, e onze de alto, os contrários de dentro derão alguns tiros, mas sem effeito, o nosso fogo foi mais matador: por vezes bradou-se que se rendessem mas o Commandante respondia – morrer, sim, entregar, não"; enquanto isso passava, Rodrigues do Prado preparava os Guaykuru para juntarem-se ao conflito,

> mas elles escuzavão-se com o pretexto de ser noite, e que mais temião os nossos tiros, que dos Castelhanos; enfim deixei esta fraquíssima Nação feita inútil expectadora da tragédia, e fui incorporar-me com os meus, a tempo que o Commandante Hespanhol exalava o último suspiro com mais de vinte sinco perdigotos, e balas, sem que naquella confusão se possa saber quais forão os que lhe fizerão tão cruel serviço; com esta morte renderão-se os Hespanhoes.

O mesmo relato atesta, contudo, que embora tivessem hesitado no momento do golpe, os Guaykuru reconheceram e pilharam o que estava ao redor do presídio: "converterão o seu furor em pilhagem das cazas, com tal excesso, que o mesmo fato Portuguez que encontravão, era levado, depois de expoliarem o pouco que encontrarão derramarão-se pela Campanha e quando foi ao meio dia, tinhão recolhido 300 Cavalos do trajeto da Guarnição". O butim resultou ainda em 120 cabeças de gado (tocando 36 à Real Fazenda) e três peças, sendo duas de ferro (calibre 3) e uma de bronze. 26 espanhóis caíram prisioneiros, sendo 11 feridos; quatro foram mortos.[95] Realmente, a diversidade de estilos de fazer a guerra não deixou de ser percebida por

---

93 Ricardo Franco de Almeida Serra a Francisco Rodrigues do Prado, Coimbra, 2 dez. 1801 e 12 dez. 1801. In: MELLO, *História do forte de Coimbra, op. cit.*, v. 2, p. 467, 474.

94 Francisco Rodrigues do Prado a Caetano Pinto de Miranda Montenegro, Miranda, 19 dez. 1801. *RIHGMT*, Cuiabá, ano 8, v. 16, 1927, p. 125.

95 AHU, MT, cx. 39, d. 1958. Francisco Rodrigues do Prado a Caetano Pinto de Miranda Montenegro, Miranda, 13 jan. 1802; há transcrição em: *RIHGMT*, Cuiabá, ano 8, v. 16, 1927, p. 128-32. O informe do oficial espanhol José Theodoro Fernandez, no entanto, mencionou mais itens: "seis fuciles, diez libras y media de metralla de plomo

portugueses e índios Guaykuru: "A prática do Aycurú he a preza pertencer a quem achar de sorte que hum captivo fica com quanta apanhou, e seu Sr. sem coiza alguma; se os tornarmos a levar a Campanha os poderemos por em melhor ordem visto o grande temor que de nós conceberão com esta jornada".[96] Pouco tempo depois, conversando sobre esse episódio com os chefes Guaykuru, Ricardo Franco de Almeida Serra anotou que, da perspectiva dos índios, o modo europeu de fazer a guerra não era o mais adequado,

> tratando de estolticie ao modo de fazer a guerra dos portuguezes e hespanhóes, dando e recebendo golpes, e ainda a mesma morte de frente a frente para conseguirem a tanto custo a vantagem: e que isto só os néscios fazem, quando a guerra e modos d'elles *Uaicurús* é o mais seguro e prudente, porque fazem estragos sem receberem damnos, espreitando uma e muitas vezes occasião opportuna em que sem risco algum consigam seus fins.[97]

Em suas expedições, os espanhóis também empregavam índios das parcialidades que, entre os Guaykuru, Guaná e Payaguá, lhes eram mais favoráveis. Segundo as notícias do desertor espanhol Antonio Casemiro Vianna, a expedição comandada pelo coronel José de Espinola, que em março de 1797 entrou 20 léguas ao norte do rio Mondego, contava com 700 homens de armas, auxiliados por mais 50 índios, sendo 25 Guaná, moradores das cabeceiras do Ipané, e 25 Guaykuru, moradores do rio Verde, e por 50 pardos do *pueblo* de Emboscada.[98] Os Payaguá forneceram canoas e tripulação para a expedição espanhola contra o forte Coimbra em 1801.[99] E em fevereiro de 1799, o cacique Lorenzo foi remunerado em 10 *pesos* pelo Ramo de Guerra do Paraguai, "por el corso del río que ha hecho por el termino del mes p.a impedir el transito

---

cortado, media arroba de polbora, seis cartucheras provehidas de cartuchos [...] diez y seis mulas, catorce achas, una pala, una barrera de fierra, seis machetes, y dos ollas de fierro" (ANA, CRB, n. 69, d. 28. José Theodoro Fernandez a Lazaro de Ribera, Villa Real, 10 fev. 1802).

96 A observação sugere que os Guaykuru empregavam seus cativos em expedições militares (SERRA, Ricardo Franco de Almeida. "Continuação do parecer sobre os índios Uaicuru's, Guana's etc.", Coimbra, 2 fev. 1803. *RIHGB*, Rio de Janeiro, v. 13, 1850, p. 370).

97 *Ibidem*. A ocupação do forte Borbón em 1812 por índios Guaykuru e depois por portugueses não parece ter sido resultado de uma ofensiva militar, mas do próprio abandono em que estava aquele estabelecimento. Tanto assim que foi devolvido logo que se apresentou o oficial paraguaio Fernando de la Mora (VIOLA, Alfredo. *Origen de pueblos del Paraguay*. Assunção: Comuneros, 1986, p. 107).

98 AHU, MT, cx. 33, d. 1759. "Notícias de trez Expediçoes feitas pelos Espanhoes da Provincia d'Assumpção do Paraguai contra os Indios Uaicurûz, dadas estas noticias por D. Antonio Casemiro Vianna, natural da mesma Provincia", Vila Bela, 17 ago. 1797.

99 SIQUEIRA, Joaquim da Costa. "Compêndio histórico cronológico das notícias de Cuiabá, repartição da capitania de Mato-Grosso, desde o princípio do ano de 1778 até o fim do ano de 1817". *RIHGB*, Rio de Janeiro, v. 13, 1850, p. 44.

de los Yndios Infieles enemigos a esta vanda, y ha executado dos muertes en ellos en el páso de Naranjay el diez del próximo venido".[100]

Aliados aos espanhóis, com quem firmaram sucessivos tratados de paz, os Payaguá passaram a prestar ao governo o serviço de patrulhamento do rio. Em decorrência do assalto à estância de Nasario Gonzales em 1802, por exemplo, um destacamento de duas canoas de índios Payaguá foi enviado com as funções de investigar os responsáveis e dar aviso sobre novos assaltos, sendo-lhes assinalado um soldo.[101] Do mesmo modo, quando se teve notícia de outro assalto, ocorrido em janeiro de 1809, em que supostamente os bárbaros levaram 80 cavalos e 100 éguas do *pueblo* de Guarambaré e pelo menos 12 a certo Mariano Caseres,[102] os Payaguá foram chamados. Quando alguns índios do Chaco apareceram nas proximidades de Assunção, "mandé una canoa de Payaguas los quales han regresado diciendo que son muchos", escreve o comandante Thomas de Ortega: "que hay un casique que tienen flechas y lanzas y que hay otros dentro de los [ilegível] [...]; seguram.te beniendo tantos trayen malas yntenciones, o vienen a tratar algo".[103] Nesse tipo de operação de ronda, vigilância e informação, que era chamada pelos contemporâneos de "corso", os Payaguá se posicionavam em pontos em que a baixa do rio propiciava com mais facilidade a passagem dos bárbaros para a margem oriental.[104] Considerados um auxílio importante para o Estado que, com as isenções do serviço militar propiciadas pelas matrículas na renda do tabaco, se via cada vez mais carente de soldados, os Payaguá recebiam pagamento e ração quando destacados em operações de "corso".[105] O que não diminuía a desconfiança da elite local em relação aos índios canoeiros, havidos por ineficazes, custosos e pouco atentos às ordens. Como escreveu o oficial Mariano Benitez ao governador,

> sin embargo de haver mandado V.S. a los Payaguas de que andubieran corriendo y guardando los pasos, pero hasta el presente no ha tenido noticia por donde andan, ni que paso es el que guardan porque los pasos son muchos y andando todas las canoas juntas nunca se conseguirá guardar los pasos como es debido y solo hacen el andar [ilegível] por las estancias

---

100 ANA, SNE, v. 3394, f. 16. Despacho do Administrador do Ramo de Guerra, Assunção, 11 fev. 1799.

101 ANA, CRB, n. 70, d. 3. Despacho de Thomas de Ortega, Assunção, 4 dez. 1802.

102 ANA, CRB, n. 138, d. 1. Gregorio Thadeo la Zerda, Saladio, 18 jan. 1809; ANA, CRB, n. 138, d. 3. José Joaquín de Zevallos ao governador Eustaquio Giannini y Bentallol, Guarambare, 20 jan. 1809.

103 ANA, CRB, n. 138, d. 2. Thomas de Ortega a Eustaquio Giannini y Bentallol, Assunção, 30 jan. 1809.

104 ANA, CRB, n. 138, d. 6. Gregorio Thadeo de la Cerda a Eustaquio Giannini y Bentallol, Assunção, 26 nov. 1808.

105 O governo acertou com o cacique Achan o revezamento mensal de pelo menos três rondas, com três canoas cada. Os Payaguá estavam autorizados a atacar os "bárbaros" e recuperar o butim (ANA, SH, v. 196, n. 9. "Ynstruc.n q.e se les dio a los yndios Payaguas q.e en tres canoas hacen el corso desde la Villata a Remolinos con tres yndios cada una", Assunção, 31 out. 1805; "Ynstruc.n q.' se le dio a el yndio casique de la nación Payaguá de la toldería del Cutillo, nombrado José Ygnacio Passo", Assunção, 31 out. 1805; "Ynstrucción q.' se les dio a los yndios Payaguas q.' en una canoa pasaron de or.n del s.r gobernador a las ordenes del s.r coron.l Don Pedro Gracia", Assunção, 30 nov. 1805).

pidiendo reses, y haciendo grasa y sebo y perjudicando el vecindario tras los continuos daños que estamos experimentando de los Ynfieles.[106]

O tenente Benito Villanueva, no entanto, pôde encontrar a tropa de índios Payaguá e instruir-lhes sobre o proceder nas rondas: "Las quatro Canoas Payaguas que andan a corso los able en el paraje de Paraguaymia estos les ordene como han de azer las corridas aun que nunca hazen lo que se les mandan".[107]

As milícias de homens de cor e mestiços livres

Comentando a destruição do quilombo do Piolho em 1771, em que serviram os mesmos homens de cor e mestiços livres empregados nas companhias de Pedestres e Caçadores, o ministro Martinho de Melo e Castro escreveu: "A destruição do Quilombo foi de huma grande utilidade, para o sucego, e segurança dessa Capitania, e mostra que ella não está tão destituída de gente para a defender dos Castelhanos, que não suponho nessa Fronteira muito mais fortes, nem melhor disciplinados, que huma multidão de Negros armados e rezolutos".[108] Administradores reformistas eram favoráveis à integração de homens de cor livres nas milícias, não somente porque os viam como mais aptos a penetrar territórios interiores, mas sobretudo porque o preconceito que sofriam podia ser capitalizado pelo governo para garantir sua lealdade. Como mostrou Kimberly Hanger para o caso da Louisiana, percebeu-se que eles formavam um grupo corporativo com laços consanguíneos e de afinidade, que aspirava, mediante lealdade ao Real Serviço, aos mesmos privilégios dos brancos. No contexto crítico de competição territorial com França, Inglaterra e Estados Unidos, o governo espanhol não raro ofertava privilégios, mercês e honras aos que provassem sua lealdade.[109]

Em Mato Grosso, cor e *status* eram critérios estruturantes na formação das tropas. Segundo um mapa da população de 1771, os definidos como "brancos" somavam 2.233 pessoas (18,36%), "índios e mestiços" eram 2.337 (19,22%), "pardos e pretos" livres chegavam a

---

106 ANA, CRB, n. 138, d. 32. Mariano Benitez ao governador Eustaquio Giannini y Bentallol, Saladillo, 25 jan. 1809.

107 ANA, CRB, n. 138, d. 34. Benito Villanueva a Eustaquio Giannini y Bentallol, 12 fev. 1809.

108 AHU, Cód. 614. Carta de Martinho de Melo e Castro a Luiz Pinto de Souza, Palácio da Nossa Senhora da Ajuda, 7 out. 1771, f. 50.

109 HANGER, Kimberly S. *Bounded lives, bounded places*: free black society in colonial New Orleans, 1769-1803. Durham, N.C.; Londres: Duke University Press, 1997, p. 109-110. O governador Carondelet (1791-1797), por exemplo, para estimular as milícias de cor contra os franceses, realizou algumas promoções entre os que destacara para reforçar as guarnições (*ibidem*, p. 124-25). Em tempos de paz, suas atividades eram igualmente decisivas. Em primeiro lugar, eram enviados a capturar escravos fugidos. Além disso, eram considerados indispensáveis nas expedições contra quilombos. Como assinala McConnel, "the participation of the Negro militia in the Cimarron War was significant because its members were definitely placed on the side of Law and order, even trough other members of their own race were involved as insurrectionists" (McCONNEL, Roland C. *Negro troops of Antebellum Louisiana*: a history of the battalion of free men of color. Louisiana: Louisiana State University Press, 1968, p. 23).

1.016 (8,35%) e os escravos eram 6.573 (54,07%). Numa população total de 12.159 pessoas, os definidos como não brancos chegavam a 81,64%, sendo previsível que houvesse aqui, como ocorria em outras partes do Império, uma forte integração de homens de cor e mestiços livres no aparelho defensivo.[110]

A Companhia de Pedestres foi criada em 1755, com a função de reforçar os destacamentos e expedições em que serviam os da Companhia de Dragões, formada por brancos.[111] Como referiu o governador Antonio Rolim de Moura ao rei em dezembro de 1757:

> Os soldados pedestres desta capitania são [...] bastardos (por isto cá na América se intende filho de branco com índio), mulatos, caribocas (isto hé, filho de preto, e Indio, e estes são ordinariamente os que melhor provão) e também se admite algú índio puro, principalm.e Bororos, pella habilidade, que tem de serem bons rastejadores, o que he de grande utilidade nas diligencias. Andão sempre descalsos de pé e perna, o seu único vestido he um jaleco, e huas bombachas. As armas que uzão hé hua espingarda sem baioneta, e hua bolsa de cassa e hua faca de mato.[112]

O historiador David Davidson observa que a confiança que os governadores depositavam na Companhia de Pedestres como principal força defensiva da capitania atendia a uma dupla estratégia: subordinava ao governo indivíduos potencialmente perigosos e canalizava suas

---

110 AHU, MT, cx. 15, d. 927. Mapa da população para o ano de 1771. Em comparação com o mapa de 1797, salvo por um aumento entre os homens de cor livres de 11,45% para 16,73%, e diminuição entre os brancos de 8,72% para 5,96%, as proporções entre as diferentes designações de cor seguiram semelhantes. Ver: SILVA, Jovam Vilela da. *Mistura de cores*: política de povoamento e população na capitania de Mato Grosso: século XVIII. Cuiabá: Editora UFMT, 1995, p. 212-13. O mesmo autor apresenta um útil quadro que diz respeito à relação entre homens livres e escravos:

População escrava sobre o total da população da capitania de Mato Grosso (1768-1800)

Ano	Total da população	Escravos	Porcentagem
1768	10.886	2.348	21,57%
1771	11.859	6.573	55,42%
1795	17.401	7.344	42,20%
1800	28.690	11.910	41,51%

Fonte: *Ibidem*, p. 253.

Para o caso da capitania de Minas Gerais, que guarda bastante similitude, ver: LANGFUR, Hal. *The forbidden lands*: colonial identity, frontier violence, and the persistence of Brazil's eastern Indians, 1750-1830. Stanford: Stanford University Press, 2006, p. 131-32.

111 AHU, MT, cx. 7, d. 466. Antonio Rolim de Moura ao rei, sobre o assentamento de praça de soldados pedestres com o mesmo soldo que têm em Goiás, Vila Bela, 24 jan. 1755.

112 AHU, MT, cx. 9, d. 539. Antonio Rolim de Moura ao rei, Vila Bela, 25 fev. 1757.

energias aos serviços defensivos.[113] Eles venciam soldo de 70 réis de ouro por dia, correspondente a pouco mais de 8 vinténs e 4 réis em moeda do Reino, e ração de uma quarta de farinha de milho para dez dias que, quando enviados em destacamentos ou expedições, era acrescida de meia quarta de toucinho por dia e um prato de sal por mês. Recebiam do governo a farda, consistente em um chapéu e duas camisas. Os serviços a que eram destacados incluíam a escolta das monções, em que serviam também como remeiros e pilotos; a guarda dos diamantes, sendo aí mais úteis que os Dragões, que não podiam examinar nem seguir uma trilha como os Pedestres, em geral bons nadadores e acostumados a sulcar matos e sertões; e a realização de expedições, entradas e viagens de condução de correspondências, serviço que os Dragões não realizavam sem levarem malas e mantimentos em bestas, ao passo que os Pedestres, com reduzidos recursos, encontravam de comer sem despesas adicionais à Real Fazenda. O governador oferece um exemplo claro da diferença de gastos das duas Companhias, para além do soldo reduzido à metade, que venciam os Pedestres:

> para levar cartas do Serviço de V.Mag.e são os Pedestres promptissimos, e evitão grande dispeza; porque fazendo-se esta diligencia por Dragões necesitão bestas de carga alem dos cavallos para si; e fazendo cada hum destes de dispeza diaria meya pataca no capim, fora o milho, necessitão, se andão ao pasto, de se recolherem e terem a dita reção dias antes para não afrouxarem no caminho: e os pedestres de huma hora para outra se põem em marcha sem embaraço porq.' o seu alforge vay as costas, e em levando huma pouca de farinha com polvora e chumbo para cassarem, andão mezes pello sertão sem lhes faltar de comer.[114]

Em consulta de 18 de novembro de 1757, o Conselho Ultramarino aprovou a criação da Companhia de Pedestres composta de 25 homens e um cabo,[115] como propusera o governador Rolim de Moura que, no entanto, já em carta de agosto de 1760, depois das últimas novidades em relação à tensa fronteira com as missões jesuíticas castelhanas, solicitou ao poder central o aumento das duas Companhias.[116]

Aparecia aí uma instituição fundamental na consolidação da posse portuguesa da fronteira dos rios Paraguai e Guaporé, a Companhia de Pedestres, espécie de "tropa de escol" formada por homens de cor e mestiços livres selecionados pessoalmente pelo governador, e que

---

113 DAVIDSON, David. *Rivers & empire*: the Madeira rout and the incorporation of the Brazilian Far West, 1737-1808. Dissertação (Ph.D.) – Yale University, 1970, p. 101.

114 AHU, MT, cx. 9, d. 539. Antonio Rolim de Moura ao rei, Vila Bela, 25 fev. 1757.

115 AHU, MT, cx. 7, d. 466. Consulta do Conselho Ultramarino, Lisboa, 18 nov. 1757.

116 AHU, MT, cx. 11, d. 623. Antonio Rolim de Moura a Tomé Joaquim da Costa Corte Real, Vila Bela, 30 ago. 1760.

proporcionava uma dupla vantagem ao Estado: de um lado, a sub-remuneração, pois venciam metade do soldo da Companhia de Dragões, a quem acabavam substituindo em boa parte das diligências; de outro, a circunstância de serem havidos por mais adaptados ao ambiente dos sertões, onde podiam entrar e permanecer com exígua equipagem, passar rios e ásperas vegetações dificilmente acessíveis aos Dragões, e sobreviver por longos períodos sem custos adicionais ao Estado. Do ponto de vista do governo, os serviços da Companhia de Pedestres em destacamentos e expedições, realizados por pessoas sobre quem recaíam prejuízos étnicos e de *status*, preconceitos que permitiam afirmar simultaneamente seu maior ajustamento às tarefas do sertão e servir de pretexto para rebaixar os soldos, não terão sido um fator inexpressivo na redução dos custos da defesa dos domínios portugueses no centro da América do Sul.

Em fins do século, a Companhia de Pedestres permanecia sendo um corpo de poucos homens, mas dos quais o governo dependia para vários serviços importantes. Como escreve um governador, estava composta por 287 soldados, um alferes, três sargentos, seis cabos de esquadra, 11 anspeçadas e um tambor: "só o alferes he homem branco, todos os mais são mulatos, com muito poucos indios, e pretos. He gente duríssima, para o trabalho, intrépidos, e valentes; para o serviço desta capitania, e para a pequena guerra própria deste paiz, são indispensáveis".[117]

---

[117] AHU, MT, cx. 36, d. 1829. "Informação que o governador e capitão general da capitania de Mato Grosso, Caetano Pinto de Miranda Montenegro, dá do merecimento, zelo e préstimo de todos os oficiais militares pagos", Vila Bela, 1 fev. 1799, f. 5-5v.

Figura 21: "Figura de um Soldado Pedestre de Mato Grosso" [1791]

Fonte: Museu Bocage, ARF-33, f. 50. In: FERREIRA, Alexandre Rodrigues. *Viagem ao Brasil*: a expedição philosophica pelas capitanias do Pará, Rio Negro, Mato Grosso e Cuyabá: documentos do Museu Bocage de Lisboa. Petrópolis: Kapa, 2002, v. 2, p. 103.

A Companhia de Pedestres era formada por mestiços e homens de cor: apesar de ser retratado com uniforme, arma de fogo e espada, o soldado se encontra descalço.

A tendência para a integração de homens de cor e mestiços livres nas Companhias de Mato Grosso é visível nos mapas militares das últimas décadas do século (vide **Tabelas 1 e 2**).[118] Vale lembrar que, como essas duas Companhias eram as tropas "de linha" ou "pagas", ou seja, a força militar efetiva do Estado, sua base era a capital Vila Bela. O número de Pedestres quase triplicou em 40 anos, ao passo que os Dragões, que eram maioria na década de 1760, no começo do século XIX somavam algo mais de dois terços dos efetivos. Quanto aos moradores em idade hábil para o serviço militar, alistados nas Companhias Auxiliares, observa-se, para o caso de Cuiabá, que entre 1769 e 1800, o número de brancos obrigados a servir à sua custa caiu 40%, e no entanto, no mesmo período, a proporção de homens de cor livres e mestiços aumentou cerca de 40%. Com efeito, a transferência do ônus da defesa da fronteira não incidia da mesma

---

118 Os próprios contemporâneos reconheciam a dificuldade em classificar os indivíduos segundo a cor da pele: o comandante do Forte Bragança referia que, nos mapas da guarnição que enviara, "pello q' resp.a as cores tudo o q' toca a mulatos e mestiçados pus pardos, os bastardos bastardos, os indios indios" (APMT, Defesa, 1769, 18. Francisco Rodrigues Tavares a Luiz Pinto de Souza, Forte Bragança, 1 maio 1769).

forma sobre todos os colonos, e o peso de custos e responsabilidades podem ter recaído cada vez mais sobre homens de cor livres.

Os serviços da Companhia de Pedestres permaneceram sendo cruciais à defesa da capitania, e a exploração, pelo governo, dos prejuízos étnicos e de *status* que recaíam sobre os que nela serviam, permitia ao mesmo tempo reduzir sua remuneração e contar com eles para as tarefas mais ásperas do sertão. Assim, os Pedestres predominaram em todas as guarnições. Em relação à guarnição do forte Coimbra, fica claro que a composição de Pedestres, além de ser maioria, cresceu ao longo dos anos.

Tabela 3: Tropa paga e tropa auxiliar: Forte Nova Coimbra (1775-1804)

	1775	1798	1801	1802	1804***
Dragões	15	80	35	35	64
Pedestres	27	94	48	63	107
Ordenanças	213	80*	20**	20**	[n.d.]

*referente ao ano de 1795;
**referidos como "Ordenanças";
***inclui a guarnição de Miranda.

Fonte: AHU, MT, cx. 18, d. 1111; AHU, MT, cx. 18, d. 1118; AHU, MT, cx. 33, d. 1748; AHU, MT, cx. 35, d. 1799; AHU, MT, cx. 39, d. 1952; AHU, MT, cx. 40, d. 2014; AHU, MT, cx. 43, d. 2097.

Com relação ao Forte Príncipe, o cotejo dos mapas de população com os mapas militares mostra uma consistente política do governo de transformar aquele entreposto militar em algo como uma colônia de moradores que, em caso de invasão inimiga, poderiam pegar em armas e defender as suas casas. A redução do número de Pedestres ao final do século provavelmente se deveu à sua transferência para o forte Coimbra, onde a demarcação com o Paraguai e a política com os "índios bárbaros" tinham-se tornado problemas mais urgentes.

Tabela 4: Tropa paga e colonos: Forte Conceição, substituído pelo Forte Príncipe da Beira (1769-1798)

	1769	1773	1775	1798
Dragões	84	81	61	73
Pedestres	65	64	91	47
População civil	684*	709	775**	792***

*referente ao ano de 1772;
**referente ao ano de 1776;
***referente ao ano de 1795.

Fonte: AHU, MT, cx. 14, d. 854; AHU, MT, cx. 17, d. 1039; AHU, MT, cx. 17, d. 1046; AHU, MT, cx. 17, d. 1083; AHU, MT, cx. 18, d. 1111; AHU, MT, cx. 19, d. 1160; AHU, MT, cx. 33, d. 1748; AHU, MT, cx. 35, d. 1799.

Em Casalvasco, o perfil da guarnição parece restringir-se às funções de vigilância, ronda e correspondências com os espanhóis, e mais diligências de comunicação com o governo da capitania. Nota-se ainda uma redução significativa no número de Dragões, que praticamente caíram pela metade nos anos finais do século, ao passo que mais que duplicaram os Pedestres. O estabelecimento, no entanto, mostrava uma predominância dos moradores colonos.

Tabela 5: Tropa paga e colonos: Casalvasco (1798-1804)

	1798	1801	1804
Dragões	34	40	18
Pedestres	10	23	22
População civil	482*	[n.d.]	464**

*referente ao ano de 1795;
**referente ao ano de 1818.
Fonte: AHU, MT, cx. 33, c. 1748; AHU, MT, cx. 35, d. 1799; AHU, cx. 39, d. 1952; AHU, MT, cx. 43, d. 2097; RIHGB, v. 20, p. 293.

A valorização de saberes e habilidades tidas por distintivas de mestiços era um dos meios do governo obter sua adesão ao serviço militar. João Pedro da Câmara, por exemplo, não deixava de elogiar a adaptabilidade dos mestiços ao terreno: "As tropas desta Capitania, como tenho referido a V. Ex.a, consistem em duas Companhias, hua de Dragoens, e outra de Pedestres. Esta se compoe de huns soldados, que andão descalços; armados de espingarda, hua pistola, e hum facão; todos molatos, os quaes servem com utilidade, tanto no rio, como na terra; porque entrão no mato, remão, e piloteão as canoas". Assim, para comandar essas tropas, solicitava que fossem enviados não oficiais reinóis, mas paulistas, "os quaes todos tem as mesmas habilidades dos soldados; o que se faz indispensavelmente necessario, para poder entrar no mato, passar a nado ribeiroens, e pantanaes, de que está cheio, e cortado este terreno".[119] É provável que essa preferência do governador por oficiais paulistas atendesse ao anseio dos soldados em não querer como oficiais senão filhos da terra, a quem pareciam perfeitamente naturais práticas que poderiam parecer estranhas aos olhos de europeus.[120] De todo modo, para os oficiais de Dragões que assumiam o comando da Companhia de Pedestres, ficava depois a consequência de ter servido em uma tropa "de muito

---

119 AHU, MT, cx. 13, d. 757. João Pedro da Câmara a Francisco Xavier de Mendonça Furtado, Conceição, 10 out. 1765.

120 Mudando o que deve ser mudado, trata-se do mesmo problema analisado por Stuart Schwartz, para quem as hierarquias baseadas na cor intensificaram-se nos anos finais do século XVIII, por diversas razões mais ou menos determinadas pelo crescimento da economia do açúcar e da militarização, sendo certo também que, desde há muito, distinções baseadas em cor, ocupação e *status* permeavam a vida cotidiana da colônia. O autor cita casos em que grupos de ocupações exclusivas de mestiços protestaram contra a ascensão social de indivíduos considerados "negros", como em 1756, na Bahia, quando uma milícia de "crioulos" reclamou de que um soldado nascido na África recebera o título de comandante do agrupamento (SCHWARTZ, Stuart B. Brazilian ethnogenesis: *mestiços, mamelucos,* and *pardos.* In: GRUZINSKI, Serge; WACHTEL, Nathan (eds.). *Le Nouveau Monde*: Mondes Nouveaux: L'expérience américaine. Paris: Ed. de l'École des Hautes Études en Sciences Sociales, 1996, p. 23-27).

menor reputação", como o próprio Luiz de Albuquerque, já conselheiro de Sua Majestade, referiu em um parecer sobre o tenente de Dragões Antonio Pinto do Rego e Carvalho, português que pretendia ser reformado como sargento-mor e soldo por inteiro. O parecer do ex-governador foi negativo, rechaçando como "escandalosa" a pretensão do suplicante, ainda que reconhecesse que ele levantara a fazenda dos índios de Vila Maria com seus escravos e que os recursos que dizia possuir podiam ser úteis para a tropa de Pedestres. A descrição que faz dessa tropa, que aliás convém citar, reforçava o que dizia sobre a "menor reputação" de semelhante emprego:

> he hum genero de Tropa paga, que serve naquella capitania, composta porém somente de mulatos cabores, ou caribocas, com outros mestiços, que andando descalços, vencendo a metade do soldo unicamente da Tropa paga regular, formada de gente branca, e sendo quazi sempre occupada em remar canoas, fazer, ou coadjuvar as multiplicadas conduções, transportes, ou expedições de terra, e fazer outros similhantes serviços, quazi da mesma natureza, que se offerecem quazi sempre por aquelles Mattos, e ásperos certões.[121]

De todo modo, Antonio Pinto do Rego recebeu o hábito de Cristo, cuja mercê pedira para que fosse conferida a seu sobrinho. Mas não foi por seus serviços militares, senão por ter metido na Casa de Fundição de Vila Bela, dentro de 11 meses, mais de 11 arrobas de ouro, como fez certo pelas certidões competentes.[122]

Os Pedestres e demais auxiliares mestiços e homens de cor, além de pouco dispendiosos ao governo, pareciam os mais preparados para as difíceis tarefas que o país demandava. Tal era a conclusão do governador de Santa Cruz de la Sierra a partir dos depoimentos de desertores portugueses e do que pôde observar durante a guerra de 1763: "se necesitan milicias bien disciplinadas", escrevia ao *Consejo de Indias*, "pues la portuguesa lo es a lo mejor en el manejo de vocas de fuego, quando no lo sea en el exercicio, y evoluciones militares, pues todos ellos viven de sola la caza manteniéndose de ella, para lo que se les da la pólvora, y munición correspondiente,

---

Vide ainda: STOLKE, Verena. O enigma das interseções: classe, "raça", sexo, sexualidade: a formação dos impérios transatlânticos do século XVI ao XIX. *Estudos Feministas*, Florianópolis, n. 14(1), jan.-abr., 2006, p. 15-42.

121 AHU, MT, cx. 31, d. 1702. Parecer de Luiz de Albuquerque de Melo Pereira e Cáceres sobre o requerimento de Antonio Pinto do Rego e Carvalho, Lisboa, 8 ago. 1795.

122 IANTT, MR, Decretos 1745-1800, Pasta 57, n. 37. Decreto concedendo a Honorato da Cunha Pinto do Rego o hábito de Cristo com 12 mil réis de tença, pelos serviços do seu tio, Antonio Pinto do Rego e Carvalho, tenente de Dragões nas minas de ouro de Mato Grosso, Queluz, 18 ago. 1795; IANTT, Registro Geral das Mercês de D. Maria I, Livro 18, f. 119. Carta de profissão do Hábito, 2 dez. 1795; IANTT, Registro Geral das Mercês de D. Maria I, Livro 28, f. 310. Carta de Padrão de tença, 6 jul. 1797. Segundo o Alvará de 3 de dezembro de 1750, quem em um ano efetuasse entrada de 8 arrobas de ouro na Casa de Fundição teria direito a requisitar o hábito de Cristo com 12 mil réis de tença (OLIVAL, Fernanda. *As ordens militares e o Estado moderno*: honra, mercê e venalidade em Portugal (1641-1789). Lisboa: Estar, 2001, p. 135).

y assi salen de la estacada por un mes, quince días, levando una poca vitualla de Harina de Yuca, y un pedazo de Tozino". Mesmo febres e outras enfermidades não impediam essas diligências, pois se serviam de quina para aliviar os sintomas. O serviço de remar canoas, efetuam-no "con más vigor que los nuestros". Concluía o governador que se tratava de "gente más sufrida, y hecha al trabajo, y mui diestra en agua, y montañas, la maior fuerza consiste en los negros, que tienen en gran número, a los que han franqueado algunas libertades, mediante las quales se han mantenido fieles en su servicio".[123] Do mesmo modo, o comandante das forças espanholas no sul, José de Molina, em carta ao governador de Buenos Aires, era do parecer de que, dentre as tropas portuguesas, não se devia temer os Dragões, em geral mancebos de 14, 15 ou 16 anos, mas as outras tropas auxiliares formadas por "paulistas y gente de las minas",

> por su suprimiento al travajo, y a las incomodidades de Campaña, y por su práctica en el Fusil, respecto de estar acostumbrados a mantenerse de la caza, en las entradas que hacen a captivar Indios: son à propósito para pasar Ríos, y penetrar Montes, y Pantanos, pero no se ha visto firmeza en ellos, ni es fácil ponerla en disciplina: en esta clase ay también mucha gente de poca edad.[124]

Assim, era divulgada entre militares e funcionários espanhóis a imagem de que a própria irregularidade das tropas mestiças portuguesas permitia-lhes as maiores vantagens em redução de despesas, adaptação ao terreno e rigor dos trabalhos. Ao mesmo tempo, a mesma imagem podia alimentar a noção de que as tropas portuguesas podiam ser facilmente derrotadas pela regularidade da disciplina europeia: assim, o vice-rei de Lima recomendava ao presidente da Audiência de Charcas em 1765, quando se planejava a segunda expedição para desalojar os portugueses de Mato Grosso, que era preciso destacar gente de Cochabamba e atacar por via das missões de Chiquitos: "se dé el golpe à Matogroso al mismo tiempo, que se prepare el ataque a la estacada, la que aunque se haia reforzado, por la calidad despreciable de la gente ruin, que la guarnece, le merece mui poca atención".[125]

Não obstante, os mapas das guarnições dos estabelecimentos portugueses atestavam a preferência do governo pelos Pedestres, provavelmente não só devido ao fator redução de custos, como também à expectativa de atrair ao partido da ordem mestiços e homens de cor livres, vistos como um risco potencial à colonização.[126] A Companhia de Pedestres era, simultaneamente, espaço que

---

123 AGI, Lima, 1054. Alonso Berdugo ao rei, San Lorenzo, 22 dez. 1763, f. IV.

124 AGI, Charcas, 433. Carta de José de Molina ao governador Francisco Bucareli y Ursua, Rio Grande, 30 set. 1766.

125 AGI, Charcas, 503. "Continuación del extrato", f. 6v-7: Minuta de uma carta do vice-rei Manuel de Amat ao presidente da Audiência de Charcas, Juan de Pestaña, Lima, 31 out. 1765.

126 Basta lembrar a opinião do vice-rei: "Relatório do Marquez de Lavradio, vice-rei do Rio de Janeiro, entregando o governo a Luiz de Vasconcellos e Souza, que o succedeu no vice-reinado", Rio de Janeiro, 19 jun. 1779. *RIHGB*, Rio de Janeiro, v. 4, 1842, p. 424.

alimentava a expectativa, geralmente ilusória, de ascensão ou ao menos dignificação social de homens de cor e mestiços livres, atrelando-os à ordem social, e dispositivo de transferência do ônus da defesa da fronteira para os setores mais pobres da sociedade, dado o reduzido valor econômico atribuído ao seu trabalho. Como refere Luiz de Albuquerque, os Pedestres eram especialmente úteis porque, quando destacados, venciam meio soldo, vestiam-se à própria custa e conheciam o terreno: "rezistem m.to melhor q' os mesmos br.cos as nocivas imprecaçõens deste clima pess.mo", remavam, conduziam caixas e distantes correios, e "outros m.tos serv.os violentos q' nao podem escuzar-se, fazendo ainda menos desp.zas do q' hua metade da q' fazem as praças de Drag.es; assim p.r q' vencem som.te meio soldo, como porq' vestem à propria custa".[127]

A valorização da irregularidade, da improvisação, do recurso às práticas indígenas e aos itens que a floresta proviesse compunha já o imaginário de vários governadores da América portuguesa, para quem os paulistas eram o melhor exemplo de que a guerra de guerrilha era superior, no sertão, ao estilo europeu moderno. Um papel de fins do século XVII observava, tomando em consideração a vantagem em se contratar os paulistas para a guerra contra o gentio dos sertões, que provavelmente o maior trunfo era o valerem-se das mesmas práticas indígenas, sendo seu

> regallo a comida de casas, mel silvestres, fructos, e raízes de ervas, e de alguas arvores salutiferas, e gostozas, de q' toda America abunda, q' com o temperam.to salutifero dos ares do certão lhes faz gostoza a vida delles, em q' m.tos delles nascem, e envelhecem; estes pois são os q' servem p.a a conquista, e castigo destes bárbaros, como quem se sustenta, e vive quaze das mesmas couzas, e a quem o gentio só teme, e respeita.[128]

Sucede que valorizar a irregularidade e a improvisação das tropas de mestiços quando, ao mesmo tempo, o Império procurava consultores entre especialistas nas táticas militares mais modernas da Europa, não deixava de produzir tensões na expansão da militarização na colônia. Cumpre recordar que, conforme determinações régias, os oficiais das tropas pagas e auxiliares eram obrigados a "ter e estudar de memória" os novos regulamentos elaborados pelo Conde de Lippe, ordem que, pelo menos em São Paulo, foi aplicada já em julho de 1766.[129] De todo modo, uma vez no Rio Grande, como releva Maria de Lourdes Ferreira Lins, a Legião de São Paulo

---

127 AHU, MT, cx. 18, d. 1111. "Mapa das forças militares com que de prezente se acha guarnecida a Capitania do Mato Groço". Vila Bela, 23 nov. 1775.

128 Ajuda, 54-xiii-16, f. 162. "Sobre os tapuias, q' os Paullistas aprizionaraõ na guerra, e mandaram vender aos moradores dos P.os do Mar; e sobre as razões, que há p.a se fazer a guerra aos d.os Tapuias" [1691], f. 164.

129 Os regulamentos que deviam ser lidos eram o Alvará de 18 de fevereiro de 1763 e o Edital do Conde Reinante de Schaumburg Lippe, publicado em 17 de fevereiro de 1764 (Bando do governador de São Paulo, Morgado de Mateus, São Paulo, 20 jul. 1766. *DI*, v. 23, p. 124).

"sofreu um processo discriminatório em relação às forças componentes do exército do sul".[130] O general João Henrique de Böhm assinalou: "vejo que ellas vem com cavallos arruinados, com armamentos, espadas e coirage emcapaz, e dezigual, huns em sellas, outros em sellins, huns com pistollas, outros sem elas, huns com espadas, outros com traçados, sem capotes, sem muxillas, sem barracas, e sem caldeiras; em fim de forma que ellas estão incapazes de servirem [...]. Quem ensinará esta tropa?".[131] A noção de que menos podia ser mais sustentava, no entanto, o argumento do vice-rei Lavradio, para quem estava nessa irregularidade a vantagem das tropas ligeiras: "estes homens por mar esmorecem, levados em ordem de tropa regular, afrouxão [...]; devem ir conforme o seu gênio, e a sua criação, por terra atravessando mattos, subindo e descendo serras, mettendo-se aos rios em que se banham, e lavão, segundo o seu costume, deste modo chegão fortes, robustos e satisfeitos".[132] Em outra carta sintetizava: "aquella tropa tira as mayores vantagens da própria irregularidade".[133]

A Companhia de Caçadores, formada por "mullattos, cabras, mestiços, e negros" forros, era entendida pelo governador de Minas Gerais, Antonio de Noronha, como especialmente útil para a segurança interna da capitania: "na extinção dos Quilombos, e prisão dos Negros fugidos, mas também nas entradas q' fizerem ao Matto p.a rebater os insultos do Gentio, e lhes destruir as Aldeas. Igualmente serão empregados na deffeza desta Cap.nia, no cazo, q' seja invadida e sendo precizo q' Eu passe ao Rio de Janr.o". Expressão das vantagens da irregularidade, seus costumes, próximos aos bárbaros contra quem lutavam, tornavam-nos os mais indicados para a defesa dos sertões: "penetrão como feras os Mattos Virgens", além de serem uma opção interessante para "povoar os remotos Citios do Cuieté, Abre Campo, e outros".[134]

---

130 LINS, Maria de Lourdes Ferreira. *Legião de São Paulo no Rio Grande do Sul* (1775-1822). 1977. Tese (doutorado em História) – Faculdade de Filosofia, Letras e Ciências Humanas, Universidade de São Paulo, São Paulo, 1976, p. 195.

131 Carta de João Henrique de Böhm a Martim Lopes Lobo de Saldanha, São Pedro, 18 jun. 1776. *DI*, v. 17, p. 184.

132 Carta do vice-rei Marquês do Lavradio a Martim Lopes Lobo de Saldanha, Rio de Janeiro, 7 nov. 1775. *DI*, v. 17, p. 42.

133 Carta do vice-rei Marquês do Lavradio a Martim Lopes Lobo de Saldanha, Rio de Janeiro, 26 nov. 1775. *DI*, v. 17, p. 44. Provavelmente, tão urgente quanto defender o sul era estabelecer uma válvula de escape que permitisse o controle interno da colônia sobre grupos tidos por "desclassificados" e "vadios". Não sendo suficientes as tropas de 3 mil homens que existiam em São Paulo, em março de 1777 o vice-rei Lavradio informou ao governador Martim Lopes que mandara de Minas Gerais enviar mais 4 mil. Quando chegaram a São Paulo, foram descritos por Martim Lopes como "uma horda de pretos e mulatos, alguns quase centenários, vestindo apenas uma ceroula e uma camisa de algodão. Raros traziam uma espingarda, a maior parte vinha apenas armada de chuços". A carta de Martim Lopes Lobo de Saldanha é minutada por Omar Simões Magro, que não menciona a fonte (MAGRO, Omar Simões. A legião de São Paulo e o regimento de infantaria de Santos nas campanhas do sul: esboço da história militar paulista nos tempos coloniais. *Revista do Arquivo Municipal de São Paulo*, v. 24, 1936, p. 59). João Henrique de Böhm, por sua vez, escreveu ao governador de São Paulo, em julho do mesmo ano, que não sabia o que fazer com "esta multidão de gentes, sem armas, sem vestidos e sem disciplina" (Carta de João Henrique de Böhm a Martim Lopes Lobo de Saldanha, São Pedro, 12 jun. 1777. *DI*, v. 17, p. 324-325). Ver também: LANGFUR, *The forbidden lands, op. cit.*, p. 131-43.

134 BNRJ, 2-2-24. Correspondências ativas de D. Antonio de Noronha, governador de Minas, 1776-1779, livro 2. Edital sobre o corpo de Caçadores, Vila Rica, 15 maio 1777 apud MELLO, Christiane Figueiredo Pagano de. *Forças*

Apesar disso, ainda que os mesmos serviços em que eram empregados, de remar em canoas, conduzir tropas, destruir quilombos e outros semelhantes, não permitissem uma "disciplina exata", para usar os termos de Caetano Pinto de Miranda Montenegro, sendo essa uma clara vantagem da irregularidade, podiam ainda receber algum melhoramento, tanto mais necessário, segundo o governador de Mato Grosso, porque, sem saber mover-se e obrar debaixo da voz de um comandante, "podia temer-se, que se precipitassem temerariamente vindo a ser vitimas da sua desordem".[135]

As companhias de homens de cor livres, como assinala Kalina Silva, funcionavam como instrumento de controle social: atraíam a adesão para uma atividade crucial ao Estado, a defesa, ao mesmo tempo em que abriam um canal para que esses setores fizessem suas reivindicações "dentro da ordem do Antigo Regime", isto é, condicionados pela assimilação dos valores coloniais.[136] Consoante ao que escreveu o Morgado de Mateus, "nesta terra há muitos homens pardos e entre estes uns que são oficiais de diferentes ofícios e outros homens com cabedais e de préstimo", tanto assim que oferecera a certo Caetano Francisco Santiago, homem pardo, a patente de capitão de Auxiliares pardos e a graduação de tenente de infantaria, se juntasse com homens armados e fardados à sua custa,[137] medida que foi aprovada por Pombal.[138] Bem entendido que aí se tratava de um sujeito rico e poderoso capaz do dispêndio de vestir e armar cem homens. Casos como esse mostravam que a Coroa procurava transmitir uma imagem de que a porta de acesso às honras e mercês estava aberta a todos, mas interdições legais e as mesmas instruções que os governadores recebiam limitavam a ascensão de homens pardos. Assim, por exemplo, as primeiras oito companhias de Auxiliares de homens pardos do Rio de Janeiro foram criadas pelo vice-rei Conde de Azambuja em 1768.[139] A ascensão dos oficiais pardos, porém, estava limitada ao posto

---

militares no Brasil colonial: Corpos de Auxiliares e de Ordenanças na segunda metade do século XVIII. Rio de Janeiro: E-Papers, 2009, p. 235.

135 AHU, MT, cx. 36, d. 1829. "Informação que o governador e capitão general da capitania de Mato Grosso, Caetano Pinto de Miranda Montenegro, dá do merecimento, zelo e préstimo de todos os oficiais militares pagos", Vila Bela, 1 fev. 1799, f. 5-5v.

136 SILVA, Kalina Vanderlei Paiva da. *"Nas solidões vastas e assustadoras"*: os pobres do açúcar e a conquista do sertão de Pernambuco nos séculos XVII e XVIII. Tese (doutorado em História) – Universidade Federal de Pernambuco, Recife, 2003, p. 184 (cit.) e 166-67.

137 AHU, SP, cx. 23, d. 2255. Carta do governador Luiz Antonio de Souza sobre a formação da Companhia dos homens pardos da vila de Santos, Santos, 10 set. 1765.

138 AESP, Avisos e Cartas Régias, lata 62, n. 420, livro 169. Conde de Oeiras ao Morgado de Mateus, Palácio da Nossa Senhora da Ajuda, 22 jul. 1766, f. 153.

139 O Conde de Azambuja refere que a criação das oito companhias atendia à ordem de 22 de março de 1766, em que a Coroa mandara alistar todos os homens válidos sem exceção alguma (AHU, RJ, cx. 93, d. 8086. Carta patente do vice-rei Conde de Azambuja a João de Souza Correa, capitão de uma das Companhias de Auxiliares Pardos, Rio de Janeiro, 29 ago. 1768).

de sargento. Daí ter o Marquês do Lavradio solicitado a Mello e Castro que lhes fosse acessível a patente de alferes: "os pardos e mullatos ficarião m.to safisfeitos".[140]

A ambiguidade das autoridades coloniais em relação às tropas de homens de cor manifestava-se em uma clara dependência de seus serviços, os quais era preciso estimular, e a desconfiança, nunca superada, de que "sob o comando de gente da mesma cor pudessem constituir uma ameaça para a segurança da Colônia e o domínio branco".[141] Em Mato Grosso, Antonio Rolim de Moura nem admitia que um homem pardo comandasse a Companhia de Pedestres, nem que pardos ou mestiços de escol passassem à Companhia de Dragões.[142] Em instrução deixada ao seu sucessor em 1772, Luiz Pinto de Souza Coutinho afirmou: "não tenho sido tão austero como o mesmo Conde [de Azambuja], em admitir no corpo de Dragões alguns moços de boa posição, que têm mistura de índios e brancos".[143] A tendência em Mato Grosso parece ter sido a de não admitir que pardos assumissem o comando da Companhia de Pedestres, e ainda de rebaixar o prestígio desse posto, tendo uma portaria de 1781 suprimido o posto de capitão, cujo soldo era 40 mil réis mensais, e substituído pelo de tenente, que vencia 35 mil, com economia anual de 60 mil réis à Real Fazenda; nesse mesmo ano era nomeado o porta-estandarte de Dragões João Silvério d'Almeida Castro.[144]

Entre os Auxiliares, isto é, os colonos alistados para servirem à sua custa, a Companhia de Caçadores era também composta por homens pardos. Em 1791, seu comandante, o tenente auxiliar Francisco da Silva Fraga, enviou uma petição à rainha requerendo ser nomeado sargento-mor de todos os Auxiliares mestiços da capitania de Mato Grosso. A forma com que o Conselho Ultramarino rechaçou a proposta expressava certa coerência com a noção de integração hierárquica, quer dizer, a prática de permitir a ascensão de certos notáveis para manter a imagem de que a ascensão era possível, ao mesmo tempo em que reforçava o enquadramento da população sob critérios de cor. A proposta de Francisco da Silva Fraga era, em verdade, bastante abrangente. Apresentando-se como alguém que "vive com completa honra, e gravi.de", estabelecido no comércio com o Rio de Janeiro e o Pará, para cujo negócio mantinha um caixeiro, dizia possuir uma fábrica com cinquenta e tantos escravos, também tocada por um "administrador sallariado", de sorte que seria capaz não somente de fardar e armar homens à sua custa, como também, "avendo guerras, verifica a V.

---

140 BNL, Reservados, Cód. 10.631. Carta do vice-rei Marquês do Lavradio a Martinho de Melo e Castro, Rio de Janeiro, 23 abr. 1777 apud MELLO, Forças militares no Brasil colonial, op. cit., p. 153.

141 RUSSELL-WOOD, A. J. R. Autoridades ambivalentes: o Estado do Brasil e a contribuição africana para "a boa ordem na República". In: SILVA, Maria Beatriz Nizza da (org.). Brasil: colonização e escravidão. Rio de Janeiro: Nova Fronteira, 2000, p. 117.

142 "Instrução do Conde de Azambuja para D. João Pedro da Câmara", Pará, 8 jan. 1765. In: MENDONÇA, Marcos Carneiro de. Rios Guaporé e Paraguai: primeiras fronteiras definitivas do Brasil. Rio de Janeiro: Xerox, 1985, p. 81, §30-31.

143 IANTT, MR, maço 500, cx. 624. Instrução de Luiz Pinto de Souza para o seu sucessor Luiz de Albuquerque de Melo Pereira e Cáceres, Vila Bela, 24 dez. 1772, §15.

144 AHU, MT, cx. 21, d. 1305. Luiz de Albuquerque a Martinho de Melo e Castro, sobre a supressão do posto de capitão da Companhia de Pedestres e a sua substituição pelo de tenente comandante, Vila Bela, 24 jan. 1781.

Mag.e, que não rezervará couza alguma do que se precizar para a deffeza da Augusta Coroa de V. Mag.e". Sendo a maioria dos moradores de Vila Bela formada de homens pardos e tendo em vista que já existia um terço de Auxiliares de homens brancos, pretendia, com o cargo de sargento-mor, isento de soldo algum "ainda em t.po de guerra", levantar uma poderosa companhia de Auxiliares pardos, sendo essa sua petição movida tão somente pelo desejo de "obter toda a honra" e "deffender a monarchia".[145] Em seu parecer, o então conselheiro Luiz de Albuquerque sublinhou, já de partida, o fato do pretendente ser "como ele mesmo faz entender, hum homem pardo"; e não sendo possível certificar se realmente possuía os cabedais que afirmava, resultava que, como o posto de sargento-mor não existia ainda na capital de Mato Grosso, e tendo em vista que as companhias de Auxiliares até então levantadas estavam todas sob o mesmo comandante, tal concessão seria "sem dúvida a mais absurda e contraditória da Razão [...] porque o mesmo Francisco da Silva não tem certamente as qualidades precizas para o desempenho de sem.e posto (q'. jamais foy alias exercitado, que por algum oficial branco e habil em parte alguma do Brazil)". Finalizava seu parecer lembrando que seu irmão, João de Albuquerque, então governador, promovera o suplicante a tenente de Caçadores dos homens pardos, de modo que ele "hum pouco mais modestamente se deverá contentar com a graduação que já tem".[146] Há que relevar aqui dois aspectos: de um lado, o efeito de atração exercido, entre mestiços bem-sucedidos, pelos dispositivos de ofertas de honras e mercês do poder central, capazes de animar a que uns e outros se prontificassem a despender seus bens materiais em demanda de honras simbólicas que, vale dizer, não poderiam ser hauridas de outro modo; de outro, que requerimentos podiam ser facilmente desqualificados como *intempestivos*, se o suplicante não se enquadrasse nos critérios do Conselho Ultramarino.[147]

O princípio de integração – no dizer de Charles Boxer, "cada companhia sendo comandada por um oficial da mesma cor de seus homens" –, ainda que em Mato Grosso se visse perpassado pelos impedimentos já referidos, tinha alguma validade quando se tratava de oficiais menores. Para ascender a esses postos nas companhias de mestiços, em que a cor da pele já contara ao separá-los das outras companhias, a posse de recursos para servir à própria custa era um critério que prevalecia mesmo sobre a experiência militar. Os quesitos para a nomeação em postos de oficiais nas companhias de mestiços aparecem claramente na carta de José da Costa Faria, capitão da Companhia de Caçadores, ao Mestre de Campo de Cuiabá, Antonio

---

145 AHU, MT, cx. 28, d. 1603. Carta do tenente auxiliar de Caçadores Francisco da Silva Fraga para a rainha a pedir para ser nomeado sargento-mor de todos os auxiliares mestiços da capitania de Mato Grosso, Vila Bela, 27 abr. 1791, f. 1-2.

146 AHU, MT, cx. 28, d. 1603, Anexo n. 4. Parecer de Luiz de Albuquerque de Melo Pereira e Cáceres a rainha, sobre o requerimento de Francisco da Silva Fraga, Lisboa, 20 jan. 1792, f. 1-2.

147 Há que sublinhar, ademais, no exemplo acima, o fato do suplicante ter-se declarado "pardo". Como sugere Vinson III, embora frequentemente os historiadores entendam a ascensão social de homens de cor na época colonial como "embranquecimento", o que sucedia em corporações que tinham seus próprios privilégios, como as milícias, era que o prestígio social era expressão do fato do indivíduo ser pardo, e não do "abandono" da sua cor. A reivindicação dessa identidade "colonial", como se vê, era bastante estratégica (VINSON III, *Bearing arms for his majesty, op. cit.*, p. 226).

José Pinto de Figueiredo, enviada em fins de 1780.[148] Nessa carta, o capitão analisa o perfil de algumas pessoas e emite seu parecer sobre se eram ou não aptos à nomeação para os postos de tenente e alferes. Para o posto de tenente, ponderava que Antonio Ramalho de Azevedo, "hé ágil, robusto, forte, e capas do emprego do serviço Real, como já deu mostras de si na leva do anno de 1770, indo do posto desta villa do Cuyabá, pelos caminhos do Rio Jaurú, em socorro de Villa Bella, hé de segredo, e capaz de empreza, e sempre prompto p.a o mesmo Serviço Real que se lhe encarregar"; por sua vez, Roque da Costa, que fora cabo das Ordenanças dos Pardos "he m.to ágil, secreto, e capas de dar contas do que lhe encarregar"; um e outro "andão tratados, e bem fardados, e capás de qualquer desempenho da Companhia". O posto de alferes estava vago porque Gabriel Pereira Passos desertara e, depois de um tempo, aparecera em Vila Bela, onde andava pedindo esmolas; era considerado "velho e falto de vista para bem servir este posto". O capitão via problemas para nomear a Joaquim Ignácio da Cunha, que era cabo de esquadra e servira como sargento no forte Coimbra: "hé cazado, mas vive m.to pobremente, e não pode fazer hua farda, rica, p.a aparecer na Comp.a.; salvo melhorando de fortuna". Feliz de Miranda e Felipe João de Santiago, que eram soldados na referida Companhia, pareciam uma melhor opção: "são casados, verdadeiros, secretos, e capazes de empreza, e terem servido nesta Villa de Sua Mag.e nas diligencias circulantes de pouca entidade, que derão satisfação".

Em 1791, João de Albuquerque dividiu a Companhia de Caçadores em duas, uma para Vila Bela e seu distrito, outra para Cuiabá. O capitão nomeado para a de Vila Bela, Manuel Pereira de Souza, que suponho fosse pardo, não vencia soldo algum, mas era atendido e despachado como os oficiais das tropas pagas.[149] Na mesma capital, porém, o governador Caetano Pinto de Miranda Montenegro nomeou brancos para comandar o terço dos Henriques, "por não haver ainda aqui pretos com estabelecimento"; dois "irmãos crioulos" que encontrou, nomeou-os alferes agregados, "para desta sorte mostrar a todos que os não excluía de serem oficiais".[150] Ficava aí clara a política de divulgar uma imagem de que as patentes de oficias estavam abertas à ascensão de todos e, ao mesmo tempo, reforçar os critérios de cor, riqueza e poder que comandavam as promoções.[151]

---

148 APMT, Defesa, 1780, 476. José da Costa Faria, capitão da Companhia de Caçadores, ao mestre de campo e comandante das tropas Auxiliares Antonio José Pinto de Figueiredo, Cuiabá, 6 dez. 1780.

149 AHU, MT, cx. 30, d. 1688. Carta patente a Manuel Pereira de Sousa, para o posto de capitão da Companhia de Caçadores do Corpo Auxiliar de Voluntários de Vila Bela, Vila Bela, 23 mar. 1791.

150 AHU, MT, cx. 37, d. 1878. Caetano Pinto de Miranda Montenegro à rainha D. Maria, Vila Bela, 24 out. 1799.

151 Situação semelhante ocorria entre as milícias de homens de cor de Nova Granada, analisadas por Allan Kuethe, para quem esse "sistema dual" de comando era evidência da continuidade do preconceito (KUETHE, The Status of the Free Pardo, op. cit., p. 113).

Figura 22: MENESES, Luiz da Cunha. "Planta de Villa Boa" [1782]

Fonte: Casa da Ínsua, CI, 26-p. In: GARCIA, João Carlos (coord.). *A mais dilatada vista do mundo*: inventário da coleção cartográfica da Casa da Ínsua. Lisboa: Comissão Nacional para as Comemorações dos Descobrimentos Portugueses, 2002, p. 460.
Hierarquias: as Companhias da capitania de Goiás, em sua diversidade de uniformes, de posição e de cor.

O privilégio de vestir trajes munidos de certos itens valorizados era uma distinção almejada por vários setores da sociedade. Festas barrocas, acompanhadas de desfiles dos regimentos de milicianos da cidade, eram momentos de expressão das hierarquias sociais e de cor, em que cada Companhia aparecia como corporação de vassalos notáveis, fazendo-se respeitar pela gente comum, por exemplo, com os símbolos que adornavam suas roupas. Assim, uma memória anônima sobre a festa para a benção da recém-construída capela de Nossa Senhora Mãe dos Homens de Vila Bela observou, a respeito da participação das companhias de milícias, que às oito horas se juntaram na praça central as três companhias: a dos brancos, de que era capitão Antonio da Silva Borges, a dos pardos, comandada por Balthazar de Brito e Rocha, e a dos pretos forros, de que era capitão Henrique Ribeiro Cavaco, todos devidamente fardados. Os primeiros "mostrarão nas gollas de ouro, e agulletas das dragonas" a devida distinção, e o capitão dos pardos "soube fazerse respeitozo ao público no adorno das plumas, e outros adereços". O cortejo militar prosseguiu até a capela, "onde a comp.a dos Brancos ocupou a frente em q' se faria a função da benção: a dos Pardos o lado direito, a dos pretos o lado esquerdo, em alas de sorte, q' circulavão toda a capella".[152]

Em certas ocasiões, escravos foram armados e, sob a promessa do governo de que alcançariam a liberdade, obrigados a servir em destacamentos e expedições. Isso ocorreu principalmente nas guerras de 1763 e 1766, em que a fortaleza de Conceição se viu ameaçada de ser tomada pelos espanhóis. Em 1763, por exemplo, o governador Rolim de Moura mandou que se formassem quatro corpos com os Pedestres, índios e escravos que estavam no forte: um de Pedestres, mandado pelo cabo deles; outro de escravos, prevenidos de machados para

---

152 IANTT, MNEJ, maço 63 (caixa 51), n. 2. "Rellação das festas de Villa Bella, na dedicação da capella de N. Snr.a Mãy dos Homens" [post. set. 1754], f. 1v-2.

abrir a trincheira castelhana, sob comando do pardo Serafim Leme de Siqueira; outro de negros escravos e alguns "caborés" livres, munidos de armas de fogo, mandado pelo pardo Pedro Rodrigues; e outro de alguns índios "administrados", mandados pelos sertanistas Domingos Ribeiro e José Tavares.[153] O Marquês de Pombal alegava que o envio de homens de cor para a fronteira era interessante devido ao "grande terror panico" que causavam nos espanhóis, tanto assim que mandou transportar 600 homens do regimento de Henriques de Pernambuco para Rio Grande e Santa Catarina.[154] Em São Paulo, segundo um bando de 1775, todos os senhores de escravos deviam fazer para cada um deles um chuço ou dardo de ferro com haste de pau, manter essas armas guardadas e só distribuí-las sob ordens do governo.[155]

O esforço de integrar e hierarquizar em moldes regulares as milícias locais estendeu-se, ainda, aos capitães do mato, negros ou mestiços livres que tinham como função capturar escravos fugidos e abalroar quilombos, em troca de recompensas. Geralmente, as nomeações de capitães do mato eram feitas pelas câmaras ou por governadores, como definira uma ordem régia de 12 de janeiro de 1719. A remuneração, que era diária e acrescida de recompensas por cada escravo capturado, provinha de um fundo para o qual contribuíam os senhores interessados ou de uma finta imposta pela câmara aos povos.[156] O regimento dos capitães do mato de 12 de dezembro de 1755, aprovado pelo governador Antonio Rolim de Moura, procurou regular os vencimentos desses sujeitos. Quando destacados, eles receberiam soldo de 8 oitavas por dia e recompensa de 4, 20, 30 ou 50 oitavas, a depender da distância da capital e o local da captura. Ficava assinalada uma recompensa de 6 oitavas por cada escravo que, fugitivo em um quilombo, retornasse ao seu dono quando da iminência de ser abalroado ou depois de rendido. Uma recompensa de 4 oitavas era oferecida por cada cabeça decepada de escravos fugidos.[157] Com o governador Luiz Pinto de Souza Coutinho, no entanto, houve um esforço de transformar os capitães de mato em companhias regulares, aos moldes das de Auxiliares compostas por homens de cor. A portaria lançada em 1769 determinava a formação de cinco companhias, cada qual liderada por um capitão do mato e um alferes e composta de dez soldados e dois trilhadores. Essas milícias estavam sujeitas à jurisdição da câmara, que seria responsável por propor ao governador três nomes para o posto de capitão e nomear diretamente os soldados. Era recomendado que "sejão sempre escolhidos da classe das pessoas mais desocupadas e que não tenhão officios mecanicos, em que se occupem na republica". Os privilégios oferecidos se limitavam à isenção de qualquer serviço de ordenanças e à

---

153 *AVB*, p. 94.

154 Carta do Marquês de Pombal ao vice-rei Marquês do Lavradio, Ajuda, 9 maio 1775. *RIHGB*, Rio de Janeiro, v. 31, 1868, p. 343, §29.

155 "Ordem para se armarem os negros captivos com chussos", São Paulo, 5 jan. 1775. *DI*, v. 33, p. 182-83.

156 RUSSELL-WOOD, Autoridades ambivalentes, *op. cit.*, p. 115; *Idem*. Local government in Portuguese America: a study in cultural divergence. *Comparative Studies in Society and History*, v. 16, n. 2, 1974, p. 217-18.

157 APMT, Cód. C-06, f. 100. Regimento dos capitães do mato, Vila Bela, 12 dez. 1755.

garantia de que receberiam as tomadias dos escravos capturados, caso os proprietários não os pagassem, mediante leilão.[158] O mesmo regulamento pretendia ainda atalhar algumas estratégias de que se valiam os capitães do mato, como capturar escravos que não eram fugidos ou empregá-los em suas propriedades antes de devolver aos senhores.[159]

Seja como for, como mostra Nauk Maria de Jesus em recente estudo, essas companhias não eram empregadas apenas na captura de escravos fugidos ou destruição de quilombos, mas também no policiamento das ruas das vilas, prisão de infratores e segurança de autoridades. A autorização para prender brancos, afirmava certo João Jorge Velho, poderia despertar toda a sorte de ódios entre os moradores contra a companhia do mato que ele comandava.[160] A despeito dessas queixas, em Minas Gerais, por exemplo, era comum que capitães do mato fossem empregados em guiar expedições da Companhia de Dragões, investigar contrabandos, fazer observar o toque de recolher, patrulhar as ruas e prender os que portavam armas sem licença.[161] E em relação à perseguição de renegados e fugitivos pelo sertão, era responsabilidade dos capitães do mato participar de bandeiras contra "índios bárbaros", como aquela (dentre outras, certamente) em que o próprio João Jorge Velho participara em 1770, e que fora dar contra os Bororo, "Beripoconêzes" e "Araripoconé" das adjacências das lagoas Gaíva e Uberaba.[162]

Mato Grosso parece ter permanecido em relativo atraso em relação às disposições da Coroa para a equalização de benefícios entre oficiais de cor e brancos, tanto assim que a Real Provisão de 26 de julho de 1797 ordenou, em benefício dos sargentos-mores e ajudantes dos terços de Henriques de todo o Ultramar, que gozassem dos mesmos soldos, graduação e honras que tinham os sargentos-mores e ajudantes de outros regimentos. "Esta Real Providente Graça", justificou depois o governador Caetano Pinto de Miranda Montenegro, "não pode ter por hora applicação nesta Capitania de Matto Grosso, aonde os ditos Henriques apenas compõem alguas Companhias dos Terços das Ordenças desta Capital e da Villa do Cuyabá".[163]

"A transmissão de responsabilidade pelo bem-estar social do império", como escreve Russell-Wood, era um aspecto crucial da administração colonial portuguesa. Funções que eram

---

158 APMT, Cód. C-25, f. 25-29. "Regimento para as Companhias do Matto do Distrito de Vila Bella", Luiz Pinto de Souza Coutinho, Vila Bela, 22 dez. 1769, f. 25v, 28, §2-3, 16. Os valores das tomadias foram atualizados: para cada escravo, a depender da distância de sua captura em relação à moradia dos capitães do mato, 4 oitavas para uma légua, 8 oitavas para 6 léguas, 12 oitavas para 2 dias, 20 para 8 dias, e 25 para maiores distâncias. Cada negro capturado em quilombo valeria 21 oitavas (ibidem, f. 26, §6-7).

159 Ibidem, f. 27-28, § 9-10, 13, 15.

160 JESUS, Nauk Maria de. Os capitães do mato na capitania de Mato Grosso. Texto apresentado no seminário "Produzindo fronteiras: entrecruzando escalas, povos e impérios na América do Sul (1640-1828)", São Paulo, 2011, p. 10.

161 RUSSELL-WOOD, Autoridades ambivalentes, op. cit., p. 116.

162 BPMP, Cód. 808. João Jorge Velho a Luiz Pinto de Souza, Colais, 30 jul. 1770, f. 23-23v. Sobre essa bandeira, vide também: BPMP, Cód. 808. João Baptista Duarte a Luiz Pinto de Souza, Cuiabá, 2 dez. 1770, f. 144-146.

163 AHU, MT, cx. 35, d. 1819. Caetano Pinto de Miranda Montenegro à rainha D. Maria I, Vila Bela, 3 fev. 1799.

de responsabilidade do governo eram transferidas para as câmaras, que por sua vez as transferiam aos colonos; ou ainda para irmandades e ordens religiosas. Segundo o autor, "o grau de responsabilidade delegado à gente de cor no Brasil não encontrava paralelo entre qualquer grupo não-europeu no mundo influenciado pelos portugueses na época moderna". Assim, aos soldados e oficiais das Companhias de Pedestres, milicianos negros e mestiços e capitães do mato eram delegadas funções de aplicação da lei, mas a autoridade que recebiam era ambígua, já que não evitava a hostilidade dos brancos, por seu passado escravo, ou dos negros cativos e forros, que os podiam considerar como traidores de sua origem.[164]

* * *

O recrutamento de homens de cor não teve, nem podia ter, no Paraguai, a mesma abrangência que teve em Mato Grosso, o que não quer dizer que as "milícias de pardos" não tivessem desempenhado, na província espanhola, funções defensivas de primeira importância. Se em Mato Grosso somente os escravos somavam uns 50%, pouco mais ou menos, no Paraguai a população definida como negra e parda, incluídos escravos e livres, alcançava 12% em 1782, segundo estimativa de Juan Francisco Aguirre: 10.846 almas em um total de 89.178. O mesmo funcionário refere que os moradores negros e pardos do Paraguai estavam concentrados, principalmente, nas localidades de Emboscada, Areguá, Tabapy e bairro de San Blas em Assunção.[165] Proporção que parece não ter se alterado significativamente nos anos seguintes. Em 1799, segundo o censo de Lazaro de Ribera, a população do Paraguai, incluídos os 13 *pueblos* Guarani, contava 108.070 almas. Os que se identificaram como "españoles" eram 62.352 (57,6%), mestiços 1.154 (1%), índios 32.018 (29,9%), pardos e negros livres 7.948 (7%) e pardos e negros escravos 4.598 (4%).[166]

Do mesmo modo que nos domínios portugueses, do lado espanhol os pardos livres também eram agrupados em companhias auxiliares de milícias, que para o fim do século eram três, e exerciam funções de remeiros e soldados.[167] Tropa auxiliar e voluntária, tinham que permanecer a postos para a realização de toda a sorte de expedições e serviços ao Estado, sendo um "costumbre inmemorial", como escreveu um governador em 1718, que os "mulatos libres"

---

164 RUSSELL-WOOD, Autoridades ambivalentes, *op. cit.*, p. 118-19.

165 AGUIRRE, Juan Francisco. Diario del Capitán de Fragata de la Real Armada Don Juan Francisco Aguirre en la demarcación de límites de España y Portugal en la América Meridional [1793-1796]. *Revista de la Biblioteca Nacional*, Buenos Aires, v. 18, 1949, t. 2, p. 487.

166 MAEDER, Ernesto. La población del Paraguay en 1799: el censo del gobernador Lazaro de Ribera. *Estudios Paraguayos*, Assunção, v. 3, n. 1, 1975, p. 69, 82.

167 ANA, SH, v. 166, n. 6. "Auto sobre arreglo y disciplina de las compañías de pardos de Asunción", 1796; VELÁZQUEZ, Rafael Eladio. *El Paraguay en 1811*: estado político, social, económico y cultural en las postrimerías del período colonial. Assunção: [s.n.], 1965, p. 75.

servissem "a su costa en la defensa y construción de fortificaciones".[168] Em 1777, por exemplo, levaram ao *cabildo* uma petição contra o governador Agustín de Pinedo, que naquele ano enviara uma expedição à fronteira nortenha a ver se os portugueses se tinham fortificado: "se quejan los pardos libres, que fueron forzados para remadores, de las embarcaciones, y dicen abiertamente que solo fueron empleados en acarrear yerba, siendo asi que su destino havia sido para servicio del Rey". O *cabildo* remeteu a queixa ao *Consejo de Indias*, com notícias certas de que o governador se aproveitara da expedição para fins comerciais próprios.[169]

O papel militar mais importante que desempenhavam, no entanto, era o de "presidiários", em vilas fronteiriças criadas com fins de defesa contra infiéis e portugueses. Em sua correspondência, o governador Rafael de la Moneda enfatizava o caráter militar da fundação de Emboscada em 1740, um *pueblo* formado exclusivamente com pardos que viviam na província. Como escreveu ao bispo Paravicino: "determiné construir varios presidios en ambas costas p.ra su seguridad, y resguardo y en la de arriba mas acostada de las correrías enemigas una población de pardos libres bien fortificada con mas de cien casas, y quinientas almas".[170] A fundação desse *pueblo* de pardos a 8 ou 9 léguas ao norte de Assunção, segundo o engenheiro Julio Ramón de César, obedeceu a um duplo objetivo: "cortar y detener las invasiones de los barbaros Mbayas, y Payaguas, q.' en aquellos tiempos molestaban toda la prov.a y también para dar algún destino, a tantos ociosos libres".[171]

Dentre as atividades defensivas em que foram empregados os homens de cor no Paraguai, certamente a fundação do *pueblo* de Emboscada em 1740, espécie de "reducción de negros", no dizer de Magnus Mörner, foi das mais importantes.[172] Estabelecido ao norte de Assunção, em posição por onde os índios do Chaco frequentemente faziam sua passagem à banda oriental do rio em incursões contra os colonos, Emboscada tinha claros objetivos defensivos. O governador Rafael de la Moneda congregou algumas famílias de negros e pardos livres que viviam em torno do forte de Arecutacuá, instalado ali em 1718 e já em decadência, e reuniu um número considerável dentre os que viviam em casas de espanhóis sob a instituição do "amparo". Nos domínios de Castela, negros e pardos libertos da escravidão eram obrigados a pagar o tributo de um marco de prata, o que geralmente era feito por fazendeiros e ordens religiosas que, em contraparti-

---

168 AGI, Charcas, 217. Diego de los Reyes Valmaseda ao rei, Assunção, 2 jul. 1718; ver também: VELÁZQUEZ, Rafael Eladio. Organización militar de la Gobernación y Capitanía General del Paraguay. *Estudios Paraguayos*, Assunção, v. 5, n. 1, 1977, p. 33.

169 AGI, Buenos Aires, 307. Minuta da carta do *cabildo* de Assunção, 29 abr. 1777, f. 3v.

170 AGI, Charcas, 374. "Auto", f. 12-12v. Rafael de la Moneda ao bispo José Cayetano Paravicino, sobre a criação de um curato em Emboscada, Assunção, 27 jul. 1743.

171 RAH, CML, t. 60, f. 1-228. "Descripción de la provincia del Paraguay, sus producciones naturales, con observaciones sobre la agricultura, costumbres, y carácter de sus habitantes por Don Julio Ramón de César", 1790, f. 36.

172 MÖRNER, Magnus. *La Corona Española y los foráneos en los pueblos de indios de América*. Madri: Agencia Española de Cooperación Internacional/Ediciones de Cultura Hispánica, 1999, p. 148.

da, podiam dispor do serviço pessoal dessas populações.¹⁷³ Para estimular a fixação dos pardos livres, o governador concedeu-lhes a isenção desse tributo. Não deixou de gerar insatisfação a perda do serviço pessoal ocasionada pela reunião dos pardos em Emboscada, estando entre os críticos o bispo do Paraguai, frei José Cayetano Paravicino, que via negativamente a liberação, "quitándoles a sus amos, a quienes servían, que pagaban estos el marco de plata".¹⁷⁴ Em 1782, o *pueblo* contava com 713 pessoas, e em 1792, com 840.¹⁷⁵

As descrições dos contemporâneos sobre o *pueblo* de pardos de Emboscada enfatizavam seu caráter militar e a vigência das instituições municipais espanholas: "Esta plaza es de militares", escreveu o governador Fulgencio Yegros em 1766,

> y su cura es clérigo, y corre con el gobierno de ella en espiritual y temporal, siendo tamb.n su protector en sus causas comunes, y particulares. Y assi esta como todos los pueblos de yndios tienen corregidor, y cav.do de sus mismos natura.s, como otra qualquier república, siendo solo otro gov.r y cap.n general su juez privativo superior por cuia disposición se gobiernan puntualm.te.¹⁷⁶

Para dar cumprimento às funções defensivas esperadas, os governadores organizaram o *pueblo* "a la manera de los indios", segundo a expressão de Aguirre. As instruções do governador Pedro Melo de Portugal foram emblemáticas nesse sentido, ao destacar que "el principal objeto de todos ellos [pardos livres] en común y en particular [es] la defensa de la costa, siendo de su obligación las guardias, correrías por agua y tierra y todas las demás fatigas anexas a las milicias, con respectiva

---

173 A Real Cédula que definiu o tributo dos negros e pardos livres foi promulgada em 27 de abril de 1574; para uma discussão institucional a seu respeito e sobre a política fiscal de evitar uniões entre negros e índios, ver: MÖRNER, *La Corona Española*, op. cit., p. 89. Como escreve Azara em fins do século, no momento em que um escravo obtinha a liberdade, "lo aprisiona el gobernador y lo entrega a algún particular, en amparo, según dicen, para que lo haga trabajar como esclavo sin más obligaciones que la de cualquier dueño respecto a sus esclavos, menos que no le puede vender". Ainda segundo Azara, uma Real Cédula de 1714 reforçou, no Paraguai, a obrigação de que os pardos livres pagassem o tributo e a instituição do amparo (AZARA, Félix de. Geografía física y esférica de las Provincias del Paraguay, y Misiones Guaraníes [1790]. Bibliografía, prólogo y anotaciones por Rodolfo R. Schuller. *Anales del Museo Nacional de Montevideo*: Sección Histórico-Filosófica, Montevidéu, t. I, 1904, p. 47-48). Ver também: TELESCA, Ignacio. *Tras los expulsos*: cambios demográficos y territoriales en el Paraguay después de la expulsión de los jesuitas. Assunção: Centro de Estudios Antropológicos de la Universidad Nuestra Señora de la Asunción/Litocolor, 2009, p. 107.

174 AGI, Charcas, 374. Carta do bispo do Paraguai, frei José Cayetano Paravicino, em que critica os 8 presídios construídos por Rafael de la Moneda, em sua opinião feitos mais para promoção pessoal do que para servirem à defesa, Assunção, 14 set. 1743, f. 2.

175 GRANDA, Germán de. Origen, función y estructura de un pueblo de negros y mulatos libres en el Paraguay del siglo XVIII (San Agustín de la Emboscada). *Revista de Indias*, Madri, v. 43, n. 171, 1983, p. 247.

176 AGI, Buenos Aires, 179. Fulgencio de Yegros, governador interino, ao rei, Assunção, 31 jul. 1766, f. 10.

subordinación, y dependencia de los jefes".[177] O *pueblo* contaria com uma milícia ao estilo das espanholas, com seus cabos, oficiais subalternos e "capitán comandante" nomeados diretamente pelo governador.[178] Seguindo o sistema municipal ibérico, contariam com um *cabildo*, composto de dois *alcaldes* e quatro *regidores*, eleitos a cada início de ano, e por um *corregidor*, "cabeza y primera persona del pueblo", emprego provido pelo governador em um "sujeto de más honradez, grado y representación en su esfera".[179] Funções de vigilância eram delegadas ao *cabildo*, assim como punições de delitos cuja correção não ultrapassasse quatro dias de cárcere ou 20 açoites, sendo os mais graves reservados aos *justicias reales*.[180] Todos os moradores seriam repartidos em cinco grupos e obrigados às fainas comunais: um grupo destinado à guarnição da fronteira com os bárbaros e portugueses, substituído semanalmente; outro grupo empregado nas lavouras comuns coordenadas pelo administrador temporal, funcionário indicado pelo governo; e os três restantes se ocupariam dos próprios cultivos particulares de suas famílias.[181] Nessa espécie de colônia penal a quem estava delegada a vigilância do interior e do exterior, ninguém teria permissão para se ausentar, nem mesmo para trabalhos eventuais (*conchabos*) nas fazendas de espanhóis.[182] A razão do confinamento era concretamente a defensiva: "siendo todos ellos de la dotación de aquella plaza militar fronteriza a el enemigo, de ningún modo conviene minorar su guarnición, ni desprevenirla de la gente, que debe hacer su defensa y guardar la costa".[183] Essas funções defensivas realmente eram desempenhadas pelos moradores. Em 1787, o cura de Emboscada coordenou a transferência de um pequeno destacamento ao Chaco onde, uma vez entrincheirados, atrairiam os bárbaros com uma política de pacificação. Como relata o engenheiro Julio Ramón de César, os índios "dieron muerte a varios de estos nuevos pobladores, robaron todas sus haciendas, y luego se restituyeron retirándose poco a poco a sus tierras".[184]

O *pueblo* de Emboscada, consoante sugere Germán de Granda, seguia a dupla orientação do processo fundacional espanhol no Paraguai: de um lado, o rebaixamento de custos com a conversão de um forte em uma povoação autossuficiente, livrando o governo de enviar mantimentos ou destacar tropas, já que as fainas de patrulhar a costa norte do rio incidiriam sobre seus moradores; de outro, o fato de ter sido fundado exclusivamente com negros e pardos livres

---

177 ANA, SH, v. 148, n. 7. "Instrucción formada por el gobernador Pedro Melo de Portugal para el pueblo de Emboscada", Assunção, 29 nov. 1783.

178 *Ibidem*, f. IV, §1.

179 *Ibidem*, f. 2, §3-4.

180 *Ibidem*, f. 3, §8.

181 *Ibidem*, f. 4v, §16, 18.

182 *Ibidem*, f. 9, §37-38. Os artesãos poderiam requerer uma licença ao custo de 8 *pesos de plata* ao ano, dinheiro destinado à caixa da comunidade.

183 *Ibidem*, f. 9, §38.

184 RAH, CML, t. 60, f. 1-228. "Descripción de la provincia del Paraguay, sus producciones naturales, con observaciones sobre la agricultura, costumbres, y carácter de sus habitantes por Don Julio Ramón de César", 1790, f. 36.

expressava uma política de "aprovechamiento en tareas comunitariamente útiles", como eram a defesa e a produção rural, de setores sociais marginalizados.[185] Há suficientes razões para crer que se pretendia o mesmo em relação aos "índios bárbaros". A isso se acresce que as elites, em seu pacto com a Coroa, ficavam liberadas das despesas e fadigas que estavam em questão.

Semelhante política adentrou o século XIX. A colônia de pardos de Tevegó foi instalada pela Junta de Governo em 1813, em uma posição fronteiriça da maior importância contra os portugueses de Mato Grosso, o sul do rio Apa. Foram remetidos como povoadores 648 pardos que viviam em um *pueblo* chamado Tabapí.[186] As instruções da Junta de Governo sobre a instalação de Tevegó expressavam as noções de regularidade e estímulo ao trabalho agrícola que permeavam o projeto. Cada colono deveria levar seus utensílios pessoais e ferramentas, e o Estado poderia fornecer aos que necessitassem alguma provisão de ferro. Do ponto de vista da regularidade urbana, o novo *pueblo* foi pensado com uma ampla praça central "de suficiente capacidad y de figura quadrilonga", ao redor da qual seria construído o edifício do *cabildo* e as casas dos moradores, tudo guarnecido por uma paliçada à margem do rio. A Junta tinha previsto que os novos moradores encontrariam, ao chegar à paragem acordada, uma abundância de lavouras plantadas pelos Guaná, que se estavam retirando para outro sítio. O Estado se comprometia a prover a colônia com algum gado retirado de estâncias próximas ao *pueblo* de Belén. A justiça seria administrada pelo mesmo comandante dos pardos, que "en calidad de juez político la determine verbal y brevemente, a no ser que ocurra algún echo de tal gravedad y consentirá con que sea preciso actuar por escrito". Os colonos estavam livres de todo o serviço pessoal e outras obrigações que não fosse a defesa da comunidade. No mesmo documento, a Junta deixava claro que Tevegó tinha três funções: proteger Concepción; desencorajar a expansão portuguesa ao sul de Mato Grosso; e auxiliar as produções ao norte da província, com a exploração de erva e madeiras.[187]

É de se presumir, no entanto, que a Junta não confiasse inteiramente nas milícias de pardos para guardar a fronteira. Um destacamento militar permaneceu em Tevegó desde o início da povoação.[188] À época do Dr. Francia, os traços de colônia penal foram reforçados. 26 granadeiros bem equipados foram enviados em 1815, e quatro anos depois um novo reforço militar, incluindo um subtenente, um tambor, cinco cabos e 20 soldados. Realmente, contando com seis artilheiros, a guarnição de Tevegó era maior que a do forte Borbón, que dispunha de

---

185 GRANDA, Origen, función y estructura de un pueblo de negros, *op. cit.*, p. 246-47.

186 Para comandar a nova povoação, a Junta Superior Governativa nomeou o *vecino* de Villa Real Manuel Uriarte, fazendo-lhe entender que ela serviria "de antemural no solo contra los indios de la outra banda del río, sino también contra los de esta parte" (ANA, SH, v. 222, n. 1. "La Junta de Gobierno sobre la nueva fundación del pueblo de Tevegó por los pardos de Tabapy", Assunção, 24 jan. 1813, f. 2v). Para cura, foi nomeado frei Solano Favio (VIOLA, *Origen de pueblos del Paraguay*, *op. cit.*, p. 147).

187 ANA, SH, v. 222, n. 1. "La junta del gobierno sobre la nueva fundación del pueblo de Tevegó por los pardos de Tabapy", Assunção, 24 jan. 1813, f. 1v-2, 3v.

188 *Ibidem*, f. 2.

41 homens, entre oficiais e soldados. Paulatinamente, foram deportados para essa colônia toda sorte de criminosos e inimigos da ditadura de Francia. Como observa Alfredo Viola, não poucos pardos tiveram suas penas comutadas em "confinación perpetua a la nueva población", como María Valentina Robledo, Dominga Noguera e Vicente Cabañas.[189]

O Estado, no entanto, não tinha recursos nem para estimular a agricultura, nem para garantir a ração de gado que evitasse a deserção dos colonos. Já em março de 1813, o comandante de Tevegó, Mariano del Pilar Mallada, escrevia ao de Concepción (seu imediato superior), alertando que só havia 19 cabeças de gado para alimentar 270 pessoas. A combinação de soldados, colonos e prisioneiros não proporcionava nem a defesa, nem a subsistência, e os gastos com guarnição e ração estavam além das possibilidades de um Estado pobre como o Paraguai. Em 12 de outubro de 1823, o Dr. Francia extinguiu oficialmente a colônia de Tevegó. Os colonos foram transferidos para as imediações de Concepción e as casas e restos da povoação foram queimados e destruídos.[190]

* * *

As últimas décadas do Setecentos, com efeito, caracterizaram-se pela tentativa de converter colonos em milicianos, mediante a oferta de alguns privilégios e isenções. O objetivo era integrar o maior número possível de homens em idade pertinente em alguma companhia militar, cujas divisões e hierarquias permaneceram sendo baseadas em critérios de cor da pele e *status*. O modelo das milícias indígenas das missões não era, nisso, muito diferente, já que os vários privilégios de que eram beneficiadas pela Coroa, como isenção de *mita*, proibição de permanência de espanhóis nos *pueblos* e uso de armas de fogo, eram inteiramente dependentes de que os índios e suas produções estivessem à disposição do poder central para expedições, destacamentos e obras de fortificação.

Em Mato Grosso, a tendência de inclusão de homens de cor e mestiços livres no serviço militar conduziu a que a Companhia de Pedestres superasse em número a de Dragões, formada por homens brancos. O preconceito de cor permaneceu vigente, tanto assim que não eram admitidos senão brancos nos postos de oficiais das Companhias de Pedestres e Henriques. Quanto às milícias urbanas, ao que parece, a admissão de homens de cor notáveis entre oficiais provavelmente decorria da própria natureza dessas tropas, cujo financiamento era inteiramente dependente dos que as levantavam e dos meios que os próprios soldados tinham para

---

189 VIOLA, *Origen de pueblos, op. cit.*, p. 150; ARECES, Nidia R. *Estado y frontera en el Paraguay*: Concepción durante el gobierno del Dr. Francia. Assunção: Centro de Estudios Antropológicos de la Universidad Católica, 2007, p. 251, 53.

190 WILLIAMS, John Hoyt. Tevegó on the Paraguayan Frontier: a chapter in the Black history of the Americas. *The Journal of Negro History*, v. 56, n. 4, 1971, p. 278-79. O Dr. Francia alegou que as incursões tornaram insustentável o estabelecimento: "cada vez que quieren los indios, vienen como a corral de ovejas, hacen muchas muertes, cautivan, roban y llevan cuanto quieren, sin que haya resguardo alguno en la llamada tropa, y titulados oficiales destinados para su custodia" (*Apud* VIOLA, *Origen de pueblos, op. cit.*, p. 151).

vestir-se e armar-se. A ascensão desses homens de cor e mestiços, confirmada do ponto de vista simbólico pela concessão de patentes de altos oficiais militares, não significava uma atenuação das barreiras de cor e *status*, mas antes contribuía para sua cristalização.

Do lado espanhol, poucas particularidades há que acrescentar a uma estrutura em quase tudo semelhante. Havia companhias de homens pardos livres que serviam à sua custa, e a noção de separação baseada no critério da cor da pele seguiu sendo tão influente que se tentou criar na fronteira com os portugueses um presídio exclusivamente servido por pardos livres, prática já comum no Paraguai, em que *pueblos* de pardos foram formados desde a década de 1740, mediante a concessão de privilégios e isenções a um grupo que também se via como corporação de vassalos leais ao monarca.

Capítulo 11
Disciplina e insubmissão

O objetivo deste capítulo é analisar as condições de trabalho nas guarnições dos limites hispano-portugueses dos vales dos rios Guaporé e Paraguai. Os padrões observados se mostraram bastante semelhantes, e os exemplos citados a seguir, na maior parte dos casos, referem-se a situações experimentadas dos dois lados da fronteira. Os efeitos da política ibérica de transferir parte dos custos do serviço militar aos colonos incidiam particularmente sobre as condições de vida das pessoas obrigadas a permanecer alguns meses por ano nas fortificações liminares. Os soldos, quando existiam, sequer bastavam para custear a compra de alimentos, uniforme, armas e munições, e os atrasos da Real Fazenda, que podiam chegar a alguns anos, levavam soldados e oficiais ao endividamento e à deserção. Do mesmo modo, as condições de trabalho oferecidas, a qualidade dos alimentos, a cobrança por tratamentos de saúde, a disciplina percebida como aviltante, desestimulavam o serviço dos colonos e motivavam deserções (em muitos casos, antes mesmo do recrutamento). Para identificar as motivações dos desertores e buscar algumas pistas sobre sua trajetória nos domínios do império rival, este capítulo apresenta depoimentos em que eles relatavam suas agruras e ofereciam informações estratégicas, fator absolutamente decisivo em uma contenda territorial. Os governos tiveram que manter um difícil equilíbrio entre o rebaixamento dos custos defensivos até um esquivo limite, a partir do qual só podiam insuflar insubmissão e deserções para os domínios rivais. Os termos assimétricos dessa negociação não pareciam razoáveis a muitos colonos, que preferiram correr o risco de reivindicar lealdade a outro monarca.

Condições de trabalho na fronteira

Os presídios do Paraguai, segundo apurou Félix de Azara em 1789, mantinham retidos uns 60 ou 80 homens de toda a província. O que, se não parecia muito ao viajante espanhol, não deixava de provocar incisivas queixas dos colonos contra o sistema de recrutamento, por uma razão muito concreta: "esta fatiga recae regularmente sobre pocos aq.nes para todo nombran sus gefes inmediatos por odio que les tienen o porq' no les regulan y sirven".[1] Era do mesmo parecer o engenheiro Julio Ramón de César, embora estimasse em 160 as pessoas que a cada dois meses se revezavam pelos 16 presídios. Tocava somente aos pobres esse serviço, durante o qual desamparavam suas fazendas: "causa compasión su miserable estado cuio punto es uno de los principales asumptos de su pobreza".[2]

Mesmo entre os oficiais mais graduados, como os que comandavam a fronteira nortenha, o mais comum era servirem sem qualquer remuneração, atestava o governador Lazaro de Ribera em um informe enviado em 1797, em que sugeria que pelo menos esses chefes, cujo período de permanência era muito maior que os dois meses de revezamento dos soldados, vencessem soldo: "yo no sé por q.e orden n.tra o legislación podrá jusgarse a un hombre q.e dice 'a mi me han puesto en este destino sin talento p.a governarlo, y sin sueldo para mantenerme'. [...] Esto supuesto, resta saber: de q.e arbitrios se valdrá un gov.or p.a llevar a un hombre a ochenta o cien leguas de su casa por un tiempo indeterminado sin señalarle un corto sueldo para comer".[3] Não era raro, também, que esses comandantes abandonassem o serviço antes de receberem licença do governador, e era exatamente isso que Bernardo Ramírez e José Antonio de Zavala y Delgadillo pensavam em fazer.[4]

Nas fronteiras do Império espanhol, o pagamento de soldos para as guarnições atendia a uma dupla exigência: existia, se se tratavam de regiões estratégicas; e era mínimo, mal bastando para a subsistência dos soldados. Nesse sentido, como nota uma estudiosa, em que pese o soldo das Províncias Internas da Nova Espanha fosse de 24 *pesos* ao mês, maior que outras guarnições, descontos de gastos com familiares, ração, roupas e fundo de seguridade reduziam sensivelmente os vencimentos.[5] As remunerações "dirigidas a las clases populares", segundo Halperin Donghi, "(entre las que predominan abrumadoramente los pagos a suboficiales y tropa) se orientan a mantener a los recipiendarios tan cerca como sea posible del nivel de subsistencia".[6] Sendo assim, dos 27 presídios que existiam no Paraguai na virada do século, os únicos em que as tropas venciam soldo eram Borbón e San Carlos, precisamente os que estavam em posição estratégica nas raias com os domínios portugueses. No primeiro, serviam

---

1 AHN, Estado, 3410, caja 2, apartado 22. "Viajes Geographicos de Don Félix de Azara en las Provincias del Paraguay, y descripción del Pais, y sus Havitadores" [recebida em Aranjuez em 12 jun. 1789], f. 235, §497.

2 RAH, CML, t. 60, f. 1-228. "Descripción de la provincia del Paraguay, sus producciones naturales, con observaciones sobre la agricultura, costumbres, y carácter de sus habitantes por Don Julio Ramón de César", 1790, f. 68.

3 ANA, SH, v. 170, n. 1, f. 50-53v. Lazaro de Ribera a Pedro Melo de Portugal, Santa Rosa, 24 jan. 1797, f. 52-52v.

4 *Ibidem*, f. 51, 53.

5 GÓMEZ PÉREZ, María del Carmen. *El sistema defensivo americano*: siglo XVIII. Madri: Mapfre, 1992, p. 76.

6 HALPERÍN DONGHI, Tulio. *Guerra y finanzas en los orígenes del estado argentino* (1791-1850). Buenos Aires: Belgrano, 1982, p. 44.

40 pessoas, e no segundo 30, postos que se revezavam anualmente com gente das milícias do país.[7] À época em que Julio Ramón de César escreveu seu informe, a *Real Hacienda* gastava 12 mil *pesos* anualmente, despendidos com um comandante e 50 milicianos.[8] Da mesma forma, o serviço militar sem soldo não se verificou nas guarnições das fronteiras de Mojos e Chiquitos. Em períodos de tensão entre as duas cortes, eram destacadas as guarnições para os seguintes pontos: em Mojos, com um total de 228 soldados era possível defender os desaguadouros dos rios Mamoré, Água Clara, Magdalena e Itonamas, as margens do rio Itenes e os cerros de San Simón. Em Chiquitos, um total de 376 homens cobriam os passos de: Puruvi, entrada de Reyes, San Gerónimo, Río de la Cruz, las Coronas, Sierra de San Fernando, Salinas e rio Barbado.[9] Essa gente descia de Cochabamba e de outras cidades do Alto Peru e, como já referido, nunca foi construída uma fortificação permanente que defendesse aquela fronteira.

Diferentemente dos fortes do Paraguai, os de Mato Grosso venciam soldo, que além de diminuto, padeciam frequentes atrasos. Soldos, aliás, "tão mesquinhos, mesmo para os serviços ordinários", como alude um cronista, que os estimava em 20 réis por dia, "que ninguém poderia aceitá-los para uma expedição militar tão demorada e perigosa".[10] Havendo chegado ao forte Coimbra a 8 de setembro 1790, o tenente de navio espanhol Martin Boneo pôde descrever as condições de trabalho da guarnição portuguesa. O soldo dos Pedestres era de 45 oitavas de ouro ao ano, dos Dragões era de 91 e 1/4 oitavas, e o comandante vencia 351 oitavas anualmente. Recebiam ração de toucinho, feijão, farinha de milho, sal e azeite de tartaruga para a iluminação (a ração do comandante era dupla). O abastecimento era feito por duas canoas que a cada dois ou três meses eram despachadas a Cuiabá, viagem em que tardavam pouco mais de um mês na ida e 10 ou 12 dias na volta. Além da ração ordinária, chegavam ao forte mel, aguardente, tabaco e outros itens vendidos pela Real Fazenda às tropas "por justo precio", servindo também para gratificar os Guaykuru. Um dos cinco Dragões era o assentista das tropas. "El servicio se hace con rigor y puntualidad", notou Boneo, "entrando de Guardia en ocasiones hasta veinte hombres".[11]

A política reformista de Martinho de Melo e Castro, que recomendara rebaixar os soldos e transferir as despesas aos colonos, enfrentava a resistência dos moradores em fazer valer seu privilégio de fronteiriços e mineiros. Luiz de Albuquerque, que recebera tais instruções vocalmente, explicava ao ministro que estava impossibilitado de realizar inovações repentinas nesse assunto,

---

7 ANA, SH, v. 192, n. 1, f. 88-103v. Lazaro de Ribera ao vice-rei Joaquín del Pino y Rosas, [Assunção] 19 abr. 1803, f. 102v.

8 RAH, CML, t. 60, f. 1-228. "Descripción de la provincia del Paraguay, sus producciones naturales, con observaciones sobre la agricultura, costumbres, y carácter de sus habitantes por Don Julio Ramón de César", 1790, f. 70.

9 AGN, Sala 9, 9-7-3. Antonio Alvarez Sotomayor ao vice-rei Joaquín del Pino y Rosas, Santa Cruz de la Sierra, 22 out. 1801; "Estado que demuestra la distribución de tropas milicianas de S.ta Cruz y Vallegrande, con que deben cubrirse los puestos de la frontera de Chiquitos [y Mojos]", 11 out. 1801.

10 SÁ, José Barbosa de. "Chronicas do Cuyabá" [1765]. *RIHGSP*, São Paulo, v. 4, 1899, p. 168.

11 AHN, Estado, 4500, carpeta 8, n. 14. Longo informe de Martin Boneo a Joaquín de Alós, Assunção, 14 out. 1790, f. 2v-3.

> indispondo os soldados para continuarem no Real Servisso neste nossivo clima, sem maior violencia, e fazendo-lhes lembrar a dezerção p.a os Dominios de Espanha, que podem executar com a maior facelidade nesta Frontr.a; muito particularm.e, quando todos os referidos sold.os se achão instruidos, de que não só na capitania de Goyáz, mas ainda na de Minas Geraes, gozão os militares da mesma paga de soldo, q' aqui se acha estabelecida.

Ademais de terem lá saúde e comodidade de preços.[12] Aos poucos, porém, a política de rebaixamento dos soldos foi aplicada. Em 1779, o Marquês de Angeja aprovou a suspensão, lançada por Luiz de Albuquerque, do soldo dos militares durante o tempo em que se estivessem curando no hospital. Esse tipo de regulação era frequentemente mencionada por desertores que passavam a Castela.[13]

Atrasos no pagamento dos soldos, que em certos casos podiam chegar a dois anos, eram um fator poderoso que condicionava a deserção para os domínios espanhóis. Assim, certo João da Costa Pinheiro, oriundo da Bahia de Todos os Santos, prestou depoimento na cidade de La Plata, em dezembro de 1767, sobre os motivos de sua deserção e condições das tropas da estacada portuguesa: "Dixo que la guarnision esta parte de ella mal contenta pelas muchas molestias que padecen y están mal comidas como también por no pagárseles sus sueldos de dos años a esta parte". Na mesma oportunidade, Bento Álvares Pereira, natural do Pará, afirmou "que el motivo que tubo para la desersion fue el de no estar pagado de sus sueldos de onse meses, que ya no tenia ropa que vestir, y que la comida era mui escasa, y mui malo el temperamento y que estaba continuamente enfermo".[14] Esses atrasos eram uma constante em Mato Grosso, e não raro decorriam de haver retardado a capitania de Goiás a remessa do subsídio de oito arrobas de ouro, sem o qual as contas não fechavam, situação que se repetiu até o fim do período aqui estudado.[15] Em 1769, por exemplo, os soldos dos Dragões, Pedestres e Aventureiros que serviam no forte Conceição chegaram depois de nove meses de atraso.[16] Daí se compreende a dependência que os estabelecimentos portugueses tinham do abastecimento fornecido pelas missões castelhanas.

No Destacamento dos Diamantes, contudo, as condições de trabalho eram diferentes. Uma das primeiras medidas do governador Rolim de Moura foi reforçar a proibição de que os colonos trabalhassem em certas paragens no ribeirão de São Francisco de Chagas, no

---

12 AHU, MT, cx. 16, d. 1023. Luiz de Albuquerque a Martinho de Melo e Castro, sobre a pretendida reforma nos exorbitantes soldos militares, Vila Bela, 5 abr. 1773.

13 AHU, MT, cx. 20, d. 1232. Marquês de Angeja a Luiz de Albuquerque, [Lisboa] 14 mar. 1779.

14 AGI, Charcas, 437a. "Interrogatorio, declaraciones, y auto", La Plata, 7 dez. 1767: Depoimentos de João da Costa Pinheiro e Bento Álvares Pereira.

15 AHU, MT, cx. 35, d. 1799. Caetano Pinto de Miranda Montenegro a Rodrigo de Souza Coutinho, Vila Bela, 18 jul. 1798, f. 2.

16 APMT, Defesa, 1769, 16. Manoel Caetano da Silva a Luiz Pinto de Souza, Forte da Conceição, [s.d.] fev. 1769.

Coxipó-Mirim e nascente do Paraguai,[17] onde desde meados da década de 1730 coligiram-se amostras de diamantes.[18] Como revelou o desertor português Francisco Camargo, que servira naquela guarnição: "Realmente se halla dentro del río un grande mineral de diamantes mesclado entre oro", afirmou em depoimento que lhe pediram as autoridades espanholas em Chiquitos, em 1781. A tropa era paga, e o destacamento rotativo: "Las reglas que se observan son el pagar sueldo doblado a oficiales y soldados (que se escojen de mucha satisfación) por los seis meses que allí se destinan, y al venier los otros a relevarlos, registran a los que se retiran". O Estado não trabalhava aquelas minas, nem permitia que ninguém se aproximasse: "en el río se hace la guardia con barcos y a cavallo en las dos bandas de la tierra y sin permitir se aserque persona alguna de distancia de quatro leguas". Tendo sido perguntado se sabia a causa de não trabalharem aquelas terras, referiu que ouvira dos governadores João Pedro da Câmara e Luiz Pinto de Souza que "el rey de Portugal guardava aquel tesoro por si acaso en alguna ocasión se vise afligida en su corona, y entonces echarse mano de el".[19]

Sucede que os soldos deviam ser usados, naturalmente por aqueles que os recebiam, para custear sua própria subsistência. "A administração régia", assinala Fernando Dores Costa para o caso de Portugal moderno, "não garantia os meios de sobrevivência aos soldados, multiplicando-se as referências aos soldos que se encontram em dívida por meses e anos, enquanto também se denunciava a péssima qualidade dos gêneros fornecidos ao exército".[20] Em estudo sobre os presídios do norte da Nova Espanha, Max Moorhead observa que os soldos não eram pagos em dinheiro, mas em gêneros: de um crédito anual que tinham com a *Real Hacienda*, os soldados viam debitadas as despesas com alimentação e equipamento, itens não raro superfaturados e de baixa qualidade, situação que podia levar as tropas a se endividarem.[21] Do mesmo modo, tanto em Mato Grosso quanto no Paraguai, eram descontados dos soldos os gastos com alimentação, uniforme, armas e tratamento de saúde.[22] Nos presídios espanhóis, a ração diária de cada homem se reduzia a umas 150 gramas de carne-seca, uma porção de raiz seca de mandioca, feijão cozido, abóbora d'água, angu de milho e erva mate, mantimentos que subiam em

---

17 AHU, MT, cx. 6, d. 353. Bando mandado publicar por Antonio Rolim de Moura proibindo a extração de diamantes nos locais indicados, Cuiabá, 8 jul. 1751.

18 AHU, MT, cx. 2, d. 104. Manuel Rodrigues Torres, provedor da Real Fazenda, ao rei, Cuiabá, 30 jun. 1738.

19 AGI, Charcas, 447-B. "Autos" que acompanham a carta de Juan Barthelemi Berdugo ao vice-rei Juan José de Vértiz, Santa Cruz, 18 jul. 1781, f. 2v-3: Depoimento do desertor português Francisco Camargo, San Juan de Chiquitos, 27 jun. 1781.

20 COSTA, Fernando Dores. *Insubmissão*: aversão e inconformidade sociais perante os constrangimentos do estilo militar em Portugal no século XVIII. Tese (doutorado em Sociologia e Economia Históricas) – Faculdade de Ciências Sociais e Humanas, Universidade Nova de Lisboa, 2005, p. 151 (cit.), 127-28, 145.

21 MOORHEAD, Max L. *The Presidio*: Bastion of the Spanish Borderlands. Norman: University of Oklahoma Press, 1975, p. 201, 207-208, 217, 220.

22 AHN, Estado, 4500, carpeta 8, n. 14. Longo informe de Martin Boneo a Joaquín de Alós, Assunção, 14 out. 1790, f. 2v-3.

uma falua desde a capital uma vez a cada dois meses.²³ Em Borbón, aliás, as instruções estabeleciam um controle estrito sobre os itens distribuídos a cada indivíduo, tais como gordura, uma libra para 25 dias, e sabão, uma barra por mês. As *"raciones"* de mantimentos e outros itens eram descontados diretamente nos soldos.²⁴

A provisão das tropas não estava imune à prática do exclusivo colonial, como fica claro em uma carta do secretário Francisco Xavier de Mendonça Furtado ao Morgado de Mateus em que, em atenção à Carta Régia de 22 de março de 1766, que obrigava o uso de armas padronizadas, aproveitava a ocasião para enviar "hum competente fornecimento de armas, para ahi se venderem aos soldados das referidas tropas auxiliares, a preços moderados, e as mesmas armas uniformes, e úteis ao serviço, que devem fazer".²⁵ O monopólio colonial da venda de uniformes, armas, petrechos, aguardente e o mais aos militares não deixava de ser observado nas guarnições de Mato Grosso.²⁶ Com uma portaria lançada a 10 de novembro de 1773, o governador Luiz de Albuquerque proibiu, entre soldados e oficiais, qualquer indumentária que não fosse o uniforme vendido pela Real Fazenda. Seu objetivo, ao que parece, era duplo: consolidar o exclusivo sobre os uniformes e centralizar o poder de operar distinções sociais, pois, em verdade, o próprio governador notara que, em desatenção ao *status* de seus postos, soldados e oficiais buscavam distinguir-se e aparentar honras vestindo camisas de Holanda e meias de seda.²⁷

---

23 ANA, CRB, n. 45, d. 42. Thomas de Ortega a Joaquín de Alós, Villa Real, 30 nov. 1793.

24 ANA, CRB, n. 36, d. 2. "Ynstrución a q.e debe arreglarse D. José Ysasi, comand.te de este Presidio de – El Fuerte Borbón", por José Antonio de Zavala y Delgadillo, Borbón, 27 nov. 1792, §34.

25 AESP, Avisos e Cartas Régias, lata 62, n. 420, livro 169, f. 103. Francisco Xavier de Mendonça Furtado ao Morgado de Mateus, Palácio da Nossa Senhora da Ajuda, 22 mar. 1766.

26 O governador Luiz Pinto, por exemplo, deu conta em 1770 de que as fardas geralmente eram adiantadas às tropas que, dentro de certo prazo, deviam restituir o valor à Real Fazenda. Liquidada a dívida, recebiam um abono de 4 oitavas, relativo a um desconto oferecido pelo governo, "em atenção a exorbitancia dos preços dos generos, que correm na Capitania" (AHU, MT, cx. 15, d. 909. Luiz Pinto de Souza Coutinho a Francisco Xavier de Mendonça Furtado, Forte Bragança, 2 nov. 1770).
Não se deve inferir daí que os preços dos uniformes fossem menos extorsivos. O autor de um papel sobre os "roubos depredaçoens e violencias" que corriam em Mato Grosso denunciou que "o Provimento dos Sapatos para a Tropa se acha reduzido a hum rigorozo monopólio em beneficio dos Creados do Governador, e em notável prejuízo da Real Fazenda e da Tropa", tendo sido rejeitada a oferta de um mercador que se ofereceu a dar os sapatos a 200 réis. Havia certa coerção dos oficiais, responsáveis por pagar os soldos: "ficão os soldados mal servidos, não se atrevendo a regeitar o mao calçado pelo temor do castigo dos seos superiores que se utilizão do benefício" (AHU, MT, cx. 26, d. 1536. "Reflexoens sobre o Governo e Administração da Capitania de Mato Grosso, que manifestão as concussoens roubos depredaçoens e violencias que cometem os Governadores daquele Estado em prejuízo da Real Fazenda, e em ruína dos Vassalos de Sua Magestade" [anônimo, c. 1788], f. 4).

27 O governador argumentava que, não obstante a pouca disciplina e diminutos conhecimentos militares, soldados e oficiais eram, em geral, "cheios de vaidade, e de prezunção", e rejeitavam vestir os uniformes enviados pela Real Fazenda, preferindo "Drogas finas, camizas de Olanda e Meias de ceda" (AHU, MT, cx. 17, d. 1068. Luiz de Albuquerque a Martinho de Melo e Castro, Rio Madeira, 2 mar. 1774).
A portaria de 10 de novembro de 1773 proibia que qualquer militar usasse de outro vestido que não pertencesse à sua farda, em conformidade com sua corporação, e que comprassem seda ou outra qualquer droga que não fosse o linho

O próprio vice-rei Marquês do Lavradio reconhecia que os gêneros para o fardamento da tropa eram "excessivamente caros e muito inferiores, e que fazem a differença de 30 e 50% de outros semelhantes".[28] E com efeito, a pobreza em que se achavam certos recrutados não permitia que fossem vestidos à própria custa, como foi o caso dos mais de 140 homens que o novo comandante de Coimbra, Joaquim José Ferreira, recrutou para o serviço daquele presídio, tendo apenas os Dragões recebido uniformes da Real Fazenda, e ido os Pedestres e Auxiliares "quaze nus". Na mesma carta, o engenheiro militar requisitava que fossem "abonados com huma camisa e hum calção de algudão, e baeta e mosquiteiro, para assim servirem de melhor vontade".[29] O comandante de Coimbra, aliás, já havia dito que os soldados mal tinham o que vestir, e viviam "como índios silvestres", não havendo outro remédio que lhes vender as bretanhas que eram para presentear os caciques.[30] O autor do papel "Reflexoens sobre o Governo e Administração da Capitania de Mato Grosso" chegou a referir que, em fins da década de 1780, pagavam-se os soldos com fazendas dos armazéns reais, e os mesmos soldados depois as levavam logo a vender, por menos da metade do que custaram, com o agravante de que elas tornavam a entrar nos armazéns, sendo lançadas no livro como se fossem compradas pelo seu justo preço.[31]

A isso acresce que os tratamentos no hospital do Forte Príncipe não eram gratuitos: os escravos deviam ter seus cuidados médicos custeado pelos senhores, e soldados, oficiais

---

ordinário das fábricas do Reino. Estava em questão não apenas o monopólio da capacidade de instaurar distinções simbólicas entre os vassalos, através de roupas adequadas à condição de cada um, mas também o monopólio econômico em favor das fábricas portuguesas em competição com as estrangeiras: "sendo hum manifesto abuzo, e huma aprehenção bastante redicola o crer talvez que hum pouco de grosseira Bretanha, esguião [...] só pela razão de vir do Paiz dos Estrangeiros, seja unicamente pessoa rica, e competente para o seu imoderado uso; e que o vestir pano de linho, ainda que de boa qualidade, fica sendo indecente" (AHU, MT, cx. 17, d. 1068. "Cópia d'huma Portaria por onde o Governador e Capitão General de Matto Grosso Luiz de Albuquerque de Mello fes regular o vaidozo modo de vestir dos soldados com que se acha guarnecida a mesma capitania", Vila Bela, 10 nov. 1773).

Essa proibição sugere que não poucos colonos viam o serviço militar como oportunidade de exteriorizar distinções sociais. Ao autor d'*A arte de furtar*, por exemplo, não escapou a importância que a representação de si tinha para os contemporâneos: "se lhe basta hum vestido de baeta, para que o faz de veludo? Se lhe sobeja um gibão de tafetá, para que o faz de tela, quando El-Rey o traz de olandilha? Para que rasga hollanda, onde basta linho? Para que come galinhas, e perdizes, e tem viveiro de rolas, se pode passar com vaca, e carneiro?" O mesmo autor, a respeito da percepção das distinções sociais, chegou a observar: "Hum Fidalgo cuida que se distingue de hum escudeiro mais que hum leão de hum bugio: e hum escudeiro presume, que se differença de hum mecanico, mais que hum touro de hum cabrito" (*Arte de furtar, espelho de enganos, theatro de verdades, mostrador de horas minguadas, gazua geral dos reynos de Portugal.* Londres: Hansard, 1830, cap. 43 e 58, p. 283 e 357).

28 "Extracto das cartas do Marquez do Lavradio, que dizem respeito às tropas, ao militar, e aos movimentos dos castelhanos no Rio Grande de São Pedro". *RIHGB*, Rio de Janeiro, t. 27, parte 1ª, 1864, p. 239.

29 APMT, Defesa, 1790 A, 1065. Joaquim José Ferreira a João de Albuquerque, Cuiabá, 30 nov. 1790.

30 APMT, Defesa, 1779, Lata B, 344. Miguel José Roiz' a Luiz de Albuquerque, Coimbra, 9 abr. 1779.

31 AHU, MT, cx. 26, d. 1536. "Reflexoens sobre o Governo e Administração da Capitania de Mato Grosso, que manifestão as concussoens roubos depredaçoens e violencias que cometem os Governadores daquele Estado em prejuízo da Real Fazenda, e em ruína dos Vassalos de Sua Magestade" [anônimo, c. 1788], f. 2v.

e artífices sofriam descontos em seus soldos.[32] A partir de certo momento, como já referido, usou-se interromper o soldo enquanto soldados e oficiais permaneciam no hospital, agravante que estimulava a deserção para os domínios de Castela.[33] Em Borbón, como não houvesse hospital, e se não fosse o caso de dar baixa ao soldado doente, apelava-se aos emplastos, ingestão de água de cevada e azeite, ou mesinhas indígenas: sementes de coco como laxante, *untura de sanco* para inchaços e água de *cargo santo* contra malária.[34]

A distribuição dos mantimentos era regulada com a atenção possível, sendo enviadas as quantidades para durarem determinado período de tempo, contabilizadas por diárias ou "datas". Assim, o furriel do presídio de Coimbra dava conta, em 1784, da chegada de trinta alqueires de feijão, que durariam três meses, se as "datas" de cada miliciano e escravo fossem remediadas com uma quarta de milho e uma libra e ¼ de toucinho por data.[35]

No caso dos presídios do Paraguai, à exceção dos nortenhos Borbón e San Carlos, a guarnição tinha que "levar de sus casas aquel corto alimento, q.e alcanzan p.a poder subsistir", diz um informe de 1782, graças ao que "lo pasan trabajosam.te los soldados en los días de su fatiga".[36] Em Borbón, a instrução de Zavala y Delgadillo, que regulou, dentre outras questões, a alimentação dos soldados, recomendou sempre reduzir pela metade as quantidades de feijão, arroz e raiz seca de mandioca subministradas, completando-as com carne-seca, se se percebesse que faltariam as remessas da capital.[37] De fato, embora o governo houvesse transferido a *Estancia del Rey* com 1.233 cabeças de gado para as proximidades do forte em 1804, dois anos depois esse número estava reduzido a menos da metade.[38] Até 1811, a guarnição parece ter sido pessimamente abastecida, de modo que se tornou crucial manter boas relações com os "índios

---

32 AGI, Lima, 1054. "Auto" com os depoimentos de desertores portugueses do forte Conceição, enviado em carta do presidente da Audiência de Charcas, Juan Martinez de Tineo, ao vice-rei Manuel de Amat, Plata, 21 jun. 1769, f. 2-2v: Depoimento de Francisco Campos, soldado pedestre, em Loreto, 15 abr. 1768; APMT, Defesa, 1787, Lata A, 863. "Requerimento do alferes da Companhia de Dragões Antonio Francisco de Aguiar solicitando revisão do pedido de galinhas para assistir seus dez escravos que serviam no Forte Príncipe da Beira" [1786]; APMT, Defesa, 1787, Lata A, 879. José Pinheiro de Lacerda a Luiz de Albuquerque, Forte Príncipe da Beira, 2 jan. 1787.

33 AHU, MT, cx. 20, d. 1232. Marquês de Angeja a Luiz de Albuquerque, [Lisboa] 14 mar. 1779.

34 ANA, CRB, n. 36, d. 2. "Ynstrucción methodica p.a la asistencia de los enfermos en este Presidio de El Fuerte Borbón", por José Antonio de Zavala y Delgadillo, Borbón, 27 nov. 1792.

35 APMT, Defesa, 1784, Lata A, 699. José da Costa Delgado, furriel do presídio de Coimbra, a Luiz de Albuquerque, Coimbra, 9 set. 1784.

36 AGI, Buenos Aires, 295. "Noticia de los establecimientos, villas, y fuertes, q.e tiene esta Provincia, asi las antiguas, como las formadas en tiempo del S.or Govern.r y Cap.n G.ral actual D.n Pedro Melo de Portugal", enviada em carta do *cabildo* de Assunção ao rei, 11 mar. 1782, f. 12v.

37 ANA, CRB, n. 36, d. 2. "Ynstrución a q.e debe arreglarse D. José Ysasi, comand.te de este Presidio de – El Fuerte Borbón", por José Antonio de Zavala y Delgadillo, Borbón, 27 nov. 1792, §33, 35.

38 Afogamentos e comidas de onças fizeram perder 487 cabeças (ANA, SH, v. 362, n. 1, f. 291. "Para fundamentar la estancia del Rey en los campos de Borbón", Pedro Mier, Borbón, 7 set. 1805; ANA, SH, v. 363, f. 20. "Rason de las asiendas, que de cuenta del Rey se allan en la estancia", Pedro Antonio Mier, Borbón, 3 ago. 1806).

bárbaros" das cercanias, que subministravam alguma roupa e escasso mantimento em troca de tabaco.[39] As construções foram mandadas restaurar pelo Dr. Francia em 1817, mas à época em que por ali esteve o viajante Castelnau (1845), não fora resolvida a dependência de charque, raízes secas, legumes e mate, remetidos a cada dois meses desde a capital.[40] Daí que parece não ter havido no Paraguai o sistema de "comer en rancho", regulado pelas Ordenanças de Espanha, segundo o qual os soldados se juntavam em grupos de seis a oito homens, que dividiam as despesas da comida diária.[41] Em Borbón e San Carlos, usava-se o sistema de "raciones", fornecimento de mantimentos mediante desconto direto nos soldos.[42]

Bastante comum em ambas as fronteiras terá sido a prática de solicitar aos "índios amigos" do entorno das fortificações mantimentos, roupas e animais. Essa era uma implicação local – e podia ser decisiva, do ponto de vista da provisão das tropas – da política de tratados de paz e ofertas de bastões e patentes militares aos caciques. De um modo ou de outro, eles se tornavam fornecedores das guarnições, situação que ocorreu semelhantemente no caso do Chile, onde os espanhóis, mal pagos e abastecidos, usavam armas, ferramentas, roupas e outros itens que compunham seus soldos, no comércio com os Mapuche.[43] "Todos têm vendido algum gado que temos aqui", referia o comandante de Coimbra a respeito dos Guaykuru; "querem por uma vaca, primeiramente, doze canudos de prata, ou uma chapa, ou três côvados de baeta, preço que julgo módico nestas alturas".[44] Tanto em Coimbra quanto em Borbón, se a amizade dos Guaykuru podia ser interessante para o provimento de carne, a dos Guaná propiciava algum milho, mandioca, morangas, batatas, pescado e galinhas, ademais de bons panos de algodão e redes.[45]

Esse sistema de abastecimento produzia carestia, escassez e péssima qualidade dos itens remetidos, não sendo raro que alimentos já sem condições de consumo chegassem aos fortes.

---

39 "En el día quasi ya todos montan guardia sin calsones, y algunos de ellos sin camisa, sirbiendoles de calson hun pedaso de tegido echo de los ynfieles" (ANA, SH, v. 363, f. 148. Pedro Antonio Mier a Eustaquio Giannini y Bentallol, Borbón, 10 abr. 1809).

40 CASTELNAU, Francis de. *Expédition dans les parties centrales de l'Amérique du Sud, de Rio de Janeiro a Lima, et de Lima au Para*. Paris: Chez P. Bertrand, 1850, t. 2, p. 424.

41 Em várias guarnições das fronteiras americanas, esse sistema não foi seguido, dado que os custos dos mantimentos podiam drenar uns 2/3 dos soldos, e os soldados prefeririam compartilhar a comida com suas companheiras índias (MARCHENA FERNÁNDEZ, Juan; GÓMEZ PÉREZ, María del Carmen. *La vida de guarnición en las ciudades americanas de la Ilustración*. Madri: Ministerio de Defensa/Secretaría General Técnica, 1992, p. 224-27).

42 ANA, CRB, n. 36, d. 2. "Ynstrución a q.e debe arreglarse D. José Ysasi, comand.te de este Presidio de – El Fuerte Borbón", por José Antonio de Zavala y Delgadillo, Borbón, 27 nov. 1792, §34.

43 VILLALOBOS, Sergio. *La vida fronteriza en Chile*. Madri: Mapfre, 1992, p. 299-321.

44 AHU, MT, cx. 38, d. 1898. Ricardo Franco de Almeida Serra a Caetano Pinto de Miranda Montenegro, Coimbra, 14 fev. 1800, f. 4.

45 "Tengo tratado paces", refere o comandante de Borbón a respeito da visita de nove caciques, "y no dudo yo se consigan según me han demostrado en sus produciones" (ANA, SH, v. 362, n. 1. "Correspondencias del fuerte de Borbon", Juan Baptista Ribarola [s.d.]; AHU, MT, cx. 41, d. 2035. Ricardo Franco de Almeida Serra a Caetano Pinto de Miranda Montenegro, Coimbra, 3 fev. 1803, f. 6v-7).

O cirurgião do Forte Bragança deu conta, em carta de 1771, de que a causa das doenças que estavam abatendo uma parte da guarnição era a carne estragada, pois a "maior parte della estava ardida emcapaz q' pessoa alguma podesse comer".[46] Aí estavam em questão tanto as condições em que a Real Fazenda adquiria essas carnes aos produtores quanto a reputação dos altos oficiais do forte, e sucedeu, nesse caso, que o comandante Antonio José de Figueiredo Tavares, como deu conta ao governador, ante as queixas sobre a qualidade da carne-seca servida, obrigara a que comessem na sua presença "a que estava menos má, para dar de leção aos soldados", "e o que se achou emcapaz a mandei dar de reção aos pretos do serviço, em lugar de feijão: tudo isto fiz em ordem a não perder nada à Faz.a Real".[47] As sucessivas remessas de carne e outros produtos estragados provocavam doenças e motivavam queixas e deserções. Em 1787, fumo estragado foi novamente enviado a Coimbra, "e os Pedestres não tem remédio senão assim mesmo tomallo e se lhe desconta na capital a hum quarto de ouro por cada vara", ao que o provedor da Real Fazenda, Diogo de Toledo Lara e Ordonhez, foi obrigado a reconhecer: "tem hido de huma porção já m.to antiga, q.e se achava no Armazem desde o tempo do meu Antecessor, o q.e eu ignorava";[48] e no mesmo presídio, em 1799, tendo recebido carne podre e "salgada com salitre da terra, e não com sal", os soldados "assim mesmo a recebião, e lançavão no Rio, por lhes fazer dano a saúde".[49] Sabia-se que a umidade e o calor podiam arruinar a farinha nova, o toucinho e mesmo o sal,[50] mas o problema não se resumia a uma questão de acondicionamento. As constantes remessas de carne e outros produtos estragados decorriam, segundo o mestre de campo de Cuiabá, do modo com que eram adquiridos pela Real Fazenda.[51]

*　*　*

A disciplina militar espraiava-se por todo o cotidiano das guarnições dos fortes, sobre quem incidiam os esquemas de visibilidade e a microeconomia de penalidades que lhes eram próprias. Um regulamento para a guarnição do Forte Príncipe, ditado em janeiro de 1786, mandava que "todo o soldado é obrigado a conservar limpo, e em bom estado o seu armamento, e fardamento: e da mesma forma, asseado, e bem ordenado o quartel em que moram", o qual, aliás, se devia varrer diariamente, sem contravenção alguma, sob pena de cinco guardas

---

46 APMT, Defesa, 1771 a, 34. José Antonio Fernandes, cirurgião, [ao governador Luiz Pinto de Souza,] Forte Bragança, 4 jun. 1771.

47 APMT, Defesa, 1771 a, 39. Antonio José de Figueiredo Tavares a Luiz Pinto de Souza, Forte Bragança, 5 fev. 1771.

48 APMT, Defesa, 1787, Lata A, 911. José da Costa Delgado a Diogo de Toledo Lara e Ordonhez, Nova Coimbra, 13 ago. 1787, com uma nota do destinatário à margem.

49 APMT, Defesa, 1779, Lata B, 344. Miguel José Roiz' a Luiz de Albuquerque, Coimbra, 9 abr. 1779.

50 APMT, Defesa, 1787, Lata A, 911. José da Costa Delgado a Luiz de Albuquerque, Nova Coimbra, 17 fev. 1787.

51 APMT, Defesa, 1783, Lata A, 622. Antonio José Pinto de Figueiredo a Luiz de Albuquerque, Cuiabá, 15 ago. 1783.

efetivas; proibia escrever nas paredes, cravar estacas ou pregos e "toda a sorte de irregularidade e porcaria", sob pena de 30 dias de castigo e o triplo da despesa em que importar o conserto.[52]

O peso da rotina estabelecida na "ordem do dia" das guarnições, com a abertura e fechamento de portas, saídas de rondas etc., exercia um poderoso condicionamento sobre a noção de tempo experimentada por soldados e moradores dos arredores.[53] Instituída novamente pelas Ordenanças Militares de Carlos III, de 22 de outubro de 1768, definia a Diana, o toque militar do amanhecer às 5 horas no verão e às 7 no inverno, marcando os trinta minutos para a revista; a abertura do forte, a chamada, o início das fainas diárias, limpeza, instrução e exercícios; a sesta; o toque da "marcha" e o da "retreta" ou de recolher; à noite, o sino da igreja assinalava o fechamento dos portões e o início da ronda noturna.[54] Não era diferente, aliás, a temporalidade regulada que constava nas instruções que o comandante José Antonio de Zavala y Delgadillo assentou no forte Borbón, de cujos artigos se deve sublinhar, ademais, os que tratavam do asseio da estacada, que dependia do reconhecimento diário dos interiores, proibição de estender roupas, jogar sacos, fincar estacas ou redes de dormir, da obrigação de varrer o presídio a cada oito dias, e proibição de quaisquer tipos de jogos, pois "empeñan y destruyen viciosam.te sus yndividuos".[55] Em Coimbra, já em março de 1776 era definida a ordem do dia para a tropa, com revista e exercícios militares às seis da manhã, ronda noturna, e as recomendações que regulavam as obras do armazém e do resto do presídio.[56] Em junho de 1784, um novo dispositivo regulou problemas em relação à disciplina, proibindo brigas e batuques, e os horários em que seriam feitas as revistas matinais da tropa, as vistorias do entorno e as guardas noturnas.[57] A guarnição de Coimbra não podia ter menos de 123 praças, segundo o parecer do seu comandante Ricardo Franco de Almeida Serra.[58] Pois à noite eram posicionados quatro sentinelas efetivos; a patrulha do morro ocupava três homens cada dia; a ronda, que contava com uma canoa, seis Pedestres e um Dragão e fazia o roteiro rio abaixo até uma légua, era fundamental porque evitava fugas de índios e vigiava as correrias dos espanhóis; por esse motivo era rendida todos os dias ou de 10 em 10 dias. Para conduzir os mantimentos necessários desde Cuiabá, era indispensável manter duas condutas, cada uma delas composta de duas canoas, que somavam um Dragão e 12 Pedestres (cada duas

---

52   APMT, Defesa, 1786, Lata A. Instrução militar do comandante José Pinheiro de Lacerda, Forte Príncipe, 12 jan. 1786.

53   MARCHENA FERNÁNDEZ; GÓMEZ PÉREZ, *La vida de guarnición*, op. cit., p. 183.

54   MARCHENA FERNÁNDEZ, Juan. *Ejército y milicias en el mundo colonial americano*. Madri: Mapfre, 1992, p. 228.

55   ANA, CRB, n. 36, d. 2. "Ynstrución a q.e debe arreglarse D. José Ysasi, comand.te de este Presidio de – El Fuerte Borbón", por José Antonio de Zavala y Delgadillo, Borbón, 27 nov. 1792, §41-50, 26-32, 40.

56   APMT, Defesa, 1776. "Ordens q' se am de observar emviolavelm.te neste prezidio de Coimbra Anova", por Marcelino Rodrigues Camponês, Coimbra, 31 mar. 1776.

57   APMT, Defesa, 1783 A, 652. Ordem do dia para o presídio de Nova Coimbra, por José da Costa Delgado, furriel comandante, Coimbra, 1 jun. 1784.

58   AHU, MT, cx. 40, d. 2014. Ricardo Franco de Almeida Serra a Caetano Pinto de Miranda Montenegro, Cuiabá, 6 nov. 1802.

canoas), totalizando 26 pessoas por três meses, que era o tempo em ir e voltar.[59] Todas operações que demandavam um escrutínio cuidadoso sobre a conduta de cada soldado e oficial, vigilância tão rigorosa em relação ao interior do forte quanto a direcionada para o exterior.

Essa "vigilance infatigable", para usar os termos de Lippe,[60] atenta ao interior e ao exterior do espaço fortificado, era um princípio fundamental da militarização na segunda metade do século XVIII. Expressava, ademais, que a ordem do exército, não sendo mais que artifício em oposição ao "natural", dependia da introjeção da noção de ser observado. Não bastavam livros-mestres de regimentos, mapas periódicos das forças militares, avaliações dos méritos de cada oficial etc. Moldar os corpos exigia torná-los o foco principal da visibilidade, instituir um sistema de disposições duráveis de gestos, passos, movimentos e posturas: daí a importância dos alardos.[61] A segunda estadia do Conde de Lippe em Portugal, de 1767 a 1768, veio a consolidar a modernização do setor militar do Reino, ocasião em que, com a realização de alardos, exercícios e manobras em presença do rei, "transmitia a máxima honra e importância ao exército e criava nos comandantes o empenho daqueles que tinham a sensação de estarem a ser observados", de que o próprio rei observava permanentemente.[62] Aos colonos milicianos da fronteira aqui estudada, a exigência a que se apresentassem aos alardos de domingo, para os exercícios de costume, estava presente nos regulamentos ditados sobre essas tropas, nas últimas décadas do século.[63] A lei de 1765 confirmou a já antiga obrigação dos homens de armas de realizar exercícios militares aos domingos, como modo de "dar uma certa ordem a numerosa população desta cidade".[64] No Forte Príncipe, mesmo os escravos eram obrigados a participar.[65]

---

59 AHU, MT, cx. 40, d. 2014. "Estado completo da Guarnição de Coimbra em tempo de paz", por Ricardo Franco de Almeida Serra, Cuiabá, 6 nov. 1802.

60 SCHAUMBURG-LIPPE, Wilhelm Graf zu. *Schriften und Briefe*. Frankfurt am Main: Klostermann, 1977, v. 2, p. 252; chamou minha atenção para esse texto: COSTA, *Insubmissão, op. cit.*, p. 291.

61 COSTA, *Insubmissão, op. cit.*, p. 240.

62 *Ibidem*, p. 283.

63 O Regimento de Gaspar de Souza, de 6 de outubro de 1612, que ordenava a execução do Regimento das Ordenanças de 10 de dezembro de 1570, sublinhava a obrigação de que "os moradores da cidade da Bahia e das mais Capitanias daquele Estado, estejam em ordenança, repartidos por suas Companhias, com os Capitães e mais Oficiais necessários e que tenham espingardas e as mais armas, segundo a disponibilidade de cada um, e se exercitem aos domingos e dias santos nos exercícios militares" (MENDONÇA, Marcos Carneiro de. *Raízes da formação administrativa do Brasil*. Rio de Janeiro: Instituto Histórico e Geográfico Brasileiro, 1972, v. 1, p. 419). Os alistados nas Ordenanças seguiram obrigados a isso no Regimento de 25 de setembro de 1654 (PUNTONI, Pedro. *A guerra dos bárbaros*: povos indígenas e a colonização do sertão nordeste do Brasil, 1650-1720. São Paulo: Hucitec/Edusp, 2002, p. 195). Tradição ibérica a que mesmo os índios das missões não estavam desatentos, como foi reforçado pelo Provincial Manuel Querini, em passagem mencionada no capítulo 10 deste livro.

64 *Apud* MELLO, Cristiane Figueiredo Pagano de. Os corpos de ordenanças e auxiliares: sobre as relações militares e políticas na América portuguesa. *História*: Questões & Debates, Curitiba, n. 45, 2006, p. 37.

65 IANTT, MR, Decretos 1745-1800, Pasta 60, n. 82, Anexo n. 2. Certidão do provedor comissário da Real Fazenda da Fortaleza Nossa Senhora da Conceição, José de Oliveira Ramos, Vila Bela, 24 jan. 1769.

A concentração dos exercícios aos domingos e dias santos, do ponto de vista do poder central, era já a concessão de um privilégio, "para que no sea gravosa esta fatiga á los labradores, y demás individuos, que se mantienen de sus oficios", enfatizava o regulamento do governador do Paraguai lançado em 1791.⁶⁶ Tamanho era o dano às produções agrícolas de semelhante atividade que o Morgado de Mateus chegou a conceder que o capitão-mor de Jundiaí espaçasse mais as datas dos alardos durante as épocas de plantação e colheita, "porq' he razão darmo-lhes tempo p.a q' elles fação o Paiz abund.e de mantim.tos".⁶⁷ Pelo menos em Portugal, à época de Severim de Faria, não era incomum encontrar quem entendesse semelhantes exercícios como "hum iugo pezadissimo p.ª todo o povo", realmente insuportáveis, posto que irremunerados e sem "premio algum de honra ou proveito com que se aliviasse", de modo que havia gente que se amparava de toda a sorte de escusas para não aparecer aos domingos, "huns por previlegios outros por criados e apaniguados de fidalgos e outros por dinheiro e assi ficava somente nas bandeiras a gente vil e desprezada da Republica com que a milicia perdia honra e os Capitaes a reputação e por não aparecerem com tão desprezíveis soldados deixavão de fazer os alardos".⁶⁸

As festas públicas eram espaços e ocasiões privilegiados de exteriorização do *ethos* propriamente militar, que a tanto custo se buscava interiorizar nas tropas, e que podia aí se expressar em desfiles, cortejos, simulações de batalhas e revistas. Costume atentamente observado na capitania de Mato Grosso, nas recepções de governadores e datas festivas para a família real as câmaras sempre levantavam as tropas de Auxiliares e Ordenanças, e organizavam o cerimonial que, além do protocolo militar, contava ainda com danças, comédias e óperas, representadas em tablado público na rua. Em 1796, quando Caetano Pinto de Miranda Montenegro foi recebido em Cuiabá, "proximo a entrada da villa estava a Legião Auxiliar de Cavalaria, e infantaria, comandada do M.e de Campo que mandou aprezentar as armas fazendoce as continencias devidas e dandoce os competentes discargos". Caminhou o trajeto do Senado à igreja matriz sob um pálio levado por seis republicanos e seguido "das pessoas da nobreza", "praticando o corpo das ordenanças, que estava formada na rua da mandioca as mesmas funçoens, e obrigaçoens militares".⁶⁹

As câmaras, ao arcar com os gastos das entradas solenes, procuravam ver reconhecida pelo poder central sua capacidade de seguir à frente do destino das vilas e cidades de modo autônomo. Quando os governadores passavam em revista as milícias de moradores, reconheciam simbolicamente o esforço dos vassalos em auto-organizar a defesa da pátria, e sancionavam a ordem discriminatória que regia as companhias segregadas, dando-lhes unidade e

---

66 ANA, SH, v. 156, n. 1. "Nuevo reglamento militar para los cuerpos de Infantería y Dragones que hacen el servicio en la capital y campaña de la Provincia", governador Joaquín de Alós, Assunção, 1791, f. 13, tít. 11, §1.

67 Carta do governador Luiz Antonio de Souza para o capitão-mor de Jundiaí, São Paulo, 1 abr. 1767. *DI*, v. 67, p. 206.

68 BNL, Reservados, Cód. 917. "Livro da noticia de Portugal e estados sugeitos a sua Coroa em que se trata da milícia do Reyno: Manuel Severim de Faria", f. 204-204v; citado também em: COSTA, *Insubmissão*, op. cit., p. 127-28.

69 ASCC, p. 152. Houve baile de máscaras, dois dias de cavalhadas, e "se representarão seis comedias, tres executadas por homens brancos, duas por homens pardos, e huma por homens pretos".

harmonia, segundo a metáfora do corpo místico.[70] Em 1800, por conta da visita do mesmo governador a Cuiabá, os milicianos esperavam-no "em um bem fingido castello armado ao entrar da rua", de onde deram os 21 tiros de artilharia, como era o costume.[71] Do mesmo modo, para a recepção do governador Manuel Carlos de Abreu de Meneses, em 1804, "mandou o Sennado da Camara erigir hum pavilhão sobre quatro colunnas ricamente ornado", e adiante dele permaneceram a postos os soldados e oficiais da Legião de Milícias de Cuiabá.[72] Artefatos e motivos militares seguiam exercendo fascínio sem, no entanto, diminuir o horror ao serviço das armas.[73] Para comemorar o nascimento da princesa da Beira em 1795, os comerciantes das minas fizeram erigir na praça de Cuiabá uma fortaleza e um navio fingidos. Estando o povo junto na praça, pelas quatro horas da tarde "entrou por ella aquella esperada embarcação armada em guerra com todos os preparativos proprios, cuja entrada lhe foi disputada pela fortaleza, disparando-lhe muitos tiros de peça". À tradicional salva de 21 tiros se seguiu o surpreendente aparecimento de uma baleia: ela vomitou dançarinos "ricamente adereçados" que, ao terminar seu número, foram novamente engolidos, "e mergulhando esta se findou com a tarde a festa".[74]

Ao passar em revista as milícias locais, os governadores reconheciam os privilégios corporativos e a capacidade de autogestão das câmaras (não fosse assim, não poderiam ter financiado as festas); mas o faziam, contudo, de tal modo que os objetivos a perseguir e os valores a exteriorizar fossem os mesmos que a Metrópole inculcava. Por sua vez, a ocasião de manifestar a deferência ao monarca era aproveitada pelos colonos para requerer os benefícios de que se criam merecedores.[75] Valendo-se do clima festivo da recepção ao governador, os camaristas de Cuiabá fizeram incluir nos arcos que adornavam as ruas "figuras e inscripções allusivas á repartição dos rios Coxipó e Paraguay", que a Coroa proibira na suposição de serem diamantíferos.[76]

Por Decreto Régio de 27 de setembro de 1787, a Coroa passou a cobrar relatórios anuais sobre "o merecimento, préstimo, e atividade dos comandantes dos regimentos, e de cada hun

---

70 BICALHO, Maria Fernanda. Mediação, pureza de sangue e oficiais mecânicos: as câmaras, as festas e a representação do Império português. In: PAIVA, Eduardo França; ANASTASIA, Carla (orgs.). *O trabalho mestiço*: maneira de pensar e formas de viver, séculos XVI a XIX. São Paulo: Annablume: 2002, p. 313 *et seq.*; CARDIM, Pedro. Entradas solenes: rituais comunitários e festas políticas, Portugal e Brasil, séculos XVI e XVII. In: JANCSÓ, Istvan; KANTOR, Iris (orgs.). *Festa*: cultura e sociabilidade na América Portuguesa. São Paulo: Hucitec/Edusp/Fapesp, 2001, v. 1, p. 109-15.

71 *ASCC*, p. 159.

72 *ASCC*, p. 172.

73 MARAVALL, José Antonio. *A cultura do barroco*: análise de uma estrutura histórica. São Paulo: Edusp, 1997, p. 382-83; LÓPEZ CANTOS, Angel. *Juegos, fiestas y diversiones en la América española*. Madri: Mapfre, 1992, p. 57-59.

74 *ASCC*, p. 146-47.

75 CARDIM, Entradas solenes, *op. cit.*, p. 98-99, 122.

76 *ASCC*, p. 159.

dos officiaes deles",[77] que não estavam longe de ser, como assinala Fernando Dores Costa, uma verdadeira "operação de visibilidade".[78] Sua periodicidade em Mato Grosso iniciou-se em 1791. Nesses informes, os ministros podiam observar a trajetória de cada um dos oficiais, saber o tempo em que estavam no Real Serviço, os postos que galgaram, se comandaram expedições, destacamentos e presídios, se tinham solicitado licença para passar ao Reino e se desempenhavam as tarefas com o zelo e o préstimo esperados.[79] Do lado espanhol, ainda que não houvesse obrigação de remeter semelhantes relatórios, alguns governadores não deixavam de informar sobre a conduta dos seus oficiais, a exemplo de Lazaro de Ribera, que desconfiava do comandante de Borbón, capitão de milícias Pedro Mier, cuja correspondência chegara a mencionar algumas vezes a vinda de portugueses àquele forte, escamoteando, como depois se soube, que as canoas traziam alguns gêneros para troca, e ademais, "a nosotros nos interesa mucho ganar la amistad y confianza de las naciones bárbaras, y es necesario confenzar q.e Mier en esta parte ha dado pruebas de inteligencia; pero su excesiva adhesión a los Mbayás, y los defectos q.' notó en su conducta el coron.l de milicias D.n José Espinola" exigiam maior atenção.[80]

Expressão da contradição entre sistema disciplinar e cultura da honra no Antigo Regime, os castigos, mecanismo importante de formatação dos corpos, abalavam de tal maneira a honra pessoal que eram uma das principais causas de insurreições e deserções. Os mais comuns eram as rondas e o confinamento no calabouço; e os particularmente infamantes eram o "cepo", prisão em grilhões e os castigos corporais, como a vara, açoites, "carreira de baquetas" e a amputação.[81] As reformas de Lippe introduziram punições ainda mais gravosas, como as "pranchadas", só a cuja novidade se deve atribuir, segundo Brandão Ivo, "a extraordinaria deserção, que nos primeiros tempos se experimentou em todos os Regimentos".[82]

---

77 AHU, MT, cx. 27, d. 1577. Decreto Régio sobre o preenchimento dos postos das tropas pagas, Palácio de Sintra, 27 set. 1787.

78 COSTA, *Insubmissão*, op. cit., p. 239-40.

79 Sucintos, esses relatórios raramente arrolavam mais do que datas e postos em que os oficiais serviram. Correspondiam à mesma política, aludida no capítulo 9 deste trabalho, de cobrar dos governadores o envio de propostas de promoção de oficiais, e que conduzia a um maior controle metropolitano sobre as expectativas das elites locais, estimuladas a despender seu patrimônio em benefício dos serviços do Estado. Cf. AHU, MT, cx. 29, d. 1633. João de Albuquerque a Martinho de Melo e Castro, Vila Bela, 25 dez. 1791; AHU, MT, cx. 30, d. 1665. João de Albuquerque a Martinho de Melo e Castro, Vila Bela, 7 jan. 1793; AHU, MT, cx. 31, d. 1715. João de Albuquerque a Luís Pinto de Sousa Coutinho, Vila Bela, 28 dez. 1795; AHU, MT, cx. 36, d. 1829. "Informação que o governador e capitão general da capitania de Mato Grosso, Caetano Pinto de Miranda Montenegro, dá do merecimento, zelo e préstimo de todos os oficiais militares pagos", Vila Bela, 1 fev. 1799.

80 ANA, SH, v. 192, n. 1, f. 191-194v. Lazaro de Ribera ao vice-rei Joaquín del Pino y Rosas, Assunção, 1 out. 1803, f. 194.

81 MARCHENA FERNÁNDEZ; GÓMEZ PÉREZ, *La vida de guarnición*, op. cit., p. 251-56.

82 *Arte da guerra*: poema composto por Frederico II, rei da Prússia; traduzido em verso na lingua portugueza, commentado com a doutrina dos mais insignes tacticos antigos, e modernos, e offerecido a Sua Alteza real o Serenissimo Principe do Brazil por Manuel Tiberio Pedegache Brandão Ivo. Lisboa: Regia Officina Typografica, 1791, t. I, p. 39-40 *apud* COSTA, *Insubmissão*, op. cit., p. 260.

Apelo às isenções e privilégios, ativação de redes clientelares, insubmissão e deserções revelavam um quadro de contradição entre a cultura militar que se pretendia impor e as noções de honra e costume da cultura popular de Antigo Regime. Tentar converter camponeses em soldados, como observou o presidente da Audiência de Charcas, Juan de Pestaña, quando comandou a expedição de desalojo da estacada portuguesa em 1766, constituía não pequeno trabalho, que experimentara ao recrutar a gente de Cochabamba, "uzando de mais industria, que violencia, porque commovidos, disperços, e prófugos aquelles moradores com o natural temor, que tem a guerra, a que de nenhum modo estão acostumados, sobre o horror, que tem concebido ao clima de Mojos, verdadeiramente funesto, só com a minha sagacidade e prudencia, ouverão podido socegar seos alterados animos"; sendo ainda o mais preciso "habelitar, e adestrar a sua torpeza em manejo das armas, e ultimamente de municionar, e equipar a sua desnudez adequadam.te em hum lugar em que alheyos dellas nunca se havião exercitados em outra couza, que em o cultivo das suas terras, e em recolher os frutos, que produzião".[83] Do lado português, era igualmente difícil vencer o horror ao serviço e mandar gente para aquela fronteira, que permaneceu em situação crítica de defesa de 1763 a 1771. Em 1766, informado o governador João Pedro da Câmara de que os espanhóis se preparavam para tomar Mato Grosso e Cuiabá, mandou que desta última fosse uma companhia de soldados "que se juntaraó com violencia e grandes opressoens naó excluindo Mineyros mercadores nem infermos sem respeito a couza alguá partio a Companhia que se compunha de cento e cincoenta homens pelo Rio".[84] Notícias de movimentações castelhanas foram ventiladas também em 1771: o governador requisitou a Cuiabá o envio de 300 milicianos pelo rio e 80 a cavalo, e a câmara registrou que, para evitar que os oficiais obrassem "injustiças mandando talves quem não deverão, e escuzando os que erão capazes", as listas mencionavam exatamente quem deveria marchar. Os moradores foram aos "últimos extremos no sentimento" quando chegou nova ordem para que o resto das milícias seguisse por terra: "hião vendo perdido tudo, quanto possuião, e deixavão, os que ficavão, temendose de algum levante dos negros".[85] Colonos fronteiriços, convertidos em soldados e oficiais, esperavam que privilégios corporativos e isenções fossem reconhecidos e que seus bens fossem preservados, mas as condições de trabalho e os recursos absorvidos

---

83 BPMP, Cód. 464, f. 38-48v. "Cópia da carta, que escreveo de Santa Cruz de la Sierra ao Vice Rey de Lima o gen.al da expedição D. João de Pestanha dando a razão porque não havia desalojado a os portuguezes da estacada de S. Roza, de que he fazia cargo o mesmo Vice Rey, pela conta, que contra ella derão D. Antonio Aymenrich, e outros officiaes do exercito", Santa Cruz de la Sierra, 23 abr. 1767, f. 39v.

84 SÁ, José Barbosa de. "Relaçaó das povoaçoens do Cuyabá e Mato groso de seos principios thé os prezentes tempos", 18 ago. 1775. *ABN*, Rio de Janeiro, v. 23, 1904, p. 53.

85 Pouco depois, veio a ordem para desfazer as tropas, confirmado que não havia movimentos nos domínios de Castela (*ASCC*, p. 98-99; AHU, MT, cx. 15, d. 924. Luiz Pinto de Souza a Martinho de Melo e Castro, Vila Bela, 15 abr. 1771).

nos serviços de defesa podiam romper compromissos e lealdades, e motivar deserções e outras manifestações de insatisfação.

Padrões de deserção

A manutenção dos moradores na vida urbana e militar preconizada por administradores ilustrados dependia do estrito controle, pelo Estado, dos fluxos de pessoas. Atento aos novos regulamentos, o governador de São Paulo fez constar, em bando de agosto de 1774, as punições para os desertores: em tempo de guerra, a pena de morte; e no de paz, seis anos de trabalhos em fortificações.[86] Outro bando determinava que os familiares dos desertores permanecessem presos, e que os oficiais de milícias, ordenanças e justiça não consentissem em seus distritos pessoa alguma de fora deles, sem que mostrassem a devida licença.[87] Do mesmo modo, em Mato Grosso, por um bando de 25 de abril de 1769, o governador Luiz Pinto de Souza reforçava as penas "contra os que na capitania dessem asilo aos desertores e facinorosos, contras as leis e ordens de Sua Majestade".[88] Realmente, ainda que as punições contra desertores ou quem os acoitassem se tornassem mais rígidas nas últimas décadas do século, boa parte das pessoas respondia à crescente militarização com manifestações contundentes de sua aversão à vida militar.

As guerras de 1763 e 1766 foram cenários propícios para que os setores populares, recrutados para o serviço da fronteira, expressassem seu "horror ao nome de soldado".[89] Embora fossem oferecidas, como já se viu, oportunidades para que pessoas principais, na medida em que demonstrassem seu empenho no Real Serviço, requeressem posteriormente à Coroa as mercês que as remunerassem simbólica e materialmente, à maioria dos colonos o cotidiano da guerra se revelou como falta de soldo e comida, epidemias, abandono de suas casas e uma miríade de ocasiões em que se via atingida a honra, a exemplo dos castigos e dos problemas que a confusão de jurisdições gerava.[90]

---

86 "Bando em que se declaram os castigos impostos aos soldados dezertores", governador Luiz Antonio de Souza, São Paulo, 31 ago. 1774. *DI*, v. 33, p. 165.

87 "Bando contra os dezertores e seus auxiliares", governador Luiz Antonio de Souza, São Paulo, 10 jan. 1775, p. 183. *DI*, v. 33, p. 183-86.

88 *AVB*, p. 133. O governador considerava conveniente "q.' nesta capitania se establessa o mesmo methodo, que nesse Reino se acha praticando, a respeito da forma com q.' se devem fazer as recluctas [...] [e] se prohibem as dezerçoins, e se preservem as penas, com q.' devem ser punidos, quais quer pessoas, ainda que eclesiásticos, que se atreverem a dar azilo aos dezertores". Entendia ainda que, em Mato Grosso, como em outras partes do Brasil, "se nam faz m.to escrúpulo (segundo me consta) de se cometerem francam.te semilhantes abuzos e prepotencias" (AHU, MT, cx. 14, d. 840. Luiz Pinto de Souza a Francisco Xavier de Mendonça Furtado, Vila Bela, 1 mar. 1769).

89 A expressão era bastante usada pelo governador de São Paulo para caracterizar o sentimento popular sobre o assunto (AHU, SP, cx. 23, d. 2237. Morgado de Mateus ao Conde de Oeiras, Vila de Santos, 2 ago. 1765).

90 Na opinião de Block, aliás, esses teriam sido os fatores que concorreram mais poderosamente para o fracasso das duas expedições espanholas, e não tanto as incertezas diplomáticas sobre os acordos de paz entre as Cortes (BLOCK, David. *In search of El Dorado*: Spanish entry into Moxos, a tropical frontier, 1550-1767. 1980. Dissertação (Ph.D.) – The University of Texas, Austin, 1980, p. 325-26).

Para a expedição de 1763, dos mil homens solicitados, o governador de Santa Cruz de la Sierra obteve 600, 180 deles sem armas. Não fora possível sacar mais gente de seus partidos, segundo alegou a Audiência de Charcas, porque podiam ficar descobertos "por qualquier irrupción del Barbaro Chiriguano, el cual con todas las precauciones que usé no dejó de intentar hostilizarla".[91] Ademais, dos 600 homens, uns 75 desertaram e 193 caíram doentes ainda nos princípios do conflito com os portugueses no rio Guaporé.[92] Há que acrescentar ainda 65 mortos e 42 desertores, sendo 36 da Companhia de Samaipata.[93] Também a segunda expedição espanhola foi marcada por contínuas deserções, tanto de brancos como de índios. Em carta de 21 de maio de 1766, o presidente da Audiência de Charcas, Juan de Pestaña, que comandava a expedição, noticiava que as tropas contavam com 1.200 homens, inclusos oficiais, condutores de mulas e criados, aos quais se agregaram mais 200 vindos de Chuquisaca e Samaipata. Dava conta da sublevação do batalhão de Cochabamba, em abril daquele ano, depois de sair de certa estância chamada Havana, em direção a Santa Cruz, tendo-se amotinado a primeira e terceira companhias, "tirando a ganar la sierra immediata, practicando lo mismo muchos soldados de las demás, a excepción de la de Granaderos". O governador tomou suas providências e conseguiu trazer 13 pessoas presas, as quais foram conduzidas ao capelão para confessarem-se antes de receber a pena capital. Mas, nas confissões, "denunciaron contextes, que el cabo de escuadra Asensio Claroes era caveza de la sublevación por aver inducido a todo el Batallón, con el pretexto de que avían llegado cartas de Paz, a que sobre la marcha practicase la fuga". Esse depoimento revela a incerteza que pairava sobre se a expedição realmente atendia às ordens da Coroa, de cuja guerra com Portugal tampouco havia informação fidedigna se já não terminara, circunstância tanto mais importante porque vassalos leais não eram obrigados a servir em uma guerra que não fora ordenada pelo monarca. Após o que o referido Asensio Claroes, unanimemente acusado, recebeu a morte na forca e os soldados desertores o perdão "por varias justas consideraciones". Temendo nova sublevação, o governador solicitou 50 negros armados ao padre estancieiro da fazenda jesuítica de Challuani, "pues de lo contrario quedaria expuesto a outra igual, o maior desgracia". Embora vigiassem as tropas pela retaguarda, não puderam evitar que se sublevassem 40 milicianos vallegrandinos e 150 índios do *pueblo* de Porango. Dos desertores apenas três foram apanhados.[94]

O fracasso dessas duas expedições teve efeitos duradouros na geopolítica das regiões centrais da América do Sul. Os projetos de criar vilas de espanhóis naquelas terras baixas terão fracassado, e a disposição do *Consejo de Indias* para animar uma nova e decisiva expedição jamais

---

91 AGI, Buenos Aires, 538. Alonso Berdugo ao rei, San Lorenzo, 22 dez. 1763.

92 AGI, Lima, 1054. Alonso Berlugo a Julián de Arriaga, [Santa Cruz de la Sierra] 22 dez. 1763; AGI, Charcas, 437a. "Auto de voto consultivo de Su Ex.a", f. 53-54: "Relación de muertos, y enfermos por compañías", 16 set. 1763.

93 AGI, Charcas, 437a. "Auto de voto consultivo de Su Ex.a", f. 53-54. "Relación de muertos, y enfermos por compañías", 16 set. 1763.

94 AGI, Buenos Aires, 539. Carta do presidente da Audiência de Charcas, Juan de Pestaña, ao governador de Tucumán, Juan Manoel Campero, Santa Cruz de la Sierra, 21 maio 1766.

encontrará eco na lealdade daqueles vassalos. Já em carta de junho de 1768, o rei, inteirado do novo fracasso, considerava louvável a iniciativa do bispo de Santa Cruz de la Sierra, que fazia

> recordar a todos sus feligreses (que estaban muy amedrentados por la distancia, fragosos caminos, y contrario temple, que avían de experimentar) la estrecha obligación que tenían de obedecer las órdenes de su superior, y de acompañarle [...] considerándose precisa la apertura de un camino por donde fuese fácil la conducción de la tropa, y pertrechos desde Cochabamba, y Misque a los Moxos.[95]

Já em carta datada de dezembro de 1767, o presidente da Audiência, Juan Victorino Martinez de Tineo, desenganava os planos do monarca, sublinhando que mesmo a proposta de fortificar as juntas dos rios Itenes e Mamoré, para o que previa soldo, ração e revezamento a cada seis meses, se via impraticável, "por lo insano de aquellos Países, pereció al rigor de las enfermedades la maior parte del pequeño exercito que formó el Brigadier D.n Juan de Pestaña para el malogrado desalojo, desertando de ellos casi el resto que se le quedó". E concluía que as vilas constituíram "tan pánico terror a aquellas camp.as que miro caso negado buelban a ellas ni aun forsados".[96] Nesse sentido, à resistência popular ao destacamento para a fronteira do Mato Grosso, segundo o presidente da Audiência de Charcas, não havia resposta da Coroa, por força ou mercê, que a pudesse dissuadir.

O próprio *Consejo de Indias*, ao que se depreende por um relatório que fizeram elaborar com o título "Preguntas sobre el expediente de Mojos", estava bem informado, ainda que com números provavelmente distorcidos, de que após o fracasso das duas expedições seria difícil estimular espanhóis a voltar, como colonos ou presidiários, ao vale do rio Guaporé. Como informava o fiscal, "el total de la tropa fue 2.500 hombres de que queradon 800 porque la demás murió al rigor de lo insano del Pais" – número naturalmente astronômico, que só por existir dá ideia da imagem negativa que restou daquele lugar. O presidente da Audiência, ao que se soube, foi obrigado a retirar as três companhias, "por la rebeldad con que podían volver a la defensa", quedando-se sem meios para cobrir as 400 léguas de limites entre Mojos, Chiquitos e Mato Grosso. Ele informou ao *Consejo de Indias* "que el ningún fruto de las dos expediciones, y el terror infundido en aquellas gentes, le hacían presumir nunca se verificaría el desalojo, a menos que no fuese con tropa europea, ô por amigables convenios de las dos Cortes, que deseaba quanto antes por el riesgo de sublevarse los Yndios llevados de su docilidad, dadibas y ventajosas ofertas de los Portugueses". Os únicos milicianos com que se poderia contar para alguma coisa eram os de Santa Cruz, porque, segundo o mesmo ministro, "los demás se han

---

95 AGI, Charcas, 503. Real Cédula ao vice-rei do Peru, 10 jun. 1768.
96 AGI, Charcas, 437a. Juan Victorino Martinez de Tineo, presidente interino da Audiência de Charcas, ao rei, Plata, 7 dez. 1767, f. 3v-4.

acobardado de lo pasado, de tal suerte que al formar el Batallón de Milicias de la Ciudad de la Plata de ord.n de S. M. y del Virrey, desertaron a los Montes abandonando sus familias, creyendo era para nueva expedición de Mojos".[97]

Entre os portugueses, a mesma guerra produziu várias deserções, impulsionadas pela falta de soldos e alimentação ou agravos à honra pessoal. Em depoimento às autoridades espanholas, os Pedestres que fugiram do forte Conceição em 1768 afirmaram que foram motivados pelos atrasos nos soldos e cobrança por serviços médicos.[98] João de Pinho de Azevedo, natural de Cuiabá, disse que desertou aos domínios de Castela por "careser de alimentos, estar mal pagado y ser mucha la fatiga del trabajo y continuas las enfermedades"; Simão Gomes de Carvalho lembrou que "la comida era escasísima y la paga ninguna después de onse meses que bino del Pará a la estacada siéndolo peor el inmenso trabajo e intemperie del lugar"; e Bento Álvares Pereira, também natural do Pará, enfatizou ser certo que "la tropa esta mui desasonada con el gobernador por no pagarles sus sueldos de un año, ser corta la rasión y el trabajo mucho".[99]

Desprovidos de soldos, era bem provável que desertassem, quanto mais se tinham acumulado dívidas, sendo esse o caso de certo soldado chamado João Soares da Costa, que servia como diretor do aldeamento indígena do Lugar de Lamego. Os índios apareceram no Forte Príncipe em março de 1776, e contaram que o desertor passara ao rio Baures "dizendo que hia caçar, e que levara comsigo huma India chamada Anna Mequem assistente no destrito desta Fortaleza com a qual andava concubinado a bastantes annos". O comandante mandou revistar a casa da dita Mequem e se lhe não achou mais que uns trastes velhos. Ao que parece, João Soares da Costa levara consigo alguns índios que, aproveitando-se de um momento de descuido, retornaram para o lado português. Eles contaram que quando chegou à missão de San Joaquín, o desertor se casou com a índia Mequem, e de lá se passou à missão da Concepción, "aonde se achão também os pedestres que desertarão das Pedras": "O motivo de desertar este soldado creio que foi estar cheio de calotes sem esperança de os poder pagar e de ninguém lhe fiar mais nada; havendo aqui outros mais que lhes vejo geitos de tomarem o mesmo caminho, sendo dificultozo remedialo, porque pedem alguns dias de licença, e quando se dá pela falta, já estão fartos de estar em Castella".[100]

A cobrança por serviços médicos, praticada na fortificação portuguesa, parecia tanto mais aviltante porque os soldos atrasavam anos seguidos: "al que declara", constava em seu depoimento em Loreto o desertor pedestre Francisco Campos em 1768, "le deven dos años de sueldo

---

97 AGI, Buenos Aires, 539. "Preguntas sobre el expediente de Mojos": relatório dos fiscais do *Consejo de Indias*, Madri [c. 1769], f. 3, 4.

98 AGI, Lima, 1054. "Auto" com os depoimentos dos desertores portugueses de Mato Grosso, Plata, 21 jun. 1769, f. 9-9v: Depoimento de cinco negros desertores da estacada portuguesa, Domingo Sequiado, Joaquim Xavier, Pedro Mundo, Feliz Sequiado e Antonio Pumbleo, missão de Magdalena de Mojos, 28 ago. 1768.

99 AGI, Charcas, 437a, "Interrogatorio, declaraciones, y auto", Plata, 7 dez. 1767: Depoimentos dos desertores da estacada portuguesa João de Pinho de Azevedo, Simão Gomes de Carvalho e Bento Álvares Pereira.

100 APMT, Defesa, 1776, 192. José Manuel Cardoso da Cunha a Luiz de Albuquerque, Forte Príncipe da Beira, 6 mar. 1776.

y por estos motivos y el de quando enferman que hacen paguen las medicinas intentaron en común levantarse o amotinarse contra el dicho governador".[101]

A confusão de jurisdições entre os oficiais que serviam nos fortes podia gerar agravos à honra e à estima esperadas. Assim, em 1790, o alferes da Companhia de Pedestres Joaquim de Souza Pereira reclamava ao governador das intromissões do comandante do forte em suas atribuições quanto à punição de soldados:

> A 20 de setembro passado forão castigados tres soldados pedestres com trinta pancadas de Espada de pranxa cada hum, hindo o mesmo comm.e a frente da parada mandar executar o dito castigo, sem eu ser ouvido em couza alguma, pois me pertencia ser q.m fizesse executar esta ação, e até foi avisado pelo comm.e hum anspensada da mesma comp.a p.a fazer aquele castigo, com este exemplo desconhecerão os mais soldados a subordinação que me devem [...] servindo eu vexado, e viver desgostozo por se me tirar o meu direito.[102]

A esse oficial o governo não terá podido descontentar, tanto mais porque era uma das pessoas que coordenavam o contrabando em Castela,[103] não sendo surpreendente que o governador terá proposto seu nome para ser promovido a tenente da mesma Companhia.[104]

À tentativa de reparar os danos na honra pessoal não era atípico seguir-se a fuga por longas distâncias, que podia terminar em terras do império rival. Como deu conta o cura de San Pedro de Mojos em julho de 1728, chegara à missão de Exaltación "un mozo hijo del Pará llamado Luis de Fonseca Barbosa, que andava fujitivo por no se que trabesura de su poca edad". Ele trouxera consigo alguns poucos índios "cristãos" dos aldeamentos portugueses e uns índios ribeirinhos que encontrara no caminho. "El delito que lo obligó a la fuga que él dice no fue otro que haver tenido un disgusto y perdido el respeto a un cabo de la esquadra en q.' servia", escreveu o missionário.[105] O próprio Luis de Fonseca Barbosa o confirmou em depoimento aos ministros espanhóis da vila de San Lorenzo, tendo explicado que era filho de um comerciante do Pará, e que "fue huyendo de la justicia por haver cometido delicto de sacar la espada con un

---

101 AGI, Lima, 1054. "Auto" com os depoimentos dos desertores portugueses de Mato Grosso, Plata, 21 jun. 1769, f. 2: Depoimento do soldado pedestre português Francisco Campos, Loreto, 15 abr. 1768.

102 APMT, Defesa, 1790 A, 1107. Joaquim de Souza Pereira a João de Albuquerque, Forte Príncipe, 5 nov. 1790.

103 AHN, Estado, 4436, n. 2. Caderno de "autos", f. 13v-14: Joaquim de Souza Pereira a Antonio Antelo de la Vega, Forte Príncipe, 13 nov. 1789.

104 AHU, MT, cx. 30, d. 1674. João de Albuquerque a Martinho de Melo e Castro, Vila Bela, 10 set. 1793.

105 AGI, Quito, 158. "Testimonio de lo actuado con el motivo de la llegada de Luis de Fonseca Barbosa a las misiones de Mojos, habiendo salido de la costa del Brazil, y de la ciudad del Pará por el Río Marañón", San Lorenzo, 28 nov. 1728, f. 1-IV: Carta de Diego Ignacio Fernandes ao governador de Santa Cruz de la Sierra, Antonio de Argomosa Zeballos, San Pedro, 10 jul. 1728.

ministro de la guerra en una pendencia".[106] Admitido nos domínios espanhóis, ele passou a Cochabamba em 1731, e ali encontrou a Antonio Sardan, tenente da vila de Oruro, um tipo que se dizia governador das terras de Gran Paititi, suposto *El Dorado* cuja localização precisa lhe escapava. Ambos tiveram a ideia de enviar um projeto de conquista dessas terras, devidamente acompanhado de um mapa, ao rei de Espanha.[107]

Não eram incomuns, de todo modo, deserções entre os que entendessem que a administração portuguesa não correspondia a seus projetos e merecimentos. Em 1735, Francisco Esteves de Serbera, desertor português, conseguiu que, pelas mãos do ministro José Patiño, chegasse ao *Consejo de Indias* seu requerimento. Ele afirmava que despendera cabedal e esforços na descoberta das minas de Goiás e conquista do gentio daquelas paragens, de onde passara aos domínios espanhóis. Apresentava-se como sujeito com "larga experiencia", tendo "obserbado muchos parajes en que con zierta probabilidad se pueden descubrir minas de oro, y diamantes, en tierras pertenecientes a V. M. por ser en las Yndias de Hespaña", e assim mesmo era conhecedor do "modo de gobernar las Banderas que se necesitan p.a esta Conquista y para que se puedan mantener solo con los frutos que producen los Mattos de aquellos certones, o cerros, para no hazer dispendio a la R.l Hazienda". Elaborara um projeto de caminho de São Paulo a Goiás, mas vendo que o governador daquela capitania "nunca informaria a favor de d.ho camino nuevo", e reconhecendo que essas minas ficavam em território espanhol, decidiu oferecer um mapa e um projeto de conquista a Sua Majestade Católica.[108] O secretário José de la Quintana fez alguns reparos e objeções ao mapa apresentado por Francisco Esteves,[109] cujo

---

106 AGI, Quito, 158. "Testimonio de lo actuado con el motivo de la llegada de Luis de Fonseca Barbosa a las misiones de Mojos, habiendo salido de la costa del Brazil, y de la ciudad del Pará por el Río Marañón", San Lorenzo, 28 nov. 1728, f. 3: "Declaración" de Luis de Fonseca Barbosa, San Lorenzo, 30 nov. 1728.

107 AGI, Charcas, 238. Cartas de Antonio Sardan, *teniente del rey* da vila de Oruro, ao rei, Cochabamba, 10 ago. 1735 e 10 set. 1735. Curioso e anacrônico, o memorial que Sardan enviou ao *Consejo de Indias* referia que o desertor português, quando atravessava o rio Madeira, fora abordado por uns índios bárbaros que "le dijeran que fuesse con ellos al Gran Paititi, que allá lo estimaría mucho su Rey Ynga, y que como benia, tan descarriado, y sin tener providencia suficiente, no se animó a ello sino solo procuró venir a buscar cristianos a los Moxos". Gran Paititi era descrito como uma cidade ricamente adornada em ouro, ruas repletas de lojas e artesãos, "arcos grandes todos colgados de figuras y animales de oro". Naturalmente, o requerimento não obteve o menor crédito, mas ainda em 1753 esse Antonio Sardan seguia solicitando a mercê do governo de Gran Paititi e Santa Cruz de la Sierra. Ver vários requerimentos em: AGI, Charcas, 238. Sobre a influência das crenças míticas na colonização do oriente boliviano, ver o bem documentado: GARCÍA RECIO, José María. *Análisis de una sociedad de frontera*: Santa Cruz de la Sierra en los siglos XVI y XVII. Sevilha: Diputación Provincial de Sevilla, 1988, p. 21-78.

108 AGI, Buenos Aires, 302. Requerimento de Francisco Esteves de Serbera, apresentado ao ministro Jose Patiño em jan. 1736. No mesmo *legajo*, carta de Carlos de los Ríos, governador do Paraguai, datada de Tuy, 13 abr. 1736, enviada a José Patiño, em que avisava que Francisco Esteves seguia com a mesma carta da América para o Reino, e que levava consigo o mapa que confeccionara traduzido para o espanhol.

109 AGI, Buenos Aires, 302. Parecer do Marques de Torrenueva sobre o plano e o mapa de Francisco Esteves de Serbera, Madri, 5 set. 1738.

projeto nunca terá ido adiante, não sendo o caso de omitir que, de resto, já em agosto de 1736 ele servia a soldo nos *Reales Ejercitos* de Buenos Aires, a que foi incorporado.[110]

Outra forma muito comum de deserção era a que ocorria quando havia os recrutamentos de colonos para serem transmigrados a vilas ou presídios novamente criados, em geral, nas raias menos atrativas de vizinhança com o inimigo bárbaro ou estrangeiro. A resistência popular se manifestou antes mesmo de ser construída Villa Real de la Concepción, tendo os primeiros moradores se amotinado quando foram propostas as paragens mais setentrionais, a exemplo de Fecho dos Morros. O governador foi obrigado a ceder e a instalar a vila nas margens do rio Ipané.[111] Mesmo assim, o recrutamento de moradores para essa vila militarizada e exposta aos inimigos seguiu dependendo da força. Em 1793, o governador Joaquín de Alós deu conta ao *Consejo de Indias* de seu empenho em enviar "vadios" de toda a província para Concepción,

> considerable número de familias, que vivían ociosas y sin tierras en los valles, repartiéndoles las necesarias: con lo que han salido de la miseria los nuevos pobladores, y aquel establecimiento se ha adelantado, cesando la necesidad de embiarle destacamentos para defenderlos de los Yndios Cubayas [sic], con los quales y otras naciones ha afianzado la paz.[112]

Esses recrutamentos não deixavam de ser violentos, segundo um memorial enviado ao rei pelo *cabildo* de Assunção, em que criticava duramente os procedimentos do governador Pinedo nessa matéria:

> sucede, q.e patentizó su mala conducta, pues con el mayor rigor dio principio a remitir gentes a d.ha población, violentándolos, y arrancándolos de sus cituaciones, y vecindades, con no visto estrepito, prendiendo a los que recusaban trasladarse, y remetiendo las mujeres de los que temerosos habían desertado.

Diante dos excessos dos comissionados do governador, que desterravam essa gente para a fronteira, não foram poucos os que, à notícia de sua chegada, seguiam o exemplo de quase 300 famílias que desertaram para a província de Corrientes: "Los que asi no lo han executado,

---

110 *Ibidem*.

111 É Azara quem refere que o governador Agustín de Pinedo, mais audaz que qualquer outro, diposto a dar cumprimento à Real Cédula de 15 de setembro de 1772, a qual estimulava a abertura do caminho entre o Paraguai e Chiquitos, reuniu gentes e embarcações e dirigiu a expedição cujo objetivo era fundar um forte onde os portugueses puseram depois Coimbra e Albuquerque. Terá sido tão "pertinaz y obstinada la oposición que lo hizo este Cabildo" que o obrigaram a ficar muito mais ao sul (AHN, Estado, 4611, n. 6. Félix de Azara ao vice-rei Nicolás de Arredondo, Assunção, 13 out. 1790, f. 2).

112 AGI, Buenos Aires, 19. Minutas de duas cartas do governador do Paraguai, Joaquín de Alós, ao rei, Assunção, 19 jan. 1793 e 19 fev. 1794, f. 4.

se han refugiado en los espezosos montes, desamparando sus casas, y cortos vienes, que los comisionados a discreción arrean con ellos, como se vio en la última remesa de gentes, que practicó vro. Gov.r en el mes pasado".[113] Houve quem, tendo-lhe tocado a hora de marchar para o destacamento de Concepción, onde o serviço era geralmente mais longo e penoso que em outros presídios, reclamasse privilégios de isenção, como certo José Gregório Leon, que alegou ter sido eleito pelo *cabildo* do partido de Tebiquari como segundo *alcalde de la S.ta Hermandad*, "en cuyo caso sin previa licencia no puedo desampararla, pues es caso de residencia".[114] Além de ter sido duramente repreendido pelo governador e obrigado a obedecer à ordem de marchar à fronteira, foi-lhe retirada a vara de *alcalde*, "haciendo entender su obligación y la crasa ignorancia con que ha procedido".[115]

Acreditava-se que o recrutamento destruía as propriedades, em defesa das quais era realizado. A primeira reação dos moradores de Cuiabá quando da chegada de Joaquim José Ferreira em 1790, com ordens para recrutar a guarnição de reforço de Coimbra, foi a fuga para o mato: a instâncias do mestre de campo alguns retornaram, mas não vieram "senão pessoas empregadas no negocio, em Lavraz, Engenhos, e alguns mizeraveis, que por moléstias e idade se achavão incapazes para a importante Expedição". Note-se que a fuga foi uma reação geral, especialmente *daqueles que tinham propriedades*. Tanto assim que os que foram recrutados eram pessoas que sequer possuíam recursos para vestir-se: "os auxiliares mesmo, quase todos estão descalsos e nus".[116] Durante os preparativos para a expedição ao Fecho dos Morros em 1775, Cuiabá foi palco, nas palavras do mestre de campo, de "grad.es motins e alvoroços, q' tem havido na feitura dos sold.os Dragoens, e Pedestres"; não havia remédio senão "hirem debaixo de prizão", nada mais porque "alguns moradores deste destrito ficassem resabiados, e com o designio de quererem partir p.a a capital de Goyaz, exceptuando outros q' se costumam refugiar no mato". Em 26 de maio, ele teve notícias da Chapada de que se estava aprontando "hua malloca de alguns brancos, bastardos, e caburés, p.a fugirem". Prontamente expediu ordens ao capitão-mor do lugar de Guimarães para que averiguasse a notícia e conduzisse os desertores presos à cadeia de Cuiabá.[117] A expedição saiu em julho sem que se pudesse completar o número de 180 pessoas, "por terem desertado m.tos para Goyás, Paraguai, Fazenda de Leonardo de Mello, atualmente metidos no mato".[118]

---

113 AGI, Buenos Aires, 48. "Extenso memorial del Cabildo de Asunción conteniendo acusaciones contra el gobernador Don Agustín de Pinedo y datos interesantes acerca de una población de españoles río arriba del Paraguay, a cuya obra contribuyeron los vecinos", 29 maio 1776, f. 3, 4-4v.

114 ANA, SH, v. 171, n. 9. "José Gregório de León es notificado a trasladarse en la Villa Concepción. Su protesta", Assunção, 11 jan. 1797.

115 ANA, SH, v. 171, n. 9. Governador Lazaro de Ribera ao *Cabildo, Justicia y Regimiento* de Assunção, 13 jan. 1797.

116 APMT, Defesa, 1790 A, 1065. Joaquim José Ferreira a João de Albuquerque, Cuiabá, 30 nov. 1790.

117 APMT, Defesa, 1775, 151. Antonio José Pinto de Figueiredo a Luiz de Albuquerque, Cuiabá, 31 maio 1775.

118 APMT, Defesa, 1775 a, 156. Antonio José Pinto de Figueiredo a Luiz de Albuquerque, Cuiabá, 29 jul. 1775.

A resistência popular à condição de "presidiários" foi particularmente expressiva quando da tomada, pelos espanhóis, do forte de Iguatemi, em 1777. Esse presídio, fundado pelo Morgado de Mateus, capitulou ante as tropas do governador do Paraguai, Agustín de Pinedo, a 27 de outubro de 1777.[119] O número de pessoas que ali existiam, é certo, estava bastante reduzido: oito companhias, cinco subalternos, 11 sargentos, seis tambores, 12 cabos e 236 soldados, aos quais se deve acrescentar suas famílias e escravos.[120] Eles não receberam tratamento "desonroso" do governo espanhol, que se comprometera no termo de capitulação "que da mesma sorte deixará sahir os dous reg.tes e mais off.es con todo seu trem e escravos, com aquelas honras aos mesmos devida".[121] Sucede que o vice-rei Pedro de Ceballos, informado da paz na Europa, enviara a ordem para suspender as hostilidades a 3 de setembro, mas o governador Pinedo somente pôde ler a carta quando voltou a Assunção em novembro de 1777.[122] Seja como for, tendo reunido os prisioneiros portugueses para tratar da devolução da praça, foi surpreendido pela recusa desses moradores, soldados e oficiais, que não estavam dispostos a pisar ali novamente. Uns requereram auxílios para retornar a São Paulo, e outros resolveram permanecer nos domínios espanhóis.[123] Segundo apurou Ramón Gutiérrez, 17 dos portugueses que permaneceram no Paraguai prontificaram-se a povoar a nova redução de Remolinos de índios Mocobí no sul da província, fundada em 1776. Essa povoação contava, de início, com 71 espanhóis do Paraguai.[124]

Os desertores eram uma poderosa fonte de informação sobre a situação do império rival. Disso estava convencido o comandante do Forte Príncipe, como demonstrou no início de 1787, confirmada a deserção de certo José Miguel, havido por "morador o mais vicioso, redículo, e de máos costumes que aqui havia". Ele desertara em companhia de uma mulher casada e seu filho (para desgosto do marido, que também era morador no forte) e de dois escravos que se

---

119 AGI, Buenos Aires, 543. "Capitulaçoens que fazem o M. R. P.e Vigario Antonio Ramos Barbas e o Tenente Jeronimo da Costa Tavares, regentes da praça de Igatimi, com o ex.mo s.nr D. Agos.o Fern.do de Penedo, gn.al da cid.e de Paraguae p.a haver de se lhe fazer entrega da referida praça debaixo das clauzulas e condisoens seq.tes", Iguatemi, 27 out. 1777.

120 AGI, Buenos Aires, 543. "Tropa arreglada que se hallava de Guarnición en la plaza de Ygatimi, a su toma y rendición el 27 de octubre", Assunção, 5 dez. 1777.

121 AGI, Buenos Aires, 543. "Capitulaçoens que fazem o M. R. P.e Vigario Antonio Ramos Barbas e o Tenente Jeronimo da Costa Tavares, regentes da praça de Igatimi, com o ex.mo s.nr D. Agos.o Fern.do de Penedo, gn.al da cid.e de Paraguae [...]", Iguatemi, 27 out. 1777.

122 AGI, Buenos Aires, 543. Agustín de Pinedo a Pedro de Ceballos, Assunção, 4 dez. 1777, em que refere ter recebido ao chegar à capital, dia 12 de novembro de 1777, a carta fechada em Santa Tereza, 3 de setembro de 1777, na qual constava a convenção das duas majestades de 11 de junho de 1777, e a ordem para suspensão das hostilidades; AGI, Buenos Aires, 543. Pedro de Ceballos a José de Gálvez, Buenos Aires, 28 nov. 1777, sobre não ter sido possível, devido às largas distâncias, fazer chegar ao governador do Paraguai a ordem para que não atacasse o forte do Iguatemi.

123 AGI, Buenos Aires, 543. Agustín de Pinedo a Pedro de Ceballos, Assunção, 23 dez. 1777.

124 GUTIÉRREZ, Ramón. *Evolución urbanística y arquitectónica del Paraguay*: 1537-1911. 2ª. ed. Assunção: Comuneros, 1983, p. 366.

animaram em acompanhá-los. Temendo "a meledicencia da malvada lingua do dito José Miguel", que podia informar aos espanhóis sobre questões estratégias, o comandante do Forte Príncipe enviou Francisco Rodrigues do Prado às missões de Mojos, não tanto na esperança de prender os desertores, mas sobretudo para atenuar "quaesquer noticias que eles podessem dar destes estabelecimentos aos espanhóis", levando consigo ainda uma cordial carta ao administrador Bernardo de Ribera, que reforçava as obrigações de boa correspondência entre os dois impérios.[125] Os desertores portugueses da guerra de 1766 forneceram vários informes à Audiência de Charcas sobre o número de gente que havia na estacada; os reforços que chegavam do Pará; a insatisfação da tropa com atraso de dois anos nos soldos; as melhorias em obras de pedra na fortaleza, aumento das lavouras e de engenhos.[126] Também do forte Coimbra passavam desertores, escravos e livres, aos domínios de Castela, e os que fugiram em 1801 reclamaram do excessivo trabalho e de não ter qualquer possibilidade de ganhos para si. Um português, Marcos Lopes, referiu que servira dez anos sem qualquer remuneração. O escravo Joaquim Faria, natural da Costa da Guiné, contou que os portugueses reforçavam o forte e que ouviu notícia sobre compra de itens que os Guaykuru roubavam no Paraguai. O mesmo confirmou o próprio Marcos Lopes: "los indios Mbayas que viven cerca del Presidio de Miranda roban segun han oydo decir de nuestros campos ganados mayores, y caballos, habiendo oydo decir que esto lo hacen con frecuencia, y que estas haciendas las meten y canyan en el mismo Presidio".[127] Os que desertavam por afetados em sua honra pessoal, devido a castigos ou brigas, podiam ter motivos a mais para revelar o que se passava do outro lado: assim, foi graças ao licenciado em teologia Antonio Casemiro Vianna, que "à força de pesos fortes comprou tudo" e refugiou-se em Mato Grosso, após ter sido acusado de um homicídio em Concepción, que os portugueses tiveram um informe claro sobre a expedição enviada pelo governo do Paraguai ao norte do rio Mbotetei.[128]

---

125 APMT, Defesa, 1787, Lata A, 882. José Pinheiro de Lacerda a Luiz de Albuquerque, Forte Príncipe, 3 fev. 1787; APMT, Defesa, 1787, Lata A, 881. José Pinheiro de Lacerda a Bernardo de Ribera, Forte Príncipe, 21 jan. 1787. O comandante tinha toda a razão em se preocupar: o referido soldado revelou às autoridades espanholas o estado da artilharia e rondas do forte e contou detalhes sobre como os portugueses faziam contrabando e roubavam gado das missões (AHN, Estado, 4436, n. 8. "Auto" com o depoimento do soldado desertor português José Miguel Sosa, San Pedro, 16 nov. 1787, f. 2-4).

126 AGI, Charcas, 437a. "Interrogatorio, declaraciones, y auto", La Plata, 7 dez. 1767. Da mesma forma, o governador português esteve informado, e de antemão, de cada passo dado pelos espanhóis no Guaporé, graças aos informes dos desertores (IEB, Yan de Almeida Prado, cód. 30. "Noticias pertencentes a comunicação do Mato Grosso com o Estado do Maranhão. Anno 1748", f. 22-23v: João Pedro da Câmara a Francisco Pereira Guimarães, Forte Conceição, 26 out. 1766).

127 ANA, CRB, n. 76. Depoimento de três negros desertores do forte Coimbra, que fugiram em canoa dos índios Guaykuru, Assunção, 1 mar. 1803.

128 AHU, MT, cx. 33, d. 1759. Caetano Pinto de Miranda Montenegro a Rodrigo de Souza Coutinho, Vila Bela, 21 ago. 1797; "Notícias de trez Expediçoes feitas pelos Espanhoes da Provincia d'Assumpção do Paraguai contra os Indios Uaicurûz, dadas estas noticias por D. Antonio Casemiro Vianna, natural da mesma Provincia", Vila Bela, 17 ago. 1797.

Era difícil, no entanto, distinguir onde terminava o desertor e onde começava o espião. Em junho de 1775, o suposto desertor português Florencio Domingues, que havia passado do presídio de Iguatemi à vila espanhola de Curuguaty, retornou furtivamente aos domínios portugueses. Em seguida, por interposição do comandante daquela praça, José Custódio de Sá e Faria, solicitou às autoridades espanholas que permitissem o retorno ao Iguatemi de seus filhos pequenos, que permaneceram em Curuguaty. O comandante português desculpava-se dos procedimentos de Florencio Domingues em terras de Espanha, argumentando ser "natural de quien paza a dominio estraño, paresiendole que agradará más, diziendo mal, y para disculparse a si propio tener obrado tan vil acción". Contudo, o governador do Paraguai se negou a devolver as crianças, que permaneciam sob custódia de um paisano espanhol, e acusava Florencio Domingues de não ser mais que um "espia, o esplorador", pois o motivo que alegava para ter retornado ao presídio de Iguatemi era a pobreza que padecia nas terras do Paraguai, "y sin duda [hay] mas abundancia en Ygatimi, expresión verdaderam.te digna de desprecio", concluía.[129]

O perdão aos desertores podia assegurar ao governo a vigência da autoridade e a deferência dos súditos. Em Mato Grosso, as instruções régias de 1758 recomendavam que se os desertores fossem mais de seis, um edital público deveria oferecer-lhes anistia e perdão geral, se se recolhessem em determinado prazo, ficando fora desse benefício os cabeças da sedição, contra os quais o governador devia ser "inexorável no castigo".[130] Lippe questionava as interpretações de juízes e auditores às diretrizes unívocas das leis militares, de modo a abrandar os castigos ou mesmo conceder o perdão. Entretanto, era esse mesmo o fundamento da autoridade do poder régio, e a expectativa da benevolência perante "as manifestações das humanas fraquezas", segundo Dores Costa, "produziria no prevaricador um sentimento de reconhecimento que criaria uma dívida de gratidão que o tornaria mais habilitado a servir o rei e a se mobilizar a seu favor".[131] Esse era provavelmente o sentido da Carta Régia de 17 de dezembro de 1799, que dava prazo de seis meses aos desertores para que retornassem sem ser punidos.[132] Houve considerável deserção entre os moradores de Cuiabá, com receio de que fossem recrutados para colonos da povoação de Albuquerque, ao que o governo procurou fazer uso da benevolência: sem abandonar o plano de apreender todos os casais e ainda os desertores, o mestre de campo

---

129 AGI, Buenos Aires, 540. José Custódio de Sá e Faria ao tenente de governador de Curuguaty, Iguatemi, 11 jun. 1775; Agustín de Pinedo a José Custódio de Sá e Faria, Assunção, 25 jun. 1775.

130 AHU, Cód. 613, f. 23-28v. Carta de Tomé Joaquim da Costa Corte Real a Antonio Rolim de Moura, Nossa Senhora de Belém, 26 ago. 1758, §24. Os governadores reformistas não abandonaram, como lembra Christon Archer, "la política de la zanahoria y el palo". As anistias gerais eram mais frequentes, no entanto, que as penas exemplares de carreira de baquetas ou desterro para as Filipinas (ARCHER, Christon I. *El ejército en el México borbónico*: 1760-1810. México: Fondo de Cultura Económica, 1983, p. 334-46).

131 COSTA, *Insubmissão, op. cit.*, p. 247, 249.

132 Minutada em: AHU, MT, cx. 38, d. 1931. Caetano Pinto de Miranda Montenegro a Rodrigo de Souza Coutinho, Vila Bela, 23 fev. 1801.

dizia ter sido preciso "p.a os dezenganar", e terem para si que ele se havia esquecido, "como andavam volantes pelos matos", publicar uma ordem de que "se podião arranchar pois não pertendia tornar a engajá-los, forão aparecendo alguns com q.m falei e logo fui recebendo algumas outras q.e chegou como de 24 a não ser assim nada fazia".[133]

A falta de soldados para cumprir o tradicional sistema de serviço militar gratuito e rotativo nos presídios da província levava o governo do Paraguai a preferir o apelo à lealdade ao monarca e o recurso à anistia geral, em vez de punições exemplares.[134] Era uma atitude compreensível nesse início do século XIX, quando o benefício da erva, a matrícula do tabaco e a fuga "a los bosques y diversos partidos que hay" eram algumas das opções abertas àqueles a quem lhes tocava o serviço. O governador não pôde ir além de dar garantias aos que retornassem de que "no se les hará extorción alguna", embora lembrasse a tradicional lealdade ao monarca que caracterizava a província, "que desde su conquista se ha mantenido a esfuerzos del valor, lealtad y constancia de sus patricios".[135]

***

O cotidiano da vida nas guarnições revelava até aonde podia chegar a política imperial de transferir os gastos defensivos para os próprios vassalos, que não raro foram obrigados a buscar sua subsistência por si mesmos, já que faltavam soldo, comida e roupa, e os tratamentos de saúde eram dispendiosos. Não foram poucos os que, no limite da coerção, e não vendo atendidas as promessas de honra e estima que animavam esse tipo de serviço, passaram aos domínios da Coroa rival, onde a simples condição de informantes já lhes garantia a admissão e a atenção do governo. As lealdades monárquicas funcionavam como um contrato[136] por meio do qual o monarca se comprometia a zelar pelas propriedades dos vassalos e remunerá-los com justeza por seus serviços, ao passo que dos colonos se requeria a pronta disponibilidade para a defesa da pátria. Pacto cuja assimetria era reforçada pelas exigências militares de uma fronteira com outro império, mas que ainda assim era visto pelos colonos como um pacto, que ao ser

---

133   APMT, Defesa, 1783, Lata A, 615. Antonio José Pinto de Figueiredo, mestre de campo do Cuiabá, a Luiz de Albuquerque, Cuiabá, 14 maio 1783.

134   Os desertores tinham um mês para apresentar-se sem receber punições. Se antes disso fossem capturados, ficavam presos por 15 dias; depois desse prazo, incorriam em pena de 12 anos de serviços compulsórios (ANA, SH, v. 156, n. 1. "Nuevo reglamento militar para los cuerpos de Infantería y Dragones que hacen el servicio en la capital y campaña de la Provincia", governador Joaquín de Alós, Assunção, 1791, f. 13).

135   ANA, SH, v. 204, n. 1-2-3. "Bando del Gobernador Velazco sobre el servicio de la defensa militar contra los indios", Assunção, 15 fev. 1807.

136   ELLIOTT, John Huxtable. *Imperios del mundo Atlántico*: España y Gran Bretaña en América, 1492-1830. Madri: Taurus, 2006, p. 208, 211, 532 *et passim*.

traspassado por funcionários podia engendrar como resposta sua ruptura por parte dos que estivessem dispostos a abandonar povoações ou cruzar fronteiras entre impérios.

Capítulo 12
O abastecimento das guarnições

> Los establecimientos de Borbón y S.n Carlos del Río Apa tan abandonados al N. han duplicado la estención de la Prov.a. No hay cosa más fácil q.e dilatar la dominación, no otra más difícil q.e el conservarla.
>
> Lazaro de Ribera ao vice-rei Pedro Melo de Portugal, Santa Rosa, 24 de janeiro de 1797.[1]

Espanhóis e portugueses procuraram assegurar a posse das áreas liminares com a instalação de fortificações, as quais demandavam, além de gente recrutada para guarnecê-las, o abastecimento regular de mantimentos, armas, uniformes, ferramentas e itens para distribuir entre os grupos indígenas mais ou menos hostis que viviam nos arredores. Tanto do lado espanhol quanto do lado português, os governadores delegavam o abastecimento a assentistas, responsáveis por adquirir os artigos a preços preestabelecidos entre os produtores e fornecer à provedoria da Fazenda Real o necessário à manutenção das guarnições. Entretanto, como geralmente esses recursos não eram suficientes, lançavam sobre todos os moradores cobranças de "donativos voluntários", como eram chamados no Paraguai, ou "derramas" de mantimentos, como se dizia em Mato Grosso. De modo semelhante, ambos os governos emitiam letras em que se comprometiam a restituir os valores requisitados aos colonos, o que faziam com demorados atrasos. Estimulava-se, no entanto, que os colonos fizessem doações voluntárias, motivados por promessas de patentes, honras e mercês feitas pelos governadores. O efeito sobre a vida cotidiana das guarnições era duplo: de um lado, carestia, escassez e péssima qualidade dos itens recebidos (não era raro que alimentos já sem condições de consumo

---

[1] ANA, SH, v. 170, n. 1, f. 51.

chegassem aos fortes); de outro, condicionava soldados e oficiais a certas estratégias para conseguir a subsistência, concretamente: plantio de roças, contrabando com os vizinhos do outro lado da fronteira e intercâmbio com os povos indígenas do entorno.

Nesses territórios de limites ainda não definidos, disputados em avanços e retrocessos de fortificações, não parece de pouco interesse avaliar de que maneira os dois lados em contenda hauriam os recursos necessários para manter suas posições, comparação que, neste caso, é mais adequada em relação à capitania de Mato Grosso e à província do Paraguai, já que pela parte das missões de Mojos e Chiquitos os espanhóis não conseguiram instalar nenhum presídio. A principal semelhança verificada diz respeito aos mecanismos de transferência, aos colonos – tanto os que permaneciam em suas casas e forneciam os mantimentos ao governo quanto os soldados e oficiais que serviam nos fortes –, de parte dos custos da defesa das fronteiras. Nesse quadro, não se afigura implausível que certos dispositivos de constituição de lealdades, como a oferta de honras e mercês, tivessem permitido aos Estados dispor dos bens dos colonos para várias tarefas indispensáveis na fronteira.

Circuitos de abastecimento

O primeiro aspecto a examinar diz respeito aos estímulos dos governos reformistas às produções agrícolas dos colonos, já que eram medidas que entravam em contraposição às que, em tempos de guerra, eram tomadas para requisitar aos mesmos colonos, sob a forma de "derramas" ou "donativos", justamente suas produções. Assim, privilégios como o concedido aos moradores de Vila Bela, que de 1752 a 1760 estiveram isentos de entradas, e de 1760 a 1780 pagaram meia entrada e meio quinto, evidenciavam a disposição do Estado em interferir e estimular a economia local.[2] Na mesma direção, o secretário de Estado Tomé Joaquim da Costa Corte Real, ao considerar o esvaziamento da aldeia de São José no rio Guaporé, e visando o aumento da gente na capitania, ordenou que o governador atraísse os "sertanistas e foragidos" por meio de edital público, com validade de dez anos, que impunha a comutação da décima do ouro em décima das entradas de secos e molhados.[3]

---

2 "Registo de hum bando sobre se eregir villa no Matto-Grosso, comarca do Cuyabá", governador Luís de Mascarenhas, Santos, 9 out. 1747 (em atenção à Carta Régia de 5 de agosto de 1746). *DI*, v. 22, p. 199-202; COELHO, Felipe José Nogueira. "Memórias chronologicas da capitania de Mato-Grosso, principalmente da provedoria da Fazenda Real e Intendencia do ouro" [post. a 1780]. *RIHGB*, Rio de Janeiro, v. 13, 1850, p. 169, 173-74, 176; AHU, Cód. 613, f. 11v-21v. Carta de Tomé Joaquim da Costa Corte Real a Antonio Rolim de Moura, Belém, 22 ago. 1758, f. 15-16, §14-16. Após renovação, os privilégios foram extintos em 1780: AHU, MT, cx. 21, d. 1262. Luiz de Albuquerque a Martinho de Melo e Castro, informando que com o fim do privilégio passou a cobrar o quinto por inteiro, Vila Bela, 1 jan. 1780, e bando anexo, datado de 1 de dezembro de 1779; ver também: DAVIDSON, David. *Rivers & empire*: the Madeira rout and the incorporation of the Brazilian Far West, 1737-1808. Dissertação (Ph.D.) – Yale University, 1970, p. 105-106.

3 AHU, Cód. 613, f. 11v-21v. Carta de Tomé Joaquim da Costa Corte Real a Antonio Rolim de Moura, Belém, 22 ago. 1758, f. 15-15v, §14.

Reformista ilustrado, justificava essa mudança argumentando que "o direito das entradas é o mais útil à Fazenda Real, o mais natural, e o mais conforme à aritmética política e à prática de todas as nações iluminadas", pois o Estado não lucrava tributando as minas, mas sim o que nelas se consumia.[4] Em outros termos, a tributação deixaria de onerar a produção e incidiria sobre a circulação, deixaria de depender da instabilidade do metal precioso para estimular outras produções e fluxos comerciais e populacionais. A essa intervenção do Estado na economia Corte Real chamou de "aritmética política". O edital prossegue com privilégios para atrair moradores a Mato Grosso, onde não poderão ser executados, no espaço dos referidos dez anos.[5] Seguindo a mesma política, a carta de 22 de agosto de 1758 instruía para que fossem dados prêmios "moderados" às pessoas que se destacassem, sobretudo, em ajudar os novos colonos a se estabelecerem.[6]

Certos privilégios, no entanto, assemelhavam-se mais a empréstimos. A concessão de privilégios, benefícios e isenções, "meios suaves, a que os homens obedecem naturalmente", segundo o ponto de vista da Coroa, devia atender, antes de tudo, ao princípio de evitar gastos da Real Fazenda. Daí porque, quando se pretendeu em 1798 criar a povoação de brancos, índios e escravos nas quedas do rio Madeira, a restituição dos benefícios oferecidos pelo governo ficou claramente assinalada: aos primeiros 12 povoadores, a Real Fazenda adiantaria seis escravos, e a todos os que decidissem residir na povoação concederia terras, ferramentas, sementes e gêneros para o primeiro ano de residência, "por preços com elles convencionados, obrigando-se a pagar dentro de cinco annos a minha Real Fazenda". Os moradores também gozariam de moratória por certo número de anos e administração dos índios que o consentissem. Privilégio crucial era a isenção do recrutamento dos filhos para as tropas pagas ou auxiliares, salvo em defesa do próprio distrito. Entretanto, não era permitido deixar a povoação sem saldar a dívida com a Real Fazenda; era proibido alienar os escravos ou quaisquer outros recursos concedidos; e uma vez que o colono liquidasse sua dívida, não poderia levar consigo os escravos, "para que se não atrazem as lavouras".[7]

Apesar desses estímulos à produção, o imperativo de transferir aos colonos os custos da defesa da fronteira se fazia presente com a criação de novos tributos. É assim que o mesmo dispositivo de 1758 ordenava que fosse instituída "alguma nova imposição suave sobre os gêneros do mais ordinário, e do maior consumo",[8] o que se poderia conseguir persuadindo

---

4   *Ibidem*, f. 16, §15.

5   *Ibidem*, f. 16, §16. Ver referências adicionais sobre a noção de "aritmética política" no cap. 4, n. 17.

6   *Ibidem*, f. 20v-21, §31.

7   APMT, Cód. C-39, f. 56-62. Carta do Príncipe Regente ao governador Francisco de Souza Coutinho, Queluz, 12 maio 1798, f. 59v, 60v, 61.

8   AHU, Cód. 613, f. 11v-21v. Carta de Tomé Joaquim da Costa Corte Real a Antonio Rolim de Moura, Belém, 22 ago. 1758, f. 19v-20, §28-29.

toda a população de que o governador "toma sobre si preferir a necessidade da defesa e da segurança deles, habitantes de Mato Grosso, até a mesma urgência da capital deste Reino", pois o imposto para a reconstrução de Lisboa, esse Sua Majestade era servido que permanecesse naquela capitania, "também porque assim o pede a necessidade". Cálculo preciso de "aritmética política", essa negociação entre poder central e poder local permitia que lealdades fossem constituídas mediante a garantia de certos privilégios de vassalos "fronteiriços". A Coroa, no entanto, não deixava de compensar suas perdas com a criação de novos tributos, nem terá abandonado a faculdade de requisitar as produções dos colonos em urgências defensivas. Para mais, apesar das súplicas de Vila Bela, que seguia reivindicando preeminências de vila "fronteira", o ano de 1780, como deixaram registrado os camaristas, "não foi gostoso aos moradores desta capital", porque se entrou novamente a pagar, na Real Casa de Fundição, o quinto por inteiro, por haver findado o privilégio concedido por El-Rei por 20 anos.[9] Processo semelhante ao que ocorria nas fronteiras espanholas, em que os reformistas ilustrados utilizavam incentivos fiscais não para reforçar privilégios localistas, mas para alcançar os objetivos que a "polícia" de Estado estabelecia, compreendendo-se assim por que muitas vilas havidas por "fronteiriças" no norte da Nova Espanha deixaram de sê-lo nas últimas décadas do século, passando a pagar os tributos como as outras.[10]

Na mesma direção, como registraram os relatores dos *Anais de Vila Bela* para o ano de 1769, sobre a política de Luiz Pinto para o incremento das lavouras:

> se exortaram os moradores deste distrito a promoverem a agricultura com mais exação das que tinham feito nos passados, obrigando-se a cultivar as terras que tinham abandonado, como o interesse de novos descobrimentos; e a reedificarem os engenhos, que se achavam desmantelados; de cuja exação se espera, o ano futuro, colher o fruto de uma abundante colheita e de maior atividade em beneficiar as produções da mesma agricultura.[11]

Em 1770, a câmara de Vila Bela fez registrar que "a agricultura tem florescido neste ano e no passado com vantagem". O governador expedira 30 cartas de sesmaria, dentre as quais quatro para os estabelecimentos de gado no Jaurú e em Vila Bela, e isentara os produtores dos direitos das entradas relativas às reses de criação.[12]

Essas políticas de incentivo, malgrado as intenções centralistas dos ministros, podiam estimular, pelo contrário, disposições localistas e petições de privilégios entre os moradores.

---

9   AVB, p. 223.

10 ORTELLI, Sara. *Trama de una guerra conveniente*: Nueva Vizcaya y la sombra de los Apaches (1748-1790). México: El Colegio de México/Centro de Estudios Históricos, 2007, p. 65.

11 AVB, 134.

12 AVB, p. 175-76.

Assim ocorreu com os roceiros do distrito de Vila Bela, que por meio de uma representação ao governo, pressionavam a que se adotassem medidas que limitassem a atuação de comerciantes no plantio das roças, com grande prejuízo dos mesmos produtores, pois, assim explicavam,

> os negociantes se intrometeram a fazer roças, recolhendo não só os frutos para sua casa, mas para negócio vendendo-os em muitas tabernas, causando o prejuízo de não terem esses roceiros quem lhes comprasse os seus frutos, e de se verem muito vexados pelos mesmos, por compra de escravos e de outras fazendas fiadas e caríssimas. Sendo que esses roceiros são os principais habitantes desta nova colônia, e os ditos negociantes se [ausentam], logo que ajuntam grande cabedal do negócio e da mesma lavoura.[13]

Com isso os roceiros de Vila Bela nada mais pediam que a proteção do Estado contra os baixos preços que os comerciantes, quando entravam no negócio, podiam oferecer no mercado. Da mesma forma, a câmara respondeu a um pedido do governador para que coordenasse a transferência de moradores para certa paragem do rio Guaporé com o pedido de novos privilégios: "a graça de não pagarem direitos, [e] lograr indultos".[14]

Nesse quadro, importava fazer com que os estabelecimentos instalados nas raias da colônia, fortes, vilas e lugares, dispusessem de meios para chegar à autossuficiência. Assim, para Vila Maria, construída em 1778, o governador providenciou a compra, pela Real Fazenda, de uma estância de gado que garantisse o sustento dos índios espanhóis que para lá eram atraídos, sendo acostumados ao consumo de carne. Esperava-se que a produção de gado dessa fazenda d'El-Rei, chamada Caiçara, pudesse também ser vendida em Vila Bela, de modo a ressarcir o Real Erário.[15] Da pujança desse estabelecimento já se tem notícia em fins do século, quando os índios foram empregados na reforma e ampliação dos currais.[16]

A povoação de Albuquerque, cujas produções não se tinham desenvolvido nos primeiros anos, chegando a depender de envio de mantimentos de Cuiabá, já contava, em 1784, segundo um informante, "com grandes principios na aumentação de roças e cazarias". No ano anterior, o famoso sertanista João Leme do Prado fora afastado do comando e substituído pelo

---

13 *AVB*, p. 237.

14 AHU, MT, cx. 14, d. 874. Carta dos oficiais da câmara de Vila Bela ao governador Luiz Pinto de Sousa, 3 fev. 1770.

15 AHU, MT, cx. 21, d. 1254. Luiz de Albuquerque a Martinho de Melo e Castro, Vila Bela, 25 dez. 1779. Ao governador de Goiás, Luiz de Albuquerque solicitou a compra de 50 ou 60 éguas, descontando-se do valor do subsídio anual enviado por aquela capitania, de modo a dar fomento à estância d'El-Rei (APMT, Cód. C-24, f. 171v-172. Luiz de Albuquerque a Luís da Cunha Meneses, governador de Goiás, Vila Bela, 1 set. 1782).

16 APMT, Governadoria, 1796, n. 24. João de Almeida ao governo de sucessão, Vila Maria, 20 mar. 1796 e 21 ago. 1796; APMT, Governadoria, 1796, n. 69. João de Almeida ao governo de sucessão, Vila Maria, 21 ago. 1796.

sargento-mor José Antonio Pinto de Figueiredo, a quem eram atribuídos os méritos por manter os moradores "na boa armonia e aquetação".[17]

Figura 23: "Prospecto da Povoação, e o Forte do Principe da Beira", tirado a 9 de julho de 1789

Fonte: Museu Bocage, ARF-33, f. 44. In: REIS, Nestor Goulart. *Imagens de vilas e cidades do Brasil colonial*. São Paulo: Edusp/Imprensa Oficial do Estado, 2001, p. 294.

A preocupação do poder central com a autossuficiência das fortificações fica evidente nesta imagem. Uma vasta plantação de milho, bananas e outros itens encontra-se ao lado do forte, cercada por uma estacada que também envolve algumas casas. Também pode ser visto um curral ou estrebaria. Arroz era plantado no alagado do rio.

Como em outras regiões fronteiriças, aqui também se verificou a ocupação do entorno dos fortes por pequenos lotes, em que soldados e suas famílias mestiças produziam para subsistência e intercâmbio com índios não submetidos.[18] Em um "Plano da região do Rio Itenes ou Guaporé e seus afluentes" (vide **Figura 12**), preparado em 1767 pelo oficial espanhol Miguel Blanco y Crespo, que esteve diante da fortaleza portuguesa por ocasião da segunda expedição espanhola de 1766, nota-se a presença de diversas atividades produtivas na órbita do forte. Havia casas para as famílias dos soldados, casas para índios, hortas e chácaras, forno e ferraria. Preocupação, destarte, tanto com a autossuficiência do

---

17 APMT, Defesa, 1783, Lata A, 646. Atestado de Bento Roiz Fontoura, Albuquerque, 30 mar. 1784.

18 CERDA-HEGERL, Patrícia. *Fronteras del Sur*: la región del rio Bío-Bío y la Araucanía chilena (1604-1883). Temuco, Chile: Universidad de la Frontera, 1996, p. 34-37, 74, 79.

estabelecimento quanto com a existência de condições para atrair e estabelecer em terras portuguesas índios dos domínios rivais.[19]

O Forte Príncipe contava com plantações de milho, mandioca, bananas, arroz e cana-de-açúcar.[20] O comandante da fortificação do Guaporé geralmente ajustava a compra de farinha de milho aos donos de engenhos instalados naqueles arredores, como em 1773 esperava 200 alqueires de Francisco da Silva Ribeiro, 300 de Manuel Pedroso e 700 de Ignácio Ferreira. Quantidades insuficientes, "por hirem faltando as agoas", o que também afetaria a produção de feijão, e exigiria envio de socorro desde Vila Bela.[21] No distrito do Forte Príncipe, o uso dos engenhos para produção de cachaça interferia na subsistência dos milicianos e moradores, ademais porque a farinha, como observou o comandante do forte, alimentava mais gente do que o milho *in natura*, como a experiência o comprovava. Pois se 150 alqueires do milho municiavam a 300 praças, era claro que 100 alqueires de farinha, produto dos mesmos 150 de milho, municiavam a 400; e *a fortiori* vai a diferença de uma quarta parte, pois se a farinha podia durar um ano, o milho durava nove meses. De cujo inconveniente fez o referido comandante prevenir e esforçar os três engenhos daquele distrito unicamente na fabricação de farinha, evitando os desperdícios de tempo com a diversão em cachaças.[22] Daí se compreende que outra forma da "polícia" atuar era interditando as produções que não convinham, para que as mais úteis pudessem florescer. Uma portaria do governador Luiz de Albuquerque de 24 de abril de 1785 ordenou, a esse respeito, a apreensão de todos os alambiques na região do Forte Príncipe, a fim de estimular a produção de mantimentos, obrigando aos donos de engenhos e fábricas "que ultimamente se intereçassem ao último, e importante fim, de se adiantarem pella grandes sementeyras de milho, arroz, e feijão, tanto mais úteis a este Estabelecimento".[23] Pela mesma época, alguns soldados já cuidavam "uma boa roça de milho e mandioca, seus pés de bananeiras e algumas canas de açúcar".[24] Com a Real Fazenda debilitada pelos gastos da última guerra, em fins de 1804 o governador ordenou que o comandante do Forte Príncipe retirasse os

---

19 BNRJ, Cartografia, ARC-026-04-013. BLANCO Y CRESPO, Miguel. "Plano da região do Rio Itenes ou Guaporé e seus afluentes: com a situação da fortaleza de Nossa Senhora da Conceição dos Portugueses e a situação do destacamento de forças espanholas chefiada por Alonso Berdugo", [1767].

20 APMT, Defesa, 1785, 114-b. José Pinheiro de Lacerda a Luiz de Albuquerque, Forte Príncipe, 14 fev. 1785.

21 APMT, Defesa, 1773, 77. Manuel Caetano da Silva a Luiz de Albuquerque, Forte Bragança, 15 fev. 1773.

22 APMT, Defesa, 1785, Lata A, 783f. José Pinheiro de Lacerda a Luiz de Albuquerque, Forte Príncipe, 14 fev. 1785.

23 APMT, Defesa, 1785, Lata A, 784b. José Pinheiro de Lacerda a Luiz de Albuquerque, Forte Príncipe, 14 e 15 maio 1785. Referia o comandante que cumprira a portaria do governador, e que apreendera um alambique de cobre grande e dois pequenos a Domingos Francisco José (dono de dois engenhos) e o mesmo no engenho do falecido Manoel José da Rocha.

24 APMT, Defesa, 1785, 114-b. José Pinheiro de Lacerda a Luiz de Albuquerque, Forte Príncipe, 14 fev. 1785.

escravos das obras e sem demora mandasse "fazer nos matos juntos ao dito forte a maior roça que puder ser".²⁵

Figura 24: SERRA, Ricardo Franco de Almeida. "Carta do petipe do Paraguay, e do fronteiro monte ao prezidio de Coimbra", acompanha a carta ao governador Caetano Pinto de Miranda Montenegro de 7 de agosto de 1797

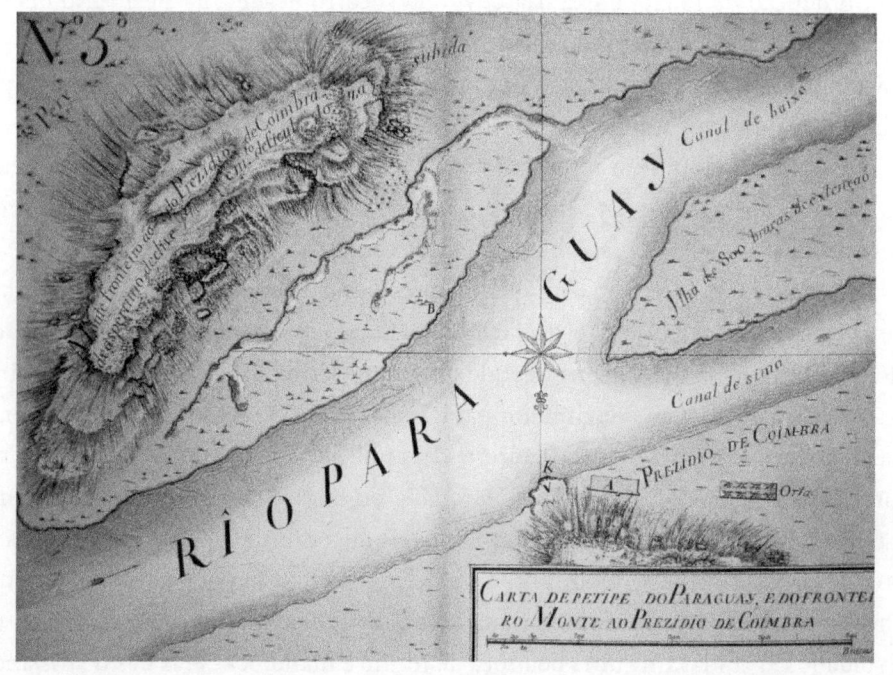

Fonte: Mapoteca do Itamaraty. In: ADONIAS, Isa. *Mapa*: imagens da formação territorial brasileira. Rio de Janeiro: Odebrecht, 1993, p. 359.

Trabalho rural: a preocupação com a produção e a busca da autossuficiência em mantimentos no presídio pode ser percebida na representação de uma horta.

Como já sublinhado no capítulo 1 deste trabalho, Luiz de Albuquerque se preocupou em estabelecer, junto aos fortes, vilas e lugares que instalava nas áreas liminares, algo como um circuito de abastecimento local mediante o planejamento de funções econômicas específicas para cada povoação.²⁶ Ademais, era fundamental contar com índios reduzidos em povoações. As aldeias

---

25 APMT, Cód. C-46, f. 55-58. Manuel Carlos de Abreu de Meneses a Vitoriano Lopes de Macedo, Vila Bela, 28 nov. 1804, f. 56.

26 Ver: DELSON, Roberta Marx. *Novas vilas para o Brasil-colônia*: planejamento espacial e social no século XVIII. Brasília: Alva-Ciord, 1997, p. 81. Nisso o governador seguia a mesma política aplicada em relação às vilas da Amazônia, onde foi preciso preparar, ante as intempéries e imprevistos que arruinavam as colheitas, canoas e mantimentos para redistribuição compulsória em um circuito que interligava várias vilas (DOMINGUES, Ânge-

de Leomil e Lamego enviavam sua produção para o abastecimento do Forte Príncipe, em troca de alguns itens de baixo valor que as remuneravam. Em 1773, os índios de Leomil protestaram afirmando que eram credores da Real Fazenda e que queriam ser pagos em baetas, chapéus, camisas, saias e panos, e não em bugigangas.[27] O Forte Príncipe seguiu dependendo de remessas de Lamego e Leomil, que produziam milho, mandioca, arroz, feijão, banana e cana-de-açúcar.[28]

Procurou-se, portanto, que cada estabelecimento tivesse suas próprias roças de milho e feijão, estâncias de gado, engenhos para a produção de farinha, com o que já se podia ver remediada a ração ordinária da guarnição, evitando onerar a Real Fazenda com a compra e remessa de mantimentos para a fronteira. Para esse objetivo, valia ainda recorrer à pesca, do que deu conta o comandante do Forte Príncipe em 1773, referindo que no mês de julho eram enviados um Dragão e cinco ou seis Pedestres às cachoeiras para realizar a salga de peixes. Às vezes a abundância de toucinho dispensava essa prática, mas a chegada de índios do Pará tornava-a uma necessidade. "Para asistencia da Guarnição que existe não se preciza do tal peixe por todo este anno, porque há muito toucinho, mas poderá servir o d.o peixe p.a a chegada dos soldados q.e forão ao Pará p.a se municiar os Indios que consigo trouxerem, ainda q' o sal que há nos Armazeins não hé bast.e, tirando-se p.a esta diligencia seis cargas que tantas são precizas, pouco mais, ou menos".[29]

Esse circuito de abastecimento funcionou, no entanto, precariamente, quanto por mais não fosse porque alguns estabelecimentos, em verdade cruciais do ponto de vista estratégico, ficavam em posições que pouco colaboravam ao cultivo de mantimentos. O forte Coimbra permaneceu dependente das canoas de mantimentos enviadas a cada dois ou três meses pela Provedoria da Real Fazenda desde Cuiabá,[30] e a povoação de Albuquerque, que estava no meio do caminho, apesar de ter melhores condições para os cultivos, seguiu precisando de auxílio do governo, tendo-se acostumado a interceptar e tomar para si uma parte dos socorros daquele presídio.[31]

Tanto do lado espanhol quanto do lado português, os governadores delegavam o abastecimento a assentistas, responsáveis por adquirir os produtos a preços preestabelecidos entre os produtores e fornecer à provedoria da Fazenda Real o necessário à manutenção das guarnições. Observadores críticos afirmavam que os assentistas não eram escolhidos porque ofereciam itens mais baratos, mas por sua maior ou menor afinidade com os governadores. Em Mato Grosso, as nomeações de assentistas eram feitas através de portarias, sem se

---

la. *Quando os índios eram vassalos*: colonização e relações de poder no Norte do Brasil na segunda metade do século XVIII. Lisboa: Comissão Nacional para as Comemorações dos Descobrimentos Portugueses, 2000, p. 149).

27 APMT, Defesa, 1773, 82. Luiz Pinto de Souza a Luiz de Albuquerque, Forte Bragança, 22 jan. 1773.

28 APMT, Defesa, 1787, Lata A, 880. José Pinheiro de Lacerda a Luiz de Albuquerque, Forte Príncipe, 3 jan. 1787.

29 APMT, Defesa, 1773, 66. Manoel Caetano da Silva a Luiz de Albuquerque, Forte Bragança, 4 maio 1773.

30 AHN, Estado, 4500, carpeta 8. Martin Boneo a Joaquín de Alós, Assunção, 14 out. 1790, f. 3.

31 APMT, Defesa, 1779, 429. Miguel José Rodrigues a Luiz de Albuquerque, Coimbra, 24 ago. 1779.

proceder a lances em praça pública.³² Pela década de 1780, esses assentistas eram: o tenente-coronel Antonio Felipe da Cunha Ponte, oficial de maior graduação na capitania e cavaleiro do hábito de Cristo;³³ o capitão das tropas auxiliares, Alexandre Barbosa; e duas proprietárias, Isabel Ribeira e Maria Romana.³⁴ Um informe anônimo enviado à secretaria do Ultramar denunciava que, como essas quatro pessoas eram as únicas autorizadas a vender itens à Real Fazenda, os produtores diretos "se vem na necessidade de vender os seos generos aos sobreditos monopolistas por preços ínfimos", em verdade fixados pelos mesmos assentistas, "até não podendo suportar tão concideráveis perdas, abandonão a agricultura, ficando muitos deles reduzidos à indigencia".³⁵ Ainda segundo esse autor anônimo, o sistema prejudicava a Real Fazenda não somente pela carestia do preço, com que naturalmente os assentistas revendiam a ela o que compravam a preços ínfimos aos produtores, como também pela péssima qualidade dos gêneros, já que os produtores podiam encontrar melhor destinação aos itens de qualidade superior.³⁶ No que diz respeito particularmente às carnes, "os únicos Bois que se aceitão para o Corte", refere uma testemunha, "são os dos Creados do Governador, e como se não admitem os dos mais creadores, são estes obrigados a vendelos àqueles creados pelos preços que eles querem".³⁷ As constantes remessas de carne e outros produtos estragados decorriam, no parecer do mestre de campo de Cuiabá, de "huns tais neg.os clandestinos, q.e se fazem com a Faz.da Real". Uma vez adquirido o produto, não havia alternativa senão enviá-lo, como em 1783 seguiu para Albuquerque alguma carne "tão preta como hu carvão, magra, com fedor, e bichos, e indigna daqueles miseráveis a poderem comer, e sem eu lhes

---

32 AHU, MT, cx. 26, d. 1536. "Reflexoens sobre o Governo e Administração da Capitania de Mato Grosso, que manifestão as concussoens roubos depredaçoens e violencias que cometem os Governadores daquele Estado em prejuízo da Real Fazenda, e em ruína dos Vassalos de Sua Magestade" [anônimo, c. 1788].

33 IANTT, MR, Decretos 1745-1800, Pasta 29, n. 34. Decreto da mercê do hábito de Cristo, Queluz, 21 ago. 1778.

34 A situação era semelhante em outras regiões de fronteira. Nos presídios do norte da Nova Espanha, comerciantes comissionados conhecidos como "vivaqueros" ou "bayuqueros" abasteciam as guarnições em regime de monopólio. Podiam atuar em companhias ou como comerciantes privilegiados, e os itens que forneciam, geralmente superfaturados, eram descontados diretamente no soldo dos soldados e abonados aos comerciantes em Veracruz (MARCHENA FERNÁNDEZ, Juan; GÓMEZ PÉREZ, María del Carmen. *La vida de guarnición en las ciudades americanas de la Ilustración*. Madri: Ministerio de Defensa/Secretaría General Técnica, 1992, p. 223). Nas fronteiras do Chile, os principais fazendeiros eram os mesmos altos oficiais militares, com cujo prestígio arrematavam contratos para abastecimento das tropas, vendendo ao consumidor final por preços muito superiores aos de mercado, acrescendo-se que os descontos eram feitos diretamente sobre os soldos, cujo pagamento era responsabilidade dos próprios oficiais (CERDA-HEGERL, *Fronteras del Sur*, op. cit., p. 32-33).

35 AHU, MT, cx. 26, d. 1536. "Reflexoens sobre o Governo e Administração da Capitania de Mato Grosso" [anônimo, c. 1788], f. 1-IV.

36 *Ibidem*.

37 *Ibidem*, f. 6.

poder dar remédio".³⁸ Daí porque se chegava ao cúmulo de mandar carne, farinha e o mais estragados para os soldados comerem, "em ordem a não perder nada à Faz.a Real".³⁹

Já em agosto de 1779, o comandante de Coimbra questionava se a demora em remeter os mantimentos atendia a alguma intenção de economizar recursos da Real Fazenda:

> não posso atrebohir Ex.mo S.or que fundamentos haja no Cuyabá para tão dilatadaz demoras, que quase reduzem estes mizeraveis a huma total dezesperação, se o fazem na consideração de que por este modo se poupará mais a Real Fazenda, persuadome que se enganão, em rezão de que aos soldados pagos que são prezentemente os mais que agora rezidem aquy sempre a reção se lhe faz boa em expecia ou ouro.

A última remessa chegara do Cuiabá há quatro meses com sete alqueires e meio de feijão e toucinho, carne que mal satisfez duas datas, e muito pouco sal, "todo o mais tempo passou toda a goarnissão a farinha e agoa"; sendo ademais época de pouco peixe, "me ficou a goarniçao prostradissima, em razão dos m.tos opilados de sorte que com dificuldade se suprirão as guardas; por cauza do tal alimento morreu o pedestre João Soares". Referiu ainda que mandara uma canoa a Cuiabá a pedir que o socorressem, "senão me morreria a gente quaze toda".⁴⁰ Como ocorreu outras vezes, ao contrário do que se esperava, quer dizer, que as canoas de Cuiabá abastecessem periodicamente Coimbra, vinham os Pedestres desse presídio pedir socorro àquela cidade, onde aliás ainda tinham que esperar, não sem impaciência, que fosse providenciado.⁴¹

A povoação de Albuquerque seguia consumindo parte da carga destinada a Coimbra, como se passou em agosto de 1787, quando tomou 39 medidas de sal, restando à guarnição do forte 81 medidas e meia.⁴² Quando, na urgência da escassez, os Pedestres de Coimbra subiam àquela povoação a buscar o que comer, sequer eram recebidos pelo comandante: "Ex.mo S.r, àquella povoação não mando mais [soldado algum]", referia José da Costa Delgado ao governador, "ainda que eu me veja em estado de comer raízes de pau do Mato, por que já não poço

---

38 APMT, Defesa, 1783, Lata A, 622. Antonio José Pinto de Figueiredo a Luiz de Albuquerque, Cuiabá, 15 ago. 1783.

39 APMT, Defesa, 1771 Lata A, 39. Antonio José de Figueiredo Tavares a Luiz Pinto de Souza, Forte Bragança, 5 fev. 1771; ver também: APMT, Defesa, 1783, Lata A, 622. Mestre de campo Antonio José Pinto de Figueiredo a Luiz de Albuquerque, Cuiabá, 15 ago. 1783; APMT, Defesa, 1779, Lata B, 344. Miguel José Rodrigues a Luiz de Albuquerque, Coimbra, 9 abr. 1779.

40 APMT, Defesa, 1779, 429. Miguel José Rodrigues a Luiz de Albuquerque, Coimbra, 24 ago. 1779.

41 APMT, Defesa, 1783, Lata A, 617. Mestre de campo Antonio José Pinto de Figueiredo a Luiz de Albuquerque, Cuiabá, 12 jun. 1783.

42 APMT, Defesa, 1787, Lata A, 911. José da Costa Delgado a Diogo de Toledo Lara e Ordonhez, dando conta da falta nos mantimentos enviados, Coimbra, 13 ago. 1787.

aturar semilhante dezordens".⁴³ De resto, o comandante de Coimbra reclamava ao juiz de fora e provedor da Real Fazenda, Diogo de Toledo Lara e Ordonhez, da diferença entre os mantimentos efetivamente recebidos e os constantes na documentação correspondente.⁴⁴

Quando o conflito fronteiriço e a disputa pela lealdade dos índios se acirraram por aquela parte, o governo acompanhou com mais atenção as remessas de mantimentos. Tanto mais porque havia a "necessi.de política, o manter e conservar a armonia com os mesmos índios", como sublinhou a Junta de Sucessão, referindo-se aos Guaykuru e Guaná que estavam em Coimbra. Em julho de 1796, fizeram remeter 100 alqueires de farinha e 50 de feijão, no entendimento de que "se deve aumentar a despesa p.a a conseguir, m.to principalm.te por se ter unido ao cap.m Paulo hum dos chefes Aycurús, seis centos Guanás, os q.es prezentem.te frequentao da m.ma parte as ponderadas vizitas".⁴⁵ O governo esperava que, em pouco tempo, as produções desses índios auxiliassem o abastecimento dos fortes e povoações confinantes com os espanhóis.⁴⁶

No Paraguai, a vila fronteiriça de Concepción, fundada em 1773, tendo chegado a ultrapassar os dois mil moradores nos anos finais do século, contava, pela mesma época, com pelo menos 50 estâncias que somavam umas 50 mil cabeças de gado.⁴⁷ De modo que não era surpreendente que os fortes Borbón e San Carlos, instalados nas raias dos domínios portugueses, em paragens pouco adequadas à criação e aos cultivos, dependessem das remessas de carne-seca (*charque*) e outros mantimentos de Villa Real e Assunção. O problema era agravado porque as tentativas de firmar tratados de paz com "índios bárbaros" implicavam em concessões, a principal delas a garantia de que as reduções que novamente se fundassem receberiam a subsistência necessária em carne e outros víveres, sem o que, como os mesmos índios alertavam, poderiam passar para ao lado dos portugueses.⁴⁸

---

43 APMT, Defesa, 1787, Lata A, 911. José da Costa Delgado a Luiz de Albuquerque, sobre a requisição de mantimentos e tecidos à povoação de Albuquerque, Coimbra, 17 fev. 1787.

44 APMT, Defesa, 1787, Lata A, 911. José da Costa Delgado a Diogo de Toledo Lara e Ordonhez, dando conta da falta nos mantimentos enviados, Coimbra, 13 ago. 1787.

45 APMT, Cód. C-25. Informe da junta do Governo de Sucessão, Vila Bela, 16 jul. 1796, f. 79.

46 AHU, MT, cx. 41, d. 2035. Ricardo Franco de Almeida Serra a Caetano Pinto de Miranda Montenegro, Coimbra, 3 fev. 1803, f. 6v-7.

47 AZARA, Félix de. Geografía física y esférica de las Provincias del Paraguay, y Misiones Guaraníes [1790]. Bibliografía, prólogo y anotaciones por Rodolfo R. Schuller. *Anales del Museo Nacional de Montevideo*: Sección Histórico--Filosófica, Montevidéu, t. I, 1904, p. 442; MAEDER, Ernesto. La población del Paraguay en 1799: el censo del gobernador Lazaro de Ribera. *Estudios Paraguayos*, Assunção, v. 3, n. 1, 1975, p. 69, 74; ARECES, Nidia R. *Estado y frontera en el Paraguay*: Concepción durante el gobierno del Dr. Francia. Assunção: Centro de Estudios Antropológicos de la Universidad Católica, 2007. p. 108; FERRER DE ARRÉLLAGA, Renée. *Un siglo de expansión colonizadora*: los orígenes de Concepción. Assunção: Editorial Histórica, 1985, p. 85, 93.

48 ANA, SH, v. 173, n. 1, f. 58. Lazaro de Ribera a Juan Baptista Ribarola, comandante de Concepción, Pueblo de Atirá, 27 fev. 1798.

As questões geopolíticas de primeira ordem que estavam em jogo levaram o governo do Paraguai, em novembro de 1791, a decidir a fundar a chamada *Estancia del Rey* nas imediações de Concepción. O ministro da *Real Hacienda* da província, inteirado da Real Ordem de 11 de junho daquele ano, que dispunha sobre os novos fortes que se "han de establecer inmediatos a los de Coimbra, y Albuquerque", recomendou que o erário régio sofresse os custos da construção da referida estância, "cuyos procrios sean suficientes al consumo anual de dh.a tropa, y se coloque en el sitio más sercano a dichos fuertes". Com a principal fonte de abastecimento à mão, esperava-se que o governo tivesse considerável economia. Como não estavam reconhecidas as terras onde seriam construídos os fortes, interinamente a estância seria colocada próxima a Concepción. Confirmado que o empreendimento seria à custa da *Real Hacienda*, *vecinos* beneméritos da província se prontificaram a vender a preços reduzidos as cabeças de gado à *Real Hacienda*. Pedro Gracia, comandante de Ycuamandiyú, por exemplo, se dispôs a conduzir 2 mil cabeças de gado, sendo 900 vacas ao preço de 400 *pesos* e 4 *reales* de prata, 900 touros e 200 novilhos a 400 *pesos* e 4 *reales*; devendo-se incluir aí mais mil *pesos* de custos de transporte.[49]

Nesse primeiro período, a *Real Hacienda* administrou diretamente o abastecimento das guarnições de Borbón e San Carlos. Adquiria sal, feijão, arroz, erva, tabaco e outros itens aos comerciantes e produtores da capital e de Concepción (onde eram mais caros), a preços que procurava determinar previamente, nem sempre com sucesso.[50] O charque era preparado na *Estancia del Rey* de Concepción. A cada dois meses uma falua abastecia ambos os fortes, e os soldados tinham descontado em seus mesmos soldos o que consumissem. A provisão de carne era especialmente onerosa para a *Real Hacienda*, continuamente obrigada a repor o gado e a sofrer os custos da produção de charque. Apenas entre outubro de 1794 e maio do ano seguinte, mil cabeças foram consumidas na provisão do forte San Carlos, o que deixou a estância real com 700 cabeças de novilhos.[51]

Nesse quadro, em agosto de 1799, os ministros Martín José de Aramburu e Juan José González informaram ao governador Lazaro de Ribera que a expectativa de reduzir os custos defensivos não se verificara na prática. De um lado, não tinha sido possível estabelecer a estância na paragem que se pensara, de onde se assistisse com carne fresca à gente empregada nos fortes, defeito que causou a necessidade de provê-la com charque, somando-se o gasto contínuo

---

49 ANA, SNE, v. 88. "Expediente del Gobernador Joaquín de Alós sobre el modo más oportuno y equitativo à la Real Hacienda de subministrar el abasto necesario para subsistencia à la tropa que debe guarnecer los fuertes que han de establecer inmediatos à los de Coimbra, y Albuquerque", 1791, f. 17v: Oferta de Pedro Gracia, comandante de Ycuamandiyú; f. 18-19: Outras ofertas de *vecinos* de Assunção e Ycuamandiyú; AHN, Estado, 4443, carpeta 4, n. 11. Real Ordem ao vice-rei de Buenos Aires, para que instalasse nova guarda ao norte de Concepción, Aranjuez, 11 jun. 1791, "leida a S. Mag.e y aprob.da" com despacho de 7 jun. 1791.

50 ANA, CRB, n. 45. Thomas de Ortega a Joaquín de Alós, Concepción, 30 nov. 1793.

51 ANA, SH, v. 365, n. 1. Luiz Bernardo Ramírez, comandante de Concepción, ao governador Joaquín de Alós, Concepción, 30 maio 1795.

de uma embarcação tripulada para conduzi-lo rio acima. De outro, as imediações de Concepción onde fora instalada estava rodeada de moradores, faltando os pastos propícios para a engorda do gado. Eles propuseram que os novos assentistas que assumissem o abastecimento dos fortes também proviessem as tropas com rações de carne, para o que poderiam usar os recursos da *Estancia del Rey*, inclusive a *encomienda* de índios, e que o contrato fosse renovado a cada cinco anos.[52] A proposta com que Agustín de Ysassi arrematou o contrato permite conhecer os itens de que se compunha o provimento das guarnições fronteiriças e o tipo de privilégios que requeriam esses contratadores. Fazendeiro e oficial militar graduado que já comandara o forte Borbón, Ysassi se comprometeu a subministrar o charque necessário a 3 *pesos* e 2 *reales de plata* a arroba, feijão a 6 *reales*, sal a 2 *pesos*, erva a 12 *reales*, tabaco de pito a 2 *pesos*, velas de sebo a 3 *pesos* e 4 *reales*, arroz em casca a 10 *reales* a arroba, incluídos nos preços os gastos de condução; oferecia ainda a entrega de touros, novilhos e vacas a 3 *pesos* e 1/2 *real* em San Carlos; finalmente, dispensava as ferramentas e auxílios em animais oferecidos pela *Real Hacienda*, mas aceitava a *encomienda* de índios e pedia a isenção de serviço militar para si, familiares e todos os seus agregados.[53] O governo não foi tão condescendente com os assentistas que se seguiram. Desde a criação de Villa Real em 1773, por 30 anos não fora cobrado a nenhum *vecino* qualquer direito de alcabala, imposto sobre o comércio.[54] Entretanto, José Antonio Garcia, que arrematara o contrato de abastecimento de gado dos fortes de Borbón e San Carlos, e estabelecera o preço das reses em 2 *pesos*, com base no costume de isenção das alcabalas, foi surpreendido pelos ministros da *Real Hacienda*, que passaram a exigir aquele tributo. Em resposta, datada de abril de 1804, os ministros alegaram que, pelas *Leyes de Indias*, ninguém estava isento de pagar alcabalas, a não ser os produtores de tabaco que o vendiam ao monopólio régio. As omissões anteriores foram erros ou anomalias na interpretação da lei, que deveria ter sido cumprida.[55]

Em setembro de 1803 dava-se início à transferência da *Estancia del Rey* de Concepción para Borbón, o que liberava aquelas terras para novos repartimentos,[56] cujo beneficiado deve ter sido o "chacarerío sin tierras" das cercanias da vila, sendo divididos pequenos lotes para cultivos não muito distantes entre si, como medida não só para estimular a oferta de legumes e frutas, mas

---

52   ANA, SH, v. 176, n. 7. Martín José de Aramburu e Juan José González a governador Lazaro de Ribera, Assunção, 22 ago. 1799 e 27 ago. 1799.

53   ANA, SH, v. 186, n. 6. Proposta de Agustín de Ysassi, Assunção, 14 jul. 1800; o contrato foi arrematado em 21 de novembro de 1800.

54   ANA, SH, v. 193, n. 18. "Expediente sobre exoneración de derecho de alcabala de los ganados vendido para los Fuertes de Borbón y Apa", 1804.

55   ANA, SCJ, v. 2011, n. 18, f. 1-7. "Instancia promovida por José Antonio Garcia vecino de Villa Real por no pagar derecho de Alcabala por las reses que vendian a los fuertes de Borbón y Apa", Assunção 10 abr. 1804. O despacho do governador interino, José Antonio Arias Ydalgo, referendando o ditame dos ministros, aparece datado de Assunção, 13 abr. 1804.

56   ANA, SH, v. 192, n. 1, f. 182-183. Lazaro de Ribera ao comandante de Concepción, Assunção, 9 set. 1803.

também para evitar incursões de "índios bárbaros", geralmente interessadas em gado.[57] Seja como for, embora ainda permanecesse dependente de remessas de mantimentos, incluído aí o charque, desde Assunção ou Villa Real, o forte Borbón já contava em 1804 com sua própria estância de gado, que chegou a alcançar umas 535 cabeças, mantidas na margem oriental do rio.[58] Paragem aliás malsã, sujeita a inundações e a comidas de onças, que rapidamente fizeram extinguir o rebanho.[59]

Abandonado durante os conflitos de independência do país em 1811, Borbón foi ocupado, por um curto período, pelos índios Guaykuru e depois por portugueses.[60] Com o princípio das obras de reconstrução em pedra e cal em 1817, o Dr. Francia teve o cuidado de mandar cercar por uma extensa estacada uma boa quantidade de gado.[61]

Diferente do que passara até então na província, cujos presídios eram servidos e abastecidos à custa dos próprios colonos, para lá destacados periodicamente, a distância e a situação estratégica dos fortes Borbón e Apa levaram a que o Estado tomasse para si o problema da provisão das tropas. Os governadores seguiram concentrados, no entanto, em reduzir os gastos da *Real Hacienda* ao mínimo: oscilando entre um sistema de abastecimento centralizado e a privatização em favor de particulares, não hesitaram em gravar os assentistas com o imposto da alcabala e, apesar do impróprio que eram as paragens de Borbón para a criação, seguiram tentando manter o gado ali para diminuir as compras de charque. Numa e noutra forma de abastecimento, seguia imperativa a expectativa, comum entre governadores espanhóis e portugueses, de reduzir custos e de impelir a que os próprios soldados e oficiais cuidassem de buscar seu sustento.[62]

---

57 ANA, Sección Propiedad y Testamentos, v. 372, n. 10; AGN, Sala 9, 30-7-6, exp. 5. "El sr. gob. int. del Paraguay da cuenta con testimonio del expediente formado a represent.n del coronel Don José Espinola sobre repartimiento de las tierras de la Estancia del Rey en Villa Real", Assunção, 22 mar. a 27 jul. 1804; discutido em: ARECES, Nidia. La expansión criolla en la frontera norte del Paraguay: estancieros y chacreros en Concepción, 1773-1840. *European Review of Latin American and Caribbean Studies*, n. 62, 1997, p. 56, 65.

58 ANA, SH, v. 363, f. 20. "Rason de las asiendas, que de cuenta del Rey se allan en la estancia", Pedro Antonio Mier, Borbón, 3 ago. 1806.

59 Por carta enviada em 1809, o comandante Pedro Antonio Mier dava conta de que, sem gado para socorrer-se, passara a servir em rações as últimas vacas de procriação (ANA, SH, v. 363, f. 160. Pedro Antonio Mier ao comandante militar Francisco Maria Rodrigues, Borbón, 7 ago. 1809).

60 VIOLA, Alfredo. *Origen de pueblos del Paraguay*. Assunção: Comuneros, 1986, p. 107.

61 CASTELNAU, Francis de. *Expédition dans les parties centrales de l'Amérique du Sud, de Rio de Janeiro a Lima, et de Lima au Para*. Paris: Chez P. Bertrand, 1850, t. 2, p. 421, 424.

62 Semelhantemente, no norte da Nova Espanha, a partir de 1779, a passagem do abastecimento sob cuidados do Estado à transferência para contratadores foi acompanhada da diminuição concreta dos soldos, com o claro objetivo de converter as guarnições em colonos que cultivassem seu próprio alimento (MOORHEAD, Max L. The private contract system of presidio supply in Northern New Spain. *The Hispanic American Historical Review*, v. 41, n. 1, 1961, p. 33-37; Idem. *The Presidio*: Bastion of the Spanish Borderlands. Norman: University of Oklahoma Press, 1975, p. 214-17, 221).

Requisições compulsórias

Embora o pacto monárquico dependesse da proteção das propriedades dos vassalos, base da lealdade à própria monarquia, não era raro que esse contrato fosse tensionado diante dos imperativos de defesa das fronteiras, produzindo uma dupla contradição, de um lado, na lealdade que se procurava constituir baseada na defesa dos bens dos colonos, diretamente afetados com as requisições de "donativos", e de outro, no fomento reformista às produções rurais, adelgaçado pela falta de braços livres e escravos, gado e os mesmos mantimentos conduzidos às fortalezas. Os vassalos não reagiam à "contribución forzada", no entanto, atribuindo responsabilidades ao monarca ou aos seus ministros dos domínios ultramarinos; antes, pelo contrário, enfatizavam, em suas queixas, sua incondicional lealdade ao soberano e a confiança de que os ministros tomariam as decisões mais acertadas para reprimir governadores e oficiais menores, a quem viam como únicos autores de tais "violências" (mesmo quando as medidas cumpriam metas estabelecidas pelo próprio poder central, sobre o que, na verdade, era difícil que soubessem algo).[63] Esse tipo de suspensão dos direitos dos vassalos não era reconhecido, no entanto, como medida alienígena ao próprio Estado de Antigo Regime, cuja faculdade de agir em *excessus juris communis propter bonum commune*, quando se tratava de salvar a monarquia, já fora prevista por muitos teóricos contemporâneos, a exemplo de Claude Naudé.[64]

O mais comum, no entanto, não era o apelo à violência física como forma de requisitar as propriedades dos vassalos, mas o recurso à violência simbólica, que deve ser entendida como consentida e mesmo despercebida como tal, como as exortações de governadores, bispos, ministros e altos oficiais para que os colonos manifestassem sua lealdade ao monarca e fizessem os donativos necessários à construção de fortes, reduções de índios e provisão de destacamentos e expedições. Para a instalação da redução jesuítica de Belén entre os índios Guaykuru, refere o padre Muriel que "el Gobernador dio un insigne ejemplo de piedad y religión al Paraguay pidiendo limosna de puerta en puerta para que, a lo que de suyo había dado generosamente para propiedad de la

---

63 MACKAY, Ruth. *Los límites de la autoridad real*: resistencia y obediencia en la Castilla del siglo XVII. Valladolid: Consejería de Cultura y Turismo, 2007, p. 35. Assim, por exemplo, para o socorro do forte espanhol de Panzacola, situado na Florida oriental, o governador Mateo González Manrique lançou em 1815 uma "contribución forzada a este pueblo, repartiéndola sobre todos los vecinos con proporción a sus bienes". No prazo de três dias, obteve 300 barris de farinha, 50 de hortaliças, 50 de carne salgada, 12 caixas de velas, cinco pipas de aguardente e um barril de azeite (AGI, Cuba, 147a [c. 1815] apud GÓMEZ PÉREZ, María del Carmen. *El sistema defensivo americano*: siglo XVIII. Madri: Mapfre, 1992, p. 158). Da mesma forma, para a fronteira do Chile, como durante os 38 anos entre 1680 e 1718 somente nove vezes fosse enviado o *situado*, frequentemente a provisão das guarnições dependia de requisições compulsórias de mantimentos aos *vecinos*, que perdiam a oportunidade de alcançar os ótimos preços de Lima (CERDA-HEGERL, *Fronteras del Sur, op. cit.*, p. 38-39).

64 THUAU, Etienne. *Raison d'etat et pensée politique à l'époque de Richelieu*. Paris: Albin Michel, 2000, p. 324. Ver também: SENELLART, Michel. *As artes de governar*: do *regimen* medieval ao conceito de governo. São Paulo: Ed. 34, 2006, p. 294-97.

Reducción, todavía se añadiesen las dádivas de otros".[65] Assim também, projetando o governador Pedro Melo de Portugal instalar três povoações de espanhóis ao norte da província, o *cabildo* de Assunção fez referência à viabilidade do empreendimento em suas *actas capitulares* graças aos "donativos voluntarios y graciosos que ha podido recaudar a esfuerzos de su ruego y eficacia".[66] Em sua correspondência com o rei, os *cabildantes* não questionavam a legitimidade das requisições, a exemplo das que foram pedidas para uma interessante redução de "índios bárbaros" em Remolinos, para a qual, como correspondia a leais súditos, "se han esforzado a concurrir con cantidades de ganados, erramientas, y haziendas, que produce el Paiz, para formalizar d.ho establecimiento".[67] Constantemente sublinhavam, porém, que os procedimentos adotados por certos governadores e comissionados, que tomavam o gado violentamente aos moradores, abusavam da lealdade dos vassalos. Não passou despercebido ao mesmo *cabildo* o método empregado pelo governador Agustín de Pinedo para recrutar colonos e requisitar itens para a instalação de Concepción, na fronteira com os portugueses, pois tendo os donativos de moradores alcançado 3 mil cabeças de gado vacum, sem contar éguas, cavalos, ferro, aço, tabaco, erva, ferramentas e o mais, apesar disso, houve violentos recrutamentos de povoadores, e muitos, por não servir, eram obrigados a doar 10 ou mais cabeças de gado, sendo notórios os excessos dos comissionados que faziam essas requisições, "que causa terror referir lo que practican en las composturas, q.e executan con aquellas gentes, q.e temerosas solicitan eximirse de la pensión de pobladores".[68]

Nessas críticas às requisições compulsórias, o *cabildo* tomava o cuidado de sublinhar que em nenhum momento se vira maculada a lealdade que guardavam ao monarca, sendo as violências e extorsões atribuídas exclusivamente às arbitrariedades do governador e seus comissionados próximos, desatentos aos protocolos e direitos que o pacto monárquico garantia aos *vecinos*. Quando em 1777 foi preparada uma expedição para o desalojo dos portugueses que, segundo notícias dos Payaguá, se haviam instalado em certa paragem ao norte de Concepción, o governador não convocou nem esperou o acordo do *Consejo, Justicia y Regimiento* da cidade, "mandando sacar de las estancias de los vecinos crecidas cantidades de ganados". O problema não estava em realizar donativos, assinalava o *cabildo*,

> quando se verificarse del servicio de V. M. d.ho desalojo, le proporcionaría ganados, municiones, y todos pertrechos para quales quiera función, en onor de las Armas de V. M. sin pensionar el R.l Erario, ni perjudicar el público, sacrificando con regosijo sus vidas, y haziendas, como se ha executado por los vassalos de V. M. en esta Provincia, siempre que se ha

---

65 MURIEL, Domingo, S.J. *Historia del Paraguay*: desde 1747 hasta 1767. Madri: Victorino Suárez, 1918, p. 234.

66 ANA, SH, v. 145, n. 1. "Actas Capitulares de la Ciudad de Asunción", 22 maio 1783, f. 134.

67 AGI, Buenos Aires, 48. Carta do *cabildo* de Assunção ao Rei, 29 jan. 1777, f. 1v.

68 AGI, Buenos Aires, 48. "Extenso memorial del Cabildo de Asunción conteniendo acusaciones contra el gobernador Don Agustín de Pinedo", 29 maio 1776, f. 4v-5.

> presentado ocasión de manifestar el inflexible amor, que profesan al R.l nombre de V. M.

O caso era que alguns *comisionados*, para mais de violentos, eram ainda estrangeiros, como certo Garcia Rodrigues Francia, "portugues paulista" radicado na província, o qual "con su comisión ha molestado sobremanera los lugares por donde se condujo, quitando violentamente a los moradores ganados, y caballos [...]; lo que llora la Provincia, es el violento modo con que practica quales quiera operación".[69] Por essa afirmação não parece de todo implausível depreender que o método descrito pelos *cabildantes*, consistente em comissionados que passavam de estância em estância quitando o gado para o Real Serviço, fosse precisamente o que, em outras ocasiões perfeitamente justificadas e acordadas pela cidade, chamavam de "donativos voluntarios y graciosos".

Alguns *vecinos* apresentavam requerimentos aos ministros da *Real Hacienda* solicitando o ressarcimento dos bens que lhes tinham sido requisitados. Assim, certo Juan Lorenzo Gaona, capitão do regimento de milícias, proprietário de uma estância em Concepción, enviara em 1801 uma petição à administração da *Real Hacienda* de Assunção "dando parte del despotismo" com que lhe foram requisitadas 406 cabeças de gado, sem que se apresentasse qualquer garantida ou indicação de ressarcimento, procedendo os comissários

> muy distantes de manejarse en la presente saca de ganados con aquella prudencia, y moderación, que atesta la equidad de conservar a cada uno sus derechos, y son estos la de solicitar su compra, tratarla, y convenirla conmigo, que soy el legítimo dueño, o al menos si la urgencia era tanta, pasarme aviso formal después de executada para poder pedir la importancia, en concepto de sus clases, calidad, y estimación q.e tienen en la practicada Villa.[70]

Os ministros rechaçaram o pedido, tendo servido aquela requisição para abastecer as tropas na guerra viva travada contra os portugueses no forte Coimbra: a "equidad de conservar a cada uno sus derechos", como davam a entender os ministros, não se sobrepunha ao imperativo de segurança do próprio Estado.[71] Governo e *vecinos* tinham uma compreensão diversa das obrigações que concerniam a leais vassalos: pelo menos cinco *vecinos* entraram com pedido de de-

---

69 AGI, Buenos Aires, 48. "Representación del Consejo, Justicia y Regimiento de la ciudad de la Asunción, acerca de los procedimientos arbitrarios del gobernador del Paraguay, Agustín de Pinedo", 29 jan. 1777, f. 3v-5. O capitão de milícias Garcia Rodrigues Francia provavelmente nascera em Mariana e passara ao Paraguai à época do governador Sanjust, contratado para aperfeiçoar a produção de tabaco. A trajetória do seu filho é bastante conhecida (COONEY, Jerry W. Foreigners in the Intendencia of Paraguay. *The Americas*, v. 39, n. 3, 1983, p. 352).

70 ANA, SH, v. 144, n. 19. "Expediente sobre la protesta presentada por Juan Lorenzo Gaona", anterior a 19 dez. 1801: Petição de Juan Lorenzo Gaona.

71 ANA, SH, v. 144, n. 19. Despacho dos ministros da *Real Hacienda*, Assunção, 7 set. 1802.

volução dos donativos que fizeram para a guerra de 1801, concebendo que não seriam usados, por declaradas as pazes. O promotor fiscal não somente repeliu os protestos, como também afirmou que cobraria os que se atrasaram em remeter os recursos, pois tinham sido isentos do serviço militar.[72] Havia quem se negasse a contribuir com donativos, como certo morador da região de Remolinos, que instado pelo tenente-coronel da província para que fornecesse algumas vacas e touros à guarnição do presídio, respondeu que "no tenia res que dar" pois "él no era poblador", e que se lhe antojasse passaria a outra região: "todos estos d.hos y pretestos son muy ympertinentes", escrevia o oficial encarregado, "yo no entiendo estas tranpas y modo de excluirse de mi iurisdición".[73]

Há que se ter em conta ainda que as promessas de donativos para reduções, cujas cifras animavam informes de governadores e *cabildantes* enviados ao *Consejo de Indias*, nem sempre se confirmavam. Quando foi instalada a redução de San Javier entre os Mocobíes, espanhóis de Córdoba, Tucumán, San Tiago e Santa Fé ofertaram 3 mil cabeças de gado. Com as provisões escasseando, o provincial "exhortó a los Españoles que mantuvieren su promesa y completaran las tres mil cabezas de las cuales él había recibido trescientas. La respuesta fue que no había existencia de ganado, que él viere de donde obtenerlo". A solução mais imediata foi recorrer ao superior para que enviasse pelo menos 500 cabeças de gado de outras missões.[74]

Assim, também os *vecinos*, ao realizarem donativos, esperavam o reconhecimento honorífico da Coroa, circunstância a que alguns governadores estavam bastante atentos, como Lazaro de Ribera, que em maio de 1800 fez chegar aos ministros do *Consejo de Indias* uma lista dos vassalos beneméritos que fizeram doações para "la presente guerra" contra os portugueses.[75] O governo conseguiu angariar concretamente 141.616,5 *pesos*, boa parte dos quais terão sido despendidos na fracassada tentativa de tomar o forte Coimbra em 1801.[76] Cumpre notar que os principais doadores foram os índios do *pueblo* de Caazapá, para quem Ribera

---

72   ANA, SH, v. 187, n. 10. Parecer do promotor fiscal da *Real Hacienda*, Juan Francisco Decoud, Assunção, 30 mar. 1802, f. 30-32v; Carta dos *vecinos* que reclamavam a devolução dos recursos remetidos à *Real Hacienda*, Assunção, 18 jun. 1802, f. 36.

73   ANA, CRB, n. 138, d. 28. Prudencio Barreto a Gregorio Thadeo de la Cerda, Remolinos, 22 abr. 1809.

74   PAUCKE, Florian. *Hacia allá y para acá*: una estada entre los indios mocobies, 1749-1767. Tucumán; Buenos Aires: Coni, 1943, t. 2, p. 17, 21.

75   AGI, Buenos Aires, 366. Lazaro de Ribera a Miguel Cayetano Soler, Assunção, 19 maio 1800. Os principais doadores, cujas ofertas foram acima de 100 *pesos*, foram, pela ordem: *pueblo* de índios Guarani de Caazapá, 25.023,5; Blas de Acosta, 2.000; Florencio Antonio de Zelada, 1.000; Lazaro de Ribera, 515; José Dias de Bedoya, 303; Pedro Benitez y Robles, 200; Martín José de Aramburu, contador, 200; Juan de Machain, 200; José González, tesoureiro, 200; *vecinos* de Ycuamandiyú, 196; Thomas de Ortega, *alcalde* de primeiro voto, 151; Vicente Lagle y Rey, 150; Bernardo Jovellanos, administrador dos correios, 125; Juan Goycochea, 103; Juan Francisco Decoud, 103; José Astigarraga, 103; Bernardo de Argana, alferes, 103; Agustín Trigo, 103; José Garcia del Varrio, 100 (AGI, Buenos Aires, 366. "Noticia de los donativos y prestamos que han hecho a S. M. para las presentes urgencias del Estado las comunidades de los Publos de Yndios, empleados, y vecinos españoles de la Provincia del Paraguay", Assunção, 19 maio 1800).

76   *Ibidem*.

pedia o título de "Fiel y Generoso Pueblo de Caazapá".[77] Em carta ao rei em dezembro de 1802, o *cabildo* de Assunção elogiou o governador, que com "sus dulces insinuaciones", "encontró un capital permanente en la benevolencia de este vecindario", assim para o referido estabelecimento como também para a última guerra e expedição contra Coimbra, à qual o *vecindario* "se prestó no menos generoso y fiel en el crecido donativo de ciento quarenta y un mil, seiscientos diez y seis pesos, y quatro reales de plata para los gastos y urgencias del estado en la próxima guerra con la Francia: acción digna del agrado de V. M.".[78] O *Consejo de Indias* resolveu que se mandasse uma carta de agradecimento do próprio monarca a todos os vassalos, e aos índios de Caazapá a concessão do referido título.[79]

Por outro lado, com as requisições de donativos aos *vecinos* não se tratava apenas de constituir lealdades, mas também de uma estratégia de certos governadores para obter vantagens pessoais do abastecimento dos fortes. Assim, Joaquín de Alós, tendo divulgado que o novo presídio de Borbón necessitava ser abastecido de gado, para o que apelava à lealdade dos vassalos, acertara com os *vecinos* os generosos preços de 16 e 18 *reales* por cabeça. O governador, no entanto, convencera-os a que firmassem a proposta por escrito com os preços de 26 e 28 *reales*, para desfrutarem o mérito de terem rebaixado a oferta, mas esse mérito atribuiu a si mesmo e à sua capacidade de gestão. Em outra ocasião, Alós e seus partidários, tendo comprado gado a 4, 5 e 6 *reales* de *vecinos* interessados em manifestar sua lealdade, venderam-no à *Real Hacienda* a 26 e 28.[80]

Para o caso das reduções de "índios bárbaros", como já referido no capítulo 6 deste trabalho, a dependência dos donativos de *vecinos* e a falta de um fundo nos ramos da *Real Hacienda* condicionavam a que esses estabelecimentos tivessem duração efêmera, apenas o bastante para que consumissem o gado doado. Assim, por exemplo, tendo o governador Alós feito batizar mais de uma centena de crianças Payaguá e enviado um projeto ao *Consejo de Indias*, em que orçava em 12 mil *pesos* o que custaria anualmente à *Real Hacienda* a redução daqueles índios e dos Guaná,[81] rechaçado o plano pelos conselheiros de Sua Magestade,[82] já em dezembro de 1795 o padre Inocêncio Cañete dava conta de que tinham sido consumidos todos os donativos e que passaria a não mais batizar crianças, pois elas voltariam a viver nos montes com seus pais sem a devida educação cristã.[83] Para o *Consejo*

---

77 AGI, Buenos Aires, 366. Lazaro de Ribera a Miguel Cayetano Soler, Assunção, 19 maio 1800.

78 AGI, Buenos Aires, 48. Carta do *cabildo* eclesiástico de Assunção ao Rei, 19 dez. 1802, f. 2v.

79 AGI, Buenos Aires, 48. "Carta de Cayetano Soler al gobernador intendente del Paraguay comunicando agradecimientos reales a los pueblos de indios por su contribución en los gastos de guerra", Madri, 9 jul. 1802. Os agradecimentos do monarca foram estendidos aos *pueblos* de Yutí, San Joaquín e San Estanislao.

80 RAH, CML, t. 60, f. 1-228. "Descripción de la provincia del Paraguay, sus producciones naturales, con observaciones sobre la agricultura, costumbres, y carácter de sus habitantes por Don Julio Ramón de César", 1790, f. 72v.

81 AGI, Buenos Aires, 283. Joaquín de Alós ao rei, Assunção, 26 out. 1792.

82 RAH, CML, t. 117, f. 412-15. "Real Cédula al virrey del Río de la Plata sobre lo resuelto con motivo de la solicitud del gobernador intendente del Paraguay", Aranjuez, 24 maio 1795, f. 413v.

83 AGI, Buenos Aires, 283. Frei Inocêncio Cañete ao rei, Assunção, Assunção, 19 dez. 1795.

de Indias, gastos com reduções de "índios bárbaros" deveriam ser de responsabilidade dos colonos e não do poder central, a quem cumpria tão somente reconhecê-los em seu mérito e lealdade.[84]

Como já referido, a manutenção dos soldados no tempo em que permaneciam nos presídios corria à sua custa; entretanto, diante de certas urgências, como a necessidade de reprimir incursões, o governo requisitava donativos entre os *vecinos* próximos para que a guarnição servisse com maior desembaraço nas fadigas de perseguir os índios e recuperar o gado. Assim, a guarda de Nundiay, que se compunha de 12 homens, foi reforçada em mais quatro praças e recebeu auxílios da cobrança de donativos lançada pelo governador, em decorrência dos últimos ataques ao *pueblo* de Guarambaré. Não era "tampoco irracional que los ganaderos y hacendados de aquel continente concurran con algún auxilio", acreditava o governo a respeito dessas requisições, "pues el beneficio es transendental a todos ellos, y con este objeto esta mandado que suministren carne a los Payaguas, quando handen de fatiga sin que se entienda que en esto haya de intervenir coerción". Com a ressalva de que as requisições não eram coercitivas, o governador se referia à instrução que passara aos comissionados que "sabrán insinuarse al logro de una contribución gratuita que por ser tan moderada se hace poco molesta no siendo perpetua, mientras no se toma otra medida p.r succesiva".[85] Ficava aí clara a noção de que os custos da defesa deviam ser transferidos aos mesmos moradores.

É preciso distinguir, no entanto, os gastos ordinários com a manutenção da defesa da fronteira e reduções de bárbaros, transferidos aos colonos através dos vários mecanismos aqui analisados, dos gastos com as operações decididas em contexto de guerras entre as duas potências, quando era obrigação da *Real Hacienda* o dispêndio dos recursos necessários. Assim, por exemplo, correu à custa da *Real Hacienda* o provimento da expedição de desalojo dos portugueses do Iguatemi, composta "de mil hombres españoles, y doscientos de gente de color, haviendo comprado para su manutención dos mil y quinientas cabezas de ganado, fletado mil mulas, y seiscientos cavallos".[86] Mesmo nesses casos, não se deixava de recorrer à lealdade dos vassalos que tivessem meios de fazer donativos em favor do Real Serviço. Para a expedição que, em 1792, foi verificar se os portugueses se haviam reintroduzido no Iguatemi, embora as caixas reais tivessem entrado com 150 mulas, 10 cavalos, 50 touros, 25 fuzis, munição competente e 16 arrobas de sal, apelou-se à antiga lealdade dos *pueblos* Guarani da província, de quem se requisitou gado vacum e cavalar, 39 bois de San Joaquín e 27 touros e algumas mulas de San Estanislao.[87] Tanto

---

84 AGI, Buenos Aires, 295. "Informe de la Contaduría" do *Consejo de Indias*, firmado por Thomas Ortiz de Landazuri, Madri, 23 abr. 1777.

85 ANA, CRB, n. 138, d. 6. Gregorio Thadeo de la Cerda a Eustaquio Giannini y Bentallol, Assunção, 26 nov. 1808; ver também: ANA, CRB, n. 138, d. 10. Informe do tenente-coronel Gregorio Thadeo de la Cerda, Assunção, 26 nov. 1808.

86 AGI, Buenos Aires, 543. Agustín de Pinedo a José de Gálvez, acampamento de Mandiho, a 40 léguas da capital, 22 set. 1777.

87 AHN, Estado, 4611, n. 64. "Diario que formo yo el capitán de Ex.to Don José Benancio de la Rosa desde el día 3 de enero de 1792 que recibi la or.n de su S.ria p.a caminar a la expedición del río Ygatimi", termina em Curuguaty,

maior seria o mérito dos governadores, ao coordenar as operações de guerra que contavam com recursos da *Real Hacienda*, quanto mais diligentes fossem em transferir aos colonos os gastos que coubessem no possível, e assim se entende porque Lazaro de Ribera se empenhou em requerer donativos para a guerra de 1801 contra os portugueses, tendo obtido até maio de 1800 o montante de 141.616,5 *pesos*,[88] ao que se acrescentaram sucessivas requisições, do que se pode ter uma ideia, por exemplo, por uma "*Razón*" dos animais usados na referida expedição, constando ali o nome dos doadores, o número de animais e o que restou para ser devolvido.[89]

O provimento da expedição contra o forte Coimbra, enviada em setembro de 1801, dependeu de requisições àqueles que, impossibilitados de servir, se viam na obrigação de fazer os donativos que a *Real Hacienda* esperava. José Antonio Garcia, achando-se "bastante achacoso", ofereceu "voluntariamente de donativo" 100 novilhos; a mesma quantidade em gado maior doou José Dias de Bedoya, por já idoso; 200 cabeças Antonio Martins Viana, pela mesma razão.[90] É inútil tentar estabelecer se tais ofertas eram "generosas" ou "compulsórias" (até porque os que esperavam obter alguma honra ficavam à mercê da boa vontade dos ministros do *Consejo de Indias*), sendo o mais decisivo a existência desse mecanismo por meio do qual, para proteger as propriedades dos vassalos do inimigo estrangeiro, essas propriedades deviam estar, como estavam, à disposição do governo.[91] Era esse o princípio que guiava também a provisão das expedições destinavas a escarmentar os índios que se supunha hostilizavam as fazendas da pro-

---

16 mar. 1792; AHN, Estado, 4611, n. 65. José Venancio de la Rosa a Joaquín de Alós, Curuguaty, 15 mar. 1792.

88   AGI, Buenos Aires, 366. Lazaro de Ribera a Miguel Cayetano Soler, Assunção, 19 maio 1800.

89   ANA, CRB, n. 69, d. 23. "Razón de los animales que por disposición del S.r Gov.r Int.te recibi de los individuos para habilitación de la Tropa de mi mando dirigida contra la Nación Lucitana", por Juan Manuel Gamarra, Villa Real de la Concepción, 20 jan. 1802.
Foram doadores de cavalos: Miguel Herrera, 99; Juan de Zevallos, 10; Mariano Ferreyra, 10; Juan Gelli, 6; Rafael Requejo, 6; total: 131. 58 foram utilizados em Borbón, sendo devolvidos 24 e permanecendo 28 em poder da *Real Hacienda*.
Uma parte do gado foi requisitada às seguintes estâncias: Juan Lorenzo Gaona, 161; presídio de San Carlos do rio Apa, 70; José Montiel, 34; Rosa Cortazar, 24; Juan Francisco Echaque, 10; Andres Sosa, 10; Blas Antonio Recalde, 8; Fernando de la Concha, 4; *Estancia del Rey*, 4; total: 355. Todo o gado foi consumido na expedição a Coimbra. No presídio de San Carlos do rio Apa, 20 cabeças foram dadas aos caciques Miguelito e Ticu Telenoé. Afogaram-se no rio Paraguai 14.
As mulas doadas eram 38, das quais ficaram estropiadas 8.

90   ANA, SH, v. 184, n. 2, f. 17: José Antonio Garcia ao governador Lazaro de Ribera, Villa Real, 10 ago. 1801; f. 32: José Dias de Bedoya, Assunção, 16 jul. 1801; f. 34: Antonio Martins Viana, Assunção, 17 jul. 1801. Lê-se no despacho de Ribera a um dos solicitantes: "En nome del Rey n.tro s.or doy las gracias a D. Joze Antonio Garcia por esse generoso rasgo de fidelidad" (f. 17). Esse José Dias de Bedoya ainda ofereceu 500 a 1000 cabeças de gado ao preço de 5 reales (f. 13).

91   O referido informe sobre os donativos traz ainda indicações de pessoas que fizeram ofertas sem que constasse se foram isentas do serviço: Pedro Furtado de Mendonça, 100 cabeças; Jacinto Bila Buscay, 100 cabeças; Maria del Rosario Escobar, 50 cabeças e o alistamento de seu único filho varão em idade de 16 a 18 anos (ANA, SH, v. 184, n. 2, f. 33, 38, 36: Assunção, 16 e 17 jul. 1801).

víncia, como o governador Ribera escreveu ao coronel José de Espinola em 1800: "Es mui justo que los hacendados contribuyan con alguna carne a la subsistencia de los pobres soldados, que defienden en los precidios sus ganados". Naquela ocasião, era preciso enviar uma entrada ao Chaco para "recobrar los robos, que han hecho, y castigarlos", tendo em conta as últimas hostilidades feitas aos moradores da redução de Remolinos.[92]

* * *

O outro polo da contradição diz respeito, portanto, ao dano causado às propriedades por "contribuciones forzadas" e "donativos voluntarios", ou como eram chamados do lado português, "derramas" e "contribuições proporcionais" de mantimentos, as mesmas produções que, para o caso do distrito de Vila Bela já referido, eram estimuladas pelos administradores ilustrados com isenções nas entradas, impedimentos de execuções por dívidas, concessões de sesmarias e incentivos à reconstrução de engenhos.[93] Assim, como referem os camaristas de Vila Bela para o mesmo ano de 1769, quando foram lançados os bandos de promoção à agricultura, continuaram as frequentes requisições compulsórias de mantimentos, tendo o governador Luiz Pinto ordenado que se procedesse "a uma derrama sobre os roceiros destes sítios, a respeito das carnes de porco com que deviam assistir para as tropas de Sua Majestade, suposta a urgência desse gênero para o entretimento da guarnição do forte de Bragança, e o grande transporte da Vila do Cuiabá até esta capital".[94] No ano seguinte, "vendo Sua Excelência que eram impraticáveis as condutas de carnes de porco da Vila de Cuiabá para a manutenção do forte de Bragança, [...] foi servido determinar ao senhor ouvidor-geral mandasse proceder a uma derrama ou contribuição proporcional a todos os seus moradores, o que se executou sem a menor violência".[95] A política de estímulo às lavouras e à pecuária era indissociável da consolidação da soberania portuguesa sobre as fronteiras e, consequentemente, do imperativo de remeter mantimentos para as guarnições, cujo ônus acabava recaindo sobre os mesmos colonos.

Em urgências de guerra, as "derramas" propiciavam um socorro indispensável às guarnições, como se passou com a do forte Conceição em 1766. Essa fortificação acabou bem municiada ainda nos últimos dias do conflito, existindo no armazém 1.500 alqueires de farinha, 600 de feijão, 107 arrobas de sucupira seca, 11 arrobas de toucinho, 50 alqueires de arroz, 30 alqueires de milho: "o senhor general para isso custeou bem os que tinham engenho. Aos mais, mandou fazer

---

92   AGI, Buenos Aires, 89. "Memorial de José de Espinola y Pena", Assunção, 16 set. 1800, f. 63v: Lazaro de Ribera a José de Espinola, Caazapá, 2 fev. 1800.

93   AHU, Cód. 613, f. 11v-21v. Carta de Tomé Joaquim da Costa Corte Real a Antonio Rolim de Moura, Belém, 22 ago. 1758, f. 15-16, §14-16; *AVB*, p. 134.

94   *AVB*, p. 131-32.

95   *AVB*, p. 176.

uma derrama civil, para cada um dar um tanto de farinha. A todos os mineiros mandou fazer roça grande, largando de tirar ouro, que no tempo presente só se carecia de mantimento para a defesa da Capitania".[96] Para a guerra de 1801, o juiz de fora de Cuiabá, Joaquim Ignácio da Silveira Mota, diante das notícias vindas de Coimbra de que o próprio governador do Paraguai se dirigia ao presídio com vistas a tomá-lo, "foi pessoalmente por todas as casas dos moradores d'esta villa, e mandou para os districtos de fóra tomar todas as espingardas que houvessem, com a limitada excepção das indispensaveis para guardas das fazendas e sitios expostos aos assaltos dos gentios e das feras". Por meio de carta-circular, requisitou todos os mantimentos produzidos: "passou as mais estreitas ordens para que os poucos roceiros d'este districto fornecessem o real armazem com todo o mantimento que tivessem", e emprestassem todas as canoas. Somente aos comerciantes os itens foram comprados à vista, "para segurar o credito da real fazenda vacillante n'esta capitania pelas grandes despezas que tem feito".[97] Muito mais frequentes eram as bandeiras enviadas à captura de grupos tidos por hostis, para cuja provisão também era comum o recurso às derramas, definidas pela câmara as quantidades que tocavam a cada morador: à que foi mandada ao Urucumano a 5 de janeiro de 1775, "havia concorrido o povo, por derrama da Câmara",[98] e a comandada por Inácio Leme da Silva, que "foi a mais bem preparada que até agora tem saído para o sertão", contou com o que a derrama reunira em "96 cargas de mantimento e apetrecho de guerra em oito bestas da bandeira e quarenta alugadas por dez dias".[99]

Nesses limites disputados, ameaças espanholas não podiam passar sem a atenção do governo. Mesmo se não ocorresse o ataque, recrutamentos e requisições, tidos por medida defensiva inevitável, produziam dívidas e empobrecimento em uns e outros. Assim, em 1771, ante a notícia de que os espanhóis estavam prestes a tomar o forte Bragança, Luiz Pinto de Souza ordenou ao povo de Cuiabá o envio de 300 homens pelo rio e 80 a cavalo: "deo esta novidade grande abalo neste Povo huns porque deyxavaó suas cazas mulheres e filhos e fazendas ao dezamparo outros porque se lhes tiravaó os escravos e outros os mantimentos não havia quem naó sentisse naó gemesse e naó chorasse".[100] Desmentida a novidade, as tropas foram dispensadas quando chegaram a Vila Bela. "Restituidos as suas cazas comessão a trabalhar, para pagar os gastos que fizerão; logo se virão huns citados, e outros executados, vindo a pagar não só os principaes, de que se constituirão devedores, mas tão bem custas em premio da prontidão dos seos serviços".[101]

---

96 *AVB*, p. 117-118.

97 *ASCC*, p. 165; SIQUEIRA, Joaquim da Costa. "Compêndio histórico cronológico das notícias de Cuiabá, repartição da capitania de Mato-Grosso, desde o princípio do ano de 1778 até o fim do ano de 1817". *RIHGB*, Rio de Janeiro, v. 13, 1850, p. 45.

98 *AVB*, p. 198-99.

99 *AVB*, p. 199.

100 SÁ, José Barbosa de. "Relaçaó das povoaçoens do Cuyabá e Mato groso de seos principios thé os prezentes tempos", 18 ago. 1775. *ABN*, Rio de Janeiro, v. 23, 1904, p. 55.

101 *ASCC*, p. 99.

Esses registros deixados pelas câmaras dão ideia da insatisfação gerada pelas derramas, chegando-se a tensionar as noções de lealdade, equidade e justiça difundidas pelo poder central, o que as deserções para o mato ou para os domínios espanhóis expressavam muito bem. Ainda há que verificar se as câmaras realmente eram foco de resistência a essas medidas (o exemplo eloquente lembrado por Peregalli sobre a vila de Ubatuba, que respondeu a uma requisição com a conta não paga da derrama anterior, segue sendo emblemático),[102] ou se acabavam sendo colaboradoras em transferir essas despesas à gente mais pobre que, sem representação política, tinha na deserção uma das poucas formas de resistência. O Morgado de Mateus, aliás, é quem sustenta que o que "sucede com a derrama dos mantimentos" é que "nunca os camaristas, por serem faltos de autoridade e respeito, intentem com os ricos e abundantes, mas sim com outros mais pobres do que elles".[103]

Embora prover guarnições e municiar expedições fossem tarefas cruciais para a consolidação da soberania do Império português nas fronteiras, o discurso do poder central em torno da lealdade dos vassalos e da obrigação da Coroa em zelar por suas propriedades visava desautorizar qualquer crítica a procedimentos de requisições forçadas e outros arbítrios que não incidissem sobre os funcionários mais imediatamente visíveis. Se o poder monárquico, como assinala Fernando Dores Costa, "está limitado pelo reconhecimento da propriedade, tomada em sentido amplo, incluindo a posse de bens intangíveis porque simbólicos, como os sinais de honra", as requisições e recrutamentos não podiam colidir com a propriedade econômica dos poderosos, sustentáculo da monarquia, com cuja articulação o sistema acabava incidindo sobre "aqueles que não conseguiam obter a proteção de uma rede de isenção", quer dizer, os setores mais pobres da sociedade.[104] O compromisso da Coroa com esse "pacto constitucional monárquico", segundo os termos de Dores Costa, era claramente expresso em carta de Martinho de Melo e Castro ao governador de Mato Grosso: "seria huma grande violencia, totalmente repugnante ao Generozissimo coração de Sua Magestade, e inteiramente oposta ás máximas do seu prudentíssimo governo, fundadas nos sólidos, e inalteráveis princípios da Equidade, e da Justiça, se houvessem de privar os Habitantes de Matto Grosso dos frutos da Terra, que a providencia lhes deu, para seu sustento".

---

102 "Para o juis, e mais oficiaes da Camera de Ubatuba", Martim Lopes Lobo de Saldanha, São Paulo, 24 abr. 1777. *DI*, v. 78, p. 110; PEREGALLI, Enrique. *Recrutamento militar no Brasil colonial*. Campinas: Editora da Unicamp, 1986, p. 127.

103 Projecto, ou plano ajustado por ordem de S.M.F. entre o Governador & Cap.ᵐ Gen.ᵃˡ de S. Paulo D. Luis Ant.º de Souza & o Brigadeiro José Custódio Sá Faria, 1772. *Revista Monumenta*, Curitiba: Instituto Cultural & Patrimônio, n. verão 87, 1987 (transcrição de documento depositado na Biblioteca Mário de Andrade, São Paulo), p. 140-41.

104 COSTA, Fernando Dores. Recrutamento. In: HESPANHA, António Manuel (coord.). *Nova história militar de Portugal*, v. 2. Lisboa: Círculo dos Leitores, 2004, p. 83-84, 87; ver também: Idem, *Insubmissão*, op. cit., p. 272-75.

Não era lícito prejudicar as produções rurais das colônias, pois eram unicamente as artes e manufaturas que as faziam "dependentes da Capital Dominante".[105]

Daí se compreende que os governos procurassem dar aos colonos garantias de que zelavam por suas propriedades. De modo semelhante, tanto no Paraguai quanto em Mato Grosso os governos emitiam letras de crédito em que se comprometiam a restituir os valores requisitados para o municiamento das tropas, o que faziam com demorados atrasos. No caso do Paraguai, os *vecinos* reclamavam quando as requisições eram feitas violentamente, sem a emissão de letras que fixassem as condições do ressarcimento.[106] Em 1799, os vassalos beneméritos forneceram um "empréstimo patriótico", como foi chamado, de 14.594 *pesos*, o qual foi pontualmente restituído no ano seguinte.[107]

Em Mato Grosso, as letras eram chamadas de Bilhetes da Real Fazenda. Os bilhetes foram instituídos por bando de 7 de janeiro de 1769, publicado em Cuiabá a 19 de janeiro, em que o governador Luiz Pinto de Souza determinava que todos os credores da Real Fazenda apresentassem na provedoria os documentos correspondentes, com o que receberiam "huns valles na forma que nessa ocazião se estabeleceo, dandose estes aos credores em diferentes quantias, quantos erão precizos a prefazer a correspondente as suas dividas".[108] Como a Real Fazenda era "má pagadora", para usar a expressão de Davidson, esse procedimento provavelmente imobilizava um não desprezível capital de produtores e comerciantes.[109] Os próprios bilhetes eram usados como meios (depreciados) de pagamento. Se os comerciantes ou oficiais militares que os adquiriam também eram credores da Real Fazenda, podiam não apenas obter o valor inteiro dos mesmos bilhetes, como também angariar capital político, fazendo passar como próprios os donativos alheios, com o que obtinham um argumento a mais para solicitar hábitos e mercês.[110]

---

105 AHU, Cód. 614, f. 48-51. Carta de Martinho de Melo e Castro a Luiz Pinto de Souza, Palácio da Nossa Senhora da Ajuda, 7 out. 1771, f. 49.

106 AGI, Buenos Aires, 48. "Representación del Consejo, Justicia y Regimiento de la ciudad de la Asunción, acerca de los procedimientos arbitrarios del gobernador del Paraguay, Agustín de Pinedo", 29 jan. 1777, f. 3v-5; ANA, SH, v. 144, n. 19. "Expediente sobre la protesta presentada por Juan Lorenzo Gaona", anterior a 19 dez. 1801.

107 AGI, Buenos Aires, 454. "Cuenta de la Real Hacienda", 1796-1797, 1799-1800.

108 *ASCC*, p. 95. Em Portugal, o "Regimento das décimas para as despesas da guerra" de 1646 reforçou as garantias dos credores da Real Fazenda. Aos que fizessem contribuições de mantimentos e homens à sua custa para as guerras ficava assegurada a isenção de novas derramas por três anos (COSTA, *Insubmissão, op. cit.*, p. 138).

109 DAVIDSON, *Rivers & empire, op. cit.*, p. 134.

110 Em 1819, o engenheiro d'Alincourt observou que "constituindo-se assim elles mesmos os credores da fazenda publica; fanfarronando huns fazer-lhes donativos de sommas avultadas, com taes documentos [...] e com este serviço quimérico requererão, e alcançarão habitos, e outras mercês. Outros tem recebido por inteiro, o que os infelizes, e privativos possuidores de taes documentos não puderão obter em parte". Certo sujeito chegou a se constituir em credor da Fazenda Real em 40 contos: "já tem recebido e continuará a receber juros desta quantia" (ALINCOURT, Luiz D'. "Rezultado dos trabalhos e indagações statisticas da província de Matto-Grosso" [1828]. *ABN*, Rio de Janeiro, v. 8, 1881, p. 111).

Embora atrasasse o pagamento dos bilhetes, a Real Fazenda não admitia adquirir produtos senão nos preços que entendia "de mercado". Daí a vigência da portaria de 22 de janeiro de 1801, que punia com prisão e desterro para os presídios os comerciantes que ocultassem produtos ou não os quisessem vender.[111] O governo seguia praticando a política de requisitar aos comerciantes os itens a preços que ele mesmo fixava, e a determinar quando pagaria e qual parte da dívida: assim, quando foi preciso levantar os credores da Real Fazenda em agosto de 1804, o preço a ser pago pela farinha não devia exceder a oitava por alqueire, e somente seriam pagas as dívidas correspondentes ao novo governo, que iniciara em março daquele ano.[112] O provedor da Real Fazenda, à época o juiz de fora Gaspar Pereira da Silva Navarro, foi instruído a permanecer "na inteligencia de que não deve mandar fazer pagam.to algum em ouro das couzas que se comprarem p.a fornecim.to dos R.es Armaz.s dessa V.a para se remeterem p.a a front.a do Paraguay, devendose somente passar na forma do costume os comp.es docum.tos aos donos das mesmas couzas".[113] Essa prática permitia à Real Fazenda postergar as restituições até receber o subsídio da capitania de Goiás ou contar com ingressos suficientes: assim, em outubro de 1804, sem dinheiro para pagar os bilhetes, o governador Manuel Carlos ordenou que fossem executados todos os devedores das entradas gerais, donativos, terças partes dos ofícios e subsídio voluntário.[114]

Que critério o governo utilizava, quando havia dinheiro, para pagar os credores da Real Fazenda? Do que se depreende de uma carta do governador João de Albuquerque ao ouvidor da comarca, datada de março de 1792, dever-se-ia dar preferência aos moradores que viviam em áreas fronteiras às terras de Castela, "por muitos interessantes e políticos motivos" expressos nas instruções de Sua Majestade: o receio de que desertassem para os domínios rivais pesava mais do que a antiguidade das dívidas. Preferiu-se pagar, naquela ocasião, os detentores de bilhetes que viviam no Forte Príncipe e suas dependências, "que só se devide pelo ryo Guaporé dos Estados Espanhoes da Prov.a de Moxos", de Casalvasco e seu distrito, "tão imediato aos mesmos Dominios Espanhoes da prov.a de Chiquitos" e os moradores da capital.[115]

Recorrer aos escravos de particulares foi a solução encontrada pelo governo de Mato Grosso para a construção do Forte Príncipe, não sendo de surpreender que esse símbolo

---

[111] APMT, Cód. C-46, f. 130-135v. Manuel Carlos de Abreu de Meneses ao juiz de fora de Cuiabá, Gaspar Pereira da Silva Navarro, Cuiabá, 2 jul. 1805, f. 133v, §14.

[112] APMT, Cód. C-46, f. 19-19v. Manuel Carlos de Abreu de Meneses ao juiz de fora de Cuiabá, Gaspar Pereira da Silva Navarro, Vila Bela, 28 ago. 1804.

[113] APMT, Cód. C-46, f. 53-54b. Manuel Carlos de Abreu de Meneses ao juiz de fora de Cuiabá, Gaspar Pereira da Silva Navarro, Vila Bela, 24 nov. 1804, f. 53v.

[114] APMT, Cód. C-46, f. 38v-39. Manuel Carlos de Abreu de Meneses ao juiz de fora de Cuiabá, Gaspar Pereira da Silva Navarro, Vila Bela, 11 out. 1804.

[115] AHU, MT, cx. 29, d. 1638. João de Albuquerque ao ouvidor geral da comarca, Luís Manuel de Moura Cabral, Vila Bela, 28 mar. 1792.

máximo da soberania portuguesa na fronteira com as *Indias* de Castela dependesse do recurso às formas mais coercivas de trabalho. As obras iniciaram com 27 escravos d'El-Rei e 16 emprestados por Manoel de Souza Silva, cortando o mato na margem do rio e nos arredores para que fosse levantado o quartel do engenheiro e diretor das obras Domingos Sambuceti.[116] Essa primeira construção era importante porque se podiam acomodar os escravos da Real Fazenda, que se permanecessem no Forte Bragança, seguiriam perdendo uma hora de trabalho por dia com o deslocamento.[117] Já no ano de 1775, Sambuceti dava conta da fuga de quatro escravos empregados na pedreira,[118] onde em meados de setembro do mesmo ano trabalhavam 50 negros.[119] Os trabalhos eram, assim, repartidos entre a faina de cortar e transportar as pedras na pedreira, que não distava muito da obra, e a construção propriamente dita, em que alguns se ocupavam no cortar, outros em lavrar e transportar madeiras, e nos mais trabalhos necessários.[120] Em julho e dezembro de 1777, Sambuceti justificava ao governador o atraso nas obras devido à diversão de pelo menos 26 escravos nas obras de reparação do Forte Bragança, sendo em fins daquele ano restituídos aos botes de condução de pedras.[121] Entre os operários pedreiros, estavam escravos da Fazenda Real e alguns peões vindos do Pará, para cujo estímulo o governador concedera não lhes mandar descontar nos jornais os remédios e o mais sustento com que se lhes assistia durante as enfermidades.[122] Entretanto, Sambuceti enfatizava a falta de mão de obra, que poderia retardar consideravelmente a construção do forte: "Ainda que faço todo o excesso para que estas obras tenhão o adiantam.to conforme o meo dezejo não he posivel pellas faltas que tenho experimentado de toda a casta de obreiros".[123]

Se a falta de mão de obra era um problema indócil para o governo, garantir a continuidade da construção dessa fortaleza monumental requeria toda a atenção com o cotidiano dos trabalhadores, escravos e operários livres. Forçoso era apaziguar rapidamente os ânimos dos que dessem sinais de insatisfação, como sucedeu em outubro de 1778, quando vários carpinteiros, pedreiros, operários e alguns soldados enviaram uma petição contra "as pesadas desinvolturas do furriel Felix Botelho", que então fiscalizava as obras. Ao comandante José Cardoso da Cunha não lhe pareceu despropositada a reivindicação dos líderes do motim, julgando "com alguma razão a cauza, e dezagora destes homens, tantas vezes feridos, descompostos, e injustiçados das imprudências de hum rapaz criado a Ley da Natureza, e sem educação alguma, audaciozam.te

---

116 APMT, Defesa, 1775 a, 95. Domingos Sambuceti a Luiz de Albuquerque, Forte Bragança, 27 abr. 1775.

117 *Ibidem*.

118 APMT, Defesa, 1775 a, 97. Domingos Sambuceti a Luiz de Albuquerque, Forte Bragança, 6 nov. 1775.

119 APMT, Defesa, 1775 a, 100. Domingos Sambuceti a Luiz de Albuquerque, Forte Bragança, 16 set. 1775.

120 *Ibidem*.

121 APMT, Defesa, 1775 a, 218. Domingos Sambuceti a Luiz de Albuquerque, Forte Príncipe, 3 dez. 1777.

122 APMT, Defesa, 1777, 225. Domingos Sambuceti a Luiz de Albuquerque, Forte Príncipe, 27 jul. 1777.

123 APMT, Defesa, 1777, 227. Domingos Sambuceti a Luiz de Albuquerque, Forte Príncipe, 25 jun. 1777.

cheyo de fantasia de haver confiado a elle V. Ex.a a fiscalização destes operários".[124] O furriel foi substituído pelo cabo de esquadra João Soeiro.[125]

Daí que, sendo os escravos absolutamente decisivos em construções e reparo de fortificações, o governo estimulava que os colonos fizessem se não doações voluntárias, pelo menos empréstimos de escravos à Real Fazenda, motivados por promessas de patentes, honras e mercês. Exemplo do que se pode chamar de "adesão interessada", o engenheiro Domingos Sambuceti endividou-se com a compra de 35 escravos e emprestou todos à Real Fazenda para a construção do Forte Príncipe.[126] Os que emprestavam seus escravos à Real Fazenda, além de não receberem nenhuma compensação (e perceberem o prejuízo de não terem recebido as utilidades que os mesmos escravos poderiam produzir, se aplicados em outra atividade), eram obrigados a custear sua manutenção e tratamentos médicos, como se passou com certo alferes da Companhia de Dragões, Antonio Francisco de Aguiar, que trazia nas Reais Obras do Forte Príncipe 10 escravos desde o início das construções. O suplicante requereu em 1786 que fossem revistos os "descontos concideraveis" que tivera nos últimos meses em seu soldo, sendo o mais recente o importe gasto com 80 galinhas, com que teriam sido assistidos seus escravos.[127] Em despacho de janeiro do ano seguinte, o comandante do forte rechaçou o pedido, afirmando que não houvera malversação no gasto com as galinhas, pois os escravos de Antonio Francisco de Aguiar realmente estiveram doentes.[128]

O tipo de coerção propriamente simbólica a que os proprietários de escravos estavam sujeitos, ao serem instados pelo governador a manifestarem sua lealdade ao rei, tanto mais urgente nesse momento em que se tratava de construir uma fortificação capaz de consolidar a posse portuguesa sobre aquelas terras, não se apresentava de modo mais contundente do que quando o próprio governador pedia a este ou aquele vassalo que vendesse alguns escravos à Real Fazenda, naturalmente a preços baixos. Como escreveu João Raposo da Fonseca Goes, fazendeiro que chegou a ocupar o posto de sargento-mor do terço de Ordenanças de Vila Bela, diretamente ao Marquês de Pombal, em agosto de 1775, "m.tos nam se animam a por na prezensa de V. Ex.a varias violencias, e emjustiças", havendo-lhe sucedido que "o governador e C. general Luis de Albuquerque de Melo me escreveo hua carta, em sinuando-me nela o forrar eu a dois escravos meos, e na carta nam mostrava empenho algum"; ao que contestou o referido proprietário que não o podia fazer, "por ser hu o meu ferreiro, e outro meu page, e de hu e de outro presizava m.to p.a o costeyo das m.tas fabricas q' sam lavras de extrair oiro, e eng.nho de açúcar, nas quais

---

124 APMT, Defesa, 1778, 267. José Pinheiro de Lacerda a Luiz de Albuquerque, Forte Príncipe, 5 nov. 1778.

125 APMT, Defesa, 1778, 291. José Cardoso da Cunha a Luiz de Albuquerque, Forte Príncipe, 17 out. 1778.

126 IANTT, Feitos Findos, Juízo da Índia e Mina, Justificações Ultramarinas, Brasil, maço 113, n. 16. Testamento de Domingos Sambuceti, Fortaleza de Nossa Senhora da Conceição, 12 mar. 1777.

127 APMT, Defesa, 1787, Lata A, 863. "Requerimento do alferes da Companhia de Dragões Antonio Francisco de Aguiar solicitando revisão do pedido de galinhas para assistir seus dez escravos que serviam no Forte Príncipe da Beira", Forte Príncipe [1786].

128 APMT, Defesa, 1787, Lata A, 879. José Pinheiro de Lacerda a Luiz de Albuquerque, 2 jan. 1787.

Fabricas ocupo asima de cem escravos". Resultando o caso que, em pouco tempo, interveio o ouvidor da comarca, recomendando-lhe a esse João Raposo da Fonseca Goes que se abstivesse de pleitos, pois era devedor do Juízo de Ausentes, "e por nam querer a m.a perdisam abstive-me", prossegue seu relato, "e deixei hir tudo a revelia, e se avaliaram os meos escravos pelo q' quizeram, e nam pelo q' valiam, e eu nam quis alevantar o oiro q' se deitou, e se me tem cauzado com a falta destes escravos bastante prejuízo".[129] Aqui é interessante mencionar que esse ouvidor, doutor Miguel Pereira Pinto, era do parecer de que "o governador, como lugar tenente de Sua Magestade, podia estraordinaria m.te mandar forrar" os escravos que necessitasse.[130] Esses casos não eram desconhecidos do poder central, e o ministro Rodrigo de Souza Coutinho chegou a escrever que a requisição de escravos era um dos piores males à agricultura do Brasil.[131]

Os gastos militares e as receitas e despesas das províncias

Por que era preciso recorrer às requisições compulsórias de mantimentos, escravos e outros itens e valer-se de dispositivos como letras de crédito e mesmo honras e mercês? A pergunta, aparentemente ingênua, conduz a uma problemática central, que diz respeito ao impacto dos gastos militares nas despesas globais das províncias fronteiriças.[132] Coerentemente à hipótese defendida neste estudo, importa realizar ao menos algumas aproximações sobre em que medida os dispositivos simbólicos de construção de lealdades e a transferência de gastos aos colonos podiam significar, se não um alívio, pelo menos as condições mínimas às finanças de Mato Grosso e Paraguai para que continuassem a prover os estabelecimentos, a política indigenista e as expedições que, de uma forma ou de outra, asseguravam a soberania monárquica sobre os territórios contestados.

Há que sublinhar, já de início, uma diferença absolutamente fundamental entre os dois sistemas de abastecimento. Mato Grosso contava com envio regular de um subsídio de 8 arrobas de ouro desde Goiás,[133] ao passo que o Paraguai não possuía nenhum subsídio de Castela para custos defensivos e de política indigenista. Isso explica por que a capitania portuguesa pôde manter, desde a década de 1750, duas Companhias de tropas de linha ou pagas que, embora compostas por poucos homens, realizavam serviços indispensáveis em expedições e guarnições, e explica também a origem do dinheiro que gastavam com presentes para atrair os índios fronteiriços. No

---

129 IANTT, MNEJ, maço 67 (caixa 55), n. 2. Carta de João Raposo da Fonseca Goes ao Marquês de Pombal, Vila Bela, 9 ago. 1775.

130 *Ibidem*.

131 Carta de Rodrigo de Souza Coutinho a Antonio Manuel de Mello Castro e Mendonça, Queluz, 1 out. 1798. *DI*, v. 89, p. 68.

132 Para um estudo a respeito do caso da Nova Espanha, com atenção aos "donativos graciosos" e às "doações universais e compulsórias", ver: MARICHAL, Carlos. *Bankruptcy of empire*: Mexican silver and the wars between Spain, Britain, and France, 1760-1810. Nova York: Cambridge University Press, 2007, *max.* p. 90-113.

133 Uma estratégia imperial definida pela Corte de Lisboa, que ordenou as remessas desde 1757: AHU, Cód. 613, f. 1-8. Tomé Joaquim da Costa Corte Real a Antonio Rolim de Moura, Nossa Senhora de Belém, 7 jul. 1757, f. 7-7v, §18.

Paraguai, como o *Consejo de Indias* rechaçou todos os pedidos de criação de semelhante tropa e todas as propostas de criação de subsídio (quer da sisa de Tucumán, quer de dízimos sobre os índios das missões), o serviço militar permaneceu gratuito, e as reduções de índios, dependentes de donativos. A importância dos fortes Borbón e San Carlos era tal que suas guarnições eram as únicas a vencer soldo, o qual era despendido com a compra das *raciones* enviadas pela *Real Hacienda*. Realmente, as prioridades imperiais de cada Corte, ao incidirem diretamente sobre o cotidiano dos moradores de cada fronteira em seus vastos domínios, condicionaram avanços e recuos dos territórios em disputa.

Segundo parece ao historiador David Davidson, os gastos militares da capitania de Mato Grosso orçavam pelos 75% dos gastos totais.[134] O autor, no entanto, provavelmente chegou a essa estimativa computando como defensivos todos os gastos com transporte, pois as outras despesas, mais diretamente relacionadas ao militar, inclusive as letras da Real Fazenda, com que se faziam as requisições de mantimentos aos colonos, conduziam a uma média de 63% de gastos militares em um período de relativa paz. Após 1775, essas despesas terão crescido consideravelmente com as construções dos fortes Príncipe da Beira, Coimbra e Miranda e a manutenção de suas guarnições.

Tabela 6: Gastos militares da capitania de Mato Grosso (1769-1775)

	1769	1770	1771	1772	1773	1774	1775
Folha militar	33.875$968	30.221$906	39.000$000	39.700$000	29.647$929	32.163$497	31.785$614
Ração	5.171$018	2.263$366	3.200$000	3.800$000	1.653$833	4.566$839	10.316$854
Expedições	4.660$096	435$218	1.400$000	790$000	288$479	1.379$486	2.225$832
Armas e munições	1.121$296					174$370	
Reparos de armas	1.427$671	697$500	1.000$000	580$000	382$481	673$642	1.027$200
Letras da Real Fazenda	894$100	853$500	31.975$500	25.371$758	30.162$150	20.627$263	17.904$000
Suprimentos	16.394$606	15.072$538	22.000$000	14.000$000	9.624$016	11.624$635	19.643$180
Gastos militares totais	63.544$755	49.544$028	98.575$500	84.241$758	71.758$888	71.209$732	82.902$680
Outras despesas	36.766$399	51.256$031	54.936$178	40.872$525	50.776$472	31.557$996	35.315$791
Despesas totais	100.311$154	100.800$059	153.511$678	125.114$283	122.535$360	102.767$728	118.218$471
Porcentagem dos gastos militares	63%	49%	64%	67%	59%	69%	70%

Fonte: DAVIDSON, David. *Rivers & empire*: the Madeira rout and the incorporation of the Brazilian Far West, 1737-1808. Dissertação (Ph.D.) – Yale University, 1970, p. 368-69, *table* e.

---

134 DAVIDSON, *Rivers & empire, op. cit.*, p. 104, 368-69, *table* e.

O mapa referente ao ano de 1803 mostra que 71% das despesas diziam respeito ao setor militar, e elas chegaram a tal monta que a Real Fazenda ficou deficitária.

Tabela 7: Gastos militares da capitania de Mato Grosso em 1803

RECEITAS		DESPESAS	
Quinto	31.826$	Folha militar*	55.717$
Dízimo	5.833$	Ração	14.635$
Entradas particulares	1.972$	Expedições	500$
Entradas gerais	646$	Suprimentos	224$
		Armas e munições	71$
		Gastos militares totais	71.147$
Receita	**46.282$**	**Despesas totais**	**99.729$**
		Déficit da Real Fazenda	**43.442$**

*Acrescentados os soldos vencidos dos destacamentos e guarnições, que somaram 1.841$.

Fonte: AHU, MT, cx. 43, d. 2097. "Conta corrente dos rendimentos Reaes e suas despezas da Capitania de Matto Grosso do Anno de 1803", Vila Bela, 22 ago. 1804.

As isenções e privilégios oferecidos pelo poder central para atrair povoadores aos estabelecimentos fronteiriços interferiam nas rendas fundamentais da Real Fazenda. Por pelo menos 30 anos, os ingressos mais úteis à Coroa, em uma região mineira e importadora, não foram inteiramente captados: de 1752 a 1760, os moradores da repartição de Mato Grosso não pagaram entradas e somente arcaram com metade do quinto do ouro; este último privilégio continuou de 1760 a 1780, período em que pagaram metade das entradas.[135] Essa dimensão negociada da construção das lealdades, no entanto, permitia ao Estado dispor de seus vassalos para a realização à sua custa de serviços do maior interesse na defesa das fronteiras e mesmo requerer, quando necessários, escravos e produções agrícolas.

O que permitia que a relação entre receitas e despesas fosse sustentável era o subsídio de Goiás, utilizado basicamente para saldar a folha militar e custear a política indigenista fronteiriça. "Essential to the solvency of the captaincy-general", sintetiza David Davidson, "the Goiás subsidy was ordinarily the largest single item of revenue within the total Mato Grosso budget, and at such peak years as 1771 it comprised some 40% of total receipts".[136] Caetano Pinto de Miranda Montenegro, como os governadores que o antecederam, era favorável ao subsídio, tanto mais necessário em uma capitania que não possuía fontes consistentes de receita, e era obrigada a defender "hua fronteira tão extensa, em q' há contestações ainda não decididas". Em uma carta enviada

---

135 "Registo de hum bando sobre se eregir villa no Matto-Grosso, comarca do Cuyabá", governador Luís de Mascarenhas, Santos, 9 out. 1747 (em atenção à Carta Régia de 5 ago. 1746). *DI*, v. 22, p. 199-202; AHU, Cód. 613, f. 11v-21v. Tomé Joaquim da Costa Corte Real a Antonio Rolim de Moura, Belém, 22 ago. 1758, f. 15-16, §14-16; AHU, MT, cx. 21, d. 1262. Luiz de Albuquerque a Martinho de Melo e Castro, Vila Bela, 1 jan. 1780, remetendo o bando de 1 de dezembro de 1779.

136 DAVIDSON, *Rivers & empire, op. cit.*, p. 106.

em 1797, ele informava a Corte de que Mato Grosso não exportava nenhum item salvo o ouro, e que suas produções se reduziam a milho, feijão, arroz, carne, açúcar, azeite de mamona e algodão. Tudo o mais era importado, escravos, ferro, aço, baetas, linho, sal, pólvora, itens de primeira necessidade para a cultura das minas e das roças, vindos de grandes distâncias e a elevados preços.[137] Concretamente, o subsídio era sacado dos rendimentos do quinto das casas de fundição da capitania de Goiás, em valores que o governador de Mato Grosso devia requerer com antecedência. Como refere o ex-provedor da Fazenda Real de Cuiabá, Diogo de Toledo Lara e Ordonhez, nos anos críticos em que foi preciso manter a partida de demarcação, o subsídio chegara a 9 arrobas.[138] Entrando a década de 1790, quando o subsídio decaiu para menos da metade das 8 arrobas estipuladas em 1757, ele mal servia para abater a folha militar: em 1796, por exemplo, gastos com soldos e provisões alcançaram 77.961$723, e o subsídio de Goiás só pôde abater 22 contos.[139]

Em fins do século, no entanto, voltaram a aparecer os argumentos contrários ao subsídio, em geral centrados na ideia de que a capitania de Mato Grosso podia caminhar com suas próprias pernas, acaso se lhe permitissem o fomento das produções.[140] O ex-provedor Diogo de Toledo Lara e Ordonhez, em memória escrita em 1798, referia que nos últimos anos os ingressos da Real Fazenda da capitania tinham-se incrementado notavelmente, com o aumento das entradas, donativos, novos direitos e mesmo do quinto que, embora já exaustas as minas, eram trabalhadas por mais escravos. O rendimento da Real Fazenda de Mato Grosso, sem o subsídio, alcançara 70 ou 75 contos, ao passo que, em anos recentes, a própria capitania de São Paulo, segundo o mesmo funcionário, não chegara a 64 contos. Como o governo de Vila Bela e Cuiabá já estava sem dívidas relevantes, propunha que o Real Erário deixasse de sofrer a sangria de subsidiá-lo; e com tanto mais razão era preciso aumentar as fontes de receita com o reparto das terras minerais do rio Coxipó, então proibidas devido à suposição errônea de que eram diamantíferas.[141] Apesar das aspirações otimistas de Lara e Ordonhez, a Coroa julgou prudente não abolir o subsídio, quanto mais depois da invasão da capitania pelos espanhóis em 1801, e os recursos seguiram sendo enviados, de forma bastante irregular, até o fim da época colonial. Na verdade, entre 1759 e 1763,

---

137 AHU, MT, cx. 33, d. 1746. Caetano Pinto de Miranda Montenegro a Luiz Pinto de Sousa Coutinho, Vila Bela, 17 fev. 1797, f. 2, 5.

138 AHU, GO, cx. 30, d. 2467. Memória escrita pelo ex-provedor da Fazenda Real de Cuiabá, Diogo de Toledo Lara e Ordonhez, sobre o subsídio anual que vai da capitania de Goiás para a de Mato Grosso, Lisboa, 17 abr. 1798.

139 AHU, MT, cx. 33, d. 1746. Caetano Pinto de Miranda Montenegro a Luiz Pinto de Sousa Coutinho, Vila Bela, 17 fev. 1797.

140 Desde a década de 1770, o Marquês de Angeja, presidente do Real Erário, pedia moderação nos pedidos de subsídios (ANTC, Erário Régio, liv. 4081. "Livro de Registo de ordens expedidas à capitania de Mato Grosso, 1766-1822", f. 15: Marquês de Angeja a Luiz de Albuquerque, Lisboa, 26 maio 1777; BNL, Pombalina, Cód. 459, f. 45-45v: Carta do Marquês de Angeja à Junta da Administração da Real Fazenda da capitania de Goiás, Lisboa, 26 maio 1777).

141 AHU, GO, cx. 30, d. 2467. Memória escrita pelo ex-provedor da Fazenda Real de Cuiabá, Diogo de Toledo Lara e Ordonhez, sobre o subsídio anual que vai da capitania de Goiás para a de Mato Grosso, Lisboa, 17 abr. 1798.

entraram de 3 a 4 arrobas anuais; entre 1764 e 1787, as remessas ficaram entre 7 e 8 arrobas; mas para os anos seguintes, foram recebidas sempre menos que 5 arrobas.[142]

No caso do Paraguai, os mapas de receita e despesa mostram que, embora sem um fundo permanente como o que dispunham os rivais portugueses, a província recebeu injeções de dinheiro das tesourarias de outras províncias, em alguns anos específicos e para custear operações realmente cruciais (vide **Tabela 8**). A expedição de desalojo dos portugueses de Iguatemi em 1777 custou 11.071 *pesos* em três anos, para os quais foram alocados 11.182 *pesos*, dinheiro proveniente de alguns ramos da *Real Hacienda* da própria província. Com isso, a média de pouco mais de 9 mil *pesos* que a *Real Hacienda* vinha mantendo em superávit em anos anteriores baixou a 1.034 *pesos* e só ultrapassou os 5.000 em 1782.[143] Em 1781, foram enviados mil soldados em 12 Companhias à defesa de Buenos Aires: essa operação custou 9.273 *pesos*, que foram injetados desde outras tesourarias.[144] Em anos seguintes a 1784, a província passou a ter gastos constantes com a partida de demarcação de limites, cujo custeio também corria a cargo de injeções exteriores: esses gastos alcançaram 30 mil *pesos* em 1793 e quase 60 mil no ano seguinte.[145] As despesas com a instalação dos fortes militares na fronteira com Mato Grosso alcançaram 33.046 *pesos* em 1792, e também correram à custa da Real Fazenda, embora os donativos chegassem a valores relevantes em 1793, 2.994 *pesos*, e 1796, quando alcançaram 2.467 *pesos*.[146] Da mesma forma, eram gastos da *Real Hacienda* os soldos, transporte e alimentação dos homens que anualmente se revezavam nos fortes de Borbón e Apa.[147] Por outro lado, as contribuições dos colonos continuaram sendo significativas para o custeio de operações na fronteira. Na década de 1790, expedições aos territórios dos "índios bárbaros" chegaram a elevar os gastos a mais de 26 mil *pesos*, como ocorreu em 1797, e o intento frustrado de Lazaro de Ribera de tomar o presídio português de Nova Coimbra custou, em dois anos, mais de 90 mil *pesos*. Esses recursos saíram, em sua maior parte, de injeções consistentes da *Real Hacienda* (56.135 *pesos* em 1796 e mais de 50 mil em 1799). Contudo, os "donativos" de particulares e de *pueblos* de índios Guarani alcançaram os maiores níveis registrados pela série: concretamente, em 1799 os vassalos beneméri-

---

142 DAVIDSON, *Rivers & Empire*, op. cit., p. 106, 363, *table b*.

143 AGI, Buenos Aires, 451. "Cuentas de la R.l Hacienda del Paraguay", 1775 a 1782.

144 AGI, Buenos Aires, 451. "Cuentas de la R.l Hacienda del Paraguay", 1781.

145 AGI, Buenos Aires, 453. "Cuentas de la R.l Hacienda del Paraguay", 1793-1794. O historiador Juan Bautista Rivarola Paoli menciona um ofício do governador Alós aos ministros da *Real Hacienda* em que constam as providências tomadas a respeito dos comissionados portadores do dinheiro proveniente de Buenos Aires para os gastos das Partidas de Demarcação de Limites. Cf. ANA, SNE, v. 3376. Ofício do governador Joaquín de Alós, [post. a 1788] apud RIVAROLA PAOLI, Juan Bautista. *La Real Hacienda*: la fiscalidad colonial: siglos XVI al XIX. Assunção: Ediciones y Arte, 2005, p. 352.

146 AGI, Buenos Aires, 453. "Cuentas de la R.l Hacienda del Paraguay", 1792; AGI, Buenos Aires, 454. "Cuenta de la Real Hacienda", 1793 e 1796.

147 Nos anos 1796-1800, marcados por conflitos e acordos diplomáticos com os índios, o custeio dos fortes alcançou cifras importantes: 13.856 *pesos* em 1796; 7.621, no ano seguinte; e 5.276, em 1800 (AGI, Buenos Aires, 454. "Cuenta de la Real Hacienda", 1796-1800).

tos foram persuadidos a doar 65.765 *pesos* e a fornecer o já mencionado "empréstimo patriótico" de 14.594 *pesos*, que lhes foi restituído.[148]

Fica claro, portanto, no caso da província do Paraguai, um padrão de gastos militares em que a Coroa espanhola somente injetava dinheiro em operações que entendia absolutamente indispensáveis, como foram: o desalojo do Iguatemi, o reforço da guarnição de Buenos Aires, a construção e a manutenção dos fortes Borbón e Apa e o custeio da partida de demarcação. O crescimento do valor dos donativos e empréstimos patrióticos nos anos finais do século sugere que novas reduções de "índios bárbaros" do Chaco ou da fronteira com Portugal, expedições punitivas ou com o objetivo de forçar tratados de paz com caciques, e o golpe fracassado contra o forte Coimbra, correram à custa dos *vecinos* da província, obrigados a contribuir segundo os dispositivos de constituição das lealdades analisados neste livro. Em síntese, a política que conduzia as ações espanholas nessa fronteira seguiu coerente com o definido na Real Cédula de 24 de maio de 1795 e em outros dispositivos semelhantes:[149] dinheiro do Estado (onde fosse indispensável) para assegurar a posse territorial com fortes militares e salários de funcionários demarcadores, e transferência de parte dos custos correntes aos colonos, em se tratando de gastos de política indigenista e demais tarefas defensivas.

---

148 AGI, Buenos Aires, 454. "Cuenta de la Real Hacienda", 1796-1797, 1799-1800.

149 RAH, CML, t. 117, f. 412-15. "Real Cédula al virrey del Río de la Plata", Aranjuez, 24 maio 1795 (ver discussão no capítulo 6 deste trabalho).

Tabela 8: Contas da *Real Hacienda* do Paraguai (1775-1802), em *pesos*

Anos	Injeções da Real Hacienda (a)	Donativos e empréstimos	Receita total	Soldos (b)	Demarcação de limites	Expedições e novas fortificações	Restituições	Despesas totais	Saldo
1775	855		13.614				987	4.220	9.393
1776	632		11.562				2.011	2.057	9.504
1777	4.913		16.769			3.917	4.777	10.326	6.443
1778	6.958		16.855			6.978	2.896	15.738	1.116
1779	260		3.802			176	1.184	1.470	1.034
1780	131		5.662	1.900				3.821	1.841
1781	13.059		25.891			9.273	4.824	23.463	2.428
1782	2.946		15.904			471	3.012	10.867	5.037
1783	2.338		17.329				4.046	13.241	4.087
1784	10.529		33.718		4.000			26.157	7.561
1785			47.679		6.928			11.791	
1786			21.188	540	6.931	5.000 (c)		19.877	1.311
1787			24.661	566	18.809	5.000 (c)		32.350	-7.689
1788			17.511	540	375	2.341 (c)		14.983	2.528
1789			68.741	834	18.004			60.739	8.002
1790	666		82.499	2.092	25.718			72.248	10.251
1791	64.709		126.374	1.546	30.688			82.218	46.156
1792	33.472		138.884	5.032	19.686	33.046		118.809	20.074
1793	43.202	2.994	128.487	1.648	31.757	5.425		105.501	22.986
1794	80.251	1.031	163.611	7.238	59.026	7.253	7.074	155.811	7.799
1795	65.712	909	130.568	7.641	33.133	7.954		101.814	28.754
1796	60.605	2.467	176.724	1.454	23.730	13.856	1.000	95.934	80.789
1797	10.091	200	153.919	14.291	26.216	7.621		114.252	39.667
1798	29.741	455	139.338	10.038	29.564	5.852		125.843	13.495
1799	62.194	80.359	229.258	14.078	29.423	3.375	51.897	159.108	70.150
1800	41.862	1.500	174.881	12.040	26.854	5.276	29.962	129.983	44.897
1801	36.549	400	134.305	41.846	13.537	(d)	400	125.669	8.635
1802	70.959	553	144.406	51.428		(d)	47.354	126.803	17.603

Observações: (a) reuni aqui os ingressos referidos como "Extraordinarios", "Otras tesorerías" e "Real Hacienda en común"; (b) somente os que aparecem referidos como "sueldos militares", sem incluir ministros e outros funcionários; (c) aparecem como "sínodos de doctrineros"; (d) nos documentos, gastos de fortificações e expedições foram incluídos como soldos militares.

Fonte: AGI, Buenos Aires, 451. "Caxa R.l del Paraguay su cuenta", 1775-1784; AGI, Buenos Aires, 452. "Cuentas de la R.l Hacienda del Paraguay", 1786-1787; AGI, Buenos Aires, 453. "Cuentas de la R.l Hacienda del Paraguay", 1789-1793; AGI, Buenos Aires, 454. "Cuenta de la Real Hacienda", 1794-1802.

Outro aspecto importante a ressaltar é a tendência de alta na captação das alcabalas, tributação que incidia sobre o comércio (vide **Tabela 9**). Como sugerem alguns autores, esse crescimento da economia se deveu à incorporação de novas regiões produtivas, como eram os *minerales de la yerba* ao norte de Assunção, as quais foram asseguradas mediante expedições e fortes militares que, apesar de serem empreendimentos custosos, não se revelaram improdutivos.[150] A militarização da fronteira à custa dos mesmos colonos não impediu o crescimento formidável da produção de erva na província, que praticamente quintuplicou entre 1785 e 1799.[151] Entretanto, os insistentes pedidos do *cabildo* de Assunção e dos governadores para que o *Consejo de Indias* assinalasse um subsídio anual das *Cajas Realaes* que custeasse a política indigenista e uma tropa paga para a defesa da província, bem como toda a retórica de suas petições, que chamavam a atenção para a "pobreza" daqueles vassalos, certamente expressavam como as pessoas reais sentiam os impactos dos recrutamentos e requisições compulsórios. Se a tendência de arrecadação das alcabalas foi de alta, as bruscas e recorrentes quedas, manifestadas principalmente nos anos de 1776 (-42% em relação ao ano anterior), 1782 (-32%), 1783 (-40%), 1788 (-20%), 1793 (-27%), 1796 (-19%), 1798 (-38%) e 1802 (-17%), evidenciam como o econômico era diretamente afetado pelos imperativos da defesa militar das fronteiras, conduzida segundo o dispositivo de transferência, aos colonos, de parte dos custos e responsabilidades.

Tabela 9: Evolução das alcabalas na província do Paraguai (1775-1803), em *pesos*

Anos	Valor das alcabalas	Anos	Valor das alcabalas
1775	813,0	1790	6.808,3
1776	469,0	1791	7.529,6
1777	1.065,5	1792	7.131,1
1778	1.212,0	1793	5.178,2
1779	1.675,0	1794	6.930,3
1780	2.997,7	1795	7.893,3
1781	3.685,0	1796	6.423,4
1782	2.509,0	1797	8.082,6
1783	1.510,1	1798	5.014,3
1784	4.632,0	1799	7.525,7
1785	6.050,0	1800	8.803,4
1786	5.908,2	1801	9.356,6
1787	7.255,6	1802	7.806,3
1788	5.811,2	1803	12.629,5
1789	8.453,0		

Fonte: AGI, Buenos Aires, 451. "Caxa R.l del Paraguay su cuenta", 1775-1784; AGI, Buenos Aires, 452. "Cuentas de la R.l Hacienda del Paraguay", 1786-1787; AGI, Buenos Aires, 453. "Cuentas de la R.l Hacienda del Paraguay", 1789-1793; AGI, Buenos Aires, 454. "Cuenta de la Real Hacienda", 1794-1802; ANA, "Libro Mayor de la Real Caxa del Paraguay", 1803.

---

150 GARAVAGLIA, Juan Carlos. *Mercado interno y economía colonial*. México: Grijalbo, 1983, p. 144-47.

151 WHIGHAM, Thomas. *La yerba mate del Paraguay (1780-1870)*. Assunção: Centro Paraguayo de Estudios Sociológicos, 1991, p. 20.

Por que o *Consejo de Indias* não concordava em assinalar um subsídio para a defesa do Paraguai? Como já foi referido, em regiões estratégias as arrecadações locais quase sempre não bastavam para cobrir os gastos militares. Daí o recurso às *Cajas Matrices*, basicamente Lima, México e, em menor grau, Caracas. Os *situados* eram remessas com valores pré-definidos em orçamentos que rara vez eram alterados. Como assinalou Amy Turner Bushnell, a política indigenista em fronteiras com outros impérios dependia decisivamente das remessas dos *situados*.[152] A hesitação do *Consejo de Indias* provavelmente decorria de que os gastos militares americanos cresciam além da capacidade das *Cajas Matrices*. Entre 1730 e 1790, as guarnições de fronteira passaram de 23 para 78. Em todo o século XVIII, os custos totais do sistema aumentaram quase sete vezes. Como sugerem Marchena Fernández e Gómez Pérez, já a partir da década de 1780 os *situados* enviados para várias fronteiras do Império espanhol não permitiam mais que custear os gastos extraordinários. Ou seja, pagavam os soldos atrasados e abatiam as dívidas mais urgentes, de modo a dar solvência à *Real Hacienda* para continuar suas compras. Com o fim do Século das Luzes, crescia ao mesmo tempo o recurso à estratégia patrimonialista de captação de donativos dos vassalos para custear a defesa.[153] O *Consejo de Indias*, aliás, não consentiu em realizar inovação alguma nessa matéria, nem em relação aos 4 mil *pesos* que as Reais Cédulas de 12 de fevereiro de 1764 e 29 de janeiro de 1765 assinalaram nas sisas de Tucumán (e que nunca foram remetidos), nem a respeito de cancelar ou mesmo diminuir, como era a proposta de um governador, a sisa que os produtos do Paraguai pagavam no porto de Santa Fé para defesa daquela província. Joaquín de Alós, que sugeria reduzir esse imposto pela metade, afirmava que "son frutos propios de esta Provin.a, y parece equitativo se inviertan en su beneficio".[154] Outro governador argumentava que os *vecinos* não podiam arcar com os sínodos dos curas, pois já ofereciam donativos para instalação das reduções, e que se não fosse definido um fundo para financiá-las, os gastos com guerras aos índios aumentariam. Tendo instado o *cabildo* a novas contribuições, especialmente para facultar o sínodo do cura de Belén, Melo de Portugal obteve como resposta, em carta de 3 de julho de 1780, que o *vecindario* estava reduzido a uma

> pobreza deplorable por los donativos antecedentes de cinco mil y más cabezas de ganado para la reducción de Yndios Abipones del Timbó, y seis mil pesos que import.n los cavallos, yeguas, Bueyes, ovejas, herramientas,

---

152 BUSHNELL, Amy Turner. *Situado and Sabana*: Spain's support system for the presidio and mission provinces of Florida. Nova York: American Museum of Natural History, 1994, p. 108 *et seq.*; Idem. "Gastos de indios": the Crown and the chiefdom-presidio compact in Florida. In: ALBERT, Salvador Bernabéu (ed.). *El Gran Norte Mexicano*: indios, misioneros y pobladores entre el mito y la historia. Sevilha: CSIC, 2009, p. 138, 143-44. 146, 155; ver também: MARICHAL, *Bankruptcy of empire, op. cit.*, p. 36-38.

153 MARCHENA FERNÁNDEZ; GÓMEZ PÉREZ, *La vida de guarnición, op. cit.*, p. 272, 275, 283, 288.

154 ANA, SNE, v. 3369, f. 127 et seq. "Reglamento para la erección de cuerpos de Milicias de Cavall.a e Infant.riaen esta Provinc.a del Paraguay", 1 abr. 1787, f. 130.

> yerba, tabaco, sal y géneros, de quarenta y siete mil pesos y otras cosas que dieron para esta Reducción de Belén, de las gruesas cantidades con que acorrieron al establecimiento de la nueva población y Villa de la Concepción, y otros motivos de que hacen mención.[155]

Resposta que, em alguma medida, dá ideia do impacto da transferência, aos colonos, de parte dos custos defensivos e de política indigenista, dispositivo absolutamente fundamental de ambos os impérios nessa disputada fronteira.

Serviço militar e abandono da produção

Ambos os governos tentaram aplicar a política recomendada pelos reformistas segundo a qual a defesa das fronteiras devia ser obra de seus mesmos moradores. Esperava-se fundir os papéis de camponeses e milicianos, e que os proprietários fronteiriços de fazendas e bens fossem os primeiros a acudir ao serviço de defender suas posses. Expectativa errônea, como governadores e funcionários reconheciam em suas cartas aos ministros de Estado. O bispo de la Torre, por exemplo, em sua visita ao Paraguai em 1761, percebeu com acuidade que a carência no cultivo das terras nessa província decorria de que os braços permaneciam ocupados com a defesa das fronteiras. O serviço em 32 presídios, guarnecidos por *vecinos* que se revezavam em turnos que podiam tomar 120 dias por ano, "con armas, municiones, cavallos, y alimentos a sus expensas", fazia malograr não poucas colheitas, "porque a veces toca el turno de la Guardia a muchos, quando estaban en el mas útil cultivo de sus chácaras: y otros, les suele, corresponder en el tiempo mas sazonado, para recoger sus fructos".[156] Daí a correlação entre serviço militar gratuito e pobreza da província, que não passou despercebida ao mesmo informante, "quedando sus familias en lamentables necesidades, como lo he visto y palpado con indecible compasión mía; viéndose precisadas las mujeres, y madres de familia a laborear, por lo común, las cortas chácaras".[157] Assim também, em maio de 1763, os *alcaldes* e *regidores* de Assunção justificaram não terem enviado mais que 200 homens no socorro solicitado por Buenos Aires contra os portugueses no sul, dados os atrasos que aqueles moradores padeciam com o manter-se defendidos à sua custa contra os infiéis do Chaco, situação que "tiene reducida a la Prov.a a una general penuria, y escasez", tanto maior em suas produções porque "los frutos, que llegan acoger apenas bastan para la manutención de sus familias, y para mantenerse ellos mesmo

---

155 ANA, SH, v. 146, n. 3. Pedro Melo de Portugal ao vice-rei Juan José de Vértiz, Assunção, 13 jul. 1780, f. 5v.

156 AGI, Buenos Aires, 166. "Razon que de su visita general da el D.r Man.el Ant.o de la Tore, Obispo de el Paraguay al Real, y Supremo Consejo de Indias. Año de 1761", f. 48v-49.

157 *Ibidem*, f. 51v-52. Semelhantemente, no Chile a contradição entre trabalho rural e serviço militar conduzia a certa divisão sexual do trabalho em que a gestão e as mesmas fainas agrícolas acabavam recaindo sobre as mulheres (CERDA-HEGERL, *Fronteras del Sur, op. cit.*, p. 51).

en el servicio de V. M. en las guardias".[158] O serviço militar gratuito contribuía, portanto, para reproduzir indefinidamente a situação de pobreza dos setores populares sobre quem recaía o recrutamento; como escreve o jesuíta Dobrizhoffer:

> Estos servicios de guerra que frecuentemente duran por meses, les impiden a causa de su repetida y larga ausencia atender debidamente sus asuntos caseros y familias, su agricultura y comercio. Este es el principal motivo de su pobreza, pues el peso de las molestias de la guerra se reparten solo sobre los pobres, pero a los ricos y nobles se les deja en sus casas y en su negocio.[159]

Há que assinalar, nesse caso, a diferença que havia entre milicianos e soldados, sendo os primeiros camponeses recrutados por determinado período, e os segundos homens solteiros recrutados de forma permanente por meios mais ou menos coercitivos. Como não houvesse no Paraguai nenhuma "tropa de linha" ou paga, os papéis de colono e miliciano, em tantos pontos incompatíveis, se confundiam na mesma pessoa.[160] Historiadores já ressaltaram o impacto que essa contradição fazia incidir sobre os colonos. Peregalli, que estudou o caso de São Paulo, mostrou como a Metrópole pretendia incentivar as produções de exportação, ao mesmo tempo em que exigia da mesma capitania a defesa da soberania territorial no sul, indispensável àquele primeiro fim, mas sumamente danoso ao incremento dos cultivos, em que faltavam braços, e "carros, cavalos, mantimentos, tudo o que se fazia necessário para o sustento das tropas era requisitado em nome de El-Rei com a promessa de serem pagos em tempos melhores".[161] Para o Império português, a Carta Régia de 22 de maio de 1766, que ordenou o recrutamento "sem exceção", de todos "os nobres, brancos, mestiços, pretos, ingenuos, e libertos",[162] baseava-se na errônea expectativa de que "os habitantes de que se compõem os mesmos corpos [de Auxiliares e Ordenanças] são os que em tempo de paz cultivão as terras, crião os gados, e enriquecem o Paiz com o seu trabalho e industria: e em tempo de guerra são os que com as armas na mão defendem os seus bens".[163] Ocorria que o tempo e o dinheiro gastos no serviço militar arruinavam os bens que se pretendia defender.

---

158 AGI, Buenos Aires, 174. Carta do *cabildo* de Assunção ao rei, 30 maio 1763, f. 2.

159 DOBRIZHOFFER, Martin. *Historia de los Abipones* [1784]. Resistencia, Argentina: Universidad Nacional del Nordeste, 1967, v. 1, p. 147.

160 GARAVAGLIA, Juan Carlos. Campesinos y soldados: dos siglos en la historia rural del Paraguay. In: Idem. *Economía, sociedad y regiones*. Buenos Aires: Ediciones de la Flor, 1987, p. 229; Idem. Ejército y milicia: los campesinos bonaerenses y el peso de las exigencias militares, 1810-1860. *Anuario IEHS*, v. 18, 2003, p. 179.

161 PEREGALLI, Enrique. *Recrutamento militar no Brasil colonial*. Campinas: Editora da Unicamp, 1986, p. III, 92-93.

162 AESP, Avisos e Cartas Régias, lata 62, n. 420, livro 169, f. 101. Carta Régia ao Morgado de Mateus, Palácio da Nossa Senhora da Ajuda, 22 mar. 1766.

163 "Instrucção militar para Martim Lopes Lobo de Saldanha, governador e capitão general da capitania de S. Paulo", por Martinho de Melo e Castro, Salvaterra de Magos, 14 jan. 1775. *RIHGB*, Rio de Janeiro, v. 4, 1842, p. 358; "Ins-

Para mais da "servidão militar" à própria custa dos colonos, para usar os termos de Uacury Bastos a respeito da situação no Paraguai,[164] nessa província espanhola a produção agrícola acabava desestimulada com impostos destinados a cobrir despesas militares, a exemplo do Ramo de Guerra, que incidia sobre a erva, e da sisa que os produtos do Paraguai pagavam em Santa Fé. Fatores poderosos de empobrecimento da província foram observados pela carta ânua de 1762-1765, a saber, a falta de terras, a dependência do comércio de Buenos Aires, a generalização das dívidas e o serviço em 19 presídios, com o que "no hay gente para trabajar en las sementeras y chacras". Em recente trabalho, Ignacio Telesca mostrou ser plausível pensar nessa relação entre falta de terras, serviço militar e decréscimo do produto agrícola como um círculo vicioso: "si están todos apretados es porque se ven comprimidos por los avances de los pueblos indígenas no sometidos. Pero si no pueden cultivar más que para mantenerse es, por un lado, porque hay poca tierra disponible y por el otro porque los varones pasan más tiempo en los presidios y yerbales que en sus chacras".[165]

É preciso ter em conta que os camponeses recrutados sequer eram donos das terras que lavravam. Em torno de Assunção, em 1721, o número de agregados chegava a 67%. Os arrendatários pagavam o aluguel das terras com pequenas parcelas de tabaco, algodão, arroz, bois, madeiras ou mesmo realizando tarefas ocasionais na estância do proprietário. Os agregados eram comuns em toda a região do Río de la Plata, e deles se chegava a dizer em Tucumán: "El hombre que está agregado/ en casa de otro mejor/ si conversa causa enfado,/ si duerme mucho peor".[166]

Na expansão ao norte do Paraguai, era recorrente que camponeses pobres se empregassem como peões em atividades sazonais. Essas formas de trabalho eventual eram chamadas de *conchabo*, e eram entendidas como o aluguel sazonal de mão de obra de acordo com os ritmos da agricultura, ou para tarefas específicas, como transporte, construção etc., sem uma perspectiva concreta de reter os trabalhadores. Espanhóis e mestiços pobres da região da Cordillera e Assunção frequentemente se contratavam como peões no benefício da erva, entre outros misteres.[167] À época do governador Lazaro de Ribera, cerca de apenas 20% dos peões dos ervais de Concepción eram

---

truções de Martinho de Mello e Castro a Luiz de Vasconcellos e Souza, acerca do governo do Brasil", Salvaterra de Magos, 27 jan. 1779. *RIHGB*, Rio de Janeiro, v. 25, p. 481.

164 BASTOS, Uacury Ribeiro de Assis. *Expansão territorial do Brasil colônia no vale do Paraguai (1767-1801)*. Tese (doutorado em História) – Faculdade de Filosofia, Letras e Ciências Humanas, Universidade de São Paulo, São Paulo, 1972, p. 110-18.

165 A mencionada carta ânua de 1762-1765 vem citada em: TELESCA, Ignacio. *Tras los expulsos*: cambios demográficos y territoriales en el Paraguay después de la expulsión de los jesuitas. Assunção: Centro de Estudios Antropológicos de la Universidad Nuestra Señora de la Asunción/Litocolor, 2009, p. 102-103.

166 CARRIZO, Juan Alfonso (ed.). *Cancionero popular de Tucumán*. Buenos Aires: Espasa-Calpe, 1937, v. 2, p. 251 *apud* GARAVAGLIA, Campesinos y soldados, *op. cit.*, p. 202.

167 ANA, SH, v. 183, n. 1. Inquérito sobre o *conchabo* de mais peões do que o permitido nas licenças. Concepción, 28 fev. 1800.

contratados entre moradores locais, 45% eram contratados entre a gente pobre da capital, e 35% eram colonos que migravam de outros partidos até ir contratar-se naquela vila.[168]

Foi na tentativa de impedir que a pujança do negócio da erva desprovesse os presídios da província do tradicional serviço militar rotativo e gratuito dos colonos que o governador Joaquín de Alós lançou, em 1791, um regulamento que proibia que os beneficiadores de erva contratassem mais do que 12 peões e um capataz. Remédio tardio, está visto, pois o próprio texto reconhecia que o comum era os tropeiros levarem 40 ou mais peões.[169] Remédio amargo e que não poucos seguiam resistindo em aceitar: o próprio *cabildo* de Assunção entendia que "a los que fuesen personas de mayores fondos" não convinha impedir "la licencia hasta el número de dies y seis o veinte".[170] Conforme prestou contas, em abril de 1798, o comandante das milícias da Cordillera, região central do Paraguai, as tropas se encontravam em estado lamentável, faltando a gente para as mais indispensáveis diligências, dado que muitos tropeiros fraudavam o regulamento de 1791 e levavam bem mais do que 12 peões aos ervais. Em geral, recorriam a dois expedientes: afirmavam que não eram todos peões, senão *guainos*, ou seja, moços ainda fora da idade de prestar serviço militar; ou combinavam com grupos de dezenas de peões para encontrarem-se em certa paragem da campanha, livres da fiscalização. A queixa do comandante, que pedia mais empenho na revista dos grupos que seguiam para os ervais, expressava a contradição entre a pujança do negócio da erva, graças à abertura da fronteira nortenha à economia do vice-reinado, e o imperativo de defender os mesmos territórios, assim de índios bárbaros como de portugueses, que atingia precisamente a mão de obra necessária àquela atividade.[171] Esse era o tipo de desafio que os governadores reformistas enfrentavam ao administrar províncias de fronteira: a intervenção do Estado nem sempre era eficaz em equilibrar as demandas por mão de obra, estimuladas pela própria política reformista, e por soldados para a guarda dos presídios e destacamentos fronteiriços, que não se podiam retirar senão dos que trabalhavam na agricultura.[172]

Seja como for, a ameaça da peonagem por dívida permaneceu no horizonte dos trabalhadores dos ervais. O comandante de Concepción observou com agudez numa carta ao governador: "todo el mundo sabe que en los Minerales de yerba no hay un solo hombre que no esté trabajando sin deber anteriormente a otro".[173] O governador Alós chegou a baixar regulamento

---

168 *Ibidem*.

169 ANA, SH, v. 155, n. 13. "Expediente respecto a los beneficios de yerba", 1791, f. 19.

170 ANA, SH, v. 176, n. 9. *Cabildo* de Assunção ao governador, 29 maio 1798.

171 ANA, SH, v. 176, n. 9. Juan Baptista Ribarola a Lazaro de Ribera, Yacaui, 16 abr. 1798, f. 2. No ano seguinte, começou a faltar gente para o serviço rotativo dos presídios (ANA, SH, v. 176, n. 9. Juan Baptista Ribarola a Lazaro de Ribera, Yacaui, 10 dez. 1799).

172 FRAKES, Mark A. Governor Ribera and the War of Oranges on Paraguay's Frontiers. *The Americas*, v. 45, n. 4, 1989, p. 493-94.

173 ANA, SH, v. 366, n. 1. José de Espinola, comandante de Concepción, ao governador do Paraguai, Eustaquio Giannini, Concepción, 10 fev. 1809, f. 289.

sobre as dívidas em Concepción em 1787.[174] Ordenou que o comandante levantasse a relação de todos os devedores da vila, quer fossem peões ou tropeiros, e exigiu que ambos deixassem claro quando pretendiam quitar as dívidas. Além disso, proibiu que se oferecesse crédito aos já devedores, salvo para peões desprovidos de roupas e para tropeiros que precisassem de fomento para reiniciar o benefício.[175]

As dívidas que os trabalhadores rurais acabavam contraindo, tanto ao custear o necessário para o serviço das armas quanto ao adquirir as mercadorias impostas pelos beneficiadores, constituíam ao mesmo tempo um poderoso fator de coerção ao trabalho e de hostilidade ao serviço militar. Os patrões chegavam a obrigar os peões a realizar tarefas não previstas nos contratos e mesmo a passar mais tempo nos benefícios. Como informou o comandante de Concepción em 1804, vários donos de benefícios de erva cobravam duplamente dos peões os custos chamados de "manutención mensual", "obligando al mismo tiempo a todas las faenas que se les ofrece de aperturas de caminos, levantar galpones [...] y otras muchas a que no debían estar obligados siempre que paguen al dueño al importe de los toros que consumen". Notou ainda que os peões "viven atrasados, eternizándose en los beneficios con total abandono de sus familias". Situação abusiva, além de tudo, porque os contratos, segundo se ajustava oficialmente, não se deviam reduzir a mais do que os beneficiadores comprarem aos peões a erva beneficiada.[176] Daí se compreende porque as deserções e as inúmeras escusas que se buscavam para não servir nos presídios tornavam-se cada vez mais constantes, "por q.e sirviendo estos infelices a su costa sin ningun sueldo", referiu o governador Ribera em 1805, "y no dándoles el tiempo necesario p.a emplearse en las labores y trabajos, q.e les harán facilitar la subsistencia, es mui natural la fuga, y q.e nos quedemos sin soldados, y la seguridad de la Prov.a en el último abandono, por q.e estos hombres no han de comer con las guardias, sino con el fructo de su industria y trabajo".[177]

Os ministros do *Consejo de Indias* geralmente viam com bons olhos as medidas tomadas por governadores que, sem alterar a ordem das coisas, tentavam conciliar a difícil tensão entre estímulo da agricultura e manutenção do sistema de serviço militar sem dispêndio da Real Fazenda. Comentando as últimas medidas reformistas adotadas pelo governador Joaquín de Alós, especialmente o regulamento de 1791, examinado com mais vagar no capítulo 9 deste trabalho, o fiscal do *Consejo de Indias* sublinhou que

> dependiendo de las milicias la defensa de la Provincia, formó un arreglo equitativo, en q.e conviniendo las distancias, ha proporcionado los turnos de los soldados de tres a tres meses, relevándolos de la opresión que antes

---

174 ANA, SH, v. 151, n. 8. Joaquín Alós: regulamento para a vila de Concepción, Assunção, 19 dez. 1787, f. 2.

175 *Ibidem*, f. 2-3.

176 ANA, SNE, v. 2514. "Expediente que trata del modo con que los Beneficiadores de Yerba contratan sus peones": José de Espinola, comandante de Concepción, ao governador Lazaro de Ribera, Concepción, 18 jan. 1804.

177 ANA, SH, v. 199, n. 1, f. 135-38. Lazaro de Ribera ao vice-rei Marquês de Sobremonte, Assunção, 19 jun. 1805.

> sufrían en una continua fatiga, y proporcionándoles libertad y tiempo para siembras y cosechas, sin perjuicio de las guardias y presidios de ambas riveras, que están muy reforzados y proveídos de armamento necesario;

destacava ainda as medidas para estimular a agricultura, como o assentamento, em Concepción, de várias famílias "que vivian ociosas y sin tierras".[178]

O *cabildo* de Assunção seguia entendendo o serviço militar gratuito como "una verdadera esclabitud", sendo esses os termos que usou em uma carta ao rei, em que elogiava os esforços do governador Lazaro de Ribera em minorar essas fadigas, e enfatizava os danos às produções: "Lo que V. M. está perdiendo con este sacrificio, no se puede numerar, pues es claro que por él padece infinito en la Provincia la Agricultura, y las producciones ricas que la naturaleza nos ha dado con mano pródiga".[179] Agustín de Pinedo e Lazaro de Ribera foram os governadores que mais se detiveram na procura por um sistema alternativo de defesa que não fosse tão gravoso aos colonos. Em seu informe de 29 de janeiro de 1777, Pinedo propunha a formação de uma tropa paga permanente de 600 homens, custeada com a incorporação das *encomiendas* à Coroa sem indenização.[180] Ao parecer do governador Ribera, uma tropa paga de 460 bastava para a defesa contra os "índios bárbaros" e guarnição dos fortes da fronteira com os portugueses, cujos gastos poderiam ser compensados com a criação de um estanco sobre a erva.[181] Nenhuma mudança foi aceita pelo *Consejo de Indias* até o fim da época colonial, e a posição dos ministros a esse respeito bem podia encontrar eco na visão defendida por Félix de Azara em seu parecer sobre o problema das milícias do Paraguai. A proposta de Azara consistia em entregar a cada *vecino*, bem entendido aos que fossem proprietários de terras, solares e gados, uma espada ou sabre, uma carabina com cartucheira, pistolas e munição, "todo esto por su justo y equitativo precio, haciéndoselo pagar en efectivo en tres ó cuatro meses. En el caso de muerte ó imposibilidad de servir el miliciano, se recogerá todo". Aos peões, dar-se-iam armas só aos mais capazes, e lanças ao restante, atendendo a que "no podrían pagarlo, y porque no tienen domicilio fijo". Por esse meio, reduzir-se-iam à metade os custos com tropas europeias, "puesto que tales milicias no deben gozar sueldo, sino el preciso tiempo que están en acción". Assim, Azara defendia a transferência integral aos colonos dos custos da defesa das fronteiras, projeto bem diverso dos de Pinedo e Ribera, e que visava nada mais que um aperfeiçoamento do modelo já existente.[182]

---

178 AGI, Buenos Aires, 19. Minuta do *Consejo de Indias* em Madri, 27 jul. 1796, para duas cartas do governador do Paraguai, Joaquin de Alós, ao rei, datadas de Assunção, 19 jan. 1793 e 19 fev. 1794, f. 3v.

179 AGI, Buenos Aires, 157. Carta do *cabildo* de Assunção ao rei, 19 nov. 1798, f. 5.

180 ANA, SH, v. 142, n. 4. Agustín de Pinedo ao rei de Espanha, 29 jan. 1777, f. 62.

181 AGI, Buenos Aires, 322, Anexo n. 6. Informe de Lazaro de Ribera a Francisco de Saavedra, Assunção, 19 maio 1798, f. 11v-12.

182 AZARA, Félix de. Informe sobre la formación de milicias urbanas en el Paraguay. In: Idem. *Memorias sobre el estado rural del Río de la Plata en 1801*: demarcación de límites entre el Brasil y el Paraguay a últimos del siglo XVIII: e in-

A tendência geral, na região do Río de la Plata, como analisou Garavaglia, foi mesmo a de tentar preservar as atividades produtivas e concentrar o recrutamento entre os moradores sem terra, havidos por *"vagos"*. A lei militar de 1822, definida pelas autoridades de Buenos Aires, estabeleceu que *juzgados de paz*, que formavam uma rede de vigilância na campanha, denunciassem e ajudassem a capturar os *"vagos"*, que seriam imediatamente recrutados, com o que se evitava retirar os braços da agricultura.[183]

A situação em Mato Grosso era muito semelhante à do Paraguai. Com pouca gente nas Companhias de Dragões e Pedestres, que faziam as funções da tropa paga, era preciso recorrer aos Auxiliares e Ordenanças, os colonos mesmos, com dano na produção agrícola e mineira: "mesmo em tempo de paz", refere o governador Manuel Carlos de Abreu de Meneses, após passar em revista as tropas da capitania, "he precizo empregar hum grande numero de milicias, e ordenanças no serviço da fronteira, com gravíssimo prejuízo da agricultura, e da população desta capitania".[184] Também os oficiais eram atingidos nas produções de suas terras, razão pela qual em 1786 o comandante de Albuquerque requereu ao governador licença para visitar sua fazenda em Cuiabá, abandonada devido ao serviço da fronteira, sendo "hua fazenda de gado, que de novo estou criando em hum sitio que rematei, como me consta em minha auzencia haverse tudo disbaratado e por essa mesma razão ponho-me aos benignissimos pés da Il.ma pessoa de V. Ex.a".[185]

Alguns governadores ilustrados procuraram soluções para essa difícil contradição. O Morgado de Mateus, em seu ambicioso projeto de expansão dos domínios portugueses pelo Paraguai, ponderou que o deslocamento de lavradores já bem estabelecidos para as áreas de fronteira era sumamente prejudicial, devendo-se enviá-los só em expedições curtas e bem planejadas. O mais conveniente seria, a seu ver, transformar as guarnições fronteiriças em presídios de moradores, para o que era preferível recorrer aos "peralvilhos, e gente inútil, que pervertem, e embaraçam a República, e de nada servem", referindo-se à gente pobre sem terra, e outros que viviam em sítios volantes pelos sertões de Minas Gerais, os quais poderiam residir permanentemente em um estabelecimento estável plantado nas raias da colônia, ajuntando-se com casais açorianos, havidos por pessoas "muito mais sujeitas e aplicadas ao trabalho, e cultura das terras, do que os nascionaes do Brasil".[186]

---

formes sobre varios particulares de la América meridional española. Madri: Imprenta de Sanchiz, 1847, p. 161-62.

183 GARAVAGLIA, Ejército y milicia, *op. cit.*, p. 167, 171.

184 AHU, MT, cx. 43, d. 2097. Manuel Carlos de Abreu de Meneses ao Visconde de Anadia, Vila Bela, 5 ago. 1804.

185 APMT, Defesa, 1786, Lata A, 840. Requerimento de José Antonio Pinto de Figueiredo, comandante de Albuquerque, em que solicita permissão para ir a Cuiabá visitar sua casa, Albuquerque, 24 jul. 1786.

186 Projecto, ou plano ajustado por ordem de S.M.F. entre o Governador & Cap.m Gen.al de S. Paulo D. Luis Ant.o de Souza & o Brigadeiro José Custódio Sá Faria, 1772, *op. cit.*, p. 92, 95, 105.

Para o caso de Mato Grosso, o governador Manuel Carlos de Abreu de Meneses não via outra solução senão aumentar o contingente das tropas pagas, sendo certo que o constante recrutamento de povoadores prejudicava a agricultura e a indústria. Sugeria que o subsídio com que anualmente, por ordens régias, a capitania de Goiás socorria a de Mato Grosso, que na melhor das ocasiões poderia chegar a 12 arrobas anuais, fosse elevado a maior quantia, e que se impusesse a mesma obrigação à de Minas Gerais, justificando-se semelhante dispêndio da Real Fazenda pela situação de Mato Grosso, "posto avançado do Brazil, Fronteira das trez Provincias Hespanholas da Assumpção do Paraguai, de Chiquitos, e de Moxos, por todas as quaes pode ser, e tem sido repetidas vezes atacada, e invadida".[187]

* * *

Também o ministro D. Rodrigo via com preocupação as requisições de recursos materiais e humanos para a defesa da fronteira, drenando dos colonos as forças de que necessitavam para o incremento das produções agrícolas e mineiras do Brasil, por cuja razão recomendou: "nam obriguem por modo algum os lavradores a dar negros, e carros para o Real Serviso, sem a mais urgente necesidade, e que quando for indispensável o fazelo, sejam eles logo pagos". No mesmo papel, endereçado ao governador de São Paulo, dava instruções contundentes sobre o problema do "grande numero de gentes vadias", que se sabia existirem no Brasil: "S. Mag.e manda recomendar a V. S.a este ponto de policia, para que [use] os meios indiretos e pouco violentos, para evitar este mal; ameasando-os de fazer cahir sobre eles todos os pezos da sociedade, se nam preferirem o hir ocuparse na cultura das suas terras; de que resultará a eles, e as suas famílias a maior utilidade". Da mesma forma, cumpria obrigá-los ao cultivo das terras: "as sesmarias devem perder-se, logo que se nam põem em cultura, e se devem transmitir a maons mais hábeis, e que tenham cabedaes suficientes para as pôr em valor".[188] Manifestavam-se aí os dois polos da contradição, os estímulos dos administradores reformistas às produções agrícolas dos colonos e os imperativos incontornáveis de abastecimento das guarnições fronteiriças, cujos recursos eram requisitados, por meio de "derramas" ou "donativos", justamente às produções que tanto se pretendia estimular. Contradição que só pôde ser *encaminhada* porque os poderes centrais dos dois impérios se valiam de mecanismos muito particulares de sustentar a lealdade dos colonos, e estimulá-los a contribuírem – à base de certa coerção simbólica que não era percebida como tal – de própria iniciativa ao dispêndio de suas propriedades em favor do Real Serviço. Dispositivos honoríficos como a oferta de mercês e apelos à lealdade de uns e outros mantinham um pacto de colaboração entre poder central e elites locais, do qual esta-

---

187 AHU, MT, cx. 41, d. 2023. Manuel Carlos de Abreu de Meneses ao Visconde de Anadia, Lisboa, 4 fev. 1803.

188 AESP, Avisos, Cartas Régias e Patentes, Cód. 421, Livro 172, f. 110-111. Rodrigo de Souza Coutinho a Antonio Manuel de Melo Castro e Mendonça, [Queluz] 1 out. 1798.

vam excluídos os lavradores pobres, os que não possuíam terras e os "vadios" da campanha, setores para quem o empobrecimento gerado por esse sistema de transferência de custos se apresentava talvez de modo menos dissimulado do que àqueles que podiam pensar em honras e mercês. Em sociedades de Antigo Regime, a honorabilidade decorria, em parte, como refere um estudioso, da própria produção de setores sociais desprovidas de honra e a quem eram interditados os meios de alcançá-la.[189]

---

[189] GUTIÉRREZ, Ramón A. *When Jesus came, the Corn Mothers went away*: marriage, sexuality, and power in New Mexico, 1500-1846. Stanford: Stanford University Press, 1991, p. 153.

Capítulo 13
Rivalidade imperial e comércio fronteiriço

> [...] esta provincia ha sido la madre del Fuerte del Príncipe de la Beyra.
>
> Lazaro de Ribera, governador de Mojos, ao vice-rei de Buenos Aires, Nicolás de Arredondo, 20 de junho de 1791[1]

A contenda entre Espanha e Portugal pela definição da posse das regiões limítrofes das colônias da América foi acompanhada de políticas distintas no tocante ao comércio entre vassalos de ambos os impérios. Na segunda metade do século XVIII, na região do vale do rio Guaporé, ao passo que havia rigorosa proibição ao contrabando por parte da Coroa espanhola, a Coroa portuguesa estimulava veladamente o comércio ilegal, que se tornou intensamente praticado por mercadores, missionários, militares e mesmo governadores. As missões de Mojos e Chiquitos e as regiões de Santa Cruz de la Sierra, Cochabamba e La Plata, embora produtoras de gado, sebo, mulas, cacau, cera, algodão e açúcar, sofriam com a escassez de artigos europeus devido ao monopólio comercial espanhol, situação que encorajava missionários e comerciantes a procurar fornecedores alternativos. Por sua vez, os portugueses, estimulados pela Coroa, contavam com pedras e metais preciosos das minas de Mato Grosso para adquirir os artigos de primeira necessidade indispensáveis ao abastecimento do Forte Príncipe da Beira, circunstância que propiciava uma articulação com os interesses de setores locais dos domínios espanhóis. Este capítulo procura analisar os impactos do contrabando sobre instituições administrativas, comerciantes e povos indígenas desde o período pós-jesuítico, auge do comércio fronteiriço, até a administração dos últimos governos reformistas espanhóis, responsáveis por tentativas de interdição.

---

[1] AHN, Estado, 4397.

Abastecimento e contrabando

À época dos jesuítas, as missões de Mojos, iniciadas em 1682, e de Chiquitos, a partir de 1691, enviavam a Santa Cruz e ao Peru cacau, cera, tecidos, sebo e açúcar, e recebiam ferramentas, sal, facas, roupas, avelórios, vidro e itens litúrgicos. Não terão alcançado, no entanto, as produções de Chiquitos a mesma variedade das de Mojos, limitando-se ao envio de cera e algodão: "aquella se recoje de los montes y éste de las sementeras", como explicava o superior das missões, "a dicho comercio y algo también de maíz suelen acudir los *cruceños* al pueblo de San Javier".[2] Coordenavam os jesuítas esse comércio sem qualquer interferência do governo espanhol, mantendo, para tanto, um procurador em Potosí, a quem enviavam listas com pedidos de vinho, farinha, ornamentos e roupas para o serviço religioso, e ferro, aço, agulhas, tesouras, facas e roupas para repartir entre os índios. As importações eram pagas com cera, algodão, cacau, açúcar, sebo e outros itens, remetidos a Potosí ou entregues aos comerciantes *cruceños*, que também entravam nesse negócio.[3] A autonomia requerida para dirigir suas atividades comerciais sem qualquer interferência do governo, tanto em Santa Cruz quanto no Peru, fora concedida em 1700, quando a Audiência aprovou a representação do procurador José de Calvo, em que demandava pudessem os religiosos entrar e sair livremente daquela cidade e do Peru, e de outra qualquer parte desses reinos, e despachar seus pleitos com qualquer pessoa, índios, mestiços ou espanhóis, sem que governador algum os impedisse ou requeresse licença.[4]

Como já referido, os jesuítas não podiam fugir ao dilema de depender da importação de itens das cidades espanholas e, portanto, de que comerciantes frequentassem as missões, e ao mesmo tempo pretendiam evitar que a presença de "cristãos antigos" interferisse, com seu "mau exemplo", como diziam à época, no processo de evangelização ou intentassem tomar índios à força para o serviço pessoal.[5] Aos comerciantes espanhóis não era permitido, por régia provisão aprovada pela Audiência de Charcas em 1700, que passassem além da estância "El Palmar", localizada a 12 léguas da missão de San Xavier.[6] Os

---

2   Biblioteca Nacional del Perú. "Respuesta que da el Padre Superior de las misiones de Chiquitos al interrogatorio formado por la dirección general de las temporalidades, en virtud del decreto de este Superior Gobierno", 5 jul. 1768. In: BALLIVIÁN, Manuel V. (ed.) *Documentos para la historia geográfica de la república de Bolivia*. La Paz: J. M. Gamarra, 1906, t. 1, p. 6.

3   *Ibidem*, p. 7.

4   RAH, CML, t. 56, f. 138-52. "Representación del padre José de Calvo, de la Compañía de Jesús, sobre las misiones o reducciones de Mojos y Chiquitos, su estado, comercio, intervención con el gobernador de Santa Cruz y casa-residencia de los jesuitas en ella", Plata, 9 nov. 1700, f. 140, §7.

5   MÖRNER, Magnus. *La Corona Española y los foráneos en los pueblos de indios de América*. Madri: Agencia Española de Cooperación Internacional/Ediciones de Cultura Hispánica, 1999, p. 282-84.

6   RAH, CML, t. 56, f. 138-52. "Real Provisión de la Audiencia de Charcas", La Plata, 9 nov. 1700. Sobre as relações comerciais das missões com o exterior, vide: GARCÍA RECIO, José María. Las reducciones de Moxos y Chiquitos: autonomía y condicionamientos de la acción misional. Separata de: *Encuentro de Dos Mundos*: Comisión Boliviana

efeitos nocivos que se pretendia evitar com a entrada descontrolada de comerciantes espanhóis consistiam em que enganassem os índios "con cintillas, espejitos, sortijas, abalorios y cosas semejantes", prática mais de uma vez observada pelos jesuítas, que lamentavam que, por esse caminho, "llevaron mucho lienzo de algodón".[7] Foi rechaçado pelo *Consejo de Indias*, apesar disso, o pedido do procurador Gerónimo Herran para que todo o comércio, a não ser o que fosse granjeado pelos jesuítas, fosse proibido, sendo tal proposta considerada avessa ao "derecho de gentes": a essa tentativa frustrada de tornar ainda mais autônomo o espaço das missões, o fiscal do *Consejo de Indias* advertiu: "haciendo los tratos y contratos con asistencia del procurador en los pueblos donde entraren a comerciar los españoles, cesará todo engaño".[8]

A mudança crucial havida com a expulsão dos jesuítas, do ponto de vista do comércio, foi a passagem, definida claramente no regulamento de 1772, da autonomia dos missionários para trocarem as produções excedentes como lhes conviesse a um sistema estritamente controlado pelo Estado. Preponderou, portanto, a concepção de que as produções deveriam ser remetidas à *Receptoría* ou Administração Central da *Real Hacienda* em La Plata, que assumiu as funções de controlar as contas de todos os *pueblos*, comercializar os frutos em regime de monopólio, remunerar curas e índios e enviar os itens de que necessitavam para a manutenção dos templos e asseio das construções. Mojos e Chiquitos teriam governadores militares e a administração do temporal permaneceria, por enquanto, a cargo dos curas.[9] Embora uma "Instrução Superior" de 14 de setembro de 1789, emitida pela Audiência de Charcas, retirasse o poder temporal dos missionários, acusados de contrabando, e instituísse administradores laicos, a concepção de que as produções seguiriam sendo monopólio de Estado e de que a remuneração dos *pueblos* dependeria dos recursos disponíveis na *Receptoría* permanecerá até o fim da época colonial.[10] Já se verá que tal concepção, apesar de pretender estimular as produções, animava toda sorte de desvios dos frutos para os domínios portugueses ou ao comércio de Santa Cruz de la Sierra: os responsáveis por fiscalizar eram os mais interessados

---

de Conmemoración del V Centenario del Descubrimiento de América. La Paz: Ministerio de Relaciones Exteriores y Culto, 1987, p. 15; TOMICHÁ CHARUPÁ, Roberto. *La primera evangelización en las reducciones de Chiquitos, Bolivia* (1691-1767): protagonistas y metodología misional. Cochabamba: Verbo Divino, 2002, p. 197, 201.

7   "Respuesta que da el Padre Superior de las misiones de Chiquitos", 5 jul. 1768. In: BALLIVIÁN (ed.), *Documentos para la historia geográfica*, op. cit., t. 1, p. 7-8.

8   AGI, Charcas, 159. Consulta do *Consejo de Indias* em Madri, 30 out. 1726, f. 3. O parecer motivou a Real Cédula enviada no ano seguinte: RAH, CML, t. 102, f. 412. "Real Cédula para que se evite que los vecinos de Santa Cruz de la Sierra molesten a los indios Chiquitos al cargo de los jesuitas", Madri, 6 jun. 1727. Ainda sobre o problema das relações comerciais dos jesuítas, ver: BLOCK, David. *Mission culture on the Upper Amazon*: native tradition, Jesuit enterprise, and secular policy in Moxos, 1660-1880. Lincoln: University of Nebraska Press, 1994, p. 68-69.

9   AGI, Charcas, 515. Regulamentos temporais para as missões de Mojos e Chiquitos, Santo Ildefonso, 15 set. 1772 (vide cap. 7, nota 21, deste livro).

10 AGI, Charcas, 445. Instrução Superior da Audiência de Charcas, 14 set. 1789.

em contrabandos, e a separação espacial pretendida não impedia a entrada de portugueses e *cruceños* nas terras dos *pueblos*.

Realmente, as missões de Mojos e Chiquitos estavam localizadas em território sob acirrada contenda com o Império português. Para além das minas de Cuiabá, descobertas desde 1718, os portugueses procuraram consolidar sua posição, em meio às indefinições do Tratado de Madri, criando povoações e fortes em pontos estratégicos nos vales dos rios Guaporé e Paraguai. O abastecimento da capitania de Mato Grosso, no entanto, seguia sendo dificultoso. Não surpreende que um governador estimasse que "os gêneros necessários à nossa conservação física adquirem um grau de carestia de mais de 300 por cento da primeira mão".[11] Escravos, sal, armas, ferramentas, tecidos, mulas e outras fazendas secas e molhadas passavam ou pelas rotas fluviais desde o Grão-Pará e São Paulo, ou por caminhos de terra desde o Rio de Janeiro e Bahia. De todo modo, como os comerciantes transferiam os custos de transporte e tributação ao preço final, acrescendo margens vultosas de lucro, os preços dos itens mais necessários eram, para usar a expressão dos ministros do Reino, uma "exorbitância".[12] O drama do abastecimento se agravava ainda com a falta de braços, pois uma vez que os escravos eram concentrados nas fainas de minerar, poucos eram os que se ocupavam das lavouras. Esse quadro propiciou um cenário favorável a que comerciantes portugueses passassem às próximas e abundantes missões de Mojos e Chiquitos a fim de realizar transações de não pouco interesse para a vida econômica de Mato Grosso.[13]

Não parece fácil dizer com precisão, porém, se os portugueses que intentavam entrar nas missões faziam-no para buscar comércio ou se, fugitivos da pobreza, queriam é fixar-se nos domínios castelhanos. Assim é que, em 1729, uns 400 moradores de Cuiabá se reuniram sob as sugestões de certo Manoel Caetano, e formularam o pretexto de fundar uma nova povoação no rio Coxim "para augmento da Coroa"; intento frustrado, pois tendo ido à frente o dito Manoel Caetano, caiu vítima dos Payaguá, e os outros que ficaram foram presos e tiveram seus bens sequestrados, descobertos que "hião fugidos para terras de Castela".[14] Fuga da pobreza, e não comércio, observava em 1744 o padre Nicolás Altogradi a respeito dos portugueses que continuamente apareciam nas missões, vindos da paragem de Mato Grosso, que aliás nem minas possuía, mas lavadeiros: "mal en forma está todo

---

11   IANTT, MR, maço 500, caixa 624. Instrução de Luiz Pinto de Souza Coutinho, governador de Mato Grosso, ao seu sucessor, Luiz de Albuquerque de Melo Pereira e Cáceres, Vila Bela, 24 dez. 1772, §67 (cit.) e §33.

12   AHU, PA, cx. 69, d. 5919. "Instrução secretíssima a João Pereira Caldas", Ajuda, 2 set. 1772.

13   LOBO, Eulália Maria Lahmeyer. Caminho de Chiquitos às Missões Guaranis. *Revista de História*, São Paulo, v. 11, n. 42, p. 420; SAIGNES, Thierry. L'Indien, le Portugais et le Jésuite: alliances et rivalités aux confins du Chaco au XVIIIème siècle. *Cahiers des Amériques Latines*, Paris, n. 9-10, 1975, p. 226.

14   SÁ, José Barbosa de. "Relaçaó das povoaçoens do Cuyabá e Mato groso de seos principios thé os prezentes tempos", 18 ago. 1775. ABN, Rio de Janeiro, v. 23, 1904, p. 26; Idem. "Chronicas do Cuyabá" [1765]. *RIHGSP*, São Paulo, v. 4, 1899, p. 61-62; ASCC, p. 62.

aquello, y con mucha confución", tanto mais porque só havia um tenente, que fazia de justiça, não havia cura, e a maior parte da gente era pobre e estava endividada: "todo lo que allá se compra, y se vende, todo es de fiado; y de fiado se vende aun a los negros. Todos son pobres, y si alguno parece tener algo más que otros, será aquel, que está más endeudado". Os que passavam às missões eram igualmente pobres, um fugido de dívidas, outro só com a roupa do corpo, um terceiro com uns negros e pretensão de comprar vacas em Santa Cruz para vendê-las em Cuiabá. O gado lhes parecia, além disso, muito mais barato nos domínios espanhóis do que no Brasil.[15] Da mesma forma, ante os problemas crônicos de abastecimento em Cuiabá, não poucos portugueses intentaram passar às missões de Chiquitos, fosse em demanda de comércio, fosse para fixar residência em Santa Cruz. O jesuíta Esteban Palozzi assegurava que o grupo de cinco pessoas que esteve em San Rafael, em agosto de 1740, alegara que em Cuiabá se padecia "mucha falta de lo necesario para la vida humana, porque fuera del maíz, y arroz, que tenían de cosecha todo lo demás era necesario traerlo del Brasil en grandísima distancia, y con increíble trabajo". Acresce que estavam faltos de vacas, cavalos e mulas, vindo do Brasil poucos e a preço excessivo.[16] A seguinte expedição, que chegou em dezembro do mesmo ano, foi detida por sentinelas antes de entrar no *pueblo*, em atenção à Real Provisão da Audiência, lançada em 1740.[17] Eram umas 50 pessoas entre portugueses e escravos, e um carmelita calçado, que pretendiam entrar em Santa Cruz. Em seu retorno ao Brasil, padeceram toda sorte de trabalhos e misérias, pois os índios que foram vistoriar a retirada encontraram abandonados "no solo sus vagages y trastes, sino a varios yndios, y criados que los cargavan, también abandonados, y muertos por el camino".[18] A mencionada Real Provisão de 1740 determinou um padrão de contato fronteiriço que a administração espanhola pretendeu manter, sem sucesso, até o fim da época colonial, com a interdição de que portugueses entrassem nas missões, fosse a título de comércio, correspondência "de palabra o por cartas" e mesmo ofertas às igrejas, e a proibição de que os índios mantivessem o mínimo contato com os estrangeiros, "en la fee y lealtad que deven guardar a su magestad".[19]

---

15 AGI, Charcas, 384. Nicolás Altogradi ao governador de Santa Cruz de la Sierra, dando notícia sobre as povoações de portugueses vizinhas às missões de Mojos e Chiquitos, [San Pedro de Mojos] 2 abr. 1744, f. 1v.

16 AGI, Charcas, 384. Carta de Esteban Palozzi ao governador de Santa Cruz de la Sierra, Rafael de la Moneda, San Rafael, 8 jan. 1744, f. 2v-3.

17 AGI, Charcas, 207. "Auto", f. 41-44v: Real Provisão da Audiência de Charcas proibindo a introdução de portugueses nas missões, La Plata, 19 out. 1740.

18 AGI, Charcas, 384. Carta de Esteban Palozzi ao governador de Santa Cruz de la Sierra, Rafael de la Monera, San Rafael, 8 jan. 1744, f. 3v-4.

19 AGI, Charcas, 207. "Auto", f. 41-44v: Real Provisão da Audiência de Charcas proibindo a introdução de portugueses nas missões, La Plata, 19 out. 1740.

Ainda que não pareça razoável o argumento do jesuíta Juan de Escandón, de que os portugueses que tentavam entrar em Mojos e Chiquitos obedeciam a um plano coordenado pelo governo do Rio de Janeiro, têm todo o interesse os casos que menciona.[20] Evidenciam, de um lado, a permeabilidade do espaço das missões, pretendidas como antemural do Império espanhol, e de outro, a fluidez da lealdade de alguns portugueses que, ante imperativos econômicos ou dívidas com a justiça, almejavam começar outra vida como vassalos do monarca rival. Não faltavam pretextos aos que se queriam ver admitidos nas *Indias* de Castela: um alegava "envidia y persecución del gobernador por sus riquezas"; outro apareceu em San Rafael vestido de jesuíta e, à guisa de presentes e mimos, pretendia que o deixassem passar ao Peru, para onde conduzia avultado comércio; um terceiro tentou subornar ao padre Marcos de Avendaño, para o que enviara desde Cuiabá "una gruesa partida de ricas telas inglesas para adorno de su iglesia, a fin de que dejase paso franco a los criados o agentes de dicho mercader, que con otros géneros y mercancías habían de pasar a las provincias del Perú".[21] A fuga da pobreza e as miragens de riquezas comerciais nas minas de Potosí eram os condicionantes dessas tentativas, não um projeto geopolítico, como sustenta Escandón, preocupado com a propaganda negativa que os ministros portugueses faziam dos jesuítas.

Tanto era assim que, entre junho e setembro de 1740, Luiz Rodrigues Vilares, português, capitão-mor das minas de Cuiabá, coordenou a expedição de um grupo de comerciantes a Chiquitos. Em uma carta endereçada aos jesuítas, propunha fornecer tecidos, sal, açúcar, vinhos "y otros generos q.e no se comprehenden en las pracmaticas de Yndias", a troco de gados, bestas e cavalos dos domínios espanhóis, e assegurava tarifas acessíveis, de "maior comodidad de las que por estanque les dispensan las contrataciones de Sevilla [y] con menos avanses de que los introducen franceses, ingleses, y olandeses".[22] Em desacato ao Regimento do Mestre de Campo de Cuiabá de 26 de junho de 1723, que proibira o contrabando com os espanhóis, os comerciantes dessas minas se anteciparam às decisões do poder central português, a quem só comunicaram o empreendimento em carta de 20 de setembro de 1740, com um pedido de mercê de abertura do referido comércio.[23]

O monarca português, é certo, naquele momento, não autorizava essas investidas, chegando a reforçar a proibição do contrabando diante das delicadas negociações do Tratado de Madri.[24]

---

20 AHN, Jesuitas, 120, doc. j. ESCANDÓN, Juan de. "Sucesos de los jesuitas en las misiones del Paraguay" [c. 1750], f. 6-7; também em: RAH, CML, t. 8, f. 42-57. Ver os comentarios de: MATEOS, Francisco, S.J. Avances portugueses y misiones españolas en la América del Sur. *Missionalia Hispanica*, Madri, ano 5, n. 15, 1948, p. 500-504.

21 AHN, Jesuitas, 120, doc. j. ESCANDÓN, Juan de. "Sucesos de los jesuitas en las misiones del Paraguay" [c. 1750], f. 6-7.

22 AGI, Charcas, 425. "Copia de la carta de Luys Roys Vilares, escrita en Cuyabá en 22 junio de este año de 1740 a los P.s micioneros de Chiquitos solicitando la introducción de su comercio por estas partes en el Peru", f. 1v.

23 AHU, MT, cx. 3, d. 140. Ouvidor João Gonçalves Pereira ao rei, Cuiabá, 20 set. 1740.

24 O procurador da Coroa considerava imprudentes as "bandeirinhas certanejas" e as tentativas de abrir comércio com os castelhanos, "tendo aquella nação mais poder, e sendo mais numerosa que a nossa", ademais do perigo

Ao primeiro governador de Mato Grosso, Antonio Rolim de Moura, ordenara: "tenhais toda a vigilância para impedir aos moradores do vosso governo todo o comércio de gêneros com os Espanhóis",[25] proibição reforçada em 1757.[26] Entre os opositores ao contrabando estava Alexandre de Gusmão, que defendeu sua posição admiravelmente em papel escrito em setembro de 1751, em que explicava a opção por manter Mato Grosso e outros territórios interiores em detrimento da Colônia do Sacramento, nas negociações do tratado de limites. Para Gusmão, o contrabando abalava as boas relações diplomáticas, levava a guerras que consumiam muito mais que os lucros e só beneficiava as nações estrangeiras.[27]

Oscilação, portanto, entre a proibição e o estímulo de um comércio controlado com as missões castelhanas marcaram a política comercial portuguesa por aquela parte. Não é improvável que, a princípio, a Coroa tivesse estimulado a ida às missões, como o atesta a expedição de Francisco de Melo Palheta, que em agosto de 1723 chegou a Exaltación de Mojos.[28] Ele saíra do Pará com ordens do governador para manifestar aos espanhóis que não subissem o rio Guaporé, pois o monarca de Portugal "está en posesión de todo el rio de la Madera, y principal.te del lugar en q.e e ajuntan los rios Maure y el rio de Ytenes", como escreveu ao governador de Santa Cruz de la Sierra; e propor-lhes, ademais, que se estabelecesse o comércio entre ambas as colônias, em atenção à boa amizade e união que havia entre as duas Cortes.[29] Uma mudança de orientação, no entanto, ocorreu com o Alvará de 27 de outubro de 1733, que proibia, concretamente, "daqui em diante abriremse novos caminhos, ou picadas p.a quaisquer minas q.e estiverem já descobertas, ou p.a o futuro se descobrirem", por receio

---

de índios bárbaros (IHGB, Conselho Ultramarino, Cód. 1, 2-2, f. 312v-316v. Parecer do Conselho Ultramarino e despacho do rei sobre a melhor forma de evitar os inconvenientes que resultam da pouca distância a que se encontram as povoações da América espanhola da vila e comarca de Cuiabá, Lisboa, 26 abr. 1746. In: CORTESÃO, Jaime (ed.). *Alexandre de Gusmão e o Tratado de Madri* (1750), parte 3: Antecedentes do Tratado. Rio de Janeiro: Ministério das Relações Exteriores/Instituto Rio Branco, 1951, t. 2, p. 85).

25 "Instrução da rainha D. Mariana Vitória", Lisboa, 19 jan. 1749. In: MENDONÇA, Marcos Carneiro de (ed.). *Rios Guaporé e Paraguai*: primeiras fronteiras definitivas do Brasil. Rio de Janeiro: Xerox, 1985, p. 26.

26 AHU, Cód. 613, f. 3-9. Instrução de Tomé Joaquim da Costa Corte Real a Antonio Rolim de Moura, Belém, 7 jul. 1757, f. 5v, §11.

27 Ajuda, 51-iv-8 [n. 1947], f. 1-27. Carta de Alexandre de Gusmão para Antonio Pedro de Vasconcelos, sobre o Tratado de Limites da América, Lisboa, 8 set. 1751, f. 6-6v.

28 BPME, Manizola, Cód. 41-2, f. 1-17. "Narração da viagem e descobrimento que fez o sargento-mór Francisco de Melo Palheta, no rio da Madeira", desde 2 nov. 1722 até 2 set. 1723.

29 AGI, Charcas, 159. Cópia da carta de Francisco de Melo Palheta ao governador de Santa Cruz de la Sierra, Luiz Alvarez Gato, Exaltación, 10 ago. 1723. O governador do Pará insistiu na linha adotada com relação à expedição de Palheta, e coordenou também uma expedição a Maynas, onde semelhantes requerimentos de posse de territórios e abertura de comércio franco entre os impérios foram feitos às autoridades espanholas (AGI, Quito, 158. "Carta de la Real Audiencia de Quito en que da cuenta a S. M. con testimonio de autos de que el gobernador del Pará, que pertenece a la Corona de Portugal, embió al sargento mayor D.n Melchor Mendes de Moraes a la Provincia de Maynas jurisdicción de la corona de Castilla con el orden de fabricar una casafuerte en la boca del Río Aguarico, y abrir un comercio franco entre los vasallos de ambas coronas", Quito, 12 fev. 1733).

de que as minas despovoassem o Maranhão.³⁰ Já tive oportunidade de discutir neste livro as implicações da viagem de Manuel Félix de Lima e seus companheiros que, em 1742, vendo frustrado seu intento de abrir comércio com o Peru, navegaram até o Pará, onde foram presos por desobedecer ao Alvará de 1733.³¹ O empenho de colonos como João de Souza de Azevedo e José Leme do Prado, que mostraram a viabilidade da rota fluvial, e a importância de sustentar aquela fronteira com povoações e comércio, levaram a que a Coroa se decidisse a estimular, de forma centralizada, a comunicação entre Pará e Mato Grosso.³²

Seja como for, a interdição ao contrabando foi retirada por carta de 5 de junho de 1761, em que Francisco Xavier de Mendonça Furtado, que já assumira a secretaria de Estado, instruiu o governador do Pará sobre "o político uso do commercio e correspondencia que se pode entreter cautelozamente com os padres castelhanos".³³ A carta ao governador de Mato Grosso era ainda mais enfática, devendo-se instruir ao comandante do forte Conceição sobre o bom trato e agasalho com que se deveria tratar os vizinhos, "e permittir-lhe a liberdade, de lhes vender alguns Generos, por que he natural, que achando elles conveniencia neste novo comercio, o fomentem em forma que haja por ali húa boa introdução de Generos, e extracção de Prata". Coerente com o exercício propriamente "barroco" da política, era recomendada toda a dissimulação possível nesse negócio:³⁴ "sem que se perceba de sorte algua, que V. S.a o fomenta ou protege por ordem da Corte, por que assim He conveniente ao Serviço de S. Mag.e; conservando esta ideya no mais inviolável segredo".³⁵ Nessa viragem em prol do estímulo velado ao contrabando, a Corte portuguesa não se fará acompanhar pela espanhola, que já em outubro de 1740 reforçara, de forma contundente, a proibição de qualquer contato ou comércio com portugueses.³⁶

---

30 AHM, Cota 2/1/1/15. "Alvará proibindo a abertura de picadas e caminhos para as minas da Real Fazenda", Lisboa, 27 out. 1733.

31 Carta Régia a João de Abreu de Castelo Branco, governador do Estado do Maranhão e Pará, Lisboa, 17 jun. 1744, a respeito das prisões de Manoel de Freitas Machado e Manuel Félix de Lima. In: CORTESÃO (ed.), *Alexandre de Gusmão e o Tratado de Madri* (1750), parte 3, t. 2, op. cit., p. 80-81; ver também: *AVB*, p. 45 e Manuscrito de Manuel Félix de Lima [c. 1742]. In: SOUTHEY, Robert. *História do Brazil*. Rio de Janeiro: Garnier, 1862, v. 5, p. 404-424.

32 *AVB*, p. 48-49; IANTT, MNEJ, maço 67 (caixa 56), n. 6. Carta Régia que autoriza a navegação do Pará ao Mato Grosso, Lisboa, 14 nov. 1752; DAVIDSON, David. *Rivers & empire*: the Madeira rout and the incorporation of the Brazilian Far West, 1737-1808. Dissertação (Ph.D.) – Yale University, 1970, p. 57, 64.

33 BNL, Reservados, Cód. 11415. Manuel Bernardo de Melo e Castro a Francisco Xavier de Mendonça Furtado, confirmando recebimento de carta de 5 de junho de 1761, Pará, 11 out. 1761.

34 As noções de "segredo", "cautela", "disfarce", "dissimulação" e outras semelhantes eram recorrentes no vocabulário dos governadores e oficiais envolvidos com problemas fronteiriços. Sobre a dissimulação como prática política barroca, ver: VILLARI, Rosario. *Elogio della dissimulazione*: la lotta politica nel Seicento. Roma: Laterza, 1987, p. 25-29.

35 AHU, Cód. 613, f. 62-63v. Carta de Francisco Xavier de Mendonça Furtado a João Pedro da Câmara, Palácio de Nossa Senhora da Ajuda, 2 maio 1767, f. 62v-63.

36 AGI, Charcas, 207. "Auto", f. 41-44v: Real Provisão da Audiência de Charcas proibindo a introdução de portugueses nas missões, La Plata, 19 out. 1740. A lei 8, título 13, livro 3, uma das várias que proibiam o comércio com estrangeiros no Império espanhol, dada já a 6 de junho de 1556 e incluída na *Recopilación* de 1681, ordenava

Embora o poder central espanhol continuasse a proibir o contrabando até o fim da época colonial, no nível local, comerciantes, missionários, militares e governadores ficavam sem outra opção, a ponto de um governador de Buenos Aires reconhecer que, tão demorados a chegar e tão caros eram os produtos que vinham pelas frotas, que ele era obrigado a ir comprá-los na Colônia do Sacramento.³⁷

No Império espanhol, era vigente o sistema comercial inaugurado pelos reis católicos e aperfeiçoado pelos Áustrias, fundamentado, de um lado, no regime de porto único em Espanha e nos vice-reinos, e de outro, na imposição de apenas uma rota comercial nas colônias. Assim, obrigatoriamente, todo o comércio da América do Sul seria abastecido de produtos europeus através da rota que ligava Sevilha, depois Cádiz, ao Istmo do Panamá; daí ao porto de Callao, de onde, conduzidas por mulas, as mercadorias chegariam a Lima, capital do vice-reino; ou embarcariam até Arica, para seguir em direção a Potosí. Até o decreto de comércio livre de 1778, o abastecimento das regiões de Santa Cruz de la Sierra, Tucumán, Assunção e Buenos Aires era dependente desse longo roteiro. Aos elevados custos de transporte e de taxas alfandegárias somavam-se os lucros extraordinários dos comerciantes, que podiam alcançar 150, 300 e 500%.³⁸

Tal era a situação dos domínios espanhóis confinantes com os portugueses, que a conheciam muito bem, tanto assim que Antonio Rolim de Moura, consultado pelos ministros de Estado em 1774, asseverou que os espanhóis viviam em constante escassez de mercadorias europeias de primeira necessidade: "Os preços das fazendas que lhes vão da Europa são exorbitantes em comparação com as nossas e a maior parte delas não presta para nada; a baeta

---

"que todos los que trataren y contrataren en las Indias, provincias y puertos de ellas con estrangeros de estos nuestros reinos de España, de cualquier nación que sean, y cambiaren ó rescataren oro, plata, perlas, piedras, frutos, y otros cualesquier géneros y mercaderías, ó les compraren ó rescataren las presas que hubieren hecho, ó les vendieren bastimientos, pertrechos, armas, ó municiones, y se hallaren principalmente culpados en los dichos rescates, compras y ventas, incurran en pena de la vida y perdimiento de bienes" (*Recopilación de Leyes de los Reinos de las Indias*. 4ª. ed. Madri: Consejo de la Hispanidad, 1943, t. 1, p. 619); de mesmo teor era a lei 7, título 27, livro 9 (em: *Ibidem*, t. 3, p. 327). Sobre as interdições ao contrabando, ver: HARING, Clarence H. *Comercio y navegación entre España y las Indias en la época de los Habsburgos*. México: Fondo de Cultura Económica, 1939, p. 79-85 *et passim*.

37 As Reais Cédulas de 26 de maio de 1721 e 10 de maio de 1723 reforçavam a proibição de "comercios y introducciones ylizitas" e rechaçavam o pretexto dos *vecinos* de Buenos Aires de que, "por la retardación de Navios de estos Reinos, les precisava muchas vezes a comprar las ropas que pasavan a la Colonia" (In: Archivo General de la Nación Argentina. *Campaña del Brasil*: antecedentes coloniales. Buenos Aires: Archivo General de la Nación, 1931, v. 1, p. 473, 485). O trabalho de Possamai chamou a minha atenção para essas Reais Cédulas: POSSAMAI, Paulo César. *O cotidiano da guerra*: a vida na Colônia do Sacramento (1715-1735). Tese (doutorado em História) − Faculdade de Filosofia, Letras e Ciências Humanas, Universidade de São Paulo, São Paulo, 2001, p. 276.

38 HARING, *Comercio y navegación*, op. cit., p. 180; CANABRAVA, Alice Piffer. *O comércio português no Rio da Prata (1580-1640)*. Belo Horizonte: Itatiaia; São Paulo: Edusp, 1984, p. 42-49; MOUTOUKIAS, Zacarías. *Contrabando y control colonial en el siglo XVII*: Buenos Aires, el Atlántico y el espacio peruano. Tucumán: Centro Editor de América Latina, 1988, p. 62; POSSAMAI, *O cotidiano da guerra*, op. cit., p. 276-78.

que ia aos jesuítas meus vizinhos era uma pouca serapilheira; de Europa não lhes vai louça da Índia nem vidros cristalinos".[39]

Com a expulsão dos jesuítas, comerciantes espanhóis de Santa Cruz de la Sierra, Córdoba, Salta e Tucumán vislumbraram a possibilidade de intermediar o comércio entre as abundantes produções das missões de Mojos e Chiquitos e as mercadorias aparentemente mais atrativas trazidas pelos portugueses. Por sua vez, desde 1761, os portugueses abandonaram as reservas quanto ao contrabando com os espanhóis na fronteira do Mato Grosso e da Amazônia, e procuraram planejar uma ofensiva comercial que significasse um golpe decisivo contra o exclusivo colonial dos seus rivais.

O Plano Pombalino e a disputa pelo exclusivo

No dia 1º de setembro de 1772, o Marquês de Pombal recebeu em sua casa os ministros Martinho de Melo e Castro e José de Seabra e Silva para discutirem os detalhes de um Plano de Comércio que se pretendia introduzir em Mato Grosso, capitania de São José do Rio Negro e demais regiões confinantes com os domínios de Castela.[40] Estratégia emblematicamente chamada de "Plano de Segurança, e do Commercio", visava estimular as atividades da Companhia Geral do Grão-Pará e Maranhão, criada em 1755, dinamizar a economia das capitanias fronteiriças, através do barateamento do preço dos escravos e das fazendas e da instalação de feitorias no itinerário dos rios amazônicos, e, finalmente, objetivava fomentar secretamente a introdução de mercadorias nos domínios espanhóis.[41] "Hum dos mais importantes Negocios, que actualmente constituem os Interesses da minha Corôa", referia uma "instrução secretíssima" ao governador do Pará, João Pereira Caldas, consistia em "introduzir na maior parte das vastas Provincias Hespanholas do Orinoco, de Quito e do Perú com grande vantagem ao que antes se fazia naquela Colonia do Sacramento", um "grosso e fecundo comércio", "sem que os respectivos Governadores confinantes o possao facilmente impedir". Para tanto, sob "o mais inviolável Segredo" – dando a saber a cada um apenas a atividade imediata a executar, não a substância do Plano –, cumpriria ao governador, antes de tudo, limitar os lucros de todos os comerciantes

---

39 "Informação que sobre a capitania de Matto Grosso foi dada ao Marquez de Pombal pelo Conde de Azambuja" [1774] apud BASTOS, Uacury Ribeiro de Assis. *Expansão territorial do Brasil colônia no vale do Paraguai (1767-1801)*. Tese (doutorado em História) - Faculdade de Filosofia, Letras e Ciências Humanas, Universidade de São Paulo, São Paulo, 1972, p. 94.

40 Fica-se sabendo dessa reunião por carta de Ignácio Pedro Quintella, provedor da Companhia Geral do Grão-Pará, e deputados Anselmo José da Cruz, Francisco José Lopes e João Roque Jorge ao governador do Pará, João Pereira Caldas, Lisboa, 2 out. 1772, em: AHU, PA, cx. 69, d. 5919.

41 Existe menção ao projeto em: AHU, PA, cx. 65, d. 5657. "Memoria das Instrucçõens, e Ordens", 10 jul. 1770; e o Plano foi exposto detalhadamente em: AHU, PA, cx. 69, d. 5919. "Instrução secretíssima a João Pereira Caldas", Ajuda, 2 set. 1772. Análises desse Plano de Comércio podem ser lidas em: DAVIDSON, *Rivers & empire*, op. cit., p. 158, 162, 313 e BASTOS, Uacury Ribeiro de Assis. Os jesuítas e seus sucessores (Moxos e Chiquitos – 1767-1830). *Revista de História*, São Paulo, ano 23, v. 44, n. 89, 1972 (segunda parte), p. 94-102.

que passassem negócios para aquela parte ao máximo de 12%, "para se virem a colher na maior extensão dos consumos os avultados lucros, que não permittem as pequenas quantidades vendidas com cobiçosas carestias".[42]

Esse Plano, cujo feitio, segundo David Davidson, oferecia "the purest manifestation of state mercantilism",[43] baseava-se, portanto, em três pontos centrais: (a) introduzir gêneros europeus no Império espanhol; (b) limitação dos lucros dos comerciantes a 12%; e um terceiro aspecto seguir-se-ia como consequência: (c) para rebaixar os preços, então, era preciso impor um tabelamento, como de fato aconteceu; assim, como cumprisse somente ao governo realizar veladamente as transações com os espanhóis, as mercadorias seriam antes adquiridas aos homens de negócio conforme os preços da tabela; os que procurassem preços mais altos fatalmente seriam excluídos.[44]

Por bando de 28 de janeiro de 1775, o governador de Mato Grosso, Luiz de Albuquerque de Melo Pereira e Cáceres, rebaixou (em alguns casos em 50%) e congelou os preços de escravos e gêneros vendidos na capitania, e estabeleceu uma taxa de juros de 5% ao ano. As alterações não terão sido de somenos, se postos em comparação os preços vigentes em 1770 e a nova pauta estabelecida em 1775: um negro bom, comprado nos portos do Rio de Janeiro ou da Bahia, e que era vendido em Mato Grosso a 300$000, passou a custar 160$000, se viesse do Pará; o alqueire de sal passou de 30$000 a 9$450; cada frasco de vinho, vinagre, azeite ou aguardente, de 3$000, passou a valer 1$687; a peça de bretanha, item de grande saída entre os espanhóis, custava antes 9$000 (medida e origem não especificada), e os novos preços passaram a ser: 9$111 (bretanha de França larga), 6$918 (estreita) e 3$205 (de Hamburgo).[45]

O estímulo ao contrabando sob a forma de um rígido controle estatal – que, estrategicamente, dever-se-ia recobrir "com tal disfarce, que não pareça que V. S.a o promove, e menos que tem ordem para assim o fazer"[46] – não deixou de exercer severos impactos sobre certos nichos de comerciantes portugueses. Assim, o governo de Luiz de Albuquerque foi duramente criticado por alguém que escreveu umas "Reflexoens sobre o Governo e Administração da Capitania de Mato Grosso, que manifestão as concussoens roubos depredaçoens e violencias

---

42 AHU, PA, cx. 69, d. 5919. "Instrução secretíssima a João Pereira Caldas", Ajuda, 2 set. 1772.

43 DAVIDSON, *Rivers & empire, op. cit.*, p. 194.

44 AHU, MT, cx. 26, d. 1536. "Reflexoens sobre o Governo e Administração da Capitania de Mato Grosso" [anônimo, c. 1788].

45 AHU, MT, cx. 15, d. 916. "Memória dos preços comuns a que no Mato Grosso são vendidos os géneros molhados e secos" [c. 1770]; AHU, MT, cx. 17, d. 1093. "Copia da Pauta q.' se estabeleceo em Matto Grosso, para por ella venderem os Negociantes a ouro", Vila Bela, 28 jan. 1775.

46 AHU, Cód. 614, f. 1-8v. Carta-instrução de Martinho de Melo de Castro a Luiz de Albuquerque de Melo Pereira e Cáceres, Palácio de Belém, 13 ago. 1771, §5.

que cometem os Governadores daquele Estado em prejuízo da Real Fazenda, e em ruína dos Vassalos de Sua Magestade".⁴⁷ Sobre o contrabando, refere o autor anônimo que:

> Faz-se este Comercio suministrando o Governador aos seos Comissários, os generos que devião passar aos Domínios Espanhoes, fixando-lhe preços altíssimos, trazendo de retorno das minas Espanholas para os Domínios de Mato Grosso, diferentes Generos, como Assucar, Farinha, Cebo, Galinhas, Cavalos, Gados, Carne Seca &a, q.e tomavão aos Espanhóes por ínfimos preços, vindo depois vendelos à Fazenda Real, e aos particulares por excessivos preços, como por exemplo o cebo, que trazião a 640 a arroba, o vendião em Mato Grosso a 3.600, os Cavalos que custavão dez pezos, a cincoenta Pezos &a.

Como se não bastasse, o verdadeiro motivo que levou à instalação da povoação de Casalvasco, prossegue o autor anônimo, foi o de desviar os castelhanos de irem comerciar em Vila Bela, onde os mercadores lhes vendiam gêneros a preços mais baixos, e obrigá-los a comprar em Casalvasco, à mercê dos preços pedidos pelos comerciantes favorecidos do governador. Da mesma forma, como entrassem muitas mulas por Cuiabá, vindas do roteiro de Goiás, e baixassem os preços das que eram compradas dos espanhóis, com prejuízo do monopólio estabelecido pelo Plano, foi instalado um registro entre Cuiabá e Vila Bela. Finalmente, como só militares e comerciantes com licença do governo podiam passar aos domínios de Espanha para comércio, todo ele controlado pela Real Fazenda, quem quisesse participar tinha de vender suas mercadorias aos comissários responsáveis pelo abastecimento dos armazéns reais, aos preços mais baixos possíveis.⁴⁸

---

47 AHU, MT, cx. 26, d. 1536 [c. 1788], f. 3v (cit.).

48 AHU, MT, cx. 26, d. 1536. "Reflexoens sobre o Governo" [c. 1788]; "Informação sobre a capitania de Mato Grosso dada pelo Astrônomo Antonio Pires da Silva Pontes" [1798] *apud* DAVIDSON, *Rivers & empire*, op. cit., p. 193.

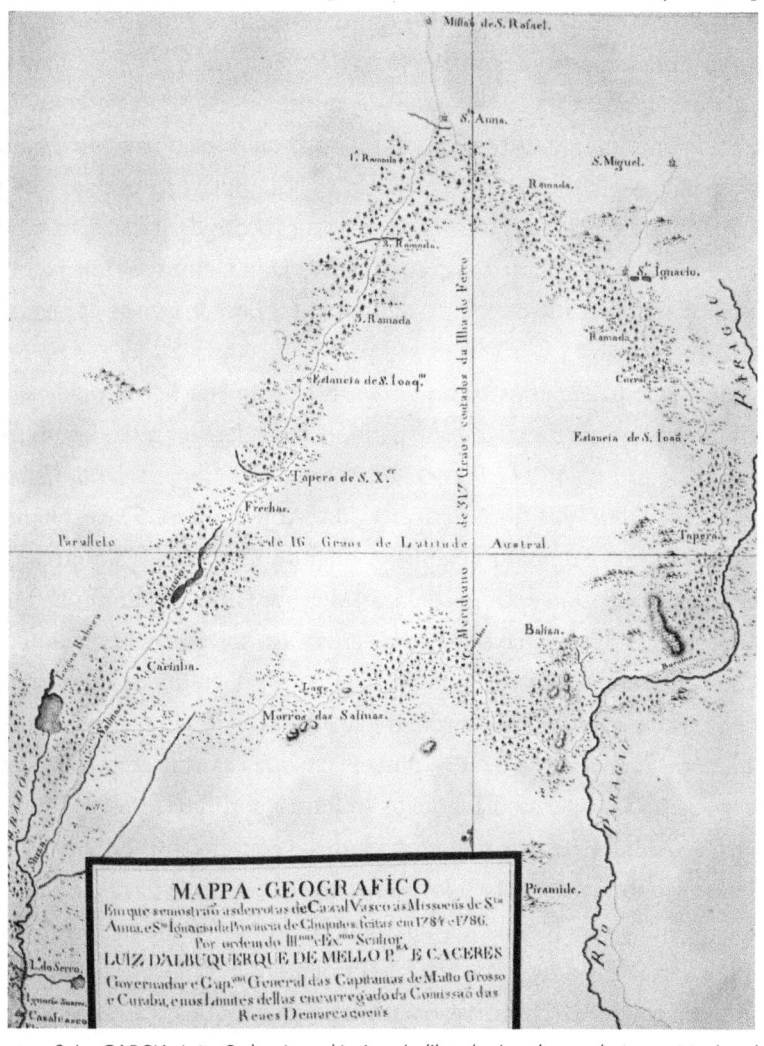

Figura 25: "Mappa Geografico em que se mostraõ as derrotas de Cazal Vasco ás Missoeñs de S.ta Anna e S.to Ignacio da Provincia de Chiquitos" [1786]

Fonte: Casa da Ínsua, 18. In: GARCIA, João Carlos (coord.). *A mais dilatada vista do mundo*: inventário da coleção cartográfica da Casa da Ínsua. Lisboa: Comissão Nacional para as Comemorações dos Descobrimentos Portugueses, 2002, p. 153.

Evidência da busca por esquadrinhar o espaço a fim de melhor controlar os fluxos de bens e pessoas entre os limiares porosos da fronteira, este mapa, da lavra do sargento-mor engenheiro Joaquim José Ferreira, indica os caminhos desde Casalvasco às missões de Chiquitos, veredas por onde não raras vezes comerciantes de Santa Cruz de la Sierra passaram àquela povoação em demanda de comércio ilícito.

Entretanto, fracassou a tentativa de fornecer gêneros europeus de forma sustentável ao Império espanhol. Segundo Davidson, o fornecimento de escravos negros para a capitania do Grão-Pará permaneceu insuficiente, e a navegação da rota fluvial entre Belém e Vila Bela encontrava dificuldades para recrutar tripulação. Eram poucos os que possuíam o capital necessário para fornecer os itens de luxo demandados pelos espanhóis, e o roteiro acabou sendo mais utilizado pela administração do que por comerciantes.[49]

O contrabando que predominou foi o de mantimentos produzidos nas missões trocados por ouro das minas portuguesas. Já em 1770, o cura da missão de Santa Magdalena, Tomás Zapata, forneceu 200 cabeças de gado aos portugueses, em trato com Manoel Pedro, que lhe pagou com um anel de ouro com diamantes, duas escopetas e três libras de ouro em pó.[50] Em 1775, pelo registro de Jaurú, passaram a Vila Bela 100 mulas, e os portugueses conseguiram com os índios de Chiquitos 400 a 600 cabeças de gado, a troco de "fazendas e quinquilharias"; nesse mesmo ano, os comerciantes Don Gabino e Don Jacinto, vindos de Córdoba e Salta, trouxeram desde o registro de Jaurú 564 bestas, que os comerciantes de Vila Bela compraram à prestação.[51]

Nos anos decisivos para a construção do Forte Príncipe da Beira (iniciada em 1776), os portugueses adquiriram aos comerciantes espanhóis considerável rebanho de gado, além de mulas e mantimentos. Em 1778, José Franco, tenente de milícias em Santa Cruz de la Sierra, forneceu 646 cabeças; já em 1781, José Pericena, José Antonio, José Soares, Ramón Gonzalez de Velasco e o mesmo José Franco trouxeram o total de 1.200 bestas muares.[52] Finalmente, em 1787, desde a missão de Concepción, os curas Melchor Guillén, Ramon Lairana, Francisco Xavier Chaves e Joseph Lorenzo Chaves de Arias enviaram aos portugueses do Forte Príncipe: quatro canoas com carne e açúcar; três canoas com carne e galinhas; uma canoa de açúcar; 22 canoas carregadas de frascos de aguardente, açúcar, sebo, galinhas, velas, chocolate, mel, tecidos, biscoito, doces, tamarindos e redes pintadas; e duas canoas com aguardente, açúcar e tecidos. Essa negociação foi intermediada pelos militares portugueses comissionados a entrarem em território espanhol e negociarem com padres e comerciantes: Manoel José da Rocha, Francisco Rodrigues do Prado, Francisco José Teixeira e Joaquim Sousa.[53]

Diante dos drásticos problemas de abastecimento no Império espanhol, havia lucrativo mercado para vários produtos. Atento a essa demanda, o governador de Mato Grosso, Luiz de Albuquerque, procurou informar os ministros portugueses a respeito dos itens mais

---

49 DAVIDSON, *Rivers & empire*, op. cit., p. 199.

50 AGI, Charcas, 623. Inquérito realizado na redução de Loreto de Mojos, 5 mar. 1770, f. 2-3v: Depoimento de Rafael Romero, soldado que foi da última expedição aos *pueblos* de Baures e *mayordomo* nas estâncias de San Joaquim, San Simon, San Nicolas e Santa Magdalena, f. 3v.

51 *AVB*, p. 198, 216; AHU, MT, cx. 18, d. 1128. Luiz de Albuquerque a Martinho de Melo e Castro, Forte Príncipe, 28 jun. 1776.

52 APMT, Defesa, 1778, 295. José Manuel Cardoso da Cunha a Luiz de Albuquerque, Forte Príncipe, 21 set. 1778; APMT, Defesa, 1778, 292. José Manuel Cardoso da Cunha a Luiz de Albuquerque, Forte Príncipe, 18 out. 1778; AHU, MT, cx. 24, d. 1453. "Relação dos Contrabandistas Espanhoes, que chegaram a esta Fronteira de Matto Groço pela via de Chiquitos em Agosto de 1781", com rubrica de Luiz de Albuquerque, Vila Bela, 2 jan. 1785.

53 AGI, Charcas, 623. "Representación de los Caciques", Concepción, 20 jul. 1787.

desejados pelos espanhóis. Escravos negros eram avidamente procurados, mas por razões de política econômica, já previstas no Plano de 1772, o governador interditou sua saída por bando de 13 de março de 1776.[54] Houve, apesar disso, casos de vendas de escravos negros, e o próprio visitador das missões de Mojos provavelmente adquiriu pelo menos dois junto ao comandante do forte português.[55]

Desse modo, o item que acabava encabeçando as preferências dos espanhóis eram as peças de ouro lavrado; conforme relatou Luiz de Albuquerque a Martinho de Melo e Castro, pretendiam os espanhóis "negociarem com as suas mullas dando-se-lhes o equivalente em pessas de ouro lavrado com alguma pedraria, generos que eles diziam preferir pela mayor facilidade de conduzir-se, e de vender-se no Peru".[56] Em segundo lugar na preferência vinham as fazendas: "bretanhas finas, e ordinárias, Esguioens, e outras semelhantes; bem que também pessam algum pano fino, principalmente azul ferrete, e preto, chapéus finos com outros mais generos, que podem fornecer as Fábricas Portuguesas".[57] Por fim, alguns bons vidros e louça da Índia apareciam com frequência nas encomendas feitas pelos espanhóis.[58]

Realmente, houve entre os comerciantes castelhanos e os curas das missões alguma empolgação com os tratos com os portugueses, compartilhada inclusive por vários governadores, como se vê pelos pedidos de encomendas.[59] Não é tarefa simples, entretanto, saber quem saía ganhando e quem saía perdendo. Essa questão só tem sentido se se pensar no governo de Mato Grosso e nos comerciantes castelhanos, pois o poder central espanhol era já evidentemente prejudicado: a produção das missões, que teria de chegar à *Real Hacienda*, era desviada para o Forte Príncipe da Beira, com severos danos à fiscalidade. Mas a dúvida sobre se estava a ganhar ou a perder era constante no espírito do governador de Mato Grosso. Depois de ter proibido a venda de escravos, e diante dos argumentos dos castelhanos, que lembravam que na Colônia do Sacramento não havia essa interdição, escreveu Luiz de Albuquerque ao ministro de Estado: "Com particularidade me acho duvidoso sobre consentir, ou não aos ditos castelhanos a compra d'alguns Escravos novos".[60] Outra questão espinhosa era a compra de gado, mulas e cavalos dos

---

54 AHU, MT, cx. 18, d. 1128. Bando de Luiz de Albuquerque de Melo Pereira e Cáceres, Vila Bela, 13 mar. 1776.

55 APMT, Defesa, 1780, 474. José Manoel Cardoso da Cunha a Luiz de Albuquerque, Forte Príncipe, 4 jan. 1780. É provável que esse visitador, frei Antonio Peñaloza, cura, vigário e juiz eclesiástico em San Pedro, tivesse comprado os referidos escravos, pois em 1789 o governador de Mojos teve que tomar providências ante "un descamino de chocolate que se hizo a un esclavo y a un mulato, criados de fray Antonio Peñaloza, desobediencia de aquéllos a las órdenes de este gobierno" (Archivo de Mojos, v. 9, n. 15. In: *AMC*, p. 120).

56 AHU, MT, cx. 18, d. 1128. Luiz de Albuquerque a Martinho de Melo e Castro, Forte Príncipe, 28 jun. 1776.

57 AHU, MT, cx. 23, d. 1407. Luiz de Albuquerque a Martinho de Melo e Castro, Vila Bela, 21 mar. 1783.

58 AHU, MT, cx. 18, d. 1128. Luiz de Albuquerque a Martinho de Melo e Castro, Forte Príncipe, 28 jun. 1776.

59 Por exemplo: AHU, MT, cx. 23, d. 1407. León Gonzáles de Velasco a José Manoel da Rocha, Santa Cruz de la Sierra, 13 dez. 1782; Francisco José Teixeira a Luiz de Albuquerque, Forte Príncipe, 6 fev. 1783.

60 AHU, MT, cx. 19, d. 1183. Luiz de Albuquerque a Martinho de Melo e Castro, Vila Bela, 9 jan. 1778.

espanhóis com ouro em barra ou lavrado: talvez "seria prejudicial", especulava o governador, "comumente falando, que os castelhanos nos levassem com ellas o mais sólido valor intrínseco, e o mais precioso representador de todas as couzas, qual he o sobredito ouro, ou riqueza de convenção, em cambio de efeitos não mais que de valor ideal e passageiro, como são mulas".[61] Não deve ser por outra razão que uma memória sobre o melhoramento de várias capitanias da América portuguesa, escrita antes de 1775, tivesse sugerido, para o caso de Mato Grosso, o desenvolvimento da extração de ouro e diamantes, opondo-se ao contrabando, que "hé pago em ouro em pó, que também não só hé levado por contrabando, mas até sem pagar o quinto".[62]

Se não foi alcançada a meta principal do Plano Pombalino, ou seja, drenar metal precioso do Peru entranhando mercadorias a preços competitivos naqueles domínios de Castela, o pragmatismo da administração portuguesa foi capaz de ajustar-se às condições locais e empreender, com relativo sucesso, uma vigorosa drenagem de mantimentos, gado e mulas dos vizinhos, recursos que, em uma conjuntura decisiva de consolidação da posse do rio Guaporé, foram da maior importância, realmente vitais, por exemplo, para que se pudesse construir o Forte Príncipe da Beira. As obras desse forte monumental iniciaram em 1776 e prosseguiram pela década de 1780, a exigir a permanência e a manutenção de considerável contingente de escravos, soldados e funcionários naquela fronteira. Em carta ao rei de 22 de fevereiro de 1788, o governador de Mojos, Lazaro de Ribera, após duas visitas às missões e vários inquéritos, asseverava que o Forte Príncipe era largamente abastecido pelos próprios castelhanos:

> El ganado bacuno y caballar que ofrecía un manantial inagotable de riquezas, no se han contentado con destruirlo en las multiplicadas matanzas que han hecho para lucrar el sebo, privando a los Yndios de su principal subsistencia, sino que le han havierto a los Portugueses todos los caminos para que entren a la parte de este despojo à cambio de oro, topacios, bretañas, terciopelos etcétera. Las caballadas pasaron enteras al Fuerte del Príncipe de Beyra, y a la famosa ciudad de Santa Cruz. El mismo destino tuvieron el cacao, los tejidos, la Azúcar, el Aguardiente, el tabaco, las obras de torno y carpintería con otras producciones y ramos industriales que ofrece la fertilidad de este suelo. [...] Gente, viberes, ganados, maderas, en una palabra quanto han necesitado, y necesitan en el día para dar fuerza, y extención a un tal establecimiento que se derige contra nuestra propia seguridad lo han encontrado con una puntualidad que asombra en esta desgobernada Provincia.[63]

---

61 AHU, MT, cx. 18, d. 1128. Luiz de Albuquerque a Martinho de Melo e Castro, Forte Príncipe, 28 jun. 1776.

62 Ajuda, 52-xi-9 [n. 2306], f. 142. "Tábua do rendimento, despesa, empenho e dívidas activas das Capitanias de S. Paulo, Rio de Janeiro, Minas Gerais, Goiás e Mato Grosso, com observações para o seu melhoramento" [anterior a 1775]. Entrando o século XIX, houve governador que chegou a proibir o contrabando, se era certo que "não rezulta vir Prata de Hespanha" (APMT, Cód. C-46, f. 44v-45v. Manuel Carlos de Abreu de Meneses ao alferes de Pedestres Joaquim Vieira Passos, comandante de Casalvasco, Vila Bela, 17 out. 1804, f. 45v).

63 AGI, Charcas, 623. Lazaro de Ribera ao rei, San Pedro, 22 fev. 1788, f. 2-2v, 3v-4.

Lealdades duvidosas

Ao colocar em contato indivíduos e grupos sociais que compartilhavam diversas pautas culturais e identitárias, o contrabando tensionava as fidelidades monárquicas e as identidades coloniais, e mostrava como elas também podiam ser negociáveis. Não raro as vantagens econômicas se sobrepunham às lealdades imperiais, e era mais fácil que as pessoas se identificassem com os vizinhos do outro lado, cuja situação social era semelhante, do que com a identidade colonial imposta. Redes de cumplicidade e confiança, e mesmo de amizade, que em tradições ibéricas eram, como analisou Sérgio Buarque de Holanda, uma pré-condição fundamental para quaisquer relações sólidas de comércio, configuravam um cenário potencialmente perigoso aos poderes centrais de Espanha e Portugal que, quer rechaçassem ou apoiassem veladamente o contrabando, coincidiam quanto ao rigor do controle que era preciso fazer incidir sobre essas populações fronteiriças.[64]

Não era incomum o receio das autoridades de que as pessoas, em contato tão frequente com o outro lado, jurassem fidelidade ao monarca rival. Assim, em 1740, o intendente e provedor de Cuiabá, Manuel Rodrigues Torres, escrevendo ao governador de São Paulo, Luís de Mascarenhas, reclamava da injustiça da sua prisão, acusado que fora de desviar o ouro, e aproveitava para denunciar funcionários e comerciantes da vila, que arquitetavam um projeto de estabelecer o contrabando com os espanhóis. Lembrava os perigos desse empreendimento, tanto maiores porque os interessados eram, em grande parte, paulistas, gente potencialmente sediciosa, em quem a influência espanhola e indígena certamente era maior que a portuguesa. Chamava em auxílio do seu argumento o conhecido exemplo dos Lemes que, juntamente com outros paulistas condenados pela Relação, "se atreveráo a Publicam.te brindar a saúde de Phellippe 5º e a darem publicas vivas por El Rey de Espanha e ameaçaráo com a morte aos povos Portugueses q.e o não fizessem". Essa constituição dos paulistas, que tinha qualquer coisa de híbrida, era o que mais alarmava o ministro português:

---

64 Cf. as análises de COONEY, Jerry. Lealtad dudosa: la lucha paraguaya por la frontera del Paraná: 1767-1777. In: WHIGHAM, Thomas; COONEY, Jerry (eds.). *Campo y frontera*: el Paraguay al fin de la era colonial. Assunção: Servilibro, 2006, p. 16, 24-26; DOMINGUES, Ângela. *Quando os índios eram vassalos*: colonização e relações de poder no Norte do Brasil na segunda metade do século XVIII. Lisboa: Comissão Nacional para as Comemorações dos Descobrimentos Portugueses, 2000 p. 227 *et seq.*; e HOLANDA, Sérgio Buarque de. *Raízes do Brasil*. 26ª. ed. São Paulo: Companhia das Letras, 1995, p. 149. Para uma visão mais geral sobre as metamorfoses identitárias entre os que cruzavam as fronteiras coloniais, cf. os trabalhos de: WEBER, David J. *The Spanish Frontier in North America*. New Haven: Yale University Press, 1992, *maxime* cap. 11; Idem. *Bárbaros*: Spaniards and their savages in the Age of Enlightenment. New Haven: Yale University Press, 2005, *maxime* cap. 6. Estimulantes aportes sobre o problema das redes de confiança entre agentes econômicos e políticas monopolistas de impérios coloniais são fornecidos pelos trabalhos de: COSTA, Leonor Freire. *O transporte no Atlântico e a Companhia Geral do Comércio do Brasil* (1580-1663). Lisboa: Comissão Nacional para as Comemorações dos Descobrimentos Portugueses, 2002, 2 v.; Idem. *Império e grupos mercantis*: entre o Oriente e o Atlântico (século XVII). Lisboa: Livros Horizonte, 2002.

> Tenho táo poca fêe nesta nasção de gente ou sejáo Castelhanos aportuguesados, ou Paulistas q. náo sáo nem bem Portugueses nem Castelhanos, nem gentios, porq. de cada couza tem seu pouco, porq. dos Portugueses tem o governo, q.e lhes da as Leys, dos Castelhanos os appelidos q. tem por descendencia, e dos gentios conserváo ainda m.^tos rituos em q.e tem bem o gentio deste certáo se conforma m.to com os judaicos.[65]

Entre os espanhóis da província do Paraguai, os moradores da vila de Curuguaty, fundada próxima ao vale do rio Paraná em 1714, eram também conhecidos como potencialmente sediciosos, tão próximos e em permanente contato com portugueses que, a qualquer sinal de repressão por parte do poder central espanhol, poderiam jurar lealdade ao Rei Fidelíssimo.[66] A família Villalba, por exemplo, fora acusada de ter organizado uma revolta e assassinado o principal representante do governo em Curuguaty, diante do que desertaram para São Paulo. Acolhidos pelo Morgado de Mateus, os Villalba auxiliaram o governador no planejamento e instalação, em 1767, do presídio de Iguatemi, não muito longe daquela vila espanhola. A presença dos Villalba em Iguatemi foi, depois, confirmada pelo governo do Paraguai, a partir do depoimento de Luiz dos Santos Chaves, sorocabano e desertor do presídio português, ouvido em Assunção em 1770. Houve assíduo contrabando entre os moradores de Curuguaty e de Iguatemi até a queda deste presídio, em 1777. Certo Pedro Xavier de Rojas, preso sob acusação de ter feito trato ilícito com portugueses, defendeu-se afirmando que vendia gado aos Villalba, o que caracterizaria o comércio como feito entre espanhóis, e não com estrangeiros.[67]

Realmente, as lealdades imperiais em nada se assemelhavam a quaisquer sentimentos "nacionalistas"; eram antes noções instáveis de pertencimento resultantes de dispositivos materiais e simbólicos do colonialismo. Tensionados pelas relações de contato próprias ao contrabando, esses dispositivos de poder eram desafiados e mesmo manipulados, em favor de vantagens econômicas e de prestígio.

Vantagens que podiam seduzir os principais responsáveis por atalhar o comércio com domínios estrangeiros, proibido pelas *Leyes de Indias*. A colaboração de governadores e altos

---

65 AHU, MT, cx. 2, d. 136. Manoel Rodrigues Torres a Luís de Mascarenhas, Cuiabá, 20 ago. 1740. Para uma interessante análise das imagens historicamente construídas sobre os paulistas, vide: MELLO E SOUZA, Laura de. *O sol e a sombra*: política e administração na América portuguesa do século XVIII. São Paulo: Companhia das Letras, 2006, p. 109-147.

66 Tal era a opinião do governador do Paraguai Carlos Morphi, que manifestava ao secretário de Estado seus receios em ter que reprimir duramente os moradores daquela vila (AGI, Buenos Aires, 539. Carlos Morphi, governador do Paraguai, ao ministro Julián de Arriaga, Assunção, 22 set. 1770).

67 Carlos Morphi ao rei de Espanha, Assunção, 27 abr. 1768. In: *Bandeirantes no Paraguai – século XVII*. São Paulo: Prefeitura do Município de São Paulo/Departamento de Cultura, 1949, p. 574; Depoimento de Luiz dos Santos Chavez, Assunção, 1 out. 1770. In: *Bandeirantes no Paraguai, op. cit.*, p. 628; ANA, SNE, v. 524, d. 2. "Pedro Xavier de Rojas Aranda, preso en la Real Cárcel acusado de mantener tratos con los portugueses del río Igatimí, vendiéndoles bueyes, plantea su defensa", Assunção, 12 set. 1770.

funcionários espanhóis foi procurada, é certo, por governadores de Mato Grosso, que se valiam de várias estratégias, inclusive o suborno. Em 1769, o governador Luiz Pinto de Souza deu conta ao ministro da repartição do ultramar sobre as medidas que tomara para fomentar o contrabando. Graças a uma expedição que enviara às missões, fora bem informado que em Santa Cruz de la Sierra, Mojos e Chiquitos entrava pouca prata, e sendo assim as vantagens portuguesas reduziam-se à aquisição, a baixos custos, de itens para o abastecimento do Forte Bragança. Gado vacum, por exemplo, "de que se necessita muito para se entreter, com menos despeza da Fazenda, a goarnição do forte", o governador conseguira adquirir ultimamente pelo menos 300 cabeças, que foram de grande préstimo para a gente empregada na reconstrução da fortaleza.[68] Para a referida expedição, a cargo do comandante Francisco José de Figueiredo Tavares, o governador redigira uma cuidadosa instrução, particularmente atenta ao comportamento mais adequado que o oficial devia ter diante das autoridades espanholas; os objetivos reais deviam ser dissimulados como, por exemplo, ao fazer certas perguntas em relação às produções e às minas "sem mostrar grande curiosidade" e, quando fosse o caso de propor a abertura do comércio, fazê-lo "em forma de digressão" a respeito do Direito Natural e das Gentes.[69] Embora não tivesse encontrado, como esperava, o governador de Mojos, Francisco José de Figueiredo Tavares obteve todas as informações necessárias do cura de Exaltación, tanto das produções dos *pueblos* como de indícios de minas ou frutos de alto valor que se supunha haver no interior do país. E firmou um acordo consistente com o mencionado cura, por meio do qual o missionário obteria os itens para remunerar os índios – aliás, recurso de maior interesse à gestão do temporal nos moldes estabelecidos pelos jesuítas – e algum retorno para si, em troca de prover os portugueses de gado e mantimentos: "Quer o d.o P.e em pagam.to p.a contentar os Indios Bretanhas, fitas, missangas, verônicas, facas, navallas, e alguns chapêos; e o excesso em ouro, mas q.e este se lhe devia entregar occultam.te, sem q.e os Indios o penetrassem, q.e elle o recebia pelo d.o gado, mais do que as sobred.as couzas, q.e se lhe devião entregar à sua vista".[70]

Os portugueses conseguiram reforçar seus interesses nas missões de Mojos através de outra expedição, enviada no início de 1775. O governador Luiz de Albuquerque ordenou ao alferes Manoel José da Rocha do Amaral fosse "levar alguns mimos pretextados como melhor pude ou bem rebuçados sobornos ao Prezidente da Real Audiencia de la Plata, ao Governador, e Capitão General de Santa Cruz de la Sierra, ao Bispo desta mesma Cidade, e além destes ao Governador de Moxos, subordinado a Santa Cruz, e a vários Curas das Missoens".[71] Em maio do

---

68 AHU, MT, cx. 14, d. 856. Carta de Luiz Pinto a Francisco Xavier de Mendonça Furtado, Vila Bela, 21 jun. 1769.

69 AHU, MT, cx. 14, d. 856. "Instrucção p.a o Then.te Fran.co José de Fig.do Tavares", por Luiz Pinto de Souza Coutinho, [Vila Bela] 1769.

70 AHU, MT, cx. 14, d. 856. Respostas de Francisco José de Figueiredo Tavares às instruções de Luiz Pinto de Souza Coutinho, [s.l.] 1769.

71 AHU, MT, cx. 18, d. 1106. Luiz de Albuquerque a João Pereira Caldas, Vila Bela, 19 jul. 1775.

mesmo ano, a viagem de Manoel José da Rocha alcançou a missão de San Pedro, onde residia o governador de Mojos, León Gonzáles de Velasco que, no entanto, se licenciara por alguns meses em Santa Cruz. O alferes português encontrou-se com o tenente José Franco, a quem entregou uma encomenda, e fez chegar às mãos do governador de Santa Cruz, Andrés Mestre (1771-1777), em nome do governador de Mato Grosso, um anel de diamantes.[72] Esse governador espanhol realizava, desde outubro de 1775, uma visitação aos *pueblos* de Mojos, e como parte de suas medidas para controlar a fronteira, destacou 25 soldados sob o comando de José Franco para a guarnição das missões de Loreto, Exaltación e Magdalena.[73] Quaisquer que fossem as pretensões de Andrés Mestre, o comandante que escolhera para o destacamento permaneceu sendo um dos principais intermediários do contrabando com os portugueses, e já em novembro do mesmo ano de 1775, quando se encontrou com o alferes Manoel José da Rocha no *pueblo* de Magdalena, José Franco tratou de negócios de prata espanhola por anéis e panos de veludo preto, e prometeu a passagem de 300 cabeças de gado que acertara com o cura de Trinidad.[74] Por sua vez, León Gonzáles de Velasco manifestou claramente, assim que entrou no governo de Mojos em 1773 (em que permaneceu até 1777), sua disposição favorável ao contrabando, tanto assim que, em encontro com Manoel José da Rocha, aconselhou que "se carecesse de algua coiza do Perú, que lhe mandasse dizer [...] e q.e as cartas fossem remetidas ao cura de Madalena P.e Caetano Peres de Tudela, por ser religioso de toda a confidencia".[75] A prática de subornar oficiais espanhóis parece ter-se tornado parte da política fronteiriça dos governadores de Mato Grosso. Tanto assim que, já em 1802, a tentativa do comandante do forte de Coimbra de procurar atrair a disposição do comandante de Borbón, a fim de abrir o comércio ilícito, resultava em que, a instâncias de 13 anéis que enviara de presente ao vizinho, por via de índios emissários, recebia em resposta um pedido de bretanhas e outros tecidos.[76]

A dificuldade em saber, como sugere Moutoukias, "dónde comienza el funcionario y dónde termina el comerciante",[77] é relevante, neste caso, porque os oficiais militares destacados para sustar os desvios da província de Mojos envolveram-se em boa parte das transações comerciais ilícitas registradas pela documentação. O já mencionado José Franco governava

---

72 AHU, MT, cx. 18, d. 1106. Manoel José da Rocha do Amaral a Luiz de Albuquerque, Fortaleza da Conceição, 26 jun. 1775; AHU, MT, cx. 18, d. 1116. Andrés Mestre a Luiz de Albuquerque, San Pedro, 15 out. 1775.

73 Archivo de Mojos, v. 4, n. 12. "Expediente original formado a consecuencia de la carta del gobernador de Santa Cruz de 1º de febrero de 1775". In: *AMC*, p. 100; AHU, MT, cx. 18, d. 1116. Manoel José da Rocha do Amaral a Manoel Caetano da Silva, Conceição, 6 nov. 1775.

74 AHU, MT, cx. 18, d. 1116. Manoel José da Rocha a Luiz de Albuquerque, Forte Conceição, 15 nov. 1775.

75 AHU, MT, cx. 16, d. 1031. Manuel José da Rocha Amaral a Manoel Caetano da Silva, Forte Conceição, 27 mar. 1773.

76 AHU, MT, cx. 41, d. 2025. Carta de Ricardo Franco de Almeida Serra a Caetano Pinto de Miranda Montenegro, Coimbra, 5 jan. 1803; AHU, MT, cx. 41, d. 2025. Carta de Pedro Antonio Mier a Ricardo Franco de Almeida Serra, Borbón, 30 dez. 1802.

77 MOUTOUKIAS, *Contrabando y control colonial en el siglo XVII, op. cit.*, p. 114.

interinamente Mojos quando, em setembro de 1778, coordenou a passagem de 646 cabeças de gado, momento decisivo para a administração de Mato Grosso, que iniciava a construção de Forte Príncipe e precisava manter os escravos ali empregados.[78] Em 1783, foi citado nos depoimentos dos comerciantes Francisco Sandoval e Antonio Mercado, acusados de vender sebo, açúcar, tecidos e outros produtos ao Forte Príncipe,[79] e participou efetivamente das comitivas que, nos anos de 1781, 1783 e 1784, conduziram aos domínios portugueses um total de 2.100 bestas cavalares e muares.[80] O envolvimento de oficiais militares no contrabando não parece ter desabonado seus méritos ante os governadores: Félix José de Sosa, citado em 1783, três anos depois atuava como comissário responsável por remeter os gêneros produzidos nas missões de Mojos à *Receptoría General* de Santa Cruz de la Sierra.[81] Outro oficial militar que governou interinamente, Juan Dionisio Marin, aproveitou-se da ausência de Lazaro de Ribera, cujas reformas visavam fechar as portas do contrabando, e conduziu pessoalmente 8 canoas e um barco bem providos de sebo, cera e mantimentos; durante sua estadia no Forte Príncipe, como revelaram os índios que o acompanharam, "le obsequiaron con una comedia, y bayle, que duró hasta las tres de la mañana", sendo os músicos desertores de San Martín; o pagamento parece ter sido em vidros cristalinos e um baú chinês, que não se sabe o que continha.[82]

Não se afigura sem importância a participação dos curas no estabelecimento de redes de confiança que, mediante velada colaboração de oficiais e governadores, permitiam o comércio de itens produzidos nas missões, fosse com portugueses ou comerciantes da região de Santa Cruz de la Sierra. Em todo o caso, como permanecesse proibido esse comércio e não fosse razoável descuidar do risco de que um governador mais atento aos regulamentos quisesse investigar as contas das missões – como realmente o fez Lazaro de Ribera –, os curas procuravam dissimular seu envolvimento através de um discurso atenuador repleto de pretextos. Assim, para os três dias da Páscoa de 1786, frei Cayetano Perez de Tudela, cura de Magdalena, conseguira reunir o porta-estandarte de Dragões português Francisco Rodrigues do Prado e dois comerciantes espanhóis, Antonio Mercado e Manuel Antonio de Salas. Em junho do ano seguinte, frei Cayetano Tudela

---

78 APMT, Defesa, 1778, 295. José Manuel Cardoso da Cunha a Luiz de Albuquerque, Forte Príncipe, 21 set. 1778.

79 AGI, Charcas, 445. "Relación de todos los docum.tos que ha remitido a esta Real Aud.a de la Plata el Gov.r de Moxos D.n Lazaro de Ribera", com início em 24 ago. 1783, f. 8v-12v: Depoimentos de Francisco Sandoval e Antonio Mercado [1784].

80 AHU, MT, cx. 24, d. 1453. "Relação dos Contrabandistas Espanhoes, que chegaram a esta Fronteira de Matto Groço pela via de Chiquitos em Agosto de 1781". Rubrica de Luiz de Albuquerque, Vila Bela, 2 jan. 1785; AHU, MT, cx. 24, d. 1428. "Memória dos officiaes, e Soldados de Milicias Espanhoes, e indios de Servicio das Aldeyas da Provincia de Chiquitos, que no mes de Agosto de 1783 chegaram ao Rio dos Barbados"; e *AVB*, p. 241, 247.

81 Arquivo de Mojos, v. 6, n. 18. "Autos que contienen los efectos que últimamente se dirigen a la receptoría general", 1786. In: *AMC*, p. 107.

82 AHN, Estado, 4397, carpeta 4, n. 4. "Auto" sobre a acusação de que o governador interino da província de Mojos, Juan Dionisio Marin, teria conduzido ao Forte Príncipe 8 canoas e um barco com vários itens, Magdalena, 11 abr. 1792, f. 1, 2v, 4.

teve que dar explicações ao governador Ribera a respeito das faltas notadas nas contas do *pueblo* e sobre a presença dos comerciantes e do militar português. Sem reconhecer que se tratara de contrabando, referiu o cura que se passara naqueles dias "una ruidosa disputa" de jogo de rifas, por conta de peças de bretanha trazidas por Rodrigues do Prado.[83] O que não bastou, contudo, para relevar as cartas encontradas pelo governador, em que constava um pedido de encomenda de Antonio Mercado ao militar português, que deixara o seguinte recibo: "Llevo en mi poder quarenta marcos, quatro honzas, y tres quartas de Plata labrada perteneciente al S.r D.n Antonio Mercado, para completar en anillos de topacio lexitimos, y piedras finas, y otras piezas de oro, y piedras que sean buenas, y por verdad de lo referido pasé el pres.te por mi hecho y firmado".[84] Em novembro do mesmo ano, retornou Rodrigues do Prado com o pedido solicitado: "Señor d.n Antonio Mercado. = Según la orn del S.or Govern.or no me es permitido pasar de este Pueblo, donde me hallo con todas sus encomiendas, las que puede mandar buscar. [...] Vm.e siervase de mi como de su amigo".[85] Após sucessivas investigações, o governador Ribera acabou percebendo que Manoel José da Rocha e Francisco Rodrigues do Prado atuavam como verdadeiros representantes comerciais: munidos de presentes, subornavam autoridades, estabeleciam redes de confiança e amizade, apresentavam produtos, recolhiam valores, entregavam encomendas e intermediavam a passagem de comerciantes espanhóis ao Forte Príncipe e a Vila Bela.[86]

Havia, da parte dos curas, portanto, a fabricação de um discurso que pudesse ser ativado toda vez que as autoridades inquirissem sobre as origens das mercadorias ou da presença de portugueses em terras espanholas: o boticário do Forte Príncipe era chamado às missões, o que permitia formular o pretexto de que a remessa de gado e canoas de mantimentos constituía o pagamento dos seus serviços, ao passo que a entrega de cartas que solicitavam auxílio à captura de escravos fugitivos era um pretexto recorrente que permitia a estadia de portugueses nas missões.[87]

Por outro lado, os pretextos não raro não chegavam para dissimular as atividades ilícitas, e alguns curas buscavam garantias das autoridades portuguesas. O cura de Magdalena, frei Melchior Rodrigues, por exemplo, solicitou compromisso de asilo nos domínios do Rei Fidelíssimo, caso as autoridades espanholas acusassem-no de praticar o contrabando, e um oficial lusitano recebeu pedido de frei Juan Antonio Gomes Trigoso, "para que eu lhe passe huma

---

83 AGI, Charcas, 623. "Visita del Pueblo de Santa Maria Magdalena", com início em 12 jun. 1787, f. 49v-50v: Lazaro de Ribera a Cayetano Perez de Tudela, cura primeiro do *pueblo* de Magdalena, Magdalena, 28 jun. 1787; f. 50v *et seq*: Informe de frei Cayetano Perez de Tudela a Lazaro de Ribera, Magdalena, 28 jun. 1787.

84 AHN, Estado, 4397, carpeta 3, Anexo n. 1. Uma carta de Francisco Rodrigues do Prado, San Pedro, 31 mar. 1786.

85 AHN, Estado, 4397, carpeta 3, Anexo n. 2. Francisco Rodrigues do Prado a Antonio Mercado, Exaltación, 6 nov. 1786.

86 AGI, Charcas, 623. "Representación de los Caciques", Concepción, 20 jul. 1787.

87 AGI, Charcas, 623. Frei Cayetano Perez de Tudela a Lazaro de Ribera, Magdalena, 29 jun. 1787; AGI, Charcas, 445. Lazaro de Ribera ao rei, San Pedro, 30 jan. 1789.

atestação de como elle não comerciou com os nossos".⁸⁸ Alguns curas envolveram-se a tal ponto no comércio ilegal do produto das missões que o acirramento da pressão sobre o trabalho dos índios podia conduzir a protestos. Assim, em 1786, Lazaro de Ribera recebeu na capital da província a visita dos índios principais Lucas Guanama, Turíbio Amando, Bárbara Mapaue, Maria Dachuju e Helena Arando. Vieram solicitar auxílio de gado, "porque no tenían que comer", e denunciar a gestão do padre José Ignácio Mendes, pelos excessivos açoites que ministrava aos índios e comércio ilícito que mantinha com os portugueses do Forte Príncipe.⁸⁹ Diante dessa situação, Lazaro de Ribera autorizou o envio de 300 reses e 3 mil cabeças de gado dos pampas de Machupo.⁹⁰ O cura José Ignácio Mendes, repreendido,⁹¹ desertou para os domínios de Portugal, levando consigo várias canoas com produtos da missão de Exaltación, e já em janeiro de 1788 requisitou licença ao governador português para permanecer em Mato Grosso.⁹²

Já foi referido que, com a expulsão dos jesuítas e a secularização das missões, as expectativas do poder central a respeito da figura do missionário não incidiam tanto sobre a divulgação do cristianismo quanto em sua atuação como interventor político e comercial entre os povos indígenas.⁹³ Fenômeno que, pelo menos em Mojos, no parecer de David Block, se manifestou já na delegação, aos curas seculares, por pelo menos 20 anos, do poder temporal, com o que ficavam responsáveis pelo incremento das produções de cacau, sebo, algodão, açúcar e tecidos, recursos explorados em regime de monopólio da *Real Hacienda*.⁹⁴ Contudo, tal era o despreparo dos curas que, passadas as duas décadas, permaneciam sem saber sequer a língua dos índios de Mojos, com quem se comunicavam por intérpretes.⁹⁵ Mais da metade nem mesmo concluíra o seminário, e ao contrário da longa residência de cada padre

---

88 APMT, Defesa, 1778, 297. José Manuel Cardoso de Melo a Luiz de Albuquerque, Forte Príncipe, 5 nov. 1778; APMT, Defesa, 1780, 458. José Manuel Cardoso da Cunha a Luiz de Albuquerque, Forte Príncipe, 9 ago. 1780.

89 AGI, Charcas, 446. "Expediente sobre un socorro de ganado q.e se hiso al Pueblo de la Exaltación", Lazaro de Ribera, San Pedro, 17 out. 1786.

90 AGI, Charcas, 446. Lazaro de Ribera ao frei Antonio Peñaloza, San Pedro, 17 out. 1786, f. 2; Carta circular aos curas de Loreto e Trindad, San Pedro, 18 out. 1786, f. 3.

91 AGI, Charcas, 623. Cópia da carta do padre José Ignácio Mendes, cura anterior da missão de Exaltación, ao cura atual do mesmo *pueblo*, Forte Príncipe da Beira, 8 jan. 1788.

92 AHU, MT, cx. 26, d. 1524. Luiz de Albuquerque a Martinho de Melo e Castro, Vila Bela, 14 mar. 1788; José Ignácio Mendes a Luiz de Albuquerque, Forte Príncipe, [s.d.] jan. 1788. Não era a primeira vez que um cura castelhano cruzava a fronteira. Certo Tadeo Terrazas, que foi cura de Magdalena, desertara em 1780, mas terá vivido apenas quatro anos em Mato Grosso (APMT, Defesa, 1780, 453. Francisco José Teixeira a Luiz de Albuquerque, Forte Príncipe, 10 jun. 1780; Archivo de Mojos, v. 7, n. 5. "Testimonio de la carta escrita por el gobernador de Matogrosso a Don Antonio Peralta, sobre la recaudación de los bienes que quedaron por muerte de Don Tadeo Terrazas", 1784. In: *AMC*, p. 111).

93 Cf. para o caso do Chile: BOCCARA, Guillaume. *Guerre et ethnogenèse mapuche dans le Chili colonial*: l'invention du soi. Paris: L'Harmattan, 1998, p. 333.

94 BLOCK, *Mission culture, op. cit.*, p. 133-35.

95 AGI, Charcas, 445, Anexo H. "Adicción al plano de gobierno", Lazaro de Ribera ao rei, San Pedro, 15 abr. 1788, f. 9.

jesuíta em uma mesma missão, eram raros os curas que o faziam: de 1769 a 1773, dois de 13 curas permaneceram em seus postos; entre 1773 e 1777, apenas um; entre 1777 e 1790, todos variaram.[96] Houve caso em que, em uma dessas mudanças, certo Francisco Xavier Chaves, quando fora removido de Concepción, carregou tão avultada equipagem que os próprios índios não deixaram de reparar: "se retiró [...] con diez y seis canoas cargadas de efectos, tejidos, amacas, sobremesas y paños, con otros cajones cerrados, objetos todos de su [dos índios] industria, sudor y trabajo".[97]

À falta de substitutos, os curas eram tolerados, embora fossem conhecidos seus abusos: "me parece que por haora", escrevia o bispo Alexandro de Ochoa ao vicário e visitador sobre a má conduta do cura de San Joaquín, "atendida la absoluta falta de operários, se le tolere con la preprición y apersevimiento que contiene la carta adjunta".[98] Houve, é certo, casos que foram duramente punidos pelo bispo, a exemplo de Hipólito Castro e Manuel Sapaten, que perderam o ministério de curas e foram banidos do bispado, e de Francisco Xavier Negrete, cura de Reyes, que também perdeu o exercício e foi preso em 1786, por seguir vivendo com sua concubina e por ter feito desaparecer a porta da igreja, cujos santos sacramentos estavam expostos ao relento.[99]

A irregularidade no pagamento de sínodos e soldos podia estimular curas, governadores e oficiais militares a dispor dos bens das missões em benefício próprio, com gravames para a arrecadação da *Real Hacienda*. Soldos ruins e a difundida noção de que podiam ser compensados com as vantagens pessoais que o cargo traria condicionavam a corrupção em todo o Império.[100] José Lorenzo Chaves de Arias, filho de um destacado *encomendero* de Santa Cruz de la Sierra, atuou como cura em Concepción, Loreto, Trinidad, Magdalena e San Joaquín. Em 1787, os caciques de Concepción denunciaram-no por ter remetido ao Forte Príncipe duas canoas com aguardente, açúcar e tecidos.[101] Havido por sujeito de "índole díscola y no nada veraz",[102] foi proibido de atuar nas missões de Mojos.[103] Entre 1800 e 1806, enviou petições à Audiência referentes a sínodos

---

96 BLOCK, *Mission culture*, op. cit., p. 134.

97 AGI, Charcas, 623. "Representación de los Caciques", Concepción, 20 jul. 1787.

98 AHN, Estado, 4436, n. 16. Correspondências entre o bispo de Santa Cruz de la Sierra, Alexandro José de Ochoa e o reverendo padre vicário e visitador frei Antonio Peñaloza, f. 5v-6: Carta de Ochoa a Peñaloza, Buenavista, 28 maio 1785.

99 *Ibidem*, f. 10: Carta de Alexandro José de Ochoa a Antonio Peñaloza, Tarata, 20 abr. 1786.

100 PIETSCHMANN, Horst. Burocracia y corrupción en Hispanoamérica colonial: una aproximación tentativa. *Nova Americana*, Turim, v. 5, 1982, p. 23-25.

101 AGI, Charcas, 623. "Representación de los Caciques", Concepción, 20 jul. 1787.

102 Expediente formado entre 1791 e 1792 a respeito da punição do cura José Lorenzo Chaves de Arias, dentre outros motivos, "por sus comercios furtivos con el portugués" (Archivo de Mojos, v. 21, n. 1. In: *AMC*, p. 173).

103 Archivo de Mojos, v. 17, n. 7. "Reservado. El gobernador de Mojos informa acerca de los irregulares y perjudiciales antecedentes del presbítero [...]; y comunicando los recelos que asisten al suscrito de que este hombre temible entre de nuevo a la provincia", 12 nov. 1803. In: *AMC*, p. 160.

não recebidos, ao que parece sem sucesso.[104] Assim também León Gonzáles de Velasco, em novembro de 1777, reclamou, desde Exaltación, para que se lhe pagassem seus soldos à razão de 200 *pesos* fortes mensais, valor que assinalara a Audiência de Charcas em 1774. Sustentou seu requerimento com descrição detalhada de como vivia, o que gastava e do que carecia um governador espanhol em Mojos.[105] Não podia discordar, a esse respeito, o próprio Lazaro de Ribera, protagonista das reformas contra o comércio ilegal, vítima, ele também, do péssimo soldo pago aos governadores daquela província, então em 3 mil *pesos*, que mal bastavam para a compra de farinha, sal, vinho, azeite, especiarias, papel e tinta, quanto mais para expressões de magnificência, tão necessárias "en medio de unos remotos basallos, que solo forman concepto de la soberanía por el aparato exterior, y decencia con que ven manejarse a su inmediato jefe".[106]

Sucedia, ademais, que os militares espanhóis destacados para a guarnição das fronteiras de Mojos, embora gozassem soldo, recebiam-nos com demorados atrasos, não sendo de surpreender que procurassem negócios com os portugueses em vendas de gados e frutos das missões.[107] O destacamento que, pela era de 1780, servia na fronteira do Rio Grande, composto de 25 homens de tropa regrada das milícias de Santa Cruz, sob comando de um oficial, vencia este último soldo de 25 *pesos* mensais, e aqueles 10 *pesos*. Passado um ano de serviço, enviaram petições e reclamações quanto ao considerável atraso que padeciam, pois que seus pagamentos deviam ser satisfeitos a cada quatro meses.[108]

As vantagens econômicas do comércio com os portugueses não eram desconhecidas aos comerciantes de Santa Cruz de la Sierra, Córdoba, Salta e Tucumán, mas como os contrabandistas espanhóis conseguiam preços baixos nas missões de Mojos e Chiquitos? Basicamente de duas formas. De um lado, a coerção, que chegava a espantar até os portugueses, como informou o comandante do Forte Príncipe ao governador de Mato Grosso: "Tenho notícia de que os Espanhóes Contrabandistas viajaram pelo Rio athé Loreto, e ali tomaram ao cura violentamente 30 ou 40 cavalos, dando por eles huma barra de ouro, e seguiram por terra, pelo que me parece que já vão livres de perigo".[109] Ou ainda o trato direto com os índios, melhor dito, a tentativa de

---

104 Archivo de Mojos, v. 21, n. 5. "Ultimo cuerpo de autos que forman el expediente sobre los sínodos del cura de Mojos", La Plata, 21 fev. 1806. In: *AMC*, p. 174.

105 Arquivo de Mojos, v. 4, n. 13. "Expediente formado a consecuencia de orden del Superior Gobierno, y auto acordado del mismo". In: *AMC*, p. 100, 340.

106 AGI, Charcas, 439. Lazaro de Ribera ao rei, La Plata, 29 maio 1789, sobre o aumento de receita na província como justificativa para o aumento do seu soldo, f. 3.

107 Já foi mencionado aqui o protagonismo de José Franco, tenente de milícias responsável pela guarnição da fronteira de Mojos (AHU, MT, cx. 18, d. 1116. Manoel José da Rocha a Luiz de Albuquerque, Conceição, 15 nov. 1775).

108 RAH, CML, t. 11, f. 196-97. "Oficio de Don Francisco de Viedma a Don Tomás López, sobre el destacamento que cubriese la frontera de Mojos, para contener las partidas de los portugueses", Santa Cruz, 17 out. 1797, f. 196-97.

109 AHU, MT, cx. 20, d. 1226. "Cópia de alguns §§ de huma carta do Ajudante das Ordens José Manoel Cardoso, comandante do Forte Príncipe da Beira", com data de 27 nov. 1778.

enganá-los, pois, como já notara o bispo Herboso, os *cruceños* procuravam tratar em separado com os índios, e "con un poco de carne seca y malos quesos, sacar el algodón, los hilados, y el maíz; y aunque si lo tienen de sobra los indios, se pueda permitir, no es razón que por lo que no vale dos reales lleven a Santa Cruz lo que allí se aprecia por dos pesos".[110]

O mais comum, no entanto, parece ter sido a ativação de uma rede de confiança que atrelava os curas das missões aos comerciantes, muitos dos quais eram seus familiares. Durante o governo Lazaro de Ribera, quando houve uma dura repressão ao contrabando e inúmeros interrogatórios, não poucos curas e comerciantes confessaram a existência de um comércio rotineiro, sobretudo com Santa Cruz de la Sierra. Ora, vale lembrar que, por régias disposições, tudo o que as missões produzissem deveria ser remetido à Administração Central da *Real Hacienda*, e qualquer tipo de comércio era interditado. Entretanto, um inquérito de 1786 mostrou que a missão de Exaltación de Mojos enviou, naquele ano, sete patacas de sebo a José Tomás Ximenes, morador de Santa Cruz, e a missão de Santa Ana remeteu 11 patacas de sebo, três de carne, um baú de roupa de uso e alguns chapéus de palha, todos a Miguel Chaves, também morador de Santa Cruz.[111]

O que se vê pela prestação de conta dos curas é que os comerciantes da região de Santa Cruz compravam a baixos preços vários produtos nas missões e revendiam aos domínios portugueses e às cidades espanholas.[112] Frequentemente, para essa operação, pediam dinheiro emprestado em La Paz, caso em que estava certo Domingo Lopes, que "se hallaba perdido y que le era indispensable internar en la provincia", e para tanto "esperaba hacer negocio y aun desempeñarse de varias dependencias que tenía contraídas en el Perú".[113]

Que houvesse interesse dos curas nessas transações não parece, aliás, improvável, já que podiam facilitar a entrada de conhecidos ou parentes seus nessa rede de confiança. Certo Francisco Gutiérrez, ao reconhecer em depoimento que sacara quatro cargas de açúcar de San Xavier de Chiquitos, mencionou que o fizera em companhia do irmão do próprio missionário.[114] Quanto a Francisco Mancilla, era sabido que entrava e saía tranquilamente da província de Chiquitos, e sendo perguntado ao comissionado Bernardo de Ribera o porquê, respondeu que era por "ser pariente de la mujer del receptor".[115] Em 1775, quando Manoel José da Rocha retornou da sua expedição que visava subornar as autoridades espanholas, trouxe consigo Juan Madan, comerciante inglês, morador de Cochabamba, cunhado de frei Cayetano Tudela, cura

---

110 AGI, Charcas, 515. "Reglamento temporal: reglamento de lo que se ha de observar en esta Provincia de Chiquitos, en quanto á su gobierno temporal", San Ildefonso, 15 set. 1772, f. 63, §41.

111 AGI, Charcas, 446. "Auto", Porto de Loreto, 9 ago. 1786.

112 AGI, Charcas, 446. Ramón Lairana a Lazaro de Ribera, Loreto, 11 ago. 1786.

113 AGI, Charcas, 446, Anexo A. "Año de 1790. Testimonio de las diligencias hechas por D.n Antonio Lopez Carbajal, governador de la Provincia de Chiquitos, sobre el comercio ilícito que se ha introducido en estos últimos años", Santa Cruz, 13 abr. 1790, f. 12: Depoimento de Bernardo de Ribera, 1 maio 1790.

114 *Ibidem*, f. 10v: Depoimento de Francisco Gutiérrez, 1 maio 1790.

115 *Ibidem*, f. 13: Depoimento de Bernardo de Ribera, 1 maio 1790.

de Madgalena. Está visto que León de Velasco recomendara aos portugueses tratar com frei Tudela tudo o que precisassem do Peru, o que não torna surpreendente o fato desse padre ter por cunhado um comerciante estabelecido naquela região. Em junho de 1775, Juan Madan hospedou-se no forte Conceição, onde foi tratado com urbanidade pelo comandante, que lhe tomou informes sobre os domínios espanhóis.[116]

Um exame, sumário embora, dos nomes que se repetiam entre os denunciados por contrabando não sugere uma grande variedade de envolvidos, mas a reincidência das mesmas pessoas ligadas a essa rede de interesses. Manuel Antonio de Salas, por exemplo, em 1783 remetera pelo menos 10 arrobas de açúcar e outros itens ao Forte Príncipe; no ano seguinte tivera embargadas as remessas que os curas de Santa Ana e Exaltación lhe mandaram, e na Páscoa de 1786, novamente em Mojos, reuniu-se com Francisco Rodrigues do Prado, Antonio Mercado, Cayetano Tudela e outros.[117] Da mesma forma, esse Antonio Mercado, morador do vale de Clisa,[118] já entrara em Mojos em 1784 "conduciendo plata labrada, ropa, taler para los curas, lana, abalorios y otras bujerías [...] a cambio de tejidos, chocolate y otros efectos de la industria de la Provincia".[119]

Também em Chiquitos alguns comerciantes espanhóis hauriam vantagens da compra, a baixos preços, das produções dos *pueblos*, com vistas a revendê-las nas cidades espanholas ou nos domínios portugueses, onde em troca recebiam produtos que atingiam preços astronômicos no vice-reino do Peru. Em longo informe ao rei escrito em 1787, o governador de Chiquitos, Antonio Lopes Carbajal, ressaltava as riquezas da província: "produce cera, algodón, arros, azucar, mandioca, anil, tamarindos, palillo, balzamo de capaibo, manno, o cochinilla, baynilla totaiz, toñaquiz, y todo lo necezario para la vida sin que sea cierto que no el grano de trigo". Mas o envio dessas produções à Administração Central era prejudicado, pois elas acabavam por "hacer caudal de los mercaderes logreros, el que debía componer uno no pequeño en alivio de estos infelices, y del servicio del Rey". Segundo o governador, os comerciantes que se

---

116 A carta do comandante ao governador Luiz de Albuquerque não menciona, porém, se houve negociações comerciais naquela oportunidade. Do forte Conceição, Juan Madan seguiu à missão de Magdalena para encontrar-se com seu cunhado (AHU, MT, cx. 18, d. 1106. Manoel Caetano da Silva a Luiz de Albuquerque, Conceição, 26 jun. 1775). Madan foi arrolado em um informe sobre os comerciantes estrangeiros estabelecidos no Peru: AHN, RTC, leg. 10, cuad. 126. "Razón de los extranjetos que resultan de las declaraciones", 1775 apud CAMPBELL, Leon G. The foreigners in Peruvian society during the Eighteenth Century. *Revista de Historia de América*, n. 73-74, 1972, p. 161.

117 Arquivo de Mojos, v. 6, n. 16. "Autos sobre unos efectos que el cura de Exaltación, contraviniendo a lo mandado, remitió a Don Manuel Antonio de Salas"; n. 17. "Estractos sacados por el mismo cura de la Trinidad". In: *AMC*, p. 107, 351-52; AGI, Charcas, 445. "Relación de todos los docum.tos que ha remitido à esta Real Aud.a de la Plata el Gov.r de Moxos D.n Lazaro de Ribera", inicia em 24 ago. 1783, f. 13-13v: Depoimento de Manuel Antonio de Salas [1784]; AGI, Charcas, 623. Informe de frei Cayetano Perez de Tudela a Lazaro de Ribera, Magdalena, 28 jun. 1787.

118 AHN, Estado, 4436. Auto sobre a notícia de que pelo rio Mamoré navegou, no último mês de junho, um barco português tocando os *pueblos* de Exaltación e San Pedro, com o fim de introduzir seus efeitos, Loreto, 8 ago. 1786.

119 AGI, Charcas, 445. "Relación de todos los docum.tos que ha remitido à esta Real Aud.a de la Plata el Gov.r de Moxos D.n Lazaro de Ribera", inicia em 24 ago. 1783, f. 8v-11v: Depoimento de Antonio Mercado [1784], f. 8v.

introduziam ilegalmente nas missões "han vendido sus efectos ganando quando menos unos quatrocientos porciento". Com vistas a atalhar esse problema, informou que destacara tropas de Santa Cruz para fiscalizarem o comércio ilícito e a fronteira com os portugueses.[120]

Em todo caso, a tessitura de redes de confiança era um requisito fundamental para que houvesse negócio naquelas fronteiras, sobretudo porque os tratos funcionavam à base de adiantamento de somas consideráveis para a encomenda dos produtos. León Gonzáles de Velasco enviou ao comandante do Forte Príncipe 65 marcos em prata lavrada para a compra de "Bretañas anchas y angostas de Francia inclusas dos piezas de esquiones", devido à "grande escases q.' ai en todo el reino del Peru de efectos de Europa".[121] Em outra encomenda, o comandante do Forte Príncipe recebeu um saquinho de pano de linho com 422 *pesos* em prata e 62 oitavas de ouro castelhano, que se deveriam empregar na compra dos gêneros encomendados pelos vizinhos, "servindo-se mandar comprar isso com aquella moderação que hé precizo; a atrair muitos mais segundo a despozição que vou observando nestes Espanhoes". O pedido seguia incluso: "Memória do que se pede de Espanha/ 6 Pessas de Bretanha de França largas, ou ao menos 4/ 3 d.as estreitas/ 20 covados de p.o azul do melhor que ouver/ 2 chapéos finos bons/ 60 pessas de Bretanha de Amburgo, ou aquele número dellas que se poderem comprar com o resto da Prata que vay./ Espera-se a remessa de tudo té a Pascoa o mais tardar".[122] Enquanto as cargas não chegavam, era preciso dar satisfação aos clientes, como se nota pela carta de Joaquim de Souza Pereira, cadete da tropa de Dragões de Vila Bela, a Antonio Antelo de la Vega, oficial militar destacado para as missões de Chiquitos: "luego que aquí [Forte Príncipe da Beira] lleguen los barcos de comercio, prontam.te daré solución a sus encargos: y ruego à Vm.e no se olvide lo que tratamos poder hacer, espero con brevedad me remita los encargos que ajustamos en el pueblo de la Exaltación".[123]

A análise da documentação produzida por ambos os lados não parece desautorizar a observação de que, em prejuízo da lealdade esperada pelos vassalos do rei espanhol, as redes de confiança tecidas entre governadores, militares e curas tivessem permitido, com interesse para os setores locais envolvidos, relações comerciais frequentes com os domínios de Portugal. A ação dessas redes, ao desviar o fluxo da produção das missões, não terá sido um golpe irrelevante ao exclusivo comercial castelhano.

A interdição do contrabando

Embora as mudanças de governadores militares nas missões de Mojos e Chiquitos e na província de Santa Cruz de la Sierra influíssem na dinâmica do contrabando, que no entanto permanecia ocorrendo, uma mudança radical sucedeu com o governo de Lazaro de Ribera. Os

---

120 AGI, Charcas, 445. Antonio Lopes Carbajal ao rei, San Ignacio de Chiquitos, 27 mar. 1787.
121 AHU, MT, cx. 23, d. 1407. León Gonzáles de Velasco a José Manoel da Rocha, Santa Cruz de la Sierra, 13 dez. 1782.
122 AHU, MT, cx. 23, d. 1407. Francisco José Teixeira a Luiz de Albuquerque, Forte Príncipe, 6 fev. 1783.
123 AHN, Estado, 4397, carpeta 3 [n. 4]. Joaquim de Souza Pereira a Antonio Antelo de la Vega, Forte Príncipe, 13 nov. 1789.

portugueses sempre comentavam a possibilidade de que um novo governador pudesse estimular ou atalhar o comércio ilícito. Assim, por exemplo, "depois de falecido o vigilante governador D. Antonio Aymerik lhe sucedeo D. Leon Gonçalves de Vellasco, que me parece não só muito menos rigoroso, que seu antecessor, mas inclinado conhecidamente ao contrabando", informava o governador de Mato Grosso.[124] Dessa vez, a política reformista aplicada por Lazaro de Ribera, visando a dura repressão ao contrabando e o rigoroso controle sobre toda a produção das missões, foi notada com surpresa pelos portugueses. Francisco Rodrigues do Prado, comissário responsável pelas negociações, relatou a Luiz de Albuquerque, já em 1786, a repercussão das medidas tomadas por Ribera: "este governador tem mandado sahir da Provincia a todo o Hespanhol que se achava com ar de comerciante"; referiu ainda que soubera das ordens recebidas pelo governador sobre "não consentir contrabandos principalmente com os Portugueses [e] o rascunho desta carta remeteu o Bispo de Santa Cruz a Fr. Antonio Penhaloza quem ma mostrou"; o mesmo militar suspeitava que "os curas daquella Provincia paresse que terão grande revolta entre si com a chegada do novo governador".[125]

Governador ilustrado, Lazaro de Ribera realizou visitas aos *pueblos*, denunciou abusos e elaborou projetos que tinham em vista a interdição de qualquer comércio fora do monopólio régio e a redução da influência dos missionários. Dentre as duras medidas repressivas estiveram o embargo dos bens e a expulsão de todos os comerciantes espanhóis que estavam em Mojos; o destacamento de uma guarnição para o vale do rio Baures, a cargo de seu sobrinho, Bernardo de Ribera; e a proibição de que portugueses passassem além da missão de Exaltación, onde deveriam deixar suas cartas.[126] Em seguida, obteve a aprovação da Audiência de Charcas e do *Consejo de Indias* para uma reforma mais ampla, expressa em um "Plano de gobierno" formulado em 1788, que definia a retirada do poder temporal dos curas, acusados de abusos e desvios das produções, e a introdução de administradores laicos em cada um dos *pueblos*, que responderiam por todas as questões econômicas.[127]

A tolerância com os desvios dos produtos das missões, verificada durante mais de 20 anos, sugere que havia uma ampla rede de beneficiários, incluídos aí os próprios oficiais reais. Vem ao caso perguntar: por que Lazaro de Ribera quebrou esse pacto de tolerância? O essencial a notar aqui é que ele representava uma nova geração de administradores do Império, cuja formação foi particularmente enfática a respeito da corrupção, abusos e desperdícios que há tantos anos prejudicavam o sistema colonial. A consciência que tinham desse papel de reformadores

---

124 AHU, MT, cx. 16, d. 1031. Luiz de Albuquerque a Martinho de Melo e Castro, Vila Bela, 25 maio 1773,

125 APMT, Defesa, 1786, Lata A, 835. Francisco Rodrigues do Prado a Luiz de Albuquerque, Forte Príncipe, 29 jul. 1786.

126 AGI, Charcas, 623. Lazaro de Ribera ao rei, San Pedro, 17 set. 1787; AHU, MT, cx. 26, d. 1511. Francisco Rodrigues do Prado a Luiz de Albuquerque, Forte Príncipe, 1 jan. 1787.

127 AGI, Charcas, 623. "Plano de gobierno", enviado em carta de Lazaro de Ribera ao rei, San Pedro, 22 fev. 1788.

é algo a assinalar, pois Ribera chega a citar longamente o *Proyecto Económico* de Bernardo Ward ao justificar ao bispo de Santa Cruz as mudanças introduzidas:

> El punto de quitar abusos será el que mas dará que hacer al plantificar el nuevo sistema, por lo arraigados que están, y aun casi incorporados con la misma constitución del gobierno americano: unos se defenderán con el influxo y poder: otros con la necesidad de la tolerancia y razón de estado: [...] aquellos se acogerán a la sombra de la misma magestad con cedulas, providencias, y decretos, que sacó el engaño.[128]

Essas medidas realmente se fizeram valer, pois a partir da década de 1790, escasseiam as referências às transações comerciais naquela fronteira, tanto na documentação espanhola quanto na portuguesa.[129] Se Lazaro de Ribera tinha alguma dúvida sobre a promoção do contrabando pelo governo de Mato Grosso, elas provavelmente desapareceram com o "auto" que recebeu de João de Albuquerque, em que devassava o caso de Francisco Rodrigues do Prado e outros portugueses que foram acusados de introduzir-se violentamente em Mojos, registrando as canoas dos índios e perguntando pelas forças da capitania. Um "auto" em que todos os depoimentos, de soldados a oficiais, eram uniformes em afirmar, com pouca alteração de palavras, duas teses centrais: primeira, que os espanhóis se negavam a devolver os escravos portugueses: "ou se não aprehendem, ou se remetem para outras interiores, e, com afectados pretextos, se não restituem, como se está praticando". E segunda, que era a pobreza da província de Mojos que levava os portugueses a algum comércio, aliás insignificante; província

> habitada, mais que de Indios tão mizeraveis, que por essa circunstançia, se vestem, quazi todos, de casca de páos, a reserva de alguns tecidos grossos de algodam, para os dias festivos, e os seus curas, que vivem em continua indigencia, pella falta que tem experimentado, a annos nas pagas das suas

---

128 AGI, Charcas, 623, Anexo A, "Contextación entre el R.do obispo de Santa-Cruz y el Gov.or de Moxos", f. 6-42: Lazaro de Ribera a Alaxandro de Ochoa, San Pedro, 18 out. 1787, f. 36v *et seq.*; WARD, Bernardo. *Proyecto económico, en que se proponen varias providencias, dirigidas a promover los intereses de España, con los medios y fondos necesarios para su plantificación* [1762]. Madri: Joachin Ibarra, 1787, p. 252.
Pietschmann e Moutoukias concordam que o Estado, ao tentar participar economicamente da corrupção, mediante a venda de cargos, cooptou a elite local, admitindo-a na administração colonial. Mas apenas Pietschmann releva, ao que parece, o fato de que os funcionários passaram a depender de negócios ilícitos que os atrelavam às oligarquias locais, resultando que a capacidade do governo de realizar mudanças saía diminuída. Assim se explica que os reformistas não admitissem as relações até então vigentes com a oligarquia local, responsáveis por entravar reformas, e a insatisfação que o retorno à "legalidade" trazia a tantos envolvidos (PIETSCHMANN, Burocracia y corrupción en Hispanoamérica colonial, *op. cit.*, p. 26-27, 29; MOUTOUKIAS, Zacarías. Burocracia, contrabando y autotransformación de las elites: Buenos Aires en el siglo XVII. *Anuario del IEHS*, Tandil, v. 3, 1988, p. 246).

129 DAVIDSON, *Rivers & empire, op. cit.*, p. 199.

congruas; e só são abundantes dos frutos, que lhes ministrão os ditos indios, por meyo de suas plantações; e nada disto serve para contrabando.

Esses argumentos se repetem na voz dos depoentes durante 50 folhas para terminar com a conclusão de que o furriel Rodrigues do Prado "se acha inteiramente sem culpa, e com a mesma eleza, e destinta honra que lhe tem mericido, o seu exacto e bom comportamento".[130]

Paulatinamente interditado o contrabando, os portugueses parecem ter realizado essas incursões com mais frequência. O roubo de gado diretamente nos pampas de Machupo e demais estâncias das missões não era, contudo, desconhecido por índios, curas e comerciantes *cruceños*. Antonio Mercado, por exemplo, refere em 1786 que "los portugueses se internavan con mucha frecuencia en la provincia, haciendo grandes matanzas, y destrozos en el ganado vacuno del Machupo", e que tinha notícias seguras de que possuíam em uma estância cerca de mil cabeças de gado, sacadas dos domínios espanhóis.[131] Essa atividades devem ter-se tornado mais frequentes: atesta-o o depoimento do cacique Andrés Gualoa de Magdalena em 1792, que assinalava "las repetidas entradas que han hecho los portugueses persiguiendo, y matando a balazos el ganado vacuno para llevarlo tasajeado al fuerte, han perdido todo el que tenían en la barranca, retirándose también el del Machupo, con grave perjuicio de estos pueblos, que en el día no pueden coger aquel ganado auyentado sin mucho trabajo".[132] O espaço das missões, notadamente suas estâncias e pastagens, sempre foram mais permeáveis aos portugueses do que reconheciam os missionários. O pedestre desertor Francisco Campos, em depoimento dado em Loreto em 1768, confirmou que "passaron los portuguezes de esta banda de el Río a recoger algún ganado bacuno y cavallar y que siempre passan a estos terrenos"; e outro soldado desertor, ouvido em Loreto em 1770, precisou como era feita a passagem do gado: "despues de desquartizado lo llevan charqueado, o bien en trozos azados".[133] Embora os governadores reformistas procurassem fechar as portas do contrabando, os portugueses permaneciam entrando nos pampas de Machupo e demais estâncias, não tanto para comércio – ainda que não seja improvável que subornassem a guarda

---

130 AHN, Estado, 4555, carpeta 8, n. 35, Anexo n. 1. "Treslado em forma, do Autto de Preguntas, e Sumarios […] sobre os crimes de contrabando e violençia intentada com os vassalos de Sua Magestade Catolica", Vila Bela, 1792, f. 2, 5v, 49.

131 AHN, Estado, 4436, n. 5. Auto sobre a notícia de que pelo rio Mamoré navegou, no último mês de junho, um barco português tocando os *pueblos* de Exaltación e San Pedro, com o fim de introduzir seus efeitos em prejuízo do comércio espanhol, Loreto, 8 ago. 1786, f. 5v: Informe de Antonio Mercado, Loreto, 8 ago. 1786.

132 AHN, Estado, 4397, carpeta 4, n. 4. "Auto" sobre a acusação de que o governador interino da província de Mojos, Juan Dionisio Marin, levara ao Forte Príncipe 8 canoas e um barco com vários itens, Magdalena, 11 abr. 1792, f. 1v: Depoimento do cacique Andrés Gualoa.

133 AGI, Lima, 1054. Juan Victorino Martinez de Tineo ao vice-rei Manuel de Amat, Plata 21 jun. 1769, remetendo "auto" com informe de desertores sobre as obras de reconstrução do forte Conceição pelos portugueses, f. 2v-3: Depoimento de Francisco Campos, Loreto, 15 abr. 1768; AHN, Estado, 4436, n. 9. Auto sobre a notícia de que o cura da missão de Concepción, frei Melchor Guillen, vendera umas varas de tecido ao licenciado Fernando de Salas, ex-cura da missão de San Joaquim, o qual pagou o importe com uma barrinha de ouro, Loreto, 5 mar. 1770, f. 3v-4: Depoimento de Rafael Romero.

–, mas para tomar diretamente o gado e conduzi-lo ao Forte Príncipe. Um desertor português, José Miguel Sosa, revelara a mesma situação ao governador Ribera: "se internan los soldados portugueses a nuestros pampas en donde hacen matanzas de ganado, y tasajeando la carne la conducen comodamente al enunciado fuerte".[134] No que, aliás, terão sido ajudados por alguns *cruceños* que se fixavam no Forte Príncipe e dali faziam as incursões nas missões para adquirir o gado, que vendiam aos portugueses, cumprindo assim função de assentistas, termo referido por um desertor português: "los cruceños Andres Zaballos, alias el ñato, su sobrino Bernardo Zaballos, y Geronimo Monasterio estaban de asiento en el fuerte Portugues desde donde hacían sus entradas a esta provincia por ganado vacuno el que vendían en dicho fuerte a veinte pesos cabeza, comprando el comandante algunas partidas de cuenta de S. M. F.".[135]

A meta principal do Plano Pombalino de 1772, drenar metal precioso dos domínios de Espanha através da exportação de mercadorias europeias, não se verificou como esperado, mas a administração portuguesa soube reformular suas prioridades e, diante do desafio de garantir a posse do vale do rio Guaporé com uma fortificação regular, somente o pôde conseguir porque contou com o abastecimento fornecido pelas missões de Mojos e Chiquitos. O sucesso desse empreendimento contrasta fortemente com o duro golpe sofrido pelo poder central espanhol, com a dilapidação do patrimônio das missões, a drenagem de recursos que deveriam ter seguido para a *Real Hacienda* e o prejuízo fiscal de tantas transações comerciais não tributadas. Somente a partir da década de 1790 o Império espanhol retomará efetivamente o controle sobre as missões.

Por outro lado, a realização de algum comércio que fosse vantajoso aos portugueses dependia, em parte, do sucesso dos espanhóis em abastecer aquelas províncias longínquas. O decreto de comércio livre de 1778, como sublinhou David Brading, embora permitisse que as exportações de Espanha para o Império triplicassem em uma década, não as livrou dos impactos do bloqueio naval inglês,[136] situação que, nas fronteiras, pôde ser observada pelos engenheiros militares portugueses Joaquim José Ferreira e Ricardo Franco de Almeida Serra, que anotaram a respeito da natureza do contrabando e do abastecimento espanhol:

> os hespanhoes pelas duas províncias de Chiquitos e Moxos solicitaram sempre comprar aos portuguezes alguns generos de valor, como ouros lavrados, anneis, laços, e mais pedraria, bretanhas, lenços, louça da India, vidros, facas, ferro, ferramentas, &c., a troco de alguma prata, de bestas, de pannos de algodão e outro effeitos. Este commercio buscavam mais anciosamente

---

134 AHN, Estado, 4436, n. 8, Auto com o depoimento do soldado desertor português José Miguel Sosa, San Pedro, 16 nov. 1787, f. 2.

135 *Ibidem*.

136 BRADING, David. A Espanha dos Bourbons e seu império americano. In: BETHELL, Leslie (ed.). *História da América Latina*: América Latina Colonial. 2ª ed. São Paulo: Edusp; Brasília: Fundação Alexandre de Gusmão, 2004, v. 1, p. 440.

> no tempo em que as duas coroas de Hespanha e Inglaterra entravam em guerra pela grande falta que se experimenta d'estes e outros generos não só na cidade de Santa Cruz, mas em Cochabamba, na cidade de la Plata, e mesmo em Potosí e mais lugares das suas dependencias. Apezar de ser o valor dos permutados generos excessivo em Matto Grosso, este commercio enfim, que no tempo das ditas guerras podia ser volumoso, no da paz é quase insignificante.[137]

Assim se compreende que o contrabando tenha voltado a ser comum durante o governo de Miguel Zamora, acusado de "remesas de tantas cargas de chocolate, y de los caballos mas esquisitos de esta Provincia, para los generales del Fuerte del Principe de Veyra y Matogroso", como o notou o naturalista Tadeo Haenke em 1798.[138] Manuel Delgadillo, administrador de Loreto, informou sobre "el libre comercio q' tiene el gov.r de Mojos con los portugueses, recibiendo de ellos fuertes regalos en oro, y correspondiendo con cavallos, tejidos, y dejándolos entrar libremente a la provincia".[139] Havido por "empleado tan privilegiado y de luzes, y con asentado crédito de la provincia", esse Manuel Delgadillo foi demitido de seu posto, a cujo cargo corriam todos os interesses de Mojos, e substituído por um religioso dominicano, Manuel Antesana, o mesmo que, segundo o bispo José Velasco, terá auxiliado o governador Miguel Zamora em preparar as 40 canoas de frutos das missões que levou consigo após ser expulso de Mojos pelos índios de San Pedro.[140]

Esse contrabando impactava diversamente também os comerciantes portugueses e espanhóis. A monopolização da atividade pelo governo de Mato Grosso, conforme às determinações pombalinas, excluiu do negócio não poucos comerciantes que se viram duplamente prejudicados: de um lado, nem sempre conseguiam vender aos baixos preços exigidos pelos comissários responsáveis por abastecer os armazéns reais; de outro, as mercadorias que traziam dos portos do Brasil tinham que competir com as obtidas a baixo custo nos domínios de Castela. Por sua vez, os comerciantes espanhóis do Alto Peru, Santa Cruz de la Sierra, Córdoba, Salta e Tucumán, apesar dos riscos inerentes ao exercício de uma atividade ilegal no Império espanhol, podiam, com pouco capital, comprar mantimentos, gado e mulas nas missões, vendê-los aos portugueses e obter peças de ouro lavrado ou tecidos de alto valor comercial no Peru. Quanto

---

137 FERREIRA, Joaquim José; SERRA, Ricardo Franco de Almeida. "Reflexões sobre a capitania de Matto Grosso. Offerecidas ao Illmo. e Exmo. Sr. João de Albuquerque de Mello Pereira e Caceres" [c. 1792]. *RIHGB*, Rio de Janeiro, v. 12, 1849, p. 384.

138 AGI, Charcas, 726. Informe de Tadeo Haenke para o "auto" referente ao pedido de Santa Cruz de la Sierra para que fosse permitido o livre comércio com Mojos e Chiquitos, Cochabamba, 28 mar. 1798, f. 24, §16.

139 RAH, CML, t. 76, f. 49-50. "Puntos observados por Don Manuel Delgadillo en contra de la provincia de Mojos para dar cuenta a la Real Hacienda", Loreto, 25 mar. 1794, f. 1.

140 RAH, CML, t. 76, f. 51-61. "Informe de Don José Velasco al Dean y Cabildo, sobre la visita eclesiástica que había realizado en la Provincia de Mojos", Santa Cruz, 19 nov. 1802, f. 56.

aos curas das missões, que vendiam o patrimônio dos *pueblos* em duas frentes, para Mato Grosso e para Santa Cruz, as oportunidades para transações vantajosas não eram pequenas.

Os impactos sobre os índios

Os índios das missões foram os que sofreram os mais drásticos impactos dessas relações de comércio fronteiriço. O acirramento da exploração do trabalho indígena foi certamente o impacto mais importante. Com a secularização das missões, os índios passaram a sofrer maiores pressões para aumentarem a produção, devido às exigências da *Real Hacienda*, que deveria absorver esses recursos, e às preocupações dos curas que, interessados em desviar uma parte do excedente para o comércio com Santa Cruz e Mato Grosso, somente o poderiam conseguir com a elevação desse excedente, sob pena de a *Real Hacienda* notar a diminuição nas remessas. Assim, as queixas dos índios contra os maus-tratos perpetrados pelos curas passaram a ser cada vez mais frequentes. O contrabando dos produtos e as medidas para atalhá-lo e elevar a produtividade das missões acirraram a cobrança para que os índios produzissem mais e, por conseguinte, tornou recorrente o uso da violência. Como os curas precisavam de mais produções para que a *Real Hacienda* não notasse os desvios, acirravam ainda mais a coerção sobre os trabalhadores indígenas: "con su sudor y con su industria", assinala o governador Ribera, "aumentan las bajillas de plata a sus ingratos párrocos, tersiopelos, y piedras presiosas de Portugal, siendo la recompensa que les dan el asote, y un seño siempre feo". A revisão das contas dos *pueblos* revelou que "la receptoría solo recibe de las misiones los efectos que bastan a mantener el sistema político, remitiendo aquellos que los mismos contrabandistas Españoles y Portugueses despresian por su inferior calidad".[141]

Quanto maior o contrabando, tanto mais intensa era a exigência para que os índios produzissem mais, e por conseguinte os castigos físicos a que eram submetidos. Assim, todos os ferreiros e carpinteiros do *pueblo* de Loreto foram açoitados, pois não haviam terminado a tempo as peças pedidas pelos contrabandistas, como se queixaram os caciques ao governador: "se hallaban trabajando con el fierro de la mición, frenos, cerraduras, machetes, cuñas, y otras obras, que remitió a Santa Cruz con el cruceño Isidoro Juares. Cuio castigo lo executó por que dichas obras no se las acababan tan breve [...]; el mismo día sufrieron todos los carpinteros por que estos no le habían concluido los baúles con toda promptitud".[142] Os curas procuravam impedir, com recurso à violência, que os índios informassem às autoridades sobre o que ocorria nas missões: daí que ao índio Pedro Guacha, do *pueblo* de Loreto, "le amarraron descargándole cinquenta, y sesenta y quatro azotes", por ter contado ao visitador Antonio Peñaloza sobre o

---

141 AGI, Charcas, 445, Anexo B. Lazaro de Ribera ao rei, San Pedro, 24 nov. 1786, f. 15.

142 AGI, Charcas, 623. "Autos seguidos p.r el gobernador de Moxos y el vicário de la provincia contra los lisenciados Don Manuel Gusman y Don Josef Manuel Ramos, cura primero y segundo del pueblo de Loreto", f. 27v: Declaração do cacique governador Josef Suypere e demais juízes principais, Loreto, 9 jan. 1787.

contrabando.[143] Tais circunstancias, como já referido, não podiam deixar de provocar insatisfação entre os índios, acostumados pelos jesuítas a receber remunerações simbólicas por seus trabalhos, para o que os inacianos mantinham atento seu procurador em Potosí, a quem, em troca de cera, algodão e outros itens, pediam cunhas, machados, facas, tesouras, roupas etc.[144]

O comércio de sebo e o intercâmbio de fronteira atingiram o estoque de gado das missões. Lazaro de Ribera, considerando o partido de Baures, estimava que das 8 mil cabeças de gado deixadas pelos jesuítas sobraram, em 1788, 3.746. O mesmo governador refere que, no *pueblo* de San Ignacio, 9.600 reses e 1.600 cavalos desapareceram, restando 200 vacas, 169 cavalos e 300 ovelhas: "faltando la carne para mantener la gente no hay sujeción ni obediencia".[145] Bem se pode perceber a diminuição no estoque total do gado da província de Mojos, que passara de 54.345, quando se foram os jesuítas, para 28.019 o número de vacas e 7.824 o de cavalos em 1791, se eram certas as estimativas do presidente da Audiência de Charcas.[146] Cifras que, no entanto, a contar pelo parecer do administrador geral das missões, Joaquín Artachu, eram ainda mais modestas e preocupantes: o governador Ribera teria deixado 11.970 cabeças de gado vacum; 1.190 do cavalar; 12 canaviais; 22 plantações de cacau; 52 de algodão; e 24 canoas.[147] Em Chiquitos, a situação não era diferente, e como calcula Santamaría, dos 43 mil *vacunos* contados em 1762, restavam menos de 20 mil em 1794.[148] Daí o regime alimentar imposto aos índios e observado por Lacerda e Almeida: três vacas por semana, divididas entre todo o *pueblo* de Magdalena, proporcionavam uma ração alimentar que mal sustentava uma família.[149]

As reformas aplicadas nas missões, no entanto, longe de atenuar as agruras sofridas pelos índios, acirravam o controle sobre a fronteira, regulavam as contas dos *pueblos*, rebaixavam as remunerações e acentuavam a cobrança por mais trabalho, agravando o problema que

---

143 *Ibidem*, f. 25v: "Representación del indio Pedro Guacha", Loreto, 22 dez. 1786.

144 "Respuesta que da el Padre Superior de las misiones de Chiquitos", 5 jul. 1768. In: BALLIVIÁN (ed.), *Documentos para la historia geográfica de la república de Bolivia, op. cit.*, t. 1, p. 7-8.

145 Archivo y Biblioteca Nacional de Bolivia, Mojos y Chiquitos, 12, 3. "Expediente de la visita practicada en el pueblo de S. Ygnacio de Moxos Partido de Pampas", Lazaro de Ribera, 27 set. 1791 *apud* VANGELISTA, Chiara. Las relaciones hispano-portuguesas en el norte de Mato Grosso, siglos XVIII-XIX. *Anos 90*, Porto Alegre, n. 9, 1998, p. 42.

146 AHN, Estado, 4555, carpeta 2, n. 5. Lazaro de Ribera a Antonio Valdez, San Pedro, 5 set. 1788, f. IV; AGI, Charcas, 439. Carta de Antonio de Villaurrutia, presidente da Audiência de Charcas, ao ministro Antonio Porlier, 15 mar. 1791; há transcrição em: MAURTUA, Víctor M. (ed.) *Juicio de límites entre el Perú y Bolivia*: contestación al alegato de Bolivia: prueba peruana. Barcelona: Imprenta de Henrich y Comp., 1907 (Documentos sobre las misiones y gobernación de Mojos), t. 4, p. 66-67.

147 AHN, Estado, 4548, n. 23. Informe do administrador general das missões, Joaquín Artachu, Plata, 12 abr. 1793, f. 6v-7.

148 SANTAMARÍA, Daniel. La economía de las misiones de Moxos y Chiquitos (1675-1810). *Ibero-Amerikanisches archiv*, Berlim, v. 13, n. 2, 1987, p. 280.

149 LACERDA E ALMEIDA, Francisco José de. "Memória a respeito dos rios Baures, Branco, da Conceição, de S. Joaquim, Itonamas e Maxupo; e das três missões da Magdalena, da Conceição e de S. Joaquim" [post. a 1790]. *RIHGB*, Rio de Janeiro, v. 12, 1849, p. 112-13.

diziam resolver. Em março de 1786, Ribera enviou uma carta circular a todos os curas de Mojos em que assinalava suas intenções de "extirpar los desórdenes, y vicios que trae consigo la ociosidad", esperando que "la eficacia y selosa conducta de ustedes animaran sus tareas inclinándolos [os índios] al cultivo de sus chacras", para que "tomen mayor incremento los fondos de la recepturía".[150] Ficava expressa aí a encruzilhada dos índios de Mojos e Chiquitos que, se esperavam das reformas a diminuição da violência e mais retribuições por seu trabalho, o sentido das mudanças conduzia, na verdade, a uma intensificação das exigências por produtividade, intrinsecamente dependente do recurso à coerção e a remunerações menores. O que equivale a dizer que, à época em que os curas mantinham o poder temporal, apesar de tudo o contrabando com *cruceños* e portugueses podia proporcionar os itens para a retribuição simbólica do trabalho dos índios, ao passo que, com a interdição do comércio ilícito, o controle das contas e a coerção dos subdelegados, os índios cada vez mais davam pela falta de remunerações e de tempo livre para dedicarem-se às suas coisas. Por essa razão, podia o cura primeiro de San Joaquín, frei Manuel Anteza, reclamar ao governador Ribera a falta de itens para retribuir os índios, "a causa de no haver venido annualmente de la adm.on de la Plata suficientes auxilios p.a exforsarlos al travajo"; confirmava que fizera contrabando com o Forte Príncipe, mas uma parte dos itens adquiridos não eram para si, mas para contentar aos neófitos: "unas veces he embiado azúcar, aguardiente, y gallinas, p.r via de trato p.r algunas bretañas, cuchillos, fierro, agujas, machetes, lima p.a los herreros, y papel, y otras veces de regalo".[151] Manuel Antonio de Salas, mineiro da província de Sorata, justificou-se alegando que internara em Mojos "con algunos efectos utiles a los naturales", como eram sal, erva, facas, panos de lã, avelórios e outros efeitos de Castela.[152] Tal tensão – entre tentativas de interditar o comércio ilícito e os abusos dos curas e de aplicar reformas que, sem embargo, acirravam o controle sobre o trabalho indígena e reduziam as remunerações – terá sido um dos fatores importantes que conduziram aos protestos institucionais movidos pelos *cabildos* indígenas e às revoltas e deserções para domínios portugueses, ocorridos mesmo durante o governo de Ribera e agravados nos governos subsequentes, como tive oportunidade de analisar no capítulo 7 deste livro.

* * *

---

150 AGI, Charcas, 446. [n. 9] "Contiene una carta circular que este govierno dirigió a los curas recomendándoles las buenas costumbres, y educación de los indios en dos fojas utiles", Lazaro de Ribera, Cochabamba, 20 mar. 1786.

151 AHN, Estado, 4436, n. 7. "Auto" com a correspondência entre Lazaro de Ribera e os curas de San Joaquin, com início em 3 ago. 1787, f. 10-12: Resposta do cura primeiro, frei Manuel Anteza, a Lazaro de Ribera, San Joaquín, 12 ago. 1787.

152 AGN, Sala 7, Colección Andrés Lamas, n. 31. "Autos seguidos sobre el comercio clandestino", San Pedro, 22 nov. 1786, f. IV (cit.), 3-3v: "Recurso" [c. out. 1786].

O contrabando, essa ação de cruzar a fronteira através do comércio, das redes de confiança, da circulação de bens e informações, ao contrário de manifestar algo como uma ausência de poderes coloniais, expressava antes uma atuação muito peculiar de vários tipos de poderes. A Coroa portuguesa atuou firmemente no sentido de incentivar não qualquer comércio, mas um contrabando sob controle dissimulado do governo: se fracassara o projeto de drenar metal precioso do Peru, a construção de uma fortificação monumental à base de recursos fornecidos pelos rivais foi um acontecimento geopolítico da maior importância na contenda pela demarcação das raias dos impérios ibéricos.

Sob os jesuítas, as missões de Mojos e Chiquitos mantiveram comércio com setores privilegiados em Santa Cruz de la Sierra e no Peru; expulsos os inacianos, impôs-se a visão de que todo o produto das missões deveria ser remetido à *Real Hacienda*. Governadores, bispos, militares e curas passaram a desviar as produções para Santa Cruz e Brasil. O contrabando parece ter prosperado. A tolerância, verificada durante mais de 20 anos, com os desvios de produções das missões, sugere que havia uma ampla rede de beneficiários, incluídos aí os próprios oficiais reais.[153] Os informes de Lazaro de Ribera sobre a capacidade produtiva das missões e o que se estava a perder – inclusive em benefício da construção do Forte Príncipe da Beira, dirigido precisamente contra os interesses da Coroa espanhola em manter comum a navegação do rio Guaporé – exigiram uma decisão mais enérgica. Contudo, o alcance das reformas sugeridas por Ribera, que visavam interditar completamente a participação dos colonos espanhóis no comércio das missões, agora inteiramente monopolizado pelo Estado, certamente produziu insatisfação em vários setores da elite local, tanto assim que se discutia, em fins da década de 1790, o abandono do "Plano de gobierno" e a abertura das missões de Mojos e Chiquitos ao livre comércio com Santa Cruz e Cochabamba.[154]

Por outro lado, quer as mercadorias fossem desviadas para Santa Cruz ou para Mato Grosso, quer fossem monopolizadas pela Coroa espanhola, o certo é que essa competição acirrou a cobrança pela elevação da produtividade das missões e aumentou o uso da violência contra trabalhadores indígenas. A resposta dos índios, nesse contexto, não deixou de surpreender as autoridades: eles passaram a enviar petições aos governadores requerendo a remoção de curas corruptos; organizaram-se para desertar até as missões de Apolobamba,[155] ao forte português ou mesmo para o mato, em todos os casos um duro golpe contra a esperada lealdade; e

---

153 Cf., *mutatis mutandis*, os estudos de MOUTOUKIAS, *Contrabando y control colonial en el siglo XVII, op. cit.*; Idem. Burocracia, contrabando y autotransformación de las elites, *op. cit.*

154 AGI, Charcas, 726. Informe de Tadeo Haenke para o "auto" referente ao pedido de Santa Cruz de la Sierra para que fosse permitido o livre comércio com Mojos e Chiquitos, Cochabamba, 28 mar. 1798; AGI, Charcas, 581. Consulta do *Consejo de Indias*, a 29 jan. 1805, sobre o novo sistema de governo para as missões de Mojos e Chiquitos, define o fim do sistema de comunidade e o reparto de terras e bens entre os índios, mas não adere à criação de uma intendência em Santa Cruz de la Sierra.

155 AGI, Lima, 1011. "Testimonio", f. 27: José Salvatierra, cura de Loreto, 3 abr. 1800.

recorreram à força, em Chiquitos, em 1790, contra as tropas espanholas que foram destacadas em San Ignacio, em desatenção ao antigo pacto que tinham com os jesuítas, segundo o qual tenentes não permaneceriam nas missões;[156] e em Mojos, em 1801, quando expulsaram o governador Miguel Zamora, cuja gestão primou pelo uso da violência como forma de forçar a que produzissem mais.[157] A rivalidade entre as duas potências pelo controle do exclusivo comercial parece ter-se manifestado em políticas comerciais que não dispensavam a atenção ao problema da lealdade desses distantes vassalos.

---

156 AGI, Charcas, 445. "Testimonio de las diligencias practicadas por el gov.r de Chiquitos D. Antonio Lopes de Carvajal, consequentes al suceso acaesido en el pueblo de San Ignacio, y providencias tomadas por la Real Audiencia", f. 5v-7: Carta em língua Chiquita do corregedor, tenente, alferes, e demais juízes de San Ignacio, recebida e atestada pelo governador Antonio Lopes Carbajal, Santa Cruz de la Sierra, 16 ago. 1790; f. 7-9: versão da mesma carta em espanhol.

157 AGI, Charcas, 581. Minuta da carta da Real Audiência de Charcas, Plata, 20 dez. 1803.

Conclusão

Neste livro, buscou-se verificar que papel a delegação de responsabilidades e a transferência de parte dos custos da defesa militar das fronteiras aos mesmos moradores delas exerceram sobre a disputa entre os impérios ibéricos pelas regiões centrais da América do Sul e sobre as populações que ali viviam. A esta altura, há elementos suficientes para afirmar que o sistema de transferência de responsabilidades e parte dos custos constituía o dispositivo dominante utilizado pelos dois impérios na administração das regiões consideradas. Agora, convém apenas retomar a maneira como esse dispositivo atuou sobre as várias situações de fronteira analisadas, sublinhar as semelhanças e diferenças entre as administrações dos dois impérios e assinalar as perspectivas abertas por este trabalho.

Na segunda metade do século XVIII, período em que se deu a expansão aos territórios liminares da América do Sul, o paradigma urbanístico que orientava as políticas dos administradores ilustrados era baseado na noção de que existiria um curto-circuito entre regularidade urbana, trabalho agrícola e civilização dos moradores. Era imprescindível, em um contexto em que as fronteiras permaneciam indefinidas, reunir moradores dispersos em fortes, povoações e reduções nos pontos mais avançados, de modo a garantir o *uti possidetis*. Nesses estabelecimentos, vários dispositivos transferiam, aos mesmos moradores, as responsabilidades sobre a vigilância de suas condutas. Com a mútua visibilidade propiciada pelo traçado urbanístico das casas, aliada a uma série de bandos de "bom governo", atentos ao asseio público e à obrigação de trabalhar as terras, esperava-se desenvolver o autocontrole das pulsões. A intervenção do Estado no cotidiano dos vassalos, com vistas a guiar suas condutas e "proporcionar a felicidade", segundo a expressão de Johan von Justi, não estava desatenta ao problema dos casamentos. E aqui ficou clara uma diferença entre as políticas dos dois impérios: ao passo que os portugueses estimulavam a mestiçagem com a população nativa, os espanhóis seguiram mantendo o sistema de "duas repúblicas", baseado na separação espacial entre vilas de colonos e *pueblos* de índios. Concretamente, essa dessemelhança resultou em que os fortes e povoações onde habitavam portugueses e índios acabaram confinando com vastos territórios de missões onde a presença de espanhóis estava interditada. Na fronteira com o Paraguai, onde foi instalada a vila de Concepción e o forte Borbón, a intensa competição entre os dois impérios revelava métodos bastante semelhantes de tentar obter a lealdade dos índios e o controle das terras.

A expansão colonial foi marcada por uma nova política indigenista, fundamentada menos nas guerras ofensivas e defensivas que na atração pacífica de caciques, com cuja promoção e distinção esperava-se obter descimentos de "índios bárbaros" para as novas povoações e reduções fronteiriças. Realmente, essa política não descartou de todo as guerras contra os grupos supostamente hostis. Entradas e bandeiras, aliás, que parecem ter sido oportunas para elites locais e funcionários, já que sustentavam privilégios corporativos e requerimentos de honras e mercês. A reprodução da imagem de "índios bárbaros" sempre dispostos a atacar os estabelecimentos coloniais era, ademais, um bom pretexto para evitar gastos com a construção de reduções e não raras vezes servia para desviar a atenção dos colonos que eram os reais responsáveis pelos roubos. Daí se compreende que o desafio lançado pela expansão de duas potências coloniais sobre o mesmo território produziu impactos sem precedentes sobre as populações que ali viviam. Em certos grupos, caciques foram promovidos por meio de tratados de paz, patentes, roupas e comunicação aberta com o governo. Eles puderam barganhar vantagens de portugueses e espanhóis, encaminhar queixas dos índios comuns e requisitar a continuidade ou a extensão de remunerações e privilégios. Provavelmente, os grupos mais bem-sucedidos na mediação de seus interesses estavam em uma *fronteira externa* entre impérios, de modo que sua lealdade custava mais caro para as potências ibéricas. No entanto, no caso de grupos que permaneciam autônomos na *fronteira interna* de cada jurisdição, como os Bororo, os Kayapó, os Chiriguano e muitos outros, os governos se mostraram menos dispostos a negociar sua adesão à lealdade monárquica. O envio de expedições de destruição e apresamento, bem como a distribuição de cativos como índios "administrados", seguiram tendo efeitos deletérios sobre essas populações.

A rigor, os governos reformistas compreenderam (em parte, devido às ações dos próprios nativos) que a lealdade das populações fronteiriças tinha um preço, mas a capacidade das caixas reais de arcar com os gastos necessários eram desiguais, e dependiam das prioridades de cada Corte. Afinal, nessa época, todas as fronteiras americanas entre impérios estavam por definir e demandavam recursos para custear guarnições, presentes para caciques, remunerações de índios e outros gastos. O sucesso na consolidação de um estabelecimento fronteiriço parece ter dependido da capacidade das administrações coloniais de remeter subsídios das colônias mais prósperas, e nesse ponto Mato Grosso esteve na frente do Paraguai e das missões castelhanas, já que dispunha de pelo menos 8 arrobas de ouro enviadas a título de subsídio anual da capitania de Goiás. Mais ainda: o sucesso dependia da habilidade dos governadores em transferir aos colonos parte dos custos da defesa das fronteiras. Nesse aspecto, aliás, eram auxiliados pela nova legislação militar ibérica, promulgada na década de 1760, a qual exigia de todos os homens em idade útil que se integrassem em milícias urbanas, nas quais serviriam sem vencer soldo algum, e com todos os mais gastos à sua custa. A oferta de honras e mercês era um poderoso instrumento de atração da adesão das elites locais aos empreendimentos do Estado, e já se verificou que não foram poucos os que despenderam seu patrimônio em donativos para a construção de fortes e povoações, armar milícias à própria custa e abastecer as guarnições. Hábitos das ordens militares e patentes de altos oficiais seduziam uns e outros a manifestar sua lealdade ao monarca. No entanto, os que possuíam recursos suficientes para auxiliar o governo eram minoria. Esse pacto de colaboração e lealdade entre o poder central e as elites locais ao mesmo tempo limitava a faculdade do Estado de requisitar as propriedades e abria a possibilidade de que os próprios colonos as oferecessem voluntariamente. Mas estavam excluídos do pacto os despossuídos, colonos pobres, homens de cor e índios independentes. Para eles, seguiu valendo o princípio de que, para salvar o Estado, era preciso requisitar compulsoriamente os bens dos vassalos. Não surpreende que as "derramas" de mantimentos em Mato Grosso e os *donativos voluntarios* no Paraguai atingissem e exasperassem precisamente os colonos mais pobres.

Talvez em nenhum outro aspecto fique tão claro, como no caso do recrutamento militar, o funcionamento do sistema de transferência de responsabilidades e parte dos custos defensivos da fronteira. A capitania de Mato Grosso pôde manter uma tropa paga, graças ao subsídio de Goiás. No entanto, as guarnições e expedições eram auxiliadas por milicianos que serviam à própria custa. E no período aqui considerado, cresceu a participação de homens de cor na Companhia de Pedestres, que vencia metade do soldo da Companhia de Dragões de homens brancos. Os governos manipulavam os preconceitos de cor e *status* para sub-remunerar as tropas, sem, contudo, deixar de estimulá-las pelo mesmo princípio, com argumentos sobre a adaptabilidade ao clima e o conhecimento das táticas de guerrilha. Atrair a lealdade de homens de cor e índios ao serviço militar reduzia os custos defensivos, mas abria um canal de negociação que não deixava de ser explorado por essas pessoas em requisições de patentes e mercês, que de algum modo tensionavam os esquemas hierárquicos de cor e *status* do Antigo Regime. De outra parte, na província do Paraguai, que não dispunha de subsídio de outras províncias, o serviço nas guarnições seguiu sendo uma atividade gratuita dos colonos, obrigados a abandonar suas casas e passar alguns meses por ano, à sua custa, nos mais de 20 presídios em toda a fronteira com os "índios bárbaros" do Chaco e com portugueses. O soldo de que dispunham os que serviam em Borbón e San Carlos apenas servia para atenuar o fato de que a distância desses fortes impedia que levassem mantimentos e recursos de suas casas. Aí também ficava muito claro o sistema de transferência de custos aos colonos, assegurado pelo pacto de lealdade que a província manteve com o monarca espanhol até o fim da época colonial, o qual garantia (em verdade a alguns poucos membros da elite) o privilégio das *encomiendas* em troca de que defendessem com suas armas os domínios espanhóis.

Embora as diferenças em relação aos sistemas administrativos da capitania de Mato Grosso e das missões castelhanas de Mojos e Chiquitos fossem mais pronunciadas, um aspecto similar merece ser sublinhado: o impacto da promoção de caciques a mediadores entre as demandas da colonização e dos índios comuns. Em vários momentos neste livro buscou-se sustentar a noção de que as missões jesuíticas anteciparam, por assim dizer, várias das políticas de regularidade urbana e delegação, às lideranças nativas, de parte das responsabilidades de gestão dos estabelecimentos. Ironicamente, ao mesmo tempo em que os reformistas ilustrados procuraram diminuir a influência das ordens regulares sobre as populações indígenas fronteiriças, atribuindo tarefas de mediação e gestão a oficiais militares, eles retomavam por sua conta vários dispositivos já há muito utilizados pelos missionários, a exemplo dos mecanismos urbanos de controle das condutas, do estímulo ao protagonismo dos caciques e das produções comunais. O problema da transmigração de índios das missões de Mojos e Chiquitos para a capitania de Mato Grosso sugere como a história dessas fronteiras não pode ser compreendida senão de modo conectado ou compartilhado. Promovidos a mediadores entre interesses contrastantes, os caciques responderam à secularização das missões, que intensificava o trabalho indígena e retirava privilégios, com o envio de petições ao governo em que deixavam claros os termos em que estava sustentada a sua lealdade ao monarca. Quando não respondidos a contento, negociavam sua lealdade com os funcionários portugueses, e transmigravam sucessivas levas de povoadores para as vilas lusitanas de Mato Grosso. A circunstância, que procurei enfatizar, de que os caciques já instalados do lado português não deixassem de cobrar do governo os termos em que sua lealdade fora acertada, exemplifica o modo como a delegação de responsabilidades e a negociação de lealdades interferiam nos avanços e retrocessos dos estabelecimentos fronteiriços.

Tão próximos e em situação em tal grau semelhante à de seus vizinhos, não surpreende que os fluxos de pessoas e bens pela fronteira desafiassem as determinações reais. Em 1772, uma Real Cédula definiu que o excedente produzido em Mojos e Chiquitos, que incluía cacau, sebo, algodão, cera, açúcar etc., seria comercializado em regime de monopólio da *Real Hacienda*. Entretanto, os funcionários responsáveis por cumprir essa determinação, curas e administradores, compuseram juntamente com comerciantes de Santa Cruz de la Sierra e militares e comerciantes de Mato Grosso uma intrincada rede que propiciava o desvio das produções para aquela cidade espanhola e para o Forte Príncipe da Beira. Ficava claro que a lealdade ao monarca podia ser manipulada e desafiada diante de vantagens econômicas, e a hesitação dos governadores em reprimir o contrabando sugere que as instituições provavelmente deixariam de funcionar se os envolvidos fossem retirados de seus postos.

Com este trabalho, espera-se ter contribuído com algumas sugestões metodológicas para futuras pesquisas sobre situações fronteiriças entre impérios coloniais. Em primeiro lugar, cumpre referir que vários problemas de primeira importância, como a disputa pela lealdade de índios ainda não conquistados, a transmigração de populações e o contrabando, somente podem ser formulados adequadamente sob a condição de abandonar a abordagem de viés *nacional* das fronteiras. Temas decisivos para o cotidiano dos índios e dos moradores dessas áreas liminares só podem ser devidamente tratados com o recurso a fontes documentais produzidas por todos os Estados envolvidos, o que exige o trabalho em arquivos localizados em vários países e uma metodologia relacional de análise dos dados. Em segundo lugar, espera-se ter contribuído com o esforço de integrar a história dos índios à história social dos espaços rurais de fronteira. Ao empenho em buscar o significado das relações entre diversos grupos sociais, mais do que reconstituir supostas identidades essenciais, deve-se atribuir a tentativa de reconstituição dos dispositivos que atingiam não somente os índios, mas também homens de cor e mestiços, colonos e funcionários. E finalmente, fica sugerida a possibilidade de trabalhar com o tema da presença dos Estados coloniais nas fronteiras para além da preocupação redutora que pretende medir se tais Estados eram fortes ou fracos. Ora, buscou-se mostrar aqui que os Estados recorriam a vários dispositivos de poder para além dos especificamente repressivos. A negociação de privilégios, honras e mercês em mais de uma oportunidade levou os governadores a ceder diante de petições de índios e colonos, mas daí não se pode depreender que os Estados fossem necessariamente fracos. O que este livro tentou demonstrar é que era graças à capacidade dos governos de negociar com lideranças nativas e colonos que se obtinha a reafirmação da lealdade monárquica. Se não se esquece do quanto de consentimento existe em relações de dominação, compreende-se que a promoção de caciques mediadores e a promessa de mercês de terras e de privilégios, patentes de oficiais e hábitos das ordens militares podiam condicionar os vassalos à realização dos serviços imprescindíveis à defesa da fronteira com economia de custos para o Estado.

Fontes e referências bibliográficas

Fontes manuscritas

Archivo General de Indias, Sevilla

• Buenos Aires: maços de documentos (*legajos*):

13	142	200	292	322	536
14	157	208	295	366	538
18	166	214	302	451	539
19	171	229	304	452	540
48	174	240	305	453	543
69	179	283	307	454	606
89	183	291	313	468	610

• Charcas: *legajos*:

19	175	220	384	443	515
21	181	238	421	445	574
33	199	261	425	446	576
60	207	265	433	447-A	581
112	216	374	436	447-B	583
158	217	375	437	474	623
159	218	381	439	503	726

- Estado: *legajo*: 81, n. 15.
- Indiferente General: *legajos*: 1527, 1885.
- Lima: *legajos*: 149, 407, 644, 1011, 1054.
- Mapas y Planos: Buenos Aires: 115, 145, 284.
- Quito: *legajo*: 158.
- Santa Fe: *legajo*: 577a.

Archivo General de la Nación Argentina, Buenos Aires

- Sala 7: Fondo Antigua Biblioteca Nacional: *legajos*: 1132, 4867, 6127/2, 6127/3, 6127/11, 6234, 6468/11.
- Sala 7: Colección Andrés Lamas: *legajos*: 31, 52.
- Sala 9: *legajos*: 7-1-6, 7-7-2, 9-7-3, 20-6-7, 30-5-8, 30-7-6, 30-7-9, 45-3-13.

Archivo General de Simancas, Valladolid

- Secretaría del Despacho de Guerra: *legajos*: 6806, 6809, 6810, 6812, 6819, 6823, 6828.

Archivo Histórico Nacional, Madri

- Estado: *legajos*: 3410, 4397, 4405, 4436, 4443, 4463, 4500, 4548, 4555, 4611.
- Estado: Mapas, Planos y Dibujos: Mapa 438, Signatura 127-128; Mapa 439, Signatura 129.
- Jesuitas: *legajo*: 120.

Archivo Nacional de Asunción, Paraguai

- Carpeta Suelta: pasta (*carpeta*) n. 67.
- Coleção Rio Branco: volumes (numeração do catálogo): n. 28, n. 36, n. 45, n. 58, n. 69, n. 70, n. 76, n. 138.
- Livros de contas da *Real Hacienda*: "Libro Mayor de la Real Caxa del Paraguay", 1803.
- Sección Civil y Judicial: v. 2011, n. 18.
- Sección Historia: volumes e *carpetas*:

v. 127, n. 7	v. 156, n. 1	v. 192, n. 1
v. 136, n. 15	v. 163, n. 18, n. 19, n. 22, n. 26	v. 193, n. 12-2, n. 18
v. 139, n. 3	v. 165, n. 1, n. 6	v. 196, n. 9
v. 142, n. 4	v. 168, n. 1	v. 199, n. 1
v. 143, n. 15, n. 16	v. 170, n. 1	v. 201, n. 3
v. 144, n. 19	v. 171, n. 9	v. 204, n. 1, n. 2, n. 3

v. 145, n. 1	v. 173, n. 1	v. 222, n. 1
v. 146, n. 3	v. 176, n. 7, n. 9	v. 362, n. 1
v. 148, n. 7	v. 183, n. 1	v. 363
v. 149, n. 16-1	v. 184, n. 2	v. 365, n. 1
v. 151, n. 8	v. 185, n. 1	v. 366, n. 1
v. 153, n. 4	v. 186, n. 6	v. 436-2, n. 1
v. 155, n. 5, n. 6, n. 13	v. 187, n. 10	

- Sección Nueva Encuadernación: v. 88, 477, 524, 2514, 3369, 3373, 3374, 3383, 3391, 3393, 3394.
- Sección Propiedad y Testamentos: v. 372, n. 10.

Archivum Romanum Societatis Iesu, Roma

- Brasiliensis, v. 6-1, f. 395-400v. "Catalogus brevis Provincia Brasiliensis an 1757".
- Brasiliensis, v. 10-2, f. 453. "Ad istanza del fu D. Giovanni 5º allora regnanti in Portogallo furono destinati alla nuova Missione del Cuiabâ i PP. Stefano di Crasto ed Agostino Lorenso, l'anno 1750".
- Paraquariae, v. 12, f. 4-11v. ARCE, José de. "Breve relación del viage, que hizieron por el Río Paraguay arriba 5 padres y un hermano el año de 1703, por orden de n.tro P. General", San Miguel, 5 abr. 1713.
- Paraquariae, v. 12, f. 33-54. CABALLERO, Lucas. "Diario y quarta relación de la quarta misión, hecha en la nación de los Manasicas, y en la nación de los Paunacas, nuevamente descubiertos año de 1707, con la noticia de los pueblos de las dos naciones, y dase de paso noticia de otras naciones", San Xavier, 24 jan. 1708.
- Paraquariae, v. 12, f. 168-173v. "Ordenes para todas las reducciones aprobadas por n. P. Ge.l Juan Paulo Oliva", 1690.
- Paraquariae, v. 24. "Medios para reducir a vida racional y cristiana a los indios infieles que viven vagabundos sin pueblos ni sementeras", por P. José Cardiel, Buenos Aires, 20 dez. 1747.
- Peru, v. 20, f. 130-138v. "Relación de lo sucedido en la jornada de los Mojos, año de 1667", por Juan de Soto, Plata, 30 jan. 1668.
- Peru, v. 20, f. 142-44v. "Relación de la misión de los Mojos", Juan de Soto ao padre provincial, Trinidad, 3 nov. 1668.
- Peru, v. 20, f. 166-67. "Instrucción que dió el Padre Hernando Cabero, Vice Provincial y Visitador a los PP. Pedro Marbán y Cypriano Baraze y al H.no Joseph del Castillo", Arequipa, 25 jun. 1674.

- Peru, v. 20, f. 200-213. "Carta de padres en la misión de los Mojos para el P. Hernando Cavero de la Compañía de Jesús, provincial de esta provincia del Perú en el que se le da noticia de lo que se ha visto, oído y experimentado en el tiempo que ya que están en ella", 20 abr. 1676.

- Peru, v. 20, f. 214-14v. "Ordenes y información que hiço el P. Cavero provincial desta provincia con los pareceres de los P.P. O.O. para los padres de la Misión de los Mojos", 8 dez. 1676.

- Peru, v. 20, f. 232-37v. "Copia de la relación del Padre Cipriano Barace sobre la conversión de los Indios infieles", Mojos, 7 maio 1680.

- Peru, v. 21, f. 3-4v. "Traslado de algunos §§ de una carta del P. Antonio Orellana sobre la reducción de los Mojos y descubrimiento de los Casarremonos", 1688.

- Peru, v. 21, f. 32-65. "Relación de la Missión apostolica de los Mojos en esta provincia del Perú de la Compañía de Jesús que remite su Prov. Padre Diego de Eguiluz a NM. R. P. Thyrso Gonzallez, General año de 1696".

- Peru, v. 21, f. 175-179v. "Relación de las misiones de los Mojos de la Compañía de Jesús en esta provincia del Perú, del P. Alfonsus Mejía", 1713.

- Peru, v. 21 A, f. 95-99. "Relación que el padre Julian de Aller, de la Compañía de Jesus, de la Provincia del Peru, y Superior de la nueva misión de los indios gentiles, de las dilatadas tierras de los Mohos", 9 set. 1668.

- Peru, v. 21 A, f. 125-130. "Relación detallada del Padre Diego Ignacio Fernández sobre las Misiones de Mochi y sus habitantes dirigida al P. General Michel Angelo Tamburini", Trinidad, 21 set. 1711.

- Peru, v. 21 A, f. 131-142v. "Relación de la visita realizada a las misiones de Mojos por el Padre [Juan José] Zabala dirigida al provincial Baltasar de Moncada", Trinidad, 26 dez. 1751.

- Peru, v. 21 A, f. 143-146. "Relación de la visita realizada a las misiones de Mojos por el Padre Philipe de Valvendez, dirigida al provincial Baltasar de Moncada", Trinidad, 12 maio 1752.

- Peru, v. 21 A, f. 147-152v. "Carta del Padre Miguel de Irigoyen al provincial Baltasar de Moncada", San Pedro, 12 abr. 1753.

- Peru, v. 26, f. 403-446. "Misión de Sancta Cruz", informe fornecido pelo padre Diego Martínez, Chuquisaca, 24 abr. 1601.

Arquivo do Estado de São Paulo

- Avisos e Cartas Régias, lata 62, códice n. 420, livro 169.
- Avisos, Cartas Régias e Patentes, códice n. 421, livro 172.

Arquivo Histórico Militar, Lisboa

- Cota 2/I/1/15.

Arquivo Histórico Ultramarino, Lisboa

- Cartografia manuscrita: Mato Grosso: d. 0851; d. 0857; d. 0858.
- Códices: 613; 614.
- Conselho Ultramarino, Reino: cx. 146, pasta 1; cx. 153, pasta 3.
- Avulsos, Goiás: cx. 30, d. 2467; cx. 32, d. 2019; cx. 35, d. 2131.
- Avulsos, Mato Grosso:

cx. 02, d. 104	cx. 15, d. 927	cx. 22, d. 1353	cx. 31, d. 1716
cx. 02, d. 136	cx. 15, d. 931	cx. 22, d. 1358	cx. 31, d. 1722
cx. 03, d. 140	cx. 15, d. 933	cx. 23, d. 1405	cx. 32, d. 1744
cx. 03, d. 175	cx. 15, d. 942	cx. 23, d. 1407	cx. 33, d. 1746
cx. 03, d. 196	cx. 16, d. 1023	cx. 23, d. 1408	cx. 33, d. 1748
cx. 04, d. 222	cx. 16, d. 1031	cx. 24, d. 1412	cx. 33, d. 1759
cx. 05, d. 336	cx. 17, d. 1039	cx. 24, d. 1413	cx. 33, d. 1761
cx. 06, d. 353	cx. 17, d. 1040	cx. 24, d. 1416	cx. 34, d. 1766
cx. 06, d. 355	cx. 17, d. 1046	cx. 24, d. 1417	cx. 34, d. 1790
cx. 07, d. 451	cx. 17, d. 1057	cx. 24, d. 1428	cx. 35, d. 1799
cx. 07, d. 466	cx. 17, d. 1068	cx. 24, d. 1453	cx. 35, d. 1803
cx. 08, d. 521	cx. 17, d. 1083	cx. 26, d. 1511	cx. 35, d. 1819
cx. 09, d. 527	cx. 17, d. 1093	cx. 26, d. 1524	cx. 36, d. 1830
cx. 09, d. 539	cx. 18, d. 1106	cx. 26, d. 1536	cx. 37, d. 1878
cx. 10, d. 587	cx. 18, d. 1111	cx. 26, d. 1554	cx. 37, d. 1879
cx. 10, d. 598	cx. 18, d. 1116	cx. 27, d. 1577	cx. 38, d. 1898
cx. 11, d. 623	cx. 18, d. 1128	cx. 27, d. 1730	cx. 38, d. 1916
cx. 11, d. 640	cx. 18, d. 1137	cx. 28, d. 1603	cx. 38, d. 1924
cx. 11, d. 678	cx. 19, d. 1160	cx. 28, d. 1604	cx. 38, d. 1931
cx. 12, d. 734	cx. 19, d. 1183	cx. 28, d. 1607	cx. 39, d. 1947
cx. 12, d. 739	cx. 19, d. 1198	cx. 28, d. 1617	cx. 39, d. 1952
cx. 13, d. 757	cx. 20, d. 1215	cx. 29, d. 1633	cx. 39, d. 1958
cx. 13, d. 822	cx. 20, d. 1218	cx. 29, d. 1638	cx. 40, d. 1987
cx. 14, d. 840	cx. 20, d. 1226	cx. 29, d. 1640	cx. 40, d. 2014
cx. 14, d. 852	cx. 20, d. 1232	cx. 29, d. 1652	cx. 40, d. 2020
cx. 14, d. 854	cx. 21, d. 1252	cx. 30, d. 1665	cx. 41, d. 2023
cx. 14, d. 856	cx. 21, d. 1254	cx. 30, d. 1674	cx. 41, d. 2025
cx. 14, d. 858	cx. 21, d. 1257	cx. 30, d. 1688	cx. 41, d. 2050
cx. 14, d. 874	cx. 21, d. 1262	cx. 31, d. 1696	cx. 43, d. 2097
cx. 15, d. 909	cx. 21, d. 1301	cx. 31, d. 1697	cx. 44, d. 2208
cx. 15, d. 916	cx. 21, d. 1305	cx. 31, d. 1702	cx. 44, d. 2209
cx. 15, d. 924	cx. 21, d. 1308	cx. 31, d. 1715	

- Avulsos, Pará:

  cx. 25, d. 2387   cx. 55, d. 5046
  cx. 30, d. 2467   cx. 64, d. 5531
  cx. 36, d. 3365   cx. 65, d. 5657
  cx. 42, d. 3842   cx. 67, d. 5796
  cx. 42, d. 3862   cx. 69, d. 5919
  cx. 42, d. 3863   cx. 124, d. 9587

- Avulsos, São Paulo: cx. 23, d. 2237; cx. 23, d. 2255.
- Avulsos, Rio de Janeiro: cx. 93, d. 8086.

Arquivo Nacional do Tribunal de Contas, Lisboa

- Erário Régio, liv. 4081. "Livro de Registo de ordens expedidas à capitania de Mato Grosso, 1766-1822".

Arquivo Público do Estado de Mato Grosso, Cuiabá

- Códices: C-06; C-22; C-24; C-25; C-32; C-35; C-37; C-39; C-46.
- Defesa: os anos correspondem às latas (boa parte dos documentos não estão numerados):

1769, n. 16, n. 18
1771 a, n. 34, n. 39
1772, n. 46
1772 a [s.n.]
1773, n. 50, n. 66, n. 77, n. 82, n. 84
1775 a, n. 95, n. 100, n. 156, n. 218
1775, n. 151, n. 160
1776, n. 192
1777, n. 225, n. 227
1778, n. 267, n. 291
1778, n. 292, n. 295, n. 297, n. 300
1779, n. 429
1779 b, n. 344
1780, n. 453, n. 458, n. 474, n. 476
1783 a, n. 615, n. 617, n. 622, n. 646, n. 652, n. 699
1785, n. 114-b
1785 a, n. 783f, n. 783, n. 784b, n. 784n, n. 818, n. 835, n. 840
1787 a, n. 863, n. 879, n. 880, n. 881, n. 882, n. 911, n. 989
1790 a, n. 1065, n. 1077, n. 1097, n. 1106, n. 1107, n. 1111, n. 1116, n. 1197
1791 a, 1172, n. 1186, n. 1223
1791 [s.n.]
1795 [s.n.]
1803 [s.n.]

- Fundo Arquivo Ultramarino: lata: 1229.
- Fundo Secretaria: lata: 1790.
- Governadoria: latas, seguidas do número dos documentos (muitos não estão numerados): 1779 [s.n.]; 1783, n. 1251, n. 1342, n. 1343; 1784, n. 54; 1785, n. 1341; 1785, n. 1343; 1796, n. 24; 1796, n. 69.

Biblioteca da Ajuda, Lisboa

- 51-iv-8 [n. 1947], f. 1-27. Carta de Alexandre de Gusmão para Antonio Pedro de Vasconcelos, sobre o Tratado de Limites da América, Lisboa, 8 set. 1751.
- 52-xi-9 [n. 2306], f. 142. "Tábua do rendimento, despesa, empenho e dívidas activas das Capitanias de S. Paulo, Rio de Janeiro, Minas Gerais, Goiás e Mato Grosso, com observações para o seu melhoramento" [anterior a 1775].
- 54-xiii-16, f. 162-66. "Sobre os tapuias, q' os Paullistas aprizionaraõ na guerra, e mandaram vender aos moradores dos P.os do Mar; e sobre as razões, que há p.a se fazer a guerra aos d.os Tapuias" [1691].
- 54-xiii-16, n. 136. "Discurso de D. Rodrigo José de Meneses, enviado governador de Minas Gerais", Lisboa, 4 jan. 1780.

Biblioteca Nacional de España, Madri

- Sala Cervantes:
    Manuscrito n. 6976. "Cartas de los PP. Generales y Provinciales de la Compañía de Jesús a los misioneros jesuitas de Paraguay, Uruguay y Paraná".
    Manuscrito n. 18577-21: "Cartas del P. Pedro Lozano (S.I.), de la provincia del Paraguay, al Procurador General Sebastián de San Martín, dándole noticias de las misiones de los Chiquitos y de Aras. Dos cartas fechadas en Córdoba de Tucumán, 21 de junio y 24 de agosto de 1732".

Biblioteca Nacional de Portugal, Lisboa

- Impressos: H.G. 4571/1A.
- Colecção Pombalina: Códices 161; 162; 163; 459; 629.
- Reservados: Impresso n. 4081.
- Reservados: Códices: 917; 10.631; 11.415.

Biblioteca Nacional do Rio de Janeiro

- Cartografia: ARC-026-04-013.
- Manuscritos: 21-1-41; I-11-2-2-n. 7.

Biblioteca Pública Municipal de Évora, Portugal
• Cartografia: Gaveta 2, Pasta C, n. 49.
• Códices: CXV/2-13; CXVI/1-15; CXXX/2-7.
• Colecção Manizola: códice 41-2.

Biblioteca Pública Municipal do Porto, Porto
• Códices: 235, 296, 464, 808.

Instituto dos Arquivos Nacionais/Torre do Tombo, Lisboa
• Chancelaria da Ordem de Avis de D. Maria I: livro 14.
• Feitos Findos, Juízo da Índia e Mina, Justificações Ultramarinas, Brasil: maço 113, n. 16.
• Manuscritos do Brasil: livro 48; manuscrito n. 51.
• Ministério dos Negócios Estrangeiros: caixa 613.
• Ministério dos Negócios Eclesiásticos e da Justiça: maço 63 (caixa 51), n. 2; maço 67 (caixa 55), n. 2; maço 67 (caixa 55), n. 4; maço 67 (caixa 56), n. 6.
• Ministério do Reino, Decretamentos de Serviços: maço 156, n. 54.
• Ministério do Reino: Decretos 1745-1800, pasta 29, n. 34; Decretos 1745-1800, Pasta 57, n. 37;
• Decretos 1745-1800, pasta 58, n. 94; Decretos 1745-1800, pasta 60, n. 82.
• Ministério do Reino: maço 500, caixa 624.
• Ordem de Avis: letra J, maço 2, n. 71.
• Papéis do Brasil: avulsos 3, n. 10.
• Papéis do Brasil: códice 1 e códice 6.
• Registo Geral das Mercês de D. João V: livro 38.
• Registo Geral das Mercês de D. Maria I: livros 18, 19 e 28.

Instituto de Estudos Brasileiros, Universidade de São Paulo
• Coleção Lamego: códice 43-9-A8.
• Yan de Almeida Prado: códice 30, "Noticias pertencentes à comunicação do Mato Grosso com o Estado do Maranhão. Anno 1748".

Real Academia de la Historia, Madri
• Colección Mata Linares: tomos: 8; 11; 54; 56; 60; 76; 102; 103; 105; 122.
• Colección Jesuitas: tomos: 12; 81.
• Manuscritos: Numeración Antigua: 9-11-5-146, Numeración Nueva: 9-2274.

Universidad de Sevilla, Biblioteca General, Sevilla

• Códice: A 022/146. "Reales Ordenanzas de Milicias: recopilación de las ordenanzas, addiciones [...] desde 31 de enero de 1734 hasta 28 de abril de 1745".

Fontes impressas

ABREU, Manuel Cardoso de. Divertimento admirável para os historiadores observarem as machinas do mundo reconhecidas nos sertões da navegação das minas de Cuyabá e Matto Grosso [...] [1783]. *Revista do Instituto Histórico e Geográfico de São Paulo*, São Paulo, v. 6, p. 253-293, 1901.

ADONIAS, Isa. *Mapa*: imagens da formação territorial brasileira. Rio de Janeiro: Odebrecht, 1993 (Cartografia da mapoteca do Itamaraty).

AGUIRRE, Juan Francisco. Diario del Capitán de Fragata de la Real Armada Don Juan Francisco Aguirre en la demarcación de límites de España y Portugal en la América Meridional [1793-1796]. *Revista de la Biblioteca Nacional*, Buenos Aires, t. 17-20, 1949-1951.

ALENCASTRE, José Martins Pereira de. Annaes da provincia de Goyaz. *Revista do Instituto Histórico e Geográfico Brasileiro*, Rio de Janeiro, v. 27, parte 2ª, p. 5-186, 229-350, 1864.

ALINCOURT, Luiz D'. Resumo das explorações feitas pelo engenheiro Luiz D'Alincourt, desde o registro de Camapuã até a cidade de Cuiabá. *Revista do Instituto Histórico e Geográfico Brasileiro*, Rio de Janeiro, v. 20, p. 334-345, 1857.

_____. Rezultado dos trabalhos e indagações statisticas da província de Matto-Grosso (Conclusão) [1828]. *Annaes da Bibliotheca Nacional do Rio de Janeiro*, Rio de Janeiro, v. 8, p. 39-142, 1881.

ALMEIDA E SOUZA, Candido Xavier de. Descrição diária dos progressos da expedição destinada à capitania de São Paulo para fronteiras do Paraguai, em 9 de outubro de 1800. *Revista do Instituto Histórico e Geográfico Brasileiro*, Rio de Janeiro, v. 202, p. 3-132, 1949.

ALTAMIRANO, Diego Francisco, S.J. *Historia de la misión de los Mojos* [c. 1710]. La Paz: Instituto Boliviano de Cultura, 1979 (Transcrição do manuscrito existente no Archivo y Biblioteca Nacional del Perú).

AMAT Y JUNIENT, Manuel de. *Memoria de gobierno* [1776]. Sevilha: Escuela de Estudios Hispano-americanos, 1947.

AMADO, Janaína; ANZAI, Leny Caselli (orgs.). *Anais de Vila Bela, 1734-1789*. Cuiabá: Carlini &Caniato/Editora UFMT, 2006.

ANDRADE E SILVA, José Justino de (ed.). *Collecção Chronologica da Legislação Portugueza*: segunda série: 1640-1647. Lisboa: F. X. de Souza, 1856.

ANGELIS, Pedro de (ed.). *Colección de obras y documentos relativos a la historia antigua y moderna de las provincias del Río de la Plata*. Buenos Aires: Plus Ultra, 1969-72, 8 v.

ANNAES do Sennado da Camara do Cuyabá: 1719-1830. Cuiabá: Entrelinhas/Arquivo Público de Mato Grosso, 2007.

ARAÚJO, Domingos Lourenço de. Notícia 3ª Prática dada pelo Capp.ᵐ Domingos Lourenço de Araújo ao R. P. Diogo Soares sobre o infeliz sucesso, que tiveram no rio Paraguai as tropas, que vinham para São Paulo no ano de 1730. In: TAUNAY, Afonso de. *História das Bandeiras Paulistas*, t. 3: Relatos monçoeiros. São Paulo: Melhoramentos, 1961, p. 151-154.

ARCHIVO General de la Nación Argentina. *Campaña del Brasil*: antecedentes coloniales. Buenos Aires: Archivo General de la Nación, 1931, v. 1.

ARTE de furtar, espelho de enganos, theatro de verdades, mostrador de horas minguadas, gazua geral dos reynos de Portugal. Londres: Hansard, 1830.

AZARA, Félix de. *Descripción e historia del Paraguay y del Río de la Plata* [ca. 1781-1801]. Madri: Imprenta de Sanchiz, 1847, 2 v.

_____. *Memorias sobre el estado rural del Río de la Plata en 1801*: demarcación de límites entre el Brasil y el Paraguay a últimos del siglo XVIII: e informes sobre varios particulares de la América meridional española. Madri: Imprenta de Sanchiz, 1847.

_____. Geografía física y esférica de las Provincias del Paraguay, y Misiones Guaraníes [1790]. Bibliografía, prólogo y anotaciones por Rodolfo R. Schuller. *Anales del Museo Nacional de Montevideo*: Sección Histórico-Filosófica, Montevidéu, t. I, 1904.

_____. *Viajes por la América Meridional* [1781-1801]. Trad. Francisco de Las Barras de Aragón. Madri: Espasa-Calpe, 1969 (Colección Austral, n. 1402).

BALLIVIÁN, Manuel V. (ed.) *Documentos para la historia geográfica de la república de Bolivia*. La Paz: J. M. Gamarra, 1906 (Tomo I: Las provincias de Mojos y Chiquitos).

BANDEIRANTES no Paraguai – século XVII. São Paulo: Prefeitura do Município de São Paulo: Departamento de Cultura, 1949.

BARNADAS, Josep María; PLAZA, Manuel (eds.). *Mojos, seis relaciones jesuíticas*: geografía, etnografía, evangelización, 1670-1763. Cochabamba: Historia Boliviana, 2005.

BLUTEAU, Raphael. *Vocabulario portuguez e latino* aulico, anatomico, architectonico [...]. Coimbra: Collegio das Artes da Companhia de Jesu, 1712-1728, 10 v.

BRABO, Francisco Javier (ed.). *Colección de documentos relativos a la expulsión de los jesuitas de la república Argentina y del Paraguay, en el Reinado de Carlos III*. Madri: Tip. José María Perez, 1872.

CABALLERO, Lucas. *Relación de las costumbres y religión de los indios manasicas* [1706]. Madri: Victoriano Suárez, 1933.

CAMELO, João Antônio Cabral. Notícias Práticas das minas do Cuiabá e Goiáses, na capitania de São Paulo e Cuiabá, que dá ao Rev. Padre Diogo Juares, o Capitão João Antônio Cabral Camelo, sobre a viagem que fez às minas do Cuiabá no ano de 1727 [1734]. In: TAUNAY, Afonso de. *História das Bandeiras Paulistas*, t. 3: Relatos monçoeiros. São Paulo: Melhoramentos, 1961, p. 143-150.

CAMPILLO Y COSIO, José del. *Nuevo sistema de gobierno económico para la América: con los males y danos que le causa el que hoy tiene* [...] [1743]. Madri: Imprenta de Benito Cano, 1789.

CAMPOS, Antonio Pires de. Breve noticia que dá o capitão Antonio Pires de Campos do gentio bárbaro que há na derrota da viagem das minas do Cuyabá e seu recôncavo [...] até o dia 20 de maio de 1723 [1727]. *Revista do Instituto Histórico e Geográfico Brasileiro*, Rio de Janeiro, v. 25, p. 435-445, 1892.

CARTA de Caetano Pinto de Miranda Montenegro a Ricardo Franco de Almeida Serra [Vila Bela, 5 abr. 1803]. *Revista do Instituto Histórico e Geográfico Brasileiro*, Rio de Janeiro, v. 7, p. 213-218, 1845.

CARTA de Francisco Rodrigues do Prado a Caetano Pinto de Miranda Montenegro [Miranda, 19 dez. 1801]. *Revista do Instituto Histórico e Geográfico de Mato Grosso*, Cuiabá, ano 8, v. 16, p. 124-125, 1927.

CARTA de Francisco Rodrigues do Prado a Caetano Pinto de Miranda Montenegro [Miranda, 13 jan. 1802]. *Revista do Instituto Histórico e Geográfico de Mato Grosso*, Cuiabá, ano 8, v. 16, p. 128-132, 1927.

CARTA de José de Gálvez, ministro de Indias, a Teodoro de Croix, Comandante General de las Provincias Internas, El Pardo, 20 de febrero de 1779. *Historias*: Revista de la Dirección de Estudios Históricos del Instituto Nacional de Antropología e Historia, México, n. 55-56, p. 92-95, 2003.

CARTA de Marcelino Rodrigues Camponês a Luiz de Albuquerque [Nova Coimbra, 17 out. 1776]. *Revista do Instituto Histórico e Geográfico Brasileiro*, Rio de Janeiro, v. 28, p. 84-88, 1865.

CARTA do Conde de Oeiras ao bispo do Pará [Ajuda, 16 jul. 1761]. *Brasília*, Coimbra, n. 1, p. 596-599, 1942.

CARTA do Marquês de Pombal ao vice-rei Marquês do Lavradio [Ajuda, 9 jul. 1774]. *Revista do Instituto Histórico e Geográfico Brasileiro*, Rio de Janeiro, v. 31, p. 184-211, 1868.

CARTA do Marquês de Pombal ao vice-rei Marquês do Lavradio [Ajuda, 9 maio 1775]. *Revista do Instituto Histórico e Geográfico Brasileiro*, Rio de Janeiro, v. 31, p. 333-343, 1868.

CARTA Régia ao capitão-general do Pará acerca da emancipação e civilização dos índios [Queluz, 12 maio 1798]. *Revista do Instituto Histórico e Geográfico Brasileiro*, Rio de Janeiro, v. 20, p. 433-445, 1857.

CARTAS EDIFICANTES, y curiosas, escritas de las missiones estrangeras, por algunos missioneros de la Compañia de Jesus: traducidas del idioma francés por el padre Diego Davin. Madri: En la Oficina de la viuda de Manuel Fernández, 1753-57, 16 v.

CARTAS referentes a la organización y al gobierno de las reducciones del Paraguay. *Revista de Archivos, Bibliotecas y Museos*: Historia y Ciencias Auxiliares, Madri, ano 6, n. 12, 1902.

CASTELNAU, Francis de. *Expédition dans les parties centrales de l'Amérique du Sud, de Rio de Janeiro a Lima, et de Lima au Para*. Paris: Chez P. Bertrand, 1850, t. 2.

CHARLEVOIX, Pedro Francisco Javier de, S.J. *Historia del Paraguay*. Madri: Vitoriano Suárez, 1913, v. 4.

COELHO E SOUSA, José Roberto Monteiro de Campos (ed.). *Systema, ou Collecção dos Regimentos Reaes*, tomo 4: Contem os Regimentos pertencentes á Administração da Fazenda Real. Lisboa: Officina de Simão Thaddeo Ferreira, 1785.

_____. *Systema, ou Collecção dos Regimentos Reaes*, tomo 5: Contem os Regimentos pertencentes á Administração da Fazenda Real, Justiças, e Militares. Lisboa: Officina Patriarcal de Francisco Luiz Ameno, 1789.

COELHO, Filipe José Nogueira. Memorias Chronologicas da capitania de Mato-Grosso, principalmente da Provedoria da Fazenda Real e Intendencia do Ouro [post. a 1780]. *Revista do Instituto Histórico e Geográfico Brasileiro*, Rio de Janeiro, v. 13, p. 137-199, 1850.

COLLECÇÃO da Legislação Portugueza desde a última compilação das ordenações, redigida pelo desembargador Antonio Delgado da Silva: legislação de 1750 a 1762. Lisboa: Typografia Maigrense, 1830, v. 1.

CÓPIA de algumas Instruçoes q.' Sua Mag.de mandou expedir a Francisco Xavier de Mendonça Furtado [15 maio 1759]. *Brasília*, Coimbra, n. 1, p. 595, 1942.

CORTESÃO, Jaime (ed.). *Alexandre de Gusmão e o Tratado de Madri* (1750), parte 3: Antecedentes do Tratado (1735-1753). Rio de Janeiro: Ministério das Relações Exteriores/Instituto Rio Branco, 1951, t. 2.

_____. *Jesuítas e bandeirantes no Itatim* (1596-1760): Manuscritos da Coleção De Angelis, tomo 2. Rio de Janeiro: Biblioteca Nacional, 1952.

_____. *Jesuítas e bandeirantes no Paraguai* (1703-1751): Manuscritos da coleção De Angelis, tomo 6. Rio de Janeiro: Biblioteca Nacional, 1955.

_____. *Do Tratado de Madri à conquista dos Sete Povos* (1750-1802): Manuscritos da Coleção De Angelis, tomo 7. Rio de Janeiro: Biblioteca Nacional, 1969.

DEPARTAMENTO DO ARQUIVO DO ESTADO DE SÃO PAULO. *Publicação oficial de documentos interessantes para a história e costumes de São Paulo*. São Paulo: Arquivo do Estado de São Paulo, [1895-], v. 17, 22, 23, 33, 34, 67, 72, 78, 89.

DIÁRIO da expedição que ultimamente se fez desde o presidio de Nova Coimbra pelo rio Paraguay abaixo [remetido em carta de Miguel José Rodrigues a Marcelino Rodrigues Camponês, Nova Coimbra, 14 out. 1776]. *Revista do Instituto Histórico e Geográfico Brasileiro*, Rio de Janeiro, v. 28, p. 71-84, 1865.

DIRETÓRIO que se deve observar nas povoações dos índios do Pará e Maranhão enquanto Sua Majestade não mandar o contrário. Lisboa: Oficina de Miguel Rodrigues, 1758. In: MENDONÇA, Marcos Carneiro de. *Aula do commercio*. Rio de Janeiro: Xerox, 1982, p. 141-178.

DOBRIZHOFFER, Martin, S.J. *Historia de los Abipones* [1784]. Resistencia, Argentina: Universidad Nacional del Nordeste, 1967-1970, 3 v.

EDER, Francisco Javier, S.J. *Breve descripción de las reducciones de Mojos* [c. 1772]. Cochabamba: Historia Boliviana, 1985.

EGUILUZ, Diego de, S.J. *Historia de la misión de mojos en la República de Bolivia*. Lima: Impr. del Universo, de C. Prince, 1884.

EXPEDIÇÃO Langsdorff ao Brasil, 1821-1829: Iconografia do Arquivo da Academia de Ciências da União Soviética. Rio de Janeiro: Alumbramento: Livroarte, 1988, 3 v.

EXTRACTO das cartas do Marquez do Lavradio, que dizem respeito às tropas, ao militar, e aos movimentos dos castelhanos no Rio Grande de São Pedro. *Revista do Instituto Histórico e Geográfico Brasileiro*, Rio de Janeiro, t. 27, parte 1ª, p. 231-243, 1864.

FERNÁNDEZ, Juan Patricio, S.J. *Relación historial de las misiones de indios Chiquitos*: que en el Paraguay tienen los padres de la Compañía de Jesús [1726]. Madri: Librería de Victoriano Suárez, 1895, 2 v.

FERREIRA, Alexandre Rodrigues. Gruta do Inferno, [Cuiabá, 5 maio 1791]. *Revista do Instituto Histórico e Geográfico Brasileiro*, Rio de Janeiro, v. 4, p. 363-367, 1842.

_____. *Viagem filosófica pelas capitanias do Grão-Pará, Rio Negro, Mato Grosso e Cuiabá*: Iconografia. Rio de Janeiro: Conselho Federal de Cultura, 1971, 2 v.

_____. *Viagem ao Brasil de Alexandre Rodrigues Ferreira*: a expedição philosophica pelas capitanias do Pará, Rio Negro, Mato Grosso e Cuyabá: documentos do Museu Bocage de Lisboa. Petrópolis: Kapa, 2002, 2 v. (Editores: Cristina Ferrão e José Paulo Monteiro Soares).

FERREIRA, Joaquim José; SERRA, Ricardo Franco de Almeida. Reflexões sobre a capitania de Matto Grosso. Offerecidas ao Illmo. e Exmo. Sr. João de Albuquerque de Mello Pereira e Caceres [c. 1792]. *Revista do Instituto Histórico e Geográfico Brasileiro*, Rio de Janeiro, v. 12, p. 377-399, 1849.

FLORENCE, Hercules. *Viagem fluvial do Tietê ao Amazonas*: 1825 a 1829: com gravuras do Autor [1829]. São Paulo/Cultrix: Edusp, 1977.

FONSECA, João Severiano da. *Viagem ao redor do Brasil*: 1875-1878. Rio de Janeiro: Typ. Pinheiro, 1880, 2 v.

FONSECA, José Gonçalves da. Navegação feita da cidade do Gram Pará até a bocca do rio da Madeira pela escolta que por este rio subio às minas do Mato Grosso [1749-1750]. In: *Colleção de notícias para a história e geografia das nações ultramarinas*, t. 4, n. 1. Lisboa: Tip. da Academia Real das Ciências, 1826, p. 1-141.

GARCIA, João Carlos (coord.). *A mais dilatada vista do mundo*: inventário da coleção cartográfica da Casa da Ínsua. Lisboa: Comissão Nacional para as Comemorações dos Descobrimentos Portugueses, 2002.

HANSEN, João Adolfo (org.). *Cartas do Brasil*: 1626-1697: Estado do Brasil e Estado do Maranhão e Grão Pará. São Paulo: Hedra, 2003.

HERNÁNDEZ, Pablo, S.J. *Organización social de las doctrinas guaraníes de la Compañía de Jesús*. Barcelona: Gustavo Gili, 1913, 2 v.

INFORME del virrey Avilés [Buenos Aires, 21 maio 1801]. *Revista de la Biblioteca Pública de Buenos Aires*, t. 3, p. 487-89, 496-98, 1881.

INSTRUÇÃO ao vice-rei Luiz de Vasconcelos e Souza [Salvaterra de Magos, 27 jan. 1779]. *Revista do Instituto Histórico e Geográfico Brasileiro*, Rio de Janeiro, v. 25, p. 479-483, 1862.

INSTRUÇÃO de Francisco Xavier de Mendonça Furtado ao Conde da Cunha [Ajuda, 18 mar. 1761]. *Revista do Instituto Histórico e Geográfico Brasileiro*, Rio de Janeiro, v. 35, p. 215-220, 1872.

INSTRUCÇÃO militar para Martim Lopes Lobo de Saldanha, governador e capitão general da capitania de S. Paulo, por Martinho de Melo e Castro [Salvaterra de Magos, 14 jan. 1775]. *Revista do Instituto Histórico e Geográfico Brasileiro*, Rio de Janeiro, v. 4, p. 350-362, 1842.

KNOGLER, Julián, S.J. Relato sobre el país y la nación de los Chiquitos (1769). In: HOFFMANN, Werner (ed.). *Las misiones jesuíticas entre los chiquitanos*. Buenos Aires: Conicet, 1979, p. 121-185.

KONETZKE, Richard (ed.). *Colección de documentos para la historia de la formación social de Hispanoamérica, 1493-1810*. Madri: Consejo Superior de Investigaciones Científicas, 1962, v. 3, t. 2.

LACERDA E ALMEIDA, Francisco José de. Memória a respeito dos rios Baures, Branco, da Conceição, de S. Joaquim, Itonamas e Maxupo; e das três missões da Magdalena, da Conceição e de S. Joaquim [post. a 1790]. *Revista do Instituto Histórico e Geográfico Brasileiro*, Rio de Janeiro, v. 12, p. 106-119, 1849.

_____. *Diário da viagem do Dr. Francisco José de Lacerda e Almeida pelas Capitanias do Pará, Rio Negro, Matto Grosso, Cuyabá, e São Paulo, nos annos de 1780 a 1790*. São Paulo: Typ. Costa Silveira, 1841.

_____. *Diários de viagem*. Rio de Janeiro: Imprensa Nacional, 1944 (prefácio de Sérgio Buarque de Holanda).

LEME, Antonio Pires da Silva Pontes Paes. Diário histórico e físico da viagem dos oficiais da demarcação que partiram do quartel general de Barcelos para a capital de Vila Bela da capitania de Mato Grosso [1 set. 1781 a 12 mar. 1782]. *Revista do Instituto Histórico e Geográfico Brasileiro*, Rio de Janeiro, v. 262, p. 344-406, 1964.

LEME, Pedro Taques de Almeida Paes. *Nobiliarquia paulistana histórica e genealógica*. 5ª. ed. Belo Horizonte: Itatiaia; São Paulo: Edusp, 1980, 3 v.

LOURENÇO, Agostinho, S.J. Relação de uma viagem que fez em 1752 de ordem do capitão general Dom Antonio Rolim de Moura. In: LEVERGER, Augusto. Apontamentos cronológicos da província de Mato Grosso [1718-1856]. *Revista do Instituto Histórico e Geográfico Brasileiro*, Rio de Janeiro, v. 205, parte 2ª, p. 232-234, 1949.

LOZANO YALICO, Javier Reynaldo; MORALES CAMA, Joan Manuel (eds.). *Poblando el cielo de almas*: las misiones de Mojos: fuentes documentales (siglo XVIII). Lima: Universidad Nacional Mayor de San Marcos, 2007.

LOZANO, Pedro, S.J. *Descripción corográfica del Gran Chaco Gualamba* [1733]. Tucumán: Universidad Nacional de Tucumán, 1941.

MAPA da população da capitania de Matto-Grosso em o anno de 1815. *Revista do Instituto Histórico e Geográfico Brasileiro*, Rio de Janeiro, v. 20, p. 293, 1857.

MARQUES, Manuel Eufrásio de Azevedo. *Apontamentos históricos, geográficos, biográficos, estatísticos e noticiosos da Província de São Paulo*. Belo Horizonte: Itatiaia; São Paulo: Edusp, 1980, 2 v.

MATIENZO, Juan de. *Gobierno del Perú* [1567]. Buenos Aires: Compañía Sud-Americana de Billetes de Banco, 1920.

MAURTUA, Víctor M. (ed.) *Juicio de límites entre el Perú y Bolivia*: contestación al alegato de Bolivia: prueba peruana. Barcelona: Imprenta de Henrich y Comp., 1907, t. 4.

_____. *Juicio de límites entre el Perú y Bolivia*: prueba peruana. Barcelona: Henrich y Comp., 1906, t. 9.

_____. *Juicio de límites entre el Perú y Bolivia*: prueba peruana. Barcelona: Hijos de G. M. Hernández, 1906, t. 10, v. 2.

MENDONÇA, Marcos Carneiro de. *Raízes da formação administrativa do Brasil*. Rio de Janeiro: Instituto Histórico e Geográfico Brasileiro, 1972, 2 v.

_____. *Rios Guaporé e Paraguai*: primeiras fronteiras definitivas do Brasil. Rio de Janeiro: Xerox, 1985.

MURIEL, Domingo, S.J. *Historia del Paraguay*: desde 1747 hasta 1767. Madri: Victorino Suárez, 1918.

NUNES, José Maria de Souza; ADONIAS, Isa. *Real Forte Príncipe da Beira*. Rio de Janeiro: Odebrecht, 1985.

ORBIGNY, Alcide D'. *L'homme américain de l'Amérique méridionale*: considéré sous ses rapports physiologiques et moraux. Paris: Chez Pitois-Levrault; Strasbourg: Chez F.G. Levrault, 1839, 2 v.

_____. *Descripción geográfica, histórica y estadística de Bolivia*. Paris: Librería de los Señores Gide, 1845, t. 1.

_____. *Voyage dans l'Amérique méridionale*: (le Brésil, la république orientale de l'Uruguay, la République argentine, la Patagonie, la république du Chili, la république de Bolivia, la république du Pérou), exécuté pendant les années 1826, 1827, 1828, 1829, 1830, 1831, 1832, et 1833. Paris: P. Bertrand; Strasbourg: Ve. Levrault, 1847, t. 8: Atlas historique, géographique, géologique, paléontologique et botanique.

_____. *Viaje a la América meridional*: realizado de 1826 a 1833. Buenos Aires: Futuro, 1945, 4 v.

PAIVA, Ana Mesquita Martins de *et al* (orgs.). *D. Antonio Rolim de Moura*: primeiro Conde de Azambuja: correspondências. Cuiabá: Editora UFMT, 1983, 3 v.

PALAU, Mercedes; SÁIZ, Blanca (ed.). *Moxos*: descripciones exactas e historia fiel de los indios, animales y plantas de la provincia de Moxos en el virreinato del Perú por Lázaro de Ribera, 1786-1794. Madri: El Viso/Ministerio de Agricultura, Pesca y Alimentación, 1989.

PASTELLS, Pablo, S.J.; MATEOS, Francisco, S. J. (eds.). *Historia de la Compañía de Jesús en la provincia del Paraguay* (Argentina, Paraguay, Uruguay, Perú, Bolivia y Brasil): según los documentos originales del Archivo General de Indias. Madri: V. Suárez/Consejo Superior de Investigaciones Científicas, 1912-49, 8 v.

PAUCKE, Florian, S.J. *Hacia allá y para acá*: una estada entre los indios mocobies, 1749-1767. Tucumán; Buenos Aires: Coni, 1942-1944, 3 v.

PERAMÁS, José Manuel, S.J. *La República de Platón y los guaraníes* [1ª ed. public. em Faenza, Itália, 1793]. Buenos Aires: Emecé, 1946.

PRADO, Francisco Rodrigues do. História dos índios cavalleiros [...] [1795]. *Revista do Instituto Histórico e Geográfico Brasileiro*, Rio de Janeiro, v. 1, p. 21-44, 1839.

PROJECTO, ou plano ajustado por ordem de S.M.F. entre o Governador & Cap.^{m} Gen.^{al} de S. Paulo D. Luis Ant.º de Souza & o Brigadeiro José Custódio Sá Faria, 1772. *Revista Monumenta*, Curitiba: Instituto Cultural & Patrimônio, n. verão 87, 1987 (transcrição de documento depositado na Biblioteca Mário de Andrade, São Paulo).

QUEIROZ, Frei João de São José. Viagem e visita do sertão em o bispado do Grão-Pará em 1762 e 1763. *Revista do Instituto Histórico e Geográfico Brasileiro*, Rio de Janeiro, v. 9, p. 43-107, 179-227, 328-76, 476-527, 1847.

RECOPILACIÓN de Leyes de los Reinos de las Indias. 4ª. ed. Madri: Consejo de la Hispanidad, 1943, 3 v.

REIS, Nestor Goulart. *Imagens de vilas e cidades do Brasil colonial*. São Paulo: Edusp/Imprensa Oficial do Estado, 2001.

RELATÓRIO do Marquez de Lavradio, vice-rei do Rio de Janeiro, entregando o governo a Luiz de Vasconcellos e Souza, que o succedeu no vice-reinado [Rio de Janeiro, 19 jun. 1779]. *Revista do Instituto Histórico e Geográfico Brasileiro*, Rio de Janeiro, v. 4, p. 409-486, 1842.

RENÉ-MORENO, Gabriel (ed.). *Catálogo del Archivo de Mojos y Chiquitos*. 2ª. ed. La Paz: Juventud, 1973.

REVISTA do Arquivo Público do Estado de Mato Grosso, Cuiabá, v. 1, n. 2, set. 1982-fev. 1983.

RODRÍGUEZ CAMPOMANES, Pedro. *Dictamen fiscal de expulsión de los jesuitas de España (1766-1767)*. Madri: Fundación Universitaria Española, 1977.

SÁ, José Barbosa de. Chronicas do Cuyabá [...] [1765]. *Revista do Instituto Histórico e Geográfico de São Paulo*, São Paulo, v. 4, p. 5-217, 1899.

_____. Relaçaó das povoaçoens do Cuyabá e Mato groso de seos principios thé os prezentes tempos [s.l., 18 ago. 1775]. *Annaes da Bibliotheca Nacional do Rio de Janeiro*, Rio de Janeiro, v. 23, p. 5-58, 1904.

SÁNCHEZ LABRADOR, José, S.J. *El Paraguay Católico* [1780]. Buenos Aires: Imprenta de Coni Hermanos, 1910, 2 v.

SCHAUMBURG-LIPPE, Wilhelm Graf zu. *Schriften und Briefe*. Frankfurt am Main: Klostermann, 1977, v. 2.

SCHMÍDEL, Ulrich. *Viaje al Río de la Plata* [1565]. Buenos Aires: Cabaut y Cía., 1903.

SERRA, Ricardo Franco de Almeida. Diario da diligencia do reconhecimento do Paraguay desde o logar do marco da boca do Jaurú até abaixo do presídio de Nova Coimbra [1786]. *Revista do Instituto Histórico e Geográfico Brasileiro*, Rio de Janeiro, v. 20, p. 293-330, 1857.

_____. Diário do rio Madeira: viagem que a expedição destinada à demarcação de limites fez do rio Negro até Villa Bella, capital do governo de Matto-Grosso [Vila Bela, 20 ago. 1790]. *Revista do Instituto Histórico e Geográfico Brasileiro*, Rio de Janeiro, v. 20, p. 397-432, 1957.

_____. Extracto da descripção geographica da província de Matto Grosso feita em 1797. *Revista do Instituto Histórico e Geográfico Brasileiro*, Rio de Janeiro, v. 6, p. 156-196, 1844.

_____. Memoria ou informação dada ao governo sobre a capitania de Mato-Grosso, por Ricardo Franco de Almeida Serra, tenente coronel engenheiro, em 31 de janeiro de 1800. *Revista do Instituto Histórico e Geográfico Brasileiro*, Rio de Janeiro, v. 2, p. 19-48, 1840.

_____. Parecer sobre o aldeamento dos índios Uaicurús e Guanás, com a descrição dos seus usos, religião, estabilidade e costumes [Nova Coimbra, 2 fev. 1803]. *Revista do Instituto Histórico e Geográfico Brasileiro*, Rio de Janeiro, v. 7, p. 204-213, 1845.

_____. Continuação do parecer sobre os índios Uaicuru's, Guana's etc. [Nova Coimbra, 2 fev. 1803]. *Revista do Instituto Histórico e Geográfico Brasileiro*, Rio de Janeiro, v. 13, p. 348-395, 1850.

SILVA, António Delgado da (ed.). *Collecção da Legislação Portugueza*: desde a última Compilação das Ordenações: Legislação de 1750 a 1762. Lisboa: Typografia Maigrense, 1830.

_____. *Collecção da Legislação Portugueza*: desde a última Compilação das Ordenações: Suplemento à Legislação de 1750 a 1762. Lisboa: Luiz Correa da Cunha, 1842.

SIQUEIRA, Joaquim da Costa. Compendio histórico chronológico das notícias de Cuiabá, repartição da capitania de Mato-Grosso, desde o princípio do ano de 1778 até o fim do ano de 1817. *Revista do Instituto Histórico e Geográfico Brasileiro*, Rio de Janeiro, v. 13, p. 5-125, 1850.

SOARES, José Paulo Monteiro; FERRÃO, Cristina (eds.). *Viagem ao Brasil de Alexandre Rodrigues Ferreira*: colecção etnográfica: a expedição philosophica pelas Capitanias do Pará, Rio Negro, Mato Grosso e Cuyabá. Petrópolis: Kapa, 2005, 3 v.

SOLANO, Francisco de (ed.). *Cedulario de tierras*: compilación de legislación agraria colonial, 1497-1820. México: Universidad Nacional Autónoma de México, Instituto de Investigaciones Jurídicas, 1984.

_____. *Normas y leyes de la ciudad hispanoamericana*. Madri: Consejo Superior de Investigaciones Científicas: Centro de Estudios Históricos, 1996, 2 v.

VALMASEDA, D. Carlos de Los Rios. Notícia 4ª Prática vinda da cidade do Paraguai à Nova Colônia do Sacramento com aviso de venda, que fizeram os paiaguás dos cativos portuguêses naquela mesma cidade [1730]. In: TAUNAY, Afonso de. *História das bandeiras paulistas*, t. 3: Relatos monçoeiros. São Paulo: Melhoramentos, 1961, p. 155-158.

VARGAS MACHUCA, Bernardo. *Milicia y descripción de las Indias* [1599]. Madri: Victoriano Suarez, 1892, 2 v.

VATTEL, Emer de. *O direito das gentes*. Brasília: EdUnB/Instituto de Pesquisa de Relações Internacionais, 2004.

VITÓRIA, Francisco de. *Sobre el poder civil; Sobre los indios; Sobre el derecho de la guerra*. 2ª. ed. Madri: Tecnos, 2007.

WARD, Bernardo. *Proyecto económico, en que se proponen varias providencias, dirigidas a promover los intereses de España, con los medios y fondos necesarios para su plantificación* [1762]. Madri: Joachin Ibarra, 1787.

ZAMORA Y CORONADO, José María (ed.). *Biblioteca de legislación ultramarina en forma de diccionario alfabético*. Madri: J. Martin Alegria, 1845, v. 4.

Referências bibliográficas

ADELMAN, Jeremy; ARON, Stephen. From Borderlands to Borders: Empires, Nation-States, and the Peoples in between in North American. *The American Historical Review*, v. 104, n. 3, p. 814-841, 1999.

ALDEN, Dauril. *Royal government in colonial Brazil*: with special reference to the administration of the Marquis of Lavradio, viceroy, 1769-1779. Berkeley: University of California Press, 1968.

ALEXANDRE, Valentim. *Os sentidos do Império*: questão nacional e questão colonial na crise do Antigo Regime português. Porto: Afrontamento, 1993.

ALMEIDA, André Ferrand de. A viagem de José Gonçalves da Fonseca e a cartografia do rio Madeira (1749-1752). *Anais do Museu Paulista*, São Paulo, v. 17, n. 2, p. 215-235, 2009.

ALMEIDA, Maria Regina Celestino de. Política indigenista de Pombal: a proposta assimilacionista e a resistência indígena nas aldeias coloniais do Rio de Janeiro. In: CONGRESSO INTERNACIONAL ESPAÇO ATLÂNTICO DE ANTIGO REGIME: PODERES E SOCIEDADES, 2005, Lisboa. Actas... Lisboa: [s.n.], 2005. Disponível em: <http://www.instituto-camoes.pt/>. Acesso em: 15 ago. 2008.

ALONSO, Ana María. Reconsidering violence: warfare, terror, and colonialism in the making of the United States. *American Quarterly*, Baltimore, v. 60, n. 4, p. 1089-1097, 2008.

AMADO, Janaína. Viajantes involuntários: degredados portugueses para a Amazônia colonial. *História, Ciências, Saúde – Manguinhos*, Rio de Janeiro, v. 6 (suplemento), p. 813-832, 2000.

ARAUJO, Renata Malcher de. *As cidades da Amazônia no século XVIII*: Belém, Macapá e Mazagão. Porto: Faculdade de Arquitectura da Universidade do Porto, 1998.

_____. *A urbanização do Mato Grosso no século XVIII*: discurso e método. 2000. Tese (doutorado em História da Arte) – Universidade Nova de Lisboa, Lisboa, 2000, 2 v.

_____. O sonho da Povoação de Nossa Senhora da Boa Viagem e as tentativas frustradas de ocupar o vale do Madeira-Mamoré. 2011. Texto apresentado no seminário "*Produzindo*

Fronteiras: entrecruzando Escalas, Povos e Império na América do Sul, 1640-1828", São Paulo, 2011.

ARCHER, Christon I. *El ejército en el México borbónico*: 1760-1810. México: Fondo de Cultura Económica, 1983.

ARECES, Nidia R. La expansión criolla en la frontera norte del Paraguay: estancieros y chacreros en Concepción, 1773-1840. *European Review of Latin American and Caribbean Studies*, Amsterdam, n. 62, p. 55-70, 1997.

_____. *Estado y frontera en el Paraguay*: Concepción durante el gobierno del Dr. Francia. Assunção: Centro de Estudios Antropológicos de la Universidad Católica, 2007.

_____. La "función" de 1796 y la matanza de Mbayás en Concepción, frontera norte paraguaya. *Memoria Americana*, Buenos Aires, n. 15, p. 103-134, 2007.

ARMAS MEDINA, Fernando de. *Cristianización del Perú* (1532-1600). Sevilha: Escuela de Estudios Hispano-americanos, 1953.

ATAÍDES, Jézus Marco de. *Sob o signo da violência*: colonizadores e Kayapó do Sul no Brasil Central. Goiânia: Editora UCG, 1998.

AVELLANEDA, Mercedes. La Alianza defensiva jesuita guaraní y los conflictos suscitados en la primera parte de la Revolución de los Comuneros. *Historia Paraguaya*, Assunção, v. 44, p. 337-400, 2004.

AVELLANEDA, Mercedes; QUARLERI, Lía. Las milicias guaraníes en el Paraguay y Río de la Plata: alcances y limitaciones (1649-1756). *Estudos Ibero-Americanos*, Porto Alegre, v. 33, n. 1, p. 109-132, 2007.

BABCOCK, Matthew M. *Turning Apaches into Spaniards*: North America's forgotten Indian reservations. Dissertação (Ph.D.) – Southern Methodist University, Dallas, 2008.

BASTOS, Uacury Ribeiro de Assis. Os jesuítas e seus sucessores (Moxos e Chiquitos – 1767-1830). *Revista de História*, São Paulo, ano 22, v. 43, n. 87, p. 151-67, 1971 (primeira parte); ano 23, v. 44, n. 89, p. 111-23, 1972 (segunda parte); ano 24, v. 47, n. 95, p. 121-52, 1973 (terceira e última parte).

_____. *Expansão territorial do Brasil colônia no vale do Paraguai* (1767-1801). 1972. Tese (doutorado em História) – Faculdade de Filosofia, Letras e Ciências Humanas, Universidade de São Paulo, São Paulo, 1972.

BEOZZO, José Oscar. *Leis e regimentos das missões*: política indigenista no Brasil. São Paulo: Loyola, 1983.

BERNAND, Carmen; GRUZINSKI, Serge. *De la idolatría*: una arqueología de las ciencias religiosas. México: Fondo de Cultura Económica, 1992.

BEVERINA, Juan. *El virreinato de las provincias del Río de La Plata*: su organización militar: contribución a la "Historia del ejército argentino". Buenos Aires: L. Bernard, 1935.

BHABHA, Homi. *O local da cultura*. Belo Horizonte: Editora UFMG, 2007.

BICALHO, Maria Fernanda. As câmaras ultramarinas e o governo do império. In: FRAGOSO, João et al (eds.). *O Antigo Regime nos trópicos*: a dinâmica imperial portuguesa (séculos XVI-XVIII). Rio de Janeiro: Civilização Brasileira, 2001, p. 189-221.

_____. Mediação, pureza de sangue e oficiais mecânicos: as câmaras, as festas e a representação do Império português. In: PAIVA, Eduardo França; ANASTASIA, Carla (orgs.). *O trabalho mestiço*: maneira de pensar e formas de viver, séculos XVI a XIX. São Paulo: Annablume: 2002, p. 307-322.

BLOCK, David. *In search of El Dorado*: Spanish entry into Moxos, a tropical frontier, 1550-1767. 1980. Dissertação (PhD.) – The University of Texas, Austin, 1980.

_____. *Mission culture on the Upper Amazon*: native tradition, Jesuit enterprise, and secular policy in Moxos, 1660-1880. Lincoln: University of Nebraska Press, 1994.

BOCCARA, Guillaume. *Guerre et ethnogenèse mapuche dans le Chili colonial*: l'invention du soi. Paris: L'Harmattan, 1998.

BORGES, Pedro. *Métodos misionales en la cristianización de América*: siglo XVI. Madri: Consejo Superior de Investigaciones Científicas, 1960.

BOURDIEU, Pierre. *La distinction*: critique sociale du jugement. Paris: Les Éditions de Minuit, 1979.

_____. L'identité et la représentation: éléments pour une réflexion critique sur l'idée de région. *Actes de la Recherche en Sciences Sociales*, Paris, v. 35, p. 63-72, 1980.

BOXER, Charles. *Relações raciais no império colonial português*: 1415-1825. 2ª. ed. Porto: Afrontamento, 1988.

_____. *O império marítimo português*: 1415-1825. São Paulo: Companhia das Letras, 2002.

BRADING, David. Tridentine Catholicism and Enlightened despotism in Bourbon Mexico. *Journal of Latin American Studies*, Cambridge, v. 15, n. 1, p. 1-22, 1983.

_____. *Mineros y comerciantes en el México Borbónico* (1763-1810). México: Fondo de Cultura Económica, 1991.

_____. A Espanha dos Bourbons e seu império americano. In: BETHELL, Leslie (ed.). *História da América Latina*: América Latina Colonial. 2ª ed. São Paulo: Edusp; Brasília: Fundação Alexandre de Gusmão, 2004, v. 1, p. 391-445.

BRAVO GUERREIRA, Concepción. Las misiones de Chiquitos: pervivencia y resistencia de un modelo de colonización. *Revista Complutense de Historia de América*, Madri, n. 21, p. 29-55, 1995.

BUENO, Beatriz Piccolotto Siqueira. *Desenho e Desígnio*: o Brasil dos engenheiros militares (1500-1822). Tese (doutorado em Arquitetura e Urbanismo) – Faculdade de Arquitetura e Urbanismo da Universidade de São Paulo, São Paulo, 2003 (versão revisada).

BUSHNELL, Amy Turner. *Situado and sabana*: Spain's support system for the presidio and mission provinces of Florida. Athens, GA: Anthropological Papers of the American Museum of Natural History, 1994 (Anthropological Papers, n. 74).

_____. Gates, patterns, and peripheries: the field of frontier Latin American. In: DANIELS, Christine; KENNEDY, Michael V. (eds.). *Negotiated empires*: centers and peripheries in the Americas, 1500-1820. Nova York: Routledge, 2002, p. 15-28.

_____. "Gastos de indios": the Crown and the chiefdom-presidio compact in Florida. In: ALBERT, Salvador Bernabéu (ed.). *El Gran Norte Mexicano*: indios, misioneros y pobladores entre el mito y la historia. Sevilha: Consejo Superior de Investigaciones Científicas, 2009, p. 137-163.

CAILLAVET, Chantal. El proceso colonial de invención de las fronteras: tiempo, espacio, culturas. In: GIUDICELLI, Christophe (ed.). *Fronteras movedizas*: clasificaciones coloniales y dinámicas socioculturales en las fronteras americanas. México: Centro de Estudios Mexicanos y Centroamericanos/El Colegio de Michoacán, 2010, p. 59-82.

CAMPBELL, Leon G. The foreigners in Peruvian society during the Eighteenth Century. *Revista de Historia de América*, México, n. 73-74, p. 153-163, 1972.

_____. The changing racial and administrative structure of the Peruvian military under the later Bourbons. *The Americas*, v. 32, n. 1, p. 117-133, 1975.

CANABRAVA, Alice Piffer. *O comércio português no Rio da Prata* (1580-1640). Belo Horizonte: Itatiaia; São Paulo: Edusp, 1984.

CARDIM, Pedro. Entradas solenes: rituais comunitários e festas políticas, Portugal e Brasil, séculos XVI e XVII. In: JANCSÓ, Istvan; KANTOR, Iris (orgs.). *Festa*: cultura e sociabilidade na América Portuguesa. São Paulo: Hucitec/Edusp/Fapesp, 2001, v. 1, p. 97-124.

CARNEIRO, Robert. The Chiefdom: Precursor of the State. In: JONES, Grant D.; KAUTZ, Robert R. (eds.). *The Transition to statehood in the New World*. Cambridge; Nova York: Cambridge University Press, 1981, p. 37-79.

CARVALHO JÚNIOR, Almir Diniz de. *Índios cristãos*: a conversão dos gentios na Amazônia portuguesa (1653-1769). Tese (doutorado em História Social) – Instituto de Filosofia e Ciências Humanas, Universidade Estadual de Campinas, Campinas, 2005.

CERDA-HEGERL, Patrícia. *Fronteras del Sur*: la región del rio Bío-Bío y la Araucanía chilena (1604-1883). Temuco, Chile: Universidad de la Frontera, 1996.

CHAIM, Marivone Matos. *Aldeamentos indígenas* (Goiás 1749-1811). 2ª. ed. São Paulo: Nobel; Brasília: Instituto Nacional do Livro/Fundação Nacional Pró-Memória, 1983.

CHAVES, Otávio Ribeiro. *Escravidão, fronteira e liberdade*: resistência escrava em Mato Grosso, 1752-1850. Dissertação (mestrado em História) – Faculdade de Filosofia e Ciências Humanas, Universidade Federal da Bahia, Salvador, 2000.

_____. *Política de povoamento e a constituição da fronteira oeste do império português*: a capitania de Mato Grosso na segunda metade do século XVIII. Tese (doutorado em História) – Universidade Federal do Paraná, Curitiba, 2008.

CHÁVEZ SUÁREZ, José. *Historia de Moxos*. 2ª. ed. La Paz: Don Bosco, 1986.

CLASTRES, Pierre. *Arqueologia da violência*: pesquisas de antropologia política. São Paulo: Cosac Naify, 2004.

CLENDINNEN, Inga. Disciplining the Indians: Franciscan ideology and missionary violence in Sixteenth-Century Yucatán. *Past & Present*, Oxford, n. 94, p. 27-48, 1982.

COATES, Timothy Joel. *Exiles and orphans*: forced and state-sponsored colonizers in the Portuguese Empire, 1550-1720. Tese (Ph.D.) – University of Minnesota, 1993, 2 v.

COATSWORTH, John H. Patterns of rural rebellion in Latin America: Mexico in comparative perspective. In: KATZ, Friedrich (ed.). *Riot, rebellion, and revolution*: rural social conflict in Mexico. Princeton: Princeton University Press, 1988, p. 21-62.

COELLO DE LA ROSA, Alexandre. *Discourse and political culture in the formation of the Peruvian Reducciones in the Spanish Colonial Empire (1533-1592)*. Dissertação (Ph.D.) – State University of New York, 2001.

COONEY, Jerry W. Foreigners in the Intendencia of Paraguay. *The Americas*, v. 39, n. 3, p. 333-357, 1983.

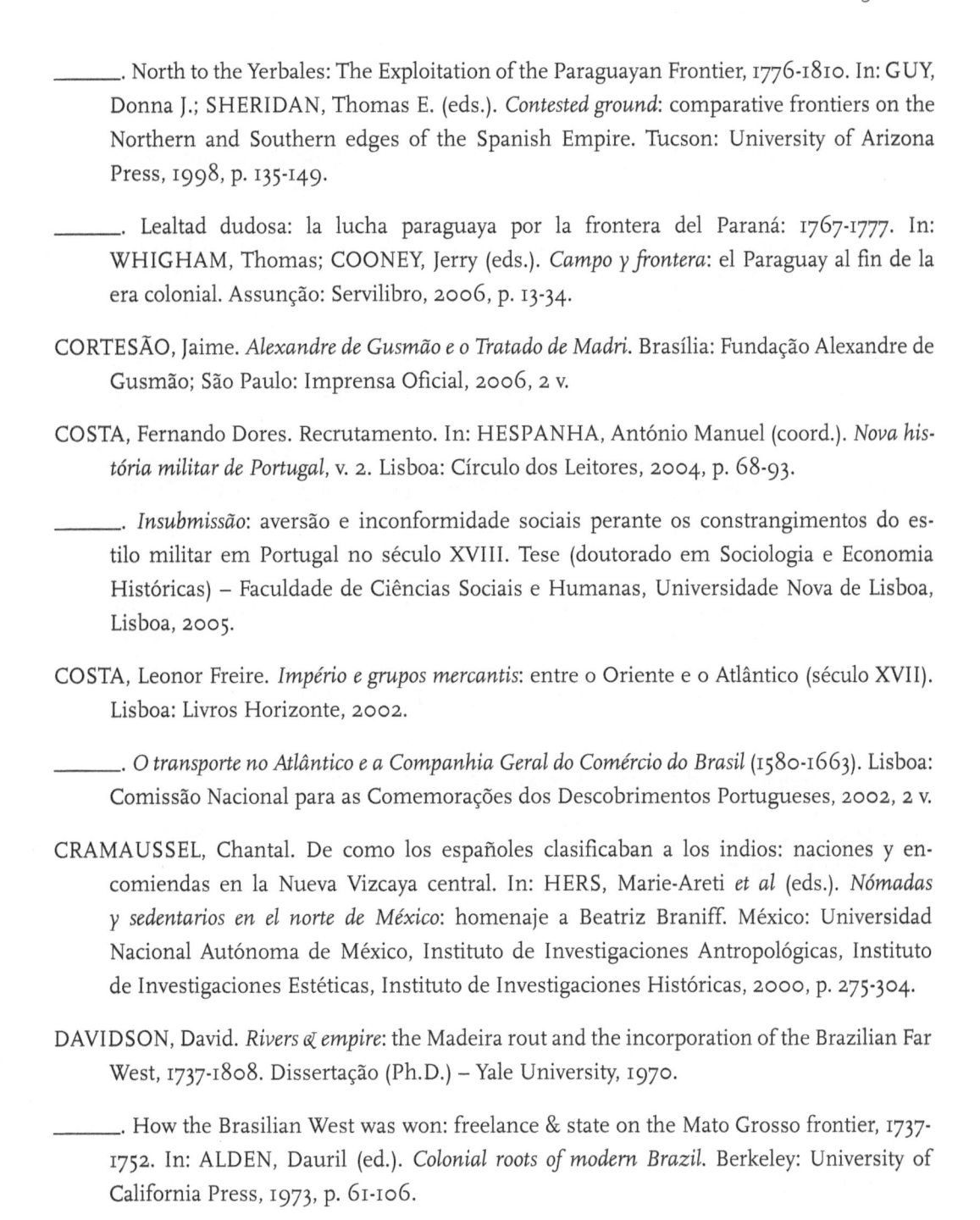

_____. North to the Yerbales: The Exploitation of the Paraguayan Frontier, 1776-1810. In: GUY, Donna J.; SHERIDAN, Thomas E. (eds.). *Contested ground*: comparative frontiers on the Northern and Southern edges of the Spanish Empire. Tucson: University of Arizona Press, 1998, p. 135-149.

_____. Lealtad dudosa: la lucha paraguaya por la frontera del Paraná: 1767-1777. In: WHIGHAM, Thomas; COONEY, Jerry (eds.). *Campo y frontera*: el Paraguay al fin de la era colonial. Assunção: Servilibro, 2006, p. 13-34.

CORTESÃO, Jaime. *Alexandre de Gusmão e o Tratado de Madri*. Brasília: Fundação Alexandre de Gusmão; São Paulo: Imprensa Oficial, 2006, 2 v.

COSTA, Fernando Dores. Recrutamento. In: HESPANHA, António Manuel (coord.). *Nova história militar de Portugal*, v. 2. Lisboa: Círculo dos Leitores, 2004, p. 68-93.

_____. *Insubmissão*: aversão e inconformidade sociais perante os constrangimentos do estilo militar em Portugal no século XVIII. Tese (doutorado em Sociologia e Economia Históricas) – Faculdade de Ciências Sociais e Humanas, Universidade Nova de Lisboa, Lisboa, 2005.

COSTA, Leonor Freire. *Império e grupos mercantis*: entre o Oriente e o Atlântico (século XVII). Lisboa: Livros Horizonte, 2002.

_____. *O transporte no Atlântico e a Companhia Geral do Comércio do Brasil* (1580-1663). Lisboa: Comissão Nacional para as Comemorações dos Descobrimentos Portugueses, 2002, 2 v.

CRAMAUSSEL, Chantal. De como los españoles clasificaban a los indios: naciones y encomiendas en la Nueva Vizcaya central. In: HERS, Marie-Areti *et al* (eds.). *Nómadas y sedentarios en el norte de México*: homenaje a Beatriz Braniff. México: Universidad Nacional Autónoma de México, Instituto de Investigaciones Antropológicas, Instituto de Investigaciones Estéticas, Instituto de Investigaciones Históricas, 2000, p. 275-304.

DAVIDSON, David. *Rivers & empire*: the Madeira rout and the incorporation of the Brazilian Far West, 1737-1808. Dissertação (Ph.D.) – Yale University, 1970.

_____. How the Brasilian West was won: freelance & state on the Mato Grosso frontier, 1737-1752. In: ALDEN, Dauril (ed.). *Colonial roots of modern Brazil*. Berkeley: University of California Press, 1973, p. 61-106.

DEEDS, Susan M. *Defiance and deference in Mexico's colonial north*: Indians under Spanish rule in Nueva Vizcaya. Austin: University of Texas Press, 2003.

DELSON, Roberta Marx. *Novas vilas para o Brasil-colônia*: planejamento espacial e social no século XVIII. Brasília: Alva-Ciord, 1997.

_____. Military engineering and the "colonial" project for Brazil: agency and dominance. *Leituras*: Revista da Biblioteca Nacional de Lisboa, n. 6, p. 73-96, 2000.

_____. The origin of Brazil's textile industry: an overview. In: CONFERENCE: A GLOBAL HISTORY OF TEXTILE WORKERS, 1600-2000, 1., 2004. Amsterdam: International Institute of Social History, 2004. Disponível em: <http://www.iisg.nl/research/textilenational.php>. Acesso em: 12 ago. 2009.

DENEVAN, William M. *The aboriginal cultural geography of the Llanos de Mojos of Bolivia*. Berkeley: University of California Press, 1966.

DOMINGUES, Ângela. *Quando os índios eram vassalos*: colonização e relações de poder no Norte do Brasil na segunda metade do século XVIII. Lisboa: Comissão Nacional para as Comemorações dos Descobrimentos Portugueses, 2000.

DURÁN ESTRAGÓ, Margarita. *Presencia franciscana en el Paraguay* (1538-1824). Asunção: Ediciones y Arte, 2005.

ELLIOTT, John H. *Imperios del mundo Atlántico*: España y Gran Bretaña en América, 1492-1830. Madri: Taurus, 2006.

_____. *España, Europa y el mundo de Ultramar*: 1500-1800. Madri: Taurus, 2010.

ERICKSON, Clark L. Sistemas agrícolas prehispánicos en los Llanos de Mojos. *América Indígena*, v. 40, p. 731-755, 1980.

FAORO, Raymundo. *Os donos do poder*: formação do patronato político brasileiro. 10ª. ed. São Paulo: Globo, 2000, 2 v.

FARAGE, Nádia. *As muralhas dos sertões*: os povos indígenas no rio Branco e a colonização. Rio de Janeiro: Paz e Terra/Anpocs, 1991.

FERGUSON, R. Brian; WHITEHEAD, Neil L. (eds.) *War in the Tribal Zone*: Expanding States and Indigenous Warfare. Santa Fe, Novo México: School of American Research Press, 1992.

FERNANDES, Florestan. *Circuito fechado*: quatro ensaios sobre o "poder institucional". São Paulo: Hucitec, 1976.

FERRER DE ARRÉLLAGA, Renée. *Un siglo de expansión colonizadora*: los orígenes de Concepción. Assunção: Editorial Histórica, 1985.

FINOT, Enrique. *Historia de la conquista del oriente boliviano*. Buenos Aires: Librería Cervantes, 1939.

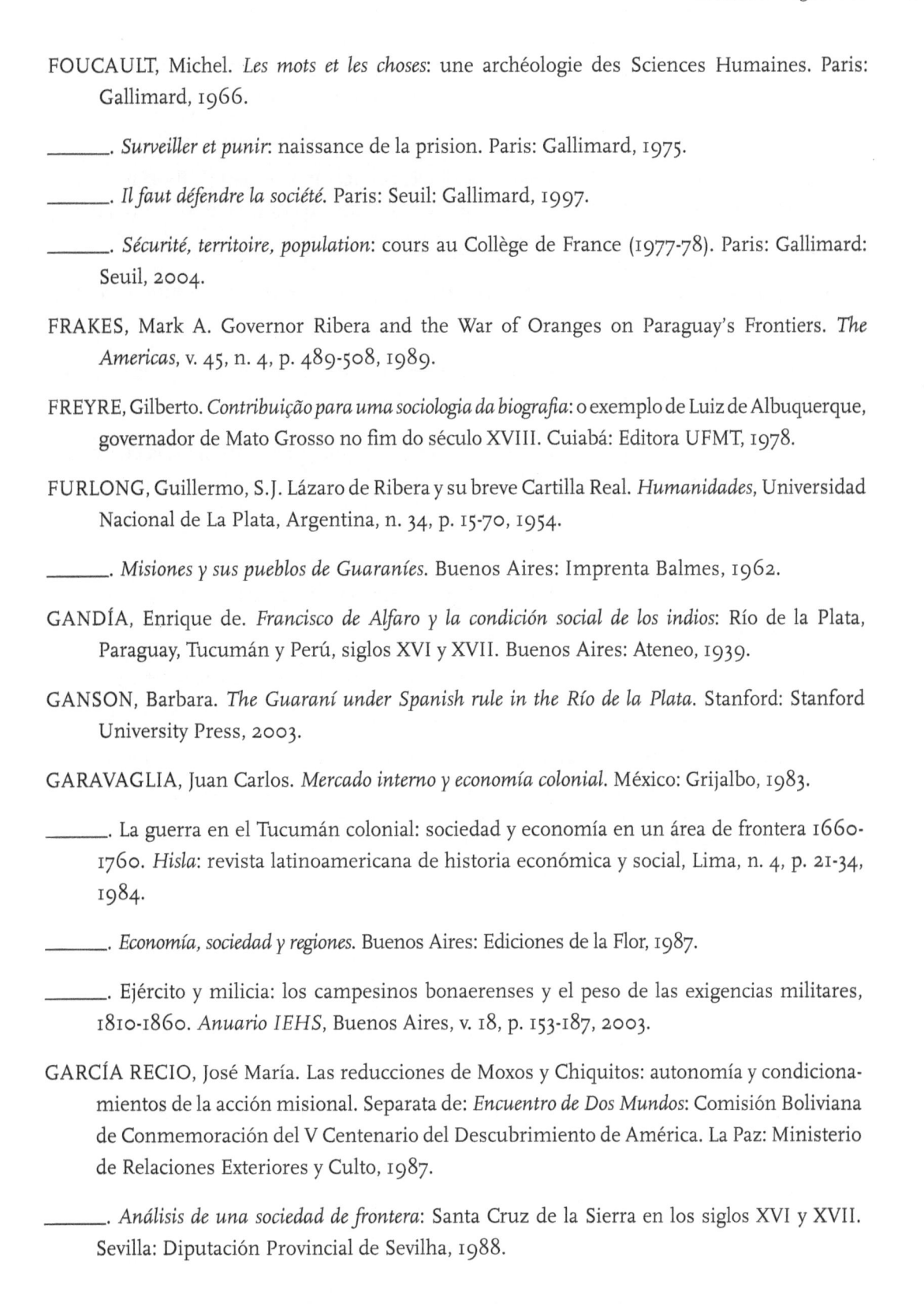

FOUCAULT, Michel. *Les mots et les choses*: une archéologie des Sciences Humaines. Paris: Gallimard, 1966.

_____. *Surveiller et punir*: naissance de la prision. Paris: Gallimard, 1975.

_____. *Il faut défendre la société*. Paris: Seuil: Gallimard, 1997.

_____. *Sécurité, territoire, population*: cours au Collège de France (1977-78). Paris: Gallimard: Seuil, 2004.

FRAKES, Mark A. Governor Ribera and the War of Oranges on Paraguay's Frontiers. *The Americas*, v. 45, n. 4, p. 489-508, 1989.

FREYRE, Gilberto. *Contribuição para uma sociologia da biografia*: o exemplo de Luiz de Albuquerque, governador de Mato Grosso no fim do século XVIII. Cuiabá: Editora UFMT, 1978.

FURLONG, Guillermo, S.J. Lázaro de Ribera y su breve Cartilla Real. *Humanidades*, Universidad Nacional de La Plata, Argentina, n. 34, p. 15-70, 1954.

_____. *Misiones y sus pueblos de Guaraníes*. Buenos Aires: Imprenta Balmes, 1962.

GANDÍA, Enrique de. *Francisco de Alfaro y la condición social de los indios*: Río de la Plata, Paraguay, Tucumán y Perú, siglos XVI y XVII. Buenos Aires: Ateneo, 1939.

GANSON, Barbara. *The Guaraní under Spanish rule in the Río de la Plata*. Stanford: Stanford University Press, 2003.

GARAVAGLIA, Juan Carlos. *Mercado interno y economía colonial*. México: Grijalbo, 1983.

_____. La guerra en el Tucumán colonial: sociedad y economía en un área de frontera 1660-1760. *Hisla*: revista latinoamericana de historia económica y social, Lima, n. 4, p. 21-34, 1984.

_____. *Economía, sociedad y regiones*. Buenos Aires: Ediciones de la Flor, 1987.

_____. Ejército y milicia: los campesinos bonaerenses y el peso de las exigencias militares, 1810-1860. *Anuario IEHS*, Buenos Aires, v. 18, p. 153-187, 2003.

GARCÍA RECIO, José María. Las reducciones de Moxos y Chiquitos: autonomía y condicionamientos de la acción misional. Separata de: *Encuentro de Dos Mundos*: Comisión Boliviana de Conmemoración del V Centenario del Descubrimiento de América. La Paz: Ministerio de Relaciones Exteriores y Culto, 1987.

_____. *Análisis de una sociedad de frontera*: Santa Cruz de la Sierra en los siglos XVI y XVII. Sevilla: Diputación Provincial de Sevilha, 1988.

_____. Los jesuitas en Santa Cruz de la Sierra hasta los inicios de las reducciones de Moxos y Chiquitos: posibilidades y limitaciones de la tarea misional. *Quinto Centenario*, Madri, n. 14, p. 73-92, 1988.

GARCIA, Elisa Frühauf. *As diversas formas de ser índio*: políticas indígenas e políticas indigenistas no extremo sul da América portuguesa. Tese (doutorado em História) – Universidade Federal Fluminense, Niterói, 2007.

GIBSON, Charles. Conquest, Capitulation, and Indian Treaties. *American Historical Review*, n. 83, p. 1-15, 1978.

GIRALDIN, Odair. *Cayapó e Panará*: luta e sobrevivência de um povo Jê no Brasil central. Campinas: Editora da Unicamp, 1997.

GIUDICELLI, Christophe. *Guerre, identités et métissages aux frontières de l'Empire*: la guerre des Tepehuán en Nouvelle Biscaye (1616-1619). Tese (doutorado) – Université de Paris III, Sorbonne Nouvelle, Paris, 2001.

_____. *Pour une géopolitique de la guerre des Tepehuán* (1616-1619): alliances indiennes, quadrillage colonial et taxinomie ethnographique au nord-ouest du Mexique. Paris: Université de la Sorbonne Nouvelle Paris III, 2003.

GOLOB, Ann. *The Upper Amazon in historical perspective*. Tese (Ph.D.) – City University of New York, 1982.

GOMES, Flávio dos Santos. *A hidra e os pântanos*: mocambos, quilombos e comunidades de fugitivos no Brasil (séculos XVII-XIX). São Paulo: Editora da Unesp, 2005.

GÓMEZ CANEDO, Lino, O.F.M. *Evangelización y conquista*: experiencia franciscana en Hispanoamérica. 2ª. ed. México: Editorial Porrúa, 1988.

_____. *Evangelización, cultura y promoción social*: ensayos y estudios críticos sobre la contribución franciscana a los orígenes cristianos de México (siglos XVI-XVIII). México: Porrúa, 1993.

GÓMEZ PÉREZ, María del Carmen. *El sistema defensivo americano:* siglo XVIII. Madri: Mapfre, 1992.

GONZÁLEZ DEL CAMPO, María Isabel. La política de poblamiento en Guayana, 1766-1776. In: GUTIÉRREZ ESCUDERO, Antonio; LAVIANA CUETOS, María Luisa (eds.). *Estudios sobre América, siglos XVI-XX*: Actas del Congreso Internacional de Historia de América. Sevilha: Asociación Española de Americanistas, 2005, p. 1193-1208.

GOULD, Eliga H. Entangled Histories, Entangled Worlds: The English-Speaking Atlantic as a Spanish Periphery. *The American Historical Review*, v. 112, n. 3, p. 764-86, 2007.

GRANDA, Germán de. Origen, función y estructura de un pueblo de negros y mulatos libres en el Paraguay del siglo XVIII (San Agustín de la Emboscada). *Revista de Indias*, Madri, v. 43, n. 171, p. 229-264, 1983.

GULLÓN ABAO, Alberto José. *La frontera del Chaco en la gobernación del Tucumán, 1750-1810*. Cádiz: Servicio de Publicaciones, Universidad de Cádiz, 1993.

GUTIÉRREZ DA COSTA, Ramón; GUTIÉRREZ VIÑUALES, Rodrigo. Territorio, urbanismo y arquitectura en Moxos y Chiquitos. In: QUEREJAZU, Pedro (ed.). *Las misiones jesuíticas de Chiquitos*. La Paz: Fundación BHN/La Papelera, 1995, p. 303-385.

GUTIÉRREZ, Ramón A. *When Jesus came, the Corn Mothers went away*: marriage, sexuality, and power in New Mexico, 1500-1846. Stanford: Stanford University Press, 1991.

_____. *Evolución urbanística y arquitectónica del Paraguay*: 1537-1911. 2ª. ed. Assunção: Comuneros, 1983.

_____. *Arquitectura y urbanismo en Iberoamérica*. Madri: Cátedra, 1997.

GUY, Donna J.; SHERIDAN, Thomas E. On Frontiers: The Northern and Southern Edges of the Spanish Empire in the Americas. In: _____ (eds.). *Contested ground*: comparative Frontiers on the Northern and Southern edges of the Spanish Empire. Tucson: University of Arizona Press, 1998, p. 1-15.

HACKEL, Steven W. The Staff of Leadership: Indian Authority in the Missions of Alta California. *The William and Mary Quarterly*, v. 54, n. 2, p. 347-376, 1997.

_____. *Children of coyote, missionaries of Saint Francis*: Indian-Spanish relations in colonial California, 1769-1850. Chapel Hill: University of North Carolina Press, 2005.

HALPERÍN DONGHI, Tulio. *Guerra y finanzas en los orígenes del estado argentino (1791-1850)*. Buenos Aires: Belgrano, 1982.

HÄMÄLÄINEN, Pekka. The Rise and Fall of Plains Indian horse cultures. *The Journal of American History*, v. 90, n. 3, p. 833-862, 2003.

_____. *El imperio comanche*. Barcelona: Península, 2011.

HANGER, Kimberly S. *Bounded lives, bounded places*: free black society in colonial New Orleans, 1769-1803. Durham N.C.; Londres: Duke University Press, 1997.

HANKE, Lewis. *The Spanish struggle for justice in the conquest of America*. Philadelphia: University of Pennsylvania Press, 1949.

HANSEN, João Adolfo (org.). *Cartas do Brasil*: 1626-1697: Estado do Brasil e Estado do Maranhão e Grão Pará. São Paulo: Hedra, 2003.

HARING, Clarence H. *Comercio y navegación entre España y las Indias en la época de los Habsburgos*. México: Fondo de Cultura Económica, 1939.

HASKETT, Robert Stephen. *Indigenous rulers*: an ethnohistory of town government in colonial Cuernavaca. Albuquerque: University of New Mexico Press, 1991.

HAUSBERGER, Bernd. La violencia en la conquista espiritual: las misiones jesuitas de Sonora. *Jahrbuch für Geschichte Lateinamerikas*, Colonia, n. 30, p. 27-54, 1993.

HEINTZE, Beatriz. Luso-african feudalism in Angola? The vassal treaties of the 16th to the 18th century. *Revista Portuguesa de História*, Coimbra, t. 18, p. 111-131, 1980.

HEMMING, John. *Ouro vermelho*: a conquista dos índios brasileiros. São Paulo: Edusp, 2007.

HESPANHA, António Manuel. *História de Portugal Moderno*: político e institucional. Lisboa: Universidade Aberta, 1995.

_____. Por que é que foi "portuguesa" a expansão portuguesa? ou O revisionismo nos trópicos. In: MELLO E SOUZA, Laura; FURTADO, Júnia Ferreira; BICALHO, Maria Fernanda (eds.). *O governo dos povos*. São Paulo: Alameda, 2009, p. 39-62.

HOLANDA, Sérgio Buarque de. *Raízes do Brasil*. 26ª. ed. São Paulo: Companhia das Letras, 1995.

_____. *Monções*. 3ª. ed. São Paulo: Brasiliense, 2000.

_____. *O Extremo Oeste*. São Paulo: Brasiliense, 1986.

JACKSON, Robert H.; CASTILLO, Edward. *Indians, Franciscans, and Spanish Colonization*: The impact of the mission system on California Indians. Albuquerque: University of New Mexico Press, 1995.

JESUS, Nauk Maria de. Os capitães do mato na capitania de Mato Grosso. 2011. Texto apresentado no seminário "*Produzindo Fronteiras*: entrecruzando escalas, povos e impérios na América do Sul (1640-1828)", São Paulo, 2011.

JOHN, Elizabeth A. H. La situación y visión de los indios de la frontera norte de Nueva España (siglos XVI-XVIII). *América Indígena*, v. 45, n. 3, p. 465-483, 1985.

JONES, Dorothy V. *License for Empire*: colonialism by treaty in Early America. Chicago: University of Chicago Press, 1982.

JONES, Kristine L. Comparative raiding economies. In: GUY, Donna J.; SHERIDAN, Thomas E. (eds.) *Contested ground*: comparative frontiers on the Northern and Southern edges of the Spanish Empire. Tucson: University of Arizona Press, 1998. p. 97-114.

_____. Warfare, Reorganization, and readaptation at the margins of Spanish Rule: The Southern Margin (1573-1882). In: SCHWARTZ, Stuart B.; SALOMON, Frank (eds.). *The Cambridge History of the native peoples of the Americas*: South America, v. 3, parte 2. Cambridge: Cambridge University Press, 1999, p. 138-187.

KIEMEN, Mathias C. *The Indian policy of Portugal in the Amazon region, 1614-1693*. 2ª. ed. Nova York: Octagon, 1973.

KINNAIRD, Lawrence. Spanish Treaties with Indian Tribes. *The Western Historical Quarterly*, v. 10, n. 1, p. 39-48, 1979.

KUETHE, Allan J. The Status of the Free Pardo in the Disciplined Militia of New Granada. *The Journal of Negro History*, v. 56, n. 2, p. 105-117, 1971.

LANGER, Eric J. La frontera oriental de los Andes y las fronteras en América latina: un análisis comparativo: siglos XIX y XX. In: MANDRINI, Raúl J. *et al* (eds.). *Las fronteras hispano-criollas del mundo indígena latinoamericano en los siglos XVIII-XIX*: un estudio comparativo. Tandil: Instituto de Estudios Históricos Sociales, 2003, p. 33-62.

LANGFUR, Hal. Uncertain Refuge: frontier formation and the origins of the Botocudo War in late colonial Brazil. *Hispanic American Historical Review*, v. 82, n. 2, p. 215-256, 2002.

_____. The return of the bandeira: economic calamity, historical memory, and armed expeditions to the sertão in Minas Gerais, Brazil, 1750-1808. *The Americas*, v. 61, n. 3, p. 429-61, 2005.

_____. *The forbidden lands*: colonial identity, frontier violence, and the persistence of Brazil's eastern Indians, 1750-1830. Stanford: Stanford University Press, 2006.

LARA, Silvia Hunold. Marronnage et pouvoir colonial: Palmares, Cucaú et les frontières de la liberté au Pernambouc à la fin du XVIIe siècle. *Annales*, Paris, n. 3, p. 639-662, maio-jun. 2007.

LASSO VARELA, Isidro José. *Influencias del cristianismo entre los chiquitanos desde la llegada de los españoles hasta la expulsión de los jesuitas*. Tese (doutorado) – Departamento de Historia Moderna, Universidad Nacional de Educación a Distancia, Madri, 2008.

LÁZARO ÁVILA, Carlos. Conquista, control y convicción: el papel de los parlamentos indígenas en México, El Chaco y Norteamérica. *Revista de Indias*, Madri, v. 59, n. 217, p. 645-673, 1999.

LECHNER, Juan. El concepto de "policía" y su presencia en la obra de los primeros historiadores de Indias. *Revista de Indias*, Madri, v. 41, n. 165-166, p. 395-409, 1981.

LE GOFF, Jacques. *Para um novo conceito de Idade Média*: tempo, trabalho e cultura no Ocidente. Lisboa: Estampa, 1980.

LEITE, Serafim, S.J. *História da Companhia de Jesus no Brasil*, t. 6: do Rio de Janeiro ao Prata e ao Guaporé, estabelecimentos e assuntos locais, séculos XVII-XVIII. Rio de Janeiro: Instituto Nacional de Livro; Lisboa: Portugália, 1945.

LEONHARDT, Carlos, S.J. *Bosquejo histórico de las congregaciones marianas en la antigua provincia de Paraguay, Chile y Tucumán de la Compañía de Jesús*. Buenos Aires: [s.n.], 1931.

LEONZO, Nanci. As companhias de ordenanças na capitania de São Paulo: das origens ao governo do Morgado de Mateus. *Coleção Museu Paulista*, São Paulo, v. 6, p. 125-239, 1977.

_____. *Defesa militar e controle social na capitania de São Paulo*: as milícias. Tese (doutorado em História) – Faculdade de Filosofia, Letras e Ciências Humanas, Universidade de São Paulo, São Paulo, 1979.

LEVAGGI, Abelardo. Los tratados entre la Corona y los indios, y el plan de conquista pacífica. *Revista Complutense de Historia de América*, Madri, n. 19, p. 81-92, 1993.

_____. *Diplomacia Hispano-Indígena en las fronteras de América*: historia de los tratados entre la Monarquía española y las comunidades aborígenes. Madri: Centro de Estudios Políticos y Constitucionales, 2002.

LIMPIAS ORTIZ, Victor Hugo. O Barroco na missão jesuítica de Moxos. *Varia História*, Belo Horizonte, v. 24, n. 39, p. 227-254, 2008.

LINS, Maria de Lourdes Ferreira. *Legião de São Paulo no Rio Grande do Sul* (1775-1822). Tese (doutorado em História) – Faculdade de Filosofia, Letras e Ciências Humanas, Universidade de São Paulo, São Paulo, 1976.

LIVI BACCI, Massimo. *El Dorado in the marshes*: gold, slaves and souls between the Andes and the Amazon. Cambridge; Malden: Polity, 2010.

LOBO, Eulália Maria Lahmeyer. Caminho de Chiquitos às Missões Guaranis. *Revista de História*, São Paulo, v. 10, n. 39, p. 67-79, jul.-set. 1959; v. 10, n. 40, p. 353-384, out.-dez. 1959; v. 11, n. 41, p. 85-90, jan.-mar. 1960; v. 11, n. 42, p. 413-33, abr.-jun. 1960.

LOPES, Maria de Jesus dos Mártires. *Goa setecentista*: tradição e modernidade. 2ª. ed. Lisboa: Centro de Estudos dos Povos e Culturas de Expressão Portuguesa/Universidade Católica Portuguesa, 1999.

LÓPEZ CANTOS, Angel. *Juegos, fiestas y diversiones en la América española*. Madri: Mapfre, 1992.

LÓPEZ MOREIRA, Mary Monte de. *Ocaso del colonialismo español*: el gobierno de Bernardo de Velasco y Huidobro, su influencia en la formación del estado paraguayo, 1803-1811. Assunção: Fondo Nacional de la Cultura y las Artes, 2006.

LUCAIOLI, Carina P. El poder de los cautivos: relaciones sociales entre abipones e hispano-criollos en las fronteras del Chaco austral (siglo XVIII). *Nuevo Mundo Mundos Nuevos, Debates*, 2011. Disponível em: <http://nuevomundo.revues.org/62091>. Acesso em: 30 nov. 2011.

LUCENA GIRALDO, Manuel. La delimitación hispano-portuguesa y la frontera regional quiteña, 1777-1804. *Procesos*: Revista Ecuatoriana de Historia, n. 4, p. 21-39, 1993.

_____. *Laboratorio tropical*: la expedición de límites al Orinoco: 1750-1767. Caracas; Madri: Monte Ávila: Consejo Superior de Investigaciones Científicas, 1993.

_____. Reformar as florestas: o tratado de 1777 e as demarcações entre a América espanhola e a América portuguesa. *Oceanos*, Lisboa, v. 40, p. 66-76, 1999.

_____. *A los cuatro vientos*: las ciudades de la América Hispánica. Madri: Marcial Pons, 2006.

LYNCH, John. *Administración colonial española*: 1782-1810 – el sistema de intendencias en el Virreinato del Río de la Plata. Buenos Aires: Editorial Universitária de Buenos Aires, 1962.

MACHADO, Maria Fátima Roberto. Quilombos, Cabixis e Caburés: índios e negros em Mato Grosso no século XVIII. In: REUNIÃO BRASILEIRA DE ANTROPOLOGIA, 25, 2006. *Anais...* Goiânia, 2006.

MACKAY, Ruth. *Los límites de la autoridad real*: resistencia y obediencia en la Castilla del siglo XVII. Valladolid: Consejería de Cultura y Turismo, 2007.

MAEDER, Ernesto. La población del Paraguay en 1799: el censo del gobernador Lazaro de Ribera. *Estudios Paraguayos*, Assunção, v. 3, n. 1, p. 63-86, 1975.

_____. El modelo portugués y las instrucciones de Bucareli para las misiones de guaraníes. *Estudos Ibero-Americanos*, Porto Alegre, ano 13, n. 2, p. 135-149, 1987.

MAGALHÃES, Joaquim Romero de. A guerra: os homens e as armas. In: MATTOSO, José (dir.). *História de Portugal*: no alvorecer da modernidade. Lisboa: Estampa, 1993, v. 3.

MAGRO, Omar Simões. A legião de São Paulo e o regimento de infantaria de Santos nas campanhas do sul: esboço da história militar paulista nos tempos coloniais. *Revista do Arquivo Municipal de São Paulo*, v. 24, p. 3-113, 1936.

MARAVALL, José Antonio. *Estado moderno y mentalidad social*: siglos XVI a XVII. Madri: Ediciones de la Revista de Occidente, 1972, 2 v.

_____. El espíritu de crítica y el pensamiento social de Feijoo. In: *Estudios de la Historia del pensamiento español* (siglo XVIII). Madri: Mondadori, 1991, p. 190-221.

_____. *A cultura do barroco*: análise de uma estrutura histórica. São Paulo: Edusp, 1997.

MARCHENA FERNÁNDEZ, Juan. La financiación militar en Indias: introducción a su estudio. *Anuario de Estudios Americanos*, Sevilha, n. 36, p. 81-110, 1979.

_____. *La institución militar en Cartagena de Indias en el siglo XVIII*. Sevilha: Escuela de Estudios Hispano-americanos/Consejo Superior de Investigaciones Científicas, 1982.

_____. El ejército de América y la descomposición del orden colonial: la otra mirada en un conflicto de lealtades. *Militaria*: Revista de Cultura Militar, Madri, n. 4, p. 63-91, 1992.

_____. *Ejército y milicias en el mundo colonial americano*. Madri: Mapfre, 1992.

MARCHENA FERNÁNDEZ, Juan; GÓMEZ PÉREZ, María del Carmen. *La vida de guarnición en las ciudades americanas de la Ilustración*. Madri: Ministerio de Defensa/Secretaría General Técnica, 1992.

MARICHAL, Carlos. *Bankruptcy of empire*: Mexican silver and the wars between Spain, Britain, and France, 1760-1810. Nova York: Cambridge University Press, 2007.

MARILUZ URQUIJO, José María. *El Virreinato del Río de la Plata en la época del Marqués de Avilés* (1799-1801). 2ª. ed. Buenos Aires: Editorial Plus Ultra, 1987.

MARTÍNEZ NARANJO, Francisco Javier. La búsqueda de la perfección cristiana en las Congregaciones Jesuíticas (ss. XVI-XVII). In: *A Companhia de Jesus na Península Ibérica nos séculos XVI e XVII*: espiritualidade e cultura – actas do Colóquio Internacional, maio 2004. Porto: Instituto de Cultura Portuguesa da Faculdade de Letras da Universidade do Porto, 2004, p. 171-188.

MATEOS, Francisco, S.J. Avances portugueses y misiones españolas en la América del Sur. *Missionalia Hispanica*, Madri, ano 5, n. 15, p. 459-504, 1948.

MAUSS, Marcel. Ensaio sobre a dádiva: forma e razão da troca nas sociedades arcaicas. In: *Sociologia e antropologia*. São Paulo: Cosac Naify, 2003, p. 183-314.

McALISTER, Lyle N. The Reorganization of the Army of New Spain, 1763-1766. *The Hispanic American Historical Review*, v. 33, n. 1, p. 1-32, 1953.

McCONNEL, Roland C. *Negro troops of Antebellum Louisiana*: a history of the battalion of free men of color. Louisiana: Louisiana State University Press, 1968.

MEDEIROS, Ricardo Pinto. *O descobrimento dos outros*: povos indígenas do sertão nordestino no período colonial. Tese (doutorado em História) – Universidade Federal de Pernambuco, Recife, 2000.

MEDINA ROJAS, Francisco de Borja. ¿Exploradores o evangelizadores? La misión de los Mojos: cambio y continuidad (1667-1676). In: HERNÁNDEZ PALOMO, José Jesús; MORENO JERIA, Rodrigo (coord.). *La misión y los jesuitas en la América Española, 1566-1767*: cambios y permanencias. Sevilha: Escuela de Estudios Hispano-Americanos, Consejo Superior de Investigaciones Científicas, 2005, p. 187-230.

MEIRELES, Denise Maldi. *Guardiães da fronteira*: rio Guaporé, século XVIII. Petrópolis: Vozes, 1989.

MELLO E SOUZA, Laura de. *O sol e a sombra*: política e administração na América portuguesa do século XVIII. São Paulo: Companhia das Letras, 2006.

MELLO, Cristiane Figueiredo Pagano de. Os corpos de ordenanças e auxiliares: sobre as relações militares e políticas na América portuguesa. *História*: Questões & Debates, Curitiba, n. 45, p. 29-56, 2006.

_____. *Forças militares no Brasil colonial*: Corpos de Auxiliares e de Ordenanças na segunda metade do século XVIII. Rio de Janeiro: E-Papers, 2009.

MELLO, Raul Silveira de. *História do forte de Coimbra*, v. 2: VI e VII períodos (1748-1802). Rio de Janeiro/SMG: Imprensa do Exército, 1959.

METCALF, Alida C. *Go-betweens and the colonization of Brazil, 1500-1600*. Austin: University of Texas Press, 2005.

MÉTRAUX, Alfred. *The native tribes of eastern Bolivia and western Matto Grosso*. Washington: Government Printing Office, 1942 (Bulletin of Smithsonian Institution, Bureau of American Ethnology, n. 134).

_____. Tribes of eastern Bolivia and the Madeira headwaters. In: STEWARD, Julian H. (ed.) *Handbook of South American Indians*, v. 3. Washington: Government Printing Office, 1948, p. 381-454.

_____. Ethnography of the Chaco. In: STEWARD, Julian (ed.). *Handbook of South America Indians*, v. 1. Washington: Cooper Square Publishers, 1963, p. 197-370.

MOLINA M., Placido. *Historia del Obispado de Santa Cruz de la Sierra*: capítulos relacionados con la cuestión del Chaco boreal. La Paz: Universo, 1938.

MONTEIRO, John Manuel. *Negros da terra*: índios e bandeirantes nas origens de São Paulo. São Paulo: Companhia das Letras, 1994.

_____. *Tupis, tapuias e historiadores*: estudos de história indígena e do indigenismo. Tese (livre-docência) – Departamento de Antropologia, Universidade Estadual de Campinas, Campinas, 2001.

_____. Labor systems: 1492-1850. In: BULMER-THOMAS, Victor *et al* (eds.). *Cambridge Economic History of Latin America*, v. 1: The Colonial Era and the Short Nineteenth Century. Nova York: Cambridge University Press, 2006. Disponível em: <http://www.ifch.unicamp.br/ihb/>. Acesso em: 28 set. 2006.

MOORHEAD, Max L. The private contract system of presidio supply in Northern New Spain. *The Hispanic American Historical Review*, v. 41, n. 1, p. 31-54, 1961.

_____. *The Presidio*: Bastion of the Spanish Borderlands. Norman: University of Oklahoma Press, 1975.

MORINEAU, Michel. *Incroyables gazettes et fabuleux métaux*: les retours des trésors américains d'après les gazettes hollandaises (XVIe-XVIIIe siècles). Londres; Nova York: Cambridge University Press; Paris: Maison des Sciences de L'homme, 1985.

MÖRNER, Magnus. ¿Separación o integración?: en torno al debate dieciochesco sobre los principios de la política indigenista en Hispano-América. *Journal de la Société des Américanistes*, Paris, t. 54, n. 1, p. 31-45, 1965.

_____. *Actividades políticas y económicas de los jesuitas en el Río de la Plata*: la era de los Habsburgos. Buenos Aires: Paidós, 1968.

_____. La expulsión de la Compañía de Jesús. In: BORGES, Pedro (ed.). *Historia de la Iglesia en Hispanoamérica y Filipinas*: siglos XV-XIX. Madri: Biblioteca de Autores Cristianos, 1992, v. 1, p. 245-260.

_____. *La Corona Española y los foráneos en los pueblos de indios de América*. Madri: Agencia Española de Cooperación Internacional/Ediciones de Cultura Hispánica, 1999.

MOTTA, Márcia Maria Mendes. *Direito à terra no Brasil*: a gestação do conflito – 1795-1824. São Paulo: Alameda, 2009.

MOUTOUKIAS, Zacarías. Burocracia, contrabando y autotransformación de las elites: Buenos Aires en el siglo XVII. *Anuario del IEHS*, Tandil, v. 3, p. 213-248, 1988.

_____. *Contrabando y control colonial en el siglo XVII*: Buenos Aires, el Atlántico y el espacio peruano. Tucumán: Centro Editor de América Latina, 1988.

NAVARRO FLORIA, Pedro. Ciencia de frontera y mirada metropolitana: las ciencias del hombre ante los indios de la Araucanía, las Pampas y la Patagonia (1779-1829). *Cuadernos del Instituto Nacional de Antropología y Pensamiento Latinoamericano*, Buenos Aires, v. 17, p. 115-43, 1996-1997.

NAVARRO GARCÍA, Luis. *Don José de Gálvez y la Comandancia General de las Provincias Internas del norte de Nueva España*. Sevilha: Consejo Superior de Investigaciones Científicas, 1964.

_____. Poblamiento y colonización estratégica en el siglo XVIII indiano. *Temas Americanistas*, Sevilha, n. 11, p. 15-21, 1994.

_____. El falso Campillo y el reformismo borbónico. *Temas Americanistas*, Sevilha, n. 12, p. 5-14, 1995.

NICOLETTI, María Andrea. La evangelización en las misiones norpatagónicas coloniales: ¿convertir o salvar? *Jahrbuch für Geschichte Lateinamerikas*, Colonia, n. 36, p. 125-150, 1999.

NOVAIS, Fernando. *Aproximações*: ensaios de história e historiografia. São Paulo: Cosac Naify, 2005.

OLIVAL, Fernanda. *As ordens militares e o Estado moderno*: honra, mercê e venalidade em Portugal (1641-1789). Lisboa: Estar, 2001.

OLIVEIRA, Roberto Cardoso de. *Do índio ao bugre:* o processo de assimilação dos Terena. Rio de Janeiro: Francisco Alves, 1976.

ORTELLI, Sara. *Trama de una guerra conveniente*: Nueva Vizcaya y la sombra de los Apaches (1748-1790). México: El Colegio de México/Centro de Estudios Históricos, 2007.

PAGDEN, Anthony. *La caída del hombre natural*: el indio americano y los orígenes de la etnología comparativa. Madri: Alianza Editorial, 1988.

_____. *Lords of all worlds*: ideologies of empire in Spain, Britain, and France *c.*1500-*c.*1800. New Haven; Londres: Yale University Press, 1995.

PAQUETTE, Gabriel. *Enlightenment, governance, and reform in Spain and its empire*, 1759-1808. Basingstoke; Nova York: Palgrave Macmillan, 2008.

PAREJAS MORENO, Alcides. Don Lazaro de Ribera, gobernador de la Provincia de Moxos (1784-1792). *Anuario de Estudios Americanos*, Sevilha, v. 33, p. 949-962, 1976.

_____. *Historia de Moxos y Chiquitos a fines del siglo XVIII*. La Paz: Instituto Boliviano de Cultura, 1976.

PAULA, Alberto de, S.J. *Las nuevas poblaciones en Andalucía, California y el Río de la Plata (1767-1810)*. Buenos Aires: Universidad de Buenos Aires/Facultad de Arquitectura, Diseño y Urbanismo/Instituto de Arte Americano e Investigaciones Estéticas "Mario J. Buschiazzo", 2000.

PENRY, Sarah Elizabeth. *Transformations in indigenous authority and identity in resettlement towns of colonial Charcas* (Alto Perú). Tese (Ph.D.) – University of Miami, Florida, 1996.

PEREGALLI, Enrique. *Recrutamento militar no Brasil colonial*. Campinas: Editora da Unicamp, 1986.

PEREIRA, Magnus Roberto de Mello. *A forma e o podre*: duas agendas da cidade de origem portuguesa nas idades medieval e moderna. Tese (doutorado em História) – Universidade Federal do Paraná, Curitiba, 1998, 2 v.

PERRONE-MOISÉS, Beatriz. Índios livres e índios escravos: os princípios da legislação indigenista do período colonial (séculos XVI e XVIII). In: CUNHA, Manuela Carneiro da (org.). *História dos índios no Brasil*. São Paulo: Companhia das Letras, 1992, p. 115-32.

PIETSCHMANN, Horst. Burocracia y corrupción en Hispanoamérica colonial: una aproximación tentativa. *Nova Americana*, Turim, v. 5, p. 11-37, 1982.

PINO, Fermín del. Los caníbales chiriguanos, un reto etnográfico para dos mentes europeas: Acosta y Polo. In: PINO, Fermín del; LÁZARO, Carlos (eds.). *Visión de los otros y visión de sí mismos*: descubrimiento o invención entre el Nuevo Mundo y el Viejo? Madri: Consejo Superior de Investigaciones Científicas, 1995, p. 57-88.

PINTO, Virgilio Noya. *O ouro brasileiro e o comércio anglo-português*. São Paulo: Nacional, 1972.

POSSAMAI, Paulo César. *O cotidiano da guerra*: a vida na Colônia do Sacramento (1715-1735). Tese (doutorado em História) – Faculdade de Filosofia, Letras e Ciências Humanas, Universidade de São Paulo, São Paulo, 2001.

PRADO JÚNIOR, Caio. *Formação do Brasil contemporâneo*: colônia. 20ª. ed. São Paulo: Brasiliense, 1987.

PRODI, Paolo. *Il sacramento del potere*: il giuramento politico nella storia costituzionale dell'Occidente. Bolonha: Il Mulino, 1992.

PUNTONI, Pedro. *A guerra dos Bárbaros*: povos indígenas e a colonização do sertão nordeste do Brasil, 1650-1720. São Paulo: Hucitec/Edusp/Fapesp, 2002.

PUSINERI SCALA, Carlos Alberto. *El Fuerte de San Carlos del Apa*. Assunção: Imprenta Nacional, 1995.

QUARLERI, Lía. *Rebelión y guerra en las fronteras del Plata*: guaraníes, jesuitas e imperios coloniales. Buenos Aires: Fondo de Cultura Económica, 2009.

RADDING, Cynthia. *Wandering peoples*: colonialism, ethnic spaces, and ecological frontiers in Northwestern Mexico, 1700-1850. Durham: Duke University Press, 1997.

_____. The colonial pact and changing ethnic frontiers in Highland Sonora, 1740-1840. In: GUY, Donna J.; SHERIDAN, Thomas E. (eds.). *Contested ground*: comparative frontiers on the northern and southern edges of the Spanish Empire. Tucson: University of Arizona Press, 1998, p. 52-66.

_____. Comunidades en conflicto: espacios políticos en las fronteras misionales del noroeste de México y el oriente de Bolivia. *Desacatos*, México, n. 10, p. 48-76, 2002.

_____. *Landscapes of power and identity*: comparative histories in the Sonoran Desert and the Forests of Amazonia from Colony to Republic. Durham: Duke University Press, 2005.

RAMINELLI, Ronald. *Viagens ultramarinas*: monarcas, vassalos e governo a distância. São Paulo: Alameda, 2008.

RANDLE, Guillermo, S.J. España y Roma en el origen urbano de las misiones jesuitas guaraníes (1610-1767). In: *La Compañía de Jesús en América*: evangelización y justicia: siglos XVII y XVIII – Actas del Congreso Internacional de Historia, Córdoba, España, 1991. Córdoba: Provincia de Andalucía y Canarias de la Compañía de Jesús, 1993, p. 275-306.

REIS, Arthur Cesar Ferreira. Paulistas na Amazônia e outros ensaios. *Revista do Instituto Histórico e Geográfico Brasileiro*, Rio de Janeiro, v. 175, p. 213-338, 1941.

RESENDE, Maria Leônia Chaves de. *Gentios brasílicos*: índios coloniais em Minas Gerais setecentista. 2003. Tese (doutorado em História) – Instituto de Filosofia e Ciências Humanas, Universidade de Campinas, 2003.

RESENDE, Maria Leônia Chaves de; LANGFUR, Hal. Minas Gerais indígena: a resistência dos índios nos sertões e nas vilas de El-Rei. *Tempo*, Niterói, v. 12, n. 23, p. 5-22, 2007.

RESTALL, Matthew (ed.). *Beyond black and red:* African-native relations in colonial Latin America. Albuquerque: University of New Mexico Press, 2005.

RICUPERO, Rodrigo. *A formação da elite colonial*: Brasil, c. 1530-c. 1630. São Paulo: Alameda, 2008.

RIVAROLA PAOLI, Juan Bautista. *La economía colonial*. Assunção: Litocolor, 1986.

_____. *La Real Hacienda*: la fiscalidad colonial, siglos XVI al XIX. Assunção: Ediciones y Arte, 2005.

ROBINSON, David J.; THOMAS, Teresa. New Towns in Eighteenth Century Northwest Argentina. *Journal of Latin American Studies*, v. 6, n. 1, p. 1-33, 1974.

ROCA, José Luis. *Ni con Lima ni con Buenos Aires*: la formación de un Estado nacional en Charcas. Lima: Instituto Francés de Estudios Andinos/Plural Editores, 2007.

ROJAS MIX, Miguel. *La plaza mayor*: el urbanismo, instrumento de dominio colonial. La Plata: Universidad Nacional de La Plata, 2006.

ROOSEVELT, Anna Curtenius. The Rise and fall of the Amazon Chiefdoms. *L'Homme*, Paris, t. 33, n. 126-128, p. 255-283, 1993.

ROSSA, Walter. O Urbanismo regulado e as primeiras cidades coloniais portuguesas. In: CARITA, Helder; ARAUJO, Renata (coords.). *Universo urbanístico português*: 1415-1822 – colectânea de estudos. Lisboa: Comissão Nacional para as Comemorações dos Descobrimentos Portugueses, 1998, p. 507-536.

ROULET, Florencia. Con la pluma y la palabra: el lado oscuro de las negociaciones de paz entre españoles e indígenas. *Revista de Indias*, Madri, v. 64, n. 231, p. 313-347, 2004.

RUSSELL-WOOD, A. J. R. Local government in Portuguese America: a study in cultural divergence. *Comparative Studies in Society and History*, v. 16, n. 2, p. 187-231, 1974.

_____. Ambivalent authorities: The African and Afro-Brazilian contribution to local governance in Colonial Brazil. *The Americas*, v. 57, n. 1, p. 13-36, 2000.

_____. Autoridades ambivalentes: o Estado do Brasil e a contribuição africana para "a boa ordem na República". In: SILVA, Maria Beatriz Nizza da (org.). *Brasil*: colonização e escravidão. Rio de Janeiro: Nova Fronteira, 2000, p. 105-23.

SÁ JUNIOR, Mario Teixeira de. Moxos e Chiquitos: paraíso escravo, purgatório indígena e inferno dos senhores de engenho? In: JORNADAS INTERNACIONAIS SOBRE AS MISSÕES JESUÍTICAS, 13, 2010. *Anais...* Dourados, 2010.

SAEGER, James Schofield. Survival and abolition: The Eighteenth Century Paraguayan encomienda. *The Americas*, v. 38, n. 1, p. 59-85, 1981.

_____. *The Chaco mission frontier*: the Guaycuruan experience. Tucson: University of Arizona Press, 2000.

SAIGNES, Thierry. L'Indien, le Portugais et le Jésuite: alliances et rivalités aux confins du Chaco au XVIIIème siècle. *Cahiers des Amériques Latines*, Paris, n. 9-10, p. 213-245, 1975.

_____. *Ava y Karai*: ensayos sobre la frontera chiriguano (siglos XVI–XX). La Paz: Hisbol, 1990.

SAITO, Akira. Creation of Indian Republics in Spanish South America. *Bulletin of the National Museum of Ethnology*, Osaka, v. 31, n. 4, p. 443-477, 2007.

SALDANHA, Antonio Vasconcelos de. *Iustum imperium*: dos tratados como fundamento do império dos portugueses no Oriente: estudo de história do direito internacional e do direito português. Lisboa: Fundação Oriente, 1997.

SAMPAIO, Patrícia Maria Melo. *Espelhos partidos*: etnia, legislação e desigualdade na colônia – sertões do Grão-Pará, c. 1755-c. 1823. Tese (doutorado em História) – Universidade Federal Fluminense, Niterói, 2001.

SANTAMARÍA, Daniel J. La economía de las misiones de Moxos y Chiquitos (1675-1810). *Ibero-Amerikanisches Archiv*, Berlim, v. 13, n. 2, p. 255-95, 1987.

_____. La guerra Guaykurú: expansión colonial y conflicto interétnico en la cuenca del Alto Paraguay, siglo XVIII. *Jahrbuch für Geschichte Lateinamerikas*, Colonia, n. 29, p. 121-48, 1992.

_____. Las relaciones económicas entre tobas y españoles en el Chaco occidental, siglo XVIII. *Andes*, Salta, n. 6, p. 273-300, 1994.

SANTOS, Antonio César de Almeida. *Para viverem juntos em povoações bem estabelecidas*: um estudo sobre a política urbanística pombalina. Tese (doutorado em História) – Universidade Federal do Paraná, Curitiba, 1999.

SANTOS, Catarina Madeira. *Um governo 'polido' para Angola*: reconfigurar dispositivos de domínio (1750-c. 1800). Dissertação (doutorado em História) – Faculdade de Ciências Sociais e Humanas, Universidade Nova de Lisboa, Lisboa, 2005.

SARREAL, Julia. *Globalization and the Guaraní*: from missions to modernization in the eighteenth century. Tese (Ph.D.) – Department of History, Harvard University, 2009.

SCHADEN, Egon. *Leituras de etnologia brasileira*. São Paulo: Companhia Editora Nacional, 1976.

SCHWARTZ, Stuart B. Brazilian ethnogenesis: mestiços, mamelucos, and pardos. In: GRUZINSKI, Serge; WACHTEL, Nathan (eds.). *Le Nouveau Monde*: Mondes Nouveaux: L'expérience américaine. Paris: Ed. de l'École des Hautes Études en Sciences Sociales, 1996, p. 7-27.

_____. Tapanhuns, negros da terra e curibocas: causas comuns e confrontos entre negros e indígenas. *Afro-Ásia*, Salvador, v. 29-30, p. 13-40, 2003.

SEED, Patricia. Taking possession and reading texts: establishing the authority of overseas empires. In: KATZ, Stanley N. *et al* (eds.). *Colonial America*: essays in politics and social development. 5ª. ed. Boston: McGraw-Hill, 2001, p. 19-47.

SENELLART, Michel. Situation des cours. In: FOUCAULT, Michel. *Sécurité, territoire, population*: cours au Collège de France (1977-78). Paris: Gallimard/Seuil, 2004.

_____. *As artes de governar*: do *regimen* medieval ao conceito de governo. São Paulo: Ed. 34, 2006.

SERULNIKOV, Sergio. Disputed images of colonialism: Spanish rule and Indian subversion in Northern Potosí, 1777-1780. *The Hispanic American Historical Review*, v. 76, n. 2, p. 189-226, 1986.

SILVA, Jovam Vilela da. *Mistura de cores*: política de povoamento e população na capitania de Mato Grosso – século XVIII. Cuiabá: Editora UFMT, 1995.

SILVA, Kalina Vanderlei Paiva da. *"Nas Solidões Vastas e Assustadoras"*: os pobres do açúcar e a conquista do sertão de Pernambuco nos séculos XVII e XVIII. Tese (doutorado em História) – Universidade Federal de Pernambuco, Recife, 2003.

SMITH, Henry Nash. *Virgin land*: The American West as symbol and myth. Cambridge: Harvard University Press, 1998.

SOCOLOW, Susan Migden. Spanish captives in Indian societies: cultural contact along the Argentine frontier, 1600-1835. *Hispanic American Historical Review*, v. 72, n. 1, p. 73-99, 1992.

SOLANO, Francisco de. Ciudad y geoestrategia española en América durante el siglo XVIII. In: HARDOY, Jorge E.; MORSE, Richard P. (eds.). *Nuevas perspectivas en los estudios sobre historia urbana latinoamericana*. Buenos Aires: Grupo Editor Latinomaericano, 1989, p. 41-58.

_____. *Ciudades hispanoamericanas y pueblos de indios*. Madri: Consejo Superior de Investigaciones Científicas, 1990.

_____. La expansión urbana ibérica por América y Asia: una consecuencia de los tratados de Tordesillas. *Revista de Indias*, Madri, v. 56, n. 208, p. 615-636, 1996.

SOMMER, Barbara Ann. *Negotiated settlements*: Native Amazonians and Portuguese policy in Pará, Brazil, 1758-1798. 2000. Tese (Ph.D.) – University of New Mexico, Albuquerque, 2000.

_____. Adquirindo e defendendo os privilégios concedidos pela Coroa no norte do Brasil. In: MONTEIRO, Rodrigo Bentes *et al* (eds.). *Raízes do privilégio*: mobilidade social no mundo ibérico do Antigo Regime. Rio de Janeiro: Civilização Brasileira, 2011, p. 619-638.

SOUTHEY, Robert. *História do Brazil*, v. 5, Rio de Janeiro: Garnier, 1862.

SPALDING, Karen. *Huarochirí*: an Andean society under Inca and Spanish rule. Stanford: Stanford University Press, 1984.

STERN, Steve J. *Los pueblos indígenas del Perú y el desafío de la conquista española*: Huamanga hasta 1640. Madri: Alianza, 1986.

STEWARD, Julian; FARON, Louis. *Native Peoples of South America*. Nova York: McGraw-Hill Book Company, 1959.

STOLKE, Verena. O enigma das interseções: classe, 'raça', sexo, sexualidade: a formação dos impérios transatlânticos do século XVI ao XIX. *Estudos Feministas*, Florianópolis, n. 14(1), p. 15-42, jan.-abr., 2006.

SUSNIK, Branislava. *El indio colonial del Paraguay*, t. 3-1: El chaqueño: Guaycurúes y Chanes-Arawak. Assunção: Museo Etnográfico Andrés Barbero, 1971.

_____. *Los aborígenes del Paraguay*: v. 2: Etnohistoria de los Guaraníes: época colonial. Assunção: Museo Etnográfico Andrés Barbero, 1980.

_____. *Una visión socio-antropológica del Paraguay del siglo XVIII*. Assunção: Museo Etnográfico Andrés Barbero, 1991.

_____. *Una visión socio-antropológica del Paraguay*: XVI – 1/2 XVII. Assunção: Museo Etnográfico Andrés Barbero, 1993.

SWEET, David. *A rich realm of nature destroyed*: the Middle Amazon valley, 1640-1750. Tese (Ph.D.) – University of Wisconsin, 1974.

TAYLOR, William B. *Landlord and peasant in colonial Oaxaca*. Stanford: Stanford University Press, 1972.

TELESCA, Ignacio. *Tras los expulsos*: cambios demográficos y territoriales en el Paraguay después de la expulsión de los jesuitas. Assunção: Centro de Estudios Antropológicos de la Universidad Nuestra Señora de la Asunción/Litocolor, 2009.

THOMAZ, Luís Felipe. *De Ceuta a Timor*. Lisboa: Difel, 1994.

THOMPSON, I. A. A. *Guerra y decadencia*: gobierno y administración en la España de los Austrias, 1560-1620. Barcelona: Crítica, 1981.

THOMSON, Sinclair. *We alone will rule*: native Andean politics in the Age of Insurgency. Madison: University of Wisconsin Press, 2002.

_____. "Cuando sólo reinasen los indios": recuperando la variedad de proyectos anticoloniales entre los comuneros andinos (La Paz, 1740-1781). *Argumentos*, México, v. 19, n. 50, p. 15-47, 2006.

THUAU, Etienne. *Raison d'etat et pensée politique à l'époque de Richelieu*. Paris: Albin Michel, 2000.

TOMICHÁ CHARUPÁ, Roberto. *La primera evangelización en las reducciones de Chiquitos, Bolivia (1691-1767)*: protagonistas y metodología misional. Cochabamba: Verbo Divino, 2002.

TORMO SANZ, Leandro. Un ejemplo histórico del "mal de altura" en la guerra de Mojos. *Revista de Indias*, Madri, v. 23, n. 93-94, p. 415-52, 1963.

TURNER, Frederick Jackson. *The frontier in American History*. Arizona: University of Arizona Press, 1992.

VALENZUELA MÁRQUEZ, Jaime. Confesando a los indígenas: pecado, culpa y aculturación en la América colonial. *Revista Española de Antropología Americana*, Madri, v. 37, n. 2, p. 39-59, 2007.

VANGELISTA, Chiara. Los payaguá entre Asunción y Cuiabá: formación y decadencia de una frontera indígena (1719-1790). In: JORDAN, Pilar Garcia; IZARD, Miquel (orgs.). *Conquista y resistencia en la historia de América*. Barcelona: Universidad de Barcelona, 1992, p. 151-65.

_____. Los Guaikurú, españoles y portugueses en una región de frontera: Mato Grosso, 1770-1830. *Boletín del Instituto de Historia Argentina y Americana "Dr. Emilio Ravignani"*, série 3, n. 8, p. 55-76, 1993.

_____. Las relaciones hispano-portuguesas en el norte de Mato Grosso, siglos XVIII-XIX. *Anos 90*, Porto Alegre, n. 9, p. 33-55, 1998.

VELÁZQUEZ, Rafael Eladio. *El Paraguay en 1811*: estado político, social, económico y cultural en las postrimerías del período colonial. Assunção: [s.n.], 1965.

_____. Organización militar de la Gobernación y Capitanía General del Paraguay. *Estudios Paraguayos*, Assunção, v. 5, n. 1, p. 25-69, 1977.

VILLALOBOS, Sergio. *La vida fronteriza en Chile*. Madri: Mapfre, 1992.

VILLAMARIN, Juan; VILLAMARIN, Judith. Chiefdoms: The prevalence and persistence of 'señorios naturales': 1400 to European conquest. In: SCHWARTZ, Stuart B.; SALOMON,

Frank (eds.). *The Cambridge History of the native peoples of the Americas*: South America, v. 3, parte 1. Cambridge: Cambridge University Press, 1999, p. 577-667.

VILLARI, Rosario. *Elogio della dissimulazione*: la lotta politica nel Seicento. Roma: Laterza, 1987.

VINSON III, Ben. *Bearing arms for his majesty*: the free-colored militia in colonial Mexico. Stanford: Stanford University Press, 2001.

VINSON III, Ben; RESTALL, Matthew. Black soldiers, native soldiers: meanings of military service in the Spanish American colonies. In: RESTALL, Matthew (ed.). *Beyond black and red:* African-native relations in colonial Latin America. Albuquerque: University of New Mexico Press, 2005, p. 15-52.

VIOLA, Alfredo. *Origen de pueblos del Paraguay*. Assunção: Comuneros, 1986.

VITAR, Beatriz. Mansos y salvajes: imágenes chaqueñas en el discurso colonial. In: PINO, Fermín del; LÁZARO, Carlos (eds.). *Visión de los otros y visión de sí mismos*: ¿descubrimiento o invención entre el Nuevo Mundo y el Viejo? Madri: Consejo Superior de Investigaciones Científicas, 1995, p. 107-26.

_____. *Guerra y misiones en la frontera chaqueña del Tucumán* (1700-1767). Madri: Consejo Superior de Investigaciones Científicas, 1997.

VIVEIROS DE CASTRO, Eduardo. O mármore e a murta: sobre a inconstância da alma selvagem. In: *A inconstância da alma selvagem*. São Paulo: Cosac Naify, 2002, p. 183-264.

VOLPATO, Luiza Rios Ricci. *A conquista da terra no universo da pobreza*: formação da fronteira oeste do Brasil (1719-1819). São Paulo: Hucitec, 1987.

_____. Quilombos em Mato Grosso: resistência negra em área de fronteira. In: REIS, João José; GOMES, Flávio dos Santos (orgs.). *Liberdade por um fio*: história dos quilombos no Brasil. São Paulo: Companhia das Letras, 1996, p. 213-39.

WEBER, David J. Turner, the Boltonians, and the Borderlands. *The American Historical Review*, v. 91, n. 1, p. 66-81, 1986.

_____. *The Spanish Frontier in North America*. New Haven: Yale University Press, 1992.

_____. *Bárbaros*: Spaniards and their savages in the Age of Enlightenment. New Haven: Yale University Press, 2005.

WHIGHAM, Thomas. *La yerba mate del Paraguay* (1780-1870). Asunción: Centro Paraguayo de Estudios Sociológicos, 1991.

WHITEHEAD, Neil. Carib Ethnic Soldiering in Venezuela, the Guianas, and the Antilles, 1492-1820. *Ethnohistory*, v. 37, n. 4, p. 357-385, 1990.

_____. The crises and transformations of invaded societies: The Caribbean (1492-1580). In: SCHWARTZ, Stuart B.; SALOMON, Frank (eds.). *The Cambridge History of the native peoples of the Americas*: South America, v. 3, parte 1. Cambridge: Cambridge University Press, 1999, p. 864-903.

WILDE, Guillermo. ¿Segregación o asimilación? La política indiana en América meridional a fines del período colonial. *Revista de Indias*, Madri, v. 59, n. 217, p. 619-644, 1999.

_____. Los guaraníes después de la expulsión de los jesuitas: dinámicas políticas y transacciones simbólicas. *Revista Complutense de Historia de América*, Madri, n. 27, p. 69-106, 2001.

_____. *Religión y poder en las misiones de guaraníes*. Buenos Aires: SB, 2009.

WILLIAMS, Caroline A. Resistance and rebellion on the Spanish frontier: native responses to colonization in the Colombian Chocó, 1670 – 1690. *Hispanic American Historical Review*, v. 79, n. 3, p. 397-424, 1999.

WILLIAMS, John Hoyt. Tevegó on the Paraguayan Frontier: a chapter in the Black history of the Americas. *The Journal of Negro History*, v. 56, n. 4, p. 272-283, 1971.

WILLIAMS, Robert A. *The American Indian in western legal thought*: the discourses of conquest. Nova York: Oxford University Press, 1990.

Agradecimentos

Após um longo percurso de pouco mais de seis anos dedicado à elaboração deste livro, concebido originalmente como tese de doutorado e desenvolvido posteriormente, com pesquisas adicionais, durante um estágio de pós-doutoramento, ser-me-ia impossível referir aqui pontualmente todos aqueles que me apoiaram das mais diversas formas.

Não poderia, contudo, deixar de agradecer de maneira especial a Pedro Puntoni, pela orientação sempre segura e incentivadora, pela confiança, disponibilidade e, sobretudo, pelo apoio irrestrito em todos os passos desta pesquisa. A Vera Ferlini, Iris Kantor, John Monteiro, Ronald Raminelli e Rodrigo Ricupero, devo um muito obrigado pelas contribuições, críticas e sugestões que fizeram em diversos momentos em que esta pesquisa foi submetida à arguição.

Maria Leonor Freire Costa orientou-me em um estágio de doutorado sanduíche realizado em Lisboa. Sou muito grato por suas sempre agudas observações, que me ajudaram a definir alguns rumos da investigação. Obrigado também às professoras Fernanda Olival e Renata Malcher de Araujo, pela inestimável ajuda em diferentes ocasiões.

Em Sevilha, devo muitíssimo à generosidade de Emilio José Luque Azcona, que me recebeu em outro estágio, franqueando-me uma oportunidade preciosa de aprofundar a pesquisa nos arquivos espanhóis. Na Universidade de Sevilha, meus agradecimentos a ele se estendem a Beatriz Vitar, María Salud Elvás Iniesta, Jaime Lacueva Muñoz e aos alunos com quem pude discutir alguns itens deste estudo em um seminário.

Em Buenos Aires, agradeço a Guillermo Wilde pela orientação durante um estágio de pós-doutorado, por suas sugestões preciosas e estimulantes e sua generosa disponibilidade, sem o que dificilmente poderia levar adiante a ideia de publicar este livro.

Quero agradecer também a Ignacio Telesca, Laura de Mello e Souza, Wilson do Nascimento Barbosa, Mercedes Avellaneda, Nauk de Jesus, Sara Ortelli, Christophe Giudicelli e Heather Flynn Roller, pelo estímulo intelectual e valiosas sugestões em diferentes fases deste estudo.

Expresso minha gratidão aos funcionários dos arquivos e bibliotecas consultados, especialmente aos do Archivo Nacional de Asunción, Arquivo do Estado de Mato Grosso, Archivum Romanum Societatis Iesu, Archivo General de Indias e Escuela de Estudios Hispano-Americanos de Sevilha.

Esta pesquisa contou com financiamento de duas agências brasileiras, a Coordenação de Aperfeiçoamento de Pessoal de Nível Superior (Capes) e o Conselho Nacional de Desenvolvimento Científico e Tecnológico (CNPq), e uma agência argentina, o Consejo Nacional de Investigaciones Científicas y Técnicas (Conicet), instituições às quais sou muito grato.

Agradeço ainda à Fundação de Amparo à Pesquisa do Estado de São Paulo (Fapesp) pela concessão de recursos para a publicação.

Entre os colegas que participaram do projeto temático "Dimensões do Império Português", vinculado à Cátedra Jaime Cortesão da Faculdade de Filosofia, Letras e Ciências Humanas da Universidade de São Paulo, espaço de valiosas discussões que confluíram com as interrogações deste livro, agradeço particularmente a Aldair Rodrigues, Bruno Aidar, Fernanda Sposito, Nelson Cantarino e Pablo Mont Serrath.

Agradeço aos amigos que estiveram próximos em diversos momentos desses anos de pesquisa, e entre eles a Alessandra Carneiro, Andréa Schvartz, Fernando Ribeiro, Igor Lima, Lívia Bueloni, Marcela Vignoli, Márcia Almada, Marta Metzler, Patrícia Machado, Teresa Zweifel e Sílvia Zanirato. Em Sevilha, estive em boa companhia com Angela Ballone, Enrique Camacho, Luis Miguel Glave e Magdalena Díaz. Aos amigos de longa data, em terras paranaenses, devo recordar Evandir Codato, Hilda Stadniky, Rosemeri Moreira e Wilson Guerra. Um agradecimento especial a Kara Schultz, pelo estímulo na última fase de preparação deste livro.

Sou muito grato aos meus pais, pelo apoio incondicional e pelo carinho e dedicação constantes.

Sevilha, abril de 2014

Esta obra foi impressa em Guarulhos pela Gráfica P3 no inverno de 2014. No texto foi utilizada a fonte Scala em corpo 10,2 e entrelinha de 15,5 pontos.